安徽省文化强省建設專項資金項目
安徽省古籍整理出版基金會資助項目

張英全書

下册

[清]張英◎撰
江小角 楊懷志◎點校

北京师范大学出版集团
BEIJING NORMAL UNIVERSITY PUBLISHING GROUP
安徽大學出版社

圖書在版編目(CIP)數據

張英全書:全三册/[清]張英撰;江小角,楊懷志點校.
—合肥:安徽大學出版社,2013.6
ISBN 978-7-5664-0421-3

Ⅰ.①張… Ⅱ.①張…②江… ③楊…Ⅲ.①張英(1637~
1708)—全集 Ⅳ.①Z424.9

中國版本圖書館 CIP 數據核字(2013)第 102556 號

張英全書

ZHANGYING QUANSHU

[清]張 英 撰
江小角 楊懷志 點校

出版發行:北京師範大學出版集團
安 徽 大 學 出 版 社
(安徽省合肥市肥西路 3 號 郵編 230039)
www.bnupg.com.cn
www.ahupress.com.cn
經 銷:全國新華書店
印 刷:合肥遠東印務有限責任公司
開 本:148mm×210mm
印 張:54.5
字 數:1200 千字
版 次:2013 年 6 月第 1 版
印 次:2013 年 6 月第 1 次印刷
定 價:298.00 圓(全三册)
ISBN 978-7-5664-0421-3

策劃編輯:朱麗琴
責任編輯:馬曉波 姜 萍 劉 强 李海妹
責任校對:程中業
裝幀設計:李 軍
美術編輯:李 軍
責任印製:陳 如

《十二真圖》陳維邦畫（桐城市博物館供稿）

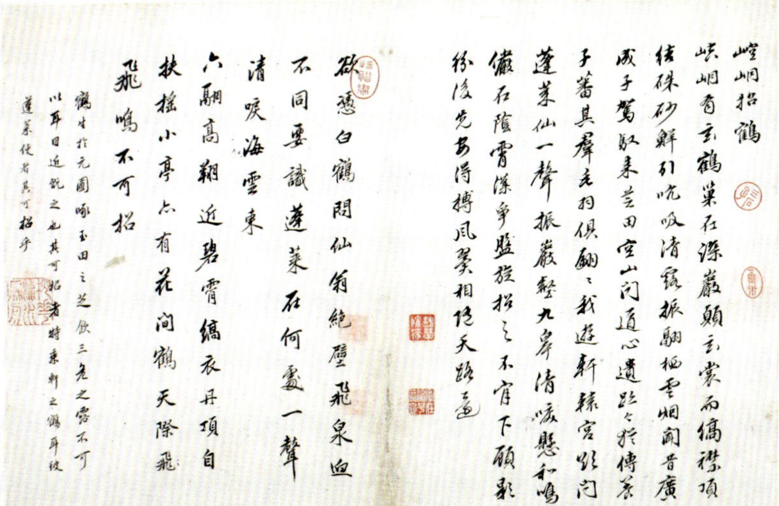

《十二真圖》江皋配詩、張英和詩（桐城市博物館供稿）

《十二真圖》陳維邦畫（桐城市博物館供稿）

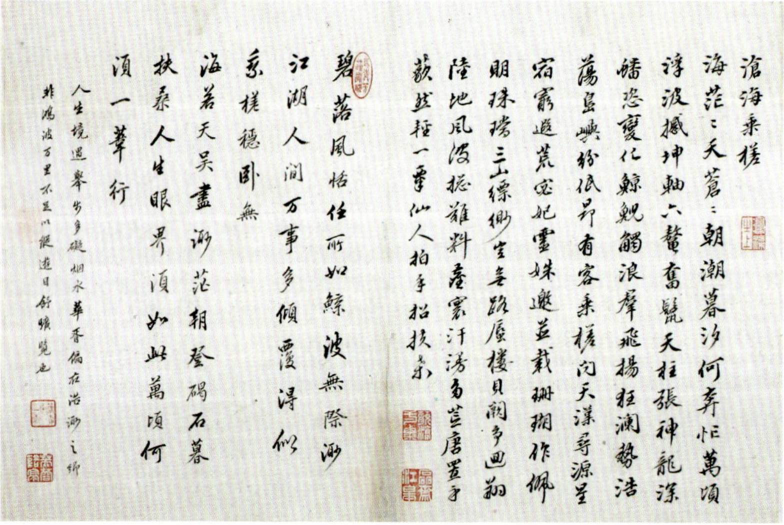

《十二真圖》江皋配詩、張英和詩（桐城市博物館供稿）

張英全書下册目次

存誠堂詩集應制詩

應制一

應制二

應制三

應制四

應制五

篤素堂詩集

卷　一

卷二

卷三

卷 四

卷五

卷 六

卷七

附録

張英全書之五

存誠堂詩集 應制詩

江小角
楊懷志　點校

四庫全書總目提要 文端集

文端集四十六卷，國朝張英撰。英有易經衷論，已著録。此乃其詩文全集，凡存誠堂應制詩四卷、存誠堂詩集二十五卷、篤素堂詩集七卷、篤素堂文集十卷。

英遭際昌辰，仰蒙聖祖仁皇帝擢侍講幄，入直禁廷，簪筆雍容，極儒臣之榮遇，矢音賡唱，篇什最多。其間鼓吹昇平，黼黻廊廟，無不典雅和平；至於言情賦景之作，又多清微淡遠，抒寫性靈。臺閣、山林二體古難兼擅，英乃兼而有之。其散體諸文稱心而出，不事粉飾。雖未能直追古人，而原本經術，詞旨温厚，亦無忝於作者焉。紹棠謹案：提要著録四十六卷，蓋當時進呈鈔本如是。今家藏舊刊本，存誠堂應制詩五卷、篤素堂文集十六卷，總共五十三卷。

（輯自四庫全書總目中華書局一九八七年版）

講筵應制集序

臣英謬以疏賤，譾薄，際昌時，遘景會，以康熙六年丁未成繆彤榜進士，授翰林院庶吉士。是年冬以先大夫憂去。九年庚戌服闋補原官。十一年壬子秋授編修，次年春充禮闈同考官。三月上幸南苑，命臣英偕同官臣史鶴齡扈從于行宮進講，詔獻南苑賦，嗣後每巡行必侍從，或獨往，或與侍讀臣孫在豐偕。是時，扈蹕多在南苑新宮，綠槐高柳，掩映丹甍。千幕周羅，六師環列。衛霍金張以及期門羽林之士，翼豹尾而處者，雲蒸雷殷，深嚴宏麗，不可殫述。

臣以書生抱簡牘其間，晨則委蛇丹陛，夕則退處直廬。承顏邀睞，恩遇無比。時從幸晾鷹臺，觀試馬，紫騮赤駱，躡雲追電。天子第其駑駿以賞勸，諸王公、大臣則獻試馬歌。一日，漏下十餘刻，上御行殿，秉絳蠟，作大書，使人問二臣，知在直廬觀書，命作良馬詩以獻。或風日和美，上率左右虎賁，講武平郊，歷上蘭，踐甫草。出則朱旗舒徐，入則鐃吹震發。凌晨侵夜，必召二臣講論經史，殫究義理。日有程課，罔以寒暑間。

臣自顧雖陋劣無似，然每得以聖賢載籍，陳說于君父之前，視古人奉屬車清塵、詔獻甘泉上林賦者，竊以爲榮。此則聖天子典學之勤，俾臣子有稽古之益也。是年秋，授日講起居注官。其後學士臣熊賜履入典閣事，内殿進講，專命臣及在豐從事。雞未鳴時，從長安門步至左翼門祗候。少頃，東方漸白，樓鴿羣起，星稀殿角，露浥階墄，偕奏事諸臣方曳組而入至乾清門候。諸臣奏事畢，内侍傳入弘德殿。殿中左右列圖書，南向設御坐，北向設講官席，皆用黄絁幕，中設爐焚香。講官既入，則侍從咸退。講官再拜，北向立，敷陳經義，時有所咨詢。既退，命賜茶于乾清宫門，如是者三年。

由左春坊諭德優擢侍講學士。先後同在講筵者，則澤州學士臣陳廷敬、崑山學士臣徐元文、臣葉方靄，接天顔于内殿，蒙顧問于黼席。圖書、翰墨、貂綺之賜，歲數至焉。是時也，海内寇賊未平，天子方宵旰殷憂，四方將帥咸禀承廟略，措兵籌餉無虚晷，且日御講筵與臣等討論古昔。於此窺聖度之高深，睿學之懋敏，太平之所以立致也。因輯歷年所進詩若干首，爲講筵應制集，而并叙其所遇如此。

存誠堂詩集 應制一

講筵應制詩五十三首

耕耤禮成恭紀四首

東郊淑景轉和風，穜稑朝來獻六宫。禹甸三千開穡事，姬年八百肇農功。雲依鸞輅金根外，春滿龍旂黛耜中。自古惟陳無逸訓，君王親與萬方同。

其　二

乘時秉耒踐堯封，九扈齊飛擁六龍。隴畔授鞭京兆尹，壇邊進耜大司農。青旂千畝公卿集，縹軛三推父老從。儉德由來兼孝德，迎神此日撤歌鐘。以國忌，停用樂。

其　三

協風遥讶翠華新，正是農祥應律辰。粟薦神倉親享帝，恩流御廪重勤民。祀農壇畔三時慶，觀耤臺邊萬寶陳。華黍登歌書大有，遍將勞酒賜諸臣。

其　四

十載恩波遍海隅，蒼生比屋戴涵濡。淮揚水旱頻頒粟，豐沛巡行數賜租。帝力久知歌父老，聖躬猶欲試泥塗。疊逢盛事書惇史，還進豳風七月圖。頒粟賜租皆比年實政。

扈蹕南苑恭紀應制二首

和風麗日象昭回，遊豫歡呼動九垓。旌影過時千騎擁，鐘聲迎處六龍來。青郊地接滹沱迥，平野天連碣石開。聖主時巡因駐驛，侍臣欣得到蓬萊。

其　二

川融山靄迓鑾輿，樹裏星羅盡直廬。萬馬踏雲開御道，千官近日護宸居。平原曠衍初遊獵，行殿深嚴尚説書。扈從屬車蒙授簡，抽毫作賦愧相如。

南苑講筵恭紀應制四首

行宫清閟曉垂裳，棐几先陳黼座傍。聖主勤民兼講誦，儒生報國藉文章。乍含雞舌瞻天表，近傍龍鱗識御香。况是土階崇儉德，圖書道已接羲皇。

其　二

細旃廣厦集簪裾，正是甘泉避暑初。閣啟邇英朝進講，筵開崇政早陳書。柳風細拂爐煙外，鶯囀稀聞晝漏餘。喜見孝經通衛士，誦聲常聽滿星廬。

其　三

聖主崇文軼古今，縹囊隨輦入華林。春秋不輟符天健，寒暑無分見帝心。千樹周廬青入座，五雲垂蓋結成蔭。虞廷蓂莢初開遍，好迓薰風鼓舜琴。

其　四

藜光三載禁庭蔭，此日傳呼入上林。作賦忽承君命重，讀書久荷聖恩深。欣逢盛代明良會，敢負平生啟沃心。最是臣愚如草木，歡騰亦自解謳吟。

南苑扈從講武恭紀二首

時平講武近岐陽，甲胄蒐春出建章。洛水旌旗周甫草，西京詞賦漢長楊。御闉雲氣成龍虎，天廄星精本驌驦。畫戟雕弓森羽衛，射生羣與奉君王。

其二

畿南地曠接滹沱，宸蹕來遊淑景和。馬散平原春草緑，幕連芳樹晚煙多。雲邊影疾韝鷹落，柳外風鳴獵騎過。日暮天清西嶺出，居庸層嶂遠嵯峨。

賜櫻桃恭紀

講筵人退五雲端，分得含桃出禁闌。薦廟祇因先百果，承恩舊許賜千官。錦林初傍宫雲摘，翠籠猶沾曉露溥。飽食盈筐叨〔一〕聖澤，火珠光映水晶盤。

校記

〔一〕『叨』，原缺，據康熙四十三年刻本補。

又次同官史鶴齡韻

朱櫻歷落藹春融，總在瓊霄雨露中。萬顆襯來新葉碧，滿筐擎出上林紅。最宜果熟明光殿，未許鶯銜長樂宫。賜食更餘筠籠帶，諸雛咸沐聖恩同。

賜白櫻桃恭紀

朱果頻經賜上方，忽看素質滿瑶筐。堆從玉碗初難識，瀉向銀盤但有香。鳥未敢銜疑雪片，冰堪相映總珠光。水晶簾下初擎出，風味宜含曉露嘗。

賜魚兔恭紀

紅耳霜毛碧草眠，御河春水錦鱗鮮。嘉魚盡入珊瑚網，靈獸争迎白玉鞭。山澤搜來遊獵後，恩波分自御筵前。還同門下沾膏澤，偕咏中林在藻篇。時被賜者惟内閣翰林。

南苑大閱恭紀十二韻 御試

翠輦乘時駐翠微，六軍講武近南畿。禮媢蒐狩遵王制，夢叶熊羆合御圍。七校騰驤誇虎旅，三驅指顧視龍旂。弓彎明月垂金勒，人度春風動鐵衣。鎧甲光疑林雪滿，驊騮色門嶺雲飛。普天雷動鉦聲出，捲地風鳴獵騎歸。翡翠旌麾翻曉日，珊瑚鞭影入斜暉。玉盤晚進黄羊熟，金彈新開白兔肥。盛代豐岐皆宿將，清時頗牧在彤闈。選徒自昔聞蒐乘，治外當今賦采薇。常藉羽干昭聖德，還將戈楯耀天威。儒臣載筆慚謳頌，緯武經文歷代稀。

瀛臺賜宴賞荷恭紀應制二十韻

西苑良辰當盛夏，煙波太液曉蒼蒼。雲開翠巘連長樂，水漲明湖接建章。飛閣千尋淩古木，畫樓一半出疏楊。芳洲掩映黄金幄，碧澗瀠洄白玉堂。幾處軒窗波上下，萬重煙樹水中央。湖邊曲磴通瑶島，天際長虹卧石梁。觀稼亭幽藏浦溆，迎薰殿敞俯滄浪。花濃水榭春光晚，柳拂魚磯午夢涼。西苑有觀稼亭、藏舟浦、迎薰殿、水雲榭、釣魚磯。鳳舸隔林聲欸乃，鸞旂拂樹影悠揚。芙蕖發處龍池麗，菡萏花時鳳沼香。翠蓋翻風擎夜雨，紅衣浥露艷朝陽。常垂並蒂迎芳輦，時有微芬逐彩航。太華由來開玉井，西園自昔種銀塘。争如此地涵波澤，得奉餘歡入景光。不向越谿迎畫楫，豈同楚客泛羅裳。靈池廣集魚龍戲，酺宴分沾鵷鷺行。羣卉獨標君子號，千官留賞聖人傍。太平盛事鏤銀甕，遊讌新詩愧錦囊。此日隨車過輦路，頻年珥筆侍巖廊。小臣拜獻甘泉賦，願逐凫鷖捧御觴。

試馬歌應制

癸丑七月，上駐蹕南苑試馬。王公以下，八旗三品官以上，出良馬萬餘騎。上御晾鷹臺閲之。樹旌旗爲馳道，自大紅門齊發，奔馳五十餘里，先至臺下者四十餘騎，賜銀帛有差。臣英及臣在豐奉命扈從，欣觀其盛，各賦長歌，翼日講筵進呈。

天閑萬馬嘶新秋，碧草無際黄雲流。清曉翠華駐南苑，下詔明日觀驊騮。晾鷹臺畔平蕪緑，房星中夜光可燭。金羈玉勒珊瑚鞭，雲錦千羣麗朝旭。國家馬政前代稀，芻秣蕃息過秦非。玉關葱嶺久通道，渥洼異産今來歸。聖人神武六龍御，黄金幄敞頻迴顧。王公將相各呈奇，赤騮紫燕紛無數。平沙夾道旌旗開，千騎遠自紅門來。經過長楊歷甫草，勢如電激聲如雷。誠哉天馬稱汗血，紅塵不動影先絶。驪駒蹀躞看流雲，照夜奔騰類飛雪。中有龍種何蹁躚，神閑先到高臺邊。超羣致遠有餘力，五花蹴地真連錢。須臾數馬復奔逸，飛黄騕褭皆奇質。前岡影動方微茫，轉盼人前鳥同疾。聖人顧此天顔怡，三千騋牝皆權奇。就中四十更雄特，吴綾蜀錦優賚之。國家典禮有深意，恐有鹽車困騏驥。便是金臺市駿心，伯樂一顧空幽冀。小臣何幸從馳驅，欲寫神駿增躊躇。試馬由來寄軍政，拜手秋原贊廟謨。

南苑紀事詩十首應制

豈如漢武駐離宫，詎與唐宗避暑同。聖主觀書朝啟閣，爐煙不斷雨聲中。

其　二

月當銀漢漏聲遲，東閣深嚴近御墀。宸翰九重天上至，雲箋親寫早朝詩。

其　三

鸞旂羽箭逐輕風，獵罷西山落日紅。雲外玉驄歸帳殿，九天鐃吹晚霞中。

其　四

秋郊白兔逐黄塵，碧草叢中遠避人。天子御圍親射得，獵回宣敕賜諸臣。

其　五

嘉魚出水錦鱗紅，中使擎來正晚風。自愧小臣叨侍從，得沾兩度聖恩隆。

其　六

宸心親切念詞臣，憐爾清曹薄宦人。講罷退歸龍尾道，重教宣進賜温綸。

其　七

試馬臺高御苑東，六軍動地滿旗風。書生愧乏長楊筆，款段行隨萬馬中。

其　八

西山遥接帝城端，屏列芙蓉翠色寒。最是新秋微雨後，萬峰如在苑中看。

其九

今年秋色禁雲邊，馬散郊原日暮天。翠幕高張平野闊，冰輪正對直廬懸。

其十

單衣短袖趁新涼，羽箭雕弓最擅長。纔見烏號明月滿，霜翎早已着垂楊。

紀恩恭賦二首

臣英同臣在豐扈從南苑，入夜值大風雨，上在行宫謂侍臣曰：『兩翰林恐油幕未具，得無有沾濕之苦。』時已漏盡三鼓，命中使至學士傅達禮帳中，傳諭：『移于五店皇莊安宿。』學士回奏：『臣已爲二人料理，何敢煩聖慮！』時英等已就枕。次日學士傳上諭，因恭賦詩進呈。

秋郊雲霧暗空濛，静夜攤書燭影紅。聖主慈仁深念及，小臣風雨直廬中。

其　二

草濕煙深夜漏遲，特傳温諭出龍墀。頓忘帳外秋聲急，身在堯天雨露時。

德壽寺

進講畢，上謂翰林學士傅達禮曰：『南苑中有玉皇閣、德壽寺，二人曾遊覽否？』傅回奏：『此禁地，非奉命不敢入。』因命同臣英及臣在豐往觀，各成五七言排律進呈。

寶刹流金碧，宏開御苑東。梵鐘連禁柳，精舍傍宸楓。貝闕懸金鏡，丹楹架彩虹。香雲幽徑滿，花雨上林紅。碧草生經室，青蓮隱佛宫。瑶階看竦峙，寶鼎獨玲瓏。翡翠含雲氣，雕鏤奪化工。鐸聲如轉漏，殿影欲淩空。詎是禪居麗，皆因帝力雄。莊嚴金粟地，常在五雲中。有寶鼎，順治年制。

玉皇閣

高閣平臨北極開，仙居璀璨似蓬萊。晴光遠映琉璃瓦，紫氣遥連白玉臺。寶頂浮空芳樹裏，紅牆落影碧雲隈。殿名元極諸神護，座比圜丘五帝陪。金翠摇光迎日月，簾櫳拂地隱風雷。山河圖畫深宫賜，瓔絡幡幢内府裁。雲滿雕梁疑乍落，龍蟠綉柱欲飛來。玉缸燈火輝長晝，古鼎爐煙接上台。秘殿萬靈真肅穆，豐碑雙影更崔嵬。映階緑樹齋宫滿，夾路秋花道院栽。地近上林多氣色，居鄰三島絶塵埃。閒人未敢窺青鳥，幽徑常看長碧苔。望氣由來知壯麗，承恩今始得徘徊。蓬壺勝事欣遊賞，愧乏靈光作賦才。

賦良馬應制二首

十月，臣英同臣在豐巵蹕南苑，上在行宫，方張燈伸紙作大書。中夜傳翰林侍讀學士喇沙里至前，問曰：『兩翰林此時作何事？』對曰：『方在直廬讀書。』上曰：『可令兩人各賦良馬詩。』學士請問良馬狀，上曰：『此不必論古人以騏驥比君子，所謂驥不稱其力，稱其德也。』因恭賦二律，次日講書畢進呈。

天閑龍種本星精，一片桃花萬里行。金勒乍銜疑電繞，玉鞭初動覺雲生。遠隨日馭過青海，遥逐霞光度赤城。幸傍鑾輿稱上駟，調良獨擅渥洼名。

其　二

顧影天街燦錦韉，驊騮得傍聖人前。華山歸馬修文日，冀野登臺市駿年。芳草每銜仙仗裏，紅泉常飲禁雲邊。從來騏驥如君子，伯樂欣逢與共傳。

康熙十二年十月十二日特賜講官紫貂白金文綺時同賜者學士熊賜履侍讀學士楊正中杜臻陳廷敬侍講孫在豐編修葉方藹史鶴齡臣英八人

霜華曉日映龍樓，講幄簾開玉殿頭。温語九天傳鳳詔，輕寒十月賜貂裘。頒從御府香雲繞，衣傍爐煙紫氣浮。冰雪頓忘皆聖澤，陽春偏荷主恩優。

其　二

清班日侍禁庭陰，温飽無求本素心。珥筆方慚糜重禄，承恩況復賜南金。九齡曾上千秋鑑，藴古還陳大寶箴。自愧涓埃全未答，但鏤銀管效謳吟。

其三

紫殿披香帶曉開，青縑〔一〕內府出新裁。山龍幸際垂裳盛，縫掖慚無濯錦才。宮綉繽紛雲外捲，天章璀璨日邊來。願將俯念諸臣意，衣被蒼生遍九垓。

校記

〔一〕『縑』，原缺，據康熙四十三年刻本補。

扈從南苑蒙賜直廬飲饌恭紀二首

先是上于講筵諭學士傅達禮曰：『翰林官清苦，巡行扈從，所以備顧問、資講勸也，無令艱于資裝。嗣後帳幙、飲食、馬匹、器具皆令給于內府，永著爲令。』

侍從晨趨御苑東，直廬特賜傍行宮。頓忘野色風霜急，真覺皇仁覆載同。捲幔正逢明月滿，攤書相對夜燈紅。儒生何幸分帷幄，常在鑾旂豹尾中。

其二

丹地年年愧素餐，躬承渥澤海天寬。侍朝每得分仙饌，扈蹕還教領大官。賜粟恩光沾玉粒，調蘭香氣出金盤。每從退食公門後，覆餗常憂欲報難。

宸翰篇

康熙十六年丁巳三月，敬睹御筆臨蘇軾大字一軸，恭賦斯篇。

聖主宵旦勞萬幾，未央曉漏覲垂衣。燕閒即入圖書室，瑶函錦軸生光輝。親灑宸翰大如斗，擘窠舊迹皆嶜嶁。遥將標格掩鍾王，近看矩矱卑顔柳。寶墨淋漓書敬天，高署經幃黼座前。小臣侍從來深殿，仰窺素壁生雲煙。嘗思聖學何淵邃，落筆濡毫有深意。直將欽若接勳華，妙義能涵十六字。清和三月正春融，瑶階永日移銅龍。集賢學士承恩渥，手捧天書出九重。偶爾臨摹寫蘇軾，結搆縱横具神力。鳳翥鸞翔迴〔一〕異姿，銀鉤鐵畫真雄特。遥想深宫晝漏分，御爐香靄正氤氲。翡翠筆牀凝曉露，琉璃硯匣起春雲。東坡寥落黄州句，流傳千載還遭遇。楚澤孤臣吮筆時，豈知今日龍顔顧。由來御筆重琳琅，飛白當年寫玉堂。唐宗賜札傳三傑，漢祖頒書美十行。今日侍臣親拜賜，弘璧天球良不啻。小臣幸在直廬前，芸香盥手頻窺視。天藻繽紛自卷舒，珊瑚色映御圖書。日星流曜垂丹地，奎壁分光照石渠。學士頻年典文翰，拜手紫庭賡復旦。什襲藏之億萬年，天際遥遥配雲漢。

校記

〔一〕『迴』，四庫全書本作『迥』，是。

康熙十六年五月三十日蒙賜御筆楷書清慎勤三大字草書格物二大字石刻及趙孟頫所書不自棄文石刻恭紀四章

承恩陪侍禁垣邊，御墨封題自講筵。共仰奎章超百代，欣看宸翰麗中天。波翻筆底蚪龍出，雲湧毫端日月懸。自愧小臣叨賜渥，光華糾縵頌堯年。

其二

琳琅寶翰重南金，拜賜還知意獨深。常願普天沾聖澤，特將如水勵臣心。守身當似持雙璧，愛日偏宜惜寸陰。飛白謾誇題玉署，恭承三語即官箴。

其三

墨池遥接晉唐風，蒼勁雄奇奪化功。古法傳來章草在，貞珉勒就石經同。祇因道與千秋合，不獨書兼八體工。更向揮毫窺聖學，精微囊括片言中。

其　四

龍章拜手賜龍墀，更捧新成御府碑。價比蘭亭初勒石，書傳松雪舊臨池。縹緗尚有王孫迹，翰墨還邀聖主知。敢向熙朝甘自棄，昔賢遺訓是良規。

六月五日特召臣英至懋勤殿上講中庸及太極西銘之學并命臣英敷陳經書大義復親灑宸翰書忠孝存誠大字二幅以賜臣不勝榮幸恭賦八首

雨餘晴日映花磚，今古圖畫黼座前。紫閣晝長簾影静，一編澄對御爐煙。

其　二

洙泗微言日討論，遠從堯舜接心源。虛懷不厭咨詢切，好問何殊闢四門。親講中庸舜其大知一章。

其三

遐考圖疇溯渾濛，近推濂洛振宗風。仰窺聖學無涯際，願頌高深海岳同。親講太極、西銘之學。

其四

雅頌由來被管弦，先王風教在遺編。雎麟八百基王化，敬誦周南第一篇。命臣英講毛詩首章。

其五

迎涼殿裏拂華箋，滿貯端谿寶墨鮮。親見君王揮玉管，承恩拜賜御牀前。

其六

擘窠驚見筆如輪，落紙雲煙若有神。篆籀書能兼八法，縱横勢可勒千鈞。

其　七

存誠精義貫天人，忠孝良規勖子臣。敬佩王言如學海，敷天萬類荷陶甄。

其　八

寶篆朱濃墨未乾，捧持暮出禁雲端。數承汪濊恩施重，益愧愚蒙報答難。

存誠堂詩集應制二

内庭應制詩一百首

懋勤殿盆中古梅一株雙幹花分紅白恭賦應制

上苑羣葩未放時，春風先已到彤墀。交柯碧樹參差影，雙萼琪花冷艷姿。野質乍驚仙閣暖，歲寒深賴主恩知。天階雨露寬如許，日送微香點硯池。

天府寶翰篇

康熙十六年十二月二十一日，蒙賜觀内府所藏王羲之、懷素、顔真卿、蔡襄、蘇軾、黄庭堅、米芾、朱熹、趙孟頫、及董其昌真迹共十六軸，宋初搨淳化閣帖。臣不勝欣幸，恭賦斯篇。

秘閣西頭古錦囊，時時寶鴨薰天香。雕函什襲虬龍抱，玉匣標題翡翠裝。君王清燕常留玩，不寶珠璣寶書翰。往代名箋色尚瑩，千秋遺墨光猶燦。學書無過王右軍，天門鳳闕迴無羣。蕭疏内景神仙字，娟秀曹江孝女文。昔人謂右軍書黄庭經飄逸，有神仙之概；曹娥碑婉順，有孝女之儀。今内景經、曹娥碑真迹皆存内府。懷素上人筆如鐵，漏痕釵脚皆奇絶。藤影盤時鶴欲棲，劍鋩舞處蛟堪截。平原雄勁若有神，内制猶存寶篆新。顏真卿書朱巨川誥敕，有唐宋璽。晉唐墨迹人間少，由來一字堪千緡。端明學士黄州客，作字還如畫奇石。山谷偏餘瀟灑姿，南宫獨創嶔崎格。骨氣蒼嚴數晦翁，偶然藻翰皆能工。始信真儒自淹貫，臨池原不比雕蟲。子昂雅得蘭亭意，江左宗風猶未墜。近代華亭説劍篇，落筆輕圓饒逸致。周文矩畫説劍圖，董其昌書説劍篇。閣帖初年搨本奇，玉堂手記拜恩時。宋畢士安爲學士，淳化初年賜此帖，士安自跋于後。澄心舊紙廷珪墨，海内流傳第一碑。古人真迹良難遇，一片精英凝尺素。鴻寶常騰奎壁光，靈物從來鬼神護。聖主典學開承明，旁搜文翰佐昇平。譬彼珍奇貢川岳，沐日浴月光華生。累朝墨妙藏天府，聖情如歷瓊瑶圃。温室臨摹敲硯冰，風亭展對飛檐雨。侍從詞臣許縱看，驚心駭目誇雄觀。泰山俯視皆雲氣，滄海平臨盡紫瀾。先教拂拭青玉案，捧持須用薔薇盥。書家今得見山陰，如泝河源入星漢。再拜稽首恩無疆，晴窗寓目神飛揚。天球河圖世世寶，上與景慶同輝光。

雪中直南書房恭紀六首

臘盡春前雪正宜，天街飄灑晚煙時。如霜漸滿黄金瓦，似絮濃沾白玉墀。

其　二

凝輝積素影蹁躚，宸藻新題五色箋。今日聖情偏豫悦，普天來歲是豐年。

其　三

瓊林萬樹鬥芳菲，瑶島諸峰隱翠微。上苑光輝開輦路，六龍行處六花飛。

其　四

水晶簾捲雪漫漫，坐擁圖書向晚看。新露研朱還校閲，親拈玉管不知寒。

其　五

爐煙暖散墨池冰，滿苑瑶華夜色澄。秘閣小臣沾聖澤，梅花香裏讀書燈。

其　六

平明走馬石橋頭，銀海光摇碧殿浮。雪後曉寒都不覺，尚方新賜翠雲裘。

除夕養心殿侍宴應制

深殿宵沉寶炬然，歲除欣侍五雲邊。步隨仙仗陪鵷鷺，坐近天香聽管弦。柏葉分行傳玉琖，椒花送暖入瓊筵。漸知温律陽春早，拜手君恩又一年。

元日養心殿侍宴應制

暖日和風漾鳳城，履端清讌在承明。樓前晴雪消金掌，璣上春星轉玉衡。三殿班聯同愷樂，萬方歌舞祝昇平。欣沾元日恩輝早，聽奏鈞天第一聲。

上元賜宴恭紀

龍墀春早至，鳳曆月初圓。紫閣銀花麗，天街玉鏡懸。笙歌連綺陌，宴賞入華年。令節叨恩重，調蘭出御筵。

養心殿看鼇山燈恭賦

琉璃宵映蕊珠宫，絳蠟分行皎月同。山似蓬萊移海上，人疑鸞鶴戲雲中。當筵自舞呈天巧，弄影無心奪化功。謾説魚龍誇往代，神奇不數偃師工。

其二

彩山燈燦若流霞，黼席高張倚碧紗。萬壑煙雲千樹月，一樓簫管四時花。青驄解向平橋轉，畫舫能隨石岸斜。此夕看從深殿裏，奇觀何異泛仙槎。

恭睹御制詩十章敬賦四首

睿詞天藻日光輝，手捧鸞書在禁闈。獻賦侍臣慚珥筆，賡歌聖帝正垂衣。

其　二

萬幾暇日偶怡情，玉韻金聲震八紘。函蓋古今誰得似，海濤千頃日華生。

其　三

豈羡唐宗吟爽氣，謾誇漢武賦秋風。九霄明月千峰雪，盡入君王藻翰中。

其　四

五字高吟豈漫然，還同六義與流傳。崇高在德真天語，不是尋常月露篇。聖制有『崇高原在德，壯麗豈爲威』之句。

南書房盆中白梅盛作花恭賦

一樹梅從上苑移，頻勞中使護重帷。花迎暖日香侵席，人對春風雪滿枝。疏影夜添燒燭後，清芬朝撲捲簾時。野橋絶澗尋常見，幾到君王白玉墀。

月下出自西掖

太液波涵禁苑西，君恩分與一枝棲。長堤路指紅牆近，古殿陰連碧樹低。曉度石橋看馬迹，晚隨金鑰聽烏啼。慚無經術酬知遇，高閣空然照夜藜。

恭賦孝昭皇后輓詩四首

華閥鍾祥久，椒塗叶瑞宜。六宫型后德，萬國仰坤儀。地圻珠沉日，天驚月墜時。敬颺彤管盛，冀慰紫宸思。

其　二

徽音騰桂苑，寶册正瑶宫。練服先羣御，宵衣佐聖躬。薦馨宗廟肅，視膳寢門同。一自雲輧杳，淒淒玉殿風。

其　三

懿恭標壼則，雍肅範人倫。家國沾淳化，宫闈洽至仁。禕衣新耀彩，寶鏡忽承塵。聖主頻揮淚，哀思感侍臣。

其　四

素翣移郊甸，孤城寢殿開。悲看丹旐過，泣送寶衣來。執紼千官擁，隨車萬姓哀。小臣垂涕日，作誄愧非才。

閏三月二十一日五臺山新貢天花至特頒手敕分賜恭賦應制

靈岳珍蔬貢尚方，欣從紫禁沐恩光。清芬遠帶山嵐色，鮮潔猶含石髓香。聖藻温綸深雨露，仙廚異味重琳瑯。同時寵賚成佳事，千祀流輝照玉堂。

閏三月二十二日蒙賜上所御涼帽靴襪及羅紵表裏恭賦

六年講席慚無補，自天錫賚邀便蕃。内織新裁稱長短，香羅綺紵隨寒暄。紫毳豐貂白狐腋，嚴風積雪資奇温。身著賜衣拜天子，一時光彩生庭軒。補衮何能贊文治，書紳常恐辜殊恩。服之不衷古所誡，寸心感惕恒自捫。顧瞻已足耀蓬户，況乃推解勞至尊。華冠曾經服元首，明珠的爍如瑶琨。黼黻裁成錦蔽膝，赤芾金舄奚足論。頒自尚衣最親切，龍香繚繞今常存。書生微躬焉敢近，空懷慚汗驚心魂。錦箱珍重黄封密，留與貧家示子孫。

世祖皇帝御書正大光明大字今上御制題跋勒石告成蒙恩賜觀恭紀

聖祖宸章日月昭，傳心精義接唐堯。典謨四字垂千古，藻翰重華見兩朝。如睹揮毫臨墨沼，欣看勒石炳丹霄。吾君孝德兼文德，作述同光萬祀遥。

四月十七日賜觀盆植人參賦此時同説巖阮亭澹人近公

椵樹陰中荷鍤尋，孤莖五葉翠雲深。由來靈草生豐沛，喜見移根到上林。

四月二十六日蒙賜新貢龍井天池珍茗二瓶恭紀四首

春山雷莢緑參差，驛使南來貢御時。千片月團天上味，清芬先許侍臣知。

其　二

瑞草榮頒向直廬，捧持驚喜拜恩初。錦函自啟窺新緑，不覺蘭香滿石渠。

其　三

披雲和露出層巒，雀舌名芽欲購難。家住江南曾未識，得分珍味在長安。

其　四

晚窗自煮石泉清，静聽松風第一聲。喜沐君恩分玉液，不將仙露羨金莖。

四月二十八日蒙賜高麗人參一函恭賦

紫團名重舊神京，紫團，參名。東坡有紫團參詩。瓊液金枝色最瑩。山澤常看雲氣護，海天朝映日華生。俯憐弱質宜仙草，特賜靈芽荷聖情。時飫甘香同湛露，勝含雞舌在西清。

恭和聖制喜雨詩

靈雨東來滿帝城，和煙霑灑玉階輕。捲簾笑指雲生處，稼穡深縈聖主情。

五月初八日賜五臺山新貢香菌恭賦二首

包貢西來入九重，石英遥自白雲封。君恩分得名山味，身到清涼第一峰。

其　二

香菌離奇細石紋，紫芝瑶草鬥清芬。祗因野性甘藜藿，最愛山蔬帶水雲。

恭和御制郊外偶作

郊圻一道鶯花晚，禾黍千村雨露深。不獨詩情窮物態，由來睿藻叶天心。

恭和御制夜静讀書

御牀繚繞一簾香，午夜觀書燭影長。聖度此時天際滿，遥同明月照要荒。

恭和御制郊外即事

風過涼生樹，雲來雨濯枝。三農耕稼苦，常藉豫遊知。

恭和御制複道口占

晚涼遊上苑，扶輦見園官。爲報榴花艷，紅侵碧玉闌。

蒙恩許于禁中乘馬恭賦二首

詔許垂鞭入禁林，天街蹀躞紫雲深。書生自愧駑駘力，難報孫陽感遇心。

其　二

珥筆承恩禁掖西，曉聽宫漏夜烏啼。從兹芳草長楸道，青瑣沉沉送馬蹄。

四月十八日蒙賜御筆臨蘇軾詩一卷草書唐詩二幅恭賦二首

君王清燕侍臣知，棐几常臨白玉墀。披卷愛當明月夜，揮毫多在晚涼時。湘簾香繞書千帙，春殿雲生墨一池。地近九霄饒雨露，名箋新賜曲江詩。御筆書唐詩，有『曲江煙柳』之句。

其　二

坡仙楷法今猶在，草聖新題墨未乾。秀色松筠千嶺上，奇姿鸞鶴五雲端。臣叨寶翰重頒渥，人比瑶光一見難。自幸此身依日月，拂箋常奉萬年歡。

侍從登景山恭賦六首

追隨登陟翠微峰，馬首雲生石上松。俯視萬家圖畫裏，祇因身得近飛龍。

其　二

上苑平蕪校射宜，雕弓羽箭晚涼時。聖人神武真天授，命中争誇百步奇。

其　三

初從清蹕虎城來，猛獸珍禽總異材。不獨熊羆同渭水，還看麀鹿似靈臺。

其　四

漫誇綉嶺長楊館，豈羡甘泉五柞宫。身到華林最深處，蓬萊指點絳雲中。

其　五

古槐垂地晚陰疏，雨過涼生滿玉除。遥隔珠簾窺紫閣，君王清玩總圖書。

其　六

羽衛羣趨進玉鞭，書生分跨紫連錢。君恩欲試馳驅力，攬轡常教近御前。

恭睹御制夏日登景山詩敬賦二首

載筆隨車陟閬風，小臣詞句愧雕蟲。皇情歡豫抒天藻，氣蓋山河一百中。御制詩中有『翰林隨輦進詞章』之句。

其　二

碧落雲生夕照西，千山送雨晚煙低。微材欣際賡颺盛，名姓驚看入御題。

五月十五日黑龍潭扈蹕恭紀

俯瞰龍湫碧瓦亭，中涵雲氣比滄溟。一灣澄澗浮文藻，萬疊蒼山列畫屏。喜雨曾經宸翰賜，祈年常見翠華停。今從清蹕時巡處，禾黍臨風夾道青。

碧雲寺扈蹕恭紀

衆峰環翠與雲平，勝地幽奇愜聖情。石路陰陰籠樹色，僧房處處聽泉聲。行宮朝對靈巖敞，御榻宵移竹院清。睿賞坐來吟咏久，隔林山月晚涼生。

扈蹕至法海寺瞻仰世祖皇帝御筆敬佛大字石碣奉敕恭紀

巖壑蒼深佛寺宜，先皇曾駐翠雲旗。鼎湖弓劍存遺迹，山殿松筠覆古碑。千載宸章看勒石，兩朝家學重臨池。聖心瞻眺停輿衛，指點香臺下馬時。

石景山扈蹕恭紀

羽衛連朝作勝遊，還從石景駐鳴騶。懸巖飛閣松陰合，古洞藏經蘚壁幽。遠樹平臨開冀野，羣峰西繞送河流。六龍更渡横橋外，萬壑遥看紫氣浮。駕度渾河，英病不能從，遂留石景。

和龍湫壁上韻應制

碧澗穿雲落，閒階曲曲流。聖情怡皎潔，仙蹕助清幽。片石涼宜夏，空山響帶秋。名泉經睿藻，敷澤滿皇州。

題卧佛寺殿前大樹應制

古樹參雲佛閣前，聖心留賞拂華箋。夕陽恰在香林外，一片清陰落御筵。

盤磴應制

洪光寺有盤磴九折，柏陰蔽日。

古柏陰中石磴盤，如虹迢遞跨層巒。翠華迴〔一〕歷煙霄外，山半紅雲駐馬看。

校記

〔一〕『迴』，四庫全書本作『廻』。

奉敕題贈聖感寺僧海岫

僧以苦行受知，因賜名『聖感寺』。

碧水蓮花清浄身，香臺施食道心真。荒山布衲安禪處，戒律精嚴感聖人。

恭睹御制遊覽諸詩敬賦

帳殿瑶函載錦箋，登臨處處有詩篇。朝吟麗句龍驤擁，夜落仙毫寶炬然。瑞彩常教籠古寺，翰香分賜與流泉。小臣忝附清塵外，時聽南風入五弦。

扈蹕西山至南苑紀事詩四十首

野色蒼茫隔柳堤，名山多在帝城西。青郊緩引黄金勒，白馬輕翻碧玉蹄。初出西直門，茂林曲徑，最爲幽勝。

其　二

遥望飛塵一綫輕，平郊歷歷引雙旌。皇情最愛田疇好，萬騎傳呼逐隊行。上諭衛士勿踐民田，令魚貫單行。

其　三

擊壤歌衢樂自如，不教雞犬避乘輿。山僧出定閒披衲，野老來看倦倚鋤。寺僧不擾，觀者不令迴避。

其四

四民獨苦是耘耔，君相同心軫念時。不待豳風歌七月，聖人親制憫農詩。御制同大學士及侍衛等幸黑龍潭途中詩，念農民暑中荷鍤之苦。

其五

古潭石碣蘚痕斑，常迓鑾輿到碧山。只爲蛟龍留窟宅，能將霖雨遍人間。扈從幸黑龍潭。

其六

盤紆峻嶺白雲封，今日新看幸六龍。指顧河山襟帶裏，鸞旂遥駐最高峰。自黑龍潭度嶺至五華閣。

其七

蕭蕭野寺入雲根，徑轉峰迴始到門。石色谿聲如太古，閒花幽草似仙源。從廣泉寺至卧佛寺，谿山最幽。

其八

陰崖盡日掩芳叢，退谷亭幽曲徑通。單騎不教傳警蹕，山泉聲繞玉花驄。退谷曲徑清流，與御驄相繞。

其九

干雲秀色比祇林，斑駁莓苔歲月深。嘉樹幸邀天子顧，教依玉几咏清陰。上親制卧佛寺大樹詩，命臣英、臣士奇于御前同咏。

其十

霽顔不覺堂廉遠，軫念恒如父子親。馬首備聞天語切，本朝家法重臣鄰。上於馬上顧大學士及臣英等，論君臣一體之誼。

其十一

『激湍』書就字如椽，筆底蕭蕭響澗泉。莫訝小臣還氣索，塗鴉敢向墨池前。上於龍湫亭書『激湍』二大字，落筆天然，命臣英書『聽泉』，臣士奇書『枕流』，臣等仰瞻御筆在前不能措手。

其十二

滿地松陰碧澗流，昔年曾宿寺西樓。書生仍是看山客，得扈君王萬乘遊。碧雲寺憶舊遊。

其十三

驊騮豈獨羡騰驤，德冠金臺選駿場。試落雕鞍渾不覺，始知天驥重調良。上所乘駿馬最良，左右試之〔一〕，屹然不動，命從臣駐觀，亦稱驥以德之意也。

校　記

〔一〕『試之』，原缺，據康熙四十三年刻本補。

其十四

聖主尋幽載筆隨，常披蒼蘚看殘碑。幾年翠輦曾遊處，猶記山亭壁上詩。龍湫亭及來青軒壁上詩有佳者，上曾遊處猶記憶之。

其十五

御書蒼勁迥無儔，懸向千峰最上頭。奎曜常同雲漢麗，日華高映海天秋。來青軒瞻御筆恭紀。

其十六

空濛雲氣生虛壁，遠近嵐光入小亭。幾度憑闌看不厭，山容野色總青冥。來青軒高敞，最宜遠眺。

其十七

古洞嶙峋飛閣繞，侍臣登躡藉垂藤。鳴鑾偶幸〔一〕青蓮社，敝衲常憐白髮僧。上幸寶珠洞，御制詩賜僧海岫，并命臣英等作詩贈之。

校　記

〔一〕『幸』，四庫全書本作『憩』。

其十八

攬勝歌風同過沛，時巡觀俗陋横汾。千村蔀屋瞻龍氣，萬幕平郊散馬羣。石景山駐蹕，衛士皆羅布山下。

其十九

凴虛高閣俯松端，千頃平疇入望寬。山色自青雲自白，河流蒼莽古桑乾。石景山晚眺。

其二十

靈境無如潭柘杳，幽棲真見古瞿曇。慚無濟勝登臨具，咫尺名山不易探。上幸戒壇潭柘，念臣英偶病，艱于登陟，命暫留石景山。昔許詢善登山，人謂其有濟勝之具。臣愧不能也。

其二十一

巖壑紆迴入渺茫，鳥啼花落總天香。渾河西畔山逾秀，福地珠林紀晉唐。戒壇潭柘山更幽奇，佛刹乃晉唐之遺。

其二十二

翠竹煙梢碧玉姿，傍崖臨水緑參池。皇心珍重淩霜節，題作篔簹第一枝。潭柘有竹最茂，御制詩咏之。

其二十三

深山民俗自羲皇，婦子提攜輦路傍。豈是房陵朱仲李，也同芹曝獻君王。時道傍村民有獻鮮李者，上笑而容之。

其二十四

寶翰偏宜洞壑藏，山光雲影入天章。一經洗筆谿頭水，清澗常流御墨香。西山諸勝地，上皆有題咏。

其二十五

天閑晚向柳陰開，鐵駟花驄盡上材。牽向御前都記憶，何年貢自渥洼來。上幸南苑閲馬，御廐良馬甚多，一一記其所貢之人。

其二十六

涼風習習捲龍旂，碧草叢中獸正肥。親輓琱弓頻射得，千聲虎拜頌天威。南苑合圍，上親射，每發必中。

其二十七

豹尾龍驤若布棋，放靡傳語六軍知。書生新扈長楊獵，親見皇仁解網時。合圍時，凡不成禽者，命開一面放之。

其二十八

聰慧天潢少有名，九齡初入御圍行。自乘果下隨龍馭，萬騎叢中學射生。時有郡王九齡隨圍騎射。

其二十九

上林迴繞是清渠，北渡平橋映碧虛。聖澤常同靈沼樂，柳風生處看游魚。上臨流看魚。

其三十

落照西山獵騎催，長風駕雨自東來。玉鞭動處雲隨馬，十里離宮頃刻回。獵回遇風雨。

其三十一

宫使頻看驛騎催，遥從長樂問安回。寶弓親射林中鹿，爲進慈寧御饌來。上親射鹿，進太皇太后。

其三十二

昔扈行宫入講筵，陳詩獻賦緑槐邊。今看黼座牙籤處，得奉恩波已六年。上駐蹕南苑，猶日御講筵。臣英思初承命進講正在行宫，今已六年。

其三十三

殿角鐘鳴佛寺幽，重來金地幾經秋。薰風兩度過蘭若，總是君恩許賜遊。臣于康熙十二年五月曾過德壽寺，今得再往，皆奉命許遊。

其三十四

靈境招提御柳邊，紫金爐制本天然。細看翡翠龍紋裏，猶記先皇鑄鼎年。德壽寺有寶鼎，乃世祖時所鑄，工巧異常。

其三十五

横空十里陣如雲，御蓋飄摇指六軍。喜見騶虞王澤盛，馬前麋鹿自成羣。南苑禽獸蕃息，真見騶虞之盛。

其三十六

偶臨曲水玩淪漪，宛轉谿流碧草湄。隔岸游鱗隨手得，英風漢武射蛟時。看射游魚皆應手而得。

其三十七

六轡學調天廐馬，一鞭遥傍屬車塵。慚無羽獵長楊筆，爲寫軍容奉紫宸。扈從二臣皆命乘内廐馬。

其三十八

敢言託乘比枚皋，駑鈍無能逐彩旄。駐馬松間頻賜問，恩深時荷聖衷勞。臣等未習馳驅，蒙
上命近侍同行，復時時賜問，眷顧優異。

其三十九

別殿長廊映緑苔，槐鋪深院晚蟬來。君恩常恐疲驅策，詔許行宫待獵回。上常命臣英于行宫候駕。

其四十

天漿飽飫牙盤美，仙饌常分玉箸倫〔一〕。此日獵回還拜賜，恩教椎〔二〕子共烹䰾。回宫日賜
臣英麞一兔二〔三〕。

校　記

〔一〕『倫』，康熙四十三年刻本作『偏』。
〔二〕『椎』，康熙四十三年刻本作『稚』，是；『䰾』，康熙四十三年刻本作『鮮』。
〔三〕『麞一』，原缺，據康熙四十三年刻本補。

存誠堂詩集 應制三

内庭應制詩九十七首

賜宣德宫扇恭紀二首

亭午曦車送祝融，冰壺静對碧紗中。九鸞宫扇新承賜，滿袖涼生玉殿風。

其　二

半面輕紈籠翠竹，數行幽鳥點黄金。新開寶篋沾恩渥，猶帶龍香出禁林。

夏日上幸景山時臣英臣士奇扈從御制詩一章七月十八日蒙恩書賜恭賦五言八韻

翠繞三峰近，榮陪八駿遊。海雲連雉堞，山雨入龍樓。樹色津門暗，煙光碣石浮。高吟天藻發，清景御題留。桂滿金波日，蘭開玉殿秋。聖慈揮寶翰，麗句寫銀鉤。盛事誠希遇，深恩豈易酬。同分圭璧彩，千古照滄洲。

西洋貢師子歌

聖朝威德彌九垓，海天萬里梯航來。遠致珍奇羅闕下，狻猊詭異非羣材。昔聞烏弋産神獸，制兕搏象稱渠魁。照耀林麓目若電，哮吼山谷聲如雷。往來長風生大壑，巨石喬木皆崩摧。虎豹懾服類狐兔，熊羆玩視同嬰孩。修尾闊臆雙耳帖，形體圖畫堪弭災。中國此獸不恒見，惟從載籍標奇侅。忽睹入貢自絶域，象胥九譯相追陪。浮舟西溟歷南粤，海波浩蕩山崔嵬。金鎖長縻鐵閑閉，拳毛偃卧黄雲堆。何年却别條支路，一朝奄至華林隈。久服王化氣已馴，御園麌鹿忘驚猜。鑾官呼名撫其鬣，雅知人意常低徊。越雉旅獒追盛事，白麟赤雁同昭回。在昔漢武好善馬，貳師遠度西輪臺。窮年求得渥洼種，登歌天廟誇龍媒。曷若奇獸慕義至，剛猛擾服如駑駘。願頌騶虞王業盛，載歌麟趾帝紘恢。聖主雖不寶異物，以茲昭德誠皇哉。

八月六日於神武門内觀西洋進貢師子恭紀

靈囿秋光映碧岑，狻猊新貢入華林。日南聲教車書遠，海外梯航歲月深。白澤獸能言主德，越裳人本識天心。承恩許近瑶墀看，昭代仁風珥筆吟。

八月十八日蒙賜觀聖制詩集恭紀五言十六韻

聖藻盈緗帙，高吟碧殿清。端居因感物，幾暇偶怡情。字掩三辰麗，詞探六義精。含毫當紫闥，結念在蒼生。瑞雪歌銀甕，華星咏玉衡。艱難憐荷鍤，辛苦憶從征。句每臨軒得，篇多駐輦成。煙霞邀盼賞，巖壑記巡行。氣溢河山壯，思翻海岳平。規模淩雅頌，律吕叶韶讌。寶樹千尋直，珠光萬斛傾。幸容依黼席，竊許聽金聲。日映丹霄近，奎懸碧漢明。賜觀恩數重，捧讀寸心驚。仙露臣同渥，卿雲帝載賡。願偕芸閣侶，常紀柏梁名。

九月十日上侍太皇太后幸温泉恭紀五言八韻

慈顔康豫日，鳳蓋駐郊原。華髮三朝貴，彤闈萬國尊。含飴娱壽母，扶輦見文孫。紅樹迎丹幰，青山入翠軒。香泉浮露暖，碧澗瀉春温。問俗前模重，承歡至性存。菊黄當九月，露湛滿千村。野老羣瞻望，謳歌兩聖恩。

十月二十四日蒙恩自温泉頒賜野雞恭紀二首

侍膳温泉館，霜天羽獵催。御園雲外合，宫使雪中回。心傍華旗遠，恩分錦翼來。古人曾載贄，耿介異凡材。

其二

白草鞲鷹健，寒原野雉肥。遥從金彈落，近繞玉鞭飛。偕鹿登廚傳，隨車入禁闈。文禽頒侍從，拜賜有光輝。

長至日上躬祀南郊恭紀五言十二韻

至日躔南極，初陽紀仲冬。綉裳添采線，玉管應黄鐘。慶典同函夏，明禋掌秩宗。齋宫香霧繞，泰畤碧雲封。視版臨深殿，親郊出九重。霜華迎翠輦，爟火照寒松。登降聞天語，堂皇展帝容。瑶臺三后配，黼帳百神從。繭栗燔柴犢，星辰護燭龍。祠官調寶瑟，舞羽間金鏞。一德符穹旻，羣僚秉肅雝。遥瞻蒼璧薦，共睹紫煙濃。

恢復岳州奏捷恭紀五言十二韻

露布馳星驛，天戈取岳陽。親賢開壁壘，廟算出巖廊。討逆勞專閫，稽誅尚陸梁。困猶魚在釜，飢藉鼠爲糧。智勇王師備，綏戡武烈揚。巢將焚燕雀，險已失瀟湘。夢澤飛旌影，蘭江淬劍鋩。受降歸鎧甲，列肆進壺漿。凱奏春臺日，歡騰黼座傍。從兹清巨寇，勢若履康莊。鯨浪平巫峽，狼煙息鬼方。六軍鐃吹入，端拱靖炎荒。

十二月十六日欣逢皇太子大慶頒詔中外恭紀五言十韻

帝圖綿景運，國慶耀前星。少海連銀漢，重輪照璧庭。英聲窺聖質，慧性識沖齡。共仰兼三善，行看訓六經。陽生緹室管，葉滿玉階蓂。時值冬至後十五日。青震逢元吉，丹霄護百靈。天心隆眷祐，睿體益清寧。殿陛争傳喜，郊壇祇薦馨。綸音頒涣汗，膏澤比滄溟。輦轂龐眉叟，羣來闕下聽。

十二月二十五日蒙賜御用貂裘一領恭紀二首

紫綺豐貂世所稀，新裁歲歲拜彤闈。稱身難荷恩施重，顧影深慚報答微。聖澤頻年忘雨雪，天香滿路羡光輝。歸來檢點裘裳看，疊笥盈箱總賜衣。

其二

珥貂自昔重承明，況復珍裘積累成。如雪謾誇狐腋貴，當風不數雉頭輕。日華朝映香雲繞，霜穎晴看紫霧生。拜賜何能酬渥澤，垂衣常顧祝昇平。

十二月二十八日蒙賜食品酒醴恭紀二首

紫陌晴雲暖，年華入歲除。恩銜宮使詔，春滿侍臣廬。蘭饌烹鮮日，椒觴獻臘初。頒從霄漢上，歡躍更誰如。

其二

歲月恩波裏，風光禁籞中。佳辰叨法膳，備物愧愚衷。榮逮宗祊遠，甘分稚子同。堯廚天酒緑，寒谷總春融。

懋勤殿盆中古梅又值花時恭賦四首

秘閣寒香舊賦詩，春風又見上林枝。年華愈覺君恩重，常藉梅花紀歲時。

其　二

深紅淺白恰相宜，嶺上谿邊見亦稀。絶似孤山清素士，承恩新得賜緋衣。一株雙幹，花開紅白二色。

其　三

交讓連枝盡不如，孤根雙萼自扶疏。影留東壁三更月，香覆西清一卷書。

其　四

奇葩移自蕊珠宫，濃淡同開一樹中。晚節自忘冰雪苦，獨將消息報春風。

懋勤殿芍藥於春初盛開恭賦二首

宮柳南園未放芽，數枝含露艷朝霞。祇因日沐天波暖，温室先開四月花。

其　二

翠幙重簾護曉寒，名花常傍講幃看。豈如凝碧池頭宴，惟賦沉香芍藥欄。

康熙十八年二月蒙恩轉侍讀學士恭紀二章

門開宣政日曈曨，温室花繁淑景融。載筆趨來宮漏裏，除書聞自禁闈中。身依香案恩常渥，名愧冰銜歲不同。廣廈細旃時賜對，慚無一得報宸衷。

其　二

藝苑詞曹比鳳池，雞棲敢傍最高枝。丹梯目懾雲霄近，碧草心銜雨露滋。東觀崇階容屢陟，西清祕簡許頻窺。承恩便詔當筵謝，不待鵷班曉漏時。

恭遇太皇太后萬壽節敬賦五言十韻

懿德超前古，純禧裕後昆。文孫天下養，堯母域中尊。雍肅千秋範，涵濡兩代恩。聖慈開泰運，厚載比坤元。仁儉貽謀遠，康寧受祉繁。春深翔鳳闕，瑞繞濯龍門。慶節禎祥集，佳辰景物暄。嵩呼連海岳，華祝指崑崙。宸藻鏤雲筆，仙芝獻壽樽。萬齡同日月，常照紫庭萱。

省耕應制二十韻

皇心崇穡事，睿慮重田功。問俗神堯似，勤民大禹同。頻年頒漢詔，午夜誦豳風。北闕韶光麗，南郊淑景融。土膏方澤澤，牟麥正芃芃。耕稼乘時令，艱難啟聖衷。詔傳青嶂外，輦駐緑疇中。河漢星將曉，滄溟日在東。樹邊聽好鳥，澤畔見飛鴻。清蹕雙旌遠，期門七校雄。桑陰閒稚子，芹曝獻村翁。草映鸞坡碧，花圍黼帳紅。篝車紛綺陌，畚鍤遍芳叢。還許驅黃犢，何須避玉驄。謳謡忘帝力，歌頌達宸聰。蔀屋溫綸溥，茆簷御路通。蒼生陳疾苦，赤子賴帡幪。補助恩常渥，涵濡德至崇。敷天安衽席，荒服靖兵戎。華黍呈嘉瑞，千秋祝屢豐。

二月二十九日蒙恩賜宴西苑恭紀四章

上林風日好，遊讌賜芳辰。花映長堤曉，波涵太液春。馬嘶銜碧草，舟泛入青蘋。共慶昇平樂，殊恩及侍臣。

其　二

離宮煙浦外，幽賞禁垣西。瑶島孤峰秀，華林萬樹齊。水生楊柳岸，春滿杏花蹊。不覺移情久，仙源到易迷。

其　三

水亭浮畫棟，高敞若凌虚。雲影摇珠箔，天光動綺疏。藥欄棲皓鶴，石瀨戲文魚。聖主揮弦處，薰風化日舒。

其　四

蘭饌陳山海，瓊筵接水雲。共乘青雀舫，驚起白鷗羣。地勝情偏愜，恩深酒易醺。小臣歌既醉，天保奉吾君。

三月十四日上省耕回宫蒙賜水禽諸物恭紀二章

觀俗旋鑣自水湄，小臣沾賜愧恩私。如瞻翠蓋樓船上，春滿平湖射雁時。

其　二

爰爰紫兔出中林，羽翮紛紜雜水禽。誰得平分天上味，歸鞍攜自禁庭陰。

恭遇皇上萬壽節於内殿稱賀敬賦二首

紫殿歡呼動八紘，當年華渚慶雲生。唐太宗生時，有慶雲見。中天日映丹霄麗，南極星懸黼座明。春滿九重聞笑語，風清四海賀昇平。寰瀛歲歲瞻龍德，玉簡金泥紀頌聲。

其　二

斗柄瑶光正向辰，清和三月歲華新。甫從禹甸迴鑾馭，親見堯衢祝聖人。地接宸居容虎拜，身依香案傍龍鱗。小臣敢獻千秋頌，遥指南山萬樹春。

己未孟夏上以天時久旱於宫中致齋三日望日親詣南郊虔禱讀祝版甫畢雨澤應時而至恭紀二首

驕陽入夏軫皇情，肆類郊壇爟火明。碧漢夜隨鸞旆捲，微雲朝傍翠華生。由來主德崇無逸，益信天心感至誠。九奏未終霑灑到，千官扈蹕盡歡聲。

其　二

端居减膳啟齋宫，肅穆宸心與帝通。滋植民天惟歲稔，栽培國本在時豐。隨車恰自郊禋後，露冕親雲輦道中。宵旰連朝今色喜，君王憂樂萬方同。

五月初一日賜内府彩絲藥物恭紀

節近天中景物和，瓊琚沾賜出鑾坡。繽紛色映臨風珮，飄渺香侵疊雪羅。聖澤豈需靈藥護，君恩還較彩絲多。玲瓏宫様人争識，似曳雲霄紫玉珂。

五月初二日蒙恩傳諭爾子廷瓚選授翰林院庶吉士恭紀二首

太液湖光映直廬，燕雛隨傍鳳城居。敢期姓字聯珠榜，得奉恩輝到玉除。當殿掄才懸藻鏡，退朝傳命駐金輿。海天聖澤真無際，許讀西清舊賜書。

其二

清切官階數藝林，何堪相繼玷華簪。一經教子慚無術，兩代分榮愧轉深。愚似豚魚猶載德，微如葵藿尚傾心。況曾夙奉詩書澤，感遇酬恩自古今。

五日西苑泛舟侍宴紀恩四首

蒲香風暖浴蘭辰，御苑嘆遊奉紫宸。時有微雲消暑氣，還因宿雨浄芳塵。幽潭碧樹迎仙仗，畫舸朱欄列近臣。欲識君王同樂意，普天今是太平人。

其二

簪裾鵠侍彩雲端，釃酒臨流聖澤寬。碧玉橋頭雙旆引，緑楊陰裏萬人看。西園擊楫過瑶島，北岸揚舲到激湍。惠靄和風偏此日，還知天意與同歡。

其　三

郭外靈泉入渚宫，藏舟别渚洑流通。新從太液移黄鵠，遥隔平橋望彩虹。夾岸林巒浮積翠，一樓簫管御微風。咸池樂奏游魚出，静愛湖天似鏡中。

其　四

韋杜金張黼座前，小臣竊喜荷恩偏。追陪鳳蓋鸞旂裏，蕩漾雲亭水榭邊。仙醖自天傾玉液，官庖隔岸送瓊筵。清時令節沾殊渥，願捧蒲樽祝億年。

侍從西苑進講恭紀四章

清時避暑駐離宫，竹塢花谿輦路通。水殿涼分蘆荻雨，山亭香滿芰荷風。坐臨空翠鳴弦裏，静聽飛泉講幄中。聖主一編猶在手，乾行不息與天同。

其　二

雲影天光自窈冥，蓬萊宫闕俯滄溟。緑槐枝覆鴛鴦瓦，碧澗光摇翡翠亭。乳燕掠波穿綉户，水禽接翅過芳汀。微臣竊侍迎涼殿，拜手甘泉敢勒銘。

其　三

龍旂飄拂照盤渦，芳景來遊御畫舸。雲度石橋微雨歇，波生蓮渚晚涼多。嘉魚喜傍蘭舟躍，谿鳥歡迎翠輦過。水木清華幽賞地，仙源端可接銀河。

其　四

陪輦行宫講誦餘，隔谿欣得傍宸居。垂楊影裏攤書卷，流水聲中掩直廬。曉露新荷聞沆瀣，夕陽高樹對扶疏。傳呼小艇花間泊，觀稼亭西近玉除。

賜新貢岕茶二瓶恭紀

紫筍芳芬比蕙蘭，吴山越水到長安。含香瑞草封雕篋，拜賜名芽出禁闌。自瀹清泉松籟起，細傾仙液露華漙。只因身侍紅雲裏，歲歲恩波捧月團。

蒙恩命供奉臣周道寫臣小像裝潢成軸特賜恭紀二首

十載清曹近玉墀，經帷祕閣許追隨。忽聞恩澤傳宫使，爲寫儀容遣畫師。香近御爐薰絹素，墨和仙露點鬚眉。三毫頰上頻添取，多在天顔指顧時。

其　二

潘岳中年鬢有星，自將疏野嘆儀形。披裘只合棲山澤，鳴玉何堪著殿庭。麟閣勳名慚竹帛，瀛洲文學愧丹青。惟驚蒲柳沾恩渥，敢傚豐裁問九齡。

康熙十九年六月蒙擢授翰林學士兼禮部侍郎紀恩四首

松榆陋質比鵾鷞，阿閣何期託聖朝。三徑蓬蒿連紫禁，八年書帙傍丹霄。手攀天上星辰近，身被人間雨露饒。日日青花龍尾道，常同歷草侍神堯。

其　二

青瑣沉沉入紫微，四時常見著宮衣。蓬瀛自古人爭羨，史册如臣遇亦稀。香案宸顔容咫尺，經幃天語賜光輝。唐虞典誥羲文易，拜捧瑶函翼萬幾。

其　三

文明天授御飛龍，俯視羣流若岱宗。涓滴何能思報答，冰淵常恐負遭逢。褒綸驚捧王言重，野質深慚聖度容。自是清時榮侍從，章縫偏覺渥恩濃。

其　四

紫泥光映曙霞生，重疊冰銜忝姓名。仙籍屢看標藝苑，崇階還許列清卿。一時寵命沾鸞掖，同日除書出鳳城。羣自講筵蒙異數，拜官千載有殊榮。

平蜀奏捷恭紀二首

一軍飛劍閣，三捷報蠶叢。宿霧巴江捲，春流蜀道通。壺漿迎猛士，組練繫狂童。天半峨嵋石，新看紀戰功。

其　二

六年屯漢沔，王化阻巖疆。扼塞狐憑險，膏腴鼠藉糧。自天開益部，計日定炎荒。喜見欃槍息，同聲賀廟廊。

七月三日奉恩泛舟西苑觀取魚并蒙頒賜恭紀八首

興慶池蓮照水紅，恩分青雀御微風。幾人曾到甘泉館，來往波光瀲灎中。

其　二

太液湖西雨脚垂，水雲亭畔蕩舟時。芙蕖深處菱花密，出水紅鱗壓釣絲。

其　三

參差樓殿俯滄浪，北渚南湖接渺茫。隔岸水花秋更好，覆堤官柳午偏涼。

其　四

好雨連朝長暮潮，輕舠緩轉木蘭橈。西山指點青如黛，不覺經過玉蝀橋。

其　五

秋早涼從水殿生，魚罾收處柳風輕。縱橫藻荇流船滑，時聽鮮鱗潑剌聲。

其　六

新蟬乍喜報秋清，靈沼風和見物情。綠樹陰中啼翡翠，白蓮花底宿鵁鶄。

其　七

空明雙槳擊澄潭，煙水菰蒲性所耽。怪底夜來涼雨後，魚莊蟹舍夢江南。

其　八

錦鬣銀腮滿泛船，盈筐拜賜荷恩偏。謾言玉鱠東南美，親割華林第一鮮。

閏八月二十七日蒙恩賜内厩鞍馬恭紀二首

頻年踪迹傍金門，駑馬常隨入掖垣。御苑遴材誇上駟，儒臣拜賜荷深恩。調良自昔如君子，驅策曾經奉至尊。宫錦障泥絲絡首，連錢光澤照庭軒。

其 二

中夜房星降紫霄，長鳴顧影獨蕭蕭。花驄遠自西川貢，金埒新從内厩調。嘶入宫雲看攬轡，光生衢路羡聯鑣。朝朝柳下青驪穩，蹀躞春風玉蝀橋。

除夕乾清宫侍宴恭紀

餞歲恩暉奉紫宸，翬飛阿閣物華新。崇階喜接〔一〕金張貴，秘殿歡陪衛霍親。諫果特分宣口敕，橄欖，古稱諫果。衢樽頻賜被温綸。來朝共慶三微節，拜手堯年二十春。

校　記

〔一〕『接』原缺，據康熙四十三年刻本補。

康熙二十年元日乾清宫侍宴恭紀

元辰佳氣晚氤氲，清讌連朝夜漏分。人傍層霄依斗極，光懸東壁見奎文。寶幢色麗螭頭日，古鼎香添豹尾雲。法曲總涵祈穀意，九歌新自九重聞。

上元侍宴恭紀二首

干羽虞階海澨清，傳柑時節宴承明。檐低星月千燈繞，庭舞魚龍百戲呈。天保頌颺因樂愷，皇情歡豫在昇平。請看此夕同民處，九陌笙歌滿鳳城。

其　二

宵臨别殿敞瓊筵，畫鼓聲催火樹然。碧落煙消雙月映，紫瀾風定萬珠圓。千枝忽涌金波桂，十丈頻開玉井蓮。疊賜奇觀真異數，浮槎星漢憶當年。

温泉歌應制

蒼山層疊東方來，插天萬朵芙蓉開。中有幽巒自盤亘，温泉觱沸靈山隈。遥見白雲覆巖谷，波光日暖寒松緑。四時天氣總春融，雙泉數武分涼燠。静如明鏡石池平，瀉入房櫳取次行。蘭香瀲灩膏千斛，碧色深沈玉一泓。定有丹砂結泉底，仙竈綿綿傾石髓。陽烏浴彩咸池波，燭龍銜照空潭水。天生靈異豈偶然，近瞻世廟橋山巔。土脈精英恣磅礴，鬱蒸佳氣通源泉。常聽空山傳警蹕，畿東勝地時巡日。來遊彌切望陵思，豈爲臨流賞清泌。慈寧聖人鶴髮垂，有時鳳輦出龍墀。樂遊原上温泉畔，風土清嘉聖體宜。規模簡樸留陳迹，半畝方塘甃文石。繚垣翠巘蔭長松，行殿土階沿素壁。却笑華清侈費多，連雲宫闕漫嵯峨。何須刻石成鳧雁，豈待鏤金作芰荷。聖朝舉事皆有則，敬愛爲心儉爲德。寧親常願葆天和，結搆恒思惜民力。今年扈從碧山岑，賜遊佳地荷恩深。每懷祓濯塵纓志，時望天波浥注心。

扈從謁孝陵恭紀

鼎湖龍久去，冠劍託幽宫。地接東溟日，山藏大漠風。入雲浮寶幄，跨澗落銀虹。寢殿周廬繞，園林輦路通。闕城花自發，温谷水常融。松棟思堯德，龍門頌禹功。千峰争侍蹕，萬嶺儼呼嵩。典禮遵前制，經營殫聖衷。望陵迴玉仗，瞻宇却花驄。宗伯陳犧象，祠官獻稑穜。懿親陪奠斝，故老慟遺弓。石馬嘶何處，寒山夕照中。

七月二十一日瀛臺賜宴諸臣命臣英同内大臣主席恭紀二首

輦駐甘泉水殿中，清秋時節柳堤風。歡承慈聖重闈喜，恩逮羣工曲讌同。珍果總含蘭蕙露，嘉魚新出藕花叢。聯翩簪珮蓬池上，影落平橋瀲灩紅。

其　二

代捧尊罍綺席前，頻宣口敕紫雲邊。秋光特錫迎涼宴，湛露羣歌既醉篇。拜賜香羅紛彩紬，歸攜絲籠壓花韉。微臣喜接金張後，寵渥尤霑異數偏。是日賜諸臣文綺有差。

恭和聖制賜内大臣輔國將軍俄啟韻

戡定常懷猛士風，新收荒服燕彤弓。天章特賜雕龍句，帝室新褒射虎雄。

平滇南詩 有序

皇帝御極之二十年，滇南既平，俘馘來獻，寰海内外截然寧謐。蓋自屢年以來，經營四方，上廑宵旰，至此厎厥成事，羣臣颺誦神武比於無競之烈。皇帝謙沖弗居，臨軒申命，以爲天心眷祐，祖德靈承，以克臻斯耆定。又念四方赤子，瘡痍初起，衽席未安，將士荷戈，八載勞勩，待澤籲恩，並在今日。於是展告郊廟，崇號兩宫，發德音，下明詔，沛維新之大澤，佈休養之深仁，所以鞏固丕基，嘉惠元元者至矣。蓋武功之後，焕以文德；戡亂之餘，繼以致治。聖心未嘗以天下既安而稍自暇逸也。臣既祇獻昇平頌，以揚廓清之盛，復敬撰律詩八章，叙捷聞之歡忭，美慶典之喬皇，鋪事紀實，昭鴻駿焉。

君王指顧定滇中，絶徼炎荒聖澤通。益部火雲天際掃，昆池鯨浪日南空。投戈喜愜休兵志，因壘真成不戰功。步輦早趨長樂苑，慈懷先與慰深宮。

其　二

露布天南萬里餘，經旬飛羽到庭除。銅壺深夜傳中禁，鈴索清宵響直廬。奏捷魚符偏早讀，紀功鳳紙不勝書。況逢霧掃金戈日，正是陽回玉管初。

其　三

次第歡傳遍九逵，侍臣先許賀彤墀。丹屏方見天顔喜，赤子還縈聖慮慈。萬户芻茭輸驛路，八年戈甲頓王師。親聆倍覺愚衷感，拜手仁言百代垂。奏捷之夕，臣英面聆天語，深念累年官民軍伍之勞。

其　四

帝德如天本好生，惟教貔虎瞰孤城。釜魚自見鯨鯢滅，簞食仍聞士女迎。六詔何曾驚夜柝，百川猶不廢春耕。烏蒙烏撒咸歸化，洱海波澄看洗兵。

其　五

昇平大典慶如林，底定還勞睿慮深。肅藉明禋揚祖德，勤將錫類答天心。恩周九服光圖史，孝達重闈冠古今。舞勺歌雝追盛事，功成一代紀元音。

其　六

遥聽鳳詔萬方同，温律吹從玉殿風。獄縱赭衣求訟簡，賦蠲赤縣恤民窮。花村鵲報茅簷喜，棘寺鸞棲犴户空。兵氣盡消佳氣滿，普天甘雨慶雲中。

其　七

當殿曾推閫外輪，時清凱入騎駪駪。天潢授鉞皆龍種，禁旅横戈盡虎臣。銅柱遠征憂國久，雕弓遥賜拜恩新。明年楊柳依依日，正是賡歌杕杜春。

其　八

彤廷喜起集臣工，經緯訏謨仰聖聰。雲合羣方歸舊服，星羅宿將定元功。羽干載舞期同樂，華黍登歌願屢豐。手建太平千萬祀，無疆大曆慶龐鴻。

雪中侍直恭紀應制四首

自昔占年瑞，連朝不厭多。休兵知歲稔，偃武慶時和。積素輝珠箔，飛花點玉珂。好將書史册，黃竹謾賡歌。

其　二

滿苑瓊瑶屑，輕煙與共浮。天心慈下土，宸念切西疇。花散嘉平月，禾登大有秋。鑾坡時久立，沾灑翠雲裘。

其　三

雪中看上苑，别自有山容。太液銀爲磧，華林玉作峰。煙常籠翠竹，色最愛青松。園吏開温室，梅花香更濃。

其四

彤雲棲殿角，霰後漸霏霏。風細蹁躚舞，寒輕宛轉飛。玉階人語静，宫瓦鵲聲稀。愧乏陽春調，吟詩傍粉闈。

康熙二十一年正月賜假南歸經營丘壟恭賦紀恩詩八首

臣心寸草由來久，未敢封章達至尊。每見青郊陳麥飯，思乘春水到柴門。上書幸鑒〔一〕愚情迫，當宁偏承詔語温。迴憶此身依日月，芸編香案十年恩。

校記

〔一〕『鑒』，康熙四十三年刻本作『恕』。

其二

典學筵開久侍觀，龍綃棐几碧雲端。風亭展卷都忘暑，温室披圖豈避寒。日旰坐當樓影直，宵分聽徹漏聲殘。法天行健誠稀覯，蠡見惟愁測海難。

其　三

睿學淵涵邁古今，羣山揖岱比高深。彖爻遠溯羲文旨，典誥遥同舜禹心。歷考簡編羅漢史，旁兼風雅紹唐音。當軒屢見飛宸藻，鴻寶天球照藝林。

其　四

自離疏蹻入觚稜，碧落丹霄十二層。别苑每隨臨水殿，御筵常近讀書燈。静從秘閣聽鈴索，晚向天街望玉繩。檢點平生恩遇地，涓埃酬答愧無能。

其　五

李泌猶慚迹太奇，況臣愚魯奉皇慈。賜遊設醴花亭日，進講停舟柳岸時。殿上屢容陪曲讌，輦前常許獻新詩。六軍豹尾雲深處，數見書生款段隨。

其　六

波横橋影柳參差，御苑西偏借一枝。海燕許巢鳷鵲觀，山雞教宿鳳凰池。寒芽獨荷陽春暖，薄植深逢雨露滋。爲感烏啼思罔極，仰慚天語慰恩私。

其　七

四海波澄正偃兵，傳柑時節侍承明。詩聯柏殿昇平宴，樂聽雲門大濩聲。沛澤如天常覆物，報恩無地愧言情。迢遥江國三千里，一片葵心向日傾。

其　八

雞舌乍辭文石陛，羊腸重踏碧山岑。陳情敢有懷鄉意，拜命彌增戀闕心。繾綣難違芸閣侶，低徊還惜禁庭陰。年來供奉銜恩句，暫向東皋澤畔吟。

二月十四日蒙賜手敕白金文綺恭賦

江城二月返軺車，特降褒綸鳳紙書。鄉國白雲應到眼，墓田春草正堪耡。久慚赤芾垂三組，敢道黄金比二疏。拜舞一辭龍尾道，野人欲製芰荷裾。

存誠堂詩集 應制四

歸田紀恩詩二十首

其一

壬戌年三月十八日，舟中恭遇聖壽，望闕行禮畢，賦此。時駕在盛京。

帳殿祥開獻壽樽，此時拜舞憶金門。河山舊是興王地，父老新沾駐蹕恩。三月鶯花連遠徼，九天鐃吹集諸藩。望雲獨自呼嵩處，身在吴舠水上村。

其二

癸亥年三月十八日，山中恭遇聖壽，望闕行禮畢，賦此。

韶華曙景滿人寰，憶聽仙鐘綴末班。虎將總歸丹鳳闕，狼烽盡掃碧雞山。目驚雲漢羅天藻，身寄江湖想聖顔。空谷拜颺還北望，一聲啼鴂緑蔭間。

其　三

甲子年三月十八日，恭遇聖壽，望闕行禮畢，賦此。

甲子新逢太史書，衢歌巷舞遍皇輿。金鋪節遇行觴日，玉琯年當聽律初。五緯華星懸殿陛，一枝蓂葉秀庭除。周南留滯今三載，常夢垂紳待直廬。

其　四

乙丑年三月十八日，恭遇聖壽，望闕行禮畢，賦此。

燕雲縹渺隔宸居，自返丘園報答疏。煙靄秦淮開寶幄，江清弘濟照龍輿。拜承温語慚樗櫟，歸話慈顔動里閭。彈指又逢天慶節，煙霞猶自戀衣裾。

其　五

舟中展對御書，敬賦。

拜捧綸言出九重，御書都藉紫泥封。繽紛宫錦香猶在，掩映江雲墨更濃。開匣頓教榮草木，迎舟時復起魚龍。良宵展對燒官燭，煙際疑聞禁漏鐘。

其　六

舟中感念聖恩，恭賦二首。

鷗話蟬聲助客吟，篷窗獨坐數煙岑。停雲暫遂南歸志，捧日猶懸北望心。驛路柳稀傷客久，江潭花落憶恩深。歸來未覺清貧甚，檢點青箱有賜金。

其　七

十載趨承白玉墀，經幃清切荷恩私。春風上苑宫鶯早，夜雨長楸禁漏遲。授簡常陪鳷鵲觀，移家近住鳳凰池。汀洲野泊聞雞後，彷佛金華進講時。

其　八

至家聞五日賜紗恩命，恭賦。

里社新秋客子歸，始聞當暑賜宫衣。紫霄乍睹冰紈出，赤日驚看雪練飛。香自禁庭傳畫匣，涼分殿角到荊扉。聖情不遺幽遐隔，感遇酬知自古稀。

其　九

初聞特恩諭祭之命，恭賦。

迢遥南北隔江煙，紫闥睽違近一年。已遂烏私歸下澤，忽驚鳳綍耀重泉。寧親盛典宗祊紀，稽古殊榮里巷傳。自是君恩優侍從，居人争數義方賢。

其　十

諭祭禮成，謝恩畢，恭賦。

一卷遺經訓子孫，先臣耆耋晚承恩。簪纓已許膺三命，俎豆何期薦九原。飄渺御香臨蓽户，喧闐鈞樂動衡門。身兼悲喜趨迎處，手把宫衣滿淚痕。

其十一

田間感念聖恩，恭賦。

草土陳情黼席前，詔從休沐憩林泉。春陰學種池邊柳，時雨看鋤墓下田。常展賜書孤館讀，閒將聖德老農傳。青蓑黄犢臣家事，恰喜歸耕慶有年。

其十二

丘壟告成，感頌聖恩，敬賦。

罔極情深久鬱陶，許歸三徑翦蓬蒿。苔痕舊樹龍鱗古，草色新封馬鬣高。得向空山占景物，容分暇日報劬勞。夕陽原上豐碑矗，敬勒宸章五色毫。

其十三

恩賜昇平嘉宴詩，石刻恭紀。

早歲傳柑令節前，集賢春殿敞華筵。紫微花氣千門曉，碧落珠光萬斛懸。睿藻遍容寀和，天言屢顧侍臣傳。祇今拜賜同金石，轉憶昇平慶賞年。

其十四

癸亥歲除，蒙賜羊酒食物，恭紀。

九重深念侍臣歸，再見江天雨雪霏。法醖昔常歌醉飽，歲寒更復拜恩輝。冰堅遼海魚初美，霜落關山兔正肥。野性願甘藜藿老，仙庖遥領事尤稀。

其十五

聞駕登泰山，恭紀。

日觀高峰駐六龍，時平天子慶登封。鸞旗翠蓋臨滄海，玉簡金函禮岱宗。谷轉風雷千騎擁，氣蒸河岳百靈從。盛朝舉事卑秦漢，石上遥尋古帝蹤。

其十六

聞駕幸闕里，恭紀。

法駕晨嚴稅魯東，兩楹車服昔時同。祇因百代心源合，不獨千秋聖藻雄。古壁冠裳邀帝澤，空堂絲竹動天風。路人指點停鑾處，洙水橋西檜影中。

其十七

駕幸金陵，恭紀。

駐輦金陵王氣濃，時當獮狩不妨農。山川舊識龍蟠險，城郭新看鳳迹重。六代煙雲供染翰，千秋江漢待朝宗。翠華不遣傳清蹕，南國蒼生睹聖容。

其十八

覲上於秦淮，蒙恩慰問，并賜御書，恭紀。

戢影田間拜舞疏，秦淮江上覲乘輿。時同舊侣趨前席，還沐新恩載後車。擊目丘墟陳俎豆，關心水旱問州閭。微臣新奉天顔喜，小艇南歸有賜書。

其十九

蒙恩召臣子編修臣廷瓚至内廷，詢臣起程，并賜食南書房，恭紀。

北風吹雁過茅茨，有子離居荷聖慈。宵旰不忘簪履賤，江湖猶繫廟廊思。細旃天語承恩日，祕閣仙庖賜食時。十載未言温室處，蓬萊清切到方知。

其二十

頒賜易經講義，恭紀。

秦燔未烈賴斯傳，拜獻金華幾歲年。鳳紙喜沾今日賜，龍縑重撫舊時編。圖書道契陳疇日，象數微探出洛前。幸遇羲文今御極，餘生何敢廢丹鉛。

康熙二十七年正月恭賦大行太皇太后輓辭六章

啟佑成鴻業，含宏比厚坤。文孫千古孝，慈聖兩朝恩。夕漏趨宮仗，宵衣侍寢門。祇今看玉几，涕泗總留痕。

其　二

軒車陳綉幄，文駟列珠韉。同軌三千國，重闈五十年。慈雲長蔭日，涕雨正敷天。縞素龍荒遠，星軺驛使傳。

其　三

深殿愁雲結，千官拜寢闈。銜悲當歲晚，灑淚嚮春暉。接席陳雕俎，傾宮送寶衣。關心聞聖主，擗踴慟無依。

其　四

皇情哀戀篤，屣步出東華。寒聚城闉雪，風迴輦路沙。扶輿行露草，垂涕雜冰花。悽切常中夜，林皋起暮鴉。

其　五

夙昔宣仁訓，庭闈一德中。十行慈詔切，三代孝思同。愛敬成家學，徽柔嗣國風。他年記惇史，焜耀總無窮。

其　六

豐沛多耆舊，三朝翊戴情。羣扶鳩杖至，哭傍翟車行。奠酹諸藩長，攀號率土氓。萬方同遏密，原野共吞聲。

南巡扈從詩十八首

車駕至畿輔道上民獻嘉禾數岐以示從臣

春風轉詔律，時巡歷郊原。王道廣周咨，冀以康黎元。衢路撤警蹕，羽衛祛殷繁。萬姓趨馬首，填塞窺井垣。皆言年穀好，比歲豐雞豚。麥穗三兩岐，敢以陳至尊。聖心益嘉悅，慈顔彌霽温。民天在粒食，農事古所敦。稼穡允爲寶，珠玉安足論。再拜紀惇史，大哉真王言。

詔免山東來年田賦

王政先足民，實惠惟捐租。浩瀚若河海，百穀同時濡。跂行與喙息，萬類皆昭蘇。比年屢拜賜，大澤已頻敷。蠲除常鉅萬，食德非一區。鑾輅莅東土，民瘼勤咨諏。特與免正供，閭里無追呼。謳吟起岱畎，抃舞瀰海嵎。温詔有徽言，民富國乃腴。父老扶杖聽，蕩蕩歌堯衢。

展禮泰山神祠給守祀者金歲以爲常

岱宗峙東域，穹隆淩紫煙。風雨走百靈，膏澤彌八埏。功德潤生民，柴望紀虞年。翠華昔臨幸，日觀登遥巔。杯罍視滄海，襟帶俯長川。大書雲峰字，刻石蒼崖邊。今兹復莅止，展禮意益虔。優詔下尺一，歲給水衡錢。觀瞻肅廟貌，毋俾祀事愆。懷柔及河岳，允協時邁篇。

扈從觀趵突珍珠二泉

濟水性沉勁，隱見多伏流。趵突歷城隅，噴薄聲颼颼。澄波涵曲沼，玉峰對層樓。雪濤涌銀甕，朱檻翔白鷗。或類鮫人窟，百琲珠光浮。參差文藻漾，瀺灂纖鱗游。清寒沁心骨，四時常若秋。昔已邀天步，今復駐彩斿。宸章炳星日，光芒射潛虯。先後兩輝映，特爲名泉留。

車駕由宿遷親覽河堤後復臨幸高堰閱視

羽衛臨河干，徘徊瞻禹迹。黄河自西來，浩蕩無朝夕。聖主宵旰憂，披圖日謀畫。上以利轉輸，下不妨耕鬮。今兹獲安瀾，順令驅河伯。激箭歸東溟，波静淮流碧。溯洄發櫂謳，片帆如衽席。拯此昏墊民，洚水還其宅。自昔漢帝來，采薪兼負石。宣房瓠子歌，盛事繼疇昔。

詔蠲江南累年逋賦

東南財賦區，逋租昔所苦。官長若傳舍，民亦罹罪罟。休哉浩蕩仁，明詔傳風雨。盡蠲歷年賦，絲粟無所取。率土供維正，累代有恒矩。聖心崇簡質，權衡内外府。澣衣過孝文，菲食師神禹。十載侍禁庭，微臣目所睹。約己以裕人，惠澤斯能溥。鳳紙下層霄，慈藹軼千古。

詔增取士額録功宥過寬釋罪辜并恤商賈徒役

萬里垂天雲，霖雨沛大澤。王言流春膏，煌煌儷典册。菁莪培士氣，弦誦廣縫掖。車服旌功庸，章程寬過謫。湯網恢八紘，堯歌溢九陌。惠政恤商旅，餘波及徒役。涣汗若風行，星軺馳數驛。譬彼陽春景，瀰綸無轍迹。萬物皆沾濡，一夫靡不獲。上配星漢文，千祀永無斁。

詔民間無得結彩建碑

上古君民情，淳風今再遇。欣逢至尊出，馬首歡童孺。千里賫糧來，所至輒成聚。燈火若繁星，香風靄煙霧。慰問龐眉人，翠輦時爲駐。碑鏤萬歲字，炳耀照衢路。敷天歡忭聲，淵雲不能賦。愛戴出微忱，聖衷彌簡素。所期家室盈，禮讓起豐裕。至哉如天仁，擊壤聽温諭。

扈從登虎丘

虎丘一片石，乃在闤闠間。王珣舊時宅，清沚相迴環。遊人無古今，石色常自閑。劍池如削玉，綉澀苔痕斑。中涵清淺流，花底猶潺湲。層丘莽迴互，數步勞躋扳。長廊臨大壑，紫翠何其殷。村落愛平遠，極目入煙鬟。上有萬歲亭，卓立當兹山。吴人歌樂胥，嘉惠頻年頒。

扈從登金山

滄江浩無際，乃自岷山來。浮玉一拳石，抵柱何崔嵬。北迎瓜步口，南接潤城隈。迴波忽涌立，激薄聲如雷。皎若鷗鷺羣，燦疑冰雪堆。海氣駕奔濤，閣影勢欲摧。有時風日麗，潮落江煙開。波光類澄鏡，燈火明香臺。仙蹕駐上頭，勝地欣追陪。峰頂大字石，雲漢同昭回。

扈從登鄧尉山

泛舟入吴會，越嶺趨香林。村居接花嶼，長橋跨碧潯。谿憐木瀆好，山愛銅坑深。一徑入桂巖，千樹對梅岑。吹香滿高閣，積雪照湖陰。長松翳古寺，惟聞鐘磬音。數點漁洋山，便娟當波心。帆影時出没，湖光彌緑沈。鄧尉隱此山，流傳空至今。欣從仙仗來，感激生長吟。

扈從登靈巖山

振策石城路，維舟木瀆傍。紅亭倚山畔，蘭蕙松風香。春草没宫井，野花迷屧廊。裂眦入煙際，湖山鬱蒼蒼。鏡奩俯震澤，浮槎看漁洋。琴臺岡勢直，箭莖河流長。復有消夏灣，密樹涵谿光。遺踪半髣髴，究詰增荒唐。石洞本確犖，履迹尤微茫。千古好事人，附會多忖量。

扈從登吴山

吴山俯城闉，石徑登嵳峩。翘首雲物麗，極目河山多。層巒滴幽翠，晴光捲白波。一片明湖影，掩映隔喬柯。春潮如雪岸，朝夕滿江沱。萬井若鱗次，葱鬱知時和。丹梯聳飛閣，蒼磴接崇阿。至尊移步輦，雨霽此經過。雲霄畫圖句，古調永不磨。微臣草蟲吟，敢繼大風歌。

車駕至會稽恭紀禹陵

會稽古名郡，禹穴千山中。梅梁空寂寞，窆石疑幽宫。棟牖雜雲氣，靈旗來空濛。聖心久遐契，精一淵源通。況兹勤玉趾，胼胝師神功。園陵伊匪遥，駕言滄海東。質明展祀事，松籟吹天風。荒庭列俎豆，牲牷咸告充。衮衣肅再拜，簪裾陪上公。忝佐秩宗禮，感嘆盈私衷。

扈從渡錢塘經過雲棲虎跑泉飛來峰

東風動漣漪，鼓枻渡錢塘。沿緣歷沙渚，山徑多微茫。林巒轉幽邃，十里青篔簹。映水緑娟娟，戛玉聲琅琅。紫蘭被山谷，日暖吹微香。西度虎泉側，因過鷲嶺傍。奇峰削雲根，淩空如飛翔。澄谿迴數折，灌木羅千章。鐘聲度白雲，閣影摩青蒼。萬乘一回顧，巖壑生清光。

車駕幸鍾山酹酒於明太祖陵

春雨灑輕塵，江干草微緑。鑾旂捲惠風，駕言鍾山麓。前代已丘墟，寢園在空谷。聖人一舉事，千古超恒局。在昔修禋祀，展禮必躬肅。今兹再臨幸，青茅酒重漉。侍臣咸虎拜，仰止天顔穆。賜金遍守圉，松楸禁樵牧。厚德塞穹壤，仁風被草木。書以範百王，永永光簡牘。

扈從登北極閣

走馬登崇岡，東南臨治城。萬瓦連九陌，淡浥春雲生。至尊憑傑閣，眺覽紓皇情。蒼蒼夕陽落，耿耿銀河清。象緯天闕近，奎壁相縱横。聖心羅七曜，指點示諸卿。盈縮窮造化，高論雲霞驚。弧偃天狼息，斗轉泰階平。南極懸日表，久爲仁壽禎。今夕覲天子，芒角增光明。

閲武并賞宴駐防將士

秣陵帶京口，控馭稱要地。海邦屆吴越，星羅聯指臂。各列水犀營，清時飭武備。特簡豐沛英，衛霍領驃騎。六龍御東南，神武麾七萃。霜雪耀戈甲，荼火望旌幟。射侯必飲羽，鷹隼逐猛鷙。聖澤靡不周，師徒憫勞勩。爰歌采薇篇，飲食亦古義。遍錫上方金，共沐投醪賜。

存誠堂詩集應制五

内庭應制詩四十首

乙丑十二月廿七日賜内製磁杯五器

花瓶瑩膩雪無塵，内製鷟看入眼新。他日潭光松影裏，銜杯恰對鑑湖人。予杯適得賀季真乘馬圖。

除日賜黄金小餅一雙

雲浄瑶階萬燭紅，梅花香度錦衣風。當筵敕賜黄金勝，宜著飛魚綉袋中。

除日内殿侍宴賜青果

金張密坐接華茵，諫果雙棱賜近臣。至味多從辛苦得，翻嫌梨棗太甘人。

暑中直知稼軒紀事十首

稻畦瓜隴翠芃芃，移入城西御苑中。静聽桔槔深柳外，不須丹藻繪豳風。

其　二

秋雲亭北谿如帶，嘉穎軒南柳作屏。陌上新逢時雨過，秧針菜甲一時新。

其　三

南垞漸近水煙開，拍翅鳧鷖往復迴。曉日初臨宣政殿，柳風荷露小車來。

其　四

白鷗黄犢共青莎，碧水紅欄映蚤荷。坐擁圖書開小閣，柳邊遥見侍臣過。

其　五

數叢葭葦接芳汀，作隊鴛鵝泛雪翎。清淺波中金碧影，小橋斜過狎鷗亭。

其　六

五月温風過雨時，田田初見緑參差。驚看蘸水紅蕖艷，百朵先開太液池。

其　七

板橋直北柳煙霏，古栝新宫接翠微。密葦疏荷俱入畫，水雲亭畔釣魚磯。

其　八

臺從樹杪俯鮫宫，曲曲迴廊水殿通。一片波光浮綺疏，攤書菡萏萬花中。

其九

南海渟泓北海遥，低飛野鶩近蘭橈。樹邊突兀黄龍舶，煙際微茫玉蝀橋。

其十

緑樹紅牆碧澗斜，淙淙高下落蒹葭。誰知澒洞車塵裏，別有澄谿泛落花。

丙寅七月初九日賜食於西苑秋雲亭并賜法琅爐瓶匙箸香盆各一具同被恩賚者五人左都御史臣廷敬禮部侍郎臣乾學侍讀學士臣士奇編修臣杜訥臣英時爲翰林掌院學士

西巘秋光滿上林，傳來賜食禁庭陰。芙蕖照水紅欄遠，秔稻吹香御苑深。湛露同沾明主澤，豳風作頌侍臣心。幾人曾到甘泉館，柳岸花蹊取次吟。

其二

內製薰爐出禁闈，鏤金錯采碧琅玕。御筵移得香猶在，温室分來火未寒。沉水煙常凝玉篆，博山雲自起龍團。賜書百卷家藏久，棐几湘簾與對看。

除夕侍宴

玉戺懸燈後，金張接武來。御筵陳廣坐，天語賜深杯。畫鼓催殘臘，清歌落蚤梅。寒花温室火，殿角已先開。

丁卯九月除禮部左侍郎兼詹事於東宫進講恭賦紀恩

清曉儲闈講幄張，問安歸後入班行。龍縑猶識當年字，講章乃昔年講筵進呈者，皆沈詹事荃、孫學士在豐、史編修鶴齡、及英所寫。雞舌重含舊日香。不獨詩書陳几席，還期堯舜接羹牆。白頭宫尹趨承慣，十五年來侍御牀。

暢春園中朝暮侍東宫講席恭紀

一徑穿蘿密，千峰與席平。隔花聞鶴唳，繞坐聽泉聲。廣厦延朝旭，陳編愜睿情。衰慵慚復喜，經史翊休明。

纂修孝經衍義告成御制序文冠於卷首鏤板行世恭賦四首

少小垂髫繞膝前，慈親課讀手兹篇。編摹又捧綸言切，一卷芸香十二年。英於丙辰年以左諭德承命，與同官葉學士方藹充總裁官、韓修撰菼充纂修官，丁卯年始告成。

其　二

洙泗遺編重紫宸，同時恩命被三人。吴門久逐蓴絲去，謂慕廬。茂苑空悲宿草春。謂訒庵。

其　三

琬琰新鐫布國門，深知錫類九重恩。欲令海甸同風化，不獨周廬教虎賁。

其　四

古義昭回比星漢，天章璀璨儷雲霞。顔芝舊本人人誦，勝讀蘭陔與白華。

己巳十一月以山陵事奉命祭告昌瑞山恭紀

峭壁崎千重，争趨第一峰。丹崖飛傑閣，紫氣擁寒松。設饌咨常伯，精禋簡秩宗。山靈時警蹕，億載奠幽宫。

昌瑞山晚眺

地接東溟海氣黄，橋山弓劍枕崇岡。千林春色還秋色，萬嶺朝陽與夕陽。雲近園陵多靉靆，月臨關塞迥蒼茫。幾迴步屧鸞旂後，涕灑西風輦道傍。

龍　門

石壁劃天開，清流繞澗來。雲封疑虎豹，龍卧隱風雷。谷轉橋陵近，沙明輦路迴。神工營勝地，千古巨靈材。

馬蘭峪古松

古戍松猶在，虬枝影漸疏。披離忘歲月，偃側半庭除。華髮人偏老，蒼顏爾自如。重過先問訊，安否此翁居。

扈從再過温泉

十載重來路不迷，春風猶記浴香谿。松亭珥筆陪天仗，蘚壁留詩傍御題。温谷渾忘鄰紫塞，奇峰遥望接丹梯。停驂喜近甘泉館，眺盡千山夕照西。

温　泉

薊門羣岫擁，湯谷小池分。暖溜山常碧，靈泉氣自薰。石稜時漱玉，松頂日棲雲。再許隨清蹕，臨流挹翠芬。

賜館於福泉庵東北隅

扈蹕深巖近彩旄，幔城東畔接林皋。承恩許傍精廬住，時有松風作夜濤。

苑中玉樓春牡丹一株高數尺花開數百朵恭賦應皇太子令

洛水名葩〔二〕上苑東，當階繁艷許誰同。疑張錦幄籠深碧，似疊綃衣簇淺紅。花重偏教凝曉露，枝高更覺引和風。獨先眾卉亭亭立，領袖姚黃魏紫中。

校記

〔一〕『葩』，原缺，據康熙四十三年刻本補。

大内見緑牡丹恭賦二首

甌碧曾聞舊譜誇，含苞葉底簇蘭芽。謾嗟姚魏經年别，許見春風第一花。

其二

冷艷争傳蕚緑華，一叢斜映碧窗紗。天家物色人間少，不是尋常富貴花。

直西苑命遍觀稻田菜畦蠶舍

秋雲亭畔路逶迤，菜甲桑條雨過時。池館蕭疏農作繪，君王〔一〕清燕稼先知。分秧新水平瓜壟，煮繭香風出枳籬。却向此中頻侍直，春陰遥起故園思。

校記

〔一〕『王』，原缺，據康熙四十三年刻本補。

喜雨

入夏愆雨澤，廟堂軫煩憂。羣公咸走望，靈祇靡不周。崩雷響中夜，急雨過南樓。萬彙起膏渥，桔槔安能侔。眺望郊原内，禾黍方油油。枝葉覆長壟，葱鬱交平疇。樹色粲如沐，峰翠殷欲流。聖德符元化，兹事豈人謀。千村穲稏香，端可期有秋。

辛未十月蒙東宫睿筆書大字二幅特賜恭紀二首

門題銀牓玉山岑，精義微言日探尋。温凊時聞庭訓切，詩書彌見睿功深。起居載籍羅千古，宵里勤劬惜寸陰。自覺衰慵叨侍從，慚無涓滴答愚忱。

其二

日轉金鋪晝漏長，閒摹古迹啟縹緗。龍樓久侍圖書側，鶴禁新分楮墨香。秀比五雲瞻鳳彩，麗如百琲粲珠光。春風拜手承華地，斗曜奎躔共炳煌。

講筵紀事二十韻

青宫挺玉質，少海呈珠光。愚臣際昌期，古義時對揚。六經本高深，鄒魯爲梯航。堂階達閫奥，次第宜審詳。苟循洙泗塗，安步趨康莊。鴻龐典謨字，星源溯陶唐。欽明發微旨，簡要模百王。禹皋繼陳謨，日月同精芒。伊傅洎旦奭，大言何琅琅。微密沁肌骨，闊闊包紀綱。搏捖三王業，元化資勔勷。流覽及史籍，取鑒貴不忘。興替與治忽，所别在微茫。從諫主斯聖，貴德國乃昌。陰陽託邪正，否泰分低昂。讀書高視聽，振衣登崇岡。經緯入條貫，枝葉芟粃糠。願以涓滴心，仰助東溟洋。庶免素餐誚，乞身歸農桑。睿謨日宏遠，休哉萬世慶。

閏七月扈從暢春園蒙賜參桂丸一瓶恭紀

荔奴遠自嶺雲端，靈草甘香重紫團。扶老屢叨珍藥賜，肉芝石髓等閒看。

侍從暢春園講退蒙東宮賜鮮果蜜餌恭紀

講席歸休野墅偏，槐花鋪地午陰圓。青箱黄帕來中使，玉碗金盤出禁筵。天上瓊靡雲子膩，日邊珠果露華鮮。祇應飽食分攜後，常咏芙蓉闕下篇。

夏日蚤西苑侍直二首

曙色丹樓外，涼飇緑水潯。門連菰蔣暗，橋入芰荷深。草樹吹香氣，清華發賞心。吾生日衰暮，慷慨託長吟。

其　二

谿館意翛然，來因避暑偏。朝霞暄夕露，水鳥聒晨煙。雲宿宫牆樹，風鳴石瀨泉。江湖無限思，縈繞白鷗前。

西苑五龍亭進講蒙東宫賜魚恭紀二首

五龍亭接水雲隈，定省初從御苑迴。宫柳陰濃蓮葉小，一谿煙雨泛舟來。

其　二

谿堂避暑晚涼宜，新得文鱗碧水湄。講誦罷時沾賜渥，甘泉風味侍臣知。

張英全書之六

篤素堂詩集

江小角
楊懷志
點校

篤素堂詩集卷一

古近體詩一百首

癸酉正月十一日同李愚庵勵近公過萬壽寺

古寺人稀蘚迹重，畏吾村畔數過從。半篙新緑當門水，千疊奇雲別院松。鐘卸雕梁埋翡翠，橋横錦石墜芙蓉。誰知澒洞車塵外，猶有閒情話夕春。

題王石谷畫黄硯芝黄山採芝圖

江南山水窟，奇峭天都峰。萬嶺落雲海，雪浪鋪長松。怪石翳陰巖，攫人如虯龍。聞有丹砂泉，波暖春溶溶。雲際挂飛瀑，寒潭時自春。吾友性耽奇，登躡資一節。猥以鸞鶴姿，狎此猿鳥踪。披圖賞不已，滌我塵𡎺胷。嶺岫本吾土，窅隔關河重。吾與石谷子，魂夢時過從。

題梅桐崖洗桐圖

修桐本孤直，卓立真罕儔。濯以清泠泉，皎潔當高秋。吾黨有君子，思致足與侔。雅負神仙骨，日與羲皇遊。閉門閲洗桐，視聽清且幽。十載領柏臺，浩氣淩滄洲。縱之彌六合，卷之娱一丘。君家敬亭山，謝李遥唱酬。吾亦同此意，南望大江流。

題畫二首

春山新雨後，千巖浮曉翠。白雲帶林麓，奇觀非一致。谿光泛漣漪，石路杳深邃。中有幽人居，庭軒自清閟。策杖渡横橋，蕭然寡塵累。

崇岡千仞石，萬古苔痕斑。懸崖挺傑閣，杳靄煙雲間。結搆臨空際，蘿薜誰能攀。門庭耽静寂，日對谿南山。時有騎驢客，來叩柴荆關。

題畫截句四首

平湖漠漠起寒煙，一點晴巒接遠天。此景依稀何所似，瀟湘春水岳陽邊。
幽人小艇白雲間，長繫南汀水一灣。泛出蘆花應有意，煙波闊處看青山。
雨霽嵐光澹益奇，黄鶯啼處緑參差。山翁自愛茅亭好，灌木陰陰夏淺時。
蒼山疊嶂倚空濛，奇石磷磷曲澗通。自是深林人迹少，谿聲朝暮翠微中。

夏日直豐澤園四首

槐陰漸滿柳初成，白髮頻年侍從情。書卷蚤趨西苑路，桑田蠶舍接華清。
秋雲亭畔樹交加，新水新陰石徑斜。繞砌青青書帶草，沿谿灼灼米囊花。
家住湖天柳萬絲，曾隨蓑笠餉東菑。於今倏見閒鷗鷺，憶殺春陰布穀时。
平田水滿漾新秧，酷愛温風穲稏香。願得身爲村社長，小車輕蓋課農桑。

虚　堂

虚堂十笏日棲遲，緑樹疏簾掩映宜。借問山翁逃暑處，一爐香篆七條絲。

七月十五日召於暢春園泛舟賜宴於淵鑑齋過雲亭復命至佩文齋恭賦八首

柳陰曲澗水波平，陪侍君王翠蓋行。兩岸水花相向處，輕舠柔艣入空明。
淵鑑齋前水四圍，鯈魚鷗鳥盡忘機。一牀書帙含青靄，幾點亭臺落翠微。
自驚塵眼入煙霞，圓嶠方壺賞物華。静日簾垂清殿迥，秋蘭香遍嶺南花。
雪膚冰液紫囊封，珍果新移御苑中。萬里海南曾未識，眼中初見荔枝紅。
琪樹仙葩植幾叢，天家物色更誰同。佛桑花綻迎朝日，一朵驚看照殿紅。
曲磴長廊石徑紆，許窺秘閣紫宸居。君王清宴娱圖史，四壁琅函插架書。
天藻臨池絶世工，瑶函百軸御香中。摩挲老眼窺雲漢，鳳彩龍雯矗紫穹。

亭畔芳茵藉緑莎，頻斟玉醴醉顔酡。花凝湛露垂垂發，難比君恩此際多。

題子大滏陽樸園圖

我聞滏陽天下稀，芙蕖千頃香四圍。浦漵參差菰蔣暗，田疇曠衍秔稻肥。堤柳陰濃水禽聒，渚蘋香暖谿魚飛。風景偏宜近城郭，官橋古道開荆扉。中有園亭樸而埜，讀書味道忘塵機。静對笭箵水澄澈，遠聽桔槔煙霏微。夕陽杳靄牧笛返，月明欸乃漁舟歸。茅檐土壁少丹堊，竹椽松桷無雕几。世澤相承勿敢墜，杯棬几杖思依依。石谷丹青妙海内，能寫平遠皆芳菲。喬木深莊夏猶淺，藕花别墅露纔晞。安得移家老此境，翦韭烹魚願不違。一曲滄浪櫂船去，水雲自製芰荷衣。

寄澹人復用前韻四首

南北相思有夢通，漁莊遥寄一谿風。米家畫裏焚香坐，常在菰蒲煙雨中。

衰疾惟慚退隱遲，柳蒲摇落雪霜時。昔年同結漁竿願，獨有青山白髮知。

聞道園林一水通，扁舟來往趁樵風。著書千卷琳琅字，高咏晴嵐罨畫中。佳句逡巡欲報遲，江南三月落花時。難將煙火人間語，碧樹青谿寄所知。

題羹湖畫龍眠山莊圖兼寄省齋先生 上有省齋題句

雲巖翠壑龍眠西，大谿十里緣芳堤。結屋同居大谿北，吾與聽叟相扶攜。幽偏最愛栗窩小，詰屈不覺松陰低。樂耕堂高俯平楚，青蓑細雨看耡犂。山容谿響入太古，鳥啼猿嘯皆天倪。種樹初成果初結，憐翁委蜕歸丹梯。筆墨蒼茫寫崖谷，撫卷長嘆思低迷。吾廬十年委榛莽，清宵有夢勞攀躋。煙霏月冷樹空老，水流花落鶯亂啼。寄語青谿老居士，省齋自稱青谿居士。芳草自昔多乖暌。小園深瑣勿復道，黄柏山椒增慘悽。惟有六朝金粉客，花時莫忘聽黄鸝。

積　雨

不須愁積雨，猶可助清吟。門掩青苔路，窗低碧樹陰。睡情攲枕熟，香氣護簾深。坐覺琴絲緩，挑燈試泛音。

奉和聖制咏金蓮花詩

託迹靈峰下，移根玉殿西。色將籬菊掩，名共渚蓮齊。灼灼金英滿，翻翻翠葉低。坐看瑶草近，何異躡丹梯。

御書篤素堂扁額特賜恭紀十韻

寒山樗櫟材，昌時忝遭遇。丹地蟠孤根，碧霄濯清露。撫躬彌悚惕，承恩益驚顧。齒髮日就衰，迂拙天所賦。粗知歷世難，惟識守身固。生平有微尚，靡敢渝尺度。集木復臨淵，凜凜結情愫。錫以草堂名，天語曰『篤素』。龍鸞字徑尺，瑶光懸寶璐。願言貽子孫，千齡永無斁。

小庭

小庭碧樹覆晴檐，坐覺清陰滿一簾。北牖山光懸畫卷，南窗花影落書籤。數聲淥水情偏適，萬事浮雲夢久恬。白陸詩篇隨意讀，素心于汝獨無嫌。

浮生

浮生老矣更何求，百計投閒願未酬。謝客壁常懸塵尾，耽書字不耐蠅頭。丹榴結實纔迎夏，紅蓼抽花又近秋。嘆息人間無限事，惟將青鬢付滄洲。

故鄉漕艘至有以鸜鵒見遺者

小草幽花雨後青，攜來鸜鵒挂閒庭。身隨雀舫家何遠，囀似鶯簧舌本靈。喚起曉天窗漸白，叫殘停午夢初醒。不須更學人言語，唇吻雌黄久厭聽。

夏日

淺絳憐朝槿，輕黄惜露葵。草花深緑院，秋雨晚涼時。棐几堆書滿，疏簾著地垂。吾廬雖不廣，猶足傲東籬。放翁有東籬記，規制極隘。

積雨有作寄廷玉輩

藉解饑劬把濁醪，好將書札問兒曹。難言花港觀魚樂，不勝泥塗策馬勞。柳畔小橋新石堰，牆陰古木舊亭皋。懸知荷芰香風滿，放屐垂竿儘足豪。

閒適用樂天韻

雨過空庭槐蔭碧，草花開落似殘春。湘簾深靚稀留客，楚簟清漪穩稱身。茗瀹新泉聲漸沸，香添沈水意相親。誰知澒洞風塵裏，别有閒情逸致人。

六月二十六日

隔簾瓜蔓緑參差，葉底殘紅三兩枝。此際心情最閒適，朗吟白傅洛中詩。

恭賦無逸齋詩應令

清嚴鶴禁迥無塵，温凊時聞道法親。自昔屏書無逸句，高齋今見御題新。
東華曙色映蓬萊，滿架圖書四壁開。無逸齋中勤誦讀，龍樓正是問安迴。

夢坐小樓成末二句

鹿門偕隱小丹丘，琴薦茶鐺事事幽。屋角東偏文杏影，春風吹上讀書樓。

送錢菽邕之官蒼谿

才子彤庭蚤策名，新攜彩綬劍門行。遠看雪嶺過秦棧，近對春江繞蜀城。邊徼殘黎勞撫字，循良異績課農耕。心知佇作承明客，難遣霜天惜別情。

二郎廷玉入都定省寒夜共話遂成七章

長安節序喜團圞，手護梅花避峭寒。紫筍黄柑皆土物，素琴濁酒亦清歡。惟期孝友承家好，須解謙和涉世難。不覺趨庭良夜永，銀河珠斗漸闌干。

七載睽離共一卮，深宵翦燭話東菑。谿邊寂寞探梅路，湖上蹉跎種柳時。漸較香山歸洛晚，久慚彭澤去官遲。憑將無限滄洲思，説向南窗老樹知。

仇池福地去無因，誰復桃源再問津。三徑松杉堪荷鍤，一湖煙雨足垂綸。山中儘有投閒地，世上曾無解事人。話到故園花信早，鶯簧蝶粉又深春。

江鄉遠隔重牽情，愛爾惟期寶令名。薄有傳家青史在，何妨閉户緑苔生。天倫共覓琴書樂，子舍相聯誦讀聲。王謝風流休漫賞，久知吾意厭肥輕。

佳時無地愜幽尋，十笏蕭齋擁膝吟。老耳愛聽鄉語好，倦禽思向故林深。屢因芳草催華髮，每到梅花繫遠心。香雪堂前憑檢視，勿令山雀損清陰。

漢代賢良重力田，吾家邁迹自東阡。長聆無逸三宗訓，幼頌豳風七月篇。波轉桔槔鳴下澤，雲屯秔稻熟平川。繪圖擬入春秋社，桑柘雞豚樂有年。

橋東裛露荷千點，屋角吹香竹一灣。登眺每從煙樹外，坐眠常在落花間。閒人地位仙兼佛，晚歲風流水共山。浄掃靈臺無一事，肯教容易老朱顔。

寄三女

稚女關情久别離，吾家道韞解吟詩。蕉窗對鏡圖書滿，紙閣拈針筆札隨。香徑自移閑草木，膽瓶常貯好花枝。每將佳〔一〕句貽昆弟，話向京華阿母知。

校記

〔一〕『佳』，康熙四十三年刻本作『雅』。

次韻答澹人二首

寒蕊供幽賞，清吟想夜分。鄉園同入夢，花事悵離羣。老眼耽泉石，新圖愜見聞。雪香亭畔景，把玩最殷勤。

苦憶陪猿鶴，知君鑒此情。共期劚菜老，獨羨買山成。白髮家偏遠，朱顔歲屢更。寒宵吟麗句，丘壑思縱横。

爲澹人題梓樹花圖二首

文梓花繁迥異觀，紫瓔朱絡翠雲端。新來頻寄山中信，特地移根占一巒。

江村逸興耽紅雨，爲寫生綃一幅春。自昔樂天曾有句，微之才是惜花人。白詩『除却微之見應愛，人間少有惜花人』。

題澹人北墅圖

種樹成陰須十年，等閒求買苦無策。東坡此語老解事，喬柯珍重如拱璧。一株兩株皆足豪，古幹拏雲根覆石。何況嘉樹羅千章，蒼深杳靄幽人宅。我愛江村新草堂，谿流縈抱園林僻。梅花十畝雪堆莊，桂叢一望天香陌。松嶺排空紫翠翻，梓澤飛英紅雨積。倏篁處處煙梢青，孤桐歲歲霜皮白。天留此境待詩人，雲窗澗閣搜陳迹。雙屐平橋雁齒斜，一擢輕舠鴨頭窄。荷亭花塢日垂綸，蕁谿蘭渚時鋪席。水禽沙鳥馴不驚，啼煙喚雨同朝夕。酣春避暑雖頻來，曲樹高樓自疇昔。天下名園數錫山，老樟顛蹶成蕭槭。樟樹最古，近聞始作。幾見輪囷合抱姿，交柯接葉森如戟。嗟予丘壑足平生，性耽種樹老成癖。疏梅十挺松一巒，對此小巫彌氣索。披圖如探九曲谿，引入〔一〕著勝殊難釋。自是君身有仙骨，瀛山緱嶺娛仙客。佗日功成息肩去，細把庭柯增數尺。

校　記

〔一〕『入』，康熙四十三年刻本作『人』，是。

春晚天禧宫看松

荒殿松風晝掩關，十圍蒼玉古苔斑。徘徊清籟濃陰裏，髣髴深山大壑間。幽境乍容成小憩，浮生未許覓長閒。百泉自是頻來地，駐馬何妨數往還。

法華寺看牡丹

飛霰纔過花信遲，餘寒猶滯緑楊枝。畏吾村畔垂鞭客，蚤是春殘穀雨時。

乙亥三月六日攜六郎登積翠橋北瑶華島時野桃初放岸柳微青俯視春波得十二韻

春情苦泥人，言陟瑶華島。欹段緣石磴，眄睞出林杪。憑高散塵襟，新晴覺春曉。青歸苑柳遲，紅發山桃蚤。西嶺隱薄霧，雪峰迥幽杳。夕照入龍樓，金碧絢霞表。中涵太液池，煙波自空渺。縱横九陌長，蕩漾一舟小。圓殿影參差，蟠松勢夭矯。謂古栝。石橋儼虹卧，鈿車正雲繞。倚徙復移時，聽禽借芳草。稚子有會心，笑憶湖天好。

乙亥三月中旬出西直門歷近郊看杏花四首

堤柳新陰起宿鴉，平明走馬蹋晴沙。初經細雨宜芳草，未覺輕寒損杏花。霧斂西村飄酒幔，塵消南陌度香車。懸知今歲農桑樂，麥隴青青一道斜。

平蕪芳景日芊綿，縱轡郊園意曠然。雪浄遥峰横黛色，暖歸高樹起春煙。最憐濯濯風前柳，更愛涓涓雨後泉。已識閒非容易得，旋鑣莫厭夕陽天。

比舍園林競物華，地連韋杜總清嘉。碧谿雨足三篙水，紅杏煙籠十畝花。柳蔭深藏村市古，槐根高擁石橋斜。留連只在城西路，更訪松關老衲家。

柳陌春深逸興催，遍尋蘭若看花來。泥融頗覺谿難過，風緊曾無客與陪。乍聽鶯啼閒覓句，不妨馬逸小成災。萬端倚伏皆如此，苦樂相招豈用猜。

瓶中杏花

一枝山杏破輕寒，最愛微舒色可餐。乍白乍紅爲態好，含煙含雨欲開難。怯當荒圃風前立，折向甀瓶簾下看。佗日培栽三十樹，還營傑閣倚層巒。

題古塘山莊圖

吾邑倚山麓，北郭景尤殊。岡巒莽回互，土壤偏沃腴。園林饒美箭，谿澗茁靈蒲。平遠復幽邃，村墟如畫圖。斯地稱古塘，景物更誰逾。我出宜民門，掀髯頓胡盧。言過龍眠莊，佳地日取途。山椒搆書屋，石子耽咿唔。清池抱一徑，古木羅百株。麥蚤抗春草，稼密勝秋茶。愛賞無已時，夢境猶奔趨。吾弟出此畫，景乃吳客摹。高低路髣髴，遠近谿盤紆。長吟起嘆吒，山靈遥可呼。何當返征轡，籃筍踐此區。寄語囑鶯花，勿俾芳歲徂。

題羮湖畫册巾車歸里圖四首

幅幅煙綃筆有神，斯圖展對獨情親。梧桐秋雨江南路，容作垂鞭飲馬人。
拍天風浪旅魂驚，翦燭同予住鳳城。垂白倚門歸夢切，思君著筆此時情。
曾攜絡秀輓巾車，碧草芳時返故廬。今日披圖思往事，道山人又上清虚。
龍眠高閣挹飛泉，洗石移花樂事偏。碧落仙居剛十載，黄壚客去已三年。

乙亥三月二十日過廣濟寺看海棠即贈天孚五首

紫綿初放曉煙收，晴日花光倚佛樓。猶喜馬蹄乘小暇，海棠開日得頻遊。
縠雨輕寒欲放遲，陰晴最是看花時。要知喻法深微處，拈取臨階三兩枝。
茗香相對日遲遲，裛露含煙半放宜。探取人間消息理，莫教開到十分時。
古藤雪屋已公居，竟日淹留對擁書。一室蘭香比幽谷，撲人最是捲簾初。
雪刺蒙頭顧影慚，人間何事不曾諳。君營丈室維摩側，許借蒲團學小參。

夏日即事二首

手植庭槐漸放芽，西鄰屋角已堪遮。虚堂謝客容支枕，舊架除藤爲種花。小瓮膩紅傾潞酒，半甌香碧試閩茶。人生底事多惆悵，地北天南總是家。

春歸又負故人期，廿載華林借一枝。隔苑樹籠棲鶴地，舊宫花發浴蠶池。夢回鄉國雞愁聽，泥滑天街馬倦騎。坐對小屏簾影静，此心唯許七弦知。

題馬西樵畫册十首

薄薄山田種黍宜，數家山畔結茅茨。春秋社飲無多路，翠巘疏林土穀祠。予最愛鷲湖山下之詩，謂其得田家豐樂太平景象。兹雖尺幅而山色明秀，茅舍清幽，林端結搆，宜是叢祠。遂作此擬之。

荒山古木亂雲生，絶磴危橋少客行。思向小庵深入定，惟聞泉響續鐘聲。喧不礙寂者，泉聲也。艷不傷道者，花峪也。巧不蕩志者，鳥語也。樂不招尤者，隱居也。舉世在明昧之間，無人超苦樂之趣。

石壁青蒼插江渚，何人結屋滄波間。閉門只有潮聲入，回首沙鷗共我閒。東西梁山，即太白所謂『天門中斷楚江開』也。石脚插波，懸崖置屋，實有此景。當夕陽返照，片帆飛來，幽曠清佳，宜爲詩人所賞。

躡盡空林落葉聲，尋山莫計白雲程。高車駟馬足憂患，好句多從驢背成。垂釣竿，坐籃轝，騎跛驢，躡芒鞋，皆隱者之事。然聞達官案頭有釣艇圖，不聞山人壁上有待漏圖，試取參之。

嘆息人生萬事愚，誰從眼底覓清娱。一間茅屋三株樹，便可相將入畫圖。

秋林葉落雨如絲，埜老何曾解别離。應是前村沽酒去，山妻相送過橋時。人生天涯遠别，多由聲利場中。山翁離數步，老妻稚子往送來迎，焉知離别之苦。此景可畫。

少小離家學閉關，曾攜書卷石門山。青松影裏看飛瀑，一幅吴綃紫翠間。吾里近城瀑布，首則披雪，次則石門，又次則似古山房。予自幼齡從叔兄讀書於石門僧舍。今此庵已成茂草，可慨。

蟹舍漁莊秋水生，茅檐相對好躬耕。平蕪埜色青如許，動我湖干種柳情。予擬於松湖新莊築堤種柳，爲觀魚泛舟之樂。斯圖先得我心矣。

篔簹颯颯作秋聲，一把香茅結屋成。但得蒲團趺坐穩，自然消息悟無生。龍眠山中有修竹一畝，欲置亭於其中，預作一聯云：『俗事無如斯地少，道心常對此君清。』抱此願十餘年，迄未償也。

仲子湖干早結廬，千山飛霰放船初。擁裘醉卧蒲帆急，瑶島仙人本雪漁。西樵畫有『遠趣武仕』，特以貽予，六郎廷瑑持此求書，遂各賦一首於後。

過宛平相國園亭

丞相園亭夢憶中，廿年今始躡芳叢。垂藤到地閒門入，奇石如林細澗通。山杏子低幽徑碧，海棠花亞小樓紅。欲知物外棲遲意，丘壑由來屬謝公。

即事二首

江鄉蕙草如茅賤，此地千錢購一叢。培護翦澆勞日夕，數枝香滿小庭中。
連朝走馬問芳叢，數過城西古佛宮。遺我魏花雙蒂好，一年春色甑瓶中。

乙亥四月二日蒙召賜宴暢春園蓋特旨也謾成四首

深宵剥啄啟衡門，鳳紙來宣荷異恩。明日馬蹄侵曉出，琪花叢裏到仙源。
苑樹新成蔭碧條，水邊同上木蘭橈。紆迴山徑過雙柳，紅紫花圍白板橋。

斯游何異泛仙槎，瑞景軒南聚物華。魏紫姚黄都看遍，御闌千種洛陽花。
繞砌斜傾赤玉盤，輕陰更帶露華漙。侍臣不管雕闌隔，争看中央緑牡丹。

西郭村中有文杏高柯花時極可愛賞忽一日見操斧盡伐爲薪嗟嘆不已因成此詩

紅杏含煙四十株，纔逢花謝緑陰鋪。無端斤斧摧殘盡，嘆息人間有底愚。

曲讌承詔步司農説巖韻二首

花間漏轉晝沉沉，曲宴頻沾感寸心。祕閣同承春殿詔，卷阿期續盛唐音。靈池魚戲青萍合，輦路鶯啼碧樹深。瑞景軒南鋪綺席，鞓紅千朵映華簪。
清波同泛錦檣連，指點樓臺散曉煙。柳暗花明春似海，山縈水帶景無邊。竹孫蚕茁逢多雨，杏子低垂兆有年。自是聖恩榮侍從，側身蓬島亦仙緣。

歸來

馬迹歸來盥漱宜，焦桐便理七弦絲。一簾深緑槐舒葉，半榻清芬蕙滿枝。苦憶白家池上宅，愛吟宫尹洛中詩。釣船只繫繩牀脚，最是吾廬得意時。白詩有『誰家卧牀脚，解繫釣魚船』。

四月十五日過玉蝀橋望北湖漁舟輕泛有致遂成口號

荷葉田田昨夜生，南垞北岸貼波平。明湖風定澄如鏡，最愛漁舟兩兩輕。

澹人見贈芍藥賦此二首

謝家紅藥正當階，定有瓊琚好句排。昨夜春風過鄰圃，數叢婪尾發蕭齋。

四月清和芍藥天，甌瓶花事一燈前。尋芳猶記曾遊處，不到豐臺二十年。

秋日

經旬休沐蚤，簾影静虚堂。江蓼疑南浦，秋花愛北牆。黄柑齊佛指，金粟聚天香。再理清琴罷，庭槐半夕陽。

篤素堂詩集卷二

古近體詩一百首

秋夕鼓琴有作

含露沐新涼，秋花好顏色。閒澹足高致，庭階手滋植。掃迹深閉門，虚堂恣偃息。簾影隔塵囂，琴徽代語默。古調重希聲，沖和滿胸臆。幽泉滴寒岑，鳴玉響清閾。豈有箏笛喧，頗覺琵琶仄。始知昌黎詩，陵轢非琴德。

乙亥六月二十日奉召至暢春園賜食於松韻軒賜宴於淵鑑齋宴畢敬觀御書於佩文齋賜御筆書扇并紅白千葉蓮各一瓶恭賦六章同召者大司農陳廷敬原任總憲王鴻緒學士顧藻少詹事高士奇太常少卿勵杜訥督捕理事官胡會恩侍講學士史夔庶子孫岳頒及長男侍讀學士廷瓚

時和鳴鳥聽雝喈，避暑亭臯愜聖懷。苑柳涼生宣政殿，渠蓮香繞讀書齋。林幽地静煙霞古，徑轉谿迴水石佳。惟有侍臣恩眷渥，木蘭舟泛到蓂階。

萬幾臨御久精勤，暇日皇情涉典墳。窗度竹風彌静遠，簾垂花氣更氤氲。芸香披卷侵晨色，蓮漏觀書達夜分。水變墨池何足訝，琳琅千軸盡奎文。

遏雲亭畔列芳叢，景物人間迥不同。玉蕊乍驚天上樹，荔枝初見嶺南紅。雕欄鳥語曈曨日，水殿蘭香澹蕩風。總是生成饒雨露，擢英競秀碧霄中。

侍從頻年忝藝林，高齋賜宴近花陰。大官列饌皆珍果，中使擎杯盡異珍。事絕千秋榮莫比，恩沾兩代愧尤深。矢音欲效林間鳥，難訴微臣感遇心。

水榭西頭繞曲廊，漸移花影日偏長。許窺玉檢來深殿，爭乞龍箋近御牀。屢賜宸章恩不厭，頻傳天語意非常。諸臣仰恃優容度，腐草羣分日月光。

自昔詩稱玉井蓮，錦塘今見露華鮮。重臺異種蓬壺客，碧藕奇姿太液仙。瓶貯荷香分渥澤，舟移花影度晴川。一從拜賜芙蓉闕，日日清芬几席前。

題石谷畫册三首

平林帶遠山，斷岸圍方塘。高原隱茅屋，似我松湖莊。蚤禾亂黄雲，新秋稉稻香。扁舟繫門柳，處處鳴漁榔。笭箵出沙渚，中有鮮鱗藏。湖上白髮翁，結屋汀鷗傍。耕漁倚先業，樂志良有方。顔堂曰『寶穡』，荷柳魚稻鄉。士農皆本務，後嗣期不忘。

幽居出林杪，斯語良可賦。秋山自重疊，落葉紛無數。空林響樵柯，山腰幾家住。雞聲亂白雲，谿光映紅樹。寒泉落層巖，疏花隱樊圃。村煙接嵐氣，杳靄日將暮。我昔扶筇時，幽景屢回顧。披圖苦尋繹，髣髴龍眠路。

夙夕名山願，垂老苦難遂。幸有匡廬峰，挐舟猶可至。挂席彭蠡湖，洗鉢西林寺。仰首觀飛瀑，松風聽清吹。挹此空明泉，洗我塵俗累。言尋白傅居，草堂恐幽閟。一宿再宿間，或與山靈遇。扶杖抱斯圖，中有西華字。庶令九老峰，知吾向來意。時在西華邸舍中題此。

題石谷畫截句六首

崇岡灌木亂昏鴉，跨澗穿松一徑斜。久别蒼山舊書屋，石橋西畔阿誰家。

天空木落萬峰稠，山色朝來翠欲流。底事秋深不歸去，畫圖惟愛李營丘。龍眠當春深秋暮風景最佳，新緑丹楓，萬峰如錦。奇觀異狀，不可思議。二者更以秋晚爲勝。青松滴翠，古栗鋪黄，間以霜晨楓柏，茜紫深紅，照耀林壑，綉嶺雕巖，四時之景未有能過之者。

一帶横林手自栽，霜晨晴日果園開。欲尋栗里幽人宅，須渡平沙淺水來。

谿水淙淙雨後生，奔巖絡石愛澄泓。茅亭可有幽人到，卧聽鳴泉戛玉聲。

蓮子灣頭水接天，荻花深處起炊煙。何時蓑笠江南雨，醉上湖干放鴨船。人生適意湖居爲最，蒲帆蘭櫂，北渚南垞隨意所之。侶遊有鷗鷺之羣，兼味有魚蝦之美，柳堤千尺可以縱步，荷蕖十畝可以快遊。晴日則漁笛滿川，風雨則緑蓑在野。四時之景，雪月尤佳。六合之中，煙霞獨勝。謀幽居者，當敬以此告之，不敢自秘也。

蕭蕭落時雜歸鴻，秋在山人澹墨中。我却置身亭子内，便同宏景聽松風。乙亥八月，退食之餘，稍有暇晷，垂簾虚室，掃迹杜門，茗碗在傍，清琴可御。友人贈以巖桂數本，香氣塞牖。海棠秋草逞艷北牆，視息其間亦良快矣。凫宗以畫册見贈，筆墨高妙，煙雲舒卷，遂置我於林壑中，各繫以詩，記今秋勝事，並誌良友之誼於不忘耳。

桂花次澹人韻

巖桂含清露，真疑月窟仙。秋英藏葉密，金粟綴枝圓。北墅花成陌，名園景最傳。同牽鄉國思，招隱不成篇。北墅，澹人園名，中有桂街。

種竹詩寄二郎廷玉

別墅泉分曲沼平，石堤西畔接山城。頻年未穩歸田計，一徑先宜種竹成。鞭筍多留乘雨足，煙梢微截受風輕。緣牆若見清陰滿，慰我南鴻蚤寄聲。

寄題武仕弟北園

大郡曾拋彩綬回，閒居養志賦蘭陔。新營別墅看山好，時道安車出郭來。十畝煙籠湘竹暗，一谿香滿水芝開。欲知遊子思家苦，又見輕寒綻蚤梅。

寄示諸子二首

清夜聯牀有弟兄，梅花寒月讀書聲。而翁舊宿荒園角，擊柝烏啼霜滿城。

文心須熟九還丹，氣静神清筆路寬。此日短檠無夜課，何勞辛苦蹋長干。

閲盤山志寄青溝上人

我昔賦行役，税駕盤山下。高峰逼塞門，蒼巖横薊野。黛色薄青冥，睇望彌秀冶。今讀羣公詩，煙霞供繪寫。久知林壑佳，益覺塵壒寡。樹杪亂雲棲，石罅飛泉灑。松檜翳幽徑，薜荔纏古瓦。霜柿艷清秋，風篁卻炎夏。言念紫蓋峰，依然白蓮社。我本丘樊人，落落風塵者。夙願在名山，寄詩慚大雅。儻許營一龕，薙茅乞盈把。

飯摩訶庵看杏花便過御果園歸塗憩元福宮

西郊富蘭若，摩訶庵最幽。自昔文藻客，挈榼頻來遊。我往扣荆關，綺杏花事稠。嫩蕊烘澹日，絶艷誰與侔。豐肌裹仙骨，坐令桃李羞。俯視成奇觀，相將陟崇丘。長林籠錦幄，上有煙光浮。更歷御果園，千樹交平疇。晚過元福觀，苦爲雙松留。喬柯淩碧落，霜幹直且遒。孫支走殿角，一一皆龍虯。歸卧發佳夢，滿耳聲颼颼。

過李高陽相國園

緑陽繫馬舊平津，澹泊園林獨少塵。山杏紅消三徑雨，海棠花覆一簾春。承家尚有揮耡子，愛士深思抱瓮人。濟世祇今流輩少，漫將桃李薄松筠。公有抱瓮亭，囑余爲題額。

年　光　時廷瓚扈從塞外

年光忽忽又春殘，檢點清娱意未闌。流水聲中紅杏賞，緑楊煙裏古松看。停琴語聽新巢燕，垂幔香留宿本蘭。獨有征人消息遠，榆關烽火望平安。

三月十八日過妙光閣遂之慈仁寺二首

尚書舊迹比輕塵，細草幽花巧作春。猶有山僧談往事，招魂無復畫蘭人。妙光閣爲龔合肥宗伯燕遊之地。

慈仁古寺昔遊頻，廿載重來蹋軟塵。不作小詩傳後輩，殿臺誰識舊龍鱗？

初夏二首

手培蕙草緑芊綿，花蒂含珠劇可憐。欲令微風領香氣，移來簾影小窗前。

三冬温室護重帷，始得紅蘭四五枝。却憶龍眠山畔路，歸樵花壓擔頭時。

長日四首

長日陰陰燕羽斜，樹頭幾點放槐芽。蘭枝花謝堆新緑，初到江南穀雨茶。

小雨輕陰入夏寒，擁裘猶怯近欄干。關心塞北風兼雪，衣上冰花渾未殘。

觀書摹帖已全删，茗碗琴絲亦放閑。知有年光無處覓，卧游石谷畫中山。

憂喜人間總浪猜，好懷能得幾時開。莫嫌春色堂堂去，紅藥朱櫻次第來。

堯峰集中有願得二首因戲擬八首

山深俗古舊恬熙，原覺乾坤自坦夷。願得騎驢石潭路，聞歌先讓荷薪兒。

山禽哺子竹谿煙，相喚相呼欲曙天。願得小窗高枕聽，林鴉散後再酣眠。

連宵春雨報初晴，南陌新秧一掌平。願得朝隨田舍子，隔花遥聽叱牛聲。

人間歲月老奔忙，百計無如退隱良。愿得身爲春社長，抱孫攜子祭句芒。

薔薇一架堪迎夏，芍藥千枝足殿春。願得老饕兼味美，朱櫻碧筍過經旬。
矮鋪竹榻蒼苔潤，浄展桃笙碧樹幽。願得經時無熱客，蕉衫箬笠挂牀頭。
新來有客住南莊，近隔松陰結草堂。願得同趨鄰叟約，糝藜煨芋話農桑。
大谿清淺繞吾廬，中有鮮鱗玉不如。願得喚佗垂釣叟，百錢先訂買谿魚。

題喬無功孝廉飼烏圖二首

庭烏反哺意勤渠，嘆息人生未得如。一掬香粳深愛汝，結巢常傍孝廉居。
蚤歲中年違怙恃，霜天愁聽夜烏聲。披圖瞥見銜悲客，無限人間風木情。

入夏即事四首

斗室湘簾也絶塵，春深夏淺最撩人。每逢歲歲清和月，芍藥香中住兩旬。
能白能紅偏冶艶，含脂含露最夭斜。人間自有留春處，手種臨階月季花。
幾日晴雲始破寒，擔頭芍藥滿長安。軟紅怕蹋豐臺路，翦向銀瓶盡日看。

華林西畔掩雙扉，簾幙風輕燕子飛。手弄朱弦看紅藥，數聲清越近中徽。

法華寺老僧贈牡丹四朵有作四首

名花百朵近書樓，未省兒童解愛否。慚愧山僧知好事，年年相贈紫平頭。

花中姚魏迥無倫，我昔移來洛水春。今日白頭方解事，看花不是種花人。

春殘布穀已頻催，含露西山畚斸來。恰是老妻齋誦日，膽瓶先向佛前開。

洛陽鄜畤遠難尋，我本江南僻縣人。何事辛勤求異種，家園珍重玉樓春。

書箋與廷璟

對客攤書事事慵，矮箋搜句與兒童。隔簾深綠分槐蔭，入坐清芬擁蕙叢。鄉味最甘陽羨茗，老懷惟伴嶧山桐。誰知落落風塵裏，別有壺天似乃翁。

題黄柏山房圖

龍眠深秀天下稀，清谿曲抱山四圍。故人手闢柴荆扉，予亦挂席方東歸。透迤蘿徑横翠微，杳靄未覺秦源非。大河西來衝漁磯，深山乃有鷗羣飛。芙蓉谿亭羅芳菲，栗窩樹老霜栗肥。樓前文杏朝露晞，春疇破緑煙霏霏。樂耕有願幸不違，與君同製薜荔衣。倏焉戒塗四牡騑，十年不飽春山薇。君方驂鸞排兩旂，予則躑躅縻金鞿。荒園草没室蛜蝛，移文不恤山靈譏。圖中有名皆陶韋，磊磊落落傾珠璣。聽翁已去子何依，吁嗟有淚不可揮。

年華二首

最宜珍重是年華，只合芳林傍水涯。藥譜茶經誠鄙事，桃蹊李徑即吾家。支分耕穫憑啼鳥，筦鑰門庭付落花。手把劍南詩百卷，蓬壺踪迹豈幽遐。

静中風味試探尋，茗碗爐香伴素琴。盆蕙便堪爲茂草，庭槐暫許作長林。非無丘壑胸中事，時有鳶魚物外心。家在海山鄰弱水，久稀消息到於今。

豐臺芍藥吟四首

竹籬茅舍傍清湍，種菜家家問藥欄。獨有宛平丞相圃，留花未折待人看。

四月薰風暖復晴，通衢委巷賣花聲。緐英盡在長安陌，誤賺遊人蚤出城。

紅雪歌兒鬬粉脂，南窗北牖列參差。晚花珍重蓮香白，別貯銀瓶三兩枝。

移植城中百不成，泉甘土沃始敷榮。由來不解隨人意，小草偏生物外情。

予既得前四首與弟姪同看復爲予道北軒事遂成末篇

短句吟成一破顔，忽聽弟姪話家山。北軒饒有花千朵，却在清潭碧樹間。

夏至齋宿蘭省與王昊廬先生談龍眠秋色之勝遂成長句

苦憶龍眠愛秋晚，爲君摹寫秋山容。霜濃日澹色初染，林皋颯颯多悲風。柏栗松楓隨地有，頳黄紫翠攢一峰。峰峰相續各爲態，上倚碧落燒晴空。此時潭水澈骨清，傍岸數點新芙蓉。不寒不暑袷衣便，有客有酒巾車從。紫蟹黄雞味正美，青芻玉粒香偏濃。俯臨大谿坐盤石，矯首長嘯摩蒼穹。飛鳥遥銜赤城起，天光絢轉朝霞中。造物娱人亦已甚，奉我綺屏綉幄千重重。

先農壇古松

古壇數百載，石屋傍長松。一松蔭一畝，翠色撑空濛。脩柯動鱗甲，詰屈森虯龍。幽響吹笙竽，颯颯迴天風。班剥何所似，清廟羅鐘鏞。古仙侍天闕，肅穆脩儀容。靈液分海瀆，精氣通華嵩。上有鬼神守，下無狐兔踪。我昔當壯歲，斂戢欽微躬。言陪華亭叟，沈繹堂先生。更伴淄川翁。高念東先生。風塵久間隔，奇觀欣再逢。徘徊清籟起，偃仰蒼雲封。靈物邈歲時，廿年俄頃中。細把青銅柯，覺與疇昔同。惟予華髮變，感嘆將何窮。

寄和三兄三首

雁鴻南北渚，葦宿侶常稀。抱瓮緣偏淺，垂竿願苦違。衰慵心轉怯，少壯計全非。夜雨聯牀夢，何年影共依。

意中常覿面，霜鬢七旬人。交讓雖分葉，連枝本一身。勞薪難自慰，原樹易爲春。垂老鶯花賞，期君意倍親。

丘壑慚當日，風塵笑此身。有詩惟寄慨，無病亦常呻。謝客登山屐，陶家漉酒巾。桂巖香蚤動，遥憶坐花茵。

蒙賜御筆臨米芾長幅恭紀

聖主求寧致清晏，坐擁圖書千萬卷。省覽機政日中昃，典學稽文意靡倦。微臣歲久侍華清，講席經帷燕常見。避暑多在甘泉宫，柳風槐露迎涼院。几畔秋蘭襲袂香，階下新荷映波茜。聖情怡豫對清流，微飔不用移宫扇。日揮鳳紙恒百幅，退筆爲山墨爲澱。遠自篆籀逮輓近，縹囊玉軸羅羣彥。漏痕釵腳法益奇，虎卧龍跳勢屢變。御筆腕下集大成，俯仰千秋稱獨擅。臨摹最愛米與蘇，古人重見開生面。襄陽野老舊知名，異代遭逢數稱善。當年承詔入深宮，落筆驚奇響春殿。米顛豪放本不羈，紫袍自裹端谿硯。長箋流傳入内府，側近龍香荷宸眄。字大如碗近數百，淋漓瀟灑吴淞絹。鍾王顔柳各有態，盡入豪端供結撰。勁筆軒翥摩丹霄，奇情夭矯躡飛電。珠璣萬斛神采殊，珊瑚百尺霞光絢。念臣朝夕傍棐几，特與疏恩及愚賤。兹幅拜賜出明光，寶翰煌煌倚深眷。榮光夜燭蓬蒿廬，奕世家珍共欽羨。

丙子秋日直暢春園韻松軒即事兼呈澤州江村静海虞山四首

西郊幽曠水泉清，近接羣峰紫翠横。太液疏池千澗入，靈和種柳十年成。承恩數忝丹霄直，顧影頻驚白髮生。宫漏聲希鈴索静，慵開書帙此時情。

水雲佳地敞宸居，日日朋簪此曳裾。龍御紫庭朝聽政，鳳棲阿閣舊攤書。軒乃諸皇子讀書之處。傳餐中使過瑶島，滌硯涼波引石渠。久傍星辰高處立，捲簾常怯對清虚。

樹接郊坰入翠微，不辭騎馬侍彤闈。佳時載筆臣何幸，聖主耽書古所稀。地近清都蘭桂繞，閣臨秋水鷺鷗飛。頻來漸覺蒹葭老，風露新添白袷衣。

海雲東望接滄溟，一片秋光滿御屏。雨過平蕪沙路白，風迴高柳繚牆青。休兵可望登三古，垂老惟思守一經。宇内羣公欣有託，抱蓑吾欲返煙汀。

眼　昏

行年甲子已全週，眼暗經今有十秋。雲外猶能窮練影，鐙前未許辨蠅頭。久知識字多爲累，但可看山百不求。目力漫從寥闊費，意中思製小林丘。

不　寐

一月愁淋底事狂，新晴今始見秋光。蕭蕭終夜還疑雨，深悔移牀近白楊。

見進芙蓉者

江南秋色雁聲催，新見寒蓉進御來。故國祇今湖水上，倚風含露滿汀開。

宿法華寺

倦投古寺愛庭柯，積雨牆陰長薜蘿。砌擁草花秋蝶滿，檐垂霜柿暮蟬多。偶從禪榻分清磬，却夢漁竿枕緑蓑。最覺園蔬有佳味，衝泥不厭屢經過。

題梅桐崖横琴圖二首

宛水先生鬢未星，高懷逸興寄青冥。遥知目送飛鴻處，一片閒雲在敬亭。
自昔題詩咏洗桐，横琴又復羨幽踪。祇緣古澹人相似，不獨吟成萬壑松。

七弟自平山來晤於其别時作此示之三首〔一〕

生平宦迹未親民，重爾分符赤縣人。兩字箴銘惟愷悌，千村婦子待慈仁。世間境遇安爲樂，里社涵濡感最真。自昔參藩傳治譜，百年棠蔭浙江濱。

畿南百里足婆娑，地僻民淳穩嘯歌。山翠逶迤連北岳，河流縈帶近滹沱。簾垂官閣春花滿，竹映閒庭夕露多。家室團圞稱吏隱，好將休養致人和。

毘陵分手隔江煙，南北鴻飛已八年。薄宦攜家深念爾，嚴寒覿面倍欣然。關心伯仲顔俱老。回首田園意更偏。壯歲勞人須努力，容吾高枕白雲邊。

校記

〔一〕『三首』，原缺，據四庫全書本補。

閏三月二日同子姪輩過摩訶庵詣天禧宮看松興勝庵看杏花萬壽寺看鐘沿谿河歸四首

杏煙吹散半成塵，瓜蔓初抽菜甲新。自惜尋春來較晚，穿林猶見看花人。摩訶庵遇史胄司輩攜酒來遊。

蕭索琳宮大道傍，雕檐畫壁久微茫。長松深瑣無人到，盡日空庭發古香。

微飔潛起緑陰中，差與琴聲古澹同。頓使塵心消歇盡，由來宏景愛松風。

蘭若幽偏舊迹存，松林路接畏吾村。小亭西望春如海，紅杏花飛御果園。興勝寺有亭，俯看杏花。

入夏戲作白體

經春還入夏，稍喜得閒時。地僻逢迎少，身慵睡起遲。緑槐堆密蔭，紅藥插多枝。琢硯逢詞客，添香喚侍兒。詩容成舊句，琴亦弄秋思。萱草餘根茁，薔薇帶蔓移。蝶依投枕入，燕與捲簾期。惟憶鄉園切，芳時悵別離。

即事

木芍藥開春晼晚，近依琴几稱幽清。正當曉月黄昏後，忽聽冰弦一兩聲。豈是鼠翻簾幔響，非關風激紙窗鳴。朝來檢點瓶花朵，落向琴邊幾瓣輕。

八日過明相國園還循河至高梁橋三首

縱轡晴郊野興賒，城闉西畔入煙霞。幾家地接靈和柳，一路春殘杜曲花。

上林餘澤散煙汀，丞相園林喜不扃。欲向鏡中看樹色，扁舟移過晚香亭。屏上畫叢竹，號晚香亭。

曲曲波光泛玉泉，高梁橋北愛潺湲。誰人解向紅塵外，行到清谿緑樹邊。

題石谷寒泉落木圖

蕭蕭眾木響，霜葉落秋清。雲中遠雁度，階下寒蛩鳴。谿流漱石瀨，琴筑相琮琤。我昔山窗夜，飽聽同韶韺。手把白傅詩，甌泛黃菊英。盡滌塵世想，深愜幽人情。十載謝邱樊，撫卷思縱横。時方坐齋室，静慮寂無營。空山共今夕，憶我寒泉聲。

題石谷天香草閣圖三首

我家亭子傍清池，初種天香月露枝。老樹成圍應有日，秋風相待廿年時。
披離叢桂紫苔斑，下蔭寒泉碧一灣。悟到木稚禪定處，九秋風露滿空山。
城南傑閣帶脩廊，錦石垂藤倚桂坊。一種清秋高潔意，最宜相近是篔簹。予擬構天香書閣於小橋曲沼之南，新移叢桂枝甫覆檐。石谷繪圖亦傍石臨水，若爲之識也，喜而賦之。

題石谷寒林圖

近從尺幅快幽尋，滿紙秋光落翠岑。久客京華無勝事，逢君兩度寫秋林。乙亥夏五月，方子凫宗以石谷畫五幅相贈，長日休沐，因各繫以詩。石谷偶過予齋中，再四披誦，遂爲予更補五幅，寒村煙樹之奇，幽澗層巒之勝，遂使予撫卷而得之，藉以爲娱老之具，良厚幸也。丙子長至後一日。

題石谷畫米家山二首

煙螺霧髻望成堆，水氣空濛曉未開。我愛松湖山數點，桃花新漲雨中來。

菰蒲風暖上嘉魚，秔稻吹香六月初。一笠一蓑吾已辦，賞心端合傍湖居。吾家湖上有先人舊業田，非腴壤，獨蚤禾先秋而登，耕漁並作，弟兄接屋而居，阡陌相望，有可樂者。湖畔一峰聳秀，絶類斯圖。荷柳之隈，惟松獨茂，煙水濛縈，乃是真米家山也。

題姚汪若畫册十一首

新購谿南十畝莊，年年書爲種松忙。猶思坐對龍髯古，聞道青梢若我長。余以辛未種松於芙蓉島，得四千本。今閲七年，已高七八尺，有盈丈者。若見其虬枝偃蓋，古幹拏雲，嘯咏其間，亦一盛事也。

山居無事日遲遲，簾静香消與睡宜。有夢不離幽徑外，鳥聲飛上野棠枝。余壬戌以後謝客山居，蓬徑草庵饒有幽致，棲遲三載，此景依然。重話舊遊，惘焉增慨。

朔雪燕霜柳最遲，采蘭脩禊已多時。衹今玉蝀橋邊過，纔見輕黄染舊枝。

樅水松湖地接連，平山遠渚最幽偏。依稀如見金環石，楊柳煙中過釣船。湖畔有石圓浄，名金環石。

村市人家柳岸邊，白魚入饌最芳鮮。慚予舊是湖干客，風景相違十二年。

西郭層巒入翠微，石門舊業掩荆扉。梅花香裏茅亭外，盡日空山雪練飛。吾鄉瀑泉甚多，披雪及似古山房皆佳。茲圖類繼谿石門，從梅花影中望匹練尤勝也。時與方子東來同識之。

霜葉吟風鬭茜紅，我曾步屧石橋東。雕巖綉嶺千重色，半在雲中半水中。吴興小司寇筆妙天下，寫秋林得荆關遺法，園居養高，興致益豪，點染入化，以十二幅遺余，良不易得也。

媚筆泉香蘚石奇，下臨千尺瞰淪漪。懸崖舊是垂雲沜，圖畫依稀李伯時。余在大内曾見龍眠山莊圖粉本，有玉龍峽，則今之碾玉峽是也。其秘全庵結屋山麓，前臨太谿，樵徑當門，則今之寫園似之。有垂雲沜奇石壁立大谿中，今媚筆泉、羅漢臺，猶可想見也。

傍水穿林石徑紆，幽泉香草世應無。相將路入芙蓉島，遥見青楹隱碧梧。從寫園而西，山腳插大谿中，於此營一徑，迤邐里許，可得水石縈迴之致。由此達椒園、芙蓉島，極爲幽僻。因識于此圖之末云。

荷鍤朝來過野塘，籬邊小圃愛蔬香。侯鯖百種争能似，豆角新肥帶露嘗。

瓦雀孤棲影自雙，櫻桃葉底足迷藏。平生飲啄無多少，不愛雕籠近畫廊。

布穀聲中初焙茶，低枝小草發紅芽。山禽啄向春煙裏，誤認谿邊躑躅花。黄荃、趙昌作花鳥，多出新意，遂冠絶一時。茲幅染嫩葉如花，輕紅可愛。是春色，非秋色也。因咏以詩。

篤素堂詩集卷三

古近體詩一百首

夏日雜詩十五首

雨過槐陰翠欲滴，夢迴燕子語方闌。不須更躡豐臺路，紅藥今年得飽看。

鳳城曲巷賣花聲，九陌塵消雨乍晴。浴佛正逢休沐日，滿堆紅藥與朱櫻。

清和四月雨晴天，砌草庭花濕更妍。午睡初醒簾影静，一爐香對七條弦。

由來負性本癡頑，常怪人嫌退隱閒。灌藥澆花忙不了，偷身還與看谿山。

萬事無如對碧山，幾人能解惜朱顔。祇因福慧生來少，祇耐奔忙不耐閒。

葉底乍看桃結子，盆中初見藕生芽。自嫌未了功名事，手種庭前旌節花。

棼尾春華百朵開，小軒風致足徘徊。昔人曾著瓶花史，似此何慚錦被堆。

晚花珍重蓮香白，雪映冰壺月映潭。買取數叢應有意，移根還欲寄江南。

深紅淺白意相偎，玉作肌膚粉作腮。移向中庭承夕露，最宜返照上花來。

永日何嫌退食遲，清琴弄罷有餘思。老妻亦解閒居意，二友惟須白陸詩。

花枝照碗香生茗，槐影穿簾緑照書。兒輩作詩相慰藉，漫言幽賞獨吾廬。

佛桑艷紫那堪並，朱槿妖紅未足奇。怪底當年長慶集，卷中多有咏榴詩。

新植盆花宜避日，晚涼又欲露芳叢。奚童移置應相誚，頗似陶家運甓翁。

久思煮石復餐霞，舉案殷勤有謝家。要我堅心齋朔望，自炊香飯搗胡麻。

慈烏中歲多生子，雛燕經春又引兒。近日宏農成老友，對牀同咏白家詩。

題宮定庵四迹圖六首

少小聯裾至樂存，推梨讓棗度朝昏。多君四海飛騰日，長記書聲棣萼園。右兄弟讀書圖。

席帽秋風蹋軟塵，板橋霜迹騎駪駪。柴門雞黍山東路，誰識他年擁節人。右應試北征圖。

玉皇香案舊才人，自有文章動紫宸。静海至今傳軼事，澤宮蓮炬似車輪。静海勵澹園先生每爲予言，里人夢紅燈二碗自學宮出，其一絶大，乃公獲雋之兆。

車騎雍容舊井廬，承歡恰稱彩衣裾。誰能頭白雙親健，笑折紅綾第一書。南宫第一，時雙親俱健。

地接東華水滿谿，柯亭劉井舊沙堤。至今槐影深藏屋，猶照當年太乙藜。右翰林讀書圖

左駕蒼龍右翠虯，飛馳河伯與陽侯。使君本是爲霖客，手把銀潢灑緑疇。右禱雨圖

小集用東來伯顧晁宗韻

小軒晴雨愛時和，乳燕新泥葺舊窩。庭滿緑槐供偃仰，階翻紅藥儘婆娑。壺觴此日分毫素，麟鳳諸公未網羅。頻問故園松竹好，從來鄉思向人多。

日　長

日長睡足午陰斜，猶喜經旬蚤放衙。客到常聽江北語，簾開初見嶺南花。琴涵古澹平沙操，甌送清芬顧渚茶。親故兒童紛滿眼，何妨垂老客爲家。

居庸關感賦二首

居庸天險地，山雨正空濛。蒼翠千峰矗，盤紆一道通。孤城雲氣外，古塞石稜中。擁衛神京北，由來節鎮雄。

空山響澗泉，亭障若孤懸。絶壁臨無地，飛樓接半天。昔聞延敵帥，惟索賣關錢。在德非虚語，登臨一慨然。

韻松軒即事前十首 有序

丁丑夏六月，同陳大司農、高詹事、勵銀臺、孫大司成、傅侍講學士，入直韻松軒編纂。碧谿高柳，縈帶直廬，鳥語蟬聲，響答清晝。傍有水神祠，丹楹翠瓦，下臨深澗，林陰蔽日，赤曦忘暑。時抱書卷，過此游衍，聽隔花之宫漏，挹别浦之荷香，率成十絶句，鄙俚無文，蒙諸公屬和，遂爾成軸。念夫交游聚散事等浮雲，文雅風流語傳佗日，目前隨意之揮灑，異時觸眼之琳琅。儻得歸老丘樊，展對於松陰蘚石之間，殆歐陽公所謂迴顧玉堂如在天上者耶。并書以記其事。

一道清谿迴絶塵，日光穿樹見纖鱗。水邊石上來趺坐，便是驂鸞隊裏人。

山畔蒼然結小亭，數峰垂影入滄溟。中涓亦解臨流賞，指點波心看畫屏。蒼然亭名。

一水一山俱入畫，一花一草別成春。人間何處能如此，更説方壺恐未真。

路過平橋青嶂繞，門臨谿水緑陰開。洞天福地原無暑，况復山煙送雨來。

漏聲隱隱水淙淙，紫玉蟾蜍碧瑣窗。池館人間稱第一，朋簪天下更無雙。

栽桃種柳幾多時，瞥見喬柯挂緑絲。愛看清陰籠碧澗，抱書常過水仙祠。

午夢遥驚花外鐘，關情水態與雲容。隔牆便有蓮華萼，清遠亭邊石筍峰。清遠亭名。

丹稜十里路非遥，櫜筆連朝侍紫霄。靄靄微風波上度，幽蘭香自御筵飄。

塵囂不到迴幽清，半日微陰半日晴。忽聽進冰傳内使，柳邊遥過擢船聲。

弱水何如帝子家，雲中飛閣影横斜。我來暫作承明客，便泛吾宗博望槎。

韻松軒即事後十首次孫樹峰大司成韻

千章灌木夏陰陰，秘閣疏簾發苦吟。底事谿邊來去鳥，亦耽豐草愛長林。

方塘曲抱小山岑，雨過涼生一探尋。便是黄茎江岸景，菰蒲深處宿沙禽。

雲館九天鈴索静，谿亭六月裕衣凉。微之佗日山陰去，仙吏人間説玉皇。
家在樅陽秋水邊，平湖萬頃接山煙。東坡夢作仇池長，福地神魚小有天。
荷裳蒻笠試新裁，乞得閑身駕鹿回。上界由來足官府，思從勺水望蓬萊。時方上章乞休。
瓊苑花枝玉井蓮，天家景物總清妍。只應書向琅玕節，留與雲孫奕世傳。
北望祁連似砥平，黄皮烏弋盡銷兵。正宜白首爲農去，卧聽松風夢亦清。
北峰雲影已全移，惟有仙家漏點遲。莫怪頻年驚節物，纔凋一葉是秋時。立秋後一日。
松陰低覆雲千壑，蓮葉香生水一灣。手種庭柯今幾許，倦飛鷗鳥合知還。
幾年偕入苑東門，時見雲從墨沼翻。天語親承俱色喜，華亭風格至今存。此專謂樹峰，天語嘉其書法可繼美華亭。

便面畫雙鷺碧蓮題曰路路清廉圖奉敕賦之

精白勵臣衷，含情藻繢中。蓮香披淺瀨，鷺羽立芳叢。皎潔心常似，塵埃意已空。聖懷勤賞咏，長此振清風。

送高江村侍養歸里

自吾與江村，同被賜廬居。禁庭二十載，出入形影俱。鴻才愜優眷，異采絢天衢。對分金鳳紙，偕曳紫貂褕。君獨有高堂，靈萱日正舒。衡宇近相接，慈惠資涵濡。一朝奏天子，乞養歸平湖。縷陳數千言，字字傾鮫珠。非不戀丹闕，風土愛枌榆。垂白性所宜，東海古名區。三公抵一日，願將慈母娛。至尊動色聽，欲報多躊躇。子情重違拂，國士珍璠璵。宫端晉顯秩，天藻承賜書。同輩有榮慶，皆言公過殊。神武靖荒服，櫜鞬隨屬車。黄河青海間，王事許馳驅。欃槍既以掃，端拱御金鋪。陳情返林壑，勇退誰能如。五色宫雲中，垂紳扶板輿。雅詩頌吾友，出處皆師模。

自娱四首

小庭風物足徘徊，桂露纔晞圃菊來。自昔縱吟惟五柳，平生種樹得雙槐。垂藤近隔筠簾看，雜卉紛圍紙閣開。聊可自娱人迹少，東街南陌總塵埃。

閉門清嘯遠車輪，京洛猶餘澹蕩人。歲晚自應投散地，恩深未許作逋臣。黄花繞坐秋窗暖，紫蟹登盤夜飲頻。隱入陶潛詩一卷，花源心事葛天民。

細草幽花傍苦吟，一弓寬地晝常陰。蝸情焉自知廬小，鳥夢還應覺樹深。壁暗掃塵懸舊畫，窗明分日理清琴。人生但得棲遲穩，莫計丹崖與碧岑。

自憐霜雪鏡中容，欲寄煙霞物外蹤。曉直懶趨龍尾道，夢回怕聽鳳城鐘。深慚種樹十年晚，除却看花百事慵。且伴弘農對牀語，薰香暖酒過殘冬。

寄廷玉屬山中疏治谿塘四首

龍眠攢簇眾峰幽，四面嵐光抱緑疇。地勝總堪營別墅，灘高無計泛扁舟。須知雙澗從雲落，好引清谿繞屋流。製就木蘭書畫舫，芙蓉深處狎輕鷗。

平生愛對碧潭空，幸有洪波別澗通。來自長松修竹外，經過石堰小橋東。芰荷鋪處香風滿，桃杏開時錦浪紅。從此幽棲無憾事，清流曲折畫屏中。

曲曲何妨映短籬，還留方沼玩漣漪。閒尋奇石支橋路，偶著茅亭傍水湄。舴艋頓添漁釣樂，桔槔還與稻粱宜。清渠近繞繩牀腳，好咏香山洛下詩。白詩：『芙蓉池在卧牀前。』

歸計無端攪夢魂，十年心事北山園。松杉雖短堪圍屋，櫸柳猶存可蔭門。移竹栽花忘歲月，看山弄水度朝昏。秋晴難覓登臨意，只盼南鴻數寄言。

枯坐

槐葉凋疏紙屋明，藺翁枯坐負秋晴。菊憐東壁參差影，琴愛中徽撥刺聲。舌潤汲泉烹緑雪，指香和蜜剖青橙。故山楓桕霜初染，腸斷丹霞與赤城。

秋日過西郊諸園晚詣法華寺八首

秋日晴郊得勝遊，城西韋杜屬通侯。水分太液波常暖，樹接華林地總幽。
北渚南垞曲折流，鏡中幻出小林丘。爲憐舊是江南客，借與輕舠竟日遊。
傑閣長廊一徑斜，赤欄橋畔碧窗紗。主人猶在交河北，獨付蒼頭爲掃花。
疏柳餘花蔭翠岑，芰荷老後始探尋。最宜疊石臨流看，數點芙蓉黛色深。
畫桷鶩飛錦石攢，重重金碧護雕欄。放翁自賞東籬趣，埋得盆池十笏寬。

誅茅一把也幽偏，心賞由來喜自然。却憶蒼崖丹嶂裏，瀑泉飛落萬松巔。

還鑣得得款僧扉，恰自前村穫刈歸。欲問梅花消息近，霜林黄葉已紛飛。

畏吾村畔舊棲遲，蘭若重過復幾時。清磬一聲人出定，滿庭霜柿正離離。

他日四首

大谿南畔有煙汀，他日東歸結草亭。谷滿篔簹遮屋杳，山圍松栝接天青。舟邊藻荇三篙水，鏡裏芙蓉百丈屏。容我長爲居士否，好憑鶴語問仙靈。

領垂白髮亦悠哉，邱壑中間置散材。近接沙灣移碧柳，遠隨岡勢種寒梅。花間曲沼看魚樂，松際孤亭待鶴來。猶有萊妻知嘯咏，草衣蔬食與追陪。

東籬逸興古今傳，眼底誰能學蜕蟬。樂志徒然有虚論，養生豈獨無真詮。眠時幻夢醒時事，世上閒人地上仙。寄語山中憑采朮，乞歸端合是明年。

静對爐香茗一甌，未寒先已著輕裘。自貪疏放堅辭客，無奈情懷偶出遊。安得紫芝延晚歲，閒吟黄菊過清秋。兒詩亦解憐翁耄，兩字思鄉説不休。

丁丑九日

達士由來愛景光，最珍寒食與重陽。碧潭潦盡文鱗見，丹樹晴烘錦幄張。十載壺觴高會杳，九秋松菊故園荒。一龕剩有垂簾地，整理瓶花學趙昌。

自昔

自昔詩人嘆駭機，海天無際羨鴻飛。須知圭組心常苦，未必耕耘計總非。夜雨草迷沽酒路，秋風花覆釣魚磯。佗時一枕松雲夢，定悔衰年始拂衣。

秋窗料理瓶花四首

自疊盆山插菊枝，分紅間白滿花瓷。明知老去童心在，只似雕蟲作小詩。

萬紫千紅縱目宜，風沙無地玩芳時。昔人手著瓶花史，却勝黄荃畫折枝。袁中郎著瓶史。

揀取花枝貯膽瓶，要兼畫意與詩情。最憐影落紗窗上，一幅輕綃爲寫生。
搗練遥聞巷北碪，薰衣低覆水南沉。經旬粗得閒中味，黄菊花圍緑綺琴。

即墨黄伯鑒饋柏葉露

蒸露猶存柏葉香，一瓶遺自海雲鄉。朝來攤卷黄花裏，百沸清泉自取嘗。

廷瓚承命致祭衡岳

手持丹詔歷間關，乘傳真成晝錦還。木落洞庭秋色好，計程明日到衡山。

題李公凱小像二首

冰雪豐裁映紫髯，青蓮居士本臞仙。世間何物供清聽，鶴唳松濤手一編。
天禄讎書渾未閒，時聞清佩直蓬山。誰知澹蕩高人意，常在花谿蘚石間。

窗間二首

窗間枕藉劍南詩，琴比陶家有七絲。莫怪經旬常掃迹，偶閒難得菊花時。
園才五畝半池塘，岸繞紅桃間緑楊。底事懸圖向東壁，安排樹石攪人腸。

吾園四首

水複山重樹色連，紆迴樵徑大谿邊。吾園獨占寬平地，翡翠屏圍數頃田。
瓔絡巖前雪浪浮，玉龍峽底碧潭幽。吾園獨占雙谿勝，引入花村繞砌流。
布穀聲聲喚插田，雨晴新緑正芊綿。吾園不用栽花看，滿目猩紅是杜鵑。
稻穫場空栗里開，霜輕日暖雁初來。吾園最是秋光好，紅葉千峰錦綉堆。

對菊十二韻

春晚復夏初，天地氣芳煥。萬卉弄顔色，紅紫紛滿目。秋深嘆摇落，蕭蕭脱羣木。隱顯各有時，物理重往復。何來絶世姿，東籬見叢菊。灼灼紫蔕披，粲粲金英簇。輕霜濕〔一〕，寒月照清淑。晚蝶戀低枝，餘蜂領微馥。色正格愈高，體腴氣彌肅。造物娱寒士，藉以媚幽獨。編荆作小圃，覆泉爲甘谷。選取落英餐，快展離騷讀。

校　記

〔一〕「濕」，康熙四十三年刻本作「滋」，是。

丁丑十月既爲皜亭記涉園圖再題小像二首

坐蔭高梧倚桂叢，讀書味道日春容。知君抱膝微吟處，意在玲瓏第幾峰。

千樹松杉十畝筠，海山佳地更無倫。但能收拾楸枰後，便是蓬壺深處人。圖中畫弈方罷。

憶松湖用東坡先生遊孤山韻

桐之陽，有松湖，秔稻再熟他地無。松嶺歸樵相伴侶，煙波縱櫂聞歌呼。弟兄於此居其孥，千樹桃花春自娛。楊柳覆門沙路遠，芙蓉圍屋槿籬紆。埠有扁舟莊有廬，北渚南垞鄰不孤。紅紫牽風足蓮芡，芳鮮出水饒菰蒲。世業遺自先大夫，歲收百斛度朝晡。鳴榔舉網魚撥剌，不羨笠澤漁家圖。吁嗟此地樂有餘，十載歸夢空蘧蘧。塵網固結誰能逋，境幽筆拙難爲摹。東坡先生疊此韻四首，思致高妙，一再諷頌，觸湖山之思，遂次原韻，布鼓雷門之誚知不免耳。

冬日二首

掃地焚香一事無，人間何地不方壺。莫嫌春至無消息，繞坐緗梅十二株。

靜拂冰弦思轉清，海南香裏月三更。無端窗外寒螿歇，應爲平沙撥剌聲。

蒙賜哈密瓜條味甘芬乃工部侍郎常綬攜迴者

西域新回使者車，司空風景話流沙。從來蒟醬無人識，拜賜初嘗哈密瓜。

即事三首

年來性癖武夷茶，風味温香比豆花。融雪烹來忙小婢，故應清興似陶家。

地爐温室障蒲簾，雪後曦光照短檐。諫果拈來成一笑，何時滴盡始迴甜。

千年古栝承光殿，一派寒林太液池。人在金鰲橋上望，滿天風雪散朝時。

暖室中滿置盆梅用東坡先生韻

疏枝寒蕊憶山村，冰礀冷落幽人魂。迥隔江雲不可見，蟠根矮樹同朝昏。研山西畔書幌側，交柯接影成小園。瓦盆擁雪土常潤，地爐宿火氈微温。深夜相將炳明燭，清曉乍喜迎初暾。梅花詰曲居暖室，何殊方朔棲金門。但能朗誦陸子詩，不須更與酬一言。計日春風花爛熳，爲爾滿注花前樽。

丁丑十月疏辭兼管翰林院詹事府得俞旨

起居注史殿西偏，占領冰銜廿五年。今日拜辭文石陛，好將鳳紙付時賢。
白首儒臣典縹緗，絳紗弟子盡琳琅。種槐幸得依劉井，佗日清陰滿玉堂。予種槐於翰林，凡十八株。
秩宗清重愧吾衰，紫綬三重占鳳池。解却雙魚何色喜，筍香花落是歸時。

題翁康飴麻衣負土圖

迎養京華翟茀榮，花時常奉板輿行。畫圖偏寫麻衣淚，知子含悽無限情。
寸草春暉事惘然，白華難補淚涓涓。憐余蚤歲悲風木，菽水輸君五十年。

篤素堂詩集卷四

古近體詩一百四十六首

山居幽事戲擬右丞體三十首

居傍幽巖石屋，四面青蒼削成。纔見峰腰雨過，忽看松頂雲生。

近對層巒飛瀑，匹練高懸翠微。空谷涼風乍起，滿林煙雨霏霏。

日暖波平鷗泛，谿清沙白魚遊。一葉隨風上下，桃花流水扁舟。

近柳依松小閣，下臨千頃湖平。卵色青天雲浄，魚鱗細浪風輕。

四月園林筍茁，村翁未覺寒酸。十日蒼龍解籜，頓添碧玉千竿。

别有幽人鼓吹，桔槔聲轉清渠。煙外歌隨秧馬，柳邊鐸響柴車。

秋淺栗房未老，花稀蓮子初垂。挹取荷盤曉露，煮來香沁心脾。

赤脚婢能執爨，蒼頭僕解耘田。水碓自春香稻，魚梁偶得谿鮮。

香雪深藏梅塢，一林寒蕊開遲。客夢不離西巘，春風先到南枝。香雪草堂名。

樊圃濃霑曉露，屐痕謹避新蔬。採摘頻扶豆架，滿擕自執衣裾。

静對松間緑綺，琅然字字清圓。乍覺松風吹去，此聲不在徽弦。

嶺上寒松天際，喬柯夭矯披離。一面迎風凝去聲雪，玉龍千尺尤奇。

春暮千山染緑，無邊香氣吹温。幾樹桃花似錦，柴門蝶鬧蜂喧。

最是秋容繁艷，楓赬柏紫雲鋪。錦幄龍綃十里，人間别有清都。

曲徑潛過深緑，小亭盡繞修篁。不用頻摇團扇，陰濃地濕偏涼。

此地泉甘土沃，人稀市遠無嘩。黄鳥啼殘柳絮，白鷗睡穩蘋花。

疏瀹雙谿繞屋，蘭橈桂楫新成。曲曲皆堪小駐，芙蓉百丈花城。

歷過鯨波千頃，占取龍眠一峰。曾記東坡好句，白首新栽萬松。

酬答花時酒盞，遣驅愁緒詩瓢。把卷看松白晝，焚香聽雨深宵。

身世啟期三樂，景物春秋二分。花落一簾紅雨，稻香十畝黄雲。

高下林間石磴，蕙蘭手種千叢。香氣氤氲巖谷，花時趺坐其中。

雪斷階前履迹，茅檐低接疏梅。榾柮煨香滿屋，新得鄰家芋魁。

結構小亭洲渚，四圍遍植新柯。一櫂緣谿深入，梨花低映春波。
磊塊全消胸次，憂煩不挂眉端。甘脆芥菘霜味，清芬杞菊朝餐。
小樓高峙林杪，面面窗扉洞開。嵐翠雲中涌出，雪濤天際飛來。
湖畔先疇二頃，弟兄老學躬耕。笠澤挂帆春雨，洞庭橫笛秋聲。
竹塢鴉催蚤起，蘚階鶴伴閒行。底事花陰佇立，兒孫小閣書聲。
愛看一犁春雨，家家盡力農桑。黄犢烏犍俱雅，緑蓑青笠皆香。
春半杏花司令，輕煙細雨佳時。自是神仙豐艷，粉腮微透胭脂。
石磴遥通水榭，小橋近接筠廊。垂柳裊娜波面，藕花千朵銀塘。

嚴寒自遣

嚴寒小閣掩書窗，坐擁珍裘舊鷫鸘。藉釋冰花烘暖硯，自澆梅蕊試温湯。茗香澹泊消長夜，妻子團圞話故鄉。我本疏慵粗解事，六街風雪看人忙。

夜　坐

北風號庭槐，聲撼紙窗急。小舟蘆荻中，萬頃波濤立。微痾得小憩，譬彼蟲蠖蟄。梅花温室火，謹避嚴寒入。書卷亦高閣，琴絲且什襲。心如澄潭月，趺坐數呼吸。眼光牛背上，紙帳夜熠熠。

和内人二首 時建蘭作花

故園芳徑入叢蘭，惟有歸田事最難。近得乞休消息好，應知喜色上眉端。

香滿疏簾玉鏡臺，謝家庭畔紫蘭開。清吟正對名花發，此際思君日幾回。

再用前韻二首

同心言語氣如蘭，莫道花時共賞難。攜手偕爲仙侣去，芙蓉島在白雲端。

老懷無復戀燕臺，一任秋英爛熳開。但得九天飛鳳紙，黄花時節鹿車回。

爲内人書扇

謝傅庭前咏雪情，斂華尚樸避才名。孫曾滿眼看三輩，福慧雙修自隔生。紫綍重添鸞鳳字，青裙不飾珮環聲。他年鶴髮相莊處，竹徑荷亭景最清。

送嚴州太守蔣受祉

黄綬新恩出九重，富春江繞郡城東。一樓畫角丹崖裏，十幅蒲帆翠靄中。竹馬此時迎愛日，羊裘終古振清風。千峰題句今存否，爲訪元英與放翁。

廷瓚以祭告衡岳畢還里正值庭梅放時

燕巢營構十年餘，自種緗梅繞敝廬。湘水人歸霜落後，蕭齋花滿雪霏初。山中春晚園官報，隴上香濃驛使書。兄弟巡檐同索笑，題牋莫遣信音疏。

下　直

下直得小憩，重雲欲雪時。擁被木綿暖，塞户蒲簾垂。焚香古銅鴨，瀹茗小花瓷。江梅十二株，結蕊抱寒枝。温室火力微，使我花信遲。蠟瓣有奇馥，坐久聞希夷。思淺無傑句，聊復成吾詩。

暖室中門人贈雜卉二首

温室垂簾氣蚤融，絳紗弟子饋芳叢。最憐梅萼寒香裏，却訝桃花朔雪中。素壁夜添孤幹影，冰弦曉映數枝紅。黄柑緑橘青銅碗，位置聊同六一翁。

村落移來紙閤藏，不知鴛瓦有冰霜。交枝乍喜花圍坐，繁艷驚看雪照堂。古鼎温湯匀面粉，地爐新火返魂香。從來不似江南樹，明月清宵影過牆。

冬日即事八首

一爐沈水一甌茶，猶覺寒城暮柝嘩。老我乍閒情味别，抱琴清夜向梅花。
繞榻寒葩影自横，七弦手和若爲情。惟慚心腕多塵思，難覓幽泉落澗聲。
水仙花發點青莎，但覺瓊林姊妹多。翦燭攤書良夜坐，居然邵子有行窩。
狐腋爲衾雪一牀，三朝晏起味偏長。小窗嫩日烘簾影，無限春情泥海棠。
深護殘香鎮掩關，手培寒蕊暫開顔。長安聲伎足豪侈，斗室應無如我閒。
時逢休沐宜高枕，書雜真行續矮箋。要看孤煙縈嶺岫，爐香移近研山前。
山妻頌佛禮精幢，老我晨寒倒玉缸。掃地焚香清福具，況兼花事滿晴窗。
兒返江鄉雪正霏，小軒瓊蕊映階墀。到來甫過傳柑節，猶是梅花半放時。

戊寅正月四日書閣即事二首

隔歲春還解沍寒，名香珍茗足清歡。齒衰自合思歸劇，灘急從來索退難。琴挂七絲風月好，花圍四壁海天寬。老妻暫歇縫裳手，相對閒吟話夜闌。人間萬事重循還，識得應須一解顔。薄有詩篇難免恨，既叨圭組豈能閒。四時佳卉徵瓶史，數點危峰指硯山。倚徙嘯歌盆樹側，也同丘壑任躋攀。

一室中置寒花十數種幾無坐處二首

礙履牽衣一室中，深紅淺白列芳叢。盆花位置求安穩，不獨兒嬉笑放翁。

交柯接蕊錦成攢，燠室牀前十笏寬。但可一春花事足，從來容膝易爲安。

再疊堯峰山字韻詩六首

生涯晚歲卷書閒，怕聽車聲酷愛閒。但得梅花香裏坐，閉門何地不空山。

茅庵窈窕白雲間，藥鍤漁竿廿載閒。嘆息人生何處老，水流花落是家山。

地爐煨火小窗間，催迫桃花不放閒。争似春煙春雨後，含情含態夕陽山。

總是塵勞塞兩間，何人肯放此身閒。惟餘老子癡頑性，隱几時猶夢故山。

樵路煙村杳靄間，松陰十畝可閒閒。芙蓉露落臙脂港，躑躅花開錦綉山。
六街燈火五雲間，笙管撩人苦未閒。老我深宵對香雪，兒來聽話舊谿山。

紙閣

紙閣蘆簾樂事賒，探春梅蕚兩行斜。居然香雪園中叟，日日牀前掃落花。

自題圃翁氈笠采梅圖

紫罽裁衣古，夫須製笠寬。近家營小圃，別墅占幽巒。晚歲情何寄，梅花性所歡。甑瓶一枝雪，常共爾清寒。

默坐二首

小窗默坐覺情親，幾簇梅花爲洗塵。醉客慣能嘲醒客，旅人何事比居人。蒲帆桂楫三篙水，布衲芒鞋一幅巾。縱使青丘封四履，也應樂事遜垂綸。

麴塵未染緑煙絲，北地鶯花一月遲。老眼希逢迎社酒，枯腸强索餞梅詩。抽芽蕙草移根日，破蕊櫻桃插擔時。石馬清谿樵子路，那堪長繫十年思。

前歲種蕙草盆中今忽作幽蘭五箭

雜蒔羣芳娛老眼，喜看蕙草忽成蘭。離騷九畹分明別，物理遷移欲辨難。

曾孫牛郎

閉户那堪過社日，弄琴聊與送梅花。茗香之外無多事，持抱曾孫一笑嘩。

春　半

太液冰開緑漸勻，杏煙輕籠帝城春。燕來絮語如歸客，花落愁懷似別人。鄉夢有時吟短句，遊踪無地蹋香塵。祇今松嶺樵歌路，迴望鄰家木筆新。

所　願

稱身輕絮葛，傍宅小園池。弄水度朝暮，看花紀歲時。破閒聊展卷，適意偶成詩。茗餌餘生足，鳴琴理釣絲。

静　坐

坐繞寒花滿，微香静裏生。茗爲閒客伴，書入睡鄉程。愛領幽偏趣，愁聞剥啄聲。難將疏懶骨，長與溷簪纓。

清明二首

閒門插柳柳絲輕，忽聽兒童笑語聲。澹染麴塵纔有色，看來未省是清明。

春風先入紫泉宫，地濕林暄氣蚤融。昨日園官報行在，山桃遠寄一枝紅。時駕在五臺，將歸園折山桃一枝寄行在，報御園春色。

清明後二日西郊書觸目二首

御園煙柳緑初匀，韋杜城南别作春。澤澤土膏移樹日，涓涓泉脈灌花人。錦韉細馬紛馳道，畫轂香車動軟塵。差覺故園風物蚤，滿枝紅雨正芳晨。

逶迤官道井幹邊，借得農家屋數椽。平楚乍看開曙色，遠林微覺動春煙。暖喧蜂蝶鶯猶澀，時過清明柳尚眠。檢點吾生多幸事，獨傷容易擲流年。

寄廷玉二首

馳書頻與報山阿，爲我殷勤護舊柯。喬木數株非易得，新花百種未嫌多。

曲折長廓可隔塵，花籬編葺藉霜筠。不須紅紫堆三徑，但滿清陰便可人。

擬放翁閒中富貴

酣眠飽食任從容，憂患危疑百不逢。曲徑蕭疏穿萬竹，小樓蒼翠壓千峰。蜂喧桃李衡門暖，鷺宿芙蕖鏡水溶。散髮浩歌天壤内，端知不愛酒泉封。

蚤起之西郊

投枕近來增懶漫，趁朝未許遂疏慵。檐前斜挂昏黄月，煙際遥聞斷續鐘。囈語婢貪春睡重，遲鳴雞怯曉霜濃。闌干北斗低垂地，無數輪蹄陌上逢。

偶　拈

閒誦蕘夫自在吟，偶拈一語作規箴。平原縱轡情何極，苦海回頭義最深。莫遣颸風翻浪腳，常教孤月照潭心。總由意識增顛倒，誤自無懷直至今。

廷瓚新購北園賦此

吾鄉北郭枕幽巒，新購園林十畝寬。曲沼波光浮檻入，層巖石色倚闌看。長松圍屋將百挺，好竹緣谿却萬竿。他日扁舟載茶具，栽花弄水足盤桓。

讀放翁詩偶成四首

石帆山下禹祠邊，醉叟嵯峨二十年。健筆高懷逢勝地，盡搜清景入詩篇。
遺編近代始流行，照乘珠光萬斛傾。人在海山端不死，水沈一炷答毛生。
輓强没羽本天才，煆鍊詩篇老不衰。夜夜神光生帳底，固應奇句逼人來。
戛玉敲金字字妍，丹青畫出閬風仙。樂天七十詩懷減，輸却龜堂十五年。

西郊雜詩六首

來往郊坰邸舍稀，常攜襆被扣荆扉。十年老盡閒花草，唯見胡桃長一圍。
荒圍十畝井泉通，沃壤芊綿鄠杜同。惰窳少年甘菜色，焉知地力待人功。
月落河傾睡粗足，卧聽牛鐸轉車輪。林鴉夜半猶棲泊，未斷垂鞭陌上人。
幾點疏楊緑未匀，時將㲉雨號殘春。彭鏗八百知誰許，寂坐枯吟輒滿旬。
閒中失笑世情狂，亂滚浮塵蔽日黄。人自奔馳爲名利，緣何馬足伴人忙。
九十飛光掣電過，眼看重藹换輕羅。人間最是春陰好，柳宴花遲奈爾何。

四月郊居二首

郊居端不負芳晨，滿眼平蕪柳色新。近欲移牀傍僧舍，海棠雙樹苦留人。
葉密何須錦成幄，月明不藉玉爲缸。路人指點予棲處，一樹梨花映紙窗。

送八弟之官咸陽二首

雁序初銜一紙書，老親暮齒見懸弧。間關南北分棠影，家世清貧少木奴。薄禄一官多荏苒，征塵十載總崎嶇。終南黛色華林樹，沃野秦封豈盡蕪。

晴郊驪唱別青門，遠度函關憶弟昆。日落西風吹渭水，雨餘春草遍咸原。新豐舊迹山川古，漢代遺民里社存。屈首微官師柳下，循良冀爾蚤飛騫。

戲和放翁縱筆詩五首

瓶插小桃紅，自擁殘梅白。長願在家貧，輪蹄憚爲客。
偶拈架上編，閒情愛陶白。還因多病身，得作無懷客。
清微孟浩然，粗放王貞白。但自寫性靈，休論吟詩客。
夢斷曉雞號，心驚曙窗白。月落復星稀，忙殺趨朝客。
兩眸逐日昏，雙鬢欺人白。但可付一笑，百年俱是客。

題陳廣陵扈從北征圖八首

書生遥控鐵連錢，隊入黄沙萬幕煙。却笑龍門誇縱覽，止從域内見山川。

絶徼纖塵迅掃除，氈裘君長拜穹廬。聖人神武清沙漠，才子高吟在屬車。

鄒枚筆札奉傳宣，金鳳時分五色箋。撰就鐃歌天上曲，夜深待奏幔城邊。

六軍萬騎陣雲屯，豹尾清班不動塵。盧橘江南傳塞外，旍門拜賜及儒臣。

夢入烏孫天外磧，手捫青冢路傍碑。龍沙柳色榆關月，親見唐人出塞詩。

明駝寶馬翠雲裘，羽箭雕弓賦壯遊。謾道詞臣無武略，他時孫子羡兜鍪。

春風三月歷秦關，豹褏貂褕往復還。京洛黄鶯啼柳絮，雪花如掌是天山。

鵷鵬健翮氣摩空，鸑鷟隨飛度朔風。時廷瓚亦同扈從。爲恃深恩忘遠別，翠華黄幄紫雲中。

題王石谷騎牛還山圖

石谷山翁舊隱淪，京華遊迹動楓宸。漢書一卷歸吴苑，挂角於今見古人。

西郊漫興三首

睡殘過午日偏長，款段閑憑一徜徉。聞有鄭花開數畝，畏吾村畔小南莊。

家家紅藥滿畦栽，土屋笆籬一半開。偏我看花逢驟雨，風恬日澹不曾來。

滄波弱水本難求，井谷蹄涔亦少休。便是唐人小三昧，四鄰新緑一園收。

題房師總憲蔣公趨朝圖

威鳳在朝陽，攬輝聽喈雝。巖廊登國珍，光氣仰璜琮。吾師社稷器，岳瀆生鉅公。大賢應昌期，萬類資帡幪。蚤年盛文譽，言陟蓬萊峰。天衢四十載，事業夔與龍。持憲肅百度，精白殫寅恭。綱紀佐清宴，元氣日龐鴻。鳴珂紫霄上，垂紳清露中。舉朝多後進，敦碩推宗工。幸生桃李蹊，長養藉春風。恒陪玉階躅，泰岱瞻儀容。

六月九日移榻郊外

暑雨氣蒸溽，城市探湯如。聖詞降温藹，涼爽來郊居。樹色洗濃緑，葛衣上籃輿。草露未全晞，呼吸皆清虛。柳下款舊扉，老圃正揮耡。禾黍過牆青，瓜蔓走階除。掃地焚蒼术，餔粥烹新蔬。蟬吟晚嘒嘒，蝶夢午徐徐。飽食復酣眠，生事欣有餘。但許長高枕，何必非吾廬。

弘雅園泛舟

仙家亭閣繞清池，曲曲迴廊短短籬。草徑斜横青石筍，山扉深隱緑楊絲。祇今小艇過橋處，却話桃花映水時。我本江南垂釣客，漫隨鷗鳥一來窺。

歐陽文忠與韓子蒼約五十八致仕踰期七年而後踐言寄以詩人事從來無定處世途多故踐言難誰知潁水閒居士十頃西湖一釣竿和之

樂天未老分司去，嗣後高人接踵難。踐諾斷然先永叔，芙蓉谿畔一漁竿。

題梅淵公畫册三首

物外人宜放眼寬，一楓一栗足盤桓。小亭望裏無多景，秋水平湖鴨嘴灘。

攢峰疊岫入煙鬟，李杜相逢飯顆山。澹墨寫來空翠滴，矮箋何意見荆關。

筆端何處著纖塵，絶壑幽巖足鬼神。貽我黄山松百尺，祇今常憶敬亭人。

郊外雜詩四首

曾經宿處認柴門，流水潺潺繞斷垣。幾樹胡桃遮矮屋，米家畫裏雨中村。

遥聞鐘漏隔華清，却掩殘書對短檠。樹暗荒園深夜雨，寂寥能使道心生。

雨餘涼月傍林明，觸我空山静夜情。稍覺未忘塵世慮，微嫌牆角度車聲。

西山雨過亂雲飛，槲葉吟風暑氣微。返照斜臨禾黍外，一川蒼翠上人衣。

題　畫

風恬日暖物華新，樹色嵐光正暮春。柳絮香飛啼鳥路，桃花紅映蕩舟人。枳籬芳徑多閒客，茅屋青山遠世塵。自是昇平饒樂事，歌衢擊壤盡堯民。

戊寅夏日郊居浹旬四郎廷璟以養疴城中不能從書此十首與之

承詔傳温語，追涼郭外風。借居青樾館，却傍紫泉宫。榆柳千村暗，蓬蒿一徑通。經旬宣喚少，吟卧緑蔭中。

西郊今鄠杜，谿水獨潺湲。石瀨新荷浦，泉源古栝村。引流先奉御，分派各爲園。處處芳蓀繞，餘波亦聖恩。

斷垣苔蘚緑，樊圃稱幽棲。柿葉當窗密，瓜藤映户低。雷聲殷樹北，雨脚過庭西。微覺驚殘夢，黄昏度馬蹄。

平生憚拘束，瀟灑愛園居。但有林爲徑，何妨草結廬。心同黄鳥樂，意向緑陰舒。晚食甘葵藿，斜陽看種蔬。

向夕微涼動，宜人理素琴。平沙含古意，流水識鄉心。幽籟生松壑，清風過竹林。疏慵近書帙，聊此託長吟。

桃笙卧復起，庭樹影交加。清露開簾重，明河帶月斜。寒螿鐙下語，茉莉枕邊花。莫漫高吟嘯，中林有宿鴉。

睡起過亭午，閒吟白日斜。蟬聲千樹柳，鳳羽一叢花。野客遺紅藕，鄰僧饋紫茄。身心安穩處，幽事亦堪誇。

叔度來東郡，相過避暑時。夢同風雨夕，話盡海山奇。竹榻閒搜帙，花陰静覆棋。他年浮渡約，江路有前期。時即墨黄元美來訪。

雲氣横西嶺，峰峰入窅冥。郊原經雨足，禾稼接山青。白水分畦看，寒泉汲井聽。漸知秋色近，花底見流螢。

華藏何年寺，松陰白日寒。平生貪種樹，難得一株看。皓質淩霜雪，清音比鳳鸞。風塵欣覯此，莫訝久盤桓。

同元美過法華寺

園居苦炎蒸，駕言適招提。村過槐柳側，路入禾黍西。老僧坐井欄，童子方灌畦。爲我摘新蔬，炊菰復糝藜。移牀入深松，地濕林影低。殿前鴨脚樹，高與雲峰齊。白松有奇姿，膚香如柔荑。竟日飲空翠，使我野性迷。不覺曦陽度，但聞蟪蛄啼。惋惜日中去，未及林鴉棲。

避暑信宿法華寺四首

酷烈今年暑，殊非老所堪。幸能辭褦襶，暫許伴瞿曇。古屋青蘿徑，深林翠葆庵。竹風荷露好，斯際憶江南。

當晝困炎暑，雲峰矗日長。忽聞庭樹響，頓覺客衣涼。蝶亂風翻草，鴉驚雨過牆。天工真老手，搏捖等尋常。

蘚階延晚步，蓮室愛西偏。蟬噪喧逾寂，松陰老更妍。微涼三伏雨，空翠一林煙。未遂麏麚性，吾生意惘然。

畏吾村畔寺，中有牡丹枝。珠顆榴房坼，霜林柿蔕垂。瓜蔬留客美，泉圃寄花宜。十載歸田思，唯應老衲知。予嘗寓花于僧圃。

篤素堂詩集卷五

古近體詩一百二十七首

東宫命賦白鹿

呦呦山鹿本仙姿，瑶島分輝物色奇。月皎細尋眠石處，雪深難辨入林時。芝銜五采身偏淡，玉琢雙麛影共隨。瑞應由來徵孝德，同遊鶴禁有光儀。

園居

圃事吾粗習，相看情易親。園丁三伏苦，菜甲四時新。插架瓜藤直，分畦水澤匀。寒葅稀更好，采摘不嫌頻。

小　憩

草徑園三畝，煙村樹幾行。窗間閒帙滿，花底素琴張。暑退睡方好，泉新茗益香。古今難過意，小憩便清狂。

讀東坡耕種詩有作

子瞻謫黄州，終窶艱釜鬲。力耕求寸壤，不敢厭磽埆。荷鋤來東坡，乘春自墾闢。荒塗翦荆榛，枯井搜瓦石。好雨渡江來，頓使土膏澤。先生善言農，夙本農家客。綠毯鋪秧青，棋局分畦白。夕上露球圓，晴翻風葉碧。留連移我情，置身在疆埸。古來賢達人，遭逢多困厄。老以東坡名，永言誌疇昔。誰知千載後，聲稱常嘖嘖。

戲擬放翁四首

陶令情懷亦愛廬，況兼碧巘繞清渠。細春香稻珠難比，解籜新萌玉不如。簾外花枝留語鳥，水中山影襯游魚。長吟高卧真成懶，亂疊鳴琴與素書。

萬疊青山一水横，宜來此地學躬耕。谿花盡向階前轉，雲葉多從棟裏生。秔稻年年觀穫樂，子孫世世讀書聲。令威千載人間語，竹塢松坪尚有情。

碧繞釣磯新漲色，緑侵書幌古苔斑。階前依柱多生竹，枕上推窗即見山。詩思斜陽高柳下，琴聲流水古松間。茗香盡日無人到，自昔應無如此閒。

公麟舊迹久微茫，新壓河流結草堂。紫翠山煙迷鳥道，碧空雲影動谿光。閒中盡味琴書樂，蚤起貪聞草樹香。莫道總無人迹到，樵歌歸路意何長。

讀放翁詩有作

我讀放翁詩，爲翁紀歲年。石帆山下釣魚船，水滿江湖詩滿天。高吟禹會窆亭前，醉倒秦皇酒瓮邊。一字一句清且姸，翠屏千丈落紅泉。歲開九帙方翩翩，騎驢蹋歌村市眠。蛇年秋風粱木顛，作詩四百七十有餘篇，樅金戛玉猶鏗然。兹事古今誰比肩，頫首稱曰詩中仙。

暑中自適

溽暑不成寐，盥漱拂晨起。初陽射東林，林間日華紫。邸舍闢軒窗，移牀緑陰裹。園茗發陳香，井花汲新水。隨意抽書帙，信手弄宫徵。聽蟬過柳枝，看蝶抱花蕊。絺衣午還卸，豆粥晚偏美。我本入世人，觸暑分應爾。經旬少公事，暫許謝塵滓。陌上垂鞭客，隴畔荷耡子。視余俯仰情，所穫良獨侈。詩成一再咏，涼颸滿窗紙。

遠　望

遠望起墟煙，閒行看汲泉。雷聲飛鳥外，雨足夕陽邊。暝色催歸騎，涼颸歇暮蟬。但將清興往，隨處得幽偏。

却暑

延爽苦無地，却暑在忘機。静坐展紈扇，涼風生葛衣。遊心深竹澗，結想古苔磯。萬木蕭蕭下，清泉落翠微。

聽道上鈴聲

齎送封章一騎塵，牆西輦道是通津。鈴聲陌上無時歇，老盡人間名利人。

秋雨

秋雨驅殘暑，園居客思迷。地洳蒼蘚滑，林濕綠陰低。聒喜聽蟬歇，閒容伴燕棲。焚香攲枕處，未覺景淒淒。

與彈琴道士曹天全二首

花時蹋破紫苔斑，物外幽人數往還。腕下泠泠寒澗水，月明常聽古松間。
不獨閒心付七弦，辭家出世合求仙。前身應是王喬輩，熟讀黄庭正少年。

偶　作

東西路自嶺頭分，日落歸樵隔水聞。差可引流還種樹，尚慚抱犢與梯雲。近移密竹巢鳩婦，遠作平沙引鷺羣。爲愛明時歸校晚，不辭人誦北山文。

即事二首

閲盡人間角逐場，老懷惟覺便農莊。摘來豆莢羹湯美，糝借荷花餅餌香。
高人共有名山願，七事難兼李習之。話到芙蓉谿上路，略無餘憾復何疑。

憶山谿

一葉輕舟泛木蘭，隨風流過落花灘。人間何地無谿水，难得千峰落影看。

暑中讀錢考功山中諸詩

節過新秋暑益奇，渾無風動緑楊絲。欲抽書帙消長日，賴有錢郎清婉詩。

题孫式如賜扇

素箑湘筠巧製裁，花陰半展月輪開。涼飔不是尋常爽，分得清風鹤禁来。

扁　舟

一水千松照落霞，晚風徐引釣絲斜。何人得似扁舟客，岸繞芙蓉萬朵花。

暑　中

盡日密林蟬叫暑，忽聞高樹葉吟風。荒庭雨過琴絲緩，萬類盈虚一氣中。

暑中過法華寺

頻過蘭若覺幽清，老衲茶瓜世外情。風透葛衣消暑氣，濤翻松籟作秋聲。餐分齋鉢神偏爽，息數僧牀體倍輕。亭午氤氲成小憩，夢中猶繞豆花行。

又

繞砌幽花鎮日開，爲依老衲重徘徊。上書若遂歸休志，相訂禪關一宿來。
枝幹扶疏色莽蒼，挐雲老樹發新香。佗時暗數曾遊處，殿角霜松不可忘。
禾稼新秋雨復晴，籃輿白葛晚涼行。清谿曲抱城西路，高柳長堤似掌平。

戊寅中秋

秋來景物更誰同，置我清陰翠靄中。桂露夕溥穿樹月，蘭香朝撲捲簾風。琴含宮徵閒逾好，詩繼陶韋澹益工。蔬食何妨坐良夜，入關聊擬樂天翁。

戊寅重九同黄元美率諸子及孫步自高粱橋沿谿至法華寺過萬壽寺天禧宮

佳日登臨少長同，西山翠靄抹晴空。人尋古寺殘鐘外，秋在千村落葉中。意共淵明師瀑水，心如宏景愛松風。蒼顔鶴髮年增老，步屧猶能問遠公。

高梁谿上行

高梁橋北舍車行，十里新堤輦道平。夾岸柳翻谿影動，連朝霜落水痕清。聊同濠濮邱中想，小憩滄浪物外情。安得扁舟南澗曲，枕蓑敧槳釣絲輕。

寄木厓八十生日二首

千尺松喬倚赤城，江天南望若爲情。喜看碩果留丹嶂，賴有靈光矗太清。報答平生應大耋，折除官爵是才名。漫言人是丘園客，百卷文章已盛行。

皆響亭邊列嶂懸，一觴一咏即飛仙。松風高躅陶宏景，耆舊新詩孟浩然。題遍小橋三徑竹，花圍别墅一谿煙。楷模後輩誰能似，名噪騷壇七十年。

少宗伯韓慕廬蒙賜御書篤志經學匾額恭題於後

大雅荆榛誰掃闢，長洲韓子獨窮經。高才跌宕傾流輩，健筆清疏寫性靈。激賞自應承紫綍，寵頒曾見出青冥。玉堂飛白同千古，室有榮光炳日星。

題　畫

初春山色蔚藍煙，纔見涓涓雨後泉。欲試單衣相稱否，誰家亭子杏花邊。

立春前一日

匡牀戢影倦輪蹄，枝比鷦鷯得穩棲。盧橘雙懸書幌北，緗梅叢發硯山西。茶烹活火吹魚眼，爐剩餘香炙麝臍。明日故園春信蚤，咏花軒畔酒堪攜。

董華亭書清福吟因其意而廣之得三百字

試語世間人，何者爲清福？我有一頃田，乃在北山麓。峰攢紫翠殷，路繞幽潭曲。陽坡景物鮮，平疇土膏沃。清流貫其中，波紋浄如縠。逶迤桃岸紅，環抱松堤緑。高敞杏煙亭，杳靄梅花屋。傍砌一池蓮，沿籬萬竿竹。奇石卧幽花，古藤挂喬木。門徑接陂橋，庭軒稱涼燠。風月四時佳，鶯花終歲續。中有白髮翁，蕭然常野服。閒情託魚鳥，忘機友麋鹿。焚香坐清晝，扶筴縱遐矚。目不離煙霞，手自藝蘭菊。魴鯉一竿取，秔稻八口足。雞豚法王政，場圃倣豳俗。誦讀課兒孫，耕耘問童僕。曉林鴉唤起，晚窗鶴同宿。祠古四先生，陶白與蘇陸。松籟雜琴聲，花飛亂枰局。有時泛扁舟，枕籍書一束。船尾挂酒壺，飣飣羅果蔌。蕩漾隨春風，鷗鷺行相逐。駐檝芙蓉灣，繫艇篔簹澳。劃然發長嘯，幽響振巖谷。手拍洪崖肩，高踵王喬躅。耳不聞喧囂，心不驚寵辱。樂且不自知，憂後何處觸。倘肯後吾游，焉敢矢弗告。

小寒日梅放一枝

百計求閒苦太癡，爛柯聊且坐觀棋。麝臍香暖琴三疊，鹿角霜濃酒一巵。温室簾開新月夜，瓦盆梅發小寒時。冥鴻斥鷃無窮事，一任天公更不疑。

題友人姬侍圖

猶見當年顧虎頭，子安瀟灑水亭幽。金鋪特典圖書地，玉砌高吟殿閣秋。惟見趨陪霄漢側，豈容閒入燕鶯儔。何妨寫出嬋娟想，宗炳谿山本卧遊。

己卯元日夢奇石幽泉之勝五更不寐賦此

夢裏茅庵景最幽，荒山僻徑小林丘。屯雲怪石當軒倚，濺雪飛泉繞樹流。蒼蘚閒階逢老衲，盤渦深澗見文儵。山童捧出桃如瓮，髣髴西渠與共遊。

擬古八章

曠懷樂天真，舉世誰能然。譬彼春晚蠶，吐絲自縛纏。譬彼夜飛蛾，投膏還自煎。人生婚與宦，蚤結煩惱緣。一葉泛滄海，茫茫浩無邊。或爲龍抱珠，或爲蟻逐膻。貴賤雖懸殊，同爲情所牽。毒鴆若在肋，肩臂猶可捐。語子解脱法，祛欲心宜堅。

富者人競取，貴者人競求。萬願如谿谷，涓滴焉能酬。十索不見德，一忤生怨仇。古人識此義，權利等戈矛。厚藏以爲戒，高位以爲憂。所貴明達士，秉懷若虚舟。用財任闊大，處位凜謙柔。以身爲正鵠，矢鏃夫何尤。語子解脱法，平心與物遊。

日月有虧蝕，天地有盈虚。堯舜千古聖，嗣續嘆均朱。宣尼百世師，中歲戕伯魚。萬物齒與角，豐嗇相乘除。同生天壤内，有飴復有荼。大造轉鴻鈞，災沴無歲無。何況我與爾，太倉稊米如。乃欲百稱意，鬱鬱何其愚。語子解脱法，夷險常自娱。

人生有萬端，閒適良獨難。稔知清静福，不在朝市間。猗頓擁百廛，衛霍峩大冠。珠玉與竹帛，皆非天所慳。谿澗繞幽宅，松竹翳層巒。煙霞塞户牖，風月滿闌干。觴咏屏機事，琴書領清歡。上仙所珍惜，杳杳絶人寰。語子解脱法，即事謀所安。

人間福與禍，端委相迴旋。塞上失馬翁，良駟來翩翩。愛子日馳騁，顛蹶幾不痊。乃以跛躄故，翻得逃戍邊。樗以癭瘻免，蘭以香自燃。萬事類若此，甘苦恒相緣。華膴不必羡，憂患不必捐。無迎亦無拒，委心順自然。語子解脱法，倚伏觀其全。

棲遲丘中士，焉知涉世勞。壁立劍門阻，浪拍瞿唐高。蠶叢多僨轍，鮓瓮不容篙。若比世人情，此險等秋毫。胸次排劍戟，唇吻攢弓刀。所毁成瘡痏，所譽生羽毛。涪州與儋耳，坎壈多所遭。舉步即有礙，豈獨非賢豪。語子解脱法，忠信涉波濤。

何者損靈府，盛怒爲其端。目張可決眥，髮上可衝冠。蓬勃滿胸臆，暴烈摧肺肝。嗟此方寸地，氣血如翻瀾。柔腸走車輪，雷電相擊搏。於物了無害，清虚先自殘。融怡風日麗，遼闊天宇寬。光景常内照，當作如是觀。語子解脱法，恬舒神自安。

中夜起長嘆，沈思不知疲。精神騖八極，心慮周四維。得失計尋丈，利害析錙銖。搜索窮變化，謀畫決雄雌。騰騰入火宅，冷冷墜寒池。冰炭自交戰，一夕雙鬢絲。焉知造化力，摶捖偏在兹。雪消鴻爪滅，多算空爾爲。語子解脱法，何慮復何思。

小室梅花自冬徂春未謝

小窗臘近火頻催，緑萼仙姿繞坐開。看過天街燈火夜，春分猶有未殘梅。

題花谿石漾圖爲查子聲山

桃花灼灼開春煙，含露綽約清谿邊。石漾風景幽且妍，菰蒲曲曲堪延緣。翰林舊宅倚長川，竹籬掩映茅數椽。松陰丙舍同一灣，讀書垂釣盤渦間。秋水神骨冰霜顔，漁者豈必非神仙。握管方在彤雲顛，此景安能來眼前。我亦雙谿營小園，芙蓉島艤木蘭船。種桃蒔竹已十年，水際松梢纔覆肩。榆柳徑入秔稻田，深山鷗鷺忘其天。欲往從之阻間關，坐對斯圖神惘然。

三月十日夜夢

月露輕寒夕，吾親入夢遥。青山淹謝屐，碧水泛吴舠。草濕沙間路，花明柳外橋。陶家循壑意，未勝此飄飄。

春晚登白塔山

瑶華傳往迹[一]，石徑入丹梯。岸柳籠煙密，山桃過雨齊。橋迴新漲迴，閣亞偃松低。莫訝頻來熟，吾家太液西。

校　記

〔一〕『迹』，四庫全書本作『古』。

三月十八日昇山田子治具從高粱橋沿谿遊近郊諸寺

西郊晴日曉寒輕，卸却籃輿傍水行。翠陌煙波新柳色，板橋風雨舊谿聲。鶯花偶遂芳時約，松檜猶含太古情。勝友提樽淹夕照，等閒心迹喜雙清。

初　夏

千山濃淡緑參差，夏淺春深景一奇。谿上垂竿飛絮裏，林間燒筍落花時。青秧待雨憐鳩婦，朱果臨風惱雀兒。領略暄和閒歲月，市朝山澤幾人知。

鳳　梨

鳳梨珍果出南荒，昔未標名紀職方。班剥錦苞含脆質，繽紛翠羽護清香。提封遠在波臣外，修貢遥知驛路長。總是皇仁同絶域，海邦風味入梯航。

遊仙詩

秋月映寒潭，皎皎含清虚。不可謂之有，焉可謂之無。古仙淩鶴背，來往紫雲衢。吹笛過洞庭，嗚珂謁天都。千年不火食，蘭露芬可茹。綽約桃花顔，瑩潔冰雪膚。塵世謗仙者，蠢蠕何其愚。

送徐華隱學士歸里二首

湛深經術重人師，松桂堅貞海鶴姿。廿載侍臣恩遇渥，瀕行爲寫落花詩。

喜聆天語自丹霄，宣召還趨鶴禁遥。拜賜手持金鳳紙，傳餐人過緑楊橋。

己卯中秋後二日積陰始晴明月在窗夜永不成寐因題惲南田畫雁來紅二首

籬邊竹下鬥繁華，烏桕丹楓本一家。細雨疏簾千種色，始知秋葉勝秋花。

芙蓉未放曲江頭，桂露蘭煙已漸收。一片井梧秋色老，獨教錦莧占風流。

題王瑁湖下直傳經圖四首

江上秋風桂醑筵，鹿苹當日附名賢。紫雲天際三珠樹，領袖塤篪四十年。

畫舸高齋碧樹幽，日斜下直比林丘。金華夙望推都講，經術西清第一流。

器量深沉屬大儒，槐庭世業在伊吾。幾人得似河汾席，阿閣文章五鳳雛。

長安冠蓋重貂蟬，獨對斯圖意爽然。吾友性耽林壑趣，豐姿散朗似神仙。

吾廬十一首

小築吾廬近水涯，望中何處似晴霞。芙蓉谿畔東西岸，裛露含煙數里花。

峰峰嵐翠落清流，惟有吾廬景物幽。最愛梅花縈野徑，還宜垂柳繫扁舟。

水復山重繞碧疇，吾廬獨占大谿頭。千峰雨霽看新漲，雪浪橫空上小樓。

竹塢梅岡往復回，吾廬深隱絕塵埃。稻香亭傍煙村起，秋水軒臨雪澗開。

松堤深瑣緑楊煙，水湛沙明見一川。布穀聲中春似錦，桃花飛落菜花田。

筆牀茶竈一舟中，北渚南垞曲澗通。摇過小橋柔櫓歇，蒲帆斜挂芰荷風。

楓柏赬紅葉滿枝，黄雞啄黍傍柴籬。松陰路入秋妍館，正是田家穫稻時。

長廊下瞰碧蓮沼，小閣正對青蘿峰。放翁夢入仙居得此。佳夢庭軒差比似，蓬壺端不讓仙踪。

梨雲桃浪影交加，煙暖紅蘭遍茁芽。我憶艤舟亭畔路，清谿圍繞一村花。

懶慢心情眈水石，幽奇踪迹狎禽魚。翠微堆裏三間屋，罨畫谿中十畝居。

四序芳菲滿曲欄，不教容易覺春殘。鶯啼碧樹笙歌院，花落紅泉錦綉灘。禹鴻臚爲余畫芙蓉島圖將成，景物有足賦者，亭榭庭廡雖皆意中結構，丘壑、松竹、桃杏、梅柳之屬，則已具其大概。遠想高望，遂得斯篇。己卯冬至月中澣。

雙谿詩二十六首

垂雲汧

白沙採樵路，石脚插清渚。拄杖響苺苔，幽人澹如許。

芙蓉谿亭

谿上芙蓉開，湘娥明鏡裏。不屑鬥春華，儂自宜秋水。

南　莊

牽牛花滿架，秧水緑芊綿。要識農家苦，門前種秫田。

觀穫亭

秧馬似騠駃，腰鐮如雁齒。但願禾稼成，歲歲常如此。

秋妍館

橙黄楓茜紫，山澹水澄鮮。寄語看山客，珍重此秋妍。

桂　叢

山空秋月白，露滴桂叢幽。雲際一聲鶴，仙人在上頭。

來鶴亭

手自種青松，龍鱗見其老。他年松樹下，不生刺人草。

千巖萬壑之樓

舊説龍眠岫，桃花滚浪同。緣何朝暮景，盡入此樓中。

傳恭堂

欲識傳恭意，無忘結構情。柴門觀穫樂，紙閣讀書聲。

谿光嵐翠亭

谿水滿芳汀，臨谿構小亭。銜魚雙翠鳥，飛去入青冥。

雙谿草堂

繞砌雙谿合，文儵聚白沙。緑楊千縷樹，紅藕四圍花。

曲　廊

櫻桃綻曉風，芍藥含朝露。步屧向南榮，漸入花深處。

垂竿石

本爲投竿去，臨流一解顔。取魚忘著餌，常覺釣絲閒。

艤舟亭

千尺芙蓉岸，雙橈舴艋舟。繫舟何處好，古柳石橋頭。

佳夢軒

淺碧襯殷紅，如濯巴川錦。山徑儘繁華，何用邯鄲枕。

梅　岡

凍雨谿山路，寒香一道斜。南岡名玉雪，高下盡梅花。

蓮渚

谿水東西岸，藕花雜紅白。中有金鯽魚，唼花尾盈尺。

綠楊橋

垂柳接長堤，饁餉東菑路。小橋人迹稀，春鶯自來去。

稻香亭

曙色滿東畦，扶筇看耘耔。晨光照露顆，芳氣如蘭芷。

桃花流水扁舟

畫舫水雲間，白鷗如我閒。前山風雨急，摇入紫菱灣。

秋水軒

幽人愛澄澈，開軒對明河。臨水不敢弄，恐涴清淺波。

鶴　棧

飲啄伴梅花，樵青相盼睞。本是山澤姿，笑爾乘軒輩。

松　堤

十載松堤樹，清陰已漸成。不惟樵路隔，已解作濤聲。

竹　圃

瑟瑟青琅玕，照我鬚眉緑。欲謝大官庖，燒筍貧簹谷。

放舟亭

高閣緑楊中，時來澹蕩風。焉知石渠下，却與前谿通。

大　谿

放閘入大谿，谿流西復東。每當山雨足，弄笛水煙中。芙蓉島，雙谿僅有其地，而亭池皆未具，擬其規模位置應如是，爲各命以名，賦詩二十六首，人意所成，谿山不得不俯而從之矣。屬廷玉按圖味詩，以點綴丘壑應不相遠。異時對景吟諷斯篇，亦可以知予此時之情事耳。己卯冬至月廿六日。

香山集中有萬事平分衆所知何嘗苦樂不相隨惟餘耽酒吟詩客但有樂時無苦時因廣其意得六長句

萬事人間倚伏奇，何嘗苦樂不相隨。松棚一枕漁樵話，社飲三巡土穀祠。石上吹笙邀鶴伴，牀頭釀酒待花期。枳籬茅屋園林小，但有樂時無苦時。

讀史千秋嘆弈棋，何嘗苦樂不相隨。一簾紅雨花初落，三徑煙蘿柳乍垂。洗硯春波臨褉帖，焚香夜雨和陶詩。浮名不挂閒宵夢，但有樂時無苦時。

大纛高牙擁路岐，何嘗苦樂不相隨。千村樹竹迷幽徑，萬壑煙霞護短籬。古柳長堤扶杖穩，碧蓮小港泛舟宜。清琴伴取閒詩卷，但有樂時無苦時。

紫綬金魚上赤墀，何嘗苦樂不相隨。春煙古樹經時雨，寒食新花滿故枝。手種嘉蔬堪採掇，自疏清澗看漣漪。芒鞋布襪朝乘興，但有樂時無苦時。

綉閣羅帷簇粉脂，何嘗苦樂不相隨。玉玲瓏水仙名本離塵客，萼緑華爲絶世姿。一點芳心蘭蕙露，十分春色牡丹枝。垂藤翠幄花茵暖，但有樂時無苦時。

吹竹彈絲舞袖垂，何嘗苦樂不相隨。花圍紙閣攤書卷，竹覆漁磯引釣絲。芍藥濃香迷粉蝶，梧桐新緑聽黄鸝。一甌茗熟消塵事，但有樂時無苦時。

小憩

歲晚小休憩，寒花塞滿室。緗梅交枝柯，朱白影相暱。裊娜紅藥翻，艷冶緋桃密。復有冰雪姿，水仙最清逸。香光動户牖，盆盂礙書帙。側身入芳叢，趺坐僅容膝。爐火温夕薰，窗明透冬日。老懷無所歡，藉以慰蕭瑟。

送姚君山之江西三首

聖代弓旌日見招，可憐姚鵠尚飄摇。鋒車一去長安陌，酒客詩人兩寂寥。

宦遊三世總冰清，無限京華寄廡情。燭照西廊人未寢，一簾寒月讀書聲。

彭蠡波光動小孤，匡山雲氣接香爐。馮君爲訪西林寺，白傅遺踪尚有無。

除夕友人贈新開芍藥四枝

花繁温室錦成窠，除夕香侵玉叵羅。忽見藥欄開最早，小窗風月已清和。

庚辰正月十日即事

墐户還如作繭同，地爐温暖得春融。香分驛使江南白，色藉漁郎洞口紅。瓦枕夢遊三島外，布簾人蟄百花中。黄柑手掬清芬滿，小有心情似放翁。

題虛槎小像

作牧清時有鳳麟，豐貂紫綺舊才人。冰心鐵骨誰能似，千樹梅花是後身。

題曼園小像二首

深樹垂藤緩帶居，神仙豐骨更誰如。一編静對松風裏，端是圯橋石上書。
星光熠熠映三階，却寄閒情碧水厓。仰止吾家公輔器，汪陂千頃對澄懷。

送杜宗伯還里

煙霞耆舊返滄洲，出處同時第一籌。笠澤魚鮭容晚食，菱湖書畫滿扁舟。雪雖垂領身猶健，年未懸車志已酬。從此穩棲珠樹鶴，神仙長伴季真遊。

秋晚即事

寥歷天高雁度遲，滿城碪杵動涼飔。悽清庭草花開後，澹蕩秋光病起時。桂寄空山尋老衲，蘭移温室屬場師。故鄉書到重陽近，疏菊寒蓉問短籬。

上巳

上巳韶華滿近坰，暖風吹面氣冥冥。花光欲動桃先艷，春色將歸柳最青。修禊良辰宜曲水，采蘭佳會在芳汀。此時寂寂應難話，爲憶南谿舊酒亭。

寄顔澹園

弟兄名譽擅聲華，宣武門邊曲巷斜。白袷每招京洛客，素琴雅稱魯儒家。清吟數對高齋酒，疏菊新開小苑花。一自爲霖向南北，廿年消息隔天涯。

病起

颯颯秋聲雜暮砧，遥憐宋玉此時心。盆蘭顑頷花開晚，庭樹蕭疏落葉深。節近重陽猶問菊，病來十日未鳴琴。且炊白飯圖身健，莫與寒蛩鬥苦吟。

中夜偶作

北風撼庭樹，中夜如翻波。室廬暗燈火，童子寢復訛。幸有寒梅發，冰雪冒枝柯。飲香如泛醪，亦令朱顔酡。老衰無所戀，念念在煙蘿。陳詞文石陛，涕泗傾滂沱。聖慈不我許，素心將若何。人生俯仰間，拂意固常多。氣平疾少間，援琴且復歌。廊廟生遠心，何必異丘阿。抱膝梅花側，跬步亦婆娑。坦夷祛萬慮，庶以葆天和。

題翁康飴觀穫圖四首

村落黄雲接壤同，曾孫觀穫指谿東。寬衣博帶豐神古，人在豳風藻繪中。

蠶女繅車動晚凉，農夫錢鎛刈秋霜。有田種秫原堪羡，況在清谿古樹傍。

絢爛終歸澹泊宜，飽看身世已多時。人間惟有農桑樂，試讀陶家種豆詩。

垂紳日日近承明，偏繫田家婦子情。霡雨他時霑渥後，幅巾來聽叱牛聲。

庚辰冬至致齋天壇道院與道士曹天全談琴理

我心久已寄飛鴻，不在徽弦十指中。欲識幽人操縵理，只聽泉響與松風。

篤素堂詩集卷六

古近體詩一百六首

温室

燕市苦寒冽，温室藏暖花。能奪造化力，風雪鬥繁華。梅花既雜放，欒枝亦吐葩。水仙燦珠蕊，點綴石磶砑。香光互填塞，紅白相交加。條依簾幕轉，枝拂几研斜。燈影落四壁，盤鬱如龍蛇。中留一笏地，僅可容趺跏。縱横二十樹，圃事亦堪誇。何必古梅村，始稱老夫家。

辛巳新歲四日

高枕經旬免坐衙，徐看晴日下檐牙。猶餘臘瓮盈樽酒，恰對薰爐繞座花。撾鼓頗知鄰舍樂，賣餳莫厭市兒嘩。青梅翠滴楊梅紫，且試江南顧渚茶。

紙閣梅花

静對方知絶世姿，横斜書幌一枝枝。根梢磊砢疏偏好，風骨清嚴澹益奇。紙閣夢迴春淺日，布簾香耐夜寒時。冰霜歲晚誰能識，千首龜堂贈爾詩。

春　深

春深爐火不須催，温室初開二番梅。京國且看花滿室〔一〕，鄉園休憶雪成堆。膠牙遍試盤中果，婪尾徐傾燭下杯。碧落空騰舜禄疏，君恩未許重徘徊。

校記

〔一〕『室』，康熙四十三年刻本作『屋』。

小室即事八首

碧玉疏梅影一行，粉紅桃萼倚東牆。分明水照谿堂路，忘却寒宵客帝鄉。

琴絲挂處礙芳叢，書幌開時點落紅。塞破屋廬無坐地，翦澆人似賣花翁。

喧寂閒忙各性宜，繁華未必勝棲遲。放翁九十誰能似，拄杖行遊日有詩。

簫鼓如雷結隊來，氍毹似火錦堂開。幽人坐嘯看天壤，緑樹黄鸝酒一杯。

高窗暖送初晴日，古鼎香温淺碧茶。九陌軟紅塵裏客，幾人静坐對梅花。

丹青一束寫幽巒，中有吾家舊考槃。潦倒鄉心無寄處，鐙前時展畫圖看。

燭龍飛度不容鞭，老去流光倍倏然。壁上題詩如昨日，驚看已是十年前。

蚪枝矮樹足婆娑，若比龜堂不啻過。最愛朝來欹枕看，筆牀琴薦落花多。

書閣緑萼梅盛開

兀兀花時苦憶家，故園春亦到天涯。門前雪片堆盈尺，坐對横窗緑萼華。

雪後過右闕

鳳闕門西水滿渠，古壇松柏一千株。褰帷路入瓊瑶圃，摩詰新成雪霽圖。

憶家二首

朝昏寄迹此山隈，筇杖籃輿子弟陪。夕照最憐嵐翠滴，平明常待水煙開。青蘋波暖魚兒出，白屋聲喧燕子來。但得移家成大隱，焉知弱水限蓬萊。

池亭點染舊龍眠，不數谿山罨畫妍。十畝菜花金碧地，一川雲氣蔚藍天。紫藤架下春如海，桐葉陰中日似年。温卷理琴諸事了，持竿還上釣魚船。

方壺二首

方壺事隔海雲東，剩有人間鶴髮翁。芒屩任沾蘭蕙露，蒲帆徐漾芰荷風。穿雲一澗来天上，照水千峰落鏡中。穩閉桃源谿口路，莫將漁子姓名通。

曳杖行歌野水濱，耕雲亭草緑初勻。花開恰似新来客，松老真如古逸民。栩栩蝶猶迷宿霚〔一〕，翩翩鶴亦動香塵。他時畫取田家樂，一幅河陽未足真。

校記

〔一〕『霚』，四庫全書本作『露』。

寄答范彪西同年

射策同時對紫宸，高賢白首卧松筠。等身書卷師前哲，畢世丘園養老親。天爲吾儕留碩果，人知斯道有傳薪。鴻編静讀梅花下，畀我仁風四座春。

春晚

堂堂春色到將離，寂寂情懷付竹枝。庭有草花歸燕識，門無俗客落花知。常疏冠櫛迴翔地，閒弄琴書卧起時。昨日江鄉傳好語，又言農事滿東菑。

辛巳春日之豐臺二首

今朝無事探芳叢，細雨初晴草露融。出郭心情偏覺好，籃輿十里緑陰中。

一庭風露浩無邊，紅紫相偎萬朵妍。賴有烏衣王謝宅，藥欄偷看已三年。

四月清和二首

四月清和藥圃開，門稀剥啄長莓臺。京華作意營幽事，廊廟無端置散材。匣底頻搜兒札看，擔頭多市野花栽。故園兄弟俱衰老，棠棣陰中首重回。

谿畔田坳結小廬，此身無計狎樵漁。風光苦憶三三徑，問訊惟憑六六魚。竹緑生香迷別圃，桃紅飛片過前渠。人間剩有垂雲汼，猶恐公麟畫不如。

少小

少小耽詩羡隱淪，多年插脚入紅塵。時當細雨清明節，夢入空山筍蕨春。但有形聲皆長物，若論懷抱是閒人。庭花徑草含生意，莫怪巡檐索笑頻。

寄亭治具遊宛平相公怡園

勝日園林愛探尋，多君載酒復攜琴。憑臨傑閣嵐光滿，偃息高齋樹色深。花檻新添芳砌外，泉聲舊落古藤陰。不辭夕照歸偏晚，丘壑由來本素心。

三月望後遊天壇各道院二首

古壇雲氣外，沙路一停車。永日閒人酒，春風博士家。深林多野色，荒圃有穠華。紫綺留人久，狂歌待日斜。

憑高營小閣，指顧百花叢。老樹迎人入，春城滿望中。緑槐鋪輦路，翠柏隱齋宫。頓覺塵襟滌，翩然鶴背同。

南　榮

中挺蔭高槐，垂簾復深窈。蘭開滿坐隅，清芬徹昏曉。公事喜多暇，退食日方蚤。輿馬各休憩，門庭迹如埽。午睡却炎曦，輕衣御纖縞。紅素點青叢，未覺庭軒小。静坐撫鳴琴，清音自繚繞。有時瀹佳茗，宫觀名泉好。一啜復再啜，悠然散懷抱。西鄰新月上，晚涼月彌皎。妻子坐南榮，歸鴉亂林杪。兒亦生白鬚，笑語悦翁媪。塵慮都棄捐，天真可長葆。

小庭蘭開百箭賦此六首

萬里嶺南花，亭亭茁紫芽。香風迷巷陌，稱是九齡家。
蔟蔟門輕盈，玲瓏玉琢成。垂簾耽静對，無復市朝情。
十日花前坐，人幽夢亦清。欲知相賞意，爲作佩蘭聲。
江南連楚澤，九畹列庭軒。魚魫來佳種，花時憶故園。
菡萏銜清露，枝枝赤玉盤。雙谿不可見，且向膽瓶看。
翠葉青鸞尾，幽芳白玉膚。盆蘭滿千朵，都到向來無。

夜起移蘭入檐下避雨二首

薄暮移蘭出短楹，爲承沆瀣露華清。香消寶鴨雞初唱，愁聽芭蕉葉上聲。
閒庭幽事惜花難，著意殷勤爲採看。莫訝老夫中夜起，恐教風雨損紅蘭。

辛巳六月廿一日寄亭聲山招遊祖家園觀荷避暑

樹深谿轉帝城隈，疏豁偏宜避暑來。車馬早衝微雨過，茶瓜坐待夕陽回。緑楊煙重雙塘合，紅藕花繁十畝開。零落昔年游賞地，波光猶繞舊池臺。

板橋村落静無嘩，蘚濕泥融一道斜。芳草含情迎舊雨，古藤爲客放新花。樹邊酒榼遊人迹，陌上瓜塍老圃家。賓從壺觴多逸興，圖成詩就總堪誇。

抱　膝

廊廡經行迮，堂坳抱膝宜。枝頭紅點綴，簾外緑參差。敝簏堆千卷，閒花接四時。清吟耽陸子，猶足比東籬。

夜雨郊行二首

向夕傳呼出郭行，輿人肅肅戒宵征。那堪夜雨纏綿處，恰聽煙鐘報五更。

水漲平橋澤國同，燈昏路不辨西東。白鬚豈稱巖廊客，況復蹣跚霧雨中。

菊

緑覆叢叢花萬枝，含煙帶露滿東籬。曾經暑雨當春夏，不負三秋熳爛時。

題澤州陳先生午亭山圖

澤州先生午亭住，託心遠在煙霞間。雲耶山耶太行麓，岡巒盤亘水潺湲。展卷置身入巖谷，縱觀適意投煙鬟。中有長松冒層嶺，桃花歷落滿春山。先生世宅幾何年，疊岫奇巒紫翠殷。築城翼翼倚山麓，有亭有閣同飛攀。千樹罩廬林影直，一川滿地苔花斑。傍對浮屠列輪相，門臨古道接間關。婦子耕耘雅可樂，桑麻雞犬不須删。此是先生遊釣處，一水一石常往還。思山容易令人老，莫將林壑凋朱顏。兹山兹圖豈常有，雲樹茫茫非等閒。寄語山中舊猿鶴，留君且與澤人環。

引退偶吟五首

三十餘年侍從臣，慚無文藻答楓宸。忽聞當宁傳温語，慚殺冰銜感激人。

三徑初開舊宅邊，一庭芳樹簇寒煙。老翁莫道歸來晚，已種梅花十五年。

拜疏新陳引退詞，九重宣詔出丹墀。五更不寐聆天語，恰似南宫放榜時。

風吹衣領雪翩翩，拜命南歸喜自然。萬首鴻編須記取，乞歸猶及放翁年。放翁以六十五歲乞休。

小庭風月喜無邊，芳序纔過驚蟄天。寄語梅花須晚放，君恩留與度寒年。

得請

衰年脱屣遠紛埃，願就空山養不才。少聽鄰雞深夜起，閒看曙色紙窗來。經營温室將迎雪，檢點寒花欲放梅。竚看黄河冰泮日，晴沙新柳暖煙開。

將歸

松葉青青草放芽，山童相報客還家。纔過驚蟄無多日，猶有殘梅晚著花。

十一月廿五夜夢清泉白石之勝

前身合向大羅居，此是華清入夢初。白石清泉適吾願，不將塵土翳空虛。

十二月初二日梅放數枝却憶歸塗所見

地爐朝夕暖如春，梅萼纔舒便可人。幾樹寒香開蚤艷，一年花事逗芳辰。櫻紅杏白村村有，柳眼桃腮處處新。從此谿山無限好，芒鞋端許蹋香塵。

寄谿上小園

聖恩垂老許抽簪，便可移家住碧岑。久置田園新入眼，舊栽松竹漸成林。龐公妻子同禪說，鄭谷煙霞識素心。寄語壺觴風月道，常留清景助清吟。

老梅作花

寒梅斂未舒，老榦色偏腴。合浦波初暖，融融一串珠。

置我

萬斛車塵盡日忙，拂衣揮袂汗如漿。天公作意君知否，置我金鰲玉蝀傍。

題景峰皆山園圖二首

高梧雙影落空庭，中有幽人醉復醒。拄笏翠巖丹壑裏，一樓收得萬峰青。

山繞花村水抱廬，豐年正是刈禾初。先公家世兼農士，銍艾聲中聽讀書。

十二月廿九日五更未成眠有作二首

靴滿霜華度御橋，冰澌東上閣門遥。觚棱帶曉鐘聲歇，無復聽雞問早朝。

温室梅花照一燈，五更猶覺氣陵仍。尋常一樣雞聲惡，穩卧寒衾未可憎。

壬午正月廿六日行有期矣

三千里外客還家，文杏霏煙柳蔟芽。傳語清谿南北岸，好教鶯語喚桃花。

二月十七日宿沙河蚤起煙景清曠

煙開麥浪緑初生，露滴茅根雞未鳴。惟有橋邊東畔柳，麯黄顔色曉寒輕。

廿二日渡黄河

戲馬臺前春草生，驅車路入古彭城。謾言故國天涯遠，人到江南第一程。

杏　花

翠陌煙濃蹋淺沙，主人蕭散正還家。莫將春色輕相負，斜倚肩輿插杏花。

宿連城是日桃李争放

自從京洛慘離筵，漳水垂楊未吐綿。人到鵲華春色好，千村桃李養花天。

小園詩

小園近居宅，經營自屢歲。我來謝煩囂，春風適脩禊。池水既渟泓，庭樹亦幽翳。牡丹燦天葩，海棠簇繁麗。時序入丹榴，紅英點階砌。濃陰垂四幄，翠色侵人袂。穿林雙白鶴，花間發清唳。叩門無雜賓，歡言昆與弟。翔步或高吟，投枕得小憩。四體任舒閒，萬累掃塵滯。盈盈清淺波，幽曠渺無際。優哉復遊哉，是吾終老計。

山中觀農夫雨中力田之苦

黄梅節近苦滂沱，正是山中力作多。雨濕短蓑泥没骭，農人猶聽插田歌。

賦得負杖閲巖耕

空林淹積雨，扶杖偶閒遊。莎濕看眠犢，泥深聽叱牛。樹喧歸鳥集，山霽晚煙收。自適巖居趣，何妨信宿留。

陰雨竟日小谿不能渡

翠靄空山雨霽初，河泥深闊往來疏。小兒夜課無燈火，乞得松肪自照書。

北園荷花初開

青葱一林竹，淪漪半畝蓮。人生但得此，亦足遂幽偏。自予來北墅，萬竹森如椽。翠幄光照地，鳳羽影參天。獨惜池水深，荷葉空田田。白華三五朵，照水亦娟娟。山泉苦沙礫，希見藕如船。我幸山澤人，兹福不能兼。乃知造物意，取予惡求全。且耽千畝趣，看取數枝妍。

小園陰雨浹旬

經旬積雨長蒹葭，澤國居然水一涯。屋角數叢湘浦竹，堂圍四座嶺南花。近人雁鶩何嫌鬧，索果兒童不厭譁。撿點經箱消睡物，故人猶有碧山茶。

小　圃

小圃長廊雨最宜，繞花臨水路逶迤。祇因地與鄰園近，泛取青萍緑滿地。

蘭初開

歸來藝秋蘭，盈盈滿盆盎。日夕勞顧視，寒暄慎所向。幸逢積雨後，翠色喜無恙。朝來簇百箭，英氣日騰上。時方夏至初，清芬日舒鬯。藉以媚長晝，聊可佐閒曠。

蘭開日閒居

積雨連宵未肯晴，小池風定水痕生。奚童亦解人深意，報取蘭開滿一莖。

鶴

花間相喚便相從，老僕真成放鶴翁。餇爾魚暇應久識，每當平旦起開籠。

黄菊有於六月中開花者

榴火初開爛似霞，如何籬落見黄花。紫英翠蓋三秋色，霜菊先開六月華。

幽蘭盛開至數百箭

碧梧黄鳥翠庭空，中有幽蘭數十叢。坐愛清芬耽静對，爲君一月住城中。

小庭蘭蕙滿

小庭蘭蕙滿，帶露白紛紛。暑退清風至，香從静裏聞。素波寒越女，脩竹怨湘君。自愜谷中賞，忘情嶺上雲。經旬未入山。

避暑三首

避暑幽人户自扃，日長午睡覺初醒。閒中樂事君知否，新摘蓮房插滿瓶。

午陰初過轉庭柯，散髮披襟奈暑何。識得物情予亦樂，閒看鳧雁浴清波。

經營五畝愛吾廬，不用招呼客伴予。野老胸中大有事，翦蘭澆菊數芙蕖。

夏　日

濃陰高樹蚤啼鴉，唼喋遊鱗戲淺沙。魚鳥頗忘城市客，蕭疏稱是野人家。種蓮初長新開葉，翦蕙猶看二番花。日暮湛華亭上望，紫薇映水似晴霞。

入　山

路入龍眠石徑西，松屏竹塢令人迷。臨流細數新荷葉，恰聽黄鶯自在啼。

五畝園長夏

園林歸卧莫嫌遲，緑暗紅稀避暑時。啼樹鳥知無俗響，傍人鶴亦有奇姿。牆陰路轉幽蘭谷，橋畔花圍錦石池。老我得分優暇日，臨風搔首嘆恩私。

谿中謀具小艇

清波曲折數鮮鱗，兩岸芙蓉夾去津。計日放舟谿水上，不妨天際有真人。

長廊落成二首

逶迤路轉小池東，荷引清波柳受風。避客莫嫌三徑淺，竹深遥入蕙蘭叢。
日長風定柳絲斜，静聽蟬吟細啜茶。隔岸魚翻紅浪出，一川風落紫薇花。

幽　棲

小營别業遂幽棲，避暑追涼自杖藜。庭草茜紅新雨後，樹陰潤緑小池西。噞喁影動看魚躍，剥啄聲稀任鳥啼。老我獨閒誰可伴，不須人渡落花谿。

五畝園池種荷至秋始發

秋荷作葉滿方池，恰似田田貼水時。我構小軒臨水看，願開數朵照漣漪。

出西郭視田禾

西疇來往任婆娑，一徑籃輿野色多。社飲相呼知歲樂，篝車滿路識時和。灌秧雨足支餘溜，穫稻田空藝晚禾。自是爲農家世勣，此身終合老巖阿。

盆蘭先後作花恰滿五十日

棐几湘簾映緑筠，小窗風細净纖塵。瓊枝玉蕊隨時發，飽飫蘭香恰五旬。

種柳成陰當秋益密三首

昔年種樹傍堤斜，欲藉青陰隔市嘩。最愛牆東看不厭，緑楊陰壓紫薇花。

水畔微涼拂柳絲，小池波動雨來時。絺衣團扇無人識，一片閒情碧水知。

嫩色鵝黄染麯塵，可憐濯濯幾枝新。關情最是吟秋柳，一種輕盈更可人。

余所居陽和坊可比白傅履道里

履道南坊搆一廛，近居池館亦翛然。葛衣紈扇容吾懶，柳暗花濃喜地偏。鶴正眠時驚鵲起，魚無人處蹴波圓。幾回斷續蟬聲裏，長日真堪似小年。

桂花始開

秋林一何曠，耳目寄寥廓。黄葉落樹杪，桂香初破萼。幸無剥啄聲，隔簾見白鶴。林動知鳥歸，波喧見魚躍。廛慮一以寡，鄙性耽寂莫。俯觀天壤間，信無逾兹樂。

谿中小艇成二首

新從碧澗泛舟迴，衣履猶沾石上苔。睡起悠閒無一事，滿庭香露桂花開。

山色蒼涼水碧澄，芙蓉小艇喜初登。奚童亦解移蘭櫂，蕩漾中流剥紫菱。

桂花十數株中置一石臺

日暮倚修廊，徘徊桂花側。金英燦奇葩，氤氳香霧塞。貞幹挺勁姿，碧葉浄如拭。天地惜秋光，畀此好顔色。余亦淡蕩人，清歡澹無極。

初　涼

正是初涼落葉天，絺衣新卸薄裝綿。三秋桂雨蘭香裏，盡日無人手一編。

入山泛舟

嶺頭楓葉已微丹，纔有芙蓉照碧灘。我正扁舟谿上住，不妨薄酒耐初寒。

題小舟

一谿含淺碧，棹影入寒山。澗石丹青合，雲蘿紫翠殷。心同秋水浄，夢與白鷗閑。盡日煙波裹，無人覺往還。

詣勝山看芙蓉因憶聽翁

昔共仙翁舊隱淪，名山歲月老松筠。亭基猶是當年地，折取芙蓉憶故人。

燈下閲雁湖聽雪集有作即贈雁湖

我讀唐人詩，錢郎愛清婉。風流起後人，高唱領詞苑。渭川竹千個，湘渚蘭九畹。冰雪浄聰明，氣格卑近晚。一卷花間讀，悠然令人遠。

日暮看谿上芙蓉

夕陽泛谿水，晚色上芙蓉。倩女臨妝鏡，煙鬟倚暮松。江湖秋色好，娟浄若爲容。爲爾關情久，淹留待晚鐘。

勺園招遊社壇

河流曲曲繞深松，綉嶺雕崖一萬重。八十老翁猶壯健，深秋攜我一扶筇。

夕　歸

路凍無行迹，樵歸老衲從。陰雲迷石磴，積雪耀寒松。沙白連平瀨，天青顯衆峰。言旋時已暮，煙際起昏鐘。

篤素堂詩集卷七

古近體詩七十首

鄭又蘧九十壽

鄉國羣推九十翁，餌芝道體日沖融。康成雅擅通經譽，谷口人依尚德風。秋滿萬山楓葉紫，酌宜大斗菊花叢。期頤健比淩霄鶴，碩果嵬峩洛社中。

臘梅二十樹自去年十月開至今正月題曰古香十旬紀之以詩

小庭何所有，黄梅開近臘。歲月歷冬春，香光迷紙閣。梅花似美人，此種類老衲。凡卉有芳烈，此香如艾納。坐卧香色中，清吟繞一榻。幸遇冬日暖，寒蜂自雜遝。

宿盱眙玻璃泉

山椒聚奇石，崖畔出名泉。泗水懸孤塔，淮流漲百川。煙波迷雉堞，鐙火數漁船。轉徙殊堪憫，應邀聖主憐。

宿金山寺

千古山川麗，孤峰景物幽。乾坤勞砥柱，日夜擁江流。樹色雲中塔，春風石上樓。我來叨扈蹕，燈火滿汀洲。

三月初二日蒙恩賜御書雙谿秋水軒種花處扁額恭紀

龍眠十畝莊，煙柳聽黄鸝。兩水落澗壑，沿緣來丹梯。遊魚浄可數，纖鱗不能迷。桃花夾兩岸，引之入芳堤。至尊勞問訊，寶墨書『雙谿』。更有篔簹谷，波暖浴鳧鷖。中有秋水軒，芹藻出香泥。宸章若星漢，懸向千峰西。予昔癖種花，頗爲時俗詆。焉知種花處，親承御筆題。

田間野花

村旁麥浪影交加，陌上驅車日欲斜。紅白枝枝偏近水，野田蔓草夕陽花。

獨樂吟

秋水何淪漪，茂樹臨清池。喜無人迹到，鳴鳥集高枝。間關弄好音，使我心自怡。静日步長廊，獨樂良不疑。

塗中憶家園二首

四月清和景倍嘉，小軒風景客還家。田田荷貼青錢滿，灼灼葵翻紫蔕斜。翠色園林籠竹箭，夕陽谿水泛榴花。故山春茗開香箬，旋汲清泉試煮茶。

十二層城錦作帷，古藤香草四檐垂。鳥知茂樹棲常早，鶴盼煙霄去不疑。閬苑西來非我意，海天東望是吾師。好山鳩杖扶來穩，自採黄精劚紫芝。

世　路

世路多虞夙所諳，老年事業付煙嵐。垂楊風動千絲碧，曲水波如一鏡函。放眼豈知塵世近，擁書聊與昔人談。焚香不覺垂簾久，鶴卧沙汀夢正酣。

建蘭作花

嶺南花葉重培栽，手護青青點緑苔。客歲苦寒花事減，幽窗猶見百枝開。

蘭開經旬未得入山

谿上經旬未泛槎，溯洄何異隔蒹葭。荷香久負山中約，爲惜盆蘭正作花。

泛　舟

薄暮日欲落，迴舟泛清流。蟬噪村逾静，鳥啼林自幽。心澹一無營，喧寂任所投。我心如明月，浮雲在下頭。

入山觀荷花初放

予從京洛返東菑，纔見田田貼水時。新葉漸看翻翠蓋，藕花初見出清池。輕綃不染裁冰潔，仙質無虧琢玉姿。晨露乍晞山雨過，此中相賞更相宜。

八月十一日山中荷尚開數十朵

碧水清池一道斜，自從榴火簇新芽。紅妝翠蓋重陽節，常看人間耐久花。

爲磊齋題小像十二册

匡廬種花

夙昔名山志未從，匡廬飛瀑近鄰封。暮年若泛秋江櫂，尚欲看雲五老峰。

水燒柴桑舊宅邊，故人曾此種花田。祇今彭蠡春如海，花落花開四十年。

予舊有名山之願，而翠嶂丹崖結於夢想。磊翁先生平生結山水緣，足迹幾遍五岳，既富濟勝之具，而筆之宏肆足以發名山大澤之氣。予今老矣，猶幸匡山在數百里之内，意尚不忘西林瀑布也。

潯江送客

西林雲樹久蒼茫，千古猶傳舊草堂。司馬江州差不惡，青衫何必怨潯陽。

香山曠達寡塵羇，猶感臨岐送客時。不獨琵琶淒欲絶，江風江月使人悲。

予讀匡廬草堂紀，結屋香爐峰下，素屏竹几與山水灌木相縈帶。同時太守又能不以職事相拘，使得優游林壑。當時淚濕青衫，恐尚不能忘情於謫宦也。

飛雪度隴

秦川蜀道阻天威，函谷春雲雜霰飛。曾送故人關隴去，一天風雪滿征衣。

斷指寒風拂翠旗，氈裘匹馬入秦時。誰知擁節人如玉，出塞高吟王粲詩。

曩者，西蜀阻兵，王師猶駐秦棧，磊翁先生以太守持節，間關千里，西度隴州，風雪嚴寒，凌競馬上，猶據鞍高咏，足想風流豪上也。

華山采藥

仙掌雲封不可捫，空傳玉女洗頭盆。慚予丘壑平生志，未睹秦川華岳尊。

絶壁層巖鐵索懸，采芝茹柏可成仙。憑君細語青柯道，爲説峰頭玉井蓮。

華山峙海内之雄，落雁峰、蒼龍嶺號稱奇絶，上逼天闕，下俯黄河，類有仙靈窟宅其間。惜足迹未至潼關，讀太白『峰頭』之句，徒为神往耳。

漓江秋泛

漓江秋漲晚煙開，駕鶴山頭雪浪迴。誰識漁竿垂釣客，水清沙白泛舟來。
瘴雨蠻煙惹客愁，鷓鴣啼處不知休。故人官與羅池近，荔子香中拜柳州。

柳州遠隔嶺嶠，山水清嘉，可以遊釣，拜柳侯之祠，弔劉生之墓。今古才人往往迴翔斯地，讀『蠻風瘴雨』之苦，爲之增慨。

岳麓觀碑

手捫苔蘚李邕碑，親薦蘋蘩杜甫祠。曾到祝融峰下過，洞庭煙水入新詩。
玉册龍旂展祀新，十年陳迹已成塵。祇今禹迹空山側，猶紀西清舊使臣。

衡山周八百里，上多巖洞古迹，岣嶁碑在焉。吾子廷瓚奉命展祀岳麓祠，今十年於兹矣。

峨嵋春望

山水緣多盡許登，前身合是雪山僧。峨嵋天下〔二〕兜羅現，指點清宵看佛燈。
萬峰深處白雲隨，藤杖孤吟獨往時。何日空山燈火夜，爲余風雪話峨嵋。

磊翁爲余説峨嵋甚悉，至十月初，則僧人盡出山，獨留數僧使守舍，杜門不出，雪擁屋，高丈許，至春深雪消，則衆僧始往。山中水寒，炊飯不熟，遊人必自下擕泉水以炊。俯視雪山如在目前，洵仙靈之所居也。

校記

〔一〕『下』，康熙四十三年刻本作『半』。

崆峒招鶴

欲憑白鶴問仙翁，絶壁飛泉迴不同。要識蓬萊在何處，一聲清唳海雲東。

六翮高翔近碧霄，縞衣丹頂自扶摇。小亭亦有花間鶴，天際飛鳴不可招。

鶴生於玄圃，啄玉田之芝，飲三危之露，不可以耳目近玩之也。其可招者，特乘軒之鶴耳。彼蓬萊使者，其可招乎？

滄海乘槎

碧落風恬任所如，鯨波無際渺江湖。人間萬事多傾覆，得似乘槎穩卧無。

海若天吴盡渺茫，朝登碣石暮扶桑。人生眼底須如此，萬頃何須一葦行。

人生境遇舉步多礙，煙水華胥遍在浩渺之鄉，非鴻波萬里，不足以縱遊目舒曠覽也。

泰山觀日

曙星落落閒疏鐘，扈蹕曾登日觀峰。指顧燭龍滄海外，霞光勝上最高松。

九點齊州漸可窺，紫瀾滄海沸波時。金函玉簡莓苔濕，認取秦皇無字碑。

古人稱日出事生，自滄海涌紫輪，而人事奔波因之以起，但相征逐以老耳。人能盡祛俗累，不隨野馬飛光相爲纏擾，或者神仙之道其庶幾乎？

燕市酒人

燕市僧房共探尋，爲予曾作買花吟。於今種樹松風裏，相許移家住碧岑。

醉吟端合讓吾曹，淋漉春風濕布袍。一勺醮然慚小户，持懷常羡酒人豪。

予酷嗜種樹，雖居燕市，而斗室之中雜花常滿。磊翁先生爲予作買花行。予和之。其大意以歸龍眠種松竹爲適意。坡公曰：『白首歸來種萬松。』今雙谿種松盈堤，庶酬宿志，因附及酒人之後云。

龍眠著書

五岳歸來萬里餘，丹顏白髮未全疏。龍門攬盡名山水，高卧南窗好著書。

家山端合老漁蓑，柳墅松堤景物多。隴畔煙開春社近，明農共聽插田歌。

龍眠谿山深秀，林樹茂密，土沃泉甘。吾與磊齋先生結數椽爲鄰以居，睹煙雲之變幻，察卉木之榮落，如淵明所云：『賴有素心人，相與數晨夕。』良多幸矣。癸未十一月三日題。

正月二十七日宿山中夜大雪曉起作詩

曉起推窗見玉龍，梅花盡被白雲封。平生謾説瓊瑶島，誰見松梢雪萬峰。
梅花驚蟄已全開，繞樹耽吟日幾迴。不是山中經信宿，斷無人蹋石谿來。

作詩後廷璐入山

積素連空失澗阿，寥寥山路斷樵蓑。玉峰千尺瓊爲樹，竟有人衝雪棧過。

西渠先生侵晨至景麟堂復過雙谿日未亭午約行四十餘里成一律示予喜而賦之

龍馬精神海鶴儔，追陪晨夕得歡遊。一笻曉露平明出，萬壑煙霞頃刻收。已見空山成獨往，還攜餘興涉雙流。劍南人物衣冠在，大耋高踪不可酬。

秋　日

小圃秋陰暑漸涼，紫薇花發照魚梁。何人領取閒中趣，團扇行吟百步廊。

寄廷玉　時奉命充日講起居注官

承恩早歲玉京遊，汝正懸弧歲一周。三十二年文陛上，從前兩世立螭頭。予以癸丑歲充日講起居注官，時廷玉甫一齡，廷瓚復繼予後，今廷玉新有是命，前後凡三次矣。

除夕賦得十韻

臘梅三十株，黄雲塞户牖。愛此香色古，開當岑寂後。不艷桃李姿，歲寒常相守。紙閣啟南榮，晴光朝暮受。郊原梅未發，春色在瓦缶。短枝何曲盤，名卉侵坐右。斗室天壤寬，清琴間尊卣。嶺南橘柚黄，香光圍一叟。兒孫喜團欒，旨酒爲翁壽。予飲雖不多，清光毋相負。

新春入山

野田黄雀啄柴籬，節近青陽草色知。人到小亭耽徙倚，梅花昨夜放南枝。

葺舊館成

舊業荒蕪長緑苔，經營手自翦蒿萊。城頭縱覽偏宜月，屋角開窗恰見梅。深院杏花圍小閣，隔谿柳色入平臺。西山翠靄看朝暮，山雨山煙次第來。

三月三日宿花家莊

淮河宿霧轉塵沙，上巳春風苦憶家。盡日荒村茅屋裏，西風孤負海棠花。

恭和御制賜高旻寺僧紀蔭詩原韻應制

江郭祇園一水中，高僧石隱市廛東。忽聞藻翰垂宵漢，彌望天花落半空。清澈機鋒塵界浄，光明色象紫雲籠。祇今佛日昭回處，鹿苑千秋景物融。

金山寺

咫尺天閶若可捫，濤飛霧捲濕雲根。千尋石色中流見，萬里江聲砥柱尊。地闊天空涵氣象，蛟蟠龍躍共朝昏。我來扈蹕登高閣，遥望煙光接海門。

山中積雨

連宵夜雨響谿聲，霧滿山腰不放晴。雲接遠村千樹合，波涵清鏡一奩平。黄梅果熟泥中落，碧藕花攲水面生。莫怪奚童遲送酒，河深今日斷人行。

即事

禾黍吹香落照斜，課奴鋤地却還家。不嫌十日山中住，爲看秋蘭二番花。

蘭開二番移盆入庭中

桂林香動隔鄰家，菊蕊攢枝已放芽。白露纔過殘暑退，老翁生計理秋花。

夜坐

閒栽花竹滌塵襟，久矣燈前廢苦吟。坐擁梅花三十樹，月明猶自理清琴。

入山看梅花

山煙初破客重來，地濕莎青長緑苔。驚蟄纔過三日雪，梅花猶剩五分開。醉吟高士酲初解，羽化仙人夢乍回。好景莫教容易得，教兒且與發新醅。

歲盡閒居

谿山雪擁廢追尋，檢點清歡發苦吟。斗室梅花香作繭，容予爐火坐來深。

除夕

山寒梅未花，且復居斗室。盆梅三十樹，瓮盎雜書帙。交錯花枝繁，櫛比花房密。香光塞户牖，趺坐僅容膝。棐几羅琴尊，與翁稱六一。翦燭照花紅，偎爐避寒栗。自烹緑雪茶，於此享清逸。

恭賦南巡頌德詩

聖懷周八宇，宵旰切維寅。化洽寰區俗，風行薄海民。金湯羅郡國，簪紱肅臣鄰。奎璧輝文囿，弓旌賁隱淪。高岡儀彩鳳，廣漠集祥麟。赤懸謳吟遍，華封祝頌闐。山川三壤則，玉帛萬方賓。駿烈光前後，鴻規邁等倫。帝容時穆穆，王度復旼旼。首出宏功運，無爲大化神。甘霖霑緑野，淑氣起青蘋。雁塞三驅掃，龍沙萬乘巡。平成瀰海溘，浩瀚軫河湑。耕鑿田爲壑，堤防土作堙。蒼黎傷轉徙，宸極憫艱辛。念此桃花漲，還同瓠子津。帑金司庫給，雲鍤庶僚徇。星鳥方司歷，蒼龍正早春。陽回沙岸暖，冰泮草痕湮。睿慮勤籌度，皇心重拊循。和鸞聽肅肅，彩鷁睹兟兟。羽扇開雲表，霓旌駐水瀕。觀瞻紛里閈，警蹕撤郊軫。舉棹花光映，揚舲柳色匀。源流勞審視，通塞互咨詢。上策聆天語，成[一]模示近臣。佇看新壟陌，重理舊耕畬。比户驅秧馬，臨淵捲釣綸。載歌疆翼翼，何患水泯泯。吏治咨謀切，王言誥誡諄。閭閻情可念，象魏法宜遵。廣沛茅檐澤，遥飛驛路塵。雷塘舟再御，茂苑輦重踬。江渚經千里，風帆未浹旬。澄波摇豹尾，清景照龍鱗。慶洽扶筇叟，恩施解網人。方言資採擇，民隱許敷陳。求駿金臺築，衡材玉尺掄。沖和天表近，涣汗德音新。拜手瞻青雀，歡聲達紫宸。蘇臺逢慶節，虎阜值良辰。岳牧偕黄耇，岡陵祝大椿。嵩呼騰地起，景祜自天申。圖牒陳千瑞，盤匜獻八珍。冠裳趨帳殿，氓庶塞城闉。佩德心原摯，觀光氣益振。煙波何渺渺，蠶室盡溱溱。法駕臨吴越，休聲動浙閩。綏方寧憚遠，問俗豈辭頻。車不驚桑陌，舟常艤水濱。城陰湖瀲灩，谿畔石砰磷。花港初移柳，孤山近翦榛。遊觀心愈惕，經畫額常顰。選俊搴芳杜，澄懷對緑筠。停橈看馴雉，駐蹕聽鳴螓。紫筍方垂籜，朱櫻始破唇。淵懷期治洽，深念冀民淳。扶杖容相接，迎鑾近不嗔。彤騶環帝子，雕輦奉慈親。孝養超千古，尊榮備一身。語檣知鵲喜，舞櫂見龍馴。留駕誠難却，旋旌義不填。衢歌咸濟濟，巷舞總恂恂。御藻垂天漢，恩波浹地垠。省方兼省吏，含笑復含嚬。建業澄江繞，長干紫氣氤。千村花作圃，萬井稼盈畇。黄紙新恩遍，烏衣舊俗醇。土風陳碧藕，野蔌進芳蓴。南國歌遊鳳，東方喜頁珣。荷錢初的的，桃實已蓁蓁。刈麥青如毯，烹鮮色似銀。射侯穿柳徑，錫宴坐花茵。澤厚江同永，功高岳比峋。賦蠲民有慶，刑指獄無呻。賜札榮邦彥，遺簪憫舊紳。井鹽輕課額，漕粟發陳因。唤雨鳩爲婦，催耕鳥曰鶥。良材蘅芷擷，芳草蕙蘭紉。渥賜旌廉直，流膏起瘠貧。膠庠伸士氣，關榷減商緡。勝地皆留迹，崖碑許刻珉。民心如挾纊，帝眄在懸鶉。率土歸元化，敷天託至仁。永無嗟在澤，惟有慶吹豳。嘉祉蒸民粒，和風萬國甄。虞巡羣牧覲，禹會百祥臻。獻賦紛瑶軸，攀轅擁畫輪。一人操斗極，品類入鴻鈞。農自歌遺穗，官無嘆積薪。光同珠的皪，治比玉斑璘。未獲隨鑾御，無由侍佩巾。晨昏睽子職，依戀本天真。頌德心逾慕，摛詞意每逡。敬揚光被盛，瞻仰抱誠純。

校　記

〔一〕『成』，原缺，據康熙四十三年刻本補。

揚州左太守贈鶴二隻以籠置舟中載歸

邗水東歸興邈然，故人相贈縞衣仙。扁舟夜泊空江水，自起提燈照鶴眠。

夏日居五畝園

清池雙鶴自徘徊，避客應無剥啄來。緑樹陰陰簾影静，幽蘭花擁坐偶開。

移　蘭

愛此嶺南花，羅我棐几側。我來坐朝暮，沉酣廢寢食。翠葉碧如油，辛苦自培植。高枝挺百箭，枝枝净如拭。幽意淡天真，無心鬥香色〔一〕。静〔二〕好洛川神，窈窕關雎德。空階竹陰静，深苑簾影直。風定池水平，静對忘語默。邈然潛心性，此意誰能測。我自領幽趣，長鳴鶴應識。

校　記

〔一〕『香色』，原缺，據四庫全書本補。

〔二〕『静』，原缺，據四庫全書本補。

松下搆一亭用東坡語白首歸來種萬松

涉世頭已白，歸來學種松。時值辛未歲，買山清澗東。傍水有修堤，蜿蜒若長虹。種松高二尺，短鬛早青葱。迄今十七年，枝葉已數重。高者二丈餘，謖謖來清風。特爲置一亭，偃息深林中。雖無虯枝古，翠色迥不同。微飔過枝梢，細響若笙鏞。有時風乍起，濤聲走碧空。俯仰聞天籟，置我蓬萊宮。我師陶宏景，千載躡高踪。

谿上看芙蓉

楓赬柏紫間青松，石角斜飛出幾重。老我慚爲谿上客，小舟煙雨看芙蓉。

陸犀之松江作此送之 以下補遺

霜濃菊老正深秋，憐爾南歸攬敝裘。自昔買山曾有願，好憑彈鋏問西疇。

題曹天全小像

鍊氣凝神入窈冥，手攜芝草誦黄庭。桃九熟，鶴千齡，争似松濤萬壑青。

玉蝶梅盛開

枝頭碧玉避寒栽，早發春葩送客回。京國迢遥二千里，江南猶見晚梅開。

二月十八日宿高橋故鄉人來言庭梅冬暖大放

小庭春事早相催，經月紅英點緑苔。不是梅花不相待，但聞歸信即先開。

夏日

瑩瑩波色入簾青，曲曲迴廊繞一亭。我正閒吟池上句，鶴如相伴亦來聽。

嘗新

早禾初刈立秋前，穲稏香風滿一川。白粲河魚新薦廟，乞歸欣得遇豐年。

附録

佚文佚詩

松聲閣三集序

潘姊夫人松聲閣集既刻而行之矣，其子蜀藻復裒輯其壬寅以後詩，爲松聲閣三集，命予爲序。姊夫人之母，予姑也。蜀藻，予友也。外家姊弟，而重以若母。吾母之誼，其何能辭？

庚戌六月，方趣裝入都門，攜之行笥，長江浩渺、黄淮奔流之中，輒扣船而歌姊夫人之詩以爲樂，思欲爲數語以報之而不能也。舟次淮浦，適阮亭王公以督榷清江來予舟。阮亭方有事於海内閨閣詩人之選，遂相與縱談吾里清芬閣及家伯母紉蘭閣已事，阮亭曰：『吾習見夫女子之爲詩者矣，大約操柔翰、拈彤管，以寫兒女子之態，其人多不足齒，如班姬、謝女之流，而其詩亦復不足備風人之采。獨子之鄉，所謂紉蘭閣、清芬閣者，皆能明大義、炳大節之人。紉蘭佐汝伯父登顯仕，復以歷城之死，使忠臣烈婦炳爍史册。清芬未二十而爲未亡人，且未有子，清風高節，獨居六十餘年。故二夫人者，其爲詩類皆清剛磅礴，絶無所謂靡曼女子之習，蓋在天地爲正氣，在海内爲女宗，在家庭爲母儀。故其人足傳，其詩傳也。』予曰：『然，而更知吾里所謂松聲閣者乎？』阮亭曰：『予習讀夫松聲閣之詩矣，願于子聞其詳。』予曰：『即吾子之所謂紉蘭、清芬者，又其大概也。夫人出延陵，歸九莖潘先生，爲太史宗一先生之從女孫，爲司馬石乳先生之冢孫婦。幼嫺於禮訓，事姑、事祖姑皆能孝。九莖先生弗禄，飲冰茹荼以治其家。卒教其子蜀藻爲海内聞人。内外孫數人，皆夫人提命而督誨之，以克有成。今且七十矣，吾里之姻婭族党皆奉夫人爲閫内之則，與清芬閣相鼎峙者數十年。故其爲詩皆敦尚孝友，以勉其子若孫。間亦咏歌其織紝纂組之勤苦，與夫室家荼蓼拮据之狀。時或追念其舅姑、夫子，而發爲醇仁感惻之吟，使聞者莫不肅然而起敬、悠然而長思，一如感發於三百篇之遺音者。間以其暇，繪大士羅漢像，則又與紉蘭、清芬之所作，先後相髣髴。此吾里之嘖嘖于三夫人無異詞，皆謂其大節卓有可觀，可以風人倫而登國史，不等於女子之弄柔翰以自命爲閨閣之才人也者。子知之乎？』阮亭肅然而起，索所謂松聲閣三集者，卒讀之，相與咏嘆往復於篷窗之下，曰：『誠有如子之所云也。』予曰：『子欲表章閨閣之才人，孰有過於松聲夫人者哉？』阮亭敬受之而去。

次年，蜀藻入都，云將刻是集以行。吾愧夫久而無以報也，遂書所以語阮亭者序之。

愚表弟、同學姪張英拜題。

秋水齋制藝序

秋水齋者，黄子千右讀書之齋也。所居近水。齋適以秋日落成，故題其綽楔曰『秋水齋』。秋水齋制藝者，黄子會謀窗下草與夫歷試之文也。黄子自補諸生以來，屢試高等，而鎖闈輙灑卞生泣，此非文之咎，孔子之所謂命，孟子之所謂天也。雖然，有時焉春之蘭不能爲秋之菊，今强秋之菊爲春之蘭，亦所不能。夫黄子亦守菊之時而已，無自咎其文也。以余觀黄子之文，二十年以還，凡三變焉。大約弱冠時，如苧蘿之女，金谷之花，艷色芳容不可一世；半甲以後，則河朔壯士、塞上將軍，氣概沉雄，無復小窗喁喁小兒女子之態；轉睫強仕又不侔矣，百尺桐高，五株松老，石令人澹，竹令人幽。黄子之文真三變也。黄子之文三變，然以古文之氣行於時文之中，此其所以不猝逢而不能止黄子之不逢也。世有陸敬輿、崔羣、韓愈自入彀中，杜少陵有言『文章憎命達』。黄子正以不早達，成千古之文章，然則黄子又何尤！嘗嘆進士、明經難兩獲之物也，而唐宋以此爲重輕。昔唐人重明經而輕進士，人以此服唐人之長。歐陽公重進士而輕明經，人以此議歐陽之短。余丁未叨南宮一第，雖爲歐陽所重，實爲唐人所輕。今黄子將兩獲之矣。曷以處夫唐人與歐陽公耶！何時坐秋水齋一細論之。

同里會弟張英撰。

陳氏宗譜二修序

言姓者，本於五帝。楊升庵謂五帝民無姓，貴爲官者，始有姓。有姓因有氏，自司馬子長作史記混而爲一。班史承譌展謬，豐蔀終古。後世淵源莫悉，往往依託太初名賢顯貴之人以自尊，如孔氏皆云宣聖之裔，而齊有孔虺，衛有孔達，陳有孔寧，鄭有孔張，此四族者皆無後乎？顏氏皆云袞國之裔，而衛、顏、讎、由獨無後乎？王氏自謂出王子晋，韓退之作王仲舒碑文乃云：春秋時王子成敗狄有功，因賜氏，而春秋吴有王犯，晋有王良，范氏之臣王生，戰國齊有王斗、王歡，魏有王錯，趙有王登，秦有王稽、王齕、王翦、王綰，亦未必同出於姬姓也。士生千載下，世譜殘缺，可信則信，不可信則闕，必妄附子騫之胄，長跪汾陽之墓下，其不至爲有識所詆也幾希。善哉歐陽公之論曰：『譜係之祖，斷自可見之世。』蓋探木本於重泉，追河源於星宿。恍惚窈冥，冀於搜緝而証之，此實妄矣。又易同人本義言天火性同，類族辨物，所以審異而致其同。故彭城不譜太原，清河不譜南陽，亦非其種者去之之意云爾。

芮君乃功與予深相契，今春家譜成，問序於予。予按：芮，古姬姓國也，在周有良夫作桑柔諸雅諷厲王，在唐有挺章著國秀集流於世，在宋有某以牡丹詩忤秦檜貶武岡令，人文代出，歷歷可考。而乃功之譜概不稱援，直叙始遷桐太侍公，以次相傳，自元及今，釐然有徵，使祖、父之相因，雲礽之相承，魚貫蟻續，累累不紊，洵爲修譜者之正鵠矣，予故不憚繙閱，於退朝之暇，謹裁數言，以冀其端焉。

康熙癸未孟春上浣之吉，賜進士出身、光禄大夫、文華殿大學士兼禮部尚書加二級，年家眷侍教生張英頓首拜撰。

陳氏續修宗譜序

昔人云，本深者枝茂，德厚者流光。祖世之顯懿盛業，爲後人者可一日忘所自乎？古之道，尊祖莫如敬宗，敬宗莫如收族。此譜牒之所由作也。余居常以此告余族人，冀與仁人孝子共敦古道焉。乙酉之秋，陳君子和次孫畏瞻持譜牒一帙謁吾，而請曰：『此吾陳氏家乘，先叔曾大父賓合公所手輯也。先大父屢欲修明，苦家貧未獲卒業。今不佞聊録初稿，願先生其爲我序之。』嗚呼！賓合公、子和公暨畏瞻之於仁孝至矣。

余考先世士大夫家莫不有譜，譜之興尤盛於唐，亦以使其子若孫習聞夫先人之訓，競自修治，不忍墜其家聲，實於此有重賴焉。此賓合公、子和公之志，而亦畏瞻今日之志也。潁川之先出於上世，在潁川家乘中自有專考，兹不復贅。大略昉於傳記之所言，陳胡公者，漢以還，曲逆侯爲最著。六朝則益多聞人。唐宋間如子昂、如述古諸名公鉅卿，指不勝屈。至明則陳氏之源流愈衍愈大。其係出自江州，自友德公爲元進士，官安慶，遂卜居桐城。祖若宗，世有隱德。至子和公，以文章友天下士，與余最善。即今文遊中稱碩德雅望，必曰子和公。故祖世之顯懿盛業，苟後之人守而勿失，則德厚流光，其必有當之者矣。圖其世次，紀其行業，以傳於族人，俾覽斯譜者，爲子者，孝以事親；爲弟者，恭以事兄；交遊於其外者，以信存心；修業於其家者，以學立身。則子斯譜不更有光也哉！余既以懷想子和，而又重畏瞻之是請也，爰爲之拜手以序。

時皇清康熙四十四年歲在乙酉孟秋之吉，文華殿大學士兼禮部尚書雙谿張英拜撰。

高氏重修譜序

先儒謂家乘猶國史也。司馬氏史記一書爲史家之宗，於國紀庶無不備。嗣後班固、范公、陳壽、歐陽修輩相繼而出，迄今猶稱道不衰。若家無譜以載名氏事迹，前無以考本始，後無以示將來，甚矣！家乘之不可無也。余謬職宗伯，久羈京師，雖與梓里士君子多契闊，而世家大族所從來猶竊心焉識之。今年春，適家報中有子姪一函，言高氏子上諸公重修譜牒，屬余爲序。余嘗考之周禮：小史著世系，序昭穆，而掌三族之别，則宗伯之事也。且高與余族世相締好，高子石璞與余子姪輩又有文字交誼，何容辭。

高自成周易姓以來，代有聞人。或以武封，或以文顯，載在史册，卓然有名。迨元末遷桐，詩書衍慶，爲桐之望族。其間登巍科、列仕版者，難以縷述。近入成均食廩氣者亦彬彬鵲起。將來大舒鵬翼，可拭目俟之矣。獨是譜之成也，其要歸於得人，非蓄道德而能文章者未易言也。大哉！曾子固之言，其真千古作譜之鑑也夫。夫文章而本於道德，吾知其居心也平，平則庶無黨同伐異之私；其見理也公，公則可免倒置混淆之誤。寧真無僞，寧樸無華，寧簡切而無濫觴，高氏之譜庶無愧於子固之言也夫。或者曰：譜有類於史，而微不同於史者，原以揚善而隱惡也。褒美前人，即溢詞何憾，而余曰：否，否。蓋忠孝節義之在人心，乃天地鬼神之亟欲表著而彰明者，所有傳贊不過奉天地鬼神以表其行，而敢有溢美乎哉！况造物所忌者，名也。名不稱實，何恃不恐，則高氏家乘之成帙也，夫豈易焉！今告厥成功，授諸梨棗。覩其所用心，殆與班固、范公、陳壽、歐陽修輩相傳於不朽也，余安能不爲之序！

時康熙甲戌年蒲月上浣之吉，賜進士第、光禄大夫、經筵日講官起居注、禮部尚書加二級、兼管翰林院掌院、詹事府正詹事、教習庶吉士、年家眷弟張英頓首拜撰。

黄氏宗譜叙

甚矣，有家者之不可以無譜也。始事者曰作，繼事者曰修。然修之中有作焉。吾言修者，乃追言作者。夫作家譜者，孝子慈孫之事，非有良史才，家譜未易言也。古今稱良史者，莫如司馬子長。是故史記一書争光日月，世家、年表條貫縷分，而紫陽猶不無微憾焉。噫嘻！作史者之難，悟此可通於作家譜之不易也。紫陽作朱氏家譜成，與綱目全編相表裏。後之作家譜者，咸取裁於考亭。若夫不考源流，不分郡邑，或失則濫，或失則誣，於家譜何取焉！今士大夫家作家譜者，遠引三皇五帝，尚矣。顧世代綿邈，支流難清，須本末洞然，然後作者與修者，各出其才，與膽與骨以應之。不然，譜雖成，徒貽譏於識者。往有琅琊、太原兩王氏者，或訊之曰：『爾琅琊之先爲誰？太原之祖爲誰乎？』其人舌撟，然雙字不能舉，以是知家譜之不可以不作，而作譜者之不可以無史才也。唐太宗命史館修玉牒，房、杜諸公編次隴西氏族，而置帝族居四，帝不少恨。以是知作譜者之不可無才，尤不可無膽。趙韓公阿宋祖意，尊天水於萬姓之上，識者非之。以是知作譜者之不可無才，而尤不可無骨。

黄氏之家譜何如耶？黄之譜始作者爲户郎慎齋公，核其綱領條目，位次井然，可稱有才。其紀地也，不始江夏而始桐城；其探本也，不始陸終而始回甫，可稱有膽。至於春申君歇、潁川守霸、牛醫兒憲、孝子香、理學勉齋翁，譜中略不一引及焉，又可稱有骨。於戲！此在先朝景泰、成化時事也。慎齋公既作始於先，隆慶己巳、崇禎庚午，敏學公、洛陽公復繼修於後。凡兩修矣。朱文公曰：『譜三世一修。』今去崇禎末三世，而參軍畏齋以賚捧過里門，謂諸宗長曰：『譜必待三世始修，此刻舟之見也。吾願未及三世，合三百年之祖宗孫子，若貴若賤、若内若外、若生若卒若葬、若有傳若無傳，諸細大之事，以逮車河、北墩與吾鹿城，其始而合，中而分，終而復合，如江、沱、漢、潛同歸入海，彙成一書，以俟來世。吾不難割俸以授梨棗。顧吾竹林歷行以及諸父、大父輩請有以佐焉。』於時，同野公曰『諾』，爾瑞仲元公曰『諾』。蓋同野公篤行君子，余所稔知；仲元公博雅文人，與余舊好。千頃、千右兄雞壇名士，余向時捧珠盤玉敦以周旋者。是役也，皆出其才，與膽與骨，以光慎齋公。蓋譜局紛紜，諸君子之去留增損，斟酌無失，是之曰才。良楛必分，不稍假恕，是之曰膽。於當世同姓之聞人鉅公，不掇拾其官階名字，是之曰骨。皆有光於慎齋公焉。夫慎齋公作，諸君子一再三修，修之功不在作之下。然則，以修譜者並作譜者可也。譜成，余且樂觀黃氏先後之盛焉。

康熙二十二年歲在癸亥孟夏之旦，賜進士第、通議大夫、禮部侍郎、欽假葬視前日講官起居注、翰林院侍講學士、左春坊左諭德兼翰林院修撰、奉敕纂修孝經、總裁大學衍義、性理注釋、綱鑑、春秋、左傳、史、漢諸書、充丙辰、乙卯廷試掌卷官、領癸丑會試同考、編修加二級、弘文院庶吉士加一級、同里年通家眷弟張英撰。

鹿城黃氏譜四修譜序

甚矣，有家者不可無譜也。譜者，孝子慈孫之事，非良史才未易言修也。古今良史者，莫如司馬子長，故史記一書，争光日月，而紫陽猶不能無憾。紫陽作家譜，與綱目相表裏，後之作譜者咸取裁焉。若不考源流，不分條貫，或失之濫，或失之誣，又何取乎？今士大夫家作譜，往往援引三皇五帝、漢祖唐宗，顧世代綿邈，支派難清，未免貽譏於識者。昔王氏有瑯琊、太原兩派，或譏之曰：『爾瑯琊之祖爲誰，太原之祖爲誰乎？』其人舌撟，隻字不能舉，以是知作譜者之不可無史才也。唐太宗命修玉牒，房、杜諸公編次隴西氏族，而置帝族於後，帝不之罪。趙韓公阿宋祖意，尊趙姓于萬姓之上，識者非之，以是知作譜者，尤不可無學識也。

黄氏之譜始作于户郎慎齋，嚴而核，辨而有體，綱領條目，位次井然。其紀地也，不始江夏而始桐城。其探本也，不始陸終而始回甫。至於春申君歇、潁守霸、名士憲、孝子香、理學勉齋，不一援引，其學識爲何如耶？慎齋作始於景泰、隆慶、成化間，至崇禎庚午，敏學、洛陽繼修之。朱文公曰：『譜三世一修。』今去崇禎未三世，而參軍畏齋以齎捧過里門，謂諸宗長曰：『譜必待三世始修，此刻舟之見也。吾願未及三世，合吾鹿城三百年祖宗遺澤、子孫世系，以逮名屬府州縣，始合漸分之緒，採訪無遺，匯成一書，以貽來世。譬之如水雖分江、沱、潛、漢，其源必統自星宿海雲。』幸其族諸公各出才識，能光大慎齋之業，其於煩瑣之間，去留增損，又斟酌無失。繼述之功，信不在之創作之下，于此可觀黄氏先後之盛焉。

康熙二十二年歲在癸亥孟夏，同里年通家眷弟張英撰。

重修江氏宗譜序

天地間有不朽之事，有不朽之人。然有是事，必待是人；有是人，方能有是事。是二者未始不相需也。昔者草昧初開，勳華首出，而一時佐命立功，禹則平水土，稷則教稼穡，契則明人倫，伯夷則典三禮，臯陶則作五刑，以及夔典樂而龍納言，建地平天成之治。遞乎三代，則禹、湯、文、武立極於上，伊、周、畢、散諸人贊勷於下，開百世文明之化。至於孔子删詩書，定禮樂，成春秋，爲千萬世世道人心之防。迨夫太史公述往事，思來者，成一家之言，藏之名山，傳之其人。嗣是而下，或以道德傳，或以文章著，或以功名顯，無代無之。此皆以不朽之人，而爲不朽之事者也。余當持此以論天下士，而竊有志焉。自成進士，讀書中秘，入直經筵，晉階臺輔，出入鑾臺鳳閣，值今上神聖文武，德教休明，治化大行，中外一統，山陬海隅，莫不向化，惟是調和燮理，翊贊皇猷，借以勒鼎鐘於不朽。

邇者，天子眷顧老臣，賜歸田里，得優遊泉石以自娱，與太平草木賚沾聖朝之雨露，而一切人事之酬應謝不與焉。乃姚甥律元有江氏譜序之請，噫嘻！余之不事此也久矣。雖然，是不無有可異者。子生平志高氣傲，不合時宜，與人落落寡合。今獨爲江氏請將，江氏之子必有過人焉者乎？姚甥進而言曰：『江君諱國士，字廷簡，與甥爲莫逆交。其事親孝，事長弟，處族戚以和，交朋友以信，讀書之暇，其課家戮力耕桑以足衣食，而又輕財好義，濟人之急，扶人之危，以忠厚謙謹重於鄉，不求知於世，而世亦無有能知之者。其先世豫章都昌人也，洪武初遷皖江，由正觀門卜桐之土銅而居焉。世以耕讀爲業，十二傳而至廷簡，守其舊不改，以故人益盛而家益豐。今見族大丁繁，舊譜殘缺，深懼無以承先而啟後，慨然以修譜爲事，手自編寫，生卒必詳，居葬必詳，婚嫁必詳，支分派析，井井有條而不紊，復不惜捐資，以壽之黎棗，將以上明祖德而垂訓於子孫焉。』余聞之欣然喜曰：『是隱居之士也，是篤行之儒也，是仁人孝子之不忘其先者也夫。是之謂有不朽之人而爲不朽之事者乎！』本朝尊尚理學，崇實黜華，而欽頒上諭十六條，首重孝弟，次崇節儉，使天下皆敦本務實。故向有弘詞博學之選，繼有山林隱逸之舉，後必將有孝弟力田之科，則安車蒲輪而入對宣室、奏明光者，必江子其人矣，行將出其學術經濟以輔佐太平，爲國家傳不朽之盛事，豈止於一身一家而已哉！爰濡墨而爲之序。

康熙丁亥年仲秋月，賜進士第、予告光禄大夫、經筵講官、文華殿大學士兼禮部尚書加三級、眷侍生張英撰。

金氏宗譜序

乙酉重九之吉居賜金園，偕二三老人看菊籬下，適有茂才造門請謁，詢之，則金姓卜燕二子也。陳族譜數帙問叙於余，以冠諸首。余閲之良久，因穆然曰：古者有姓而後有氏，有宗而後有族。天子因生賜姓諸侯，以字爲氏，因以爲族，蓋姓廣而氏狹，姓一而氏異也。白虎通曰：宗者，尊也。宗人之所尊以紀理乎族人也。族者，湊也。爲恩愛相流，湊有合聚之義焉。宗其爲始祖，後者百世不遷爲大宗。宗其爲高祖，後者五世則遷爲小宗。自小宗而遷別子爲祖，繼別爲宗，世世相繩，派別支分浩繁，莫可紀極。此家乘之所以不可不修也。特是家乘之修，後世鮮能究其由來。魏、晉、六朝專尚閥閲。齊、梁受命，恥無傳人，爰借先代名臣，自爲光寵。惟李延壽齊梁本紀序次帝系，可稱得古闕文之意焉。唐太宗詔高、岑、令狐諸臣賫天下譜牒，得九百二十三姓爲九等，號世族而退新門。一時攀附爲習，遂撰造源流，侈稱世德，滲漏罔忌，家乘之失真，蓋亦莫甚於此矣。迨宋蘇眉山、歐陽廬陵易家乘之名曰族譜。其釐定譜式，天下後世羣祖述倣傚之。

方今聖天子以孝教臣民，乃有孝經衍義推援古人仁孝之德，以廣敦倫厚俗之誼，而一時閭里族黨皆留心宗族，肆力譜牒，孝思油然以興矣。

金氏自遷桐始祖以來，三百年於兹，兵燹之餘，譜牒不無殘失。今其闕者補之，訛者正之，誠爲善本。聯二枝於一幹，撫合族於同體，其篤宗祊也慎矣。傳記贊像之必列，筆削進退之不苟，其著家聲也茂矣。遊閑務外之必規，孝弟力田之必飭，其詒孫謀也臧矣。且上下源流之統以繫，尊卑長幼之序以辨，詩書簪纓之澤以昭，德行文章之名以著，當不使忠賢孝友之風專美於前也，詎非一時之盛舉，萬世之鉅典也哉！是爲序。

賜進士第、光禄大夫、文華殿大學士、兼禮部尚書加四級、經筵日講官、翰林院掌院學士教習庶吉士、前工部尚書、奉敕纂修武功經略大總裁、禮兵左右侍郎、翰林院學士、供奉内廷講讀學士、左右春坊諭德、癸丑會試同考、翰林院編修、内弘文院庶吉士加二級張英拜書。

雷氏宗譜老叙

善慶流芳者，吾鄉雷氏譜之名也。譜之所載，始自渙公而至於嗣渙公，凡四十一世。嗣渙公昆玉少與予同學，因叙其譜。據圖觀系，吾意是譜也，在雷氏之先作之述之，固不知其歷幾人矣。雖作之述之，而年代之分、支派之别、親疏長幼之等未易編閲，以故嗣渙公似君仲模遊學來，以通家世誼，首出其家譜一牒欲重編之，問序於余。

余曰：修之何如？不過因其所已作已述者校正之，條貫之，明白之而已。有如先之以系，所以概其傳也；後之以紀，所以詳其事也。列世必至於五，而六世起之，則世不亂矣。疏派必盡乎一，而二源嗣之，則派不紊矣。諱字生卒書之而銘記異録，顯晦壽夭書之而行實具載。由是年代之分自分，支派之别自别，親疏長幼之等自等。所謂未易編閲者，今不勞而可閲矣。雖然，雷氏之譜作述於前日非難，而繼承爲難。繼承於今日非難，而悠久爲難。苟修之或懈，所系止於此，所紀止於此，諱字生卒自此無可稽，顯晦壽夭自此無可考，忘本棄基之患，豈細故哉！於戲！爲雷氏子孫者，其有所鑒而究心也夫，其無庸於鑒而究心也夫。

康熙三十六年歲次丁丑孟冬月，賜進士第、光禄大夫、經筵日講起居注官、禮部尚書加一級、兼管翰林院掌院學士、詹事府正教習庶吉士張英撰。

許氏宗譜原序

昔先王封建以來，因地而賜姓。其後，遂各以姓著於國，緒分支垂，累累然貫於通譜者，炳如日星，百世可考也。然則譜之系大矣哉。

按：許，神農之後，而伯夷之裔也。於陶唐時，則有許由以不受堯禪而隱箕山。在周有許男，嘗從大侯征伐會盟，著於春秋。漢興以侯封者六，伯至侯盎、采子侯廉、嚴侯猜、平恩侯廣漢、博望侯舜、樂成侯延壽，而後嗣昌嘗爲宰相，嘉嘗爲大司馬。後漢會稽，有許荊者，循吏也。許慎者，以經術顯。許峻者，爲易林傳於世。許楊者，治鴻隙陂，有德於汝南，汝南之民報祭焉。許靖者，避地交州，後入蜀，先主以爲太傅，與從第劭俱善論人物。劭兄虔亦知名，世稱平輿淵有二龍焉。司馬晉時，有許攻者，東陽人也，德行高，察孝廉不起，老於家。其子曰：『生亦有至性焉。』至後祖高陽者爲最盛，曰據爲魏校尉郡守；子允爲鎮北將軍；允後五世珪，爲旌陽太守；於齊其孫懋篤學以孝聞，卒於梁。爲中庶子曰善心、曰紹，皆有功於唐。紹子圉師寬博有器幹，封平恩侯，與敬宗俱爲龍朔中宰相。敬宗者，善心子也。始以公開郡於高陽。天寶之亂，有孫曰遠，與張巡以睢陽抗賊，久之糧已盡，煮茶紙以食，猶堅守，賊所以不得南向也，卒與偕死者，皆天下豪傑異士云。唐亡，遠孫儒不義朱梁，自雍州入江南，終身不出焉。傳至宋末，徙自容城許昌，後逮豫章。洪武初，諱文五公者，由鄱陽轉遷於桐。

蓋桐邑許氏之始祖也。歷三世，有名御史烏臺，戛戛有聲。厥後明經文學代不乏傳。

洎十一世伊蒿先生，由歲貢舉邳州學博，既升東甌瑞安之左堂兼攝縣篆，靡不嘆其賢且廉焉。今先生雖往，而余恒不忘累世交好。因憶許之先代，或仕，或處，或以德業聞於鄉里，或以經濟著於宗邦，以及孝友勞烈載在史氏，記者難以枚舉，而謹紀其緒傳之顯著，用光於譜牒，且以卜許氏之將興云。

皇清康熙四十七年歲次戊子菊月上浣之吉，賜進士第、光禄大夫、經筵講官、文華殿大學士兼禮部尚書加二級、年家眷弟張英拜撰。

繆山汪氏族譜叙

余以四十年小草，於故鄉山川、人物皆不獲覽其梗概。去年叨荷聖恩，得歸田里，始得涉樅川，望天柱，歷杏花村，過鳳凰橋，而其峙於鳳水之側者，惟繆山最著。余因慨然曰：『昔龍眠山莊以李伯時得名，今繆山之勝不亞龍眠，意必有伯時其人者託迹其間。』未幾，而果得汪氏諸君子與之遊。

汪氏遷桐，蓋三百年所矣，世多茂德，代有傳人。予稽其族氏之所由出，始自成公，有功王室，食采潁州，因稱潁州汪氏。至唐初歙州刺史越國公華，其行事尤彪炳史册，以此知畢萬之家必大，宜其子孫蕃衍，如椒聊之實也。厥後有道生公遷居於桐，以世其族，代有千餘人，皆登古處而重禮義。

一日，汪子必聯、必融輩謁予。余訪諸故老，皆極口道汪子聯、融之賢，與其族人家政之肅，謂其骨肉之恩厚，孝友之行敦，嫡庶之分定，睦婣之誼重。余聞之而起敬、起愛焉。且汪子聯、融，撝謙冲抑，嘗有自下者，因請於余曰：『小子修家譜適成，先生肯以一言弁其首，感荷豈獨在聯、融哉？』余賢汪子聯、融，並賢汪氏之族人，因濡筆而爲之叙，且以告汪氏之子弟曰，家之有譜，猶國之有史也，所以列其世族，詳其本支，俾世世子孫有所稽考，以知祖宗功德之盛，述之賢。故古者鄉舉里選，必核其人之生平與其族黨。汪氏敦古處而重禮義如此，五世其昌。余與汪氏有厚望焉。

汪氏之覽斯譜者，知水源木本之誼，而親親益厚，則汪氏之繼至成公、越國公而起者，可坐視其盛也。桐之人覽汪氏之譜者，咸感於汪氏之敦本睦族，而益勵其孝悌敦篤之行，以效汪氏之所爲，則夫角弓致刺、陰雨興歌者，桐之人無有焉。如是，而汪氏之爲功於倫紀，有關於名教，其嘖嘖稱繆山汪氏者，又豈第如伯時之稱李龍眠已哉！

是爲序。

時康熙癸未年季冬月之吉，賜進士、正議大夫、翰林學士、禮部侍郎、供奉起居注、特旨加三級翰林院侍讀學士、侍講學士、左春坊左諭德兼翰林院修撰、奉敕纂修孝經、總裁注釋春秋、左傳、大學、衍義綱鑑諸書、充丙辰、乙卯廷試掌卷官、領癸丑會試同考、編修加一級、内鴻文院庶吉士加一級、禮部尚書加二級、文華殿大學士同里張英拜撰。

紫陽朱氏譜序

吾桐世族，其由他地遷來者，或由江右，或由新安，數傳後，率輯有譜牒。此尊祖敬宗收族之大義也。吾族自豫章徙桐，先大參公始編譜牒一帙，至先大夫增世紀以後若干卷付諸梓人，予於丙午歲復重修之，不敢忘先人愛族之誼也。自辛巳歸田，而後得與宗老子姓勸侑一堂，陳説祖宗以來懿美軼事，以訓勉後生，暇輒與朋好親戚修舊歡，悦情話，時造朱子志堂之藕塘而遊憩焉。志堂之宗祖峄崖先生，我之所自出先大父中表昆弟也。其先世由新安遷桐，始祖成一公爲徽國文公之六世孫，迄志堂歷十三世矣。志堂孝友禮讓，不愧爲大賢之裔，予甚重之。一日志堂因其族姓日蕃，散而無紀，將舉其峄崖先生所輯世譜增訂而編次之，乞余爲序。余嘉其木本水源之恩，與予有同志也，遂樂爲序之。

康熙戊子年季春吉旦，賜進士出身、誥授光禄大夫、經筵講官，文華殿大學士兼禮部尚書、姻侍生張英拜手書。

高林汪氏宗譜序

族之重有譜者何？曰『尊尊』，曰『親親』，非特誇世胄門閥也。則所以述祖德，厚宗支，而昭垂乎百世者，宜何如敬且慎乎哉？士君子讀書論世，摭古人遺行軼事，猶必表而出之，不令淹没無聞。況自我而上，而考而祖而高、曾以溯之、發祥之。始祖若字、若行、若生年卒葬，以及生平出處之大節，不爲之紀次，一再傳而失其緒，水源木本之謂何矣！且族，猶身也；族之伯叔兄弟，猶身之手足腹心也。手足病則腹心爲之不安，腹心病則手足爲之不暢。無他，勢相屬，情相關也。獨奈何同爲屬毛離裏之人，而情隨世遷，至於服窮親盡，而喜不慶，憂不吊，有無不相賙恤，歲時不相往來耶？仁人孝子，瞿然懼，愀然念，而譜之所由作也。慨古風云邈，人無實行，家無信譜，學士大夫往往矜尚門第；而崛起草莽之夫，或菲薄其祖、父而妄託聖明之後，或援他郡異族之貴顯者以爲觀美，靡然成風而不知愧。嗟乎！有賢人，無賢族，有貴人，無貴族。吾有尊而不知尊，有親而不知親，冒昧攀援，適以誣其先而亂其類，豈不悖哉！

吾桐汪氏，系出越國，自廟榮公遷于桐之高林，世著兹土，代有聞人。其族以孝悌力田爲根本，以詩書忠厚爲貽謀，故歷十餘世而家聲不衰，今子姓蕃衍，雲蒸霞蔚。

壬寅春，汪子魯岑，訪諸從祖太學生培初，起而修之。仿春秋傳信之旨，斷自廟榮公，仿古大宗小宗之制，五世一列，則有世系圖。凡左昭右穆，支分派别者，可按而考也；仿古内宗外宗之義，自祖德壼儀以及諸姑伯姊，則有内外傳。凡嘉言懿行，在人耳目者，可述而誌也。作先壟以記松楸，毋敢忘焉；作家政以昭祖訓，毋敢斁焉。噫！觀汪氏之譜者，而孝悌之心不油然而生矣乎。余與魯岑總角時，訂杍白交，同補博士弟子員，出内翰藍夫子門下。今譜牒既備，魯岑同族長野墩聚族授梓，寓書都門，屬爲之序。考之周禮：小史，奠世系，序昭穆，而掌三族之别，以辨親疏，則宗伯之事也。余備員宗伯，聖天子正嚮意大同之治，則所謂敦睦九族，平章百姓者，與有責焉，敢辭不敏哉！魯岑持此尊親之意，以善族人，豈今日之好，是爲將子子孫孫勿替。引之是計，其與伯叔兄弟實重圖之。

時皇清康熙己巳歲仲秋上澣之吉，賜進士第、通議大夫、經筵講官、禮部左侍郎兼翰林院學士兼管詹事府詹事事、前禮部右侍郎、兵部右侍郎署刑部事、日講官起居注、翰林院掌院學士兼禮部侍郎、教習庶吉士、充纂孝經衍義方略一統志總裁官、翰林院學士兼禮部侍郎、翰林院侍讀學士、侍講學士、左春坊左諭德兼翰林院修撰、翰林院編修加一級、癸丑科會試同考、内宏文院庶吉士加一級、年家眷弟張英頓首拜撰。

黄華許方氏宗譜序

予曾大父大參公以祖姑適方公蒸如，後從父鎮平公亦閑于方，兩家蓋累世姻婭也。方之始祖奉議公來桐，其先爲許氏，卜居於黄華里。黄華爲吾鄉名勝地，其山隆然以峙，其水滈然以清，土深而木茂，淑氣所鍾，賢哲挺生，故二世以人才舉爲太原郡丞，後之舉于鄉、貢於廷者，文學政事，炳炳烺烺，代有名人；而樸者亦皆食舊德，服先疇，悃愊無華。有終身不登邑吏之堂者。其聚族於斯，以耕讀世其家。殆如後漢孔文舉之傳鄭康成，尊其鄉曰『鄭公鄉』，廣其門曰『通德門』云。

方氏舊有宗譜，日久殘缺。國初，乙酉明經四顔公慨然以修葺爲己任。自一世祖奉議公以下，圖系傳紀，釐然具備。自時厥後，族日益大，予友子鄰翁復輯畏齋公之子孫未登譜者，匯成一帙，大書特書，支派燎然，而未授梓。今二公之令嗣江自、圯授，偕從弟幼瞻、嗣伯姪紹文，慮譜牒之散軼失次，相與互參考訂，册繁潤簡，壽之梨棗，成先志也。因予屬世媾，捷從弟子衍，以請序於予。予閲之，見其木本水源之井然有條也，枝分派别之秩然不紊也，紀傳所載，凡達而在朝與隱而在野者，類皆績學力行、樂善不倦，有古君子風。

記曰：『親親，故尊祖；尊祖，故敬宗；敬宗，故收族。』一舉而數善備焉，譜之不可已也如是夫！抑又有感焉：世之高官巨族，未易悉數，始而聲華赫焉，勳業爛焉，然數傳而下，皆已化爲荒丘宿草、孤雲野鶴，存没藐不可問。以視黄華方氏之人文濟濟，敦孝弟力田之家訓，三百年而不替者，孰榮而孰悴耶？行見方氏之子孫，鍾黄華川岳之秀，必有績學而名顯者，于以潤色太平，涵濡雅化，以稱一鄉之望族，豈獨爲家乘光已哉！

康熙四十七年三月既望，賜進士第、予告光禄大夫、經筵講官、文華殿大學士兼禮部尚書加二級、雙谿張英拜撰。

爾玉公傳

爾玉公，人傑也。蚤年奮志雞窗，文園數俊。明崇禎庚辰歲，挾策院試，文武並擢。因賊熾報罷，而公絶不愠，公真人傑也哉！後避亂于龍山阪，太母抱病，公侍湯藥，寢食俱廢。太母去世，公飲痛題詩於壁曰：『仰天泣血空多恨，追入陰司會有期。』題畢，即嘔血而亡。吾故特舉而贊之，以風爲人子者。

爾玉君礪儒行名，雖絀孝真純，慈母殁泣喪生。詩題壁『鮮血傾千載，下來雲仍鑒』。此可悉其生平。

年家姻戚張英拜撰。

題劉氏像跋

世以譜傳，而不能以像傳。以傳者，必其先人勳業著于當時，道德流於一世，乃能留其譜，且留其像也。劉氏之宗，其以德業輝映後先，鳴盛久矣。則若譜若像，自可千百世而不朽。彼其子孫瞻先生之像，讀先人之譜，而不興起仰止之心者，未之有也。

文華殿大學士、同里張英拜題。

塘山公壽序

《傳》曰：『公侯之子孫，必復其始。』蓋言積德累仁，其施澤者久，其獲報者遠也。史傳有虞封伯益爲嬴姓國，伯益二子，大廉後爲秦，若木後爲徐，秦用武勝，徐尚文德。自秦至今，名公鉅人，繼迹史書，徐氏十旺其九。昌黎曰：『天于伯益之緒，非有厚薄，施仁與暴之報異也。』其信然乎？

吾鄉徐姓不一族，其世居城南之花園坂者，則誕之後也。余自通籍以來，宇内高人逸士，既未得盡與之遊，即同里積行君子，德化一家、名重一鄉，野處而不出者，亦未嘗一交其人，私竊憾然。戊申冬，爲先太夫人營葬於高嶺山。自山東行里許，平原沃野，竹木周布，清流環繞，其中廬舍參差，宛然蓬萊方丈，迥非人境。余心異之。土人爲余言曰：『此徐公重臣家也。』詢其爲人，輕財好士，倒屣迎賓，則有如孔北海之尊不空座常滿也。居鄉訓俗，戒遊閒，懲偷薄，則有如王彥方之令人畏其知也。釋訟息争，賑貧周急，則有如魯仲連之排難解紛、范純仁之麥舟相贈也。其督理户事，孤者字之，鰥者娶之，死者葬之，跳梁者馴服之，更有如范氏之義田、蘇氏之族譜，萬石君家之謹厚也。噫嘻！所謂積行君子，化一家而重一鄉者，殆其人乎！余向所恨未與交者，於今忽遇之，因願一至其廬，以得識子孺之後爲幸。是年，服闋入京，不果來。越二十年，天子加惠先大夫，給假歸葬，都人士咸造觀焉，而公高其節，足迹不入城市。余以假滿備員東宫，又不得過其廬而訪也。丁卯秋，公年晉六十，予願以一言爲介，而生平梗概馬太史嚴沖序之已詳。則公之爲人，又無因而交焉矣。

甲戌冬，令嗣衍士謁選都門，其來見余也，升自賓階，儀觀甚偉，與之語，藹然以和。其卑栖枳棘，佐治龍邱。龍邱者，故會稽太末也，偃王遺廟在焉。其功德猶在人心，則今之戴衍者，惡在其不如昔耶！有是父，乃有是子，吾于衍士信公之爲人。木有本，而水有源，吾於公益信偃王之子孫必昌且熾也。

七月既望，公稱七十觴，衍士以書乞言于予。嗟夫！予年六十，其仕宦三十餘年，行將乞休林泉，築廬于先人墓側，與公啣杯酒、話桑麻，優游以樂餘年，若此不可驟得。今衍士賢聲籍籍，擢任京華，公貤封就養，庶幾與予朝夕相見，耆英洛社，我兩人其攜手以從也已。遂以是爲公祝。

康熙丁丑年七月既望，賜進士第、光禄大夫、經筵日講官起居注、禮部尚書加二級、兼管翰林院掌院、詹事府正詹事、教習庶吉士、年家眷弟張英頓首拜撰。

大隱君黄樺岑公六十扶鳩序

黄樺岑公以明年甲子爲杖鄉之年。一日，芥須李先生坐余讀易樓，謂余曰：『明年仲元公六十，公時君官京師，肯寓一言爲公稱觴之助乎？則公之草堂且生色無窮矣，』余笑曰：『介壽者必届期乎？此拘儒之見也。後期者可補頌矣。先期者可豫禱矣。余講於公六十之先一年，操一言以祝公。』

余維古之人，自鄉舉里選之法廢，漢人賢良方正、孝弟力田之科，格而不行。隋唐以來，士子之讀書者，勢不得不由諸生孝廉舉進士，以爲致君澤民之本。其或讀書數十年，爲命數所羈，不能由諸生孝廉登進士，又無望於鄉舉里選之法，賢良方正、孝弟力田之科，阮籍途窮，撫膺曷用？亦惟立德、立功、立言，爲古人三不朽之業而已。請以公之先世言之。蓋立德者，不一而足。而叔度憲爲最，汪汪千頃之波，澄之不清，撓之不濁，當時有見黄某使人鄙吝之，心不萌，此其德爲何如，至今稱之，真堪不朽已！立功者不一而足，而春申君歇、潁川守霸爲最，信陵、平原、孟嘗之列，鳳凰神爵，異鳥之祥，此其功爲何如，至今稱之，真堪不朽已！立言者不一而足，而魯直庭堅爲最，爲蘇子瞻門下士，詩文詞翰與子瞻齊名，手不釋書，嘗曰：『士大夫三日不讀書，便覺面目可憎，語言無味。』旨哉言乎！厥集攸存。此其立言爲何如，至今稱之，真堪不朽已！

公爲此數公之後裔，其立德、立功、立言三不朽之業，較之古人爲曷似耶？生平孝於親，友於兄弟，設扶風之帳，力耕硯田，老叟細兒悉知。公爲賢良方正，然不生漢代，不逢鄉舉里選之時，即比肩閔、顔，何由爲進身之級？少時工制舉業，乃行古文於時文之中，又不得志於有司，無論孝廉進士，即採芹藻，稱諸生，亦如登天然。人以是爲公惜，公亦自惜，而公之砥行至老不更，可稱有德已。覆舉公之先，春申君有功於楚，潁川守有功於炎劉，皆秉機權，擁爵位，故致功不難，公一韋布耳，何處見功？曰蘇老泉以同安簿不必稱，韓稚圭以宰相不必稱，歐陽永叔以少師不必稱，獨其修譜有方，上有功於祖宗，下有功於子姓，爲足稱耳。今黄氏之譜一再三修，至公凡四修矣。縱近遠不憚勞，審異同不避怨，舉條目不辭細微，於宗祖子姓可稱有功已。然則，於立言之旨何如？自舞勺以來，即耽讀書，雪案雨窗，更無停晷，經、史、子、集，靡不沉酣而穿貫焉。至道家佛家，尤所流覽。年來目力小褪，自朝至昏，揮一海南佳，鬖髿蠅頭小字，書所著勿休，有本有源，皆可以行天下、傳後世也，可稱有言已。噫！公之立德、立功、立言，而即有德有功有言如此，古人三不朽之業，公又何多讓焉。

余總角時即知公交公，憶通籍來，在皖上重與公欵洽，行書札問，尚不唾涕棄之，感公之不忘素交，今兹爲來歲之祝，爰誦豳之末章：『稱彼兕觥，萬壽無疆。』公子若孫與之爲無疆焉。

康熙二十二年癸亥初秋，賜進士第、通議大夫、禮部侍郎、欽假葬親前日講官起居注、翰林院侍講學士、左春坊左論德兼翰林院修撰、丙辰、乙卯充廷試掌卷官、領癸丑會試同考、編修加二級、宏文院庶吉士加一級、同里年通家眷弟張英謹撰。

汪老伯母胡太孺人八秩榮壽序

吾桐之西郊，去城六十里曰『雲田』，雲田之阪，地廓而流蜒。余嘗登峰遠眺，蔚蔚岑林，洋洋河澗，意有隱君子居焉，友人言汪子湛斯遷處於此，余不禁低徊想慕云。憶予昔與湛斯游習，其人爽直和雅，胸無纖累，好讀左、史、韓、蘇之文，蓋瀟灑磊落，卓然不羣才也。予與表叔齊秋浦，同江子在湄、周子信臣及汪子湛斯者好會有年，共游於内翰學政藍夫子之門。同氣之求，宛若伯仲。登堂拜母，愉愉猶子誼也。嗣後諸公出處不同，遠近亦異，而余亦棲留京邸，讀書中秘，日以詞賦陪雕輦，未獲與諸君相倡和。而伯母氏之壽而康，亦僅得之傳聞，迅速年光，今九月既望，而壽則已届八秩矣。

伯母霜節，湛秋純孝。英將遣伻歸里，與會友輩，製屏以祝，適秋浦公有書來都門，亟止之，云汪伯母令儀閫範，不勝殫述。今秋壽八旬，山等樂修觴斝之詞，揚頌其德，伯母堅辭。且述其命湛斯之言曰：『自吾爲汝父婦，知汝族遠祖越國遷桐以來，青紫連標，代未有艾。汝祖汝父屢與賓興，未遂厥志以殁，汝亦僅補邑弟子員，未獲顯揚，吾以數十年未亡人，莫遂昌大厥後之望，而于誕辰勞戚友、費屏錦以爲吾祝，心竊愧焉。況今之屏錦亦有不足重者。無論世家，一當翁與母壽，巨富爲屏，貲稍腴者，爲帳金章絢耀，懸于中堂，鼓吹晏賀，竟成習套。子其辭焉，且吾也以巾幗一婦，身經兩朝，幾見搶攘，幾閲流離，二毛黄髮先逝者如縷，吾邀天眷，行年八秩，亦幾幸矣。天之所以待吾者薄也乎哉？厚也！古者積善餘慶，松柏枝茂也，根益宜滋培。今茲正當齋素，誦内則以酬彼蒼，以報罔極，何敢效世俗，徒以春華相悦云爾哉？』伯母之言如是，噫！伯母之賢過人遠矣。晉之陶，周之孟，其媲美乎？英聞其言，高其誼，即以伯母氏之訓子者序之。爰爲之歌曰：

伯母乘鸞下大荒，赤霞紫氣爲天章。生爲百世立綱常，清操嚴節凛冰霜。文子文孫紹書香，婉容愉色侍親旁。盥杖隨來禮法王，長庚遠遠透祥光。彩衣舞袖拜中堂，車騎簇簇擁門牆。青雲仙子奉瑶觴，而期而頤壽無疆。晉陶周孟共流芳，卓乎名節與天長。

時皇清康熙十年辛卯歲菊月穀旦，會姪張英拜撰。

許伊蒿先生傳

伊蒿先生，諱來惠，字綏入，年十二能爲古文辭，二十六歲遊諸生間，食氣廪。時學使者，爲寧晉高公杜河、春光魏公昭華，高目先生錦心綉口，魏亦謂先生爲玉潤珠明。閲數年，彙登鄉進士而先生不受。又二年戊子，以恩貢舉理刑廳，而先生亦復堅辭不受。蓋先生以經綸天下之才，而僅以一氊，安能展其偉抱哉！

余少從先生遊，辱爲忘年之交，城隅過從，晨昏靡間，而齊子古愚師、潘子木厓、先兄西渠及余爲『龍眠五子』，詩義合稿以行於世。當世時，遠峰亭上，勺園堂中，蓋無日不推襟送抱，奇共欣而疑與析也。嗣後余忝侍内廷，遂無復曩時聚首之歡，而先生以周甲之年，亦之官司邳學。然河朔冷署坐十三載，聞先生口不輟於咿唔，手不停於披芟，其鼓舞士子一月兩課，而邳人士向慕誠服，方之爲化蜀之文翁。於戊辰歲復丞東甌之瑞安，又三年即投老歸田，課讀諸兒，江鄉雲物致足樂也。愧余鞅掌勞人，久有山林之想，猶期與先生登龍眠山莊，時時話談，而不意先生巳捐館舍矣。嗚呼！以先生之德之才，不克分猷當宁，蜚聲雞林，厄塞其用，老以儒官，是可爲長太息者也。雖然，吾知天之報先生者不於其身，必於其子孫，承先生後者，若祖裕、祖肇輩，皆儼然丈夫子矣，先生復何憂！

予今退老山林，閉户謝客，一切酬應俱廢。頃令子以家譜成，請予爲傳，故咏毫直書其概如此。

年家眷同學會弟張英拜撰。

惺崖歸公暨配華恭人合葬墓誌銘

余同門友惺崖歸公，自康熙癸卯秋與余同舉於鄉，同出於即墨黄夫子之門，歷今凡四十五年。余兩人交最深。惺崖屢舉會試不第，潦倒公車，困不得意，又以貧故，輒授徒奔走於四方。每至京師，則館於余家，晤對間，余必以第一人許之。屢遭困躓，而余信之益堅。猶記乙酉年與惺崖相見於吳門，時方讀書僧舍，晨夕過從，讀其感懷十章，未免傷於憂憤。余之望於惺崖者方大，不欲以悲歌損其性靈，故作四章以解之，中有『浴日奇姿真寶樹，凌雲仙掌待金莖。』又云：『心緒莫教摇落早，損人懷抱是凄其。』後果以第一人及第，與余同在史館，以行誼彼此相琢劘，蓋數十年如一日。丁卯以病請假歸，余以扈從至吳門，相見慰藉。是時氣體微弱，次年遂殁。南北天涯，涕淚徬徨。又聞其夫人遺孤相繼殄卒，感傷不能自已。以今年十二月合葬華恭人於雙涇口。余與惺崖相知最久，且知之甚深。然則銘惺崖者，余固不敢辭。

按：公諱允肅，字孝儀，號惺崖。歸氏自唐崇敬以後，世有傳人，至宋以罕仁公爲湖州判官，其後遂居常熟之白茆，數傳而裔興公，以崇禎癸未進士，授刑部主事，本年丁艱歸，未仕，以子貴贈儒林郎、修撰，再贈承德郎中。允生子四人，惺崖居四，生而偉秀挺異，負姿明敏，自幼讀書凝然，有以自立。大書『知耻，死必奮』於坐隅。由此至壯而强仕而殁，終身守知耻之學，寶身如執玉，無一行之可訾，無一事之可議，蓋志素定也。惺崖爲文，博大昌明，根極理要，不事雕繪。於六經、子、史之書靡不讀，詩歌典雅，直寫性靈。余尤愛其楷書。故凡倡和之詩與余相贈答者，余家藏之甚富。凡六上公車而家計益貧，館於士大夫家，授徒論文。人尊禮之，多所成就。猶記癸丑年，余在闈中，與諸綏侯聯坐，綏侯得一卷甚快，余亦甚賞其文，以溢額不得售，出闈後數日，惺崖持落卷至余寓中，余見之驚曰：『闈中曾見此文，不知何以被黜！』相與嗟嘆者久之。再閱兩科，而惺崖果以第一人受聖主之知。然後知遲速果有命定也。戊午年歲暮，惺崖館於京師，謂余曰：『余欲於汝家度歲。』余曰：『甚善。』以己未年人日移居余家。家有老僕，於初四日夢室内有神齊集，役從甚多，持一旗曰：『狀元及第。』閱三日，而惺崖至，余心異之。然後知神明之來告，非偶然也。自殿試拔冠多士，士大夫咸慶得人。辛酉奉命典試北闈。先是北闈主試素稱畏途，惺崖惄然憂之。余謂之曰：『士君子立身，止期自身無過，至物論紛囂，安能止人言之謡諑乎！但能秉公持正，毫無私曲，自能不畏人言，幽可以對鬼神，明可以服公論。雖一二從旁媒孽之，必有人焉，起而白其謗，不足憂也。』惺崖入闈，鳩同事者邀言於神，願冰心共矢，勿通關節而徇暮夜之金，勿顧私恩而開朋比之禍，務求實學，不采虚聲，於是實心得士，無一可議，猶有一二不遂其私者，竊懷怨恨，而終不能以摇動衆論。是時司寇魏環谿先生造門言曰：『不圖今日有此盛舉。』且颺言於朝，謗者遂止。是時墨卷中倉卒少批名數二卷，例應參罰，上心知主考無私，悉皆寬恕。由此主眷日隆，點日講起居注官，常參進講，皆皇上知人之明，不由大臣薦拔，惺崖以講筵事關重要，盟心祇慎，精白乃衷，屏絶人事，越宿齋戒，講周易、毛詩，詞舉理達。聖心嘉悅，特點明史總裁，尋由中允、侍講、侍讀、侍講學士、侍讀學士，五年之間晉貳詹尹，與大寮議政，持論不阿。會有顯要欲使之出己門下，惺崖於朝堂公謁外，從不一往。或勸之曰：『第往亦未必無益。』惺崖曰：『彼重人者，業與結納，假有所令，於我能無從乎？從之則失己，不從則爲累滋大。故不往也。』惺崖見理明而持身正，生平知恥之學大率類此。丁卯乞假還里。越二年疾作而歿。嗟乎！惺崖寬厚廣博，與人交極謙和慈惠，而立身行己則卓然不撓。未達而貧，既達而貧如故。從未嘗干人以私，處窮達而一致，性孝友敦睦，家教嚴而恩禮不替，可謂有道君子矣。生於壬午二月，卒於己巳七月。

元配華恭人，壬午舉人汝敏公女，端莊静正，不苟言笑，不御鉛華，不飾羅綺，弱而能勤，貴而能貧，家事無大小，以一身仔肩，不令夫子知，故内顧無憂，而專意以成功名。洎惺崖登於朝，恭人之作勞食淡，亦不異未達時，用能相得益彰，而内外無間言。每語人曰：『前日不得不貧，是余分也；今日可以不貧，而貧是夫子之守也，余豈可以交謫之聲亂其志哉！』嗚呼！賢矣。生於乙酉五月，卒於壬申九月。庚申置妾王氏，丙寅王氏生男萬對，庚午孤兒又殤，遂以長兄蔗園公次子宗敬爲後，宗敬克繼惺崖志，而事恭人孝敬。

銘曰：虞山屹立，東海無垠。吾所仰者，惟此哲人。直諒至友，文學儒臣。精金在熔，良玉無塵。先生之德，庶可比倫。瞻彼幽宅，永固松筠。

平陽府聞喜縣儒學司訓兼署曲沃縣教諭戴公暨文孺人合葬墓誌銘

公諱廷栻，字楓仲，一字維吉，一字補岩，號符公，太原祁人。其先世有成忠者，始自雁門遷祁，鼻祖也。六傳至高祖，例贈通奉大夫、河南布政使巡簡公。公禮，曾祖，敕贈兵科都給事中，應贈通奉大夫、河南布政使，敕授晉階奉訓大夫、直隸大名府别駕。公賓，祖，隆慶辛未進士，累進通奉大夫、兩河承宣布政使。前周歷諫垣，侍經筵，多所獻替，天下皆聞其賢。文太青先生云：『氣節忠勁，可繼包、海二公，洵非虚譽也。』己卯秋九月，持節封永和王，隨奉敕諭，整釐三邊，所至政聲鐵中錚錚，邊人至今悉能道之。光啟公，父，崇禎丁丑進士，歷官户部福建清吏練餉司員外郎。運昌公户部有男子，子二人，公其仲也。戴氏自公禮以來，清白世家矣。

公生負異質，稍長習經生業，目連十行下，博極羣書，尤喜讀《左》、《國》、《史》、《漢》。久之，學日益博，爲文峻健有氣力，而折衷於儒家者言。每屬文立就，克出聖賢意，户部獨奇愛之，曰：『異日繼志，賴有此子。』凡與祖、父交遊，一時名公如京山李尚書維楨、關中趙太保彦、雁門張少保鳳翼、陽城白尚書所知、太原李大中丞成名，過昭餘，主其家，見公髫齡如成人，諸君大稱賞，嘆曰：『積厚流光，神童屹然逸羣矣。』出應童子試，三試皆第一，受知于袁督學使繼咸，亟推許以氣節文章名世。補博士弟子員，屢擢高等，食餼。崇禎癸未季冬，有旨薦舉地方人才，廖給諫國遴薦舉於朝。甲申三月，鼎革，遂寢。

公故衣冠貴胄，宦裔翩翩致足喜，而邊幅口實簡樸如寒士，絲竹裘馬一無所好。喜讀書，寒暑無間，無所不覽，樂道天下之善以傳焉。古今忠臣義士、孝子烈婦，行敦而名不彰者，於公文見之，獨以表微闡幽爲己任。好學不倦，著述滿家，鋟版行世。丹楓閣藏版，海内共知。天下名士，南方多聚于冒巢民水繪園，北方則丹楓閣稱極盛焉。李征君孔德紀實録云：『四方賓旅從之如歸。』傅征君題額云：『仲適集一朝大聲精選，根塵映發，如坐高秋欇欇林也。』即此知丹楓子之學術經濟。尤以刎頸交著者，傅君青主、傅君須男、白君居實、胡君季子、薛君文伯、馬君中宿、李君鳳石、畢君亮四、艾君千子、黄君石齋、馬君君常、閻君古古、顧君寧人、汪君苕文、楊君猶龍、王君山長、施君愚山、宋君牧仲、吴君鹿友、唐君采臣、王君貽上、魏君環谿、馮君大木、田君兼三、朱君小晉、李君孔德、閻君百詩、范君彪西，前後隱逸明公篤信之學，遂定交爲忘年友。

崇禎壬午年，遭母郭孺人之喪，哭泣擗踴，見者憐之。甲申，闖賊之變，京師失守。公在圍城中左右就養，奉户部歸里。高士傅眉贈以詩云：『危患臣兼子，憂虞孝作忠。古人局膽識，學術妙圓融。亂世難愉色，先生不辱躬。疇昔已如此，安排且樂終。插援須白菊，高閣起丹楓。體不膏粱貴，心還筆硯雄。土田兄子讓，財貨友朋通。豈特文章著，猶多國士風。』即事成韻，紀公實録。至康熙六年户部卒，喪葬之儀，盡情盡禮，一如孺人。

後任聞喜縣司訓。三月，應征，賦『讀書深愛陶宏景，人事殊悲庾子山』句，蓋自傷也。或曰楓翁往來多勝國逸民降志求全諸賢，或信然歟。逸仙張天斗雪竹貽楓翁詩：『賞月吟風興素豪，虚心接物自清高。歲寒雲凍埋深雪，節在何妨暫折腰。』楓翁少年游艾千子、袁袁山門，博雅能文，著述甚富，魏環谿、顧亭林謂其古文可接震川。訂刻古書數百種，及名人高士詩文之不能自梓者，刊刻行世。王阮亭題其廬曰『山右龍門。版存丹楓閣，宇宙盡知之。』傅隱君著性史外書目舊俱有版，又有諸子注解、玄釋兩藏精義、續編杜遇（楓仲編杜詩，青主評點）、李詩評點、唐詩評點、霜紅龕詩文集、諸傳奇集，梓而藏之。

簡赴廣文任時，捐己貲重修學宫，糾衆創建尊經閣，有募緣疏載録。東門外有太子寺，李唐僖宗皇嗣，黄巢陷長安，遁山中，證浮屠果者。年遠將廢，公拮据葺，令士民有所瞻仰。見人才不古，咎將誰歸，而嚴教條。與諸生講學明倫，言行而身化之。一時人文蔚起，士風改觀。督學使楊按臨，嘗以理學淵源見推，每講通家聲氣，而略職事崇卑，令署曲沃教諭，到任即修學愛士，士大夫至今稱頌不已。四方人士，探奇問字滿坐，絶不拘牽師生世法，所謂物外風流，聞實傾海内。中丞宋、總藩胡仰慕品學峻絶，忘分下交公。

天性孝弟。其兄早卒，教育遺孤，三姪皆能成立，咸爲庠生者。治家一遵祖父庭訓，衣食皆取之田畝，不屑計子錢。祁志久廢，纂修重刊，繼先志也。周廣文卒於官舍，貧不能歸，賴公始得還里。凡里甲户族有甘苦不均者，務調劑之，使得其平。遇事無難易，而勇於敢爲。爲人排難解紛，往往義形於色。宇宙人人德公，不問識與不識，咸欽慕之。執友傅隱君山橋梓相繼而亡，始終相爲以篤友道。桐鄉寒暑，常通有無，周貧乏，囊中毫無所蓄。四方逸士得公之誘掖者，約有數千。

公生於萬曆戊午九月初九日，卒於康熙辛未四月初六日，受春秋七十有四，學者私謚『文毅』。張子聞之曰『是』。配文孺人，爲諸生世顯女，勤儉謹厚，善事舅姑。郭孺人有手疾，半載衣不解帶，孺人以孝稱。且幼習詩書，識大體，作『繼先清白志』四箴勖子，時論美之。凡廣文學績所著，孺人從容商略，佐於退食者多。嘗訓子『與民興利除弊，勿負我教』。爲孝子永豐令記，豐人望之如望歲，如旱苗之滋膏雨，循良在望，豐人建祠祀之。見諸吉邑内閣學士李侍郎振裕著德政紀事，可考而知也。廣文没於官舍，孺人護柩車歸里，以頭觸棺，絶而復蘇。既而泣囑曰：『爲我留空壙，以待未亡人。』後果因公捐館而感傷，越五月，亦卒于辛未九月初五日，稀壽七十有四。今之合祔，從其志也。男子子一，記，江西吉安府永豐縣知縣，娶明孝廉大賓李中馥女。孫男子一，茂實，由庠生入國子生，娶中馥之孫女、諸生介賓李廉女。曾孫男子一，崑瑜。曾孫女子三，俱幼未聘。

予記奉公與文孺人合葬於麓臺山忠貞顯考之塋，預期而爲。書來京師，請銘於予，其意甚勤。予與公執友也。公在京師，著述日富，毅然以名教爲己任。與予能共梓遺書垂世，全爲世道人心計，相契誠深矣。後赴廣文任，遥相倡和，郵筒往還。自此以後，侍公爲領袖，山川雖阻，聲氣自通，彼此俱忘春秋之高。曾日月之幾何，而遂溘焉作古。聞公凶問，愴然有棄琴之感，予之痛情與日深。其人品學問所目睹者，博雅慷慨，千里誦義，而與友者皆風韻名流、翰墨時望。文著半可集等卷數百種，鋟版行世，書名略紀於後，征諸眾記。特惜其畸人異撰，乃施之不盡其才，壽之不稱其德，位不至於顯，而僅以貢士廣文卒也。天之生斯人也，而命則如斯也。是非予之所能知也，何忍銘公也。雖然，吾兩人相契甚篤，又何忍不銘公也。

銘曰：逸才之猋猋，奇氣之嶤嶤。馬鼠斗牛之間，龍光慘其寥寥。若過昭餘而憑吊焉，此戴子符公之墓也，嗟哉誰之永號！

重建應沙閣案山圍牆記

澤宫者，教化之本。山川者，毓秀之源。凡郡邑人文焕發，偉儒鉅公，項背相望，莫不由司牧者陶淑膠庠，澤之詩書，風之禮樂；而其間萃川岳之精，以人合天，而禎祥叶應者，洵非偶然也。郡伯劉公自戊午剖竹專城，弘濟時艱，斟酌元氣，俾政簡刑清，多歷年所。顧以士習爲民風之倡也，爰進皖之士而課之以文，春弦夏誦，罔有輟焉。進皖之士而敦之以行，三物六行，罔敢斁焉；取皖郡庠之圮者葺之，而無震風淩雨之憂焉。取皖邑庠之敝者更之，而有刻桷丹楹之盛焉。噫嘻！公之爲學校謀者，詳且至矣。乃猶念皖之爲郡，龍山岌嶪，屏列其後，而大江浮浮，吐納萬狀。宜鍾靈序者，指不勝屈。

顧鼎革以來，科名較遜疇昔，毋亦培養者之尚有所缺乎？一旦披覽郡志，知懷庠於有明建所謂應沙閣者，乃應『沙塞雷江』之識而作也。當日閣既成，而劉公〔一〕諱若宰者，臚傳首唱，嗣是巍科接武矣。自乙酉蕩爲劫灰，委於茂草。今廢址空存，何以永符斯識哉？於是，進博士弟子而謂之曰：『余其謀所以新之。』捐俸飭工，兩閲月而告竣，且于黌宫外清理案山舊址，周遭左右置牆百二十餘丈，堅甓花磚，以視縮版登築者，更可爲久。然則玆之巍然翼然，孔曼且碩，原以寓崇道術、育人材之至意，豈第如『喜雨』、『豐樂』之名其亭，特以享成功、揚盛事；而醉翁、竹樓之記，但志風物川原之美，登臨遊觀之娱而已哉？夫人材之盛衰，視教化之興廢，陶淑漸摩之未至，雖休徵瑞兆，亦往往有不可盡恃者。

今公之勖士，其業則詩書羽籥，其旨則仁義道德，而復壯麗其廟貌，崇閎其傑閣，鞏固其垣墉，則澤宮之化日廣，山川之氣倍靈。從此叶應斯識而起者，孰非我公兼三才之道，休養覆育，有以使之而然哉！吾皖人士，日頌公之德，而玆閣其永垂不朽云。

校記

〔一〕公，原缺，據道光懷寧縣誌補。

池州府重修儒學碑記

池之北郭，廟祀夫子宫牆多士者，蓋已二百餘年，土木之工不三十年而輒毁，以故旋圮旋葺。前賢之官於斯地者，各與有勞勩載在冊書，不容泯滅，而要未有若三韓喻公今日建學之盛也。何則？今之時亦大異于昔之時矣，期會簿書日不暇給，非若向之從容就理也。職掌雖具，然不關乎六計，無操約以程也。且軍興旁午，長吏多以峙具茭芻、飭勞鞅掌，非若向之時乘農隙百廢俱修也，無怪乎郡若邑羣委謝後來，而自視蘧廬然矣。

喻公獨謂：『今天子右文至意，正以學宫爲人心根本之地。余亦體上意盡心焉而已。』是以良畫夙具，斷不道謀，竭力捐俸錢而外，間有事於募助，令六邑之有力者助之資，而財可稱任矣。鏟鑿畚鍤，茨絡坊墁，聚百工，非有專官不能朝視而暮考也。於是遴府幕及吏胥之能者，視作登記，纖悉備載，而力可稱任矣。物力有餘，故經費無逗撓、趨作無怠媮。自丁巳冬月經始，至戊午六月爲夫子廟如制，上可建三丈旗，下可容千餘人，蓋堂堂焉可以憑鬼神。廡下周還奂美，兩兩如翼，若啟聖祠，若明倫堂，若文昌祠，皆次第修舉，不遺餘力。戟門外窳地爲泮水，其外爲一坊，顔之曰『泮宫』，公親書之。

英曰：『喻公知爲政之要矣。』夫士民之秀也，規其地宜則易化，示之儀象則易從。昔文翁治蜀以教化，而蜀中諸生比于鄒魯，一時有長卿、淵雲之屬蔚起焉。宗澤官龍遊，興庠序，延師儒而擢科者相繼，彼其民皆未知學也。矧公乘昌時、視形勝而臨訓誨之，有不追美於曩日者哉。夫以科目定人才，非通論也。顧士不由之，無由自見。如靖難之陳公、黄公，皆是也。余聞公於兩公祠宇，皆加意營造。公之所以勖池人士者深矣，僅科名云乎哉？或曰：『學之役，不自公爲郡始也。』公以建德令遷監郡，即謀之于前太守周公、江防祝公，洎六邑之令長，而身任其事者，公也。公之功懋哉。余曰：『唯唯。』

于時，學博吴門陸君德元、京口包君斌屬余同籍章孝廉書以屬余，余乃爲之記。公諱成龍，號武公，金州人。周公諱夢熊，號公望，恒山人。祝公諱萬祉，號介庵，遼東人。别駕田公，諱庶，號牧園，大興人。貴池令劉公，諱光美；青陽令吴公，諱國柱；銅陵令裴公，諱國熙；石埭令姚公，諱子莊；建德令張公，諱登進；東流令鄭公，諱國印。督工經歷陳君肇復。例得並書。

歸節母陳太君松筠教子圖記

松筠教子圖者，莪庵歸先生以松筠名其堂，並繪圖而傳諸後人者也。莪庵世籍長洲。王大父澗楠先生與震川先生爲雁行。先生生八月，尊人章甫先生即世，母陳太君飲冰茹蘖，備極難苦，撫其孤以成立。莪庵幼遵母訓，砥行力學，弱冠受知於長邑鶴沙牛公，益自策勵，思有以表揚母氏大節。牛公知莪庵文行卓然，俱由母氏教訓所成，倍器重焉。遂表其額曰『抗節松筠』。莪庵以松筠名其堂，志不忘也。

虞山惺崖公爲莪庵從弟，癸卯歲與余同登鄉薦，交深言密，時述莪庵之文行，足爲當世楷模，心乎仰止者甚久。己酉歲余遊吴下，與惺崖一登松筠草堂，慨然想見歸母之清節，不勝敬慕，至是始得親炙莪庵之爲人，德容道貌，藹若春風，對之塵氛盡滌，有相見恨晚之嘆，益信惺崖之言爲不誣也。乙丑歲長君胥臣公車北上，隨叔氏惺崖同過荒署，即出里中詩文一帙示余，讀之，皆節母陳太君受聖朝旌典建坊，賢士大夫交相頌述之作，完節純孝，世稱盛焉。丁丑歲臘莪庵考終，余匏繫京師，未能爲之執紼。今秋仲胥臣郵寄松筠教子圖，囑余爲記，披圖展觀，不勝有感，曰：名節之關乎世風也大矣！臣非節無以報君，子非節無以報親，婦非節無以報夫。節也者，天地之正氣，名教之大防，不朽之業，孰不在是！歸母陳太君能以節自持，上報其夫，下保其孤，邀聖天子之寵光，歷世而名愈著，奕祀子孫，什襲此圖，歲時瞻仰，凛然有以見太母之貞操，儼與松筠抗節，豈獨教莪庵哉！世世子孫胥訓之矣。遂叙次以爲之記。

戴氏宗譜序

余少與戴公孔曼同見知於學使藍公，因得與孔曼交，朋從講習，嘉言懿行，皆可師法。每聞孔曼道其先世事最悉，蓋戴氏之積累醖釀已久，而淵源家學有自來也。厥後余居館閣數十年，歲丁卯貢諸生，入太學。孔曼長公田有至京師，以才名冠江南，京師貴公鉅卿，無不敬禮田有。余以鄉戚故，延至家課子廷璐等，因又悉田有之品與學，一本諸孔曼。每與論先世軼事，一如孔曼之傳述無差，則戴氏一門，其積累醖釀已久，而餘慶發祥，子孫之蕃昌勃茂，如田有之名壓一時，必有不爽其報者。田有留太學十數年，屢躓場屋，至乙酉始魁北闈。時余已予告歸里，然聞田有之捷，未嘗不嘆息戴氏之世德與孔曼之有子，而爲之稱快不置也。田有之叔祖五周，亦以文行名鄉里，余姪孫若袒輩，俱從游其門，一旦謝去曰：『吾不以衣食故，而廢厥大事也。』衆訊其故，曰：『吾家譜帙廢軼，往往春秋登丘墓，與族人相拜揖，問其名字，有不知其爲誰何人之子。家人一體之意，幾幾乎等於途人，揆諸古敦本睦族之風，駸駸乎息矣，是豈可以訓乎？總由世係不明，昭穆失次，無所考稽，浸尋忽略，以至此也。因私心自誓，急爲修輯，不敢一日緩而怠乃事也。』余聞五周之言，而益知戴氏子孫之多賢人。道莫大於親親，蘇子叙其家譜曰：『讀是譜者，孝弟之心，可以油然而生。』戴氏以孝弟世其家，而其子孫益以孝弟風示一門，則田有、五周輩，可不謂戴氏之偉人耶？

聞戴氏爲宋戴公之後，分派於江南婺源。明洪武遷支於吾桐，其始祖勝二公葬於東郭之倉前，遂相沿曰「倉前戴」。自勝二公以下，分爲三支，凡十四世。其書牒分爲三卷，一彷歐陽家法，源流分合，(燎)[瞭]如指掌，余不盡述。蓋余於戴之先世，一知於孔曼，再知於田有，今讀其家譜，而兩君子之言，宛然記憶，則叙戴氏之譜者，捨予其誰屬也？予又深美五周之能以獨力任公事，而以孝弟之心風示一門，則戴氏之隆隆而起者，又不獨在田有已也。是爲序。

康熙丁亥仲冬之吉，賜進士第、予告光禄大夫、經筵講官、文華殿大學士兼禮部尚書、加二級，同里張英頓首拜撰。

餞送歸愓崖孝廉之荏平姚文焱首唱得東字韻和作一首以誌别感

蘇門秋老送征鴻，暫許追歡此夕同。
落魄尊前傷久客，賦詩都下動羣公。
幽棲偶寄荏山畔，故國猶懸泰岱東。
斯地馬周曾晚遇，憑君吟眺夕陽中。

南書房記注

康熙十六年

十二月

十七日

上命日講官起居注、翰林院侍講學士、支正四品俸臣張英，内閣撰文中書、支正六品俸臣高士奇於南書房侍從。

辰時，上召臣英、臣士奇至懋勤殿。諭曰：『朕於書經、四書講讀已久，常於宫中復誦，大義皆能曉暢（朱筆將『暢』删去，於『曉』前加『略』字）。但聖賢義理無窮，今更欲細加討論。』臣英等奏曰：『皇上聖學高深，經書義理貫徹精熟，猶孜孜講論不已，真古帝王遜志典學之盛心也。』上因親講大學聖經至右傳之六章，闡發義藴詳備精微，臣等恭聽，不勝欣幸之至。

未時，上召臣英至懋勤殿。諭曰：『通鑒備古今法戒，朕向已覽過。朱子綱目託始於周威烈王，而綱目前編肇自伏羲。今講閲通鑒，必始於五帝，方有源委。』臣英奏曰：『誠如聖諭。』上因閲通鑒綱目前編，自伏羲帝紀至黃帝紀共三十三條。

酉時，上召臣士奇至懋勤殿。上正翻閱唐詩，因諭曰：『杜詩對仗精嚴，李詩風致流麗，誠爲唐詩絶調。』臣士奇奏曰：『誠如聖諭。』

是日，於常餐外，賜御前肴饌、果品各一次，鮮梟三隻。臣英等謝恩退。

十八日

辰時，上召臣英至懋勤殿。上親復誦大學聖經至右傳之六章，臣英恭聽畢，奏曰：『皇上於四書精熟已極，頃刻誦千言，臣從來目所未睹，良由天亶聰明，而又加以時敏之功也。』上復親講所謂『修身』章起，至右傳之九章止。

巳時，上召臣士奇至懋勤殿。上正臨摹草書，臣士奇得侍觀宸翰，因奏曰：『皇上運筆圓勁縱横，深得古人之意。』上曰：『朕朝夕臨摹，常恐未合古法耳。』

未時，上召臣英至懋勤殿。上閲通鑒綱目前編黃帝紀三條。

時懋勤殿有古幹梅花，發紅白二種，臣英、臣士奇各恭賦七言律詩一章，進呈御覽。

是日，賜上用毫筆三十枝，於常餐外，賜御前肴饌、果品各一次。

十九日

辰時，上召臣英至懋勤殿。上親復誦所謂『修身』章起，至右傳之九章止，復誦所謂『平天下』一章。上曰：『大學一書，言明德新民，誠修己治人之要道也。千古君道之隆，莫過於堯、舜。觀克明峻德，以親九族，平章百姓，協和萬邦，此正大學修身教家、由家及國、由國及天下之理。然必己德既明，而後可推以及人，故大學以慎德爲本。』臣英對曰：『誠如聖諭。所以先儒有言大學者，治天下之律令格式也。内聖外王不出於此。又細觀全書中，大約歸重好惡，如惡惡臭，如好好色，是誠意莫切於好惡也。好而知其惡，惡而知其美，是齊家莫切於好惡也；民之所好好之，民之所惡惡之，是治天下莫切於好惡也；惟仁者能愛人，能惡人，是好惡之得者也；好人之所惡，惡人之所好，是好惡之失者也。反復申明，皆是此意。』上曰：『好惡所系誠重，宜乎諄切言之也。』上又問曰：『經權之義若何？』臣英對曰：『古人有言反經合道謂之權。』上曰：『此言昔人已有論其非者，天下止有一經常不易之理，權衡輕重，隨時斟酌，而不失乎經常之理。此即所謂權也，豈有反經而可以行權者乎！』臣英對曰：『皇上此言真千古不易之論也。』

未時，上召臣英至懋勤殿。上親講所謂『平天下』一章，復閱通鑒綱目前編黄帝紀至顓項帝紀共二十條。

申時，上召臣英至懋勤殿。上閱通鑒前編顓〔項〕帝紀至唐堯帝紀共十一條，至『慶都感赤龍之祥，孕十有四月生堯』，上曰：『此等事，先儒常疑之。正孟子所謂「盡信書，不如無書」之義也。蓋聖人不語怪，以垂戒於世，而後人猶有矯誣上天、侈言祥瑞之事，況敢從而啟之乎？』臣英對曰：『聖言真得古人立教範世之意。讀書必具此識，然後不至於拘泥也。』

二十日

辰時，上召臣英至懋勤殿。上親復誦所謂『平天下』一章。

巳時，上召臣英至懋勤殿。上閱通鑒綱目前編唐堯帝紀十條。

未時，上召臣士奇至懋勤殿。諭曰：『朕於經史之暇時閱唐詩。前代帝王，惟唐太宗詩律高華，朕亦常于宫中即景命題，以涵泳性情。』（朱筆：但恐古人之意深遠，未能即得。）臣士奇奏曰：『從來政治文翰難以相兼，今皇上勤民聽政，日理萬機，又於經史詞翰無不究心，誠前代之罕見也。』

二十一日

上召臣英、臣士奇至懋勤殿。上親復誦大學全部。臣英等恭聽，知皇上聖學精深，於經書一字不忘，真度越古今之盛事矣。上閱通鑒前編唐堯帝紀七條，閱至『鯀治水』節，上曰：『前代治河，皆以爲宜疏决而放之海，則永無河患。但今運道自淮以北，必由黄河一百八十里而後達於運河，與古形勢不同，則古説亦何可盡行也。』臣英對曰：『前代治河，但除其患，今運道攸關，並資其利，故治之爲尤難耳。』上閱至『程子論四凶』一條，因曰：『論才，則必以德爲本。故德勝才，謂之君子；才勝德，謂之小人。司馬光曾有此語。』臣英等對曰：『誠如聖諭。』

巳時，上召臣英至懋勤殿。上親講中庸『天命之謂性』起，至『子曰：「天下國家可均也」』節止。因閱講章至『隱惡揚善』句，上曰：『寬宏容納，正所以開敢言之路，而使人得盡其言，舜之大智全在於此。』臣英對曰：『誠如聖諭。』

午時，上賜觀内府珍藏王羲之真迹三軸，懷素真迹二軸，顔真卿真迹二軸，蘇軾真迹二軸，蔡襄真迹一軸，黄庭堅真迹一軸，米黻〔芾〕真迹一軸，朱熹真迹一軸，趙孟頫真迹二軸，周文矩畫、董其昌字共一軸，宋初搨淳化閣帖全部。臣等恭睹天府希世之寶，滿目琳琅，見所罕見，真千載之奇遇也。

二十二日

辰時，上召臣英至懋勤殿。上親復誦『天命之謂性』起，至『天下國家可均也』章止。

午時，上召臣至懋勤殿。上親講『子路問强』章起，至『君子之道，辟如行遠』章止。上講『君子之道，費而隱』章畢，因命臣英敷陳此章大義。臣英對曰：『此章言匹夫匹婦之知能，聖人天地之不能，盡皆所以見道之費。蓋中庸之道，近言之則不外子臣弟友之間，廣言之則貫於天地鬼神之際，極平淡却極神奇，極高遠又極切實，然其所以然之故最隱而難知，故説費而隱。』上曰：『上天之載，無聲無臭，中庸引此語結之，正此意也。』臣英對曰：『聖言深得中庸首尾一貫之理。』上講『君子之道，辟如遠行』章畢，臣英奏曰：『此正孔子所謂「下學上達」之意也。』上曰：『從來有生知，有學知，有困知，而及其成功則一，未有下學既久而不可以上達者。誠者天道，誠之者人道，理本一致，義亦如此。』臣英對曰：『誠如聖諭。』上又曰：『功夫固不可躐等而進，尤不可半途而止。爲山九仞，功虧一簣。此正謂半途而廢者也。』臣英對曰：『皇上所言此二端，爲學功夫盡在是矣。』

酉時，上召臣士奇至懋勤殿。上閲唐詩十首。

二十三日

辰時，上召臣英至懋勤殿。上親復誦『子路問强』章起，至『君子之道，辟如行遠』章止。

午時，上召臣士奇至懋勤殿。上臨摹王羲之樂毅論小楷。臣士奇奏曰：『昔人論書謂右軍樂毅論有端人正士之概。今皇上臨摹，備得其神采，非尋常摹仿形似者所可及也。』

未時，上召臣英至懋勤殿。上親講『子曰：「鬼神之爲德」』章起，至『武王、周公，其達孝矣乎』章止。講畢，臣英奏曰：『中庸在四書中，道理最爲精微。皇上所講，貫徹無比。』上曰：『性理一書，其原亦出於此。朕嘗閱性理大全，其文乃宋人之言，較之中庸猶爲易曉。』臣英對曰：『誠如聖諭。』

是日，上命侍衛傳諭臣英、臣士奇曰：『爾等朝夕侍從，今賜爾等書經大全、四書集注、文獻通考等書。』臣英、臣士奇跪領，奏曰：『臣等弇陋愚魯，學問淺薄，侍從左右，未能報效涓埃，蒙恩賜内府秘書，每卷首皆有御璽，臣等恭奉爲子孫世世之寶。侍從之暇，當潛心翻閱，冀少有寸進，以仰副皇上高厚至意。謹奏。謝恩。』奉旨於懋勤殿行禮。

申時，上召臣英至懋勤殿。上閱通鑑綱目前編唐堯帝紀一條。

二十四日

辰時，上召臣英至懋勤殿。上親復誦『子曰：「鬼神之爲德」』章起，至『子曰：「武王、周公，其達孝矣乎」』章止。

午時，上召臣英至懋勤殿。上親講『哀公問政』一章，講至『仁者，人也』節。上曰：『孟子所謂「仁也者，人也」，亦即此意。孟子一書，言仁義最爲親切，最爲詳盡，爲功於後學不淺。』臣英對曰：『誠如聖諭。』講全章畢，上曰：『此章廣大精微，可謂悉備。』臣英對曰：『此章在中庸中條緒最爲繁多，皇上所講，前後貫徹，深得聖賢之精義。』

未時，上召臣士奇至養心殿。上宸翰金書御制元旦進衣太皇太后前表文，命臣士奇侍觀，因奏曰：『皇上楷書深得樂毅論兼黃庭經筆法。』上曰：『朕向來作書，若一字結構未妥，必連書數十字，然後取古人法帖證之，豁（朱筆改爲『偶』）然有（朱筆改爲『少』）會。』臣士奇對曰：『皇上讀書作字，惟常自見不足，所以益造精深，正古人日新不已之意也。』

二十五日

辰時，上召臣英至懋勤殿。上親復誦『哀公問政』一章。

巳時，上召臣士奇至養心殿。上宸翰親書表文畢，臣士奇奏曰：『皇上天性仁孝，于太皇太后前致盡誠敬，故御書更與平日不同，真足垂訓萬世，不獨宸翰可寶也。』臣英復蒙恩賜觀，謹奏曰：『皇上楷法媲美鍾、王，真超越前古。太皇太后德福之尊隆，皇上孝敬之純篤，皆於此可見。臣英得睹天章鴻寶，曷勝忻忭。』

申時，上召臣英至懋勤殿。上親講『自誠明謂之性』章起，至『大哉！聖人之道』章止。講至『其次致曲』章，上曰：『由致曲而到于至誠能化，豈易言哉！』臣英對曰：『上章所謂至誠，即堯舜性之之聖也。當日于變時雍，四方風動，便是贊化育參天地功業。此章所謂致曲，即湯、武反之之聖也。成湯之九圍式化，武王之垂拱而治，亦已到至誠能化地位。所謂先聖後聖，其揆一也。』講至『故至誠無息』句，上曰：『此即易所言「天行健，君子以自强不息」之意。』臣英對曰：『誠如聖諭。』

酉時，上召臣士奇至懋勤殿。上閱唐詩七首。

二十六日

辰時，上召臣士奇至懋勤殿。上親復誦『自誠明謂之性』章起，至『大哉！聖人之道』章止。

午時，上召臣英至懋勤殿。上親講『子曰：「愚而好自用」』章起，至『詩曰：「衣錦尚絅」』章止。上曰：『此數章言至誠至聖、贊化育參天地，制度考文之盛，聲名洋溢之遠，可謂費矣。而究竟則上天之載無聲無臭，何其隱也。中庸之旨，大約不外于費隱。』臣英對曰：『誠如聖諭。中庸説至誠功業至三十二章神聖功化，無以復加矣。恐人馳騖高遠，故「衣錦尚絅」章，又從下學立心之始，示人以入德之門，而造乎其極，則至於篤恭而天下平，無異道也。』上曰：『行遠自邇，登高自卑，意正如此。』臣英奏曰：『性與天道，當日聖門如子貢猶以爲不可得聞，而子思獨闡明其旨，故其言天人處，洪纖悉備。皇上於微言奥義發揮無遺，知聖學所得者深矣！』

酉時，上召臣士奇至懋勤殿。上親閱唐詩六首。

二十七日

辰時，上召臣英至懋勤殿。上親復誦『子曰：「愚而好自用」』章起，至『詩曰：「衣錦尚絅」』

章止。臣英奏曰：『皇上勤於典學，數日内將大學、中庸全部講解復誦數次，恐勞聖躬。』上曰：『朕于宫中每日如此，未嘗自以爲勞。』臣英對曰：『皇上聖心篤好，遂不自覺其勞耳。』

未時，上召臣士奇至懋勤殿。上以御制咏雪七言絶句詩一首、景山看雪五言絶句詩一首示臣士奇，因奏曰：『臣得恭睹聖制二章，氣象宏偉，詞語高華，深得帝王立言之體，即偶然詞翰，可以仰觀聖度矣。』

申時，上閲唐詩六首。是日，上賜臣英猞狸猻外套一件、狐腋外套一件、羔裘一件，臣士奇猞狸猻外套一件。

二十八日

辰時，上召臣英、臣士奇至懋勤殿。上親復誦中庸全部。俄頃誦畢三十三章，自首至尾一字不遺。臣等恭聽，因知天亶聰明原自超越，而聖功純熟更異尋常也。

申時，上召臣士奇至懋勤殿。上閲唐詩七首。

三十日

酉時，上命臣英、臣士奇於養心殿侍宴，恭紀七言律詩各一章，進呈御覽。

康熙十七年

正　月

初一日

上召臣英、臣士奇於養心殿侍宴，各恭紀七言律詩應制。

十五日

賜宴於南書房，各恭紀五言律詩應制。

十六日

臣英、臣士奇觀鼇山燈於養心殿，各賦七言律詩二章進呈。

二十三日

上以御制詩十章賜觀，臣英、臣士奇謹奏曰：『臣等恭睹皇上聖制，命意高超，修詞宏麗，有包羅八荒、函蓋一世之象，不獨詩法精工，度越今古也。』因各恭紀七言詩四首，進呈御覽。

二十八日

巳時，上召臣英至懋勤殿。上親講書經堯典『曰若稽古帝堯』四章。

二十九日

巳時，上召臣英至懋勤殿。上親復誦堯典『曰若稽古帝堯』四節，又親講『申命羲叔』四節。未時，上召臣士奇至懋勤殿。上閱唐詩。

二月

初一日

辰時，上召臣英至懋勤殿。上親復誦『申命羲叔』四節，又親講『帝曰：「疇，咨，若時登庸」』四節。

初二日

辰時，上召臣英至懋勤殿。上親復誦『帝曰：「疇，咨，若時登庸」』四節。上曰：『書經曾於往年講讀，今非不可多誦，因欲細閱講章，期於通曉，未可率略看過耳』。臣英對曰：『誠如聖諭，尚書乃二帝三王傳心之要典，皇上誦讀必期精熟，講論必字字辨析，真足見聖學之大矣。』

初三日

辰時，上召臣英至懋勤殿。上親復誦堯典全篇，又親講舜典『曰若稽古帝舜』四節。

初四日

辰時，上召臣英至懋勤殿。上親復誦『曰若稽古帝舜』四節，又親講『在璿璣玉衡』四節。

初五日

巳時，上召臣英至懋勤殿。上親復誦『在璿璣玉衡』四節，上曰：『前代所造渾天儀未嘗不善，但世久法湮，交食錯亂，不能枚舉。朕曾講究古法新法，故知其概。古法推算冬至及日月交食，多用積數，因數多奇零，盈縮虛實之難明，不能合於天；新法多用餘數及濛氣差之數，又驗之於測景，故較之古法，僅能與天象相合』。臣英對曰：『漢唐交食，常多不驗，至有晦日日食之事。惟本朝曆法，交食毫無差爽，可謂至密。皇上留心於此，所言皆極精微，益見聖學淵廣，尤得「欽若昊天」、「敬授人時」之意也』。上親講『肇十有二州』四節。

初六日

巳時，上召臣英至懋勤殿。上親復誦『肇十有二州』四節。

初七日

巳時，上召臣英至懋勤殿。上親講『二十有八載』五節。

初八日

巳時，上召臣英至懋勤殿。上親復誦『二十有八載』五節，又閱講章至『詢於四岳』節，有『好問好察，乃大知之本』語。上曰：『咨詢固宜廣攬，而衆好之必察焉，衆惡之必察焉，又不可不詳加審辨也。』臣英對曰：『誠如聖諭。』上又曰：『朕自八歲即篤好讀書，至今更覺旨趣無窮。甚矣，書之不可不讀也。』臣英奏曰：『前代帝王讀書，經筵、日講間時舉行，僅成故事。皇上聖學勤敏，極意精研，經筵、日講既已寒暑無間，深宮之中，手不釋卷，誦讀討論，每至夜分，求之書史，誠所罕睹。臣得侍從左右，曷勝忻幸。』上又親講『棄，黎民阻饑』四節。

初九日

巳時，上召臣英至懋勤殿。上復誦『黎民阻饑』四節，又親講『帝曰：「疇若予上下草木鳥獸」』三節。

初十日

巳時，上召臣英至懋勤殿。上親復誦『帝曰：「疇若予上下草木鳥獸」』三節。

十二日

巳時，上召臣英至懋勤殿。上復誦『二十有八載』十二節，又親講『帝曰：「龍，朕堲讒説殄行」』四節，又親講大禹謨『曰：「若稽古大禹」』四節。

十三日

巳時，上召臣英至懋勤殿。上復誦『曰：「若稽古大禹」』四節。

十七日

巳時，上召臣英至懋勤殿。上諭曰：『因目偶恙，今已大愈，當仍前講誦。』因親講『禹曰：「惠迪吉」』三節。

十八日

巳時，上召臣英至懋勤殿。上復誦『禹曰：「惠迪吉」』三節。

十九日

巳時，上召臣英至懋勤殿。上復誦『帝曰：「龍，朕堲讒説殄行」』十一節。午時，臣士奇恭捧御制世祖章皇帝御筆大字後跋語，至南書房賜觀。時侍讀學士臣葉方藹奉召在内，同諸臣敬觀，臣方藹等奏曰：『伏睹御制跋文，簡練高古，真典謨之筆，一字不可增減，顯揚世祖章皇帝聖德聖學，孝思不忘，垂之萬世，作述同光。臣等躬逢盛事，欣慶無比。』未時，上召臣士奇至懋勤殿。上曰：『朕觀唐人詩，命意高遠，用事清新，吟咏再三，意味不窮。近代人詩雖工，然英華外露，終乏唐人深厚雄渾之氣。』臣士奇對曰：『唐人集中，氣格神采多有兼備者，近代如何景明、李夢陽諸人，俱有詩名，讀其全集，終覺易於窺測。皇上鑒别精確，誠篤論也。』

二十日

巳時，上召臣英至懋勤殿。上親講『帝曰：「俞，地平天成」』四節。上講至『刑期於無』句，因曰：『古來任人而不任法，故常原情輕重，未嘗膠於一定，所以宥過無大，刑故無小，後世人情巧僞日滋，輕重大小，不得不斷之一定之法，此亦勢之不得已也。』臣英對曰：『後世法有一定，所以使人不得任情高下，以防法吏之私，但亦須人與法相輔而行，然後能施法中之仁，而得古帝王欽恤之意也。』

二十一日

巳時，上召臣英至懋勤殿。上復誦『帝曰：「俞，地平天成」』四節，又親講『臯陶曰：「帝德罔愆」』三節。上曰：『「帝德罔愆」一節，朕常涵泳理會，其贊帝舜如天之仁，該括已盡。如「與其殺不辜，寧失不經」二語，覺聖人慈愛惻怛之意，千載如見。』臣英對曰：『此一節書正是聖人與天地合德處。蓋天地以生物爲德，聖人以體天爲心，皇上涵泳此數語，便是仰契天心，上符古聖也。』

二十二日

巳時，上召臣英至懋勤殿。上復誦『臯陶曰：帝德罔愆』三節，親講『人心惟危』三節。

二十三日

巳時，上召臣英至懋勤殿。上復誦『人心惟危』三節。

二十四日

巳時，上召臣英至懋勤殿。上復誦『帝曰：「俞，地平天成」』十節，親講『禹曰：「枚卜功臣」』四節。

二十五日

巳時，上召臣英至懋勤殿。上復誦『「禹曰：枚卜功臣」』四節。

閏三月

初一日

辰時，臣英於内侍前轉奏曰：『臣一月以來侍從皇上左右，伏睹聖衷因大行皇后之喪，哀悼勤勞已極，臣心憂惶，五中如刺，伏願皇上自節哀勞，調理聖躬。臣不勝拳切。』隨傳諭曰：『爾言是，朕已知之。』

四　月

初一日

辰時，上召臣英至懋勤殿。上復誦『禹曰：「俞哉！帝，光天之下」』二節，親講『夔曰：戛擊鳴球』三節。

午時，上召臣英至懋勤殿。上閱古文一卷，因閱至論守令篇，上曰：『廉吏之風，何近代之難也。』臣英奏曰：『廉生於儉，人於居處服飾，事事侈靡，用之無節，則取之安能有道？雖欲廉而勢有所不能。古人云：其惟廉士寡欲易足。由此觀之，則寡欲，正廉之本也。然欲人崇儉，又以風俗爲本，俗尚既侈，則轉相效慕，中才之人，罕能自立，雖欲儉而又勢有所不能也。』上曰：『儉以成廉，侈以致貪，此誠理勢之必然耳。』

初二日

辰時，上召臣英至懋勤殿。上復誦『夔曰：戛擊鳴球』三節。

申時，上召臣士奇至懋勤殿。上閱古文一卷，至論慎刑篇，上曰：『國家刑法之制，原非得已，然懲警奸匿，又不可無。朕每於刑法，必反復詳慎，期於至當，未嘗一事有所輕忽。』臣士奇奏曰：『皇上秉天地好生之心，民知慕化，年來秋決不過數人，幾致刑措，近復特命更定律例，斟酌損益，誠爲萬世成憲。』上曰：『現行律例尚慮過嚴，全在臨時審察得宜也。』

初四日

辰時，上召臣英至懋勤殿。上復誦『禹曰：「俞哉！帝，光天之下」』五節，親講禹貢『禹敷土』十一節。

巳時，上召臣士奇至懋勤殿。上閱古文一卷，至論納諫篇，上曰：『人臣進言，固當直切無隱；人君納諫，尤當虚懷悦從。若勉聽其言，後復厭棄其人，則人懷顧忌，不敢盡言矣。朕每閲唐太宗、魏征之事，嘆君臣遇合之際，千古爲難。魏征對太宗之言：「臣願爲良臣，毋爲忠臣」。朕嘗思忠良原無二理，惟在人君善處之，以成其始終耳。』臣士奇奏：『皇上至德弘深，無微不鑒，爲臣者自當竭匪躬之節，仰報聖衷，以成都俞吁咈之治也。』上閱至『治河』一條，曰：『朕每有巡幸，即留心訪察民間利弊、政治得失，如河工一事，屢年衝決，雖由水勢泛濫，亦間有不肖小吏利於興工，往往爲此旋修旋決，遂成河患，若竟聽之入海，則運道淤塞不通。近簡命河臣董理，辨其水勢，疏其故道，嚴察下吏，重其考成，果能實心行之，庶或一勞永逸。』臣士奇奏曰：『皇上勵精圖治，規畫詳盡，務使天下永受其益，即治河一事可見矣。』

酉時，上召臣士奇至懋勤殿。上方閱尚書，臣士奇奏曰：『皇上一日萬幾，勤於聽理，復自朝至夜分，手不釋卷，此誠聖學高深，垂訓千古，但恐聖躬過勞。』上曰：『朕自幼讀書，每夜必至三鼓。凡所覽閱，務期融會，恒覺夜氣清明，心神瑩暢，行之既久，自亦不覺其勞也。』

初五日

辰時，上召臣英至懋勤殿。上復誦『禹敷土』十一節，親講『濟河惟兗州』九節。上曰：『朕閱注中所釋九河諸説紛紜，亦無確見。大約書史經秦火以來，上古事已難於考證，後人以意求之，豈能吻合。』臣英對曰：『如九河故道，漢去古未遠，止知其三，歷數百年，唐更得其六，所以易啟後人之疑。三代以上之事，六經而外，多漢、魏、六朝諸儒附會之説，傳疑者甚多。讀古人書，當以六經爲斷也。』

初六日

辰時，上召臣英至懋勤殿。上復誦『濟河惟兗州』九節，親講『海岱惟青州』七節。

申時，上召臣士奇至懋勤殿。上因閲書中有舍利塔事。上曰：『朕曩巡幸薊州盤山，侍臣奏盤山佛寺有佛骨、佛牙，因言佛牙闊二寸許，長過之。朕諭之曰：古所謂聖賢，皆與人無異，故學堯則可至於堯，學舜則可至於舜，能忠則爲忠臣，能孝則爲孝子，此聖賢所以可貴也。若爾所言，佛牙之大如此，則佛本天地間奇異之人，生來便不可學，又何用尊奉爲哉？言者無以對。』臣士奇因奏曰：

『皇上此言，真足解從來之惑，歷代帝王所不能道也。』

初七日

上召臣英至懋勤殿。上復誦『海岱惟青州』七節。

初八日

辰時，上召臣英至懋勤殿。上復誦『禹敷土』二十七節，親講『海岱及淮惟徐州』九節。

戌時，上召臣英至懋勤殿。上復誦『海岱及淮惟徐州』九節，親講『淮海惟揚州』九節。

是日，上御制喜雨詩，臣廷敬、臣英、臣士禛、臣士奇各依韻恭和一章，呈御覽。

午時，上傳諭臣英、臣士奇曰：『朕因爾等在内侍從，許於禁城内乘馬出入。』臣英、臣士奇奏曰：『臣等蒙皇上恩遇隆渥，事事上厪聖衷，特頒温諭，許於禁中乘馬。感高厚之殊榮，愧涓埃之難報。』各恭賦紀恩詩，進呈御覽。

初十日

辰時，上召臣英至懋勤殿。上復誦『淮海惟揚州』九節，親講『荆及衡陽惟荆州』八節。上諭臣英曰：『書經講解甚明，如此討論，當有裨益。』臣英奏曰：『書經文義最爲古奥，皇上於典謨之言潛心玩味，講論精詳，古帝心傳，昭然星日，於禹貢一篇，征考九州地勢，今古相參，極其融徹。臣自愧經學粗淺，不能窺古人萬一。伏睹聖學高深，曷勝欣忭。』

十一日

辰時，上召臣英至懋勤殿。上復誦『荆及衡陽惟荆州』八節。

十二日

辰時，上召臣英至懋勤殿。上復誦『海岱及淮惟徐州』二十六節，親講『荆河惟豫州』八節。

十三日

辰時，上召臣英至懋勤殿。上復誦『荆河惟豫州』八節，親講『華陽黑水惟梁州』九節。

十四日

辰時，上召臣英至懋勤殿。上復誦『華陽黑水惟梁州』九節，親講『黑水西河惟雍州』十二節。

十五日

上召臣英至懋勤殿。上復誦『黑水西河惟雍州』十二節。戌時，上召臣英至懋勤殿。上復誦『荆河惟豫州』二十九節，親講『導岍及岐』四節，因論古雍州極西之地。上詳言邊外形勢，燦如指掌。因曰：『西北之地，古稱沙漠，向來人迹罕通，是以紀載所傳，多未詳確，今皆奉車書往來，故知之獨詳。大約甘肅之西，從長城外至四川松潘止，十餘日可達，導江雖始於岷山，其實江源尚在茂州之西，至岷山始大耳。黄河自積石北流，爲河套之地，至延安府入陝西境，其地亦不甚遠，今阿爾多斯固山之地即是也。』臣英對曰：『古所謂弱水流沙，皆傳聞荒忽，書史所罕載。禹貢「浮於積石，至於龍門」，由此觀之，上古貢道且經河套而行。又禹貢所謂「析支渠搜」，皆在河套之内，此皆遐方遠域，今盡入版圖，益見本朝德威之所及者遠也。』上又曰：『元歷代陵墓久湮，本朝訪之三十年，今始得其故迹。』臣英奏曰：『本朝優恤前代，於元代陵墓，加意尋訪；於故明諸陵，遣人守護，真超越古今之盛德事也。』

十七日

辰時，上召臣英至懋勤殿。上復誦『導岍及岐』四節，親講『導弱水』三節，因論治河之道。上曰：『從來言治河者，謂宜順其入海之性，不宜障塞以與之争。此但言其理耳。今河决在七里溝，去海止四十餘里，若聽其順流入海，既可不勞人功，亦且永無河患，豈不甚便？但淮以北二百里之運道遂成枯渠，國計所關，故不得不使其迂迴而入淮河之故道，此由時勢與古不同也。』臣英對曰：『黄河自古爲患。今日藉爲運道，故治河之事，較古更難，聖言真可謂洞悉矣。』

十八日

辰時，上召臣英至懋勤殿。上復誦『導弱水』三節，親講『嶓冢導漾』四節。

是日，上以御筆仿蘇軾月夜泛舟詩一軸，草書唐詩二幅賜臣英；以御筆仿趙孟頫書秋興賦一軸，草書唐詩二幅賜臣士奇。臣英、臣士奇奏曰：『臣等日侍天顔，得睹親灑宸翰，大書真草，衆妙兼該，造極精微，形容莫罄。今特蒙恩賜，真古今稀世之寶，臣子遭遇之奇。』謹於南書房御座前謝恩，各賦詩進呈御覽。

十九日

辰時，上召臣英至懋勤殿。上復誦『嶓冢導漾』四節。

二十日

辰時，上召臣英至懋勤殿。上復誦『導岍及岐』十一節，親講『導渭自鳥鼠同穴』四節。

二十一日

辰時，上召臣英至懋勤殿。上復誦『導渭自鳥鼠同穴』四節，親講『錫土姓』四節。

二十二日

辰時，上召臣英至懋勤殿。上復誦『錫土姓』四節，親講『五百里要服』三節。

二十三日

辰時，上召臣英至懋勤殿。上復誦『五百里要服』三節。

戌時，上召臣英至懋勤殿。上復誦『導渭自鳥鼠同穴』十一節，親講甘誓一篇。

二十六日

辰時，上召臣英至懋勤殿。上復誦甘誓一篇，親講五子之歌『太康尸位』五節。上曰：『古人所謂民可近，不可下者，即孟子所謂民爲貴之意，蓋天視自我民視，天聽自我民聽，斯豈非邦本之謂乎？』臣英對曰：『誠如聖諭。』

是日，上賜臣英、臣士奇新貢珍茗各二瓶，各賦紀恩詩，進呈御覽。

二十七日

辰時，上召臣英至懋勤殿。上復誦『太康尸位』五節，親講『其二曰：訓有之』四節。上曰：『臨民以主敬爲本。昔人有言，一念不敬，或貽四海之憂；一日不敬，或以致千百年之患。禮記首言「毋不敬」，五子之歌始終皆言「敬慎」，大抵誠與敬，千聖相傳之學，不越乎此。』臣英對曰：『誠與敬相因，而誠又爲敬之本，此心純然不雜，則常能主敬，稍有二三，則怠忽乘之。聖言真得其要領矣。』上曰：『論峻宇雕牆曰，古人諫象箸玉杯，亦是此意。蕭何治未央宮，以壯麗爲威重，先儒譏之當矣。』臣英對曰：『大凡嗜好，當防其漸，恐啟人窺伺之端，所以象箸必諫，慮其漸也。蕭何反以宮室壯麗啟之，難語於大臣之識矣。』上因論人才器使之道。臣英對曰：『材有所長，則必有所短。古人云：取人不求備，但當於各取所長之中，又觀其本末輕重耳。』上曰：『今人沿於明季陋習，積漸日深，清操潔己難言之矣。職守亦多至曠怠，罕能恪勤。朝廷良法美意，往往施行未久，即爲叢弊之地。朕常欲化導轉移，每患積習難去。』臣英對曰：『人心風俗乃國家根本，但習染既非一朝，則轉移亦自不易，惟在我皇上事事常用鼓舞之法，以潛移默化之，則人心自能丕變。臣嘗聞古人有言：人君之心，與斗杓相似。一東指，則天下熙然而春；一西指，則天下肅然而秋。發之者只在幾微，應之者捷於影響。今使天下之人皆曉然於皇上意指之所在，爭趨而應之，於以轉移天下，如風行海流，雖積習不足爲慮也。』

二十八日

辰時，上召臣英至懋勤殿。上復誦『其二曰訓有之』四節。

是日，上賜臣英、臣士奇人參各一斤，各恭紀詩一章，呈御覽。

三十日

辰時，上召臣英至懋勤殿。上復誦甘誓、五子之歌二篇，親講胤征『維仲康肇位四海』三節。

五　月

初一日

辰時，上召臣英至懋勤殿。上復誦『惟仲康肇位四海』三節，親講『惟時羲和』一節。

初二日

辰時，上召臣英至懋勤殿。上復誦『惟時羲和』一節，親講『今予以爾有衆』三節。

初三日

辰時，上召臣英至懋勤殿。上復誦『今予以爾有衆』三節。

初四日

辰時，上召臣英至懋勤殿。上復誦胤征全篇，親講湯誓『王曰：格爾衆庶』二節。

初五日

辰時，上召臣英至懋勤殿。上復誦『王曰：格爾衆庶』二節，親講『今汝其曰』二節。

戌時，上召臣英至懋勤殿。上復誦『今汝其曰』二節。

初八日

辰時，上召臣英至懋勤殿。上復誦湯誓全篇，親講仲虺之誥『成湯放桀於南巢』三節。

初九日

辰時，上召臣英至懋勤殿。上復誦『成湯放桀於南巢』三節。親講『簡賢附勢』三節。

初十日

辰時，上召臣英至懋勤殿。上復誦『簡賢附勢』三節，親講『佑賢輔德』三節，講至『推亡固存』句，上曰：『此正中庸所云「因材而篤，栽培傾覆」之意。王者，體天心以爲賞罰，正宜如是。』講至『能自得師者王』二句，上曰：『孔子所謂「三人行，必有我師」，但在於能自得耳。謂人莫己若，正孟子所謂「訑訑之聲音顔色」也。』講至『好問則裕』二句，上曰：『人君以天下之耳目爲耳目，以天下之心思爲心思，何患聞見之不廣。觀舜以好問好察而稱大智，則知自用則小者，正與之相反矣。』臣英對曰：『誠如聖諭。』講畢，上曰：『書理講解甚明。』臣英對曰：『臣於聖賢大義，不能推廣發揮，但詮解字句，深愧淺陋，每聆聖論超越，恒出意表。』上曰：『書中義理，原自完備，惟在詮解明白，加以反復玩味，自然旨趣無窮。若多爲援引，反致書理不能豁然也。』

是日，恭睹御制詩四章。臣英等奏曰：『伏讀聖制，渾然太和元氣，雖吟咏性情，而念民間之隱微，觀物情之熙皥，真帝王之宏構也。』各依韻敬和，進呈御覽。

巳時，上手敕諭臣士奇：『爾在内辦事有年，凡密諭及朕所覽講章、詩文等件，纂輯書寫甚多，實爲可嘉，特賜表裏十匹，銀百兩，以旌爾之勤勞。特諭。』臣士奇奏曰：『臣草莽書生，沐皇上天恩優異，得以日侍龍顔，時蒙頒賜，凡所辦諸事，俱職分之所當，但恐樗散之材，不能稱職，有負皇上深仁，時懷警惕。乃荷皇上手敕褒嘉，寵錫隆渥。臣不勝惶悚感激，犬馬之效，總難報覆載之恩也。』謹於御前謝恩。

申時，上召臣士奇至懋勤殿。侍上書『五台聖境』四大字，落筆蒼勁，結構嚴密，真足藏之名山，昭垂不朽。

十一日

辰時，上召臣英至懋勤殿。上復誦『佑賢輔德』三節。

是日，上幸景山，命臣英、臣士奇扈從，各賦詩進呈御覽，聖制登景山詩賜觀，臣英等奏曰：『臣等叨侍清燕，備聆天語之温，獲捧宸章，彌見聖恩之渥。千秋奇遇，臣子殊榮，感愧交增，惶悚無地。』

十二日

辰時，上召臣英至懋勤殿。上復誦仲虺之誥全篇，親講湯誥『王歸自克夏』四節。

十三日

辰時，上召臣英至懋勤殿。上復誦『王歸自克夏』四節，親講『上天孚佑下民』五節。

十五日

上幸黑龍潭，命臣英、臣士奇扈從，上於馬上御制同大學士明珠侍衛等幸黑龍潭途中詩一首，賜臣英、臣士奇敬觀，臣英等奏曰：『皇上御制詩，聲調乃盛唐元音，而憫念農人，形於歌咏，益見皇上不忘稼穡艱難之意也。』

申時，上幸卧佛寺，召臣英、臣士奇至御前，賜觀御制游覽詩三章，情景天然，氣格高古，於前代帝王中比之唐太宗更爲精拔。上又題卧佛寺大樹一首，因命臣英、臣士奇各賦詩進呈御覽。

是日，上由卧佛寺至碧雲寺，上於馬上顧大學士明珠及侍衛等並臣英、臣士奇曰：『朕觀古來帝王，如唐虞之都俞吁咈，唐太宗之聽言納諫，君臣上下如家人父子，情誼浹洽，故能陳善閉邪，各盡所懷，登於至治。明朝末世，君臣隔越，以致四方疾苦、生民利弊無由上聞。我太祖、太宗、世祖相傳以來，上下一心，滿漢文武皆爲一體。情誼常令周通，隱微無有間隔。一遊一豫，體恤民情，創作艱難，立萬世不易之法。朕雖涼德，上慕前王之盛事，凛遵祖宗之家法，思與天下賢才共圖治理，常以家人父子之誼相待，臣僚罔不兢業，以前代爲明鑒也。』大學士明珠等對曰：『皇上所行，事事上追聖帝，仰法祖宗，宵旰勤政，日御宮門，親理萬幾，與大臣講論治道，民情隱微，洞悉聖衷。臣等濫叨隆遇，或掌機密，或侍左右，日見皇上留心政治，雖遊幸之際，未嘗不以天下爲念。更願乾行不息，慎始慎終，超漢唐之君，鑒明末之弊。臣等雖駑劣不堪，敢不勉思往代良臣，以盡愚藎，仰副聖明孜孜求治之心也。』

酉時，上駐蹕碧雲寺山亭，命臣英、臣士奇和龍湫石上韻各一首，進呈御覽。

十六日

上於碧雲寺山亭御筆題『激湍』二字，命臣英書『聽泉』二字（原作『清泉白石』四字，後改），臣士奇書『枕流』二字，御制遊覽詩三章。

從碧雲寺幸弘光寺，御制盤道詩一章，命臣英、臣士奇各賦詩。上幸香山寺來青軒，御制詩一章。臣英、臣士奇恭睹『來青軒』御筆，各賦一章。上幸聖感寺，至法海寺恭睹世祖章皇帝御筆『敬佛』二字，御制詩一章，命臣英、臣士奇各恭紀。上幸聖感寺，登寶珠洞，御制詩一章，書『制毒龍』三字，賜僧海岫，命臣英、臣士奇各賦詩贈海岫。

是日，駐蹕石景山。

十七日

上自石景山幸戒壇，臣士奇扈從，上於途次行圍，命臣士奇登山頂侍觀，諸侍衛登陟，上下如履平地，頃刻獲二麅，進御前。臣士奇因奏曰：『皇上神武天授，侍臣驍勇絕倫，雖偶爾遊豫，仰見我朝號令森嚴，隊伍整練，非前代可及。』

巳時，至戒壇，上題『清戒』二字，命臣士奇書『空界』二字，御制詩一章。

午時，自戒壇幸潭柘寺，上於馬上賦詩，命臣士奇聯句二首。至潭柘寺，上賦遊覽詩三章賜觀，極弘深秀宕之氣。

申時，上回石景山，道經村落，山民扶老挈幼，觀於道左，上命勿禁，時有民人進鮮李一盤，上駐馬受之。臣士奇奏曰：『窮鄉愚氓，享皇上太平之福，鼓腹含餔，渾忘帝力。臣幸叨扈蹕，得睹唐、虞、三代之風，不勝欣忭。』上因顧大學士明珠、侍衛等及臣士奇曰：『人君出入警蹕，固宜嚴肅。朕見明朝之君，高居深宮，過於安逸，凡郊祀偶出，所乘之輦，皆鐵絲作幃，以防不測。人君臨御天下，以四海爲一家，當使遐邇上下，傾心歸慕，若刀矢可加於輦幄之中，則人心離二，雖鐵壁何益！故古來賢聖之君，尚德不尚威也。』大學士明珠等奏曰：『皇上推心置腹以待臣民，海澨山陬，盡仰王化，因時順動，無非省問民間疾苦，聖諭所云，真可爲萬世人君法也。』

是日，駐蹕石景山。

酉時，臣英進呈恭紀詩三章，扈蹕紀事詩六章。

十八日

上登石景山頂，俯視渾河，御制詩一章。

巳時，從石景山至南苑閱馬，因行圍，命臣英、臣士奇從觀。衛士分兩翼齊進，開闔變化，進退整嚴，即田獵之中，而見兵法之善。上親射野獵及麞，矢無虛發，應弦而倒。臣等初侍行圍，叨觀聖武，榮幸非常。

是日，駐蹕南苑。

十九日

上駐蹕南苑。是日，幸元靈宫，親率温郡王行圍，王甫九齡，上教以騎射，親愛敦篤，觀者稱爲盛事。

二十日

上駐蹕南苑。

二十一日

上駐蹕南苑。是日，恭睹上御制遊覽詩共二十五章。

二十二日

上回宫。臣英、臣士奇各賦扈從恭紀詩，進呈御覽。

六　月

初一日

辰時，上召臣英至懋勤殿。上復誦『王惟庸罔念聞』七節。

午時，上召臣英至懋勤殿。上閲通鑒綱目前編商紀十六條。

初二日

辰時，上召臣英至懋勤殿。上復誦太甲上全篇，親講太甲中『惟三祀』三節，又閲漢詔三篇。

午時，上召臣英至懋勤殿。上閲商紀十條。

未時，上召臣英至懋勤殿。上閲唐詩。因諭曰：『詩以吟咏性靈，如唐太宗諸篇，未有不以天下黎民爲念者。』因復誦其詩至三十三首，一字不遺。

初三日

辰時，上召臣英至懋勤殿。上復誦『惟三祀』三節，親講『伊尹拜手稽首曰』四節。

午時，上召臣英至懋勤殿。上閲商紀十三條。

戌時，上召臣英至懋勤殿。上復誦太甲中全篇。

初五日

辰時，上召臣英至乾清宫。上親講太甲下『伊尹申誥於王曰』三節，又閲商紀三十條。

初六日

辰時，上召臣英至乾清宫。上復誦『伊尹申誥於王曰』三節，親講『若升高必自下』六節。講至『有言逆於汝心』節，上曰：『古人所謂「忠言逆耳利於行」，其意亦本於此。』臣英對曰：『朱熹嘗謂此節於聽言之道已盡，良不虛也。』

初七日

辰時，上召臣英至乾清宫。上復誦『若升高必自下』六節。

初八日

辰時，上召臣英至乾清宫。上復誦太甲下全篇。臣英奏曰：『盛夏酷暑，皇上聖學彌勤，日午夜分，孜孜不輟。臣愚以爲宜暫停誦讀之勞，思古人休夏之義。』上因命暫停書經講誦數日。

初十日

上召臣英至乾清宫。上閲商紀十八條。

十二日

未時，上召臣士奇至乾清宫。上閲唐詩五首，因論唐宋文曰：『歐陽修憎蒼蠅，賦題雖小，喻讒人亂國，意極深長，朕故喜讀之。』遂復誦終篇。

十四日

巳時，上召臣英至乾清宫。上閲漢詔十六篇。

未時，上召臣士奇至乾清宫。上閲古文九篇，唐詩五首。

十五日

申時，上召臣士奇至乾清宫。上閲古文十篇，唐詩五首。

十六日

巳時，上召臣英至乾清宮。上閲漢詔二十一篇。

申時，上召臣士奇至乾清宮。上閲古文四篇，唐詩四首。

十九日

申時，上召臣士奇至乾清宮。上閲古文二篇，唐詩三首，因閲至賈山至言，上曰：『君臣之際，當使情誼浹洽，則下志得以上通。孔子所謂「君使臣以禮」，孟子所謂「君之視臣如手足」，皆此義也。賈山之言可謂至論。』臣士奇對曰：『誠如聖諭。』

二十日

巳時，上召臣士奇至乾清宮。上閲古文一篇，唐詩四首。

二十一日

巳時，上召臣士奇至乾清宮。上閲古文三篇，唐詩四首。上因天時亢旱，於十八日齋戒，親禱南郊。次日，靈雨如注，上賦喜雨詩一章。

是日，臣英、臣士奇各恭撰喜雨賦一篇，臣杜訥恭賦喜雨詩一章，進呈御覽。

二十二日

巳時，上召臣士奇至乾清宮。上閲古文四篇，唐詩四首。

二十三日

巳時，上召臣士奇至乾清宫。上閱唐詩八首。

二十四日

巳時，上召臣士奇至乾清宫。上閱古文六篇。

二十八日

辰時，上召臣英至懋勤殿。上親講咸有一德『伊尹既復政厥辟』六節。

二十九日

辰時，上召臣英至懋勤殿。上復誦『伊尹既復政厥辟』六節，親講『任官惟賢才』五節，講至『德無常師』節，上曰：『此節大旨不外博約之義，朕嘗閱直解有云，聖人之取善，如冶人之煉金，或取之於沙，或取之於水，曾無定在，所謂『德無常師』也。迨既熔煉之後，沙者忘其爲沙，水者忘其爲水，但見其爲精純之金，所謂「協於克一」也。此喻可謂明切。』臣英對曰：『先儒謂此節乃惟精惟一之傳，皇上引論之語最爲精當，真足與書理相發明也。』

七　月

初一日

巳時，上召臣英至懋勤殿。上復誦『任官惟賢才』五節。

未時，上召臣士奇至懋勤殿。上閲古文三篇。

初二日

初時，上召臣英至懋勤殿。上復誦咸有一德全篇，親講盤庚上『盤庚遷於殷』八節。

初三日

巳時，上召臣英至懋勤殿。上復誦『盤庚遷於殷』八節，親講『若網在綱』七節。

初五日

巳時，上召臣英至懋勤殿。上復誦『若網在綱』七節，親講『無有遠邇』七節。

未時，上召臣士奇至懋勤殿。上閲古文六篇。

初六日

巳時，上召臣英至懋勤殿。上復誦『無有遠邇』七節，親講『今予將試以汝遷』六節，上曰：『古人詔誥之體，與後人迥别如此。』臣英對曰：『盤庚三篇，語意近乎重復，但細味其言，猶見古人君民上下一體之誼。其誥誡臣民，如父之於子，反復不厭，必使其心開悟而後止。此盤庚所以爲賢，而孔子亦有取於此書也。』

未時，上召臣士奇至懋勤殿。上閲古文二篇。

初七日

巳時，上召臣英至懋勤殿。上復誦『今予將試以汝遷』六節，親講『汝萬民乃不生生』六節。

初八日

巳時，上召臣英至懋勤殿。上復誦『汝萬民乃不生生』六節，親講盤庚下『盤庚既遷』七節。

初九日

巳時，上召臣英至懋勤殿。上復誦『盤庚既遷』七節，親講『邦伯師長』六節，因論『無總於貨寶』句。上曰：『世風澆漓，人皆不能潔己自愛，故今日求操守廉介之人甚難，或僅能自守，而其才不克有爲。當理繁治劇之時，又苦於不能肆應。』臣英對曰：『古人嘗有言，惟廉生公，惟公生明。國家固欲得才守兼全之人，然後可以應事，二者難兼，而守爲尤要。若操守不足而小有才，更足爲百姓累也。』

初十日

巳時，上召臣英至懋勤殿。上復誦『邦伯師長』六節，親講説命上『王宅憂』五節，因論高宗相傅説事，上曰：『昔人曾有論高宗以舊勞於外，幼居民間，當必久知傅説之賢，而思用之，恐臣民未信，而托爲帝賚之言。此論甚是，蓋恐後人藉口神奇，以開矯誣之漸也。』因講『朝夕納誨』，上曰：『端人正士，當與之日親，自有啟沃開陳之益，此古人所以重朝夕之納諫也。若小人日近，則不覺其損而自損矣。』臣英對曰：『誠如聖諭。』

十一日

上召臣英至懋勤殿。上復誦『王宅憂』五節，親講『若金用汝作礪』六節。

十二日

巳時，上召臣英至懋勤殿。上復誦『若金用汝作礪』六節。

十三日

巳時，上召臣英至懋勤殿。上復誦説命上全篇，親講説命中『惟説命總百官』六節，講畢，上曰：『講書以明理爲要，理既明，則與古人之説無往不合，此所謂一本散爲萬殊，萬殊歸於一本，博約兼資之道也。』臣英對曰：『古人載籍繁多，而其理則一。六經者，四書之淵源；四書者，六經之門户。無非反復申明此理而已。故博以收之，尤貴約以貫之，聖言真可立爲學之準。』

十六日

巳時，上召臣英至懋勤殿。上復誦『惟説命總百官』六節，親講『有其善』七節。

十七日

巳時，上召臣英至懋勤殿。上復誦『有其善』七節。

十八日

巳時，上召臣英至懋勤殿。上復誦説命中全篇，親講説命下『王曰：來，汝説』三節。未時，上召臣士奇至懋勤殿。上閱唐詩二首，因復誦唐人五言律詩六十七首，姓名、詩題一字不遺。臣士奇奏曰：『皇上一日萬幾，廣搜博覽，偶一翻閱，皆能成誦，從來實所未見。』上曰：『朕自幼讀書，凡一字未明，必加尋繹，期無自欺。不特讀書爲然，治天下國家亦不外是也。』

十九日

巳時，上召臣英至懋勤殿。上復誦『王曰：來，汝説』三節，親講『惟學遜志』六節，講至『惟教學半』，上曰：『此句昔有二説，一説自學與教人，功居其半；一説教者之指授，僅示以半，其餘必待學者之自悟。直解亦主後説。注以其近於禪家解悟機鋒而辟之，是也。』臣英對曰：『大全中，朱子詳論此二説，亦主前説。蓋古人論學之言不尚新巧，且古人教人惟恐不盡，亦無僅示以半之意，故注與講義皆主前説也。』

是日，御筆書夏日登景山詩賜臣英、臣士奇各一幅，恭賦紀恩詩八韻進呈御覽。

申時，上召臣士奇至懋勤殿。上閲唐詩四首。

二十日

巳時，上召臣英至懋勤殿。上復誦『惟學遜志』六節，親講『昔先正保衡』二節。

申時，上召臣士奇至懋勤殿。上閲唐詩四首。

二十一日

巳時，上召臣英至懋勤殿。上復誦『昔先正保衡』二節。

申時，上召臣士奇至懋勤殿。上閲唐詩三首。

二十二日

巳時，上召臣英至懋勤殿。上復誦説命下全篇，親講高宗肜日全篇。

申時，上召臣士奇至懋勤殿。上閱唐詩四首。

二十三日

巳時，上召臣英至懋勤殿。上復誦高宗肜日全篇，親講西伯戡黎全篇。

申時，上召臣士奇至懋勤殿。上閱唐詩四首。

二十六日

巳時，上召臣英至懋勤殿。上復誦西伯戡黎全篇。

申時，上召臣士奇至懋勤殿。上閱唐詩二首。

二十八日

巳時，上召臣英至懋勤殿。上復誦『微子若曰』五節，親講『今殷民乃攘竊神祇之犧牷牲』四節，講畢，上曰：『殷有三仁，於此可見。篇末須説明比干不言之隱，於書理始爲完備。』臣英對曰：『誠如聖諭。孔子三仁之説，全從自靖、自獻中看出，所謂其事不同，而其心同也。』

二十九日

巳時，上復誦『今殷民乃攘竊神祇之犧牷牲』四節。

申時，上召臣士奇至懋勤殿。上閱唐詩四首，古文一篇。

三十日

上召臣英至懋勤殿。上復誦微子全篇，又誦商書全卷，親講泰誓『惟十有三年春』五節。

八月

初一日

巳時，上召臣英至懋勤殿。上復誦『惟十有三年春』五節，親講『肆予小子發』六節。講畢，上曰：『古所謂元后君師之任，必仰不愧於天，俯不怍於人，方能無忝斯位。』臣英對曰：『誠如聖諭。』上又曰：『湯武之師，雖稱應天順人，然湯有慚德之懼。孔子有謂「武未盡善」之嘆，孟子亦有「武成取二三策」之語，蓋以其處時勢之變也。』臣英對曰：『先儒每疑泰誓爲後人所附會，意蓋謂其絶無含蓄，而近於不恭，視湯誓氣象不同矣。蘇軾亦有「武王非聖人」論，意亦指泰誓、武成諸篇也。』

申時，上召臣士奇至懋勤殿。上閱唐詩二首。

初二日

巳時，上召臣英至懋勤殿。上復誦『肆予小子發』六節。

初三日

巳時，上召臣英至懋勤殿。上復誦泰誓上全篇，親講泰誓中『惟戊午，王次於河朔』五節。

申時，上召臣士奇至懋勤殿。上閱唐詩二首。

初五日

巳時，上召臣英至懋勤殿。上復誦『惟戊午，王次於河朔』五節，親講『受有億兆夷人』四節。時，西洋貢師子至，臣陳廷敬、臣葉方藹奉旨在内編纂，因同臣英、臣士奇、臣訥各賦西洋貢師子歌，進呈御覽。

酉時，上召臣士奇至懋勤殿。上曰：『異獸珍禽，雖古人所不尚，但西洋遠貢來京，跋涉艱阻，多歷歲月，誠心慕化，良爲可嘉，却之，非柔遠之德，故留畜上林，非侈苑囿之觀也。』臣士奇奏曰：『皇上盛德所被，化及遐荒，海外之人通竇闕下，誠爲希覯，恭聞天語，仰瞻皇上心在懷柔，不以異物爲寶，超越前代遠矣。』

初六日

辰時，上召臣英至懋勤殿。上復誦『受有億兆夷人』四節。

巳時，上召臣士奇至懋勤殿。上閲唐詩三首。

是日，奉旨命臣廷敬等五人同觀西洋所貢師子於神武門内，因各賦七言律詩一章，進呈御覽。

初七日

巳時，上召臣英至懋勤殿。上復誦泰誓中全篇，親講泰誓下『時厥明』三節。

申時，上召臣士奇至懋勤殿。上閲唐詩三首。

初八日

巳時，上召臣英至懋勤殿。上復誦『時厥明』三節，親講『古人有言曰』三節。

申時，上召臣士奇至懋勤殿。上閲唐詩三首。

初九日

巳時，上召臣英至懋勤殿。上復誦『古人有言曰』三節。

酉時，上召臣英至懋勤殿。上復誦泰誓下全篇。上曰：『讀書以有恒爲主，積累滋灌，則義藴日新，每見人期效於旦夕，常致精神誤用，究歸無益也。』臣英對曰：『古人之學，日計不足，月計有餘，蓋無旦夕猝見之效。因貞恒不息，其益自大，易所謂「日進無疆」也。』

十五日

巳時，上召臣士奇至懋勤殿。上閱唐詩二首。賜觀南苑北紅門雨後行圍七言律詩一首，典麗精工，迥出新意。臣士奇伏讀，不勝欣幸。

十六日

巳時，上召臣英至懋勤殿。上親講牧誓『惟甲子昧爽』五節。

未時，上召臣士奇至懋勤殿。上閱唐詩四首。

酉時，上召臣英至懋勤殿。上復誦『惟甲子昧爽』五節，親講『今商王受』五節。

十八日

巳時，上召臣英至懋勤殿。上復誦『今商王受』五節。

是日，臣陳廷敬同侍讀臣王士禛恭進詩稿，上命臣廷敬、臣方藹、臣士禛於御前各賦經筵詩一章，隨命臣士奇捧御制詩集至南書房賜觀，傳上諭曰：『朕萬幾之暇，偶有吟咏，未能深造古人。因爾等在内編纂，屢次請觀，故出以示爾等。中有宜改定處，明言之，毋隱。』臣廷敬等恭讀訖，奏曰：『蒙恩賜觀御制詩集，臣等恭讀再四，伏見奎章巍焕，睿藻精深，氣象崇閎，格律高古。吟咏之際，時念萬幾；篇什之中，常懷四海，實帝王之傑作，天地之元音，夐絶古今，諸美皆備。臣等伏蒙皇上虚懷下問，倘有一得，敢不祗竭愚忱，仰副至意。但悉心紬繹，聖制盡善盡美，實無可更易字句。臣等何幸，躬逢文明之運會，得睹雲漢之昭回，真千載殊遇也。』

十九日

巳時，上召臣英至懋勤殿。上復誦牧誓全篇，親講武成『惟一月壬辰』四節。

二十日

巳時，上召臣英至懋勤殿。上復誦『惟一月壬辰』四節，親講『既生魄』五節。

是日，臣廷敬、臣方藹、臣英、臣士禎、臣士奇、臣訥各賦恭睹御制詩集五言詩十六韻，進呈御覽。

酉時，上召臣士奇至懋勤殿。上曰：『朕嘗詳覽古人詩文，造語精微，才學兼到，閲之似易，效之甚難，故云讀書萬卷方能下筆有神，更須善運古人於筆底，化陳腐爲清新，斯爲盡善。』臣士奇對曰：『每見皇上聖制敕諭，詞語古勁，意象弘深，極得帝王之體。昨蒙賜讀秋日晚景詩中一聯云：「衷情静裏無人識，外象閑中有物尋」，如「太和宇宙，魚躍鳶飛」二句中，涵存養省察之義，而又出之蕴藉自然，真得性情之正，綜列聖之傳，非臣淺學所能窺測也。』

二十一日

巳時，上召臣英至懋勤殿。上復誦『既生魄』五節。

是日，上以内大臣、輔國將軍俄啟侍從禁廷勤勞善射，御製詩賜之，命臣廷敬、臣方藹、臣英、臣士禛、臣士奇依韻和詩一章，各書一幅，進呈御覽。

二十二日

上召臣英至懋勤殿。上復誦武成全篇，親講洪範『惟十有三祀』三節，上曰：『洪範，朕久留意，今更細加研討，必期有益。』臣英對曰：『帝王治世之大經大法，備於此篇，誠皇上所宜深加窮究者也。』

二十三日

上召臣英至懋勤殿。上復誦『惟十有三祀』三節，親講『初一曰五行』二節。

二十五日

未時，上召臣英至懋勤殿。上復誦『初一曰五行』二節，親講『二五事』三節。

八月二十六日

巳時，上召臣英至懋勤殿。上復誦『二五事』三節。

二十七日

巳時，上召臣英至懋勤殿。上復誦『惟十有三祀』八節，親講『五皇極』三節。

二十八日

巳時，上召臣英至懋勤殿。上復誦『五皇極』三節，親講『無虐煢獨』三節。

二十九日

巳時，上召臣英至懋勤殿。上復誦『無虐煢獨』三節，親講『曰皇極之敷言』三節。

三十日

巳時，上召臣英至懋勤殿。上復誦『曰皇極之敷言』三節。

九　月

初一日

巳時，上召臣英至懋勤殿。上復誦『五皇極』九節，親講『惟辟作福』六節。

酉時，上召臣士奇至懋勤殿。上閲唐詩三首。

初二日

巳時，上召臣英至懋勤殿。上復誦『惟辟作福』六節，親講『立時人作卜筮』二節。

酉時，上召臣士奇至懋勤殿。上閲唐詩三首。

初五日

巳時，上召臣英至懋勤殿。上復誦『立時人作卜筮』二節。

初六日

巳時，上召臣英至懋勤殿。上復誦『惟辟作福』八節。親講『八庶徵』三節。講『曰休徵』節畢。臣英奏曰：『五事庶徵，雖古人相配以立言，亦不過大義如此，若拘拘牽合，一時偶有不應，反滋後人之疑。』上曰：『人君惟敬修其德，以與天意相感孚，不必指何事爲何德之應。總之，和氣致祥，乖風致戾，乃古今不易之恒理。遇災知儆，乃人君應天之實事，亦無時不致其謹凛而已。』臣英對曰：『誠如聖諭。』

初七日

巳時，上召臣英至懋勤殿。上復誦『八庶徵』三節，親講『曰王省惟歲』三節。

酉時，上召臣士奇至懋勤殿。上閲唐詩四首。

初八日

巳時，上召臣英至懋勤殿。上復誦『曰王省惟歲』三節，親講『庶民惟星』三節。

酉時，上召臣士奇至懋勤殿。上閲唐詩四首。

初九日

巳時，上召臣英至懋勤殿。上復誦『八庶徵』九節。

十二月

初十日

酉時，上召臣英至懋勤殿。上閱通鑒綱目前編周紀二十四條。閱畢，上曰：『通鑒前編所引諸説，雖皆古人遺書，但不若朱子綱目切要純正。』臣英對曰：『唐、虞、三代之書，曾經聖人筆削。而後世傳信者，則有六經。前編乃於經外别立三代之史，不得不博采諸書，以廣聞見。其中之疑而失據、誕而難信者甚多，視朱子綱目褒貶謹嚴，相去遠矣。』

十一日

酉時，上召臣英至懋勤殿。上閱通鑒綱目前編周紀十三條。

十二日

酉時，上召臣英至懋勤殿。上閱通鑒綱目前編周紀十九條。

十三日

酉時，上召臣英至懋勤殿。上閱通鑒綱目前編周紀二十三條。閱畢，上曰：『左、史中，如黃帝鼎湖乘龍及周穆王宴於瑶池之事，皆非正史所傳，雖文章中嘗採用之，不過資其華藻以新耳目，其實不足信也。』臣英對曰：『誠如聖諭。臣愚竊以爲讀史有三：一則觀其所紀之事，次則觀古人論斷其事之事非，三則觀其文字之古雅，其不必留意者稍略之，則綱舉而目張矣。』

十四日

酉時，上召臣英至懋勤殿。上閱通鑒綱目前編周紀十三條。

十六日

酉時，上召臣英至懋勤殿。上閱通鑒綱目前編周紀四十條。

十七日

酉時，上召臣英至懋勤殿。上閱通鑒綱目前編周紀二十條。

二十五日

酉時，上召臣英至懋勤殿。上閱通鑒綱目前編周紀十二條。

二十六日

未時，上召臣士奇至懋勤殿。上閱古文三篇。

酉時，上召臣英至懋勤殿。上閱通鑒綱目前編周紀三十條。

二十七日

酉時，上召臣英至懋勤殿。上閱通鑒綱目前編周紀四十三條。

二十八日

未時，上召臣士奇至懋勤殿。上閱古文三篇。

二十九日

酉時，上召臣英至懋勤殿。上閱通鑑綱目前編周紀三十七條。

康熙十八年

正　月

初四日

酉時，上召臣英至懋勤殿。上閱通鑑綱目前編周紀十五條。

初五日

酉時，上召臣英至懋勤殿。上閱通鑑綱目前編周紀二十三條。

初六日

酉時，上召臣英至懋勤殿。上閱通鑑綱目前編周紀二十四條。

初七日

酉時，上召臣英至懋勤殿。上閱通鑑綱目前編周紀三十八條。

初八日

未時，上召臣士奇至懋勤殿。上閲古文八篇。

酉時，復召臣士奇至懋勤殿。上閲古文八篇。

初十日

酉時，上召臣英至懋勤殿。上閲通鑒綱目前編周紀三十三條。

十一日

酉時，上召臣英至懋勤殿。上閲通鑒綱目前編周紀二十七條。

是日，上因太皇太后仲春聖誕，御書『萬壽無疆』四大字，蒙恩賜觀，雄整蒼勁，結構天然。臣等不勝欣幸。

十二日

未時，上召臣士奇至懋勤殿。上閲古文六篇。

酉時，上召臣英至懋勤殿。上閲通鑒綱目前編周紀四十七條。

十三日

巳時，上召臣英至懋勤殿。上閲通鑒綱目前編周紀四十條。閲畢，因論經史之學。上曰：『經學在於切實通明，折衷諸説；史學在於始末淹貫，論定是非。二者皆确有證據，難於支離其説，故必由積累之功，涵泳之久，較之詞章之學，其難易故不同也。』臣英對曰：『誠如聖諭。』

十七日

巳時，上召臣士奇至懋勤殿。上閲古文五篇。

酉時，上召臣英至懋勤殿。上閲通鑒綱目前編周紀四十一條。

十八日

辰時，上召臣英至懋勤殿。上親講書經旅獒篇『惟克商』六節。講至『不役耳目』節，上曰：『孟子所謂「耳目之官不思而蔽於物，物交物，則引之而已」，正心思爲耳目所役之意也。始爲所引，漸爲所役，勢有必然。』臣英對曰：『聖諭所引孟子之説，深發此書之藴，「不役耳目」及「志以道寧」，皆此章極精要之語也。』

未時，上召臣英至懋勤殿。上閲通鑒綱目前編周紀二十七條。

是日，上御制恭祝太皇太后萬壽詩二章，蒙恩賜觀，伏睹聖孝誠篤，天藻高華，歷覽往籍，所載未有兼斯美者，洵我國家文明之盛事也。

十九日

巳時，上召臣英至懋勤殿。上復誦『惟克商』六節，親講『志以道寧』四節。

二十日

辰時，上召臣英至懋勤殿。上復誦『志以道寧』四節。

二十一日

辰時，上召臣英至懋勤殿。上復誦旅獒全篇，親講金縢『既克商二年』七節。

二十二日

辰時，上召臣英至懋勤殿。上復誦『既克商二年』七節，親講『今我即命於元龜』六節。

二十三日

辰時，上召臣英至懋勤殿。上復誦『今我即命於元龜』六節，親講『周公居東二年』六節。

未時，上召臣英至懋勤殿。上閲通鑑綱目前編周紀三十條。

是日，上召學士臣葉方藹至南書房，令同臣等觀御制太皇太后萬壽表文。臣方藹等恭讀訖，奏曰：『皇上大孝性成，奉事兩宫備極誠敬。今當太皇太后萬壽之期，恭制表文上獻，賜臣等捧讀。伏睹聖制，體裁端重，詞語高深，臣等雖愚暗無知，然見此鴻文典册，正如日月中天，凡庶皆能瞻仰。竊謂太皇太后之福德，爲古今母后中第一，皇上之聖孝與皇上之文章，爲古今帝王中第一，洵本朝之盛事，可以照耀無窮。不勝欣幸之至。』

二十四日

辰時，上召臣英至懋勤殿。上復誦『周公居東二年』六節。

二十五日

臣英、臣士奇、臣訥因恢復岳州奏捷，各恭紀五言詩十二韻，進呈御覽。

二十六日

辰時，上召臣英至懋勤殿。上復誦金縢全篇，親講大誥篇『王若曰：「猷，大誥爾多邦」』三節。

二十七日

辰時，上召臣英至懋勤殿。上復誦『王若曰：「猷，大誥爾多邦」』三節，親講『殷小腆』三節。

二十八日

辰時，上召臣英至懋勤殿。上復誦『殷小腆』三節，親講『爾庶邦君』三節。

二十九日

辰時，上召臣英至懋勤殿。上復誦『爾庶邦君』三節。

是日，臣英因蒙恩轉侍讀學士，恭紀七言律詩二章，進呈御覽。

二月

初二日

巳時，臣士奇侍從懋勤殿。上閱學士葉方藹所進冊扆八箴，上曰：『此癸丑年葉方藹爲編修時所進，朕存之几案，時時翻閱，其中多寓規諫，深得人臣立言之體。』臣士奇奏曰：『臣子忠愛之心，形於獻納，皇上深宮清燕，鑒照及此，不遺葑菲之忱，從來君德所難也。』

人」』三節。

初四日

辰時，上召臣英至懋勤殿。上復誦『王若曰：「猷，大誥爾多邦」』九節，親講『王曰：「爾惟舊人」』三節。

是日，學士臣葉方藹恭進翰林院官編纂皇輿表十六卷。上命臣英傳諭方藹曰：『爾衙門官所進皇輿表，朕已翻閱大概。考注精詳，殊爲可嘉。書留覽。』

初五日

辰時，上召臣英至懋勤殿。上復誦『王曰：「爾惟舊人」』三節，親講『王曰：「嗚呼，肆哉！」』三節。

初六日

辰時，上召臣英至懋勤殿。上復誦『王曰：「嗚呼，肆哉！」』三節。

是日，臣方藹、臣英、臣士奇、臣訥恭紀太皇太后萬壽詩一章，進呈御覽。

初七日

辰時，上召臣英至懋勤殿。上復誦『王曰：「爾惟舊人」』九節，親講微子之命『王若曰：「猷，殷王元子」』二節。

初九日

辰時，上召臣英至懋勤殿。上復誦『王若曰：「猷，殷王元子」』二節。親講『爾惟踐修厥猷』

三節。

十二日

辰時，上召臣英至懋勤殿。上復誦微子之命全篇。

是日，左都御史魏象樞奏事懋勤殿。上賜以御筆手卷一軸，『清慎勤』大字墨刻一幅，『格物』草書墨刻一幅。命臣英、臣士奇傳諭象樞曰：『爾居官勤慎，每當敷奏，剴切詳明，不負言職。今因爾奏事内殿，適當朕操翰之時，故以御筆賜汝，正在學習，非自謂書法已臻古人也。』象樞奏曰：『臣草莽微賤，荷皇上知遇隆恩，自愧職分不能稍盡萬一。蒙天語獎勵，賜以御筆，臣恭捧瞻仰，鳳翥龍翔，銀鉤鐵畫，真如泰山北斗之巍焕。臣謹奉爲子孫世寶，不勝感激榮幸之至。』隨於懋勤殿前謝恩。

十三日

辰時，上召臣英至懋勤殿。上復誦大壯卦全篇。

十四日

辰時，上召臣英至懋勤殿。上復誦遯卦、大壯卦二篇。

十八日

辰時，上召臣英至懋勤殿。上親講康誥『王若曰：「孟侯」』三節。

十九日

辰時，上召臣英至懋勤殿。上復誦『王若曰：「孟侯」』三節，親講『王曰：「嗚呼！封汝念哉」』二節。講畢，上曰：『康誥一篇，言修德保民之要，極爲詳備，如「明德」、「新民」、「如保赤子」、「惟命不于常」等語，大學多引用之。今繹觀其訓諭諄切，文詞古奥，具見三代聖賢咨儆之意。』臣英對曰：『大學三綱領，皆從尚書中提出，「明德」、「新民」，具見此篇。「止至善」即「安汝止」、「欽厥止」之意。古人窮經之學，融會貫通，得其要領，於此可見矣。』

二十日

辰時，上召臣英至懋勤殿。上復誦『王曰：「嗚呼！封汝念哉」』二節，親講『已，汝惟小子』三節，講『敬明乃罰』節。上曰：『此所謂法中之權也。經以守常，權以達變；經以立體，權以濟用。古今斷無經外之權，故曰：「反經行權者非也。」』臣英對曰：『誠如聖諭。』

二十一日

辰時，上召臣英至懋勤殿。上復誦『已，汝惟小子』三節。

二十七日

辰時，上召臣英至懋勤殿。上復誦『王若曰：「孟侯」』八節，親講『非汝封刑人殺人』三節，講『服念五六日，至於旬時』句。上曰：『古人稱：「再斯可矣。」若斷獄而至於旬時不決，固慎重之意，又恐獄久淹則易滋弊。』古人之意，惟求其真知灼見，而無疑獄之爲難也。』臣英對曰：『古人言「再斯可矣」者，應事貴於明敏；言「服念五六日，至於旬時」者，讞獄貴於詳慎。聖言所謂真知灼見，甚得古人欽恤之意矣。』

二十八日

辰時，上召臣英至懋勤殿。上復誦『非汝封刑人殺人』三節，親講『王曰：「汝陳時臬事」』三節。

二十九日

辰時，上召臣英至懋勤殿。上復誦『王曰：「汝陳時臬事」』三節。親講『王曰：「封元惡大憝」』二節。是日，上傳諭臣英、臣士奇、臣訥曰：『爾等在内侍從，今風日晴和，特命爾等游於西苑，賜宴泛舟。』臣英等欣沐殊恩，各恭紀詩四章，進呈御覽。

三月

初一日

上以璿璣玉衡賦、省耕詩五言二十韻，親試薦舉諸臣，因命臣英、臣士奇、臣訥同作。是日進呈御覽。

十八日

恭遇皇上萬壽節，臣英等於内殿前行慶賀禮，恭紀詩二章，進呈御覽。

三月十九日

臣英、臣士奇、臣訥因前扈從時隨謁孝陵，復蒙恩賜游温泉，各賦恭謁孝陵詩及温泉詩進呈御覽。

二十六日

辰時，上召臣英至懋勤殿。上親講『王曰：「封元惡大憝」』三節。

二十七日

辰時，上召臣英至懋勤殿。上復誦『王曰：「封元惡大憝」』三節，親講『汝亦罔不克敬典』三節。

二十八日

辰時，上召臣英至懋勤殿。上復誦『汝亦罔不克敬典』三節，親講『王曰：「嗚呼！封敬哉」』三節。

二十九日

辰時，上召臣英至懋勤殿。上復誦『王曰：「嗚呼！封敬哉」』三節。

四月

初一日

辰時，上召臣英至懋勤殿。上復誦『王曰：「封元惡大憝」』九節，親講酒誥『王若曰：「明大命于妹邦」』四節。

初三日

辰時，上召臣英至懋勤殿。上復誦『王若曰：「明大命于妹邦」』四節，親講『惟曰：「我民迪小子」』二節。

初四日

辰時，上召臣英至懋勤殿。上復誦『惟曰：「我民迪小子」』二節，親講『庶士有正』二節。講畢，上曰：『酒誥此數節，似寬而實嚴，正古人治世之微權也。』臣英對曰：『古人寬嚴相濟，方能成治。聖諭「微權」二字，深得聖賢維世之意。』

初五日

辰時，上召臣英至懋勤殿。上復誦『庶士有正』二節。

初六日

辰時，上召臣英至懋勤殿。上復誦『王若曰：「明大命於妹邦」』八節，親講『王曰：「封，我聞惟曰」』二節。

初七日

辰時，上召臣英至懋勤殿。上復誦『王曰：「封，我聞〔惟〕曰」』二節，親講『我聞亦惟曰』二節。

初八日

辰時，上召臣英至懋勤殿。上復誦『我聞亦惟曰』二節。

初十日

辰時，上召臣英至懋勤殿。上復誦『王曰：「我聞亦惟曰」』四節，親講『予惟曰：「汝劼毖殷獻臣」』二節。

十一日

辰時，上召臣英至懋勤殿。上復誦『予惟曰：「汝劼毖殷獻臣」』二節，親講『又惟殷之迪諸臣惟工』三節。

十二日

辰時，上召臣英至懋勤殿。上復誦『又惟殷之迪諸臣惟工』三節。

十三日

辰時，上召臣英至懋勤殿。上復誦『予惟曰：汝劼毖殷獻臣』五節，親講梓材『王曰：「封，以厥庶民」』二節。

十四日

辰時，上召臣英至懋勤殿。上復誦『王曰：「封，以厥庶民」』二節，親講『王啟監』二節。

十五日

巳時，上召臣英至懋勤殿。上復誦『王啟監』二節，親講『今王惟曰：「先王既勤用明德」』四節。

是日，臣英、臣士奇奏曰：『皇上以天時亢旱，齋心虔禱。今日至郊壇行禮時，甫讀祝版，甘雨應時而注，自旦至暮，土膏沾渥。從古書史所載，未有感召如此之速者，皆由我皇上勤勞萬民之心，以至誠昭格上帝，故休徵協應近在呼吸間。此誠國家盛事，古不多觀者也。』上曰：『朕因畿輔雨澤愆期，兼聞江南、山東諸處皆然，深爲軫念。祇行祈禱，幸蒙天心垂佐，降兹靈雨，此皆萬民之福。』臣英等奏曰：『臣等侍從禁庭，伏見皇上致齋嚴肅，減膳恭己，所謂與百姓同憂；今日親行雨中，天顔豫悦，所謂與百姓同樂。皇上復不自有其功，而歸福於兆民，益見聖德謙沖之至也。』上又曰：『近日小民蓄積匱乏，一遇水旱，遂爾捐瘠莫支，幾填溝壑。此皆豐稔之年粒米狠戾，不能儲備之故也。』臣英對曰：『臣聞山東自二年以前穀價甚賤，可稱豐稔。去年一經荒旱，而百姓困迫，至以草根樹皮爲食，可見閭閻蓄積真如懸磬，皆由豐稔之歲賤糶以應目前，是以年雖豐而蓄則寡，正古所謂「穀賤傷農」之謂也。』上曰：『古人常云：「三年耕，必有一年之積；九年耕，必有三年之通。」此先事預防之至計，所當講求於平日者。』臣英對曰：『誠如聖諭。』臣英、臣士奇、臣訥各恭賦喜雨詩進呈御覽。

十六日

辰时，〔下缺〕懋勤殿。上復誦『今王惟曰』四節。

十九日

辰时，上召臣英至懋勤殿。上復誦梓材全篇，親講召誥『惟二月既望』四節。

二十日

辰时，上召臣英至懋勤殿。上復誦『惟二月既望』四節，親講『越七日甲子』三節。

二十一日

辰时，上召臣英至懋勤殿。上復誦『越七日甲子』三節。

二十二日

辰时，上召臣英至懋勤殿。上復誦『惟二月既望』七節，親講『嗚呼！皇天上帝』二節。

二十三日

辰时，上召臣英至懋勤殿。上復誦『嗚呼！皇天上帝』二節，親講『相古先民有夏』二節。

二十四日

辰时，上召臣英至懋勤殿。上復誦『相古先民有夏』二節，親講『嗚呼！有王雖小，元子哉』三節。

二十七日

辰时，上召臣英至懋勤殿。上復誦『嗚呼！有王雖小，元子哉』三節。

二十八日

辰时，上召臣英至懋勤殿。上復誦『嗚呼！皇天上帝』九節，親講『王敬所作』三節。

二十九日

辰時，上召臣英至懋勤殿。上復誦『王敬作所』三節，親講『嗚呼！若生子，罔不在厥初生』三節。講畢，上曰：『近日南方報至，此月十五日雨澤甚廣，湖廣至襄陽，江西至南昌，皆同日沾足，今歲當可冀有秋矣。』臣英對曰：『皇上留心民事若此，誠從來帝王所難也。』

五月

初一日

辰時，上召臣英至懋勤殿。上復誦『嗚呼！若生子，罔不在厥初生』三節，親講『其惟王位在德元』三節。

初五日

上命臣英、臣士奇、臣訥於西苑泛舟侍宴，臣英等各恭賦紀恩詩四章，進呈御覽。

十二日

辰時，上召臣英至懋勤殿。上復誦『其惟王位在德元』三節。

十三日

辰時，上召臣英至懋勤殿。上復誦『王敬所作』九節，親講洛〔一〕誥『惟三月哉生魄』四節。

校記

〔一〕『洛』，尚書通檢作『康』，是。

十五日

辰時，上召臣英至懋勤殿。上復誦『惟三月哉生魄』四節，親講『王拜手稽首曰：「公不敢不敬天之休」』四節。

十六日

辰時，上召臣英至懋勤殿。上復誦『王拜手稽首曰：「公不敢不敬天之休」』四節，親講『丕視功載』三節。

十七日

辰時，上召臣英至懋勤殿。上復誦『丕視功載』三節。

十八日

辰時，上召臣英至懋勤殿。上復誦『惟三月哉生魄』十一節，親講『公曰：「已，汝惟沖子惟終」』三節。

二十日

辰時，上召臣英至懋勤殿。上復誦『公曰：「已，汝惟沖子惟終」』三節，親講『王若曰：「公明保予沖子」』三節。

二十一日

上避暑西苑。辰時，上召臣英至瀛臺便殿。上復誦『王若曰：「公明保予沖子」』三節，親講『王曰：「公功棐迪篤」』五節。

二十三日

辰時，上召臣英至瀛臺便殿。上復誦『王曰：「公功棐迪篤」』五節。

二十四日

辰時，上召臣英至瀛臺便殿。上復誦『公曰：「已，汝惟冲子惟終」』十一節，親講『周公拜手稽首曰：「王命予來」』三節。

二十六日

辰時，上召臣英至懋勤殿。上復誦『周公手拜首稽曰：「王命予來」』三節，親講『伻來毖殷』三節。

二十七日

上召臣英至瀛臺便殿。上復誦『伻來毖殷』三節，親講『王伻殷』四節。

二十八日

辰時，上召臣英至瀛臺便殿。上復誦『王伻殷』四節。

六月

初二日

辰時，上召臣英至懋勤殿。上復誦『周公拜手稽首曰：「王命予來」』十節，親講多士『惟三月，周公初於新邑洛』四節。

初四日

辰時，上召臣英至瀛臺便殿。上復誦『惟三月，周公初於新邑洛』四節。

初五日

辰時，上召臣英至瀛臺便殿。上復誦『我聞曰：「上帝引逸」』四節，親講『在今後嗣王』七節。

是日，臣英恭紀西苑侍從詩四章，進呈御覽。

初六日

辰時，上召臣英至瀛臺便殿。上復誦『在今後嗣王』七節。

初七日

辰時，上召臣英至瀛臺便殿。上復誦『惟三月，周公初於新邑洛』十五節，親講『予其曰：「惟爾洪無度」』三節。

初八日

辰時，上召臣英至懋勤殿。上復誦『予其曰：「惟爾洪無度」』三節，親講『惟爾知，〔惟〕殷先人有册有典』三節。講畢，上曰：『近聞江南、浙江田禾甚美，大江以北，畿輔、河南、山東諸郡，麥秋亦好，朕心甚爲欣慰。邇年百姓艱食，今歲秋成所關甚巨。朕自春夏以來，深廑憂慮，故常諄切詢之。』臣英對曰：『臣每侍從講筵，伏睹聖慮屢以四方雨澤農田爲問，我皇上勤民重本之心，可謂至矣！

天人相感，宜乎致大有之慶也。』

初十日

辰時，上召臣英至瀛臺便殿。上復誦『惟爾知，〔惟〕殷先人有册有典』三節，親講『王曰：「告爾殷多士」』四節。

十三日

辰時，上召臣英至瀛臺便殿。上復誦『王曰：「告爾殷多士」』四節。

十五日

辰時，上召臣英至懋勤殿。上復誦『王曰：「惟爾洪無度」』十節。親講無逸『周公曰：「嗚乎！君子所其無逸」』三節。

十六日

辰時，上召臣英至瀛臺便殿。上復誦『周公曰：「嗚呼！君子所其無逸」』三節，親講『周公曰：「嗚呼！我聞曰，在昔殷王」』三節，親講『其在祖甲』二節。因講殷三宗無逸之效，上曰：『自古帝王崇信方士以求神仙者，不可勝數，如唐之憲宗、武宗、宣宗，皆餌金石之藥以求壽考，而不知反以自戕其生，覆轍相尋而不知悔，昔人每深嘆其愚。此皆未知無逸可以致壽，聖賢原有切實可信之理也。』臣英對曰：『聖言及此，足破前代之惑。臣每思常人之言，惟知安逸可以致壽。至周公獨發明無逸壽考之理，義藴深長，洵非聖人不能道也。』

十八日

辰時，上召臣英至瀛臺便殿。上復誦『其在祖甲』二節。

十九日

辰時，上召臣英至瀛臺便殿。上復誦『周公曰：「嗚呼！君子所其無逸」』八節，親講『周公曰：「嗚呼！厥亦惟我太王王季」』四節。

是日，傳諭：『因天氣炎熱，暫停進講。』

七　月

十五日

純親王有疾，上親幸王府視問。

是日，純親王薨逝，上哀悼不已，减膳素服，日夜侍太皇太后、皇太后前安慰。

二十二日

臣英、臣士奇、臣訥恭請聖躬萬安，上傳諭曰：『朕因悼念親王，數日以來，體中違和。』臣英等奏曰：『皇上孝友純篤，出乎天性。今因親王奄逝，過於悲悼，兼之日侍兩宫，安慰慈顔，晨昏勞瘁，以致聖躬違和。臣等更望皇上節哀節勞，勉加調攝，臣等幸甚。』

二十八日

巳時地震，上御便殿修省，減膳齋居，特詔在廷三品以上及科道官，各直言無隱；凡京城被災人民，厚加優恤。

二十九日

上親制詔諭六條，頒示内外大小諸臣，各加洗心滌慮，同修實政，以勉思上天垂戒至意。

八　月

初一日

臣英、臣士奇、臣訥恭請聖躬萬安，上傳諭曰：『地震災變，人民荼苦，朕心晝夜不寧，寢食俱廢，思所以輓回天心，以消災警。』臣英等對曰：『古人有言：「遇災知警，則災可轉而之祥。」董仲舒亦曰：「災異者，天心之仁愛仁君，而欲止其亂也。」臣等伏睹我皇上敬天勤民之心一刻不懈，今遇此變異，憂形於色，齋居減膳，求直言以通民隱，發帑金以恤民災，虚己求治，可謂治矣。又伏讀聖諭諄懇，洞見天下弊源，痛切誡勵，無微不晰，人臣苟有知識，能不愧汗無地。如果大小臣工皆能以皇上之心爲心，從此大破積習，各殫實心，何災變之不可弭，而休祥之不可致乎？』

初十日

酉時，上傳諭曰：『自二十八日以後，常覺震動，今猶未止，朕心甚爲不安。』臣英、臣士奇對曰：

『臣等渺聞寡見，未能深燭其理，但據史書所載：「地者，陰象也。陰氣過盛，陽氣伏於下而不能伸，則有震動之災。」故久雨則震，久旱則震，皆陰陽不和之所致也。在京師根本之地，尤不宜屢見。伏睹皇上數時憂勤惕厲之心，輓回天變可謂至矣。今或宜虔禱郊壇，爲萬民請命，至誠所動，上格穹蒼，當亦彌災之一端也。』上傳諭曰：『所奏已知。祈禱事已遣官行禮。』

十七日

上傳諭問曰：『數日京城内外小民廬舍已各整理否？』臣英等對曰：『小民蒙皇上優恤之恩，廬舍已漸次完整。臣英近聞通州一路各被災之地，人民壓死者甚衆，其有親故者，已各自掩瘞；其行道之人，無親故識認者，尚填壓於街市城垣瓦礫之間，日久腐壞，穢氣遠聞。道殣之人既爲可憫，況今深秋，尚爾炎暑，天道亢陽，誠恐穢氣薰蒸，人民露處者，不免沾染疾病之慮，存者、歿者皆未得其所。伏乞皇上傳諭地方官速加掩埋，亦安恤災黎之一端也。』上傳諭曰：『所奏是。已諭部速行。』

二十八日

上諭臣英、臣士奇曰：『朕自沖年臨御以來，民間疾苦及貪吏弊竇留心體察已久，其中情弊，知之素矣。但念君德莫大於有容，治道莫尚於能寬。故每事務存矜恕，其有自罹於法者，尚不忍置之重典，誠恐近於苛刻，有乖體恤臣工之至意也。朝廷設立科道官，原寄以耳目重任。邇來民生困苦，朝廷之德澤不能下究，科道各官於國計民生之大，實心講究確切敷陳者，寥寥無幾，但將六部現行之事指摘紛更，希圖塞責，冀免春秋年例處分。其在朕前所奏，皆若至廉至公，及考其行事，狥私自利者不可勝數。所謂耳目之官，風紀之任，豈不大負闕職哉。今日貪私之弊，滿漢皆然。滿人聚處京城，形迹尚爲易見，漢人散處外郡，往往有田宅彌連州縣，挾其富厚之勢，侵淩小民，有司莫敢詰其非者，科道官寧不知之？而不聞有所糾參舉發，此皆言官溺職，民生失所之由也。』臣英等奏曰：『臣等數年以來，得朝夕侍從皇上左右，伏睹聖心憂勞，起居寢食，無時不以天下蒼生爲念，聞一夫之失所，則憫惻於宸衷，允恭克儉，約己厚下，雖盛古帝王，何以加兹！宜乎天下之大，含生之衆，無不盡被皇上之德澤而歌舞太平矣。乃今日民生疾苦，誠有如聖諭所云者。臣竊以爲，皇上愛民之心，與小民望恩之心，皆可謂極至。而有扞格於其中而使之不能通者，則皆今日貪官污吏之所爲也。伏聞聖諭，洞晰貪風，切責言路，王言炳如日星，肅若雷霆，使諸臣果能改心易慮，此真天下萬民之大慶矣。』

九月

初七日

辰時，上召臣英至懋勤殿。上復誦『周公曰：「嗚呼，厥亦惟我周太王、王季、文王」』四節，親講『周公曰：「嗚呼，繼自今嗣王」』四節。

初八日

辰時，上召臣英至懋勤殿。上復誦『周公曰：「嗚呼！繼自今嗣王」』四節，親講『周公曰：「嗚呼！自殷王中宗」』四節。講畢，上曰：『朕於政務悉心講究，務求其當，前曾面諭諸臣及言官，使各加警勵。汝聞之乎？』臣英對曰：『臣竊聞詔諭，仰見聖上憂勞。』上曰：『天下國家事，莫不有大小重輕之勢，故凡事當權衡折衷，必務從其大者、重者。今言官論事論人，多指摘瑕疵，但見及一偏，而於大局全體所關，不能審度其輕重。即如用兵之地，督撫大吏職任至重，至其製備鞍馬、招募技勇、激賞將士以及供饋官兵之費，勢與内地不同。倘復事事苛責，恐隳其任事之心，亦將何以展布其手足。若兵興時用之，兵休時遽黜之，亦非所以慰勸勞臣。且言官每事惟知推諉，獨不思身在會議會推之列，何不可直陳於事前，而必待推過於事後乎？若其始，或知而不言，或有所畏而不言，皆非實心任事之道也。』臣英對曰：『言官或持其一節之見，而於軍國大事未能深知，且疆埸戎馬之間，與平居無事之地不同，自難以一概論也。』上曰：『近日外吏可謂極難，營私者固不免於糾參，即有守正者，又多不爲人所容。若因一時之彈核〔劾〕而遽置於重典，常恐有冤抑可矜，故每兢兢然慎之。』臣英對曰：『外吏之苦甚，至有自戕其生者。人非至愚，豈肯甘心於此。皇上洞悉外吏之情形，可謂切矣。雖古所稱廉吏，亦孰無身家妻子之念，故從來州縣有存留錢糧，稍有餘地，此非以寬吏也，正以寬民也。自用兵以來，存留盡入兵餉，州縣之支用無幾，如驛遞、胥役諸費，又決不可缺，官安能自給哉？究竟取之百姓耳。臣願四海蕩平、兵餉稍裕之時，存留錢糧尚宜少加酌議，以爲恤官、恤民之地也。』上曰：『近日民生貧困，家給人足之樂遠不及于古，而風俗之奢靡日甚。向嚴加禁止，漸有規模，自兵興以來，稍弛其禁，誠恐奉行不善，或至擾民。每思足民良法，終無逾於此。』臣英對曰：『自古婚嫁、埋葬、宫室、衣服、宴會之制，皆有一定，寧儉無奢。今日風俗奢靡，此倡彼效，正賈誼所謂「貧富相耀」也。古人比百姓于嬰兒、赤子，彼安知饑飽之節哉，全在爲父母者爲之節之制之。彼初但覺其苦，而後乃知其益。所以古人云：「百姓可與樂成，不可與慮始也。」返奢爲儉，則可以防吏之貪，止民之盜。辨貴賤，正名分，美風俗，皆在於此。惟在皇上漸以行之而已。』

初九日

辰時，上召臣英至懋勤殿。上復誦『周公曰：「嗚呼！自殷王中宗」』四節。

初十日

辰時，上召臣英至懋勤殿。上復誦『周公曰：「嗚呼，厥亦惟我周太王、王季」』十二節，親講君奭篇『周公若曰：「君奭」』四節。

十一日

辰時，上召臣英至懋勤殿。上復誦『周公若曰：「君奭」』四節，親講『在今予小子旦』四節。

十二日

辰時，上召臣英至懋勤殿。上復誦『在今予小子旦』四節，親講『天惟純佑命』三節。

十三日

辰時，上召臣英至懋勤殿。上復誦『天惟純佑命』三節。

十四日

辰時，上召臣英至懋勤殿。上復誦『周公若曰：「君奭」』十一節，親講『惟文王尚克修和我有夏』五節。講畢，上曰：『朕聞江北及湖廣諸郡，夏秋以來久旱，禾稼不登，地方官奏聞，朕心深爲軫念。』臣英對曰：『臣鄉自六月以後不雨，聞秋成不及一分。臣鄉素稱産米之地，比年以來，穀價不過數錢，而百姓尚有艱食者。今當秋收之始，穀價踴貴，已與京師相等。民間素無蓄聚，不知冬春之際，百姓何以聊生，恐捐瘠定不能免。聖心軫念及此，真萬民之福也。』

十五日

辰時，上召臣英至懋勤殿。上復誦『惟文王尚克修和我有夏』五節，親講『公曰：「嗚呼！君肆其監於兹」』三節。

十六日

是日，上將躬禱南郊，先期致齋三日。

辰時，上召臣英至懋勤殿。上復誦『公曰：「嗚呼！君肆其監於兹」』三節，親講『予不允惟若兹誥』四節。

十七日

辰時，上召臣英至懋勤殿。上復誦『予不允惟若兹誥』四節。

十八日

寅時，上親詣南郊行禮。

是日，上閱明仁宗、武宗實録。

十九日

辰時，上召臣英至懋勤殿。上復誦『惟文王尚克修和我有夏』十二節，親講蔡仲之命『惟周公位冢宰』三節。講畢，上曰：『朕偶閱明武宗實録，見其廢弛遊佚，非復人君之體，就中數條悖禮尤甚，不但不可形諸事，亦並不可萌諸心者，當日皆肆然爲之，真足貽笑後世。』臣英對曰：『武宗洵爲有明失德之主，由其天性輕浮愚暗，好昵比小人，爲其所蛊惑也。』上曰：『明神宗時之廢弛，亦正相類。』臣英對曰：『神宗時之政事廢壞，釀患叢奸，似較武宗更甚。但以其深居簡出，不至如武宗失德過舉之昭人耳目耳。』

二十日

辰時，上召臣英至懋勤殿。上復誦『惟周公位冢宰』三節，親講『皇天無親』五節。講畢，上曰：『朕閱明仁宗實録，其君臣問答之言，皆有可觀，文亦醇雅有體，較別朝者爲勝。正德年間，章疏有極痛切而簡當者，往往付之不報，良可惜也。』臣英對曰：『誠如聖諭』。

是日，上閱明宣宗實録。

二十一日

辰時，上召臣英至懋勤殿。上復誦『皇天無親』五節。講畢，上曰：『朕閱明宣宗實録，其奉事母后和敬有禮，至今覽之，猶足令人感慕。朕常思先王以孝治天下，故夫子稱「至德要道，莫加於此」。自唐宋以來，人君往往疏於定省，有經年不一見者，獨不思朝夕承歡乃家庭之常禮，且天倫至性，何嘗以貴賤殊也。』英對曰：『誠如聖諭。臣歷觀前代克盡孝道者難，而求之於帝王家尤難，惟本朝家法，超軼前古。我皇上孝養兩宫，問安視膳，必躬必親，克誠克敬。寢門之外，或日一至焉，或日數至焉，先意承志。孺慕純篤。臣侍從起居以來，備見其詳，寸心感悦，莫罄賡揚，真從古帝王不多見之盛事也。』

是日，上閲明英宗實録。

二十三日

辰時，上召臣英至懋勤殿。上復誦蔡仲之命全篇，親講多方『惟五月丁亥』五節。

二十四日

辰時，上召臣英至懋勤殿。上復誦『惟五月丁亥』五節，親講『天惟時求民主』四節。講畢，上曰：『朕觀古廢興之際，如夏、商之桀、紂，周之幽、厲，所以墜失天命，皆其自取。後世亦有無大失德而隕覆其家國者，如明之崇禎年間是也，皆由其臣子背公徇私，處言路者變易是非，淆亂可否，曾無實心體國之人，故至此耳。』臣英對曰：『明季自萬曆以後，積弊大壞已久。至崇禎時，如既蠹之木、將絶之繩，適逢其會，天運、人心皆去，已處無可如何之勢矣。臣愚觀明末之弊，莫大於朋黨。彼此各立門户，互相傾軋，置國事於度外，以致潰決不可收拾也。』上又曰：『朕觀明仁宗、宣宗時，用法皆極寬平。每思人君承天子民，時育萬物，自當以寬厚爲根本，始可成敦裕之治，但不可過於縱弛，所貴乎寬而有制耳。』臣英對曰：『聖論深當治體。明仁宗、宣宗處太祖、成祖之後，當日洪武、永樂間法度往往傷于嚴切，故仁宗、宣宗以寬濟之。從來寬嚴相濟，乃致治之要道也。』

二十六日

辰時，上召臣英至懋勤殿。上復誦『天惟時求民主』四節，親講『以至於帝乙』六節。

二十七日

辰時，上召臣英至懋勤殿。上復誦『以至於帝乙』六節。

二十八日

辰時，上召臣英至東便殿。上復誦『惟五月丁亥』十五節，親講『惟聖，罔念作狂』三節。

二十九日

辰時，上召臣英至東便殿。上復誦『惟聖，罔念作狂』三節，親講『今曷我敢多誥』三節。

十月

初一日

辰時，上召臣英至東便殿。上復誦『今曷我敢多誥』三節，親講『我惟時其教告之』三節。

初二日

辰時，上召臣英至東便殿。上復誦『我惟時其教告之』三節。

初三日

辰時，上召臣英至東便殿。上復誦『惟聖，罔念作狂』九節，親講『自作不和』三節。

是日，上閱明憲宗實録。

初四日

辰時，上召臣英至東便殿。上復誦『自作不和』三節。親講『王曰：「嗚呼！多士，爾不克勸忱我命」』三節。講畢，上曰：『朕閱明憲宗實録中，章疏有剴切詳明者，亦有徵引冗泛者。又如言官所劾正一真人張元吉罪甚當，彼既兇惡顯著，當時何不因此而停其世襲封號乎？』臣英對曰：『元吉稔惡，能於此時停其封號甚善，當時崇信其術，不能毅然行之。且元吉終未正法，亦失刑之大者也。』

初五日

辰時，上召臣英至東便殿。上復誦『王曰：「嗚呼！多士，爾不克勸忱我命」』三節。

初六日

辰時，上召臣英至東便殿。上復誦『自作不和』六節，親講立政『周公若曰：「拜手稽首」』三節。

是日，上御東便殿，臣士奇侍。上曰：『國家財賦出於民，民力有限，當思撙節愛養，則國家常見其有餘。朕見明季諸君，奢侈無度，宫中服食及創造寺觀，動至數十萬。我朝崇尚樸質，較之當時，僅百之一、二耳。』臣士奇對曰：『我皇上御極以來，節用愛人，事事務從儉約。至於賑荒恤災及有益於民生之事，又必發内帑，蠲租賦，真所謂儉於自奉而豐於養民。昔漢文帝惜露臺之費，天下享其豐亨。今皇上深宫燕閑，時存此念，誠四海萬民之福也。』

初六日

辰時，上召臣英至東便殿。上復誦『周公若曰：「拜手稽首」』三節，親講『亦越成湯』二節。是日，上御東便殿，臣士奇侍。上曰：『朕閲歷代史册，見開創之初及守成之主政簡治約，上下臣民有所遵守。末世君臣，變亂成法，朝夕紛更，終無補益。所謂天下本無事，庸人自擾之耳。』臣士奇對曰：『誠如聖諭。』

十一日

辰時，上召臣英至東便殿。上復誦『亦越成湯』二節，親講『亦越文王、武王』七節。

十二日

辰時，上召臣英至東便殿。上復誦『亦越文王、武王』七節。講畢，上曰：『朕閲明憲宗實録，其行事已不逮於仁宗、宣宗，且當日賞賚修建，浮費甚多，而國用何以不匱？』臣英對曰：『當由承平日久，蓄積充裕故也。』上曰：『明季征斂於百姓者，正賦而外，如練餉及臨清燒造、四川采木諸費，名項甚多。我世祖章皇帝入關以來，盡行革除，所以宫中經費務從簡約，誠不欲輕取民力而糜之於無用之地也。』臣英對曰：『此祖宗仁民首政，所以爲承天子民之本，乃萬世子孫之法憲也。』

十三日

辰時，上召臣英至東便殿。上復誦『周公若曰：「拜手稽首」』十二節，親講『文王罔攸兼於庶言、庶獄、庶慎』四節。

十四日

辰時，上召臣英至東便殿。上復誦『文王罔攸兼於庶言、庶獄、庶慎』四節，親講『自一話一言』四節。

十五日

辰時，上召臣英至懋勤殿。上復誦『自一話一言』四節，親講『今文子文孫』四節。

十六日

辰時，上召臣英至懋勤殿。上復誦『今文子文孫』四節。講畢，上曰：『讀古人書，當審其大義之所在，所謂一以貫之也。若其字句之間，即古人亦互有同異，不必指摘辨駁，以務求伸一己之說。』臣英對曰：『誠如聖諭。』上又曰：『聖人立言，必渾淪切實，後人求其說而過之，每蹈虛寂之弊。如釋老之書，朕向亦曾流覽，深知其虛幻，無益於政治。易曰：「有君臣、父子、上下，然後禮義有所措。」今釋道之教，棄絶五倫，根本既失，其餘言論更何著落。易曰：「天地之大德曰生，天地人並列而爲三。」今釋道之教，生生之理已絶，是使三才且有時而窮，此皆其大體錯謬，不待辨而自明者也。』臣英對曰：『皇上論二氏之失，真可謂深得要領矣。』

十七日

辰時，上召臣英至懋勤殿。上復誦『文王罔攸兼於庶言、庶獄、庶慎』十二節，親講周官『惟周王撫萬邦』四節。

十八日

辰時，上召臣英至懋勤殿。上復誦『惟周王撫萬邦』四節，親講『立太師、太傅、太保』六節。

十九日

辰時，上召臣英至懋勤殿。上復誦『立太師、太傅、太保』六節，親講『司寇掌邦禁』五節。

二十日

辰時，上召臣英至懋勤殿。上復誦『司寇掌邦禁』五節。

二十一日

辰時，上召臣英至懋勤殿。上復誦『惟周王撫萬邦』十五節，親講『學古入官』三節。

二十二日

辰時，上召臣英至懋勤殿。上復誦『學古入官』三節，親講『居寵思危』三節。

二十三日

辰時，上召臣英至懋勤殿。上復誦『居寵思危』三節。

二十四日

辰時，上召臣英至懋勤殿。上復誦『學古入官』六節，親講君陳『王若曰：「君陳，惟爾令德孝恭」』四節。

二十六日

辰時，上召臣英至懋勤殿。上復誦『王若曰：「君陳，惟爾令德孝恭」』四節，親講『圖厥政，莫或不艱』三節。

二十七日

辰時，上召臣英至懋勤殿。上復誦『圖厥政，莫或不艱』三節，親講『殷民在辟』七節。

二十八日

辰時，上召臣英至懋勤殿。上復誦『殷民在辟』七節。

二十九日

辰時，上召臣英至懋勤殿。上復誦君陳全篇，親講顧命『惟四月哉生魄』六節。

是日，上閱明孝宗實録。

十一月

初一日

辰時，上召臣英至懋勤殿。上復誦『惟四月哉生魄』六節，親講『今天降疾』五節。

是日，上檢閱内府書籍，臣士奇侍。上曰：『前代内府刊刻諸書，有極精工者，亦有極訛謬草率者，良由彼時帝王好學與不好學之故耳。』臣士奇奏曰：『皇上御極以來，修補内庫五經大全、性理大全、文獻通考諸書，校正甚詳。近日翰林院所刻四書講義、書經講義，益加精確，實爲當代盛事。』上曰：『朕意欲將五經次第進講。』臣士奇奏曰：『曾聞前朝日講，一月止行數次，亦有終歲止三、四次者。今皇上日御講筵，寒暑無間，四書、書經講貫精徹，他經俱已洞悉大義，聖心猶孜孜無已，誠帝王之所難能。然治平之理及古聖賢相傳心法，實不外此二書矣。』

初二日

辰時，上召臣英至懋勤殿。上復誦『惟天降疾』五節，親講『丁卯，命作冊度』七節。

初三日

辰時，上召臣英至懋勤殿。上復誦『丁卯，命作冊度』七節。講畢，上曰：『朕閲明孝宗實録中，如當日崇王請入朝，既奉太皇太后之命，而諸臣争之不已，卒不獲入朝，於親親之誼恐未允協。且觀其章疏，所言皆失之太過，亦非所以垂示永久也。』臣英對曰：『誠如聖諭。』

是日，上檢閲内府書籍，臣士奇侍。因閲武備諸書，上曰：『自十二年用兵以來，嘗取前人韜略、武備等書閲之，亦皆紙上談兵，無益於事。間有用符咒法術者，尤屬不經。我朝用兵，自有調度，且號令嚴明，人人具勇敢之氣，即公卿大夫，皆嫻戎馬，故所向多能成功。王者之師，行之以正，豈藉詭譎之術哉！』臣士奇奏曰：『歷代以來，養兵之法，惟本朝爲盡善。皇上廟算神武，指畫有方，真古所謂「折衝樽俎間」也。』

初四日

上召臣英至懋勤殿。上復誦『惟四月哉生魄』十八節，親講『越玉五重』二節。

初五日

上召臣英至懋勤殿。上復誦『越玉五重』二節，親講『二人雀弁執惠』三節。講畢，上曰：『朕嘗聞明宫闈中食御浩繁，靡費不貲，掖庭宫人幾至數千，此皆可爲深鑒。朕思人主惟能自檢束恭謹，則貴者益貴，易所謂「謙尊而光也」。若惟知侈縱，反不覺其可貴矣。我祖宗相傳，以此爲訓，朕恒用是凛凛。』臣英對曰：『兢兢業業，堯舜之所以爲堯舜，全在於此。欽聆天語，列聖相傳心學，於此益見矣。』

是日，上謂臣英等曰：『明孝宗時，如大學士徐溥諫修煉服食疏、大學士劉健論天下事有重輕緩急疏、禮部尚書傅瀚論玉璽疏，皆正大剴切，深識治體。又，行人司行人王雄諫用將疏，所言亦當。内臣何鼎以言事獲罪，當日諸大臣力救之，惜未知其所言何事。其召閣臣面決機務，僅於弘治十年後一見耳。且明季章疏，以煩冗相尚，亦殊非政貴體要之意。』臣英等對曰：『伏聞聖諭，仰見讀書論古之識卓越尋常也。』

申時，上檢閱内府書籍。

初六日

辰時，上召臣英至懋勤殿。上復誦『二人雀弁執惠』三節，親講『曰：「皇后憑玉几」』六節。

是日，上檢閱内府書籍。

初七日

辰時，上召臣英至懋勤殿。上復誦『曰：「皇后憑玉几」』六節。

初八日

辰時，上召臣英至懋勤殿。上復誦『越玉五重』十一節，親講康王之誥『王出在應門之内』三節。講畢，因論前代宫闈制度，上曰：『朕每聞明宫掖中人數甚多，往往饑寒不恤，鞭笞無度，因而致斃者亦甚衆。小有營建，動費巨萬。以本朝各宫計之，尚不及當時妃嬪一宫所用之數。本朝自入關定鼎以來，外廷軍國之費，與明代略相仿佛。至宫中服用，則三十六年之間，尚不及當時一年所用之數，蓋深念民力艱難，國儲至重，鑒彼侈靡之失，弘昭敦樸之風。古人云：「以一人治天下，不以天下奉一人。」常思此言而不敢過也。』臣英對曰：『臣自侍内庭，竊見宫闈中經費儉約，體統清肅，從古人君之儉德，即書史所載，未有盛於今日者。若非臣得自目擊，亦不知富有四海而躬自節省若斯之至也。

語云：「人君知儉，則天下足養。」成君德，爲萬民，惜福莫大於此。』上曰：『自祖宗以來，累代相傳，家法如此，朕惟恪遵之耳。即如巡幸所至，尤以勞費爲慮。我太宗皇帝時，每車駕所歷，一切御用之物，皆辦自宫中，凡扈從之人，絲毫不以擾民。朕偶有巡幸，惟守成憲，誠恐駐蹕之地侵擾官民也。』臣英對曰：『此實萬世子孫之法。』

初九日

辰時，上召臣英至懋勤殿。上復誦『王出在應門之内』三節，親講『惟新陟王』三節。

初十日

辰時，上召臣英至懋勤殿。上復誦『惟新陟王』三節，親講『乃命建侯樹屏』二節。

是日，上謂臣英等曰：『朕閲明孝宗實録中，每歲御膳進素一百餘日，亦殊非人君正大之體。此由當日崇信佛教故耳。又如給事中倪議言崇儉疏，其理則是，而詞語稍失之太過。』臣英等對曰：『誠如聖諭。』

十一日

辰時，上召臣英〔至〕懋勤殿。上復誦『乃命建侯樹屏』二節。

是日，上謂臣英等曰：『朕閲弘治間大學士劉健諫修塔疏，言甚明切。又，當時大臣屢以早朝爲請，皆書曰「嘉納之」，而言者猶不已，當由未實見施行故耳。』臣英等對曰：『此正所謂「悦而不繹，從而不改」也。』

十二日

上因召大臣面議秋決事，是日停講。

十三日

辰時，上召臣英至懋勤殿。上復誦康王之誥全篇，親講畢命『惟十有二年』四節。

十四日

辰時，上召臣英至懋勤殿。上復誦『惟十有二年』四節，親講『惟公懋德』四節。是日，上閲明世宗實録。

十五日

辰時，上召臣英至懋勤殿。上復誦『惟公懋德』四節，親講『我聞曰：「世禄之家」』四節。

十六日

辰時，上召臣英至懋勤殿。上復誦『我聞曰：「世禄之家」』四節。講畢，上曰：『朕觀明世宗時，廷臣争執者，莫如議禮一事。然兹事折衷最難，總由世宗爲興獻王長子，而興獻王又别無子嗣，則世宗尊崇之議，未爲不當。父子天性至恩，恐難盡以義屈情也。』臣英對曰：『大統大倫，古今並重，兹事兩有妨礙，折衷誠難。臣愚不能灼見其是非，竊意稱孝宗爲皇考，稱興獻帝爲本生皇考，似乎猶得兩全之道也。』

十七日

辰時，上召臣英至懋勤殿。上復誦『惟十有二年』十節，親講『惟周公克慎厥始』三節。

是日，上檢閲内府書籍。

十八日

辰時，上召臣英至懋勤殿。上復誦『惟周公克慎厥始』三節，親講君牙篇『王若曰：「嗚呼！君牙」』四節。

十九日

辰時，上召臣英至懋勤殿。上復誦『王若曰：「嗚呼！君牙」』四節，親講『夏暑雨』三節。

二十日

辰時，上召臣英至懋勤殿。上復誦『夏暑雨』三節。

二十一日

辰時，上召臣英至懋勤殿。上復誦『惟周公克慎厥始』及君牙全篇，親講冏命『王若曰：「伯冏」』三節。

二十二日

辰時，上召臣英至懋勤殿。上復誦『王若曰：「伯冏」』三節，親講『今予命汝作大正』六節。

十二月

初六日

臣英等謹奏曰：『恭聞皇上因殿廷火災傳諭在廷諸臣之言：「惟以天下乂安，生民樂業爲心，饑饉薦臻、盜寇未息爲慮。念殿廷猶爲一己臨御之所，不以爲重于民生治理，引古人茅茨土階之風，以自寬慰。」大哉王言！仰見我皇上睿識高明，聖度弘遠，愛民望治之心，無時不然，迥非尋常意見所及。古之人君，曾有一言之善而即輓回天變者，況聖諭炳如日星，四海臣民聞之，感激之忱未有不淪肌浹髓者，即人心以合天心，則彌災迓福之本端，在乎此矣。』

十九日

辰時，上召臣英至懋勤殿。上復誦『今予命汝作大正』六節。

二十日

辰時，上召臣英至懋勤殿。上復誦冏命全篇，親講呂刑『惟呂命』三節。講畢，臣英奏曰：『日前聖體偶然違和，今甫初愈，誦讀可勞心神，似宜從簡。』上諭：『已知之。』

二十五日

辰時，上召臣英至懋勤殿。上復誦『惟呂命』三節，親講『民興胥漸』三節。

二十六日

辰時，上召臣英至懋勤殿。上復誦『民興胥漸』三節，親講『皇帝清問下民』四節。

二十七日

辰時，上召臣英至懋勤殿。上復誦『皇帝清問下民』四節。

戌時，復召臣英至懋勤殿。上復誦『惟吕命，王享國百年』十節。

康熙十九年

正　月

初八日

辰時，上召臣英至懋勤殿。上親講『典獄非訖於威』二節。

初九日

辰時，上召臣英至懋勤殿。上復誦『典獄非訖於威』二節，親講『王曰：「嗚呼！念之哉」』二節。

初十日

辰時，上召臣英至懋勤殿。上復誦『王曰：「嗚呼！念之哉」』二節，親講『兩造具備』三節。

十一日

辰時，上召臣英至懋勤殿。上復誦『兩造具備』三節。

十二日

辰時，上召臣英至懋勤殿。上復誦『典獄非訖於威』七節，親講『墨辟疑赦』一節。講畢，上曰：『江南廬、鳳各府賑濟之事何如？』臣英對曰：『臣聞去年冬巡撫親至鳳陽賑饑，各處人民沾沐皇仁，當有起色矣。』上曰：『爾鄉安慶穀價近日何如？』臣英對曰：『聞臣鄉米價，每一石銀一兩五六錢，臣鄉十年以來，米價大約六、七錢一石，今價至此，可謂騰貴矣。總由從前有收之年民貧穀賤，全無蓄積，故兩載旱災，而民力遂至於不支。』上曰：『朕聞鳳陽向來每多荒歉，何也？』臣英對曰：『當由鳳陽各縣地廣人稀，兼且土瘠之故耳。』

十九日

辰時，上召臣英至懋勤殿。上復誦『墨辟疑赦』一節，親講『上刑適輕，下服』兩節。

二十日

辰時，上召臣英至懋勤殿。上復誦『上刑適輕，下服』兩節，親講『王曰：「嗚呼！敬之哉！官伯族姓」』二節。

二十七日

辰時，上召臣英至懋勤殿。上復誦『王曰：「嗚呼！敬之哉！官伯族姓」』二節。是日，喜聞西川大捷，賊帥就擒，全蜀底定。臣英等謹奏：『逆賊竊據四川，憑險負固，藉其資糧。賊巢雖在滇黔，而命實懸於西蜀。今仰仗天威，克復於旬日之間，從此掃除殘孽勢如破竹，滇黔蕩平即在指日，中外歡躍非常。』臣等各恭紀詩二章，進呈御覽。

二十九日

辰時，上召臣英至懋勤殿。上復誦『墨辟疑赦』五節，親講文侯之命『王若曰：「父義和，丕顯文武」』二節。

三十日

辰時，上召臣英至懋勤殿。上復誦『王若曰：「父議和，丕顯文武」』二節，親講『父義和，汝克昭乃顯祖』二節。

二　月

初一日

辰時，上召臣英至懋勤殿。上復誦『父義和，汝克昭乃顯祖』二節。

初二日

辰時，上召臣英至懋勤殿。上復誦文侯之命全篇，親講費誓『公曰：「嗟，人無嘩，聽命」』三節。

初三日

辰時，上召臣英至懋勤殿。上復誦『公曰：「嗟，人無嘩，聽命」』三節，親講『馬牛其風』二節。

初四日

辰時，上召臣英至懋勤殿。上復誦『馬牛其風』二節。

初五日

辰時，上召臣英至懋勤殿。上復誦費誓全篇，親講秦誓『公曰：「嗟，我士聽，無嘩」』四節。

初六日

辰時，上召臣英至懋勤殿。上復誦『嗟，我士聽，無嘩』四節，親講『番番良士』四節。

初七日

辰時，上召臣英至懋勤殿。上復誦秦誓全篇。上曰：『書經今已講畢。爾歷年所講，書理明暢，克有裨益。』臣英謹奏曰：『書經義藴宏深，臣僅能粗解章句。歷年侍從講席，伏睹我皇上講論精貫，探討深微，迥非恒見所及。臣竊思，書經所載，其文則典、謨、訓、誥。堯、舜、禹、湯、文、武之所以爲君，皋、夔、稷、益、伊尹、傅説、周公、召公之所以爲臣，皆備於此。皇上萬幾之暇，講貫是書，治統、道統之要，兼備無遺矣。』

二十七日

辰時，上召臣英至懋勤殿。上親講易經『乾，元亨利貞』三節。

二十八日

辰時，上召臣英至懋勤殿。上復誦『乾，元亨利貞』三節，親講『九三君子，終日乾乾』三節。復温誦書經堯典『曰：「若稽古帝堯」』八節。

二十九日

辰時，上召臣英至懋勤殿。上復誦『九三君子，終日乾乾』三節，親講『上九〔曰〕亢龍有悔』七節，温誦書經『帝曰：「疇咨若時登庸」』四節。

三　月

初一日

辰時，上召臣英至懋勤殿。上復誦『上九〔曰〕亢龍有悔』七節，温誦書經舜典『曰若稽古帝舜』七節。

初二日

辰時，上召臣英至懋勤殿。上復誦『乾，元亨利貞』十三節，親講『象曰：天行健』八節，温誦書經堯典全篇及舜典『曰若稽古帝舜』七節。

初六日

辰時，上召臣英至懋勤殿。上復誦『象曰：天行健』八節，親講『君子體仁，足以長人』三節。

初七日

辰時，上召臣英至懋勤殿。上復誦『君子體仁，足以長人』三節，親講『九二曰，見龍在田』二節。

初八日

辰時，上召臣英至懋勤殿。上復誦『九二曰，見龍在田』二節。

初十日

辰時，上召臣英至懋勤殿。上復誦『象曰：天行健』十四節，親講『九四曰，或躍在淵』三節，温誦書經『歲二月，東巡守』九節。

十一日

辰時，上召臣英至懋勤殿。上復誦『九四曰，或躍在淵』三節，親講『潛龍勿用下也』十四節，温誦書經『舜曰：「咨四岳，有能奮庸熙帝之載』六節。

十二日

辰時，上召臣英至懋勤殿。上復誦『潛龍勿用下也』十四節，温誦書經『帝曰：「咨四岳，有能典朕三禮』六節。

十三日

辰時，上召臣英至懋勤殿。上復誦『九四曰，或躍在淵』十七節，親講『乾元者，始而亨者也』七節。

十四日

辰時，上召臣英至懋勤殿。上復誦『乾元者，始而亨者也』七節，親講『君子學以聚之』三節，温誦『歲二月，東巡守』二十節。臣英奏曰：『伏睹皇上講論堯典、舜典，上接二帝之精微，於典謨古奥處，識解貫徹，臣等累辭所不能明暢者，皇上以一二語發揮之，頓然明豁，於此見天縱睿哲，迥異恒常也。聖功緝熙，反復講誦，經學之純，洵自古所罕見者矣。』

十五日

辰時，上召臣英至懋勤殿。上復誦『君子學以聚之』三節，親講『夫大人者，與夫天地合其德』三節，温誦書經大禹謨『曰若稽古大禹』十節。

十六日

辰時，上召臣英至懋勤殿。上復誦『夫大人者，與天地合其德』三節，温誦『帝曰：「皋陶惟兹臣庶」』七節。上曰：『易經義蘊弘深，正宜反復玩味，期於每卦精熟，然後再讀後篇，方爲有益。』臣英對曰：『誠如聖諭。古人常有言曰：「易經乃義理之宗。」而乾坤二卦，又爲全易之綱領，更所當尋繹者也。』

十七日

辰時，上召臣英至懋勤殿。上復誦『乾元者，始而亨者也』十三節，温誦『禹曰：「枚卜功臣」』四節。

二十日

辰時，上召臣英至懋勤殿。上復誦『乾，元亨利貞』二十一節，温誦書經大禹謨全篇。

二十一日

辰時，上召臣英至懋勤殿。上復誦『文言曰：「元者，善之長也」』九節，温誦書經皋陶謨『曰若稽古皋陶』三節。

二十二日

辰時，上召臣英至懋勤殿。上復誦『潛龍勿用下也』二十七節，温誦書經『日宣三德』五節。

二十三日

辰時，上召臣英至懋勤殿。上復誦乾卦全篇，親講『坤，元亨，利牝馬之貞』六節，温誦書經皋陶謨全篇。

二十四日

辰時，上召臣英至懋勤殿。上復誦『坤，元亨，利牝馬之貞』六節，親講『象曰：地勢坤』七節。

二十五日

辰時，上召臣英至懋勤殿。上復誦『象曰：地勢坤』七節，親講『六四，括囊』八節。

二十六日

辰時，上召臣英至懋勤殿。上復誦『六四，括囊』八節。

二十八日

辰時，上召臣英至懋勤殿。上復誦『坤，元亨利貞』二十一節，親講『文言曰：「坤至柔而動也剛」』六節。

二十九日

辰時，上召臣英至懋勤殿。上復誦『文言曰：「坤至柔而動也剛」』六節，親講『陰雖有美』六節。上曰：『「履霜堅冰」之喻，可謂切至。司馬光作通鑑，托始於周，以三晉爲諸侯，而首發論斷，極言防微杜漸之宜謹，正闡明此爻之義。千古治亂，不能出其範圍。後世如莽、操之禍，總皆由辨之不早耳。』臣英對曰：『誠如聖諭。』

三十日

辰時，上召臣英至懋勤殿。上復誦『陰雖有美』六節。

四月

初一日

辰時，上召臣英至懋勤殿。上復誦『文言曰：「坤至柔而動也剛」』十二節。

初二日

辰時，上召臣英至懋勤殿。上復誦『坤，元亨利貞』九節，温誦書經益稷『帝曰：「來禹，汝亦昌言」』四節。

初三日

辰時，上召臣英至懋勤殿。上復誦『六二，直方大』十二節，温誦書經『予違汝弼』三節。

初四日

辰時，上召臣英至懋勤殿。上復誦『文言曰：「坤至柔而動也剛」』十二節，温誦書經『無若丹朱傲』二節。講畢，上問曰：『江南今歲雨澤如何？』臣英對曰：『臣鄉有人至，言今春雨澤霑渥，惟穀價尚未減也。』

初五日

辰時，上召臣英至懋勤殿。上復誦坤卦全篇，親講『屯，元亨利貞』五節，温誦書經『夔曰：「予擊石拊石」』二節。

初六日

辰時，上召臣英至懋勤殿。上復誦『屯，元亨利貞』五節，親講『初九，磐桓』四節。

是日，臣英恭進易經參解六卷。

初七日

辰時，上召臣英至懋勤殿。上復誦『初九，磐桓』四節，親講『六三，即鹿無虞』八節。温誦書經益稷全篇。上曰：『朕覽爾所進易經參解，纂輯古説，於易理可謂明晰。』臣英謹奏曰：『臣因質性愚魯，故纂輯易經大全及直解諸書，藉以自備遺忘。又因在内廷修輯之書不敢不上塵皇上御覽，恭承天語優獎，不勝惶悚之至。』

初八日

辰時，上召臣英至懋勤殿。上復誦『六三，即鹿無虞』八節，温誦書經禹貢『禹敷土』二十節。上曰：『外廷講官每日進講書經，故爾通鑒暫停。今朕欲於宫中午後講閲通鑒，乃爲經史并進之學。』臣英對曰：『經以明理，史以徵事，二者相爲表裏，而考鑒古今史學，尤爲裨益。臣伏聞聖諭，益見孜孜無已之盛心也。』

是日，上諭吏部：『朕萬幾之暇，留心經史，雖遜志時敏，夙夜孜孜，而研究闡發，良資講幄之功。日講起居注各官，俱以學行優長簡備顧問，講解明晰，奉職勤勞。所纂講義，典確精詳，深裨治理。侍讀學士張英，供奉内廷，日侍左右，恪恭匪懈，勤慎可嘉。高士奇、杜訥學問淹通，居職勤慎，供奉有年，應授爲翰林官。爾部俱一併從優議叙具奏。以後，著益殫心職業，佐助典學，以副朕崇儒重道、稽古右文至意。特諭。』因命傳諭臣英、臣士奇、臣訥等。臣英等謹奏曰：『臣等叨恩入侍禁庭，伏睹我皇上聖學高深，稽古之勤，寒暑靡間，臣等不能仰窺涯際，更何能效涓埃萬一之助，以草野樗櫟之材，深叨異數，撫衷自愧，惟切冰兢。今復驚聞皇上特沛温綸，褒嘉逾量，捧讀之下，惶恧無地，敢不益竭駑駘，矢勤矢慎，以報鴻恩之高厚也。』

初九日

辰時，上召臣英至懋勤殿。上復誦屯卦全篇，親講『蒙，亨，匪我求童蒙』四節，温誦書經『海岱惟青州』十七節。

初十日

辰時，上召臣英至懋勤殿。上復誦『蒙，亨，匪我求童蒙』四節，親講『初六，發蒙』六節，温誦書經『淮海惟揚州』九節。

十一日

辰時，上召臣英至懋勤殿。上復誦『初六，發蒙』六節，親講『六四，困蒙，吝』六節，温誦『禹敷土』四十六節。

十二日

辰時，上召臣英至懋勤殿。上復誦『六四，困蒙，吝』六節，温誦書經『荆及衡陽惟荆州』八節。

十三日

辰時，上召臣英至懋勤殿。上復誦蒙卦全篇，温誦書經「荆河惟豫州」十七節。

十四日

辰時，上召臣英至懋勤殿。上復誦「屯，元亨利貞」九節，温誦「墨水西河惟雍州」十三節。

十五日

辰時，上召臣英至懋勤殿。上復誦「六三，即鹿無虞」十二節，温誦書經「荆及衡陽惟荆州」三十八節。上曰：「易理雖變化無窮，而歷觀諸卦，實有一貫之義，大約審爻位之陰陽，辨剛柔之中正，而吉凶悔吝之數，即不外乎此矣。」臣英對曰：「誠如聖諭。孔子作系辭以贊易，反復詳説，總不出於陰陽、消長、剛柔、進退之道。朱子集諸家之説，著爲本義，先儒極稱其簡嚴精密，前後諸儒皆不能出其範圍。系辭又云：『居則觀其象而玩其辭，動則觀其變而玩其占。』故注解止能陳説大義，而在讀之者尋繹玩味也。」

十六日

辰時，上召臣英至懋勤殿。上復誦「初六，發蒙」十二節，温誦書經「導岍及岐」七節。

十七日

辰時，上召臣英至懋勤殿。上復誦屯、蒙二卦全篇，親講「需，有孚光亨」四節。

十八日

辰時，上召臣英至懋勤殿。上復誦『需，有孚光亨』四節。親講『初九，需於郊』六節，温誦『嶓冢導漾』三節。講畢，上曰：『近聞河南一路至畿南各府麥田有秋，復問大學士馮溥，知山東今歲麥田甚佳，朕心深爲喜悅。此二省幅員既廣，且地接畿輔，今麥秋伊邇，穀價當可漸減矣。』臣英對曰：『皇上深恤民依，念念不忘。海隅蒼生，日在宵旰憂勤之内。近因天時亢旱，減膳致齋，宸衷肅穆，將行虔禱之禮，雨澤應期而降，益見至誠，上格天人感孚之盛。』上曰：『此皆天心佑助下民也』。

十九日

辰時，上召臣英至懋勤殿。上復誦『初九，需於郊』六節，親講『六四，需於血』六節，温誦書經『導岍及岐』十節。

二十日

辰時，上召臣英至懋勤殿。上復誦『六四，需於血』六節，温誦書經『導淮自桐柏』七節。

二十一日

辰時，上召臣英至懋勤殿。上復誦需卦全篇，親講『訟，有孚窒』四節，温誦書經『五百里甸服』六節。

二十二日

辰時，上召臣英至懋勤殿。上復誦『訟，有孚窒』四節，親講『初六，不永所事』六節，温誦書經『導淮自桐柏』十三節。

二十三日

辰時，上召臣英至懋勤殿。上復誦『初六，不永所事』六節，親講『九四，不克訟』六節，温誦書經『禹敷土』二十七節。

二十四日

辰時，上召臣英至懋勤殿。上復誦『九四，不克訟』六節。

二十六日

辰時，上召臣英至懋勤殿。上復誦訟卦全篇，温誦書經『海岱及淮惟徐州』二十六節。

二十七日

辰時，上召臣英至懋勤殿。上復誦『需，有孚光亨』十一節，温誦書經『荆河惟豫州』三十節。

二十八日

辰時，上召臣英至懋勤殿。上復誦『六四，需於血』十節，温誦書經『禹敷土』八十三節。

二十九日

辰時，上召臣英至懋勤殿。上復誦『初六，不永所事』十二節，温誦書經『導岍及岐』十節。

五月

初一日

辰時，上召臣英至懋勤殿。上復誦需卦、訟卦全篇，親講『師，貞，丈人吉』四節，温誦書經『導渭自鳥鼠同穴』十二節。講畢，上曰：『易卦中「大象」言簡意該〔賅〕，獨扼一篇之要，如乾之自强不息，坤之厚德載物，蒙之果行育德，師之容民畜衆，全卦之義藴，不越乎此。此尤當尋繹。』臣英對曰：『誠如聖諭。』上又曰：『三代井田之法，寓兵於農，正易所謂「容民畜衆」也。自兵農既分，勢難復合，後世有欲於曠閑之壤仿古行井田之法者，不惟無補於民，正恐益滋煩擾。天下事，興一利不如去一弊之爲愈，增一事不如省一事之爲得也。』臣英對曰：『聖言深切治體，兵農既難復合，但在養兵得其道，不致病國病民，斯爲得古人遺意耳。』

初二日

辰時，上召臣英至懋勤殿。上復誦『師，貞，丈人吉』四節，親講『初六，師出以律』六節，温誦書經『導岍及岐』二十二節。

初四日

辰時，上召臣英至懋勤殿。上復誦『初六，師出以律』六節，親講『六四，師左次』六節，温誦禹貢全篇。臣英謹奏曰：『禹貢詞語古奥，叙次繁多，記誦講貫甚難，聖學精徹至此，誠由天縱，亦因用功純密無間，反復深至也。』

初五日

辰時，上召臣英至懋勤殿。上復誦『六四，師左次』六節。

初六日

辰時，上召臣英至懋勤殿。上復誦師卦全篇，温誦書經甘誓全篇及『太康尸位』六節。上曰：『古車戰之法，其廢已久。由今思之，不獨山林原隰，難於馳驅，即平衍之地，亦不宜用。蓋一車之中，左主射，右主擊刺，居中者主御。或有一人不用命，則勝負所關不小。此後世所以難行也。』臣英對曰：『恭聽聖言，慎重師旅之盛心，即於此可見矣。』

初七日

辰時，上召臣英至懋勤殿。上親講『比，吉，原筮，元永貞，无咎』四節。是日，蒙恩擢授臣英翰林院學士兼禮部侍郎、臣士奇翰林院侍講、臣訥翰林院編修。臣英等謹奏曰：『臣等日侍内庭，叨蒙聖恩隆渥，迥異恒常，自愧駑駘，不能報答萬一。愚魯疏野，忝過叢集，蒙聖度優容，獎以温綸，錫以顯秩，悚惶感激交切於中。復以成命自天下，不敢遜辭，惟有殫竭愚誠，仰報高厚。』上傳諭：『因爾等侍從左右，朝夕進講，克矢勤慎，故有是命，若非能稱其職，恩命亦不輕畀也。』臣英等恭請謝恩，奉旨於懋勤殿行禮。

初八日

辰時，上召臣英至懋勤殿。上復誦『比，吉，原筮，元永貞，无咎』四節，親講『初六，有孚比之』六節，温誦書經『其三曰：「惟彼陶唐」』三節及『惟仲康肇位四海』三節。

初九日

辰時，上召臣英至懋勤殿。上復誦『初六，有孚比之』六節，親講『六四，外比之貞吉』六節，温誦書經『惟時羲和』四節。

未時，上召臣英、臣士奇至懋勤殿。上親講通鑒『燕人立太子平爲君』一章、『秦甘茂伐韓宜陽』一章。上曰：『古人紀一事，當觀其要旨所在。如郭隗市駿之語，見求士不可以不誠；甘茂投杼之言，見任人不可以不信。此要領處，尤不可不知也。』臣英等對曰：『聖言真讀史之法。』

初十日

辰時，上召臣英至懋勤殿。上復誦『六四，外比之貞吉』六節。

未時，上召臣英、臣士奇至懋勤殿。上親講通鑒『趙使藺相如獻璧於秦』一章、『燕君平卒』一章。

是日，臣英、臣士奇、臣訥因遷除之命，各恭撰表一道及紀恩詩，進呈御覽。

十一日

辰時，上召臣英至懋勤殿。上復誦比卦全篇，温誦書經甘誓、五子之歌、胤征三篇。

未時，上召臣英、臣士奇至懋勤殿。上親講通鑒『秦王齕攻趙上党』一章，『楚以荀況爲蘭陵令』

一章。

十二日

辰時，上召臣英至懋勤殿。上復誦『師，貞，丈人吉』十節，温誦書經湯誓全篇。

未時，上召臣英、臣士奇至懋勤殿。上親講通鑒『秦始皇帝初并天下』一章、『分天下爲三十六郡』一章。

十三日

辰時，上召臣英至懋勤殿。上復誦『師左次，无咎』十節。

未時，上召臣英、臣士奇至懋勤殿。上親講通鑒『燒詩書百家語』一章、『除直道』一章、『坑諸生四百六十餘人』一章。

十四日

辰時，上召臣英至懋勤殿。上復誦『初六，有孚比之』十二節。

未時，上召臣英、臣士奇至懋勤殿。上親講通鑒『帝東巡』一章、『楚人陳勝、吴廣起兵於蘄』一章。

十五日

辰時，上召臣英至懋勤殿。上復誦師卦、比卦二篇，親講『小畜，亨』四節，温誦書經『乃葛伯仇餉』四節。

十六日

辰時，上招臣英至懋勤殿。上復誦『小畜，亨』四節，親講『初九，復自道』六節。

未時，上召臣英、臣士奇至懋勤殿。上親講通鑒『秦下右丞相馮去疾』一章、『章邯擊趙』一章。

十七日

辰時，上召臣英至懋勤殿。上復誦『初九，復自道』六節，親講『六四，有孚，血去惕出』六節，温誦書經湯誓、仲虺之誥二篇。

未時，上召臣英、臣士奇至懋勤殿。上親講通鑒『八月，沛公入武關』一章、『沛公至霸上』一章。上曰：『久亂之民思治。秦民日在湯火之中，沛公入關，首行寬大之政，與父老約法三章，民心既歸，王業根本已定於此。』臣英等對曰：『誠如聖諭。漢高祖雖與項羽百戰得天下，而其固結民心之本，全在於入關之始。當日君臣氣象，與秦楚大不侔矣。』

十八日

辰時，上召臣英至懋勤殿。上復誦『六四，有孚，血去惕出』六節，温誦書經湯誥『王歸自克夏』四節。

未時，上召臣英、臣士奇至懋勤殿。上親講通鑒『沛公遣兵守函谷關』一章、『項（藉）〔籍〕自立爲西楚霸王』一章。

十九日

辰時，上召臣英至懋勤殿。上復誦小畜全篇，親講「履虎尾，不咥人，亨」五節，温誦書經「上天孚佑下民」五節。

二十日

辰時，上召臣英至懋勤殿。上復誦「履虎尾，不咥人，亨」五節，親講「初九，素履往」六節，温誦書經湯誥全篇。

未時，上召臣英、臣士奇至懋勤殿。上親講通鑒「漢王以韓信爲大將」一章、「漢王至洛陽」一章。

二十一日

辰時，上召臣英至懋勤殿。上復誦「初九，素履往」六節，親講「九四，履虎尾」六節。

未時，上召臣英、臣士奇至懋勤殿。上親講通鑒「漢王率五諸侯伐楚」一章、「魏王豹叛漢」一章。

未時，上召臣英、臣士奇至懋勤殿。上親講通鑒「韓信大破趙軍」一章、「隨何以九江王布歸漢」一章。

二十二日

辰時，上召臣英至懋勤殿。上復誦「九四，履虎尾」六節，温誦書經「惟元祀十有二月」四節。

二十三日

辰時，上召臣英至懋勤殿。上復誦履卦全篇，温誦書經「嗚呼！先王肇修人紀」四節。

二十四日

辰時，上召臣英至懋勤殿。上復誦『小畜，亨』十一節，温誦書經伊訓全篇。

二十五日

辰時，上召臣英至懋勤殿。上復誦『六四，有孚，血去惕出』十一節，温誦書經『惟嗣王不惠於阿衡』六節。

二十六日

辰時，上召臣英至懋勤殿。上復誦『初九，素履往，无咎』十二節，温誦書經『若虞機張』四節。

二十八日

辰時，上召臣英至懋勤殿。上復誦小畜卦、履卦二篇，親講『泰，小往大來，吉亨』三節。

未時，上召臣英、臣士奇至懋勤殿。上親講『王追項羽至固陵』一章、『王即皇帝位』一章。

二十九日

辰時，上召臣英至懋勤殿。上復誦『泰，小往大來，吉亨』三節，温誦書經太甲中全篇。

六　月

初一日

辰時，上召臣英至懋勤殿。上親講『初九，拔茅茹』六節，温誦書經太甲上中二篇。

未時，上召臣英、臣士奇至懋勤殿。上親講通鑒『以季布爲郎中』一章、『帝西都關中』一章。

初二日

辰時，上召臣英至懋勤殿。上復誦『初九，拔茅茹』六節，親講『六四，翩翩，不富以其鄰』六節，温誦書經『伊尹申誥於王曰』七節。

未時，上召臣英、臣士奇至懋勤殿。上親講通鑒『帝會諸侯於陳』一章、『始剖符封功臣』一章。上曰：『漢高帝之待韓信，不能如漢光武、宋太祖之待功臣者，亦時勢不同也。光武、宋祖之時，功臣歸於京師，無握兵之權，無震主之勢，故保全之尚易。韓信居楚，兵柄在握，天下初平，人心未定，高帝收之，亦非得已。總由所遇之時不同，故所行亦各異耳。』臣英等對曰：『誠如聖諭。竊思人臣事君，惟在至誠無僞，有功不伐。古人有言，雖功蓋天壤，不過自盡臣子分内之事。韓信定齊而即請爲齊王，及破楚之時，會期不至，必待分以楚地而後發兵。當高帝危急之時，明有所要求於上，雖後日告變之誠僞未可知，而已失人臣事君之禮，宜乎功名之不克終也。』

初三日

辰時，上召臣英至懋勤殿。上復誦『六四，翩翩，不富以其鄰』六節，温誦書經『嗚呼！弗慮胡獲』六節。

未時，上召臣英、臣士奇至懋勤殿。上親講通鑒『封雍齒爲什方侯』一章、『詔定元功位次』一章。

初四日

辰時，上召臣英至懋勤殿。上復誦泰卦全篇，親講『否之匪人』三節，温誦書經『德惟一動罔不吉』七節。

未時，上召臣英、臣士奇至懋勤殿。上親講通鑒『令博士叔孫通起朝儀』一章、『帝至長安』一章。

初五日

辰時，上召臣英至懋勤殿。上復誦『否之匪人』三節，親講『初六，拔茅茹』六節。

未時，上召臣英、臣士奇至懋勤殿。上親講通鑒『以周昌爲趙相』一章、『冬破豨軍』一章。

初六日

辰時，上召臣英至懋勤殿。上復誦『初六，拔茅茹』六節，親講『九四，有命，无咎』六節，温誦書經咸有一德全篇。

未時，上召臣英、臣士奇至懋勤殿。上親講通鑒『詔郡國求遺賢』一章、『立故秦南海尉趙佗』一章。因講至『詔郡國求遺賢』，臣英曰：『三代用鄉舉、里選以取士，漢初行郡國薦舉，其後或舉賢良方正，或舉直言極諫，晉魏猶行九品中正之法，皆以德義名節爲重。至隋唐以來，始專以科舉取士，所尚者文辭。自此，而士之藏修者少，干進者多矣。』上曰：『此亦古今時勢使然。上古人心淳樸，故鄉舉、里選之法尚可以得真才。後世人心日漓，奔競日多，若行古法於後世，恐益滋其僞，勢不得不以科舉爲重耳。』臣英等對曰：『誠如聖諭。』

初七日

辰時，上召臣英至懋勤殿。上復誦『九四，有命，无咎』六節，温誦書經太甲下、咸有一德二篇。

未時，上召臣英、臣士奇至懋勤殿。上親講通鑒『帝還過沛』一章、『過魯以太牢祠孔子』一章、『上還長安』一章。上曰：『漢高帝過沛，復其民，綱目於此譏其君天下而私一邑。先儒之言，朕何可別有論斷。但心之所疑，不得不爲之辨晰。夫爲帝王者，固當以天下爲一家，萬物爲一體，豈有私於一邑之理！然高帝既定天下，過沛之際，叙親戚舊情，慷慨傷懷，泣數行下者，乃回歸父母之故鄉，不忘布衣窮困之時，亦人情之常，故恩澤有加也。復其民，正見其敦篤根本之處。大學所謂「本末先後」，孟子所謂「親親而仁民」，皆由近以及遠，由親以及疏，似未可譏其爲沾沾之小惠。史臣亦不免過爲求全責備之論耳。』臣英等對曰：『聖諭以仁孝爲本，以親疏爲序，識解宏遠，又超出諸儒之上矣。』

初八日

辰時，上召臣英至懋勤殿。上復誦否卦全篇。

未時，上召臣英、臣士奇至懋勤殿。上親講通鑒『下相國何廷尉獄』一章、『相國酇侯蕭何卒』一章。因講至『下相國何廷尉獄』，上曰：『古有八議之法，議賢、議貴、議功、議能，正以養大臣之廉恥，而不輕加以戮辱。古云「刑不上大夫」，固所以敬大臣，亦所以尊重國體也。』臣英等對曰：『誠如聖諭。』

初九日

辰時，上召臣英至懋勤殿。上復誦『泰，小往大來，吉亨』九節。

初十日

辰時，上召臣英至瀛臺便殿。上復誦『六四，翩翩，不富以其鄰』九節。

未時，上召臣英、臣士奇至瀛臺便殿。上親講通鑒『立原廟』一章、『太后以王陵爲帝太傅』一章。因講『叔孫通請立原廟』，上曰：『人臣之義，以責難於君陳善閉邪爲正。叔孫通以爲天子無過舉，因而成之，是欲飾其君以無過之名，而反陷其君於文過之實，宜爲後世所譏也。』臣英等對曰：『此與史所傳成王翦桐以封虞叔，周太史以爲天子無戲言，即因而勸成之，均爲後世所譏。蓋以其涉於掩過，而非糾謬繩愆之正耳。』又因講『王陵、陳平、周勃對呂后封諸呂』之言，上曰：『後人謂陳平、周勃之對呂后，若能與王陵同持正論，未必呂后之意不可回。此蓋事後論人，恒見其易耳。呂后以悍鷙之威，當稱制之日，欲王諸呂，氣淩羣臣，此豈平、勃諸人口舌之所能爭乎？是以君子論事，又當觀其世也。』臣英等對曰：『誠如聖諭』

十一日

辰時，上召臣英至瀛臺便殿。上復誦『初六，拔茅茹』十二節。

未時，上召臣英、臣士奇至瀛臺便殿。上親講通鑒『太后徙梁王恢爲趙王』一章、『陳平常燕居深念』一章。

十二日

辰時，上召臣英至瀛臺便殿。上復誦泰卦、否卦二篇，親講『同人於野，亨』四節。未時，上召臣英、臣士奇至瀛臺便殿。上親講通鑒『齊王襄發兵討諸吕』一章、『諸大臣迎立代王恒』一章。

十四日

辰時，上召臣英至瀛臺便殿。上復誦『同人於野，亨』四節，親講『初九，同人於門』六節。未時，上召臣英，臣士奇至瀛臺便殿。上親講通鑒『除收孥相坐律令』一章、『詔定振窮養老之令』一章。

十五日

辰時，上召臣英至瀛臺便殿。上復誦『初九，同人於門』六節，親講『九四，乘其墉』六節。未時，上召臣英、臣士奇至瀛臺便殿。上親講通鑒『令四方毋來獻』一章、『右丞相周勃免』一章。上曰：『朕觀文帝以斷獄錢穀之數問宰相，固爲未當。而陳平對以一切有主者，亦爲未善。二者乃國家之大務，宰相自宜振舉其綱領，豈可云專責於所主乎？』臣英等對曰：『臣觀陳平之言，亦一時權宜以對。但以其所言，有合於宰相之體。故史臣記之也。』

十六日

辰時，上召臣英至瀛臺便殿。上復誦『九四，乘其墉』六節。

未時，上召臣英、臣士奇至瀛臺便殿。上親講通鑒『召河南守吴公爲廷尉』一章、『日食，詔舉賢良方正』一章。

十七日

辰時，上召臣英至懋勤殿。上復誦同人卦全篇，親講『大有，元亨』四節。

未時，上召臣英、臣士奇至懋勤殿。上親講通鑒『帝從霸陵上』一章、『親耕耤田』一章。上曰：『古者，田以井授，人皆自耕其田，故室家殷阜而鮮失業遊食之民。後世富室之田跨連阡陌，貧民代爲耕耨，是以素無蓋藏，一遇水旱，遂至游食四方，流亡載道，亦勢使然也。』臣英等對曰：『自漢以來，董仲舒有限民田之議，卒不能行。唐初有口分世業之法，旋亦廢壞，故宋臣蘇軾有言：「田非耕者之所有，而有田者不耕。」此弊相沿既久，難於變更。惟在水旱災傷賑恤有道，使農民不至於重困耳。』

十八日

辰時，上召臣英至瀛臺便殿。上復誦『大有，元亨』四節，親講『初九，无交害，匪咎』六節。

未時，上召臣英、臣士奇至瀛臺便殿。上親講通鑒『除誹謗妖言法』一章、『賜天下今年田租之半』一章。

十九日

辰時，上召臣英至瀛臺便殿。上復誦『初九，无交害，匪咎』六節，親講『九四，匪其彭』七節。

未時，上召臣英、臣士奇至瀛臺便殿。上親講通鑒『以張釋之爲廷尉』一章、『張釋之爲廷尉』一章。上曰：『朕自幼閲通鑑，於張釋之論犯蹕、盜環二事，深喜其用法平允，不愧廷尉之職。』臣英等對曰：『於此見皇上慎刑之心同符古帝也。』

二十日

辰時，上召臣英至瀛臺便殿。上復誦『九四，匪其彭』七節。

二十一日

辰時，上召臣英至瀛臺便殿。上復誦大有卦全篇。

二十二日

辰時，上召臣英至瀛臺便殿。上復誦『同人於野，亨』十節。

二十三日

辰時，上召臣英至瀛臺便殿。上復誦『九四，乘其墉』十節。

二十四日

辰時，上召臣英至瀛臺便殿。上復誦『初九，无交害，匪咎』十三節。

二十五日

辰時，上召臣英至懋勤殿。上復誦同人、大有二篇，親講『謙，亨，君子有終』四節。

二十六日

辰時，上召臣英至瀛臺便殿。上復誦『謙，亨，君子有終』四節，親講『初六，謙謙君子』六節。

二十七日

辰時，上召臣英至瀛臺便殿。上復誦『初六，謙謙君子』六節，親講『六四，無不利撝謙』六節。

是日，上賜臣英、臣士奇、臣訥御筆字各一軸。

二十八日

辰時，上召臣英至瀛臺便殿。上復誦『六四，無不利撝謙』六節。

二十九日

辰時，上召臣英至瀛臺便殿。上復誦謙卦全篇，親講『豫，利建侯行師』五節。

三十日

辰時，上召臣英至懋勤殿。上復誦『豫，利建侯行師』五節，親講『初六，鳴豫』六節。

七月

初一日

辰時，上召臣英至懋勤殿。上復誦『初六，鳴豫』六節，親講『九四，由豫，大有得』六節。

初二日

辰時，上召臣英至瀛臺便殿。上復誦『九四，由豫，大有得』六節。

初三日

辰時，上召臣英至瀛臺便殿。上復誦豫卦全篇。

初四日

辰時，上召臣英至瀛臺便殿。上復誦『謙，亨，君子有終』十節。

初五日

辰時，上召臣英至東便殿。上復誦『六四，無不利撝謙』十一節。

初六日

辰時，上召臣英至瀛臺便殿。上復誦『初六，鳴豫』十二節。

初七日

辰時，上召臣英至瀛臺便殿。上復誦謙卦、豫卦二篇。

是日，因天暑暫輟講數日。

八　月

初六日

辰時，上召臣英至南便殿。上親講『隨，元亨利貞』五節。

初七日

辰時，上召臣英至瀛臺便殿。上復誦『隨，元亨利貞』五節，親講『初九，官有渝』六節。

初八日

辰時，上召臣英至瀛臺便殿。上復誦『初九，官有渝』六節，親講『九四，隨有獲』六節。

初九日

辰時，上召臣英至瀛臺便殿。上復誦『九四，隨有獲』六節。

初十日

辰時，上召臣英至南便殿。上復誦隨卦全篇，親講『蠱，元亨』四節。上曰：『易之理雖無所不該，下至士、庶人，皆可用。而聖人立經垂訓之大義，則爲有天下國家者而發，一辭一語，皆可通於政治。故系辭有曰：「其稱名也小，其取類也大。」此所以爲萬世法程也。』臣英對曰：『誠如聖諭。』

十一日

辰時，上召臣英至瀛臺便殿。上復誦『蠱，元亨』四節，親講『初六，幹父之蠱』六節。

十二日

辰時，上召臣英至南便殿。上復誦『初六，幹父之蠱』六節，親講『六四，裕父之蠱』六節。

十三日

辰時，上召臣英至瀛臺便殿。上復誦『六四，裕父之蠱』六節。

十五日

辰時，上召臣英至南便殿。上復誦蠱卦全篇。

十六日

辰時，上召臣英至瀛臺便殿。上復誦『隨，元亨利貞』十一節。

十七日

辰時，上召臣英至瀛臺便殿。上復誦『九四，隨有獲』十節。

未時，上召臣英、臣士奇至瀛臺便殿。上親講通鑒『以賈誼爲梁王太傅』一章、『今帝之身』一章。

十八日

辰時，上召臣英至瀛臺便殿。上復誦『初六，幹父之蠱』十二節。

未時，上召臣英、臣士奇至瀛臺便殿。上親講通鑒『夏、殷、周爲天子』一章，『凡人之智』一章。

十九日

辰時，上召臣英至南便殿。上復誦隨卦、蠱卦二篇，親講『臨，元亨利貞』六篇。

二十日

辰時，上召臣英至瀛臺便殿。上復誦『臨，元亨利貞』六節。親講『初九，咸臨貞吉』六節。

未時，上召臣英、臣士奇至瀛臺便殿。上親講通鑒『人主之尊』一章、『將軍薄昭有罪自殺』一章。

二十一日

辰時，上召臣英至瀛臺便殿。上復誦『初九，咸臨貞吉』六節，親講『六四，至臨，无咎』六節。

二十二日

辰時，上召臣英至南便殿。上復誦『六四，至臨，无咎』六節。

二十三日

辰時，上召臣英至瀛臺便殿。上復誦臨卦全篇，親講『觀，盥而不薦』五節。

未時，上召臣英、臣士奇至瀛臺便殿。上親講通鑒『詔民入粟邊』一章、『除肉刑』一章。因講『除肉刑』，臣英曰：『按五刑，自唐、虞、三代以來，相傳至漢文帝始除肉刑三。豈上古聖人皆忍於用肉刑，至文帝而始不忍耶？臣愚，竊謂上古之世，教化修明，人心淳樸，其時犯法者少，況其間可疑者，又有流宥五刑之法，則五刑之名雖設，而不輕用可知點。至秦漢之後，教化日衰，人心日漓，禁網日密，犯法者日益多，其中刻肌膚、斷肢體者，未必盡當其罪，故不得不思變更其法。文帝獨毅然除之，其不忍人之心，真令萬世皆蒙其澤也。』上曰：『爾所論良然。』

二十六日

辰時，上召臣英至瀛臺便殿。上復誦『觀，盥而不薦』五節，親講『初六，童觀』六節。

未時，上召臣英、臣士奇至瀛臺便殿。上親講通鑒『除田之租税』一章、『赦作徒魏尚』一章。

二十七日

辰時，上召臣英至南便殿。上復誦『初六，童觀』六節，親講『六四，觀國之光』六節。

未時，上召臣英、臣士奇至南便殿。上親講通鑒『增諸祀壇場珪帑』一章、『丞相蒼免』一章。

二十八日

辰時，上召臣英至瀛臺便殿。上復誦『六四，觀國之光』六節。

未時，上召臣英、臣士奇至瀛臺便殿。上親講通鑒『匈奴寇上郡、雲中』一節，『葬霸陵』一章。

二十九日

辰時，上召臣英至瀛臺便殿。上復讀觀卦全局。

三十日

辰時，上召臣英至南便殿。上復誦『臨，元亨利貞』十二節。

閏八月

初一日

辰時，上召臣英至瀛臺便殿。上復誦『六四，至臨，无咎』十一節。

未時，上召臣英、臣士奇至瀛臺便殿。上親講通鑒『梁王武來朝』一章。

初二日

辰時，上召臣英至瀛臺便殿。上復誦『初六，童觀』十二節。

未時，上召臣英、臣士奇至瀛臺便殿。上親講通鑒『吴王濞』一章、『初，楚元王好書』一章。上曰：『晁錯論吴王濞曰：「削之亦反，不削亦反。削之，其反亟而禍小；不削，其反遲而禍大。」晁錯審當日時勢，其論本確，後世不得而議之也。』臣英對曰：『誠如聖論。』

初三日

辰時，上召臣英至瀛臺便殿。上復誦臨卦、觀卦二篇，親講『噬嗑，亨』四節。

未時，上召臣英、臣士奇至瀛臺便殿。上親講通鑒『初，錯更令』一章。

初四日

辰時，上召臣英〔至〕瀛臺便殿。上復誦『噬嗑，亨』四節，親講『初九，屨校滅趾』六節。

未時，上召臣英、臣士奇至瀛臺便殿。上親講通鑒『周亞夫言於上曰』一章、『梁王武使人殺袁盎』一章。

初五日

辰時，上召臣英至南便殿。上復誦『初九，屨校滅趾』六節，親講『九四，噬乾胏』六節。

初六日

辰時，上召臣英至瀛臺便殿。上復誦『九四，噬乾胏』六節。

未時，上召臣英、臣士奇至瀛臺便殿。上親講通鑒『丞相亞夫免』一章、『詔治獄者務先寬』一章。

初七日

辰時，上召臣英至瀛臺便殿。上復誦噬嗑卦全篇，親講『賁，亨，小利有攸往』六節。

未時，上召臣英、臣士奇至瀛臺便殿。上親講通鑒『詔戒二千石修職事』一章。

初八日

辰時，上召臣英至瀛臺便殿。上復誦『賁，亨，小利有攸往』六節，親講『初九，賁其趾』六節。

未時，上召臣英、臣士奇至瀛臺便殿。上親講通鑒『舉賢良方正、直言極諫之士』一章。

初九日

辰時，上召臣英至南便殿。上復誦『初九，賁其趾』六節，親講『六四，賁如皤如』六節。

未時，上召臣英、臣士奇至南便殿。上親講通鑒『上復策之』一章。

初十日

辰時，上召臣英至南便殿。上復誦『六四，賁如皤如』六節。

未時，上召臣英、臣士奇至南便殿。上親講通鑒『上三策之』一章。

二十七日

辰時，上召臣英至懋勤殿。上復誦賁卦全篇。

未時，上召臣英、臣士奇至懋勤殿。上親講通鑒『仲舒少治春秋』一章、『丞相綰免』一章。

二十八日

辰時，上召臣英至懋勤殿。上復誦『噬嗑，亨』十節。

未時，上召臣英、臣士奇至懋勤殿。上親講通鑒『趙綰、王臧下吏自殺』一章、『閩越擊東甌』一章。

二十九日

辰時，上召臣英至懋勤殿。上復誦『九四，噬乾胏』十二節。

九月

初一日

辰時，上召臣英至懋勤殿。上復誦『初九，賁其趾』十二節。

初二日

辰時，上召臣英至懋勤殿。上復誦噬嗑卦、賁卦二篇，親講『剥，不利有攸往』四節。

初三日

辰時，上召臣英至懋勤殿。上復誦『剥，不利有攸往』四節，親講『初六，剥牀以足』六節。

未時，上召臣英、臣士奇至懋勤殿。上親講通鑒『帝始爲微行』一章。

初四日

辰時，上召臣英至懋勤殿。上復誦『初六，剥牀以足』六節，親講『六四，剥牀以膚』六節。

初五日

辰時，上召臣英至懋勤殿。上復誦『六四，剥牀以膚』六節。

初六日

辰時，上召臣英至懋勤殿。上復誦剥卦全篇，親講『復，亨，出入無疾』六節，親講『初九，不遠復』六節。

初八日

辰時，上召臣英至懋勤殿。上復誦『初九，不遠復』六節，親講『六四，中行獨復』六節。

初十日

辰時，上召臣英至懋勤殿。上復誦復卦全篇。

十一日

辰時，上召臣英至懋勤殿。上復誦『剥，不利有攸往』十節。

十二日

辰時，上召臣英至懋勤殿。上復誦『六四，剥牀以膚』十三節。

十三日

辰時，上召臣英至懋勤殿。上復誦『初九，不遠復』十二節。

十四日

辰時，上召臣英至懋勤殿。上復誦剥卦、復卦二篇，親講『无妄，元亨利貞』三節。

未時，上召臣英、臣士奇至懋勤殿。上親講通鑒『以田蚡爲丞相』一章、『閩越擊南越』一章。

十五日

辰時，上召臣英至懋勤殿。上復誦『无妄，元亨利貞』三節，親講『初九，无妄往吉』六節。

十六日

辰時，上召臣英至懋勤殿。上復誦『初九，无妄往吉』六節，親講『九四，可貞无咎』六節。

十七日

辰時，上召臣英至懋勤殿。上復誦『九四，可貞无咎』六節。

未時，上召臣英、臣士奇至懋勤殿。上親講通鑒『以汲黯爲主爵都尉』一章，『遣將軍李廣、程不識將兵屯北邊』一章。

十八日

辰時，上召臣英至懋勤殿。上復誦无妄全篇，親講『大畜，利貞』六節。

十九日

辰時，上召臣英至懋勤殿。上復誦『大畜，利貞』六節，親講『初九，有厲，利已』六節。

二十日

辰時，上召臣英至懋勤殿。上復誦『初九，有厲，利已』六節，親講『六四，童牛之牿』六節。

二十一日

辰時，上召臣英至懋勤殿。上復誦『六四，童牛之牿』六節。

二十二日

辰時，上召臣英至懋勤殿。上復誦大畜卦全篇。

二十三日

辰時，上召臣英至懋勤殿。上復誦『无妄，元亨利貞』九節。

二十四日

辰時，上召臣英至懋勤殿。上復誦『九四，可貞无咎』十二節。

二十六日

辰時，上召臣英至懋勤殿。上復誦『初九，有厲，利已』十二節。

二十八日

辰時，上召臣英至懋勤殿。上復誦无妄、大畜二篇，親講『頤，貞吉』四節。

二十九日

辰時，上召臣英至懋勤殿。上復誦『頤，貞吉』四節，親講『初九，舍爾靈龜』六節。

三十日

辰時，上召臣英至懋勤殿。上復誦『初九，舍爾靈龜』六節，親講『六四，顛頤』六節。

十月

初一

辰時，上召臣英至懋勤殿。上復誦『六四，顛頤』六節。

初二日

辰時，上召臣英至懋勤殿。上復誦頤卦全篇。

十二日

辰時，上召臣英至懋勤殿。上親講『大過，棟橈』六節。

十三日

辰時，上召臣英至懋勤殿。上復誦『大過，棟橈』六節，親講『初六，藉用白茅』六節。

十四日

辰時，上召臣英至懋勤殿。上復誦『初六，藉用白茅』六節，親講『九四，棟隆吉』六節。

十五日

辰時，上召臣英至懋勤殿。上復誦『九四，棟隆吉』六節。

十六日

辰時，上召臣英至懋勤殿。上復誦大過全篇。

十九日

辰時，上召臣英至懋勤殿。上復誦『頤，貞吉』十節。

二十日

辰時，上召臣英至懋勤殿。上復誦『六四，顛頤吉』十二節。

二十一日

辰時，上召臣英至懋勤殿。上復誦『初六，藉用白茅』十二節。

二十二日

辰時，上召臣英至懋勤殿。上復誦頤、大過二篇，親講『習坎，有孚』六節。

二十三日

辰時，上召臣英至懋勤殿。上復誦『習坎，有孚』六節，親講『初六，習坎』六節。

二十六日

辰時，上召臣英至懋勤殿。上復誦『初六，習坎』六節，親講『六四，樽酒簋』六節。

二十七日

辰時，上召臣英至懋勤殿。上復誦『六四，樽酒簋』六節。

二十八日

辰時，上召臣英至懋勤殿。上復誦坎卦全篇，親講『離，利貞亨』四節。

二十九日

辰時，上召臣英至懋勤殿。上復誦『離，利貞亨』四節，親講『初九，履錯然』六節。

三十日

辰時，上召臣英至懋勤殿。上復誦『初九，履錯然』六節，親講『九四，突如其來如』六節。

十一月

初一日

辰時，上召臣英至懋勤殿。上復誦『九四，突如其來如』六節。

初二日

辰時，上召臣英至懋勤殿。上復誦離卦九篇。

初三日

辰時，上召臣英至懋勤殿。上復誦『習坎，有孚』十二節。

初四日

辰時，上召臣英至懋勤殿。上復誦『六四，樽酒簋』十節。

初五日

辰時，上召臣英至懋勤殿。上復誦『初九，履錯然』十二節。因聖躬違和，暫停講誦。

行述傳狀

先考予告光禄大夫文華殿大學士兼禮部尚書謚文端敦復府君行述

張廷玉

嗚呼痛哉！府君竟舍不孝廷玉等而長逝耶！府君素善頤養，自乞休以來，雖神氣漸弱，而視聽不衰。不孝廷玉遠宦京華，不獲侍膝下。今夏六月扈從口外，抱病月餘，七月十七日聞先妣訃音，五内迸裂，幾頻於死。仰蒙聖恩矜恤，温諭周詳，令節哀調理，以慰府君之望。不孝勉强偷生，匍匐就道，尚冀歸而奉晨昏，侍色笑，豈意遽懼大故，抱恨終天，呼搶無從，淚枯血盡，奄奄視息，死且無期，尚何能執筆爲文述府君行事哉！且府君三十餘年以來，侍從禁廷，參與機務，嘉謨讜論，夙夜贊襄者，皆在密勿深嚴之地，人之所不及知，退食時從無一語及公事。不孝等雖日侍左右，亦不敢請問所爲。今縱欲爲文追述，而見聞有限，挂漏良多，又烏足以道府君萬一哉！然竊念府君遭逢聖主，受知最深，異數殊榮，皆史册之所罕見，倘不及今日粗陳梗概，志鴻恩於不朽，且令府君一生忠孝大節，嘉言懿行，或至隱而弗彰，不孝等死不足塞責，謹和血吮墨，就不孝等稍有知識以來所親見聞，苫塊昏憒中，所僅能記憶者，略爲詮述。伏冀當代大人先生垂鑒焉。

府君諱英，字敦復，號圃翁。先世自豫章遷桐，六世而高王父懷琴公，成隆慶戊辰進士，筮仕永康令，舉循良第一，所至廉能著聞，歷官至大中大夫、陝西布政使司左參政。曾王父恂所公，以文學封中憲大夫、撫州府知府，贈正議大夫、廣東按察使。先王父拙庵公，以明經考授别駕，封文林郎、内文院庶吉士，加一級。三世俱以府君貴，累誥贈光禄大夫、經筵講官、文華殿大學士、兼禮部尚書，加二級。高王母尹太君、曾王母齊太君、王母吴太君，俱累誥贈一品夫人。先王父生子七人：長，先伯文學子敬公，諱克儼；次二，先伯文學桃村公，諱載；次三，先伯蘇州學博西渠公，諱傑；次五，先伯國學授州司馬西来公，諱嘉；次七，先叔奉政大夫、直隸大名廣平郡丞一齋公，諱夔；次八，叔父奉政大夫、現任陝西西延郡丞秋圃公，諱芳。府君行六，生而天挺秀異。童子時即嚴毅莊重，不苟言笑。六歲出就外傅，四子、五經書過目成誦，日記數千言。丙戌十歲遭先王母之變，哀毁過成人。辛卯從三先伯讀書石門僧舍，專攻制舉業，旁及詞賦駢麗之學。癸巳娶先妣姚太君。甲午應童子試，學使者山左藍公潤深加賞識，拔置府庠第四，補博士弟子員。丁酉科試食餼。自是試輒高等，而稟氣素弱，患疾歷三載不愈。凡飲食藥餌之屬，皆先妣手自調治，衣裳簪珥典鬻殆盡。至庚子歲始痊，一切家事皆付先妣經理之，獨肆其力於學，與三先伯讀書家園中，相對手一卷不釋。每當霜寒星落之時，一燈熒然，伊吾之聲達於巷外。自六經、左、國以及莊、騷、子、史、兩漢、唐、宋之文，靡不搜討淹貫。爲文根極理要，純粹精深，與里中名儁建瑟玉堂文會，復與齊公邦直、許公來會、潘公江，暨三先伯爲五子，詩藝至今膾炙人口，習葩經者奉爲津梁焉。癸卯舉鄉試第十二名，受知於同考即墨黄公貞麟、主考大興王公勵、茌平王公曰高。甲辰公車不第，歸益專攻制策。丁未捷南宮第六十一名，受知於同考臨汾蔣公道，主考三原王公祚、真定梁公清標、益都馮公溥、宛平劉公芳躅，殿試二甲第四名。時讀卷爲高陽李文勤公激賞不置，有『國士』之目，選内文院庶吉士，習清書，教習爲帥公顔保、范公承謨。是冬，恭遇恩詔，加一級，敕封先王父如其官，贈先王母孺人。十一月先王父卒於家，府君聞訃，哀號擗踴，幾不欲生，奔喪歸里。家故寒薄，至是生計益貧，至不能給朝夕，而府君悉安之。庚戌服闋，入都補原官，教習爲折公庫納、張公鳳儀、傅公達禮、熊公賜履。府君時習清書，盡心研究，每遇館試，輒裒然居首。壬子秋散館，欽定第二，授翰林院編修。癸丑分校南宫，取岳君蔥等十二人，皆一時名宿。三月京察一等，稱職，詔試詞臣於翰林院，試河源考、南苑賦各一篇，大閱恭紀詩二十韻。府君名列第三。

是年春，上御講筵，諭掌院學士傅公、熊公，選文學之臣醇謹通達者入侍左右，講論經史，二公以名進者四人，爲今大學士李公光地、及蔡公啟僔、耿公愿魯，而府君名在第一。遂有每日進講之命。上每幸南苑，府君必珥筆以從。五月充孝經衍義纂修官。七月充日講起居注官。嘗扈從南苑，夜值風雨，上在行宮諭曰：『翰林官油幕未具，得無有沾濕之苦。』時漏下三鼓，命中使至學士傅公達帳中傳諭，移於五店皇莊安宿。傅公回奏曰：『臣已爲料理，何敢煩聖慮。』時府君已就枕。翌日傅公傳上諭，因賦紀恩詩以進。十月，上於講筵諭學士曰：『翰林官清貧，巡行扈從，所以備顧問資講論也，無令艱於資裝。』嗣後帳幕、飲食、馬匹、器具，皆給於内府。著爲令，以示優眷。是冬，賜貂皮朝衣一襲，貂裘一襲，白金五十兩。自是圖書、翰墨、豐貂、紫綺之賜歲數至焉。乙卯十二月恩詔加一級。丙辰升左春坊左諭德，兼翰林院修撰，奉命同崑山葉文敏公爲孝經衍義總裁官。丁巳擢翰林院侍講學士，賜御書『清慎勤』、『格物』、『忠孝存誠』扁額。十一月特旨以侍講學士支正四品俸，入直南書房，賜第於西安門内瀛臺之西。詞臣賜居内城者，自府君始。自是以後，日直南書房，戴星出入。飲饌給於大官，筆墨側理之屬皆取於尚方，珍果膳饈之撤自御筵者，無時無之。每日上御乾清門聽政後，則召至懋勤殿，辰巳前講經書，午後論史。皇上以天縱神聖，虚懷嚮學，披覽典籍，殫究義理，日有程課，不自暇逸。

當是時，滇黔寇賊未平，皇上方宵旰殷憂，而將帥之四征者，咸待廟謨指示，九重之措兵籌餉，殆無虚晷，猶日御講筵，與儒臣討論古昔。府君仰聖德之淵深，慶遭逢之不偶，備竭其底藴以敷陳於黼座之前，而皇上仁覆海内，念切民依，講誦之餘，恒咨及窮簷疾苦。府君仰承德意，凡民生之利弊，年穀之豐歉，知無不言，皆蒙嘉納，詳載南書房記注中。故秋日咏懷詩云：『幸遇細旃清暇日，時將水旱達巖廊。』可以見當時對揚之大略矣。十二月二十三日賜書經大全、四書集注、文獻通考，皆内府藏板，册首各識御璽，用給寶藏。閲四日，又賜猞狸猻裘一襲，狐裘一襲，羔裘一襲。嗣後每除夕、元旦、上元，皆侍宴養心殿。戊午閏三月，特頒手敕賜五臺山新貢天花。又賜御用衣帽、靴韈及羅紵表裏。四月初八日，奉旨許於禁中乘馬。十八日賜御筆臨蘇軾書一卷，草書唐詩二幅。五月侍從景山，上賦登景山詩以賜，復扈從至西山，遍遊諸名勝。上恐府君未習馳驅，命内侍同行。並給内廐良馬，幸龍湫亭，御書『激湍』二大字，命府君書『聽泉』二字，加奬賞焉。己未轉翰林院侍讀學士。二月先兄廷瓚成進士，欽選翰林院庶吉士。時府君在直廬未知之也。上駐輦，命中使傳語之。六月命供奉周君道寫府君像，上親爲指示，改易再三，務令宛肖，裝潢成軸以賜。府君紀恩詩云：『三毫頰上頻添取，都在天顔指顧時。』真異數也。是年冬，賜御用貂裘一襲。庚申二月進講書經畢。上諭曰：『爾歷年進講書理明暢，克有裨益。』府君奏曰：『書經義藴宏深，臣僅粗解章句。歷年侍從講席，伏睹我皇上講論精貫，探討深微，迥非恒見所及。臣竊思書經所載，其文則典謨訓誥。堯、舜、禹、湯、文、武之所以爲君，皋、夔、稷、益、伊尹、傅説、周公、召公之所以爲臣，皆備於此。皇上萬幾之暇，講貫是書，治統道統之要兼備無遺，實萬世無疆之慶也。』進呈書經衷論四卷。三月進講易經，進呈易經參解六卷。四月上諭：『吏部侍讀學士張英供奉内廷，日侍左右，恪恭匪懈，勤慎可嘉，爾部從優議叙，具奏。』五月特擢翰林院學士兼禮部侍郎。八月賜内厩鞍馬，嗣後每除夕、元旦、上元，俱侍宴乾清宮。辛酉二月，臨幸遵化湯泉，出喜峰口，府君皆扈從。七月二十一日宴羣臣於瀛臺，命府君同内大臣主席。是年充易經講義總裁官。壬戌上元節，上以滇黔蕩平，四海寧謐，特召公卿詞臣侍宴内殿，賦昇平嘉宴詩，效栢梁體，御音首唱，羣臣賡和。府君獻『身依雲漢賡天章』之句。自癸丑以来，出則扈法駕，入則侍經幃。夙夜在公，寒暑罔間，於兹十年矣。

幸值海宇清宴，乃人臣可以言情之時，因具疏請假回籍，为先王父營葬事。二十八日奉旨：『張英自簡侍講幄以來，朝夕勤勞，敬慎素著，覽奏伊父未葬，情詞懇切，準給假前往安葬，事竣，速回供職。』二月十四日復於内廷特頒手敕曰：『諭張英：爾素性醇樸，侍從有年，朝夕講筵，恪恭盡職。

兹因爾父未葬，具疏請假，朕念人子至情，忠孝皆出一理，準假南還，特賜白金五百兩，表裏二十匹，既旌爾之勤勞，兼資墓田之用。爾其欽悉惓惓至意。特諭。』是月車駕幸盛京，府君於郭外拜送，上面諭曰：『期爾途次平安。』遂以三月登舟南歸，七月抵里。五月十四日蒙賜宫紗二端，命勵公杜訥賫付先兄廷瓚，寄回江南。府君抵家之日即聞恩命，益感聖天子衣被之仁，不以遠邇間也。九月賜昇平嘉宴詩石刻。癸亥四月，特恩諭祭先王父於家。先王父捐館時，府君方爲庶常。至是特頒諭祭，褒綸焜耀，光賁重泉。其文有曰：『爾子内廷供事講幄，論思敬慎勤勞，用稱厥職，良由父教，宜賁綸章。』府君感激涕零。頌錫類之宏慈，驚非常之曠典。一時聞者，以爲聖朝禮下之恩，與人子顯親之孝，至是而無以復加云。十二月葬先王父於倉基墩。事竣，擬束裝還朝，而體中疾作，蓋以經營丘壟之故，蒙犯霜露，跋涉山澤者逾年，哀感勞瘁，舊恙復萌。因具疏展假。甲子冬，恭遇聖駕南巡，府君趨迎於秦淮。蒙天語慰問，並賜御書，屢召至内閣與政府商榷公事。是冬，復賜羊酒、鹿雉、鮮魚、鹿尾諸食物，如昔年在南書房例，付先兄廷瓚祇領。乙丑春，特召先兄廷瓚至御前，面詢府君近狀，並起程日期。先兄廷瓚對以病體漸愈，秋間可以起程。府君遂於七月入都，補原官，充日講起居注官如故。

丙寅三月，升翰林院掌院學士兼禮部侍郎，教習乙丑科庶吉士，充政治典訓總裁官。七月賜宴於西苑秋雲亭，並賜法琅爐瓶、匙箸香盒各一具。十二月升兵部右侍郎。丁卯三月，刑部漢堂官俱缺員，上命府君署理，諭政府曰：『張英謹厚慈祥，朕所深知，必無濫枉殺人之事。』府君受事後，一以欽慎平恕爲主，晝供奉内廷，張燈後退直，即秉燭閲招册至夜半，不少休。諸所平反，悉當聖意。署事五十日，全活者百餘人。蓋府君自與會議之班，其於每年秋審持議，務期明允，不獨署刑部時爲然也。六月調禮部右侍郎，兼翰林院學士，奉旨充經筵講官。九月轉禮部左侍郎，兼翰林院學士，兼管詹事府詹事事。承命侍從東宫，朝夕進講經書。是冬進呈孝經衍義一百卷。戊辰奉旨，充文武殿試讀卷官。乙巳扈從南巡，至山東巡撫署，觀珍珠泉，上書『作霖』二大字，因令從官分書。府君恭寫『澄懷』二字，上回顧諸王子曰：『看他用筆。』至今勒石泉亭。遂隨至江、浙間，時被恩賜。十二月升工部尚書，兼管詹事府詹事事。庚午六月，奉旨兼管翰林院掌院學士事，充大清一統志、禮記日講解義總裁官。七月調禮部尚書，仍兼管翰林院詹事府事。容臺宫尹詞曹爲國家禮樂文章之府。府君以一人綰三綬，入宏弼亮之謨，出典寅清之任，潤色鴻業，黼藻昇平，一時典禮儀制皆由斟酌裁定，而廟堂制誥之詞播於遐陬、勒諸琬琰者，胥出府君之手。北海云：『階莫重於尚書，選莫榮於學士。』府君以一身兼之。論者以爲寵眷之極致焉。府君益感聖主委寄之重，力圖報稱，端尹職任甚鉅，府君趨承鶴禁，所以講説經義，開陳善道者，一本之以恪慎真誠，小心黽勉，十餘年如一日。院長爲玉堂領袖，府君培護善類，奬掖惟恐不至，上加意甄拔，时勤咨訪，府君凡所引舉皆恬退暗修，讀書自好，不汲汲於仕進者。造膝陳言，惟知以人事君之義，而退，一不以聞於人，即受薦者終身不知也。上嘗諭曰：『張英每有薦舉，從不令人知。』煌煌天語，可謂知府君之深矣。

其在秩宗也，凡郊祀禋宗之典，朝會宴享之儀，恪恭將事，罔敢弗虔。造士興賢，主持風化，固府君素志，而各省學使者出都時，尤以鑑拔真才，表揚節孝，培士氣，正文體爲拳拳。屢年磨勘鄉試卷，悉心披閲，繫以確評，間有指摘瑕疵，務期精核允當，不徇不苛。司中或有刻求者，府君語之曰：『士子寒窗，辛苦幸博一第，風簷寸晷之間，豈能免於微纇小失，但當合觀三場，果平順條暢，便不必於一字一句間拘以绳墨。至於主司考成，當論其聲名之賢否，亦不可執試卷一二語之純疵以爲優劣，負朝廷愛惜人才之意。』中外皆謂得大體焉。辛未、甲戌兩科庶吉士，皆奉命教習，兩科文武殿試讀卷，府君皆與焉。甲戌夏，御試諸詞臣，每日命府君引見四人於乾清宫。閏五月初五日，賜御書『篤素堂』扁額，及臨米芾書一卷。是年充淵鑑類函總裁官。乙亥六月二十五日，賜宴於暢春園，泛舟觀荷。復賜御筆書扇，並池蓮珍果，同被召者十人。府君與先兄廷瓚皆與，尤千載罕遇也。丙子賜淵鑑齋法帖二部，古文淵鑑二部。丁丑奉命爲會試總裁，取汪君士鋐等一百五十九名，多知名士，撤棘後，衆論翕然。三月充明史總裁官。是年盪平噶爾丹，奉旨編次北征方略，日直暢春園韻松軒，辰入酉出爲常。七月具疏，引病求退，蒙温語慰留。己卯十一月，奉旨授文華殿大學士，兼禮部尚書，仍命兼經筵講官，奉敕充三朝國史監修官。庚辰奉命代祭文廟。是年不孝廷玉成進士，欽選翰林院庶吉士。時先兄廷瓚官少詹事，父子兄弟同受特達之知，並與清華之選，府君益感激悚惶，不知所報。辛巳七月，辦事内閣，忽抱恙，言語舛錯，應對不真，作字多遺忘，醫家以爲心血虚耗所致，後服藥調治，漸次痊可。八月奉命代祭文廟。九月駕自口外回，聞府君病，召至乾清宫面問，府君具陳年来衰憊之狀，綸扉重地，深以曠瘝爲懼，懇恩賜歸田里，以全始終。蒙上慰勞者久之。十月具疏乞休，奉旨：『卿才品優長，效力已久，及任機務，恪慎益勵，文辭充練，倚眷方殷，覽奏以衰病乞休，情詞懇切，著以原官致仕。』命下之日，府君隨詣暢春園謝恩，兼以内城住宅請旨，上諭曰：『此屋原係賜汝者，今汝雖去，尚有兩子在京，即令其居住，朕見伊等，與見汝同。』又問何時起身，府君對以次月下旬，上曰：『此時天氣正寒，爾身多病，難於遠涉，當於開春就道。』睿慮周詳，天語温藹。府君益感激聖慈，泣數行下。是冬進呈淵鑒類函四百五十卷。壬午正月初十日特恩賜宴於暢春園，諭曰：『爾效力年久，今致政歸，以此相勞。』十八日府君復詣暢春園，奏聞南歸之期，奉旨諭兵部：『張英在内供奉效力年久，兹乞休回籍，著給與驛遞夫馬，聽其足用，不必拘定數。』復命不孝廷玉扶持回籍。東宫親制篤素堂記，並書歐陽修晝錦堂記以賜。諸皇子皆賦詩贈縞爲别。於二月初六日出都，鄰舍居人遮道攀轅，舉觴相祝，公卿祖道者冠蓋相接。海寧查公昇彙輯輦下贈行詩爲十卷。

三月初三日抵里門，親串友朋暨闔邑耆庶郊迎數十里，黄童白叟環聚，而觀者數千人皆藉藉嘆息，以爲有二疏遺風焉。五月不孝廷玉入都，府君諭曰：『予以衰病蒙恩賜歸，從此杜門養疴，偕耕田鑿井之民，優遊於堯天舜日之下，惟期汝兄弟恪恭勤慎，竭蹷盡瘁，以報高厚於萬一，汝其識之！並以語汝兄。』是秋，先兄廷瓚在京抱恙。府君每有手諭必諴以安心調攝，勉副聖恩。十月先兄竟不起。府君既痛惜其亡，而尤以受恩最深，涓埃未報爲憾。癸未正月，恭遇聖駕南巡，閲視河工，府君迎至宿遷。蒙温諭垂問，賜御筆『雙谿』、『秋水軒』、『種花處』扁額，並對聯長卷大幅，諭曰：『爾侍從多年，可謂醇謹老成之善人。』隨扈從至京師，恭祝萬壽，拜辭旋里之日，上召入面語良久，因見府君顔色清癯，知以先兄故，憂鬱未釋，諭曰：『家庭之間，豈能事事如意，當曠懷達觀，以娱晚景。』是日，賜御用袍帽靴韈。閱二日，又賜人參三斤。甲申夏，不孝廷玉蒙恩入直南書房。十二月充日講起居注官。府君兩具奏摺謝恩，復手諭不孝曰：『予侍從内廷三十餘年，無事不仰荷聖明教誨指示，得以不致隕越。今汝復承恩命，直廬講筵地，皆親切，益宜小心謹慎，以報主知。』是冬，賜御制詩集一函，御書對聯二副，松花石硯一方，付不孝廷玉，遣人齎回。對聯曰：『白鳥忘機，看天外雲舒雲卷；青山不老，任庭前花落花開。』『遠處塵埃少，閒中歲月長』。府君祇領之下，拜手稽首曰：『聖主垂念衰頽，遠頒宸翰，青山不老，日月方長，頌天語之春温，感聖懷之期望。從此草木餘年，逍遥林壑，莫非九霄雨露之所長養也。』乙酉二月詣清江浦，渡黄河迎駕。上慰諭曰：『汝老年，只宜到江寧。何必渡河遠來。』遂命登御舟，問家居近況及地方風景。時御制皇船説懸寶座後，上命府君觀之，恐遥見未真，上起側坐，令就屏間，細讀見未真處，上親爲指示。府君奏對時，或跪，或立，上曰：『汝年老已謝事，一切禮節可以脱略，不必拘常儀。』府君謝不敢隨，以御制詩一册，命皇太子同登別舟細看。嗣後，凡駐蹕處，俱入直房，賜御饌時，不孝廷玉亦叨扈從。上面諭曰：『汝父年老，汝可隨侍左右，出入必扶掖之。』三月至蘇州，特恩賜白金千兩，御筆書『謙益堂』、『葆静』扁額，及詩扇、對聯長幅，計數十種。翌日又賜内製玻璃器具十餘件。閏四月初五日駐蹕揚州，賜人參二斤，御用袍帽五件。蒙恩諭曰：『汝歷朝三十餘年，日侍左右，從無過失。今聞居鄉亦極簡静，可謂善到極地。所賜人參果餌，可留爲頤老之需。俟口外有鮮果，再從江南織造處頒賜，汝子力薄恐不能遠致也。』次日送駕揚州城外，不孝廷玉隨府君跪岸側，上啟船窗，親諭曰：『爾回去，善自調攝。』又諭不孝廷玉曰：『可善送汝父登輿。』是冬，賜口外榛子、松子各一囊。丙戌嘉平月，府君晋七秩觴，東宮賦詩以賜。丁亥正月，聖駕南巡，閲視溜淮套，不孝廷玉復叨扈從，恩允先期至家省覲。二月十九日隨府君迎駕於御示閘。是日駐蹕清口，召府君及不孝廷玉登御舟，問府君及先妣年齒若干，有子幾人，桐城距此路幾何。睿顔温語，宛如家人父子。三月駕至揚州，府君入内直，蒙賜松花石硯一方，玻璃水盛一具，硯有銘曰：『静壽之則，堅潤之德。閲幾研磨，惟一貞實。』上諭曰：『研銘系朕自製，特以賜爾。細玩當悉朕意。』蓋以況府君之爲人也。府君遜謝不敢當，而在廷諸公莫不交口稱羡，以爲知臣莫如君云。又賜御筆『世恩堂』扁額，並對聯一副，各種内刻書籍，人參二斤，羊四隻，乳餅果餌十數種。四月二十九日，乘漁艇送駕於揚州瓦窑廠。蒙天語慰勞，復遣梁内侍九功送回本舟。是時不孝廷玉即於舟中拜别灑淚，牽衣不忍遽去。府君急遣之，豈知河干拜辭之日，即爲此生永訣之時，嗚呼痛哉！

自是以後，凡遇里人入都，問兩大人起居，皆云健飯如昔。府君同先妣手諭至京，亦必云：『近日身體粗安，毋以爲念，汝能殫心供職，盡瘁勿懈，正所以養志也。』今夏不孝廷玉扈從出口避暑，至熱河，抱病甚篤。七月接先妣訃音，蒙聖恩垂念，體恤深至，特命李内侍玉至私寓，傳諭曰：『汝到家問汝父親好，年踰七旬，可善自調養，不可過於傷感。聞汝有弟三人，可以在家侍奉。汝於一年後仍來京師，在内行走照勵廷儀例，不算俸，不與朝會。』不孝廷玉聞命之下，涕泗交頤，莫知所措。月杪徒跣回都，將戴星南奔，適弱疾侵尋，支體尩羸，動履輒虞顛仆，而府君手諭復至曰：『痛汝母溘逝，予以失賢内助傷悼無已。六月以來，身有小恙。七月間服藥調攝，近已獲痊。聞汝患病，必須調理全愈，方可就道，不必匆遽言歸。』又手撰先妣行實，寄至都門，委曲纖密，述舊事如在目前，絶不似病中筆墨，私心爲之稍寬。八月杪不孝在都受吊粗畢，於九月初三日力疾戒程途次，遇南来人輒問府君近況，皆云體已平復，眠食如常，得二姪若霈鄉薦信，益謂府君可藉以加餐飯，豈料九月中旬府君肢體浮腫，兼患脾泄，十六日午後沉卧不醒，十七日清晨元氣益覺耗散。府君自知不能起，感念聖恩睿澤，未由仰報，伏枕涕泣，口授遺疏遺摺，令不孝廷璐繕寫，並命不孝廷玉暨諸子孫，時念高厚之國恩，殫竭駑駘之微力，以繼生平未盡之忱悃。至未刻端坐瞑目而逝。嗚呼痛哉！不孝廷玉曉夜奔馳，於二十四日抵里，相距僅八日，竟抱終天之恨。是府君無刻不以不孝爲念，既恐不孝之死，且憂不孝之疾，所以憐恤安慰之者，無所不至。而不孝荒迷痛苦中，竟不知府君之疾，且不料府君之疾遂至於此也。百日之中，叠遭大故，摧心裂肝，殞身莫贖。嗚呼痛哉！

府君居官四十餘年，樸誠敬慎，表裏無間，忠於公家，無毫髮私，以故受知聖主，推心置腹，朝夕侍左右。凡國家機密重政，皆蒙清問，下及府君，盡志竭誠，虔共匪懈，一心惟知有社稷，不知有身。退直之時，不語於同列，不告於家人，素性耿介廉静，内剛外和。每廷議時，侃侃正論，無所瞻顧。自趨承禁近，歷卿班，登政府，位望崇顯而門無私謁，間有以私干瀆者，正色拒之，而不言其人。生平不沽譽，不市恩，無矯異之行，無表襮之迹，惟勉其職之所當盡，而行其心之所安。上嘗語執政曰：『張英有古大臣風。』聖天子哲於知人，無微不照。自非府君忠藎純誠，端方直亮，安能上膺帝眷，默契天心，忠信交孚，明良一德，初終進退，恩禮兼隆如此哉！

處事無一苟且，而於掄才尤慎。當癸丑會試也，府君資在前列，或有問津者，嚴詞屏絶。與先妣相語曰：『貧士家有人贈三金五金，則童僕欣相告，薪米充然盈庖禀下，至嬰兒孺子皆有喜色。今入闈而忽有千金之獲，後將何面目對家人孺子？』入闈後，家中經旬乏食，搜得麵數斗，遂舉家食麵湯將一月。不孝廷玉妻父姚端恪公聞之，爲咨嗟嘆服不置。後遇内廷考教習，每歲承命與静海勵公杜訥司其事，府君與勵公信誓旦旦，聞者皆爲悚惕，誡先兄廷瓚及不孝廷玉曰：『詞臣無多任事，所恃以酬主恩育人才者，惟在試事耳。汝等當勉之慎之，以毋忝家聲。』不孝等拜而謹佩之。

至性純孝，幼失先王母，事先王父柔色下氣，先意承志。寒家自大參公以來，代有聞人。己卯先伯祖鍾陽公殉難山左，既而先叔祖大司馬坤庵公、孝廉蔚庵公，相繼即世，家道中微。先王父意忽忽不樂。府君遂發憤攻苦，冀博一第，爲老親歡。後歷清班，登顯要，先王父已不及見。風木之悲，無時少釋。每於焚黄告廟之際，愈益凄愴，立家廟三楹於廳事之東，遇伏臘祠祭，必竭誠致慎，愾慕盡哀。春若秋，則躬至祖墓展拜。瞻視松楸，周覽兆域，雖風雨霜雪弗避。建享堂，竪碑碣，置墓田，凡祖塋之當修舉者，靡不殫心竭力，爲宗族先。甲辰冬，先王父重修家譜，府君實左右之。歷四十餘年，生齒益繁，昨丙戌歲復加纂輯。撰家傳，編世紀，焚膏繼晷，至今歲八月始成事。伯叔以恭謹處，兄弟以友敬長。先伯早逝，遺孤長兄思耀家計中落，府君撫愛之甚周。諸伯叔中年或遊宦，或隱居，天各一方，不能共姜被對牀，風雨之思時時形諸篇什。姑母三人：長適子桓方公穀，次適式昭吴公德音，三適淵如吴公徹。府君手足之愛至篤，視諸甥猶子，族黨姻戚中有婚嫁喪葬之禮，必勉力助所不足。雖室中無餘資，而歲時饋遺不少缺。置公田百餘畝，歲收穀三百餘石，以贍族人之貧乏者。待諸弟姪恩誼肫摯，暇時招集談笑甚歡；然語及植品制行，必正色直言相規勉。曩時，七先叔歷任畿輔，及今八叔父爲西延郡丞，雪岑叔父爲嘉州牧，梓一叔父爲鄭州判承，先弟爲膠萊運判，有孚弟爲南川令，每有家郵往來，必勉以慈惠廉潔，毋忘累世清白之訓。凡子弟之醇謹向學與穎慧秀發者，必教誨之，輔翼之，惓惓加惠，玉之於成。遇朋友以信，待桑梓以恩。見人之急，心戚然不安，必思有以解之。自少時同筆硯，以及立朝以來所稱投契者，皆一代端人正士，斷金之約久而益堅。遇故人子皆繾綣存恤無已時，而淵源之誼彌加篤厚。齊公古愚，府君業師也，事之盡禮，殁後爲營兆宅。太師母晚年鄉居，每歲時必致餽問。即墨黄公，府君鄉試房師也，官農部爲同事所累，幾被禍，府君殫力區畫，始得脱。然以歸，黄公長君大中以孝廉令武康，甫半載而殁，因公那用倉穀不能償，告急於府君，時府君已請告家居，百計措辦以應之。

自通籍以後，不以纖私干有司，遇郡邑大利弊，則不憚委曲言之。向者，邑中有魚課採買一項，例以漁户之奉行已久，忽有思變成法者，請於當事，欲歸之丁地項下紛更加派，民將重受其困。府君爲力懇於中丞楊公，得中止。邑中錢糧，舊有區頭黑長之害，姚端恪公既力除之，而排年糧長猶存，庚申年，府君屢致書中丞徐公，始行永革，勒碑縣署前。嗣後，凡遇臺司莅任，府君必舉此中利弊相告，故數十年來遵守良規，不致復蹈前轍，里人便之。中丞劉公撫皖，加惠斯民，恐徵收錢糧，胥役不無苛索，欲行滚單木皂之法。府君念桐邑自革糧里長以來，花户各自輸納，上不至誤公賦，下不至累閭閻，上下相安，公私無擾，是滚單之設便於他邑，而於桐則不若仍舊爲宜。爲之請於中丞公，得循舊例，里人頌中丞之德，而並稱府君之功於不衰。桐邑四境多山，田廬墳墓相望，素非産礦之地。數年前，忽有他郡宵小妄希重利，創爲開礦之説。里中一二無藉者，争先附和，彼此煽惑，人情震恐不安。府君爲致書中丞劉公，力言其害，且言大江南北並非産礦之地，向來從無開採之事，劉公亦深悉其病民，委曲維持而此事得寢。尋蒙聖洞察，特降綸音，永行禁止。府君聞之，舉手加額，爲宇内蒼生幸，不僅爲皖江黎庶慶安堵也。江南省試號舍向來僅數千間，國家教化漸摩，人才日盛，每科應試者多至一萬三四千人，磚號不足，則以竹輿席棚補之，風雨驟至，沾濕泥濘，士子往往束手徬徨，至有不能終卷者。府君屢言於上下江中丞，每年增設磚號，近已多至一萬有奇，士子至今感頌。至於宜興宜革之事，凡可以爲吾邑利者，無不籌畫精詳，謀及久遠，不爲旦夕苟且之計，而且消弭於未事之前，轉移於將行之際，不動聲色，而利益無窮。故丙戌嘉平月，里人立頌德祝壽之碑於郭外，其文有曰：『恩周桑梓，宏胞與以無私；念切枌榆，運神明而獨至。』足見輿論之公云。

生平恬静淡泊，不與人競進退。以早年攻苦抱羸疾，中年又有失血之症，恐以衰耄誤官守，故乙丑再入都門後，每歲於内廷具摺乞休，雖未即蒙恩允，而知止思歸之意，時時見之詩歌中。居常訓不孝等惟以讀書立品，安分守拙，戒詐僞，絶奔競，故書室對聯曰：『萬類相感以誠，造物最忌者巧。』又曰：『境無甘苦，樂現在者爲福；人無愚智，斷妄想者爲難。』此府君一生之學，而聖賢所謂素位而行，不欺其志者，俱統括於此數言矣。疾惡若浼，而口不言人過。和平坦易，對之者如坐春風，飲醇醪久而自化。鄰居坊曲悉接以禮，故所至皆銜感之。御臧獲下隸，嚴而不苛。居家極儉約，每以惜物力、留有餘爲訓，故於華靡聲色珍玩之類絶無所嗜，惟耽山水花木。壬戌乞假歸，以上賜之金，構山園於西龍眠，名曰『賜金』，以銘聖眷。壬午復營雙谿草堂，去賜金園里許，望衡對宇，竹木交映，時往來其間，雲嵐煙靄之中，脱帽扶筇，超然物外。風日晴和，則乘小艇，循山谿之曲，載筆牀，理钓具，一切人世榮利得失之事，無所繫懷。入城，則憩息於宅前之五畝園，招二三老友觴咏为歡，談農圃樹藝、山林清静之樂。客去，則焚香鼓琴，或課小僮灌花藝蘭，飼魚調雁以自適。平生手不釋卷，於書無所不讀。自入侍内直，益精研博討，搜覽無遺。應制詩文無不俄頃立就，每奏一篇必蒙嘉賞。著作已成者，有易經參解六卷、易經衷論二卷，書經衷論四卷，篤素堂文集十六卷，講筵應制集二卷，内廷應制集三卷，存誠堂詩集二十五卷，篤素堂詩集六卷，其未付剞劂者，有南書房記注、學圃齋詩話、篤素堂詩文後集若干卷藏於家。尤工書法，行楷皆冠絶一時。上集歷代名人書爲懋勤殿法帖，特命府君書豳風及陶詩，入本朝集中。宇内士大夫得片楮寸縑，無不奉爲拱璧焉。

府君生於明崇禎丁丑十二月十六日亥時，卒於康熙四十七年戊子九月十七日未時，享年七十有二。康熙癸卯舉人，丁未進士，由内弘文院庶吉士，歷官光禄大夫、經筵講官、文華殿大學士兼禮部尚書，加二級，蒙恩予告。元配先妣姚太君，前丁未進士、湖廣湘潭令渥源公諱之騏孫女、明經龍泉學博贈文林郎珠樹公諱孫森女，累誥封一品夫人。庶母劉氏子六人：廷瓚、廷玉、廷璐、廷⿰王綦、廷瑑、廷瓘。女四人。孫八人：若霖、若霈、若潭、若震、若霨、若泌、若霍、若需。孫女九人。曾孫一人曾啟。

曾孫女二人。

不孝廷玉等草土餘生，荒迷檮昧，追維詮述，語無倫次。伏冀大人先生俯賜採擇，錫之誄銘，以光泉壤。不孝廷玉等世世子孫感且不朽！

張英傳

張英，字敦復，江南桐城人。康熙六年進士，選庶吉士。父憂歸，服闋，授編修，充日講起居注官。累遷侍讀學士。十六年，聖祖命擇詞臣諄謹有學者日侍左右，設南書房。命英入直，賜第西安門内。詞臣賜居禁城自此始。時方討三藩，軍書旁午，上日御乾清門聽政後，即幸懋勤殿，與儒臣講論經義。英率辰入暮出，退或復宣召，輟食趨宫門，慎密恪勤，上益器之。幸南苑及巡行四方，必以英從。一時制誥，多出其手。

遷翰林院學士，兼禮部侍郎。二十年，以葬父乞假，優詔允之，賜白金五百、表裏緞二十予其父，秉彝恤典視英官。英歸，築室龍眠山中，居四年。起故官，遷兵部侍郎，調禮部，兼管詹事府。充經筵講官，奏進孝經衍義，命刊布。二十八年，擢工部尚書，兼翰林院掌院學士，仍管詹事府。調禮部，兼官如故。編修楊瑄撰都統、一等公佟國綱祭文失辭，坐奪官流徙； 斥英不詳審，罷尚書，仍管翰林院、詹事府，教習庶吉士。尋復官，充一統志、淵鑒類函、政治典訓、平定朔漠方略總裁官。三十六年，典會試。尋以疾乞休，不允。三十八年，拜文華殿大學士，兼禮部。

英性和易，不務表襮，有所薦舉，終不使其人知。所居無赫赫名。在講筵，民生利病，四方水旱，知無不言。聖祖嘗語執政：『張英始終敬慎，有古大臣風。』四十年，以衰病求罷，詔許致仕。瀕行，賜宴暢春園，敕部馳驛如制。四十四年，上南巡，英迎駕淮安，賜御書榜額、白金千。隨至江寧，上將旋蹕，以英懇奏，允留一日。時總督阿山欲加錢糧耗銀供南巡費，江寧知府陳鵬年持不可，阿山怒鵬年，欲因是罪之，供張故不辦；左右又中以蜚語，禍將不測。及英入見，上問江南廉吏，首舉鵬年，阿山意爲沮，鵬年以是受知於上，爲名臣。四十六年，上復南巡，英迎駕清江浦，仍隨至江寧，賜賚有加。

英自壯歲即有田園之思，致政後，優游林下者七年。爲聽訓齋語、恒産瑣言，以務本力田、隨分知足誥誡子弟。四十七年，卒，謚文端。世宗讀書乾清宫，英嘗侍講經書，及即位，追念舊學，贈太子太傅，賜御書榜額揭諸祠宇。雍正八年，入祀賢良祠。高宗立，加贈太傅。

子廷瓚，字卣臣。康熙十八年進士，自編修累官少詹事。先英卒。

廷玉，自有傳。

廷璐，字寶臣。康熙五十七年，殿試一甲第二名進士，授編修，直南書房，遷侍講學士。雍正元年，督學河南，坐事奪職。尋起侍講，遷詹事。兩督江蘇學政。武進劉綸、長洲沈德潛皆出其門，並致通顯，有名於時。進禮部侍郎，予告歸，卒。

廷瑑，字桓臣。雍正元年進士，自編修累官工部侍郎，充日講官。起居注初無條例，廷瑑編載詳贍得體。既擢侍郎，兼職如故。終清世已出翰林而仍職記注者惟廷瑑。乾隆九年，改補内閣學士，兼禮部侍郎。典試江西，移疾歸。廷瑑性誠篤，細微必慎。既歸，刻苦礪行，耿介不妄取。三十九年，卒，年八十四。上聞，顧左右曰：『張廷瑑兄弟皆舊臣賢者，今盡矣！安可得也？』因嘆息久之。

廷璐子若需，進士，官侍講。若需子曾敞，進士，官少詹事。

自英後，以科第世其家，四世皆爲講官。

張英傳

張英，江南桐城人。聖祖仁皇帝康熙六年進士，改庶吉士。旋丁父憂，回籍。十一年，授編修。十二年，充日講起居注官。十五年，遷左春坊左諭德。

十六年二月，遷翰林院侍講學士。九月，同掌院學士喇沙里、陳廷敬奉諭曰：『爾等每日進講，啟導朕心，甚有裨益。嗣後天氣漸寒，特賜爾等貂皮各五十張、表裏緞各二十匹。』十月，諭大學士等曰：『朕不時觀書寫字，欲選擇翰林侍左右，講究文義。伊等在外城，宣召難以即至。著於城内撥給閒房，在内侍從。』尋命英直南書房，賜第西安門内。十八年，轉侍讀學士。十九年四月，諭吏部曰：『朕萬幾之暇，留心經史，雖遜志時敏，夙夜孜孜，而研究闡發，良資講幄之功。日講起居注各官，俱以學行優長，簡備顧問，所纂講義，典確精詳，深裨治理。侍讀學士張英供奉内廷，日侍左右，恪恭匪懈，勤慎可嘉！爾部從優議叙。』尋允部議，講官叶芳藹、沈荃等加銜有差，英授翰林院學士，兼禮部侍郎銜。二十年二月，以葬父乞假，諭曰：『爾素性醇樸，侍從有年，朝夕講筵，恪恭盡職。兹因爾父未葬，具疏請假，朕念人子至情，忠孝一理，準假南旋，特賜白金五百兩、表裏緞二十匹。既旌爾勤勞，兼資墓田之用。爾其欽悉朕惓惓至意。』又諭禮部如英品級，予其父秉彝恤典。二十五年三月，授翰林院掌院學士，兼禮部侍郎銜。四月，命教習庶吉士。閏四月，與内閣學士徐乾學并諭稱『學問淹通，宜留辦文章之事』，令吏部勿開列巡撫。十二月，遷兵部右侍郎。二十六年正月，同内閣學士韓菼奏進纂成孝經衍義，得旨頒发。六月，調禮部右侍郎，兼翰林院掌院學士銜。九月，轉左，仍兼翰林院掌院學士銜，又兼管詹事府詹事事。十一月，充經筵講官。

二十七年正月，給事中陳世安疏劾：『英與禮部尚書張士甄、侍郎王飏昌遇孝莊章皇后大喪，不親督司員檢閲舊章、一切典禮令，司員具稿賫送滿堂官起奏，不會同詳慎參訂；或屢請不至，即至亦默無一言。間有朝臣造問恭祭時日、跪送儀文、齋宿舊例，茫然輒謝不知。偷安自便，闒冗無能，請嚴加處分，以警瘝曠。』命自行回奏。尋奏：『臣士甄、飏昌每日在午門前齊集，臣英朝夕在永康門外，兼有奉旨與翰林院同辦之事，俱未敢偷安。凡典禮有應稽舊章者，親率司員檢閲；有應滿、漢堂官公同商酌者，未曾推諉，并無屢請不至之事。至恭祭日期、跪送儀文及齋宿之例，一經奉旨，即知會所司，俱遵行無誤，亦未曾有朝臣相問，對以未知也。惟是臣等素無才能，乞賜處分，爲不職者戒。』疏下吏部察議，以未與滿堂官同在一處商稿啟奏，應各降五級調用，得旨，從寬留任。

二十八年十二月，擢工部尚書，仍兼管詹事府。二十九年六月，兼翰林院掌院學士，并管詹事府事。七月，調禮部尚書，仍兼翰林院掌院學士。十月，以編修楊瑄撰擬陣亡都統公佟國綱祭文，引用悖謬，英看閲不詳審改正，部議降四級調用。得旨，革去禮部尚書，仍管翰林院、詹事府事。三十年六月，教習庶吉士。三十一年十月，復禮部尚書，兼管翰、詹如故。三十三年三月，以編修黄叔琳、庶吉士狄億等十一人試國書生疏，諭責教習不嚴，下部察議，應革職。得旨，張英從寬降三級留任。旋與掌院學士常書同奉命教習庶吉士。三十五年，上親征噶爾丹，至拖訥山，凱旋，英同常書奏請賜觀御制親征朔漠紀略，俾得敬慎編摹，垂諸簡册，從之。先後充一統志、淵鑒類函、政治典訓、平定朔漠方略總裁官。三十六年三月，同尚書熊賜履爲會試正考官。七月，以老病乞休，得旨慰留。十月，辭兼管翰林院、詹事府事，允之。三十八年十一月，授文華殿大學士，兼禮部尚書。

四十年十月，乞休，得旨：『卿才品優長，宣力已久。及任機務，恪勤益勵，眷倚方殷。覽奏，以衰病乞休，情詞懇切，準以原官致仕。』瀕行，賜宴暢春園，諭部令沿途驛遞應付，毋限常額。先是，御書『篤素堂』匾額以賜，英名其所著爲篤素堂文集。四十四年，逢上南巡，迎駕淮安，叠奉御書『謙益堂』、『葆静』匾額，并聯幅畫卷、銀千兩以賜。隨至江寧，上將旋蹕，以在籍臣庶吁請留一日，英復奏請，得旨：『念老臣懇求諄切，準再留一日啟行。』四十六年，迎駕清江浦，仍隨至江寧，賜御書對聯、『世恩堂』匾額及書籍、人參，亦允英奏請，多留一日。四十七年九月，卒於家，年七十有二。遺疏至，得旨：『張英久侍講幄，簡任機密，老成勤慎，始終不渝。予告後，朕念其衰年，屢諭旨令勉加調攝。忽聞病逝，深切軫悼！下部議恤。』賜祭葬加等，謚曰『文端』。世宗憲皇帝御極，贈太子太傅。雍正八年，入祀賢良祠。今上御極，晋贈太傅。

子廷玉，官至大學士，别有傳。

張文端公傳

馬其昶

張公諱英，字敦復，康熙六年進士，丁父憂歸。十二年以編修充日講起居注官，累遷侍讀學士。十六年，上始選儒臣置左右，設南書房，命公入直，賜第西安門内。當是時，三藩擾亂，凡戰陣兵餉方略，一皆取斷宸衷。而上尤勤學問，故事：經筵有常期，上日御乾清門聽政後，即適懋勤殿，召儒臣講論經誼無期時。公率晨入暮出，暫退輒復宣召，或輟食趨宮門，小心慎密。久之，上益器重，每巡幸，輒以公從。一時典誥之文多出公手。

遷翰林學士，乞假歸，筑室龍眠山中。居四年，特召起，授兵部侍郎。調禮部，充經筵講官。坐事降級，優旨留任。俄遷工部尚書，再調禮部。公自躋卿貳，至典秩宗，皆兼掌院學士，并管詹事府。尋坐不詳審編修撰擬諭祭都統佟國綱文，引用悖謬，罷尚書，仍管詹事，教習庶吉士。三十一年復職，先後充國史館方略、一統志、淵鑒類函、政治典訓總裁官。三十六年會試正考官。再乞休，不允。三十八年拜文華殿大學士，兼禮部尚書。

聖祖在位久，天下治安。一時宰輔諸臣如公及李公光地、熊公賜履、魏公象樞、陳公廷敬、張公玉書，類皆敦崇寛大。而公尤以勤慎結主知，立朝數十年，未嘗一日去上左右。介特内含，絶遠權勢，雖異趣者莫能媒孽其短。上嘗語執政：『張英始終敬慎，有古大臣風也。』公爲人淡静寡欲，喜讀白傅、苏、陸三家詩，喜佳茗。公退，日手一編，蒔花鼓琴，雜賓自遠。自其壯盛，即有山林之思，作芙蓉雙谿圖記見志，時時行諸咏歌。四十年冬，遂請告歸。瀕行，賜宴暢春園。公既歸里，冬日城居，自餘三時多在龍眠雙谿間。自是徜徉山中者凡七年，爲聰訓齋語、恒産瑣言。教子弟以務本力田、隨分知足之義，而於擇交積德尤諄諄焉。其書世多有，故不具。四十二年聖祖南巡，迎謁行在至江寧。上將返蹕，爲公留再宿。是時總督阿山欲加錢糧耗銀供南巡，江寧知府陳公鵬年持不可。總督既積怒知府素强項，欲因是以罪，供張故不辦。扈從王、大臣及侍衛多言知府誹謗巡游，罪不赦。及公見上，盛稱鵬年，總督意沮。陳公得免罪，反以是見知，竟爲名臣。四十六年，再迎駕清江浦，扈蹕江寧。逾年薨，年七十有二。賜祭葬，謚文端。世宗即位，贈太子太傅。雍正八年，祀賢良祠，又祀鄉賢。著易經衷論二卷、書經衷論四卷，四庫著録。又篤素堂集、存誠堂集共六十卷。子六：廷瓚、廷玉、廷璐、廷璂、廷瑑、廷瓘。璂，附貢生；瓘，候選訓導。餘皆至大官，自有傳。附貢子若潭，官檢討。訓導子若霍、若霽，皆舉人。若霽孫元宰，編修。

馬其昶曰：予幼時，大人授以聰訓齋語，謂讀之可淡榮利、就本實。因益爲言張氏當隆盛時，其子弟無不謹敕謙約，可爲大臣家法。其後恭讀世宗庭訓格言，乃知聖人之言，其遠如天，其近如地。

公之書切近敦篤，殆本其所陶淑於聖教者以垂訓與？曾文正公亦嘗舉二書教人，而番禺梁按察鼎芬言：『張公書不善讀，乃爲鄉愿。』余謂立朝與居鄉異節，公之書，所以誡家也。其保全陳公事，余得之湘潭誌，爲表著之。

張英傳

金天翮

張英字夢敦，一字敦復，桐城人也。康熙丁未進士，改内弘文院庶吉士，授翰林院編修。癸丑，聖祖選詞臣入侍帷幄，備顧問，英爲首。丁巳以侍讀學士領南書房事。丙寅擢翰林院掌院學士，尋遷兵部侍郎。丁卯調禮部，充經筵講官，兼管翰林院、詹事府事。庚午晋禮部尚書。己卯拜文華殿大學士。辛巳予告歸。越七年戊子卒，年七十有二，賜謚文端。自英通籍後七年，三藩倡亂，天子方從事征討，凡出師、運餉、制謀決勝，無一不斷自宸衷。而上於是時益孜孜於經史之學，英首被日講起居注官之命，旋直南書房。自昔經筵有常期，而上日御乾清門聽政後，即適懋勤殿，召英等入講。辰而進，終酉而退，率以爲常，因賜第瀛臺之西。詞臣賜居内城自英始。英以小心慎密結主知，上每幸南苑，及巡四方，未嘗不以英從。英自翰林歷卿貳，踐政府，雖任他職，未嘗一日去上左右。既爲禮部尚書，仍掌翰林院及詹事府。蓋二職上所甚重，難其人，以爲非英莫屬也。英莅官隨地自盡，不務表襮，以是所居無赫赫名。及觀南書房記注，然後知英在講筵，凡生民利害、四方水旱，知無不言。上嘗語執政：『英有古大臣風。』用是立朝數十年，君臣之間以恩禮終始。英爲人忠實，無畛域，自同官及後進之士，皆傾心相向。王士禛詩名滿天下，而困於郎署。英延譽於上，得召試，改詞林。而英亦著有篤素堂詩文集，粹然盛世之元音焉。他所著周易衷論、周易參解，皆以經解經，坦易不務艱棘。福德冠當世，内外完好，身名泰然。英既告歸，日徜徉於龍眠雙谿間。越二年而上南巡，英迎謁至江寧。上將返蹕，爲英留再宿。時總督阿山欲加錢糧耗銀供南巡費，江寧知府陳鵬年持不可。總督既積怒知府强項，扈從王、大臣及侍衛多言知府誹謗巡遊，罪不赦。及英見上，盛稱鵬年爲良兩千石。總督意沮，鵬年反以是見知，竟爲名臣。自英殁十有七年，而子廷玉復爲大學士。

張英傳

張英字敦復，江南桐城人，康熙丁未進士，改内弘文院庶吉士，授翰林院編修。聖祖仁皇帝命擇詞臣醇謹有學者，入侍左右備顧問，英首被選。丁巳始立南書房。英以侍講學士領其事。辰入酉出以爲常。賜第瀛臺之西。聖祖每日御乾清門聽政後，即幸懋勤殿召英講論經史，寒暑靡間。英小心慎密，恪勤匪懈。聖祖久益器重，每幸南苑及巡行四方，必以英從。丙寅擢翰林院掌院學士。尋遷兵部侍郎。丁卯調禮部侍郎。充經筵講官兼管翰林院詹事府事。庚午晉禮部尚書。英持躬平恕，不爲苛急之行。身綰三綬，爲衆坊表。詞苑人才多所造就，一時典禮儀制及廟堂制誥之文皆出英手定。又監修史局，總裁羣書，職任繁多，不動聲色，而事皆就理。己卯拜文華殿大學士。辛巳予告歸。英自入翰林，歷卿貳，登政府，未嘗一日去上左右。以文章學問啟沃贊襄，造膝獨對，常移晷刻。生民利病，四方水旱之事，知無不言。凡所汲引，終身不言。外和内介，人不敢干以私。其公忠誠篤之悃受知聖祖者獨深。既致政，恩賜優渥。

英於書無所不窺，搜討研索，至老不倦。所著有易書衷論、周易參解、講筵内廷應制集、篤素堂詩文集，年七十有二卒。賻恤祭葬加等，謚文端。世宗憲皇帝讀書乾清宫，時常預講説經書。及即位追念舊學，恩禮有加，贈太子太傅。御書扁聯揭諸祠宇。扁曰『忠純貽範』。聯有『風度猶存，師模如在』之褒，今上登極加贈太傅。

墓誌墓表

張文端公墓表 代李厚庵相國作

方苞

康熙五十四年秋，余請假歸葬。行有日，學士張君廷玉持其先人相國文端公行狀請碣。余成進士、入館閣，後公三年，而比肩趨朝凡數十年。雖不文，曷敢以辭？蓋自癸丑、甲辰逆藩播亂，三方征討。凡出師、運餉、制謀決勝，無一不斷自聖心。而上於是時，益孜孜於經、史之學，公首入直南書房。自昔經筵有常期，而上日御乾清門聽政後，即適懋勤殿，召公入講。辰而進，終酉而退，率以爲常。因賜第瀛臺之西。詞臣賜居内城，自公始。公小心慎密，久之，上益器重，每幸南苑及巡行四方，未嘗不以公從。

公自翰林歷卿貳，踐政府，雖任他職，未嘗一日去上左右。既爲禮部尚書，仍掌翰林院及詹事府詹事，蓋二職上所甚重，難其人，以爲非公莫屬也。公莅官隨地自盡，不務表襮。有所薦舉，終不使其人知，以是所居無赫赫之名。及觀南書房記注，然後知公在講筵，凡生民利病、四方水旱，知無不言。上嘗語執政：『某有古大臣風。』然則公之立身與所以自結於上者，可想見矣。

公爲人忠實，無畛域，自同官及後進之士，皆傾心相向。其家居，族黨、鄉鄰，下逮僕隸，常得其和，雖奸僉小人，無所寄怨惡。用此，知與不知皆號爲長者。然性實介特，義所不可，雖威重不能奪。與物無忤，而黑白較然。此則余之所獨知於公者也。公立朝數十年，上委心始終無間，恪居官次，無頃刻懈惰。而自壯盛即有田園之思，見於詩歌，往往流連不已。上亦曲覽焉。年六十有三即致歸，嘯咏於林泉者凡七年。内外完好，身名泰然，自公而外，蓋未之多見也。

公桐城人，諱英，字夢敦。其殁也，距今八年矣。世系、歷官、學行之詳，具載前諸公誌銘及神道碑，故不復云。某地某人述。

清誥授光禄大夫經筵講官文華殿大學士兼禮部尚書致仕文端張公墓表

大學士桐城張文端公，康熙四十年辛巳致政以歸，逾八年戊子乃終，賜葬於縣西龍眠之雙谿。又八年乙未，其子學士君廷玉請予撮其大者碣諸墓。時予亦得假歸里，行有日矣。予後公三年成進士，授館職、仕宦，出入幾三十年，相知爲深且厚。

自癸丑、甲寅以還，逆藩稱亂，三方征討，凡出師轉餉，運籌決勝，一斷聖心，而上方孜孜嚮學，博求儒臣研究經史，命擇翰林醇謹有學者，侍講屋，備顧問，公首被選入直南書房。

先是經筵有常期。自公既入，上每日御乾清門聽政後，即幸懋勤殿，召公講説，辰進酉退，率以爲常。因賜第瀛臺之西，俾得日近詞臣。賜居禁城實自公始。公小心慎密，上久益器重。每幸南苑及巡行四方，未嘗不以公從。寵賚之優，信任之篤，未有倫比。公感上遇，亦益以恪謹自持。雖禁中聯事及外廷得柄者，地望相切，中立一無所麗，而交亦未有不終者。故自翰林歷卿貳，踐政府，頻徙累遷，未嘗一日去上左右。既爲禮部尚書，仍掌翰林院及詹事府事。二官清切，上重，難其人，故並以屬公。公持官優裕弘濟，不務表襮，既朝夕近上，造膝獨對，常至移晷。退而或鼓素琴，燭花影，泊然就寢。雖子弟不與語省中事。及觀南書房記注，然後知公在講筵，凡生民利病，四方水旱，知無不言。上嘗語執政：「張英每有薦舉不令人知，而得公薦者，或亦終身不明公之實薦己也。」遇同官及後進之士皆善氣導迎，未嘗有迕。其家居，族黨、鄉鄰，下逮僕隸，常得其和，間有違戾於公者，亦容忍銷釋，無所寄怨。用此知與不知，皆號公爲長者。然外寬内介，遇有不可，未嘗依違曲從，退然渾厚而黑白較如此，予所獨知於公者也。立朝數十年，上委心始終無間，克勤其官，不以告勞，在親密地能無毫毛過差，斯已難矣。

顧自壯盛時即有田園之思，見於詩歌，往往流連不已。即上亦曲鑒之。致政之日，年六十有五，盤憩於林泉者，凡七年所，内外完好，身名俱泰。平生所得圖書、翰墨、豐貂、金幣之賜，不可悉書。洎其終也，哀榮備焉。其可謂一節令終之君子矣。

公諱英，字敦復。其世系、歷官、學行之詳，具載誌銘及隧道之碑，故不復具。

康熙五十四年歲次乙未仲春，賜進士出身、光禄大夫、文淵閣大學士、兼吏部尚書年家眷侍生李光地頓首拜撰。

清誥授光禄大夫經筵講官文華殿大學士兼禮部尚書致仕文端張公墓誌銘

康熙四十九年十二月辛酉朔，光禄大夫、經筵講官、文華殿大學士兼禮部尚書致仕謚文端張公葬於桐城縣龍眠山之雙谿。元配姚夫人祔焉。其孤檢討廷玉請銘於予。予與公同朝三十餘年，伏睹公恪慎清粹，以忠誠上結主知，倚任之重，眷遇之渥，不獨禮絶臣僚，而近代史策所傳罕有倫比。謹條繫其大者而書之。

公諱英，字敦復，别號圃翁。先世自豫章徙桐城。桐城之張六世至大中公而始大。大中名淳，舉明隆慶戊辰進士，歷官陝西參政，於公爲曾祖。淳生士維，以文學封中憲大夫。士維生秉彝，以明經考授别駕。於公爲祖若父，皆以公貴追贈如公官。曾祖妣尹氏、祖妣齊氏、妣吴氏皆贈一品夫人。

公生而凝秀，言笑不苟，見者竦然。未冠食餼，文譽驟起。癸卯舉於鄉，越四年丁未成進士，選内弘文院庶吉士，以艱歸。壬子散館，授翰林院編修。是時上方嚮意文學，詔選詞臣醇謹通達者入侍左右，講論經史，於是掌院學士孝感熊文端公以名聞者四人，而公及今大學士安谿李公皆在選中。每日進講，扈從南苑，隨充日講起居注官，豐貂文綺之賜，歲無虚月。丙辰擢左諭德，丁巳遷侍講學士，特命入直南書房，賜第西安門内。晨入暮出以爲常。己未轉侍讀學士。庚申晋翰林院學士兼禮部侍郎。壬戌以葬親歸，丙寅擢任掌院學士，遷兵部右侍郎。丁卯兼攝刑部事，調禮部左右侍郎，充經筵講官兼管詹事府詹事事。尋升工部尚書。庚午兼管掌院學士事，調禮部尚書。公理部務持重平恕，不爲苛急之行，及任宗伯，身綰三綬，進則論思密勿，退則倡率僚屬。一時典禮儀制及廟堂制誥之文，流播遠近，傳諸永久者，皆出公手定。又監修史局，總裁羣書，兼領數十職，綜斯文之柄，不動聲色，百事就理。士大夫嘆羡以爲榮。丁丑乞休不允。己卯拜文華殿大學士兼禮部尚書。辛巳予告歸里。

公在相位不久，然其贊元經體，自入直以來，即以文章學問佐佑啟沃，及參預機密，顧厚重不泄，且其爲人外和內剛，廉静自持，人皆不敢干以私。上久而益信之，嘗稱其有古大臣風。手敕奬諭至於再四，則公所以輔弼聖德，潤色鴻業者，惟有歷年，世亦莫得而悉也。公既致政，上念之不忘。癸未、乙酉、丁亥三遇南巡，迎朝行在，恩禮優渥。歲時馳傳頒賜，不絕於其家。先後所得御書充滿什襲，金繒珍異之屬不可殫述。內城賜第自公始，又許於禁中乘馬，命供奉周君道寫公像，裝潢以賜，皆人臣異數也。

公內行修，教子姓有法，喜奬進善類，而於試事極慎。自癸丑分校，丁丑主會試以及歷科殿試讀卷，教習庶吉士，一秉至公，士論翕服。性愛閒澹，退直之暇，盆魚庭草翛然自適。嘗構賜金園於龍眠山麓，每歸則逍遥其中。於書無所不窺，搜討研索至老不倦，尤工書法，行楷並絕倫。上集歷代名人書爲懋勤殿法帖，獨採公書入本朝集中。所著進呈易書衷論、參解若干卷。經筵內廷應制等集若干卷，篤素堂詩文前後集若干卷。

公生於前丁丑十二月十六日，薨於康熙戊子九月十七日，享年七十有二。訃聞，上震悼，予賻恤祭葬加等，賜謚曰『文端』。夫人姚氏族望貴盛，孝謹慈儉，能識大體，姻黨賢之，先公三月卒，享年六十有九，累封一品夫人。子男六人：廷瓚，己未進士，日講官起居注、詹事府少詹事兼翰林院侍講學士，前卒；廷玉，庚辰進士，日講官起居注、翰林院檢討；廷璐，副榜貢生；廷瑑，貢生，前卒；廷瑑，貢生；廷瓘，廪生。女四人皆適仕族。孫男八人，女九人。曾孫男女四人。

銘曰：

國運隆平，文明昌啟。惟公學成，應時而起。振華茂實，發聲詞林。爲麟爲鳳，如玉如金。簡在帝心，入參帷幄。朝夕論思，曰公所獨。鴻文淳質，翼翼小心。卿才公望，眷荷日深。文章之司，禮樂之府。隻手總持，旋登臺輔。有舊有勞，時至引年。進退以禮，公斯樂全。生受敕褒，殁蒙謚號。善人國基，朝野所傚。有阡在望，山環水洄。永世咸休，用諗方來。

賜進士出身、光禄大夫、吏部尚書加三級愚弟鵬翮頓首拜撰。

詔建相國謚文端桐城張公賢良祠頌 並序

皇上御極之十有一年，海内治平，衆庶悦豫，昊穹昭格，瑞應洊臻。思惟丕基鴻業，世祖、聖祖積德累功，咸有勲賢贊成理化。暨於朕躬，亦有若師傅若股肱，後先繼美，懋著顯庸。我國家無疆惟休，亦永有無窮之聞，實嘉兹罔斁。於是發德音，稽祀典，建祠京師，錫名『賢良』，以祀羣臣有勞於社稷、施德善於斯民者，所謂天叙天秩，人綱人紀，維相國謚文端桐城張公在焉。

皇上念公抱純臣之素節，著潛邸之舊勞，實助宣繼照，增潤重海，勵翼於國，教忠於家，宜特有優崇，明示褒顯，乃允今相國少保公請建公祠於故所生邑里。其錫名仍準京師，且御書扁聯以賜，曰『忠純貽範』，曰『風度猶存，典禮煥千秋俎豆； 師模如在，忠誠垂奕葉箕裘。』大哉王言！一哉帝心！推勞臣下，恩誼始終，既俾即饗於神都，再睹寢成於桑梓。奎鈎日華，照燭兩楹。嘉疏沉齊，馨香條鬯。膺斯鉅典，則我朝臣工一人而已。

其年十月，皇上詔少保公乘傳歸里以視，滌濯致吉，蠲於新宮。又詔今督學少宗伯公暨諸孫官內外者，以便宜給假來會祀事。乃備禮器，乃筮吉日，禰穆祖昭，咸集在位。今少司馬巡撫都御史徐公實受命攝行祼獻，有司奉天子制辭，告於几筵，宗親子屬蹌蹌濟濟，肅將籩鉶，訖告成禮。鄉之故人父老咨嗟歡喜，國章家慶，明德盛儀，休光淑聲，蔑以加焉。

緬惟文端公以經術學行受知聖祖，始進講筵，晨夕顧問，閭閻利病，四方水旱，知無不言，悉蒙嘉納。自翰林學士內直承旨，綜文昌之政本，踐密勿之揆地，務持大體，厚重寬平。進退委蛇，謀謨畫一。外和內介，誠格信孚。百辟爲憲，百度用貞。元會郊禋，五禮六樂。高文典册，並出其手。而彌懷祗慎，益秉沖和，溫溫恭人，謙謙君子，兼而有之。蓋公生平定契宸極，謨明弼諧，燮和元化，潤澤生民。其所以垂輝遺蔭委祉後人者，既勤且至。今相國少保公暨少宗伯公胚胎紹承，銜訓嗣事，無日不思成於家，以立於朝，以勤於外，以膺受爵禄。重侯趾武，以昌世世；傳德顯聞，以耀於前人。克有祠祀，受胙慶成。文端公之教忠，子孫之克孝，聖天子之特隆典禮，非景運昌期，振古未有遭逢會合，烏睹盛美哉。

謹按：詩魯頌閟宫美僖公之遵先烈作寢廟，實周太史克奉王命作爲是詩。聖人列之四始，後世號以爲經者，以魯僖侯作廟，又禮制所宜而已。唐原周制，羣臣得建家廟，將相又别立廟京師，故田沂公先廟銘，實史臣韓愈奉詔所撰。蓋銘所以較德焯勤，並綴其慶賞聲名而酌之祭器，如大雅江漢之詩，所謂作召公考者，後人鏤其文字於麗牲之碑，抑亦古頌之亞也。

今我皇上加禮於文端公，其祠祀有祔有專，恩數之隆邁周軼唐，詎得闕形容揚扢之辭，而銓舊嘗執筆隸太史，又嘗追隨少保公入侍禁直，而與少宗伯同年舉進士，竊忘其弇陋，效聲詩代彝鼎焉。頌曰：

於鑠時清，聖聖丕承。萬國敉寧，聖登賢相。臣賡主倡，德施旁鬯。相有象賢，弼亮後先。躋世中天，明良交孚。忠孝一塗，俾祠於都。惟忠惟孝，厥考之教。崇本昭報，載啟新宫。於荆之桐，岳神所鍾。曾構周阿，翼翼峩峩。尊簋孔多，帝之師臣。篤舊如新，天章爛雲。曷以篤之？載詔鼎司。暫還侍祠，載命春卿。用其寅清，展爾思成。考廟親室，爾虔爾揭。稽典諏日，惟子惟孫。各致著存，帝宣綍綸。綍綸帝制，寢成有事。攝以節使，童齔耆耇。加額以手，天子萬壽。惟天子慈，久而追思。惟公宜之，洪源天柱。委注宏溥，世爲承輔。湛露渥恩，自葉流根。道德逾尊，子孝臣忠。天子大宗，何私於公。龍眠之山，桐陂之川。蜿蟺綿延，公有廟食。垂祀萬億，與國無極。

海禺汪應銓謹撰

御制文

諭祭予告經筵講官文華殿大學士兼禮部尚書加二級謚文端張英文

康熙四十九年歲次庚寅十月二十四日，皇帝遣江南安徽寧池太廬鳳滁和廣等處承宣布政使司布政使馬逸姿，諭祭予告經筵講官、文華殿大學士、兼禮部尚書加二級謚文端張英之靈曰：

國家慎簡良弼，翼贊鴻猷。其有受知最深、歷試咸稱、夙夜匪懈、久暫無渝者，則必生沐寵榮，歿加優恤，用備飾終之典，以弘惠下之仁。

爾張英稟性沖和，居心醇謹，早登甲第，即踐清華，繼侍起居，實殫勤慎。表典型於藝苑，播譽望於卿班。簡置綸扉，用襄機務。寵而知戒，彌存翼翼之小心；公爾忘私，咸美休休之大度。侍禁廷者垂三十年，守素履者常如一日。正資啟沃，長佐昇平。乃以衰病乞休，情詞懇切，爰命原官致仕，乘傳歸鄉。每當南幸而來迎時，垂存問以眷顧，備加錫賚，用示優隆。頃因爾室云殂，亟命爾子宣慰，詎意忽嬰疢疾，遽至淪亡，深切哀惘，載稽典禮，賜以祭葬，謚曰『文端』。嗚呼！賁綸綍於重泉，儀型已邈；垂鼎鐘於奕祀，令問長昭。靈其有知，尚克歆饗！

賜經筵講官文華殿大學士兼禮部尚書加二級予告謚文端張英碑文

國家慎簡良弼，所以贊治化之隆；優恤老成，所以昭恩禮之厚。其有公忠矢節，位益顯而彌深；恪慎持身，歲歷久而匪懈。其生也克副委任，其殁也宜示褒崇。以勵臣工，以光史册，典至鉅也。

爾張英學術醇粹，器宇弘深。自入詞垣，早登講幄。初啟直廬於殿側，即令珥筆於禁中。清秩頻加，爰作翰詹之長；崇階洊歷，旋爲典禮之宗。總三署之清華，藉一官之兼攝。遂乃命襄機務，簡任綸扉。三十餘年，常承顧問於左右；百爾庶職，具瞻德望之端凝。本縝密以居衷，始終不易；殫靖共以宣力，表裏無慚。待物有容，允矣休休之度；守官惟敬，凛哉翼翼之心。如止水之常澄，素懷淡定；若春風之自藹，善氣沖和。公爾忘私，真一心而一德；清而不矯，洵無倚而無偏。正藉老成共襄上理，乃以年齒漸邁，屢疏陳懷，因念勞瘁既深，勉從厥志，許安車而旋里，俾娱老於故園。前者省方莅止，爾猶扶杖來迎，即寵賚之有加，期大年之克享。忽聞溘逝，深切憫傷。舊德久彰，新恩載沛。永錫『文端』之嘉謚，備典禮以酬庸。嗚呼！風度猶存，念謨猷於往昔；絲綸重布，賁榮寵於無窮。永峙豐碑，昭垂奕世，不亦休歟！

康熙四十八年二月　日

諭祭經筵講官文華殿大學士兼禮部尚書加贈太子太傅謚文端張英文

雍正十一年歲次癸丑十二月初九日，皇帝遣巡撫安徽等處地方都察院右副都御史徐本，諭祭經筵講官、文華殿大學士、兼禮部尚書、加贈太子太傅謚文端張英之靈曰：

翊熙朝之泰運，端重良臣；稽册府之鴻猷，宜崇元祀。蓋成勞懋著，生平之風概如存；斯盛烈昭，垂奕世之寵褒益篤。載申綸綍，式薦牲醪。爾張英端敬居心，沖和成性。三十載趨承禁直，講帷之啟沃弘多；四十年敭歷清班，綸閣之贊襄允懋。靖共爾位，忠純克篤夫小心；垂裕後昆，善慶彌彰夫厚德。嗚呼！流芬竹帛，卓然一代之完人；樹範巖廊，允矣千秋之茂典。列豆籩於祠宇，渥澤攸隆；布筵几於里閭，湛恩疊沛。靈其不昧，尚克歆承！

賜經筵講官文華殿大學士兼禮部尚書贈太子太傅加贈太傅謚文端張英碑文

恭承先烈，聿思左右宣力之勞；眷念前徽，庸獎夙夜靖共之誼。曠典特頒於奕世，殊恩載賁於重泉。式示褒嘉，用彰優禮。爾張英秉性和平，宅心忠厚。文章爾雅，恒領袖乎清班；品行端純，久趨承於禁近。內直三十載，純勤懋著於初終；服官四十年，雅望從容於進退。聖祖之加恩既篤，先皇之眷注尤深。酬啟沃之勳，宮銜晋錫；秩賢良之祀，祠宇加隆。屢被恩施，備蒙寵渥。朕紹承基緒，緬想儀型。懷舊德以維殷，考彝章而從厚。進階太傅，肅展芳筵。嗚呼！琬琰流輝，疊沛三朝之雨露；絲綸焕彩，丕昭百祀之榮光。尚垂庇乎後昆，俾永延夫世澤。

乾隆元年九月二十日

諭祭經筵講官文華殿大學士兼禮部尚書贈太子太傅加贈太傅謚文端張英文

乾隆元年歲次丙辰九月二十日，皇帝遣分巡廬鳳道轄潁泗六安滁和等處按察使司副使范燦，諭祭經筵講官、文華殿大學士、兼禮部尚書、贈太子太傅加贈太傅謚文端張英之靈曰：

翊贊昇平，眷良臣之宣力；褒嘉耆舊，頒異數以酬庸。式隆展祀之儀，用示推恩之厚。爾張英端謹居心，公忠奉職。純修素履，謙謙裕君子之風；雅尚清標，休休有大臣之度。綜生平之令德，講筵之啟沃惟勤；延身後之寵光，泉壤之榮施疊賁。朕紹膺大統，追念成勞，晋太傅之崇階，遣專官而告奠，特申優禮，聿稱彝章。於戲！緬舊德於先朝，嘉謨勿替；沛新恩於奕世，茂典丕昭。爾靈有知，尚其歆饗！

御制詩文

大學士張師傅歸里賦詩二章贈别

曉鼓宵鐘禁籞深，卅年趨直珥華簪。凌雲早染相如札，拜衮纔施傅説霖。黄閣新猷留鼎軸，赤松舊約在山林。賜歸數異榮三接，清夢還餘捧日心。

屢聞清論講筵餘，今日分襟白玉除。自爲煙霞堪拄笏，非關歲月近懸車。午橋别墅來游屐，春水扁舟載賜書。喜有鳳毛皆五色，相將阿閣舊巢居。

皇四子多羅貝稿並書

此朕在藩邸時送大學士師張英歸里詩也。雍正元年七月尚書張廷玉循例恭繳。朕追念舊學，並嘉廷玉克紹家聲，親題數語，仍復頒賜，俾世守之。

送桐城張先生暫假歸里序

昔在隆古盛治之時，熙皞成風，明良合德。嵩生岳降，蔚爲國華。涵濡遍乎庶類，福祚綿乎萬年。

良以太平之治久道化成，碩德瑰才紹修家緒。唯朝廷有閥閲之臣，斯閭閻沐忠孝之化，其太和醞釀，豈偶然哉。商之興也，伊尹輔湯，而伊陟實佐太戊。周之盛也，太公望爲武王太師，其子伋爲成王虎臣。周公輔沖子伯禽征淮戎，斯皆父子濟美，宣力王朝。詩書所載亦罕與儔匹。故乃書之旂常，銘之彝鼎，煒乎焕乎，流光奕祀而無窮。豈徒臣子之榮，抑亦邦家之光也。

吾師少保相國張先生乃前相國謚文端子也。文端以忠純清亮遭遇皇祖聖祖仁皇帝，始則侍從經帷，繼則贊襄綸閣。一德同心，有孚交泰。當啟沃之論思密勿從事，而郅理覃敷，遐邇被澤，孰非一人元良賢輔宣猷之明效哉。皇父臨御，孝思錫類，念舊親賢。維時吾師已貳天官，皇父重其器量，嘉乃忠藎，寄以心膂股肱，不數年而膺台鼎之命。聖皇有知人之明，良臣抒遇主之悃。魚水之喻，曷以加兹。我國家承天景命，錫以元輔篤生王國，俾奏厥績，用襄億萬斯年之治，繼繼承承，共綿弗替。若師之揚其家聲，箕裘聿紹，一門之中世掌鈞衡，德業彪炳，卓越等倫，有光其前，有裕其後，實天之栽培，錫慶者獨厚，而考之書傳，近世以來所未嘗有也。

雍正八年，天子褒録國初以來公忠貞亮之臣，始終勤勞名節克著者，命建賢良祠於京師。既又賜祭於其里，而文端首膺是典。吾師例得旋里承祀事。我皇父念帷幄重臣朝夕佐理之是資，自御極以來，未嘗頃刻離左右者，惟吾師一人，是不可去。顧以宗功元祀，其嗣克繼厥美，殊恩渥澤，後先同符者亦惟吾師一家，而因褒錫先庸之命，爲光榮錦里之旋，尤極千載盛事，用宜允請暫假，俾遂其情，並以彰忠孝之徽，標式臣民；且重頒内府珍奇，凡衣服、書籍、文物、輿馬之需，莫不備具，榮其行也。

予惟天地無心，以生物爲心，不寧生物，而凡物之足以資生理者，天必有以嘉佑之長養之。水能潤物也，使之流而不窮。火能烜物也，使之傳而不熄。五穀萬民之所食，而風雨寒暑無非元氣運行，使之發生成熟，以爲生民乃粒之計。況乎人之能長民者，在一鄉則一鄉受其惠，在一邑則一邑受其惠。則夫司台鼎輔聖明，功贊燮理而不自居，慮周海宇而常若不足，其承皇靈而宣德澤，固胥天下受其惠者也，其有不獲天心之默佑，而嘉祉便蕃受兹多福者哉。

師之歸里而將祀，既有以明夫上天報善之理，歷久彌新，天子酬庸之典，有賢必録。文端教忠之報繼世其昌，而騶騎所至，桑梓之民白髮黄童，莫不指之曰：『是佐吾皇宣布德化之相國張公也。』或曰：『是前相國之子能肯構而紹曩徽今，復爲相國也。』或曰：『吾相國速歸朝以承元后，澤我黎民也。』周書君牙所載：『厥有成績，紀於太常。』紀在官也。畢公之命曰：『表厥宅里』，『樹之風聲』。表在民也。孰若先生被隆恩，祀故里，章先美，型鄉邑，令聞播四海，芳迹耀千秋。事竣還京，佐黼座以出治，用欽承天子之光，以裕國慶而綿家祥，豈特先生益篤教忠之念哉，將見天下之士，於是乎大勸。故於其行也，樂書其事以序之。雍正癸丑孟冬月朔　寶親王撰並書。

賢良祠

雍正八年庚戌，世宗憲皇帝降旨，本朝良臣碩輔後先相望，宜崇大蒸之祀，首舉大臣九人，先公與焉。既立廟京師，賜額賢良祠，又各賜祭於本籍。廷玉伏念先公功隆輔弼，德被朝野，仰荷殊恩，首列祀典，桑梓棲神之地亦得例建專祠，以昭妥侑敬，捐數千金，既七弟廷瓘舊宅改建祠宇，前堂後寢，繚以周垣，岑樓聳峙，閈閎大起。割牲之舍，齋庖之房，無不畢具。顏之曰『張文端公賢良祠』。癸丑始落成，廷玉以聞。蒙世宗親灑宸翰，賜額曰：『忠純詒範，』聯曰：『風度猶存，典禮煥千秋俎豆；師模如在，忠誠垂奕葉箕裘。』眷懷舊學，天語崇隆。敬揭堂皇，光榮萬祀。廷玉隨請假旋里，奉主入祠。

冬十一月，遣安徽巡撫徐本詣祠行禮，廷玉敬率子姓恭承祀典。時三弟廷璐任蘇江學政，亦奉命歸，襄盛禮焉。皇上御極元年，特恩賜祭，鳳廬道范璨承命行事祠中，廷璐仍予假陪祀。其春秋常祀，視京師祭賢良祠日有司行禮，用少牢籩豆如制。

御書扁聯

忠孝

存誠

清慎勤

格物

康熙十六年六月初五日

賜臣英

篤素堂

康熙三十三年閏五月初五日

賜臣英

秋水軒

雙谿

種花處

詩書乃立身之本

孝弟爲制行之原

康熙四十二年二月二十七日

賜臣英

白鳥忘機，看天外雲舒雲卷

青山不老，任庭前花落花開

遠處塵埃少

閒中歲月長

康熙四十三年十二月　日

賜臣英

謙益堂

葆静

杭稻年年觀穫樂

子孫世世讀書聲

康熙四十四年三月二十日

賜臣英

世恩堂

康熙四十六年四月二十七日

賜臣英

忠純詒範

風度猶存，典禮焕千秋俎豆

師模如在，忠誠垂奕葉箕裘

雍正十一年九月初七日

安徽省文化强省建設專項資金項目
安徽省古籍整理出版基金會資助項目

張英全書

中册

[清]張英◎撰
江小角 楊懷志◎點校

北京师范大学出版集团
BEIJING NORMAL UNIVERSITY PUBLISHING GROUP
安徽大学出版社

圖書在版編目(CIP)數據

張英全書:全三册/[清]張英撰;江小角,楊懷志點校.
—合肥:安徽大學出版社,2013.6
ISBN 978-7-5664-0421-3

Ⅰ.①張… Ⅱ.①張…②江…③楊… Ⅲ.①張英(1637~1708)—全集 Ⅳ.①Z424.9

中國版本圖書館CIP數據核字(2013)第102556號

張英全書

ZHANGYING QUANSHU

[清]張 英 撰
江小角 楊懷志 點校

出版發行:北京師範大學出版集團
安 徽 大 學 出 版 社
(安徽省合肥市肥西路3號 郵編230039)
www.bnupg.com.cn
www.ahupress.com.cn
經 銷:全國新華書店
印 刷:合肥遠東印務有限責任公司
開 本:148mm×210mm
印 張:54.5
字 數:1200千字
版 次:2013年6月第1版
印 次:2013年6月第1次印刷
定 價:298.00圓(全三册)
ISBN 978-7-5664-0421-3

策劃編輯:朱麗琴
責任編輯:馬曉波 姜 萍 劉 强 李海妹
責任校對:程中業
裝幀設計:李 軍
美術編輯:李 軍
責任印製:陳 如

《十二真圖》陳維邦畫（桐城市博物館供稿）

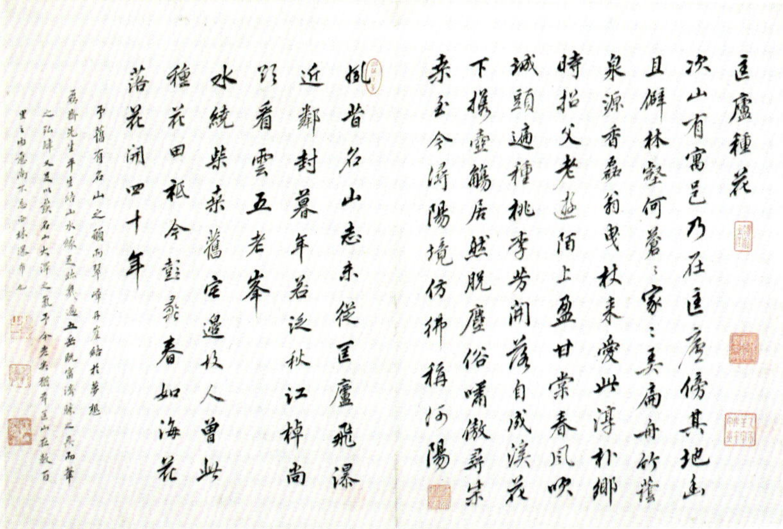

《十二真圖》江皋配詩、張英和詩（桐城市博物館供稿）

《十二真圖》陳維邦畫（桐城市博物館供稿）

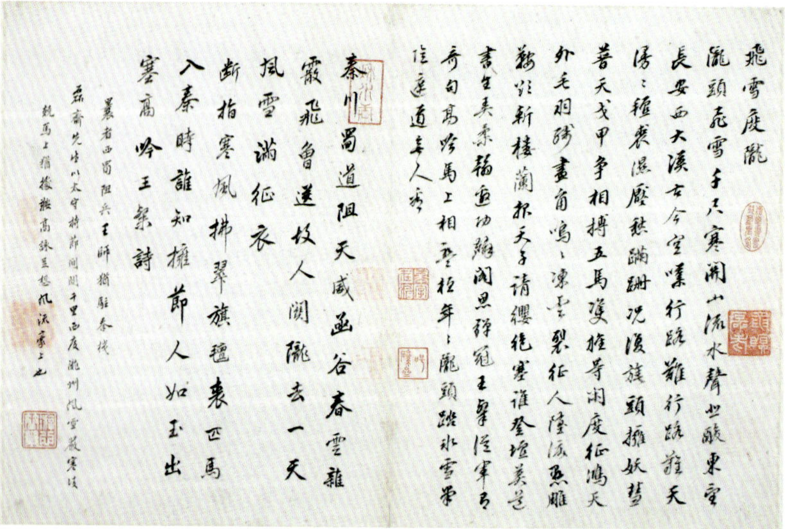

《十二真圖》江皋配詩、張英和詩（桐城市博物館供稿）

《十二真圖》陳維邦畫（桐城市博物館供稿）

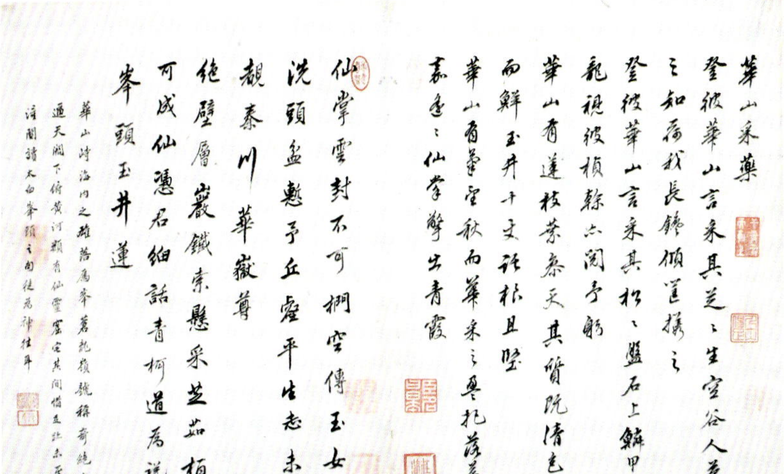

《十二真圖》江皋配詩、張英和詩（桐城市博物館供稿）

《十二真圖》陳維邦畫（桐城市博物館供稿）

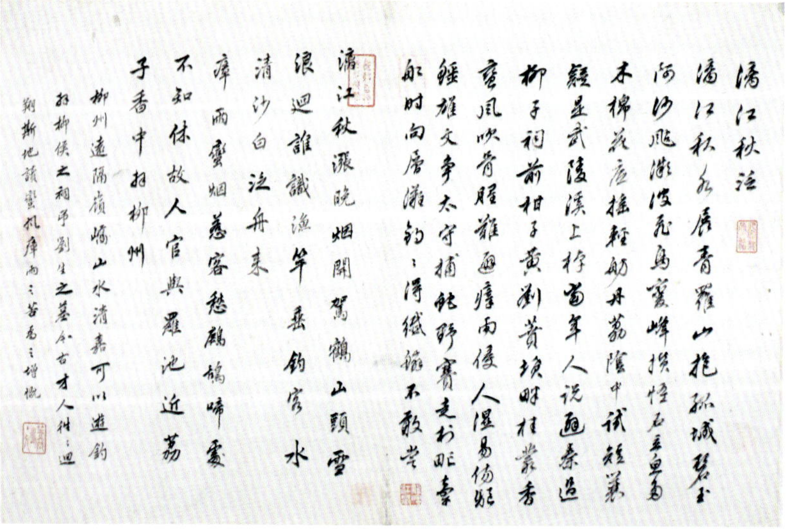

《十二真圖》江皋配詩、張英和詩（桐城市博物館供稿）

《十二真圖》陳維邦畫（桐城市博物館供稿）

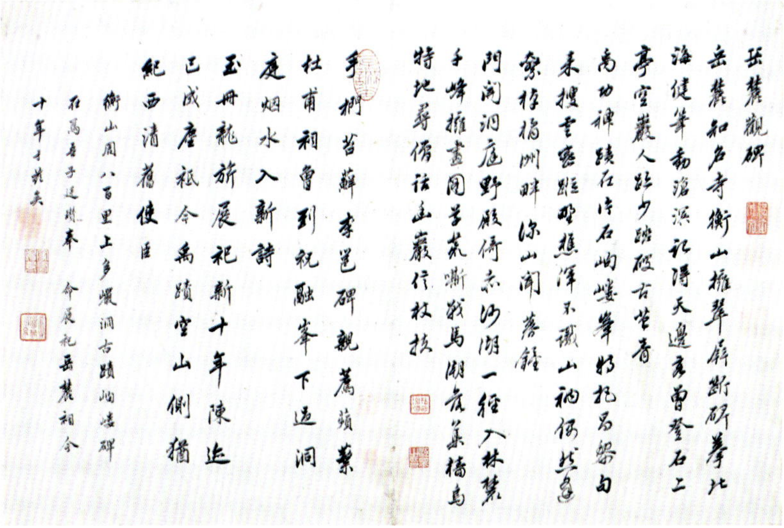

《十二真圖》江皋配詩、張英和詩（桐城市博物館供稿）

《十二真圖》陳維邦畫（桐城市博物館供稿）

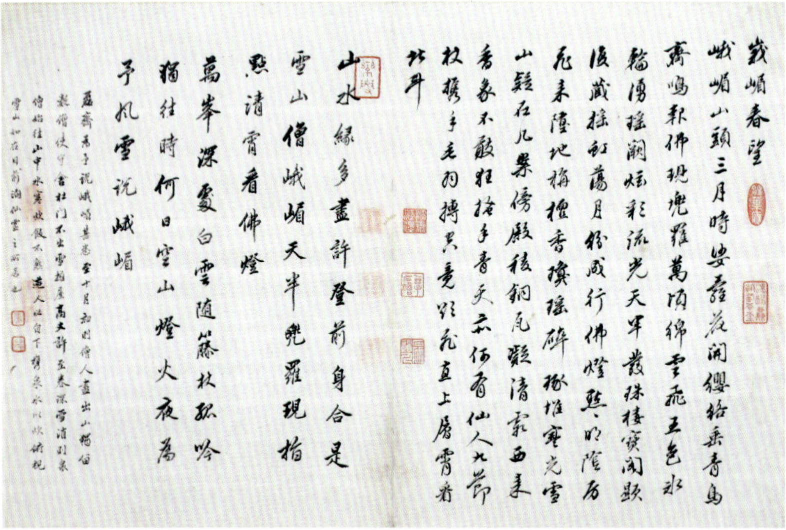

《十二真圖》江皋配詩、張英和詩（桐城市博物館供稿）

張英全書中册目次

存誠堂詩集

卷二

卷三

卷四

卷五

卷六

卷　七

卷十

卷十一

卷十二

卷十三

卷十四

卷十五

卷十六

卷十七

卷十九

卷二十

卷二十一

卷二十二

卷二十三

卷二十四

卷二十五

張英全書之四

存誠堂詩集

江小角
楊懷志　點校

存誠堂詩集自序

余自束髮學爲詩，今自順治己亥年以迨於康熙壬申，約略凡三十四年，存其詩若干首，爲二十五卷。自幼至老，多好言山林農圃耕鑿之事，即與人贈答往來、遊歷之所至，亦不能離乎此。迨年五十以後，山林之思益迫，引退之思愈急。每不憚其言之重復，而恒苦出於不自覺。殆歐陽子所謂年益加老，病益加衰，而其心漸迫，其言愈多者歟！

余自弱冠即抱此志，每見才儁之士著作非不多，當其言廊廟，則志耽軒冕；言山林，則志耽丘壑。一卷之中，忽而慕夔、龍，忽而慕巢、許，乍濃而乍淡，倏近而倏遠，情隨境遷，心與物移，令人讀之而茫然不知其志之所在。夫詩以言志，雖中更出處進退，而無中變其志之事，洵如此，則其詩可知矣，則其人可知矣。余詩譾鄙，固多重復，而自少至老止言其志之所在，而無暇計論工拙，聊可以免於讀其詩不知其志之所在云爾，敢云望古人堂奥哉！既又輯癸酉以後詩，以年月爲次序，爲篤素堂詩若干卷。

康熙甲申年三月望日，雙谿英自序。

存誠堂詩集卷一

古體詩四十三首

擬古田家詩八首

柴門擁谿水，谿響無朝昏。農夫荷耡倦，獨倚秋樹根。顧我田疇好，念我桑麻繁。脈脈不能語，感兹風雨恩。風雨歲時熟，古俗今猶存。遥指煙生處，親戚滿前村。稚子驅雞犬，夜來忘閉門。何以酬清時，努力從田園。

谿流何涓涓，山色復蒼蒼。谿山秋後好，農夫秋後忙。雞寒不能啼，主人立嚴霜。驅牛向煙霧，稚子牽衣裳。阿婦亦蚤起，饑兒啼在牀。攜筐饁南陌，迴聽煎中腸。豈不惜勞苦，遺業未敢荒。古人亦有訓，力田以爲良。

短衣農家兒，少小習耘耔。鳩鳴杏花白，偕舉西疇趾。三春風雨中，九秋霜露裏。婦饁復男耕，舉室無停晷。夏耨良苦辛，亭午日華紫。背方炙驕陽，足且濡濁水。我來壟畝間，慨嘆不能止。熟知土物艱，焉敢厭糠粃。聊用作短章，庶以誡淫侈。

我有湖畔田，沙壚非沃壤。霏霏微雨中，猶聞桔槔響。徑僻饒松杉，地淤足菰蔣。柴門接沙尾，春水嘉魚上。處處鳴漁榔，家家泛蘭槳。蚕禾常薄收，晚禾亦豐穰。更有隔湖山，湖光漾秋爽。我欲謝浮名，腰鐮此長往。

昔愛誦豳風，亦常歌小雅。桑柘棲雞豚，結廬在中野。春菑方扶犂，秋禾倏盈把。野老樂時和，高枕瓜棚下。田家老瓦盆，新醪月中瀉。擊鼓賽先農，調瑟娛方社。何必桃花源，此境足瀟灑。風塵久誤人，我豈悠悠者。愧無風人筆，愛此不能寫。

力微不能耕，鄙性復好農。欲自營十畝，課僕春山中。秧針出新水，穲稏吹香風。彼驅黄犢往，我荷青笠從。雖不執勞勩，風雨願與同。秉穗遺自拾，黄粱熟自舂。飽食復行歌，舉手酬天公。庶幾對盤餐，坦然無愧容。

烏烏聲何樂，黍豆滿場圃。陌上篝車連，百室啟環堵。里胥夜叩門，催我入官府。手把禾黍嘆，此嘆意良苦。年凶恒苦饑，年豐穀如土。商賈貪若狼，吏胥毒於虎。竭我兒女餐，幾粒登天庾。願作短長謡，艱難告明主。恤此耕鑿人，無俾匱三鬴。

新晴土膏動，原上春草生。陂塘引澗壑，活活春水鳴。桑陰悦好鳥，布穀時一聲。夜來飽飯牛，朝來從耦耕。耦耕一畦畢，澹泊心無營。偶然召鄰叟，索取壺觴傾。高談視天壤，把酒歡平生。面無憂喜色，胸無寵辱情。始知於陵子，灌園逃公卿。

擬古詩五首

陶淵明田園

謀生固有道，委情在耕鑿。但勤四體力，勿嫌歲收薄。策杖看良苗，吹香如杜若。好風動平疇，壟間自舒約。豈惟兒女餐，濁醪還可酌。同生大化中，遺粒畀田雀。俯仰弄琴書，信無逾兹樂。

謝康樂遊山

將遊浮渡山，言登細石嶺。白雲冒崇岡，湖天落峰影。沿緣巖壑間，陰晴變俄頃。喬柯散幽籟，曲洞邈深靚。苔滑屐難置，巖深燭須炳。天窗過雲疾，石竇飛泉冷。倘許結茅茨，塵滓可長屏。

左太沖招隱

千巖一逕入，修竹隱精廬。柴門盡日掩，中有幽人居。好鳥落翠岑，文鱗戲清渠。嘯傲弄朱弦，坐起攜素書。天風鼓長松，庭際鳴笙竽。願言招卬友，此境常自如。往師沮溺賢，春田良可耡。

郭景純遊仙

屏迹塵壒表，置心羲農前。振衣躋崇岡，濯足臨長川。饑食青精飯，渴飲丹砂泉。胎息鶴登樹，抱珠龍在淵。啟户焚清香，絳霄延偓佺。還丹得至訣，餐玉有祕詮。翹首芙蓉城，駕鶴凌紫煙。

阮嗣宗咏懷

士生各有志，不樂居煩囂。敢言隱者貴，但覺舉世勞。醯雞視羣動，蜾蠃卑一豪。楚楚笑蜉蝣，切切憎寒號。枯菀等一轍，欣戚隨所遭。蓬首本非涴，衣蝨頻自搔。鸞凰意高翥，斥鷃空啾嘈。

聽友人彈琴

有客遺我緑綺琴，攜來竹路桐花陰。素愛清商學操縵，廣陵人去湘水深。故人爲予鼓一曲，指上清風響寒玉。小弦切切大弦驚，雲鴻沙雁相離續。使我滿室生秋聲，寒林落葉寒蟲鳴。坐客不知日將夕，花枝竹影相縱横。古稱無弦琴亦好，静對枯桐自飄渺。況復移宫換羽時，松籟泉聲滿幽抱。餘音縷縷入青冥，殘照依依欲下庭。主人閉門客復去，門前無數遠峰青。

寄題黍丘陳簡庵谿南草堂

繁華鮮能久，珍異罕常存。洛陽一片地，誰復金谷園。琪花與瑶草，化爲秋雨痕。悠悠唯世德，可以歷寒暄。陳子多古誼，澹泊尤所敦。大父居諫議，先人典名藩。廟堂仰謨烈，園林隱弟昆。結屋臨清谿，聊以遠塵喧。藏書滿高閣，種樹羅前軒。三代歷膴仕，惟此遺子孫。廿年烽燧後，幾蕩爲寒原。陳子啟榛莽，結構立柴門。殘垣斷壁間，手澤猶可捫。谿聲繞茅屋，枕上聞潺湲。古木不改色，入夏清陰繁。誰謂消息理，天意不可論。昔年歌舞地，臺榭委荒村。昔年弦誦地，依然琴與樽。願言崇世德，贈子以勿諼。陳子名希稷，夏邑人，能詩工書法。

疊翠樓歌

龍眠日照萬峰紫，聳峙一峰號投子。古堞參差嶺岫間，喬柯掩映煙嵐裏。延陵世宅居城中，爲愛此山不能已。家有一畝青琅玕，篛粉初落青且寒。中闢高樓曰疊翠，北窗面面堆層巒。主人對此數晨夕，手持一卷閒岸幘。朝來最好山嵐青，夜來最好山月白。有時雪後成奇觀，玉峰瓊樹高千尺。有時花發滿山椒，隱隱疏紅間寒碧。招我正是春明時，春煙春雨尤離奇。山翠倏忽分濃澹，峰腰雲影時時移。應是公麟捉筆在空際，伸紙潑墨寫山勢。樓頭百幅龍眠圖，雨岫晴峰落埤堄。樓在姊夫吴式昭宅右。

松聲閣

吴姊居佛閣，自顔曰松聲。昔讀松聲集，今見兹閣成。予以外家弟，拜姊登軒楹。高樓起宅畔，俯視秋滿城。霜柿紅披離，當户一枝迎。未見庭階上，謖謖松風生。再拜問吾姊，胡以松聲名？姊笑而未言，爾何無遠情。佛理本無滯，勿以我見横。予日坐此閣，慮澹神復清。譬彼蒼龍幹，霜雪忘枯榮。誦經入深夜，棲鳥時時驚。綉佛儼垂盼，紅燈對秋橙。况有案上詩，古調存韶韺。摩挲吾老眼，挑燈一再賡。煙縷方入户，微香來茶鐺。静聆石經齋，書聲依短檠。皆作松聲想，自覺吾耳盈。何必南山南，始聽萬松鳴。再拜謝吾姊，朗識誰與京。姊今逾甲子，兹閣始經營。願言閣上人，歲歲如松貞。木厓母夫人，吾姑之女，有松聲閣集。

風雪行

黑雲壓前途，夜半北風起。客子雙足拳，寒卧僵襆被。角角雞初鳴，淒淒入吾耳。主人來叩門，呼客整行李。披裘闚茅檐，雪片白如紙。牽馬且無力，霜風吹斷指。客子貪征途，僕夫行且止。徘徊四野中，乞火望墟里。我方嘆苦寒，騎驢者誰子？鬚眉結冰花，慄慄戰牙齒。人苦不自憐，吾貌應復似。生長江南春，不解寒如此。小閣常晏眠，重氈布文几。紙窗映虚白，爐火埋深紫。行行亦胡爲，邈槐〔一〕幽獨士。衣濕方苦饑，俯仰嘆未已。僕夫前致詞，甫渡黄河水。行行向燕山，風雪從兹始。

校記

〔一〕『槐』，康熙四十三年刻本作『愧』，是。

望岱

行行兖州道，矯首青冥中。朝霞擁日出，照灼滄海東。蒼翠插天半，泰山何嵸巃。上有白雲氣，映日如長虹。紫嵐忽變幻，萬里迴天風。梁甫與社首，連綿亘遥空。遠望百里外，霄漢若可捫。況復登天門，盤曲安能窮。我欲披日觀，俯闞蓬萊宫。周秦數點碧，黄河襟帶雄。長嘯探玉策，邈與穹蒼通。

黄茅岡

暮登黄茅岡，岡勢俯平疇。怪石何離奇，羣羊滿山頭。坡公守此地，醉醒時來遊。石上有遺字，筆勢如銀鉤。後人景高風，還爲起朱樓。名山不在深，此地直荒丘。乃知賢達士，能令山川幽。幻化同草木，林壑擅風流。使君復何處，片石自千秋。

寄任昭兹

歲暮濠梁與君遇，霜天攜手黄河渡。二千餘里風雪中，行行細數燕山路。朝來並馬夕連牀，清宵有夢起傍徨。顧影相憐兩遊子，如君況復稀雁行。有時君吟我亦和，酒醒燈殘客未卧。僕夫呼客出茅檐，雪片如刀馬蹄破。獻策金門未見收，豈君亦復滯驊騮？春城柳色無情緑，京洛空成汗漫遊。我方停車君稅駕，落日忽遇荒城下。兄弟關河聚會難，翦燭呼樽共良夜。此時不遇君勿悲，堂上有人俱龐眉。區區承歡各努力，京華旅食空爾爲。與君别去常惻惻，百里相思無羽翼。臨風寄爾尺素書，願言加餐崇令德。落月盈盈照屋梁，懷人猶如見顔色。昭兹名光世，舒城人，能詩，與予鄉試同出即墨黄公門。

梁家園對酒歌

帝城昨夜柳初碧，杏花片片飛綺陌。弟兄俱是天涯人，攜手相逢出左掖。玉勒金轠照路傍，紫騮騕褭嘶何長。吁嗟良會不易得，畫樓高處還相將。畫樓掩映垂楊裏，一曲銀塘瀉春水。小閣珠簾臨水開，依稀此景江南似。歌兒紅雪本吴儂，燈前雙頰秋芙蓉。黄鶯自囀梁塵落，宛轉歌成謝女慵。坐客燕趙復吴楚，京華挾策成羇旅。蕊宫姓字曲江春，等閑同作金閨侣。對酒當歌歌勿遲，再來此地知何期。青蛾皓齒白紵詞，勸君滿酌傾玻璃。春風爲我惜良夜，珍重梁園對酒時。

慈仁松下對酒歌中秋爲念齋招，因賦。

長安八月天氣清，千門九陌秋盈盈。弟兄相將十五人，齊驅馬首過春明。春明門外紅塵起，共向慈仁寺裏行。璀璨離奇百寶集，遊人遊女傾都城。鈿車來往如流水，花驄騕褭嘶且驚。吾儕只坐長松下，秋風颯颯聞松聲。須臾燕市蜃樓散，冰輪蚤向松枝生。松枝影落空壇上，龍蟠蛟怒何縱横。有客壺觴醉諸子，石欄松畔飛兕觥。倚徙遍飲諸松下，一松一斗如長鯨。天涯骨肉兩珍重，可憐俱是遊子情。京國風塵改顏色，終朝逐逐如楸枰。諸子孝威年最少，謂茗水。猶恐異時相逢呼老傖。今夕良會不易得，浩歌莫惜樽頻傾。吁嗟乎！浩歌莫惜樽頻傾。

再飲慈仁松下歌 九日爲禮存招，因賦。

秋深古寺風蕭蕭，長松鐵幹摩青霄。復有低枝蒼且勁，寒聲樹底如秋潮。前日攜尊曾醉此，宿酲未解旬日耳。黄花細雨又重陽，咫尺秋光不相似。檢點遂成十四人，唐子抱病思鱸蓴。人生最易是離别，爲歡切莫輕良辰。相將攜手登高閣，俯瞰西山闕碧落。金翠輝煌樹影濃，明光宫殿連長樂。日晚移樽松下來，寒風淅淅吹高臺。羅衣自薄不勝露，酒醒歌罷重徘徊。徘徊還向幽林去，招客禪房最深處。蒲團紙帳蠟燈紅，茗碗爐香客無語。坐客無語聽清歌，歌入微時唤奈何。莫道承明同珥筆，謾言玉署共鳴珂。人生當貴等閒事，須念爲歡去日多。勸君且盡尊中酒，聽我再飲慈仁松下歌。

家書

家書久不達，終夜不成寐。道遇故鄉人，云自秋後至。珍重試一詢，或恐有隻字。客言離家時，與子老親值。疾行不扶杖，顔色類童稚。再拜故鄉人，頓釋經秋思。遊子復何悲，遊子復何冀？如獲徑寸珠，不復叩其次。歸來坐牀上，吁嗟發長喟。不乏鱗與鴻，胡使我心悸。願託凌風翼，寄言昆與季。高堂有老親，尺書且時寄。

霄漢樓詩　爲任鶴峰同年作

江濤溯湃西南來，縈迴百折海門開。北有大龍與天柱，蒼巖翠壁真奇哉。任子嗜奇愛山水，憑陵傑閣山之隈。下視長江如尺素，平蕪草緑江南路。湖煙村樹幾人家，沙尾沙頭數鷗鷺。有時江風吹白浪，千帆片影窗間度。四面窗開皆好峰，摩空峭立青芙蓉。不覺斯樓几案閒，飛來天柱與二龍。百幅雲林佳山水，煙雲乍澹還乍濃。傍城無數參差屋，掩映虧蔽出林麓。花外珠簾何處亭，籬邊小圃誰家竹。佛宫金碧涌浮圖，盡來窗底供遊目。最宜風雪滿江城，千山萬樹皆瑶瓊。更愛長天秋月白，寒江空翠波浪平。洞開四壁雙目瞠，散髮浩歌魚龍驚，山靈河伯相縱横。酒闌客醉不復去，攲枕還聽江流聲。

渡阿城閘

憶我泛舟時，積雪西山白。行行重行行，柳花飄綺陌。東阿山下流，微波不盈尺。苦吟坐篷窗，欲渡無羽翮。嗟此一勺水，涓涓非大澤。湖水南北流，啟閉類潮汐。藉以通漕艘，詎宜思歸客。最是争渡時，風起日將夕。石梁一葦間，檣艣森如戟。操舟上青天，指顧驚人魄。雷擊復雷轟，撾鼓迎河伯。對岸人語聲，咫尺飛濤隔。百夫輓一舟，始渡沙間磧。出門多辛苦，況復此行役。故國三千里，南望江雲碧。安得片帆輕，春風從所適。

哀言八章

離離原上草，灼灼草間露。自慚微賤姿，陽春久涵煦。遊子何所悲，遊子何所訴？悲我童稚時，高堂已垂暮。少子逢老親，爲歡若朝霧。不念聚首歡，翻蹋東西路。路岐安可踐，十步九迴顧。焉知一步間，回首已非故。吁嗟一歌成，悲來淚如澍。

憶昔逢離亂，辛苦石城日。田園委寇盜，飄梗浮家室。我時甫童稚，嬌愛無與匹。避兵草間路，呼號索棗栗。父母憐我幼，雖愚不我叱。出入白門道，戈戟森如櫛。攜持渡寒江，數載未離膝。詎意還故鄉，慈親一朝失。吁嗟歌再成，悲風正蕭瑟。

我母且病時，我方識字始。舉手摩且慟，中宵病益瘁。及我熟睡時，挑燈且復視。復視奈爾何，殷勤咽殘淚。稚子嬌益癡，安知此勞勩。貌亦不復識，言亦不復記。悲來時一思，髣髴生前事。吁嗟歌三闋，淚濕歌中字。

駕言出東門，行行且遲遲。遊子適千里，再拜前致辭。老親歡且健，執手語路岐。比來吾善飯，鬒髮未如絲。步履勝疇昔，齒落如嬰兒。行矣勿復顧，人生會有期。惻惻猶在耳，斯言非我欺。如何喬松質，忽隨秋草萎。吁嗟歌四章，淚下不可持。

山麓帶城隅，鑿山構書屋。眾卉羅前庭，繞之以修竹。階筍入夏繁，檐果經秋熟。中有扶杖人，葛巾還野服。朝露尚未晞，暮煙澹如沐。此時花間立，閒吟影相逐。青青江上峰，出以娛遊目。鶴髮久不來，落花紅簌簌。吁嗟歌五章，淚下如濺瀑。

京華遊宴時，日與諸子值。諸子工臨池，翰藻時無二。蜀箋與齊紈，索書千百字。操管各相訊，遊子何所遺。再拜前致詞，將爲老親寄。夙昔耽圖史，墨妙尤所嗜。持此比瓊瑶，珍重猶在笥。夜臺知有無，臨風欲誰致。吁嗟歌六章，使我中心悸。

篷窗聚兒女，日暮孤燈時。稚子知我哀，繞膝多言詞。顧予心轉惻，慘痛不可支。額髮誰與摩，棗栗誰與遺。宛轉下階時，回顧呼阿誰。廬舍猶記憶，親戚非新知。入門垂涕後，各道長相思。舉目盡無恙，獨失我龐眉。吁嗟歌七章，冷淚中宵垂。

青青河畔柳，條條水中影。似我銜悲人，身心不同境。遊子不得歸，中夜無安寢。銀瓶汲寒泉，秋風飄斷梗。河流一片地，阻絶如層嶺。層嶺猶可踰，河流不可騁。延望江南天，白雲空冥冥。淚滴路傍草，無緣濕鄉井。吁嗟歌八章，悽切成悲哽。

贈吴逵田舅氏山居

疇昔鳴琴客，近爲餐霞人。山癯類野鶴，脩翮無纖塵。秋水澹神慮，俯仰皆天真。手藝河陽花，爛熳猶如春。隱之多清操，飲泉風絶倫。避俗謝軒冕，家山耽鱸蓴。浮渡三十六，探索常經旬。時還託詩酒，調古思彌新。門前五柳樹，蕭灑陶公巾。舅氏名道觀，順治己丑進士，爲商水令。

八月十五夜

小亭倚山麓，俯視原上田。歷歷城中屋，朝暮生寒煙。故人投我詩，最宜秋月圓。屈指十年來，良時皆棄捐。曾輓鹿門車，石上聞流泉。還攜幼子女，避亂山中眠。己亥。兩次石城路，射策紅燈前。秦淮渡口月，簫管誰家船。文士多苦辛，潦倒堪自憐。庚子、癸卯。鍾離正蚤秋，蕭寺空流連。舉杯無骨肉，客子思綿綿。丙午。長安經歲住，苦吟秋正妍。日暮慈仁寺，醉卧長松邊。丁未。嗟此數年間，旅懷常自煎。獨憶家居時，抱病方微痊。秋亭雖可坐，陰雨還涓涓。咫尺蒼雲中，無復闚嬋娟。祇今秋色好，竟夕冰輪懸。花枝與月影，縱横成淪漣。桂香深夜露，蘭氣晚涼天。瓜果既雜陳，兒女復隨肩。獨悲銜恤人，苦淚恒濺濺。良時不可遇，雖遇亦徒然。一片中秋月，十載無良緣。『月滿秋林』句，負此安仁篇。順治己亥，遠峰亭初成，木厓贈予有『何時最是宜相訪，月滿秋林雪滿城』之句。

寄懷同館諸子一百韻

疇昔京華春，旅食再經歲。幸有同心人，天涯比昆弟。河堤草放青，城陰柳含翠。垂鞭陌上逢，與爾交初締。千官彩仗齊，五色宫雲麗。天子方愛才，鄒枚重陪侍。簡此十五人，筆札許同賜。傳呼出玉階，走馬來丹地。名譽起公卿，諸王及勳衛。長安争欲識，官街擁千騎。從此金門路，出入並銜轡。高槐散清陰，同摩古碑字。聯裾御道行，對席秋堂試。馬銜庭草嘶，鳥語稀人吏。有時各垂簾，一編探微義。有時登堂上，琅琅聽羣議。御河流向東，往復恣遊戲。酬和同心言，襲人如蘭蕙。一日不相見，三秋良不啻。此言初授館職。佳辰多好懷，攜手慈仁寺。松影如深林，松風吹客醉。一月數來遊，蒼蘚捫殘碣。此言慈仁寺讌集。城東有清池，錦鱗躍芳砌。南望圜丘宫，蒼柯正陰翳。相將此地遊，五月雨初霽。人在水邊樓，馬向垂楊繫。此言金魚池讌集。最憶禁城西，此景時無二。逶迤白玉橋，長虹落天際。鴛瓦碧琉璃，百尺如飛墜。寶幄間珠宫，煙林共深邃。戚里夜歌鐘，天風落輕吹。千畝太液池，曲曲皆荷芰。數峰不在高，巖壑蒼逾媚。古松近十圍，羅列森眾卉。樓觀水中央，蓬萊堪髣髴。環之以朱門，指點王侯第。吾儕讀書暇，數日時一至。煙水菰蒲間，相期滌塵累。我至爲君留，君來爲我遲。下馬飲荷香，涼風入羅袂。此言西苑之遊。追隨分餘歡，亦復同勞勩。驅馬未平明，擊柝門猶閉。星光月影中，相對發長喟。風雪迴平沙，掩面傷目眥。逢君各相問，昨夜寒甚厲。十月猶單裳，無裘可言敝。方朔恒苦饑，朝來飯也未。同是旅食人，驚心説珠桂。此言旅食之苦。嗟予尤苦辛，蕭然託高寄。玉堂廡下炊，岑寂不言瘁。吾兄耽清賞，禮存。中宵持襆被。與予共燈火，短檠各幽致。高吟步庭除，月落猶未寐。豈不惜勤劬，落落腴道味。瀛洲五雲堂，時時發詩思。諸子皆至性，膠漆相投契。繆子磊落人，念齋。雄才冠時輩。披瀝皆素心，好我獨真摯。安仁稱益友，起岱。食牛氣彌鋭。霜蹄蹋秋晨，橐橐驚人睡。史子真天人，子脩。癯骨有奇慧。落筆妙天下，蘭亭得其勢。夏子雅懷抱，鄰湘。道氣日醇粹。讀書常比鄰，纏綿入微細。丁子氣如蘭，次蘭。簡澹寡營慮。獨羸綉閣歡，宫花插寶髻。幼輿與仲舒，瞻在、子重。湛湛見深器。人澹竟如菊，二子差可擬。照鄰富才思，景韓。挹之多静氣。能讀等身書，沉摯時無比。楊子澹蕩人，簡人。清風餘秀惠。草書學右軍，軒翔入三昧。儲子曠世才，玉依。思敏力復毅。晨昏相追隨，歡不減棠棣。大令神骨清，子厚。天廟琳琅貴。劉子何亭亭，茗水。孝威名不愧。二君年最少，才思獨雄肆。唐子方抱恙，偕藻。蚤歸食鮮荔。徘徊十五人，倏忽成十四。閔予遭多故，老親遂不諱。遊子腸寸斷，中心自煎沸。諸子爲我啼，再拜皆出涕。各賦薤露歌，悲惻復周緻。哀哀遊子情，懇懇故人意。路白冰棱高，麻衣兩行淚。諸子送客行，關山共迢遞。吁嗟遂成別，人生無根蒂。長路多艱虞，風濤日驚悸。遊子歸故鄉，入室如聞愾。悲迷草土間，無復憶人事。故國兩經秋，夢與諸子值。綿綿夢中言，耿耿猶能記。歷歷思舊遊，惘惘不能置。嗟予昔有言，珍重此把臂。今時不爲歡，聚首良不易。不謂此語讖，轉與予相類。浩然發長歌，願言告同志。努力報清時，勳業予翹企。

方四松先生題遠峰亭長歌和之

小園種竹已十年，覆牆纔見生寒煙。十竿五竿近窗户，筠粉初落青可憐。更喜奇峰向茅屋，朝似煙鬟夕如沐。問人知是江南山，九點芙蓉杳靄閒。客子經年遠行役，三徑無人苔蘚斑。歸來重啟竹間户，咫尺家山同陟岵。尚開臨砌舊時花，花下心酸淚如雨。鑒湖先生詩絕倫，謂四松。青蓮居士今騷人。謂嗣雅。囂塵不厭城隅道，剝啄來問松與筠。指點青峰出林際，梧桐葉密山光細。涼風颯颯從南來，坐客添衣紙窗閉。等閒落筆成浩歌，長句短句奇思多。書向吴綃與蜀紙，頓看素壁煙嵐起。亭中一幅蚤秋詩，亭外千重暮山紫。同將黛色摩青蒼，不獨江雲看九子。四松先生名畿，字還青，同里人，工詩文，曾官河間司馬，有四松集。

姑射仙人篇寄上房師臨汾蔣公

姑射神山汾水湄，中有仙人冰雪姿。千年苞秀毓靈異，誕甫生申端在兹。偉人遊上都，橐筆遊天衢。丁年里選方棄繻，翩飛珥筆承明廬。世廟當年受知蚤，木天丹地競詞藻。斂華不屑鬥時名，芸閣悠然見懷抱。懷抱復何似？水何澹澹山島峙。雅望年來中外深，玉衡羣仰台星指。高攬芙蓉鏡，還登選駿臺。自顧駑駘亦何幸，春風翦拂呼龍媒。等閑移作上林樹，芳杜秋蘭共零露。仰止公琰社稷器，千頃汪陂欽叔度。青藜甫得分餘光，小子歸卧南山陽。桃蹊苦憶花三徑，華户長扃水一方。關梁無羽翮，長安秋正碧。諸子正是良讌時，受經羣列康成席。極目燕雲宥靄中，論思東觀日春容。陶鎔庶類須鉅公，天南翹首思無窮。

伊蒿篇爲許子志先德次四松先生韻

故園君子推許公，當年隱德今穹窿。自予聞之年方童，迄今廿載思何窮。秦隴之寇彌八鴻，圍城數匝將傾桐。憑山帶河城西東，營火如燐千點紅。公方負母湖草中，孝思平地成蠶叢。賊衆蜂聚而蟻同，官兵倏至烏羣空。公歸安母耡蒿蓬，及時播種麥有豐。寇方去兮禾方芃，鄰里復活伊誰功？孳孳惟義是所攻，潛德惜未聞宸聰。惟公雖没義則隆，天佑善人啟其衷。許子讀書時念翁，孝德累世蒼旻通。揮毫落筆文最工，蕉萎歲歲時未豐。道氣淵湛常沖融，文壇藝苑偏能雄。草堂秋日方曈曨，草堂秋樹何菁葱。多君先德如衡嵩，羣公詩史皆清風。許子伊蒿，名來惠，予同學友，工詩文，爲邳州學博。

重九後十日木厓招同四松芥須伊蒿叔兄如三集九松分得地字

秋山不在遠，出郭自幽致。秋林不在深，九松足蒼翠。主人曾有約，山靈久相遲。若使重陽來，登臨祇故事。回首已成昔，十日秋光異。青青原上楓，初與曉霜試。逶迤草間路，黄葉猶未墜。盤桓古松下，高枝落秋吹。髣髴數君子，澹勁復無二。侵旦遠移尊，霜螯正肥膩。田家古瓦盆，斟酌成微醉。倚徙松棚間，獨憫老農瘁。白髮自驅犢，天寒拾遺穗。可憐兒女餐，飽此催租吏。讌酣忘苦辛，吾儕將無愧。古人惜良辰，且勿發長喟。清流繞田壟，曲曲杯堪置。瓜果秋樹根，銜杯託高寄。隔水山畔路，正與歸樵值。日落衆峰紫，林巒轉深邃。巖城未掩關，林鴉雜歸騎。落落有吾徒，蕭然在天地。

寄都諫姚龍懷先生

黄門典封駁，糾彈重老成。偉歟都諫公，岳岳誰與京。丘壑十年居，蔬水南陔情。掖垣徵再入，方直舊知名。皂囊一編書，抒發皆至誠。衆論如委波，賴此宏議撑。轉移在微密，恥爲殿上争。至尊降温顔，聽此鸞鳳鳴。同時仙掖客，衮衮皆上卿。于公爲後輩，仰之如華衡。心苦力亦瘁，五十白髮盈。願言加餐飯，葆此松柏貞。帝前作霖雨，長此被蒼生。

存誠堂詩集卷二

古體詩四十八首

春江積雪行寄懷四松先生

客子晨將行，南枝蚤梅發。如何寒香時，遠與故山别。不惜枝上花，宛轉赴南陌。南陌良苦辛，昨夜江天白。不見江上漁，惟見江干雪。北風號枯楊，横林遠蕭槭。寒氣入江聲，波濤力應竭。天地無纖塵，羣峰如挺壁。瓊樹將萬株，瑶臺且千尺。一幅水晶簾，遥遥挂青碧。小艇明鏡中，四顧清光徹。如駕陵雲鶴，遠渡銀河磧。俯視無復有，横空但明月。客子得奇悟，邈然忘所適。故鄉有詩人，秉心素高潔。澹蕩非世情，懷抱自清悦。安得同苦吟，寫此江天夕。

送木厓偕長君務滋入成均

鸑鷟振羽儀，薄海知晏清。寧久戢其翼，不向榛莽鳴。黄鐘太古器，恥與凡響争。清廟朱弦閒，爲世陳韶韺。騏驥當困時，久爲駑駘輕。一朝入燕市，千古金臺名。吾黨有潘子，才思蚤縱横。十歲能屬文，落筆前輩驚。悠悠四十年，華髮雙鬢生。潘子勿復嘆，遇晚名亦成。文字摹大家，韓歐同規程。古風久淪棄，力爲流俗撑。浩浩寫胸次，意匠無經營。賦詩耽杜白，歷落傾珠瓊。丹黄海内書，月旦操其評。脈望食餘字，皆得分時榮。嗟予樗櫟材，相遠奚莛楹。如君不得志，轉使予心怦。清時方愛才，勿憚驅車行。辟雍今宏開，鐘鼓何鍠鍠。漆經多奇字，古樂無新聲。君且攜長公，春明事遐征。河堤垂弱柳，宫樹啼新鶯。我知入都時，名譽馳公卿。珊瑚出海隅，明珠來秦城。慈仁古松下，璀璨都市呈。鴻寶發奇光，見者雙目瞠。鵬翮陵高風，雲路今方平。枚皋侍從才，位置宜承明。煌煌帝京篇，請爲天子賡。潘子木厓，名江，余同學友，工詩文，有木厓集。

陵陽行

陵陽古佳地，詩人昔來遊。謝脁與李白，吟咏空千秋。昔人不可見，青山入高樓。上有黄鶴飛，下有清谿流。俯仰仙靈宅，高風陵丹丘。安知千載後，姚子今其儔。理國師烹鮮，化民如狎鷗。夙昔天下士，文譽滿滄洲。投分無俗賓，吟嘯谿山幽。爲我語元之，救時資良謀。豈容山水閒，謝李遥唱酬。時海南姚六康，爲石埭令。

東臯草堂詩

我聞李先生，自闢東臯堂。衰年託親戚，葺屋農家傍。君昔在嶺南，槖筆走戰場。歸來卧一丘，不復耽舊狂。憐君不偶俗，君本無俗腸。詩味比孟浩，文字摹蒙莊。性復嗜孤潔，安可居農鄉。左厢棲雞豚，右厢鳴糟牀。念此雖紛紛，無機迹易忘。較之城市中，此景翻爲良。春窗好風雨，拭几焚清香。自起汲新泉，茗碗翻旗槍。東郊正膏沃，北山還蒼茫。驅犢過淺水，捕魚來石梁。二三老詩人，時時索報章。有客來叩扉，自謂老圃忙。荷耡那肯顧，種樹須春陽。悠悠世俗情，誰與之等量。李子嗣雅，名雅一，字芥須，同里人，能詩，晚年居東皋。

重晤方明農先生賦贈

桃渡詩人宅，春水生柴門。未到已七年，相憶勞晨昏。壁間畫梅竹，斑剥今尚存。百卷盋山詩，古調無纖塵。高吟石城煙，妻子同小園。僻巷連野寺，蕭然如山村。入室古人在，閉門吾道尊。賦詩飲醇酒，世俗安可論。先生名文，同里人，工詩，隱於秦淮間。

燕子磯

我來弘濟江，髣髴悟畫理。河陽與雲林，工秀各一紙。何處似河陽，江流飛燕子。奇石削琅玕，清波織紋綺。斑剥翡翠痕，綉澀珊瑚紫。一片如暮霞，鋪向空江水。雙松覆孤亭，曲徑石齒齒。點染兩漁舟，瀟灑真無比。何處似雲林，東畔幽巒是。老樹晚煙中，曲岸層岡裏。霏微見城闕，虧蔽出桃李。古屋自參差，重疊山島峙。波光接雲影，無從覓起止。愛此不忍去，蓬窗勞倚徙。作畫不在奇，直欲畫其似。但得丘壑情，居然成絶技。天地老畫師，捉筆徒爾爾。

雙泉歌爲念齋新築草堂賦

紫雲雙闕綉芙蓉，簫韶仙吹落天風。殿上傳呼出鳳紙，鸞旗細捲朝暾紅。繆子承恩御階上，賜衣五色宫雲中。金華才子虎丘客，鶴髮堂前峙雙璧。暫乞承明著作身，歸來定省歡晨夕。吴門市宅石橋頭，家有賜書藏小樓。粉壁不屑鬥朱翠，一丘一壑偏能幽。古稱養親惟小園，此風近日誰其儔。疊石臨流搆書屋，曲沼穿花漾新緑。最是草堂初搆時，春風乳燕飛花蹴。主人倚樹看荷鋤，醴泉一道花間出。花間初出猶涓涓，甫經搜滌還潺湲。水邊石畔不盈尺，一泉又出如珠聯。品題誰復居第二，味如北固江頭泉。我聞飲此令人壽，瓊漿石髓孃靈秀。持此高堂介大年，何必丹砂問句漏。繆子皎潔如泉清，傳家世世捧金莖。當思此泉義非偶，流膏布澤瀰蒼生。異時緑野堂中人，方許高卧泉頻傾。記我作歌今何時，己酉寒食茲落成。

霜哺歌 爲袁重其賦

袁子之母八十五，星星白髮銀絲縷。哺雛飲血幾何年，依稀甲子將重數。袁子於今亦髮白，六十猶作老萊舞。從來上壽不易得，節孝之人天所祐。節孝何者最爲難，袁子蚤孤復貧窶。母貧能節織作耕，兒貧能孝筆作賈。篋中贈言四十卷，作歌之人半往古。祇今壽母壽且康，白華新句年年補。堂上堂下俱期頤，霜哺歲月長如許。吁嗟呼！節孝之人天所祐。重其，吴門人，傭書養母，見文士則再拜，乞霜哺詩，今盈數十軸。

吴門晤盛珍示却贈

斯文苟不廢，砥柱伊何人！盛子具毅力，手爲開荆榛。騏驥非凡才，蚤歲已逸塵。蒼蒼者何意？遇晚氣益淳。樹幟秦淮秋，起草燕臺春。六籍探微義，兩京推茂醇。文體方再變，著作皆殊倫。天風迴紫瀾，海波無際垠。陸離珊瑚光，肅肅天廟陳。海内拾餘芳，士類資鴻鈞。伊人一覯止，投契捷若神。願言慰疇昔，古道情自親。明日忽分手，悵望吴江濱。

贈敬亭鍾予夔

伊人有微尚，深情在丘壑。山水猶陳迹，草木亦榮落。不若筆墨間，等閒寫寥廓。奇峰自奔會，嘉樹忽聯絡。天地脱腕下，五岳等糟粕。展幅即深山，卷之復高閣。斑管作筇杖，無離亦無著。寄語書泉人，此中有真樂。

平陵宜山堂詩

我聞宜山堂，結搆平陵陽。羣公争賦詩，佳咏皆琅玕〔一〕。何處最宜山，奇峰出短牆。石屋一片雲，黛色映篔簹。隔簾見幽壑，入户飛層岡。枯藤與古木，掩映多奇光。峰影落清泉，水面還蒼蒼。何時最宜山，山静覺晝長。朝霞與夕煙，樹色分微茫。春明山翠濃，夏雨山風涼。明月出遠岫，秋峰羣相望。何人最宜山，先生稱古狂。芒鞋筇竹杖，荷衣薜荔裳。看山無朝暮，一卷或一觴。手招西爽來，披襟從徜徉。斯景與斯人，是名宜山堂。

校記

〔一〕『玕』，康熙四十三年刻本作『琅』，是。

爲袁重其題畫蘭

畫蘭如作字，筆墨在幽致。微香出紙上，蘭露花間墜。我愛霜哺人，幽澹復無二。安得人空谷，采此以相遺。

渡錢塘遇潮

晚雲日將夕，客子渡錢塘。舟人警暮潮，倚棹催行裝。篷窗一葉舟，蕩漾河中央。匹練海外來，如雪復如霜。殷雷震層雲，巨石崩崇岡。天地方肅殺，羣舟皆徬徨。遠在千里外，指顧猶微茫。轉睫類飛電，玉山何琅琅。東望連山陰，北眺接餘杭。驚濤轉地軸，白虹貫天長。客子遘奇觀，睇視恣徜徉。對面高百尺，幾欲吞吾航。舟子迎潮立，捩柁隨飛翔。奔流四五里，怒馬收危韁。小舟如覆輪，逆浪盡濺裳。我非弄潮兒，胡不戒垂堂。

同四松先生木庢叔兄如三遊畫谿得音字

好山名畫谿，披榛猶可尋。曾經畫船遊，流水空至今。寒潭影千尺，往往聞龍吟。石色削蒼玉，谿聲鳴素琴。懸瀑如濺珠，飛雨出空林。天風吹不斷，積雪亦何深。半畝龐公谷，路入梅花陰。臺榭已非故，松竹猶森森。昔年荷池隈，此日無蹄涔。古砌延碧色，惟有苔痕侵。撫今思舊歡，慨嘆誰能禁。岳夢四松別號山水癖，明時蚤抽簪。看山挈好友，白雲知此心。捷比攀枝猿，幽如坐葉禽。甫在南澗石，忽陟西山岑。清響振林樾，落落聞古音。諸子互酬答，各如探異琛。一觴復一咏，臨流時自斟。深林忽已暮，仰見斜陽沉。安得常相從，滌此塵囂襟。

送内姪堯元還雄山

公子騁驊騮，朝暮長安路。金勒珊瑚鞭，風流生指顧。客從江南來，離情復誰訴。不謂骨肉歡，轉向天涯聚。公子有新詩，芙蓉浥秋露。尺幅作山水，落筆得佳趣。惟此翰墨情，可以滌紈袴。紙閣羅青樽，竟夕歡無度。一朝忽言别，明日雄山去。手輓青絲韁，繫馬白楊樹。入門拜兩親，斗酒且深注。咫尺春明門，騫飛接鵷鷺。杏花煙柳時，兄妹盼良晤。公子扶輪來，歡遊復如故。

兒瓚就婚于延陵示之

汝生十六年，繞膝何時離。詎知燕喜日，父母天一涯。千里望江雲，佳靄棲門楣。金屋寶勝結，綺閣流蘇垂。鴛鴦織紋漪，翡翠依瓊枝。好借珊瑚彩，飾此蒹葭姿。琴瑟偕新聲，柳絮聽新詞。堂上有大姑，授經垂絳帷。男兒可取法，不獨閫内師。延陵好兄弟，璀璨復沖夷。疊翠百尺樓，花竹何參差。此中有奇書，探索不厭疲。惓惓千里心，孺子宜鑒之。願爾當賓筵，蕉葉銜且遲。願爾懸鸜鵒，不報客來時。願爾畫眉筆，常點關睢詩。願爾雞鳴警，願爾鳳雛隨。一字當一縑，寄爾深閨知。

憶江南曲六首

憶江南，憶在故園春。梅蕚未舒紅豆小，柳芽纔展翠鈿勻。盤中虿韭初嘗客，葉底新鶯巧喚人。臨流入户皆芳樹，深紅茜紫花無數。何人挂起珍珠簾，雙雙蛺蝶穿花去。

憶江南，憶在石城邊。桃葉渡頭沽酒肆，莫愁湖畔賣花田。海棠樹樹堪鋪席，楊柳家家好繫船。蹋青都向城南寺，可憐六代煙花地。遊人幾個説興亡，年年木末亭邊醉。

憶江南，憶在虎丘山。鬢梳蛺蝶雲千縷，船繫桃花水一灣。石上亭臺隨處有，人家簫管不曾閒。南塘曲曲皆花市，杜鵑枝壓櫻桃睡。就中還有老翁家，粉壁華亭兩行字。

憶江南，最憶是錢塘。泠泉亭畔松杉暗，石錦塘邊荷芰香。峰頂平時添塔影，山腰缺處補湖光。酒人醉卧吴山路，潮頭飛過吴山樹。城南萬壑更青蒼，畫中遥見西陵渡。

憶江南，憶在浮渡山。奇石鏤成金谷寺，片雲飛作紫霞關。躋攀曲徑松杉杪，指點危峰杳靄間。最憐九帶堂前路，古藤霜柚交盤互。安能散髮此長吟，雲中細數江南樹。金谷寺、紫霞關、九帶堂，皆浮山佳處。

憶江南，憶在二龍隈。千家竹圃參差緑，十里杏花深淺開。春風曲徑幽蘭露，細雨新香山谷臺。遊人春半應無數，提壺競躡深莊路。友人相約十年前，空使山靈怨遲暮。大龍山産山谷臺，清芬甘脆。深莊爲余友劉超宗所居。

墨莊詩 爲王近微先生賦

世味復何似，縛束類牛馬。朝暮無息肩，駭汗走轅下。坐使朱顔人，白髮空盈把。我聞抽簪客，蚤歲白蓮社。墨莊一片地，蕭然似林野。散髮卧東軒，披襟鼓南雅。菜甲春畦緑，墨瀋清池瀉。書聲出蘆簾，花香入杯斝。三萬六千日，七十年瀟灑。所得良孰多，可以決趨捨。仰止此清風，願言勖來者。

懷賢詩 爲業師齊古愚先生賦

吾所北面人，澹蕩古君子。傳是中山裔，易姓汝南氏。先世爲中山族人，後易姓齊。家世多偉人，先生特奇傀。蚤年罹苦辛，潦倒饑寒裏。惟擕一卷書，移家渡江水。爲文尚氣魄，汗漫常自喜。不合有司度，三十猶爾爾。斂彼驚異才，屈首就恒軌。百篇熟昌黎，千回讀左史。

落筆如春蠶，轉盼倏盈紙。射石堪没羽，氣可搏犀兕。文場比幽燕，抉目無堅壘。甲午秣陵秋，已中浮圖矢。雖不獲祖龍，留侯詎云耻。棘闈多嶮巇，既收旋復委。歸來益磅礴，騷經窮四始。弘麗發廟謨，幽細寫物理。有時鳴鏜鏞，有時擷蘭芷。潘岳同許詢，揮毫各相視。暨予弟與兄，龍眠五子是。迄今海内傳，頗會詩人旨。激昂負奇氣，豐容色深紫。飲酒或一石，號呼中坐起。雄論堪絶倒，颯颯風生耳。耻見富貴人，避之去如駛。終歲一布袍，岸幘不納履。所居在窮巷，數椽屋將圮。出門無親戚，入門無僕婢。雛女髮垂肩，長女前歲死。但有門人來，問字相接趾。人生遘百憂，磊塊積成痞。曾無一日歡，五十有三矣。形貌忽然頹，奇疾良有以。詩書爲藥餌，倉卒遽披靡。破屋堆殘書，布衾覆牀笫。脩文恐浪傳，吁嗟入蒿里。皇天生斯人，士窮竟如此。二三故人來，揮淚不能止。雖無世俗榮，昔賢良可擬。謚之以敏介，敢效門人誄。先生諱邦直，同里人，積學工文，甲午鄉試副榜。

雜感詩六首

蚤年無遠識，刻意摹雕蟲。亦薄有靈光，埋滅沙礫中。矯首望金門，遠夢隨天風。金門詎難達，所嗟實愚蒙。中夜起讀書，如陟華與嵩。文章亦有道，仰贊元化功。昔人志名山，天壤夫何窮。

陌上者誰子，宛與車塵隨。朝催馬蹄疾，暮厭車輪遲。入門復出門，春風吹鬢絲。繫馬堤邊柳，難折青青枝。忽憶故山園，好是鶯花時。酌酒對芳林，垂綸臨曲池。

遊子愛離别，不愛親與故。親故猶可云，飄然棄墳墓。春到墳邊草，花發墳前樹。日影亂牛羊，霜迹雜狐兔。故鄉弟與兄，數子足歡聚。老者髮已華，幼甫讀章句。鶺鴒方在原，急難古所賦。視彼梁間燕，殷勤復與顧。吁嗟泉下人，毋夢長安路。

猥以筆墨好，遂成骨肉親。將行贈我詩，古調近先民。蜀箋長十尺，一字堪千緡。佩之遊天衢，香比蘭蕙紉。勿以冰雪姿，溷彼車馬塵。常顧篋中寶，慰此勞瘁人。謂四松、木厓、彦昭諸子，泊三兄贈行詩，四松書作長卷。

鳴鶴有高林，客子有故園。故園雖荒蕪，松菊間猶存。尊前紈綺貴，路傍厮養尊。豈敢逢彼怒，寸心常自捫。東家車馬會，西家冠蓋繁。腐儒食粗糲，日中常閉門。閉門詎云非，幽德古所敦。

寄言鴻與鵠，且復翔清池。高林不可棲，弋人將彈之。韓生非不智，就烹良可悲。豈乏賢與達，行行將此辭。屋頭炙手日，豪奴輕薄兒。不恤閭巷歎，横絶恣所爲。一朝去要津，恐爲漁樵欺。坐此淹歲月，行行復遲遲。幾見封侯人，白首到柴籬。

擬白樂天秦中吟四章

葛藟　寬逋逃也

葛藟庇本根，行葦勿踐履。古人重畿輔，滋植良有以。聖人宵旰方苦辛，恤此三輔耕鑿人。隴間稚子田間婦，視之不啻如周親。二麥不登穀不熟，撤懸減膳猶含顰。何來無賴東鄰子，乍稱逋客在鄉里。狐兔白日横噬人，官吏欷歔不能止。遂使天子愛養之良民，纍纍多爲若輩死。牽衣垂涕入長安，老者幼者飢且寒。鞭笞不前長官怒，冱寒陰雨尤心酸。昔時蹤迹類狐鼠，那知倏忽變豺虎。豺虎食人有飽時，此輩株連不堪數。我願執法寬且平，但教罪及逋逃豎。里社蔓沿置勿懲，自此蒼生獲寧宇。

雞犬　誡諱盜也

雞犬不收户不閉，休哉此風誠至治。或駕單車賊壘清，或縫彩線渠魁斃。能使桴鼓長不驚，漢家京兆稱能吏。不聞上避考功法，聞雷掩耳成壅蔽。年來水旱多窮民，荒村雞黍無寧歲。老翁匍匐訴縣官，未語吞聲先出涕。縣官無端怒且嗔，案頭老吏識官意。區區爲爾稻粱謀，誰肯明廷干吏議。吁嗟老翁夫豈愚？翻然摇手向官吏。昨夜荒村犬不吠，老翁抱孫且酣睡。

素絲　儆墨吏也

我聞壽春令，始駕牛車來。三年報政去，仍駕牛車回。一犢且不攜，留置清池隈。於今入仕何草草，横將民社營温飽。真謂五色石，可以補蒼昊。真謂精衛力，可以填浩渺。向使貪吏長子孫，負郭千頃高於門。蹙額不受鬼神瞰，車中薏苡今常存。胡爲乎昔人衹自苦萊蕪，釜内無饔飧。君不見鸕鷀十百魚舟上，日日爲人涉風浪。長喙徒勞腹苦飢，幾曾飽食還飛颺。何如白鶴遊青田，少飲少啄全天然。敷天各勵素絲節，何難立致昇平年。

菁莪　廣育才也

欲識作歌意，請咏菁莪詩。中阿清淑氣，必令微草滋。喬木且爲子孫樹，興賢振德方在兹。枯毫短檠亦良苦，白頭未得登黌廡。書聲茅舍何寥寥，半歸農田半歸賈。落魄將無長者憐，沉埋或恐真宰怒。方今天子何愛才，入雲高埒黄金臺。陶鑄海内歸鴻鈞，家誦户弦殷如雷。深山大澤生微草，獨恃涵濡春露蚤。雍鐘頖鼓聲煌煌，願賡雲漢爲文章。

梁家園泛舟

京洛苦蹄輪，一水已幽絶。況復亂葦中，輕舠似吴越。朝雨夕方晴，最愛新秋節。相將理短櫂，弄此波間月。荒池纔數畝，亭橋延曲折。遂使蕩舟人，逶迤入林樾。月明清淺流，葦間秋可擷。露下水微波，舟動人語歇。此時客方醉，杳淼清歌發。欣陪長者遊，壺觴況未竭。擊柝任相催，幽賞詎能别。

枯松行 同沈康臣作

慈仁古松樹，蒼老不記年。高下近十株，爲態各自妍。中有雙龍鱗，蟠曲香臺前。松頂近可摩，高枝纔覆肩。屈彼百尺勢，空階恣蜿蜒。横側益奇絶，影若蛟螭眠。濤聲走平地，雙樹撑如拳。似此蒼勁質，止宜空山巔。藉以一片石，濯以清淺泉。謖謖響絶壑，垂手招列仙。何將故山態，老却車塵邊。横遭斯養辱，强索冠蓋憐。冠蓋那復顧，日落生寒煙。一夕風雨過，萎黄何忽焉。衆松失顔色，臺殿增寂然。惜彼凌霜姿，遽隨羣卉遷。吾子勿復嘆，物各全其天。

送羹湖之官開化郡丞

有客將爲萬里行，將行未行余心怦。欲往送之雄山陰，滹沱一水空盈盈。朝廷神武開南服，益州新郡滇南屬。蠶叢路闢百蠻歸，長官盡化雕題俗。吾子新爲郡大夫，時平政簡稀萑苻。蠻旗如火迎且趨，行行勿復嗟崎嶇。人生足迹不萬里，江漢吴越在庭戺。史遷才思冠古今，名山大澤紛眼底。子淵曾撰碧雞文，相如持節冉駹君。由來谿洞稱奇絶，天半益州常火雲。況君落筆煙巒起，長歌奔放尤自喜。九嶷黛色點蒼山，畫裏詩中各奇傀。況君雄辨復英多，駭心洞目如懸河。一部滇南風俗通，爲話緬甸與牂牁。才堪盤錯今無二，拊循尤能起凋敝。雄關厮養雜窮黎，兩載畿南稱大治。六詔風煙向化新，文身金齒舊逋臣。韋皋特簡西川使，軫此炎荒絶徼人。老親七十猶强飯，伯季承歡仲遊宦。顯親養親各有人，何事牽衣增繾綣。君歸再拜還登車，王程努力毋躊躇。明年璽書下南詔，朝廷待爾承明廬。

香漏詩 爲葉炳霞母夫人作

淒淒城上烏，明星照東隅。忽聞香漏聲，旋聞慈母呼。慈母無安眠，教兒何勞劬。刻香如刻燭，貫之以青蚨。裊裊餘香盡，榆莢鳴銅壺。母起燈下績，兒亦燈前趨。從此書一卷，宛轉度朝晡。自昔稱賢母，未若香漏殊。願言作短章，廣以勖吾徒。

蕉林書屋圖 爲真定梁公題

種蕉盈數畝，碧色亦何深。書屋三兩間，結構當空林。雲影無朝暮，澹蕩成秋陰。微雨易爲響，時向書牀侵。塵氛不可到，涼風披素襟。空翠滿四壁，茶煙乍浮沉。此境邈難即，畫裏猶堪尋。吾師退食時，高齋横古今。數幅蕉林圖，常伴朱弦琴。布置隨筆墨，取意皆蕭森。短歌或長句，磊落存古今。披圖頓寥廓，儼若空山岑。焉知擁書者，獨抱蒼生心。

鶴來詩

寳應喬聖任先生年五十，畫小像甫成，有鶴飛來，因畫於側。此鶴相依二十餘年。公子石林道其事，爲作鶴來詩。先生名可聘，明崇禎年間御史。

青田有靈羽，古稱爲皓鶴。仙人王子喬，跨之入寥廓。碧天無際海雲寬，孤飛肯向人間落。有客翛然池上樓，蒼顔白髮凌丹丘。荷耡自種青門圃，絶口不道東陵侯。閒寫荷衣挂秋室，縞裳丹頂穿雲出。刷羽長鳴唤主人，虎頭回顧驚停筆。從此香山居士圖，傍添一鶴如相呼。水邊飲啄月中舞，二十餘年時與俱。先生服氣頗好道，愛爾閑眠藉芳草。先生垂老猶讀書，一聲清唳秋晨蚤。澹味暗修知者稀，仙禽瑶草思依依。不然翠壁丹巖多舊侣，圓嶠仙人呼爾歸，胡爲花下隨人常不飛！

柴窑酒碗歌

曹頌嘉齋中，同嚴存庵、沈康臣、趙武昔、周緘齋、曹升六、汪蛟門、喬石林作。

長安晴日秋窗暖，曹郎酒客秋窗滿。持出牀頭舊酒卮，篋中碧色柴窑碗。大朴不屑争離奇，翡翠斑剥空爾爲。製如半截青蓮子，土花色暗蒼玉姿。懸知此物已千載，滄桑幾换今猶在。人間歲月老糟牀，瓦缶田家同不壞。由來珍異豪家争，玻璃七寶徒〔一〕縱横。苦伴珠玉委塵土，那能常對秋山清。吾儕持此發詩思，舉手摩挲復頻視。問爾千年閲幾人，幾人對爾能沉醉。

校　記

〔一〕『徒』，原缺，據康熙四十三年刻本補。

館中讀書言志 館試作

清曉入丹地，老樹春陰繁。和風動簾幙，爽氣來庭軒。御河東南流，天街静塵喧。長廊集簪裾，散步迎朝暾。清晏多休暇，四壁羅琴罇。琳琅探藝苑，六籍欣尚存。石碣何離奇，古字侵苔痕。縱目涉滄海，振衣當崑崙。浩浩發胸次，藉以度朝昏。淵默領微義，得意時忘言。常與古人處，因知吾道尊。諸家閒旁搜，百川同一源。含英而咀華，如襲蘭與蓀。誦讀愜素懷，皆藉涵濡恩。聯袂登玉堂，方駕趨金門。匪賴貞潔操，紛華安足論。遭逢當聖代，咫尺鄰九閽。願言贊王化，元氣日以敦。澹泊復寧静，撑拄流俗奔。昔人崇令德，矢志期勿諼。

十二硯歌 爲蛟門舍人作

汪子卧病不出户，棱棱瘦骨吟新詩。牀頭一卷探相示，十二硯歌恣離奇。自言夢中入廣厦，濡毫研墨方淋漓。縱横俱是老坑石，龍蟠虬卧蒼玉姿。此物那可使無主，就中十二欣自持。汪子性僻耽筆墨，神物來貺夫何疑。惟硯以静而得壽，筆以日計墨以時。鏤心鉥肺亦太苦，將毋此意良可師。吁噫嘻！湘簾棐几一片石，朝耕夕耨常苦飢。呵凍手皴無氣力，棄擲屢遭妻孥嗤。一石磨穿亦已足，龍尾十二將胡爲！

爲吴五崖題王煙客太常畫卷

奉常老作西田客，剩有閒情寫泉石。古來筆墨非浪傳，高人片紙如和璧。況復煙雲兼衆妙，濃澹蒼深非一格。門外紅塵没馬蹄，故山雲樹江南隔。願常對此滌胸臆，閉門坐擁千山碧。

益咏堂詩二首 宋荔裳尊人爲頓丘令，邑人德之，爲建益咏堂尸祝焉。

畿南頓丘路，漳水秋山陰。哲人昔爲宰，流風還至今。父老食舊德，欲語涕霑襟。下車翦稂莠，不使嘉禾侵。理民但静治，手揮單父琴。堂上撤桁楊，堂下生謳吟。每讀循吏傳，懷古意何深。

巍然益咏堂，乃在秋山原。棠陰舊時路，虧蔽見庭軒。歲時父老來，再拜羅犧樽。筳篿走婦子，擊鼓聞千村。昔人亦已去，風土懷舊恩。朱邑安桐鄉，且以囑子孫。知公戀兹土，窈冥來朱旛。前有霽雲祠，相與招忠魂。千載頓丘路，靈爽常弗諼。邑有南霽雲祠，與堂相望。

送宋荔裳觀察西川二首

東海宋使君，騷壇數前輩。百卷詩古文，蒼深侔泰岱。昔爲越州使，覿閔幾顛躓。三載客長安，君恩許重賜。旌節向西川，嘯咏江山麗。曾聽祭皋陶，清詞堪出涕。洞徹犴狴情，髣髴如圖繪。以此理桁楊，咎繇良不媿。劍南號阻絶，案牘多沉滯。文人往振肅，自識無刑意。哀矜慎勿喜，斯言足永佩。祭皋陶爲荔裳所撰雜劇。

杜陵老詩客，自昔居夔州。瀼西築草堂，吟咏空千秋。相如楊子雲，此地多淹留。君行渡錦江，俯視三峽流。長嘯探遺迹，浣花谿正幽。好築二鄉亭，高臨谿水頭。昔人不可見，宋玉今其儔。自秉嚴武節，不似臨邛游。文翁尚雅化，觴咏登高樓。從此錦江春，古今遥唱酬。荔裳有二鄉亭記謂睡鄉、醉鄉。

存誠堂詩集卷三

古體詩四十六首

送唐偕藻侍御請假歸閩中

與君識面時，同作金門客。我方遘百憂，君亦振六翮。江湖各三載，重遇長安陌。同人如晨星，數點秋河隔。惟吾與之子，相對庭槐碧。古槐自亭亭，苦心比茹檗。我住空爾爲，君行詎非策。故山瘴海濱，荔枝香可擘。經年且休沐，暫許還山澤。君子重致身，況復當言責。蒼生今何如，廊廟資謀畫。行行非徒然，民瘼貴探索。歸來獻天子，宣室方前席。勿忘短檠時，永言念疇昔。

題畫

白沙碧草江村路，夕陽古寺人争渡。天風不起水微波，蕭蕭落盡江南樹。此景依稀秋浦湄，自呼小艇渡江時。十年猶記行人苦，風打篷窗雨似絲。余癸丑春闈分校前一日。

崇勳德壽圖詩

崇勳德壽圖，髣香山故事。圖中九老：爲少司農謝君路然，年七十八；督餉裴君長山，少謝君二歲；山左開府張君英寰，年七十五；八閩開府劉君磐所、粵東開府董君捷軒年七十四；八閩開府徐君吉吾、直隸開府潘君世衡，年七十三；鄖陽開府張君仙羽、山左憲副劉君詔軒年七十，皆豐沛舊臣，爲國家任節鉞，晚歲致政，相與觴咏閒適以樂太平，因書斯圖。其事良可紀述，同館王子嵋谷持索詩，遂書此。

國家資神武，驅除委長轡。麟麟多鉅公，鵲起風雲際。精靈發川岳，輪囷苞元氣。不獨兼仁勇，期頤且馴至。晨披九老圖，悠然見高致。當時佐景命，宣力亦已瘁。齊楚或閩粵，節鉞江山麗。老來致政歸，高隱金門地。雨暘歲有秋，清晏時無事。羣公相招隨，杖履成嘉會。骨相皆天人，鬢髮絲還翠。茗棋適所好，壺觴成薄醉。倚徙近竹林，流眄〔一〕當荷芰。猶能落金彈，款段秋原騎。曠然見天真，蕭疏寡塵累。洛水與香山，斯圖得其意。豈惟麟閣標，亦且西園記。賴兹翰墨寶，邦家永爲瑞。

校記

〔一〕『眄』，康熙四十三年刻本作『盼』。

送徐健庵編修南歸

昔從吴門遊，坐上識徐子。盛名三十年，文壇如岳峙。分手入金門，宿將幽燕起。對策承明廬，臚唱宫雲紫。予再入長安，躡影蓬萊趾。博雅重徐陵，便殿常承旨。詩思若春蠶，揮毫金鳳紙。冀北收驊騮，文章新壁壘。祇今鸞坡上，煩君種桃李。進賢受上賞，况復皆國士。琢成珊瑚枝，照耀明光裏。翻令採珠人，遥遥隔湘水。日夕登君樓，清琴伴圖史。黄花正秋風，一朝去如駛。縱道彩衣歡，莫戀蓴鱸美。心知非遠别，歌聲皆變徵。

送桂林太守之官

古重二千石，五馬黄金絡。位比大諸侯，萬井同憂樂。朝廷欲置相，先俾視民瘼。渤海與潁川，功名亦非薄。異哉今之人，勳業等糟粕。惟知公輔安，争説盤根惡。揮手春明外，意氣先摇落。所以昇平化，邈古不相若。程子官職方，樞密資謀度。聲名照華省，文章亦雄博。一官守桂林，正可抒所學。瘴雨蠻煙中，五嶺帶城郭。炎荒遠聖澤，民命君攸託。瘠土望膏雨，絶徼紓方略。鈷鉧潭幽深，湘江水寥廓。公餘入吟咏，新詩滿巖壑。天子徵賢守，璽書下黄閣。一片鬱林石，歸伴南來鶴。

爲石林題柘谿草堂圖

石林齋中懸尺素，披離滿幅多奇樹。湖光千頃浸柴門，數椽古屋臨荒圃。問君疑是江南村，指點爲言柘谿路。柘谿今日之青門，老親五十歸丘樊。齒髮衹今八十餘，渚鷗汀鷺供朝昏。我聞此語肅然敬，先生抗節如松勁。少簪直筆彈要津，老讀殘書悟天性。君今圖畫多深情，心在江南身帝京。歸夢迢迢柘谿去，醒來壁上煙雲生。今年揮手承明廬，射陽秋水上鱸魚。歸看青山侍華髮，柘谿深處草堂居。我披此圖看不已，身入畫中當何如。柘谿爲聖任先生讀書處。

二月二十三日過念齋觀畫扇因成十五韻

長安花事遲，二月風瑟瑟。巷陌驅塵沙，怒號且終日。紙窗如鳴蟬，無心就書帙。借來駑馬騎，冒寒偶然出。巷北過巷南，遂造静者室。小閣凝清香，虎皮印雙膝。童子兩三輩，獨居寡儔匹。人如僧出定，言笑皆簡質。爲我開錦篋，搜羅古人筆。石田與包山，灑墨果清逸。方探林壑幽，忽訝花房密。流傳皆百載，墨光黝如漆。兹事雖小技，不朽在真實。與君忽三嘆，奈此流光疾。著作與勳名，千秋竟何述。

四松先生寄予古詩用昌黎贈張秘書韻從敝簏中檢出益增悲感因次和之

開篋展君詩，鶴唳清秋聞。風流自黔宕，光儀如見君。古鏡寒潭碧，背隱蛟螭文。娟娟花下露，裊裊谿上雲。三年客子俱，懷袖揚餘芬。寶此耀貧橐，還以慰離羣。平生學昌黎，今古誰能分。持節曾絶塞，司馬古參軍。飲不盈蕉葉，苦吟常自醺。對客日數幅，落筆皆氤氲。千篇留上谷，一官何足云！四松爲上谷司馬，棄官歸四松齋。歸來四松下，塵緣謝紜紛。彌勒同龕食，經時不茹葷。荷芰製爲裳，薜荔裁爲裙。古調越流輩，俗響如秋蚊。高風溢里巷，淺薄資陶薰。斯人亦已逝，寂寞歸荒墳。春花日堪把，秋草又將耘。不朽尚言德，何必資功勳。長吟淚盈把，西閣傾斜曛。

三兄五十初度成四十韻寄之

伊彼鶺鴒鳥，夙昔同一枝。壯者毛羽成，稚者嬌且癡。引之翔高林，還與戲清池。低徊三十年，飲啄常相隨。一朝分飛去，各在天一涯。況我與叔兄，年少逢嶮巇。九齡失慈母，保抱多恩私。吾兄走文場，予方佩象觿。相將石門路，老衲同棲遲。燈火照空山，書聲出茅茨。嗟予已十五，惟耽遊與嬉。修竹路冉冉，櫻桃花離離。帶之以清泉，至今有餘思。城南峙高樓，古壁將傾攲。荒池涵鳧鴨，壞圃紛柴籬。叔兄攜書往，予亦肩隨之。漸知父兄教，立志頗不移。天風響危檻，明月臨階墀。烏啼星復落，鼠齧聲何悲。咿唔達中夜，苦爲比鄰嗤。秋風秣陵船，江路多艱危。季弟偶見收，吾兄還數奇。數奇不復嘆，歸來理東菑。横塘繞荷芰，小閣對淪漪。衆芳密如箐，一歲皆花時。弱女已婚嫁，强仕方有兒。惆悵上東門，送予當路岐。離别各老大，京洛空塵緇。古人重宦達，千載以爲期。今人不知恥，勞勞駒影馳。自顧鏡中顔，惟添頰上髭。觚稜雙闕間，曉入晨光曦。不能竭涓埃，趨走空爾爲。紙窗展書讀，復爲塵事羈。惘惘念鄉國，屑屑謀晨炊。遥遥羡鴻鵠，耿耿難置詞。久知宦與遊，不及耘與耔。此理已深悟，欣告不復疑。叔兄今五十，五載睽光儀。生子已就塾，蚤慧有異姿。琅琅聽書聲，可以長自怡。園林艷榴火，櫻筍堆花瓷。修竹叫白鶴，深緑映黄鸝。一觴復一咏，文采發新詩。叩門皆舊友，高談無愧辭。況乃遠兵革，閭巷猶恬熙。幼弟頗能文，仲兄髮如絲。黽勉述祖德，明發思所貽。忽念京洛人，濁醪常自持。

孝儀客予齋中見投古詩奉答

我友亦已困，毛羽豐且妍。高文擷天藻，奔匯如長川。新詩復澹宕，落筆秋露圓。珊瑚錯明珠，滿泛波斯船。京華久不達，失意空茫然。鬱彼喬松姿，恥爲薜蘿牽。吾道敦所積，春華豈常鮮。文豹蔚神采，霧隱空山眠。碩果經霜垂，氣味翻得全。轉因息六翮，摇落相周旋。小齋横素琴，半榻堆陳編。得淹君子駕，欣賞多奇詮。努力勿復嘆，闢此榛蕪田。萬里渤海流，千仞蓬山巔。與子駕鸞鶴，相將淩紫煙。臨風頌君子，秉志期益堅。

戲擬吴賓客儼四時詞皆故園所有北地獨少者及之

垂柳映晴沙，清泉試蚤茶。野人帶朝露，遺我幽蘭花。蘭花香度湘簾影，黄鸝唤處人初醒。

杜鵑紅簌簌，滿院蕉陰緑。新筍夜來添，荷鋤入深竹。深竹門前繫釣船，爲送鰣魚第一鮮。

橘柚懸霜圃，歷落殊堪數。風起滿城香，桂花作秋雨。秋雨秋風試杖藜，芙蓉開遍石塘西。

榾柮耐宵長，爐頭煨芋香。窗白非關雪，梅花映草堂。草堂天竹當檐樹，火齊珠光照縑素。

送王藻如宫贊歸省

青門數耆舊，獨有西田翁。世澤冠宇內，門閥如恒嵩。簪紱卧煙霞，吐納皆宗風。有時灑翰墨，能侔元化功。聲名與大耋，焜耀人寰中。喬松蔭瑶草，碩果垂芳叢。子孫多賢達，雅不樂西東。揮手謝軒冕，追隨龐德公。幼子官侍從，才譽擅青宫。西清鈴索間，遊子各有衷。憬彼城上烏，豈學雲中鴻。車馬上東門，轉使予心忡。三公輸一日，何敢惜悤悤。願言承歡暇，念舊郵詩筒。

輓陜西提督陳忠愍公

觀德殿西曾侍立，蜀中虎將雙趨入。公諱福，時同陜督王公進寶皆以遴選總兵。自蜀召入，命射觀德殿。予直起居注，得與觀焉。眉宇英風動闕庭，雕弓萬石時無匹。内殿承恩錫宴頻，史臣當陛記温綸。御筵屢賜金盤食，天語琅琅感侍臣。陳公作鎮古靈州，持旄建節當新秋。是時海内方宴然，風清鈴閣閒兜鍪。逆氛漲天西南起，劍門阻絶連湘水。秦隴岷洮藉重臣，惟公忠勇堪憑委。

志殲羣盜靖西陲，不教花馬作潢池。方看小醜投戈日，恰待遊魂入釜時。志酬馬革悲何蹙，星沉虎帳驚棲鵬。軍中痛悼舞陰侯，舉朝感嘆來君叔。可憐百戰垂成功，血灑靈武多悲風。天子當宁動顔色，易名賜爵恩數隆。願得忠魂撫長劍，一掃西南欃槍空。

送曹峨眉同年還江陰省親

京華作客誰最難，京華歸客誰最歡？眼中之人見曹子，片帆六月離長安。曹子有母不得養，惘惘對客常心酸。今年尺書上承明，乞身南去歸江城。過我小齋忽狂笑，兩腋軒舉涼風生。眉宇已是雲中鶴，樊籠將别毛羽輕。自言十畝江陰宅，古樹蒼藤覆牆碧。邃閣蕭疏竹滿窗，芳園爛熳花圍席。願言將母餘何求，嘉果新蔬日堪摘。曹子雅嗜韓柳文，落筆排宕生春雲。朱弦疏越振遺響，淫哇促節空時氛。却抱殘書涉江水，江陰八月蓴羹美。華髮千莖板輿上，奇文一卷荒園裏。不分吾儕日相見，養親著書讓吾子。

六月十一日座師給諫荘平王公招同年諸子宴集郭外荷亭值雨坐上分得客字

夫子宦京華，獨抱煙霞癖。雨霽偶招攜，相將振短策。謝彼車塵喧，來就荷亭僻。荷亭臨水開，深柳沿谿碧。翠蓋翻微凉，蕭疏動絺綌。好雨西山來，雲氣峰腰白。雨勢逼花香，盡來侵几席。須臾轉晴霽，林外炎曦炙。故將煙景好，天意娱閒客。時艱良會稀，佳辰莫輕擲。回首畏紅塵，坐待山光夕。

秋夜聽絡緯聲

絡緯本秋蟲，瓜棚飲清露。粉慚蝴蝶翅，艷謝蜉蝣羽。寒憐蛩語階，高怯蟬吟樹。恥爲促織争，豪家作金注。機杼終夕勞，不能成尺素。童子愛追尋，苦被微聲誤。朝辭豆花叢，暮入樊籠固。瓜葉何青青，時向樊籠哺。草蟲本微姿，跳躑轉驚怖。吟聲久斷絶，意與兒童忤。偶然時一鳴，都無向來趣。昨夜樊籠開，雙雙一朝去。小庭藤影密，葉深不知處。轉向青葱中，相對連朝語。咽露餐新凉，繁響達昏曙。嚶嚶類苦吟，切切如悲訴。滿耳皆秋聲，小齋若園圃。午夢客初醒，聽此滌塵慮。物性貪所適，妙理得深悟。徘徊夕陽下，斯物良足賦。

送孫屺瞻學士歸省

德清學士住菱湖，七載聲華滿帝都。金石千言丹陛上，珊瑚百尺紫庭隅。紫庭丹陛紅雲起，魏公名唱紅雲裏。曉日葳蕤上苑花，春風清淺蓬萊水。聖人講學經幃開，數許儒臣内殿來。閣裏陳詩輕沈宋，筵前獻賦薄鄒枚。講僚曉伴封章入，起居注史西頭立。鳳紙光騰殿角雲，龍縑色映花磚日。殿上仙庖出大官，侍臣常得奉餘歡。分來御醴黄金碗，賜出宮櫻赤玉盤。千古君臣重知遇，孫綽承恩誇異數。珥筆新成射虎歌，屺瞻承詔作射虎歌。屬車屢上甘泉賦。南苑秋風萬騎屯，龍旗嫋嫋不聞喧。書生射得林中鹿，回倚雕鞍謝至尊。追隨予亦來行殿，直廬講幄時相見。天香衣袖各分攜，高閣珠林賜游宴。詔同遊玉皇閣德壽寺。六軍試馬晾鷹臺，特詔儒生款段陪。鐃吹晚來歸毳幙，紅燈相對咏龍媒。承詔同作良馬詩。最是新秋秋雨歇，萬點青山如挺笏。吟斷行宮柳外風，看殘帳殿雲中月。方輿此日正昇平，鋭意崇儒偃甲兵。烽燹乍驚邛僰起，妖氛忽自夜郎生。三年南北軍書劇，細旃廣厦猶前席。同君午夜聽雞聲，觚棱曉入星霜白。知君結念在夔龍，動色琅琅徹九重。自是丹心詞剴摯，敢言春殿語從容。羨君鶴髮雙親健，聖澤親恩勞繾綣。爲聽烏啼感至情，豈因鱸膾思肥遯。手持丹詔謝彤闈，身惹爐香著賜衣。泉石舊諳遊子處，江湖新有侍臣歸。餘石谿邊花作圃，朱萼堂前玉爲樹。九天阿閣鳳凰羣，暫卧滄洲狎鷗鷺。秘閣文章待彩毫，著書何必向林皋。謾言晝錦鄉園樂，還念宵衣聖主勞。

擬古詩三章

昨日北來雁，寄我湖上書。宛轉數百字，勸我歸田廬。平生嗜園圃，短衣看荷耡。曉露披穠華，時雨摘新蔬。十年滯京洛，塵土霑衣裾。所願亦已違，何事增躊躇。區區懷恩私，豈曰升斗糈。皎好雙白鶴，日日君子除。主人意不薄，逸翮難自如。翹首望江天，斂翼長嘆歔。

鄙性耽藜藿，欣然常得飽。妻子褐不完，結束恒草草。視彼巢中燕，啁啾衆雛繞。借人梁廡居，常道主人好。嗟我天涯人，生意等微鳥。寒蟬飲霜露，夏蟲食荼蓼。山田苦不薄，棄置湖天杳。展轉思古義，蒼茫滿懷抱。余豈干禄人，坎壈以將老。

皎皎三五月，宛轉渡銀河。萬物濯華滋，偏我清輝多。微雲四五點，終難翳素波。皓魄如可即，坐起同委蛇。自慚形影微，太清力所摹。良夜亦已晚，風露凋庭柯。砌蟲怨不已，林鳥棲復訛。萬物各有託，獨我謡且歌。文茵玳瑁牀，四角垂綺羅。豈不懷偃息，奈此餘光何！

送徐方虎編修歸省

海内徐孺子，博雅今儒宗。盛名三十年，鞺鞳如法〔一〕鐘。賦詩掩鮑謝，幽潔如蘭叢。經史貴穿貫，渺旨靡弗窮。若陟泰華巔，岳瀆羅掌中。清時發異采，天廟陳璜琮。釋屩躋玉堂，高舉淩閶風。鴻筆爲國寶，詎止徐陵工。至尊坐清燕，賜問常從容。藝林號多才，稱徐衆所同。酷暑試殿廷，腕下奔虯龍。動色驚宰相，高置蓬山峰。今年謝承明，請急歸江東。甫爲閣上鸞，復爲雲中鴻。津門泛吴舸，江畔搴芙蓉。愛日承餘歡，板輿方侍從。

校　記

〔一〕『法』，康熙四十三年刻本作『洪』，是。

東皋篇寄李芥須

吾里自昔多詩豪，澹蕩磊落推東皋。平生嗜潔老成癖，等閒若浼嫌吾曹。天才排宕兼眾妙，長歌短句淩風騷。淨如好女對明鏡，壯如碧海奔洪濤。秀如靡〔一〕天閬州石，快如翦水并州刀。落筆奇氣橫九秋，俯視儕輩聲啾嘈。壯年足迹東南遍，十指天際舒彩毫。瓊海珠江歸去來，功名敝屣輕鴻毛。一卧東皋今老矣，酒腸詩興空綈袍。拍手猶令四座驚，蕭疏短髮時頻搔。日坐柴門望老友，瓦盆爲客開新醪。卧我小亭輒信宿，七載不見思鬱陶。欲謝風塵息倦翮，明年秋水乘輕舠。願君善飯使君健，相對劇飲雙持螯。

校記

〔一〕『靡』，康熙四十三年刻本作『摩』，是。

贈東海董生

宇内奇觀海爲最，董子收之襟帶間。推窗夜半看日出，赤霞萬頃濤如山。海市人生不恒見，君直視如檐下雹。旌旗城闕摇空濛，海風吹作雲千片。自言結屋荒山中，蘋婆手植千株紅。梨花如雪間梅李，十里爛熳吹香風。枯藤奇樹無不有，春菘秋蕨緑盈畝。布襪青鞋老道人，十載長齋未除酒。吟詩經歲客長安，氣如滄海翻紫瀾。頰上髭鬚老猶壯，意中鷗鳥天何寬。東來秋色海雲黄，詩人歸卧陸渾莊。此時天地風塵客，各憶南山舊草堂。董生名樵，東海隱者。

題四知圖爲魏環谿先生

關西孔子楊伯起，四世清德光前史。岳岳千尋絶壑松，泠泠百尺寒潭水。糾彈内嬖排羣奸，正色昌言肅綱紀。一笑黄金謝故人，但將清白遺孫子。吾輩讀書何所慕，守身愛鼎應如是。輓近脂膏最誤人，吁嗟此義成糠粃。環谿先生邁流俗，關西前後真同揆。生平亮節遠相師，凛凛四知一端耳。夙抱忠誠感至尊，抗疏常見天顔喜。門巷蕭然時著書，脱粟留賓如素士。吾道有守方有爲，君子不貪先不侈。敬藉此圖爲公壽，願以清風受繁祉。更愛傳家秉與彪，三鱣世卜從公始。

題嘉莊農隱圖

久欲結一廬，當在南山陽。去郭數十里，虧蔽登崇岡。山翠四圍合，一徑穿谿梁。其中土膏沃，散布諸農莊。中央數十畝，繚之以短牆。一宅置妻子，紙閣依茅堂。餘地姿〔一〕種植，古木羅千章。梅桃各一區，果蔬各一場。花開接四序，爛熳庭階芳。冬煨温室火，夏拂水亭涼。温室藏晚花，水亭蔭高楊。高楊帶清池，荷芰吹微香。倚樹間有屋，看花必有廊。簾前竹萬個，坐隅書一牀。開窗落峰影，隔樹來谿光。村居皆淳民，但知説農桑。雞豚亦有政，耕鑿亦有常。一川稻粱熟，八口資爲糧。夜來機杼聲，終歲裁爲裳。新蔬翦樊圃，鮮鱗出陂塘。饔飧稱時足，鄙嗇庸何傷。好友二三來，促坐傾壺觴。安知末俗漓，矯首談羲皇。畢世無外慕，通體無俗腸。寵辱不能鑠，憂虞不能戕。其俗静而治，其人壽而康。平泉何足齒，藍田何敢望。日坐塵網中，此願空茫茫！梁子嘉莊圖，倏忽陳吾傍。委曲肖鄙意，叫嘯幾欲狂。回首眺鄉園，遠在天一方。人生貴所適，安得久低昂？休哉陶靖節，千載誰等量。

校記

〔一〕『姿』，康熙四十三年刻本作『恣』，是。

題趙武昔小像

高梧蔭叢菊，澹蕩鋪秋陰。片石倚幽草，鳴泉激素琴。中有冰雪人，愛静復耽吟。退食常擁書，迢遥觀古今。夙有蒼生志，金門久陸沈。懷抱日綿邈，川岳同高深。賦詩續古調，歷落皆雅音。一杯聊在手，濁醪還自斟。日夕坐秋色，梧菊知此心。

寄木匡

當代有詩人，蕭然隱邁軸。蚤年馳盛名，晚歲恥干禄。天才本高雋，經史盈便腹。千秋夙相許，名山藏敝簏。少陵與香山，同工還異曲。君吟四十年，遥遥踵其躅。長篇極瀏漓，短章無蹐促。有筆寫胸次，何爲苦縛束。真能學杜白，豈在娱塵俗！聞君理舊詩，篇篇總堪讀。吟向石經齋，天風響寒竹。高堂今大耋，眉映貞松緑。母子俱聞人，海内所瞻矚。人生貴不朽，豈在曳鳴玉。誰能六十翁，霜髭猶啜菽。相贈白華篇，期君介景福。

送徐藝初歸崑山

我聞瓊玉峰，正當君家樓。連理三株樹，兹事空千秋。謦欬被寰宇，弘獎皆風流。疇昔握手歡，契闊滋繁憂。同朝日瞻企，春風聽鳴騶。長公蔚文采，眉宇天人儔。貽我威鳳篇，古調誰能酬？鴻寶自希世，息翮還滄洲。悵惘春明門，芳草送華輈。

哭信臣

嗟予束髮初，衆中識吾子。鸞鶴本異姿，珪璋有静理。眉宇在霄漢，清言寡塵滓。寒潭何湛湛，山島自竦峙。願言比君心，此語差復似。登君宅畔樓，贈縞從兹始。十年走名場，相將執鞭箠。堂上各老親，華顛豁衰齒。區區人子心，憤激深相砥。含英復咀華，終歲無停晷。君才本秀贍，摛文如結綺。一日不相見，新篇盈數紙。丹鉛互校讎，斯道無堅壘。同負秣陵秋，淚落秦淮水。老親良苦辛，結屋龍眠裏。山寒送米蔬，宵涼齎襆被。雪片對茅檐，梅花覆庭戺。布袍如枯僧，寂寞侵肌髓。豈謂終不達，數奇竟如此。薄宦來荒城，博士齋空圮。苜蓿無朝餐，宿疾焉能起。寄我尺素書，悲歌皆變徵。徘徊能幾時，消息傳蒿里。稚子真可哀，慈親復何倚。天問總無憑，理數誰能揆。追念平生嘆〔一〕，故人今已矣。悲來戕五中，揮涕不能止。遠在天一涯，無由哭靈几。墳邊春草生，始作安仁誄。故人知我心，千載恒如是。周子信臣，名孚先，予同學友，能詩文，卒於五河學博。

校記

〔一〕『嘆』，康熙四十三年刻本作『歡』，是。

題石林臨流濯足圖

振衣千仞岡，濯足萬里流。壯哉郭弘農，斯語空千秋。家山曰龍眠，近郭偏能幽。靈巖疊蒼翠，衆壑煙光浮。懸瀑似飛雪，落向千峰頭。谽中石齒齒，太古苔痕留。灌木垂清陰，水鳥銜文儵。我欲濯纓往，拍手呼浮丘。東華萬斛塵，恐爲山靈羞。石林作此畫，雅與予意謀。矯首睇雲鴻，浩氣凌滄洲。雪膚映寒泉，本是仙人儔。素琴横草間，彈罷行復謳。懷抱極寥廓，天地皆浮漚。何況我與君，身世如蜉蝣。棲棲竟何益，擾擾將焉求？披圖各無語，對此銷繁憂。

孝儀廷對第一喜而賦此

灼灼明月珠，垂光照紫庭。彲龍匿其寶，潛耀居滄溟。悠悠十七載，龍睡無時醒。今年駕洪濤，夭矯驅風霆。忽令徑寸珠，天衢綴華星。我友虞山客，鄉舉同一經。鳳麟毓文彩，河岳鍾英靈。與我頻年交，相顧如影形。長安風雪中，蓬户曾偕扃。短檠入深夜，露白燈逾青。書聲和鳴鶴，激楚呼高冥。聖主方好賢，賜第冠丹屏。雛燕乘閶風，同時舒彩翎。兒瓚同舉進士。之子素寧澹，結念在千齡。榮名以爲寶，贈子惟德馨。

松聲萬嶺篇爲木厓母夫人賦

長松挺姿冰雪裏，蒼枝團蓋煙光紫。松濤拂地橫九秋，謖謖聲從高閣起。中有仙人鶴髮垂，傳家儀法真吾師。咏雪餐霞八十年，朱顔爍灼如瑶芝。夫人之母吾老姑，延陵世德生賢妹。落筆不肯讓班史，男兒枉自矜髭須。晚年雅志耽禪静，晴窗自寫維摩影。宵來常見佛燈紅，曉起時聞清磬冷。令子名壇盛羽儀，能將色養供含飴。閒居共賞安仁賦，家學争傳阿母詩。石經堂畔蕭蕭竹，聞道新來森似束。桂露方濃兔漸圓，紅燭錦毹照華屋。遊子辭家已十年，岡陵遥指望江天。霜鬢霞裳閣上人，聽我松聲萬嶺篇。

八哀詩

康熙六年同榜進士，與予交誼敦密者，已亡八人，因作八哀詩。

黄舍人仍緒

東吴有巖邑，滄海抱孤城。中有簡寂士，公車來上京。對策冠南宫，董賈馳聲名。文章挾元氣，渾顥陳韶韺。貌古性復僻，恥與時俗争。蟄身書卷中，布袍依短檠。十日不出户，門徑蛛網生。有客或相召，羸馬將來迎。向客顰兩眉，多是欷歔聲。斯人閲斯世，磊塊焉得平。人生有百憂，底事羣來攖。旅魂倚僮僕，朋友書銘旌。復聞玉樹折，使我心彌驚。

沈刑部應範

沈子工詩翰，瀟灑山陰客。五字芳如蘭，鮑謝踵遥迹。初讀采山篇，清思已奔繹。中年氣益醇，杜韓堪避席。落筆褚河南，纖秀無拘迫。拭几焚名香，修潔懶成癖。篆隸兼衆妙，書成自鐫石。洞簫或在手，雅令佐浮白。道氣令人静，好友藉三益。絡秀本明慧，京華共晨夕。病起俄復顛，才華世人惜。篋底有遺箋，寶愛如珍璧。

潘黄門翹生

黄門偉丈夫，食牛氣恒鋭。鄉舉曾冠軍，雄文發經濟。飲歡亦可觀，高談裂雙眥。詞曹入諫垣，結念在匡世。仰干黄屋尊，頻切蒼生計。寥寥朱檻間，伉直誰能繼？壯年頓銷歇，聲華忽幽翳。豫章久用兵，妻子苦顛躓。聞説戎馬時，江干正留滯。誰當念故人，爲理荒山碣。

史編修鶴齡

古入〔二〕善體物，濯濯春柳姿，我友瀨江客，風度恰如斯。清才照藝圃，習習香風吹。落筆秀天下，蚤被人主知。分來金鳳紙，真草恣所爲。學士如堵牆，觀君臨墨池。須臾百幅盡，墨瀋看淋漓。春殿開講席，我與同追隨。共拜紫貂賜，偕進朱櫻詩。一朝返江滸，風折瓊樹枝。屢邀當宁嘆，寵恤偏恩私。還使素心人，五載淚如絲。

校記

〔一〕『入』，康熙四十三年刻本作『人』，是。

張編修玉裁

伯也京江派，聲華照吾黨。指顧多英姿，風流任弘獎。春泉比才思，朝霞儷融朗。蚤年頗落拓，壯歲冠珠榜。百尺紫珊瑚，已躍滄波上。猶憶玉堂夜，廣厦連書幌。中宵起讀書，互答空庭響。予既理歸舟，君亦泛蘭槳。同作江南人，一水勞心想。詎意明月珠，埋光忽泉壤。頻把別來書，臨風增悵惘。

夏編修沅

京華對衡宇，好友如君稀。君如寶在璞，山岳含其輝。骨重復神寒，温密如緘機。摛辭尚典要，書卷堆四圍。十畝雅投分，纏綿意入微。下馬登君堂，稚子牽我衣。一日不相見，三秋如調饑。東門風雪中，送子銜恤歸。江臨北固山，松筠堪掩扉。經時不寄書，忽同朝露晞。竟符乘槎讖，使我長歔欷。昔有循〔二〕士謂：君當應乘槎之會，果以八月卒。

校記

〔一〕『循』，康熙四十三年刻本作『術』，是。

楊檢討仙枝

簡人磊落士，翛然謝羈靮。清風滿四座，塵慮爲君滌。本是嵇阮儔，眉宇氣陵轢。草書頗騰騫，琴聲出東壁。吟詩愛陶潛，嗜飲師王績。倏爾微醺餘，更不進涓滴。食貧甘如飴，懷抱從所適。喪親與悼亡，哭子兼衆慼。言返澤州山，詎意音容寂。中邊皆至性，斯人難再覿。

劉編修澤溥

我聞李長吉，白皙長指爪。君貌酷相類，祝君惟壽考。屈指眼前人，惟君致身蚤。温温良玉姿，春容滿懷抱。夙慧本天成，抒辭若春藻。照耀巖廊間，人共欽其寶。抱病還中州，丰儀乍幽窅。人生石火微，復如電光繞。如君益可悲，身世何草草。墳前稚子稀，堂上衰親老。招魂魂豈來，雪涕問蒼旻。

讀元道州賊退示官吏詩慨然有作

我愛元次山，詩篇猶簡質。短章如長謡，仁心自洋溢。至欲委符節，甘心采菱實。昔人志康濟，豈云沉暇逸。置身君民間，無能濬憂恤。汗顔拖長紳，不如腰帶銍。古人恥曠官，斯意久蕭瑟。誰無湖畔山，浩歌撫遺帙。

寄王農山先生

海内今耆舊，屈指農山翁。高文昔麟炳，葩義騷壇空。弱齡知向往，私淑曾南豐。琅琅殿陛聲，綉斧乘花驄。辭榮蚤揮手，歸卧巖壑中。九峰三泖間，霞翥揚清風。幸慰疇昔願，策名隨長公。季子復聯翩，臚唱宫雲紅。瑶圃三珠樹，光氣如長虹。史筆須大手，講幄資元功。先生年杖國，鹿駕桓君同。相對驂鸞鶴，華髮映方瞳。願言祝期頤，曦照扶桑東。何時蒲輪來，下管聆新宫。興朝仰人瑞，士類荷幪幪。

送田綸霞督學江南

夙昔有微尚，雅慕恬澹人。風流推獨步，高潔由天真。龍門百尺桐，孤芳誰與鄰。雖寡握手歡，膠漆如有神。論文入微密，談詩闢荆榛。登朝十七年，著作今等身。振筆摇海岱，矩矱皆先民。士氣嗟濩落，大雅久不陳。蓽户單寒子，眉蹙何由伸。當宁簡邦直，朝議争推輪。兵甲會偃息，文治期維新。經術藉模楷，風教資陶甄。大江南北流，浩浩今還淳。菁莪翼王化，楩枏儲國珍。歸來報天子，事業在人倫。

存誠堂詩集卷四

古體詩四十四首

題羹湖畫田家圖寄孫鈛卷子

生兒不願振長纓，曳華裾，結駟遊天衢，但願提壺挈榼常追扶。生兒不願腹盈笥，思涌泉，摇筆凌機雲，但願悃悃訥訥耕且耘。生兒不願朝楚越，暮燕齊，結交少年行，但願出作入息依農莊。人生百憂緣富貴，悲喜寵辱煎我腸。譬如白鶴鎩其羽，霜天仰視空蒼蒼。羹湖一紙二丈餘，雜沓畫出田中廬。呼童隔水飲黄犢，抱孫著膝巾柴車。山畔無雲不窅靄，谿邊有樹皆扶疏。蓑笠桔槔無不有，岸有魚罾梁有笱。疏籬垂蔓故侯瓜，小亭低拂先生柳。青旗賣酒山橋市，銀釵汲水田家婦。我聞仇池有百泉，四圍奇石撑青天。祇今荒爲豺虎宅，何人更種峰頭田。我聞桃源古避秦，谿流歲歲桃花春。祇今戎馬蹋作泥，妻兒零落悲酸辛。

吁嗟此圖不易得，羲皇之人華胥國。天外三山蜃氣樓，先生空費一挺墨。老翁新自戰場回，支離奇骨猶崔嵬。看舞寶刀刃如雪，聽飛鐵炮聲如雷。譬彼夜半出惡夢，剔燈自視還驚猜。自寫此圖滌胸臆，腕底布置真奇哉。家園千里寄雛孫，老親一笑慈顔開。况我對此不能舍，長吟短句增低徊。何年共君挈兒子，谿山深處歡相陪。雞豚社酒無窮事，肯讓陶潛歸去來。

讀陶詩慨然有作

穰穰今昔人，天地爲席幕。富貴多憂虞，貧賤常落魄。投網恐不深，誰能解其縛。身非金石堅，萬端自消鑠。志願何窮極，如剥新筍籜。人生道力淺，隨處得沉著。夙昔有微尚，苦欲謝羈絡。常恐衆人是，惘惘吾獨錯。我愛陶徵君，胸次頗寥廓。忘情寄麴蘖，避世憩泉壑。嶺上白雲飛，松間夕陽落。三諷陶家詩，微知顔子樂。

讀漢書十首

齪齪漢諸卿，陸生差可語。千金尉佗裝，好時營别墅。家有五男兒，安車恣遊處。擊筑招燕客，鼓瑟挾趙女。還與諸子約，寶劍身前許。十日九烹鮮，良非久溷汝。一言調將相，指顧殲諸吕。功成不受爵，雲逵任鴻舉。留侯隱辟穀，淮陰喪鼎俎。酇侯功最多，白首入囹圄。三傑方見稱，棄之等雛鼠。陸生以智全，韓彭焉得侶！

卓哉曹平陽，泱泱罕涯際。孟堅苦摹畫，莫能測其器。避舍師蓋公，清浄理身世。治絲患棼擾，烹鮮黜小智。漢庭黄老學，自公發其秘。雅量掩平勃，深心籠孝惠。但道飲醇醪，詎識平陽意。烈烈暴秦餘，冰雪彌天地。自非長者風，安能滌煩懣。文帝稱太宗，恭儉術尤粹。卑辭制南越，几杖慚吴濞。涵濡百年中，敦龐積元氣。一任鼂家令，遂使宗風替。

主父困燕趙，西作長安客。朝獻闕下書，承恩不待夕。長沙拾餘唾，分藩祖遺策。横口駡公卿，所遇皆辛螫。發覆誅燕王，吹毛索瘢隙。所毁成瘡痏，所譽生羽翮。波瀾唇吻闊，恩仇胸次窄。鼎食良可誇，鼎烹豈遑惜。日暮良可嗟，倒行竟何益。如何巖成輩，末路總狼藉。君看倚伏機，禍福如潮汐。

壯哉霍子孟，易置多英風。離席按劍時，發議驚羣公。走馬杜鄠間，曾孫方困窮。手挈天子璽，授之咸陽宫。海枯石可爛，孰能訾其功。珠襦黄金匣，甫葬茂陵東。狐鳴尚冠里，妻子煙塵空。秺侯殺弄兒，累世亢其宗。子孟庇阿顯，九族罹憫凶。一操一縱間，廷促霄壤同。臣術惟敬慎，庶幾保厥終。

我讀循吏傳，撫卷起長嘆。嗇夫戀桐鄉，囑子歸其棺。司農豈不貴，風議在朝端。嗇夫豈不賤，深結愚民歡。至今西郊外，豐碑峙層巒。我本桐鄉人，騎驢常往觀。俗重春秋社，擊鼓羅黄冠。村醪灑松柏，墳土時不乾。世隔幾千載，欲語猶心酸。寄言百君子，勿鄙親民官。

東朝重師傅，古義漢猶存。慎簡天下士，廣受偕承恩。進退有辭度，光彩生庭軒。正學弼儲副，高議傾至尊。知止常不辱，老氏有徽言。賢哉兩大夫，驅馬上東門。公卿設祖帳，道傍擁車轓。本是蘭陵客，垂老歸丘樊。黄金有餘橐，緑酒無空樽。但以娱賓客，不以愚子孫。懸車久空谷，此意竟誰論。衮衮多北轍，寂寂稀南轅。

蓮勺村中兒，生有封侯骨。瞀然抱一經，竟登師保席。當時有巨憞，待君一言發。惟知庇厥家，詎惜漢宗滅。本是轅下駒，詩書飾庸劣。前堂羅生徒，後堂盛女謁。愛女甚于男，一言巧千澤。牀頭顧幼子，拜官亦良拙。阡陌連涇渭，營營苦不輟。班史惡鄙夫，摹畫如在睫。千古肥牛亭，令人常咄咄。

薰以香自燒，膏以明自銷。達哉父老言，豈用輕相嘲。龔勝號明經，漢季當濁朝。嚴霜積雪中，寒松猶孤標。太守知名字，閭里推人豪。賢聲動新室，羅致比由巢。賁以帛戔戔，待以車翹翹。坐使八十翁，捐軀殉草茅。當時賢達人，遯世歸漁樵。海鶴焉可羈，頑璞誰能雕。所以梅福輩，吴市終逍遥。

筇竹既通道，西蜀稱名都。中有賣卜人，垂簾常晏如。言忠復言孝，爲善欣有餘。絳雲在層霄，天風隨卷舒。碌碌視餘子，如彼鷃鶵雛。相如信能文，箧有封禪書。子雲投閣後，劇秦夫何愚。亦有草玄亭，亦有沽酒爐。至今卜肆間，高風彌寰區。相如子雲宅，不及君平居。

羲文著易象，中皆言倚伏。道行則載輿，時止惟説輻。與爲羊觸藩，寧爲鴻漸陸。異哉京生學，進退徒躑躅。考功既不效，焉用再三瀆。石顯秉機樞，岳岳驅五鹿。欲以一寸絲，輓此千金〔一〕軸。疾惡忠有餘，保身智靡足。壯趾古所戒，浚恒祗爲辱。易有剥復幾，京生豈能讀。眭翼罹禍災，李尋遭斥逐。嗟彼默容時，語怪以自蹙。

校記

〔一〕『金』，康熙四十三年刻本作『鈞』。

送運青出守姑蘇

古重二千石，五馬扶朱輪。簡自承明廬，卧治多儒臣。況乃東吴郡，延袤滄海濱。貢賦雄九州，歲入千萬緡。土狹苦人滿，綉錯紛如鱗。曲技恣淫巧，優賤工諧顰。朝或冶遊服，暮衣百結鶉。賦急歲恒儉，俗侈户益貧。當宁屢嘆息，除吏常逡巡。卓哉西蜀士，黄綬輝新綸。昔年共燈火，隨步丹地塵。峻格淩巖松，直節媿霜筠。岸異視流輩，耿介難與倫。高才理盤錯，運斤若有神。聲名徹廊廟，顧問恩數頻。一麾領吴郡，桑梓來祥麟。望風驅墨吏，解愠蘇疲民。既令瘡痍起，還令風俗醇。人生非乘軒，康濟何由伸。東南民力竭，一語爲君陳。

題石林桃花釣艇圖

春煙春雨朝霏微，蒼翠綽約山四圍。谿清鷺白桃花飛，新漲昨夜侵漁磯。中有仙人忘塵機，扁舟散髮迎朝暉。白苧新裁短後衣，吟詩最愛陶與韋。枕書抱膝思依依，繞船流水花芳菲。銀鯿縮項甘且肥，此樂不遥知者稀。主人方直彤雲闈，白玉爲堂花紫薇。史筆在手不停揮，匡時有顧且莫違。湖邊爲我掩雙扉，漁竿嫋嫋他時歸。

修堂叢桂篇 修堂爲予弟洵仲、華芑輩讀書處。

大參舊第城南隅，亭有叢桂兼高梧。蒼顔斑剥花爛熳，百年世澤涵且濡。上有飲冰囓雪之壽母，下有翔鸞翥鳳之羣雛。壽母瓊枝本桂林，謝公掌上雙明珠。佐我叔父蚤成名，翩翩藻彩揚天衢。二十年來多苦辛，大厦隻手勞撑扶。家法峻肅邁朝典，朝昏教子真勤劬。大綱小紀各有政，閨門矩矱天下無。願奉叔母爲矜式，季蘭衆娉皆師模。諸弟才華復敦碩，騏驥駱繹登皇塗。有弟三年住京國，聯牀與我形影俱。温温恭人良不愧，孝友令譽騰燕都。幾迴短檠話深夜，細聽方知母教殊。今年齒髮初甲子，華延旨酒羅笙竽。江南草緑杏花時，修堂遥望增躊躇。敢藉階前叢桂影，天香寫入南山圖。

馬蘭峪古松行

古松鐵幹蒼黄赭，蚪蟠虎卧長城下。遥看翠色起寒煙，近訝蒼皮侵古瓦。碧雲一片低不飛，松頂平鋪復堪把。糺枝往復如有神，奇姿勁挺誰能寫。黄冠白髮不記年，塞月邊風自瀟灑。特標孤節淩窮冬，更送清陰滌煩夏。影閉荒城鶴不棲，梢入空堂露常瀉。落落恥與羣木儔，所悲幽人在中野。拏雲幹折爲懸弓，覆地枝殘因繫馬。等閒夜半起濤聲，關山誰是知音者？

徐立齋前輩自學士擢總憲

六卿有分職，憲長持鴻鈞。庶司與百度，藏〔一〕否得俱陳。訏謨翊元化，功與丞相倫。聖人望治切，特簡丹扉臣。舉朝仰正色，四裔瞻垂紳。倪寬貢禹後，經術見斯人。西南將偃戈，海内無纖塵。要在滌舊俗，使我王化淳。大鏞列東序，玉衡懸紫宸。發揮虞夏理，感應當有神。清風生獨坐，天地荷彌綸。

校　記

〔一〕『藏』，四庫全書本作『臧』，是。

讀白樂天詩六首

昔人有深悲，百年如轉轂。恥以千金軀，幻化同草木。天地藉勞人，甘心謝巖谷。勳名寄寰宇，精誠留簡牘。捨彼百年歡，博此方寸竹。鄙哉後世人，所耽在微禄。身名同時滅，塵鞅苦征逐。緼袍苟自適，輕華勝綺縠。藜藿得所如，燕衎倍粱肉。豈能拂天性，巧媚時人目。長嘯看青山，花谿置茅屋。

鷦鷯本微姿，羅畢或致之。不解語言好，復無毛羽奇。主人枉見珍，陋質深自知。居以玳瑁籠，宿以珊瑚枝。野田黄雀來，驚羡各有辭。焉知此物賤，野性終不移。一飲復一啄，顧影鳴且悲。故林有徒侣，桑柘濃陰時。

小雅楚茨篇，畫出田家廬。後世有作者，風流陶與儲。清流飲黄犢，晚日驅柴車。帶露翦菘韭，不食城中蔬。雖賤夢常安，縱貧閒有餘。春陰種樹時，自荷移花鋤。左招山畔樵，右挾澤中漁。斯人洵鄙樸，忘機誰能如。

三峽日奔注，驚濤千古愁。若比世人情，三峽爲安流。劍門古巉巖，鬼哭猿啾啾。若比世人情，劍門如平丘。肺腑方寸地，何乃荆棘稠。脣吻苦不大，何乃攢戈矛。如彼涉滄海，日夕懷百憂。逝將謝囂賾，伴我南汀鷗。

一輪中天日，萬斛南陌塵。有馬無閒蹄，有車無停輪。日出照羣動，芻狗良苦辛。富貴與貧賤，譬彼環相循。華胥日已遠，舉世無先民。堯舜立賞罰，萬古雕其淳。忽而空山谷，忽而要路津。勢去骨肉疏，時來秦越親。巧拙各相笑，誰能識其真。寄語世間人，上有高高旻。

人生有萬端，適意固爲好。睠彼枝上花，與此砌邊草。倘違風露情，青青坐枯槁。蒼鷹恒苦飢，淘河不常飽。鵲巢鳩來居，誰拙復誰巧。鸚鵡憎籠時，緘口苦不蚤。智者物之災，用愚以爲寶。置身才不才，黠哉漆園老。

施愚山贈敬亭緑雪茶奉答

春雨江南山，敬亭本幽絶。摘來煙鬟中，佳莽名緑雪。故人勞見遺，鶯花晚春節。香如蘭露滋，色比清泉冽。瀹向晴窗下，恐爲塵滓褻。細啜咏新詩，風味誰能别。

題畫

山腰白雲如織素，小亭正對雲生處。一丘一壑自盤互，咫尺平橋不知路。古寺荒村遠樹邊，疏鐘聲不隔秋煙。等閒驚起幽人夢，鷺浴南谿夕照天。

江眉瞻太守爲予作買花行讀而賦此

客從匡廬來，弭節慈仁寺。予當花市開，肩輿時一至。璣珠羅綺前，趨走不停視。惟向賣花翁，低迷苦留遲。太守笑予狂，秉心尚童稚。爲作買花行，縱橫數百字。嗟予林壑性，卉木有奇嗜。十年客京國，苦負平生意。幽燕氣寒冽，風日江南異。濁苦街頭泉，磽确城中地。嘉樹與芳草，縱愛何由蒔。詰屈盆中梅，花稀色顦顇。豪家温室中，不惜千錢費。一入寒士宅，枯槁旋委棄。惟有野草花，予力猶能致。聊分薄俸錢，窗前博菁翠。何當歸舊山，卜築營花事。泉甘復土肥，樹石間羅置。千株種梅桃，十畝栽荷芰。柳岸任蕭疏，竹房自清閟。繁艷付鶯聲，餘香分蝶翅。高咏買花行，爲君一揚觶。

偶然作

宫中閒讌時，垂簾眾籟悄。近案堆秋橙，花瓷重魚草。帶葉淺含黄，人貢江南蚤。乍來香撲人，久對餘芳杳。翻惹襟袖間，清芬達昏曉。如彼住山人，豈覺谿山好。黯澹寒原松，煩聒幽林鳥。嵐光静對稀，瀑布間聽少。惟使塵中客，秋來夢魂擾。

友人畫遠峰亭圖見遺感賦

桐鄉有故廬，乃在城西隅。小園幽且樸，成自先大夫。一丘藏宅畔，窄徑登山嵎。繞牆種修竹，入門環高梧。文杏倚屋角，秋橙夾路衢。桃花艷緋碧，梅萼繁丹朱。憑高結山亭，東南瞰平蕪。隔江九華山，恰恰當門樞。每逢秋氣凉，雨霽波澄初。遥遥江上峰，羅列青芙蕖。積雪滿城闕，皎月臨階除。春雨空濛時，皆言此地殊。先人老恒健，不藉兒童扶。一日數登陟，自課花間鋤。予方事雕蟲，擊柝雜咿唔。燈懸竹中屋，照彼城上烏。城烏夜啞啞，知我心勤劬。一别十二年，揮手登皇途。溝水分東西，遂與山亭疏。樹樹皆手植，驚心問榮枯。入夏風爲災，吹折山梅無。故人識我意，遠寄秋林圖。亭樹幸無恙，滿苑濃陰鋪。清泉滌塵眼，睇視增踟躕。嗟予謝幽曠，世路耽崎嶇。陋室雖不廣，縱目聊可娱。湖田雖不豐，蔬食良有餘。胡爲苦煎爍，心惕形骸拘。亭樹不見我，開落閒自如。我不見亭樹，霜生頷下鬚。不悲相見遲，但悲芳時徂。寒夜久無寐，寸心空轆轤。

種柳行

前人遺我松湖田，倚山瞰壑松湖邊。中有湖水繞田腳，春生秋漲清且漣。我今築堤帶山麓，欲令瀦水如長川。細浪迴波二三里，平分半種紅白蓮。其餘空明若澄鏡，菰蒲數點涵朝煙。先教夾岸種楊柳，柔條嫩緑陰相連。上有百囀黄鸝鳴，下有雙飛白鷺眠。蚤春凝翠山雨重，入夏弄影涼風偏。丹楓烏桕相間雜，秋深照水如花妍。更種垂楊三五株，舞風拂地枝纖纖。問予胡不種松柏，松柏成陰三十年。圃翁年已四十强，霜生頰下華生顛。及時種柳滿千樹，眼看計日參青天。富貴不願靈和裏，繁華不願章臺前。但願柳成拂衣去，年年常繫釣魚船。

江南憶十首

長慶集中有憶江南詞，注云：此曲亦名謝秋娘章五句。樂天，秦人也，遊宦于南，深用相憶，況予生長兹土者乎？因廣其意，遂成十章。

江南憶，最憶小亭前。送暑迎涼桐葉雨，怯寒畏暖杏花煙，風景勝當年。

江南憶，最憶近城山。曲曲清泉垂石乳，層層翠岫疊煙鬟，數武隔塵寰。

江南憶，最憶小池隈。近舍傍城三畝許，水花木卉四時開，薄薄有亭臺。

江南憶，最憶是湖邊。賽社家家秔稻熟，嘗新處處鱖魚鮮，十里白花蓮。

江南憶，最憶是江頭。楊柳岸藏沽酒肆，桃花港泊釣魚舟，春水泛輕鷗。

江南憶，最憶筍櫻時。碧玉萬竿抛錦籜，火珠千點壓高枝，烹摘小花瓷。

江南憶，最憶是梅花。幾樹傍谿園草閣，一枝凝雪近窗紗，多少盡堪誇。

江南憶，最憶是春深。花謝海棠紅似雨，葉藏梅子緑成陰，黄鳥惜春心。

江南憶，最憶竹林中。迴環白石陰陰路，宛轉清谿澹澹風，穿破碧玲瓏。

江南憶，最憶桂花叢。深苑黄垂千點粟，小城香滿一秋風，人在月輪中。

㿉首見白鬚

㿉首見白鬚，不用闚明鏡。嗟予形蚤衰，流光疾如瞬。閒看兩飛丸，坐失雙青鬢。涉世方苦深，焉復與時競。心如古井波，湛然自澄静。亦如隨風舟，上下任游泳。敢言味道腴，委心付時命。湖邊二頃田，豐年穀猶賸。城隅二畝宅，緑樹當軒映。菰蒲煙水姿，麋鹿谿山性。惟有君親恩，盈盈滿方寸。倉順叶。

康熙辛酉十二月十六日予四十五生日率爾書懷遂成四百五十字

入春尚旬日，積雪照庭户。親戚衝晨寒，攜樽扣環堵。忽記懸弧辰，今年四十五。去去髭鬚白，痛後齒牙腐。衰慵日有增，餘勇豈堪賈。深閲人世情，潭潭盡城府。我本山野人，十年持圭組。清秩隨夔龍，昌時遘堯禹。鳩拙不營巢，一枝借廊廡。啾嘈巢中雛，黄口飽天庾。盡日對金鑾，終朝依綉黼。近案含雞舌，當筵劈麟脯。裘珍艷鸘鸘，杯緑擎鸚鵡。曉候龍樓鐘，暮聽花街鼓。身荷丘山恩，力乏涓埃補。五際謝芳華，六經暗訓詁。野性本疏狂，積勞成惰窳。荷耡儻從容，垂紳覺覼縷。況予幼伶仃，慈母蚤荼苦。游子滯京華，高堂背嚴父。豈堪讀蒿莪〔一〕，何從陟屺岵。無限松楸原，偏艱一抔土。妻子仍裋褐，北門傷貧窶。膝偏繞五男，瓮不盈三鬴。曾無伏臘資，敢言慕華膴。思以寸草心，得開告明主。布襪躡青鞋，幽宫卜寧宇。畢世頌君親，天年老樊圃。下澤車可乘，尋幽杖須拄。或在山之陽，或在水之滸。麋鹿爲交遊，漁樵作儕伍。自耕湖畔田，占天種黍稌。自搆湖上居，隨地營洲浦。高柳挂長罾，新荷泥柔艣。投竿出鱖鱗，飛繳落鴻羽。騎驢覓弟兄，放犢呼童豎。更欲龍眠西，小築臨花塢。竹路横蒼煙，桃谿亂紅雨。樹緑鳥嚶嚶，花深蝶栩栩。中結三椽茅，素書列今古。科頭聽祝雞，短衣看射虎。一任親知疏，兼恕兒童侮。庶以疏慵身，物外多所取。升沈會有時，丘樊勿輕詡。聊因對樽酒，賦詩記年譜。

校記

〔一〕『蒿』，疑爲『蓼』。

送羹湖歸里〔一〕

壬戌初春，羹湖先生還里，予未能出郭相送，以穀日言别於西華之邸。十年來羈情

苦緒，不容無詩以慰之。率爾成篇，不自知其言之瑣屑失次也。祗奉一噱，歸來展視，

南軒竹下，聊以當晤言耳。

姚子客京華，三載成孤羈。風天即我廬，雪夜眠我帷。短檠對濁酒，語多兼涕洟。我欲爲君吟，經年難置辭。慈親老且耋，髮白如垂絲。幼子守田廬，驚悸危巢枝。茫茫黑海雲，身幾飽蛟螭。普天惡風雨，荼苦君獨罹。我欲爲君吟，恐觸君所悲。今日一樽酒，車馬將南馳。桑乾日漸暖，春水冰流澌。鶯花返故國，屈指旬爲期。破顔發歡笑，贈子臨行詩。嗟子十年來，淪棄天一涯。猺獞作部民，象罔間山魑。遠宦良可嘆，況值蚩尤旗。妻子在虎穴，欲出遭巘巇。垂淚對三湘，含悽向九嶷。仰思聖主恩，俯念母氏慈。衡岳走荒山，重繭雙足胝。君有兩奇男，挺挺各異姿。一抱冰櫱居，一執鞭箠隨。辛苦賊中來，舉室皆尫羸。天子皆明詔，特對銅龍墀。燭下見君面，髮禿朱顔衰。仲見呼小妹，再拜涕漣洏。嗟君瑰異才，落筆秋露垂。甲第當盛年，散秩投荒陲。文場有妙手，仕路無伸眉。悠悠此理數，隸首不能推。汪湛盛朝澤，浩蕩歸東菑。倦鳥得深林，行矣勿复疑。老親體猶健，加飯香流匙。兄弟各老大，都變頷下髭。雛孫昔垂髫，肩與爺參差。入門相識否，睇視瞬莫移。時還引一笑，綉褓添兩兒。君歸撫松竹，幸不憂晨炊。抽身入蘿薜，束體從耘耔。看花眼未暗，登岡脚未疲。酒腸莫教窄，耳病何須醫。臨風有一言，翁子當路岐。空華看菜瘁，平等視險夷。餐雪

若醍醐，食荼如甘飴。去圭复去角，不磷亦不緇。虚舟無濤波，此義香山知。君有龍瞑峰，經營勿嫌遲。種樹嶺層麓，疏澗通清池。小搆容膝屋，粗編護花籬。我□擕若妹，與君對茅茨。丹楓共秋爽，紅藥鬥春熙。君彼蕉下鹿，友此林中麋。溶溶西嶺上，白雲相贈與。

校　記

〔一〕以下三首據康熙四十三年刻本補。

題戴楓仲丹楓閣圖

人生鮮根蒂，駒影兼飛塵。爲夢與爲醒，誰幻復誰真。蝶羣足悠揚，蟻蛭多苦辛。將相黑甜中，總是黄粱人。我友夢中閣，丹楓耀秋旻。飛泉響澗壑，徑僻罅嶙峋。醒時記所歷，結構茅齋新。予謂夢中境，萬蝨藏其淳。山容自窅靄，笑語皆天民。此是真實義，至樂常無垠。不似醒時閣，日月飛雙輪。經營曾幾時，回頭迹已陳。我友具深識，曠達超羣倫。笑此兩俱幻，夢醒還相循。寫照落素絹，賦詩鎸霜筠。文章與圖畫，綿歷經千春。

南歸留別澹人侍講近公編修

九重本深閟，右掖開雙扉。與君若梁燕，出入青瑣闈。晚鐘月初上，晨鐘露未晞。攜手躡永巷，形影相依依。笑語形迹捐，纏綿意入微。豈無同氣親，投分如君稀。偕趨金華席，分著香貂衣。詩成便相示，錯落傾珠璣。時時闕翰墨，脱手煙雲霏。常期偶君子，白首願莫違。何意春明門，陌柳齊分飛。達天扈東巡，仙蹕隨龍旂。牧之直深殿，清晝居紫薇。予抱丘壟心，十載如渴飢。聖慈蒙俞允，放艇江南歸。擔笈出鳳城，投竿尋魚磯。豐沛與京洛，節序同芳菲。勖君報明主，努力奉恩輝。

存誠堂詩集卷五

古體詩五十一首

三月十五夜

自我登舟來，疾風每亭午。沙際騰黄雲，驚灑密如雨。艇子急維舟，亂擊馮夷鼓。日澹天地昏，波立魚龍舞。百里望津門，十日阻河滸。努力辭北垞，回頭滯南浦。落日風始定，岸柳微可數。圓月當宵懸，清輝入簾户。高吟對澄波，聊用慰荼苦。

春歸日舟中三首

柳花逐東風，同向春歸處。今年許乞身，獨惜春光暮。緋桃折一枝，青瓷曉含露。沙岸草花間，燕子飛無數。牙檣動笙管，蘭橈入鷗鷺。自爇一爐香，絪緼短窗聚。自煮一甌茶，耳畔松聲度。夷曠抒天真，沖恬得吾素。閒持棗與栗，讙嘩餌童孺。悵望故山下，亂花照樊圃。我方尋春來，歸途值春去。惟期櫻筍時，放艇江淮路。

我昔遊吴門，送春千人石。是日傾城出，壺觴羅綺陌。花市躑躅紅，蠶苑桑條碧。畫舫捲簾帷，春衣换絺綌。池邊架月樓，士女紛布席。喧闐虎丘路，歌管竟晨夕。一曲春歸詞，聲共啼鵑惜。冶遊良可嗤，簪履憎狼藉。惟有惜春心，令人重紬繹。

我欲營山亭，衆卉列芳蒨。每逢春日歸，折簡致羣彦。芳辰爲良媒，園蔬作清宴。當階草不除，繞户谿常濺。結幄資藤陰，鋪茵藉花片。俯視文鱗遊，仰聽黄鸝囀。探香投蝶羣，翩遊狎梁燕。醉以木癭杯，飫以青精飯。偕作送春詩，續入幽棲傳。如此三十年，身名復何羨。爲我語陽春，歲當肅賓餞。

擬歐陽永叔歸田四時樂即用原韻

東風隨意生春草，野棠一徑柴門小。節序纔過三月三，薺菜羹香朝飯飽。三篙水緑陂塘寬，一犁雨足田疇好。野夫自愛袷衣輕，倚樹臨流聽時鳥。田家此樂幾人知，更復幾人乞身蚤。願言珍重芰荷裳，期向魚樵覓終老。

第六男阿同晬盤日舟中

首夏清和天，憶汝懸弧日。呱呱鳳城西，賜廬邇深密。今值歲序周，晝槎漾清泌。江南舊風俗，粔籹間棗栗。嘻嘻弄斑管，次第撫書帙。詎敢詡寧馨，青緗聊可必。嘉名唤阿同，瞳子燕雙漆。秀慧羣兒愛，常坐老夫膝。好作農家兒，余方腰短銍。

放歌

月飯不盡米四斗，南史何胤語。月飲不盡錢一緡。思我于世亦易足，胡爲竭蹷讎此身。高牙大纛聚憂患，長鑱短鍤良苦辛。同爲鼎鼎百年客，錙銖較量憂樂均。瞿塘如馬不可渡，太行九折摧車輪。若比世情猶坦途，説與應須愁殺人。薄薄山田儻收穫，青芻白粲糟牀新。雞豚保社少機事，酒酣同作堯天民。滿路松花不須買，莫負黄鶯紫燕晨。

榴花貯瓶中

野岸維扁舟，暖風綻榴火。童子滌花瓷，貯此珊瑚朵。憶我山亭邊，繁英正旖旎。葉裏青蟲翻，枝立黄鶯妥。可惜照眼姿，空落園丁鎖。紅雨没層階，錦茵棲蜾蠃。朱夏渺輕擲，登舟計殊左。會當白露下，齲齒餐秋果。

五日舟中

世憐介子推，禁煙甘冷食。心傷屈大夫，競渡沉黍稷。惜哉賢直人，未解當世惑。譬彼門中蘭，耡之下〔一〕遺力。還令千載下，感時心惻惻。我今值良辰，片帆挂河側。蒲葉泛村醪，聊藉駐顔色。臨流投彩絲，水深波浪黑。矯首讀天問，憶此何窮極。

校記

〔一〕『下』，康熙四十三年刻本作『不』，是。

行路難

我昔登舟甫修禊，時過麥秋尚留滯。風霾日作春雨稀，楊花漠漠河流細。兩岸人家走避兵，杜門塞牖傷凋敝。天教此輩寬作程，水涸舟遲重爲厲。舟上人稀岸上多，散走村墟掠豚彘。兵艘纔過糧艘來，千帆帶水同維繫。津吏狼狽役夫逃，百泉不來石渠閉。長艑大舸檣如林，一勺涓涓那能濟。悔不妻子同輓車，買舟南下大非計。自是人生行路難，鮭菜篷窗且休憩。青山造物慳與人，欲望江南轉迢遞。

郊行

性拙寡所諧，蚤歲歸田園。籃輿遊近郊，指顧農家村。曖曖茅茨接，依依桑柘繁。今年雨澤時，耕穫及高原。良苗懷好風，淺碧翻波痕。嘆彼耨者勞，汗滴秋禾根。我獨飽稻粱，畢世慚君恩。

陳問齋注杜成贈之

浣花谿上翁，落拓著詩史。會心復幾人，靈光閟千祀。我友太丘生，讀書冠吾里。注杜平生力，獨往摩堅壘。遂使少陵翁，聲息卷中起。注意不注詞，衆論芟糟粃。短章復長謡，深期發微旨。掀髯時一談，高言燦霞綺。今年書既成，舉酒爲君釃。遥遥終古間，兩峰永同峙。問齋名式，同里人，能詩，著杜意。

題江眉瞻太守秋樹讀書圖

我愛松下人，清才粲如玉。賦詩三十年，鮑謝踵芳躅。行吟鈷鉧潭，坐對匡廬瀑。今古才人宦迹同，江州司馬柳州牧。君方蒿目賦春陵，未許松風卧空谷。平生雅嗜在林泉，畫裏秋山映書緑。我闢龍眠煙際峰，爲種青松間梅竹。待子功成返舊山，共住青谿飲黄犢。

兩軒成詩以落之二十韻

甲子上巳日，吾廬肇版築。閲時彌九旬，亭軒已粗足。北軒資曠爽，數椽倚山麓。繞屋羅千峰，横天琢蒼玉。偃松紛萬態，嶺岫互連續。遥岑補青靄，展對如長幅。水榭敞西隅，俯瞰清池曲。梧柳覆清陰，芙蕖艷繁縟。中庭治閒壤，待以藝蘭菊。碧澗當階流，泠泠近可掬。南軒迴幽窅，滿簾映寒竹。微風戛球琳，四壁湛深緑。海棠間緋桃，曲檻穠華簇。修除學圃齋，補葺梅花屋。經營亦已瘁，聊可避寒燠。朝對嵐光餐，夜就荷香宿。稻畦接前村，十里散遥矚。入室延四友，陶白與蘇陸。白雲青山下，賜書已先告。日夕愛吾廬，悠然咏薖軸。

短歌行

問我何所慕，盡日此中居。上爲横空紫翠之巖岫，下爲逼人清冷之芙蕖。茶甌墨沼泛松影，根梢具者千株餘。嫵媚偃蹇各有態，龍拏虎攫當吾廬。造物奉予亦已過，食葵飲水長晏如。

答徐健庵見寄即次來韻

自顧鏡中髮，霜華日已半。戢影棲空山，遯迹託荒甸。煙雲窮物態，卉木觀時變。百尺寒潭碧，静對滌塵念。彌望山杜鵑，高下列芳蒨。喬木冠遥岑，飛泉落層巘。蘚石垂釣絲，藤陰枕書卷。聊息蒲柳姿，敢愜林泉願。僕本山野人，夙昔忝宸眷。賤疴時自傷，主恩夢常戀。故人在丹霄，國史綜紀傳。鴻羽忽遐征，蓬廬枉書翰。清言燦霞綺，朱雲卷河漢。展讀臨松風，何殊接良讌。

式廬詩爲方子合山作

幽蘭翳空谷，迹遠情難親。自非古良牧，誰作搴芳人。吾鄙合山子，蚤歲耽隱淪。讀書務經術，器業無涯垠。十畝稻花齋，聊復全其真。親戚罕覿面，況乃車轔轔。式廬久不舉，典禮賢侯新。舉事敦古義，能令風俗淳。賢侯何以來，干旌賁城闉。姝子何以告，高論裨吾民。採風奏太史，兹事俱足陳。合山名中履，無可師第三子，隱於稻花齋。

積雨

積雨竈濕遲炊煙，松梢滴溜如鳴泉。谿河水漲隔城市，著我聽雨山窗眠。黄鸝舌澀蛙鼓鬧，飢鴉挾雛啼樹顛。圃竹攲斜失行次，庭萱汗〔一〕濕摧芳妍。卧柳根浮起高岸，蚤秧針没衝平田。牆傾屋漏那足惜，池中墜〔二〕我新開蓮。但恐雨多有時竭，旱溢燥濕還〔三〕相旋。好築陂塘謹收護，勿教東逝歸長川。

校記

〔一〕『汗』，康熙四十三年刻本作『汙』，是。

〔二〕『墜』，原缺，據康熙四十三年刻本補。

〔三〕『還』，原缺，據康熙四十三年刻本補。

放翁於盛暑作夏白紵詞二首今夏酷熱因次其韻

澄潭〔一〕荇藻如浮空，柳絲摇曳生微風。湘竹爲簾柏爲榻，横陳碧玉芙蕖中。葛衣新試冰線縷，團扇停揮坐忘暑。黄鸝終日唤不休，何用喃喃教鸚鵡。

小亭素壁無纖塵，蚤起未見樵蘇人。碧荷亭亭立秋水，華清曉浴楊太真。啜茗攤書晨且夕，陰晴眾壑分顔色。珠簾乍捲斜陽沉，嶺月團團飛白璧。

校記

〔一〕『澄潭』，原缺，據康熙四十三年刻本補。

子由寄懷子瞻每諷韋蘇州何時風雨夜復此對牀眠之句甲子秋賦古詩五章寄吴門學博三兄以復此對牀眠爲韻

長夏困炎熇，今歲暑尤酷。平明銜草露，來就山窗竹。赤日照松嶺，火雲如萬燭〔二〕。青天〔二〕鳥不飛，桑陰喘黄犢。南風十日晴，百泉斷飛瀑。體羸舊耐暑，憑几汗如沐。去年冬苦寒，檐冰挂瓊玉。低頭語童子，天道祟往復。

僕本山澤人，恩遇昔無比。朝暾與夕陽，出入觚棱紫。憶辭文石階，手捧金鳳紙。撫膺傷微痾，寂寂久淹此。昨聞陳瑶編，問名及賤子。聖慈濡萬物，不忘被〔三〕簪履。海内方恬熙，力躋動華美。願以朝宗心，傾此〔四〕澗谿水。刊易經講義，英以假歸未列名，特命增入總裁官內。

我有北山園，荷耡理荒穢。新搆迎涼軒，恰與千峰對。煙雲繚繞之，峰峰如螺黛。復有虯龍枝，偃側紛衆態。俯瞰方塘蓮，紅白分錦隊。細雨出文鱗，斑剥誇瑇瑁。獨遊誰與歡，薄俗寡儔輩。念我同氣人，臨風寄長慨。

一官寄吴會，首〔五〕蓿不充腸。謀身苦無策，教士端有方。皋比座岳岳，講鼓聲琅琅。大兒髮垂肩，雙燕新頡頏。中男復秀慧，趨拜阿叔傍。幼兒如琢玉，綉褓吹微香。閒官易乞假，寧不懷其鄉。蕭蕭竹窗下，方今施兩牀。

弟蚤垂霜鬢，兄復蒙華顛。會當棄塵土，耦耕原上田。同看秋月白，共把春花妍。穮稻釀醇醴，投竿烹小鮮。酌以古瓦盆，糟牀瀉鳴泉。風雨萬松黑，谿響如長川。一燈竹間屋，相對空山眠。賦詩誌吾願，此事知何年。

校記

〔一〕『燭』，原缺，據康熙四十三年刻本補。
〔二〕『青天』，原缺，據康熙四十三年刻本補。
〔三〕『忘被』，原缺，據康熙四十三年刻本補。
〔四〕『傾此』，原缺，據康熙四十三年刻本補。

〔五〕「首」，康熙四十三年刻本作「首」，是。

玉兒璐兒霖孫入山定省作此示之

山棲且炎熱，當午羣卉蔫。蚊蚋苦嚙我，長喙單衣穿。避此施簾幕，蒸溽如火然。近聞城中人，喘汗皆欲顛。嬌癡三歲兒，筦簟恣所便。叫號詈阿母，不使登牀眠。今朝喜蚤涼，羣兒來翩翩。值我胸次惡，氣逆中沸煎。短衣戲我側，使我疾頓蠲。璐兒先賦詩，誇我池中蓮。玉兒才患多，逡巡出兩篇。撫掌發狂笑，此樂予所偏。憶兒學語時，一字亦可憐。況今成七字，琅琅若珠蠙。老夫正岑寂，三五山月圓。留兒看清影，飲以谿頭鮮。

寄心亭詩

北軒避煩溽，看月延修廊。遠注清淺流，泛我臨軒觴。瑶華歛朝旭，翠蓋攢銀塘。百尺青蘿峰，窈窕當曲房。書卷雜亂陳，一榻横中央。追念疇昔恩，三載辭玉堂。俾我謝朱紱，納此山中涼。昔人亦有言，芰荷以爲裳。潔己卧丘壑，寄心在君王。當軒揭斯語，永佩期不忘。王子安《採蓮賦》：『永潔己于丘壑，恒寄心于君王。』故以名亭。

課僕種菜

堂陰有隙地，荆榛初翦除。當窗課老僕，枕書看揮耡。蚤秋種蔓菁，滋植時有餘。雨過蔟菜甲，省視朝夕殊。鄙性癖藜藿，鼎食非所須。老稚慎採摘，手口俱足娱。含露良清芬，負霜偏雋腴。物各有正味，何妨鹽豉無。待我蔬滿把，此樂封侯如。

種菜詩用鈍庵韻

畫地爲畦似枰局，手種蕪菁隨雨緑。露葉霜根滑且甜，一飽人生良易足。垂垂豆莢韭花滋，謀我冬葅尚及時。圃翁朝起眉色喜，此樂今請嘗試之。

放翁讀玄真子漁歌因思故山隱居追擬其意予讀放翁詩作此貽湖上仲兄六首

湖光如練萬峰青，新向湖山搆草亭。花作塢，柳爲屏，家與雙鷗共一汀。

鴨緑真如瀉碧油，鵝兒點綴小池幽。明月夜，好風秋，一家齊坐板橋頭。

煙水漁樵細討論，龐公隱處長兒孫。芙蓉國，槿花村，不知何處入柴門。

門迎秋水碧茫茫，紅白芙蕖覆錦塘。蓮子嫩，藕絲香，帶著荷花喚客嘗。

蟹佃漁郎傍水居，鳴榔齊過緑楊渠。煙漠漠，雨疏疏，網船歸唱五更初。

平湖風定浪花圓，兩兩歸舟向遠天。紅樹外，夕陽邊，片帆飛過小窗前。

與白雲巖僧

奇峰削蒼玉，萬笏攢雲端。偃松皆十圍，石罅恣屈盤。雲氣時蕩漾，碧海翻層瀾。晴晝見花雨，崖巔瀉飛湍。青鳥翔佛頂，雝雝如鳴鸞。老僧住石龕，定鐘徹巖巒。天風與相和，詎作塵寰看。

昔人云人生惟寒食重九不可虚度

古人珍節物，佳時數重九。况我居山中，蕭然若園叟。甘菊吐芳華，縱横被畦畝。楓柏雜丹黄，錦綉冒陵阜。雙屐登雲岡，一榻對松牖。村醪瀉秋露，霜螯亦在手。肯教東籬花，千秋歸五柳。

甲子除夕

殘歲逼人事，闤闠各有營。獨我掩關坐，心與雙鶴清。水仙側銀盤，几席紛瓊英。華燈燦屋角，蚤梅列瓶罌。積雪照庭户，寒逼燈窗明。一爐愛長夜，書卷縱復横。起弄壁間影，邈然非世情。

方舒來自姑熟相訪山中

蚤春山峭寒，林花猶寂寂。故人枉軒車，十載面驚覿。束髮友方子，疑義資講析。文章有矩矱，名場蚤陵轢。拔幟常先登，氣酣萬人敵。至今盼煙霄，長鳴驥伏櫪。一官寄江干，六經爲啟迪。年年丘壟思，不畏江帆逖。撫摩原上松，絜醪必親瀝。感慨念先疇，高談常楚激。酌酒語故人，古義重捧檄。努力騁九衢，漆髮欣未晳。況有三株樹，照乘光的爍。舒來名逢月，予同學友，爲姑熟學博。

乙丑五月寄吴門學博三兄生日十六韻

翹首當夏五，菡萏吴門花。敬持碧蓮葉，酌此天半霞。爲兄介大年，聽我歌勿譁。琅琅廟堂器，識量無津涯。蚤建騷壇幟，摛詞正而葩。風雅追黄初，亦不愧專家。儒官冷鄭虔，問字趨侯芭。晴日麗皋比，春風吹絳紗。譬彼割小鮮，鼎俎試鏌鋣。終當吮鴻筆，蔚爲邦國華。自予返林壑，窮谷棲谽谺。十畝藝松桂，三載友麏麚。君恩沁肌膈，未敢戀幽遐。方將理黄犢，遠駕燕雲車。何時對牀眠，汲泉同泛茶。耄頤互相祝，娛老還桑麻。

浮山十坐處詩

浮山在大江以北最爲奇特，寰宇記載其巖三百有五十，峰七十有二。今巖之著名可指數者尚三十餘，山周五里，高不及三里，洞壑盤互，煙雲吐納，平湖浸其麓，長江帶其前，青蒼秀削，淩虛鏡流，固足奇也。癸亥秋，予信宿其間，與山足和尚極探尋之勝，因拈十坐處欲系以詩，久而未就。今始各成數韻。地勝則情易愜，境絶則語難工。聊以誌疇昔之願于不忘耳。

華嚴寺後雙桂下

招提境已窮，一徑入深竹。百簇青琅玕，寒翠冒山麓。古桂挺雙柯，交枝絶凡木。奇石礙飛鳥，排空削蒼玉。中有藏經巖，紫苔翳幽谷。我來炎暑中，涼飔氣長肅。桂下趺跏人，但見鬚眉緑。寺後有藏經巖。

金谷巖西種茶處

三十六巖中，金谷尤軒翔。下建五丈旗，佛身相等量。峰頂無字碑，屹立摩穹蒼。青鳥乘天風，佛頂吹笙簧。高樓接飛泉，俯瞰松千章。滴珠復幽窅，谽谺當其傍。丹壁垂紫蘿，亘天如石梁。山畔荷耡人，坐卧茗花香。金谷巖上有石卓立。昔人稱爲『無字碑』。傍有滴珠巖、緑蘿巖。時有青鳥飛來鳴于巖端。

紫霞關下

空山一片石，鴻荒劈巨靈。疏鑿非禹功，無乃勞五丁。天險既已闢，山翠無時扃。從此陟丹梯，樵路穿青冥。喬柯散佳蔭，憩息如郵亭。上有仙人牀，偃卧期千齡。仙人牀石在關上。

首楞巖

振衣紫霞關，首楞在其上。如登燕子龕，地狹景彌曠。九子隔江峰，青蒼鬱相向。雁侶落平湖，漁汀没秋漲。古木參差中，煙光渺難狀。側足度危岑，苔滑不容杖。尚有舊遊人，姓字留孤嶂。石壁題云：望九華若筍，長江如帶。遊浮山不遊首楞不如無遊。石險處有鍾伯敬輩題名。

石龍峰松下

奇石亘長谷，蜿蜒如石龍。延步儼崇岡，仰眺成危峰。如卧復如攫，磊落千歲松。下視晚翠巖，蒼莽豺虎踪。斜日迴紫翠，百疊青芙蓉。我欲謝塵滓，夕景長扶筇。下瞰晚翠巖極幽蒨，人迹罕至。

陸子巖前竹下

長廊名浩嘯，石窟尤離奇。天然闢户牖，煙景相蔽虧。窈窕如曲房，映以檀欒姿。微飆戛修玉，蕩日如淪漪。曾有探奇人，高咏天風詩。遠公亦已去，浮圖冠厜㕒。復聞歐陽子，來與高僧棋。至今烏啄木，響落空山時。苔痕蝕棋局，黑白誰能知。陸子名宰，山陰人。雷鯉詩有『天風醉花鳥』之句。歐陽公曾與遠録禪師圍棋于此，有石屋，名浩嘯廊。

指月石

躡步攀枯藤，言登指月石。誰闢奇險徑，巨斧生履迹。垂手摩松顛，沆漭山雲白。陰壑轉幽邃，羣岫互奔繹。迴睇石蓮峰，仙葩粲朱碧。天池劃澄泓，雲半葭葦積。欲畢探奇情，扶攜藉禪客。石蓮峰上有石紋如蓮數十朵，大盈丈，紅藍悉備。雨後洗石，則益見峰頂最高處有天池，四時不涸，中生葦荻。

佛母巖石楠樹下

海濤迴天風，乃從石上生。始知造物力，搏捖非恒情。亦號連雲峽，青壁類削成。朝暾與夕陽，丹霞彌赤城。猿鳥絶行迹，煙景相縱横。我來佛母巖，對此心魂驚。欲書貝多葉，壯觀難可名。海島巖有石如城，長里許，上有紋如波濤涌起。

響雪橋

張公昔隱此，泉有丹砂香。左跨繞雲棧，石磴懸崇岡。右帶響雪橋，潺湲落谿梁。千巖莽回互，天地皆蒼涼。或有鬼神守，荆榛閟靈光。延緣石橋望，幽絶誰能量。徒聞夕陽樓，遺迹空渺茫。張公名同之，宋人。

妙高峰石上

子瞻咏廬山，欲識廬山面。余登妙高峰，兹山乃全見。鳥道亂石叢，得松意彌倦。眙愕經時定，甫敢送遥眄。巖壑蕩煙雲，丹碧陰晴變。村樹青數叢，江雲白千片。短松號晚鴉，奇觀怯深戀。殘陽照歸影，南湖浄如練。

題周廣庵漁艇圖

春江無際扁舟小，風動漁竿何嫋嫋。桃花流水鱖魚肥，最憐此句詩懷好。筆牀茶竈伴幽人，白鷺青山同縹緲。閲盡天涯行路難，人生只合煙波老。

存誠堂詩集卷六

古體詩四十首

同孝儀和陶歸田園詩五首

青松冒層嶺，白雲滿空山。水流澗花落，寂寞已經年。幽禽戀珍樹，素鮪愛澄淵。而我攖塵累，揮手辭東田。蕭蕭竹中屋，翳廢榛莽間。水闊無津梁，欲濟何由前。走馬登崇岡，所思隔雲煙。煩憂煎我腸，華髮侵我顛。老至無所願，所願多餘閒。樂彼禽與魚，山澤返自然。

春草閉門綠，十日絶車鞅。高卧松風間，羲皇寄遐想。有時策輕杖，南谿成獨往。風定燕雛出，波暖魚苗長。燒後秉耒勤，喜我農事廣。山花弄顔色，欲采隔林莽。

輕陰忽疏雨，牆頭山杏稀。青笠誰家子，黄犢中田歸。柴門待故人，好風吹我衣。誰能若朝露，事與心長違。

今朝風日好，斗酒易爲娱。炊煙蕩爲雲，瀰漫藏村墟。吾廬遠相對，稱是幽人居。美箭周一畝，古梅逾十株。石溜響不已，好鳥啼自如。謀生計未拙，瓮粟春常餘。人生在適己，餘事皆空虚。醉醒北窗下，松籟無時無。

頗有會心人，相近住鄰曲。無事烹能鳴，新蔬時雨足。蘋開引釣絲，花飛亂枰局。抱書問所疑，松肪代明燭。厭厭息良夜，鳥聲報初旭。

九日十韻

節物最宜人，寒食與重九。嘆此棲遲客，景光苦相負。金鋪玉戺中，自慚列瓦缶。百體各有役，天教作駢拇。我欲謝塵滓，臨風解雙綬。但願舉世人，捐棄如敝帚。吟嘯陟西巘，耕耘踐南畝。遠招箕潁儔，近呼彭澤友。尋花杖過眉，漉酒巾脱首。霜嶺萬楓丹，何時落吾手？

擬古詩十三首

造物復何心，芻狗此萬類。静躁巧相錯，羣情百不遂。文梓生丹崖，雕飾非所冀。驄馬錦障泥，將無困銜轡。鸚鵡舌爲災，鴛鴦羽爲累。何況世間人，能求適意事。同生大化中，智巧安能避。

功名石中火，富貴波上漚。青蛾復皓齒，悦目如蜉蝣。銅山與金穴，禍人如鵂鶹。造物不珍惜，隨事給所求。獨有清静福，萬願難一酬。心迹會相忤，如彼葛〔一〕與裘。俯仰世間人，今古懷百憂。

無庸思故山，繁憂不能軫。心如古井波，寧爲造物哂。經時夢已安，何事領長引。舊業謝松桂，良時忘櫻筍。關河不可越，健翮讓飛隼。卓哉張公藝，疊紙書百忍。且圍地爐火，窗鳴北風緊。

鴝鵒本微鳥，何緣託華屋。彩絛挂黄金，雕籠琢紅玉。丹翠絢明霞，焜耀駭凡目。渴飲金壺露，飢食銀瓶粟。秋風豆花香，夢啄野田曲。睨影畫堂深，愁思瑣窗緑。莫學畫眉癡，觸籠羽先秃。

燈下寄遠書，淚出如流泉。賤子陳所懷，衰病劇可憐。如彼鎩羽鶴，毰毸安取妍。如彼霜後柳，濯濯非當年。十畝桑柘陰，苦遭魂夢牽。圭組豈不愛，引分當自捐。縱我麋鹿性，呦呦雲山巔。

古來賢達人，坎壈終天年。子瞻困儋耳，永叔思潁川。青鬢成皓首，浩嘆空詩篇。何況後世人，稟氣多所偏。夙昔嬰世網，乃欲祛塵緣。花實不兼好，齒角無兩全。遊心貴簡素，無爲長自煎。

吾家傍湖田，松湖若明鏡。翠岑俯澄波，好女照妝靚。昆弟隱此間，廿載鷗鷺性。治圃恒有經，用拙亦爲政。茅茨間澤農，阡陌罕異姓。槿籬連一村，荷蓋挺千柄。扁舟如舞鶴，菰蒲日游泳。

龍眠好山水，青黛如屏列。曾有漁洋翁，度關嘆奇絶。亂峰矗夏雲，懸泉舞晴雪。城堞隱半規，煙光互明滅。平田路逶迤，官橋水澄澈。桃谿十里花，爛熳芳時節。此邦遠遊人，難作經年别。阮亭入北峽關，即有詩稱其勝。

香山居洛濱，新詩多逸響。霓裳羽衣曲，猶未却塵想。東坡海外文，天才豁疏爽。牛矢尋歸路，儋耳特莽蒼。未若龜堂翁，耶谿泛蘭槳。學道紙帳中，神光夜騰上。醉時眠道傍，詩卷塞天壤。

宣聖美三緘，風詩陳白圭。興戎復生垢，莫匪言所梯。猩猩與鸚鵡，遠隔荒煙啼。依稀似人語，網羅羣見擠。何況舌汎瀾，洪濤安可堤。矢作無口瓠，誰復測其倪。捫舌以爲戒，諷咏耳自提。

松竹藹交映，披圖識吾廬。平橋臨淺水，中有居士居。春山色黯宕，夏木陰扶疏。唼喋數鳧雁，亂點千芙蕖。塍壟溢禾稼，籬架垂瓜蔬。老農驅烏犍，行歌恒自如。主人日以遠，俯仰慚禽魚。

蘭生叢棘中，生意常寡歡。我憐幽谷士，移近青琅玕。春來聞作花，香氣霏林端。莓苔同一色，披草誰與觀。幸未耡刈去，卑棲情所安。蛛網翠葉短，鶴蹋紅莖殘。寄語慰幽谷，孤潔良獨難。

夜出西華門，邏卒喊如虎。依微陌上燈，亂擊城頭鼓。冰稜馬蹄裂，星光叩庭户。老妻具豆粥，芳膩同酪乳。兒童愛良夜，書聲滿廊廡。碧山茶一甌，沈水香一縷。且莫問身世，斯樂差足詡。

校　記

〔一〕『葛』，原缺，據康熙四十三年刻本補。

山靈代梅語

南殿秘閣爐火温，盆梅新綻香雪繁。抱書擁裘坐花下，此身忘却居天閽。氍毹坐暖春夢逼，遭花句引山翁園。低枝窈窕垂碧沼，老樹攲側當閒門。度嶺一步香徹骨，何況坐卧融心魂。山鳥一聲山月白，霏微煙濕梅花村。老翁此時復何處，擘衣狂嘯石上蹲。落花千片如舞雪，等閒堆没長松根。拊掌得句向花説，似詩非詩憑較論。兩度花時主人出，舊山路蝕蒼苔痕。枝頭疏密復誰數，雀翻鴉啄空黄昏。山靈移書代梅語，心同芳草思王孫。衰慵合向此中老，放歸蚤乞明主恩。

除日憶園梅用子瞻韻

短牆碧澗幽人村，古鐵作樹香爲魂。凍蕊猶黏曉霜重，高枝初破山月昏。先生自愛樹圍屋，路人争指雪堆園。看花有時勿孟浪，寒消香轉需微温。山深樹密曦影遲，麥飯既餔迴朝暾。花須乍舒花瓣簇，珠光照户香塞門。我昔居此竟三載，相憶那能無一言。祇今春風已十日，一枝未見臨匏樽。

題徐公肅先生小像

清高金莖露，正直朱絲弦。敬藉少陵語，再拜題華箋。朝野仰公望，太華淩紫煙。山島自竦峙，浩瀚如長川。寵辱驚世人，詎能汨其天。霖雨未滿區，惋惜成華顛。清風聞坐嘯，偃仰梧陰偏。雛鳳繞其側，的爍皆珠蠙。且操汗青筆，點抹生民篇。時方監修明史。

李厚庵歸省送之

皓鶴振修羽，來從海雲碧。遽以蘭陔情，中腸自煎迫。相別觚稜間，執手吐胸膈。獨有君親恩，慚汗動心魄。疇昔常語我，報恩非一策。但存區區誠，勿復論形迹。耕鑿爲堯民，亦以酬帝澤。或爲漸於盤，或爲介於石。惟此忠與孝，留芬在簡籍。君行侍華髮，承歡愛晨夕。處則爲曾閔，出當儷旦奭。計君還家時，余亦整雲翮。

題惲南田花卉册子二首

紫藤花

山中紫藤花，彌蔓滿巖谷。樵人不知惜，刈以束樸樕。我獨披荆榛，移植傍庭屋。青絲長數尺，延緣登灌木。花時穗離離，百琲紫瓔蔟。風入致翩翻，露重氣清馥。採摘芬可茹，候共春菘熟。會當成虬幹，藉以媚幽獨。

荷花

我昔垂簾坐清夏，當砌冷泉流石罅。平川十畝稻花中，小作横塘臨水榭。碧水新開一朵蓮，半闋半掩娉嫿姹。流鶯唤起午睡醒，茶香細啜簾影下。復有峰頭百尺松，撩人影入花瓷瀉。餐香飲翠恰三年，造物嗔人不相借。祇今蓮子憑誰拾，風涼露重紅衣卸。

寒夜

寒夜熏短衾，熟睡遂言歸。夢我白頭人，歡聚忘酸悲。辟彼舊雞犬，門巷不知非。回頭數松竹，歷歷無忘遺。庭鶴刷鮮羽，長鳴相追依。思苦易爲夢，斯理何庸推。萬物良復故，所悲年歲衰。何當返山澤，長爲時所麾。

寄木厓

碩人寄薖軸，高風在河墅。列笏插諸峰，開襟俯平楚。衡門倚清流，茅檐接花嶼。孤亭延景光，深竹祛嚴暑。中有嗜古人，百城同寢處。奇文燦天葩，七襄入機杼。賦詩登黄初，笙鏞間柷敔。才高遇彌嗇，彈冠嬾臼杵。今年七十翁，道氣日騰舉。清泉白石間，聖賢作徒侶。欲寄生日詩，逡巡拙詞語。自昔渭南翁，澹蕩若耶渚。萬首古無儔，篇章號鴻鉅。耄耋氣益遒，目光炳雙炬。平生所伏膺，願言持壽汝。牛腰端可壓，鶴背亦堪許。

寄霜鶴

襄陽耆舊傳，卓犖推左思。千載寒知閣，清風常在兹。移家居谷口，柴門環清漪。古牆護深竹，碧玉寒參差。緗梅百年樹，偃側當階披。摩詰久獨處，性與丘樊宜。左廂貯茶臼，南榮啟書帷。蓑笠自淳古，霜雪爍鬚眉。冥冥霞際鶴，軒蓋安能淄。我亦有茅宇，結構西山陲。旦夕過谿上，邂逅歡相持。鄙志景高潔，雲壑貞松姿。五年賦契闊，舊柯繁新枝。何當棄塵累，高翥會有時。陰巖富蒼术，陽陂多紫芝。相期各善飯，采藥長追隨。

寄題羹湖龍眠山莊

眾峰縈一谿，曲折十餘里。澹沲煙雲寬，窈窕林壑美。中有最古園，迴環抱清沚。細路緣山椒，垂藤接步屣。雲根削青蒼，苔痕澀殷紫。酷愛兹徑僻，信可界塵滓。河聲西南來，石梁何齒齒。人語近不聞，隔岸飛濤裏。曩昔偕來遊，荒途入荆枳。予方卜築初，君亦經營始。亭因栗蔭偏，樓緣杏花起。列果樹美箭，灌蔬藝芳芷。園林日以佳，懈予去如駛。比聞更探勝，幽巖得奇詭。疏鑿老不疲，自荷金鵶嘴。定當烹肉芝，還將吸石髓。嚶嚶求友生，招招待舟子。獨寐同寡歡，延佇兩無已。掃我巖耕堂，從君閲耘耔。

北軒後種竹得筍

植物數清芬，篔簹推第一。種類復區分，中有堅韌質。一竿圍尺餘，十丈高無匹。煙梢葉葉奇，霜節莖莖直。莖含澹蕩風，葉透玲瓏日。陰揺暑月寒，翠滴晴雲濕。雪壓與風摧，亭亭無偃側。所嗟樊圃間，尤物艱種植。竹祖雖頻移，龍孫非易茁。北軒有孤幹，逾年忽增十。園丁遠相報，開書動顔色。始緣澗壑疏，終遶階除密。坐對一林香，端可忘肉食。會當置匡牀，晚翠映書帙。

玉兒書來道小谿兩岸種桃柳百餘株

草堂帶山麓，門對清淺谿。迢遞松嶺北，曲折花村西。最宜臨水處，柳徑與桃蹊。緑蔭漾清沚，紅雨蹋香泥。波底戲文鱗，枝頭鳴黄鸝。浮杯落英滿，垂釣濃陰低。雖無泛舟樂，足令遊筇迷。十年畜此願，此願多乖暌。昨日山中信，阿玉自封題。種桃倚短岸，植柳眠長堤。桃試紅萼小，柳翦青絲齊。春風日滋長，芳景端可傒。他日西谿上，幅巾堪杖藜。

郊居與近公

客廡寄南榮，當軒平楚緑。菘畦四五畝，從横若棋局。豆棚瓜架邊，紫茄間蘆服。井幹轉轆轤，清泉繞階曲。自離城市囂，來此居信宿。走馬趨承華，斜陽與朝旭。餘晷尚可珍，幸不苦煩溽。當窗展桃笙，臨風啜糜粥。白傅閒澹詩，枕籍隨意讀。飄然兩白鬚，路人遥指矚。將謂老不休，轅下久局蹙。誰知一寸心，終宵在空谷。

讀白詩漫成三十韻

我聞樂天翁，曠達古無比。雅抱山水癖，識分蚤知止。觸口發天籟，淋漓輒盈紙。彼其視圭組，奚啻若糠粃。逡巡成老翁，擺落良難耳。在昔佐江州，百齡將半矣。雖築香爐峰，未能捐禄仕。百尺黄牛峽，灘聲迎刺史。予慚四十六，歸田疾如駛。結茅古巖谷，披蓑看耘籽。心如古井泉，無復波瀾起。惓惓盟猿鶴，湛湛誓谿水。僕本山澤人，置身弗逾此。仰荷明主恩，重入金門裏。泌水易芻豢，荷衣換青紫。典職皆清華，頭銜絶塵滓。朝趨鶴禁煙，暮侍龍樓几。魚符綬兩垂，華簪筆雙珥。所非山澤姿，秉性苦頑鄙。鎩翁無好音，急弦多變徵。今年五十三，積憂坐成痞。還念樂天翁，彼亦當暮齒。垂白領吴郡，幾能袪敝屣。既飲玉漿，更思烹石髓。天道有虧全，人事無兼美。從古賢達人，束手此壁壘。況余骨相屯，期超盈縮理。桂蠹轉多傷，蘭煎徒自燬。樂天五十八，始歸履道里。但存高翥心，會當先舉趾。

讀道書二十韻

學禪成大覺，服藥登上仙。蓮臺挂珠絡，鶴駕淩紫煙。二者信可樂，樂在超人天。以余忖量之，樂不如歸田。收得不貲身，謝此區中緣。急掃巖畔屋，高步谿南阡。雲嵐與煙翠，攢簇當我前。飫以青精飯，濯以丹砂泉。胸懷自開拓，耳目皆芳鮮。一日驚悸去，二日憂煩蠲。三日視聽泯，有若嬰兒然。渾渾寒螻蟄，蠕蠕春蠶眠。不醒亦不寐，真息長綿綿。化如入水雀，蜕比經秋蟬。頓使凡骨換，還覺沈疴痊。豁然一長嘯，躍出羲皇先。天地領空闊，日月忘推遷。手攀河漢流，足躡崆峒顛。蜉蝣憫羣動，蜾蠃視豪賢。苟非知道者，斯理不易傳。

追　歡

古人言追歡，其義當何居？將謂眾人樂，而我與追隨。將謂歡易去，努力追逐之。好花開易落，好月圓易虧。賓親正聚首，倏忽生暌離。山水甫登躡，陰晴未可期。翠管歌復歇，紅袖舞還垂。朱顏照青鬢，瞥眼生白髭。何況塵勞事，如蠶自吐絲。微軀苦縛束，纏綿無了時。歡情良有幾，疾如流電馳。救焚與拯溺，未許須臾遲。嗣後偶逢歡，高興誓不移。園花爛如錦，庭月圓如規。林壑得佳趣，故人歡相持。或遇良讌會，笙管佐游嬉。或遇閒歲月，擺脱塵事羈。寶此如拱璧，百慮一時麾。掀髯舒寸心，放歌豁雙眉。臨風發千笑，仰天傾一卮。詎可當前失，徒勞去後思。

人生

人生譬石火，倏如流電驚。日月無根蔕，東躍忽西傾。達人解其意，流光難與争。借彼毫端字，寄我心中情。言歡若涉笑，寫嘆如有聲。萬類羅腕下，一字分枯榮。麗如春葩發，皎如朝霞明。翠如新竹笱，香如芳蘭莖。宛轉説哀怨，曲折如流鶯。倒翻滄海瀾，吞吐如長鯨。江山資潤色，河岳憑精英。千篇任奇〔一〕偉，隻語堪縱横。一片性靈光，抒寫寄太清。太清無窮極，誰能磨其名。君看陶靖節，萬古如平生。

校記

〔一〕『奇』，康熙四十三年刻本作『瑰』。

官道

高柳一行直，其下臨官道。風起霾塵沙，雨過積淋潦。半夜露未晞，亭午日方杲。但聞去來人，馬蹄蹋秋草。烏棲恨不遲，雞鳴恨不蚤。微聞柳陰中，嘆息有村媪。今年騎馬客，看比去年老。人生非金石，齒髮誰能保。莫自徥丹顔，寧得幾時好。

上真定梁公

百川趨溟渤，羣山仰崑崙。萬類皆有託，而況吾道尊。鉅公起河北，岳峙聯弟昆。勳業冠諸曹，四十歷寒暄。秉軸際昌期，元化日以敦。民氣入鈞陶，薄海躋春温。文章燦天葩，脱腕皆瑶琨。蕉林美詞翰，吹氣如蘭蓀。歐陽金石録，榮光燭庭軒。俯仰極千古，退食恒掃門。皎皎貞松姿，雲際安可捫。霜幹數十圍，撑拄乾與坤。蔦蘿本微弱，附麗亦騰騫。翹首望丹壑，永荷涵濡恩。

送健庵大司寇歸崑山

滹沱冰初泮，春風吹柳陌。故人去京華，翩翻振羽翮。傾蓋泝廿年，吴會雙泉宅。玉堂喜追隨，聯影槐廳席。丹黄秘閣書，十載數晨夕。猥以蒿蔚姿，挹領椒蘭益。君才儷江海，巨手光典册。寰中照碑版，落腕流金石。置身萬卷中，精英日探索。唱嘆皆古音，結撰卑時格。雅樂鏞球陳，凡響荆榛闢。至尊奬文教，薄海事經籍。君用儒術欽，激賞尤弗釋。祇以承恩深，轉使陳情劇。鴻帙藉編摩，移居近山澤。依然黼藻功，謾詡煙霞迹。牛腰載秘文，兹事罕疇昔。擁書林屋深，滌硯花谿碧。我亦乘秋風，相從訪遊屐。皖口與吴閶，春江共潮汐。

新　秋

昨夕雷雨過，郊原何青青。新蔬三兩畦，濯秀當我庭。日澹雲影薄，飛蟲隔疏櫺。枕前茗碗浄，手中紈扇停。身心兩閒適，午夢微涼醒。

存誠堂詩集卷七

古體詩四十首

白松十韻

白松挺奇質，高格無纖埃。如對修潔士，雋整愛丰裁。青銅點朱碧，斑剥古尊罍。聳幹若凝雪，蟠根疑積苔。鳳毛聲瑟瑟，龍鱗色皚皚。玲瓏曉日映，瀟灑天風來。近樹吹微香，肌理神仙胎。允宜白鶴觀，只合吹笙臺。百尺瀟湘竹，風度差可陪。回頭看榆柳，瑣屑皆凡材。

勺園牡丹甚盛三兄新作小軒對之花時觴咏其中有懷勝賞因寄以詩

城南方塘浄如練，密卉疏筠列芳蒨。主人舊種洛陽花，百朵春深壓山縣。近添幽館對芳叢，曲徑朱欄藏宛轉。此花夙昔性所耽，六度春風不相見。聞道年來色轉奇，綃堆綉簇霞千片。香風粉膩楊妃脂，露華紅濕西施面。朵朵葳蕤赤玉盤，枝枝摇曳錦團扇。吴門先生浮大白，細把微吟足歡讌。寄語春風作意妍，明年一倍增嬌茜。不分天涯作客人，歸心輸與雙梁燕。

芙蓉島詩

藹帷幽夢逼清曉，仙人相唤芙蓉島。此地真堪來作翁，谿光十里如霜縞。數峰窈窕落平川，淼淼雙流入懷抱。春巖秋巘四時佳，雨岫煙巒終日好。蟠松古栗影谿斜，枝葉交加蕩文藻。手種芙蓉萬朵花，霞光一片朝陽杲。石罅低藏漁父竿，松陰側出樵人道。中有芊綿十畝田，土暖泉香發秔稻。沙鷗魚翠時時來，滿徑落花常不埽。荷鍤爲農三十秋，自劚黄精餌芝草。玉井花開十丈蓮，霜林果剥如瓜棗。醉時笑拍洪崖肩，與爾風流成二老。

贈王鶴汀學士

潤比良玉質，芬若幽蘭情。夙昔愛君子，高潔心所傾。兩度涉江水，芳洲采蘼蘅。朱弦疏越間，唱嘆皆元聲。紈袴袪陋俗，寒畯列嘉名。千古秦淮月，長同水鏡清。

芍藥貯甌瓶中小有佳致

虛堂下疏簾，槐影漾深緑。數朵殿春花，鮮麗蔟紅玉。濯以温泉波，華清正新浴。無計遊豐臺，千畝恣遥矚。聊向花瓷中，經旬看亦足。山亭紅藥欄，苦憶銀塘曲。

與近公有結屋避暑之志異時苟遂此志當諷斯篇

我有數畝城南坊，頹垣斷岸圍方塘。三年苦旱泉眼塞，深泥龜坼菡萏傷。今年春雨喜沾霈，濺濺波動鳴石梁。碧筩萬挺羅翠蓋，水芝百朵披紅妝。曩時種柳隔闤闠，寄書已報陰覆牆。會當結屋避炎暑，穿林跨水延修廊。南榮近接雙梧桐，西隅高擁千篔簹。芳堤十丈偃彩虹，芙蓉四面亭中央。小舟鷁首青油幕，平橋雁齒紅欄裝。更闢水南一區地，窈窕叢桂藏曲房。桃笙竹几隨處有，茗碗詩卷長相將。垂簾終日坐深翠，投竿有時臨夕陽。思我此時僦荒圃，門臨官道車塵揚。炎風畏日射窗罅，矮檐尺樹同低昂。譬彼冰壺説爐冶，益令肝肺生清涼。人生適意須有時，俯仰勿悲頭上霜。

偶然作

十年直内廬，璚窗瑣金碧。丹甍聳十仞，紅牆高百尺。舉頭驚采椽，措足蹋文石。所遇非不奇，寸心自煎迫。所履非不高，久行增跼蹐。夏日來郊坰，賃廡近疆埸。矮廬蝸殼連，亂畦黿背坼。開門獨木撑，頹垣破籬隔。但覺天地寬，不知夢魂窄。禾黍綿西疇，榆柳蔭南陌。稚子轉轆轤，須臾菜塍白。短衣立斜陽，涼飆生兩腋。粗花與浪蕊，吟玩成珍惜。好惡不在境，苦樂從所適。古來灌園人，三公不相易。

以公事入城返至西郊有作

自我來西郭，一卧經再旬。游目迥清曠，禾黍交畇畇。輕雷過微雨，翠色千畦勾。村樹接川原，煙靄無涯垠。西嶺亘天碧，夕照增嶙峋。鐘鳴棲鳥定，雲際飛冰輪。中夜起弄影，天地絶纖塵。草露滴未已，涼月來相親。昨夕返城市，闤闠如砌鱗。炎熇儼巨鑪，塵壒塞高旻。紛紜復繁鶩，馬嘶車轔轔。譬彼蟯轉丸，逐臭忘苦辛。譬彼蝸戴殼，轉側妨其身。低頭入螘壤，此語良復真。塹離尚如此，何況深山人。『低頭入螘壤』，白樂天句。

苦熱行

去臘寒甚厲，入伏暑彌酷。十里爍驕陽，火龍銜萬燭。炎熇塞户來，如湯手堪掬。天地一巨爐，几席那可觸。傍砌花蚤蔫，近土菘半熟。苦無逃暑方，中熱氣恒矗。我生廿年來，飽經此煩溽。或趨官道傍，或臨高臺曲。或登木蘭船，亭午日方暴。炙背狂欲顛，汗雨沾絺服。一片雲陰過，身比寒泉浴。須臾火井然，始訝雲去速。今我幸郊居，散蕩忘拘束。軒敞疏檽，祖跣卸輕縠。清泉瀹茗荈，晚涼餔豆粥。恣意親篔扇，隨手披簡牘。猶言熱不支，人心苦未足。迴憶曩時情，涼颸滿幽竹。

澤州先生過郊居贈以詩即次原韻

西巘紫泉宫，直廬鄰鍵筦。地僻解朝紳，當午幸不綰。敢冀竹林遊，籍咸同二阮。『時攜姪瑩在西郊』原韻。小阮指瑩。槐柳夾路隅，美蔭不須選。平疇新雨過，鮮翠堪擷攬。清旦高軒來，玉山照蕪館。句比江峰青，心共嶺雲遠。重以轡龍筆，金碧相組纂。衝暑走銀鹿，好我意殊善。氣懾雙明珠，報章不辭緩。

送六姪廷瑩還桐城

平生愛誦東坡句，犀角豐盈美遲适。七年驥子不相見，來值予方在瑣闈。入門急喚問平安，撫視摩挲燭再跋。惠中秀外敏且願，世路人情皆朗豁。土銼與我對牀眠，絮問江鄉夜常聒。長夏扈從來郊坰，攜爾同行探古栝。從來魚稻飽甘鮮，强同阿叔餐粗糲。千端萬緒在名場，識破天倪緣宦達。譬彼蓼蟲生芥畦，難向巖蜂語辛辣。爾翁林壑自俯仰，老我東西苦塗抹。會當奮翮學冥鴻，蚤晚朝衫應可脱。隔牆花氣共霏霏，比屋池流同活活。弟兄老矣皆霜鬢，里巷過從任裋褐。惟應對客稱好好，毋事向空書咄咄。送爾先逐秋風還，東渡黄河經木末。爾翁相望秋月圓，桂英滿地香堪掇。予且飛章許猿鶴，相違莫訴江天闊。東坡與姪遲、适有『犀角豐盈』之句。

七夕夢中得首二句因續成之

秋水鴻雁多，秋江闊如許。我欲乘輕舟，采采芙蓉渚。津梁不可越，羽翮奚由舉。含情渺何限，寄書託魴鱮。譬彼牽牛星，隔河相爾汝。

五哀詩

五君與予有同年之好，于其殁也，予適羈于職事，不能展一奠一哭之誼，深有愀然于予心者，因作五哀詩以識之。

歸詹事允肅

至交數虞山，貌腴體豐上。落拓憐故人，紫雲忽高唱。九載踐端尹，聲名許騰颺。蘭叢非不馨，當門復誰讓。歸去卧海濱，琴書狎鷗浪。坐見玉顏摧，老懷獨悲愴。

汪刑部懋麟

風流壓吾黨，磊落今詩人。少壯有三好，毋乃戕厥身。清言妙蘭芷，佳句瀉珠蠙。鶴病因鎩羽，魚枯緣損鱗。百尺梧桐閣，寂寞蕪城春。雖復攖駭機，原不負君親。蛟門有少壯三好圖，作詩、飲酒、近婦人。

孫學士在豐

南苑騁驊騮，我昔同孫登。萬幕列周廬，夜雨暗紅燈。啟明照東隅，相待入觚棱。講席近爐煙，謦欬得親承。興言念疇昔，寵渥焉可憑。祇今墓道上，宿草莽寒藤。

王館卿曰温

吾友在諫垣，直聲蚤騰起。意氣若飆發，丰裁同岳峙。百尺淮水清，臣心正如此。不謂獨醒客，返遭醉傭指。幽抱恒寡歡，積憤成疾痞。吁嗟隆棟材，零落同敝屣。

儲庶子振

庶子天人姿，春華復秋實。明霞儷鮮朗，良玉比温栗。寄我荆谿書，報章悔不疾。且聞脂巾車，晤言欣有日。珍柯葉遽凋，龍劍光蚤窒。雲封善卷洞，千齡永蕭瑟。

良足樂同静海勵先生

何必思故鄉，郊居良足樂。曉起推南窗，青翠滿寥廓。井畔柳纖纖，檐際花灼灼。東鄰禾已秀，西莊穀可穫。短衣步夕陽，入眼差不惡。起居復何如，昂藏兩臞鶴。漸喜公事稀，高眠聽牛鐸。蔬嫩翦芥菘，飯香參餺飥。子弟閒從遊，村醪時共酌。睡蚤嫌月遲，夕涼惱衾薄。人生攢百憂，譬彼筍纏籜。長往信不易，小憩豈容錯。且作歡喜緣，暫解憂患縛。思鄉令人瘦，飛書謝林壑。

題漁父罩魚圖

菰蒲葉緑湖水清，唼浪遊魚逐隊行。漁翁有籦編竹成，煙中小艇波無聲。等閒抛落魚不驚，香萍文藻仍縱横。魚兮魚兮怡爾情，勿用潑剌鱗尾赭。三湘七澤秋盈盈，蹄涔一勺亦澄泓。聊復喁喁樂其生，有時潮長陂岸平。秋風鼓浪笭箵輕，看爾瀲瀲還東瀛。

對菊四首

吾生寄大塊，萬慳惟一閑。今年秋色裏，退直常掩關。霜圃有佳卉，移植開我顔。不謂摇落候，風姿絶人寰。縞素冰雪皎，紫茜雲錦殷。芳叢置几席，坐卧寒香間。但得悠然意，何必見南山。

雅尚愛林壑，夙昔多遠情。一自攖世網，展轉亟相縈。寶閑逾良玉，寸晷非敢輕。意感造物厚，秋草發奇英。天地有正色，斂手對霜莖。攤書度朝晚，濁醪還自傾。

我意營傑閣，尸祝有四公。陶白與蘇陸，澹蕩高人踪。樂天雅天趣，水竹洛城東。世路困子瞻，皎皎若孤鴻。賦詩多逸響，萬首龜堂翁。近道貴自然，灑然塵滓空。頫首柴桑老，真味獨醇濃。

客自西山來，嘆息秋光好。霜林燦霞綺，異采朝陽杲。駭愕詩雄觀，鋪張令人惱。顧我七年來，山林迹如掃。庭陰轉晒移，良辰惜草草。惟對一叢花，長吟寫幽抱。

園花十二候歌

予既以十二花为候，編輯小月令，因作此歌，命小郎廷瑑、廷瓘習讀。暇時則令其更唱迭和，以云幽人鼓吹。故有取於詞諧意淺，童子可歌，老嫗能解。遂不以鄙俚爲嫌矣。

立春梅蕊正芳妍，暖閣深堂半下簾。自昔寒香比高士，由來萼緑本神仙。香雪草堂三十樹，蒼枝古幹破山煙。玉雪岡頭春似海，閑披鶴氅看花田。一解

二月村南杏花白，粉腮檀口看微坼。細雨輕煙放轉遲，晴雲曉日光初射。文杏廊前錦覆檐，春暉閣上花侵席。一夕東風春草生，繁英亂點東西陌。二解

三月穠華屬海棠，輕盈佳麗更無雙。曉向朝陽翻錦帔，夕燒高燭照紅妝。枝嫌玉蕊曾無態，色妒梨花合斷腸。試向小樓深處立，不須遥羨碧雞坊。三解

寒食人家竹林裏，桃花處處低臨水。曾聞玉洞隱仙人，還向清谿賺漁子。紅欄橋畔間疏楊，緑樹村邊伴穠李。等閑千片點淪漪，池面春風吹不起。四解

穀雨名花是牡丹，千枝金粉壓朱闌。春熙堂畔青油幕，曉露光生赤玉盤。春到花時晴雨易，蝶迷香國去來難。姚黄歐碧潛谿紫，繞砌容予盡日看。五解

芍藥殿春顔色好，櫻紅筍緑荷錢蚤。春情盡付洛陽花，婪尾餘芳偏窈窕。曲徑長廊蔭古藤，荷鋤自種將離草。賞花何必金帶圍，不須多費天工巧。六解

五月榴花火樹然，河源佳種昔流傳。烏桕葉經秋露赤，佛桑花破嶺雲鮮。幾株斜映清池岸，萬點丹砂涌碧泉。小院日長紅滿砌，緑陰深護紙窗眠。七解

六月荷蕖錦塘曲，翠蓋紅裳氣芳郁。緑水亭亭一朵開，太真曉向華清浴。扁舟深入藕花叢，鴛鴦宿處花房蔟。晨昏饜飫水芝香，謾向神仙學餐玉。八解

桂花開日香滿城，六經堂外交柯生。枝垂金粟陰常密，露濕天香夜轉清。雲外月輪當夕滿，人間秋色此中分。微雲冉冉鶴欲下，定有仙人吹玉笙。九解

菊花時節尋霜圃，重陽故作霏微雨。移植孤根古瓦盆，頓教水閣成花嶼。天空木落羣卉摧，别有幽姿偏媚嫵。世間蜂蝶繞朱門，何曾解識陶家墅。十解

十月芙蓉傍水開，拒霜原是不凡材。茆亭四面綃成幄，松館千叢錦作堆。北渚南汀隨

意種，深紅淺白間行栽。蓬壺自有仙人島，何不長吟歸去來。十一解

蠟梅開近寒時節，雪屋紅爐稱孤潔。巖蜜攢成點額花，水沈香透檀心纈。紙窗誰與助清幽，朱果垂枝枝欲折。一斛珊瑚照夜珠，空庭堆滿鵝毛雪。十二解

爲君數遍四時花，金谷平泉底事誇。十畝林塘居士宅，一簾風月野人家。但求暇日身無累，不管流年鬢有華。願得常爲農圃客，幅巾笻杖老煙霞。十三解

廣園花十二候歌

既爲園花十二候歌，凡羣卉與之同時者感屬之。以此十二種可以多植成林，其他則參差掩映乎其間，有主客陪貳之義焉。小草蔓生，承跗接萼，益態增妍，良有取也。復作廣園花十二候歌以繼之。

名花十二管流年，藻繢風光又一篇。借問梅花誰作伴，水仙孤冷恰相憐。瑞香紫蔕銜枝小，最宜插鬢香雲繞。別有金英點翠條，憐渠亦解迎春蚤。一解

杏花枝畔綻櫻桃，木筆辛夷玉樹高。幽谷蚤蘭初破雪，香風一夕滿亭皋。二解

海棠誰與爭芳艷，梨花月下依稀見。嬌姿尚有水林檎，學弄春情殊婉孌。三解

夭桃仙李好同時，荆樹繁枝點綴宜。蕙草千莖圍石磴，丁香一簇覆柴籬。四解

牡丹富貴真無比，綉毬八寶攢珠蕊。三千粉黛護龍綃，水晶宮闕差堪擬。鶯粟平鋪作錦茵，薔薇結幄罩香塵。翦春羅巧酴醾瘦，更有虞兮號美人。五解

芍藥春殘夏猶淺，杜鵑花照東西巘。木槿籬邊蕊乍紅，芭蕉窗外陰初展。六解

榴火風温萬緑稠，素馨新上玉搔頭。小摘露葵堪作饌，頻看萱草解忘憂。七解

荷正芳時筠粉碧，紫薇蒼葡交紅白。水亭四面列秋蘭，晨夕香薰嶺南客。艷艷桃開夾竹花，合歡葉密映窗紗。雞冠鳳羽渾無賴，屋角牆陰一道斜。八解

巖桂香濃風露冷，緑橘黄柑共清景。玉簪叢裏斷腸花，夜伴疏桐落金井。九解

菊花風味迥無儔，凡卉誰能耐九秋。錦莧葉燒深院寂，水紅花覆小池幽。十解

秋風秋雨芙蓉國，錦城萬嶺丹楓色。殷紅茜紫間蒼松，穿雲跨水奇何極。十一解

花時最是蠟梅寒，黯澹枇杷不耐看。幸有山茶紅似火，清宵共度雪漫漫。十二解

閒花浪蕊尋常有，乞種分栽動盈畝。平章秋月與春風，萬紫千紅娱一叟。十三解

荷鋤帶鍤總逍遥，餐艷披香也足豪。薄搆小園誇庾信，多求異卉笑文饒。深知鄙性原成癖，難索傍人爲解嘲。自笑自吟還自樂，他時應譜入風騷。十四解

芙蓉島十二咏

松　堤

雙澗夾平疇，長堤堰谿水。手自種山松，千株蔭清沚。中横樵采徑，人行翠微裏。谿聲有時静，日夕松籟起。

芙蓉汫

經歲植芙蓉，娉婷泣秋露。松際亘花城，一抹霞光曙。下臨清淺波，盈盈嬌欲語。有客問衡門，只在花深處。

青槐陌

言度芙蓉城，槐徑延深入。修條散清陰，玉樹參差立。日影不到地，幽杳蒼苔濕。時有耕稼人，閒來挂蓑笠。

蓮　谿

大谿西北來，交流經石堰。曲沼貯清泉，緑荷點千片。緬想林下風，謝女落金鈿。何緣深山中，臨波見芳蒨。

北玉雪岡

北阜何坡陀，種梅繞山麓。春鳥時一鳴，寒香滿幽谷。寂寂茅亭晚，齒齒石徑曲。會攜陶令詩，披裘雪中讀。

南玉雪岡

崇岡倚石谿，側近椒園道。古梅間松杉，詰屈樹偏老。一林晴雪霏，十日春風蚤。惟有山翁知，破寒事幽討。

杏　圃

文杏怯春寒，高枝烘暖日。艷艷紅粉妝，牆頭美人立。輕煙繚繞之，態憨若無質。桃李步後塵，覿面應自失。

桂叢

南隅入短垣，巖桂盈一畝。山空秋露白，掃花擁箕帚。芬烈侵衣裾，餘香發樽甌。深宵對涼月，清景兩無負。

蘭皋

薙草藝蘭叢，孤芳欣有託。光風泛紫英，香氣滿林壑。班荊對幽人，銜露偏綽約。古稱同心言，應難逾此樂。

竹垞

餘地翦榛蕪，臨水堪種竹。翠莖照白沙，髣髴淇園緑。高節飽風霜，清陰蕩炎溽。時聽戛玉聲，藉以療吾俗。

薇　館

閣前宫様花，移植清池上。愛此鸞鳳姿，臨風解輕颺。誰能經十旬，璀璨紅珠帳。高館日正長，攤書永相向。

楓　亭

略彴渡小谿，數楓圍石磴。一夕江雁飛，霜葉紅滿徑。錦綉倚晴張，茜紫經寒凝。步屧登山椒，秋聲飽清聽。

雪中過玉蝀橋望承光殿

走馬度長橋，馬首集飛霰。層丘何嵬峩，古栝隱芳殿。修條振瓊枝，孤幹引長練。冰華杳無際，俯視東西淀。雪峰倚天半，流盼目常眩。枯楊號北風，吹花撲人面。攬轡手足皸，掩袖齒牙顫。鞭策十年餘，湖亭鎮相見。行多路轉紆，老至意彌倦。何當聽晨雞，寒衾許深戀。

紀夢

鴉鳴紙窗白，樹杪初日紅。一從騎馬出，蓬勃塵坱中。歸來啟夕扉，參昴方在東。豆粥餐一盂，濁酒傾一鐘。麋絲作斗帳，攲枕得朦朧。宵永易成夢，羽翮淩朔風。所夢必鄉國，不憚關河重。時或臨澗谷，時或躋雲峰。放浪野田曲，宛轉芳樹叢。弟兄足歡笑，姻婭亦過從。依稀迷巷陌，恍惚逢村農。欣戚雖不一，夢境恒所同。人生萬事幻，鴻爪雪上踪。安知晝所苦，泡影非虛空。安知夕所樂，嘯傲非真翁。苦樂兩無著，避就將何庸。夕漏抵長日，舉手謝天公。

李渭清侍讀爲予言滇南龍泉觀水泉之奇賦此

昔遊趵突泉，奇峰出波面。如雪復如玉，噴薄珠常濺。清濟水性强，洑流能隱見。今復聞滇南，澄潭水爲綫。日午涌清池，環匝如素練。潭廣不逾丈，紫鱗千萬片。中有小黑龍，目睛如掣電。造物信耽奇，搏捖窮物變。翰林奉簡書，天南遠乘傳。爲予話風土，娓娓坐忘倦。幽勝許旁搜，斯遊足嘉羨。

存誠堂詩集卷八

古體詩四十四首

東西龍眠山二十咏

吾邑西北，倚山麓爲城，出宜民門，取道於大士巖，行數里，渡谿河，左則越巢、三都館，右則青埠潭，左氏昆弟居之。兩山低處，中横一徑。吾詩所稱谷口是也。居民數家，酒帘村市，樵子出入所經，弛擔結侶，咸憩息於此。自此而玉龍峽爲東龍眠徑，越嶺跨澗，至似古山房，泉源在焉。石馬潭爲西龍眠徑，層巒疊岫，倏忽開闔，至社壇而窅然深矣。凡予足迹所歷，各爲六韻以誌之。餘請俟之它日。

大士巖

山縣枕崇岡，數武即丘阜。懸崖斧劈痕，臨谿彌峻陡。澄澗浸雲根，石龕若新剖。曲磴緣翠竹，方塘涵碧藕。時有出郭人，來遊挈罇缶。是吾入山徑，幽意恒探取。

河　墅

孤亭冒山巔，素琴發清響。蒼蒼原上松，翠蓋供俯仰。潘子晚好静，結廬寄霞想。詰曲入花徑，窈奥闃書幌。南榮與北牖，容膝不希廣。予駕趣北山，筍輿習來往。山巔有皆響亭。

越　巢

古牆薜荔衣，檀欒倚修竹。路入老樹西，門對清谿曲。時聞讀書聲，中有幽人屋。梅花几席香，萱草階除緑。有客皓須眉，翛然常野服。昔賢遺烈在，清風滿巖谷。堂曰舊學，左忠毅公讀書處。

青埠潭

言過谷口東，一水湛深碧。對面青蘿峰，松陰落沙磧。素鮪遊空明，波紋蕩奇石。昔聞堰谿水，畫舫堪挂席。祇今春草深，青苔迷往迹。千載烈侯祠，寒林亦蕭槭。英烈侯祠在其側。

三都馆

垂髫遊龍眠，癖愛三都館。野橋入平田，松關客常款。幽巒亘四圍，穿林自夷坦。美箭上干雲，十畝清陰滿。結廬雖不多，風神自蕭散。喜與人境疏，長吟縱吾懶。

玉龍峽

我昔在内府，得見公麟圖。蒼莽玉龍峽，雪瀑如濺珠。此地水石佳，名與圖畫符。陰巖攢碧樹，幽響中笙竽。逶迤林壑間，常若匹練鋪。何當山雨中，來觀此景殊。

杏花村

吾祖松楸地，自昔名花村。連蜷好峰聚，噴薄清谿翻。傍谿住老叟，喬柯蔭柴門。耕鑿數百載，世世貽子孫。陵谷萬事改，衡宇今常存。春風過陌上，笑指桃花源。

桃花洞

姚公讀書處，高寄煙雲端。古屋紫苔澀，深林白晝寒。修竹遍阳陂，百簇青琅玕。淩澗架危阁，牀下飛激湍。更尋水源地，奇石尤巑岏。徑滑不勝步，扶攜来探看。姚端恪公讀書處。

似古山房

自昔聞戴顒，空山有幽宅。閉户賞名泉，奔流在肘腋。翠篠青林中，懸瀑高百尺。旁構響雪亭，手探練光白。添衣坐深夏，山風謝絺綌。每當炎曦時，懷此不能釋。昔爲隱士戴髡僧所居。

石馬潭

結屋龍眠西，沿谿路偏好。峰巒莽迴互，水石相環抱。石馬立空潭，洄波紛素縞。曲澗晝文魚，幽徑皆香草。但聞樵歌聲，相和白雲蚤。曳杖躡青鞋，期向此間老。

媚筆泉

山頂有名泉，歷落層雲間。昔人揮豪素，滌硯愛潺湲。遊客稀偶過，老僧長掩關。別有羅漢臺，紫翠何其殷。巉石棲短樹，俯臨流水灣。石上垂雲字，久没苔蘚斑。石上有『垂雲沜』字，苔蝕久矣。

賜金園

言陟夏佳嶺，遥見入林路。清池當衡門，影落峰頂樹。竹深灌木稠，畫眉啼不去。荷鍤秔稻田，抱瓮菘芥圃。黄犢近鄰村，緑蓑好風雨。古屋兩三楹，是吾閲耕處。

芙蓉島

岡巒勢蜿蜒，下有雙谿送。春水如白雲，漭沆山影動。唤我芙蓉翁，古仙曾入夢。繞堤蒔秋英，金粉露華重。他年輓鹿車，一丘良可共。山中頻寄書，青松及時種。

椒園

椒園南山下，疊巘隱幽壑。曲徑緣古谿，高下泉聲落。懸流注石棱，繽紛挂珠絡。老梅立山煙，迎門如皓鶴。玉樹大十圍，枝枝近高閣。晨夕可來遊，只須過略彴。

斷事墳

嘆息金川門，倒戈燕王師。君臣有大義，微官焉敢辭。沉湘竟何處，爪髪空在兹。荒阡邇幽館，策杖不知疲。仰睇層嶺峻，俯聽寒澗悲。松間古碑矗，摩讀夕陽時。方斷事公諱法，聞建文之難，自投于江。

環翠山房

萬峰如挺笏，中央見平疇。齒齒白石粲，浩浩洪谿流。突兀孤茆亭，傑出當高丘。羣山蒼秀色，到此憑闌收。峰峰嵐氣逼，樹樹煙光浮。每語吴季子，數椽須蚤謀。

寫　園

短垣護松竹，宛然一畝宫。門臨樵子路，清谿流向東。昔有耽吟客，自名岳夢翁。駕鶴去不返，門閉雙井桐。圖畫秘全庵，風景將無同。吾廬幸不遠，相望蒼靄中。公麟圖中有秘全庵，髣髴似之。

長松别業

山園各殊致，陂池兹所偏。疏鑿廣數畝，芙蓉秋便娟。魴鯉長尺半，花間時割鮮。長松四五株，磊砢生寒煙。緗梅與翠竹，掩映皆幽妍。妙年高寄託，王謝信多賢。

黄柏山房

龍眠最深處，雲物迥幽窅。石徑盤山腰，谿聲互縈繞。灌木何陰陰，垂蘿復嫋嫋。中有樂耕堂，憑闌接林杪。片石琴臺孤，飛軒栗窠小。莫嫌絶境偏，遠出塵壒表。

社　壇

幽巖罕人迹，此地堪避世。一水自縈紆，千峰轉迢遰。草深路易迷，湍急裳屢揭。吾兄性耽奇，景麟結遐契。遠載吳門花，驅驢入煙際。選地種松杉，聊爲〔一〕子孫計。三兄於此築景麟堂。

校　記

〔一〕『爲』，原缺，據康熙四十三年刻本補。

十二月六日即事

夢登傑閣俯洪流，煙波漠漠横小舟。遠疊層巒景彌曠，近羅古木居偏幽。啟牖憑闌正留憩，叩門聲急驚殘睡。東方纔曙雪滿階，忽報諸卿有封事。

題　畫

秋山若新沐，翠色滴巖巒。幽人結茅宇，窈窕當巑岏。略彴入荒徑，高柳垂碧湍。時有隔谿叟，策杖叩荆關。斯境良不易，唯向圖中看。

寄韋廣庵

昔聞王摩詰，晚歲耽清修。琴牀間茶竈，恬曠與天游。鳩兹有偉人，今古遥唱酬。啟事重山簡，脱屣歸林丘。秉心自高潔，澹蕩師虚舟。揮手謝塵滓，道業期千秋。眠食常一龕，彌勒居上頭。我友岑儀部，謂羽長。精義同探搜。江流渺無際，高懷誰與儔。天門望牛渚，石色上層樓。何時躡芳躅，偕玩春江鷗。

讀汲古閣毛子所鐫放翁集有感

嘆息龜堂叟，磊落無近情。室小不舒肘，時聽飢腸鳴。神藻日騫翥，珠源隨地傾。齒髮已大耋，力厚思彌清。吟篇累鉅萬，騷壇誰與京。聊自寫胸次，匪冀身後名。窅冥寄天壤，大海鴻毛輕。焉知五百載，嗜古有毛生。舊帙拭塵土，古鏡發精英。隻語不敢遺，寶惜如瑤瓊。雕鏤比金石，簡編彌八紘。山澤蘊良璧，光氣終必呈。賢哉海虞客，千祀陪休聲。

自題桃花釣艇小像

春風草色已平鋪，春水半篙生南湖。自櫂小舟入鷗鷺，臨水桃花三兩株。微風徐引釣絲軟，落花片片飛衣裾。此時傲睨天地寬，斜倚蘭槳攤素書。青山澹峙水澄湛，纖塵不起波濤無。我與萬類同俯仰，忘機共樂羲皇初。寄語葦間垂釣侶，莫將香餌誤游魚。

正月六日

春回已再旬，詰朝是人日。苦憶故山下，古梅蔭幽室。苔封老幹遲，香蚤南枝密。披離碧澗臨，横斜短牆出。輕煙濇靄中，風神總清逸。江國氣暄和，微風轉温律。谿潤柳先舒，土暖蘭初茁。南榮可洞開，北牖不須窒。何事久羈棲，朔風但嚴凓。難寄一枝春，望斷江南驛。清夢頻往來，浩嘆撫書帙。

夜讀松皋詩册有作

縠雨晚休憩，皓月臨階戺。輕寒下布簾，水仙列綈几。程子示新篇，清言味殊旨。冰雪盈懷抱，芳香浸肌理。故國梅花村，迢迢隔江水。撫卷若欣遇，三復不能已。

讀明史書湯襄武傳後

立功既不易，居功亦良難。我讀勝國史，慷慨起辛酸。勳臣盡葅醢，豈獨悲彭韓！微軀經百戰，體積金創瘢。雖有刀鋸威，頻施非所安。獨有東甌王，天年亦苟完。老被恩賚渥，遠脱羅網寬。胡藍恣鉤黨，災患不能干。砥節矢恭慎，用以保歲寒。

燕九

京師以正月十九日爲燕九節，羣之白雲觀，候真人降。

燈月看方殘，節序數燕九。白雲鸞鶴聲，陳迹荒已久。取醉傾都城，相將挈罇瓿。一時方外客，幻妄無不有。懸符曲背翁，賣藥龐眉叟。詭狀驚愚氓，狂嘯走村婦。哆口説神仙，誑惑良可醜。我聞蓬萊峰，弱水隔塵垢。碧玉琢庭階，彩雲塞窗牖。桃花炊香秔，石髓釀天酒。御風淩紫霄，天帝爲賓友。豈肯迴鶴駕，蹋此利名藪。吁嗟塵世人，延望空翹首。

長康爲予畫芙蓉島圖賦此

雪浪雙谿向東注，雪巖翠巘相盤互。短垣修竹隱蕭齋，憑君畫出樵家路。君言此地舊遊遍，風景依稀在眼前。惟餘石岸蒼松色，須飽風霜二十年。

道士贈杏花一枝置膽瓶中

大龍山畔石塘隈，露裛煙籠十里開。聞説如霞復如錦，可憐時節不曾來。祇今盡日風塵裏，乍得一枝眉色喜。粉腮未破春溶溶，自拂銀瓶注新水。

廣濟寺看海棠即贈天孚上人

萬斛車塵吹暖風，擾擾闤闠喧囂中。焉知咫尺有佳地，香林一鶴塵坱空。縠雨纔過名卉發，紅雲兩簇樓西東。我來正值爛熳時，錦幢綉幄花重重。自昔西川號繁艷，海棠香國將無同。別有神仙好丰骨，苦教桃李若爲容。最是斜陽烘屋角，粉腮亂點猩猩紅。惠休知予惜花意，徘回宛轉芳樹叢。爲言居士今老矣，一年一度難遭逢。須乘旭景再來看，煙開露濕春溶溶。我聞斯語笑未答，發人深省如晨鐘。便是上乘微妙義，不須更與叩南宗。

長康畫南郭外桃花園小景題此於後

出郭春風散遥矚，千株萬株柳新緑。人家園圃帶城斜，桃花一片紅雲簇。沿村灼灼照清谿，繞徑娟娟倚修竹。我昔攜尊雨後來，臙脂晚向華清浴。隔岸誰家花最多，枳籬苔徑香茅屋。詎意蕭齋傍短檠，縮取春陰盈尺幅。向前寒食幾多時，令人苦憶城南曲。

天禧宫古松歌同説巖先生賦

平生幾處見古松，都城西畔天禧宫。輪囷異姿飽霜雪，紛拏逸勢森虯龍。響若琮琤戛蒼玉，色疑翡翠埋青銅。低枝偃側走平地，高幹窈窕摩紫穹。荒祠深鎖三十樹，一樹一畫羞雷同。琱窗細碎古瓦墜，畫壁剥落莓苔封。此松類有神物守，肌理豐膩彌青葱。濃陰地濕草丹碧，幽林日薄光玲瓏。頓隔喧囂若巖谷，濤聲白晝吹香風。澤州先生偶稅駕，予亦走馬來過從。石牀倚徙久延望，不覺曦馭騰高春。君言榼山有此樹，霜皮合抱煙靄中。予亦曾遊秣陵路，六朝舊樹留江東。不意馬迹車輪邊，俯仰別有幽奇蹤。便當坐卧滿十日，一洗耳目塵滓空。眼前奇物復誰數，北寺萬石華嚴鐘。

予學圃齋前有郁李一株因見樂天集中有惜栯李花詩即次其韻

濃縟愛花繁，低小憐枝弱。閑階石砌邊，移近梅花萼。緣條雪皚皚，含煙春漠漠。翦裁羅綺輕，點染臙脂薄。山園久岑寂，流光任銷鑠。正是艷陽時，東風又開落。

萬壽寺華嚴鐘歌次説巖先生韻

荒寺門迎大谿水，古牆剥落荆榛高。突兀鉅鐘立庭戺，翠色幾矗長松梢。直立二丈徑十尺，布指難與量週遭。銅液如雲火如電，天地爐冶斯鑄陶。霜晨撞擊鬼神懼，鞫閎鞺鞳翀紫霄。上有華嚴十萬字，松江沈度揮霜毫。刻畫遠勝雲雷迹，雕幾不屑魚龍跳。一波一撇露鋒穎，筆勢軒翥如鴻翺。譬彼寶幢綉佛號，香薰殿角風鈴摇。此鐘初成在紫闥，丁年移庋今蕭條。此鐘造于丁未年，移置此寺亦丁未。劫火已吹樓殿去，鯨魚委地空蒲牢。但見埋光向幽壑，那復振響穿雲標。竭來對此三嘆息，爲憐塵埃還爬搔。神呵佛守亦妄語，土花侵蝕偎藜蒿。作者何人姚少師，手翻雲雨騰螭蛟。金川門外鼓震地，欲富欲貴皆爾曹。鐘簴解紐意不惜，戈甲渡江江怒號。身披紫衣近日月，不聞搏拊陳虞韶。齊黄九族慘白日，天陰鬼哭聲啾嘈。忠臣義士甘鼎鑊，鑄鐘萬石奚足豪。噫吁嘻！鑄鐘萬石奚足豪。永樂四年製，時爲姚少師廣孝監造。

送登州太守任在庵之官

渤海迴紫瀾，萬古嵎夷宅。觀日登蓬萊，東望神仙迹。瑶島出波面，數點如棋弈。時平海若鏡，拾月堪挂席。蜃市成奇觀，城闕通街陌。好風蕩微雲，轉盼玻璃碧。皇哉五馬君，聲名古牧伯。彦升起中土，清才燦崑璧。今爲郡大夫，昔本東瀛客。軺車夙税駕，正穫兩岐麥。涵濡須深仁，澄清荷鉅責。德化師蓋公，琴書樂簡僻。平生康濟心，永言念疇昔。

庭槐十韻

青槐何茂密，當軒種雙樹。滋植十年來，清陰入門路。高翠挂斜陽，低枝沾曉露。暑月延好風，晨光集珍羽。杳靄映深簾，頓有林壑趣。種此亦偶然，青葱悦朝暮。豈意爾成圍，催予髮垂素。愛此碧玉枝，曾入甘泉賦。託根賜廬中，諒無斧斤懼。寄語後來人，風霜謹持護。

閒居四時詞

初試春衣白苧裁，巖扉從此晝常開。輕煙輕雨籠芳樹，新柳新鶯發舊醅。草閣日長簾影静，杏花時節燕雙來。

小亭沾灑近風泉，地濕林深避暑偏。翠竹萬竿疏雨夜，水芝千朵夕陽天。人間便有方壺勝，欲向三山唤偓佺。

白露添衣體乍輕，山容如沐水痕清。半窗幽夢梧桐雨，一枕新涼蟋蟀聲。看罷東籬舊時菊，芙蓉花下繞池行。煙蓑雪笠釣寒江，新得鱸魚玉一雙。深著地爐煨芋火，洞開書閣看梅窗。閒來撿點牀頭物，螘緑鵝黄正滿缸。

石谷爲予畫賜金園圖卷子復作大幅仿香山池上篇意爲賦長歌

石谷先生類臞鶴，風神蕭散意卓犖。高人寄託無不可，偶爾落筆摇五岳。曩時驚見富春圖，十丈青岑隱丹壑。神交意許三十年，忽向京華走芒屩。再拜喜識寒松姿，逸致高懷老磅礴。俯仰都無世俗情，坐上吹香比蘭芍。自昔曾與西田翁，古今風雅同揚搉。祇今前輩若晨星，銜杯話舊空蕭索。我有家山杏靄間，貌以丹青何綽約。梅花深處著疏籬，楊柳陰中藏略彴。一幅鵝谿池上篇，竹塢荷汀景寥廓。鄙人自愛愚谷愚，先生爲寫樂天樂。憐我風塵老未休，苦憶谿山自煎斲。譬彼井谷有枯鱗，暫轉清波供瀺灂。秋窗日對煙雲生，懷抱經時差不惡。濕翠香嵐足千古，濩落園林欣有託。

東坡有和淵明怨詩楚調示龐主簿及鄧治中詩讀而愛之遂用其韻

南山衆所見，陶咏獨悠然。嘆息頭上霜，换我鏡中年。人生如墜葉，憂樂隨所偏。豐膴慕朝市，枯槁耽園田。猗與東皋子，醉鄉受一廛。晨興荷鍤往，夕寢抱瓮眠。歡戚等飛埃，寒暑忘推遷。落花堆我側，幽鳥啼我前。挂瓢飲谿水，策杖入村煙。還令簡牘上，千載稱豪賢。

存誠堂詩集卷九

近體詩 一百二十首

送李鬘嶺先輩山居四首

自有巖棲志，於今幾十年。青山留隱逸，白首到林泉。書卷移家易，松雲隔嶺偏。寒宵風雪後，清興與誰傳。

公麟堪住處，隨地是龍眠。山色宜朝暮，梅花老歲年。抱琴深竹裏，伴客小谿邊。爲報春煙起，呼童學種田。

莫更嗟塵網，勞勞始放閒。松根容嘯傲，筇杖任躋攀。徑小都橫石，籬疏好看山。夕陽花外落，手自閉柴關。

但得佳山水，何妨婚嫁身。寒衣新布納，野服舊紗巾。采藥邀鄰叟，尋蘭贈故人。門前松色老，百尺見龍鱗。

信臣牧五讀書山中詩以懷之

不待梅花盡，應知不肯還。抱書隨暖日，潑墨寫寒山。沽酒煙村外，懸燈竹鳴〔一〕間。好同何幼道，辛苦閉柴關。

校記

〔一〕『鳴』，四庫全書本作『塢』，是。

過霜鶴昆弟龍眠山莊五首

谷口龍眠路，沿谿老樹中。稻田新漲合，花嶼小橋通。結屋依層翠，編籬覆落紅。往來城市近，沽酒屬樵童。

谿館榛蕪後，誅茅結短檐。門因新筍閉，屋爲老梅添。花影移藤架，松陰落布帘。園林與丘壑，幽事此能兼。

寒知聞舊閣，石路上嶙峋。兄弟俱才子，園林亦比鄰。鶯花隨地好，筍蕨一時春。谿畔過從易，扶筇不厭頻。

少保藏書處，惟餘十畝存。清風依草閣，碧血滴松根。世代看陵谷，耕耘約子孫。一經耡且讀，辛苦慰忠魂。寒知閣爲左忠毅公讀書處。

雨過谿流急，初晴款竹籬。龍眠芳草路，驢背夕陽時。慰我三春約，疇君隔歲詩。筍香花落候，況復聽黃鸝。

雨後過漱石亭二首

清流帶西郭，一徑入柴關。過雨客初到，叩門僧未還。雀喧花自静，谿鬧石長閒。隔樹秋風起，樵歌遍晚山。

荒園人境外，漱石小亭幽。竹澹容僧俗，花飛任客愁。谿聲偏入夜，嵐氣總如秋。雨後泉方好，何人雨後游。

在郡城憶牧五庭中雙桂

海門忽睹黄金粟，苦憶君家雙樹傍。釀作桂漿千日醉，散爲秋雨一城香。月枝露重階常潤，仙萼雲深户自涼。定有夜來花下客，隔帘清嘯共飛觴。

晚春郊外二首

平郊一道蹋晴沙，春色留人春日斜。紫燕飛時穿柳絮，黄鸝啼處落松花。幽谿水飲青絲騎，碧草香承油壁車。日暮苦吟何所羨，遠村如畫兩三家。

草生河畔碧如苔，歲歲春光不用媒。風雨有期寒食到，鶯花無恙隔年來。却添離思縈高柳，惟許新詩送落梅。獨客何心閒倚杖，子規聲裏最徘徊。

酬友人見贈

荒亭遥對白雲間，地足蓬蒿懶未删。開户最宜春夜月，到門無限夕陽山。秋當静處蟬聲歇，人正吟時竹影閒。更愛城東高士過，餘香三日襲柴關。

己亥秋日避兵山中書所觸目二首

烽煙未許野人傳，古木千章繞數椽。隔樹雞聲紅葉裏，沿谿牛路白楊邊。杯中花影雲中屋，壁上嵐光枕上泉。我又驅車思入市，鹿門深愧昔人賢。

憫農詩苦何堪讀，此景山中盡日看。處處印泥驚虎迹，家家葺屋衛牛寒。荷耡晚歲無衣慣，種豆頻年得食難。正對盤中增愧色，野人偏與勸加餐。

秋夜

憑高小築似山樓，竹影横庭藻荇流。此夜何人同見月，古來無客不悲秋。滿階黄葉蟲吟遍，一樹寒花鳥夢幽。更恐欲閒閒未得，烽煙江上未全收。

過谿南有懷故人

谿上驅驢過短垣，故人曾此閉柴門。方塘斷岸經春雨，野水平橋復舊痕。梅種竹窗花漸發，詩題薜壁墨猶存。臨風忽憶前年事，水鳥銜魚噪夕昏。

冬日

繩牀竹几小窗前，手爇清香暖著綿。冬日爲人來草閣，梅花與客共寒煙。嵇康達命原宜懶，摩詰能詩自解禪。但得身閒兼地僻，閉門一壑亦翛然。

庚子放後舟中贈信臣二首

與君相對數秋晨，幾度高吟涕淚新。攜手正當黄落日，入門俱有白頭人。豈應我輩長貧賤，莫漫相逢説隱淪。楓葉亦知遊子意，寒聲蕭瑟古江津。

一葉輕舟逐水湄，西風吹客到家遲。依然江岸蘆花路，況是秋深暮雨時。暫屈敢言同鶴脛，長愁只恐負蛾眉。惜陰亭畔蘋香老，難薦湘纍楚客祠。古人云：功名時屈時伸，如鶴脛然。

次韻答信臣二首

八月寒江秋正清，與君同作秣陵行。曉過茅店看霜迹，夜泊蘆洲聽雨聲。舊路總餘遊子恨，新詩彌見故人情。高吟正復增惆悵，難遣人間百感平。

依舊驅車往復還，秋花重與閉柴關。雲霄待客何年事，風雪容人此日閒。淚落頓添桃葉水，情多數夢雨花山。君歸抱病予愁絶，相待何曾一解顔。

集左橘亭小圃二首

荒園手自翦荆扉，侍御先生此息機。幾樹梅花傳晚節，滿庭橘柚凛霜威。紙窗風雨書聲静，草閣蕭疏鶴夢歸。天壤勳名留伯仲，遺經讀處莫沾衣。左侍御三山公爲忠毅公弟。

幽徑閒來趁晚晴，故人歸復自皋城。淮南招客皆詞賦，靈運能詩本弟兄。午夜清霜增酒數，一帘明月駐歌聲。茗香客醉狂吟後，移得琅玕影正横。

之郡城道中望龍山三首

二龍山色翠漫漫，常向宜城陌上看。望入江南秋色裏，青當皖口白雲端。遥連野水嵐光濕，半背斜陽樹影寒。極目千峰倍惆悵，何年策杖躡層巒。

不因谿水泛殘紅，誰信桃源與世通。鳥路雲深松葉裏，人家春老杏花中。懸崖終古留仙竈，絶壁千尋嘆鬼工。山寺一聲清磬好，篔簹西畔石橋東。

野老家家獲稻粱，一川風景近柴桑。晚花著屐尋霜圃，秋水扶笻渡石塘。隔岸亂燈螯正美，千村老樹橘纔黄。何年叢桂招人隱，北渚南汀築草堂。

登迎江寺浮圖二首

荒寺城隅古渡頭，浮圖百尺照滄洲。遥從皖口東南出，半落長江日夜流。雲外平分天柱影，望中收盡海門秋。登臨此際增惆悵，今古煙波起暮愁。

天際雲山近可呼，風煙極目屬吾徒。驚看地勢分南北，從此江聲辨楚吴。秋水漲時連遠樹，荒城亂後足平蕪。憑高欲誦玄暉句，搔首能通帝座無。

閏七夕

碧霄無際彩雲流，乞巧今年巧倍酬。天上香車雙七夕，人間團扇又三秋。辛勤烏鵲還成渡，消瘦青蛾幾上樓。翻羨秋宵容易得，盈盈一水不須愁。

虞美人花

翦盡春羅賽得無，倚風似欲倩人扶。烏江尺地全非楚，青冢閒花尚字虞。種向九秋宜麗服，開當三月遍平蕪。一年一度看濃艷，絶勝明妃見畫圖。此花初種時，宜於中秋麗人綺服。

燈　花

銀燭作花花正然，寒宵春色倍堪憐。月光暗處垂金粟，佛火堆中長白蓮。旅客敲殘秋漏裏，美人挑落晚風前。何如綉閣珠帘下，並蒂同心照綺筵。

秋海棠花

秋花亦占海棠名，玉露金風别有情。蘭縱比幽傷冷落，杏雖如色讓輕盈。微香應欲消遺恨，紅淚依然泣舊盟。節節珊瑚低拂地，臨風一笑許傾城。

偶飲大匡山亭二首

過君别業即淹留，曲徑深林恣意游。共指雲峰高閣敞，忽穿石壁小亭幽。層巒望處臨官舍，古木疏時見戍樓。攜得楸枰沽得酒，寒風蕭瑟不須愁。

城外谿通城内岑，泉聲環繞石樓深。林從落後偏宜望，梅未開時便許尋。宅畔煙霞堪穩卧，君恩歲月與高吟。丹鉛坐擁良非易，莫爲浮雲感素心。

爲友人題裴航遊仙圖便面六首

吟到樊姨舊贈詩，忽從村路見蛾眉。神仙縱道多奇迹，説著裴航迹更奇。

老媪呼來見玉顔，明璫纖手緑雲鬟。相逢何地無仙子，多在蘆花驛路間。

帘下纔窺半面春，千緡玉杵此情真。神仙不死皆情種，肯學人間薄幸人。

覓遍天涯道路長，故將辛苦試仙郎。豈應天上元霜易，翻爲人間玉杵忙。

隻手攜來問水湄，雲英重見舊茅茨。懷中兔影如明月，光照名姝十二時。

陌上車聲衣上塵，一回老却一回春。玉京抛得崎嶇路，便是神仙隊裏人。

絡緯聲四首

絡緯聲中秋夜厭，草根淒切透書帘。問渠何事清宵苦，空被人間懶婦嫌。
瓜蔓叢深咽露微，如何不織禦寒衣。清霜一夜飄零後，粉蝶蜂腰一樣歸。
一聲斷處秋盈盈，天遣人間織婦驚。老大女兒不解事，停針只當聽蟲聲。
晚涼颯颯雨霏霏，瓜葉稀時叫漸微。病婦臨風忽長嘆，今年八口計寒衣。

遠峰亭初成信臣見過贈詩五首即次韻奉荅

一片城隅地，鋤來瓦礫餘。經春成小築，盡日賦閒居。荒徑添蘩竹，高窗擁素書。閉門無剥啄，芳草上階除。
結屋依山麓，平原望白沙。故人同夕照，天際正殘霞。帶月梧桐影，迎風茉莉花。寒聲留客聽，絡緯滿秋瓜。

新詩冰雪字，好向竹窗懸。小咏風前句，微凉日暮天。遠村依樹出，樵唱隔林傳。自愛閒吟地，城隅有一廛。

宵凉人未散，新月上高岑。鳥影没殘照，秋聲滿竹陰。雲連千堞晚，蟲繞一燈深。小榻臨窗置，微寒蚤欲侵。

龍眠讀書處，水竹小堂名。愛子尋泉石，慚予隔市城。亦曾過白社，相與聽黄鶯。更諷江峰句，偏增夙昔情。

咏水仙花八韻

自有神仙骨，況依清淺波。前身應孝女，小字比湘娥。種別玲瓏巧，花憐姊妹多。衫裁微碧娟，結翦澹黄羅。影入殘年燭，香留徹夜哦。玉盆圍白石，銀蒜藉青莎。梅婢那堪受，蘭妻應若何。清芬推第一，花史許誰過。

春暮過信臣龍眠草堂二首

春山獨往聽黄鸝，畫得龍眠祗自題。犢路半隨流水曲，田家只在杏花西。新移石竹迎門緑，手種山蔬逐路低。偏有長康難畫處，書聲寒夜雨凄凄。

高吟日日送斜暉，招客寒山共掩扉。陂下麥田沽酒路，門前春水釣魚磯。人從静後偏宜懶，家在塵中未肯歸。愧我暫來還欲去，羞看白鳥向雲飛。

江　村

江上青帘賣酒家，停舟纔見一谿斜。秋風蕎麥村村雪，夜月蒹葭處處花。

深　坐

擊柝聲聲過戍樓，小亭深坐愛淹留。鳥翻竹葉頻疑雨，蟲戀瓜藤蚤報秋。

采石懷古

懸崖百尺俯江流，上有詩人太白樓。牛渚欲尋何處是，天門遥望不勝秋。松聲夜共寒潮落，石色晴看畫閣浮。仙客騎鯨已千載，白雲明月屬漁舟。

過鄒縣謁孟廟恭賦十四韻

尼山炳長夜，鄒邑振宗風。陷溺過堯水，疏排儷禹功。七篇垂道法，千祀格愚蒙。俎豆周區夏，精靈靄故宫。清晨起嚴肅，數里見崇隆。風土闚山左，弦歌接魯東。雕甍凌碧漢，丹壁映長虹。蔽日林陰密，盤花石柱工。垂旒簪白玉，披衮綉華蟲。蝌蚪豐碑壯，犧牛祭器充。及門諸弟子，從祀一堂中。還覓蟠松際，因知寢殿通。徽稱加孟母，遺像識郗公。肅拜軒楹側，瞻依闕里同。

放鶴亭

已過雲龍麓，還登放鶴亭。高蹤徒寂寂，清唳亦冥冥。一派河光白，千畦麥秀青。仙禽渺何處，煙際指南汀。

鍾離古迹四首

落葉霜天作雨聲，驅車濠水不勝情。牛羊日暮通侯宅，禾黍秋風帝子城。盡伐禁松陵冢見，漸偷宫瓦御樓傾。北連芒碭看雲氣，極目荒丘感嘆生。

秋草寒煙落日斜，衰楊風起散寒鴉。黄巾一自成封豕，赤帝翻教哭斷蛇。王氣幾年消碧落，谿流無處覓紅紗。寢園未必皆遺老，遍種東陵五色瓜。

東南遥望幾孤村，野日荒荒白晝昏。九廟笙鏞歸劫火，百年湯沐説遺恩。草埋墓道麒麟碣，漏冷銅壺悲翠痕。聞道奉祠零落甚，斷橋衰柳故侯門。

凋殘金碧舊禪關，僧閉閒庭草色殷。誰向荒原尋馬鬣，惟從古寺識龍顔。優曇花冷三千界，苔蘚碑封第一山。自昔興亡等閒事，不須惆悵夕陽閒。

閔子祠

下馬秋原拜閔祠，祠傾誰與覆茅茨。數家石屋賢人里，一片荒墳孝子碑。汶水風清辭世往，蘆花衣冷畏人知。可憐陌上俱遊子，回首鄉關日暮時。

戚里

戚里歌鐘舊賜樓，濯龍門上幾經秋。玉魚長伴衰楊老，石馬空迷碧草愁。當日望雲隨帝子，百年食采列通侯。祇今零落殘陽裏，賸有紅牆繞故丘。

東平道中

馬嘶人倦夕陽紅，草掩頹垣處處同。饑雀亂啼深巷曲，殘黎牢落古城中。虛村盡日無雞犬，破廟何年受雨風。海内瘡痍猶未起，廿年齊魯況兵戎。

除夕河間道中次昭兹韻

椒盤柏酒異鄉同，此夕驚心嘆轉蓬。鶴髮老親千里外，雞聲殘夢五更中。星懸屋角光全白，燈近牀頭影乍紅。南去歸鴻憑寄語，帝城明日足春風。

甲辰元旦次前韻

薊北風煙故國同，不須千里怨飄蓬。柳深細雨龍池外，花滿宜春御苑中。鶯語漸催宫草緑，馬蹄行蹋上林紅。建章一夜千門曉，從此朝朝待好風。

慈仁寺

長安千騎蹋香塵，盡是看松古寺人。海市乍開樓觀日，石家初試綺羅春。玉藏錦篋誇前漢，珠瀉金盤出大秦。看到山門將日落，更誰來問老龍鱗。

春　半

春半江南爛熳時，朔風吹雪點鬚眉。白楊幾樹鴉空繞，翠麥千畦雉尚饑。芳草不牽池上夢，寒梅難寄隴頭枝。五侯溫室花爭放，未送青青到柳絲。

寒食河間道中

驅車日暮尚徘徊，寒食今朝何處杯。漸喜柳從歸路碧，始知春自故鄉來。千村禁火煙空冷，幾樹臨風花漸開。丘壟舊山兄弟在，漫憂陰雨積莓苔。

亞父冢

驅車路入古彭城，亞父墳前春草生。曆數天教分楚漢，英雄人豈謝良平。碑留姓字千年恨，魂斷河流午夜聲。往迹恰鄰高帝廟，相看應使壯心驚。冢南有漢高皇廟。

過九里山二首

遺迹彭城夕照邊，中原百戰亦徒然。帳中氣爲美人盡，江左羞因父老憐。漢業蕭條成往事，楚歌淒斷自千年。遊人極目空惆悵，數點青巒起暮煙。

劉項應知不并存，當時一劍失鴻門。悲歌漫下烏騅淚，王氣全消白帝魂。晚日亂山旌影動，霜天百代戰雲昏。看來逐鹿都如此，指點休從勝負論。

歸渡黃河

春水黃河接遠天，人歸依舊夕陽邊。馬銜青草嘶沙岸，客傍梨花喚渡船。波影瀠洄成九曲，濤聲澎湃自千年。祖生空有聞雞志，擊楫中流一慨然。

放歸二首

衣上空霑京洛塵，閉門猶許作閒人。舊栽松竹驚心看，久别琴書到眼新。花事芳菲看漸晚，鶯聲圓滑聽纔真。翻憐薊北多羈旅，輸却江南一度春。

莫嘆尋春歸較遲，風光正值夏初時。細翻藻荇收魚子，牢護櫻桃惱雀兒。穿破閒階容碧筍，叫殘清夢任黃鸝。垂檐梅子離離緑，憶殺去年花滿枝。

春晚同孝儀從房師即墨黃公泛舟淮河並觀騎射 黃公時爲鳳陽司理

千畦麥穗帶城斜，供帳行旌駐水涯。明月雕弓穿柳葉，春風金勒映桃花。褰帷許列康成席，鼓楫疑同博望槎。漫道使君歸路晚，還停鐃吹看桑麻。

鍾離遇徐莘叟前輩却贈

談經曾壓漢庭儒，今見風流賜鑒湖。一自芳洲搴杜若，從教宦迹託蓴鱸。倦辭丹地含雞舌，醉解宫袍擁鳳雛。春宴得陪蓮漏永，鳥啼花落聽吴歈。楚江典試後即請告，時攜令嗣游。

信宿皙如三兄西山别墅次信臣壁上韻三首

深徑寒林葉漸凋，此中人久賦招招。夢同春草因曾到，路覺秋山轉不遥。一帶蒼巖垂石乳，數家茅屋住峰腰。支頤笑指雲生處，髣髴聞歌是晚樵。

手自披榛葺故廬，閉門聊且遂吾初。夕陽山下聞驅犢，秋柳陰中看打魚。蘭珮香偏宜卉服，芒鞋健可謝籃輿。隔谿數武鄰丘壟，常傍松楸讀父書。伯父方伯公墓在西山。

千个篔簹未覺貧，茅檐況復一時新。搆成藥圃蜂常鬧，看破蕉陰鹿也馴。栗里果肥喧稚子，楓林葉落見比鄰。祇今預訂桃花約，莫負明年此地春。

寒食掃先慈殯所以未歸丘墓感賦二首

陟屺悲來五父衢，路經荒嶺更崎嶇。空山去郭十餘里，老樹成陰三兩株。地僻草花眠乳鹿，春深風雨喚慈烏。松楸未卜陶家宅，廿載泉臺夢穩無。

兄弟無由種墓田，每逢寒食哭荒阡。爲貪白日千年事，耽却黄泉幾歲眠。淚盡啼鵑空復爾，夢憑歸鶴亦茫然。北邙寸土艱如此，羞向東風吹紙錢。

綉球花

蕚緑應知是後身，澹如新柳白如銀。請看姊妹繁華隊，盡是神仙冰雪人。翠黛漸舒眉色淺，玉顔齊簇粉腮匀。黄鸝聲喚東風急，只落梅花在暮春。

春郊

昨夜春衫翦絳紗，阿誰挈伴向誰家。遊絲不解牽紈袖，弱草偏宜駐鈿車。團扇故遮憎柳眼，小橋遲過爲桃花。欲圖蛺蝶無佳樣，記取風前一道斜。

七夕

涼宵斜月照疏櫺，一樹秋聲梧葉庭。最喜風光當七夕，又教兒女認雙星。去年夜雨山村夢，前歲秋香木末亭。莫道人間無遠别，幾回同爾倚雲屏。

牡丹

萬疊羅衣倚畫欄，沉香亭畔昔同看。和風夢暖紅珠帳，曉露光凝赤玉盤。粉頰微痕脂欲透，絳綃斜映錦成團。上林三月花千種，更有何花壓牡丹。

梅花詩三十首

橫斜多在短牆東，半放微舒清露中。吟入暗香詩冷艷，夢迴芳徑月朦朧。幾株最愛前村白，一種尤憐照水紅。自是東皇憎寂寞，故將寒蕊試春風。

蒼枝經歲古苔封，忽點疏花在暮冬。時近艷陽應有待，天憐寒谷若爲容。牀頭屋角香先透，月下谿邊影自重。此際與誰同晚節，層巖凍雨滴青松。

一天雪意壓明缸，臞骨棱棱戰未降。老樹數花開隔岸，春風昨夜渡寒江。遥憐瘦影臨官閣，静對香痕落紙窗。可惜黄鶯啼不到，任他山雀自雙雙。

清谿茅屋復疏籬，臨水臨檐初放時。雪裏自支高士骨，帘前欲點美人眉。疑傳滄海珠林種，誰琢空庭玉樹枝。偏以歲寒爲令節，旁人錯認曉風吹。

朱梅幾樹繞山扉，愛爾偏當雪正霏。掩映珊瑚銀海浪，輕籠紅玉白綃衣。也知冰骨姿原冷，未覺瓊枝體太肥。長信祇今推第一，濃將香粉抹楊妃。

攜樽好是看花初，李徑桃蹊盡不如。幽谷春陰含雨重，野田寒燒破煙疏。有情許伴孤山鶴，何客閒騎灞水驢。最憶一叢窗下影，龍瞑東畔故人居。

幽姿應悔識林逋，引得閒人種幾株。深苑巧增宮女艷，空山偏學老僧臞。半灣流水看逾好，數點莓苔畫得無。此際若教霜月照，分明一幅晚香圖。

還如仙李植丹梯，數點寒雲水一谿。山雀啄花清露裏，寒鴉挂影夕陽西。參差畫閣春偏蚤，掩映江村路欲迷。風起枝頭飛似雪，遊人莫道舊隋堤。

孤情未易與時諧，只合龍鍾傍鹿柴。草閣夢迴依紙帳，山橋花落襯芒鞋。低枝自覆横琴石，老幹全拖隔水崖。插向膽瓶誰可伴，爐香茗碗在蕭齋。

清谿一帶是誰栽，歲歲春光倩作媒。笛弄晚風偏歷亂，月臨芳樹亦徘徊。瀟湘神女和煙立，姑射仙人踏雪來。盤屈盆中非所願，羨君猶傍水仙開。

欲晴欲雨是芳晨，南北枝頭開漸勻。自分有香留野客，不妨多刺謝樵人。好同蘭蕊稱同調，惟許梨花步後塵。谷口山中無歲月，千株放盡始知春。

繁花枝上已紛紛，老樹谿邊卧凍雲。開落非關春色異，寒暄同〔二〕自嶺頭分。何郎粉汗應難傳，荀令衣香不待薰。獨以孤標先衆卉，豈因風雪惜離羣。

蒼巖翠壁長孤根，常許移家託小園。風暖乍聞香繞樹，雪晴尤愛月留痕。枝封石屋燒丹地，花覆旗亭賣酒村。一自羅浮春夢後，更誰人與伴黄昏。

如畫枯枝墨未乾，賞心端在雨中看。支笻滑路尋幽寺，放艇清谿過遠巒。凍折有聲翻玉珮，冰凝無力倚闌干。橋邊若遇襄陽客，爲爾殷勤道歲寒。

歲晚攜樽探舊山，古梅招客入煙鬟。偶逢石上兼谿上，多傍松間與竹間。高士苦吟肩小閣，老僧香定在深關。此時一樹偏清絶，雪没枝頭苔蘚斑。

梅花一度一春天，偏爲人間管歲年。餐雪本無煙火氣，掃眉不借粉脂妍。短檠幽夢縈詩筆，斷岸香雲濕釣船。昨夜湖邊有微霰，冰凝寒玉隔蒼煙。

芳心初綻雪初消，未許春光在柳條。隋苑豈知裁素練，秦宫不解卷輕綃。惟予閉户清吟賞，念爾衝寒濁酒澆。説與俗人應未識，水邊山畔自蕭蕭。

嫩蕊疏枝影自交，一帘新月映花梢。縱横字體摹張旭，冷落詩情托孟郊。折得晚香蘭可伴，驚聞清唳鶴還巢。嘉名異日傳調鼎，記取蟠根在草茅。

五月江城夜笛高，一枝摇落在亭皋。曾因託咏傳南雅，惜未搴芳入楚騷。猶覺澗松逃世苦，翻憐江柳送人勞。摘來和雪偏堪嚼，磊塊何須醉濁醪。

無數寒花發舊柯，閒庭從此苦吟多。十分春信勞青帝，一點芳心託素娥。開落總宜人澹蕩，醉醒偏稱影婆娑。布帘香透寒燈暗，聽我清狂徹夜歌。

愛爾根梢亦自嘉，耐寒不數拒霜花。每從枝上分香雪，旋向鐺中瀹岕茶。南國詩筒迷驛使，廣陵春夢冷官衙。江東久隱羅昭諫，爲看參差幾樹斜。

一歲煩君領衆芳，水邊石畔占春光。自將孤潔酬霜雪，懶與繁華鬥艷陽。有夢何曾迷蛺蝶，問名猶喜字鴛鴦。宮人競學新妝巧，盡點眉心幾瓣黄。

作賦曾傳宋廣平，花期獨與歲寒盟。谿山凍雨封千樹，殿閣晴光動九英。艷質自能忘粉黛，素心應不負冰清。攜來書卷花間讀，共爾披香入玉京。

一梢寒玉偃空庭，還與幽人伴醉醒。月下晚香依鐵笛，燈前疏影落銀瓶。舊栽久許鄰松石，初放偏知近草亭。若使東皇肯珍重，三春常到水晶屏。

誰道清寒苦不勝，冷然香色在層冰。飛來江岸疑殘雪，挂向巖西學古藤。月映夜珠朝露重，風低碧玉晚煙凝。湖山深處開千樹，欲擢輕舠恨未能。

花史推君第一流，春光占盡在揚州。孤根點綴蕭齋寂，老樹披離古洞幽。雨雪相逢吟易苦，寒香持贈句難酬。臨風忽起故人思，欲折無由寄隴頭。

滿庭寒蕊駐春陰，幾點新蜂特地尋。南國名花原並蔕，上林佳卉本同心。緑英眉黛争濃澹，紫萼唇脂鬥淺深。綺閣畫欄無限樹，一枝先上美人簪。

名園花信爾先探，霜雪年年與性諳。十月蚤開傳上國，一枝堪寄在江南。微舒檀口歌初歇，澹抹朱顔酒半酣。摇落空庭春事晚，好分紅雨到雙柑。

繞屋枝枝近短檐，晚煙初罩雨帘纖。摘將寒蕊詩堪祭，悟入微香花可拈。乍斂芳心如避客，巧迴半面欲闚帘。幽人久已無塵障，爲爾清宵酒數添。

古梅卧處倚松杉，花落春風覆石巖。結子有心抛錦帶，向人無力卸輕衫。香谿暖漾魚争沫，晴雪霏微鳥不銜。應有新飛雙白燕，繞枝惟聽語呢喃。

校記

〔一〕『同』，康熙四十三年刻本作『全』。

存誠堂詩集卷十

近體詩八十首

丁未春釋菜先師廟恭賦二十韻

昭代崇文日，羣英習禮時。橋門環彩仗，璧水簇春旗。逵路紛冠蓋，長廊集羽儀。賜名皆勒石，歷代有豐碑。斑駁搜前哲，琳琅讀古辭。殿高低燕雀，松偃走蛟螭。積翠黄金瓦，蟠花白玉墀。漆經文典貴，石鼓字離奇。龍篆存周迹，鴻章想漢規。層臺容晉接，千仞許羣闚。綉柱扶丹桷，重氈映絳帷。高窗懸綺綴，古壁綱罘罳。樂器紛匏竹，銅樽列象犧。恭行釋菜禮，偕咏采芹詩。草緑侵袍色，花紅映酒卮。平生懷盛事，此際愜心期。太學人才地，司成國子師。掄才皆董賈，結念在皋夔。事業輝麟閣，文章爛鳳池。願言崇聖訓，持以報雍熙。

憶家山詩十首

勺園風景重相思，有夢先歸春草池。里巷過從兄弟樂，園林佳勝夏秋時。穿階新筍生何地，拂檻名花發幾枝。最是石堤臨水處，遠心長綰緑楊絲。勺園

西南別業傍城隈，澄對軒中首重回。碧柳影從冰簟拂，白蓮花抱水亭開。微波似織涼初起，隔岸如絲雨欲來。濁酒一尊詩一卷，知君夢不到塵埃。澄對軒

兄弟躬耕自結廬，湖山深處狎樵漁。稻香自與荷香接，松影還兼竹影疏。魚鱠似銀收網後，藕絲如雪出泥初。棣棠花下羣回首，定念天涯有索居。松湖

遠峰亭畔緑陰遮，半畝琅玕一徑斜。風捲江雲看九子，雨來山郭暗千家。兒童笑逐枝頭鳥，杖履閒尋葉底花。華髮頻年惟繞膝，平生不願客天涯。遠峰亭

花亞軒中樹影稠，微涼纔動暑全收。繩牀午夢湘帘暗，茗碗春香紙閣幽。翠竹便堪消永日，海棠蚤已報新秋。北堂況復依萱影，絶勝風塵事遠游。花亞軒

元度城南闢草廬，門迎荒圃種山蔬。蟻浮春瓮常留客，蠹落匡牀自著書。竹路過從精舍近，荷香披拂晚涼初。廿年風雨頻游地，花落花開總憶余。伊蒿小圃

樓接蒼巒俯縣門，城中勝地屬偏園。家餘閒地皆松竹，世看名花到子孫。小院微涼侵簟扇，西山紫翠自朝昏。高窗吟望增惆悵，緑鬢紅綃何處村。疊翠樓有牡丹爲先世手植，羅昭諫有『看到子孫能幾家』之句。

回軒僻巷有精廬，門閉高梧影更疏。翠竹筍成迷巷陌，紫薇花發映庭除。東牆老圃朝耡菜，小閣佳兒夜讀書。棠棣天南知爛熳，寂寥依舊子雲居。半圃

半畝潘園種竹餘，安仁聊且賦閒居。故鄉別後俱千里，京國春來少素書。先是木厓有山左之行。

游屐倦時花事好，草堂開處緑陰疏。老親綉佛吟詩暇，日日輸君奉板輿。石經齋

龍嘪深處結茅茨，憶爾空山冰雪時。岑寂久從爲客慣，清寒翻覺畏人知。荒厨積雨遲煙火，草閣懸燈下布帷。底事吟成轉嗚咽，淚痕傾向蓼莪詩。龍嘪水竹山房

慈仁寺海棠

長安初見海棠紅，帶露含煙古寺中。酒盞時來澆艷質，車塵不解避芳叢。新牀厭浥朝酣雨，錦珮招摇暮倚風。苦憶江南千萬樹，莫愁湖畔石城東。

院中秋晚

御河流向禁城東，古屋參差煙靄中。匹馬空庭秋草緑，寒鴉高樹夕陽紅。霜催柳色凋秦塞，月傍砧聲出漢宫。尺素漸稀衣漸薄，可堪惆悵對秋風。

秋夜宿院中二首

向夕攤書坐，何曾異薜蘿。月臨丹地迥，秋傍古槐多。涼氣纔侵簟，微雲欲渡河。聖朝勤問夜，將曙聽鳴珂。

康樂多佳句，慚予非惠連。茶香同永夜，燈火各青氈。樹色連雙闕，鐘聲落九天。高吟閒不寐，涼月度花磚。時同禮存宗兄。

中秋夕賦得何處秋光好四首

何處秋光好，家園憶老親。花間人似鶴，月下髮如銀。珍果宜佳會，輕衫稱健身。膝前三歲弟，學語聽纔真〔一〕。

何處秋光好，園林憶弟兄。蟹螯烹正美，秫稻釀初成。楓葉紅千樹，桂花香一城。等閒行樂處，偏動旅遊情。

何處秋光好，家山憶舊游。龍瞑新雨沐，浮渡晚煙收。數步從看竹，諸峰盡入樓。湖邊饒勝事，菱芡滿汀洲。

何處秋光好，閒窗憶舊歡。賦詩常暗記，作字倩同看。月夕中庭敞，花時別圃寬。桂香深處坐，獨對露華溥。

校　記

〔一〕『纔真』，原缺，據康熙四十三年刻本補。

投座師大宗伯真定梁公二十韻

仰止宗工久，熙朝盛羽儀。文昌符象緯，海岳毓靈奇。日下金莖露，雲中玉樹枝。廿年輝紫極，雙璧映彤墀。尹陟誠無愧，機雲儼在斯。壯猷元老藉，邦伐重臣資。經畫安桑土，勳名勒鼎碑。五兵彰赫濯，九域際雍熙。漢室修文教，虞廷命伯夷。帝心爰簡在，羣議洽疇咨。肅穆凝天祉，寅清格地祇。弓旌誠重典，衡鑒藉無私。騏驥登臺日，珊瑚出海時。掄才皆素士，報國有鴻詞。自顧鹽車質，深慚伯樂知。公門容作樹，鄙念正傾葵。遽返東山駕，長銜北海巵。圖書諧夙願，山木愜幽期。立雪思清論，扶風想絳帷。中朝司馬重，難久卧東籬。

集胡氏園林十首

懶從綺陌共鳴珂，却向幽林掃薜蘿。自是功成閒歲月，手栽松竹聽清歌。

小山疊翠起平蕪，曲曲朱欄入畫圖。久矣江南臺榭少，誰云佳麗數姑蘇。

一曲清渠泛紫瀾，畫船斜繫玉蘭干。迴思此景衣稀似，曾向秦淮渡口看。曲洞幽房往復回，忽從高處敞亭臺。白羊幾點平蕪緑，一派西山蒼翠來。蕊珠宫裏夜溶溶，紅雪歌兒綉幙重。避客嬌羞纔喚出，兩行銀燭照芙蓉。簫管真疑落九天，遊絲百尺繞芳筵。黄鶯新囀銀塘柳，難比歌喉溜滴圓。梁上輕塵落吹臺，彩雲天際亦徘回。謾言歌舞教成易，十斛明珠喚不來。蛾眉如畫翠屏中，綉閣珠帘一點紅。白鶴亦知新曲來〔一〕，唳聲原不爲秋空。司空腸斷語應真，聽入微時唤絶倫。一疊清歌頻擊節，等閒傾盡瓮頭春。晚風清露襲虛堂，好客情深秋夜長。紅燭清樽許消受，彩繩何用繫斜陽。壁上龔大司馬詩有『安得彩繩千百尺，畫樓高處繫斜陽』之句。

校　記

〔一〕『來』，康熙四十三年刻本作『好』。

四女祠

四女以養親不字，祠去德州四十里。南歸宿此，益增感嘆，因成長句。

四女無家翻有祠，明妝猶得伴龐眉。誰言夫婿鉛華日，堪换雙親菽水時。古壁難尋黄娟字，荒階空偃緑槐枝。獨憐名利天涯子，南北年年怨路岐。

登聊城光岳樓

光岳樓高復幾重，陵風天際綉芙蓉。數叢煙樹分齊魯，萬疊晴巒俯岱宗。畫棟遥連青漢起，塵窗長藉白雲封。仲連一矢成千載，牢落荒城想故踪。

安山道上新柳

一行疏柳受斜風，偏向河橋水驛逢。路比迴腸千寸結，家從歸夢片時通。倚風有恨憐人瘦，帶雨如啼妒眼紅。陌上飛花舟上客，三春與爾共飄蓬。

挂劍臺

延陵遺迹到於今，指顧猶堪感客襟。風起白蘋吹劍草，雨滋蒼蘚没碑陰。長虹不散千年氣，秋水長留一片心。翻覆人間等閒事，因君高義起愁吟。

淮陰城下

桃花春浪擁孤城，合派河淮此際清。九服洪流歸大澤，萬方嘉種達神京。帆檣雲影東南集，燈火波光上下明。獨惜未登高閣望，中宵攲枕海濤聲。

海印庵憶舊

兄弟扁舟江上人，昔年曾此滯河濱。秣陵煙樹迷青嶂，采石風濤起白蘋。避暑同依僧舍柳，攤書還掃佛龕塵。重過舊路無相識，誰解臨風感嘆頻。

與浮山金谷巖僧

巖壑諸名勝，香林此最幽。嵐光千樹碧，石氣四時秋。靈鳥常呼佛，飛泉自入樓。曾來分定宿，良會訂重游。巖中有青鳥常鳴於佛座，聲如笙瑟。

四秋詩四首 同四松、木厓、三兄作。

秋　荷

荷衣經雨覆横塘，舊日田田今淺黄。無復青錢低貼水，惟餘翠蓋晚迎涼。一枝菡萏三秋露，隔岸芙蓉昨夜霜。莫道紅妝零落盡，贈人偏愛採蓮房。

秋　鶯

曾聽黄鸝各賦詩，澹煙新柳在龍池。祇今紅樹雙飛處，誰復春陰百囀時。歌調晚風應漸澀，羽毛清露〔一〕恰相宜。金衣若向籬邊過，莫認霜天菊一枝。

校　記

〔一〕『露』，原缺，據康熙四十三年刻本補。

秋草

芊芊無復遍香堤，雨後霜前若翦齊。難報春暉猶有恨，時含清露總如啼。寒煙陌上連天遠，秋色江南逐路低。此際閒吟還極目，關情何異踏花蹊。

秋燕

主人臺榭尚經過，掠羽新秋意若何。玳瑁梁空雛漸長，水晶簾動影偏多。鳴蟬無意休争語，江雁相逢一和歌。莫羨梨花庭院好，澹煙疏柳任婆娑。

又賦得秋荷秋鶯二章次四松韻即贈之

芙蕖冉冉立寒塘，不向花時鬥艷妝。乍褪紅衣沙岸冷，頻摇白羽水亭涼。獨憐瀲灧垂秋露，未覺蕭疏帶曉霜。此是青蓮投老日，風流莫漫説徐孃。

三春已去聽黄鸝，憶爾歌喉絶妙時。上苑奇花無數樹，建章新柳最高枝。啼殘紅葉聲偏巧，聽入霜天韻轉悲。公子老來無滑調，詩家堪比少陵詩。

語菊二首　同四松、木厓、三兄作

芰荷老後見寒香，村落蕭蕭夜有霜。别圃秋光初爛熳，東籬閒客偶相將。冷風細翦金爲縷，涼月斜闚玉作璫。彭澤只今消息遠，露華楓葉共蒼蒼。

金英歷落向斜曛，得傍寒香是此君。晚節同予吟白露，閒心共爾對秋雲。清芬自古惟蘭近，甘苦誰人與薏分。花史只從顔色辨，嘉名應獨數黄筋。黄筋皆菊種，甘菊苦薏。

菊答二首

山邊黄葉共蕭森，常有詩人著意尋。九月花時何太晚，重陽秋雨易成陰。敢辭節序煙霜日，少慰人間摇落心。靖節歸來多好句，憑誰爲我一高吟。

疏籬掩映一叢花，含露含煙影半斜。自分寒香堪滿把，豈同芳杜却盈車。惟宜澤畔閒人種，偏稱孤山處士家。不向庭中怨移植，知君端不愛春華。

贈友人隱居浮山

吴融居處自爲村，浮渡煙嵐近在門。避世嶺皆名佛子，荷耡人本是王孫。春煙種秫閒田外，夕照吟詩古樹根。三十六峰峰頂路，憑君捉筆寫秋痕。浮山有佛子嶺，居近之。

送四松先生之金陵

扶筇何處意翛然，桃葉谿頭酒肆邊。戚里歌樓空蔓草，南朝古寺半荒煙。鳳凰臺影江流合，燕子濤聲瓜步連。懷古祇今誰第一，久知元白讓詩篇。將從金陵之瓜步。

秋浦晤任鶴峰即贈

海門風浪裏，偶挂片帆來。秋浦冰初結，齊山雪未開。游筇偏瓦礫，客户亦莓苔。嘆爾羈棲久，任華本異才。

冬日登齊山

牧之游處一扶笻，幾點苔痕想故踪。石影洞中驚虎豹，翠微天際列芙蓉。千家近接城南路，九子移來江上峰。閒客正攜村市酒，落暉何意到青松。齊山有九峰，亦名九子。

大隱園詩四首 園在金陵，爲族叔觀察公别業。

楊柳春煙覆白門，冶城佳氣滿亭軒。香山居士今遺老，鑒水風流在小園。鷗夢池邊稀過客，鳳雛花下引諸孫。謝公此地多游迹，絲竹東山意尚存。

大隱由來卧一丘，亭臺絶勝輞川幽。小山積翠藏書屋，曲水流紋蕩畫樓。花草自成三徑色，風煙不改六朝秋。步兵老後無塵累，笻杖芒鞋任所游。

弘濟江流接翠微，移來此景是耶非。憑欄細數魚兒影，疊石還如燕子磯。山路逶迤松柏暗，水亭摇曳芰荷圍。畫樓東畔芳菲處，梅杏深藏白板扉。

秣陵閒櫂遠相將，信宿園林羨辟疆。飲共竹林隨杖履，夢同春草近池塘。雅聞羣從皆花箋，唤出佳兒盡錦襠。雪屋西偏書閣近，誦聲清夜徹迴廊。

采石

晴霞落日映長川，采石重來夜泊船。斷壁千尋懸古屋，蒼松百尺冷春煙。江通建業潮聲急，山望天門黛色連。流水緑楊如畫裏，此中堪著李青蓮。

春深蘭陵舟中遇雪二首

蘭陵一櫂雨如絲，三月還如臘月時。積雪幾曾楊柳慣，深寒從未杏花知。蒼煙遥望春申浦，芳草難尋泰伯祠。天意不從遊子惜，可憐消息誤南枝。

凍雨河聲咽不流，柴門雪後酒帘收。夜闌詩共吟殘燭，春盡人猶擁敝裘。柳色一行垂斷岸，花時三月在扁舟。張融漫道無家住，未必當時不解愁。

同陳幼木同年泛舟虎丘四首

流水桃花處，從君蕩畫橈。維舟頻近寺，閒話忽過橋。茗碗鄰船送，香煙畫閣消。憑欄誰最勝，春色菜花遥。

虎丘山畔路，一道柳陰斜。酒艇常筵客，人家半賣花。停橈尋小圃，放屐愛晴沙。莫向橋頭去，笙歌轉覺嘩。

繫舟延步好，還過劍池游。客意醉奇石，春風吹畫樓。橋迴人影亂，花發酒帘稠。最愛長廊後，煙光衆壑收。

幽谷推元墓，寒香萬樹栽。如何今日酒，却話去年梅。勝事多延佇，伊人每溯洄。兹游偏月夕，深愧入城來。

三月十四夜過念齋園中

良宵清話茗香隨，曲徑疏籬繞澗池。鶴舞自驕明月影，人過却在落花時。小龕佛據枯藤坐，高閣門依老樹支。欲學東坡書小記，中庭荇藻正參差。

胥門懷古

伍相名留雉堞碑，草生吴苑舊臺池。秖今抉目懸門日，可憶吹簫入市時。敵國功名歸少伯，君王佳麗得西施。空餘一片孤臣淚，白馬中流却〔一〕恨誰。

校記

〔一〕『却』，康熙四十三年刻本作『欲』。

同黄繼武趙明遠吴翼生同年集顧松交吏部園林二首

芳園柳色正春融，良夜清樽此際同。花下等閒逢石丈，池邊傾倒醉山公。摘蔬留客宜春雨，種蕙當門待曉風。一自歸田成小築，煙霞深處見冥鴻。

疏籬曲徑偶相將，自古林泉羡辟疆。入畫數峰如澗谷，爲園十畝半池塘。侵階芍藥圍書屋，映水桃花覆石梁。不信吴閶城市裏，一家清夢屬滄浪。

繆子長先生邀同薛書先生念齋昆弟游支硎山歷諸勝因留信宿四首

山寺入門後，清流亂石紋。巖飛千尺雪，樹隱一谿雲。消暑宜亭畔，聽泉想夜分。諸公閒徙倚，涼雨自紛紛。

金碧華山寺，香林自古今。谿迴千嶂遠，路入萬松深。鳥語移長日，鐘聲送夕陰。石牀猶可卧，共子息塵心。

曲徑將窮處，幽林指法螺。路疑流水斷，門識古藤多。老衲勞相引，遊人不易過。寫經思處士，丘壟近維摩。法螺庵爲趙凡夫寫經處，墓在焉。

支硎高閣上，瓜果晚涼時。石色静如佛，山容澹若詩。筍輿閒謝客，笻杖付吴兒。登陟人逾健，尊前白髮垂。

晚春同幼木翼生孝儀玉青泛小艇觀賣牡丹人家窮精舍最幽處二首

無意入村落，名花見萬枝。移來新雨後，賣向晚春時。濃艷成香谷，繁華入綉幃。玉盤尤可愛，含露傍柴籬。

半塘山後寺，籬落小橋西。丘壑人逾遠，柴桑路欲迷。方塘迎户碧，密竹亞花低。便是桃源客，何心逐馬蹄。

與歸孝儀四首

癸卯秋，孝儀與予同出即墨黄公門下，同門生八人，孝儀最少。乙巳、丙午歲，同客中都，對榻聯吟，舉觴飛翰，歡相得也。嗣是孝儀抱劉蕡之恨，風塵分袂，各在天涯。頃予客吴門，孝儀適自海虞來，遇於吴翼生坐上，相見甚慰。孝儀留吴門讀書，僧寮晨夕過從。讀其感懷十章，未免傷於憂憤。予之望於孝儀者方大，不欲以悲歌損其性靈，故作後二章以解之。

吴門草緑舊高臺，東望虞山幾溯洄。隔歲馬蹄燕市别，三春蠟屐虎丘來。故人久抱芳時恨，明月何期良夜杯。離思等閑無説處，勞君錦字手親裁。

淮南曾憶舊風煙，絳帳羣推最少年。蕭寺苦吟人似玉，官齋良讌酒如泉。歡從别館扶紅袖，醉蹋春郊墜錦韉。一自扶風分散後，素心無復照華筵。

愁吟莫作斷腸聲，年少宜捐磊塊情。浴日奇姿真寶樹，凌雲仙掌待金莖。橘林無實傳清白，花蕚多才屬弟兄。不是窮途悲阮籍，傷秋何事太縱横。

牛衣縱道恨難持，蘭若幽棲意轉悲。一點佛燈春夢後，數聲清磬夜吟時。鳳雛未息營巢急，鵬翮將飛刷羽宜。心緒莫教摇落蚤，損人懷抱是淒其。

上宋其武先生二首

揮手雲霄别帝京，蚤遺簪紱卧江城。訏謨當代推文正，史筆時流讓子京。館閣才皆居後輩，門牆人亦冠諸生。欣瞻華髮青山老，三十年來海内名。房師蔣公及念齋輩皆出門下。

園林深處晚涼天，賓從多才集綺筵。客聚星占來百里，堂成日喜對雙泉。停車酒向元亭載，立雪人依絳帳眠。遥指玉峰移畫舫，楊梅新熟任留連。時寓雙泉草堂，計甫草諸子咸集。

贈虞山友人

海虞詞客遠相過，一櫂吴門叩薜蘿。天木[一]故人良會少，雨中閒話舊游多。寄詩真與梅花似，對酒其如磊塊何。劍氣珠光終出匣，相遇漫許作悲歌。

校記

〔一〕『木』，康熙四十三年刻本作『末』，是。

贈何匡山次梅村先生韻

蚤年逸興在滄浪，水國移家髮半蒼。但有一經楊子宅，曾無千樹木奴莊。清琴濁酒鶯花日，雨笠煙蓑蟹稻鄉。棠蔭漸高身漸隱，已將心事託漁郎。

存誠堂詩集卷十一

近體詩九十二首

檇李道中即事二首

吴門朝放艇，暮宿古由拳。河闊纔容櫂，桑低可覆肩。城中流水入，橋下布帆懸。時向篷窗問，鱸魚出網鮮。

最愛桐鄉道，人家一水涯。河流如曲沼，畫舫勝蕭齋。絲管鄰船聽，谿山客路偕。紅樓十二曲，垂手盡吴娃。

立秋前一日檇李道中

長堤草色望中殷，纔過平橋隔市闤。衣帶一灣通越水，煙鬟數點見吴山。捲帘時喚漁舟近，聽雨能消畫舫閒。明日新秋猶是客，不堪鄉思五湖間。

秋夜同念齋泛舟登湖心亭二首

扁舟人在錦塘西，指點南屏望欲迷。秋水衹今環岳墓，緑楊無復映蘇堤。一湖明月千峰出，十里荷花兩岸齊。欲共暝鴉投宿處，晚鐘煙際覓招提。

向夕攜尊初泛湖，新秋風月屬吾徒。相將高閣人逾迥，憑眺孤山鶴可呼。巖壑四圍環翠黛，波光千點散鮫珠。湖中百幅雲林畫，領取煙巒第一圖。

七月十五日夜湖上

新秋客路在餘杭，此夕偏教斷客腸。鐘磬數聲河兩岸，火珠千點水中央。果蔬竟日惟呼佛，涕淚多時一望鄉。莫向斷橋高處立，燈光雲影總悲涼。

越州懷古詩八首

越王城

句踐平吴後，東南霸業豪。登山思采蕺，飲水問投醪。戰士空黄壤，歌臺盡碧蒿。可能衣錦日，還憶抱冰勞。蕺山，越王采蕺處。蕺，蔬屬。

蠡　城

臣妾蒙羞日，艱難百戰心。霸成封苦竹，身隱鑄黄金。句踐安難共，陶朱累亦深。何如五湖外，煙水到於今。苦竹城，越封范蠡處。

浣紗江

聞説浣紗處，苔痕歲歲新。至今吴苑草，常占越江春。村女顰難效，君王寵絶倫。斷無亡國後，還伴五湖人。

嚴陵江

千嶂桐廬道，清風幾溯洄。不知天子貴，猶是故人來。垂釣本無意，披裘亦浪猜。翻嫌人好事，高築子陵臺。

曹娥江

一痛雙蛾斂，投淵比汨羅。魂應憑逝水，步豈學凌波。廟貌鬟猶小，碑陰字不磨。至今思孝女，江亦號曹娥。

蘭亭

千古山陰道，猶傳修禊時。激湍遺響在，陳迹古人悲。觴咏空蘭渚，風流見墨池。昭陵留片牘，愁殺辨才師。

謝康樂墓

風流推謝客，詞藻冠江東。游迹空山遍，詩懷夢草同。烏衣非舊日，鶴墓自秋風。五字今猶麗，芙蓉照水紅。

鏡湖

贺監歸來地，菰蒲起夕陰。逢人曾解佩，垂老竟抽簪。盛事誰能繼，高踪未可尋。鏡湖分一曲，方見主恩深。

山陰范祖生以秋蘭沙角菱餉予詩以謝之

蘭猶含曉露，菱復采秋汀。味解詩腸渴，香宜客夢醒。雙棱堆玉碗，並蒂插銀瓶。遺自五湖上，清宵伴醁醽。

越州書肆得伯母方夫人紉蘭閣集感賦二首

粉蠹餘來字，開緘未忍看。廿年耀翟茀，三命重花冠。綉閣詩偏好，危城死最難。至今遺草在，香盥讀紉蘭。伯父諱秉文，崇禎中爲山東左方伯，城潰，伯父死之。夫人暨副室皆自投於湖而死。

此卷家藏久，流傳到越州。丹鉛經陸羽，閨閣自千秋。青史應難泯，鴻編已見收。可憐從死處，風雨歷城頭。集爲陸景業鑒定，列朝詩選載其事甚詳。

山陰晤楚中宋蓉庵却贈

詞賦千秋讓楚騷，衹今侍從説枚皋。帘前修史圍紅袖，殿上成詩得錦袍。古迹偶停蘭渚櫂，高吟堪和浙江濤。蕭齋雨後逢秋爽，明月秋空對彩毫。

中秋同孝儀玉青看月分韻得中秋二首

瓜果樽前聽雁鴻，空庭客影偶相同。人如秋水三更月，心似寒花一夜風。楊柳丰姿清露裹，芙蓉顔色曉霜中。由來此恨無人謙，搔首淮南小桂叢。

潮落錢塘晚更幽，人生莫作少年游。異鄉無意逢懸榻，静夜何心各倚樓。客子詩情如桂冷，美人懷抱比膠投。七年幾處同攜手，又記山陰一度秋。

登越州能仁寺樓

名勝東南數越州，客來憑眺寺西樓。迎門一水明如練，繞郭千峰翠欲流。望海亭連官舍近，卧龍山擁郡城幽。舊家零落斜陽裏，古木蕭蕭萬樹秋。

鏡湖邊舊家園亭二首

畫檻全傾看月廊，菱花開遍舊横塘。梧桐子熟無人拾，斷壁垂藤挂白羊。

誰種青松映碧池，種來應是小松枝。於今蒼老無人見，辜負根梢入畫時。

萬株松桂一池蓮，若搆園亭趁少年。花落花開頭白〔一〕後，任他孫子付寒煙。

校記

〔一〕『白』，原缺，據康熙四十三年刻本補。

題畫芙蓉菊小竹枝同貯瓶中

美人顔色宜三醉，高士風流耐九秋。得傍此君同處住，勝他籬落與江頭。楚中有三醉芙蓉。

重過湖上

芒鞋曾踏冷泉寺，畫舫還登明月樓。纔見藕花紅似錦，枯荷斷梗又深秋。

吴門竹枝詞二十首

楊花落後春潮長，入網霜鱗玉不如。驕語吴儂僥倖殺，千錢昨日吃鰣魚。吴人吃鰣魚，以價高者相詡。

無限春風楊柳岸，憑欄垂手各纖纖。畫船一曲笙歌好，十里紅樓盡捲帘。

節近清明看賽會，流傳何日到於今。閶門内外人如蟻，一日姑蘇損萬金。

旌旗百隊香塵捲，五色披離望若雲。綉服烏紗車上客，金牌高署武安君。

妝成太保佳兒好，綉裾金環巧作春。何事神前輕設誓，銀鐺貫索路傍人。

寒食由來傳施食，諸神盡向虎丘行。招魂四六何人作，笑殺頭名張士誠。

禮佛佳辰逢立夏，櫻桃竹筍虎丘來。一聲昨夜春歸曲，新緑陰中緩舉杯。

送春何處宜弦索，駕月軒中葉正青。譜出十番新曲子，遊人齊簇小樓聽。

五月龍舟水神廟，兒郎擊鼓奪標時。波心跳擲如飛燕，自脱紅衫裹鴨兒。

六月葑門河兩岸，紅妝隊裏畫船隨。荷花生日人争看，借問何人見一枝。

古寺曝書當六日，縹緗萬卷付娉婷。莫教饋面殘妝粉，涴却維摩貝葉經。

虎丘待月中秋節，玉管冰弦薄暮過。山畔若教明月上，便愁無地駐笙歌。

名園隨意成丘壑，曲水疏花映小巒。一自南垣工累石，假山雪洞更誰看。張南垣工累石，不爲假山雪洞而自佳。

唐宋丹青初搨帖，名香舊玉古圖章。個中真贋誰能識，斑剥先教看錦囊。

虎丘偶見牡丹市，淺白深紅萬朵開。花史不知花性慣，浪言三月不宜栽。

吴市花兒半塘住，小山盆景索千錢。酒船摇向河堤看，三月家家賣杜鵑。

冶遊盡是誰家子，兩兩三三占翠微。廣袖方袍無個事，茜紅衫襯薄羅衣。

撾鼓一通多逸氣，老年白相坐當中。四圍弦索清歌繞，争和禰衡白髮翁。
誰家女伴停蘭櫂，帘外雙鬟對扇茶。却向緑楊深處泊，小舟窗内一瓶花。
蛾眉薄命等閒事，空把丹青巧擅名。小疊香羅兩行字，新詩花月送卿卿。

登卧龍山感賦二首

清時雖備武，佳地詎宜戎。馬飲荷池曲，鷹翻桂樹叢。斷碑埋青蘚，畫壁引雕弓。無限園林好，蕭條鏡水東。
層巒棲古寺，盤磴最高亭。臺殿無今古，神靈接杳冥。雲疑滄海白，水照越山青。禹穴前峰是，蒼茫隔遠汀。

禹　廟

禹廟蒼山窟，丹楹望若霞。百靈紛玉帛，萬壑隱龍蛇。碑没周秦字，珪藏日月華。神功留海岳，遺迹豈幽遐。禹發宛委山石櫃，得赤珪如日，碧珪如月。

南　鎮

奠麗同南極，優崇比華衡。垂旒山影合，拄笏海雲生。靈爽尊中土，明禋走上卿。荆揚達巴蜀，萬里荷平成。時遣少司寇王海豐致祭。

登子招游秋水園二首

南華别築掩蒼苔，菱葉谿橋好溯洄。樹是輞川圖裏見，石從海岳袖中來。朱欄路接青山近，雪屋窗臨秋水開。便是蓮花方丈客，吟同鷗鷺莫相猜。園有小軒，題曰蓮花方丈。

田舍漁家老樹傍，此中風景近柴桑。鑒湖一勺分清沼，禹穴千峰出短牆。小艇行隨菱葉暗，高樓夢入稻花香。山陰古迹多寥落，剩有南谿舊草堂。

游曹山三首

誰削蒼巖曲曲幽，雲根千疊覆清流。石從斷處纔容櫂，峰到奇時盡入樓。好鳥自依蘭槳語，嘉魚不避畫船游。平生浪説佳山水，對此殊慚檻外鷗。

青棘山房小徑東，田間瓜葉豆花叢。橋連野竹人閑到，門閉秋桐路未通。片石疏林如北苑，遠山低樹似南宮。夕陽原上偏吟望，曾住詩人陸放翁。

知君不負五湖盟，曉露提壺喚客行。笻杖孤情如鶴健，木蘭雙槳學鷗輕。山連謝墅峰偏麗，江近曹娥水最清。探盡幽奇稱勝事，好將懷抱託秋聲。茲游同范祖生。

龍吟山房詩

越州相傳明隆慶中，朱金庭賡、諸南明大綬、羅康洲萬化、張陽和元忭，同讀書卧龍山下。大風雨夜，各祝曰：『吾輩若皆成狀元，則聞龍吟。』如是龍吟者三，朱獨起而祝曰：『吾作宰相當連吟。』果連吟者三，諸丙辰、羅戊辰、張辛未，俱臚唱第一。朱獨秉鈞衡，因識其處爲龍吟山房。三公皆謚文懿，張謚文恭。

幾點臺星映九重，明時發采並儒宗。特膺芝宇三孤席，各占蓬山第一峰。韋布靈皆鍾岳瀆，詩書氣可動鼉龍。山昏木落蕭蕭夜，風雨聽來非暝鐘。

聞木厓以六月自都還兼有悼亡之戚詩以懷之三首

橐筆游京洛，驚心往復回。祗來摹石鼓，猶未到金臺。法駕新臨學，温綸正愛才。春明門外路，兩兩去鄒枚。與令嗣同返。

半年驢背上，念子去來勞。路涉五千里，霜添幾二毛。風塵新涕淚，寒暑舊綈袍。春夏黄河水，經過值怒濤。

悼亡偏客路，別語寄天涯。操作稱賢婦，徽音續大家。竟虚童子案，不返少君車。痛殺諸雛小，啼饑唤阿爺。

聞信臣不第却寄

少年輕遇合，容易説封侯。白璧猶難獻，蒼天何以酬。心枯桃渡月，淚盡秣陵秋。風雨寒江夢，期君在石頭。

重陽雨中次宋蓉庵韻二首

易聽重陽雨，難爲秋夜心。客懷同磊落，詩味任探尋。百感入殘夢，孤吟擁素琴。空階猶滴瀝，何不倦宵深。

一雨過重九，東籬何處花。寒枝香自抱，濕葉影偏嘉。爲我開鄉國，從君感歲華。故園兄弟在，摘取帽同斜。

將渡錢塘留别宋蓉庵即用前韻

新詩字字擅風騷，野鶴孤吟在九皋。寺冷儘教看古佛，人間日許對方袍。君從鏡水聽秋雨，客又錢塘涉怒濤。分得蘭亭箋一幅，時將懸腕憶揮毫。

同孝儀登吴山

吴越高峰最上頭，天風吹落海波秋。江横潮影千層白，樹帶湖光一片幽。選石數經山畔路，振衣同陟寺西樓。重陽風雨登臨興，此日攜來續舊游。

客餘杭寒山舊廬

無數林巒在一丘，家山日日恣探游。平橋絶澗穿奇石，古木高枝拂畫樓。秦望時從青靄見，錢塘秋共白雲流。花間猶有仙人鶴，清唳霜天起客愁。

客中

黄葉無端繞樹鳴，寒燈獨抱故園情。經秋客夢俱鄉夢，將曉風聲似雨聲。幾處湖山成浪迹，十年辛苦誤時名。由來骨肉人間重，却比鴻毛一樣輕。

十月十五日有懷玉青客山陰時予寓居錢塘

憐君何事嘆浮家，高誼爲予遠泛槎。千里江船同雨雪，一年春事負鶯花。客中離別情偏苦，霜後淒清路轉賒。共子錢塘居兩岸，暮潮聲裏即天涯。

與孫紫奇觴咏之暇因贈長句

錢塘如帶繞庭前，第一峰高畫閣連。磊落人真如白鶴，蕭涼詩亦似朱弦。燈前細聽秋宵雨，石上同吟夕照天。我向冷泉亭畔遇，許君風味足纏綿。

同友人登吴山鍾翠亭

諸峰誰第一，爲我問山靈。石影立孤鶴，江光抱小亭。潮過村樹没，天接海雲青。散髮同吾子，狂歌入杳冥。

湖　海

湖海凋青鬢，貧無骨肉歡。别離人共老，世路客逾難。月皎愁窗白，秋深怯簟寒。錢塘千里隔，無計問平安。

憶兄弟五首

少小垂髫日，棠花相映開。那知離别苦，都逐壯年來。湖海詩空滿，風塵鬢易催。山亭梅未放，曾記一徘回。

猶是披裘出，秋風白葛斜。一爲經歲客，開遍故園花。破艇頻移屋，支機遠泛槎。江天春浪後，風雪别吾家。

城隅臨水閣，一夜芰荷開。文鯉銜書至，幽禽唤客來。露華芳草徑，雪藕晚涼杯。澄對軒中事，遊人最溯洄。澄對軒在勺園中。

荷耡兄與弟，湖上晚偏幽。水國魚蝦市，山田秫稻秋。遲歸惭候雁，浪迹比輕鷗。江海無知己，何心别故疇。

廿載謀丘壟，山靈識此心。清谿驢背穩，黄葉屐痕深。秋氣生涼雨，霜天脱茂林。遥知圖五岳，踏遍故山岑。

滯京口

何事棲棲苦，京江雨雪行。千艘争帶水，萬櫓雜雞聲。睡爲鄉心減，身從客路輕。低徊三十載，潦倒悟浮生。

夜從京口至燕子磯

好風那忍泊，深夜客還驚。燈照空江水，心孤遠浪聲。煙深千嶂没，雲薄數星明。京口過弘濟，輕帆百里行。

巢湖曉行二首

客程貪蚤發，水驛傍湖西。煙草分鞭影，霜華没馬蹄。寒深天欲曙，光減月初低。底事勞勞苦，含凄泣路迷。

客心殘夢裏，潦倒出柴門。人語寒相答，星稀光乍昏。谿流尋馬迹，沙路認潮痕。莫更嗟行役，明朝是故園。

與信臣

一夕故人話，何來此客窗。翦燈憐舊影，聽雨在春江。清夢留僧榻，高吟動佛幢。竹邊臨斷岸，深夜水淙淙。

擬古四時别詞十二首

離愁最是怯春寒，南浦冰稜去路難。夢到梅花舊書屋，篷窗一夜雪漫漫。
門掩春融石徑斜，主人何事逐天涯。暖風昨夜霏微雨，開遍牆頭山杏花。
黄鶯啼過海棠紅，粉蝶雙穿芍藥叢。君似柳絲垂舊樹，我如飛絮入東風。
雨過園林緑映眉，幾枝新筍出陽陂。青梅漸長櫻桃熟，稚子牽來初摘時。
白葛衣單受好風，清陰山路入雙桐。窗間無意摇團扇，吹落榴花滿地紅。
荷葉荷花覆幾層，苦心蓮子恨難勝。漫疑六月全無暑，小閣匡牀簟似冰。
曾當七夕賦新詩，吟向雙星斂拜時。此際莫教重記憶，恐驚秋色入蛾眉。

露下空庭試薄寒，桂香深夜倚蘭干。一般秋月圓如鏡，獨向山陰水閣看。
暮潮聲裏渡錢塘，越水吴山路轉長。前日書中曾有約，誤教屈指到重陽。
人在西泠黄葉飛，開箱重疊去時衣。經秋客子無消息，誰識天涯歸未歸。
一夜河流凍未開，客心何事苦徘回。多情雪片如相約，又向蘭陵道上來。
聽我清商苦調歌，四時花信付煙波。漫將詩寫離人恨，詩思爭如别思多。

存誠堂詩集卷十二

近體詩一百一十七首

己酉臘月二十五日葬先慈高嶺山元日展墓作

鶴馭何年返碧城，紫泥空换舊銘旌。梅花曲路迎車蓋，風雪寒山走弟兄。繞墓松陰將萬樹，傍墳茅屋只三楹。自慚南北天涯子，淚濕重泉此際情。

芳園二首

芳園春半杏花時，暖日輕雲澹沲姿。何處青山當户影，誰家紅樹出牆枝。柳絲晴漾千重碧，鳥語新翻百種奇。似此清光幸同賞，那能花下不成詩。

客從高處倚庭柯，南陌纔青是淺莎。千里故人新燕到，一年春色杏花多。黄鸝飛過銜紅雨，粉蝶雙穿入絳羅。寄語東皇好珍重，常留此景伴清歌。

片野堂詩爲司馬孫餘庵先生賦次四松原韻四首

數武城西路，春山便覺多。緑陰黄鳥樹，芳草白羊坡。華髪閒閒客，籃輿日日過。東山謝絲竹，高隱在煙蘿。

青門耆舊在，瓜圃見東陵。問柳思眠起，看花感廢興。園丁留客饌，公子讀書燈。似此真幽賞，勞人夢未曾。

園林多野色，駘宕是春風。竹亞新書閣，花明古佛宫。平橋穿密箐，曲徑入芳叢。無數桃花好，臨流覺更紅。

繩牀連石几，息静似空山。藥圃行常遍，花田種未閒。聽鶯時倚徙，將鶴共躋攀。應畏遊人迹，頻年閉竹關。

泊青谿

江上月初生，臨風畫舸行。朱欄秋水闊，白苧晚涼輕。簫鼓中流發，燈光兩岸明。舊游如可憶，沙路向孤城。

泊荻港

十日扁舟上，家山滯望中。爲憐鄉國路，不恨石尤風。鷗泛秋江白，霞燒晚樹紅。從兹萋被意，竟夕與誰同。

江　上

客子揚帆京洛游，分攜正值芰荷秋。千巖石色天門屋，萬樹松聲采石樓。碧水自環青雀舫，朱欄常近白鷗洲。謝家況有『臨風』句，良夜扣舷歌未休。

長干

一夕汀洲鴻雁飛，白門楊柳漸霏微。江聲自抱三山碧，雲物何知六代非。桃葉渡頭歌吹歇，雨花臺畔酒帘稀。輕帆不解高吟意，流過空江燕子磯。

邗江

邗江秋櫂倚蒹葭，却憶蕪城是帝家。碧水至今思錦纜，玉簫終古怨瓊花。廣陵秋色看潮汐，小杜詩篇滿狹斜。一自背城勞使相，廿年無復舊繁華。

黄河

激箭黄流夜半過，雷轟電擊欲如何？千山驟雨齊飛瀑，萬馬嘶風競渡河。舊路幾年迷斷岸，客心終夕繫危波。吟成莫向船窗讀，恐有魚龍聽浩歌。

傷劉茗水

一紙書來萬斛愁，西園詞客失應劉。瓊花去後原無種，玉樹凋時不待秋。作賦竟同昌谷恨，遺書誰向茂陵求。最憐無限人琴慟，繐帳惟聞哭白頭。

嗜退庵詩 爲嚴存庵尊甫先生作。

獨愛忘機學漢陰，問名先識隱淪心。高人居亦稱愚谷，閒客詩偏號醉吟。雪影鴻飛滄海曲，秋空鶴唳碧山岑。家風況與桐廬近，莫道羊裘變古今。

寄座師給諫荏平王公二首

頻年獻納禁庭陰，暫爾投閒憩茂林。詞藻琅琅兼衆妙，丰稜岳岳本千尋。遥知風雨東山夢，時抱冰霜左掖心。自是敷天思補牘，康成翹首望尤深。

畫省歸來已隔年，家居勝事儘流傳。久知逸興寰中少，聞道幽居郭外偏。坐擁圖書開小徑，手栽花竹滿平泉。茌山舊有登臨迹，盡入先生杖履前。

集曹頌嘉同年獨笑亭

車馬長安道，何曾識醉鄉。琴書留客看，風雪笑人忙。痛飲宜殘臘，新歡發舊狂。弟兄良讌會，次第入春陽。

寒夜示内姪堯元四首 時將之雄山省親

醉中無意語，偏覺爾能真。潦倒常深夜，辛勤説兩親。每當風雪候，難作去留人。好自垂鞭影，官齋柏酒新。

相對那堪别，其如臘盡催。銜將京洛酒，話到故山梅。寒夜鄉關迥，天涯骨肉陪。旅居未蕭瑟，錦字爾能裁。

雪晴寒更厲，永夜北風高。自笑閒官冷，深慚病婦勞。愁拌今夕醉，詩減舊時豪。顧影搔青髩，將無有二毛。兄弟頻年別，殊慚骨肉恩。家貧官更拙，田瘠税猶存。村市湖連屋，荒園竹覆門。因君離索感，發我醉中言。

羮湖自雄縣以果蔬雉兔見遺答之

荒齋將臘盡，南陌正春初。驛使來風雪，深情託果蔬。烹鮮分雉兔，厨饌損豚魚。怪殺諸雛喜，争看阿舅書。

雙鬟曲十首 爲念齋作

銀燭生花照綺窗，傳來消息自吴江。好將合浦珠千顆，换得崑山玉一雙。
秋風吹到畫船遲，千里寒江入夢思。日日金錢勞暗卜，河干猶是未冰時。
澹著胭脂淺著黄，吴儂别自有新妝。櫻桃楊柳應如許，不耐人誇白侍郎。
綉幕香衾宿粉凝，名花浥露可能勝。怪來學士趨朝晚，日過花磚第幾層。

花間燕燕復鶯鶯，綉閣珠帘結隊行。翻笑仙人無伴侣，只教名唤董雙成。
宫衣覆著麝蘭香，蓮燭雙擎夜轉長。暗語仙郎添半臂，黄金鴛瓦滿新霜。
翠袖雙雙拂畫欄，教他鸚鵡唤名難。憑君次第探花信，若個誰分蕙與蘭。
視草歸來日半斜，水沉香裏問兒家。憑他温室中庭樹，不敵瓊枝姊妹花。
君是蓬山第一流，退朝行入燕鶯儔。海中仙果應連理，枝上名花已並頭。
京洛寒威透碧紗，殷勤好自護蘭芽。知君欲覓宜男草，不是偏憐解語花。

辛亥元旦蚤朝恭賦三十韻

午夜和風轉，朝來滿帝畿。晴霞籠絳闕，曙日動青旂。氣始開璇律，春先到御衣。上公環紫極，多士集彤闈。衆志期呼祝，皇心重報祈。風鳴千騎擁，雲動六龍飛。齋肅宸顔穆，馨香帝鑒微。百靈紛共饗，五祀順無違。首舉祀事，方受朝賀。法駕中宵度，鑾輿昧爽歸。鵷行雲結隊，仙仗錦成圍。方色車前蓋，中黄輦上幃。綴衣紛彩綉，擊鼓引朱緋。歌吹天門落，旌旗御路輝。未央宫鑰動，長樂禁煙霏。離極方懸照，坤寧正啟扉。一心勞寢膳，兩代頌音徽。獻壽華樽滿，當陽湛露晞〔一〕。羣方歸帝瑞，時舉覲典。絶域覲天威。高麗使臣方在朝班。

虎拜千聲合，龍光萬姓依。柏梁新焕采，松牖舊崔嵬。日暖煙爐直，風輕旆影稀。宮雲垂靉靆，苑柳報芳菲。殿上岐同薛，城南杜與韋。舞看諸部集，樂聽五弦揮。宴錫丹墀渥，香分紫袖緋。汝陽堪取醉，曼倩莫愁饑。玉碗葡萄緑，銀盤雉兔肥。醪偏傾琥珀，吟獨愧珠璣。嘉會賡黄竹，隆恩拜紫薇。臣心如草樹，歌舞向春暉。

校　記

〔一〕『晞』，原缺，據康熙四十三年刻本補。

讀蛟門舍人禁庭燈夕詩有作即次同年曹升六韻二首

月迎金掌露華明，九陌無塵夜轉清。仙蹕到時燈作仗，宮緋環處錦爲城。看殘玉蕊三千樹，聽徹霓裳第一聲。何異泛槎銀海曲，好持機石問君平。

魚鑰宵沉宮漏明，舍人儤直近西清。絳霄花滿宜春苑，碧海珠懸不夜城。鸞掖自成良讌曲，鳳池難繼和歌聲。侍郎兄弟多才藻，五色鸞箋詠太平。侍郎謂澹餘少宰。

長安燈市詩六首

金勒青絲往復還，元都觀裏扣雙鐶。春歸玉宇星辰土〔一〕，人在霓裳月露間。紅粉千叢西子面，輕綃百幅米家山。青油也向繁華隊，休沐來乘此日閒。

萬點紅燈照上都，移來兩浙與三吴。暖風不向梅花度，春色先從錦幄鋪。映日青霞懸翡翠，照人明月結珍珠。誰家堪出千緡買，空滿城南古寺隅。

天街風日起晴沙，紫陌追隨白鼻騧。梅萼蚤紅宜暖室，海棠催放護輕紗。名箋錦匣誇前代，古帖瑶函出内家。獨讓秦淮燈市好，千門開遍水仙花。

月色如銀夜最良，春風遥度綺羅香。鐘聲九陌連長樂，燈火千門徹未央。海市亭臺皆蜃氣，仙人樓閣總珠光。愛看琪樹瓊葩裏，中有昇平字一行。

五侯門外滿香塵，煙火樓前巧作春。忽見六鰲移地軸，近看三島接天津。臨風菡萏千花麗，帶露葡萄萬顆勻。但願君心常似此，光明燭遍普天人。

魚鑰終宵禁闥開，侯家行樂比蓬萊。蕊珠夜看當筵落，瓊樹新移繞砌栽。皎月獨臨金掌出，紅燈雙引璧人來。還將一曲春光好，勸進玻璃七寶杯。

校記

〔一〕『土』，康熙四十三年刻本作『上』，是。

元宵後一日同唐偕藻孔霽庵耿又樸謝方山集董默庵寓齋

同君三載問蓴鱸，默庵亦同請假歸。重話長安舊酒壚。秘閣儒臣皆魯國，孔、耿、謝、董皆山左。漢庭經術重江都。紅燈漫使春華歇，璧月何曾昨夜殊。爲惜軟香塵不寐，馬蹄蹋遍帝城隅。

贈同年馬于蕃

金臺石鼓且重尋，莫碎長安市上琴。雕鶚已摶秋露起，珊瑚猶滯海雲深。家庭至性傳華萼，奕世清貧少橘林。獻策漫因家客薦，蒼蒼於爾豈無心。

寄王煙客先生二首

五湖三泖足鱸蓴，笻杖吴舠賦隱淪。舊典曲臺曾珥筆，老投幽壑自垂綸。青門路接烏衣巷，白社花迎皂帽人。海内只今耆舊少，東皋獨許伴松筠。

雅聞詞藻壓三吴，洛社香山勝此無。鄴架千編皆錦字，輞川片紙亦驪珠。先生書畫皆工。絲綸世濟傳鸞掖，花蕚聯輝引鳳雛。獨有采芝人自遠，圖成五岳著潛夫。

出郭從玉泉山歷碧雲香山晚宿承恩寺得詩六首

山色新從出郭逢，帝京西畔碧千重。芙蓉黛色盤高掌，金碧晴光變衆峰。遠自雁門趨朔漠，近成天塹控居庸。夏雲安得奇如此，馬首曾經望岱宗。

清時休沐鳳城邊，枕簟移來近紫泉。雲影乍開新雨過，荷香初動蚤涼偏。坐圍衆壑千峰麗，閒對清池一鏡圓。寄語軟紅塵裏客，佳山原在馬蹄前。

曲曲幽棲探不窮，蕭涼六月已秋風。松杉自繞香林路，唐宋猶存古佛宫。盤磴逶迤清靄外，荒臺掩映翠微中。泠泠最是龍湫水，瀉入華林御苑東。

松雲淡〔一〕護藏經樓，華表何人最上頭。原廟祇今無舊迹，茂陵終古亦荒丘。金貂空使豐碑壯，石馬何知碧草愁。永巷當年無限事，憑誰一問大長秋。碧雲寺後爲諸宦官墓。

馬鬣封題自勒名，何關紫闥與蒼生。累朝惟有中涓貴，敕使徒傷國體輕。鈎黨至今留嘆息，内家從此失昇平。一丘白骨還依佛，常聽寒鐘午夜聲。

西來山色此偏幽，況是深林鳥倦投。坐近松根常墜露，夢回禪榻蚤驚秋。詩堪適意何愁拙，佛本無言不待酬。茉莉晚香初放處，碧天無際白雲流。

校　記

〔一〕『淡』，康熙四十三年刻本作『深』，是。

和李高陽閣師經筵賜宴詩韻四首

儒臣東觀振華裾，雉尾雲開講幄初。洙泗微言傳大學，唐虞心法在尚書。時講大學、尚書各一章。禮行鼎盛春秋日，時值慈寧寢膳餘。上相獨陳丹扆訓，温綸時見聖顔舒。

高敞金華五色裾，崑崙陽馭照臨初。邇英閣啟延都講，崇政筵開爲説書。鉅典由來行二仲，萬幾亦自有三餘。好將一德調元化，繁露何須擬仲舒。

止輦無勞更引裾，衢尊正是拜恩初。榮沾東壁師臣重，光動文昌太史書。宫饌自隨天仗列，香煙猶繞珮聲餘。羣公咸飫金莖露，太乙波深化日舒。

螭陛鸞坡集彩裾，上公趨進講筵初。致身自許伊周績，憂國時陳水旱書。望比華衡真不媿，才搜海岳更無餘。於今揆席推文靖，天際卿雲正卷舒。

題畫二首

緑覆書牀梧葉新，山風欲動水生鱗。世間自有羲皇夢，讓與茆亭畫裏人。

百疊青山樹幾叢，小亭横截亂流中。微涼不是摇團扇，新漲來時自晚風。

題趙閬仙僧服圖二首

白袷蕭然自拂塵，冰霜爲骨玉爲神。如何秋水長林下，忽見鵷鸞隊裏人。

摩詰晚年居士服，樂天先世海山人。君今方作巖廊客，此是前身與後身。

贈東海董樵四首

東海留奇士，吟詩慕古狂。沈憂傷老眼，埋恨客他鄉。一任柴桑酒，頻沾薜荔裳。知君無限思，落月照横塘。

輸迹江南遍，騷壇舊有聲。友朋爲骨肉，山水足平生。禹穴乘潮看，吴門踏月行。廿年投老後，渤海學躬耕。

寳樹驚先折，猗蘭復繼萎。遂成兒女節，不顧老夫悲。落盡鮫人淚，吟殘幼婦詞。篋中書一卷，冰雪不堪持。樵翁郎君蚤世，子婦殉節，有節孝傳。

白髮蕭蕭客，燕臺老更過。春風吹冀野，落日照滹沱。求駿空遺迹，騎驢任放歌。知君懷古意，石鼓字堪摩。

李侍郎園 即墨黄公寓居

京洛風塵地，園林此最幽。板橋穿密箐，曲水抱危樓。爲駐扶風席，常陪夜月游。西山朝暮見，煙靄雨初收。

贈螺浮黄門次龔合肥韻二首

十年霜雪老黄門，抗疏羣知國體尊。岳鹿摧來非有意，山龍補處自無痕。謾言盤錯昭臣節，偏向風塵識主恩。親見閭閻凋敝甚，鄭圖還與繪千村。

十年霜雪老黄門，湖海歸來道氣尊。彩筆重論當代事，青蒲復認舊時痕。長沙原有孤臣迹，湘水难邀漢主恩。争似九重思讜議，忽傳丹詔起南村。螺浮於輔臣當國時，曾抗疏請親政，遂外遷長沙，今復入爲給諫。

姚龍懷先生自黄門擢副憲賦贈二首

南憲新恩屬鉅公，廿年頭白諫垣中。蒼生潤澤同湖海，丹陛勳名仰華嵩。獨坐蘭臺羅綉豸，特膺石室領花驄。殊遷自是興朝事，难得歡聲遠近同。

黄扉啟沃冠羣倫，前後封章欲等身。聖主寬仁來讜論，老成忠愛被温綸。事關國體真能諫，誠動天顔若有神。最喜絳騶清路日，手攜甘雨柏臺春。時方久旱，除書下日霖雨。

和四松先生見懷詩四首

四松老後更婆娑，不顧蕭蕭白髪多。此日詩猶傳上谷，當年官亦近滹沱。千絲綉作玲瓏字，百琲珠成宛轉歌。聖主好文多鶚薦，嘆君猶未對鑾坡。先生官河間司李、漢中司馬，有塞北吟。

亭畔全疏長者車，南園游讌近何如。穠華拂檻春風後，新筍留人曉露餘。黄鳥陰中堪載酒，白鷗隊裏好裁書。吾家康樂同吟處，水滿横塘花滿廬。謂勺園。

岳夢歸來髪半絲，十年鸞鶴戲清池。青青河畔吟芳草，灼灼山中採紫芝。高會不殊彭澤酒，元音堪續少陵詩。九秋一日誰能遣，落月臨風重所思。

吴舠一自别江城，枕上黄河午夜聲。人影星霜趨絳闕，馬蹄朝暮踏春明。長安兒女消閒晝，故國鶯花繫遠情。獨有鏡湖湖上客，雁鴻聲裏寄芳蘅。時四松方有山陰之游。

贈石林二首

仙郎清望壓詞曹，白袷高談逸氣豪。壯志總歸京洛酒，新詩猶帶廣陵濤。城邊禁柳縈金勒，殿閣春雲拂彩毫。環視吾儕君最少，十年期爾擁旌旄。

大隱何人綺季儔，青門耆舊老滄洲。鳳雛自宿雲中樹，鶴髮閒梳水上樓。春草易添鄉國夢，風塵且共帝京游。好將珥筆承親志，冀北江南莫謾愁。水上樓尊甫讀書處。

七月十五夜二首

去年瓜步路，前歲段橋東。佛號千聲合，河燈萬點紅。帝京風露蚤，民俗鬼神同。無限松楸感，頻年嘆轉蓬。

微雨夜來過，香車出内城。荒阡陳麥飯，古寺遍鐘聲。戰骨秋原冢，啼痕少婦情。白楊衰草際，易令客愁生。

新秋由高梁橋歷西山諸剎宿碧雲寺八首

夙約偏微雨，衝泥出郭行。蹄痕山路淺，野水石橋平。幾處村圍寺，千株柳抱城。垂鞭禾黍外，今日聽秋聲。

似向江南路，菰蒲野市連。亂流侵古道，小雨愛秋田。雲白山腰寺，風鳴樹杪泉。最宜人迹少，石徑緑陰偏。

金谷遺園在，居人識故侯。雨淋將斷壁，水照半頽樓。柳色圍黄犢，荷香付白鷗。可憐摇落處，閒却一年秋。

諸天華藏裏，古佛綉幢中。金碧窮民力，神靈役鬼工。入雲看石碣，盡日聽松風。不信香林外，猶傳兜率宫。

幽敞香山路，高亭占翠微。野如秋水淨，山似亂雲飛。遠色堪憑檻，空青欲上衣。却思奇絶處，月滿雪初霏。

無數前朝寺，林皋逐處逢。閒門深護蘚，高閣俯看松。綺綴喧巢雀，幡幢隱綉龍。殿臺宫瓦色，煙際碧芙蓉。

蒼松千百樹，一樹一徘徊。常護香臺老，曾迎翠輦來。高枝藏鳥鼠，薄暮走風雷。未受秦封後，猶能避劫灰。

佛閣懸燈處，清吟擁薄衾。來從微雨後，卧向白雲深。石榻山中夢，晨鐘世外心。金華有閒客，兩宿此香林。

送房師即墨黄公之任鹽山四首

叔度膠東蚤著聲，不其書帶擁康成。人同海滋千尋岳，官領淮南十八城。常沛春温回棘草，又從秋雨採芳蘅。欣同諸子陪清嘯，庾亮樓前月最明。黄公以鳳陽司李持衡南闈。

海濱東畔有幽居，門對扶桑日照初。聽履家聲傳棨戟，連鑣名士盛簪裾。詎知鈎黨因文字，不道窮奇在里閭。貝錦雪消恩愈渥，紫宸前日下除書。

春明門外迓鳴騶，水漲園林又蚤秋。深夜月明留畫閣，滿城山色在高樓。雲亭數過探奇字，河朔頻來續勝游。安道牆東還不遠，葦邊間却剡谿舟。時同戴還素寓居梁家園。

畿東赤縣簡平津，又見銅章墨綬新。千里家山堪奉母，頻年宦迹總親民。官貧惟酌廉泉水，地瘠勞吹黍谷春。三輔蒼生根本計，佇看黄霸沐恩綸。

雨中同友人坐梁家園

盡日征塵逐轉蓬，此來閒坐幾人同。荒園對酒新秋後，高閣添衣暮雨中。蘆荻縱横臨淺水，青萍開合受斜風。憑君醉話滄洲興，相望勞山渤海東。

九日後買菊數種漫成二首

小閣數叢菊，花時損俸錢。故園籬落下，秋色又經年。詩思勞相促，風塵好共憐。幾枝燈下影，多在素琴邊。

花事久寥闊，秋光慰所思。參差當夕照，髣髴似東籬。隱覺金門遠，香偏紙閣宜。故人如乍見，繞榻夜吟時。

初冬同沈康臣曹升六夏鄰湘喬石林坐黑龍潭晚過城南小園二首

且向車塵外，提壺挈伴行。閒人潭上影，落葉樹邊聲。野水南村晚，高窗小閣晴。淹留還竟日，清話各平生。

誰問荒園路，城闉歌吹西。槐鋪雙樹暗，松偃片雲低。歲月吾儕惜，柴籬野客迷。莫教騎馬去，茅舍未雞棲。

王子玠招同年諸子讌集園林因懷座師司馬公率賦二首

殿上星辰聽履聲，興朝文正重知名。農田大計籌三壤，帷幄訏謨息五兵。裴令功成閒緑野，謝公身隱繫蒼生。江南猶有蓴鱸美，消息今傳在冶城。

蕭然紙閣掩雙扉，幾个篔簹夕照稀。坐擁賜書猶絳帳，亭通曲巷本烏衣。晚涼著樹青如洗，疏雨宜人暑漸微。我愧鯉庭門下士，常同花蕚共相輝。

贈王敬哉先生二首

北平山色擁神京，海岳精英此篤生。當代師儒推祭酒，舉朝耆德重春卿。世居秘閣分藜火，聯步臺司聽履聲。自是清時榮國老，不須緱嶺更吹笙。

平泉還與輞川同，羣向金門識鉅公。小搆園林容大隱，偶成書畫亦元功。青山嘯傲諸卿上，白髮蕭疏萬卷中。一代勳名兼著作，河汾常此振宗風。

姚龍懷先生自副憲晉少司寇賦贈二首

清時重望屬姚元，上殿頻傾白獸尊。經國疏陳皆密勿，明刑寄重賴平反。朝廷有道昭臣直，天下無冤荷聖恩。常伯同時三定國，北臺秋憲總春温。時同在司寇者真定梁公、山東高念東先生。

恩波無際海天寬，兩度除書出禁闈。方直真堪爲憲長，慈明端不負刑官。桁楊愛見生塵網，庭樹欣看集鳳鸞。努力太平期不朽，似君知遇古今難。

同館友人花燭詩四首

杏園春暖立羣仙，三十人中最少年。香閣乍看紅燭引，宮衣新見彩絲牽。雪中鶴氅尤堪賞，道上羊車著意妍。坐對玉人無辨處，全憑雲鬢與花鈿。

非關人賦定情遲，彩翮聯飛到赤墀。濃蘸玉堂花下筆，雙描金屋鏡中眉。荔枝含露初嘗日，茉莉臨風欲采時。咫尺銀河天上水，御溝流入鳳凰池。

南國名花碧玉蘭，畫船移向五雲端。朝衣親綉雙雙鳥，妝鏡頻鬭對對鸞。春信恰當長至近，香温未覺北來寒。可曾攜得桐花鳳，倒挂帘櫳倚醉看。閩有桐花鳳，一名倒挂鳥。

深閨未御七香車，先署芳名在五花。仙樂譜來調引鳳，宮妝説與教盤鴉。莫衝曉露晨趨直，須避輕寒蚤放衙。花燭從來多錦字，幾人能向玉堂誇。

贈故鄉隱者

蚤年槀筆舊知名，野鶴翛然遠世情。扶杖謾尋驅犢路，種花常聽讀書聲。吟當秋露餐黄菊，卧看朝霞起赤城。遥憶家山隱君子，忘機久與白鷗盟。

蛟門納姬爲賦香奩詩八首

紙閣秋深翠幔重，暖香紅玉珠芙蓉。湘雲迢遞三千里，來自西陵南北峰。姬本山陰人。

曾向曹娥江上行，曹山如畫水痕清。西施不盡江山秀，香水谿頭春又生。

於越明姝照上都，等閒佳麗屬兒夫。眉痕曲曲描秦望，波影盈盈翦鑒湖。

客窗新見綉帘遮，良夜迎來七寶車。百尺梧桐猶憶否？風流應不數瓊花。百尺梧桐，蛟門閣名。

狂客無端近綉帷，京華兄弟最相知。錢塘兒女嬌癡慣，背著紅燈小立時。

夜闌客醉語尤顛，被酒還來玉鏡前。帘内雙鬟遮道語，帳中人已卸花鈿。

定情初賦入承明，夫婿連朝直禁城。落筆綸扉開御帙，蘭香今日滿西清。

錦字千行酒一卮，舍人吾輩最能詩。水晶帘下閒時節，無數香奩絶妙詞。

爲梁承篤題柳村漁樂圖四首

誰寫湖天柳萬絲，攜從京洛倩題詩。無端惹起江南思，正是魚肥蟹熟時。

春水舟輕泛白蘋，自傾新釀自投綸。可知鱸鱠蓴絲味，不到人間肉食人。

多是春風醉不醒，全家都住白鷗汀。妒他畫近漁舟處，柳色山光著意青。

有客幽居與世遺，愛看波浄放船時。知君抱膝篷窗下，吟到魚兒細雨詩。

存誠堂詩集卷十三

近體詩九十一首

送少司寇高念東先生歸淄川二首

倏然孤鶴在巖廊，勁翮修翎飽雪霜。閲世功名常敝屣，退朝書卷滿匡牀。清齋自比王摩詰，佳句人傳白侍郎。近日公卿誰得似，庭容旋馬獨徜徉。

華髮如絲兩鬢齊，塵心久已謝輪蹄。人間萬事看蕉鹿，衆裏閒情養木雞。蕭寺秋吟偏獨往，花田春酒亦常攜。蓴鱸忽憶家山近，竟逐鶯聲到瀼西。

康臣索觀予詩集枉示詩和之二首

眼常愁夜暗，硯未解春寒。舊帙憑鴉抹，蕪吟任蠹餐。芳洲勞采杜，幽谷忽生蘭。手把瓊瑤句，低徊欲和難。

君本山陰客，高吟領衆峰。蕩舟曾一往，積翠幾千重。懷古慚佳句，開編想故踪。何時寒雪後，同話禹陵松。予曾有山陰懷古詩。

二月看花王子玠齋中

滿城風雪度花朝，誰見青陽著柳條。小閣交枝圍密箐，海棠接葉暈紅潮。頓忘冀北寒威厲，未覺江南春色遥。賴有東皋多逸興，芳時樽酒日相招。

游西山詩八首

玉泉

裂帛平湖淺，初晴見水痕。銜山飛練影，穿石漱雲根。曲磴盤孤嶼，危樓出短垣。仙靈留窟宅，丹竈此常存。

卧佛寺

新月出松間，尋僧叩竹關。偶然同古佛，一夕卧空山。風定泉聲細，天晴鳥語閒。津梁知已倦，予亦謝躋攀。

退谷

路盡孤亭出，千峰夕照中。短牆籬落静，流水杏花紅。地已同愚谷，名偏署退翁。世人那易識，還倩小谿通。

碧雲寺

莊嚴餘古寺，泉響雜松聲。鳥道穿林細，龍湫繞户清。丹青雲外濕，金碧上方晴。豈是龐居士，虚傳谷口名。寺以謁者建，一名于公寺。

來青軒

諸峰遥領處，幽勝屬來青。山翠何空闊，天風自窈冥。宸章今尚在，御輦此曾經。絶似頻游地，江南木末亭。軒額『來青』二字爲明神廟御筆。

洪光寺磴道

鐘磬隔雲端，林陰石徑寒。千株環古柏，數折跨層巒。日影穿林薄，花田入望寬。安能攜一卷，長此獨盤桓。

表忠觀古松

石門山寺寂，松老發天香。深院虬龍影，高枝鼠雀鄉。濤奔常作雨，幹曲飽經霜，盡日聞清籟，天風掃佛堂。

法海寺

徑轉疑無寺，峰迴忽見亭。野田雲盡白，村落樹微青。花塢春猶寂，松關晝亦扃。翠華留石碣，蒼蘚立空庭。寺有世祖皇帝御書『敬佛碑』。

寒食游西山二首

宦遊俱是客，紫陌各留連。斷碣斜陽路，荒陵寒食天。鶯花同故國，丘壟隔經年。麥飯誰家子，春風墓草前。

青林紅壁繞，隱見若殘霞。底事中涓墓，偏依老衲家。輕煙棲冶樹，春草媚晴沙。翻覺馬蹄疾，垂鞭過杏花。

送吴五崖視榷臨清

絳節新頒領度支，含香舊典白雲司。地連瓠子清漳繞，人與桃花春水期。畫閣臨流堪縱目，高樓望岳足銜卮。隱之夙昔清名著，艫舳南來盡口碑。

寄梅淵公

標格真同梅子真，廿年相憶隔江濱。文章風氣開吾黨，書畫源流見古人。謝李芳踪知不遠，陵陽佳地恰爲鄰。鹿車並輓銅官路，潭水桃花歲歲春。

送梁予培之任錢塘令二首

門巷烏衣世澤長，清時作牧向錢塘。才人勝地兼相得，吏事詩情兩不妨。湖外青山披案牘，花間白舫課農桑。柳村全似西陵路，佳處新添宓子堂。予培有柳村漁樂圖。

還向江淮續舊游，彩絲雙引使君舟。人來吴越三千里，官領東南第一州。謝客亭邊楊柳暗，蘇公堤畔芰荷秋。祇今水色山光裏，竹馬争迎郭細侯。

答四松先生寄懷詩即次來韻二首

紙閣秋陰日影遲，琳琅四壁寄予詩。不嫌小草勞相憶，幸有芳蘭慰所思。青幕車中春雨路，黄金瓦上曉霜時。難將煙火人間語，酬和柴桑絶妙詞。

芒屩青山雪滿顛，高吟落落度餘年。平生酷嗜惟之子，百卷新詩定許傳。松菊遠尋鷗鷺外，瓊瑶常寄雁鴻先。桃花潭水情無限，作賦思鄉愧仲宣。

三兄勺園新閣成於辛亥秋四松輩皆有詩落之經年未得屬和時近九日感念故園因次原韻四首

高處定同登，闌干北望憑。池添新閣影，魚戲讀書燈。古堞雲千點，秋山翠幾層。天涯人未識，欲夢更何能。

竹中新搆屋，客過喜淹留。荷響涼初動，山晴雨欲收。雪飛偏繞樹，月滿正當樓。此際方千輩，狂吟最上頭。

方塘秋漲闊，逸興似滄溟。室有仙靈氣，雲依樹杪亭。岸蓉臨水白，園橘避霜青。當我成詩日，黄花正滿庭。

遠寄登臨句，經年索苦吟。祇添鄉思急，難遣客愁侵。竹報平安字，花知摇落心。江南同冀北，相憶定誰深。

送五兄下第南歸

征鴻分影兩經年，又聽驪歌唱日邊。入洛已過强仕日，還家空賦『四愁』篇。黄河馬渡霜初落，古驛人歸菊正妍。目擊京華憔悴客，耕耘莫厭傍湖田。

送鄧田功下第歸里

東籬花發送將歸，落拓頻年又拂衣。詞賦漫因東閣重，松筠未覺北山非。家有北山草堂。

風高冀野驊騮去，霜渡滹沱木葉稀。不達如君勿長嘆，素心知不羨輕肥。

重九即事寄懷四松先生二首

霜後庭柯葉影疏，菊花圍坐閉門居。頓教旅舍成籬落，未覺秋光讓敝廬。紙閣上燈枝入畫，布帘懸地客攤書。頻年風雨重陽慣，新月驚看照綺疏。

有客投閒寄薜蘿，黄花白髮共婆娑。陶潛去後無知己，司馬歸來任放歌。竹掩小亭應悵望，荷殘別墅幾經過。佳時故國三千里，木落空添易水波。四松曾任上谷司馬。

送宋牧仲歸大梁次徐方虎韻四首

昨夜桑乾秋水生，將歸宋玉獨含情。渭城先唱徐陵句，楓葉黄花遠送行。

漳河秋色夜〔一〕鴻天，銅雀臺荒客路偏。桑落酒香初下馬，貂褕珍重晚風前。

班馬蕭蕭嘶北風，不須回首暮煙中。洛陽且得三春住，看過名花一捻紅。

聞説箏郎太瘦生，鳴箏騎馬踏歌行。霜天古驛秋如許，莫譜梁州入破聲。

校　記

〔一〕『夜』，康熙四十三年刻本作『雁』。

大司農梁公繼夫人輓詩六章即次司農公悼亡詩原韻

秋水蓮花藉作胎，鍾家禮法謝家才。仙人偶向人間住，環珮天風自去來。

自是聰明減歲華，蛾眉新月影西斜。長安昨夜秋風急，吹落優曇第一花。

玉臺金縷忽承塵，翟茀魚軒色尚新。興慶蚕朝諸命婦，首行今更屬何人。

鶴珮隨風返碧雲，步虚聲繞鬱金裙。尚書自寫烏啼曲，縱是神仙不忍聞。

熏暖朝衣喚著時，水沉香縷一絲絲。於今一任雞聲急，泉路雲深知未知。

無憑天問欲如何，忍令韶華委逝波。永日朝回秋簟冷，梧桐葉上雨聲多。

穀日登萬歲山

層巒曲磴帝城邊，登眺平臨尺五天。碧落曉浮三殿影，翠微春暖萬家煙。湖光漸緑冰初泮，輦路纔青柳欲眠。昔日洗妝臨水閣，年年芳草自芊綿。

許蓀洲庭前雙松次韻二首

蕭然官舍見雙松，詰曲空階偃籜龍。北闕晴籠金碧影，西山雨接翠微峰。枝留玉署經年雪，濤雜華清午夜鐘。京洛僦居嘉樹少，羨君幽賞已秋冬。

卜居應爲飽看松，影落晴窗矯若龍。閱世最宜貞晚節，置身端合在高峰。臨風髣髴疑清珮，入夢蕭涼似曉鐘。冰雪與君同閉户，兩株蒼翠足三冬。

爲石林題畫幅十二首

亂石谿橋接短籬，杏花齊放柳如絲。那堪盡日塵中住，看到江南二月時。

野水微波動石梁，蒼山千疊晚風涼。可知書閣芭蕉下，不少閒人話晝長。

柴門花徑水西東，相對扁舟雪鬢翁。正欲賣魚沽酒去，鮮鱗潑剌月明中。

嵐光如滴正春初，樹色花田錦不如。近日桃源無客到，不須重畫武陵漁。

低垂老樹結煙鬟，古屋參差水石間。絶與大江風景似，落帆初泊二梁山。
蕭蕭村落掩柴籬，遠寺鐘聲出樹時。一歲秋從黄葉老，石梁松畔幾人知。
澄江如練放扁舟，千里江光盡入樓。羨殺秋風樓上客，明霞落處數輕鷗。
徑輕〔一〕峰迴古木陰，懸泉飛雨出空林。臨流亭子谿橋上，一樣煙戀〔二〕世外心。
谿山宜夏亦宜秋，水面茆亭石上樓。恰與少陵詩句似，扶笻二老各風流。
碧岑黄葉影蕭蕭，秋色林間似可招。客正吟時高閣晚，白雲何意滿山腰。
千峰雪霽練光勻，有客紅衫烏角巾。故國梅花谿上路，吟殘驢背獨斯人。
山光如沐曉來新，樹色高低雨後勻。潑得墨痕濃似酒，羞將輕淺學時人。

校記

〔一〕『輕』，康熙四十三年刻本作『轉』，是。
〔二〕『戀』，康熙四十三年刻本作『巒』，是。

校士闈中題壁

高樓鐘鼓夢魂猜，覺後知登選駿臺。敢負昔年辛苦地，杏花曾見淚痕來。

送何次德歸金陵次蕤音侍御韻

冀北人歸屢數奇，江南猶不負花期。劉蕡伉直無酸淚，曼倩恢諧有令儀。諸弟烏衣皆彩筆，雙親鳩杖各龐眉。人生勝事君兼有，況復詩名謝客兒。

仲兄自南來留京師浹旬而歸詩以送之四首

歸夢頻年憶弟兄，南來雁影獨含情。鶯聲故國青山别，驢背秋風白髮生。京洛輪蹄憐薄宦，湖田歲月羨躬耕。那堪對酒分攜去，柳正濃時唱渭城。

别業城南桃李蹊，銜杯先與問幽棲。爲言樹色新藏屋，却憶荷香舊拂堤。疏竹漸添書閣外，垂楊恰覆水亭西。長安三月猶如許，白草黄沙没馬蹄。

湖山仲子老漁蓑，摇落諸昆髮蚤皤。十載相看貧賤在，一官贏得别離多。松楸幾處頻回首，薜荔何年遂放歌。我有遠心終自慰，不教人爲惜蹉跎。

春暮人歸逐雁鴻，頻年湖海已成翁。茆堂修竹千竿裏，小艇新荷十里中。紫蟹銜霜迎夜火，紅鱗出水媚秋風。每從送客增惆悵，惜别思鄉此際同。

奉輓座師編修大興王公

落落都無輓近情，讀書味道此平生。前朝鈎黨留名士，舊學傳薪見老成。意氣激昂談往事，兒曹睥睨視諸卿。傷心没齒清貧老，薤露歌殘涕泗流。

送蔡石公歸德清

秋風將夕至，人去禁庭陰。豈爲浮雲感，知君道氣深。煙霞南國夢，蔬水北堂心。聞説幽棲地，丹峰映碧潯。

南苑月下同屺瞻漫成四首

御苑秋清日，平郊雨霽初。暮鴉歸樹滿，夜火隔林疏。斜月臨馳道，輕雲覆直廬。匡時經術在，詞賦薄相如。

野闊秋光迥，平沙幕影攢。鐘鳴千樹裏，漏轉五雲端。匹馬嘶風急，單衣對月寒。枕書閒不寐，卷幔與同看。

武備清時重，霜風羽獵催。射熊千騎擁，試馬六軍來。柳色行宮暗，爐煙講幄開。叨陪香案吏，金石賦天台。

向夕同清嘯，論心入夜闌。功名吾道重，遭遇古人難。黼坐資微密，蒼生待治安。退朝書一卷，休暇勉加餐。

送石林歸寶應省覲二首

同是南來燕，相依白板扉。今年秋色裏，日送故人歸。湖水迎門闊，鱸魚壓釣肥。高堂正華髮，此樂似君稀。

晚涼微雨後，多是過君時。棐几書帘暗，紅燈夜漏遲。狂歌題素絹，小飲出花瓷。良會從茲減，臨風重所思。

送素存宗兄歸京江省覲四首

丹地追隨久，霜天雁影稀。京華秋色晚，江海侍臣歸。北固逢鱸膾，東山映彩衣。君恩休暇日，分得奉春暉。

平子家何處，煙波海岳庵。頻年留冀北，歸夢滿江南。瓜步雲邊樹，金焦水上嵐。清秋陪杖履，一一好重探。

京洛棲遲客，蕭齋恰望衡。攤書分夜火，入署共雞聲。秋水還家路，霜風惜别情。趨朝期旦晚，相憶滿西清。

承歡多勝事，辛苦弟兄心。一自元方去，三年感至今。養雛成健翮，巢鶴有深林。時爲禮存營窀穸。姜被皆名士，池塘續舊吟。

大司農梁公出畫蝶扇命題二首

寫生偏愛草蟲微，螺黛爲裳粉作衣。最是閒情看不厭，野花蓁裏蝶雙飛。

輕綃裁作白團扇，嘗在尚書篋底存。公子攜從階下走，撲來新蝶一雙痕。

爲蛟門題王筠侶畫扇二首

經霜紅葉一枝斜，暝色孤棲縮項鴉。高士自嫌王謝貴，平生不愛寫春華。

紅袖招人去酒爐，草蟲花鳥近時無。汪倫好事新求得，淡墨輕紅柏葉圖。筠侶名崇節，宛平人，文貞公之弟。

送周星公歸西安省親

翠靄秦關送客行，君恩暫許去承明。挂帆不是蓴鱸興，捧檄偏含菽水情。花滿枌榆笻杖穩，春深鄠杜葛衣輕。駐顏欲問安期術，仙掌雲中曉露清。

春晚同康臣簡人子厚偕藻諸子出東郊遊憩因得觀安親王園亭四首

三月河橋柳色新，含煙帶雨緑初匀。塵中車馬疲官長，郭外鶯花屬野人。客緒愁吟傷短鬢，酒旗閒訪趁殘春。京華同是天涯子，感物思鄉意最真。

晴郊徐引紫絲韁，出郭纔知春晝長。堤柳風輕鶯語滑，水芹香暖燕飛忙。新豐酒幔飄紅杏，杜曲歌聲隔海棠。忽憶征南人去後，鼓鼙湘浦戰雲黄。

帝子園林緑水隈，金輿常自鳳城來。西山翠巘當樓出，南國名花繞砌開。碧樹千重圍澗谷，清波四面漾亭臺。凌空閣道偏奇絶，一片流雲共溯洄。

玉砌雕闌本内家，移來丘壑有煙霞。古藤奇石盤松遍〔一〕，高柳扁舟繫水涯。頻許遊人闚秘閣，還容閒客泛仙槎。近來岐薛稀游讌，頭白中官自看花。

校　記

〔一〕『遍』，康熙四十三年刻本作『徑』。

送錢飲光歸里門二首

短鬢蕭疏薊北行，元龍豪氣尚縱横。故人洛社多耆舊，流輩騷壇熟姓名。坐擁虎皮談易罷，歌停象管待詩成。尚書最重平津客，垂老知音感易生。飲光名澄之，同里人，工詩文，客都門，爲龔合肥重客。

湖海人歸已廿年，卜居猶待賣文錢。欲諧禽向三山約，須覓樅江二頃田。花雨紅時攜鍤往，荷香深處抱書眠。翦燈頻話家園好，未遂滄浪意悃然。

贈許伊蒿三首

淮南冀北歷風煙，執手長安一慨然。驅馬恰逢三月暮，公車曾謝廿年前。深藏劍氣干雲直，久掩珠光出海圓。一代元音欣有託，煩君鼓吹鳳城邊。伊蒿廿年前已爲明經上第，辭不就。

幾點春花入户開，小窗明月故人來。頻年難得家山話，此日同銜客舍杯。莫向征途傷短鬢，還看京國有高臺。公孫對策年相似，鴻雁秋光驛路催。

重晤當時硯北人，勞勞衰鬢久風塵。家園兄弟經年老，故里鶯花入夢頻。竹覆小亭堪放屐，荷侵水檻足垂綸。仙靈訂我柴桑約，何日山中問許詢。

送寄亭歸松江四首

平子風流舊有名，新詩傳誦滿都城。錦箋百幅揮毫就，常聽春蠶食葉聲。

名士無勞嘆數奇，韓翃徐稚重當時。君才伯仲何嗟晚，百尺珊瑚照鳳池。韓、徐謂元少、方虎。

鳩杖雙扶雪滿顛，眼看雛鳳又蹁躚。歸來珍重承歡日，新釣鱸魚玉膾鮮。

江南蚕促舍人裝，燕市臺高待驌驦。期爾同吟春草句，莫教相憶滿池塘。

送宋中郎同年之任修武

燕臺送爾意何深，嵩洛雲山自古今。王屋峰前看露冕，黄河曲裏聽鳴琴。可知桑柘行春日，不改梅花作賦心。近日循良多上賞，期君入侍禁庭陰。

存誠堂詩集卷十四

近體詩九十一首

四月望日同五崖南溟諸子出郭游寄暢園遂過豐臺看芍藥四首

年年花事約來游，偶爾招尋願已酬。柳疊濃陰迷古道，麥迎新雨漾平疇。馬蹄但覺紅塵軟，鳥語全從碧樹幽。白袷蚤涼吟嘯久，頓教逸興滿滄洲。

侯家臺榭掩青莎，繫馬今年喜再過。新漲平時登畫閣，午陰圓處對庭柯。水鋪荷芰連朝滿，風落藤花昨夜多。愧我常隨王謝燕，橫塘曲徑任婆娑。

韋曲春殘杜宇催，聯鑣爲看藥欄來。香生籬落晴偏暖，錦覆花田午正開。好友心情宜出郭，閒曹休沐任銜杯。緑陰乍愜投林意，坐遍農家石上苔。

家家紅藥殿春陽，極目花畦爛衆芳。錦珮亂翻瓊玉圃，彩霞遥映赤城梁。一川風露鶯聲麗，十里繁華蝶翅香。不减廣陵高讌會，名花應有帶圍黄。

題桔橰圖

布穀隴頭鳴，平畦春水生。清流黄犢健，新漲白鷗輕。野老耕耘計，田家婦子情。何時筇枝往，飽聽桔橰聲。

題梁予培揖石齋圖二首

方袍長揖意何殷，東壁奇峰一片雲。堪惜古人猶未免，惟知誇向大將軍。

曾向吴山樹底逢，青蒼面面削芙蓉。問君畫裏新移得，鍾翠亭邊第幾峰。鍾翠亭在吴山最勝處，予培時爲錢塘令。

立秋後十日同康臣五崖南溟攜尊寄暢園率成二十韻

京洛車塵滿，園林野色饒。趁晴聊出郭，休沐共聯鑣。雨霽谿還漲，風高柳暗凋。古槐蟬噪急，豐草馬聲驕。水亂蒹葭影，籬荒木槿條。平蕪秋冉冉，別館路蕭蕭。門巷成村落，池塘遠市朝。樹敧眠碧澗，樓敞入青霄。蓮萼虛堂静，藤陰曲徑遥。幽齋雙白板，斷岸小紅橋。密芰中流采，微香隔浦招。相將登畫閣，何異泛蘭橈。波細珠帘捲，涼輕翠蓋摇。花齊因宿雨，葉長趁新潮。野趣頻年減，塵心此際消。林翻知鳥度，萍動識魚跳。蘿幄攤書卷，荷筒折酒瓢。提壺紛士女，取醉任漁樵。歸騎仍潦倒，明蟾剩寂寥。何時營小築，相約避煩囂。

上房師即墨黄公

岱宗瞻氣象，蓬島毓靈奇。東海迴風筆，朝霞浴日姿。分符三輔近，從鹽山令，入官計部。報政隔年期。村鼓傳輿頌，棠陰照路碑。湛恩濡瘠土，古法治今兹。斥鹵成佳壤，萑苻化健兒。璽書褒雉瑞，仙舄到龍墀。計部咨錢穀，農曹領度支。青縑眠獨晚，粉署出常遲。裕国攄籌畫，登朝盛羽儀。書惟容日接，帶草許頻闚。不獨生成感，深叨覆露慈。桂香樽滿日，霜白雁來時。耿耿秋河碧，星光映紫芝。

館師孝感熊公母李太夫人節壽詩

天章榮壽母，坤德毓宗工。世澤傳仙李，高門儷鬻熊。柳顔芳軌接，鍾郝令儀同。教子經兼史，傳家孝與忠。七襄成黼黻，雙玉琢玲瓏。茹檗三旬後，鉛華五夜中。冰心寒浦月，霜節勁松風。南望賡天保，岡陵指華嵩。

蠟　梅

幽花合種水雲鄉，疑是庭梅發蚤香。對客謾誇瓊玉樹，辟寒新翦鬱金裳。洗紅偏覺和條瘦，謝艷争看點額黄。蜂蝶不來名卉盡，託君高致殿羣芳。

蛟門尊甫觀瀾先生年九十猶善飯讀書

廣陵傳大耋，雙鬢久皤然。就室嘗珍日，登朝賜几年。靈光餘魯殿，弱水看桑田。已覺期頤近，猶聞手一編。

昔共金門客，銜杯話老親。竟辭雙鳳闕，歸作五湖人。杖履花時健，蓴鱸笠澤春。三公輸一日，吾黨羡汪倫。

題畫二首

村邊老樹漸成陰，有客微吟策杖尋。回首枳籬雙掩處，桃花春晝〔一〕草堂深。

蕭蕭門巷似家山，薄有林泉屋數間。最是江南三月好，幾年常在畫中看。

校記

〔一〕『晝』，康熙四十三年刻本作『畫』，是。

奉輓座師大司馬王端簡公以丘園無起日江漢有東流爲韻十首

定賦平三壤，籌兵輯九州。誰能全盛日，脱屣歸林丘。

海内多兵革，台星殞白門。老臣憂國淚，未得灑鄉園。

讜言争國是，正色贊訏謨。岳岳朝端氣，於今更有無。

喬松本勁姿，一夕秋風圮。可憐蒼生心，猶望謝公起。

廟堂旰食秋，感悼思良弼。遺疏動風雲，宸章炳星日。

帝語輝丹旐，天香引法幢。瓦棺新墓道，鐵鎖舊春江。公滇中人，流寓白門，遂葬焉。

乘箕慟典型，舉國思王旦。何況門下人，遥遥哭秋漢。

鶴返更何時，鴻名知不朽。樓臺邸第無，事業丹青有。

水部繩家學，交情兩世中。何堪衣縞練，流涕各西東。

之子亦已去，分攜知幾秋。京華日南望，弘濟大江流。

輓張簣山先生四首

廬陵學士本孤踪，獨以丹誠動九重。清似寒潭留片月，勁如絶壑峙喬松。素心自許千秋業，苦節應爲一代宗。天子正思前席問，曲江無復舊儀容。

軒冕鴻毛意獨輕，等閒揮手謝承明。讜言自是儒臣事，温詔頻勞聖主情。況值羽書當旰食，敢思泉石足平生。如君出處真無愧，豈逐浮沉世上名。

蕭然遠與世情疏，寄廡梁鴻本客居。廿載清曹仍裋褐，數椽孤館即吾廬。身無長物惟多病，寒入殘年尚擁書。風度何堪摇落蚤，星昏東壁正春初。

丹詔趣來方隔歲，素車歸去恰經年。同朝正望綸扉入，客舍驚看繐帳懸。六尺遺孤悲草土，五千江路足烽煙。辭家去國逢多故，薤露歌成益泫然。

二月十八日同念齋子修子厚玉依諸子移酒妙光閣竟日率成六首

避囂投古寺，荒徑入林皋。官冷尋幽賞，時艱託酒豪。春情猶寂歷，客意極蕭騷。擾擾輪蹄者，吾方謝爾曹。

小閣登臨迴，憑闌意未降。萬家齊到眼，高樹俯臨窗。碧落飄清磬，春風滿綉幢。尚書成往迹，佛火暗銀釭。閣爲龔芝麓宗伯遊憩之所。

朋樽宜僻地，移酒近梅花。苦憶江南樹，相逢老衲家。香圍深閣暖，清映半窗斜。莫惜今朝醉，春醪近可賒。

有懷同澹蕩，棲息借瞿曇。市遠人稀到，情親客易酣。老僧驚劇飲，古佛恕狂談。更約花時節，春風許再探。

危巢憐野鶴，幽樹羡鳴禽。自乏憂時策，聊爲對酒吟。雲迷湘水闊，春阻劍門深。但許容耕鑿，林泉本素心。

京華同旅食，把酒話江蘺。鄉國鶯花滿，幽燕草木遲。征輸悲父老，戈甲念王師。客子何三嘆，休兵復幾時。

送趙鐵源編修校士粵東二首

秘閣詞臣簡上方，玉衡金鑒照南荒。青藜色映珊瑚彩，碧海兵銷日月光。時方用兵西南。

天藻五雲飛翰墨，使車雙璧動星鋩。番禺山畔論文暇，羌管無勞憶故鄉。

倚樓新句似冰清，傳誦因知惜别情。六載才名高虎觀，七千江路涉羊城。詩從荔子香中得，人向梅花嶺上行。隔歲遲君歸玉署，好搴芳杜報承明。

夾竹桃詩同孫屺瞻裴晉度賦四首

莫漫歌桃葉，偏宜賦竹枝。綴條紅淺澹，映樹緑參差。堪引漁郎櫂，還迷帝女祠。此君猶未免，芳意向人持。

穠艷花偏晚，篔簹葉正新。渭川初避暑，玉洞尚留春。直節思君子，朱顔惜美人。湘帘深掩映，羅綺各相親。

花滿瑶池日，偏聽黄竹歌。仙源如可問，好共子猷過。緑映淇泉暗，紅飛露井多。龍鍾當五月，或恐醉顔酡。五月十八爲竹醉日。

武陵湘浦路，歸夢滿江湖。虚憶千年實，何堪一日無。只宜臨水岸，豈意拂雲衢。晚節如相似，芳心幸不孤。

又次屺瞻韻六首

阮籍頻來賞，劉郎倩作媒。籜沾紅雨潤，花壓緑陰開。映水非依柳，迎寒豈伴梅。清樽盈竹葉，常教玉人頹。

江南春雨後，密篠映芳叢。苦憶鄉園裏，驚看小苑中。枝分千畝緑，花借六橋紅。幾尺琅玕上，嬋娟立晚風。

何事倚修竹，嫣然點緑苔。祇應貪結子，好待鳳雛來。筠粉紅妝膩，綃衣碧玉裁。從來天上樹，常避俗人栽。

春色移長夏，閒花麗復幽。青鸞紅粉隊，彩鳳碧雲頭。高士鄰桃渡，佳人醉竹樓。瀟湘千古淚，點點落春流。

霜筠多勁質，亦解鬥羣芳。數朵溥朝露，疏枝泛夕涼。影連青玉案，色映紫霞觴。最愛蕭疏裏，春風滿畫廊。

傾城悦名士，春色是良媒。正對蕭蕭影，還憐灼灼開。叢篁成綺樹，節候近黃梅。幸託霜根老，芳菲豈易頹。

送子修同年歸溧陽省覲四首

驅車一自別湖天，秘閣詞曹近十年。騎馬每隨仙仗裏，揮豪常在御牀前。鶯花處處旗亭酒，屏障家家蜀錦箋。似子風流京國少，何堪惜別禁雲邊。

數載聯裾在鳳池，與君同得奉光儀。西園玉醴承恩日，南苑宮櫻拜賜時。行殿曉煙朝進講，直廬春雨夜成詩。從兹銅雀前頭立，風度常思玉樹枝。

蔬水寧親願不違，君恩特許覲庭闈。毛生拜闕持丹誥，萊子還家着賜衣。匹馬莫辭鄉路遠，居人争看侍臣歸。祇今長蕩湖邊去，蓴菜鱸魚秋正肥。

緑槐丹地共橫經，好友關情比鶺鴒。幾度銜杯思舊雨，十年同學漸晨星。高踪自是雲中鵠，佳地還鄰木末亭。聖主九重宵旰日，煙霞莫戀白鷗汀。

同年諸子於寄暢園爲子修餞飲五首

經年游讌少，荷綻此初過。葉覆平橋密，花迎曲檻多。入林開枕簟，隔水駐笙歌。還送南歸客，鄉心奈爾何。

幽林時雨歇，騎馬蹋晴沙。蟬噪偏臨水，荷香不在花。朱欄新畫閣，古樹舊浮槎。丘壑留餘賞，風流説米家。

蘋香含宿雨，人影落清池。脱帽狂呼酒，高吟卧聽棋。漁樵任雜遝，鷗鷺莫驚疑。惆悵斜陽外，微涼惜别時。

風生荷蓋上，欲去重淹留。浮果游魚出，移尊小閣幽。孤村堪避暑，六月蚤迎秋。南陌勞勞者，征車似水流。

頻年游賞地，今日獨歸人。冉冉江南客，棲棲冀北春。傍籬思荷鍤，臨渚憶垂綸。初服何時遂，漁樵乞此身。

寄省齋

先世風流緑野存，韋家相業有文孫。庭前彩袖圍雙鶴，天上琪花照一門。書畫扁舟桃葉水，鶯花别築謝公墩。東坡自譜南飛曲，詩滿牀頭酒滿尊。

重九前二日夜同念齋話太湖光福之勝偶成二首

迂懶連朝出每遲，過從舍此更何之。高談不似塵中話，妙悟多於病起時。黄菊鄉園千里隔，紫螯風味兩人知。清樽自是吾儕樂，今古迢遥寄所思。

閒話家山益惘然，洞庭林屋四時天。千村花圃延游屐，萬疊谿光引畫船。梅浪風翻銀海雪，梨雲香暗錦城煙。與君豫訂棲遲日，取次探幽住一年。

寄湖上仲兄六十生日三首

精廬結處傍湖天，千樹喬松十畝蓮。慈母小齋留綉佛，吾兄清興寄逃禪。兄有綉佛閣，爲慈大人手澤，自顔『日逃禪』。性耽栗里何妨隱，家在桃源本是仙。獨有風塵騎馬客，年年歸夢涉江煙。

天涯踪迹寄承明，久解人間軒冕輕。賦愛陶潛三徑在，年侵潘岳二毛生。飽嘗世味思田里，深歷人情憶弟兄。月落蕭齋霜葉暗，秋來獨羡雁南征。

一曲漁歌勝鑒湖，鹿門鴻案引諸雛。桑麻自可娱身世，雞犬猶堪入畫圖。紅葉正宜青從事，碧山不厭白髭鬚。茱萸遍插休相憶，且盡花前酒百壺。

同念齋坐善果寺

荒寺蕭蕭木落時，何來閒客共棲遲。斜陽影裏聞清磬，黄葉聲中讀古碑。破衲正逢僧定出，空階坐見塔陰移。與君竟日香林話，十丈紅塵滿路岐。

十月初二日景山侍宴

御苑秋深葉正飛，金鋪碧瓦散晴暉。平臺萬樹連青瑣，北極三峰護紫微。屬國象胥沾聖澤，羣公虎拜奉恩輝。書生豹尾雲中立，入侍名王盡錦衣。

送姚汪若歸里門二首

朔風遠送故人車，聽我清歌且勿譁。萬石諸郎皆謹厚，謝庭羣彦復才華。風流觴咏堪千古，禮法文章數一家。未達如君莫惆悵，且歸幽築看梅花。

城西手自闢荆關，松竹經年待客還。遠市林塘供嘯傲，閉門丘壑任躋攀。清陰低覆亭邊樹，積翠遥看郭外山。來歲春風相憶處，枕書浮白落花間。汪若新築兹園始成。

喜姚小山自德安令以卓異入都二首

蚤年射策重西京，出宰江州最有聲。力減租庸紓瘠土，計增壁壘保孤城。書生百里兼談武，循吏千家學治兵。今日巖廊虚左席，好將經術致昇平。

一卷吾家道韞詩，珊瑚簏底總相隨。玄霜更許迎桃葉，紅雪還能賦竹枝。錦瑟定知宜玉樹，鵷雛應待浴龍池。期君香繞鳴珂日，正是珠擎繡褓時。吾從妹適小山，著有保艾閣集。

送兄子德遠歸里遂之吴越二首

帶甲馳書滿路衢，關山驢背獨崎嶇。殘年風雪經三晉，入夏煙花又五湖。自愧中郎成宦隱，深慚小阮尚饑驅。乘流若泛耶谿櫂，爲訪山陰舊酒壚。

六載雲山隔弟昆，馬蹄塵裏度朝昏。烏衣偕我依王謝，脈望同予長子孫。共話漁樵思故國，飽嘗藜藿閉閑門。何堪又送南歸客，浮渡煙嵐擾夢魂。

題　畫

枳籬茅屋迥無塵，滿徑苔痕不記春。一自陶潛爲吏去，北窗閒卧復何人。

七月十七夜將曉金水橋看月

萬井雞聲繞建章，西清雲樹轉蒼茫。石橋倒影看殘月，金水微波動蚤涼。曙色觚稜先送曉，露華松柏暗生香。幾年坐聽南宫漏，千步廊前數雁行。

又成絶句

臺殿參差入望寬，黄金鴛瓦玉闌干。十年一片長安月，常向東華待曉看。

同項眉山前輩素存宗兄緘齋歌起玉依同年飲城南小園

百丈黄塵惹鬢絲，偶因逃暑入花籬。清曹閒客荒園路，白祫高談夕照時。松勁最憐垂地影，槐低偏惜礙人衣。爲看暝色蒼煙好，莫訝停車去轉遲。

彦昭客予齋中有感懷詩同孝儀用原韻和之四首

蕭齋淹好友，倚徙坐藤陰。同作憂時客，難爲感遇心。銜杯風雨夜，擊筑短長吟。千古名場恨，由來重賞音。

薄宦成予懶，年來午睡宜。不知長夏晚，但覺緑陰移。飯罷魚分食，吟餘客賭棋。草花隨意種，幽事學東籬。

海寓昇平日，驚飆起夜郎。吞聲悲父老，動色望巖廊。波冷湘江闊，雲埋蜀道長。何時兵甲洗，天際落欃槍。

饑驅陶令句，乞米魯公書。憂世談何易，謀生計亦疏。秋蟲含露語，春燕寄人居。底事空搔首，年年憶敝廬。

宿吕仙祠　門臨泡子河

攜來枕簟聽鐘聲，泡子河邊月正明。丹鼎煙霞迷舊性，黄粱事業誤浮生。嚴城柝急烏啼蚤，古屋燈懸鶴夢清。我欲采芝行藥去，從君一問碧山程。

姚小山相訂游城南寄暢園不果往示同游諸子二首

習家池館正芳菲，有客相將款竹扉。南陌垂鞭乘曉露，小亭鋪簟待斜暉。紅蕖颭水侵人影，高樹分涼到客衣。惆悵由來平子慣，年年幽賞願多違。

明河翹首隔煙霞，博望虛傳欲泛槎。底事三山疑海上，等閒十里即天涯。多慚關吏還攜酒，右安門尉是日治具。深愧園丁爲掃花。遊客莫將幽勝事，軟紅塵裏向人誇。

送方邵村還金陵二首

海天高翥羨冥鴻，建業移家隱桂叢。此日桑乾重策馬，當年京洛舊乘驄。丹顏嘯傲諸卿上，墨瀋淋漓五夜中。自是清才兼衆妙，一時傾倒識宗工。

閒情藻思滿滄洲，常向旗亭物外遊。燕市黄花爭迓客，津門紫蟹正迎秋。高談盡愛陳驚坐，佳句羣推趙倚樓。木落霜飛偏惜別，石城南望大江流。

題畫梧亭小景二首

幽人小築石橋東，紙閣湘帘正晚風。滿地碧雲波蕩漾，始知疏月在梧桐。

書窗疏影緑參差，好是清秋落葉時。一夜新詩吟不寐，朝來題滿碧梧枝。

背郭臨谿老樹傍，小橋流水入方塘。他年若得林泉住，多種紅蕖與綠楊。

送七弟歸里四首

七載驚離別，今看頰有髭。性能敦孝友，雅復善文詞。醇謹吾真愛，清寒爾最知。勞勞問親故，姜被夜闌時。

雁影霜天度，新沾陌上塵。祇因余薄宦，深愧爾長貧。閉户承家學，重泉慰老親。要知天意在，培植藉艱辛。

故山雲樹外，惜別動離愁。遠客當殘歲，長途倚敝裘。風霜看岱色，冰雪入河流。猶喜家園好，烽煙已漸收。

手植寒花在，歸時憶正開。莫將京國態，話向故山梅。歷亂江城雪，團圞伏臘杯。讀書兼教弟，珍重問南來。

上李高陽閣師

寰區鍾閒氣，象緯誕師臣。補衮傳家學，登庸邁等倫。端卿推世範，文靖本天人。聖主憑依重，先皇顧問頻。蚤年登秘閣，壯歲秉洪鈞。治道從容論，訏謨密勿陳。高深同海岳，翼贊在絲綸。輓俗還三古，調元序五辰。持躬方且直，愛士澹彌真。宏奬皆才雋，旁搜極隱淪。屢崇槐位秩，三典杏園春。事業符天紀，聲華溢地垠。詩尤刊月露，學獨闢荆榛。揆席禎符集，臺階景福臻。斗杓方建亥，崧岳慶生申。厚德培仙李，長齡頌大椿。金章傳奕代，玉醴賜千巡。共仰臺星麗，光輝映紫宸。

存誠堂詩集卷十五

近體詩一百七首

送彦昭還里二首大郎士鬢予壻也前年來贅京師時挈壻女同行

頻年坎壈奈才何，驚入新霜鬢漸皤。骨肉翻從京國聚，牢騷常聽醉吟多。黄花恰送人歸里，落葉偏催馬渡河。爲憶講堂春晝好，皋比差許勝煙蘿。

嬌女年年繞膝行，鵲巢初御返江城。遠游喜賦將雛曲，薄宦深慚賣犬情。故國田廬堪燕譽，外家兄弟羡冰清。高堂日奉舍飴樂，綺閣春風叶鳳鳴。

題汪蛟門舍人百尺梧桐閣圖因送其歸省四首

舍人觴咏頗能豪，十二澄泥佐吮毫。高閣醉吟江月落，新詩堪敵廣陵濤。蛟門有十二研齋。

廿四橋邊有故廬，高梧修竹映階除。東華十丈紅塵裏，乞得閒身且著書。

華髪高堂比偓佺，衝寒歸養獨翩然。齒將甲子生汪季，目見成名已十年。尊甫觀瀾先生年九十餘。

蕪城柳色錦帆雲，浮玉江泉手自分。杖履可隨書可讀，此生雙得不如君。

午日講筵

瑶函永日待宸楓，講幄西情〔一〕閣道通。彩綬天中傳令節，冰壺殿角動微風。香分艾葉牙籤緑，色映榴花玉簡紅。不用廣陵求百鍊，君王寶鑒六經中。

校　記

〔一〕『情』，康熙四十三年刻本作『清』，是。

贈王近微先生

蒼松蓋偃九華芝，中有仙人冰雪姿。幽夢不緣丹詔起，賞心惟許白雪知。雪間鴻爪看軒冕，花外鶯聲倒接䍦。仰止高風稀得似，吮豪曾賦墨莊詩。先生屢膺薦辟，固辭不赴。

即事二首

燈夕諸王宴禁闈，蜜羅柑貯紫金盤。盡頒御饌遍留得，指點西頭賜講官。

紫閣新懸五色絲，蒲香榴火映龍墀。中官滿注雄精醆，尚待君王罷講時。

題贈宗室鎮公四首

清時帝子奉恩光，金殿東頭第一行。若木連枝叢玉葉，仙源分派接銀潢。紫庭霞起陪芝蓋，梁苑花飛集羽觴。自是九天鸞鳳侣，桂宫蘭坂日翱翔。

聞禮聞詩道氣濃，天家兄弟盡璜琮。東平樂善傳家學，沛獻能文號雅宗。對客清吟常磊落，退朝儒服自雍容。從來仰止天孫岳，何幸光儀此日逢。

虚懷若谷獎羣倫，賓從鄒枚授簡頻。愛士不矜軒冕貴，憐才常問薜蘿人。手揮白雪朱弦古，自寫黄庭彩筆新。莫訝冰心恒獨映，蓬瀛高處本無塵。

曲曲朱欄帝子居，琴樽瀟灑間圖書。閒窗竹色秋聲滿，小閣梧陰夜雨疏。綺砌春翻紅芍藥，湘帘宵透碧蟾蜍。懸知漏轉花深處，日日高吟步玉除。

春日西苑石橋南望

杏花開滿石橋西，楊柳參差緑覆堤。湖上日斜春水闊，波痕動處浴鳧鷖。

何日

何日青山下，誅茅結數椽。暮蟬千樹柳，曉露一池蓮。摘豆朝餐飽，抛書午睡偏。便須從此去，蓑笠老江煙。

雜咏五首

田田荷葉點參差，纔見如錢貼水時。幾日馬蹄橋上過，翻風颭雨緑盈池。

棲向華林第一枝，野禽偏抱故山思。君恩若許三年住，猶是歐陽憶潁時。歐陽永叔年四十四作思潁詩。

紅藥春深萬朵開，豐臺歲歲爲花來。今年只向銀瓶裏，倦眼燈前看幾迴。

千片紅飛御苑傍，同君指點過長楊。杏花枝上春纔謝，杏子盤中色又黄。

朝暮經過一徑偏，石橋何事最留連。華林苑裏千株柳，太液池頭十畝蓮。

九日同説巖訒庵兩前輩澹人近公直南書房限登字

木落鴻飛曉露澄，家山兄弟正偕登。故園黄葉三千里，深殿朱欄十二層。數子秋吟同禁漏，百城朝擁對觚棱。此身惟覺君恩重，欲遂巖耕苦未能。

又限高字

臨渭亭前拂彩毫，分題不減昔時豪。人間秋到龍墀蚤，天際雲依鳳闕高。九日風光偕勝侶，十年京國愧詞曹。相期珍重茱萸節，明鏡新闚感二毛。

讀堯峰集

予每謂人當有性情之樂，然未敢輕以語人，即語人，亦多不解。讀堯峰集髣髴遇之，知鈍翁於此中有得也，率爾成一絶句。

禁漏沉沉出每遲，昨宵歸夢到柴籬。起來自擁羊裘坐，愛讀堯峰一卷詩。

寄柯素培銀臺　時母夫人年八十餘

每瞻風度慰平生，曲巷比鄰聽履聲。自著彩衣娱壽母，頓教白社有清卿。一門耆耋通仙籍，諸子才華滿帝京。遥憶梅花最深處，麻姑膝下坐吹笙。

贈施愚山二首

共住江南北，才名仰顧厨。青山耽舊業，丹詔起醇儒。久愛詩篇好，兼聞道氣殊。明時方側席，莫擬著潛夫。

鄒魯弦歌地，掄文最有聲。襜帷看泰岱，函席接蓬瀛。大雅傷淪棄，宗風賴拄撑。豈應將五字，獨數謝宣城。

堯峰石塢山房詩六首

三萬六千容易過，肯將車馬换林泉。每逢題咏谿山卷，一度詩成一惘然。

雲磴煙蘿寄所思，還山愛作送人詩。堯峰得去君須去，紫筍黄鸝正好時。

幽棲勝地羡汪倫，曳杖高吟果絶塵。我向詩中猶夢憶，况君原是比鄰人。山房與鈍翁居爲鄰，堯峰集中屢及之。

赤日紅塵没錦韉，官街賣水索千錢。何人家在峰頭住，洗竹澆花盡乳泉。乳泉、文石皆堯峰所有。

文石經年碧蘚封，幾時重印道人踪。莫將塵土東華語，話向西谿石上松。

桂楫蒲帆好泝洄，題詩先寄水雲隈。畫中記取堯峰路，須乞閒身得得來。

寄題仲姊龍眠山房三首

郭外名山近，新聞選一丘。垂帘花嶼晚，洗硯碧潭幽。竹杪泉聲落，松顛閣影浮。諸甥能色養，奉母數來游。

野性耽林壑，孤雲寄所如。十年京國夢，千紙故園書。烏倦思投樹，龍眠擬卜居。家山幽勝地，何處是吾廬。

欲遂吾廬願，殷勤囑魏舒。衆峰羅户牖，一水入庭除。樹色千章密，花田十畒餘。幅巾藤杖日，相約比鄰居。

題石林扁舟釣魚圖四首

柳下扁舟一釣竿，畫時容易到時難。五湖煙水知無限，但許人從紙上看。

故人家傍射陽湖，聞説園林比畫圖。此願有時應得遂，只愁添著白髭鬚。

軟紅塵裏是長安，滿眼盧生夢未闌。敢信湖山曾有分，莫將蓑笠等閒看。

細草微風漾緑波，此中贏得醉吟多。扣舷若咏滄浪句，須念題詩張志和。

送吴婿驥偕次女還桐城

大雅推先子，襟懷若飲醇。鳳毛今楚楚，麟趾本振振。鞠育淩鳳翼，辛勤履雪人。冠纓承世澤，師友在天倫。薄俗驚吾里，潛光喜至親。讀書心貴小，求益意須真。莫厭編摹苦，長辭剥啄頻。樓高聽曙鼓，徑僻閉秋筠。羽翮能殊衆，扶摇自絶塵。寸陰如尺璧，珍重少年春。

送仲張南還二首

揮毫擊鉢愛詩成，平子才華滿帝京。瑣院人争推藻鑒，登壇賦可擲金聲。莫因去住尊前話，輕感浮沉世上名。眼底揚雄曾未薦，千秋慚對漢諸卿。

頻年京洛共棲遲，忽見吴舠送别離。世路崎嶇淹壯歲，高才淪落嘆明時。鵪鴒枝上花連萼，鸚鵡杯中雪映眉。暫向滄江修菽水，五湖秋蚤足蓴絲。

送李天生檢討還秦中四首

當宁旁求切，張羅得鳳麟。同朝傳盛事，空谷起斯人。壯志經綸闊，高懷器業醇。愛君風味好，不改舊松筠。

鴻編須巨手，何意獨抽簪。芸閣他年事，蘭陔此日心。上書臣願切，優詔主恩深。珍重承歡去，非關戀碧岑。時方纂修明史。

仲蔚蓬蒿徑，曾聞客款扉。頻教清夢接，翻遺素心違。翦燭期同話，吟詩却送歸。薊門秋色蚤，河柳正依依。

報國儒臣事，君歸豈漫然。地維連蜀道，天險扼秦川。塞北多鳴鏑，河西有控弦。聖朝恩澤厚，藉與遠人傳。

贈孫愷士孝廉

孫綽才名久，頻年客帝鄉。登車陪仗節，覲日近扶桑。詩重雞林價，金辭陸賈裝。歸來報天子，聲譽動巖廊。曾隨侍衛之朝鮮，辭其饋金。

寄三兒八首時爲吴門學博

委頓京華客，頻年懶寄書。遥知同宦味，定復憶吾廬。別業花圍屋，閒亭柳覆渠。一從平子去，摇落近何如。

茂苑攜家住，谿山與性宜。吴舠行送酒，籃筍坐吟詩。地勝堪求友，官閒任教兒。久聞林屋好，莫負看花時。

醇謹先人訓，鄉閭重老成。祖風傷濩落，家督藉揞撐。雞犬新豐意，枌榆故壘情。好憑魚雁近，時與囑江城。

吏道何堪問，儒官尚可爲。比來聞士論，端不愧人師。談史原驚座，詮詩舊解頤。設縻當儉歲，方法捄民饑。方奉檄賑饑。

抱書還載筆，曉向玉階頭。日日詩懷減，星星客鬢稠。報恩慚一飯，讀史愧千秋。臣迹奇相似，空懷李鄴侯。

每逢親與故，切切話鄉園。薄宦仍如客，浮家已抱孫。聞雞星照户，下馬月當門。剩有團欒趣，兒童笑語繁。

柳色西華路，平橋入翠微。好風來上苑，盡日掩雙扉。留客開宸翰，迎寒理賜衣。榮光如可燭，檢點愧恩輝。

未卜松楸地，沉憂不可删。幾時還白社，無計買春山。十載墳邊草，雙親夢裏顔。何堪淹大事，兄弟各閒關。

偶作

二十年前種竹詩，倚窗遥計密陰時。只今辜負窗前竹，露壓煙籠碧玉枝。予己亥初築遠峰亭，作種竹詩，有『倚窗遥計密陰時』之句。李芥須賞之，客徐莘叟前輩家，作移竹詩用此結句也。共皋城徐太史『倚窗遥計密陰時』，今偶憶及，續成絶句。

寄仲姊三首

同氣俱華髮，深推道韞賢。禮遵慈母訓，詩續大家篇。珠樹三枝秀，籃輿一徑偏。春暉堂上燕，會見羽毛鮮。

婿真誇玉潤，翁獨愧冰清。紙閣連鴛瓦，璚簫近鳳城。杏花迎客騎，榴火促歸程。期慰倚閭望，徒牽弱女情。甥爲予第二婿，時就婚長安，送歸。

星光懸屋角，多是入門時。慧愛羣兒語，貧憐巧婦炊。家山清夢繞，宦味白髭知。骨肉如相念，裁書莫厭遲。

秋日咏懷八首

石橋官路繞清波，兩見秋容老芰荷。共羡賜廬連禁苑，還驚騎馬入鑾坡。雲霄地近愁偏劇，歲月恩深愧轉多。日睹至尊宵旰切，迴翔空自曳鳴珂。

霜天雁度落殘星，正是南歸客夢醒。萬慮俱空緣讀史，百年將半愧窮經。心同魚鳥思山澤，身似雲霞傍殿庭。野性時驚阿閣上，朝朝開落數蓂莢。

故園兄弟各浮家，雲外三千客路賒。數點江天鴻雁影，幾叢煙樹棣棠花。棲遲鶴市官原冷，放浪漁舟髮蚤華。恰近登高舊時節，風前搔首夕陽斜。二兄、五兄隱湖上，三兄爲吴門學博。

居近西園水石幽，忽聞孤鶴唳清秋。稻粱恩重應难報，林壑情深可自由。盡日整容迎翠輦，有時刷羽望滄洲。久將煙島菰蒲樂，輸與南汀雙白鷗。

十年宦味客長安，次第霜華鏡裏看。閱世甘言吾道拙，匡時深覺古人難。窗臨古壁蟲聲切，門掩空庭月色寬。青史青山俱誤却，秋英羞對菊花團。

頻年凋敝數江鄉，親故書來亦渺茫。南國干戈猶未息，東菑禾黍又全荒。吞聲獨有民生苦，優詔羣知聖澤長。幸遇細旃清暇日，時將水旱達巖廊。

碧瓦朱甍映晚晴，秋光偏向玉階明。層霄惟見征鴻影，清禁稀聞落葉聲。對幌書教翻錦字，研朱露許瀉金莖。等閒細雨籬邊菊，底事頻來繫遠情。

芸閣攤書啜茗閒，同君款款話家山。煙開杏蕊霞烘屋，風落梅花雪閉關。一水到門容蕩漾，千峰如畫任躋攀。心知不比方壺遠，枕畔樽前自往還。

給諫茌平王公輓詩四首

世仰河汾學，人鍾泰岱英。訏謨推大諫，雅度重清卿。久負寰中望，常標物外情。獨留遺草在，朝野共吞聲。

節物逢休沐，林巒數往還。曠懷耽好景，遊迹遍空山。夢憩松窗下，詩留蘚壁間。來青軒裏句，指顧動天顔。英扆蹕至來青軒，上見壁上有公詩，賜問，謹對：『臣康熙二年舉人。』臣曰：『高典江南鄉試。』

寒松凌絕壑，清譽冠時賢。蚤歲登華省，長貧少俸錢。書猶堆鄴架，花自發平泉。客滿孫弘閣，風流海内傳。

千里茌山道，經年感嘆頻。薦剡空悵望，執紼久逡巡。共灑扶風淚，深慚立雪人。些詞同宋玉，哀輓送車塵。

為澹人題賜榴圖

榴房新結水晶圓，齲齒迎秋色倍妍。深識侍臣將母意，常教懷橘至尊前。

送倪甥伯醇南歸

魏舒挾策遠相過，惜爾長貧衣薜蘿。太史縹囊書蚤讀，成均石鼓字新摩。青山路繞倪寬宅，匹馬人歸魯肅河。猶喜故廬三徑好，梅花春信動南坡。伯醇居魯王河，有子敬遺迹。

送王仲昭還錢塘

明珠百琲思如泉，脱腕新詩洛下傳。天子好文官特簡，相公愛士榻常懸。青山叢桂仍招隱，白髮蒼松與記年。和靖千秋湖上客，梅花鶴夢兩翛然。仲昭名嗣槐，杭州人，為益都馮相國重客，詔以年老，有文學，特予中書舍人銜。

對盆中緋桃花却憶

故國春山路，桃花劇可憐。淺深叢竹裏，紅白小谿邊。帶雨迷村市，和煙壓釣船。祇因温室樹，相憶却年年。

曉　起

疲馬嘶中夜，聽雞陌上趨。寒星當曙白，霜月入煙孤。波静魚初躍，林鮮鳥乍呼。山窗幽夢穩，誰與問潛夫。

蚤經玉蝀橋

曉日華林道，鳬鷖宿淺沙。新荷香在葉，芳草露爲華。碧瓦迷朝霧，紅亭接曙霞。幾年騎馬客，鞭影起林鴉。

送丁雁水之任贛州

旌節虔州使，新從粉署來。江連章貢水，城對鬱孤臺。共喜休兵日，欣逢濟世才。政閒吟好句，香接嶺南梅。

寄冒巢民二首

翛然野鶴迥無塵，竹塢花谿洽隱淪。閒聽搘頤談往事，陶潛窗下葛天民。

海上神仙近可呼，紫芝瑶草接方壺。鹿門況有雲英伴，自寫生綃五岳圖。

瓶　花

一年花事膽瓶中，拂研猶含曉露紅。偏到華清最深處，撩人無限是春風。

遊仙詩二首

碧窗仙館接蓬瀛，玉蕊雲芽繞坐生。七寶玻璃傾石髓，水沉香裏聽吹笙。

十二層城倚碧空，滿樓明月滿帘風。洪崖相約驂鸞處，千樹桃花曉露中。

贈姑蘇周履坦 履坦供奉内廷，時上命爲予畫小像。

直廬鈴索地，曾識顧長康。寫照傳天語，揮毫近御香。宸顔頻激賞，衰質藉恩光。底事耽湖海，輕帆别帝鄉。

送何牧伍之任洪雅

魚梟天塹下王師，何遜新硎出宰時。客路秋雲過劍閣，官齋山色對峨眉。遺黎尚有花村在，御吏真於黍谷宜。好把瀼谿詩一卷，看銷兵甲理東菑。

野老

野老青藜杖，空山白葛衣。菜畦朝露往，花徑夕陽歸。竹色忘榮洛，鷗言無是非。此間差不惡，消息愧知稀。

抱膝

抱膝扁舟上，天光接水雲。芙蕖清照裏，明鏡對湘君。逸興看魚樂，閒情入鷺羣。不知霄壤內，何處著塵氛。

却憶

却憶空潭碧，風亭一水隈。清流銜砌轉，飛瀑濺珠來。梧影當窗落，蘭香繞榻開。數聲黄鳥歇，高枕夢初回。

却笑

一灣新漲裏，千樹緑楊邊。濯足還垂釣，清歌自扣舷。長腰炊玉粒，縮項煮銀鯿。却笑秦樓客，吹簫枉學仙。

擬王右丞田園詩十首

白袷輕衫策杖，柳陰十里新鋪。幽徑一聲黄鳥，何羨輿前八騶。

垂地柳絲千尺，翻風裛露輕盈。中有柴門隱約，日高惟聽春聲。

深苑重帘小閣，枝壓梅花萬重。户外久無人迹，讀書煨芋三冬。

梅子風光將近，櫻桃時節初過。碧愛上林玉籜，浄憐出水錢荷。

構得五間茅屋，千山萬山落霞。欲覓先生何處，小橋流水桃花。

漫道平泉金谷，山人絶世繁華。朝露晴光芍藥，晚煙明月梨花。

瓜蔓寒侵籬落，豆花秋滿階除。留客山厨晚飯，起來自翦新蔬。

別業新題學圃，園翁自署山癯。稚子扶輿捧杖，奚僮絜榼提壺。
比舍家家竹徑，肩輿日日松陰。寄語風流賀監，惟輸頭白抽簪。
倦後清泉煮茗，睡起羅衣御風。竹榻蕙蘭香裏，水亭菡萏波中。

賜魚晚餐

翠釜烹鮮雪滿匙，團圞兒女晚餐時。莫因天上魚羹味，謾起江東鱸鱠思。

湖上

湖上春殘灌木稠，田田荷葉送扁舟。朱櫻碧筍鰣魚白，不羨人間萬户侯。

秋蘭

楚澤來高士，風流迥絶塵。夢魂依九畹，時序避三春。枝弱常含露，香輕不媚人。湘娥臨洛浦，應是此花身。

何處

何處年光好，春風芍藥欄。鳥啼深柳墅，魚上落花灘。山水奇懷得，煙雲放眼看。此生差可慰，隨分有餘歡。

寄于北溟撫軍

厚德于門夙所欽，高名獨滿禁庭陰。揚清激濁匡時略，映雪懷冰濟世心。地近五雲新秉鉞，公來三日恰爲霖。宸衷最念蒼生切，報國酬知重古今。

柬新安汪快士

蚤年同有煙霞癖，輸與黃山老布衣。春雨花田頻入夢，秋林霜鶴共忘機。句中野色含青靄，卷裏泉聲落翠微。白岳何時隨步屧，豈令丘壑願常違。快士有山水癖，自稱黃山老布衣。

示南歸老僕

汝歸好向龍眠路，爲我經營十畝居。園果分移成聚落，山泉疏引到庭除。須教竹圃陰常滿，莫遣梅亭影尚疏。辛苦荷耡春雨後，南鴻珍重寄來書。

存誠堂詩集卷十六

近體詩九十五首

讀香山詩漫擬六首

樂天老去興猶狂，東洛新居履道坊。翠竹影遮漁浦暗，白蓮花抱水亭香。官資吳越三州守，生計池臺十畝莊。莫道醉吟還寂寞，清商一部舊霓裳。

香山逸趣更誰過，一閒其如未達何。每道匡廬山色好，何緣司馬淚痕多。側身縱愛官常冷，顧影偏驚髮蚤皤。怪底浮名都誰〔一〕却，难抛詩句與笙歌。

說著天涯尚有涯，茫茫身世較來賒。親知圓缺波中月，事業榮枯鏡裏花。彭澤罷官惟種秫，輞川謝客正耡瓜。風光滿眼誰能惜，洛水東頭白傅家。

家在龍眠衆壑西，柴桑門外繞清谿。繁英滿坐風飄入，碧草當階雨翦齊。珍味世間輸紫筍，艷歌花下讓黄鸝。此間若許頻來往，更復何心逐馬蹄。

意中鴻鵠苦難持，天際雲山望轉疑。枕上更無心裹事，樽前常有口頭詩。參來寵辱忘機處，看破功名歇手時。白傅清吟差可愛，但嫌賓客去官遲。

芸閣丹青照綺疏，珠帘銀蒜玉蟾蜍。花移温室知春蚤，香换薰爐報午初。綸綍清華三品秩，蓬萊深閟四年居。好曹〔二〕不盡書生福，老向空山學荷耡。宫中香爐换火則知正午。

校　記

〔一〕『誰』，康熙四十三年刻本作『謝』，是。

〔二〕『曹』，康熙四十三年刻本作『留』，是。

題羹湖畫奇石修竹圖四首

架竹危樓入渺茫，插天奇石削青蒼。披圖忽見家山面，金谷巖西浩嘯廊。金谷巖、浩嘯廊皆浮山最佳處。

百尺璆琳列翠屏，聽庵皴法瘦偏靈。點蒼山色曾經見，筆底芙蓉别樣青。羹湖别號聽庵。

片片稜峰鬥蔚藍，枝枝疏影拂煙嵐。偶然寫傍篔簹谷，莫便將歸海岳庵。
故園遥寄大江濱，薄有蒼巖與緑筠。苔蘚没來風折盡，納涼醒酒讓何人。

送弟怡齋歸里門省親

數載居鄰太液池，惠連觴咏每相隨。拜官喜近鶯花日，將母先歸雨雪時。布被好同明月夜，彩衣親捧大年卮。重來細聽家山話，玉蝀春深柳正垂。

歲除前一日退直

退食輕寒晝掩關，梅花香色卷書間。移來暖室三春卉，乞得勞生一日閒。手倦安弦忘淥水，夢來隱几即青山。當窗莫謾闚明鏡，六七年來鬢已斑。

題畫

頓洗東華十斛塵，谿山驚見眼重新。何時讓水廉泉裏，闢地誅茅許結鄰。

送儲庶子玉依歸陽羡省親

柳陰涼處騎駸駸，鶴苑誰聽禁漏沉。捧檄正逢將母日，含飴還慰報劉心。東吴風俗毗陵古，南國谿山罨畫深。廟後蚤香春岕路，可能容我共探尋。

寄李清照先生

儒宗海内仰晨星，司馬曾同策大廷。柱下博聞推舊史，濟南遺老重傳經。隱當盛代甘頭白，業在名山有汗青。侍從幾年陪謝鳳，巋然彌想鶴儀形。叔父大司馬公同年進士。

荒　村

偶向平沙外，荒村信馬蹄。谿迴楊柳暗，雨過杏花低。生事圃尤樂，春陰菜欲齊。何須武陵曲，雞犬令人迷。

扈從至馬蘭口登長城二首

戍樓臨絶徼，何意得躋攀。縱目城南堡，驚心塞北山。雲陰迷古堞，峰勢逼蕭關。戰壘清時廢，微茫草樹間。

帝治稱無外，嬴秦始築墉。高低綿衆壑，掩映帶羣峰。萬古風霜色，終朝虎豹踪。興亡不在險，謾詡一丸封。

宿黄花山

四圍青嶂繞東菑，栗里柴門護短籬。好水好山春草路，輕煙輕雨杏花時。池魚忽縱曾游壑，籠鶴驚回舊宿枝。歸向紅塵最深處，馬蹄何事更嫌遲。

望盤龍山

横雲諸嶺峻，東接薊門煙。石色幽燕冷，鐘聲古塞傳。佛飄燈作供，僧藉果爲田。縱目勞延望，曾無福地緣。

退直小暇插瓶中芍藥

揀得將離四五枝，沸湯親注白花瓷。夜來紙帳高懸却，領取繁香夢醒時。

晢如三兄至都門贈詩即次韻

詩囊驢背正春陰，顧我長安此意深。笑語總含泉石味，雲山相勸弟兄心。數莖共訝新添雪，十載重温久别衾。話到灌花澆竹好，只堪抱甕學爲霖。

故鄉人來言仲兄於湖上搆一亭將以待予隱遂成四首奉寄

湖干仲子深相憶，爲我臨流置一亭。魚躍紫鱗衝斷岸，鷺摇白羽落前汀。當檐樹向杯中緑，隔水山從鏡裏青。話到夜闌頻有夢，起看涼月滿疏櫺。

倚山傍澤自爲村，卧虎磯頭築短垣。幾姓漁樵成聚落，廿年耕鑿長兒孫。鋪隨細雨疏花徑，網曬斜陽挂蓽門。幽事漸多塵事減，日偕鷗鳥認潮痕。

幾年不蹋市塵踪，老去真成澤畔農。生計無多惟秫稻，花時最勝是芙蓉。蕭齋自與神仙侣，舊綉猶存古佛容。午睡足時杯在手，柳邊閒聽日高舂。

頻向田園寄素書，南湖原傍北垞居。一谿擬種花圍屋，十里先教柳覆渠。好引妻孥同釣艇，還將子弟御柴車。何年對數霜華鬢，醉脱荷衣共捕魚。

送晳如三兄南歸二首

詩懷逸興舊蕭然，風雨江南憶惠連。别緒纔傾桑落酒，歸心先寄木蘭船。逃名蚤歲移村社，避俗全家傍墓田。自是桃源雞犬樂，莫將輕與世人傳。

路過西嶺隔雲居，輞水藍田儻不如。花徑到門惟野客，山厨入饌有谿魚。黄鸝緑樹經春晚，紫筍紅蕖入夏初。似此風光正堪惜，肯教明月小窗虚。

寄念齋

林屋谿山震澤煙，愛君門繫蕩湖船。鶯花最是留人處，丘壑多於入仕年。小圃養親原近市，空堂留客日聽泉。臨風欲寄無他語，惟賦斯干吉夢篇。

寄魏柏鄉閣師

清時元老狎樵漁，弼亮功成賦遂初。白社漸忘綸閣貴，黑頭蚤傍午橋居。姬公制作原多藝，司馬勳名半著書。海内正思公再入，未容蘿薜久懸車。

送施愚山侍讀校士中州

仕籍頻年苦翳塵，元音大雅亦荆榛，一經猶是寒微路，特簡無如冰雪人。弦誦舊傳東海上，鑒衡今見大河濱。嵩山少室曾游處，重賦雲煙錦字新。

九日内庭對菊四首

盡日秋懷憶舊山，黄花相對一開顔。誰言碧砌朱闌裏，不勝柴桑籬落間。

上苑經年宿土培，錦瓷黄帕護花來。折腰老盡陶潛興，更向何人含露開。

判向深山作老農，野花野水澹秋容。悠然採盡籬邊菊，忽見龍眠第幾峰。
黄葉蕭蕭響澗阿，秋陰無奈逐年何。長安此日天如鏡，未必家山風雨多。

送七弟還里門三首

天高霜葉落，相送雁南征。久客思泉石，長貧愧弟兄。連枝同宦隱，小草代躬耕。世味予諳慣，緘書無眼〔一〕情。

差有儒官好，剛無民社憂。横經猶故國，司鐸尚清流。暇日還堪惜，需時莫漫愁。春花開落後，應報石田秋。時弟方需次學博。

莫輕鄉國好，此意答親知。有鶴棲珠樹，長鳴憶舊枝。相勞營别墅，兼爲理東菑。蚤種臨窗竹，郵筒慰所思。

校　記

〔一〕『眼』，康熙四十三年刻本作『限』，是。

八弟親迎賦此誌喜

堂前幼弟懸弧日，七十嚴親髮已華。梨棗昔猶看繞膝，蘋蘩今喜咏宜家。名門燕締雙紅縷，小閣香添舊碧紗。蓮炬花鈿人盡羨，偏教兄嫂隔天涯。

題戴文進畫漁家樂卷子二首

鷺渚鷗汀倚櫂過，賣魚沽酒醉還歌。全家盡日隨煙水，不識人間風浪多。

松湖別墅傍漁磯，久掩谿頭白板扉。忽見畫圖還記憶，秋風昨夜鱖魚肥。

題汪鈍庵詩册後

掉頭揮手入煙霞，獨向堯峰老歲華。榮悴百年俱是客，湖山十畝豈無家。野禽自怯長楊樹，幽蝶偏耽小圃花。況對茱萸舊時節，東籬消息久天涯。

送鄧田功之任唐山

北山家學本師承，經濟才人衆所稱。寄重循良應不愧，道兼風雅更誰能。雲生鉅野揮弦看，秋滿堯峰攬轡登。夙昔浣花詩最愛，期君三復在春陵。

未眠

爐火留温客未眠，鄉園絮語易纏綿。憎看馬迹冰霜地，愁聽雞聲雨雪天。衰白自宜思退蚤，疏慵未覺報恩偏。唐虞典誥羲文易，香案前頭已十年。

嘲璐兒

老鳳毰毸强自娱，匡牀襆被咏將雛。嬌痴索問朝回日，竊〔一〕得官盤細果無。

校記

〔一〕『竊』，康熙四十三年刻本作『攭』。

讀白樂天四十五歲詩

司馬吟詩鬢已蒼，四旬有五恰相當。也還未得廬山住，方擬來春結草堂。樂天時爲江州司馬。

玉兒十齡能誦尚書毛詩喜賦二首

駒齒初齠髮覆眉，頗憐聰慧異羣兒。已通典誥兼風雅，遠勝而翁十歲時。

退直疏慵畏簡編，每呼稚子向燈前。老夫茶熟香溫後，愛聽豳風無逸篇。

讀澹人侍講扈從關外諸詩

枚皋扈蹕騎騣騣，東渡榆關古塞深。大旆陰中花葉影，屬車聲裏短長吟。文多石鼓山經字，賦比甘泉羽獵心。讋服諸藩威德遠，鐃歌新譜盛朝音。

蚤起

參井欲西横，寒宵月未生。更因雞唱亂，夢觸馬蹄驚。煙柝低迷影，霜鐘斷續聲。期門紛羽衛，夙駕近郊行。

題澹人柳陰垂釣圖卷子五首

魚水如君遇亦稀，曉趨香案夜深歸。幾曾餘蔭軒中坐，却憶江村舊釣磯。澹人賜第之東軒曰餘蔭。

同君温室話西谿，桂滿山椒柳覆堤。今日畫中差髣髴，吟成不覺苦低迷。
一曲谿光遠避塵，春潭花落聚遊鱗。漁竿風味誰能識，留與深諳世路人。
家傍松湖煙渚多，芙蓉小艇泛清波。幾時同作漁竿客，寄我江東白鷺蓑。
頻年攜手入金門，倘許優閒江上村。好把隔谿漁父酒，櫂歌聲裏話君恩。

即事二首

寒雀無聲雪滿天，賜來𣉻酒侍臣偏。鏡中更覺君恩重，能使丹顔似少年。
當筵撤下紫金罍，醇酎新從塞北來。辰刻殿西方進講，承恩未敢盡深杯。

種水仙二首

水仙初茁似蘭芽，種向清泉襯白沙。自笑疏慵偏好事，薰爐終夕護寒花。
名花栽法未全諳，嫩緑清香性所耽。白石盆中千萬朵，小樓燈市憶江南。

寒夜書懷率成二十韻

虚室鄰清禁，疏星近短檐。煙中歸宿鳥，鐘外起明蟾。雪候聞雞蚤，霜天擊柝嚴。放懷時偶得，適意句還拈。濁酒消殘蠟，寒花倚敝帘。竹枝題粉壁，梅影落書籤。研冷爐頻近，香闌火漸添。舊琴懸緑綺，襆被擁青縑。兒解同觴咏，妻能問米鹽。蒸梨慚李泌，種秫憶陶潛。歲晚悲黄落，宵長飽黑甜。觀圖參倚伏，讀易悟盈謙。衰質恩難報，明時禄已霑。幾回臨水鏡，無復鑷霜髯。採藥期長往，餐霞意自恬。樅江諸水匯，潛岳萬峰尖。地勢吴兼楚，泉名讓與廉。伏苓親荷鍤，晚稻學腰鐮。雲壑容高卧，花村任久淹。翻嗟杜陵叟，真樸畏人嫌。

晚出二首

月華門内月生時，清淺波翻碧玉墀。燭照西方帘未捲，講官未退合宫知。

匹馬寒嘶望碧城，響傳金鑰夜烏驚。長楸道上人歸晚，時聽霜鐘第一聲。

賜第中舉子及孫孫名金鼈兒二首

小字金鼇豈無意，金鼇坊在隔牆東。他年記取懸弧地，太液西頭賜第中。

抱子添孫感歲華，一年兩見茁蘭芽。燕巢定見雛成長，不是尋常王謝家。

白　燕

烏衣故國海天荒，只合營巢白玉堂。谿鳥偏知妒顔色，啣泥莫入鷺鷗行。

王甓亭罷官歸里

河干十載歌慈母，父老驚聞解綬時。古史愛看循吏傳，官評猶在野人碑。輞川家近山如畫，彭澤人歸柳似絲。賸有種花餘力健，春煙春雨理東菑。

自昔

自昔恩深退隱遲，歐陽歸潁更無期。年來未覺雲山遠，多在詩成夢熟時。

禁中對探春花

柔條花滿雪皚皚，内使搴帘進御來。費盡南園温室火，探春十月已先開。

讀白詩

閒闕駒影過罘罳，幾度添香晝漏遲。今日直廬偏易晚，只因貪看樂天詩。

家園雜憶詩十六首

遠峰亭前後餘地一畝，雜蒔花竹。昔才覆肩，今出檐矣。草木雖微，手自護植，執其勞勩而未睹其芳華，心焉念之，因各係以小詩云爾。

竹

舊種青琅玕，蕭疏近書屋。繞砌幾生孫，枝梢映窗緑。

梅

終歲藏温室，春深數朵紅。故園無限樹，雪壓古牆東。

杏

春雨春煙候，情憐山杏花。今聞照庭户，爛熳若晴霞。

櫻　桃

綴葉含桃熟，枝枝帶露紅。無人驅野雀，銜入夕陽中。

石榴

筠粉初銷日，鶯簧欲老時。愛他深緑裏，小雨濕胭脂。

桃

卉木各成陰，夭桃無歲月。主人久不歸，芳華今又歇。

蠟梅

野蜜粘枝重，濃香倩蠟封。天公憎寂寞，花事補深冬。

橙

橙樹初垂實，香光照小亭。年年枝上數，相報囑園丁。

玉蘭

夏葉羅爲幄，春條玉作花。山中木蓮樹，對此未應誇。

繡球花

費盡春風力，裝成碧玉團。等閒吹滿地，猶作野梅看。

海棠

紫蒂臨風弱，嬌花點露勻。慈仁久不見，況乃故園春。

桂

秋風落庭樹，金粟自離離。何處寒香滿，山空露白時。

椿

屋角幾椿樹，扶疏護竹林。欲教閒地少，時覆短牆陰。

梧桐

葉透玲瓏月，枝留澹蕩風。何年移白石，汲水洗疏桐。

蕉

移自緑天庵，種紙盈秋圃。琴瑟短檠前，何人聽夜雨。

槐

高樹蟬鳴後，秋風送客車。廿年前日事，辛苦爲黄花。

讀白氏集

朱闌綺綴日遲遲，歲晚閒吟白傅詩。履道地幽泉石好，分司官冷管弦隨。還如野鶴依芳樹，偏學籠禽憶故枝。若見終朝騎馬客，恐教雙鬢蚤成絲。

二十日聽恩詔口號二首

陳詩獻賦樂時雍，拜舞聲歡動九重。别有一心私喜處，老來容作太平農。

龍山幽邃浮山秀，隨處林泉可避喧。但種桃花臨水看，不須雞犬覓桃源。

二十四日聽恩詔口號二首

當軒鳳藻太平春，學士冰銜紫誥新。慚愧江南圭竇客，絲綸四代作詞臣。恩詔贈父祖皆翰林學士兼禮部侍郎，時延〔一〕瓚亦官翰林編修。

風木人間重所悲，恩輝難定九原知。心傷鶴髮劬勞者，未見腰金衣去聲翟時。

校記

〔一〕『延』，應爲『廷』。

除夕内殿侍宴口號二首

長安萬户送殘年，爆竹聲喧柏酒傳。争似滿庭燒樺燭，紫雲堆裏聽鈞天。

手捫碧落數華星，坐接金張近紫屏。小户不辭先酩酊，玉杯親賜語叮嚀。

人　日

重帘温室静無嘩，細啜宣城緑雪茶。閑理舊琴深夜坐，傍爐新放海棠花。

送石林校士粤西二首

詞臣簡命重臨軒，百粤新沾異數恩。以平定補行鄉試。文教遠能通象郡，山川奇益助龍門。掄才自昔收寒畯，作賦頻年感至尊。正喜蒼梧烽火息，春風南國採芳蓀。

鋒車驛路指衡陽，輸子探奇最擅場。千里江雲開岳麓，九嶷峰影落瀟湘。蠻煙客至梅花白，瘴嶺人歸荔子香。足迹天涯誰得似，詩篇珍重紀南荒。

存誠堂詩集卷十七

近體詩 一百首

登舟南歸即事八首

東郊馬首拜龍顔，天語平安祝爾還。賀監蚤容歸鏡水，鄴侯今得返衡山。一編書聽黄鸝讀，五兩舟隨白鷺閒。漸與漁樵踪迹近，莫將名姓動江關。英請假得旨後，適駕東巡。英送至郭外，蒙諭：『期爾塗次平安。』

青門柳色緑參差，祖帳驪駒滿路岐。芳草纔過修禊日，春流恰遇采蘭時。詩投錦字慚酬和，酒罷旗亭悵别離。便泛吴舠過潞水，一帆風雨十年思。

晚看漁父理青蓑，柳岸沙堤冉冉過。身似閒雲時出岫，心如古井自無波。琴横棐几同疏放，月冷篷窗穩笑歌。檢點平生慚愧事，十年惟覺感恩多。

帝城東畔接長川，南望心隨錦纜牽。古寺晚鐘春水外，遠村低樹夕陽邊。鶯花煙雨當三月，妻子琴書共一船。自是舊來魚鳥性，乍投林壑倍翛然。

開襟遥謝軟紅塵，白袷春衣問去津。從此煙霞尋舊侶，頓教湖海有歸人。華林西畔還移宅，香案前頭好乞身。莫道故園松菊少，賜金疏傅未全貧。

詞曹有子荷恩偏，去住心同兩地懸。倦翮慈烏投樹日，離巢雛燕學飛年。容予暫向千峰隱，勖爾惟師萬石賢。欲報君親無限意，賜書時對短檠前。

苦思猿鶴共餐霞，歸客明河已泛槎。開篋蚤裁居士服，寄書先覓野人家。須求緑樹千章暗，還傍清谿一徑斜。珍重林泉久相待，春風爲我報鶯花。

比歲貪吟白傅詩，樂天知命是吾師。匡廬結屋煙霞好，東洛移家水石奇。筋力每思求退蚤，園林常恐得歸遲。慚予浪著緋衣去，恰是江州司馬時。香山年四十六時爲江州司馬。

阻風二首

連日輕帆滯水湄，窗臨沙岸接柴籬。焚香夜對妻兒話，只當蕭齋風雨時。

繫纜停橈阻石尤，紆回信宿此汀洲。世間何事容人算，不擬將心更學愁。

四弟武仕送予至潞河賦此

惠連惜別遠相隨，醇謹承家爾最宜。爲愛紙窗情話好，不嫌沙岸片帆遲。攜來村酒停舟後，呼取河魚出網時。風定月高春水闊，清歌聽我扣舷詩。

舟中

麥覆平畦綠漸勻，好風帘外起青蘋。膽瓶自插桃花朵，春色今年倍可人。

三月十八日

東巡逢聖節，虎拜憶旌門。得與呼嵩日，真成扈蹕恩。歌風歡故老，講武讋諸藩。流滯周南客，長吟柳外村。

輕舠

輕舠三月賦歸歟，人似汀鷗迥自如。芰菜白時炊黍米，楊花飛處賣河魚。香添爐火朝餐後，茶愛鐺聲午夢餘。檻外清波帘外月，何須高枕必吾廬。

夜泊

鈴柝無聲夜轉遲，荒燈古岸一舟維。世間饒有驚心處，不獨孤村夜泊時。

草花

雨濕青莎野岸垂，草花紅白一枝枝。自開自落無人管，只有啣泥燕子知。

河干柳

長堤種柳遠成行，臨水枝枝出短牆。最愛微風新雨後，也如千个看篔簹。

再戲擬右丞六言詩十二首

好雨好風天氣，半開半落山花。掛角不須漢史，褏中一卷南華。
千樹夭桃夾岸，數行文杏成蹊。中有清流磐石，落花堆作香泥。
漢陰老人抱瓮，輞川居士耡瓜。蚤韭晚菘風味，莫將輕與人誇。
已謝馬蹄車轍，惟踏晴沙軟苔。春雨不愁泥滑，枝頭還數花開。
深苑草稀人迹，空階竹扇茶香。十載飽嘗世味，三竿睡足春陽。
昨夜爐温酒重，開窗雪滿林巒。借問天街踏盡，何如紙閣吟殘。
憂患都緣富貴，猜嫌總爲勳名。苦菜畦邊蟲避，甘果枝頭蠹生。
曳裾朱門非貴，連鑣金勒非豪。籬畔祝雞非賤，煙中驅犢非勞。

偶爾陶潛寄託，桃花焉能避秦。總是北窗心事，自謂羲皇上人。持贈嶺頭雲影，醉吟枕畔松風。底事世情未浄，猶稱宰相山中。輞水藍田久廢，平泉金谷都荒。薄有湖田二頃，荷柳魚稻之鄉。但得平湖一曲，何須結構園林。一歲新荷出水，三年高柳成陰。

倚　櫂

倚櫂待新月，時聽烏榜歌。晚風吹麥穗，夕照滿春波。衹覺鄉關遠，偏逢水驛多。君恩閒歲月，飄泊意如何。

過四女祠

春水重過四女祠，曾停孤櫂苦吟詩。猶然十五年前客，非復丹顏黑髮時。

舟中書懷

此身已乞向林丘，飛札經營宅畔樓。良夜何堪聞擊柝，芳時那合住扁舟。閒看兒女紓鄉思，數撿圖書慰旅愁。好與湖田兄弟約，取魚嘗稻訂新秋。

自遣

河流無力送輕橈，苦憶前汀長暮潮。濁酒一甌聊自遣，麥秋天氣雨瀟瀟。

偶然作二首

捲地南風逆浪生，棲遲空羨渚鷗輕。世間何事容人算，千里河流一月程。

舉網投竿事總虛，春流空滿緑楊渠。世間何事容人算，水畔經旬斷賣魚。

雨後

細麥輕花帶雨痕，捲帘閑立聽潺湲。遥天雨過雲開處，一片斜陽在遠村。

舟夜泊

古岸煙將暝，人銜宿鳥過。月光將樹影，窈窕落清波。急鼓催蘭槳，懸燈照畫舸。素琴尋舊曲，幽意覺來多。

安得

河水妒人鄰思急，咫尺不與前谿通。安得深林桃竹簟，坐卧一枕槐花風。

山東道中

百泉勞灌注，千里送舟航。石堰河流曲，郵籤水驛長。寺過楊柳暗，村近棗花香。莫憶江南路，春風恰艷陽。

紅　藥

紅藥朱櫻爛熳天，歸帆偏滯白楊邊。人生幾度看花眼，一别青山十六年。

舟行雜詩十四首

試香評茗有餘閒，廿四年詩手自删。自是耽吟成癖性，放言安敢擬香山。香山詩：『莫怪氣粗言語大，新排十五卷詩成。』

七弦泠泠送斜暉，蘋末風生乍入衣。鷗鷺繞船飛不去，應知此曲是忘機。琴中有鷗鷺忘機曲。

蘭槳風輕疊鼓催，撥帘閒看水花開。詩成自起添爐火，一縷香消午睡來。

菖蒲學泛酒微酡，村市龍舟鼓枻過。多少鄰船鴉髻女，憑肩齊聽采蓮歌。

倦聽兒女語喁喁，竹簟繩牀細細風。一覺晚涼容易好，漸偷身入黑甜中。

節過傳柑疏蚤陳，江南慚負一年春。金華秘殿都辭却，耐作河干守閘人。

縱苦淹留莫漫嫌，此心端合置安恬。鳥聲過處閒攲枕，樹色來時自捲帘。

仲子齠齡甫佩觽，羣兒層遞與肩齊。嬌癡百態差堪喜，不耐門東索果啼。

却擬煙波人渺渺，翻成鄉國思綿綿。平生最愛清光好，怕見臨窗月又圓。

曲曲河流繞翠汀，蔚藍天色遠峰青。今年秋蚤蟬聲好，人在扁舟柳下聽。

水鳥菰蒲噪夕陽，漁舟逆浪聽鳴榔。南陽湖畔鉤帘久，爲愛谿山似故鄉。

山青湖碧柳毶毶，向夕微涼夢獨酣。莫怪先生眉色喜，計程明日是江南。

蚤起涼生水一灣，芙蕖香在卷書間。閒情欲勝谿邊鳥，黛色新看雨後山。

運河闊水此初經，櫂語漁謳入窈冥。地近下邳黃石路，平湖十里草煙青。

答鄰舟友人

柳覆平堤漾碧流，月高清咏在鄰舟。故園久負鶯花約，長路翻成汗漫遊。賴有瓊琚投錦字，如搴蘭芷向芳洲。吟來畫舫新涼滿，更復何心怨石尤。

南旺

此日乘流便，維舟日已曛。河枯雙派接，山斷百泉分。地擁南湖日，波涵泰岱雲。尚書遺像在，安濟想前勳。岸有宋尚書祠。

鼓枻

朝辭三殿侶，暮入五湖船。鼓枻新蟬日，鳴榔夕照天。風帆千片葉，漁笛一江煙。欲共滄浪叟，垂竿紀歲年。

舟中秋蘭盛開漫成二首

畫舫蒲帆溯水湄，秋蘭繞榻影披離。花慵作態姿原澹，香久淪肌客未知。曉夢將殘攲枕處，微凉初動捲簾時。故園望裏增惆悵，賴爾清芬慰所思。

空谷奇姿迥絶倫，移來九畹憶靈均。一枝自飲清秋露，何處堪容世俗人。風味遠同彭澤宰，輕盈如見洛川神。幾回索句微香裏，相對惟慚筆有塵。

江　路

逶迤江路莫嫌遲，却是人生快意時。細數秋蘭開百朵，倚帘閑讀放翁詩。

初卜居龍眠山莊十一首

幽棲近卜嶺雲間，籃筍終朝足往還。桐葉陰中藏白板，梅花疏處見青山。數椽古屋峰千疊，十畝平疇水一灣。竟日灌園雖抱瓮，息機誰識漢陰間。

霜輕日暖錦爲林，漸喜移家住碧岑。松竹許酬三徑願，谿山不負十年心。藤陰石竇支牀坐，泉脈雲根荷鍤尋。攜得放翁詩一卷，秋來日對衆峰吟。

紅樹雞聲隔短牆，農家小圃爛秋光。歸耕敢擬愚公谷，息影聊同華子岡。松嶺曉鐘連古寺，石谿流水入方塘。最耽山畔斜陽路，白袷青鞋步晚涼。

漸從紛擾覓安恬，曝背晴光愛短檐。匿影避人聊縱懶，分花乞竹頗傷廉。擁書半榻容高枕，煨芋三冬穩下帘。自喜結廬人境外，地偏吾復傲陶潛。

疊巘層巒曲徑通，滿林秋色滿谿風。空山葉落樵歌裏，夕照人行罨畫中。帶樹蔦蘿千種綠，倚松烏柏一枝紅。嶺雲舊識陶弘景，自許情懷與昔同。

蕭蕭墜葉響空林，放眼舒眉自在吟。世路何堪凋兩鬢，秋懷端合在孤岑。數聲鳥語會人意，一曲潭光清此心。最是登臨好時節，莫教一日廢探尋。

林泉夢到十年餘，一壑從茲穩卜居。常有弟兄同襆被，還將僮僕馭巾車。梅花深處三間屋，山色佳時一卷書。黃葉滿庭人迹少，閉門聊且遂吾初。

跨澗沿村石路斜，一筇相引渡晴沙。三秋飽看千林葉，十月偷開小徑花。便挈奚童爲伴侶，喜扳鄰叟話桑麻。歸來細認柴門樹，已見寒塘集晚鴉。

南歸初學理東菑，魚在澄潭鶴在池。乍見故人難置語，深耽好景不成詩。偷隨稚子嬉遊處，闌入村翁社飲時。彭澤香山淪落久，此懷差許放翁知。
竹几繩牀穩稱身，疏櫺面面對松筠。意中魚鳥欣爲主，夢裏谿山許卜鄰。結屋匡廬緣謫宦，移家瀼水尚依人。慚予竟把漁竿去，學圃爲農事已真。
籃輿常嫌出郭遲，三冬幽事幾人知。趁晴小葺看花屋，闢地先編護菜籬。愛對嶺雲吟竟日，貪臨潭影坐移時。懸燈竹下常侵夜，自撿奚囊續舊詩。

營讀易樓成三首

幽居深似野人家，小搆山樓一徑斜。開户特教臨水石，拂窗時覺有煙霞。蕭疏近對過牆竹，綽約低臨繞砌花。珍重君恩閒歲月，莫將塵土負年華。
修梧翠竹蚤年移，今見凌霄蔽日枝。軒冕許抛猶喜健，園林容到莫嫌遲。樓陰片石開三徑，檻外名花接四時。但願閉門無剥啄，茶爐詩卷日相隨。
老梅作態試南枝，屋角牆頭獨咏時。顧影鳥猶憐好樹，梳翎鶴自愛清池。況予農圃三生癖，久客風塵十載思。體健時清機事少，不耽吟嘯更何之。

前探梅絶句二首

女牆官堞噪寒鴉，油壁湘帘坐小車。老我情懷誰得似，滿天風雪看梅花。
爲惜寒梅護短籬，幾株疏影落清池。山人十月探花信，喜見南檐第一枝。

過仲兄湖上

蚤年揮手謝塵埃，自結衡門水一隈。遠岫似鬟新雨沭，平湖如鏡曉煙開。鷺眠沙尾時雙起，潮打橋頭日幾回。幽事肯容孤賞盡，籃輿穿著萬松來。

春　蚤

春蚤園亭柳未催，主人何事重徘徊。疏林新得一雙鶴，小苑初開幾樹梅。經雨不嫌苔徑滑，衝寒常破曉煙來。蘭芽近日山翁贈，自洗香泥取次栽。

後探梅絶句三首

玉蕊瓊葩自結鄰，交枝接影十分春。勞勞十載京華客，須得梅花爲洗塵。

山窗面面對疏梅，掩映清谿與緑苔。詩客已偷三日醉，園官未報五分開。放翁詩『蜀中梅花園，官報五分開』，則遊人競往。

溶溶花睡壓欄干，輕雨輕煙欲放難。留得暗香三五日，昔人曾與賀春寒。

山莊看梅花四首

嶺雲棲不散，山雨泥春陰。聞道梅花發，還將蠟屐尋。樹攲沙岸古，香護竹籬深。竟夕當檐坐，清寒沁此心。

縱横紛衆態，低亞小谿通。花發輕雷後，春深細雨中。煙霏知露重，香静覺山空。倚徙無窮意，何人解與同。

端合臨清澗，偏宜挂碧岑。根梢枯衲相，香色道人心。斑剥苺苔積，披離苦竹侵。寒宵霜月夜，髣髴聽長吟。

接影交柯處，香光滿四圍。樹深堂邃古，花密晝霏微。徑僻蜂知晚，天寒雀到稀。樵歸煙暝後，自起掩荆扉。

山中即事十三首

荷耡喜見草微青，手種朱櫻繞翠屏。秋穫倘教餘數斛，誅茅先搆也紅亭。

澹澹春陰薄薄寒，經行不覺過層巒。等閒一幅雲林畫，只把吾廬隔水看。

燕市盆梅不易栽，園官温室火頻催。今年飽著看花眼，繞屋沿谿爛熳開。

烈侯祠畔酒旗斜，谷口林深處士家。一雨纔過驚蟄節，谿山到處是梅花。谷口爲唐英烈侯張公祠墓。吴中稱梅花爲驚蟄花。

梅花開落已經旬，來往山中不厭頻。偶爾低徊小窗下，紫蘭香細欲留人。

輕寒幸不負花朝，自荷春耡劚藥苗。忽見嶺松低亞處，一峰晴雪補山腰。

羊裘信宿白雲端，不識春風料峭寒。日暮奚童攜酒至，開帘先問鶴平安。

門對方塘俯碧流，柳風初暖菜花稠。波心吹浪圓如鏡，忽見文魚逐隊游。

前宵風雨起奔雷，惆悵空山笛裏梅。枝上漸稀人始到，殷勤爲送落花來。
短檠紅燭放翁詩，窗掩梅花月上遲。茗碗爐香意親切，空山一夕最閒時。
窗横遠岫青千點，谿繞寒梅影一池。老我閉門耽静對，暖風晴日落花時。
香粳已報熟晨炊，今日春陰客起遲。聽過鳥聲重睡處，依稀曾記蚤朝時。
倦倚梅根久立時，關情惟恐落花知。微風忽向枝頭過，香雪中閒自咏詩。

四弟武仕之任武昌別駕爲賦二首

世食參藩澤，城南有故廬。枝垂松柏蔭，花愛棣棠舒。欲鍊層霄翮，先題劇郡輿。慈親嚴却鮓，莫寄武昌魚。

連枝昆與季，卓犖愛尤偏。拄笏逢佳地，鳴珂正少年。湖湘多舊迹，清白久流傳。一櫂春江接，含情望汝賢。伯父方伯公曾官楚中。

存誠堂詩集卷十八

近體詩八十六首

過木厓河墅二首

出郭横青嶂，當門瀉碧湍。石棱盤磴仄，野色倚闌寬。樹及春陰種，松兼暮雨看。從來多逸興，垂老得煙巒。

籬護方塘碧，橋迴小徑深。已看楊柳拂，更待芰荷侵。一壑容吾友，千峰識此心。惟應謝塵累，軒豁日長吟。

過有懷甥白鹿山莊二首

倚櫂入煙鬟，南浮水石間。湖田留世澤，松桂老名山。古屋丹題在，豐碑緑字殷。一丘經四代，風節滿人寰。南浮山在莊前，明善先生、廷尉公、中丞公世居於此。

樓居良不翅，結搆倚層峰。一徑盤修竹，孤亭俯萬松。鳥聲時自媚，山翠日爲容。避世琴尊裏，知君道氣濃。

游龍山五首

稻畦松徑接，處處曖村煙。綉嶺千屏列，明湖一鏡圓。土腴禾覆壟，人滿杏爲田。福地成真語，花源豈浪傳。

烏棲雙槳急，歸宿舊煙蘿。谿逐漁罾轉，村沿竹圃多。衆山堆晚翠，夕照起微波。端爲經時雨，潮痕没芰荷。

亂山藏一壑，行覺月谿長。竹路過危彴，松陰覆古牆。厨煙分澗冷，山霧焙茶香。髣髴匡廬頂，棋聲響石牀。月谿内有月珠庵，最幽勝。

屢負春深約，花時不易逢。何年容採藥，此地足爲農。天際看龍嶺，波心落鸖峰。横斜山畔石，常似亂雲封。

密樹連村暗，深莊處士家。籬根新筍籜，松頂古藤花。鑿牖千峰簇，疏池一徑斜。愛君詩畫裏，盡日伴麏麚。深莊爲友人劉超宗居。

漁父

谿頭漁父影鬅鬙，低結薌茅倚緑藤。剛掩柴門沽酒去，一雙魚翠立空罾。

夏日山居五首

松風滿耳雜鳴禽，避暑無如此地深。安頓竹牀茶臼處，小窗恰對古梅陰。

村煙漠漠望中微，隔澗遥看竹裏扉。松岫稻田千頃碧，横空白鷺一雙飛。

園翁爲我摘新蔬，炊熟黄粱正午餘。一枕涼天初睡覺，好風吹亂竹窗書。

日長似得幾朝閒，浴罷移牀更看山。一種晚香曾未識，來從蓮葉稻花間。
山人蚤起愛新涼，繞徑貪尋水草香。竹露涓涓似微雨，南山松頂見朝陽。

寄説巖宗伯

袖中文字比驪珠，乞得經年卧五湖。學種櫻桃纔半畝，也紅亭子至今無。説巖曾爲余作也紅亭記。

夏日齋中即事二首

爲愛朝涼起，偏知夏漏長。行隨梧竹影，坐襲蕙蘭香。石罅魚闚牖，牆陰鶴轉廊。塵中人鹿鹿，誰與説羲皇。
古瓦垂青蔓，閒階上碧莎。夜深微雨後，秋色草花多。小病疏巾櫛，低窗穩嘯歌。樂天瀟灑外，今昔許誰過。

盆蘭先後作花

清曉涼颸睡足來，茗香事畢小徘徊。花神解事君知否，檢點盆蘭次第開。

避暑二首

碧樹覆檐牙，重門隔市譁。菖蒲銜石草，薝蔔貯瓶花。橘數垂枝實，蘭培出土芽。不須河朔飲，幽事總堪誇。

薄有巖居趣，攤書緑蔭中。迴廊涵翠竹，曲檻倚疏桐。茗竈分微火，桃笙逐好風。海棠秋色蚤，銜露一枝紅。

雨後行龍眠道中

蚤涼出郭覺情親，河闊桑濃景一新。石角磷磷偏礙路，谿聲曲曲解隨人。篔簹色浄霜初落，穲稏風輕緑漸勻。正是鶯啼好時節，可堪城市住經旬。

急　雨

赤日流金草木摧，倏然雲霧起奔雷。老夫企脚當風處，卧看翻盆雨勢來。

烹　茶

泉自花陰汲，鐺隨樹影移。松聲纔歇處，蟹眼漸生時。緑雪從斟淺，香雲欲啜遲。只須分茗荈，不在試槍旗。

閒中二首

曉天涼雨入房櫳，卧近修廊竹一叢。繞徑數聲清唳苦，瓶中知是鶴糧空。

殷勤爲我報山翁，苦憶陰崖大壑風。莫怪經旬住城市，秋蘭花滿小軒中。

立秋次日食新

風雨時和樂有年，蚤禾新刈傍湖田。尊開酒庫應無算，菜送園官不取錢。薦廟白炊香稻熟，留賓紅割錦鱗鮮。太平自願爲農老，豳雅常吹七月篇。

謾道

謾道全無著，將閒寄此心。裝池新得畫，位置借來琴。圃事耽微雨，花時惜寸陰。草香棲鶴地，一日幾探尋。

自喜二首

滿院緑陰鋪地穩，一帘清籟試茶新。今年不負歸來意，蘭露香中過十旬。時嶺南蘭盛開。

玲瓏疏影梧桐月，澹蕩新涼茉莉天。最愛嬌癡兒子輩，鈔詩屬對一燈前。

過泳園納涼

千个篔簹一徑横，陰濃地濕紫苔生。胡牀特置當門處，卧聽微風戛玉聲。

朝　睡

梧桐窗下晚涼輕，真覺秋從簟上生。茉莉香中朝睡好，久忘攲枕聽雞聲。

用　懶

庭卉輕榮落，檐雲乍卷舒。草間秋蟋蟀，帘外夕蟾蜍。用懶藏予拙，將閒與世疏。古人嘲熟客，莫謾叩吾廬。

讀陶詩

小樓忽見雲生牖，高樹平分雨入帘。茶罷偶思開舊帙，抽來一卷是陶潛。

宿仲兄湖上

萬頃湖連屋，移家隱此中。門低桑葉暗，徑曲槿花紅。潮戀經秋雨，濤喧入夜風。一燈瞻綉佛，姜被老年同。

初秋泳園偕諸子作

園亭數武傍山城，澗壑幽偏遂遠情。小檻周遭圍竹色，清池高下落泉聲。林間秋自添衣覺，物外身從出郭輕。但願制書容放逸，醉鄉愚谷足平生。

小葺思過軒成

秋深營暖室，僅可置匡牀。錦莧翻濃艷，拳柑逗淺黃。趺跏雙膝影，繚繞一帘香。愛静今成癖，何心與世忘。

松湖山莊收穫十絶句

芃芃禾稼滿高原，人帶腰鐮處處村。恰喜歸田逢大有，農夫舉酒慶曾孫。

潮落新秋古岸平，隔湖雲澹雨初晴。晚來企脚松棚下，月照鄰家打稻聲。

水北山南見一川，家家錢鎛在秋前。蚤禾刈罷重耕稼，再熟湖干下濮田。

沙田待雨等閒情，不耐天公五日晴。今歲農夫俱額手，水邊未聽桔槔聲。

一笻偶過野人家，檐挂魚罾返照斜。草徑柴門鵝鴨亂，清池低映紫薇花。

漁翁住處傍南湖，留客霜鱗玉不殊。茭白藕絲隨意足，雜羅菱芡與菰蒲。

漁莊蟹舍白鷗洲，佳地殊堪十日留。最愛湖光繞山麓，短松低偃繫扁舟。

星羅盡是佃農居，擬向中田自結廬。初夏來看荷覆水，小舟江上送鰣魚。
閲盡浮雲意久慵，懶將衰質日爲容。瓦盆濁酒茅檐下，漸喜心情似老農。
我欲臨流發浩歌，倚山築岸貯清波。種荷栽柳三年事，好泛漁舟挂緑蓑。

初秋二首

黄葉初離樹，人歸舊草亭。吟孤雙鶴侍，坐久一峰青。竹爲妨梅翦，門因避客扃。桂華含蚤露，香霧撲疏櫺。
盡閲寰中趣，深耽物外情。扶花承夕露，翦蔓避秋聲。燈影帘櫳静，橙香枕簟清。擁衾還嘆息，彌覺道心生。

杜門

杜門無長物，秋樹老夫家。手把臨窗卷，心耽繞砌花。昔同烏近日，今與鶴餐霞。桂雨蘭風裏，差堪紀歲華。

社飲

低迷桑葉路，放浪竹皮冠。穀賤村醪釅，年豐社飲歡。前身應圃史，老我作農官。土鼓吹豳雅，吾兼咏考槃。

送堯元之任漳州别駕四首

潮落寒江昨夜風，惜陰亭畔送征鴻。好將碧水丹山色，盡入襜帷畫舫中。舊路細看棠蔭滿，彩衣重濺荔枝紅。遥知甌越龐眉叟，扶杖争來問阿翁。

京華九月返軺車，新佩銀黄耀故廬。天末人歸多難後，日南恩拜一官初。歡承大母親調膳，志養嚴君慰倚閭。佐郡莫嫌猶蠖屈，古人風烈重題輿。

木葉蕭蕭拂去旌，蚤梅花傍嶺頭生。鯨波息處新投甲，蜒户歸時正偃兵。才自冰霜成練達，地宜盤錯立功名。好從幕府抒籌策，千里驊騮第一程。

蚤歲光芒照乘珠，十年筋力盡馳驅。才人今已分民社，新婦從兹事舅姑。壯志蚤宜閑玉勒，寸心知久貯冰壺。春江南望無窮意，愛聽賢聲自海隅。

中秋同内人小飲

碧海冰輪涌畫欄，舉杯良夜足清歡。臨窗坐對橙香嫩，繞徑行吟桂露溥。澹薄園亭耽静僻，嬌癡兒女愛團圞。莫思天上霓裳事，玉宇瓊樓蚤怯寒。

山居二首

一月疏過嶺北園，珠絲當路雀迎門。秋山易作煙霞態，松籟不聞城市喧。久坐燭殘書卷剩，遲眠香重被池温。五更夢醒蕭蕭葉，檢點平生未報恩。

筍輿芒屩日相隨，山北山南未覺疲。幽澗獨尋澄碧處，秋林蚤愛嫩黄時。曾迴九折羊腸馭，新得層霄鶴背騎。漫道神仙不可即，稚川弘景是吾師。

甲子驚蟄後一日入山二首

凍蕊粘枝重可嗟，疏林無復見横斜。臘前乍暖春前雪，浪擲園梅一度花。
乞得鄰花趁雨移，只愁耽却種花時。笑予不學劉伶癖，長見閒人荷鍤隨。

媚筆泉

蘚石離奇金碧晝，澄潭深靚蔚藍天。幾回抛却籃輿去，緩步行吟媚筆泉。

語　客

騎驢客去漫嫌遲，借我山窗信宿宜。好景莫從城市過，最撩人是夕陽時。

村南

日晚村南駐小車，人同飛鳥共明霞。吟過樹底微風起，影落谿流返照斜。遠度嶺雲尋蕙草，閒搜石磴置梅花。欲歸只隔樵歌路，便是青山謝朓家。

山行雜詩八首

谷口幽居羨左思，綠楊疏處見茅茨。玉蘭花發山如雪，襯著青松看轉奇。

柳含朝露杏含煙，嫩綠勻黃菜麥田。寒暖陰晴俱可著，最宜人是養花天。

桃李驚開一夜風，逗人無奈隔谿紅。春深切莫辜游賞，花事山容日不同。

山徑常從雨後迴，村煙澹處野花開。谿流一夜春潮長，雪浪晴翻石壁來。

山桃紅覆野人居，新綠交加錦不如。行向樹陰深處久，落花飛絮滿籃輿。

纔過穀雨惜殘春，紅漸稀疏綠漸勻。吟就小詩聊自適，掉頭不管路傍人。

山徑盤紆待曉歸，千山紫翠自霏微。黃鶯啼處徘徊聽，小雨輕陰未濕衣。

小橋流水帶村斜，放眼看春覺轉賒。紅茜滿林山躑躅，松顛高引紫藤花。

蚤起書觸目所見三首

蚤起扶筇步小池，麥田風細緑參差。黄鸝隔樹遥相唤，恰是春陰欲雨時。
前村忽見雨濛濛，鳥亂鴉啼一樹風。迴看山腰作雲氣，短松如薺白波中。
雨歇園林放脚行，一聲黄鳥一心清。雙飛偏愛新桐影，啼向濃陰太著情。

一丘二首

一丘一壑慰平生，小搆幽居遂遠情。欲設閒門向深緑，隔花臨水費經營。
一樹梅開碧玉枝，當階古幹舊披離。偶然推却東牆去，乍覺横斜勢轉奇。

營北軒

手闢層軒自葺籬，還疏曲沼玩淪漪。松横嶺岫遥臨户，泉繞階除細入池。侵檻蚤荷圓似鏡，眠堤新柳碧成絲。容予嘯傲梧陰下，領取風恬月皎時。

山居雜詩九首

吹笙扶杖有雙童，跨澗穿雲見此翁。天下閒人誰得似，看松採藥水聲中。

何事撚鬚求句好，不須叉手限詩成。閒吟半格無多語，得意黄鸝三兩聲。

澗草谿花駐小車，嵐光煙靄媚幽居。無窮物外相憐意，料得青山亦愛予。

淺深濃澹各成奇，如見公麟老畫師。欲向山中看樹色，晚春天氣暮秋時。

豈無人似放翁顛，笑插花枝意自妍。碧水丹山收拾穩，憑人相喚作神仙。

石步粼粼可渡河，水明沙白動微波。欲知山路紆迴入，一道清谿十度過。

南窗山翠北窗松，頃刻陰晴景不同。造物年來差解事，置予百幅畫圖中。

新得清泠繞户泉，還移白石老梅邊。主人盡日開顔笑，細酌頻看意欲仙。
蚤年揮手紫雲邊，盡日行吟緑水前。欲覓先生何處去，萬松深處一池蓮。

存誠堂詩集卷十九

近體詩九十首

結　屋

結屋鄰松近，疏池引磵頻。芙蓉經歲種，梧柳一時新。荷貼青錢小，波生綺縠勻。閒來看稚子，長日静垂綸。

南　榮

結搆南榮只數椽，好山屏障恰天然。盡收松色層軒裏，細挹荷香小檻前。梧葉半窗臨曲沼，稻花十畝對平川。日長坐聽漁樵話，惟覺君恩此際偏。

山居雜詩八首

吟詩啜茗小窗前，忽見人耕原上田。正是晚春煙雨後，青蓑黄犢滿平川。
秧針漸緑水平渠，鷗泛鶯啼迥自如。纔過午餐行飯去，梅花谿上數文魚。
谿河雨過石磷磷，中有文鯈碧玉鱗。今夜山窗留客話，隔河呼取釣魚人。
林深谿急路逶迤，籃筍常漸雨漲時。最愛多年住山客，堪憐十歲負薪兒。
白藕花開碧玉姿，倚風含露立多時。方塘瀲灩纔新緑，若個凌波第一枝。
滿把園丁摘野蔬，一竿童子得谿魚。倦來晚食松陰下，不信侯鯖得勝渠。
梅村栗里恰相連，最愛東隅一徑偏。特搆南軒臨竹圃，萬竿煙雨小窗前。
聽罷桑陰布穀催，蚤秔晚秫已全栽。水平秧緑柴門掩，齊唱樵歌入市來。

幽居二首

小搆幽居隱澗阿，柳風荷露任婆娑。門前一帶沿谿路，不是樵人不肯過。

竹梢垂露傍檐低，山雨山煙曙色迷。幽夢欲醒支枕聽，小窗微白喚黄鸝。

退休

松憐低偃翠千岑，竹愛横斜雨一林。黄鳥頻來驚短夢，白雲時與聽長吟。山分朝暮看濃淡，谿逐陰晴問淺深。漸喜退休生計穩，年來不鑷一毛侵。

夏日山居雜詩十四首

雨後黄鸝錦翼新，梧桐花下去來頻。金梭自擲濃陰裏，不獨啼聲最可人。

恐負湘波洛水姿，憑闌細數一枝枝。自從碧玉搔頭日，看到紅衣褪腕時。

斜日山腰弄晚晴，捲帘初見白雲生。門前流水經新漲，猶作林間風雨聲。

一碗茶香一縷煙，小亭端不愧幽偏。新荷綽約帘櫳外，流水潺湲枕簟前。

老我初營水上亭，稻香松籟醉還醒。一池波浸琉璃碗，四壁山圍翡翠屏。

蔬圃常耽雨後來，繞籬花襯屐痕開。去年食芋鄰家美，乞得蹲鴟傍水栽。

知是神仙第一班，偶餐煙火到人間。祇今一榻棲真處，恰對門前玉几山。
晚看松色入青冥，團扇疏帘坐水亭。最是稻花蓮葉裏，亂飛螢火似繁星。
石根泉脈繞階清，屋角牆陰紫蘚生。十日不雨衆泉竭，猶能小作潺湲聲。
目移雲際千峰影，手把牀頭一卷書。怪底近來詩味好，經旬常對玉芙蕖。
坐敧竹檻俯鳴泉，家在千峰落照前。點染谿山如濯錦，白蓮蒼栝晚霞天。
珠帘三面對澄波，小啜雲腴午睡過。一部野人新鼓吹，山南山北插田歌。
耽看晨煙與夕霞，總將林壑住爲家。小窗昨夜新香别，斸得山南百合花。
嶂合谿迴入窈冥，畫眉啼處衆山青。山人久住渾閒事，掩卷惟予著意聽。

構南軒成

學圃齋南曲曲廊，新營土屋燕泥香。秋帘滴翠圍湘竹，春檻穠華壓海棠。幽草儘教侵仄徑，高槐恰與受斜陽。河亭水榭猶嫌熱，輸與清陰此地涼。

納涼北軒

茗碗桃笙一室中，小留香篆閉房櫳。柳絲細織西窗日，松頂遥分北牖風。架疊濃陰延宿鳥，帘垂疏影障飛蟲。頻年世路粗諳却，檢點誰堪此味同。

避 暑

圃翁避暑山中眠，赤日火雲猶欲顛。已分披襟對深竹，還思濯足向寒泉。幾人走馬紅塵裏，何處聽歌絳蠟前。回首此時名利客，恍如置我閬風巔。

讀子瞻詩二首

直廬歸後卧煙霞，感舊懷恩詎有涯。我亦曾分煙柳句，恰如蘇軾紫薇花。

穠華酷嗜已成癡，尤愛臨階三兩枝。解事東坡老居士，卷中多有惜花詩。

山居即事七首

松崖明月柳谿風，恰與閒人此際同。曲檻小亭何所似，扁舟泊在藕花中。
插柳經春如我長，荷花一歲蔟方塘。常衝蚤露青鞋濕，繞岸來聞蓮葉香。
架頭蘇陸有遺書，特地攜來共索居。日與兩君偕卧起，人間何客得同渠。
南風六月井泉乾，誰遣乖龍轉碧湍。抱瓮老人今亦倦，栽花容易灌花難。
日高花事憶闌珊，曉起須從露未乾。天下幾人真解事，栽花容易看花難。
一畝塘如杯面寬，芙蕖新葉近闌干。北山雲起風兼雨，顆顆明珠落翠盤。
村落煙生亦渺茫，山腰雲白轉青蒼。憑他紈扇冰壺裏，不敵荷亭一雨涼。

偶然作

胸懷不復貯纖塵，鳥語蟬吟聽轉親。總藉雲山消世味，常將藜藿買閒身。衣冠隊裏離羣客，書卷中間有數人。忘却東窗驚蚤白，年來方覺黑甜真。

草　堂

草堂一坐動經旬，飲翠餐香有夙因。山氣佳時在朝夕，難將説與暫來人。

初秋坐讀易樓二首

砌生幽草石生苔，人自空山避暑回。巢補新泥秋燕乳，蘭培舊本晚花開。圍燈兒喜如羣謝，對案妻能似老萊。豆粥花瓷同一色，夕涼高咏復誰猜。

河漢西流夜轉清，嚴城擊柝復三更。窗間清夢梧桐雨，簟上新涼蟋蟀聲。深護蘭香垂紙帳，細聽松籟近茶鐺。丹顔漆髮年年换，彌感平生學道情。

與仲兄約立秋日至湖上次日乃得行

湖上提壺唤客行，僕夫蓐食戒晨征。世情似繭纏綿煞，塵事如蕉展轉生。白髮漸添傷歲晚，青山一見覺身輕。悠然尚愧陶潛句，悔遣時流識姓名。

旱

桔槔聲裏轉微波，檐際經旬挂緑蓑。農望三秋方有食，雨遲十日恐無禾。草生溝洫蛙聲歇，水落陂塘鷺迹多。安得乖龍鞭策起，翻盆爲我瀉銀河。

坐四面芙蓉亭

亭延湖水闊，萬頃接雙扉。翠葉籠朱柰，清池映紫薇。河魚秋水上，村酒晚涼歸。真學忘機叟，沙鷗狎不飛。

喜　雨

蒿目驚心原上田，螘遷鳩喚已頻愆。連朝幾見黑雲滿，當晝真看白雨懸。枯蘚頓教迴紫翠，高檐驟與落清泉。新涼社飲雞豚熟，猶得吹邠慶有年。

山澤

山澤何堪老一經，且將方略付園丁。陰晴細驗春秋社，昏旦頻看黍穀星。栅竹恐傷鞭逸出，種蔬先愛甲微青。長鑱短鍤相隨處，指點松根斸茯苓。

寄許伊蒿時爲邳州學博

荷香松籟日棲遲，千里圯橋寄所思。空谷每當飛瀑處，黃河却憶聽潮時。風前得句應搔首，燭下談經舊解頤。皆響亭邊秋雁過，憑將說與許詢知。

此味

帘外蒼深列萬松，紅蕖碧葉膽瓶中。窗間疊膝焚香坐，此味何人解與同。

與羹湖

君營谿館迓慈親，我亦扶輿步後塵。是佛是仙憑説與，四年前是八旬人。

過越巢聞讀書聲

波迴葉亂度谿風，谿上停車夕照紅。但是書聲吾愛聽，況從秋樹竹林中。

歸　卧

歸卧林花兩度紅，孫能扶杖可稱翁。田園自放農堪老，飲啄無多鶴與同。宦迹十年香案側，生涯一徑古梅中。姓名喜未沾塵土，著意清寒感化工。

中秋雨

姮娥寶扇已重遮，無復清宵見月華。山霧白時疏雨過，分畦看種米囊花。

倚徙

俗塵吾久怯，幽事剩相關。有樹皆圍屋，無窗不見山。惜陰常恐晚，耡地莫教閒。倚徙林間石，從沾碧蘚斑。

雨後步近村書所見

閒遣奚童負一笻，村南谿北任過從。楓妍故作霜前態，山淨新修雨後容。荷蓋欲殘秋色老，栗房初破桂香濃。此中自是饒安穩，不獨吾生性本慵。

荷　鍤

朝朝荷鍤劚層雲，世事山翁百不聞。今歲種來今歲發，岸蓉池藕最殷勤。

白蓮與芙蓉同時

秋社新營種菜畦，閒情事事稱幽棲。池蓮晚盛芙蓉蚤，恰喜開時共一堤。

燈下讀放翁詩

敢謂疏狂步後塵，卷中詩味最相親。荷鋤俱願青山老，今古何妨著兩人。

問予

留客糟牀取濁醪，問予何事癖林皋。貪攜牛背金鵶觜，懶吮螭頭紫兔毫。臺閣百年看衮衮，郵亭終日嘆勞勞。松間熟睡茶煙冷，不省牆陰螘戰豪。

蚤起

窗白鵶翻曙色來，山翁蚤起被花催。披衣先到芙蓉岸，銜露一枝猶未開。

桑下讀放翁集

手中書是劍南編，來看新犁原上田。坐傍桑陰牛糞讀，故應遠勝水沉前。

偶　咏

仙籍藏名客，田間識字農。近來詩格壯，日日對髯龍。

芙蓉二首

秋水澄潭映碧空，一枝垂影緑波中。花從開落分深淺，只有芙蓉晚更紅。

風塵老我已成翁，窗下檠邊尚未慵。喜看玉兒剛十二，也能捉筆咏寒蓉。

自題新詩後

卷中何處著纖塵，句句新詩自寫真。留向人寰任埋棄，千秋定有愛予人。

對小池芙蓉因憶湖上

拒霜風節豈凡葩，開傍荷汀柳岸斜。粉纈總含秋夜露，紅潮初暈午時花。綉屏遥倚楓千樹，明鏡低臨水一涯。若問湖干居士宅，牡丹須與讓繁華。

八月二十六日得房師即墨黄公書

蚤侍扶風講席餘，七年不見劇愁予。空山霧雨蕭蕭夜，東海新來一紙書。

㔥山脚地種花二首

擬搆茅亭緑樹邊，看㔥山麓作花田。翦蔬客到新凉日，抱甕人閒細雨天。永叔詩中思潁水，文饒海外憶平泉。幾人穩作林塘主，今古風流定孰賢。

花畦曲折槿籬通，位置經營課小童。常要晚春連蚤夏，還須淺白間深紅。茆亭近著留佳客，石徑平鋪便老翁。底事却閒桑下地，移牀來看夕陽中。

雨中自適

山徑生雲雲不停，數峰忽與隔青冥。雨多漸喜客來少，我醉何妨世共醒。避俗花猶堪作史，著書茶亦可名經。藥欄蔬圃窮精力，終隱吾當自勒銘。

山雨二首

野蕎花發白如霜，烏桕迎寒弄淺黄。牧豎騎牛草間路，山煙山雨隔垂楊。

腰鐮處處刈田禾，浹日愁霖可奈何。最是嫩黄深緑好，蚕秋山色雨中過。

小　園

小園門徑一弓寬，却對松陰俯碧湍。愛看梅花臨水處，特教添取石闌干。

窗門

平遠荒村野燒寒，窗間手掩一編看。柳陰疏處驅黃犢，何用丹青覓范寬。

隔谿

孫曰奐，字受采，少司馬之孫，能讀書屬文，得疾於場屋而歿，惜之。居椒園，與余莊隔谿。

隔谿山館碧嶙峋，中有驊騮本絶塵。痛惜夜珠輕彈却，玉蘭花下讀書人。

甲子重九二首

客散空山獨嘯時，繞階甘菊放猶遲。閒門老樹青蟲集，夜雨新寒黄葉知。鄰叟相過攜茅栗，園丁自課葺柴籬。古人節物關心甚，搔手能無九日詩。

深山俯仰意蕭騷，木落雲飛嶺岫高。菊澹偏能逢此日，山青獨喜對吾曹。無心更可隨鴻鵠，有手惟堪持蟹螯。夕照籃輿楓葉路，猶慚巖畔酒人豪。

賜金園十二咏

學圃齋

圃翁性嗜圃，嘉蔬日翦溉。嘆息潘安仁，豈識霜薤味。

香雪草堂

老梅既多姿，臨水復幽絶。春風動微波，滿庭落香雪。

南　軒

晝永鶯頻换，風微蝶故斜。海棠最嬌妊，坐看南榮花。

北軒

左倚松桂磴，右臨荷芰灣。梧桐高百尺，葉底見青山。

寄心亭

如錢復如鏡，芳華綻南圃。含露雖娟娟，蓮子寸心苦。

也紅亭

含桃出禁闌，金盤久蕭索。垂老向深山，持竿驅野雀。

清池

方塘貯流水，澄澈映山椒。送我扶筇影，紅欄過小橋。

竹塢

頭番初成竹，霜濃錦籜新。但求藜藿飽，數筍過殘春。

桃　谿

臨澗堆紅白，春風爲洗妝。莫隨流水去，勾引到漁郎。

松　徑

半里深松徑，蒼煙翠靄多。道人行飯處，西崦日來過。

芙蓉汫

欲制芙蓉裳，采采秋雲裏。何事涉江頭，門對清谿水。

碧　潭

長松蔭古潭，湛湛如碧玉。一日一回來，照我鬚眉緑。

存誠堂詩集卷二十

近體詩八十六首

入山

更將何物伴行藏，琴薦茶鐺與筆牀。鄰舍祇因沽酒熟，輿儓總爲入山忙。朝看丹樹千峰錦，夕對青燈一榻香。打稻歌聲中夜起，懸知明月滿前廊。

北軒與内人晚坐

野鶴幽棲珠樹林，海天誰復問鴻冥。閒詩適意容粗放，小户當杯易醉醒。鏡裏不知雙鬢白，眼前惟覺衆峰青。山妻解伴於陵子，相對芙蓉一水亭。

珍　裘

狐白珍裘比雪妍，同時拜賜五雲邊。幾人曾到空山裏，披向梅花老樹前。

寒夜汲泉摘籬菊泛之

縱横滿地古梅枝，月影朦朧霧重時。旋汲山泉泛甘菊，一甌香雪沁心脾。

夜　雨

桐葉輕黄柏葉赬，一秋能得幾時晴。明朝恰有登山約，惆悵檐淋此夜聲。

姚天池邀游山園雨不果往

夙約登山已再愆，連宵支枕聽潺湲。纏綿意似深秋雨，料峭寒生小雪天。泉挂高檐雲似海，坐圍殘菊日如年。人生良會誰能定，紅樹青樽事偶然。

往金陵取道居巢

日落村遥大澤濱，烏江舊路重逡巡。古來斷送英雄地，水黯山枯草不春。

即　事

向夕傳呼近閤門，仰聽天語比春温。絲綸豈是逋臣事，簪履難忘聖主恩。自分形骸宜藪澤，敢因泉石戀丘樊。集賢學士如牆立，落筆中書眼漸昏。

過雞鳴寺

甲申年十一月三日，先母太淑人五十初度，飯僧於雞鳴寺。予時八齡從父兄游。至今不能髣髴其地。惟記大銀杏一株在佛堂右。甲子年十一月五日重至其下，老樹無恙，增尺許圍。先後相距恰四十年，日月適符，爲之感愴不能去。

髫稚曾隨入梵筵，雞鳴山寺石城邊。香臺難覓經行迹，蘚石猶刊舊施錢。學舍亭軒悽暮草，佛龕鐘磬冷朝煙。婆娑老樹空階立，别爾風霜四十年。

臘月八日眠樵木厓霜鶴過山莊小飲二左留宿

肅穆羣峰斂，山煙午未開。門低風偃竹，枝冷雪封梅。儉歲村醪薄，寒宵好客來。一燈華髮叟，幽話辛相陪。

乙丑元日立春

三載恩波事耦耕，年華又喜入昇平。萬家晴雪裝瓊樹，一夕春星轉玉衡。火暖梅花居士屋，風占黍稌老農情。句芒恰喜逢元日，南畝懸知慶阜成。

縱步

雪霏冰凝不知寒，縱步亭皋覺許寬。出處衹應藏拙好，古今惟有受恩難。移家已分入空谷，放艇何心又激湍。恐與梅花成小別，月明終夕倚闌干。

深坐

閉門深坐愛吾廬，樂事無多致有餘。陰壑雪猶供茗碗，陽坡薺可作厨蔬。樹堪入畫偏增雀，鶴本親人豈爲魚。欲渡谿河訪精舍，屢詢山路滑何如。

人日前二日入山

歌吹春城滿，來聽隔嶺鐘。窗邊梅一樹，松外雪千峰。避俗吾何敢，趨時性本慵。只應歸老地，閒至即過從。

中年

中年萬事不相關，惟見林巒一破顔。出處規模錢若水，詩篇枕藉白香山。五官用盡都成拙，百計輪來未勝閒。陌上樵人時放擔，聽予高咏落花間。放翁詩：『閉門誰共處，枕借樂天詩。』

難遣

松肪一碗勝明釭，短髮鬅鬙影自雙。難遣梅花寒處立，夜深猶自挂西窗。

自慨

春風萬類荷榮滋，獨剩霜華頷下髭。鶴背難招仙伯語，牛腰端遜放翁詩。鳴琴未到忘機處，對酒多慚獨醒時。惟有種花心較切，藥欄愁與賦將離。琴有鷗鷺忘機曲。

人日課童子理園圃

人日春晴體乍舒，閒驅稚子理荒蕪。梅邊穩置支琴石，竹下新移瀹茗爐。幽徑滑時扶榔栗，小谿平處坐氍毹。若教添取公麟筆，處處堪將入畫圖。

人日

人日春風蚤，新晴鳥乍啼。米囊猶帶雪，豆甲已掀泥。冰壑埋樵徑，陽坡數麥畦。山寒門晏啟，虎迹滿前谿。鶯粟花一名米囊花。

步屧

步屧看松去，鄰庵不待招。春晴谿自漲，山遠雪初消。雙屐宜沙路，孤筇怯板橋。梅花猶寂寞，探取向南條。

予擬爲樓壓園梅之顛曰鶴背樓偶讀放翁咏梅詩亦有洛浦凌波矜絶態緱山騎鶴想前身之句

危樓欲搆壓花叢，恰喜拈詩得放翁。捲幔攤書孤月冷，倚闌吹笛萬山空。微風弄影波初泛，暖日生香雪乍融。何異玉京銀海曲，身騎白鶴碧霄中。

世事

世事繁囂百不聞，市城欲倩嶺雲分。陳編愛讀歸田賦，古帖常臨誓墓文。居士服惟宜裋褐，野人味止識香芹。園亭花事垂垂發，飽食行吟對夕曛。

讀書罷忽起見月

雪霽谿聲響石梁，逼人松色夜蒼茫。忍寒趁燭終詩卷，忘却梅邊月似霜。

梅花二首

松陰漠漠竹蕭蕭，别我心情愛寂寥。一樹梅花好風月，無人知處領清宵。

山煙山雨作春寒，處處梅花隔水看。矮屋疏籬亦佳致，豈如芍藥倩朱欄。

東軒梅數十株臨水二株尤奇古作小亭對之

梅花時節苦春陰，索笑惟余繞砌吟。枝壓冷雲當户重，庭霏香霧閉門深。熙荃畫本紛千態，郊島詩情滿一林。莫道春風開獨蚤，許君猶是歲寒心。

春山八咏同羹湖作

嶺上雲

觸石排空總異姿，輕陰欲渡緑谿遲。閒看舒卷爲霜〔一〕日，多在徘徊出岫時。峰頂乍攜雙袖滿，窗間潛潤七弦知。一從爛縵歌成後，常與山家護竹籬。

校記

〔一〕『霜』，康熙四十三年刻本作『霖』。

原上村

幾家碪杵隔寒原，一幅林巒對小軒。緑樹陰中聞水碓，夕陽多處見柴門。嵐光常借炊煙色，山徑新添野燒痕。昨日鄰翁歸較晚，犬聲如豹月黄昏。

谿上路

山深谿徑自縈迴，地僻人稀長緑苔。春壠草生黄犢過，秋籬花發白衣來。偶添略彴前村近，閒倚孤笻野客陪。盡日總無車馬到，往還麋鹿莫驚猜。

石上泉

層岩飛瀑日潺湲，紫蘚青蒲不記年。自作雪霜幽壑裏，時聞琴筑小窗前。影穿密樹千珠散，潭聚游魚一鏡圓。不獨浮杯兼釀酒，濯纓知向此中偏。

池上梅

無數瓊英點舊柯，寒心相對欲如何。高標自具神仙骨，瘦影偏臨清淺波。山鳥踏枝棲雪冷，文魚吹浪唼花多。放翁饒有關情句，一度尊前一浩歌。

巖上竹

叢棘何堪翳此君，翦除疏鑿不辭勤。篔簹静洗千竿翠，巖谷新添一片雲。細路遠從山麓繞，濃陰近傍石泉分。還期小搆茆亭看，解籜香風静裏聞。

松上鶴

翩翩雪羽九臯禽，只合棲遲託茂林。風勁乍聞松籟起，夢醒猶憶海雲深。關情蓬島當年事，回首樊籠此日心。寄語煙霞舊儔侶，乘軒可似碧山岑。

陌上花

蹋歌南陌近清明，短後新裁白紵輕。舊過谿橋曾識路，許多紅紫不知名。横侵屐齒騷人趣，斜插釵頭少婦情。社飲醉眠隨處好，只愁風雨杜鵑聲。

夜半看月至池上

閒中消息少人知，難得朋儕是此時。愛與梅花同皓月，不嫌風露立清池。波生蘋末原無定，煙失林梢亦乍奇。好景恨無摩詰畫，千秋留取一篇詩。

山櫻桃

樊圃含桃飄雪後，山櫻花發色尤妍。紅珠斗帳輸他好，白石清泉覺爾偏。

聞廷瓚分校禮闈

南宮承命校專經，敢謂新陰在鯉庭。屈指歲華剛一紀，掄文重到第三廳。予癸丑分校禮闈，官次第三，居會經堂第三廳。乙丑廷瓚分校官次亦如之，復居此廳。

雨中過桃花園七弟治具

南陌尋春已較遲，桃花村落雨如絲。不逢玉洞燒丹日，却對巴江濯錦時。低樹露凝紅厭浥，比鄰煙重影迷離。水生屐齒青泥路，挈榼來看亦自奇。

谿　頭

塹捲谿頭舊釣絲，園林歸卧莫嫌遲。放翁甲子當予歲，尚欠雲山萬首詩。

倪繪江表弟贈錦雞一雙兼以詩四首即來韻答之

雉媒麥壟正殘春，羅畢招來捷有神。遺我更兼新句好，鷫鷞從此讓才人。

青田雙鶴本胎仙，介性文禽計〔一〕並傳。豈似雪衣徒解語，彩絲金鎖被人憐。

清泉紅豆新恩重，叢竹香茅舊侣多。愛爾對啼花徑晚，莫將文彩戀巖阿。

山雞璀璨錦爲名，自昔華蟲彩綉榮。從此翬飛阿閣上，回頭丹壑若爲情。

校記

〔一〕『計』，康熙四十三年刻本作『許』。

初夏

小池初漾嫩荷風，曲徑新添苦竹叢。布穀鳥啼春雨後，分秧人亂夕陽中。偶居山澤心常戀，豈信田園樂易窮。滿院濃陰深碧處，殘花猶見數枝紅。

竹醉日

小檻臨流避暑宜，抱書終日對淪漪。經旬穲稏新藏壟，隔歲芙蕖漸滿池。節到梅黃天欲睡，候逢竹醉雨偏知。千峰浄洗參差緑，猶似清和夏淺時。

雨中書所見

谿聲活活雨霏霏，驅犢村童戴笠歸。百疊松岑幽翠滴，黃鸝時拂畫屏飛。

爲東來題陳原舒畫花草十二種

冰綃斜倚碧琅玕，似有如無著意看。盛暑攜來帘影下，風神怯爾太清寒。梅竹折枝

武陵人去水茫茫，瓊實雙苞不易嘗。却似天臺新摘取，紅頳猶帶露華香。折枝桃實

魏紫已隨芳樹杳，姚黄亦逐彩雲空。自從妃子憑欄後，管領春風一捻紅。紅牡丹

澹煙明月擁湘娥，秋水新裁薄薄羅。却向黄陵邀女伴，夜深來聽竹枝歌。水仙

荷蓋田田緑映池，芙蕖葉底未開時。何人移向輕綃上，恰似銀塘第一枝。荷花

穠華翠葉傍蘭叢，亦自嫣然曉露中。堪笑老翁癡欲絶，看花愛到小桃紅。金鳳花

一枝纍纍覆丹丘，聞道如瓜不可求。得向仙亭食仙棗，東坡何恨謫黄州。折枝棗

淺施檀粉獨嫣然，澹著鵝黄意倍妍。背立牆陰如静女，一庭風露蚤秋天。秋葵花

紫衣初褪白綃輕，赤玉盤堆蜜水晶。想見沈香亭畔立，一枝風露入華清。荔枝

露白霜濃菊一枝，蕭然寄傲在東籬。祇今風格誰能似，如對陶潛古調詩。菊

帳裏悲歌事已非，美人名馬幸同歸。至今江岸閒花草，猶見當時舊舞衣。虞美人花

澹寫甘蕉向雪中，披籬岑寂似山翁。緣何復作繁華夢，添取茶花數點紅。雪蕉茶花

大雨後

終朝檐溜如泉注，向晚谿聲昔所無。絶似黄河風雨夜，至今心怯此危途。

避暑

避暑亭軒傍水開，釣絲閒捲獨徘徊。雲根忽抱山腰起，雨脚遥穿松頂來。箸底新教嘗苦菜，枕前時聽落黄梅。人間清福誰能領，此際應無客與陪。

飲鎮皖樓贈薛梁公撫軍二首

東皋傑閣俯晴川，經始重來作鎮年。樹色嵐光千嶺月，漁歌帆影一江煙。庾公興與層樓迥，叔子名同勝地傳。自是政成多暇日，新詩高和五雲邊。

浮圖舊迹比嵬峩，飛鳥時從户牖過。芳草地連南浦近，畫屏山帶夕陽多。檻飄歌管雲常在，鏡點漁舟水不波。登眺一尊陪劍履，祇因歲稔慶時和。

看花宜蚤起

種荷經歲滿芳汀，翠蓋紅衣一水亭。風偃穠華偎野岸，露和香氣撲疏櫺。朝陽初射前峰紫，宿霧猶籠衆壑青。自是看花宜蚤起，黄鸝作意唤人醒。

静　裏

梧覆高檐竹覆廊，碧芙蕖漸滿方塘。半窗深緑花兼葉，一榻清吟茗共香。書卷抛來朝睡穩，山泉浴罷夕陰涼。昔人競説田園趣，静裏探尋味轉長。

絶句二首

旋汲山泉徹骨清，當風自起扇茶鐺。暑中不耐敲門客，誤惱枝頭啄木聲。

好將林下羲皇日，探取琴中太古音。心與七弦同似水，一庭斜日轉桐陰。

山居即事二首

窗護爐煙裊篆絲，等閒出定意遲遲。稻花緑偃風迴處，蓮葉香濃雨過時。摘豆繞籬尋僻徑，洗茶移具向清池。茫茫今古人何限，管領風光定屬誰。

久向塵囂謝俗緣，閒中忙事亦幽偏。露垂自翦當門柳，雨過來扶蘸水蓮。分澗每教烹緑雪，履霜時復弄朱弦。枕前榻畔知何有，陶白遺詩只一編。范文正公琴只學履霜一操。

夏佳嶺二首

媚筆纔過水一灣，杜鵑花裏小躋攀。莫嫌度嶺勞筋力，隔斷塵寰是此山。媚筆泉在嶺之南。

山境遥從嶺際分，嶺南雲物是比鄰。莫嫌地窄園林小，猶與孤松作主人。予山莊以嶺上孤松爲境。

初過寶穡堂 在松湖莊

寶穡堂從隔歲謀，主人今始得來游。青春枝亞明湖出，古栗陰團小徑幽。遠漲初生逢暮雨，晚禾重蓺趁新秋。閒來檢點人間事，社飲漁歌第一流。

松湖後收穫詩八首

謝家子弟一尊同，嫋嫋魚竿澹澹風。最是月明湖水闊，輕舠柔艣萬花中。
葉罩平湖静不流，藉〔一〕絲菱角挂扁舟。隔花稚子遥相唤，摘得蓮房恰並頭。
荷柳松筠滿四鄰，此中無地著纖塵。龞邊鷺立如迎客，葉底鳧藏不畏人。
侵晨得得看花忙，雨送輕陰露送涼。小艇繫從高樹岸，藕花深處扇茶香。
秋潮清淺是今年，葉密花紅著意妍。立向棣棠花下望，彩霞一片蔚藍天。
漁歌聲裏記春秋，藤徑茅亭事事幽。怪底老翁年七十，燈前作字尚蠅頭。湖上仲兄著書，能作細字。

高原禾黍已芊綿，潮晚偏收下濮田。自荷君恩三載住，桐鄉兩度見豐年。比來甲子、乙丑歲皆大稔。

西山雲氣正嵯峩，把酒垂綸任放歌。總是平湖蓮葉滿，人間不解有風波。

校記

〔一〕『藉』，康熙四十三年刻本作『藕』，是。

七月十八日過龍眠二首

庭軒高寄白雲間，嘆息勞生未得閒。從此迢迢清夢隔，詩中畫裏見青山。

東華怕蹋軟紅塵，寄語山靈且勿嗔。笑指清谿相别處，白雲黄葉四經春。

濟南旅舍流水自珍珠泉來

不繫扁舟與釣綸，泠泠終日伴松筠。自從流出清谿口，縱泛桃花也是塵。

題旅店壁

切切霜蟲草際鳴，不如遊子此時情。郵亭古壁燈昏處，櫪馬終宵嚙草聲。

題澹人種蔬圖

手種春蔬一水崖，滿筐風露過籬柴。攜鋤戴笠予曾慣，轉憶空山學圃齋。

題澹人所藏文衡山潑墨山水圖

直廬茗碗校讎閒，忽見飛濤杳靄間。却似曉煙春雨後，湖干日對米家山。

曾囑

手種芙蓉近碧湍，深紅淺白覆闌干。别時曾囑龐家婦，秋葉黄時一探看。

存誠堂詩集卷二十一

近體詩九十一首

夜出神武門

馬散天街闊，長堤偃玉虹。空林晴雪後，寒月水煙中。人聚平橋火，鴉翻古栝風。梅花香載路，清夜故園同。

十二月二十日内直看趙松雪水村圖三首

風流無奈趙王孫，畫出江南水上村。瞥向澹煙疏柳處，依稀重認舊柴門。

青箬吹香雨後風，秋山秋水總空濛。誰將賨穡堂前景，移入觚棱晚照中。賨穡堂，余松湖別業名也。

罛罼閒來挂短籬，潮生風急雨如絲。鵲華秋色無由見，沙渚煙汀澹益奇。董文敏跋云：松雪畫鵲華秋色圖與此圖同爲王敬美家物，此圖澹遠，更出其上。

二十二日内直看李公麟龍眠山莊圖粉本

畫裏龍眠首重回，笑余新自故山來。祇今欲覓垂雲沜，難洗空青萬古苔。圖中有垂雲沜，今尚可髣髴其處。

丙寅正月二日内直用司農梁公除夕韻

山澤臞姿恰五旬，重來宫掖物華新。爲沾柏葉尊前酒，乍覺桃花頰上春。内直燈殘猶對客，故園梅發正懷人。東風青遍王孫草，不減霜毫色似銀。

正月五日内直次説巖先生除夕元旦韻二首

水咽平橋往復還，春寒苦憶舊柴關。疏枝懋岸梅堂路，老樹空庭雪滿山。瞥見宮扉花勝貼，坐親爐火卷書閒。蓬萊灩厠神仙地，木石吾生性本頑。

晴雲深護月華門，殿角懸門近上元。秘閣六時分禹食，合宮三載侍堯尊。予辛酉、壬戌侍宴殿上，今乙丑除夕重預。真成蕭散難諧俗，詎有文章可報恩。太液雪消騎馬處，柳絲吹面已春温。

燈下再用前韻二首

鳳城重住見春還，囑付兒童只掩關。瘦馬朝昏趨右掖，石橋風雪看西山。星辰夢接層霄迴，香茗人輸歲晚閒。自愧横渠家學在，勒銘無計訂愚頑。

剥啄聲稀雪照門，探蓍新喜得乾元。短長更漏憑官燭，料峭春寒倚上尊。獨樹相看成往迹，一枝留待荷深恩。半窗新月垂帘坐，衣覆香貂自覺温〔一〕。賜第中庭槐一株，昔年手種。

校記

〔一〕『覺温』，原缺，據康熙四十三年刻本補。

題毛大可曼殊小傳後四首

剩有如花筆未枯，神針自綉夜來圖。平生自是饒恓楚，老淚當風哭曼殊。

典衣沽酒不知貧，一盞梨花相對春。贏得比紅詩百首，曼殊原自解隨人。京邸市酤梨花春最下，大可貧日飲此耳。

聞道豐臺住小姑，百環新髻世應無。又添一段遊人話，芍藥開時説曼殊。曼殊豐臺人，能爲百環髻。

湘湖東去恨難勝，誰和清歌伴采菱。一片香魂空載得，滿江風雨過西陵。蕭山有湘湖，産蓴菜，大可攜曼殊櫬歸葬於越。

寄題黄柏山房四首

龍眠深處隱，山色最蒼茫。細路延青壁，飛流響石梁。亭孤雙澗繞，閣迥萬峰藏。新見公麟筆，猶慚谷口莊。

荆榛予尚見，奇僻爾能搜。老栗容當户，繁花著倚樓。堂陰盤石磴，樹杪見河流。猶夢層軒裏，移牀最上頭。

莫漫眈城市，鶯花惱別離。雨晴移樹日，煙暖焙茶時。歲月閒難得，幽偏老最宜。通予棲隱地，煩問舊茅茨。

山梅知爛熳，今歲飽看無。著意培鶯粟，關心問鼠姑。徑宜松竹暗，池愛芰荷鋪。努力營幽事，題書遠報吾。

唐六如畫梅花折枝二首

凍蕊寒香似有情，堂窗忽見一枝横。不緣人與梅花似，敢折梅花爲寫生。

六如居士本天真，澹寫疏梅筆有神。恰似春深花落後，披帷初見李夫人。

寄題繼谿草堂四首

別業依青嶂，農家共一林。泉流芳砌遍，花隱曲廊深。才子耽幽事，佳時愜賞心。春風正駘宕，遥憶舊登臨。

山麓斜分徑，花叢隱結廬。翠煙凝古檜，碧澗亂紅蕖。闢地貪分竹，疏池學種魚。老親多暇日，一卷課春耡。

石門飛瀑近，爲置一亭看。松影層巖合，梅花曲徑盤。晴空雲自白，春盡雪常寒。恐被徐凝誚，題詩欲寄難。

共有園林僻，多君逸興賒。輦移幽澗石，船載冶城花。芍藥扶朱檻，篔簹護碧紗。那堪人日過，相望在天涯。

題嚴蓀友爲澹人畫江村草堂圖二首

漠漠煙汀接短籬，打魚船繫緑楊枝。有人草閣青燈裏，卧聽江潮月上時。

自是才人寄託遥，等閒畫出便蕭蕭。待予小艇來相訪，記取谿邊略彴橋。

憶仲兄湖上三首

湖山存舊業，浩淼接長川。宅倚平安竹，門迎伏臘田。桔槔紅樹外，笭箵緑楊邊。雞黍南垞近，相留可判年。

地偏人事簡，長日閉花關。潮接當門柳，青回隔岸山。家纔秔稻足，亭共水雲閒。常有深秋約，芙蓉曲沼間。

湖干棲仲子，生計託漁莊。西塞山前雨，青蓑笠子香。花間看織網，煙際聽鳴榔。他日鳩孫子，扁舟老是鄉。

吾廬二十首

景物耽岑寂，吾廬到欲迷。葉驚松鼠竄，花隱竹雞啼。放屐從泥滑，除冠礙樹低。平生常自撿，慵拙稱幽棲。

歸去曾三載，棲遲有一峰。農分當户澗，鄰借隔谿松。鳥語殘朝睡，雞聲雜午春〔一〕。如何此門徑，長被緑苔封。

布穀喚條桑，春犁一雨忙。田疇清澗曲，村落大堤傍。短笠驅黄犢，疏松間緑楊。丹青難可似，珍重郭河陽。

園林春自媚，緩步勝安車。活活水生日，萋萋草緑初。籬根喧野雀，花影聚文魚。小物關心甚，忘機苦憶渠。

夏淺春深日，關情四月中。水欺鸜鵒緑，山借杜鵑紅。草色霏微雨，花枝澹蕩風。野人曾飽看，無力謝天公。

山别東西嶺，初從谷口分。清泉抱幽石，曲徑入寒雲。樵子行相逐，谿聲語不聞。野花藏密篠，開落自紛紛。

杳靄雲峰合，幽奇近可尋。林光經雨變，山色過谿深。一徑穿松去，斜陽策杖吟。蕭騷視天壤，駘宕此時心。

南村長獨往，春草蹋香泥。緑樹無人處，幽禽自在啼。清波楊柳外，斜日杏花西。不是桃源路，漁郎到亦迷。

晚秫釀初嘗，東籬菊正芳。秋潭明鏡澈，霜樹錦屏張。籠石多深茜，臨風或淺黄。高峰弄顔色，天地亦蒼茫。

女牆桑共採，農舍竹相沿。水碓舂香稻，谿筌出小鮮。漁樵人澹樸，親故話纏綿。閲盡煩囂趣，淳風沕穆前。

凍雲迷澗壑，景物歲將闌。山鳥呼春信，梅花訴夜寒。書煨新芋讀，雪擁敝裘看。預擬扶晴屐，松根覓蚤蘭。

新搆南榮近，疏泉繞砌斜。梧桐半窗葉，菡萏一池花。涼月兼清露，繩牀隱碧紗。幾年當盛暑，不畏火雲車。

牆陰東嶺直，蘭若隔深松。巖竹傳清磬，山煙破曉鐘。茶瓜雲外宿，緇笠水邊逢。蓮社堪頻往，樵蘇共此峰。

水石荒山窟，名因相國存。泉光媚毫素，碑字蝕苔痕。谿落蒼藤影，巖攢錦樹根。每抛籃筍過，徐步愛潺湲。媚筆泉，何文端公筆。曾聞玉龍峽，側近秘全庵。此日千山雨，猶懸百尺潭。清音綿嶺岫，幽樹雜紅藍。好倚公麟畫，攀巖取次探。李龍眠山莊圖中有玉龍峽、秘全庵。

山翁常簡出，樵子偶經過。白日閒烏帽，青田滿緑蓑。人驚騎馬客，牧解飯牛歌。一雨柴門閉，春條挂女蘿。

龐公棲息地，生計鹿門隈。好日攜妻子，巾車碧澗來。鳥知催葉换，童與報花開。漸欲移家隱，磨礱莫漫猜。

貪種臨軒樹，新柯間舊枝。雪消春淺日，雨過晚晴時。竹爲栽還密，花因接始奇。東歸治桑果，逸少是吾師。

風落青梅子，泥掀蕙草芽。畫眉憐好鳥，靧面惜殘花。燕乳雙尋壘，蜂晴忽散衙。閒中看物趣，莫與世人誇。

月上千林白，柴門日暮天。鹿號楓樹嶺，螢聚稻花田。蟹火明深澗，樵歌入暝煙。夜窗留客話，賒酒石橋邊。

校　記

〔一〕『春』，康熙四十三年刻本作『春』，是。

東皋爲伯父方伯公舊園姪我思新之

跨澗平橋古，東皋俯一川。稻花吹柳陌，山翠接城煙。蘊藉推前輩，風流倚後賢。路人談往事，池館似當年。

秋樹草堂

路指喬松入，幽居近復偏。曲廊憑古木，傑搆傍名泉。春晝檐花密，霜晨嶺樹妍。娱親見昆弟，時導板輿前。

似古山房

境外幽人宅，庭軒倚翠微。斜過深竹徑，忽見亂泉飛。湍急連朝雨，寒添六月衣。主人搖落後，蘿薜閉山扉。

泳園

數武離闤闠，涓涓響澗泉。鳥鬬筠館静，花亞石池圓。深翠孤亭出，平蕪遠岫懸。與予棲鶴地，只隔女牆煙。

越巢

路傍清谿轉，垂藤見蓽門。竹孫新籜滿，梅子緑陰繁。見客短衣慣，尋山舊笠存。草堂書擁坐，吟嘯閲朝昏。

河墅

春光宜北阜，冬日愛南榮。倚石長廊邃，當軒曲沼清。荷藏新浴鶴，柳待舊啼鶯。舉迹先疇近，移家看耦耕。

正月十三日夜

江南新貢碧琉璃，龍尾天街萬點宜。忽聽玉階笙管細，六宮齊報上燈時。

十五夜

疊鼓天街盡日嘩，客心揺落苦思家。小樓一夜紅燈暖，開遍中庭緑萼華。

李唐長夏江寺圖宋高宗題曰李唐畫可比唐李思訓漫成二首

一幅鵝谿絹色陳，祇今書畫兩精神。墨光透紙釵痕字，筆陣横秋斧劈皴。

翠華消息斷河汾，遥望蒼梧隔暮雲。畫譜宣和纔誤却，何堪重話李將軍。

正月十六日扈從南苑看煙火二首

春城歌吹傳柑日，南苑宸游詔許從。星渚霞標紛萬象，銀花火樹涌千峰。
明月初平蝃蝀橋，彼都人士夕相招。紫煙破處紅燈出，十二珠帘倚碧霄。

憶故園梅花

凍蕊催驚蟄，枝枝出短牆。爲憐花嶼屋，不減雪堆莊。清澗寒垂影，斜陽暖送香。空山任開落，無意囑東皇。

迂　疏

敢言人澹蕩，難砭性迂疏。彭澤耽吟菊，於陵癖種蔬。帷帘愁翡翠，鐘鼓駭爰居。物性常如此，斯言適起予。

春山用阮亭韻三首

霏微殘夜雨，山路不成泥。舊燕尋巢入，幽禽選樹啼。秧隨春水緑，花向夕陽低。谿上堪行樂，心情付杖藜。

鹿砦深藏屋，牛涔淺印泥。草花雙蝶繞，谿樹亂鶯啼。楊柳吹綿嫩，櫻桃結子低。老夫猶健在，閒與荷青藜。

荷耡臨澗谷，閒洗種花泥。隨雉銜人過，谿禽照影啼。雨摧菘甲滿，風約麥痕低。童子呼朝飯，新香出糝藜。

直廬中同説巖先生讀阮亭南海詩即用其見贈原韻寄阮亭

風雪山城別，天涯復幾時。梅花江北路，荔子嶺南詩。不覺清吟久，重聞禁漏遲。直廬相憶處，應遣故人知。

二月新除院長

蓬萊清淺迴[一]無塵，浪占頭銜二十春。自顧衰慵苦思退，何緣重作領班人。自丁未入翰林，至丙寅二十年矣。

校記

〔一〕『迴』，康熙四十三年刻本作『迴』，是。

憶鶴

亭皋雙鶴慣相隨，迴隔江天重所思。最是華林霜月夜，一聲清唳夢回時。

憶孔雀

故人遺我海南禽，綷羽毰毸遠客心。時向清池偷照影，自開金翠小山岑。

送友人歸鬱洲山 山在海中，去海州岸四十里。

春明歸櫂客，棲隱鬱洲山。澒洞風塵外，煙雲杳靄間。東溟銀漢接，西塞緑蓑閒。奇思兼清興，扁舟恣往還。

香山集有潯陽三春詩作帝城春三首

春生

雪晴宫瓦碧參差，澹淹春生太液池。冰泮有聲微緑處，柳垂無力嫩黄時。窗横梅蕊香初覺，衾覆貂襜暖漸知。幾度江南還冀北，莫嫌花信較來遲。

春來

鳳城遊騎錦韉香，桃李隨風出御牆。陌上清明沽酒鬧，擔頭紅紫賣花忙。新鶯樹底啼春晚，雙燕梁間話晝長。開遍杜鵑山徑合，可能無憶陸渾莊。

春　去

梅子離離葉底青，小園春去户常扃。拋來風月知誰管，老却鶯花不暫停。上苑朱櫻初入籠，豐臺紅藥乍登瓶。子規催遍千山緑，深掩芸窗怯與聽。

南　鴻

暖雨初回料峭寒，觸人愁緒苦無端。風霜驟變蒼華髮，日月争飛赤白丸。柳絮春堤新悵望，梅花香塢舊團圞。十旬故國無消息，目斷南鴻遍倚闌。蒼華髮，神名。

題禹尚基江村圖

昔愛王孫筆，疏楊映水村。浦煙迷釣艇，江色動柴門。復見高人致，惟存澹墨痕。期君深卜築，畫裏著庭軒。

送七弟歸江南便之官靖江學博二首

直廬對榻擁青綾，薄宦南歸思不勝。地僻遥知通笠澤，官閒猶喜近蘭陵。詞曹載筆慚予拙，博士譚經愛爾能。第二泉邊相憶處，岕香新沸露華凝。

城西細路入層巒，別業鶯花藉探看。林壑棲遲成夢憶，弟兄濩落總儒官。鴻飛莫惜雲天迴，鷗泛新耽海國寬。千里驊騮年正少，謾愁苜蓿長闌干。

和澹人伏雨炎風之句四首 首句夢中得

伏雨炎風正夏闌，黑雲十日駐林端。漏痕漸覺承塵滿，竟夕移牀夢未安。

伏雨炎風正夏闌，碧山學士晏朝餐。居然坡老黄州句，濕葦無煙破竈寒。

伏雨炎風正夏闌，却從京國憶林巒。窗圍深竹鬟眉緑，瓜浸清泉齒頰寒。

伏雨炎風正夏闌，階除咫尺起驚湍。相逢處處青泥坂，猶恐王陽叱馭難。

用健庵韻再和五首

伏雨炎風正夏闌，三年虚種碧琅玕。只今百尺空庭影，露葉煙梢欲忘難。
伏雨炎風正夏闌，窗蕉初見緑衣乾。水紅花穗垂垂發，斜日階除屐齒看。
伏雨炎風正夏闌，久無菜把送園官。浮瓜博取兒童笑，卧聽銀瓶落井幹。
伏雨炎風正夏闌，賣冰聲裏送微寒。故鄉輸與長安處，六月空齋雪一盤。
伏雨炎風正夏闌，叨陪供奉竊儒官。羣公詩思清如許，涼月秋潭對影寒。

禁中偶把放翁詩

滿鬢霜華滿面塵，陳編乍檢覺情親。恍如明月松杉路，青箬黄衫遇故人。

雨中經玉蝀橋

峰頭雨歇晚霞生，樹杪風微夕浪平。莫道軟紅最深處，馬啼猶趁緑荷行。

山色用説巖韻二首

萬疊西山晚照明，蒼煙斷處白波生。況予夙負三生癖，若個誰能不繫情。
低徊流水古松間，樹色蒙茸石色閑。試問古今名利客，却將何物换青山。

存誠堂詩集卷二十二

近體詩九十一首

蓼花次説巖先生韻

紅蓼江南卉，臨窗引穗長。花催蟲語急，影帶雁聲涼。舊種河橋畔，相憐野岸傍。慚同玉階草，開落近昭陽。

七夕前一日次説巖先生韻

隔歲偏如此夕何，南飛烏鵲待相過。層霄夜覺新寒蚤，碧落人嬴別恨多。茉莉晚風吹小苑，梧桐疏雨墜秋河。兒童預擬穿針節，共拜盈盈清淺波。

十二月七日從院長除兵部侍郎

慚無藻思佐文風，詎有良謀翊武功。猶喜官階隨座主，共論邦政絳紗中。時真定梁公爲大司馬。

夜退直出神武門

烏鵲滿城頭，宵沈禁苑幽。鯨鐘寒漏轉，魚鑰北扉留。暗裏誰何急，泥中款段愁。何堪當此際，風雨出長秋。

讀子瞻詞

老夫終日爲花忙，一日三迴索酒嘗。三十年中儘瀟灑，也應三萬六千場。

書陳彭年逸事後二首

禁城人散後棲鴉，北斗闌干月正斜。自古近臣休沐少，落英誰認石榴花。

手炙門庭冷似秋，人間誰作百年謀。平生博得黄金帶，豈信兒孫盜一抔。

丁卯人日題畫八截句

漸引樵柯入白雲，東西路傍石梁分。空山舊是經行處，碧澗長松斷事墳。方斷事公墓在山園北，有茂松清流。斷事死建文難。

遠漲來時嶺岫明，山腰樹杪白波生。披圖似共春山響，石馬潭邊雪浪聲。石馬潭乃山徑最佳處。

翠壁丹巖影倒垂，横斜多有瘦梅枝。水邊但著閒亭子，便是丹青絶妙時。

媚筆泉光舞雪濤，蕭蕭霜葉響林皋。潮痕新没平沙路，策杖難辭度嶺勞。媚筆泉有谿，經水漲則深四五尺，儼然碧潭矣。别取徑山麓，古栗數十株，黄葉霜天，酷似此圖也。

解纜朝辭黄鶴樓，隨風吹過白鷗洲。千頃平湖青竹筏，一聲横笛葦花秋。此景略似松湖。

碧澗香秔水自春，山椒路倚兩三松。畫圖瞥見曾相識，新買鄰家若個峰。山園新買，北峰髣髴似此。

煨芋爐頭活火生，松肪偏照讀書明。棲鴉何事忽驚起，雪壓枯楊夜有聲。煨山芋，點松火，雪夜讀書，自是空山勝境。曾聽雪壓枯枝有聲，乃實景也。

擁被推窗未覺寒，松巖竹塢雪漫漫。窗前堆滿千峰白，落盡梅花始放看。丁卯人日，暫得休沐，出安節弟兄畫册，各係以詩。其中多有與故山髣髴者。詩意亦及之，誌吾好耳。

夢策馬行豆花中僕夫告曰此徐州山予喜曰今日見江南山矣青林黄葉如畫因朗吟後二句醒後遂續成之

野田垂蔓豆花濃，夢裏何人策馬從。忽見徐州山數點，煙村黄葉澹秋容。

送徐電發還吴江

徐孺東歸惜别離，吴舠春泛日遲遲。驚看笠澤人千里，愁折旗亭柳一枝。風物蓴鱸誇勝地，鄉園梅筍正佳時。沈郎謝病應相見，爲語年來滿鬢絲。沈雲少與電發同里。

題惲南田畫黄葵花二首

美人丰格步非煙，似怨如啼意惘然。小立牆陰相待處，澹黄衫子蚤秋天。

園葵驚見一枝新，秋草叢深隱半輪。陶令不歸三徑晚，側將金盞勸何人。

五月七日請告不允二首

夙疾綿延太瘦生，當階雪涕自陳情。入門懶對妻兒問，愁絶歸田願未成。

攲枕攤書意倍慵，眼昏新隔霧千重。自慚蒲柳秋風蚤，深愧參苓聖澤濃。

晏居啜武夷茶因懷厚庵學士

人增愁緒鬢增華，嘆息勞生未有涯。深掩衡門慵對客，時親湘簟夢還家。哺雛静看歸巢燕，翦蔓新移繞砌花。海上冥鴻消息遠，武夷猶啜故人茶。

休沐

暫從休沐息勞生，小植庭花寄遠情。縛架莫閒耡菜手，移燈最愛讀書聲。人情兔角猶增幻，世事鴻毛覺倍輕。縱有報恩無限意，此心難向急流傾。

放衙

放衙差蚤意飛揚，拍馬歸來底事忙。紅蓼暗隨秋雨發，緑槐初轉午陰凉。閒眠舊榻堆書滿，近隔疏帘焙藥香。何必松風筠露下，高懷方許遂清狂。

六月除禮部右侍郎仍兼學士

文昌卿席已頻登，報國酬知總未能。慚愧君恩時記取，名銜依舊一條冰。

題米襄陽蜀素真迹五首

谿堂落筆駿如神，入手驚看蜀素新。自是東園真好事，貯將冰繭待斯人。蜀素乃東川所造，東園邵子中藏於家，自慶曆甲申至元祐戊辰，米谿堂始書之。

青松舊榻米襄陽，詞翰人間兩擅場。撫本看來猶解愛，況予親對墨痕香。此卷書『青松挺勁姿』數詩，今墨刻中所見者。

書畫名齊世廟年，標題楮尾亦堪傳。情懷散朗夜〔一〕冠古，文采風流在目前。右沈石田、祝枝山、文衡山跋語。

文敏收藏苦愛渠，研山常對玉蟾蜍。微嫌八十雲間叟，猶作東華邸舍書。董文敏前後二跋，後跋乃崇禎癸酉時年七十有九，書於東華門邸中。

海岳精英滿素紈，心知尤物見嘗難。一庭涼雨秋花裏，未入侯門許借看。此卷將獻之侯門，此後難再見矣。

校記

〔一〕『夜』，康熙四十三年刻本作『衣』，是。

嘗新時憶故鄉

澤國江城足稻粱，夏弦初應縠先嘗。陂塘乍網銀鱗細，水碓新舂玉粒香。比舍園亭歡易數，停杯親故話偏長。京華索米年年慣，此際深教憶故鄉。

玉簪花二首

清芬合是水仙儔，屋角牆陰作意秋。多感西風偏解事，爲儂琢出玉搔頭。

高髻濃梳翠鬟匀，寶笄初見一枝新。誰知湏洞風塵裏，別有冰心玉骨人。

中庭小作藥欄

一年花事藥欄收，短架疏籬引蔓稠。雨夜有蛩晴有蝶，露葵宜夏蓼宜秋。高眠怕聽敲門客，飽食甘爲抱甕儔。何必園林千萬樹，探奇選勝作歡游。

觀輞川圖

水滿陂塘花滿谿，家山無計遂幽棲。何堪更對茱萸沜，陰轉庭槐日又西。茱萸沜乃輞川所有。

秋夕同田有天駟甥

原是維摩居士家，雀羅門徑愛無嘩。窗臨夕照深深樹，瓶貯新秋澹澹花。客夢幾人同禁漏，鄉心終夕話天涯。他年比屋雲林住，莫忘村南酒共賒。

答中州冀渭公

皓鶴翩躚刷羽遥，錦江歸後卧煙霄。高談舊接烏衣里，古貌新逢玉蝀橋。久駐丹顔詩轉細，重添蒼鬢雪潛消。蘇門自是神仙窟，弘景松風定可招。

筍　候

聽殘杜宇掩巖扉，桐葉初成换葛衣。芍藥壓欄香漸晚，櫻桃入籠露纔晞。文魚戲藻依稀見，嬌鳥銜花宛轉飛。最是園林新筍候，可能無計不思歸。

雁　候

天空露白暑全微，紫蟹相將上釣磯。細雨添衣人乍健，輕霜催菊蝶初稀。嶺楓色茜雲千點，巖桂香濃樹一圍。最是園林新雁候，可能無計不思歸。

枕畔

枕畔傳香漏，燈前攬布袍。天青殘月白，漸覺曙光高。聒耳雞聲蚤，驚心蝶夢勞。如何霜鬢滿，歲月等秋毫。

秋海棠

豆莢疏籬引蔓長，水紅花映夕葵黄。新秋晴雨多無準，一片閒情護海棠。

畏人

華林西畔遠囂塵，深掩庭扉慣畏人。蟻戰酣時眠白晝，馬蹄忙處乞閒身。花開不覺臨窗久，棗熟猶思上樹頻。楓茜蟹肥黄菊近，夢回鄉國最情親。

武仕弟從楚移米及盆桂至

香稻流匙滑，秋花繞榻開。最憐鄉味好，遠附客艘來。涼月懸當户，霜螯佐舉杯。久稀深夜坐，兹夕重徘徊。

題冀渭公所藏楊椒山畫梅花並詩卷子四首 有序

椒山先生當明世宗時抗言罹禍，冀梅軒公時爲刑曹，陰左右之。椒山畫古梅並繫長歌貽梅軒，孫渭公世守之。當時文人繼和題識甚夥。夫椒山之爲臣子，致身君父；梅軒之爲寮采，急難友朋；渭公之爲子孫，顯揚祖父；諸公之爲篇什，裨益風教。覽斯卷也，四善備焉，皆可述而頌也。

折取寒梅贈，披圖見古人。祇因霜雪苦，彌覺色香真。朋友存膠漆，文章護鬼神。貞風兼大雅，吟罷却沾巾。

浩氣淩巖谷，寒葩耻艷陽。獨留孤幹在，長蔭百泉香。舊迹傳丹蕚，新詩滿縹囊。斗芒如可燭，嵩麓有輝光。

斯人皆已没，墨瀋未全乾。大節臣心苦，危途友誼難。開花偏曲佶，結子總辛酸。滿紙寒光透，從君作史看。

蚤年耽道味，還自蜀江潯。人有宗風在，詩皆祖德吟。高談驚廣坐，長嘯返幽林。看取天心復，梅花托意深。渭公從蜀中太守回。

底　事

世路崎嶇百不求，草花巖畔小淹留。朝回酷愛庭中日，夢醒初驚簟上秋。塵壁荒涼琴百納，蠹編潦倒帖雙鉤。人生忽忽如駒隙，懷古思鄉底事愁。

三過吕仙祠

竟夕鄉心旅雁催，偶過清淺叩蓬萊。松風蘿月家千里，翠壁丹巖夢幾回。塵壒未能求住處，海山焉敢問從來。自慚癭木多輪囷，思向空山養不才。

寄丹楓

相憶城陰一草亭，祇今耆舊若晨星。謝家羣從推模楷，江左宗風賴典型。山色遠隨鳩杖遍，松聲近傍鶴巢聽。何時石馬潭邊路，共向雲深劚茯苓。

夢小舟沙岸間得五六一聯遂續成之

竟夕鄉心喚奈何，夢中疑是涉關河。愛他沙渚蘆花路，容我輕帆短櫂過。壇外雁鴻秋信蚤，水邊樓閣暮煙多。還家倘在清霜節，寄語東風掃薜蘿。

題惲南田畫册二首

春畦松芥蘗欄傍，新摘南園露一筐。日日軟紅塵裏客，能無披卷憶蔬香。右菜把。

一叢幽草雁來天，著露經霜態轉妍。老去若求顏色好，定須秋樹短籬邊。右雁來紅，一名老少年。

憶湖上二首

東涂西抹惱衰翁，集蓼茹荼意味同。江上有波皆灩澦，人間無路不蠶叢。惟餘笠澤三篙水，别有蒲帆一笛[一]風。天宇澄鮮雲澹淹，滿川魚戲落花紅。

篛笠蒲鞋願苦違，緑波芳草掩山扉。又看春色堂堂去，難得花時緩緩歸。磊塊破除惟索笑，瞿塘歷盡總忘機。花蹊未掃奚童懶，莫怪惺憁惱雪衣。

校記

〔一〕『笛』，康熙四十三年刻本作『笛』，是。

筮得坎之比

曾將青鬢上扁舟，未離風波已白頭。才與不才堪位置，險當重險苦淹留。蜂排屋角聲方鬧，蟻戰牆陰氣正遒。野鶴心閒閒處立，一聲清唳更何求。

春半二首

觚棱斜日漾罘罳，九十春陰過半時。忽憶故園東屋角，櫻桃花落子離離。

燕子來時户不扃，社公春雨草青青。花名鷩蟄開還落，酒號治平聲聾醉復醒。插竹編籬防菜甲，分枝接果課園丁。祇今勝事成相憶，碧柳煙籠一水亭。

小園二首

小園三歲閉蒿萊，誰復籃輿度嶺來。竹好暫逢閒客看，花慵羞向野人開。奔沙頓擁臨窗澗，積雨深延入户苔。塵土滿衣霜滿鬢，青山空寄白雲隈。

黄雞白日逐征蹄，鬒頷神形比夏畦。仙路每懷棲樹鶴，塵心常似觸藩羝。鶯花寒食思南郭，林壑幽居憶北谿。縱懶投閒端有日，不須悵惘怨分攜。

濩落

別却方壺老偓佺，久從塵網結因緣。霜濃玉砌無安步，漏咽銅龍少宴眠。虛擲流光青鬢杳，全抛生計白雲偏。南鴻懶問丘樊事，濩落園林已隔年。

重至馬蘭峪二首

古塞重爲扈蹕行，清時惟見樂春耕。山迴夕照孤村出，月上疏林萬幕平。沙路雙單留戍堡，雲峰高下隱邊城。青松如舊髭須白，卧聽蕭蕭班馬聲。

滿面征塵逐曉風，催耕布穀故山同。雲峰髣髴吾廬處，只在深林暮靄中。

山園二首

五畝山園一畝池，千峰滴翠繞柴籬。思憑顧陸丹青手，爲寫陶韋淺澹詩。倚户臨流花似錦，漫天拂地柳成絲。如何走馬長城窟，正是櫻紅筍茁時。倦後惟思戀一丘，晚春時節足探遊。屐邊芳草青迷徑，笛裏梅花雪滿樓。十畝平蕪低嫩蝶，千山新緑變鳴鳩。老夫不是耽佳句，寫出林間事事幽。

夏日西郭外設幕中林避暑得詩二十首

接葉交柯緑蔭重，頻移枕簟與過從。好風亦似耽嘉樹，機事何曾到老農。花嶼碧泉茶色嫩，鄰家新麥飯香濃。等閒坐送炎曦晚，不覺深林已夕春。避喧聊憩短牆東，麥（隴）〔壟〕瓜畦小徑通。灼灼如花芳草露，蕭蕭似雨白楊風。觚棱隱見華林外，刻漏分明御苑中。漫道五雲仙蹕近，連宵清夢故園同。農官圃客是前身，片刻投閒也足珍。躉許千章看碧樹，還思百計避紅塵。曲肱不減壺中樂，舉眼偏憐柏下人。井畔轆轤聲不惡，追涼散步莫辭頻。仙禽苦憶水雲鄉，身似鷦鷯一葉藏。話到松筠思轉切，翦來藜藿味偏長。閒行不覺瓜塍遠，静坐時聞草露香。疏拙敢言朝市隱，平生自許是清狂。廢圃荒籬任所之，許多幽事少人知。瓜延（隴）〔壟〕畔經旬遍，果熟枝頭著雨垂。雲影乍籠新月際，蟬聲偏噪晚涼時。喜逢退食多餘晷，疏放真於避暑宜。

滚滚紅塵踏作泥，平蕪忽睹鳳城西。支頤雲際峰千點，行飯橋東柳一堤。僮倚緑槐常假寐，馬銜青草亦長嘶。況余鎮日金門客，魚鳥心情苦易迷。

東風吹雨過牆頭，萬葉宵吟苦未休。暑氣破除差可樂，漏痕狼藉亦堪憂。江濤急處懸孤枕，蘆荻秋時泊小舟。猶記放翁詩句好，宜香宜睡不宜愁。

槐影參差密復疏，偶容高卧即吾廬。世間清福難消受，心上閒愁巧破除。無可放懷聊藉草，未能常讀漫攜書。但教略識榮枯理，荼苦飴甘樂自如。

蕭疏華髮不勝簪，終擬巖棲築一庵。高大侯門曾慣識，崎嶇世路亦粗諳。豹袪雅讓新綿暖，羊臛全輸晚食甘。中散由來遲解事，何須更數七難堪。

十年心事復誰知，百計求閒未有期。自昔當歸堪寄贈，從來杜宇解箴規。歐陽思潁詩空蚤，白傅歸東計苦遲。爲語霜髭須少待，小留青鬢返東菑。

雲作奇峰忽渡河，前川猶見夕陽多。風翻平野揺空翠，雨暗千山卷白波。牧馬乍驚迷巷陌，歸鴉驟集響庭柯。老夫惟愛新涼好，豆粥桃笙且放歌。

蝸廬兔徑亦優哉，聊向金門作散才。愛聽新蟬吟密樹，愁聞駑馬齧枯荄。衣篝微火添蒼术，書架連陰上緑苔。此日心情差不惡，淹留鄉國夢初回。

半天高柳碧成堆，牆角濃陰往復回。縱少茅茨堪卧穩，但逢草樹即顔開。紫茄緑莧尋常得，稚子雛孫次第來。不遣老夫長寂寞，月横風定與追陪。

豆棚瓜架接比鄰，避暑先求遠市塵。依樹爲廬良得計，移牀就蔭莫辭頻。（隴）〔壟〕間正有耡禾客，江上還多擐甲人。頓遣此心涼似水，迥如千畝對霜筠。

郊原暮色變晴陰，人與歸鴉共一林。斜日欲沈雲乍起，晚涼初到樹微吟。時從澒洞塵中地，暫息嶔崎物外心。此意淵明差解得，羲皇只向北窗尋。

避暑離宫近復幽，玉泉流入苑西頭。橋通別浦舟藏壑，帘捲千村樹入樓。宣政高居依翠巘，承華秘閣俯青疇。遥看谿轉林深處，似隔煙霞望十洲。

幽居静念北山陲，結搆聊因寄所思。竹塢藏亭應更好，杏叢飛閣恰相宜。疏池北拓芙蓉岸，治圃西添木槿籬。畢竟誰真誰是幻，不妨懸擬掛冠時。

郊坰佳地近長楊，土沃泉甘鄠杜鄉。帶葉摘來園果脆，隔籬分與圃蔬香。久知天壤誰能樂，小得林皋便足狂。一日清閒須記取，總歸三萬六千場。

韋曲名園隱翠微，西山古寺隔煙霏。夢回鐘近龍池聽，講罷人從鶴禁歸。滿地清陰移楚簟，一天涼月照絺衣。萬緣惟有心先息，莫憶嚴灘舊釣磯。

古井無波静味長，寒松低偃色蒼涼。得翻憂懼失偏喜，恩尚分明怨久忘。讀史見讒心慘惻，聞人嗟老意飛揚。谿山曾得三年住，耳目芳鮮齒頰香。

自芟菅蒯置胡牀，恰對浮瓜玉井傍。樹帶斜陽風轉熱，禾迎秋氣日猶長。時從圃客過鄰圃，喜泥鄉人問故鄉。蟬靜林深貪夕坐，不辭白露却沾裳。

弱羽衝風感易生，多時南望不勝情。霜華染鬢思田里，烽火驚心憶弟兄。我輩一腔難偶俗，古人百計羨歸耕。陳編蘇陸經旬讀，飽聽空山琴筑聲。時武昌兵譟，憶武仕弟。

和澤州先生寄湖上翁韻二首

湖干新與寄詩筒，心逐蒲帆向遠空。鄉國山青頻入夢，弟兄頭白總成翁。瓊瑶乞得皆奇字，蘭蕙貽來盡好風。四面芙蓉亭上客，剡箋深映一谿紅。湖上翁有亭在水中，余取右丞句顏之，曰『四面芙蓉亭』。

種菜連畦灌小筒，漢陰機息萬緣空。多年車馬城中客，幾見漁樵澤畔翁。千嶺曉光憐遠翠，一湖新緑愛微風。相思最是桃村路，花落春深滿徑紅。

新營陽和坊宅

新結幽居瞰碧塘，緑楊深處水芝香。煙霞漫擬期仙磴，竹石聊同履道坊。南郭花村連綺陌，西山翠巘入斜陽。扁舟更泊芙蓉岸，穩置漁竿與筆牀。

與澤州先生談及竹中搆小亭遂蒙惠詩二首用韻和之

江鄉竹圃思無窮，雨葉煙梢夢想中。千個交加筠粉白，一枝斜亞露桃紅。堪憐身世愁方劇，敢信湖山願不空。燒筍納涼他日事，莫將遲晚怨東風。

藥欄深處接南榮，滿院琅玕一徑橫。俗事無如斯地少，道心常似此君清。微風静愛臨窗影，長日時聞解籜聲。欲搆小亭空翠裹，何年却許覆茅成。

讀易樓下紫牡丹以十月作花四朵極爲繁艷

洛水名葩手自栽，紫英曾自魏家來。那堪故國三年別，又報春花十月開。國艷漫誇凝露質，天香還有拒霜才。鄉園兄弟争吟賞，遠慰離情錦字裁。

奉輓座師宛平劉公

杏苑曾分一顧榮，孝威風度滿西清。北平粲戟傳家世，京洛文章數弟兄。易水幾年蓑笠往，西山昨日杖藜行。重過宣武門前第，繐帳淒涼百感生。

存誠堂詩集卷二十三

近體詩九十六首

己巳春日毗陵道上

悔别江南意惘然，竹籬茅舍菜花田。春寒細雨毗陵道，曾憶經過二十年。余以己酉二月曾過毗陵。

入鄧尉山九絶句

虎山橋外柳谿斜，接屋連村學種花。自是山田收穫少，梅園桂圃是生涯。

萬峰山北野人家，筍菊新爲客點茶。借我片時高閣上，輕煙細雨看梅花。

百疊雲生震澤湖，春衣端不耐沾濡。叩門一笑翁迎容〔一〕，莫訝田家雨具無。
墓田丙舍傍湖偏，夜扣花關一餉眠。曾寫分雲亭上額，白雲相待已年年。矛〔二〕家居時，念齋索予書。分雲亭額取放翁『白雲一半肯分吾』之句。
馬家山畔筍輿來，曲徑深松雪萬堆。已見香光雲壑滿，梅花未報五分開。
平生野性癖煙霞，此地端堪老歲華。巖桂嶺梅連巷陌，結廬但看四鄰花。
鄧尉山南古殿臺，金銀佛寺面湖開。千松影裏丹樓出，萬頃波心白舫來。
西施洞口野花明，俯瞰南湖鏡水平。石上千年珠履迹，春風又見緑苔生。
柳色輕柔緑漸勻，杏煙初破一枝新。鶯花弄盡春情態，無計堪留暫過人。

校　記

〔一〕『容』，康熙四十三年刻本作『客』，是。
〔二〕『矛』，應爲『予』。

過雙泉草堂

太平橋畔故人居，小作林塘致有餘。曾憶廿年攜手處，雙泉猶是種花初。

冷泉亭

百尺蒼巖灌木陰，一谿流水寺門深。香山作郡杭州日，幾度斜陽伴醉吟。

雲　棲

復嶂層巒一徑紓，緑筠蒼栝密還疏。行人莫漫增留戀〔一〕，盡有家山得似渠。

校　記

〔一〕『戀』，康熙四十三年刻本作『戀』，是。

靈隱寺

靈鷲煙霞古木新，飛來峰色最嶙峋。誰教瑑取成龍象，掩却名山斧劈皴。

孤山

南渡陵荒碧草春，舞臺歌榭總成塵。妻梅鶴子還千古，始信谿山不負人。

錫山秦家園二首

墅繞清池一鏡圓，亭橋花竹各便娟。爲園近傍名山側，石罅分來第二泉。

老樹霜皮態轉妍，含清堂畔緑陰偏。至尊相問何年種，自入秦家二百年。

金陵絶句二首

扈蹕經過朱雀橋，朝陽門外草蕭蕭。鍾山舊是興王地，無恙松楸託聖朝。

覆舟山畔冶城隅，晉苑吴宫遍緑蕪。煙水至今桃葉渡，鶯花無恙莫愁湖。

夜登江岸至瓜步

心驚浩蕩古江濱，漁火人家夜問津。古寺月沉鐘定後，一甌香飯最甘人。

泛舟入會稽二首

蘭渚風流久寂寥，夜深雙槳一谿遥。江峰雪霽懸孤月，澤國春寒長暮潮。麥（隴）〔壟〕青青迷斷岸，煙村漠漠聚平橋。從來酷愛龜堂客，欲薦湘蓴未可招。

越水吴山舊溯洄，廿年白髪儘相催。誰知禹廟空山裏，又扈鑾旂翠輦來。

七弟從靖江來晤於毗陵

海雲忽送雁鴻聲，來伴春帆一日程。身到江南仍是客，牀聯夜雨若爲情。鬚眉濩落宜高卧，巖谷荒凉待耦耕。相對扁舟思轉劇，釣竿煙水足平生。

西　郊

蒼茫山色紫泉宫，風土清佳鄠杜同。橋跨緑疇藏宛轉，閣憑芳樹隱玲瓏。竹邊花蘸霏微雨，柳外舟移澹蕩風。最愛南村谿水碧，潺湲聲入上林中。

宿村墅

村墅門臨驛路傍，暫移襆被置匡牀。涼生暮草蟲先覺，月近秋宵漏漸長。蝶夢我貪蕉鹿在，馬蹄人逐曉雞忙。年來萬事惟推分，喧寂無心亦兩忘。

坐谿上却憶

薄有城南數畝池，終期歸老結茅茨。細吹綺縠風生處，滿泛金波月上時。蒲葉影中藏翡翠，藕花叢裏宿鸕鷀。華林西畔香谿水，静對無端寄所思。

香山集有何處難忘酒不如來飲酒各七章亦戲爲萬事歸田好不如農圃樂各七章以擬之

萬事歸田好，從來仕宦難。驅車登折坂，放艇下重灘。慚懼心常苦，憂煎鬢蚤殘。不如農圃樂，忻戚兩無干。

萬事歸田好，君看待漏人。聽雞殘夜短，拍馬曉霜新。門待嚴更撤，塗防醉尉瞋。不如農圃樂，睡足尚逡巡。

萬事歸田好，休誇擁節臣。封疆寬似海，案牘等於身。易忤中朝貴，難欺下里民。不如農圃樂，十斛可忘貧。

萬事歸田好，休爲彈鋏游。失途僮僕賤，逐客館人憂。古驛懷殘刺，霜天冷敝裘。不如農圃樂，酒熟抵封侯。

萬事歸田好，休耽賈客船。浪飛千嶂雪，月落一江煙。生計懸孤艇，妻兒損卜錢。不如農圃樂，南陌與東阡。

萬事歸田好，戈鋋況遠征。青燐終古恨，白骨故人情。心斷蕭關路，魂飛畫角聲。不如農圃樂，黃犢看春耕。

萬事歸田好，休爲入幕人。陳王誰愛客，梁苑幾留賓。瑣委營涓滴，嚅唲乞笑顰。不如農圃樂，社飲傲比鄰。

不如農圃樂，最樂是初春。寒減梅全白，風柔柳乍舒。張燈開舊醞，和雪翦香蔬。南陌青青草，花蹊正可耡。

不如農圃樂，最樂是春深。花落秧針水，茶香筍出林。輕蓑看種豆，小榼聽鳴禽。一自櫻桃熟，千山緑漸沉。

不如農圃樂，最樂晚涼時。啜茗花間石，移牀竹外池。雨間耡菜手，風捲釣魚絲。豆莢新成把，香秔粥滿匙。

不如農圃樂，最樂是嘗新。歲稔魚偏美，年豐酒易醇。非徒開百室，從此粒烝民。擊鼓迎秋社，相招莫厭頻。

不如農圃樂，最樂是新秋。十里芙蕖岸，千家橘柚洲。飯炊菰米熟，酒坼桂香浮。菹醢兼蔬果，將爲卒歲謀。

不如農圃樂，最樂菊花朝。抱蔓場將滌，迎寒蕊獨嬌。藻潭千頃碧，楓嶺萬重綃。試曳谿南杖，方壺未覺遥。

不如農圃樂，最樂歲寒天。撥火煨山芋，停燈紡木綿。蘭芽生暖室，梅萼破殘年。一任鵝毛雪，茆齋倚醉眠。

讀白詩二首

醉吟千首總蕭疏，底事閒情苦讓渠。世土〔一〕風光全管領。蘇杭太守洛城居。電〔二〕裳舊曲三升酒，履道新居十畝池。不解樂天緣底事，猶從宰相乞分司。

校記

〔一〕『土』，康熙四十三年刻本作『上』，是。

〔二〕『電』，應爲『霓』。

雨後望畿北諸峰

黃埃紫陌久塵封，不辨雲中若個峰。雨過清秋纔認取，蒼山千疊近居庸。

魚鳥

啁哳山禽想舊柯〔一〕，噞喁谷鮒憶洪波。眼前萬事浮漚幻，頭上雙丸掣電過。夙疾有情催雪鬢，勞生無計乞漁蓑。幾時得逐冥鴻去，千仞岡頭一放歌。

校記

〔一〕『啁哳』、『禽』，原缺，據康熙四十三年刻本補。

名園

水流琴筑樹生香，十二紅闌繞曲房。一徑晚花春未去，數聲啼鳥日偏長。露桃枝覆銀牀濕，湘竹帘深綺户涼。獨有金龍鸚䳇意，含愁不解愛雕梁。

賦得老農詩十四韻

撿點人間事，爲農樂不支。但知勤四體，不解蹙雙眉。歲月催耕管，陰晴布穀知。灌花朝抱瓮，護竹夕編籬。荷鍤輕蓑穩，腰鐮裋褐宜。一蓑[一]春雨後，雙屐晚晴時。柳岸收魚笱，花村趁酒旗。兒孫居比屋，姻婭滿東菑。饒有閒歡笑，都無遠別離。先秋輸井税，及暖蓋茅茨。齒長雞豚社，家鄰土穀祠。放歌忘遠近，薄醉任傾攲。略識租牛契，粗聞秧馬詩。羲皇如可接，沮溺是吾師。

校記

〔一〕『蓑』，康熙四十三年刻本作『犁』。

雜言截句十二首

今古雙輪轉，賢愚兩鬢斑。化工閒不得，偏解妒人閒。

丘壑非無美，天公用意新。從來佳勝地，不著愛山人。
一點光明影，蘭膏空自煎。誰真誰是幻，終夕寸心然。
戰休抛錦甲，官罷解銀魚。借問斯時意，全如夢醒初。
芍藥春深草，芙蓉霜後枝。寒暄不相借，各自領天時。
紅嘴緑衣裾，芳名巧自呼。雕籠無啟日，方羨白鷗愚。
飲啄因人意，飛鳴豈自如。君看千歲鶴，決不在階除。
孔雀愛裵回，當風翠尾開。緣何家萬里，毛羽是君災。
世路千重棘，凡情萬斛塵。莫教來洗耳，愁煞飲牛人。
青蔗甜逾蜜，黄連苦勝荼。同生天壤内，誰智又誰愚。
東家十斛粟，西家百頃禾。西家日愁嘆，但聽東家歌。
鸕鷀巧捕魚，終日長苦饑。巧爲他人利，饑時汝自知。

題截句成復爲此亂之

榮枯喧寂由人看，飢飽寒温著自身。不會心人端不解，千秋定有會心人。

一枕

一枕邯鄲鬢已絲，仙翁未喚醒遲遲。無端富貴兼憂懼，總是黄粱未熟時。

南窗

南窗秋色蚤鮮澄，竹簟繩牀自曲肱。村樹鄰蔬相映緑，遠過金碧看觚棱。

憶江南十二韻

謾言懷故土，自昔憶江南。谿館經時住，園花取次探。架延藤作幄，茅接樹爲庵。瀑濺霏微雨，山堆紫翠嵐。逐時求筍易，隨地得泉甘。户户梁棲燕，家家箔上蠶。草齊眠犢徑，竹亞釣魚潭。紅雨鶯聲滑，香風蝶翅酣。千巖如濯錦，一水勝挼藍。幽事今誰領，歡游昔所諳。飛騰過半百，荏苒又加三。短髮頻搔首，低徊祇自慚。『半百』、『加三』出長慶集。

追涼

追涼陪侍宿郊坰，退直披襟柳下亭。雨後西山如畫處，晴霞襯出遠峰青。

憶昔

杏園猶憶昔年春，齊到蓬山十五人。松院壺觴時並入，槐廳燈火夜相親。回頭半是凋殘客，屈指稀逢强健身。我較諸君良厚幸，豈容更惱鬢華新。康熙六年時同入翰林者，繆念齋彤、張禮存玉裁、董默庵訥、夏鄰湘沅、史子修鶴齡、盧西寧琦、謝瞻在兆昌、儲玉依振、潘起岱翹生、唐偕藻朝彝、丁次蘭蕙、王子厚日温、楊簡人仙枝、劉苕水澤溥，洎矛〔一〕十五人。今禮存、鄰湘、子修、起岱、子厚、簡人、苕水，皆物故。

校記

〔一〕『矛』，應爲『予』。

郊居多暇因編輯舊詩

華林西畔柳芊綿，僦得農家屋數椽。散步不離鵝鴨隊，閒吟一到芥菘邊。繩牀竹簟新涼夜，茗碗絺衣夕照天。獨住經旬差小快，筍中詩草與重編。

新　月

一灣初月影纖纖，清淺餘光照短檐。天上玉鉤閒處著，新涼正下水晶帘。

試取三首

乍聽寒衣動暮砧，雲輕河淡漏沉沉。秋宵漸覺遲眠好，試取冰弦作泛音。
桂候蘭時一擲過，偶然獨醉強嵯峩。黄雞白日人空老，幾聽玲瓏宛轉歌。
一枝棲借十年恩，階走瓜藤雀報門。再到西華無個事，金鼇重字第三孫。

題蔡方麓趨朝圖二首

雞鳴盥漱古良箴，敢怯新霜戀錦衾。香暖朝衣留宿火，從來辛苦近臣心。

觚棱曉色動棲烏，中夜頻傳内敕呼。新出詞頭金鳳紙，吮毫惟待蔡君謨。

小憩二首

澒洞風塵裏，經旬小憩嘉。素琴調淥水，紙閣護黄花。故國談偏劇，明河影易斜。寸心紅燭下，終夕有煙霞。

古人珍節物，寒食與重陽。只解催青鬢，那堪負景光。荒臺留碧瓦，客廡寄紅牆。無復茱萸興，登臨事久忘。

從湯泉望長城

設險謀雖遠，勞人事不經。萬夫成白骨，百雉入青冥。迢遞經巖壑，憑陵矗日星。大哉堯舜業，荒服與來庭。

與湘北素存兩先生訂游盤山予以扈從温泉不果往

共有名山約，褰裳惜未從。予方臨翠沼，君已躡雲峰。老衲茶瓜話，深林虎豹踪。憑將幽絶處，説與未扶笻。

湯泉二絶句

湯泉石上戚南塘詩：『風塵已老塞門臣，欲向君王乞此身。一夜零霜侵短鬢，明朝不是鏡中人。』老僧爲予誦明武宗宫人王氏詩有『溶溶一脈流今古，不爲人間洗冷腸』之句，嘆武夫、婦人皆能自言其情，因並和之。

一爲天禄校書臣，難向明時丐乞身。幾度欲歸歸未得，含情不獨玉關人。
環佩曾隨玉輦傍，影娥池畔洗殘妝。深恩不似波常暖，回首春風幾斷腸。

茅山僧二首

路入谽谺瘦石棱，寒雲片片壓枯藤。焉知古塞荒山窟，猶有楞伽白髮僧。
已公茅屋杳難尋，但有鐘聲落翠岑。白草滿山行徑絶，石龕松火閉門深。

夜坐福泉庵三首

松老泉幽夜轉清，蒲團火暖話無生。添香正是傳鐘候，繞殿時聞贊佛聲。放眼雲峰千點外，回頭塵界一毛輕。誰人肯勸歸休蚤，惟有山僧不世情。
斗室爐温失曉眠，一燈話向老僧偏。浮生最是閒難得，消得華清第一泉。
南塘故迹已茫然，閲武亭荒暮草煙。惟有殘碑數行字，遊人哦向石池邊。

東坡有白髮蒼顏五十三之句因用爲起語四首

白髮蒼顏五十三，强披章甫涴華簪。啟期帶索猶能樂，中散酬書自不堪。長藉浮雲看寵辱，巧將殘雪掃嗔貪。故園兄弟增衰老，思比桃花百尺潭。

白髮蒼顏五十三，此心清似老瞿曇。百年芻狗閒中識，萬事筌蹄静裏參。古瓦盆香過鼎食，水田衣暖换朝衫。爲憐解事王摩詰，彌勒朝昏共一龕。

白髮蒼顏五十三，短轅何日解驂驔。一帘好景思江北，百卷新詩擁渭南。待客漁磯清淺隔，泥人仙枕黑甜酣。頻年虚訂歸田約，話到林泉意轉慚。

白髮蒼顏五十三，漁竿事業莫輕談。金鋪玉戺行偏怯，幽石清泉性所耽。雲外紫芝供半菽，花間黄鳥唤雙柑。披圖苦愛乘〔一〕雲沜，計日扶筇取次探。公麟龍眠山莊圖有垂雲沜。

校記

〔一〕『乘』，應爲『垂』。

讀山谷烏帽紅塵之句有作二首

太液冰開社日前，春波摇動緑楊煙。朝昏贏得頻偷眼，玉蝀橋西水貼天。
年光漠漠不相關，烏帽紅塵日往還。無限桃花春浪暖，芳汀惟有白鷗閒。

四時詩

小閣輕陰近竹西，窗間人與玉蘭齊，珠帘初卷杏花低。
避暑層軒俯激湍，一庭風露洗紅蘭，北窗千挺碧琅玕。
十里明湖峰更青，白鷗黄葉滿沙汀，四面芙蓉一水亭。
別有輕寒處士家，小窗深院曲欄斜，一樹黄梅蠟瓣花。

十二月十日除大司空有作

苦思巖畔閲耕農，蠖蟄禽棲一畝宫。深愧衰慵無報稱，濫將名姓列三公。

聞友人談吴下園亭之勝輒仿白意二首

千堆松色壓層巒，一帶桃花覆碧灘。莫漫吾廬嫌窄小，煙雲林壑望中寬。
岸梅交影落清渠，亭榭無多致有餘。三十年來花下坐，餐香飲翠更誰如。

新從谿外購得南莊

舊來遊憩地，隔水得幽巒。谷口看逾曲，嵐光望轉寬。送迎雙澗繞，奔繹衆峰攢。好種松千挺，青山夢可安。

存誠堂詩集卷二十四

近體詩一百五首

三月晦日

故園一別五經春，每送春歸益愴神。風月有情應憶我，谿山底事亦嘲人。白鷗夢斷三篙水，烏帽心慵九陌塵。計日倘爲棲樹鶴，此生惟戀舊松筠。

送友人之建寧幕

嚴陵江路接東陲，碧澗丹巖憶武夷。此日秋山應待客，吾家太守最能詩。欲知風物看蘭樹，難遣鄉心託荔枝。舊是紫陽遊學地，景行還與薦芳蘺。太守謂潁州兩如。

七月除大宗伯兼掌翰林詹事賦此

清卿三綰紫金魚，深懼衰慵報答疏。折坂何堪重叱馭，拜恩雙闕意躊躇。予昔從院長遷少司馬。

石匣鎮

古戍荒山窟，煙雲朔漠連。沙吹邊地雪，峰接塞垣天。龍節新恩駐，魚符故老傳。空城留石匣，形勝憶當年。

密　雲

遠岫横雲際，蒼茫入望平。雙崖分古道，千嶺帶孤城。此日虚亭障，當時駐甲兵。霜風吹白草，猶作暮鉦聲。

曾於吕仙祠夢中得中二聯歲久憶及因續成之

芝房蓮漏漸稀微，髣髴高吟舊竹扉。斑剥莓苔侵客户，空濛蒼翠濕人衣。春風浩蕩蘭盈把，古樹波離栗十圍。此意分明曾説與，豈應長遣素心違。

歲晚寄廷玉廷璐並與霖孫九首

辛苦銜泥葺敝廬，畫梁香壁燕雛居。來年驚蟄春風晚，頻寄南塘種樹書。

圃藝新花足寄情，池籠疏柳好經行。從來剥啄非佳事，一任苔痕滿徑生。

來往經過谷口居，烏衣子弟愛謙虚。谿邊長者鬚眉古，記取臨流蚤下車。

長安莫道隔天涯，怕聽喧傳輕薄兒。咫尺牆東家督近，端嚴直諒舊吾師。

七年濩落憶田園，晚歲鄉心攪夢魂。薄宦累予頭蚤白，苦教稚子自持門。

圃翁生計癖煙霞，藉汝頻來採物華。屋漏牆傾猶不惜，十分珍重古梅花。

新購谿南十畝莊，經營惟有種松忙。春煙春雨移花日，須向前山蚤劚將。

柏酒初斟樺燭明，須知慈母此時情。少年努力承歡處，里巷人稱好弟兄。
少小離家遠御輪，春風不見佩蘭人。煙波彭蠡湖邊路，一櫂歸來最愴神。

歲晚有懷山莊八首

一林香雪錦平鋪，擬結危樓瞰玉壺。不道十年空有願，竹雞松鼠占高梧。
門對横塘映碧虚，一園梅影落清渠。每從行飯花陰裏，悄地來闚玳瑁魚。
西嶺虬枝偃蓋團，蒼煙翠雨照人寒。寄聲鄰舍賢孫子，好護松楸與借看。
隔谿新墅比柴桑，翠壑丹巖繞石梁。别擬傍山成小徑，便從竹崦過南莊。
小構亭軒轉曲廊，方池紅白水芝香。行人争道垂楊好，百尺青絲拂地長。
曾見公麟舊粉箋，谿巒髣髴尚依然。空潭片石垂雲洪，相國重題媚筆泉。
方壺曾往叩仙靈，卜盡筳篿百不聽。歸路只鄰春枕上，夢魂偏識衆峰青。
寒宵燈火夢初親，呼我芙蓉島上人。它日谿南種秋卉，明霞千片隔紅塵。

除日内直

老來何處送年華，帘額薰爐本内家。請看閣門春帖子，一聯鳳彩映宫花。鳳彩句乃門聯也。

辛未上辛祈穀齋宿修吉堂

杏園舊侶共承恩，海内飄零復幾存。二十五年函丈地，紙窗重對一燈昏。

瘞馬詩

白家駱馬已長辭，瘞向郊原解敝帷。猶記翻盆深夜雨，獨乘電影過橋時。

澤州先生見和前詩復次韻二首

彩斿清蹕遠從行，蹀躞霜橋夜嚮明。在日幾曾金絡首，空令帷蓋有餘情。
自是平生足畏途，不憐宋鵲與韓盧。死生堪託由來重，垂老風塵嘆所須。

遺山集中有陶淵明晉之白樂天語

采菊風期近自然，醉吟猶未免蹄筌。瓣香元自歸彭澤，謾説潛明似樂天。

送弟梓一之粤東二首

桂雨蘭香盡日吹，嶺南風物重相思。來游正是春深後，細把輕紅擘荔枝。
邸舍頻年話遂初，勸栽松竹藝芙蕖。南來好作歸田計，穩向湖山蚤卜居。

晚出端門詣齋所

萬點昏鴉集鳳城，晚隨金鑰出承明。澹煙斜月籠高樹，匹馬空庭齧草聲。

十四日

六街燈火動長安，獨掩空齋月一闌。小購盆花紓客恨，新煨土銼辟春寒。雙輪以內閒人少，萬劫之中適意難。紙閣紅燈香縷細，傳柑時節愛團圞。

舊業

舊業抛來江上城，春風六載誤躬耕。愁隨碧草芳時遠，事向紅輪有處生。山澤久營棲息地，鶯花空老别離情。一枝梅影横窗處，斜月銜寒分外明。

夕坐二首

月落參横禁漏沉，難降一片白雲心。谿山畫卷投身入，農圃詩篇遣興吟。暖室依遲常夜半，寒花消息在春深。家園蘇石蘭皋路，每到芳時有夢尋。

一逢節序一心驚，瞥過流光弱羽輕。愛坐貪眠閒意味，愁繁畏劇老心情。眼昏燈下書常掩，肺病花前酒不擎。我有煙霞舊棲泊，鼠肝蟲臂悟浮生。

禁中觀趙松雪秋林渡水圖即用其韻

古柳横谿積蘚苔，飛軒正對雪波開。鄰翁不負尋秋約，黄葉黄花渡水來。

燕文貴寒浦魚罾圖

煙水茫茫澹益奇，更添沙尾宿鸕鷀。蒹葭斷處維孤艇，一幅襄陽孟浩詩。

李昭道山水殿閣圖

複閣重樓倚翠峰，朱橋畫舫碧流中。令人猶憶秦川好，髣髴甘泉綉嶺宫。

黄荃雀梅圖

一幅鶺鴒見化工，雀梅小景占春風。千年枝上留殘雪，曾入宣和畫譜中。

蚤過玉蝀橋二首

承光殿影白波翻，古栝清陰覆短垣。忽見柳絲青拂地，夜來微雨過西園。
寒食人家插柳條，水雲亭畔碧波遥。御園花事春如海，來往低迷玉蝀橋。

夏淺二首

桑葉陰濃水滿池，荷錢暗與落花期。山櫻鳥啄紅珠顆，林筍人餐碧玉枝。香霧氤氲迷粉蝶，歌聲宛轉變黄鸝。千金難向人間買，夏淺春深最好時。

身逐霜蹄底事茫，吾廬高寄水雲鄉。舊營花塢三間屋，新購谿橋十畝莊。村繞緑疇偏衍沃，峰圍紫翠總蒼茫。何緣却向風塵老，白盡髭鬚減盡狂。

憶秦園山茶

憶昔毗陵細雨中，秦家樓閣正春風。窗窗堆滿梅花雪，襯出山茶一樹紅。

辛未夏至有事北郊説巖先生齋宿於冬曹南亭予齋宿於翰林蒙惠以詩即次來韻

陌上楊花水上萍，人生偕爾寄青冥。曉趨蓮漏同雙闕，夜展桃笙各一廳。欲問海山家更遠，不逢仙伯夢難醒。冬曹槐蔭詞曹月，檢點流光已再經。先生重領冬官，予亦再掌院事。

西郊雜詩二十七首

偶隨清蹕侍甘泉，長得追涼日暮天。夕照西山雲脚起，攜詩吟到菜畦邊。

幾簇戎葵繞砌開，久無新雨到根荄。不逢閒客憐顛頷，誰汲清泉一勺來。

夕槐蟬噪晚風清，小徑閒行菜甲生。瓜架忽看新水到，桃花井畔轆轤聲。

柳墅門前官道鋪，黃雞白日聽傳呼。詩中差見田家樂，猶有蘇州范石湖。

北牖南榮借一亭，豆苗瓜蔓葉青青。老翁戽水分畦白，小作潺湲亦可聽。

草含珠露柳含煙，再展匡牀一餉眠。何處人間偏睡美，曉星東上欲明天。

炎風炙日劇愁予，擬結他年避暑廬。檐接高梧窗映竹，方塘三畝種芙蕖。

西鄰一徑槐成幄，南陌千村柳作堆。獨惜眼前雙樹好，海棠開日不曾來。

柳陰沙路入湖灣，方丈蓬壺指顧間。聞道御舟牽纜處，芰荷香裏看西山。

不須桃李鬥夭斜，底事芙蕖颭晚霞。最是野田芳草畔，一枝閒澹女郎花。

少小日長思隱几，冬烘頭腦意難堪。一從失却青青鬢，始覺人間午睡甜。

夜雨連朝入曉晴，囷倉從此慶豐盈。經旬不到南來雁，農事頻牽故國情。

蒼茫村樹緑煙霏，紫翠千峰日半規。獨立菜畦耽晚色，平生珍重夕陽時。

殘月微涼透碧紗，草根蟲語不成嘩。階前緑蘸戎葵葉，帳底香清茉莉花。

郊坰自昔晚涼偏，爍石流金首伏天。聞説紅塵最深處，連宵揮扇不成眠。

平疇一望接林皋，愁見芸田炙背勞。聽徹檐前深夜雨，青青禾稼過牆高。

前朝陵墓久滄桑，石馬豐碑卧夕陽。底事中涓留一窟，至今争踏萬泉莊。

濃陰高柳蟬千樹，嫩緑新蔬蝶一雙。極目蒼煙十餘里，遠過紅壁隱琱窗。

翦拂檐花秋轉盛，經行畦菜夕偏涼。但容飽食安眠過，何必林泉是故鄉。

人生自昔退休難，小住茅茨便足歡。繞砌露葵花灼灼，高眠近隔碧紗看。

星火西流節叙更，簟痕新覺蚤涼生。白楊葉上蕭蕭雨，已作秋宵第一聲。

秋老煙光最所耽，作書頻與報江南。龍眠萬嶺丹楓色，爲我殷勤十日探。

一從騷雅流傳後，大抵羈愁與賤貧。若論今古吟詩客，如我猶爲幸甚人。

花名金鳳苦低微，萱草叢中接翅飛。恰似村莊小兒女，銀釵緑鬢紫羅衣。

青龍橋畔柳毿毿，野色泉聲性所諳。莫訝夕陽吟望久，水村漠漠似江南。

御苑西通輦道鋪，水田秔稻雜菰蒲。千峰黛色頻回首，十里秋荷裂帛湖。

淙淙野水亂成谿，穫稻人家近大堤。閒過牛莊小村落，秋風禾黍瓮山西。

觀内府藏宋理宗不允陳靴辭官手札真迹

秋壑朝堂秉政初，士林風節更何如。當時猶有辭榮者，屢降南朝鳳紙書。

題高子奮僧話圖

庭軒新闢徑三三，瀟灑幽偏性所耽。别墅種花閒歲月，寒巖息影老瞿曇。蚤年車騎羅雙戟，此日維摩共一龕。若問棠陰舊時路，至今垂蔭滿江潭。

寄題儀園

幽居近傍女牆斜，小構林塘領物華。舊圃結廬饒水石，山城出郭有煙霞。門穿翠竹葳蕤徑，亭對寒蓉爛熳花。聞道南園佳樹滿，許分春事及鄰家。汝書許贈予花樹，故及之。

雨夜

暑入連朝酷，涼因夜雨頻。西疇欣有稼，南陌净無塵。峰矗雲陰薄，煙開草樹新。郊居觀物候，禾黍最情親。

寄二兒廷玉兼示六姪

曲沼春流石岸平，迎涼擬構屋三楹。欲教颯颯清風滿，安得陰陰灌木成。好種碧梧籠小閣，最宜修竹帶高城。板橋南北留閒地，看取波光與月明。

讀李獻吉集

清時萬類轉龐鴻，宫羽皆含正始風。格律尚存元氣在，時人莫漫誚崆峒。

西郊

西郊因扈直，分地禁林陰。別館晴花滿，西山落照深。軒車諳世路，鮭菜發鄉心。節序催殘鬢，生涯付苦吟。

讀樂天詩

放懷天地總蕭然，前數潛明後樂天。竹石幽居伊水入，霓裳法曲柳枝妍。家無塵累身兼鶴，詩有煙霞宦亦仙。爲問洛陽歸老日，東都賓客太和年。

逡巡

天意慳閒適，尤憎解事人。豈容嘉遯地，還著苦吟身。幽草常侵石，寒花不解春。平心觀物理，頭白任逡巡。

樂　事

梅花帶雪壓朱闌，次第探春到牡丹。曲沼波光翻碧藕，小軒風露洗紅蘭。涼生翠竹雲千畝，秋老寒蓉水一灘。自是人間饒樂事，只應收拾到身難。

放翁有馬上時看擔上花之句賦其意

劚自花畦破緑苔，老翁家本住豐臺。擔頭聲喚春風起，郭外人衝曉露來。未覺色香經宿減，乍驚紅紫一籃開。道傍有客垂鞭立，嘆息鄉園没草萊。

午　睡

蕭蕭禾稼滿西疇，細雨輕煙盡日秋。撥火添香難遣悶，開緘披卷恰生愁。陰陰況復槐當午，栩栩宜從蝶與游。斗帳冰紈湘簟碧，策勳先覓睡鄉侯。

六姪爲予說社壇之勝賦此

路隔層層石子河，數椽茅屋寄巖阿。只因澗壑離塵遠，更覺煙嵐入畫多。社日賽神宜共往，花時避客合潛過。三年未遂尋幽興，爲問松杉近若何。

初　秋

竹牀冰簟晚涼生，雲浄峰高露氣清。南去雁鴻秋有信，西流河漢夜無聲。看過燕乳絺衣謝，聽到蟲吟羽扇輕。今古盈虚觀物理，且沽村酒與同傾。

四兒廷璪送四女于歸南還

黄犢巾車蚤戒塗，小年兒女涉江湖。方知白傅詩中意，苦愛朱陳嫁娶圖。

郊居同近公

杜曲曾誇尺五天，華林況接禁庭煙。峰回紫塞圍千畝，地近丹陵涌百泉。官柳大堤偏綽約，草花别墅亦幽妍。何須苦憶江南北，豹尾雲中可判年。

步西郊

步屧農家小憩留，便堪俯仰狎滄洲。不嫌南陌車塵近，苦愛西鄰樹色稠。半圃芥菘迎曉露，一川禾黍媚清秋。却思兄弟躬耕處，萬頃湖田數白鷗。

題惲南田雜卉頁子七首

粉桃花

冰綃爲骨玉爲情，宋玉牆東笑靨生。一樹碧桃含露綻，人間原有許飛英〔一〕。

校記

〔一〕『英』，康熙四十三年刻本作『瓊』。

蠶豆

隔歲霜苗雪覆籬，新香蠶月上花瓷。從來野蔌饒風味，筍緑櫻紅恰共時。

朱櫻

朱果垂枝近小樓，黄鸝啼過緑陰稠。何人爲動金鈴響，一任山禽啄未休。

牽牛花

數枝縈蔓短籬東，賸月殘風曉露中。雨過天青好顔色，被誰偷入野花叢。

秋海棠

最憐娟秀倚朱闌，性潔情孤灌溉難。城北仙泉那易得，秋花七載未容看。北城仙姑井水灌之，葉不萎。

蠟梅山茶

平生酷愛黄梅萼，一入京華繫所思。温室從教帘覆地，頻年不見歲寒姿。

菊　花

舊譜傳來菊種繁，秋英端藉玉爲魂。粗花浪蕊尋常見，誰似霜枝澹月痕。

辛未九月得小憩

清秋暇日近重陽，圃菊繁英照草堂。花入陶家風味好，地傳甘谷水泉香。金盤翠羽朝銜露，雪朵霜枝夜有光。此際心情差不惡，閑吟終夕繞匡牀。

重九日大風驟寒

木落天空節序催，鄉園濁酒此登臺。苦思丹巘當樓出，剩對黄花繞坐開。宫樹葉飛騎馬入，石橋風緊换裘迴。高秋兒女團圞日，且把霜螯共緑醅。

大内觀字畫六軸

王右丞諸葛運糧圖

蜀道蒼山古驛秋，雪消巴峽大江流。可憐籌畫勞丞相，輓粟空悲志未酬。

郭忠恕山水

郭外村南石徑斜，一行秋雁落平沙。紙窗茅舍家家竹，霜樹寒林處處花。

易元吉深樹麞獐

日暖秋林柿葉肥，水邊麞鹿盡忘機。呦呦渾不驚山鳥，紅樹枝頭自在飛。

馬逵松谿小艇

幽人寄迹水雲間，坐卧扁舟看晚山。倚櫂不知吟嘯久，松風吹過小谿灣。

趙松雪秋林歸騎圖

結屋雲崖霧壑中，茅亭石磴倚深松。馬蹄今日歸何晚，踏遍秋山第幾峰。

董文敏麥餅宴詩

華亭舊迹五雲箋，麥麨新香列禁筵。要識九重珍重意，來牟最喜入詩篇。

存誠堂詩集卷二十五

近體詩一百首

讀渭南集東籬記

放翁卜築號東籬，闢地才堪寄一枝。偶種數花成小徑，微涵勺水即清池。鑒湖尚有千秋迹，劍閣争傳百卷詩。多少高臺起華館，寒煙衰草幾人知。

曉起

馬首東隅曙漸高，回看殘月挂林皋。城頭霧宿鴉千點，橋畔冰銜緑半篙。常管欲明憐鶡鴠，謾思得過學寒號。山翁自擁青縑被，夢入梅花意正豪。

送綏仲歸里省覲二首

冰滿滹沱雪未晴，軺車夙駕返江城。官居薇省多才譽，人賦蘭陔有至情。新捧絲綸知色喜，漫收書卷覺裝輕。天涯骨肉團圞意，難聽驪駒第一聲。

華髮丹顔本異姿，飛觥遥與祝期頤。會看抵舍承歡日，正是加餐勿藥時。西阜竹亭應啟户，北山花塢待銜卮。圃翁清興猶如昨，話向林猿野鶴知。

退直夜坐

拂拭東華軟土塵，燈前弄影亦天真。武夷茶味如君子，蘇陸詩篇似故人。更漏漸長眠覺穩，地爐初暖意相親。睡鄉饒有封侯樂，紙帳梅花一問津。

依韻答内人見嘲之作四首

故國鶯花負好春，花前難乞自由身。樂天蚤向煙霞去，料得弘農是解人。

爛熳桃谿水映霞，難禁苦思復長嗟。可能無憶清池畔，稚子牽衣踏落花。

數米縫衣慣作家，真堪偕隱問桑麻。算來也合歸田了，廿載身名署五花。

漆髪蕭疏白髪生，投閑愛逸老來情。與君細話芙蓉島，肯使歸田計晚成。

學圃齋前古梅兩幹蠹傷其一賦此

關心頻問舊庭柯，白石牆陰覆緑莎。老樹横斜芳徑好，寒花遥映遠山多。百年香色惟君在，雙幹榮枯奈爾何。牢護南枝除蠹鏄，春風時與拂煙蘿。

雪中再過玉蝀橋

鳳城晴雪曉雲鮮，太液清光接遠天。積素更添宮瓦麗，凝枝真覺古松妍。千林霽景王摩詰，一幅新詩孟浩然。他日空山煨芋火，舊遊記取石橋邊。

堯峰有山字韻詩和之六首

嘉樹珍禽指顧間，松篁澗筑不曾閒。只緣寂寞嫌城市，愛就繁華却住山。客有謂余耽寂居山者，以此解之。

蓬壺失脚向人間，百劫因緣苦愛閒。猶幸生爲江上客，鄉園分與好谿山。

舉世勞勞夢醒間，何人解乞此身閒。神魚福地三千界，負却煙蘿無限山。

浮渡煙巒窅靄間，一笻曾共野僧閒。何堪翦燭西華邸，畫出江南第一山。客出浮山金谷、首楞兩巖圖相示。

齒髮潛移昏宦間，萬緣難换是安閒。華軒紫綬都抛得，未忘谿南雨後山。

黄鶯柳畔蝶花間，各自顛狂不放閒。白髮老翁何處著，只宜長嘯卧青山。

銜杯

雪擁空庭樹，清宵聽客吟。魚蝦江縣味，伏臘故鄉心。水落樵蹊近，山寒别館深。銜杯難忘處，梅蕊照芳岑。

食菰蔣米

煙汀沙渚挺霜莖，風味偏含曉露清。自是水邊饒雁膳，何時采采入甜羹。

夕歸

退直人歸叩夕扃，西風颯颯動疏櫺。每驚鴉宿門前樹，慣看參横屋角星。濁酒唤來雙頰暖，舊詩哦向一燈青。短牆近接旗亭路，擊柝聲寒掩卷聽。

蚤　起

禁鐘初歇意頻驚，自撥熏爐宿火明。馬上還將殘夢去，一天風雪曉雞聲。

送徐生南還

月照空庭雪一堆，寒燈相對且銜杯。春風草色江南路，漸向梅花多處來。

歲晚寄二郎廷玉

城南營舊館，幽事爾須知。地僻過從少，堂深課讀宜。柳添垂岸影，梅長出檐枝。看取梁間燕，銜泥繞户時。

夜坐

地接深巖蚤掩扉，煙鐘飄渺漏聲微。借來詩卷添良友，話到田園抵塹歸。撥火自偎紅獸暖，翦燈還惜玉蟲飛。關河風雪三千里，稚子音書歲晚稀。

雙輪

雙輪東躍復西馳，勝負須臾一局棋。富貴總爲憂患窟，鶯花偏老寂寥時。世塗坎壈常相待，節候陰晴未可期。檢點流年三十載，人生能得幾舒眉。

人日漫成

蓬山弱水久茫然，底事方壺扣偓佺。自昔金門傳大隱，由來玉宇即羣仙。潭光映月誰真相，柳絮沾泥亦妄禪。一盞濁醪鐘定後，莫將歸夢涉江煙。

書郭德成傳後二首

衛霍功勳許史新，獨將薙髮作逋臣。五侯七貴俱駢首，風漢由來本解人。
四海羣雄已削平，郭家兄姊擅時榮。當年法比秋荼密，惟有醇醪寄此生。

輓左橘亭

才華蚤與太沖儔，束髮論交已白頭。青史鴻名留大諫，謝家羣從本英流。書來故國椒漿遠，草掩荒庭橘樹秋。最是皋比心獨苦，蓼莪詩罷泣從游。

掩　關

寒花抱幽質，共此卷書間。黯澹深爐火，陂陀小研山。難將雙璧價，換取寸陰閒。老去無多願，焚香晝掩關。

索居二首

節近傳柑只索居，不將塵俗翳清虛。當軒倚柱斜陽暖，細讀樊川伴老書。余從澤州借劍南集。答曰：『此予伴老書也。』樊川，澤州别墅名。

驚蟄到來三兩日，谿山遥憶發寒枝。劍甫〔一〕百卷從頭看，每到梅花定有詩。

校記

〔一〕『甫』，應爲『南』。

十四日

滿几鉛黄手一編，山經圃史自評詮。狂飆不放燈花節，深閉帘櫳看水仙。

十五日二首

一爐沉水一甌茶，心怯笙歌陌上嘩。七載暌離何足嘆，年年春事負梅花。
矮紙幽窗短句裁，青樽紅燭水仙開。兒童别有讙嘩樂，連袂蹋歌歸去來。

十六夜

帝里韶華艷此宵，鳳城西畔景偏饒。珠幢璧户旃檀佛，寶馬香車玉蝀橋。有客閒情常脈脈，閉門寒月獨蕭蕭。惟餘十里梅花路，水國煙村入夢遥。

漏下五鼓起之西郊

吴綿襆被壓絲重，漏永香消睡轉濃。寒夜雞號半窗月，嚴關人候百聲鐘。朦朧燈火心常怯，顛倒衣裳意久慵。耐可垂鞭星影下，老懷難遣日爲容。

贈天壇道士二首

入〔一〕別方壺憶偓佺，忽騎鶴背禁城煙。丹顏漆髮還如舊，回首春風二十年。

書卷堆中卧素琴，爲予揮手作長吟。曾聽幽籟松陰裏，重捲濤聲下碧岑。

校　記

〔一〕『入』，康熙四十三年刻本作『久』，是。

西郊和澤州先生韻

走馬來西郭，平明雜夢醒。花村榆莢老，槐路麥田青。客貰新豐酒，人過舊宿亭。相鄰牆樹近，風葉晝冥冥。

同澤州先生再用前韻

隨意過蘭若，相招午睡醒。長松深院寂，高柳古牆青。草没春歸路，花飛夕照亭。客心同澹蕩，小憩亦鴻冥。

二月廿二日同長康過西郊法華萬壽摩訶諸寺四首

野色〔一〕蒼茫灌木稠，西山翠靄接平疇。從來韋杜鶯花地，多半園林屬五侯。
連蜷村樹起春煙，南陌纔青見麥田。最是客心留賞處，清谿流向緑楊邊。
劫火燒殘古殿空，曾移鐘簴上陽宫。貝多十萬華嚴字，盡在苔痕蘚迹中。
石屋松陰老衲家，尋幽還傍短牆斜。西鄰偏有閒田地，一頃山園種杏花。

校　記

〔一〕『野色』，原缺，據康熙四十三年刻本補。

龍眠小蘭若八首

釋子阿

一把茆遮老衲家，傾攲石洞自谽谺。春風最是陽坡蚤，開遍櫻桃幾樹花。

寶　山

澗谷東偏古衲棲，石棱盤磴入花蹊。輞川曾説辛夷塢，難比春山玉樹齊。

師子社

谷口纔過一徑幽，數椽僧舍小林丘。入山幾度拋籃轝，但有梅花便可游。

清泰庵

盤紆雲境入山阿，曾扣禪關卧薜蘿。城郭千家青靄合，湖天萬頃白雲多。

尊勝庵

留客茶瓜話碧虚，松岑竹徑愛蕭疏。昔來未解無生理，曾釣池頭金鯽魚。

九　峰

小結香茅嶺樹隈，東鄰禪客數追陪。鐘聲初動山煙白，恰自松陰密處來。

育報庵

北嶺盤紆路欲迷，衆峰深處白雲低。閒門常見山僧往，庵在長松碧澗西。

別峰庵

別有谿山野徑遥，精藍掩映隔山椒。惟聞鐘磬寒煙裏，絶澗深林過板橋。

初夏園林十憶詩

新綠

千山嫩緑曉參差，躑躅初紅一兩枝。最愛春煙初散處，還憐山雨欲晴時。

新秧

榆莢松花夾路齊，山翁蚤起自扶犁。一聲布穀霏微雨，水滿平池稻滿畦。

新篁

孅孅纔看梢出土，離離乍見影過牆。初抛紫籜青如許，筠粉吹香日正長。

新荷

柳下輕風捲釣絲，荷錢一夕點淪漪。南垞欲問花多少，只看田田出水時。

新　茶

雲崖霧岫往攜筐，怪底山僧十日忙。緑樹陰陰人迹少，枳籬茅屋焙茶香。

新　絲

清和天氣雨初晴，辛苦田家婦子情。秧馬纔看過壠迹，繅車又聽隔籬聲。

新　桐

勺藥花繁燕子飛，碧桐鋪葉蔭巖扉。雲陰澹蕩波清淺，緑映山翁白葛衣。

新　蒲

水漲南塘石岸平，青青蒲葉繞谿生。游魚争向灘頭淺，遺子時聞撥刺聲。

新　鶯

小閣窗臨碧樹谿，聲聲清囀愛黄鸝。兒童莫觸花鈴響，留取枝頭自在啼。

新　燕

柳外雙飛燕子斜，營巢新定野人家。清谿曲曲皆桃李，銜得春泥半是花。

澹人寄文衡山魚村卷子兼係以詩即原韻和答四首

柳港蒲谿一櫂通，筍櫻時節落花風。煙波無限新詩好，盡在漁歌杳靄中。

直廬槐蔭日遲遲，正是懷君舊雨時。吟到江村寄來句，漁竿心事兩人知。

蟹火漁榔有夢通，心如黄葉怯霜風。慚予五畝湖干宅，深掩梅花夕照中。

衰慵豈合退休遲，齒豁頭童異曩時。畫裏谿山吟望久，臨風説與故人知。

牡丹時同澤州先生過法華寺僧説開數朶皆爲人折去惟見佛前膽瓶中平頭紫一枝耳越月廷玉書來云讀易樓前開一百七十餘朶因賦

小圃穠華錦蔟籬，春風擔却看花時。尋芳惟伴樊川老，彌勒龕前見一枝。

暮歸

黑雲東捲日西斜，倦羽投林急暮鴉。返照煙生三徑草，空庭雨過一籬花。江鄉茶味開青箬，閑客琴聲隱碧紗。楊柳覆門荷覆水，雲山何處是吾家。

送長康之姑熟幕二首

喜共才人慰寂寥，客中閒話盡漁樵。思君恰值秋江晚，采石松風夜聽潮。
人似丹霄卷碧霞，龍眠深處好營家。期君結屋清谿上，同把漁竿數落花。

太液

太液蓮開倚碧空，南枝縞素北枝紅。石橋莫訝頻回首，恰在輕煙細雨中。

殘暑

殘暑新涼透碧紗，閒門委巷得無嘩。青蟲挂後槐陰薄，白雨翻時豆蔓斜。茗味甘香消午睡，琴聲市澮對秋花。中年憂樂侵雙鬢，嘆息勞生未有涯。

在内直見馬遠畫松風水月圖只清古數筆而神致完備爲賦截句

隔岸松欹古澗濱，挂猿枝偃最風神。由來筆墨宜高簡，百頃空潭月一輪。

題畫二首

寂寂茅亭雪照帷，寒梅低偃覆檐枝。閒吟掉臂花陰下，正是詩成意孏時。

湫廬北阜有孤亭，鶴去人稀户晝扃。遥憶當年燈火地，楳花長對遠峰青。

遠峰亭倚城西北隅隔牆則古靈泉寺太霞宮舊爲予遊目騁懷之地長康爲作此圖因賦二首

吾家亭子帶城偏，竹塢梅窗伴鶴眠。何處煙鐘催月落，鳳山西畔古靈泉。
路過西巘踏晴沙，古屋丹題羽士家。最愛柳塘行不足，村煙將暮夕陽斜。

長康作松湖山村圖賦此二首

兩兩漁舟點暮煙，芰荷秔稻滿平川。湖山不獨堪留賞，下有吾家二頃田。
松〔一〕湖兄弟各柴關，北渚南垞愛往還。樹接斷雲天接水，一湖煙雨米家山。

校記

〔一〕『松』，原缺，據康熙四十三年刻本補。

小庭秋草作花

玉簪殊有道人風，月季新苞數點紅。豆架瓜籬儘瀟灑，一年秋色蓼花中。

紅蓼花四首

秋水灘頭著岸垂，和煙和雨拂淪漪。紅絲斗帳條條影，深護鴛鴦熟睡時。

江南開遍舊漁磯，漁父來時欸乃微。葉密乍迷青篾舫，花紅偏點緑蓑衣。

紅粟枝繁雁蚉來，竹笆籬畔託根荄。喜君不戀江湖闊，種向閒門也自開。

寂寥門巷夕陽斜，愛爾垂檐近碧紗。更有樊川老居士，攤書秋對過牆花。說巖報書云：舊種蓼花今高出牆矣。

園花十絶句

松過百年方偃蓋，筍經旬日已成林。閒觀物理皆如此，莫爲榮枯感道心。

籬槿半年相代謝，牡丹十日占春光。園花亦有乘除數，濃淡中間較短長。

重臺蓮藕無嘉味，千葉榴房子盡酸。華實由來難並美，園花消息與參看。

長松磊砢意寂寂，下有淩霄時自妍。縱使開花松頂上，憎他天性愛扳緣。

花借過枝開轉盛，果經移接味方甘。陰陽摶捖非常事，物性何人靜裏探。

桑以飼蠶專號葉，牡丹尊重但稱花。羅敷陌上東園裏，管領風光屬一家。吴人稱葉不稱桑，洛人稱花不稱牡丹。

姚黄絶世緗梅艷，數百年中睹異姿。説與晉唐人未識，始知天地日新奇。牡丹中異品及緗梅千葉者，皆宋以後物。

桂挺寒巖忘歲月，花經暖室易榮枯。甘肥不是長生藥，耄耋終歸山澤臞。

秋花閒種倚荆籬，淺白輕紅三兩枝。雨潤日暄人盡識，和風清露最相宜。

梅雨經時屋溜懸，閒將石瓮貯來偏。花中原有神仙品，不飲街頭苦濁泉。

内直見高房山蒼山古木圖

峰因積墨[一]皴偏古，樹爲撑雲勢益强。能事由來鄙凡近，寒山古木最蒼茫。

校記

〔一〕『墨』，原缺，據康熙四十三年刻本補。

郭河陽谿山圖

深林蕭槭水潺湲，古寺層軒倚碧山。睡起茅齋無一事，午鐘飄出白雲間。

趙松雪春山水閣圖

風流僅見趙王孫，水照春山濕翠痕。谿上有人開草閣，杏花相對映柴門。

劉照寒蓉雙雁圖

難得秋光一日閑，卷書長對瑣窗間。羨他旅雁雙棲處，蘆荻芙蓉水一灣。

秋日退直

庭槐經手種，掩映老夫家。太液西園曲，紅牆緑樹斜。好將半閒日，對此一秋花。月夕明朝是，垂帘候彩霞。

国家出版基金项目
NATIONAL PUBLICATION FOUNDATION

安徽省文化强省建設專項資金項目
安徽省古籍整理出版基金會資助項目

張英全書

上册

［清］張　英◎撰
江小角　楊懷志◎點校

北京师范大学出版集团
BEIJING NORMAL UNIVERSITY PUBLISHING GROUP
安徽大学出版社

圖書在版編目(CIP)數據

張英全書:全三册/[清]張英撰;江小角,楊懷志點校.
—合肥:安徽大學出版社,2013.6
ISBN 978-7-5664-0421-3

Ⅰ.①張… Ⅱ.①張…②江… ③楊…Ⅲ.①張英(1637~
1708)—全集 Ⅳ.①Z424.9

中國版本圖書館 CIP 數據核字(2013)第 102556 號

張英全書

ZHANGYING QUANSHU

[清]張　英　撰
江小角　楊懷志　點校

出版發行:北京師範大學出版集團
安 徽 大 學 出 版 社
(安徽省合肥市肥西路 3 號 郵編 230039)
www.bnupg.com.cn
www.ahupress.com.cn
經　　銷:全國新華書店
印　　刷:合肥遠東印務有限責任公司
開　　本:148mm×210mm
印　　張:54.5
字　　數:1200 千字
版　　次:2013 年 6 月第 1 版
印　　次:2013 年 6 月第 1 次印刷
定　　價:298.00 圓(全三册)
ISBN 978-7-5664-0421-3

策劃編輯:朱麗琴　　裝幀設計:李　軍
責任編輯:馬曉波　姜　萍　劉　强　李海妹　　美術編輯:李　軍
責任校對:程中業　　責任印製:陳　如

《十二真圖》陳維邦畫（桐城市博物館供稿）

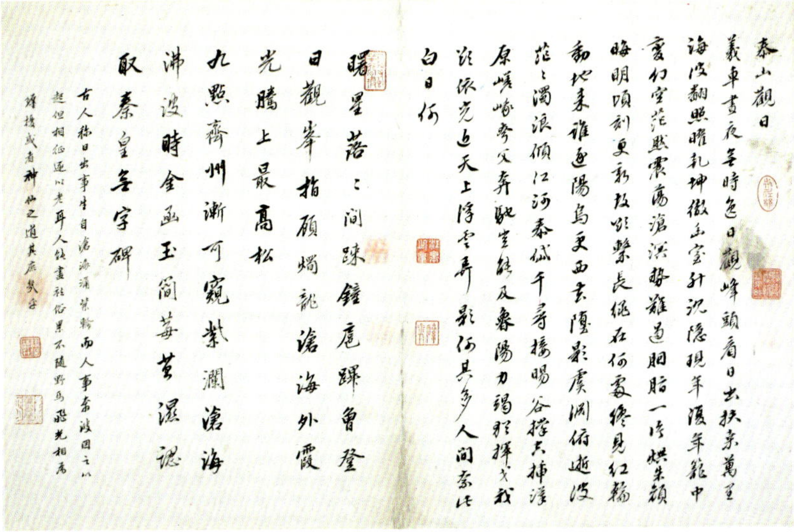

《十二真圖》江皋配詩、張英和詩（桐城市博物館供稿）

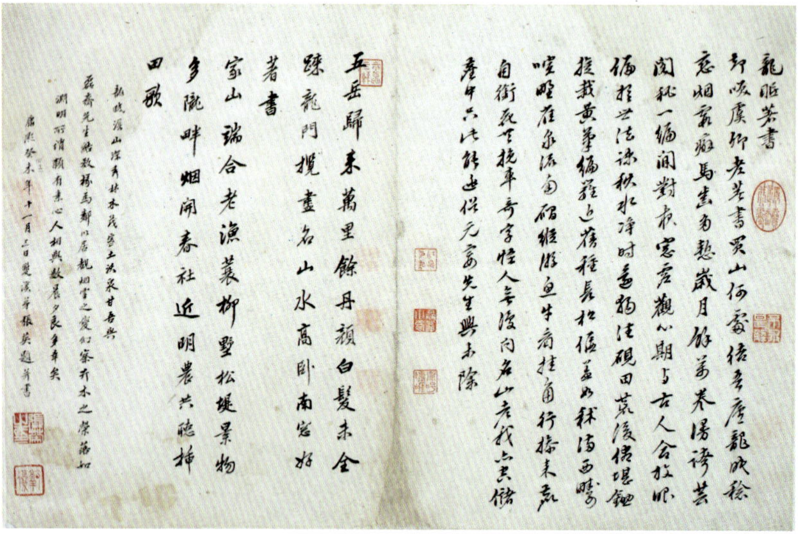

《十二真圖》江皋配詩、張英和詩（桐城市博物館供稿）

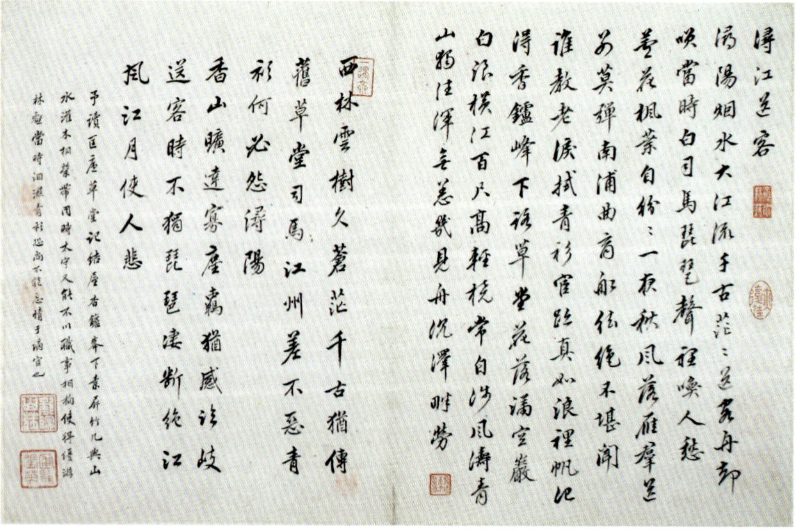

《十二真圖》江皋配詩、張英和詩（桐城市博物館供稿）

張英行書立軸（桐城市博物館供稿）

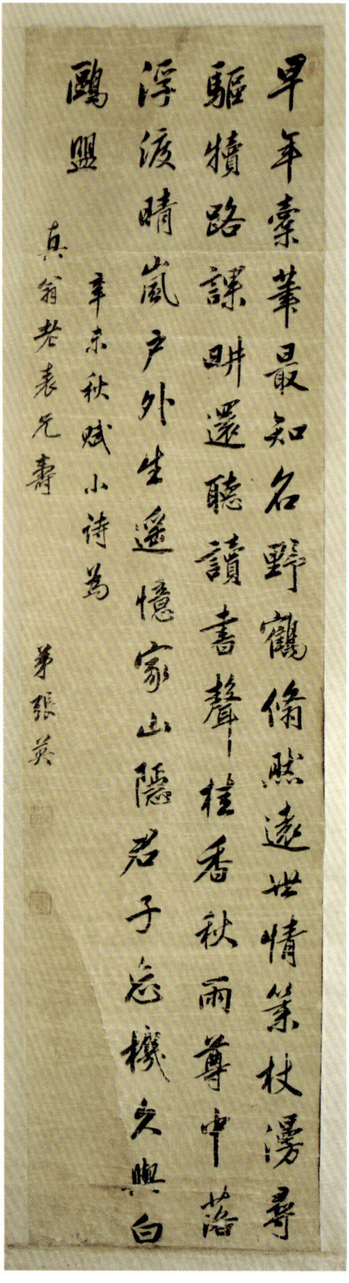
早年橐筆最知名野鶴翛然遠世情策杖湯尋
驅犢路課畊還聽讀書聲一桂香秋雨尊中落
浮渡晴嵐户外生遙憶家山隱君子忘機久與白
鷗盟
辛未秋賦小詩為
真翁老表兄壽
弟張英

張英行書立軸（樅陽縣文物管理所供稿）

張英貢墨（安徽省博物院供稿）

六尺巷詩文碑（桐城市文物管理所供稿）

六尺巷（桐城市文物管理所供稿）

總目

前言

明清時期，桐城科舉業績輝煌，官宦衆多，名人輩出，文化繁榮，形成了『何意高文歸一縣，遂令天下號宗師』的鼎盛局面。許多世家望族，或以官高位顯，名振寰宇；或以氣節感人，彪炳史册；或以文章傳世，流芳千古。其中張氏家族，便是桐城衆多世家望族的典型代表。據張氏宗譜記載，張氏自貴四公『由豫章徙於桐』，到永貴公『種德好義，爲善於鄉，厥後子姓日蕃，而詩書志澤益衍』。（見六世孫張淳譜序）縱觀張氏家族發展史，張淳和張英二人，起到了舉足輕重的作用。六世祖張淳，明隆慶二年（一五六八）中戊辰科進士，初授浙江永康令，官至大中大夫、陝西布政使司左參政，爲桐城張氏家族走上科舉、仕宦道路之第一人。而九世祖張英，官至工部、禮部尚書，文華殿大學士，輔佐康熙帝成就盛世偉業，爲一代盛世名臣，其後科第聯翩，英才輩出，書寫了張氏家族走向輝煌的歷史。

一

張英（一六三七—一七〇八），字敦復，號樂圃，晚年更號圃翁。家世儒業，幼年沉毅有偉度，幼讀經書過目成誦，日記千言，聰慧過人。康熙二年（一六六三）中舉人，六年中進士，選庶吉士。因逢其父張秉彝病逝，乞假歸里。守喪期滿，詔回京城，改授編修。康熙十二年（一六七三），以編修充日講起居注官，累遷侍讀學士。康熙十六年（一六七七），清廷頒詔，開始選拔一些作風樸實、學問精深的人，每日侍從皇帝左右，以備顧問或征詔；同時設立南書房，張英奉命被詔選入內，並賜居西安門內。由此，開創了清代詞臣賜居禁城之先例。

康熙初年，吴三桂、耿精忠、尚之信等在雲南、福建、廣東等地起兵，廣西、陝西等地督撫也相繼反叛。康熙皇帝爲了尋找應付方略，常常召集張英等大臣商討對策。張英總是晨入暮出，勤懇供職，凡有關民生利弊、四方水旱之情事，皆知無不言。康熙帝對張英的才華、智慧、人品，極爲賞識，備加器重，每親臨南苑及巡行四方，都詔令張英侍從。方苞説：『公自翰林歷卿貳，践政府，雖任他職，未嘗一日去上左右。』其時典誥文章，多出自張英之手。康熙皇帝『益器重之，以爲可大用矣』，乃遷爲翰林院學士兼禮部侍郎。

康熙二十年（一六八一），張英爲安葬其父而乞假歸里，康熙皇帝優待有加，不但准行，而且賜給白金五百兩、綢緞二十匹，『既旌爾勤勞，兼資墓田之用』。並依照張英的官職，確定他父親葬禮的禮儀。四年後，張英被特詔起用，授兵部侍郎，攝刑部事。後來調任禮部侍郎，充經筵講官，奏呈孝經衍義，被皇上詔允，下令刊佈。康熙二十八年（一六八九），晉爲工部尚書，兼翰林院掌院學士，仍管詹事府。不久，調任禮部尚書，兼管如故。其時，身綰三綬，兼領史館、書局，『端凝清粹，爲朝廷儀表』，一時典禮制作及廟堂制誥之文，皆由其手定。『搜討典籍，折中羣言，筆削所加，罔不精當』。他獎掖後進，發現有才能的人，極力予以舉薦，讓許多人盡顯本領，并有所成就。有的受薦者，終生不知。方苞稱他：『公爲人忠實，無畛域，自同官及後進之士，皆傾心相向。』康熙三十一年（一六九二），先後充任一統志、淵鑒類函、政治典訓、平定朔漠方略等總裁官。康熙三十六年（一六九七），任會試正考官。三十八年，拜文華殿大學士，兼禮部尚書。四十年十月，以衰老爲由，再次請求休歸，得旨『卿才品優長，宣力已久。及任機務，恪勤益勵，眷依方殷。覽奏，以衰病乞休，情詞懇切，准以原官致仕』。並且，『上念篤老，恐不任風寒，命春和始行』。正月，康熙帝賜宴暢春園，爲其餞行。命其次子張廷玉扶侍歸里。諭部『令沿途驛遞應付，勿限常額』。

康熙四十四年（一七〇五），康熙皇帝第五次南巡，張英迎駕淮安，侍從到江寧（今南京）。御書『謙益堂』、『葆靜』匾額和聯幅畫卷，賜予白銀千兩。由於張英懇奏，在江寧多住一日，當時總督阿山想借皇帝南巡，加征錢糧耗銀，知府陳鵬年持議不可。總督阿山心懷憤恨，欲借此加罪於陳鵬年，加上康熙皇帝的隨從侍衛對陳鵬年的接待多有指斥，陳罪在不赦。但等到皇上詔見張英時，問及江南有哪些廉潔官吏，張英首薦陳鵬年，總督阿山等大失所望。陳因張英推薦，不但得以免罪，而且還被康熙皇帝委以重任，成爲清代名臣。一七〇七年，康熙帝第六次南巡，張英迎駕清江浦（今清江市），隨侍皇帝到江寧。次年，張英病逝，享年七十二歲。賜祭葬加等，謚『文端』。

張英立朝四十餘年，忠敬誠直，表裏如一。受知聖祖，視爲股肱，推心置腹。凡軍國大事，張英則知無不言，言無不盡，『一心知有社稷，不爲身家榮禄之計；而利害毁譽卒不能撼耿介廉静』；他『絶遠權勢，門無私謁。或瀆以私，輒正色拒之，而絶口不言其人』；臨政處事，『不爲表襮之迹，一行其心之所安』，『每奏一章，上未嘗不稱善也』。所以康熙帝常誇獎張英『老成敬慎，始終不渝，有古大臣風』。（見李元度纂《國朝先正事略·張文端公事略》）

二

張英才高識廣，學問純粹精深。爲官之餘，致力於經學研究，且在詩文書畫諸方面，均有較高造詣，成就斐然。

張英早有文名，爲康熙年間『龍眠五才子』之一，將他的古文置於桐城派大家作品之列，毫不遜色。文如其人，張英酷愛自然山水，特别是晚年閑居鄉里，親近自然，飲翠餐香，山光水色，松濤谿聲，花香鳥語，給他的晚年生活平添了無窮樂趣，所以爲文有霞光煙靄之致，風神悠遠之韻，淡雅清新，實開桐城派文風之先河。他的垂雲亭記，把自己辭官歸養的閑適愉悦之情，描寫得淋漓盡致。

垂雲亭記

芙蓉谿之南，有石壁六十餘丈，上蔭翹林，下俯清谿，有一徑甚仄。石之下，野人爲小溝，堰水入田。是以徑之左右皆水，而徑宛轉于流水之中。樵童牧豎之所往來，而余特加石甃以平治之。石之上皆山花野草，而余特去其荆榛，培其佳木。于石上鐫『垂雲沜』三字，于谿上作垂雲亭以對之。石色青蒼如削玉，如畫家所謂斧劈皴。嵚巖磊落，與老樹垂藤相間。亭可小憩，而入吾園者必取徑焉。

李習之謂園有難兼者六事，高峰、奇石、幽潭、曲水、古樹、新花。余但因故物，不事疏鑿雕飾，而六者咸備。過此亭，便入芙蓉谿，捨陸而登舟，客至則舟子艤舟以待。豈不可優游怡老哉！

張英還曾製造小舟，在龍眠山雙谿河中暢遊，『余生平頗思舟之逸，而又甚憚舟之險。故於山中製一舟，就其逸而避其險，視陶峴三舟之樂，當不是過也』。（桃花流水扁舟記，篤素堂文集卷八）他嘆慕古人走進自然，著文吟詩，描景抒情，自己也盡力而爲之，他説：『古人於佳山水，凡遊歷之所經，耳目之所寓者，輒著爲詩歌、記序，以紀述其事。……雖晤言一室之内，可以卧遊於千里之外也。……凡接於目者，皆當寫爲短句長吟，以曲盡其狀，載於卷帙之中，則不必其物皆爲吾有，而吾與主人已各得其半矣。』（紅朮軒篆册題辭，篤素堂文集卷九）在張英看來，觀山水美景，品味自然，是人生至樂。而能通過自己的筆墨描繪出來，讓他人和自己共享自然之美，那才是最高的境界。

張英熱愛家鄉，桐城的一山一水、一草一木在他筆下，無不顯現旺盛的生命力。如他寫香雪草堂記，極言梅花造型之美，大有鬼斧神工之妙。可謂咏物寄情，意味綿長，情致深遠。

香雪草堂記

予生平酷嗜種樹，常欲得閑壤一區，梅李桃杏之屬，各以其類分布柯幹，不使雜處。俾其掩映交錯，盡態極妍，爲足縱觀覽之樂。顧以地隘力薄，不能適所願。『學圃齋』之南爲南軒，去軒十餘步爲竹圃。竹之外，有古梅數十樹，盤互偃側，爲蔭方廣十丈許，不雜他樹。梅之致，有臨清池者，有倚短牆者，有蔭石者，有與竹相間者，有高翥拂雲者，有低偃拂地者，有礙路者，有臨窗者，有孤幹亭立而上如蓋者，有叢生而條幹自相環抱者，有苔蘚綉澀而勁如鐵者，有曲幹糾枝而奇如虬龍者，有撐拄而如攫者，有偃蹇而如卧者，可謂極梅之態矣。花時自深冬以及春半，先後相續，大約山寒氣晚，至啟蟄時而盡發，彌望如雪，香氣襲里許。爲屋三楹以臨之，題曰『香雪草堂』。堂前爲廣軒，資其爽也。花下置小亭，便憩息也。自冬至後，輒攜書卷，移器具，寢處其中。煙靄晴旭，景皆佳勝，雪時月夜爲尤奇絶。

予種樹之願，雖不能盡酬，幸而有此，不可謂非造物者之厚遺我也。使予常得寢處其中，春玩其華，夏休其蔭，賞其芳妍，而景其高潔，優游倘徉，咏蘇、陸之詩，亦已足矣，尚敢多求乎哉！

他先寫自己平生之愛好，接着寫梅之態、梅之美。再下來，筆鋒一轉，道出自己種樹的意願以及寄情景物之樂。作者羡慕雪梅之高潔，發思古之幽情，深感造物者的厚愛。還有像賜金園記、學圃齋記、南軒記、五畝園記、芙蓉谿記等遊記散文，短小精悍，清新雅潔。每篇寥寥幾百字，讓你跟着他的思路走下去，仿佛置身於大自然之中。特别是一些很小的地方，如今難以再尋到踪迹，但你讀着張英的文章，總覺得是那麼的美妙、那麼的神奇，那麼令人嚮往。可惜世事滄桑，變幻無常，如今只能從張英的文章中去尋找昔日的美景了。這也給我們後人留下了無盡的遐想空間。

張英爲官幾十年，位顯勢赫，但仍時時挂念僻居鄉野的親朋好友和弟兄姊妹，許多文章都表達了他的思念之情。其兄張載，擇居松山湖畔，以打魚爲生，飲酒賦詩，其樂無窮。张英撰寫《湖上先生傳》，字裏行間，無不顯現羡慕之情，表達自己對田園生活的嚮往。

湖上先生傳

先生，清河仲子，名載，字子容，少倜儻，負氣節。讀書好奇，不屑屑章句。幼補博士弟子。年四十輒棄去，隱居於松湖之隈。先大夫授濱湖田數十畝，宅一區。門臨大泊，可以畜魚。歲發荷花數萬挺。泊之外爲長堤，左右接山麓，榆柳楓柏之屬掩映堤上。堤之外爲大湖，煙波浩渺，帆檣出没。繞湖則羣峰矗立，黛色横亘。宅之前極平衍軒豁，古樹羅列，田壤綉錯。目前之景皆可指而矚也。宅之後修竹喬松爲先大夫手植，皆近百年物，鬱然深靚。先生率妻子隱於其間，家纔足稻粱，布衣蔬食，晏如也。與五兄同居湖上三十餘年，足迹不履城市，往還惟田夫野老，經年不見賓客，或婚嫁將會姻親，前數日輒作惡曰：『予豈耐衣冠而與人拱揖？』故但疏節闊目，略見大意而已。晚年以田産付諸子，而自以漁爲業，鮮鱗日給於笭箵，未嘗乏絶。雞豚、蔬果、菱藕之類無算，悉素所藝畜。客至亦羅列粲然，而未嘗取給於市。

於宅之左别構一墅，去湖岸數十步，以便網罟。柳徑柴門，繞土樓植桃千樹，木槿、芙蓉、雜卉稱是，號曰『桃村』。嘗曰：『吾爲園祇數斛桃核足矣。』鑿池架橋，結草亭于其中。從湖網得佳魚，則畜于池，以供不時之需。每歲十月後，湖水稍退，則糾集鄰里莊農，各具舟楫，結罾網以備取魚，即以魚爲雇值。先期大設酒饌以勞之。吾嫂治具於内，僮僕持壺觴，先生勸酬于茆簷之下，談笑移時，各盡歡而去。予曾睥睨其間，亦甚樂矣。嫂笑謂予曰：『田家生計多在春夏，汝兄生計則在秋冬。』似此風景，蓋三十餘年矣。噫！熙恬樂易之風，廉澹高雅之致，寧不於今日見古人哉！

先生性純孝友愛，慈大人早世，遺手綉觀音像，構一亭，事之惟謹。有僧詣門募施，先生笑曰：『彼以我爲佞佛耶！此吾親也，吾故事之。』性不能多飲，而嗜酒，晨起飲一甌。每飯則先啜數杯，故常微醺，體貌頎然，而長髯微白，丰神散朗。無求于人，無羡于世，無時不曠然天真，蓋居然海鷗雲鶴之趣矣。作字早歲學鍾繇，至老目力不衰，嘗著輿圖，博採沿革故事，彙書于圖中，方寸作數百字，小於蠅頭。予時年五十，不能辨也。居鄉以德感人，人咸化之，松湖數十年無盜。有縣令泊舟湖上，請與先生見，辭以疾，不往。貽予書，輒勸以引退。年七十有八，與嫂同時卒。予每於公卿間述先生行事，莫不低徊欣羡者久之。大司農澤州陳公詩『平生最愛江南客，晚歲心憐湖上翁』，叔兄曾官吴門，請老歸，高致相頡頏，故當時咸知吾家有湖上先生、吴門先生云。

張英在文章中，還描寫了其兄不攀附權貴、遠離官場的良好心態，對其兄『無求於人，無羨於世，無時不曠然天真』的清静生活，從内心深處發出讚嘆之情。

張英一生所寫祭文、墓表也很多，在這些文章中，他善於從點滴小事入手，寫出對親人、朋友的無限思念； 對有些人生不逢時，屢遭人生之不幸，如生活窘迫、仕途不順、親人早逝等，表現出憤懑、哀嘆之情。如祭姚小山文一文，通篇調苦而情深，語悲而氣咽，聞到噩耗，悲痛不已，和淚而書：『吾聞小山之殁於中州，驚駭惶愕，忽信忽疑，如夢如醉，而不自知其聲淚之俱慟也。』接着對小山的人生遭遇發出感慨，他説：『追思四十餘年來，小山之所以得乎天與天之所以與小山者，似伸之而實屈之，厚之而實薄之，處之以若通若塞之功名，老之以可喜可悲之歲月，優之以可用而不得用之才，付之以不可遏而終於遏之之氣，卒使之坎壈抑鬱，疾發而不可救，以死於客。然後知天之於斯人者，酷而不可解也。』（篤素堂文集卷十）姚小山政績首薦於朝廷，同輩之人都被擢用，而姚小山獨排在重用名單之外，『間與兄弟親戚飲酒半酣，則舉其生平抑鬱之事，欷歔感慨久之，而淚涔涔下，漏盡不休』。張英『知其悲之有自來也』，那就是官場黑暗，賢能之輩難得重用，姚小山只不過是其中一例而已。張英對姚小山的才能非常欣賞，他説：『小山雖生長貴介，善理煩劇，論天下國家事及生民利病，娓娓不倦，皆秩然有條理，不激不疏，可以見之施行。』對這樣有才之人，怎麼會出現英雄無用武之地呢，張英質問：『有才如此，而獨不使之一抵掌廊廟之間乎！』他認爲『小山之所以死』，而他『之所以悲』，是因爲『其才則可用而不得一用，其氣則不可遏而終於遏之』。張英寫小山因『不得一用』而鬱憤辭世，難道不是對清廷用人制度的弊端的譴責嗎？

張英在廷瓚行略中，愛廷瓚之才，恨天不假壽，悲痛之情，難以言表。他説：『余生平不延幕客，所藉以翻閱載籍，稽考舊章，寒暑不輟，則廷瓚左右之功居多。與朋友素慤慎謙和，未嘗雌黄人物，尤不敢急於進取。每有遷除，則遜謝不安。事父母先意承志，四十餘年未嘗有一語逆父母之意。待兄弟至性友愛，廷玉同居賜第，教之誨之，備極周至。事伯叔昆季，遇姻婭，皆敦厚有禮，處家極儉約，絕無紈綺之習，而推解以賑貧乏則不惜。德性如此，宜乎其長年而奄忽不禄，殊不可解也。』（篤素堂文集卷十一）張廷瓚英年早逝，對張英是沉重致命的打擊，悲痛之餘，令張英惶惑：賢能之人，怎麼就不獲年壽呢？從文中，可以看出張英素重積德，敬畏神靈，謀求家族長遠之苦心。

張英作爲深受傳統文化影響的朝廷要員，非常尊重女性，難能可貴。他從持家治國等方面，闡述女性在家庭、社會中的作用，值得重視和思考。張英强調婦女在家庭中的重要性，他在祭家婦封孺人吴氏誄詞中，説：『家之興替，莫不由於閫内，況冢婦者，衆婦之倡。』還説：『予久居史職，謬以固窮之節，家人茹荼食貧，時有寒士所不能堪。孺人食粗衣敝，終日欣然。予居常察其詞色，口雖不言而心知其賢也。』可見，張英内心深處，深懷對吴孺人的感激，以至發出『得賢子易，得賢婦難』的感慨。張英在先妣誥贈一品夫人吴太君行略一文中，大力頌揚吴太君仁慈友愛的高尚品質和樂善好施的博大胸懷。他説：『大人嗜施濟，太君佐之甚力。姻黨中貧不能振者，婚喪不能自舉者，子女不能自育者，太君咸助之。生平隱德，莫可殫述。』張英在文章中對吴太君擇良師來課子讀書，更是推崇備至。他説：『督諸兄甚嚴，擇賢師良友，脱簪珥以佐束脩……時大人往來于桐，太君以教子爲己任，間請于大人簡題數百爲籤，作大斗貯之，遇文期則製籤命題，文未畢不令就寢。後遷桐，居山中，猶擇鄰庵，命叔兄讀書其中。採山蔬以給饋食，勉勵益力。以故播遷瑣尾中，而諸兄姪未嘗廢學，太君之教肅也。』（篤素堂文集卷十一）張家媳婦、女兒不僅知書達理，精通翰墨，尤善於勤儉持家，相夫教子，世代相傳，這也是張氏家族興旺發達的重要因素。吴太君如此，姚夫人更是有過之而無不及。張英在誥封一品夫人亡室姚氏行實一文中，對姚夫人的品行無比敬佩；对姚夫人爲張家所作的貢獻，心存感激。長子張廷瓚官翰林之後，每逢鄉試、會試之時，擔任同考官或主考官，姚夫人總要特别提醒，務必小心謹慎，萬萬不可疏忽大意。姚夫人曾告誡其子説：『自予爲汝家婦，見汝父於試事皆冰清玉潔，即内庭考教習，與静海勵公信誓旦旦，雖得咎朋友，不敢屈撓，從來無一字閒言，況鄉、會試乎！汝宜謹守之，不可以一字與人口實。』（篤素堂文集卷十一）後來張廷瓚、張廷玉都擔任鄉試、會試考官，皆遵守家訓，外界無任何疑義，張英認爲是『實夫人教之也』。張英寫自己考中進士後，適逢丁父憂，南歸路上，生活窘迫，回到家中，更是朝不保夕。而姚夫人精心料理，『從不肯向人言貧』，其時親友中有人向張家伸出援助之手，姚夫人『輒面赤不肯受』。張英入闈後，家人經旬乏食，姚夫人『搜得家中有麵數斗，遂舉家食麵湯將一月』。難能可貴的是張英官高位顯後，她仍然『常服之衣躬自補紉，至老不衰，不以爲嫌』。所以張英感慨：『予守官時，相對多正言，予所交朋友，皆能辨别賢否，時引古事以相勸勉，絶不似巾幗語也。』總之，張英寫女性的文章，明白如話，娓娓叙來，字字真切，語語含情，令慈愛之心見於楮墨之間，讀之使人感動不已。

張英的文學思想和桐城派作家的創作要求基本一致，都是强調文以載道，主張文章寫實，追求質樸無華、淡雅自然之美。在百石圖序一文中，張英認爲從其畫作中可知其政績，瞭解其政聲。他説：『公長才碩抱，治民有經，四境肅如，品物成遂，以卓異報績。故能以其暇裕遊戲翰墨。則是圖也，公之政事亦見于此矣。即小可以觀大，即微可以知鉅。』（篤素堂文集卷五）反映張英的文學觀點，即創作的題材都是源於生活和百姓實踐。在封太夫人李年伯母壽序一文中，張英説得更加直接明瞭，他説：『夫坤厚載物而百昌茂遂。積之者厚，則享之者宏。』（篤素堂文集卷六）强調了生活的積累對寫作的重要性。同時，張英把六經看作是習文、作文的根柢，他説：『臣侍從左右，伏睹聖人之學博而無所不該，而必以六經爲根柢。故聖制諸篇，窮理極高深，得易之奥；典重鴻碩，得書之大；渟泓藴藉，得詩之厚；褒貶謹嚴，得春秋之法；條理暢達，得禮之序。又從而博綜諸史，穿貫百家，而指歸不外乎是以經學爲文章。』（御制文集恭跋，篤素堂文集卷九）因此，後人在評價張英的文章時，也説：『其散體諸文稱心而出，不事粉飾，雖未能直追古人，而原本經術，詞旨温厚，亦無忝于作者焉。』（四庫全書總目提要）所以，時人也説：『先生湛深經學，執德不渝，非道不處。』還説：『幽遐時以其意發爲咏歌，高文清思，孤行獨賞。田家漁父、樵夫牧童，則儲公之格高調逸，趣遠情深也。』（陳廷敬：篤素堂文集序）

趙士麟在篤素堂文集序中，對張英的文學創作作了頗爲中肯的闡述：

吾讀桐城大宗伯公文與詩，若有以啟予者。先生禀光岳精靈之氣，鍾秀拔沖粹之質。凡天文地理之要，禮樂政刑之詳，治亂因革之變，草木蟲魚之細，與夫百家衆技之説，靡不究心。故其爲文，滃然而雲雷興，沛然而河海流，蔚然而蛟龍升，彪然而虎豹騰，煦然而百卉滋。穠麗之極，固若未易得其涯涘，及其造乎平淡淵微，則又若太羹玄酒，不假調腼而至味自具也。由公以六經爲本根，史、漢爲波瀾，諸子百家爲奴隸，以修之身者而修辭，和之心者而和聲，成之德者而成文。是以值鼎新之運，逢至聖之君，天縱睿哲，遊心精一。公出入承明，身近光華，忠誠素貫，上簾睿知。凡雄文大册、黼黻制誥多出燕、許，況典章儀禮，則禘社宗廟、山川百神之典，覲享宴慶、禮樂律曆、衣冠之制，遠方朝貢賞賚之儀，及寶册勳封、徽章鴻伐之文，一一論次撰述，使鬱鬱之盛遠軼三五，而陋漢唐宋於不居焉。至於海内名山大川，釋老之宫，王公墓隧之碑，得公文辭以爲榮。片言隻字，流傳海内，咸知寶愛；文學德行，卓然名世，羽儀斯文，輝煌治具，豈淺鮮哉。

總之，張英的散文，以六經爲根柢，以史、漢爲津梁，繼承八家文統，内容豐富，感情真摯，題材多樣，構思精妙，語言雅潔，氣韻飄逸，將他的文章置之桐城諸大家之林，只會增光添彩，所以説張英是桐城派濫觴者不爲過譽。

三

張英的詩歌作品題材廣泛，内容豐富，成就卓著，影響較大。他的詩歌創作及其思想，深受唐宋詩學理論和創作思想的影響，表現出『太古』之氣。四庫全書總目提要評價：『英遭際昌辰，仰蒙聖祖仁皇帝擢侍講幄，入直禁廷，簪筆雍容，極儒臣之榮遇，矢音賡唱，篇什最多。其間鼓吹昇平，黼黻廊廟，無不典雅和平，至於言情賦景之作，又多清微淡遠，抒寫性靈。台閣、山林二體，古難兼擅，英乃兼而有之。』他在自題新詩後寫道：『卷中何處著纖塵，句句新詩自寫真。留向人寰任埋棄，千秋定有愛予人。』這是他對自己詩作的自我評價。實事求是，十分恰當。

我們通讀其詩歌作品，概括起來，大致分爲七個方面。一是宫廷遊宴的應制詩。所謂應制詩，是指古代臣僚奉皇帝之命而作的應對詩。其内容多爲歌功頌德、酬唱附和之作。在張英的應制詩裏，大多都是宫廷遊宴的應和詩作，許多篇章都是表達對皇上大智雄才的謳歌和對皇恩浩蕩的感激。張英作爲侍臣，常常奉旨參加皇帝親自舉行的宴樂活動，往往奉旨賦詩。如『三殿班聯同愷樂，萬方歌舞祝昇平』（元日養心殿侍宴應制，存誠堂詩集應制二）、『吾君孝德兼文德，作述同光萬祀遥』（世祖皇帝御書正大光明大字今上御製題跋勒石告成蒙恩賜觀恭紀，存誠堂詩集應制二）、『欲識君王同樂意，普天今是太平人』（侍從西苑進講恭紀四章，存誠堂詩集應制一）等詩作，無不歌功頌德，粉飾太平；描述君臣同樂、天下歌舞昇平之景象。身爲侍臣，無可厚非，但文學價值不高。

二是即事述懷詩。張英歷官三十餘年，深知官場複雜、仕途險惡，所以在其詩作中，往往流露出对退隱山林、與鄉人爲伍、與明月作伴、享受清閑安逸的田園生活的嚮往。如『自有巖棲志，於今幾十年。青山留隱逸，白首到林泉』，『寒衣新布納，野服舊紗巾。採藥邀鄰叟，尋蘭贈故人』。如『自喜結廬人境外，地偏吾復傲陶潛』。（初卜居龍眠山莊十一首，存誠堂詩集卷十七）借陶淵明說事，實則表達了自己歸隱山林之志。張英常年居住京城，政務繁雜，當時人心叵測，經常是話不能說，事不好做，其心苦悶與孤獨，常人難以想象。因此，每逢除夕、重陽、中秋、元宵等節日，仰望星空，常常借明月、鴻雁，抒發自己的思鄉情懷。如『何處秋光好，家園憶老親』，表達其對親人的思念之情；如家書：『家書久不達，終夜不成寐。道遇故鄉人，云自秋後至。』『只添思鄉情，難遣客愁侵』；『新秋客路在餘杭，此夕偏教斷客腸』；『果蔬竟日惟呼佛，涕淚多時一望鄉』。（七月十五日夜湖上，存誠堂詩集卷十一）思鄉之情，溢於言表；如『征鴻分影兩經年，又聽驪歌唱日邊』，字裏行間流露了兄弟情深，但爲了各自前程，又只能忍受聚少離多的痛苦。

三是咏史懷古詩。觸景增慨，睹物愴懷。在張英的詩歌中，有不少作品是借追憶前代古迹和故人，來表達出自己内心的情感。如采石懷古：『懸崖百尺俯江流，上有詩人太白樓。牛渚欲尋何處是，天門遥望不勝秋。』（存誠堂詩集卷九）作者到采石磯覽勝，憑吊太白樓，抒發自己對李白的敬仰羡慕之情，同時又發出了物是人非的感慨。如亞父塚：『曆數天教分楚漢，英雄人豈謝良平。碑留姓字千年恨，魂斷河流午夜聲。』（存誠堂詩集卷九）作者途經徐州，參謁了亞父塚。在這首詩中，他高度讚揚了范增『分楚漢』的貢獻，同時也流露出對范增最終没有能够輔佐項羽完成大業的惋惜之情。如胥門懷古：『敵國功名歸少伯，君王佳麗得西施。空餘一片孤臣淚，白馬中流却恨誰。』（存誠堂詩集卷十）他極力讚揚伍子胥作爲一代名相，勞苦功高；又對忠臣悲劇性的結局，給予了深切的同情；同時也流露出自己的不可名狀之情。

四是閑適情趣詩。張英供職朝廷，深得康熙帝信賴，仕途較爲順暢，加上夫人賢惠，持家有道，教子有方，生活無憂。每每閒暇之餘，把生活中所見、所聞、所思、所感的些微小事，以詩歌形式記録下來，感情真摯細膩，寓意深刻而富有哲理。如偶然作二首：『世間何事容人算，千里河流一月程』、『世間何事容人算，水畔經旬斷賣魚』。（存誠堂詩集卷十七）通過對大自然規律的認識而領悟人生，告誡人們要順其自然，凡事千萬不可强求。如何處：『何處年光好，春風芍藥欄。鳥啼深柳墅，魚上落花灘。山水奇懷得，煙雲放眼看。此生差可慰，隨分有餘歡。』（存誠堂詩集卷十五）又如『紅藥春深萬朵開，豐臺歲歲爲花開。今年衹向銀瓶裹，倦眼燈前看幾回』。作者通過淡雅清新的景物描寫，給人以寧静致遠的感覺，表達出了詩人悠閒、愉悦的美好心境。

五是狀景抒情詩。在張英詩集中，狀景抒情的詩作分量最重。此類詩作大都淡墨點染，清詞麗句，有清和婉約、罄欬芳潔之妙。作者在閑適之餘，通過對梅、竹、荷花、桃花、桂花以及田園風光、山水景色的描寫，抒發心中的喜悦、閑適之情。如春日西苑石橋南望：『杏花開滿石橋西，楊柳參差緑覆堤。湖上日斜春水闊，波痕動處浴鳧鷖。』（存誠堂詩集卷十五）詩中描寫了杏花、楊柳、春潮等早春景物，抒發詩人對初春時節自然界一派生機、欣欣向榮景象的讚嘆。如『桂花開日香滿城，六經堂外交柯生』、『十月芙蓉傍水開，拒霜原是不凡材』、『菊花時節尋霜圃，重陽故作霏微雨』等詩作，借謳歌自然景物，表達自己敬畏自然、親近自然、熱愛自然之情。

六是離情送別詩。張英在朝廷供職時間長，同僚、好友、親戚、鄉鄰衆多，世事滄桑，變幻無常，難免離愁別恨。張英在詩歌作品中，也多有表達。如張英弟弟回家，惜別難捨，囑咐良多，『故山雲樹外，惜別動離愁』；『讀書兼教弟，珍重問南來』。（送七弟歸里四首，存誠堂詩集卷十四）如『王屋峰前看露冕，黄河曲裏聽鳴琴。近日循良多上賞，期君入侍禁庭陰』。在即將離別之際，不忘給朋友以勸慰、勉勵，寄予殷切期望。如『夙昔愛君子，高潔心所傾。千古秦淮月，長同水鏡清』。天下没有不散的宴席，再好的朋友也有離別之時，對朋友的思念、祝福，無不流露出發自内心的真摯情感。

七是規勸勵志詩。張英一生最大的成功，莫過於把許多子孫輩培養成才。正是因爲他極其注重對兒孫輩的培養，所以在他的詩集中，有許多勵志之作，讀後令人感動。如『駒齒初齠髮覆眉，頗憐聰慧異羣兒。已通典誥與風雅，遠勝而翁十歲時』。其子廷玉在十歲時就能背誦毛詩、尚書，與張英的悉心教誨是分不開的。還有『喜看玉兒剛十二，也能捉筆咏寒蓉』。（芙蓉二首，存誠堂詩集卷十九）同樣表達了張英的喜悦之情。張廷玉入都前夜，張英與其交流甚歡，並吟詩激勵：『惟期孝友承家好，須解謙和涉世難。』（二郎廷玉入都定省寒夜共話遂成七章，篤素堂詩集卷一）張英對子女讀書寄予厚望：『香徑自移閑草木，膽瓶常貯好花枝。每將佳句貽昆弟，話向京華阿母知。』（寄三女，篤素堂詩集卷一）『清夜聯牀有弟兄，梅花寒月讀書聲』；『文心須熟九還丹，氣静神清筆路寛』。（寄示諸子二首，篤素堂詩集卷一）『少年努力承歡處，里巷人稱好弟兄』。（歲晚寄廷玉廷璐並與霖孫九首，存誠堂詩集卷二十四）字裏行間，寄託着張英對後人的期盼與祝願。

張英一生喜愛吟詩唱和，他在存誠堂詩集自序中說：『余自束髮學爲詩……約略凡三十四年……自幼至老，多好言山林農圃耕鑿之事，即與人贈答往來、遊歷之所至，亦不能離乎此。』他還說：『夫詩以言志，雖中更出處進退，而無中變其志之事，洵如此，則其詩可知矣，則其人可知矣。』他自謙其詩謭陋，固多重復，但『自少至老止言其志之所在，而無暇計論工拙，聊可以免於讀其詩，不知其志之所在云爾』。他對古人那種情隨境遷、心與物移的『堂奥』之作，心嚮往之，暗自羡慕。他五十歲以後，『山林之思益迫，隱退之思愈急』的心態，無不受到古代詩人退隱山林、躬耕田園、淡泊明志思想的影響。所以，沈歸愚評價張英的詩時，曾說：『本朝應制詩共推文端，入詞館者奉爲枕中秘。』張英致仕回鄉，多居住在龍眠山中，構築園亭，種樹養花，怡情山水，『余乞休園居，衰老謝賓客，與麋鹿漁樵爲伍。每與子孫徵引掌故，背誦古人詩篇以相娛樂』。（蠹窗學詩題辭，篤素堂文集卷五）所著田園詩尤清微淡遠，抒寫性靈，『淳古質厚，王、孟不及』。（錢仲聯主編：中國文學家大辭典清代卷）

四

張英一生以『敬慎』處世，將『立品、讀書、養身、擇友』奉爲座右銘。他以自己官宦仕途、爲人處世方面的親身經歷和切身體會，結合古聖時賢的言行事例，教訓子孫如何持家、治國、讀書、立身、做人。他告誡子弟要『務本力田，隨分知足』，常常用自己生活中所見、所聞、所思、所感的些微小事，透析深刻的人生哲理，言簡意賅，深入淺出，器宇弘深，引人深思。

重視讀書。張英認爲『讀書者不賤』，讀書可以增長道心，可以養性。『書卷乃養心第一妙物』，『爲人生頤養第一事』。張英認爲要想家族長盛不衰，最好的路徑就是讀書。他說：『每見仕宦顯赫之家，其老者或退或故，而其家索然者，其後無讀書之人也；其家鬱然者，其後有讀書之人也。』所以，他把讀書看作子女報恩盡孝的重要方面。他說：『思盡人子之責，報父、祖之恩，致鄉里之譽，貽後人之澤，唯有四事：一曰立品，二曰讀書，三曰養身，四曰儉用。』（聰訓齋語，篤素堂文集卷十六）他强調讀書必須領會其精神實質，否則不如不讀。他認爲讀書要講究方法，如六經、秦漢之文，詞語古奥，須從小讀起。『毋貪多，毋貪名，但讀一篇，必求可以背誦，然後思通其義藴，而運用之於手腕之下』。他反對死讀書，認爲光讀書不行，必須學會運用知識；撰寫文章要做到理明氣圓。書讀過之後，必須全面掌握和運用，若不能舉其詞，那無異於『畫餅充飢』；如果能舉其詞而不能運用，也是『食而不化』。張英强調讀書乃立身之本，所以他説：『讀書，固所以取科名，繼家聲，然亦使人敬重。』同時，張英强調教育要從小抓起，『人當成童之時，機識未開，習染未深，束身于禮節，日聞正言，日見正事，有先入者爲之主，而後世俗不能移。所謂少成若天性，習慣如自然，以斯日進于德而不難。此小學之爲大，而爲成就人才之要務也。』（小學詳説序，篤素堂文集卷五）可以説，張英子孫在科場中屢取功名，與他的悉心教誨是分不開的。

崇儉節用。張英認爲持家要以『儉』爲寶。張英把『儉』的内容歸納爲『儉於飲食』、『儉於交遊』等八個方面。他認爲世家大族更應該注意節儉，他説：『大抵風俗之壞，必始於世家大族，而後浸淫及於小民。』還説：『俗之敝，莫大於侈。侈之大，莫著於服飾。耗物力，啟奇邪，紊等威，亂上下，長淫僻，貧富相耀，無有窮極。故周之大夫重羔羊之節儉，刺赤芾之僭侈。畢命特舉服美於人以爲戒，其意深矣。後世有風俗之責者，慎勿以爲細故而忽之也。』（畢命，書經衷論卷四)他從自己做起,身體力行。他在致仕歸里之後,仍『誓不著緞』,『不食人參』。不管是暫住鄉里,還是久居京城,他都要求家人,把一年的動支費用,精心籌畫,分爲十二股,一月用一股,每月底總結所餘,『别作一封』,用來應付貧寒之急,或者『多作好事一兩件』。到了晚年,仍不改節儉之習,極力反對浪費。他對京師同僚『一席之費,動逾數十金』,深感不安。他六旬之期時,反對家人、學生、同僚爲他賀壽,與妻子商量,用設宴之資,『製綿衣褲百領,以施道路飢寒之人』。他要求子孫輩從點滴小事做起,『治家節用』。告誡子孫要常以席豐履盛爲可危、可慮、難處、難全之地,勿以爲可喜、可幸、易安、易逸之地。還以先輩勤儉持家的事例來教育後人,在《拙庵府君行述》中,讚賞其勤儉節約、樂善好施,他説拙庵府君性素儉約,『于聲色華麗之物絶無所嗜好,一羔裘衣三十年,雖敝不忍易』。時以『惜物力留有餘』爲訓。然性樂施濟,遇人之急,不啻身受。方吾桐苦寇,歲且大祲,先君設粥糜以濟飢者,全活甚衆。生平多隱德,不以告人』。(《篤素堂文集》卷十一)扶危濟困、幫助他人成爲張英一生重要的社會活動内容,處處體現出他『無忤於人,無羨於世,無争於人,無憾於己』的人生追求。

勤政清廉。張英認爲做官要以『勤政清廉』爲第一要務。他三十餘年的官宦生涯,偶有挫折,或被降職,最終仍因爲其智慧過人、處事廉儉而被重新起用或提拔重用。他推崇明君,建議皇帝要明察秋毫,選拔那些德行良好的人去擔任要職,造福黎民百姓。他説:『於皇上早作夜思之際，宵衣旰食之頃，無一時不以愛養生民爲心，無一事不以講求利濟爲主。其養民也，則田疇樹藝不厭其詳，水旱災祲務求其備。其教民也，則敦本明倫必先，其重人心風俗，務底於淳。……察吏則博求善良，有一善之可以裨吾民，必顯揚之不遺。』（聖德仁民天錫萬壽頌，篤素堂文集卷二）瞭解民情，讓百姓能够休養生息，是爲政者的重要任務，他强調：『爲政以安静和平、休養民生爲重。』所以張英爲同僚撰寫墓誌銘，大力表彰勤政清廉、潔己奉公、施惠於民的美德。張英自己更是嚴於律己，一塵不染，堪稱清朝官員的典範。他不以權謀私，不以勢壓人。居鄉不干預政事，其親朋故友，鄰里子弟，中進士者多達數十人，没有誰因爲他的提攜而升遷。他要求仕宦子弟做到：『使我爲州縣官，決不用官銀媚上官。』就連皇帝頒給他的賞賜，也用來濟困賑急，或修橋築路，以利他人。他襟懷坦白，寬厚待人。許多清正廉明的地方官員，因爲有他的保護和舉薦，不但免遭不測，而且得到皇上重用。

積和謙讓。張英對『和』字有自己獨到見解，他認爲人生在世，以和爲貴，只有家庭和睦，鄰里和諧，身心和順，社會才會安寧，人人才能安居樂業。他説：『福之興，莫不本於家室。夫福非和不致，和非積不成。積之者深矣，然後形於巾帨，被於琴瑟，流於環佩……積和以斂福，所謂保艾爾後者端在斯歟。』（保艾閣詩序，篤素堂文集卷五）古人認爲『致壽之道有四：曰慈、曰儉、曰和、曰静』。因此，張英説：『人常和悦，則心氣沖而五臟安，昔人所謂養和喜神。』（聰訓齋語，篤素堂文集卷十五）和，對人類來説非常重要，對自然界來講，同樣重要，所以張英還説：『人能慈心於物，不爲一切害人之事，即一言有損於人，亦不輕發。推之，戒殺生以惜物命，慎翦伐以養天和。』（聰訓齋語，篤素堂文集卷十五）可見，張英强調人與自然要和諧相處。張英認爲做人要以謙讓、益人爲本。他言傳身教，自己居鄉時，『厚重謙和』，與人相交，一言一事，考慮『皆須有益於人』。他晚年在龍眠山構築『雙谿草堂』，與鄉民相處，不以宰相自居，而以一位山間老人與百姓交往。往來山中，遇到擔柴人，他便主動讓路，與人方便。所以他説：『人能處心積慮，一言一動皆思益人，而痛戒損人，則人望之若鸞鳳，宝之如參苓……而享有多福矣！』他認爲每個人所言所行不可能『全是』，遇到别人『非之、責之』，或『不以禮者』，要『平心和氣』，做到有理『恕人』。他訓誡子孫要明白『滿招損，謙受益』之意，並説：『天地不能常盈，而況於人乎？』不僅如此，他還要求後人做到『終身讓路，不失尺寸』。張英自己在這方面更是身體力行，有關張英六尺巷的故事，名傳鄉里，譽滿海外。根據姚永樸舊聞隨筆和桐城縣誌略記載，清康熙年間，大學士張英家的鄰居吴氏建房子，欲侵佔張家宅基地，張家人馳書京城，請求張英出面制止。張英接到家書，賦詩作答：『一紙書來只爲牆，讓他三尺又何妨。長城萬里今猶在，不見當年秦始皇。』家人接書，主動退讓三尺。吴氏聞之，很是感動，也後撤三尺，故而形成了『六尺巷』。如今，六尺巷已經成爲鄰里和睦、以和爲貴、以鄰爲伴的教育場所。

修身養性。張英認爲一個有追求、有責任感的人，首先要有高尚的人格魅力、崇高的品德修養和健康的身體素質。所以，在他的一生之中，非常注重修身養性。一是注重道德修養。所謂道德者，『性情不乖戾，不谿刻，不褊狹，不暴躁，不移情於紛華，不生嗔於冷暖』。他强調『居家則肅雍閑静，足以見信於妻孥；居鄉則厚重謙和，足以取重於鄰里；居身則恬淡寡營，足以不愧於衾影』。做到這些，於人、於己都非常有益。然後，天地容其隱逸，鬼神許其安亨，就不會有『心意顛倒之病』、『取捨轉徙之煩』。他説：『每見氣躁之人，舉動輕佻，多不得壽。』（聰訓齋語，篤素堂文集卷十五）由此可見，人要自立於世，必須遵從社會道德，要善於睦鄰，善待親人，尊重他人，取信於社會。他佩服其兄張載以德取信鄉里，他説張載：『無求於人，無羡於世，無時不曠然天真。』居鄉以德感人，人咸化之。『貽予書，輒勸以引退』。『予每於公卿間述先生行事，莫不低徊欣羡者久之』。（湖上先生傳，篤素堂文集卷九）二是注重文學修養。張英酷愛讀書，手不釋卷。他始終認爲讀書爲文是一件陶冶情操、樂趣無窮的美事。所以，他認爲讀古書如同古人對話，只有自己才能體會其中奥妙。他説：『吟咏古人之篇章，或抒寫性靈之所見，一字一句便可千秋，相契無言亦成妙諦。』欣賞古人之文，先要知曉古人之心。他的許多詩文或抒發人生感悟、或謳歌自然風光、或叙述兄弟親戚朋友之情，文采飛揚，令人讚不絶口。三是娱情山水。張英酷愛自然山水，對故鄉龍眠山水更是一往情深。晚年致仕回家，在龍眠山裏構築『雙谿草堂』居住，『目不離煙霞，手自藝蘭菊』，置身奇峰青壁、蒼松翠竹之間，低吟淺唱，怡然自樂。他認爲『山水花竹，無恒主人，得閑便是主人』，『佳山勝水，茂林修竹，全恃我之性情識見取之』，『手種一樹，開一花，結一實，玩之偏愛，食之益甘』，循環玩賞，可以終老。他非常贊同陸游的觀點：『遊山如讀書，淺深在所得。』所以他每天遊玩龍眠山，都有不同的感受，季節不同，時令不同，山色變化不同。他說：『山色朝暮之變，無如春深秋晚。四月則有新緑，其淺深濃淡，早晚便不同；九月則有紅葉，其赭黄茜紫，或映朝陽，或回夕照，或當風而吟，或帶霜而殷，皆可謂佳勝之極。其他則煙嵐雨岫，雲峰霞嶺，變幻頃刻，孰謂看山有厭倦時耶？』可見張英看山有自己獨特見解，他把自己置身於大自然之中，用心與大自然交流，達到天人合一的境界。四是主張節欲。他認爲嗜欲之心，是人養生致壽的大敵。他說：『嗜欲之心，如堤之束水，其潰甚易，一潰則不可復收也。』還說：『多求而不得則苦，多欲而不遂則苦。』所以，張英强調清心養德，夜坐安神，『富貴貧賤，總難稱意，知足即爲稱意』。他還常常告誡人們：『得尺則尺，得寸則寸。毋貪多，毋貪名。』張英時刻警醒自己，要清心寡欲，不做違心犯忌之事。他借西渠先生而表達自己之心願，他說：『五六年來得一法，一身五官百骸，聽其與憂喜煩苦相纏綿，獨守靈府方寸之地，堅閉四門，不許憂喜、榮辱、進退、升沉、勞苦、生死、得失，一切之念稍稍闌入其中，間或疏虞打入片刻，即忙驅逐，仍前堅守。』他告誡後人，其平生的安心方法就是：『非理事決不做，費力輓回事決不做，敗壞生平不可告人事決不做。衙門中事，一切因物付物。一事當前，只往穩處想，應過輒已，不將迎於事前，不留滯於事後。所以每卧輒酣，當食輒飽。』（寄叔兄西渠先生書，篤素堂文集卷九）所以，張英認爲人生在世，只有熱愛自然，超越財富利禄，看淡名利，清心寡欲，才能享受生命的快樂，感受生活的樂趣；只有關愛他人，有益於他人，才能顯示生命的存在，彰顯生命的價值。

值得一提的是，張廷玉在撰寫其父行述中言『其有未付剞劂者，有南書房記注』若干卷藏於家，南書房記注以日記體形式，忠實地記録了君臣對學術、政治、經濟、軍事等諸多方面的研討言論，可看出張英凡有關民生利弊、四方水旱之情事，知無不言，康熙亦傾心聽取采納，體現了君臣一體的和諧關系，是研究康熙帝和張英的第一手歷史資料，彌足珍貴。現將中國第一歷史檔案館王澈先生編選的南書房記注列入附録，以饗讀者，亦酬張廷玉之心願，並對王澈先生表示感謝。

以上所述，只是我們對張英爲官爲人爲文所作的一些膚淺的評述。張英著作繁夥，作爲深受傳統文化薰陶，且具有深厚國學功底的清代學人，其對人生的深刻感悟，對自然界的科學認識，對官宦仕途的獨到見解，對治國持家的精深理念，乃至處人、處事的哲學等諸多方面，内涵豐富，卓識非凡，非一般常人能悟透和理解。由於我們水平有限，對許多問題的探討和解讀，只能留待將來了。希望假以時日，有更多的專家學者，關注張英思想研究，從而推動傳統文化和清代歷史研究，這也是我們整理張英全書的目的所在。

五

張英著述刻本較多，我們這次整理時，進行了廣泛搜集，在底本選擇时，兼顧完整性和准确性的原則，最終選擇清光緒二十三年張氏重刻本作爲底本，參校四庫全書本、康熙三十七年、四十三年刻本和同治刻本等。在整理過程中，我們力求遵從古籍整理的相關規範和要求，對原文進行標點、分段，力求眉目清楚，便於閱讀。對形似字如『己』『已』之類而刻錯的，我們徑直改正，不出校記； 對避諱字如『元』，亦徑改爲『玄』； 對冷僻的古體字、異體字也儘量改爲常用字； 對底本中缺字，大多根據參校本予以增補，並出校記； 對底本和參校本相異者，也出校記； 所有校記一律置於篇後，便於檢閱。同時，我們搜集整理了清代人撰寫的張英傳記、墓誌銘、行述、祭文等資料，附於書後，旨在讓讀者更好地瞭解張英的生平事迹和歷史地位。

張英是清代盛世名臣，爲官幾十年，爲清代走向輝煌建樹良多。他的詩文是中華優秀傳統文化的一部分，更是桐城的一筆豐厚而寶貴的精神財富。張英是桐城人民的驕傲。整理出版張英全書是我們多年來的一大心願，也是我們的責任。早在二〇〇四年向國家清史編纂委員會申報桐城派名家文集匯刊項目時，我們就想把張英詩文集、張廷玉詩文集列入進去，因擔心影響桐城派文獻整理項目進程，只好作罷。二〇一〇年，北京師範大學出版集團安徽大學出版社有意推出傳統文化精品圖書，朱麗琴副總編和劉强、馬曉波等編輯，及時抓住機遇，希望我們把張英全書整理出來，由他們組織出版。我們一邊開展選題申報，一邊着手點校工作。三易寒暑，終於完成了點校任務。

在整理出版過程中，知名學者嚴雲綬教授、中國人民大學朱萬曙教授爲申報項目撰寫推薦意見，給我們以極大鼓勵和支持；沙宗復、諸偉奇、徐成志、何慶善、余國慶、高興等教授承擔出版社審稿任務，提出了寶貴意見和建議；安徽省圖書館張秀玉同志幫助查閱網上版本；陳玉蓮同志參與書稿校對工作；北京師範大學歷史学院研究生劉玲同學幫助搜集、復印相關資料；他們都爲本書的出版，付出了辛勤勞動，在此深表感謝。

由於我們水平有限，書中難免存在訛錯與不妥，真誠歡迎廣大讀者批評指正。

江小角　楊懷志

二〇一三年六月

張英全書上册目次

易經衷論

卷下

書經衷論

卷　三

卷　四

篤素堂文集

卷一

卷二

卷三

卷四

卷五

卷九

卷十

卷十一

卷十二

卷十三

卷十四

卷十五

卷十六

張英全書之一

易經衷論

江小角
楊懷志
點校

四庫全書總目提要

易經衷論二卷，國朝張英撰。英字敦復，桐城人，康熙丁未進士，官至文華殿大學士，謚文端。是書專釋六十四卦之旨，而不及繫辭、説卦、序卦、雜卦。每卦各爲一篇，詮解大意而不列經文，大抵以朱子本義爲宗。然於坎卦之『貳用缶』句，又以本義爲未安，而從程傳，以『樽酒簋貳』爲句，則固未嘗如胡炳文等膠執門户之見也。其立説主於坦易明白，不務艱深。故解乾彖『元亨利貞』云：『文王繫辭本與諸卦一例。』解乾、坤文言云：『聖人舉乾、坤兩卦，示人以讀易之法。』如此擴充體會，蓋以經釋經，一掃紛紜轇轕之見，大旨具是矣。漢書儒林傳稱费直惟以彖、象、繫辭十篇、文言(一作『之言』)解説上、下經。知漢代專門，不矜繁説。英作是書，其亦此志歟？

易經衷論卷上

乾

乾卦彖象文言其旨不一而统於『健』之一言，所謂萬物資始、乾道變化，皆惟至健則能之。剛、健雖分體用，惟剛故健，無二理也。中正則健之至正而不偏，純粹則健之至純而不雜。聖人學天而純乎天，故曰『大明終始』；君子學天而未能純乎天，故曰『自强不息』。此所謂賢希聖、聖希天也。宋儒曰：天地别無所爲，只是生物，春夏則生機達於外，秋冬則生機斂於中，斂之正，所以發之。要非至健，安能亘古及今生物不息，若此之盛也。設使天地一日氣化不行，則生生之機息，而後此將如何接續。故曰：『利貞者，性情也。』作聖配天之業亦法諸此而已矣。六爻皆有乾健之德，而所處之位不同。故曰：『六位時乘。』初九以聖人之德而隱，九二以聖人之德而見。在六爻中地位也，故處之而安。三四則上下之間，進退之際，在六爻中人位也。人事憂虞之府也，故處三而惕，處四而疑。三則盡乎修己之事，故惕。四則將舉而措之事業也，故疑。五與上在六爻中天位也。故曰：『在天。』然進極必有退，盛極必有衰。故亢龍繼之也。然則，聖人且有亢乎？堯之言曰：『予在位七十載，汝能庸命巽朕位。』舜之言曰：『耄期倦於勤，汝惟不怠總朕師。』皆所以謹亢龍之悔也。『飛龍在天』，堯舜之事也。『見龍在田』，孔子之事也。故繫之曰：『天下文明。』其與首出庶物者，夫何有大小之別乎？『終日乾乾，夕惕若。』湯之聖敬日躋，文之日昃不遑，武之敬勝怠也。『或躍在淵』，湯之鳴條，武之牧野也。合觀湯誓、牧誓之言，長慮却顧，不敢先事而躁，不敢後時而退。非即其義乎？觀乎乾而聖人之道備矣。

彖辭『元亨利貞』，看來文王繫辭本與諸卦一例，如坤即繫曰『元亨，利牝馬之貞』。若坤亦作四德，則利牝馬之貞。其説難通矣。況屯之彖，即繼之以元亨利貞，亦可謂屯有四德乎？下此而隨、而臨、而无妄、而革皆然。若云乾卦與諸卦不一例，亦與坤不一例乎？況夫子彖傳中未嘗分析爲四德，於乾道變化節結之以乃利貞，亦未專主四德也。文言乃夫子發揮乾卦之義藴，始分爲四德。聖人論易旁通不拘，曲盡義理，正如論射隼于高墉之上，而曰『藏器待時』。論三人行則損一人，而曰天地絪緼之例也。善乎，考亭之言曰：有文王之易，有孔子之易，不必横作主張。若就彖釋彖，就文言釋文言，何六十四卦之不可一例，而必爲此諸説之紛紛乎？故愚論乾之彖，終以本義爲正，而本義於彖傳、文言究何嘗不分晰四德，於此更可見本義斟酌之深心矣。

乾坤有文言，而他卦則間見繫辭傳上下。蓋聖人舉乾坤兩卦，示人以讀易之法應如此擴充體會耳。所謂擬之而後言，議之而後動。擬議以成其變化者，此也。明乎此，則三百八十四爻皆有無窮之藴，不獨乾坤兩卦及聖人已發揮之諸爻也。

乾卦，天道也，陽道也，君道也，父道也，夫道也，聖人之事也。坤卦，地道也，陰道也，臣道也，子道也，婦道也，賢者之事也。何以明其爲天道地道？乾曰『資始』，坤曰『資生』；乾曰『統天』，坤曰『承天』，是也。何以明其爲陽道陰道？乾曰『龍』，坤曰『牝馬』；乾曰『陽氣潛藏』，坤曰『陰始凝』，是也。何以知其爲君道臣道？乾曰『首出庶物』，坤曰『無成有終』，是也。父與夫從乎君，陽類也。子與妻從乎臣，陰類也。何以明其爲聖人之事，賢人之事？乾曰『龍德正中』，坤曰『黄中通理』，是也。惟其爲聖賢之事，故但繫之以咎悔。咎悔者時爲之也。雖聖人不能無也。至于凶吝之事，則無之矣。故諸卦有凶吝之辭，而乾坤則無也。

坤

坤之德，可以一言蔽之曰：順而已。曰『牝馬之貞』，曰『後得』，曰『主利』，皆順也。『安貞吉』者，以順爲正而安之，則吉也。彖傳釋之：一曰『乃順承天』，一曰『柔順利貞』，一曰『後順得常』。文言又申之曰：『坤道，其順乎？』蓋以地之資生，雖極其盛大，而何一物非天之所爲，地特代天以成其終耳。推之臣道、妻道，無不如是也。陽無所不統，陰順以從陽，故曰陽大陰小。後得、主利，是也。陽無所不行，陰止能行於其職分之内。故曰陽全陰半。『西南得朋，東北喪朋』，是也。天施生於上，而地道有一時之或息，則亦不可謂順。故曰其動也剛，其德方則坤之健也。正其所以爲順也。陰陽既不可偏廢，而聖人必致其扶陽抑陰之意者，何哉？蓋懼其不能常守此陽大陰小、陽全陰半之分，而失乎順之常理也。故獨見其意於初上之二爻，蓋初防其始而上戒其終，始終之義也。履霜之漸不謹而龍戰之勢已成。小者忘其爲小，而與大者争；半者不安其半，而與全者敵，則陰與陽混而莫辨矣。故曰『陰疑於陽』，又曰『其血玄黄』，則亦如之，何哉？中四爻二五得中，而二爲至純。惟其純也，故不嫌其不順而繫之以直方大之辭。三與五以陰居陽，故一則曰『含章』，一則曰

『黄裳』，欲其含美在中而不失乎坤順之體也。六四重陰不中，雖未至於窮極，然其勢已漸盛。故有括囊之戒也。合而論之，彖與爻詎有二義乎哉！地道不順而有龍戰之禍，妻道不順而有牝雞之禍，臣道不順而有跋扈之禍，安得不謹之又謹哉！故文言於初六一爻，曰非一日之故，曰由來者漸，曰辨之不早。反覆丁寧，聖人之意深矣。

屯

乾坤之後即繼之以屯。乾一索而得震，故曰『剛柔始交』。坤再索而遇坎，故曰『難生』。然萬物始生之時，開闢草昧，芟夷大難，莫急乎震動發越之才，然後可以濟屯爲亨，去險爲夷。彖所謂不寧，象所謂經綸者，皆恃此有爲之才，所謂『動乎險中大亨貞』者，此也。内外二卦以震爲主，震卦三爻以初爲主，何則？震者，屯之所以亨。初九者，震之所以爲震也，故其繫辭與大象同。卦惟二陽。初九既爲成卦之主，而九五又陷二陰之中，故雖居尊位而不能與初九同功也。二以乘初而屯邅，三以無與於初，而又不中不正，故吝。六四本陰柔不中，以其應初而往吉，上以遠乎初而應乎三，故有泣血漣如之象。屯六爻之義大略如此。蓋出險濟屯，柔弱巽懦者不能勝任。震之一陽震動於下，故有出險之功。五以陽而陷於陰中，雖有澤民之心，而爲小人所蔽錮，拯溺亨屯，安能望之屯膏之主哉。初以其居下也，故又有磐桓之象，居貞之戒。以其爲震體，長子之象也，故曰『利建侯』。凡卦中有震者多曰『建侯』，如豫曰『利建侯』。行師亦此義也。卦中六爻初與四應，故四有婚媾之義。二與五應，故二有女子之稱。蓋以屯繼乾坤之後，剛柔始交。故婚姻之義於此發端也歟？

蒙

卦本蒙也，而大象所係則皆教人之道。蓋教正所以迪人之蒙，而不終於蒙也。曰『匪我求童蒙，童蒙求我』。師嚴而後道尊也。『禮聞來學，不聞往教』也。『初筮告，再三瀆，瀆則不告』。求者誠而後應，不誠則不應也。凡此皆教之正，故利也。我指二，童蒙指五，何以明其然也？於彖傳而知之，曰志應者。諸爻惟五稱童蒙，五與二應。又曰『以剛中』，則知受教者爲五，而教人者爲二。卦惟二陽而二能教，上不能教者。二得中，而上不得中也。初六以陰居初，質雖柔弱而嗜欲未深，天性未漓，又比於九二，故有發蒙之益。六五以柔居尊，下應九二，純一不雜，故有『童蒙之吉』。六四遠二而應初，故有『困蒙之吝』。六三以陰乘陽，不中不正。故并不可以蒙稱而鄙之，以『見金夫不有躬』之女深絶之之辭也。其絶之者，何也？謂其以柔乘剛，失求益之道。故曰『行不順也』。上九過剛居上，安能益人，惟可自守而已。故曰『繫[一]蒙禦寇』。其與包蒙之循循善誘者，不大相徑庭哉。觀屯卦初九以剛正爲一卦之主，蒙卦九二以剛中爲一卦之主。然則拯溺亨屯與夫施教迪蒙，俱不可無陽剛之德，而中正又其要領也歟？

人當蒙之時，天機深而嗜欲淺。此時導之善則善，導之惡則惡。教之所以宜預也。養之以正，則作聖之功即在童蒙之始。家人之閑亦在初，象所謂志未變者，正在此時也。六爻，二陽爻乃施教者，四陰爻乃受教者。初居蒙之始，天理渾全，故曰『發蒙』。五居上之中，虛心聽受，故曰『吉』。三四兩爻，嗜欲勝而蔽錮深，非初非應，無受教之地。故聖人之所不與也。

校記

〔一〕『繫』，陳夢雷易經淺説作『擊』，是。

需

險在前而震動以臨之，則有濟屯之功。險在前而剛健以處之，則有不陷之義。易之重陽剛也如是。夫濟險在乎有爲，待險者在乎有守。有爲有守，均非剛者不能也。故外險内健曰需。六爻以九五一爻爲主，彖辭所謂『有孚』，象傳所謂『位乎天位以正中』者，皆謂此也。故他爻或言終吉，而此爻則言吉，謂其處險而能需，是以不至於陷也。乾三爻有坎在前，疑於陷矣，然以其健也，故『需于郊』、『需于沙』、『需于泥』，而不至於陷也。坎體二陰爻，一則需于血，一則入于穴，近於陷矣，尚以其能需也。故有『出自穴不速之客三人來』之象。總之，處險而能需，需而有孚，則皆可以得吉也。有孚者，二五剛中之象也。天下事有宜需者，冒進則陷矣。故六爻多危辭也。

需者，飲食之道。乃卦中一義。大象、序卦言之。合觀全爻及彖辭，則主需待之義爲多也。

夫需者，事之賊也。聖人何取於需哉！爲其險在前也。險既在前，而乾又以剛健之才臨之，能無陷於險乎？故卦名爲需而彖、爻皆言需。聖人告人以遇險之道也。吕東萊曰：

『凡事迴翔審顧，終是少錯。』故需卦六爻言『无咎』者一，言『貞吉』者一，言『終吉』者二。其二爻不言吉凶，而象繫之曰『敬慎不敗』，曰『順以聽』。可以識需之意矣。

訟

險且健，訟之才也。故上健下險爲訟。以二人言之，則上健而下險，此險而彼健。以一人言之，則内險而外健，皆致訟之道也。有孚窒誠積於中而不得達也，然而不可不敬也。故又曰『惕中吉』。然而訟不可成也。故又曰『終凶』。遇中正之人以聽訟則利，飾虚誕之辭以搆訟則不利。故曰：『利見大人，不利涉大川。』只此數語而訟之曲折盡矣。由此觀之，非有孚不可以訟，非窒不可以訟，非惕中不可以訟，非見大人不可以訟，猶且終之則凶。涉大川則不利，敬慎如此，而訟亦庶乎罕矣。作事謀始，尤聖人杜訟之端，絶訟之萌，而使民無訟之盛心也。六爻中九五一爻，陽剛中正而居尊位，乃聽訟之主，而餘五爻則皆訟者也。凡剛者健訟，而柔者不能訟。故初六『不永所事』，六三『食舊德』，皆不終訟者也。九二、九四陽剛也，本宜訟而以其居柔，故皆曰『不克訟』。信乎訟之不宜於健也。惟上九以剛居訟極而又乘九五，故有錫鞶帶而三褫之象，言勝而受服，且不足敬。況其未必勝乎。聖人之戒人訟於彖見之，又於爻見之。六爻之中，一曰『不永所事』，二曰『不克訟』，一曰『食舊德』，一曰『終朝三褫之』，反覆丁寧之意，始終一無訟之心而已矣。

凡天下事不過始、中、終三者而已。彖辭曰『惕中吉』，『終凶』，而大象復推原之於謀始，誠能慎之於始，則可以不至於訟，又何必言中吉、終凶乎？此聖人教人止訟之道，一語盡之矣。

師

師以一陽居下之中，而統衆將師之象也，故曰師。六五以柔居上之中而下應九二，是人君以謙柔有孚之德而信任乎剛中之將，非師之善者乎？曰『貞』，師出貴以正也。『丈人吉』，擇將貴以德也。既曰『吉』，又曰『无咎』，必吉而後始无咎也。彖傳曰『行險』，曰『毒天下』。聖人敢輕言師哉！兵，凶器也。戰，危事也。師之所過，荆棘生焉，火炎崑岡，玉石俱焚。夫殺掠淫暴，横征急斂，無不由之。當其時則有鋒鏑死亡之憂，迨其後猶有水旱疾疫之應。談者變色，聞者驚魂。古人爲兵端者，鮮不遭奇禍，人臣敢以此進説於其君哉。淮南王諫伐閩越，賈捐之論棄珠崖，蘇軾諫用兵書，皆可謂痛切言之者也。以六爻言之，初言『師出以律』，蓋師以紀律爲本，而律當嚴之於初，失律於初，而其後未有不致敗者。九二將帥之象，以剛居柔而得中，上應九二，有剛明之將略；臨事而懼，是居柔也；好謀而成，是得中也。閫以外將軍制之，君不與，焉得應與也。此所以吉而无咎也。六五命將之君，敵至而應，故有田禽利執之象，然任之當與不當，惟在六五而已。其爲長子歟？其爲弟子歟？皆未可定也。故他爻分見而此爻兼之。六三以柔居剛，才弱而任重，輿尸宜矣。六四以柔居柔，自審才弱而寧退，處於無功，其過六三遠矣。上六用師之終，開國承家之時也。聖人念前此用兵之禍，痛心疾首。其端未有不由於小人。今幸而削平，則有國有家之人，尚可用小人以啟禍亂之源乎！象明言『小人勿用，必亂邦也』。由亂而後用師，因師而念亂本，故於終爻言之。此正欲絕其用師之由也。既濟亦曰『高宗伐鬼方，三年克之，小人勿用』。言靖亂如此之難，以深戒小人之當遠。朱子本義謂但可以優以金帛，而不可封以爵土。謂用兵之時則小人尚或可用。豈聖人於師終垂戒之意哉。

師之卦有四善焉：一陽得中而衆陰從之，以剛明之將而率用命之旅，一善也；二五相應而上柔下剛，以虛己之君而專委任之責，二善也；卦德内險外順，以荷戈死綏之險而出之以和順，三善也；卦體水在地中，以伍兩卒旅之制而用之於農戰，四善也。兼此四善，不愧爲王者之師矣。

比

比以九五一陽居尊得中，而上下五陰比之人君親附天下之象也。『原筮』非再筮也，自考有『元永貞』之德而後可以吉而无咎也。人君以聖德爲天下所附，廣大無私，絶無羈縻羅致之權。故九五獨有失禽不誡之象。此所以爲比之顯也。『元永貞，无咎』，指九五也。『不寧方來』，指初、二、四也。『後夫凶』，指三上也。五以顯比之君崛然而興，比之初者最吉。所謂豐沛從龍之佐，高祖之良、平，光武之鄧、耿也，能始終不渝，則功建名立，有分茅胙土之榮，無鳥盡弓藏之慮。何也？以其誠也。故曰『終來有佗吉』。二以柔正應五，四以柔正比五。二在内卦之中，故曰：『比之自内。』四在外卦之下，故曰：『比之自外。』或爲股肱心膂，或爲宣力禦侮。此皆得所比而吉者然。利於貞則同也。天下已歸於一君，而上六獨以陰柔之資居人位之外，乘五乘剛，傲然負固。此正所謂『後夫凶』，高祖之田横，光武之公孫述也。雖欲折節而亦後矣，其能有終乎。衆陰皆比於五，獨六三不正不中，應乎陰柔，失位之上爻，是不知天命人心所歸而失所比之至也。范增之從項羽，王猛之從苻堅，是矣。能無比之匪人之傷乎？比六爻之大義明顯如此。

君之託於臣民之上，猶地之託於水也。故以其親比無間言之，則謂之比水地，比是也。先王象之以建侯，以其臨御最切言之，則謂之臨地澤，臨是也。先王象之以撫衆，以其容蓄無迹言之，則謂之師地水，師是也。先王象之以行師，以其儲備不虞言之，則謂之萃澤地，萃是也。先王象之以治戎。聖人之觀象命義，豈不精且確哉！

小畜

小畜巽陰在上，乾陽在下，爲其所畜。又以六四一陰，畜上下之五陽，是之謂小畜。夫以一陰而畜衆陽，則畜之爲力亦薄。如雲生於西不能成雨，故有密雲不雨之象。猶幸其陽剛居中得位，故曰：『亨。密雲不雨，自我西郊。』皆幸之之辭也。小人之勢未盛，君子猶有可上達之機。故象辭曰『尚往者』，爲陽言之也。曰『施未行者』，爲陰言之也。柔得位而上下應之，曰『小畜』。其殆聖人之危辭乎？聖人扶陽抑陰之意，凡陽得上進皆謂之復。故初二兩爻皆遠乎陰而不爲其所畜，故初曰『復自道』，何其吉。二曰『牽復吉』。二爻獨言吉者，以其遠乎陰而比乎陽也。三則迫近於陰，爲其所畜而不能行，故有輿説輹之象。雖志剛而與之争亦何益哉。四一陰也，安能畜止衆陽，則以上二陽爲之助也。蓋同爲巽體故也。

五與四比，故兩爻皆曰『有孚』。兩爻之象，一則曰『上合志』，一則曰『不獨富』。蓋九五居中處尊，而獨與六四同力畜陽，是小人居尊而又有大君之助，所以一陰而衆陽咸聽其畜也。既有九五之助，至上九則畜之勢成，故此爻之辭繁而不殺，曰既雨者，則非密雲不雨之象矣。曰既處者，則非尚往之時矣。又曰『尚德載，婦貞厲，月幾望』，皆陰畜陽而至於極盛也夫。上九本陽爻也，而所繫之辭則皆純陰。蓋以其爲巽之體，畜之極，故陽亦且變而爲陰矣。當此之時，君子尚能有所往哉。直斷之曰『征凶』，而聖人至此亦且無如之何矣。

小畜之時，以一陰畜衆陽，以一小人制衆君子之時也。初二三爻，一以剛而得正，一以剛而得中，故皆不爲所畜而吉。至三則爲所畜矣。畜衆陽者，六四一陰也。不應此爻，反得无咎。愚見以一小人制衆君子，傷害憂懼決不能免，聖人不欲絶之，而戒之曰：必有孚，而後傷害可免，憂虞可去而得无咎。不然，則有咎矣。爲小人開遷善之門，正如否之初爻，剥之五爻，是也。此三爻皆以小人傷君子，故繫之之辭同。若九五之『有孚攣如，富以其鄰』，正以其居尊而與六四同力畜乾爲可醜，故不繫之以吉與无咎之辭，而統以征凶係於上九之下也。安得謂此二爻獨美乎。觀上爻所言『尚德載』，正以五上皆助四畜乾，故咎其防之不早耳，則不得謂四五兩爻爲美也，明矣。況本義之釋二爻亦未嘗有予辭也。俗説在乾三爻則目之爲君子，在巽三爻則又目之爲强暴。注疏、本義絶無此説。雖易義變動不拘，亦不應六爻之中別異如此。故所當略之也。

履

乾至健者也，兑至柔者也。剛在前而柔在後，是至柔躡至剛之迹而進，故有履虎尾之象。又以其柔也，故處險而不危，有不咥人之象。九五一卦之尊位也，剛明而中正，履尊位之道，莫大乎是。故彖辭特持以明之。上天下澤，名分不可踰越者，禮也。禮者，人之所履，此自是卦中一義，而彖、爻所主則專在剛柔也。爻以踐履爲義，以剛柔相濟爲善。六爻之中，有剛履剛者焉，有剛履柔者焉，有柔履剛者焉。以剛履柔者，是以剛明强健之德，而出之以謙沖巽抑之節，履之最吉者也。故九二『履道坦坦，幽人貞吉』，九四『愬愬終吉』，上九『視履考祥，其旋元吉』也。以剛履剛者，有過剛之慮。故初九必素履往而後无咎。九五則夬履貞厲也。以柔履剛者，則以陰柔之才而行乎剛健之事，不中不正，故有『履虎尾咥人凶，武人爲于大君』之象，本義擬之於秦政、項籍。蓋以多欲之人而行强暴之事，正所謂以柔履剛也，凶也必矣。九四獨言『愬愬』、言『終吉』者，蓋以其近五而多懼，又不中不正之故也。九二得中，故獨貞吉。上九有終，故獨元吉也。全卦因九五一爻剛中而致亨，在九五之自爲，則有夬履貞厲之戒。故彖與爻不嫌異辭耳。

人之涉世，憂危險阻，猜嫌疑畏，其不測也，甚於江湖；其巉絶也，險於太行、孟門。故易有履虎尾之喻。况人君之位尊勢重，合天下之聰明才智、詐巧勇力，無不欲投之於一人。德則我后，不德則我讎。故彖辭特舉履天位以言之，明人之履世固難，而履帝位者尤難。以九五之陽剛中正而猶不能無夬履之厲，則三聖人係履之意危且切矣。

泰

易以上爲往，下爲來，外爲往，内爲來。陽剛來，而居内則治。陰柔來，而居内則亂。故泰、否二卦獨主往來大小之義，而彖辭則推廣於天地上下之交。蓋天之於地，君之於臣民，朝之於野，一日不交，則壅蔽隔塞，其患有不可勝言者。要之，泰與否之關，亦止在君子小人消長之機而已。非長則消，非消則長，不可中立之勢也。卦中初九一爻『拔茅連茹』，正以言君子道長之由，爲致泰之本也。九二、六五相應，下有仁勇無私之大臣，上有虚己任賢之明君，此卦之所以爲泰也。雖然，天運循環之理，致泰難而保泰尤不易。故九三之『無平不陂』，六四之『翩翩』而來，上六之『城復于隍』，泰曾幾時，而否即因之，吁寧不可，戒之至哉。

蓋以陽極則陰生，治極則亂生，必然之理，所謂『其孚』也。君子當此之時，惟持之以艱貞，則泰而不至於否，治而不入於亂，兢兢守之猶懼或失，况敢恃泰而侈縱乎。故警惕於九三一爻陰陽相際之時。聖人之意深矣。

泰卦六爻、初爻言陽剛在下之賢乘時而彙進，九二剛中之臣，六五柔中之君，君臣相應，剛柔得中，所以致泰。故本義曰『主乎泰』，曰『泰之主』，蓋以此也。九三、六四陰陽之交，天地之際，上六又否、泰之關，故三爻皆言泰之必不能不否，而皇皇憂懼於滿盛之時。周公發其義曰：『艱貞无咎，勿恤其孚。』所以示人以保泰之道，非徒憂懼而已也。

否

反泰爲否，但在一消長之間耳，故曰否。泰反其類也。否之初六所謂『拔茅連茹』，正小人彙進之始，而卦之所爲否也。泰之初九曰『征吉』，則此宜言征凶，而反曰『貞吉亨』者，何也？蓋聖人無絶人之心，彼小人能反其爲惡之才而翻然從正，則何不可返否爲泰而吉且亨哉。惟其自私自利之心深，則不得不使妨賢病國之計巧。故象但望其志在君，則安有不翻然改圖之理乎。於六二之『包承』則又繫之以『小人吉』者，尤望其包承乎君子，而自免危亡之禍，則亦何嘗不吉也。至六三則陰柔，不中不正，居下之上，聖人屬望小人之念亦幾乎絶矣。故醜之曰『包羞』。小人雖外貌侈然自得，而中心韞藏實有無窮羞愧可恥之事。故聖人以『包羞』二字形容之，所謂如見其肺肝然也。九四則陰轉而之陽，一陽動而諸陽從之。故曰『疇離祉』。休否傾否，皆大人之事。當六二則大人否亨，至此則否去泰來，大人可以出而圖事，故曰『大人吉』也。初二之言『貞吉亨，小人吉』者，所以開小人自新之門。五上之言『大人吉，先否後喜』者，所以專大人撥亂之責，聖人兢兢焉反否爲泰之心固如是夫。

易於泰則三爻言否，恐人之恃乎泰而示之以將否之防也。於否則三爻言泰，恐人之諉乎否而示以致泰之道也。此其所以爲聖賢之書也。若但以一治一亂委之自然之天運，則豈聖人作易之旨哉。

易有爲君子謀者焉，亦有爲小人謀者焉。否之初六『貞吉亨』，六二『包承，小人吉』，皆所以爲小人謀也。雖爲小人謀而究之爲君子謀而已矣。

君子小人其勢皆不能獨進，君子有君子之朋，小人亦有小人之黨。故否、泰初爻皆有拔茅連茹之象，在君子則可幸，在小人則尤可畏也夫。

同人

同人、大有皆從二五一陰取義，一陰在二，而上下五陽皆同與之。故曰『同人』。一陰在五，而上下五陽皆爲所有，故曰『大有』。同人之理宜公而不宜私，故曰『于野』。從正而不從邪，故曰『利貞』。天下之人不同而志則同。天下之志不同而正則同。故曰『惟君子爲能通天下之志』，通以正也。卦之所以善者，亦以二五中正起義也。彖傳以六二爲成卦之主，繫之曰：『柔得位得中而應乎乾，曰同人。』是卦之善者，莫若此爻矣。而爻辭獨繫之曰：『同人于宗，吝。』何卦爻之不合也？向竊疑之，因觀履卦彖辭曰：『剛中正，履帝位而不疚，光明也。』爻辭則曰：『夬履貞厲。』然後知彖與爻不必盡合。彖之贊之者，因此爻而爲全卦之善，合觀六爻而言之也。爻之戒之者，即此爻而言其位與應之未善。專一爻而言之也。故不嫌其異辭也。與人同者，以廣大無所私與爲善，以狹小有所係累爲不善。故于野則繫之以『亨』，于門則繫之以『无咎』，于郊則繫之以『无悔』。六爻惟二有所應，故獨繫之以『同人于宗，吝』也。二與五本爲正應。志欲相同而三四間之，猶噬嗑之有間也。如君子本欲與君子同，而小人居中間之；君臣本欲相同，而讒夫居中間之；君民本欲相同，而盜賊居中間之。故二爻有伏莽乘墉之象。三以剛居剛，故三歲不興而不知悔也。四以剛居柔，故雖乘墉，又以弗克攻而吉也。九五之『先號咷而後笑』者，爲此故也。大師之克，克三四也。既克而相遇者，遇乎二也，非竭剛猛之力，其能有濟乎。初上處乎事外而無與乎二五之交，故獨得无悔，於此求之同人之義，亦可以明晰無疑矣。

大有

大有者，豐亨大有之時也。卦德文明而剛健。明則足以別擇邪正，剛則足以果斷力行。卦體五爻皆陽，當陽剛盛長之時，一陰居尊，是人君有柔順謙沖之德，而下應乎九二剛健中正之臣。又六五爲文明之主，而應乎乾之中。爻謂之應天，是有君有臣，天與人歸，其爲大有元亨也，復何疑哉。以六爻言之，六五一爻爲成卦之主，而五陽皆應，是以有厥孚交如之慶。以其柔也，而居大有之時，恐其溺於豐亨，耽於逸樂。故又曰：『威如，吉。』九二以陽剛居下之中，上應六五，正國家倚毗之人。以其剛中，故德望隆重，能措天下於泰山磐石之安。故有『大車以載』之象。六五賢君能虚中以任之，此世之所以大有而元亨也。但大有之時，舉朝之人易致宴安而忘戒懼。故初九剛而居下，始仕之臣也，則曰：『无交害。』又曰：

『艱則无咎。』九三重剛得正，公侯之臣也，則曰：『亨于天子。』而有小人弗克之戒。九四剛而居柔，近君之臣也，則曰：『匪其彭，无咎。』自初至五，兢兢乎多危辭焉，豈非大有之不易居，而君臣上下皆當慄慄警懼，以常保此盛乎？上九處事之外，而能以陽剛下從六五之君，是即所謂思順尚賢也。宜其上吉而受天之祐歟！

謙

謙者，有而不居之義。山至高也，地至卑也，以至高而處於至卑之下，謙之象也。又艮，静也；坤，順也。内静止而外柔順，謙之義也。君子有終者，謙之爲道。始則卑，而終則光也。又謙者，虧欠之義。故彖傳言謙，對盈而言，不對驕而言。言盈而驕在其中矣。古人言謙多與滿對。書曰『滿招損，謙受益』，是也。蓋器大於所受謂之謙，受溢於其器謂之滿。不專在驕伐卑巽也。甚矣，易之善言謙也。以天道、地道、人道、鬼神之所尚，總不外於一謙。又曰：『日中則昃，月盈則蝕。』天地盈虚與時消息。天地不能常盈，而況於人乎？聖人於此，實見其理之不可易，而不啻其反覆諄切言之也。以六爻論之，内卦三爻，艮静而止也，故皆言吉。外卦三爻，坤順也，故皆言利。卦中五陰一陽，以九三一爻爲成卦之主，爲衆所歸，剛正能謙，故獨曰『勞謙』。而用全彖之辭焉。蓋陽剛而謙爲難，有勞而謙爲尤難。故曰：『萬民服也。』深與之之辭也。又五陰衆象，九三一陽統之，與師所分，止在二三之一位耳。故五則利用侵伐，上則利用行師。蓋謙至於五上，謙之至矣。猶有不服，則不得不用師以治之。不然，侵伐行師，豈謙主所尚哉。蓋易中最貴者謙，六五以柔居尊而卦體又謙。聖人懼其過於柔而以利用侵伐濟之，亦以剛濟柔之道也。

易以道陰陽，故於晝夜鬼神幽明之故詳乎其言之矣。察乎天地四時之變，日月之盈虛，而知鬼神人事消長之機，盛則必衰，滿則必損。暢發於謙之彖辭，真一語而抉天地之奧也。

豫

雷出於地，則陽氣上通而無所結滯，故爲豫。下順上動，順以動，動而順，皆豫之義也。豫有和豫、逸豫二義。卦主和豫，故以天地聖人爲言。爻主逸豫，故有鳴豫、盱豫、冥豫之失。卦中惟九四一陽爲成卦之主，故曰『由豫』。言諸爻由之而得豫也。五陰衆象也，而從乎一陽，故曰『朋盍簪』。豫最足以溺人，況諸爻皆以陰柔之資而乏陽剛之質。惟六二得中得正，不溺於豫，故此爻獨不言豫。然非有堅操確守，烏能當衆豫之時，而獨有介石之貞乎？惟其操守堅定，故見幾明決而獨超然於恒情之外，當豫而不溺也。初之鳴豫不勝其豫，而以自鳴其得意也。三之盱豫，志慕乎豫而畔援歆羡也。五之貞疾，沈溺於豫而嗜欲深錮也。上之冥豫，昏冥於豫而不知止息也。是皆柔而不得其正。故處安樂而陷溺不知，席豐履泰之難而紛紛若此也。諸爻皆無應與，獨初六一陰在下，小人之尤而上應由豫之主，以陰柔而得强援，侈然自大，不復有悔悟之萌，故獨得凶也。然則處豫之道，豈不難哉。

聖人繫豫卦深念其處之之難。九四公其豫於人，以天下之樂爲樂。故曰『由豫有得』。六二柔中且正，不以世俗之樂爲樂，故獨曰『貞吉』。其他得意而鳴豫，耽戀而盱豫，宴安而貞疾，昏柔而冥豫，鮮不亡矣。

當豫之時而居尊位，惟剛足以克己，健足以制欲，乃六五以柔處之而又不正，故宜其溺於豫而有貞疾之象也。初以應四而凶，三五皆比乎四，上處豫極，惟六二不涉乎四。故獨得貞吉。

坤衆象也，有衆則必争，故坤之上則爲龍戰。坤在坎上則爲師。謙之五上亦曰『侵伐』，曰『行師』。又坤土也，分土之義，莫大於建侯。故師之上曰『開國承家』。比之象曰『建萬國，親諸侯』。豫兼此二義，故曰：『利建侯行師。』則又以震能以貴下賤亦有建侯之義也。所謂言天下之至賾而不可厭者，此也。

九四以陽剛居近君之位而上下歸之，六五柔而見逼，僅存空名而已。故曰：『貞疾，恒不死。』處豫之道以速悟爲善，遲則爲所沈溺而不能出矣。故六二之不終日則貞吉，六三之遲則有悔也。

隨

隨者，取説而動，爲從於人之義也。隨之義無所不包，下之從上，臣之從君，人之求友，皆隨也。彖以人隨爲義，故曰：『天下隨之。』爻以隨人爲義，故曰：『出門交有功。』此本末之分也。人之隨人，審之於始，而不失其所宗，則功建名立而可以无咎。不審之於始，而失身匪人，則身敗名辱而終於無成。雖欲棄而從君子之交，亦不能矣。故象曰『弗兼與』，誠慎之也。以六爻言之，大抵陰柔不能獨立，必依於陽以自立。故卦中三陰爻皆有所係，二係於初，三係於四，上係於五。其中得失分焉。九五以陽剛居尊位，爲一卦之主，衆爻之所當隨者也。故他爻或言係，或言隨，或言交，而此爻獨曰：『孚于嘉，吉。』明其以誠信中正致人之隨而嘉且吉也。六二本應五而比初，又以其陰柔躁急，不能舍近而就遠，故隨初而有係小子之失。三比四而隨四，四以陽居上，較初爲得位，故曰『丈夫』。上六比五，正交孚之至者，故拘係從維而吉也。此陰從陽之義也。又以三陽爻言之，初遠乎五，故勉之以出門之交，言宜上交乎五也。四曰『隨有獲』，言隨五則有得，若自以爲貞，則凶也。此又言二陽之當擇所從也。

中人之才，因所隨而變者多矣。古人曰：入芝蘭之室久而不知其芳，則與之俱化也。人之擇友，安可不致謹於小子、丈夫之辨？士之擇主，安可不明於出門之交？君之擇臣，安可不明於孚嘉之義？故曰：『隨之時義大矣哉。』

易但言貞吉，未有言貞凶者，九四以陽剛居近君之位，雖貞，猶不免於凶，況不正乎！聖人之戒之者深矣。

蠱

蠱者，壞也。壞極而有事，是整頓飾治之時也，亦猶否之極則泰也。艮之體剛，巽之體柔。艮在上而巽在下，是上有高亢之君，而下有柔順之臣。艮之德止，巽之德巽，止在上而巽在下，是上有懷安苟且之君，而下有卑巽諂諛之臣。此世之所以蠱也。卦爲蠱而卦中象爻所言，則皆治蠱之事。知其蠱而治之，則元亨矣。夫整理前人已墜之緒，過剛則更張，無漸近於彰父之過；過柔則怯懦，無成終於墜父之業。人子處此最難，惟剛柔相濟者爲善。初六以柔居剛，故雖厲而終吉。九二以剛居柔而上應乎五，故有不可貞之戒。九三則以剛居剛，故有悔。然以其剛也，奮激有爲，雖不得中而尚能起衰振靡，可以無大咎。六四則以柔居柔，寬裕悠緩，深非治蠱所宜，故往見吝也。六五以柔居剛而又得中，故有幹蠱用譽之吉。此五爻剛柔之分，而幹蠱之所以得失也。下五爻皆言子道。上九一陽居尊有父道焉，下有幹蠱之子，則爲之父者，可以無所事事，所謂考无咎也。故上九有不事王侯、高尚其事之象。又五爻皆取象於子，而上九一爻獨取象於臣者，何也？蓋上處事外，在朝廷有事外之臣，而家庭無事外之子。故變子道而言臣道，以明臣、子之一理，則下五爻雖不言臣，而爲臣幹蠱之道，亦於此可類觀矣。

『先甲三日，後甲三日』，本義以先甲爲辛，後甲爲丁，取更新於前，丁寧於後。注疏深闢此説。程傳亦不主此解。但言甲者，事之端也。三日者，反覆之義也。反覆以慎審於事端之先，持重於事端之後，與先庚三日，後庚三日同義。庚者，事之更也。故亦宜慎審持重如此。其説本王輔嗣，較本義，則程説爲獨得也。『先甲三日，後甲三日』，一卦六爻之義也。周而復始，則爲七。故曰：『七日來復，勿逐。』七日得也。

自初以至五，治蠱之道盡，而蠱皆去矣。臣、子於此，當遠引高蹈以全其身。蓋以子而幹父之蠱，其心必有所未安，況以臣而幹君之蠱，其名尤有所難受。如伊尹之復政厥辟，周公之復辟明農，皆得上九之義，即書所謂『不以寵利居成功』之謂也。霍博陸亦可謂幹蠱之臣，而溺於權寵，僅免其身，禍延於宗，殆不明於上九之義者夫。

臨

臨，大也。一陽爲復，二陽爲臨，至三陽則爲泰矣。剛浸而長，非始盛之時乎？當始盛而慮衰，故曰：『至于八月有凶。』蓋至於遯，則六爻皆變矣。君子之道，辨之於早，慮之於微，不待泰而後否，故於臨言之也。大象、六爻皆言臨御之義，即中庸之有臨，論語之臨民。故以『教思』、『容保』言之。卦爻中初無淩逼之義，不若以剛長釋臨之爲確也。六爻中，六五一爻下應九二，是以柔中虛己之君，而任剛明中直之臣，不自用而用人。故曰：『知臨，大君之宜。』則此一爻爲臨卦之主也，明矣。六爻皆有臨人之義，大約中正則吉。初以剛而得正，二以剛而得中，故皆言吉。四與上以柔而得正，故皆言无咎。惟六三陰柔，不中不正，故有甘臨之象。甘者，違道干譽，驩虞小惠，非大君臨人之體，然亦不類於殘忍苛刻之所爲。故曰：既憂之，亦可无咎也。然則臨人之道，已柔而得正得中，與剛爲應者，是任賢以圖治也，知臨與至臨是也。已剛而得中得正，與柔爲應者，以柔道克剛也，二咸臨是也。雖無陽剛之應，而已柔得正者，和惠之治也，敦臨是也。已柔而不中不正，復與陰柔相應者，委靡之治也，甘臨是也。詳觀六爻之義，而臨人之道思過半矣。

咸，程傳釋『感』也，注疏皆從此義。以初與四爲正應，二與五爲正應，陰陽有相感之理，故二爻皆曰『咸臨』。三與上無應，故獨曰『甘臨』。本義釋咸爲『皆』，謂二陽遍臨乎四陰，則於六五一爻説有所難通，故不若程傳、注疏之確也。

『八月有凶』，必主本義之前説爲正。從復至遯，自子至未，本周正八月，若云從臨至遯歷八爻，則八月之義無所據。諸説聚訟，要當以考亭爲斷耳。

觀

以上示下謂之觀，以下視上謂之觀。一陽居尊在上，而衆陰仰之，觀之義也。在卦，惟取觀示之義。故曰：『大觀在上。』懸象以觀示下土者，莫如天之四時，故特舉天道以明之。在爻，則取觀見之義，故諸爻各因位以立言。觀示天下，莫大乎恭静而端嚴，如見大賓，如承大祭。人惟當盥而未薦之時，誠意敦篤，敬慎不妄，故曰『有孚顒若』也。程傳言既薦之後，則人心散而精意不如始盥之时。本義論不薦，又謂致其潔清而不輕自用。愚謂不薦，只宜言盥手未薦之時，此時氣象必精誠純潔，人主欲爲觀於天下亦以此而已矣。象所謂『下觀而化』，神道設教正以此也。六爻則以觀之遠近爲所觀之淺深。初六、六二皆以陰柔而居下，故有『童觀』、『闚觀』之象。惟六三處上下之間，進退之際，故不觀人而自觀。至六四則近乎五矣。柔而得正，觀之最爲親切，故曰『觀國之光』。九五、上九皆曰：君子明乎德位兼隆，爲眾陰之所仰也。既爲世之所觀，則反觀不得不嚴。故必觀我生、觀其生，皆不愧爲君子，而後得无咎也。九五得位，故曰『觀民』。上九無位，故曰『志未平』。未平者，所遭之時如此，不可忘戒懼也。有德有位者，觀乎人，上行而下效也。有德無位者，觀乎己，反躬以自省也。在下者觀人，在上者自觀。已仕者觀人，將仕者自觀。然則何人不宜觀哉！三之『觀我生』，對上而言也，所謂内度其身也。五之『觀我生』，對民而言也，所謂皇建有極也。上之觀其生，無所對而言，獨善其身之道也。卦取觀示，爻取觀見。本末之義也，與比、隨之義同也。

噬嗑

頤中有物，此噬嗑之象也。震動離明，動以威之，明以照之，威明並用，折獄之道，莫大於此。非威無以警不率，非明無以察覆盆。故全卦之象，皆言用獄之事。噬嗑者，齧而合之也。頤以養生，噬嗑以去間，取象如此亦奇矣。初、上爲受刑之人，故有『屨校』、『何校』之象，初則罪薄過小，故猶可因懲戒而自新。上則罪大惡極，故入於罪戾而不能自振，滅趾猶可，滅耳之凶不可道也。中四爻則唯取噬嗑之義。六二以柔居柔，故曰『噬膚』。六三以柔居剛。九四以剛居柔。六五以柔居剛。故有『噬腊肉』、『乾胏』、『乾肉』之象，然皆得无咎者。當噬嗑之時，而噬嗑之人有不順於教，利用刑人，君子以明體而動威之，何咎之有？六二得中，故有『噬膚』之易，以其過柔而乘剛，故又有『滅鼻』之傷。六三陰柔，不中不正，故『遇毒』。四爻之中，九四獨以剛居柔，剛能折獄，柔能察情，故此爻獨吉。六五尊位，以柔居剛，亦非純乎柔者，故亦足以折獄而无咎。四爻皆有戒辭者，慎刑之心無時而不然也。中四爻、下二爻震體也，用威以懾之，而人多不服，故有滅鼻、遇毒之傷。上二爻離體也，用明以照之，故人無不樂輸其誠，而有金矢黄金之得。然猶恐恃其明而樂於自用，則哀矜之意寡，而人之情有未能盡得者矣。故又戒之以艱貞、貞厲也。九四大臣之位，大臣有折獄之責而守天子之法，在乎剛而不過，此執法之義也。六五居人君之位，大君聽天下之獄，當時存矜恤之心，在乎柔而得中，此好生之仁也。各以其所居之位而異辭也。

明固無所不照，而於治獄猶宜。故火雷噬嗑專言治獄之事也。山火賁亦曰『无敢』。折獄雷動而艮止，故曰无敢也。

賁

賁者，文飾之謂也。剛柔相錯而後文生焉。下卦本乾，剛也，而柔來文之。上卦本坤，柔也，而分下之剛以文之。曰來，曰分，曰上，則二卦之體可見矣。粲然相接之謂文，秩然不紊之謂止，皆爲賁飾之象。柔來文剛，是以剛爲主而柔爲輔，故亨。剛上文柔，是以柔爲主而剛爲輔，故『小利有攸往』。天文莫大於陰陽剛柔交錯是也，人文莫大於倫序文明以止是也。下三爻離之體以文明爲主，故初則『賁其趾』，謂足於己而無待於外也。二則『賁其須』，陰不能自賁而待賁於陽，故曰『與上興』也。三則明體之極，故曰『賁如濡如』。然恐其傷於文而無實，故戒以『永貞吉』也。上三爻艮體以篤實爲主，故四曰『皤如』，又曰『白馬』，五曰『丘園』，又曰『戔戔』，上曰『白賁』，皆文而返質之象。至於白賁而返乎太素矣。彖所謂文明以止也。賁卦本以文飾爲義，然非質不立，非文不行，故内三爻言文，外三象言質，内外相賁之義也。

趾取在下之義，初陽也。須取附物而動之義，陰麗於陽也。陰陽必相雜而成文，剛柔必相錯而成文。六爻之中，初與四相應而成賁者也。故『初賁趾』文在下，而四『翰如』以從之。上求下也，二與三相比而成賁者也。故三『濡如』文在上，而二『賁須』以從之。下從上也，皆陽從陰之義也。上與五亦相比而成賁，上白賁而五丘園，皆以質爲文。故二爻之辭相類也。柔來文剛，剛上文柔，義實如此。

剥

以五方盛之陰，而剥一將盡之陽，則陽之勢微矣。剥與復之名卦皆從一陽得名。以陽之方來而爲復，以陽之將盡而爲剥。故曰：易爲君子謀。於剥而危之，於復而幸之也。處剥之時，君子道消，小人道長。惟有順而止之，斯合於天道之虚盈。故曰『不利有攸往』。初六、六二、六四皆剥，陽者也。皆曰『剥牀』，而有遠近之不同。初曰『剥牀以足』，二曰『剥牀以辨』，四曰『剥牀以膚』。剥至於膚，剥之至矣。易『窮則變，變則通』。故五雖陰而不更言剥也。六三居羣陰之中，而獨與孤弱之一陽相應，是自剥其黨與以從於正，君子進之。六五以一陰爲衆陰之長，而切近於陽。君子望其帥諸陰以從陽，而至此更不言剥也。蓋陽剛之氣，所以維持世運，不可一日無。羣陰之中，苟有稍能助正者，君子皆不欲拒絶之，而使之入於惡人之黨。故於三五皆開其自新之路，而於初二又示以蔑正之戒。至六四重陰不中，而又無應與，與陽相剥，始直命之曰『凶』。不然一陽孤立之時，能當羣陰之盡剥哉。上九之一陽，即復初之一陽也。天地生生之理憑之，故曰『碩果』。世道人心之機賴之，故曰『輿』，曰『廬』。此時君子有扶陽之心，而正氣日長，從此而復、而臨、而泰，以至於乾，皆自此始也。故曰『得輿』。此時小人有抑陽之心，而正氣日消，從此而姤、而遯、而否，以至於坤，皆自此始也，故曰『剥廬』。斯固君子之禍也，亦豈小人之福乎！

剥未有不始於下者，足寒則傷心，民病則傷國。根本撥則枝葉盡。羣陰在下，則一陽爲其所剥。聖人觀象於此，而於陰陽消息之外，而又發一厚下安宅之義。所以去危而即安，治剥之道也。

觀『碩果』之辭，而知聖人之愛君子。觀『貫魚』之辭，而知聖人之不絶小人。然後知君子處剥之時而絶惡過嚴者，其不爲小人所中而至於消亡者，幾希矣。

復

復者，陽雖孤處方盛之時，陰雖衆處將退之時，而且震動於下，坤順於上，動而以順行，故爲復也。彖辭言氣化之消息，爻辭言人事之得失。氣化以人事爲轉移也。復者，天地陰陽之候，人心善惡之幾，循環而不已者也。微復則天人之理幾息矣。在天地，爲冬至一陽之候。在人心，爲平旦之氣。其好惡與人相去也者幾希，但天地無往而不返之時，故以『七日來復』爲期，所以復而亨也。人心有失而不返之理，故以『十年不克』爲戒，所以『不遠復』而吉，『迷復』而凶也。六爻以初陽爲主，不遠復爲元吉，終不復爲最凶。二五得中，故一則休復而吉，一則敦復而无悔也。六四處羣陰之中，獨與初應。是特立獨行之士也，故曰：『中行獨復。』惟六三陰柔，不中不正，而上應上六，故有頻復之厲。然以其近陽而知復也，故雖厲而无悔。惟迷復終凶，而其餘五爻則皆善。蓋人心一動於善，則前此之過日損，後此之善日增。況震居動體，初陽在下，尤有泉達火然之勢，從此充而長之，其可得而禦乎？觀於復而知聖人之不重無過，而重改過也如是夫。

卦象卦體，惟復最精。一陽生于羣陰之下，此卦體也。雷在地中，陽氣奮於下，其勢必上，此卦象也。古人之命名亦精矣。

自乾之後，一陰始生而爲姤。陽日趨於微，陰日趨於盛。歷六卦而爲坤，至此一陽始生。故曰『七日來復』。凡陰陽之消長皆以六爲數，故自冬至至夏至，自夏至至冬至，各六月，而卦之爻亦盡于六，以陰陽之消長爲數也。

動於下而順於上爲復，天理以順而長之也。不能順則天理遏絶矣。動於下而止於上爲頤，人欲以逆而制之也。不能止則人欲横流矣。此道心人心之别，動心忍性之義也。

凡懲忿窒欲，非勇不能。初以陽居陽，剛德之最鋭者也，故得元吉。二以近剛而吉，四以應剛而善，五以柔居剛而吉，三雖無與於陽，而亦以其居剛也而得无咎。惟上六遠隔乎陽，爻位皆陰，陷溺深而絶無發奮之望，謂之迷也，不亦宜乎。

復有五等。復之最初者，善也，『不遠復』是也。復之始終不渝者，善也，『敦復』是也。資于人以爲復者，亦善也，『休復』是也。處流俗之中而克自振奮者，亦善也，『中行獨復』是也。見之不真，守之不固，或得或喪者，猶可冀其至于善也，『頻復』是也。至『迷復』而始不可道矣。復有六爻，而聖人許之者多，絶之者少，所以廣遷善之途也夫。

易中兩言仁：體仁長人，乾之仁也，『中心安仁』之謂也；不遠復爲仁，復之仁也，『克己復禮』之謂也。聖人言仁兩端而已矣。

无妄

動以人則爲僞，動以天則爲誠，故震下乾上謂之无妄。彖曰『天之命』，又曰『天命不祐』。蓋以此也。天之發生萬物，一无妄之理也。先王法此以對時育物，亦惟其誠而已。人之初念鮮有不誠者，人能率初念以往，無不獲吉。故初九直謂之无妄。蓋以其爲成卦之主也。六二之柔中，九五之剛中，皆无妄之至者。故曰『不耕穫，不菑畬』，曰『勿藥』。是惟順乎天理之自然，而無一毫人欲之私者也。六三以柔居剛，雖无妄而有災。九四以剛居柔，僅可貞而无咎。上九之青，則以窮而致災。嘗竊疑无妄之誠，中孚之信，至上爻皆不吉者，何也？言必信，行必果，大人弗爲。易『窮則變，變則通』，故泰極而爲否，否極而爲泰。乾之窮爲亢龍，坤之窮爲龍戰，皆此義也。故无妄初吉而終窮也。又以二體言之，下體震動，此无妄而利於動者也。故初曰『往吉』，二曰『利有攸往』，三曰『行人之得』。上體乾健，九四與下二爻互體成艮，此无妄而利於静者也。故四曰『可貞』，五曰『勿藥』，上曰『行有青』。此又上下二卦動止之分也。

人之修身，不能無動於得喪之來，然方其爲己而預有一計功避害之心，即妄矣。天下原有不期然而然之福，所謂不耕穫，不菑畬者，是也。天下亦有不期然而然之禍，所謂行人得牛，邑人之災，无妄之疾，是也。君子知天下原有此不期然而然者，一切聽之于自然，而不以紛擾其純誠精一之心，則所謂无妄者，乃真无妄矣。故聖人獨於此卦發之也。

无妄之上爻，即乾之九三與乾之上九也。乾九三未至于極，尚有乾惕之厲。乾上九已至于極，遂有亢龍之悔。在乾且然，況恃其无妄，不審時之窮而行之，其能无眚乎？象曰：『窮之災。』雖君子亦無如時勢何矣。

不耕穫，不菑畬，非聖人教人于所當爲之事，皆置而不爲。耕穫菑畬之象，求利于其事之心也。正其誼，不謀其利；明其道，不計其功，可矣。豈并正誼明道之事，而亦委之爲无妄之福耶？象釋之以『未富』，明其無富之之心，以此而往，仍一无妄之天而已。

大畜

乾爲巽所畜，巽陰也，以陰畜陽，以小畜大之義也。乾爲艮所畜，艮陽也，以陽畜陽，以大畜大之義也。在人莫大於畜德，在國莫大於畜賢，在治道莫大于畜止。人之强悍，故大畜有此三義。剛健篤實，畜德之要也。前言往行，畜德之助也。剛上尚賢，不家食吉，畜賢之謂也。能止健，畜止之謂也。畜德以卦德卦象言，畜賢畜止以卦體卦變言。象傳釋之詳矣。象辭兼三者而言，爻辭則專主畜止爲言。艮在上，乾在下，以上之艮，畜下之乾也。初以陽在下，而爲六四所畜止。故利于止而不能有所進。九二爲六五所畜止，故輿脱輹而不可有所行。惟九三上應上九，兩陽不相畜，故有良馬逐之象焉。此主爲人畜者言也。六四童牛之牿止于初也，止惡於初則勝之爲易，故元吉也。六五以柔得位而畜剛，畜之有道者，是謂豶豕之牙而吉。上九與九三兩剛不相爲畜，純陽并進，故曰：『何天之衢。』言通達而無所事畜也。此主畜人者言也。故上三爻吉亨，而下三爻皆利于止而不進。各成一義也。

人思以善，止人之不善，惟有二道，止惡於初者，最善也。家人之所謂志未變，坤之所謂陰始凝，大畜之所謂童牛之牿、元吉者，是也。以柔道制人之剛，控馭有道者，次也。蒙之所謂包蒙，大畜之所謂豶豕之牙，是也。失此二者，而以剛制剛，疏之于濫觴，而勝之于末路，鮮不決裂而致吝矣。

頤

頤者，人頷頤之象。故取象于養頤，有養人、自養、養賢三義。自養之中，又兼養德、養身言之。觀頤，觀其所以養人者，自求口實，觀其所以自養者。養賢以及萬民，養賢之義也。慎言語，養德之要也。節飲食，養身之要也。養正則吉者，循理則安，從欲斯危。蓋養人與養于人，皆以得正則吉也。陰不能自養，而求養于陽。觀其所以養人者，指初上二陽而言也。觀其所以自養者，指中四陰而言也。大約養之爲義，動而從欲則凶，静而守理則吉。故下震體則三爻皆凶，上艮體則三爻皆吉。頤之大義盡于此矣。初本陽也，而居震體之下，動于下者也。故有舍靈龜，觀朶頤之凶。上亦陽也，而居艮體之極，止于上者也。故有由頤之吉。二三與震爲體，故養于初而皆凶。初本凶也，四五與艮爲體，故養于上而皆吉。上本吉也，二三之象，曰『行失類』，又曰『道大悖』，非指其求初而言乎？四曰『上施光』，五曰『順以從上』，非指其從上而言乎？四陰爻以其無陽剛之德，不能自養而待養于人。故皆曰『顛』，曰『拂』。又以其所求之正不正而吉凶分焉。正象辭所謂觀頤，自求口實也。然則求養于人者，可不慎所擇哉。

頤者，養也。人生嗜欲之聚，莫大于有身，莫大于自養其身。故動而不能忍，則嗜欲横流，無所不至，凶之媒也。止而不違其則，則天理常勝，而有以制人欲之防，吉之理也。易中未有連三爻并言凶者，獨見于頤之内卦，何也？以其動也。亦未有三爻并言吉者，獨見于頤之外卦，何也？以其止也。頤雖取象于頷頤，然口腹特養身之一耳。自此而宫室服御，凡耳目所接之物，皆所以自養，則皆頤之類也。人心嗜欲之萌，惟剛健可以勝之。若柔弱則因循苟且，必陷溺于中而不能自拔。初九陽也而居動體，自損其剛健而歆羡于紛華。故曰：『舍靈龜，觀朶頤。』陽本足貴，而至此亦不足貴矣。『亦』字對下四陰言也。顛，顛倒也；拂，違拂也。四陰爻之繫詞大略皆同。二言顛頤、拂經後，或言拂頤，或專言拂經，或專言顛頤，互辭也。謂以陰柔而當頤之時，則必至縱嗜欲而忘天理，顛倒拂亂于頤之正矣。況乎六二之上三爻皆陰丘者聚也。衆陰之所聚，嗜欲之藪也。由此而往，汨没日深，有不得凶者乎？行失類者，謂與羣陰爲類，所以失也。六三陰柔，不中不正，既拂乎頤之經，又處乎動之極，凶之至也。故繫以『十年勿用』，而象曰『道大悖』，非謂其動而不止而然乎？六四以陰居陰，雖顛拂乎頤之理，幸其爲艮體而得正。故曰『吉』，猶恐其過柔也，必虎視眈眈而剛猛。又其所欲者，逐逐相繼而有序，則可以无咎矣。『上施光』者，謂從上九之養而得光大也。六五陰柔，故亦曰『拂經』，以其艮體，故曰『吉』，但以其柔也，故曰『居貞』，曰『不可涉大川』，『順以從上』者，皆從上九而得吉也。上九以陽剛而静止，深得乎頤之道。六四、六五之吉皆由之，故曰『由頤』，曰『大有慶』，非謂其静而能止而然乎！

大過

大過者，四陽二陰。易之分陽爲大。大者，過也。故曰『大過』。大抵爲事之太過與時之太過。三四爲棟，上應乎三，初應乎四，初、上二陰不能勝重。故曰『棟橈』。卦體既大過矣，而爻則以不過者爲美，亦相濟之義也。初六巽體也，天下萬事不可過。惟過于卑巽，則可以无咎。故曰『藉用白茅』，曰『无咎』。上六則兑體也，是謂説之太過。天下事悦人之過者，鮮不自失其身，故曰『滅頂』，曰『凶』，曰『无咎』。自作之孽無所歸咎，故曰『不可咎也』。又初六以陰居陽，上六以陰居陰，亦有過與不過之分焉。九二、九四以陽居陰，剛柔相濟，過而不過者也，故无不利而吉。九三、九五以陽居陽，有剛無柔，過而太過焉者也，故凶而多咎。此卦爻相爲調劑之義然也。天下事太過與不及相等。易者，性命陰陽之書也，窮則變，過則損，進則退。故處大過之時，遇大過之事者，以剛柔相濟爲善。九二以始過之陽而比初陰，陽上陰下，陽乘乎陰也，故有得女妻之象。九五以過極之陽而比過極之陰，陰上陽下，陰乘乎陽也，故有老婦之象。卦中惟二陰而各有所比，故取象于夫婦，其所以吉凶分者，則以承乘之位有殊也。

初六慎而過者也，上六柔而過者也。慎而過與柔而過相似而不同，慎可過而柔不可過也。故一則无咎，而一則凶。

九二陽乘乎陰，故曰『老夫得其女妻』，正也。九五陰乘乎陽，故曰『老婦得其士夫』，不正也。卦象木爲澤所滅，故二五皆曰『枯楊』。陰在下，故曰『生稊』；陰在上，故曰『生華』。

坎

坎卦，陽剛得二五之中，故爲有孚、心亨之象。水必行而進有漸，故曰：『行有尚。』『流而不盈，行險而不失其信』，卦之象也。剛中，卦之體也。以卦象卦體而言卦才之善如此。設險又別一義也。德行教事，又取習坎之義也。坎陷之時，惟剛明之才方有出險之功。但九二在重陰之下，故出之爲難，僅求小得而已。九五則幾出乎險矣，故曰『祇既平，无咎』。餘四爻皆陰，以陰柔之才而當險難之時，惟有載胥及溺耳。故一則曰『凶』，一則曰『勿用』。入于坎窞，置于叢棘，皆終不得出險之象。其所以不能出者，則以其柔弱故也。獨六四柔而得正，切近九五。五當險難之時，而下得柔正以承之，故與諸爻之義不同。惟其柔而正，故有誠心進納之象。由是觀之，剛明固出險之才，柔正亦處險之道，非此二者，以言出險難矣。『樽酒簋貳』，當爲一句。『用缶』，當爲一句。言一樽之酒，貳簋之食，而用誠信以將之亦可以享。本義以『貳用缶』爲句，于象傳又以『貳』字爲衍文，此等處皆似未安。當以程傳爲定也。且損卦明言二簋可以用享。簋貳，古人所謂至薄之物也。朱子乃云：既曰『樽酒簋貳』，又曰『用缶』，亦不成文理。自今觀之，易辭古奥，即如此讀亦未見所謂不成文理也。况象傳現證于下乎。

陽剛爲陰柔所陷，故曰『坎』，曰『險』。君子固不幸矣，于小人獨幸乎？故于初、于三、于六，聖人皆繫之以凶，皆以其陷陽而凶也。此時九五居坎險之中，岌岌乎危矣。使前後左右皆小人，而孤陽不更殆乎？故于六四一爻柔正近君，聖人許之爲艱難共濟之臣，而教之以誠信達權，以共圖其君之事。『樽酒簋貳』、『用缶』，誠信之謂也。『納約自牖』，達權之謂也。此即剥之六三、六五之義。聖人傷微陽之無助，苟有利于君者，聖人皆樂與之，而不深絶之也。六三、上六之所以尤凶者，則以其乘剛而然也。義益可見矣。

初六、上六皆曰『失道』。失道有二義焉：陰柔不可出險，失處險之道也；以陰而陷乎陽，失自處之道也。

離

離卦，以二陰麗乎四陽之中。卦本陰也，故陰爲體而陽爲用。觀彖傳曰：『柔麗乎中正。』則知二五爲一卦之主也。審矣，以其陰柔而麗于陽也，故曰『利貞』。以其柔而中正也，故曰『畜牝牛，吉』。又離者，日象也。故曰：『重明以麗乎正。』六爻之中，六二得中、得正，故曰『元吉』。六五得中，故亦曰『吉』。初九明之始，上九明之終，故皆曰『无咎』。重明繼照，兩日之象也。九三爲此日之將終，故曰『日昃之離』。重剛不中，故曰『凶』。九四以剛而迫五之柔，五之所以出涕嗟若者，正爲此也。故有焚棄死之象。不言凶而凶可知矣。此正所謂三多凶，四多懼也。

『日昃之離』一節，足以了生死之理。人之生死，如陰陽之有晝夜，日不能常中而不昃，月不能常盈而不虧，天地不能有晝而無夜。人生天地間，不過萬物之一耳，而能違陰陽往來之數乎？故當爲鼓缶之歌，以聽其自然。不當爲大耋之嗟，以儌倖其必不然。明乎晝夜之故，以知死生之説，非易，其能言之乎？

凡易中言黄皆在中爻也。坤之五曰『黄裳』，離之二曰『黄離』，噬嗑之五曰『黄金』，遯之二曰『黄牛』，鼎之五曰『黄耳』，則黄之取義，其爲中也明矣。又皆以柔以得中，故皆繫之于陰爻而得吉也。

水者，外柔而内剛，外暗而内明。故坎象之火者，外剛而内柔，外明而内暗。故離象之天下之至險者，莫如水。故設險之義發于坎。空中有火麗木則明，天下之相附麗而明者，莫如火，故附麗之義發于離。日月麗天而後明，百穀草木麗地而後成。人之道獨無所麗乎？人道莫大于君臣。君之道以明爲主，臣之道以柔爲本。明非正則苛察之弊生，柔非正則諂諛之風熾，故皆麗于正而後吉。然則，正乃人道之所麗乎重明以麗乎正，指全卦上下二體言之也。明莫大乎離。而此又重離焉。故發重明麗正之義。柔麗乎中正當指二五，言卦中惟兩陰爻而得中得正，故發柔麗中正之義。柔本非盡善，惟中正故吉。『故』字是以字立言，甚有輕重也。

臣之道取法于坤柔。其道也，乃順承天，無成有終，先迷後得，黄裳元吉，黄離元吉，皆柔也。特聖人之所謂柔，乃無專成之義耳。非諛從而無所可否之謂也。禹、臯、稷、契共成唐、虞之治，而不自有其功，潛移默運而不見其迹，此柔道也。如伊尹、霍光終是臣道之不幸，而不可謂臣道之常，即至批鱗犯顔，亦非盛世之事，究竟不能无咎。此古人所以謂願爲良臣，不願爲忠臣也。

九四之位，前明既去，後明方來，正繼續之時，四處臣位，剛而不中不正，正與黄離之臣相反。故有突如來如之象。以此知臣道之貴柔而得中也。六五君位而柔，逼于上下之二陽，故有出涕戚嗟之象，而亦言吉者，總之離明爲君德所尚故也。五不能盡君道，而歸之上九，以其剛明及遠而又能得中故也。

大抵陽之性，在下則動，在上則止。初、四二爻在二陰之下，又離象爲火，有炎上之性，故初則『履錯然』，而四則『突如其來如』也。特初在卦之始，意念初萌，故敬之，則可以无咎。四在卦之中，又迫近于五，位不中不正，其凶不可救也。

天地之大用，莫如日月水火。故上經始乾、坤，終坎、離。坎之象爲月爲水，離之象爲日爲火，皆得乾、坤之中爻，乃天地之中氣也，只天地水火四件已盡。震者，一陽在二陰之下，雷出于地中之象。又爲離火之象，而虚其上也。巽者，一陰伏于二陽之下，風行于天下之象也。艮者，一陽止于二陰之上，山附于地上之象也。兑者，一陰見于二陽之上，坎水之象而塞其下澤之象也。風從乎天，澤從乎水，雷從乎火，山從乎地，故天地水火四者盡之矣。

易經衷論卷下

咸

无心而感謂之咸。山上有澤，感之象也。男女皆少，感之至也。天下萬類之睽合，莫大于相感，故極之天地感萬物，聖人感人心，而咸之理始盡矣。感應之理，莫大于心思。心思之感先見于一身，而後及千萬物。故六爻取象于人身也。九四象心思爲感之主。其五爻大約皆不能自動，而隨物以動者，不曰足，而曰拇，曰腓。不曰身，而曰股，曰脢。不曰首，而曰輔、頰、舌。足能動之物也，拇與腓不能動而隨足以動。身能動之物也，股與脢不能動，而隨身以動，皆易于感者也。輔、頰、舌則動而感人之物也。九四無所取象，而本義釋之以心之象，則以其言思也。六爻之義大約言物感之來，易于紛擾，故皆以鎮静貞固爲得，往來憧憧爲戒。二之凶，三之吝，四之憧憧往來，上之滕口説皆此義。惟初之咸拇，五之咸脢，不爲所感。故初則不言吉凶，五則曰『无悔』，而舍是，鮮有不得失半者。吉凶悔吝生乎動，動生乎感。一有所感而本然淡定之性真汨矣，能保其無失者，幾人哉。爻之所象可謂奇，而命意可謂曲矣。

天下事物之來，惟順以應之，虚以受之，無將迎于前，無係累于後，所謂聖人何思何慮也。咸拇感于最初，是事未至而預逆之也。咸腓是事將至而躁以乘之也。咸股是事已至而中無所主，隨人轉移也。咸脢是事已至，而却物以爲高也。咸輔頰舌是虚意以感人，而人不應也。兼此五端而感之弊盡矣。惟九四以心爲官，以思爲職，不役于一體。故勉以貞吉，戒以憧憧。抑思者，感之本也。彖言感而爻言思，亦互相發明耳。

咸本乾、坤二卦，特三上二爻互易而成咸耳。故取夫婦之義。咸者二少也，初婚之禮，男下女，一時相咸之道也。恒者二長也，居室之常，女下男，萬世家人之恒也。故與損、益二卦，各有取義。

恒

恒之義有二：不易之謂恒，不已之謂恒。恒之卦義有四：剛上柔下，上下之恒也；雷風相與，物性之恒也；巽順而動，制行之恒也；剛柔皆應，咸孚之恒也。恒之大者，莫如天地、日月、四時、聖人。故彖辭推而極言之。恒之彖辭盡善，而爻辭皆不盡善者，何哉？則以下卦之體爲巽，巽務巽入，初爲巽之主，故有浚恒之凶，謂過以恒理求之而不知變也。上卦之體爲震，震爲震動，上爲震之極，故有震恒之凶，謂以震動爲常而不知節也。巽震皆不可爲恒，況巽之初，震之終乎？以中四爻言之，九三過剛不中，過剛非可恒之德，故有羞吝之傷。六五柔中，柔中亦非可恒之德，故僅爲婦人之吉。九二、九四皆以剛居柔，均不得位，皆宜有悔。但二以得中而悔亡，四以不中而無所得。甚矣，恒之難也。

恒卦六爻，大約以學術德行爲言，初之浚恒者，不能安于日用飲食之常，而求之過深。不能循乎下學上達之理，而深求于始，走〔一〕索隱行怪之流。故雖貞亦凶，而無所利也。終之振恒者，處恒之極而震動以居之，功敗于垂成，志滿于居上。故曰『大无功也』。初之所以浚恒者，以其爲巽之體，巽務深入故也。終之所以振恒者，以其爲震之極，動而失常故也。二爻又皆陰柔，豈成始成終之道乎。九三重剛不中，剛過則躁動，是當恒而不能恒者，故曰『不恒其德』。九四居位不正，是不當恒而恒者，故曰『久非其位』。惟九二、六五居中，似可以得恒之理，但二恒于剛，又居臣位，僅可无悔。五恒于柔，又居君位，大非所宜，是六爻皆不能盡恒之理，所謂中庸不可能也。惟天地恒久不已，聖人久于其道，始終盡恒之理。故觀恒卦者，當合彖爻而并觀之。

校記

〔一〕『走』，四庫全書本作『是』，是。

遯

卦自一陰生爲姤，是小人用事之始也。至遯而二陰盛長，君子當退避小人之時也。故姤卦之時，君子猶或可勝小人，故有包魚包瓜之象。至遯則其勢愈盛，君子惟有引退而去耳。過此則爲否，乃君子儉德避難之時。雖欲去而懼其不能矣。卦以二陰起義，爻則全以遯取義。遯貴在前，若在後，則不能遯。遯貴無所係應，若有所係應，則不能遯。遯貴剛健，若柔弱之人，則不能遯。初以柔居後，故有『遯尾之厲』。六二爻位皆柔，雖中順自守，恐其遯之志不固。故曰：執用黄牛之革。九三艮之主也，艮止非能遯者，又下比二陰，故有係遯之厲。上三爻皆乾體，乾剛則能斷而無所係戀，雖有所應無傷也。故曰『好遯』，曰『嘉遯』，曰『肥遯』。曰嘉、曰肥，則遯之嘉美而寬裕者也。鴻飛冥冥，弋人何慕。雖有二陰之長，亦復何所懼乎？下卦三爻，周公皆不以遯許之，惟剛明之君子，見幾審決，而有得乎遯之宜。故三爻皆吉，而上獨曰『无不利』也。遠小人，不惡而嚴，尤善于釋遯之理矣。

天下有山，山有侵偪乎天之勢，而天體无窮，究不可及。易以山比小人，以天況君子，有去而遠之之義，故取象于遯也。不惡而嚴者，惡則有攻小人之力，嚴則止于藩籬自固，不爲小人所窺伺中傷。蓋時當二陰盛長，小人方盛之時，故不利于攻而止利于自守耳。

大壯

卦中四陽盛長，將決二陰而去之，故爲大壯。卦德内剛健而外震動。又雷震于天之上，皆壯之義也。壯往者慮其不正，故彖言利貞。易之理以陽爲大，以陰爲小。故大象、彖傳之詞皆幸其盛也。又以謙爲善，以壯爲戒，故六爻之辭皆戒其壯也。陽剛居壯之初，在爻之下，動則有凶，故曰『征凶』。上六居壯之終，動之極，雖陰柔而不能无咎。故曰『无攸利』。羊者外柔内剛，卦體亦外柔内剛，故四爻取象于羊。三居剛之極，上居動之極。故兩爻皆曰『羝羊觸藩』。三則以剛居剛，重剛不中。上則以其柔而居壯極也。惟九二、九四以剛居柔，雖能不極其剛，然當大壯之時，故均有戒辭焉。二曰『貞吉』，四曰『貞吉，悔亡』，則聖人之意可見矣。下四爻純剛壯極，六五忽濟之以柔，故有喪羊于易之象。易雖當壯往之時，慮其過剛難制，動而招尤，故六爻之辭曰『凶』，曰『厲』。獨于三陰爻係之以『貞吉』。艱則吉，則聖人之所以用壯者，亦于斯可見矣。壯之初也，止于不能進。壯之終也，至于不能退。夫不能進尚可言也，不能退其可言乎！

陽剛，天之德也，一動則其勢不可禦，故復一陽而曰『亨』。臨二陽而曰『元亨利貞』。泰三陽而大小各半矣，故曰『吉亨』。至遯則四陽盛長于下，懼其勢方盛而驕，故不曰『吉亨』，而但曰『利貞』。至夬以五陽，剥一陰于上，懼其當極盛而疏，故揚于王庭屢詞以戒之。于此可以見持盈保泰之難矣。

『非禮弗履』之義有二：氣矜之勇有時而怯，君子以禮義自持，不愧不怍，卓然自立，萬夫莫禦，此『非禮弗履』之所以爲大壯也；天下最難克者，有己之私，非强毅果决之力，必不能勝人欲之横流，却物累之紛擾，必大壯而後能非禮弗履也。程子引『强哉矯』以釋斯義，孟子謂浩然之氣集義而生，其深明大壯之旨者歟！

晉

晉，下順上明，是以柔順之臣而麗乎大明之君。又明出地上，其道光顯，故係之曰：『康侯用錫馬蕃庶，晝日三接也。』晉者，人臣之道，以柔正爲順而戒乎剛，況剛而不中不正乎。卦六爻四柔二剛，初以柔居下，故有『晉如摧如』之象。二以柔而无應，故有『晉如愁如』之象，然初以其無位也，故曰：『裕，无咎。』二以其得中也，故曰：『受兹介福。』三本不中正者也，以其柔而居下卦之上，帥下二陰而并進，又坤衆象也，故曰：『衆允。』五以柔而居中，故曰：『往吉，无不利。』此四柔爻之所以皆善，而二五以其得中，故獨曰『受福』，曰『往吉』。豈非人臣自靖之道，以柔中得正爲吉乎？九四剛而不中正，上九剛居晉極。一則居近君之地，一則居卦位之上，皆以跋扈强梁逼上竊位，其與人臣靖獻之義大相悖謬矣。故雖貞亦厲，雖貞亦吝，況不貞乎？此兩剛爻之所以皆不善也。

又以六爻而言之，初與四應者也。四以剛而居高位，不中不正，爲妨賢病國之人，初適遇之，能不遭其阻抑乎？故有摧如之象也。二與五應者也，雖君臣同德，而大明在上，二順承之，内度其身，外度其君，遺大投艱，能無愁如之象乎？然以貞吉而受福，又可信也。六三以柔而居下卦之上，帥羣陰以聽命于大明之君。故上見信于君，而下見信于友，有衆允之象也。九四居高位而以剛逼柔，然五本明體也，四貪而且畏，故象鼫鼠。五以柔中爲一卦之主，貴乎虚己以聽之，故曰『失得勿恤』。上九明之過，進之極，剛而居上，過剛過明。惟可自治而不可以治人。故係之以『厲吉』，而又終之以『貞吝』，則剛非晉之所宜也，明矣。

明　夷

明夷者，傷也。其象則爲明入地中，其處之之道，則曰『内文明而外柔順』。凡卦皆以五爲君位，此獨以上爲君位，下五爻皆爲其所傷。觀五上二爻所係之辭可見矣。五爻皆言明夷，獨上一爻曰『不明晦』，言其以晦而傷人之明，亦終于自傷也。以六爻言之，初九雖陽剛而在下，去上最遠，當明夷之時，可以高飛遠舉而不受其禍。六二柔順中正，是履虎尾而不傷之象也。九三以至剛而應至柔，以至暗而剋至明，故當南首而除其惡。六四柔順得正而去五稍遠，又下與初應。是雖居尊位，而猶可委曲退避以自全者，故辭曰『入于左腹』，言處暗則可免也。又曰『于出門庭』，言猶可他適也。至六五則切近君位，所傷獨深。故象之于箕子，人臣處此，惟有守貞不回而已，更何所逃于天地之間乎！古人以上六象紂之暗，以六五象箕子之奴囚，以六四象微子之去國，以九三象武王之觀兵，以六二象文王之服事，以初象太公、伯夷之高蹈。其于明夷之義可謂咸當而無餘矣。

九三離上，明之極也。上六坤終，暗之至也。惟以至明遇至暗，而後可以行放伐之事，或明不至，或暗不極，則君臣大分不可一日忘于天壤，而夫子尤伸千古之大防，曰：『南狩之志，乃大得也。』有伊尹之志則可，無伊尹之志則篡。嗚條、朝歌之役，豈後世奸雄所得藉口者哉。

初九有『于飛于行』之象，六二有『拯馬壯』之象，九三有『南狩』之象，六四有『出門庭』之象，皆主于去者也。君子當暗汶之時，苟可以潔身遠禍，正當隨其勢之淺深而行之。惟六五貴戚近君義無可去，故取象于箕子之貞。蓋五爻中，惟此爻之自處最難。故以全卦之義歸之。

家人

卦有以二五二爻取義者，家人是也。五以剛正位乎外，男之象也。二以柔正位乎内，女之象也。正而且中，家道成矣。初以陽剛爲正家之始，上以陽剛爲正家之終。始之不正，後雖竭蹷捄之，操之則傷恩，縱之則傷義。何則？志已變也。故聖人于家人之初曰『閑有家』。此非柔者能勝，惟剛者能勝也。于正家之終而歸之于反身，未有反身不誠而能正其家者。不能反身而徒言威如之吉，則嚴厲亦足傷恩。此亦非柔者能勝，惟剛者能勝也。觀于初上二爻，而治家之道思過半矣。六二正女正位乎内者，柔而得正，上應九五。故曰：『无攸遂，在中饋。』正所謂無非無儀，惟酒食是宜，而得婦道之正矣。九五正男正乎外者，剛中而得正，下應六二。故曰：『王假有家，勿恤，吉。』正所謂『刑于寡妻，至于兄弟，以御于家邦』，而得夫道之正矣。故皆曰『吉也』。九三居下之上，是家人之長者也。長者，以剛居剛而不憂其過。故曰：『家人嗃嗃。』雖厲而亦吉。九四居下之上，是家人之幼者也。幼者，以柔居柔，柔得其正，方稱子弟之職。故曰『富家大吉』。六爻之盡善者，謙、大有而外，無如家人。謙者，一身之善也。家人者，一家之善也。大有者，天下國家之善也。六爻中剛四柔二。初則以剛閑于始，上則以剛成于終。九三剛而得正，九五剛而中正。此所謂父道也，兄道也，夫道也。六二柔而中正，六四柔而得正。此所謂子道也，弟道也，妻道也。剛柔咸得其宜，所以咸吉也。身者家之表，而家者又天下國家之鵠也。故家人一卦，曰『言物行恒』，曰『反身』，言家者必本于身。又曰『正家而天下定』，言家者，必及于天下，家人之時義大矣哉。

程子釋家人卦曰：『正倫理，篤恩義。』善哉其言之也！蓋倫理不正，而惟恩愛之是篤，則懼其流于姑息，而足以傷義。恩義不篤而一于正倫理，則人心離悖，無以相聯屬而足以傷恩。二者缺一不可，能全此二者而善用之，刑家之道，其庶幾乎。夫子于初爻係之曰『志未變』，上爻係之曰『反身』。言近指遠，義理完備，可以尋繹不窮，有家者念之哉。

婦無公事，休其蠶績。詩之所以刺也。外言不入于梱，内言不出于梱，禮之所以訓也。故曰：『无攸遂，在中饋。』于六二一爻係之必如是，而後謂之女貞。彖傳則男女並稱，大象則專言女貞。蓋家以女爲主，女能克守婦職，不與外事，則王者勿用憂恤而吉矣。卦之所以善，由于女之貞。女之所以貞，由五以剛健中正爲之表，而閑之于初，孚之于終也。此六爻相爲貫通之義也。

嗃嗃而家恒昌，嘻嘻而家必敗。爲家督者，安可不三復斯言？家人之六四，即蒙之六二也。蒙曰『克家』，家人曰『富家』，皆以柔而得正爲美。爲子弟者，烏可不深明斯義哉。

睽

火之性上炎，澤之性下流，其性睽也。二女同居而所歸不同，其情睽也。天下事無終睽之理。其始睽者，終必合。故又以天地、男女、萬物極言之。六爻皆言始睽終合之義。二五陰陽正應，雖當睽時，必委曲相合。故二曰『遇主于巷』，五曰『厥宗噬膚』也。于巷言其從之密，噬膚言其入之深。當睽之時，不容不如是耳。初之『喪馬勿逐自復』，三之『無初有終』，四之『睽孤，遇元夫』，上之『睽孤』，『匪寇婚媾』，皆始睽終合之義。初當睽時而上比九二，故雖剛而无應，皆不得謂之孤。六三以柔居二剛之中，當睽之時，故前見輿曳，後見牛掣。惟九四居二陰之中，上九乘一陰之上，剛而無耦，皆曰『睽孤』。大約天下事以至誠忠信感之，則何所不合。睽離之患皆始於猜疑瞻顧，『見輿曳，其牛掣，其人天且劓』，則其猜也深矣。『見豕負塗，載鬼一車，先張之弧，後説之弧』，則其疑也至矣。三居下而猜之至，九居上而疑之深。猜疑既動，觸處皆然。兩『見』字極有義藴。天下本無是事，此人本無是情，而疑者見之恒如此，此睽孤之皆其自取也。二爻形容善疑之人，可謂備見其情狀者矣。

睽則無與，故四上二爻曰『睽孤』。睽則多悔，故初五二爻曰『悔亡』。繫辭之險未有如三上二爻者，蓋各居一卦之上，睽之極也。故其辭如此，乖則睽，和則合。『遇雨之吉』，陰陽和也。故于睽終言之。

蹇

蹇，上坎下艮，險在前，止而不能進，蹇之義也。山下有水謂之蒙。蒙者昧也。山上有水謂之蹇。蹇者阻也。彖辭四句則皆處蹇之道。當蹇之時，利于平易，不利于險阻。大人足以濟蹇，貞固足以處蹇。得其道，則雖蹇而吉矣。以六爻言之，止在下，險在上。故來則反乎止而安，往則入于坎而益蹇。故初、三、四、上，以來往言之，皆喜其來而惡其往也。九五與初二不言來往者，五爲人君，當大蹇之時。二爲人臣，有濟蹇之責。君當蹇，則以求賢爲急，故曰『朋來』。臣當蹇，則以致君爲念，故曰『匪躬之故』。若其他則不與五應，或隱居高蹈，或遺榮避世，何來之不善乎？惟上六以往則窮，以來則下就于五。九五正所謂大人也。以卦體言之，上爲蹇之終，又爲坎之終。是蹇極而將解之時。上六下佐大君，以濟時之蹇。豈不碩大而吉乎？與諸爻之獨善其身者，異矣。故來譽、來反、來連，皆不言吉。而獨于上六言來碩。吉者，聖人謂獨善之士，僅能无咎无譽，不如濟時之士之有功也。故以見大人從貴係之。明乎濟蹇之道，惟在于君臣志合。天下無常，否而不泰之時，亦在乎君與臣維持之而已矣。

蹇、解二卦皆以坎起義，止于坎下則爲蹇，動于坎上則爲解。人處險難之時，惟視己之精神震動發皇，始有出險之功。故宜動而不宜静也。『利西南』者，指五從四而入于坤體之内，往而得中，故曰『利』。『不利東北』者，指三止于艮體之上，而近逼于險。故曰『不利』。

聖人作易于泰、于豐、于豫，多致其警誡之詞；于否、于困、于蹇，多致其勉厲之意。蓋困厄者天時，而補捄者人事。人之不能違者時也，而其不可諉者亦時也。觀蹇之六爻，易之所以贊化育者，可見矣。

濟蹇者，在于衆力維持，故五曰『朋來』，二曰『匪躬』，固然矣。即三之『來反』，四之『來連』，上之『從貴』，一則欲其下就二陰，一則欲其下就一陽，一則欲其下助九五。惟初六無所就，而傳又釋之以宜待，非欲其終退也。可見蹇難之時，無論有位無位，常同心合力以濟之，而不可有猜疑畛域之嫌，獨行取咎之失也。

解

止于險内謂之蹇，動乎險外謂之解。在險之中，非震動之才不能出。故震上坎下爲解也。以蹇配天地之閉塞，以解配天地之發生，則人事類是矣。以六爻言之，下卦坎體，上卦震體。震動所以出險而成卦之解。故震卦三爻皆解去小人之象。初處九二之下，又當解之時，能與九四爲正應，是非有心于爲險者，故无咎。九二雖以一陽處二陰之中，當解之時，是出乎險矣。又與六五爲正應，故有獲三狐得黄矢之象。六三以陰乘陽，以柔乘剛。九二之所由陷，故爲負勢淩賢之小人。九四以震體陽剛應下初陰，故必欲其解之也。六五下應九二，爲卦之主，故解之而後吉也。上六自處高位，又當震極而應下六三，六三陰柔之小人也，上六解之。故如自立于高墉之上而射隼，小人情形無不立見，有不獲之而利者乎？故去小人爲解散患難之大，而震動發皇則又爲去小人之本也。本義解來復，謂復其所而安静。程傳謂大難平定之後，當正綱紀，明法度，復先王之舊。漢唐以來，惟苟安無事，皆不知來復之義，立説更爲完密耳。夙吉者，捄民水火則宜速，遏際亂略無使滋蔓則宜早。彖傳廣之于天地，象傳推之于刑罰，爻辭又歸之于解去小人，説解可謂備矣。

君子小人不同立，必獲狐而後得金矢之直，必解拇而後有朋至之孚，乃消長必然之理，但不能不待陽剛之人。故于兩陽爻發之也。

按：六爻之中有主解散之義者，初爻之剛柔相際是也。自二至上皆主解去小人之義，二四陽爻，五上尊位，皆有解小人之權。惟六三爲其所解。狐者，蠱惑之小人也。拇者，依附聯屬之小人也。隼者，悍鷙高位之小人也。小人中惟此三等去之最難。故解除患難必去此三者。禍亂既定之後，以去小人爲急。自古未有無小人而足以召亂者，此解卦六爻，又所以廣彖辭之義也。

損

損本卦泰也，自損下卦之一陽，而益乎上卦之一陰，遂爲損。當泰之時，惟知損下以益上，則其爲損也多矣。然亦有時之不得不損者，其惟二簋用享之時乎？揆時之不得不損而後損之，斯人心信服而有孚元吉矣。何輕言損乎？彖辭曰：『損剛益柔有時。』六爻之義皆損剛益柔者也。初以剛居剛而過乎剛，故曰『酌損之』。九二、上九以剛居柔不過乎剛，故皆曰『弗損益之』。六三正當損之時，故曰『損一人』。上三爻皆受下三爻之益。故本義于四曰『初九之陽益己』，于五曰『受天下之益』，于六曰『居卦之上受益之極』。此言上三爻皆受下三爻之益也。損乎下則益乎上，此必然之勢。既言益上矣，復名損者，何哉？蓋上雖益而下實損，披根以榮枝，根盡則枝槁。剥民以奉君，民貧則君病。雖益之，實所以損之也。故于損則兼言益，相往來者也。若益則不言損者，何哉？誠益于國，何損于君；誠益于民，何損于上。上雖益也，而下必損，故兼言損、益。下既益矣而上必不損。故不兼言損、益。此作易之大旨也。

天地陰陽，君臣上下，男女夫婦之理，皆兩相與者也。雖兩相與而其實則一也。參之以三則雜矣。故易曰：『三人行則損一人，一人行則得其友。』周公特發此精義于損卦之三爻，孔子又于繫易而舉天地陰陽以盡其致一之理，于此見聖人讀易之精也。

益

益本卦否也，當否之時，必有所以益之而後可以傾否。故損上卦初畫之陽，以益下卦初畫之陰而謂之益。彖所謂『自上下下，其道大光』也。損卦則二五皆不得正，益則中正有慶矣。此損、益之分也。下卦三爻皆受上三爻之益，初九益卦之主，正受上之益者，故曰『利用爲大作』。六二以柔居中，而受九五陽剛之益。故繫辭與損之六五同。『益之十朋之龜弗克違』，則其益也宏矣。六三不中不正，居下之上，危地也。故曰『益之用凶事』。上三爻皆益下者，遷國尤益下之大事。三四皆不中正，故受益者與益人者，皆當勉之以中行也。九五正益下之主，以剛中正在上，而下以柔中正應之。故曰『有孚惠心』。則其爲元吉可知矣。上九則益之極而反損，猶泰之極而反否也。天下安有常益之理哉！

四爻互體，坤坤土也，故『利用爲依遷國』。

益卦稱元吉者二，稱吉者一，稱无咎、稱利者二，且不兼言損，明益下之爲利溥也。上九獨言凶，六三亦言凶事者，皆以其處益之極也。六三柔而居下，猶可言也。上九剛而居上，不可言也。以求益之極，而又以剛行之，其能免乎？與易謙受之理悖矣。故獨曰『凶』。

初受上之益，是小臣而蒙上之福，必思有以報之，故『利用爲大作』。二以中順之德正應九五大被恩寵。故曰『益之十朋之龜』。三處下之上，不中不正，而陰柔過甚。故益之以『凶事』。『凶事』云者，威罰以懲創之，警誡以震動之。或處之于險阻，或任之以艱難，皆所以益之也。六四以大臣而行益民之事，故曰『告公從』。九五以大君而弘益下之仁，故曰『有孚惠心』。至上九則益之極而反損，循環之理也。損、益彖辭主民言，故曰『民悦无疆』。六爻主君臣相益言，亦所以補大象之不逮也。損吾身者，莫大于忿欲；益吾身者，莫大于遷善改過。損其所當損，益其所當益。此大象又别發一義，以補彖、爻之不逮也。

夬

夬者，以衆陽決去一陰之象也。以一陰處將退之勢決之似易，以一陰處上位之極決之實難。以君子而有去小人之心，其勢不勝，反爲其所乘者，古今何可勝嘆哉。故彖辭深致其危厲之意。以今觀之亦可謂費辭者矣。『揚于王庭』，正其罪也。『孚號』，求君子之助也。

『有厲』，戒備之也。『告自邑』，自處于無過之地也。『不利即戎』，不可徒恃剛壯也。『利有攸往』，攸往之勢也。聖人之情見乎辭矣。以六爻言之，五陽皆欲決陰者也，而所處之地不同。五以陽剛居尊位，可以決之矣。以其近于上，故有莧陸之象，恐其感之者深。三以剛居剛，正與上應，意欲決之矣。然過剛不中，故有壯于頄之象，恐其行之者暴也。然決去陰柔，惟此二爻能之。故二爻專言夬夬，欲其決而又決也。『遇雨若濡，有愠，无咎』，與『中行无咎』，又望其行權守中，善處小人，而不爲小人所乘也。若二與四則以剛居柔皆無位者，故但爲惕號，以防莫夜之戎牽羊，以從諸陽之後，而不以夬決之事望之也。若初，則居下而去之者益遠，故往則有不勝之咎。觀夬之六爻，則知決去小人在乎純剛，又不可不委曲權變，且不可概責之不當位之人也。大約五者，決去小人之明君也。三者權位相敵，決去小人之大臣也。四者憂危慮患之人，宜居後而不宜居先者也。初與二則謹于防己之君子也。一陰處將窮之勢，見絶于君子，則亦『无號，終有凶』而已，其能久乎？

五陽當進長之時，可謂壯矣，故曰『壯于前趾』，謂其不宜行而行也，故有不勝之咎。曰『壯于頄』，謂其不宜露而露也，故亦有咎。聖人于將退之一陰而猶難其辭如此。

『牽羊』之説，本義主退居于後。程傳謂羊者，羣居之物。牽者，輓而同進之象。三陽在下，四與之牽輓並進，以上助于五，是合衆君子之力，以佐一君而決去小人，大臣之事也，似較本義爲優。

剥者，以五陰而剥一陽，何其易也。夬者，以五陽而決一陰，何其難也。剥、夬皆多危厲之辭，皆所以爲君子危也。剥之上九曰『小人剥廬』，終不可用，惜之也。夬之上六曰『无號之凶，終不可長』，幸之也。故曰：易爲君子謀，不爲小人謀。

『決而和』者，非和于小人，謂決去小人而無傷恩害義、啟釁貽憂之事，世路仍安于太平，國體不傷于刻急，是之謂決而和。九五之所謂『中行无咎』者，正以此也。

姤

姤者，遇也。以衆君子而遇一小人。

夬者，陰柔將退之時也。姤者，陰柔方長之機也。故彖曰『女壯』，慮其始也。聖人之意于初六一爻見之矣。『繫于金柅』，欲其止也。『有攸往，見凶』，戒其進也。此非爲小人謀，仍爲君子謀也。『羸豕孚蹢躅』，恐君子忽其在下之陰，而欲其備之深也。爻辭既諄復言之矣。象復益之，以柔道牽也。言陰柔之牽引最易而制防甚難，非金柅之固，其能止其壯哉。金柅即指二也，小人方來，惟恃陽剛之君子足以制之，賴九二與之迫近，足以相制。故曰『包有魚』。包者，轄而統之，不使猖獗之意。不利賓者，恐其遇于衆也。九四居位不中不正，獨與初應。是專與小人爲緣而全無制防之具，是爲包无魚之象。起凶者，小人漸長之禍皆從此起也。九五乃一卦之主，以陽剛中正而居尊位，故能轄制小人，而有『以杞包瓜』之象。杞配陽剛之德，魚與瓜皆象初陰也。小人將進，惟陽剛居中而在尊位乃爲臨，于小人者，足以防之。故包瓜、包魚之權，必歸于九五、九二之君子，以其皆剛而得中故也。小人在下，必有一居上不正之人應之，此九四之所以凶也。九三以過剛不中而有『臀無膚』之象。上九以剛居卦之極，故有『姤其角』之象。以其皆與初陰無涉，故雖厲、雖吝而皆得无咎也。

剥卦五陰，而獨有六三一陰與上相應，是當剥之時，獨有一人爲君子之黨，故得无咎。姤卦五陽，而獨有九四一陽與初相應，是當姤之時，獨有一人爲小人之援，故得凶也。

夬卦是言決去小人之道，姤卦是言制防小人之道。小人之勢雖衰，而決去之不易。小人之勢雖微，而防制之甚難。故曰讀易者，使知懼。

姤者，遇也。凡不期見而見，謂之遇。當乾之時，衆正滿朝，而一陰初生，出其意外，故曰『遇』。彖辭六爻皆以陰陽之消長言，彖傳復推之于天地君德，大象又推之于施命四方，以明相遇之義至大。夫子之推廣易義者如此。

萃

萃，聚也。卦似比而唯多九四之一陽，天下有所萃聚之象也。幽以萃鬼神，則莫大于假廟。明以萃天下之人民，則莫大于見大人。故彖辭特舉二者言之。卦體九五以陽剛中正而居尊位，是天下之所萃也。猶比之九五爲上下之所比也。萃天下者，在乎位。故九五曰：『萃有位，无咎。』萃天下者，在乎德。故又曰：『匪孚，元吉〔二〕貞，悔亡。』德位兼隆，斯足以當天下臣民之萃，而无咎无悔矣。彖傳所謂剛中而應，故聚者正以此也。下坤三陰宜萃于此者，乃初六以陰柔而與四應，六三以陰柔而與上應。故初曰『乃亂乃萃』，三曰『萃如嗟如』。是昧其所當萃者也。惟六二居二陰之中，獨與五應，故曰『引吉无咎』，謂牽引二陰以萃于九五則无咎也。初三皆曰『往无咎』者，往從于九五則无咎也。九四陽剛而近于五，近則懼其逼，故戒之以『大吉无咎』，而釋之曰『位不當』也。上六當羣萃于五之時，而己獨亢而居上，能無齎咨涕洟之傷乎？萃卦六爻以五爲主，合觀彖傳及九五之爻辭而知之矣。

六爻皆言无咎者何？蓋九五陽剛中正，以德而居尊位，天下有所歸往趨向，而不至于無所統，故皆可以无咎。初之『勿恤往』，二之『引吉』，三之『往无咎』，皆欲其審所萃也。四以剛德而上輔明君，六以失位而『齎咨涕洟』。避退如此，而後可无咎。一則曰『位不當』，一則曰『未安上』，義尤著矣。六爻皆戒辭。

校記

〔一〕『吉』，四庫全書本作『永』。

升

升者，進而上也。彖辭曰『見大人』，曰『南征』，是皆進而有爲之象。卦德巽順，此升之所以亨也。大抵進而有爲，莫大于誠信。初六陰爻居陽位，柔而不過。故曰『允升』。允非信乎？九二陽爻處陰位，剛而不過。故曰『孚乃利用禴』。孚非信乎？九三陽剛而得正，居下之上，決于進取，故有升虚邑之象。象曰『无所疑』，无疑非信乎？六四近五而過于柔，故勉之以誠敬順事，曰『王用享于岐山』，始吉而无咎。五居尊位，當升之時，故曰『貞吉』。至上六則升而不已，故有『冥升』之戒。若能終守不息之貞而亦利夫，曰『用亨』，曰『順事』，曰『貞吉』，曰『不息之貞』。何一不以信爲本乎？君子當進而有爲之時，允信篤誠則剛柔皆可濟也矣。

『大人』兼德與位而言，欲進于位者，用見有位之大人，則不憂其位之不進。欲進于德者，用見有德之大人，則不憂其德之不進。《易》以陽爲大。凡言大人皆陽爻也。萃見大人，六二見九五之大人也。升見大人，六五見九二之大人也。人欲進而有爲，非終巽不足以濟事，故曰『柔以時升』。初五升階之易由己柔順，而有九二剛中之應，不至于過柔，故可以時升而大得志也。

困

困者，下卦一陽陷於二陰之中，上卦二陽揜於一陰之下，此陽之所以困也。六爻則言處困之道。惟陽剛中正之人，則處困而猶亨，所謂『亨，貞，大人吉』，是也。若陰柔之人，則當困而益困，不得所謂亨、貞之義矣。九二剛中，故曰『困于酒食』。酒食，人之所樂也。今因於此，非困而亨之象乎？九四剛而居柔，故曰『困于金車』。金車，人之所恃，以爲安者也。今困於此，非困而亨之象乎？九五剛中而正，曰『困于赤紱』。赤紱，人之所慕，以爲榮者也。今困於此，非困而亨之象乎？古君子當處困之時，葵藿飽于膏粱，徒步榮於軒車，韋布華於黼黻，非所謂困于酒食、困于金車、困于赤紱者乎？九二、九五二爻，一則曰『利于享祀』，一則曰『利用祭祀』。又言君子之處窮困皆利於誠信，而不宜於虛誕也。凡此皆大人之所以亨，而小人不能也。初六、六三、上六皆陰柔之人處困而益困，既曰『困于株木』矣，又曰『入于幽谷』。既曰『困于石』矣，又曰『據于蒺藜』。既曰『困于葛藟』矣，又曰『于臲卼』，皆困之已深之象。如衣敗絮行荆棘中，動則有悔。其視『朱紱方來』、『來徐徐』、『有終』，及『徐有説』之辭，不且徑庭乎？惟上居困之極而將亨，故又啟之以有悔而征吉也。

有言不信者，言於昌明之時，則人將信之。若既處困則當緘默以遠害，喋喋不已，終致益困，所謂『尚口乃窮』也。

井

井者，均澤于衆。王者立法以養人之義。『改邑不改井』者，時有因革，而良法美意不可得而變也。『无喪无得，往往〔一〕井井』者，利而不庸，惠而不费，浥彼注兹而不窮也。『訖〔二〕至亦未繘井，羸其瓶。凶』。此皆仁心仁聞而施澤不加于百姓，事敗于中衰，德壅于下流，是以凶也。君之德及于人，以下逮爲功，猶井之澤遍于物，以上出爲美。故初居最下，有井泥不食之象。二僅出射鮒而已，三居下之上，可用汲矣。然以其居下體，故有井渫不食之象。四居上之下，曰『无咎』。九五則漸上而功及于物，故下皆言不食，而至此始言食也。至上六則澤被無疆，往者來者皆得而取之。故有『井收勿幕』之吉，而象曰『大成』。王道至此而盛矣。二五皆以剛中，五吉而二不吉者，上下之勢異也。豈非濡井之功宜上而不宜下者乎？

无喪无得乃因民之利，王道之所以大也。若私恩小惠，便有得而有喪矣。國家之患最，莫于上有恩而下不被，謂之屯膏。此正汔至、羸其瓶之義。舊井无禽者，井枯而禽鳥不顧。澤竭而人民散亡，射鮒之小，井渫之棄，均爲可惜。

始曰『井泥』未有泉也，繼曰『井谷』漸通泉也，曰『井渫』不停汙而井潔矣，曰『井甃』漸可用也，曰『井冽』清湛之至而可取，至『井收勿幕』，德施公溥，及物者遠，而井之功效全矣。

校　記

〔一〕『往往』，陳夢雷周易淺述作『往來』，是。
〔二〕『訖』，周易正義作『汔』，是。

革

革者，變易也。彼此前後不同揆，則必革而易之，亦猶水火之相剋，二女之志不同也。以卦象言之，水火相息是爲革之象。以卦德言之，文明以説，是爲革之，所以盡善也。文明則察于理者密，斯有維新之益，而無紛更之擾。百姓説而從矣。惟明斯當，惟當斯孚，惟孚斯説，惟説斯亨，惟元亨，斯得悔亡。是可輕言革哉！天地之革，莫大于四時。聖人之革，莫大于受命。故特舉此二者極言之。革之初，事幾未審，人情未孚，不可以輕言革。故曰『鞏用黄牛之革』。象曰：『不可以有爲。』蓋其時猶未可革也。然非拘執固守，不知變通，『鞏用黄牛』，持之以中順之道也。至六二柔中而有應，且爲離明之主，可以革矣。故曰『征吉，无咎』。九三則過剛不中，未可速革，利于詳審，故曰『革言三就』。九四居變革之際，宜于革矣。雖改命之大事，而亦无不利他可知矣。九五剛中而正，大人之象也。前此之革者，至此炳爍光輝，故曰『虎變』。然九三、九四、九五皆以陽剛居變革之際，慮其徑情直行，未孚民志，故三爻皆係之以『有孚』。至上六則應革者，盡去而不留。君子有豹變之文，即小人亦有革面之化。此時而更有所革，則恐滋其擾矣。故曰：『征凶，居貞吉。』革之始與革之終皆不可輕也如此。中四爻皆時之宜于革者，然皆有戒辭。惟六二以柔順中正而係之以『貞吉无咎』。而與彖同辭，則革之所尚可知也夫。

觀革卦彖辭及六爻辭，曰『乃革』者二，曰『有孚』者三，曰『征凶』者一，曰『不可有爲者』一，皆所以致其叮嚀告誡之意。聖人之不輕言革也如此夫。

鼎

卦有取象于身者，曰頤、曰噬嗑。有取象于物者，曰鼎、曰井。鼎，重器也。内巽順而外文明。始克荷厥任而得大亨。又烹飪之器也。烹飪之所用，莫大于享。帝與養賢而皆有藉于鼎，則鼎之爲器豈不重哉！夫器重則非剛健之德不足以承之。初六柔而居下，故有『顛趾』之象。猶幸其居初未受重寄，故亦有『出否』之利。至九二、九三、九四，則皆鼎之腹也。大臣任天下國家之責，如鼎受物之重。故二曰『鼎實』，三曰『雉膏』，四曰『公餗』，皆兢兢然戒之。二曰『有疾』，三曰『行塞』，四曰『形渥』，豈不可懼之甚乎！九二以剛而得中，上應六五，柔中之君故得吉。九三雖不中，幸其剛而得正，上應上九，故始雖行塞，終以虧悔而得吉也。至九四則居下卦之上，上卦之下，近君之位，視九二、九三之責更重矣。乃己則剛而不中不正，又下應于初六，陰柔之小人比昵佞諛，援引匪類，寧不貽『覆餗』之凶乎？六五柔中，虛己下賢，以其柔中虛己也，故有『黄耳』之象耳。不受物而所以舉鼎相君，不任事而統御羣下也。以其應九二之剛中，故有『金鉉』之象。是得陽剛之賢以自輔也，有不利貞者乎？上九鉉之象也。以陽居陰，剛而能温，故曰『玉鉉』。下應九三，同德相濟，是國之老成而有剛柔競絿之德者，寧不元吉乎？夫鼎配之天下之重，天子居尊御下，總其大綱而不任繁劇，黄耳之象也，故以虛己下賢爲美。國之勳舊老臣身居事外，以儀表天下爲職而亦不任事，玉鉉之象也，故以剛柔相濟爲美。初居下始仕而未受事之臣也，故柔則顛趾而尚未有所損。惟九二、九三、九四，則居中任重，各有所受。鼎之重器實式憑之，必剛中剛正之賢，其庶幾乎？九四獨與在下之小人爲應，『形渥』之凶亦誰咎矣。古稱公輔爲鼎臣，有以哉。

震

震以一陽生于二陰之下，又其象爲雷，皆震動之象也。凡臨大事，當大難，震動不寧者，皆是也。處震之道，惟心存警懼，思患預防，則可以出乎震。故虩虩者，處震之則也。如此，則『笑言啞啞』，『不喪七鬯』，皆可決。然也震有亨道，何也？天下事委靡壅塞，則必敝壞叢脞。震，於天時爲春，于天象爲雷，于人之德爲勇。一念振興，百廢俱舉，故不言而有亨道也。以六爻言之，初九以陽居初，震卦之主是當震來之始，即有警惕發皇之意。故爻與彖同辭，而係之曰『吉』。九四與初同德而處事之中，爲衆陰所係，不中不正。又互卦坎體，勢必陷於震中而不能出，故有『遂泥』之象。處震之道，剛則有爲，柔亦不失。故九二雖有『來厲』之象，而終之以『勿逐』。六三雖有『蘇蘇』之象，而終之以『无眚』。六五雖有『往來厲』之象，而終之以『億无喪』。上六雖有『征凶』之象，而終之以『无咎』。蓋震動恪恭，恐懼修省，則始雖警戒，而後能安静。人定而勝天也。惟初九以陽剛之德而居震初，故可以得『吉』。九四以剛而溺于陰柔，故至于『遂泥』，則處震之道亦從可識矣。

震初爻爲成卦之主，故與彖同辭，四亦陽爻，陷于重陰之中，而失其所以爲震，故辭獨『凶』。

艮

艮者，静止之象也。人之一身四體百骸皆主于動，而惟背爲静。故曰：『艮其背，行其庭，不見其人。』皆静止之象。艮卦主于静，而彖傳兼言動静。蓋學問之所貴于主静者，非枯槁寂守、絶物孤居之謂也。歷乎紛賾之途，閱乎蕃變之交，而静正者不失，是之謂主静。故彖辭恐人之誤，以止爲止，而曰『時止則止，時行則行，動静不失其時』，則釋止之義始全。古人『止』字始見于尚書，曰『安汝止』、『欽汝止』。大學發揮之曰『知止』。彖辭釋之曰『止其所』。源流亦大可睹矣。以六爻言之，震以初爲善，取其能警備于事端也。止以終爲善，取其能鎮定於事終也。震之九四剛而不中正，故有『遂泥』之失。艮之九三重剛而不中，故有『薰心』之厲。蓋静止固美德，而以重剛居之，又處上下四陰之中，而互卦成坎，如人之腰膂之間不能屈伸，則結滯生疾，其爲危也甚矣。艮其趾不行也，艮其身無動也，艮其輔言有節也。三者皆宜止，而止雖未必盡協乎時中，而主静之學可以寡過。故曰『无咎』，曰『悔亡』。限與夤非可止者而亦止之，腓近于限而不能輓其失，故曰『不拯其隨』。二者皆宜動而不宜止者也。至上九則以剛居上，爲止之極，故獨曰『吉』，與震初爻之辭同焉。豈非震之道宜于有初，而艮之道宜于有終也哉。

艮曰『敦艮』，復曰『敦復』，又曰『安土敦乎仁』。故能愛敦之義大矣哉。

漸

止于内而巽于外，謂之漸。悦于内而動于外，謂之歸妹。漸自二至五皆得其正，歸妹自二至五皆不得其正。凡士之登朝，女之從人皆宜。于漸而得正不宜，于歸妹而不得其正。故漸曰『女歸吉』，歸妹曰『征凶』。二卦正相對也。漸之上下二卦皆以剛乘柔，歸妹之上下二卦皆以柔乘剛。此又二卦之相反也。鴻之行有序，故漸卦六爻皆用以爲象。鴻，水鳥也，漸干、漸磐、漸陸皆得其宜，而不宜于漸陸與木。六二與九五中正而應，是君臣之正合，夫婦之良配也。故六二則『飲食衎衎』而吉，九五雖過剛，有『三歲不孕』之象，而終以正而得吉。三則重剛，不中不正，故有『夫征不復』、『婦孕不育』之象。但以其剛也，故又『利禦寇』。六四柔而得正，故尚可以无咎。初六柔而在下，是未仕之臣，未嫁之女也，故有『小子』之象。上無所應，故厲而有言。上九无位无應而又居漸之極，是高蹈遠引之士也。雖無濟世之功而有風世之德，故有漸逵之象。羽可爲儀，亦未嘗無益于世也。量而後入，待六禮而後行。出處之正，人倫之大也。寧有君子處世，曾鴻漸之不若哉。

上二兩爻，柔位也，有人臣之象。故二言『不素飽』，上言『羽可爲儀』。三五兩爻，剛位也，有人夫之象。故二爻皆言夫婦，初四兩爻居漸之始，而各無所應，皆得无咎。此漸卦六爻之大義也。

歸妹

兑，少女也。震，長男也。以少女從長男，故曰歸妹。歸妹之所以征凶者，其義有四：説而動，一也；以少女從長男，二也；自二至五皆不得其正，三也；二體皆以柔乘剛，四也。象辭但就『歸妹』二字釋其義之大，『説而動』以下，方釋大象也。以六爻言之，二五正應夫婦之位也。家人六二女正位乎内，九五男正位乎外。蓋五爲夫位，二爲婦位也。今九二則夫居婦位而反應乎陰柔之五。故有『眇能視、利幽人之貞』之象。六五以柔中而下應九二之剛中，是女之賢且貴者，而下從乎夫，爻之最吉者也，故有『帝乙歸妹』之象。此外四爻皆不得其正者，故初曰『以娣』，三曰『反歸』，四曰『愆期』，六曰『承筐无實，刲羊无血』，皆婚姻之不得其正者。蓋婚姻以相應爲正，初與三、四、六皆无應，故皆非吉。即二、五相應矣，所居之位又不正，故亦不能全美。此歸妹之大旨也。觀夫婦之合，而君臣朋友之相遇亦可以類推矣。

古者一娶九女，必有娣以從之，故三爻皆言娣，又以少女從長男亦娣之象也。上六虚而无實，並不得以歸妹稱之矣。

二五相應可謂得夫婦之正，而以其剛柔易位也，故二則戒之以幽人之貞，五則美之。以君之袂不如娣之袂良，皆尚素樸幽貞之意，則歸妹之所尚可知矣。

豐

雷動于上，火明于下。雷火相照，豐之象也。明動相資，豐之義也。時處豐盛則釁孽潛滋，泰極而否，天運然也。故豐之象辭與泰三爻同。泰曰『勿恤』，豐曰『勿憂』。泰曰『艱貞，无咎』，豐曰『宜日中』。泰言消長之由，豐言盈虚之理，其義一也。憂恤，所以處豐、泰之道，而言勿憂勿恤者，爲徒憂徒恤者戒也。漢孝惠之酒色自廢，唐文宗之泣下沾襟，所謂不知憂恤之道而徒爲憂懼，無益于敗亡者也。天地且不能違時之消息，況人與鬼神！決言豐之難恃也。以六爻言之，離明在下而上爲震所揜，惟初與四相應爲同德，故初曰『配主』，四曰『夷主』，謂其皆以陽剛而居卦初也。二爲五所揜，三爲上所揜，四與五上二陰相近，上以陰柔居卦上，皆有損于離之明。故二曰『豐其蔀，日中見斗』，三曰『豐其沛，日中見沬』，四曰『豐其蔀，日中見斗』。上則暗之至矣。故曰『豐其屋，蔀其家』。日者，離明之象也。當豐之時，壅蔽易生。故四爻之象如此。惟五與二應。二者，離卦之主也。雖同爲陰柔，本非正應，而尚有來章之慶。五爻或言无咎，或言吉，皆能戒懼于豐亨之時，猶可以无咎而得吉也。至上而始言凶者，以柔居豐極，猶上六之居泰極也。其能免于凶乎？卦辭大約與泰卦相似。

天地不能常盈而不虛，人事不能常盛而不衰。故豐卦屢言『日中見』，于象爻者四，彖傳復以『日中則昃，月盈則食』詳釋之。聖人致儆于豐者至矣。

旅

旅卦所言處羈旅之道也。二五皆柔而得中，又外文明而内艮止。柔皆下乎剛，故可以處羈旅而得小亨。以六爻言之，陰柔在下，過于柔者也。旅之所最忌者，莫如瑣瑣。陰柔之極必致其災。九三過剛不中，故有焚次之憂。九四剛而居柔而亦不中。故雖有于處之得，而亦有不快之失。上九剛居旅之極，故有焚巢之禍。大約旅之所戒在剛，而最不宜居人之上。故九三、上九皆凶，以其无下人之心也。惟六二、六五柔而得中，旅以柔爲貴，柔則无焚次之傷，得中則亦無瑣瑣之患。故二有即次懷資得僕之安，而五亦有譽命之榮。易之所貴者剛健，惟旅爲不宜。九四雖以剛居柔，故有不快之失。然則，旅之所重可知矣。旅之善者，莫如即次得僕。故其失也，亦莫如焚次喪僕。兩象釋之曰：其義喪也，其義焚也。聖人揆之于理，而知其有必至之勢。其爲人謀者至矣。又曰：旅之時義大矣哉！欲人之不可苟于所處也。

『不留獄』之義最妙。犴狴桎梏，淹滯拘留，或爲無辜之株連，或爲老弱之纍縶，動經歲時，宜仁人君子隱惻于此，然非至明至慎，亦不敢輕言決獄能明慎而不留獄，斯可謂祥刑矣。

巽

巽者，順也，入也。一陽處於二陰之下，爲入二陰從乎四陽之下。爲順天之入物者，莫如風。人君之入人者，莫如命令。故皆取其象於巽。又巽木也，木之根巽入於土之中，而陽剛在上，故巽又爲木也。巽雖美德，然以得中爲貴。初六以陰居下，巽而過者也，故爲進退遲疑之象。九三以剛居剛，過剛不中，是本不能巽而勉爲巽者，其能久而不渝乎？故爲頻巽之象。上九處巽之極，過於巽而不知節者也，故爲巽在牀下之象，雖正亦凶。此三爻或則過於巽，或則勉爲巽，皆非真能巽者。故曰『凶』，曰『吝』。初猶可勵之以勇，至上則窮矣。故初利武人之貞，而上直係之曰凶也。九二、九五剛而得中，六四柔而得正。故皆曰『吉』，曰『无咎』，曰『悔亡』。巽本有謙讓之德，而又得中得正如此，亦何往而不吉乎？九二曰『史巫紛若』，祭祀之吉占也，史巫以言辭感神亦巽入之義也。九五『先庚三日，後庚三日』，更定制度之吉占也，以心丁寧，揆度於事之中，而求其盡善亦巽入之義也。六四之言『田獲三品』者，互卦成離，離罟之象也。在互卦爲離之主，在三畫爲巽之主。巽又爲近利市三倍。故獨曰『田獲三品』。又爲田獵之吉占。古人繫辭，難賾而不厭，要非無所取義也。

兑

兑者，澤也。説萬物者，莫説乎澤。故以説人爲義。象辭以説之道感人，故曰『順天應人』。此説而得其正者也，兑爲澤之義也。爻以説之道媚人，故曰『來兑』，曰『引兑』。此説而不得其正者也，兑爲口舌之義也。二陰爻爲説之主，以説之道誘人，而四陽爻則爲其所説者。初九剛而在下，此和而説者也。九二剛而得中，此信而説者也。又皆無所係應，未感乎小人之説，故皆得吉。説而利，説而信，有不忘其勞，忘其死者乎。六三則兑之主陰柔，不中不正，故爲來兑而凶。九四下比于三，而上近於五，若爲三所動，則溺于陰柔之小人。能上從於五，則親於陽剛之君子。故曰『商兑未寧』。在四惟斷然去其小人之諂諛，從乎君子之嚴正，則可以有喜而有慶矣。至五居尊位而切比于上，上以陰柔居説之極，此小人之尤讒諂面諛，最能惑人者也，而五近之，安能不剥且厲乎？故于五則兢兢戒之，而于上不係以吉凶者，小人之佞諛，近之者必損，況其身之凶乎？不待言矣。以六爻言之，初與二陽剛之君子也，居卦之下，受其説者淺，故皆能得其説之正而吉。三上陰柔之小人，專以口舌説人者也。九四居近君之位，九五履天位之重，雖皆有陽剛之德，前後皆陰柔之人，一或入乎諂諛之中，則爲所誤而不察。故曰『未寧』，曰『有厲』。雖欲常保其陽剛之德，其將能乎？聖人之垂戒者深矣。

兩澤相麗，互相資益。又以口舌相説，故爲朋友講習之義，因其説也，故利貞。斯爲君子之和而不流也。

涣

涣者，散也。風行于水上，有披離涣散之象焉。當時勢人心涣散之際，則必有以萃之。

天下之最涣者，莫如鬼神。祖考既没，其精氣神明涣散而不可收拾，先王立爲祭祀之禮，以子孫之誠敬，萃祖考之精神，故入室而僾乎如有所見，愾乎如有所聞，則涣者萃矣。故涣曰：『王假有廟。』萃亦曰：『王假有廟。』二卦所係之辭同也。以巽木而行于坎，水之上有舟楫之象焉。故曰：『利涉大川，乘木有功也。』以六爻言之，有濟涣之事焉，有涣其所當涣者焉。故居涣之始，濟之尚易。六雖陰柔而能上比九二，故有拯馬之壯。九二以一陽陷于二陰之中，而當涣之時不爲所沉溺，故有奔其機之象。機者，身所安也。奔其機則得所安矣，故曰『得願也』。此二爻濟涣之義也。人生之當散者，莫如有我之私，次莫如朋比之私。人君之當涣散者，莫如號令之昭布與府庫之蓄積。又人身之欲解散者，莫如傷害禍患。故三曰『涣其躬』，四曰『涣其羣』。『涣有丘』者，丘亦蓄積之多也。涣散其蓄積之多，則非常之慶有非恒情所能測者矣。四有大臣之道，故以涣丘勉之。五者君位也，故訏謨辰告，當涣其大號；以財發身，當涣其王居；君道也，上九無位，故但涣其身之傷害憂患，期于无咎而已。

下卦坎體，坎者陷也，故以濟涣爲義。上卦巽體，巽風也，故以涣散爲義。此六爻、繫辭之别也。

節

水在澤中，過滿則溢，必有節制，故名爲節。卦中剛柔均而剛得中，節而得中，節之所以亨也。均寒暑之往來，天地之節也。衡制度之豐儉，聖人之節也。以時言之，有當節而節者焉，初之不出户庭是也，則以初剛而得正也。有不當節而過於節者，有當節而不能節者，九二之不正，六三之不中是也。上卦坎體，故專言節。然節之中亦有善有不善焉。六四之『安節』，柔而得正，上比九五，安於節者也。九五之『甘節』，剛而得正得中，象所謂當位以節，中正以通者也。此正聖人在上，節制謹度，不傷財，不害民，而天下食其福者也，故曰『往有尚』。上六陰柔居節之極，故曰『苦節，貞凶』。下卦三爻言節之時，上卦三爻言節之道。節，美德也。處之而安，行之而甘，何亨且吉如之。苦與甘相反，既以節爲苦矣，其能久而不渝乎，節之有尚于中正也如此。

聖人之制財用，君子之處困窮，皆有取於節之義。然節以甘爲美，以安爲福，以苦爲尤，曰『往有尚』，則可以施之于無窮。曰『其道窮』，則勢必至於久而生變。審乎此，則節之義大矣。『知通塞』，知時者也。『失時極』，不知時者也，節又以時爲重。

中孚

中孚之義有二：以全卦言之，二陰居中謂之中虚，虚則無所係累于人欲之私；以二卦言之，二陽得中謂之中實，實則剛健而可以全其天理之正。故爲中孚。信之在中，無所緣飾，雖至冥頑如豚魚，猶可以感格而化之，況智于豚魚者乎？巽木行于澤上，亦爲乘舟之象，故又利于涉大川也。以六爻言之，二五剛中相應，謂孚信之實。故言鳴鶴子和、好爵爾靡，皆有孚攣如之象也。上下彼此皆以實相信，不必言吉而吉可知矣。初居孚之始，可信與否，未可定之時也。故在于能度量而猶恐其歧念之雜。若上九則過於信，本非可信而亦信之，如翰音非登天之物，而謂其登天，豈不謬乎？如本非賢而信任之，德薄才小，任大責重，以至覆乃公餗，如翰音之登天，則亦信之過也。中二爻本陰柔而應乎陽者也，三與上相應，上本不足應而應之，故上窮而三亦窮。四與初爲應，初本可應而四應之，故初吉而四亦得无咎也。且三爲説之主，四爲巽之主，故得失亦異。初應乎四，上應乎三，故吉凶亦殊。此中孚六爻之大旨也。

法令信則刑罰省。審斷刑獄，以實心實意求之，則可以得情。故中孚有議獄緩死之義，必至於格及豚魚而後爲信之至，苟或不然，則當反其信也。

小過

小過之義有三：一爲小者過，一爲所過者小，一爲小事過。象所謂行過乎恭，喪過乎哀，用過乎儉，皆謂所過者小，小過之一義也。卦體二陽四陰。二陰得中，二陽失位，所謂小者過也。象云『可小事，不可大事』，所謂小事過也。初與上不宜過而過者也，故皆曰凶。皆係之以飛鳥者，鳥之飛在翼。初與上正鳥之所爲翼也。二與五柔而得中，不宜過而不過者也。小畜係之曰：『密雲不雨，自我西郊。』小過五爻亦係之以『密雲不雨，自我西郊』者。小畜陽爲陰所畜，小過陰過乎陽。陰之力薄，雖制陽而不能大有所爲，故皆有密雲不雨之象。九三當過而不過者也，九四不當過而戒其過者也。蓋三以陽居陽，重剛不中，四以陽居陰，剛而濟之以柔也。當小過之時，惟小過而後可以无咎。初以陰柔居卦之下，上以陰柔居過之極，三以重剛居不中之地，皆過者也，故皆得凶。六二柔而得正，九四以剛居柔，六五以柔居剛，剛柔相濟，不至于過，故皆得无咎。此小過之大旨也。言過則言遇者，雖過而猶不違乎理也。至『弗遇過之』，則非小過矣，故凶。祖妣、君臣只從剛柔字看，祖與君謂陽、謂剛，妣與臣謂陰、謂柔。大義但謂不過乎剛，而適得其柔云爾。

既濟

天下事之未成，則竭蹷之功方來事之，既成，則怠玩之萌必起。故未濟之卦多吉，而既濟之卦多戒辭也。初吉終亂，亦猶泰之不能不否也。水潤下而火炎上，水上火下，則其性相濟，故謂之既濟。思患豫防不在未濟之時，而在既濟之時。无平不陂，无往不復。不在泰之時，而在否之時。聖人之意深矣哉。以六爻言之，初、二、三之義皆主于戒勵。曳輪、濡尾、婦喪茀，皆不能行之義。伐鬼方而三年始克，亦不容遽克之義，戒懼如此，庶幾處既濟而可以无咎。至六四入坎體而將近乎險矣。故『衣袽終日』之戒，更加謹焉。九五與六二相應，各處一卦之中，但九五以剛居剛而處尊，又當險陷之中。六二則以柔居柔而處卑，又爲文明之主，故五雖尊而不能如二之受福也。至上六則濡首而無可救矣。凡人儆戒于事前而懈弛于事後，聖人于既濟之後而兢兢如此。所謂『人不躓于山而躓于垤』也。

易之垂訓皆持盈保泰之道，于泰發平陂之義，于豐著見斗之象，于既濟列衣袽之戒。此聖人作易之大旨也。

未濟

未濟，火上水下。在上者炎而益上，在下者潤而愈下。其性不相接，且六爻剛柔皆不得位。是以謂之未濟。以六爻言之，下卦坎體，陽陷于陰之中，故初則濡其尾，二則曳其輪，三則征凶。又當未濟之時，皆不能前進之象也。上卦離體，一陰麗于二陽之間，未濟者至此而將濟矣。故四、五皆曰『貞吉』。上九亦曰『无咎』。五以其爲離之體，又居尊位，下應于二，故曰『君子之光』。既濟、未濟之初，皆曰『濡尾』。上皆曰濡首者。以畫卦言之，則爲初爲終。以卦體言之，則上爲首，初爲尾。故四爻所係之辭皆同也。狐涉水而多疑，故二卦皆取于狐濡尾濡首，皆指狐爲象也。人之涉世也，能如狐之慎重不輕，則亦庶乎无咎矣。故取爲象焉。

上經以乾、坤爲首，天地也；下經以咸、恒爲首，少男少女、長男長女也。上經以坎、離終，水火之體也；下經以既濟、未濟終，水火之交也。天地、男女、水火、萬物、萬事之權輿，易之樞鑰在焉。故以此始終之，萬象萬變咸囊括于其中矣。

張英全書之二

書經衷論

江小角
楊懷志　點校

恭進書經衷論序

臣竊惟人君之以道治天下，至堯、舜、禹、湯、文、武之盛而極矣。人臣之以道事其君，至臯、夔、伊、傅、旦、奭之盛而極矣。迄今相去數千載。當日之言論謀畫、綱紀設施，與夫仁愛忠懇之心，諧弼綢繆之計，雖散見於六經，旁流於諸史，而弘綱鉅節之所統會，則莫備於尚書。使後之人猶得於方策之中想像唐、虞、三代之君臣，如見其形容，若聆其謦欬，而不覺有時代曠遠之隔者，則由其文至古，其意至厚，其旨趣至弘遠，流連往復而可以不窮也。

臣自供奉内廷之初，正值我皇上討論二典，講貫三謨，窮究精研，無微不徹。由是而下，逮商周誓誥之篇，靡不再四尋繹。凡昔人之所謂苦其奧博而難通者，皇上必深求義理之歸，而亦不辭夫章句誦讀之勞。二帝三王之言與夫古賢臣之所以告其君者，朝夕浸灌淪浹於聖心至深且渥也。故以言乎典學，則高宗遜志之勤；以言乎服遠，則虞廷干羽之格；以言乎六府三事，則九功之時叙；以言乎官人亮采，則九德之日嚴。皇上以聖學之高深，發爲治功之淳茂，豈僅稽古不倦而已哉。

臣質愚學陋，寡識尠聞，每當講筵餘暇，退入直廬，伏讀尚書，偶有一知半見，録以紀之，積久遂至成帙，非敢自持臆説，皆折衷於昔人之言，依篇章次第分爲衷論四卷。又以四年來在内廷編輯之書，不敢自覆其短，冒陳九重乙夜之覽，伏念我皇上於尚書全編心源吻合，精義默符，每發一義，遠超漢宋諸儒之説。臣忝侍左右，聞之熟矣。如臣謭陋膚言，類培塿伏於泰岱之前，爝火耀於日月之下，彌自增其悚惕云爾。

臣謹序。

康熙二十一年正月　日講官起居注、翰林院學士兼禮部侍郎臣張英。

四庫全書總目提要

書經衷論四卷，國朝張英撰。英有易經衷論已著録。此書不全載經文，但每篇各立標題而逐條繫説，亦如其説易之例。凡虞書六十三條、夏書三十二條、商書五十二條、周書一百六十七條，前有康熙二十一年正月進書原序一篇，時英以翰林學士侍講幄，故因事敷陳，頗類宋人講義之體。其説多採録舊文而參以新義，如益稷篇，稱其有暨益稷之文，故借此二字以名篇，乃林希逸之説。甘誓篇稱啟未接行陣而能素明軍旅之事，足見古人學無不貫，乃吕祖謙之説。微子篇稱比干答微子之言，當無異於箕子，故不復著，乃孔安國之説。君牙篇稱古來制誥之辭，必自述祖功宗德，而因及其臣子之祖、父，此立言之體，乃朱子語類之説。至於高宗肜日爲祖己訓祖庚之書，西伯戡黎爲武王之事，皆不從蔡氏而從金履祥通鑑前編，頗總括羣言，不拘門户。其以牧誓庸、蜀、羌、髳、微、盧、彭、濮爲在友邦冢君外，舉小國之君連及之，而不用蔡氏八國近周西都、陳氏舉遠概近之説，以君奭爲周公、召公共相勉勵輔翼成王之言，而不用諸家留之慰之之説，則皆所自創之解，核諸經義，亦較爲精切。雖卷帙無多而平正通達，勝支離蔓衍者多矣。

書經衷論卷一

虞書

堯典 凡十條

堯典言聖人德業政事最爲渾淪，字字有太和元氣。首節言天德之純，次節言治功之盛。『乃命羲和』六節，敬天，以勤民之事也。聖人之政莫大於法天而順時。『疇咨若時登庸』二節，知人，以勤民之事也。聖人之政莫大於任賢而共理。末二節，一則求治水之人，一則求禪位之人。當時急務莫大於此二者，故並列之。聖心所涵，上而天，下而地，中而人，近而在廷，遠而繼世，無不周詳完備，而究不見其有經營之迹。此所以開萬世之治統，冠三代之典謨，與天地並垂不朽也與。

史臣贊堯之德，首曰『欽』，如萬派之有源，衆目之有綱，列宿之有樞極也。以之事天，則曰『欽若』；以之治民，則曰『敬』。授命治水之臣，則曰『往欽哉』。命觀刑之女亦曰『欽哉』。直以心源相示，更不別置一辭，可見此爲内聖外王之要領也。

『分命羲仲』四節，主於四仲之二分二至以立言。東南西北，所以定方位也。春分之出日，夏至之敬致，秋分之納日，所以考日行也。作訛成易，所以授民事也。日中、宵中、日永、日短，所以定日晷也。星鳥、星火、星虚、星昴，所以驗中星也。析因夷隩，所以覘民氣也。孳尾、希革、毛毨、氄毛，所以覘物變也。只此數語而詳密盡矣。後世月令、曆數諸書繁文夥説，有能出其範圍者乎？於此可見古人立法之密，亦可見古人文字之簡。

春秋舉二分，中氣也；冬夏舉二至，至極也。一則極短爲冬之至，一則極永爲夏之至。日永日短，不言宵者，舉日之永短而宵可知也。日中、宵中，互言也。古人作曆以日法爲主，故三言日而一言宵也。曆既作矣，又驗之於地，驗之於日，驗之於星，驗之於民物，皆所以考其曆之疏密，而惟恐其不與天合也。古人之謹於承天如是哉。『作』、『訛』、『成』、『易』四字，民事也，而天道四時之變化在其中。此所謂參天地贊化育也。

閏法以歸四時之有餘，歲差又以補閏法之不及。故蔡氏注歲差於閏法之後，所謂因天以求合，無百年不變之法者，此也。

治曆之法只用『朞三百有六旬有六日』一句，不待分晰而朔虛氣盈皆含蘊於其中矣。故下直接以閏月定四時成歲，更不費辭細繹，真化工之筆。

舜所誅之四凶在堯時，遂有三人在朝，如共工、如伯鯀、如驩兜。當時在廷交贊，或薦之若采，或薦之治水。堯雖知其不可，而卒未嘗驅而去之，意三臣之才實高出於當日之廷臣。堯能駕馭而用之。今觀『僝功』、『試可』之言，亦可以知其才之不凡矣。不然，何以當日三舉廷臣而四凶遂居其二哉。觀『庸違』、『象恭』及『方命圮族』之言，則知堯之知之者審矣。大約非才之不足恃，恃才妄作之人，當堯之時其惡未形，聖人如天地之覆載萬物，苟未至於傾覆，則亦姑待之耳。何嘗有心於其間哉。

六經，惟尚書最古。後世聖賢立論多本之。言心始於『人心惟危，道心惟微』。言性始於『若有恒性』，言志始於『詩言志』，言學始於『學於古訓乃有獲』。後人因而擴充之以盡其蘊，如大學三綱領，明德則克明峻德之謂也。新民則平章百姓之謂也。『止』字一見於益稷，一見於太甲。其曰『安汝止』者，爲聖人言之也，自然之止也。其曰『欽厥止』者，爲中材言之也，勉然之止也。修齊治平之説，檃括於『克明峻德』一節之内。皋陶謨所謂『慎厥身修，思永，敦叙九族，庶明勵翼，邇可遠在兹』，修齊治平之次第已盡矣。『惟皇上帝降衷於下民』，即所謂天命之謂性也。『若有恒性』，（注：若，順也）即所謂率性之謂道也。『克綏厥猷惟后』，即所謂修道之謂教也。『以義制事，以禮制心』，『不邇聲色，不殖貨利』，即所謂戒懼慎獨也。『山川鬼神亦莫不寧，暨鳥獸魚鼈咸若』，即所謂天地位萬物育也。子思、曾子蓋即古人之説而貫串整齊之，其義不能外也。故曰，六經者四書之淵源，四書者六經之門户。後人由門户以陟堂奥，一以貫之，亦庶乎其豁然矣。

丹朱曰『啟明』，是何等才辯，豈若後世庸愚之流，而堯却從才辯中見其嚚訟。共工曰『方鳩僝工』，是何等幹理，豈若後世偷惰之徒，而堯却從幹理中識其静言庸違。虞舜一側陋之夫，堯獨從其家庭蒸乂，而識其可以與天下。可見用人之道，寧德勝才，無才勝德。蓋辨之於本末誠僞純駁之間，而後不爲其所欺。只此數條，遂可爲千古用人之法。

舜　典　凡二十條

舜典首節統論其德。『慎徽』以下，言歷試之事。『正月上日』以下，言攝位之事。『月正元日』以下，言在位之事。『舜生』一節總言帝之始終，攝位之事。如觀天、祭祀、朝覲、巡狩、賞功、罰罪，次第舉行，聲明文物，視堯典時又不侔矣。

在位之事，詢岳咨牧，行政之大者也。『咨四岳』以下，用人之大者也。百揆以綱之，納言以維之，教養、兵刑、工虞、禮樂，燦然有章，秩然有序。慎簡於其始，考績於其終。一堂交讓，君明臣良。其言古穆沖和，所謂大含元氣、細入無間者也。

聖人之德非明無以臨下，沕穆既遠人情，詐僞日滋，況居天位之尊，馭萬方之衆，非至明之極，何以燭其幽隱，決其壅蔽。故贊堯首曰『欽明』，贊舜首曰『濬哲』。明乎其所重也。聖人之德無加於恭。故堯曰『允恭』，舜亦曰『温恭』。贊兩聖人之德，詞雖異而旨則一也。推之千百世，聖人亦無不一也。

堯舜之時，中天之時也。從前渾渾噩噩，熙熙攘攘，制作文章之事，待聖人而後興。天時人事俱不能安於簡樸，故堯曰『文思』，舜曰『文明』，禹曰『文命』。三聖人不能違時而行，邃古之事亦可知矣。豈至周而始尚文哉。

頑嚚、蒸乂、二女觀刑，試之於家也。慎徽五典，命之爲司徒之官；納於百揆，命之以百揆之長；賓於四門，兼之以四岳之任，試之於國也。堯之三載試舜者如此。舜以匹夫登庸視天下事，砉然而解，無足爲我難者，盛德大業不異光被之體，所謂『重華協於帝』也。孟子曰：飯糗茹草，若將終身；袗衣鼓琴，若固有之。蓋亦神遊於其氣象而不能名，言其德也夫。

古人觀人未有不觀其實事而僅聽其空言者，如堯之觀舜曰：『乃言底可績。』舜之觀禹亦曰：『成允成功，惟汝賢。』皋陶之論亦曰：『載采采。』故静言庸違爲聖人之大戒。後世觀人之識萬不及古人，乃徒以一時之言語取之，其何以收人才之用哉！

唐、虞之聖人爲治皆取法於天，故堯典首言『欽若昊天』。舜攝位之初，首齊七政，經星之麗於天者，終古不易。曆法之參差，儀器之轉運，惟在日月五星耳。故七政齊而經星不必言也。

類帝禋宗，輯瑞頒瑞，示與天下，更始爲神人之主也。律度量衡，五玉三帛，煌煌典禮，焕然一新，此之謂文明。

正月上日受終於文祖，恐只是告廟攝位之禮，而非致祭於羣廟也。類上帝之後，禮宜禋祀祖考矣。舜自攝位以來，禮義備舉，文物焕然，未有獨略於廟祀者，恐六宗正所謂三昭三穆也。蔡氏釋宗爲尊，其祀有六：曰時、曰寒暑、曰日、曰月、曰星、曰水旱。夫日月星宜從祀於類帝之時，餘亦當在羣神之列，不應特舉而言之，胡五峰取張髦之説，恐未可盡非也。

『象以典刑』一句，五刑之正者也。『流宥五刑』一句，五刑之疑者也。『鞭作官刑』一句，五刑之外，又有此輕刑也。『金作贖刑』一句，輕刑之中又有其當輕者也。『眚災肆赦』二句，又原其情之故，誤而權衡輕重於其間也。『欽哉』二句，總言慎刑之心有加無已也。文止三十七字，而仁至義盡，曲折周詳，不複不漏。後世刑書繁重不能出其範圍，洵化工之筆也。

詢岳闢門，明目達聰，攝位三十年，何嘗一日不如此，豈至即位後始然耶！治功盛矣，治化治矣。猶恐幽隱未達，察之益加，其詳訪之益致其周也。

食哉惟時，養也。柔遠能邇，教也。惇德允元，賞善也，而難任人，懲惡也。堯舜雖聖，豈能舍此而爲治哉。食哉惟時，柔遠能邇，安民也。敦德允元，而難任人，知人也。古帝之用心不越此二者而已。

舜之言曰『熙帝之載，時亮天工』，蓋舜之有天下，上承之於天，前紹之於堯。故止曰天之事，堯之事而已。所謂孟子語『巍巍乎有天下而不與』者也。

觀禹之讓百揆，則在於稷、契、皋陶。其後受帝巽位之命，亦惟讓於皋陶，則三臣之德之盛可知矣。舜之受禪也，在廷諸臣無有如舜之德之盛者。禹之受禪也，在廷諸臣如稷、契、皋陶德皆足以相媲，而無有如禹之功之盛者。故曰舜之受禪也以德，禹之受禪也以功。是以匹夫履天位，而與者不疑，受者不愧，旁觀者不忌，易姓改物而天下安之。後世之禪代，以權謀詭譎，奪璽綬於婦人之手，出詔書於謀臣之筆，其何以厭服天下後世哉！

虞廷命官兵統於刑，故曰『蠻夷猾夏』，又曰『寇賊姦宄』。禹曰『苗頑弗即工』。帝亦曰『皋陶方施象刑惟明』。蓋古者寓兵於農，兵特刑之大者耳，不專設官也。有事則命在廷諸臣領之，故禹以百揆之任，受命而征有苗。夏之甘誓亦召六卿，謂六鄉之卿也。至周始設司馬統六師平邦國，蓋前此尚未有專官也。

古之教人，强其志氣，束其筋骨，莫大於禮。涵養其德器，充悦其性情，莫大於樂。禮樂並重而樂之入人更微。故虞廷教胄子，專掌之典樂之官。周禮教人之官，亦曰大司成、大樂正。學校曰瞽宗，成童之事，亦曰舞象舞勺。蓋以此爲教人之大務，自朝廷以至里社，自少以至老，無日不沐浴淪洽於其中。後世以禮教者鮮矣。况以樂教者乎？所由雅樂亡而教化熄，兩弊之道也。

天之生材亦未有無一善者，所謂直寬剛簡是也。直則不能温，寬則不能栗，剛則恒至於虐，簡則恒至於傲。無教化以矯枉維持之，則日流於過而爲不善矣。故曰，治性者，必審己之所有餘而强其所不足。教人者以此爲準，庶幾無棄材也歟。

古人之詩無不可被之金石。詩經三百篇皆古樂章也。故命夔言樂始於詩。又曰搏拊琴瑟以咏，所咏者即詩也。工以納言，時而颺之。所納所颺者，即詩也。勸之以九歌，俾勿壞在治忽，以出納五言者皆詩也。惟其言志，故可以考人心之邪正，察風俗之貞淫，觀國家之治亂。傳所謂命師陳詩以觀國風者，此也。既有詩矣，又别其音調之長短高下則爲歌，然後和之以五聲，吹之以十二管，播之以八音，此非因樂而有詩，實因詩而有樂，則詩乃樂之源也。後世雅樂失傳，一代制作但求於管律之長短，鐘磬之厚薄輕重。是古人作樂以人聲爲主，而後世以器爲主，宜乎其紛紜聚訟，古樂之不復也歟。

十有二牧，親民型方之官也。故教之以教養勸懲之事。百揆庶官之長綱紀於上，故曰『奮庸熙載，亮采惠疇』。蓋奮勉而熙廣，亮明而惠順，而百度之綱維舉矣。養民曰時，因乎天也。教民曰敬、曰寬，因乎人也。制刑曰明、曰允，信乎法也。工虞曰若，所以順萬物之性也。典禮曰寅、曰清，所以爲事神祇之本也。典樂曰永、曰依、曰和、曰諧、曰倫，樂書精語莫逾於此。出納之司曰惟允，而總之曰欽。聖人於庶官之事，皆各得其精微簡易之理而直示之，詞約義該，爲後世官箴誥令之祖，所謂舜明於庶物者此也。

陟方，但言升遐耳。禹此時攝位已久。舜所謂耄期倦於勤，豈更有巡方至蒼梧之事？後世所謂湘君堯女，皆好事者爲之耳。

大禹謨 凡十八條

典、謨爲唐、虞、夏三代聖人之書，而實皆虞廷之書也。堯典成於虞史，禹謨陳於虞廷，故皆統之於虞書。二典記堯舜爲君之事，故稱之爲『典』，禹謨記大禹爲人臣時之言，故稱之爲『謨』，而别禹貢爲夏書，以明夏有天下之由也。

禹謨首節，史臣統言承謨之始。二節以下，承克艱之謨，帝不敢任而歸之於堯，益因帝言而又贊堯也。四節以下，禹承惠迪之謨，而益申言惠迪之條目也。於『帝念哉』之下，禹承善政養民之謨，而帝復歸功於禹也。『格汝禹』以下，帝欲遜位於禹，而禹讓於皋陶，帝因贊陶之功，皋陶不敢當而歸功於帝。帝復申贊之也。『來禹』以下，帝遜位於禹，而告以修身治民之要也。『枚卜』以下，禹辭而帝固命之也。『正月朔旦』以下，記禹攝位以及伐有苗之事也。前段記承謨之言，後段記巽位之事。當非一時之言，而史臣撮而書之耳。

承謨之首在克艱，天位之難履，誰不知之？而克之者幾人，朝乾夕惕，兢兢業業，無一念之敢弛，無一民之敢忽，而後謂之克艱。蓋始勤而終怠，非克也。外嚴而内疏，非克也。敬於大而忽於小，非克也。謹懔於危亂而縱逸於治安，非克也。制之不得其方，操之不得其要，非克也。故舜且不敢居而歸之於堯，曰：『惟帝時克。』克艱且難，而況於易視之者乎！易曰：『履虎尾，不咥人，亨。』夫子釋之以履帝位而不疚。噫！非帝位，其孰如虎尾之危乎！

惠迪之謨，修身之事也，故兼言吉凶。善政之謨，治人之事也，故兼言政教。聖人之政，始於農桑而終於禮樂。故六府養民，而終之以九歌也。

『儆戒無虞』是綱，下八條是目，曰罔者五，曰勿者三，皆直切禁止之辭。任賢而貳，與勿任同。去邪而疑，則必終爲其所惑。違道干譽，致與咈民從欲等。此所謂王道蕩蕩也。孟子論王道霸道之界限甚嚴，全從此處分別耳。

嘗言六經皆治世之書，獨詩以吟咏性情，美刺貞慝，似於治道爲泛。觀教胄子而始之以典樂，曰『詩言志』。觀養民而終之以九歌，曰『俾勿壞』。然後知詩之爲教極深遠也。天地以雨露濡澤萬物，日月照臨萬物，而非得風以動之，則萬物不生。聖人之教興於詩，成於樂，所以使人鼓舞涵濡而不自知者，詩之爲教也。故周至成、康之時，而後雅、頌興，王澤既湮，頌聲不作，詩豈易言者哉。必至於兔罝、芣苢，而後可以言風俗。必至於鹿鳴、天保，而後可以言君臣。皇華、采薇，君父代言其情。魚麗、甘瓠，臣子亦且爲客。蓼蕭、湛露，聯九土之勢於一堂樽酒之上，蓋至此而扞格束濕之風盡去矣。故曰言治至於詩教始成矣。秦漢以來，維持上下於法制禁令之中，僅僅無失耳。乖心厲氣隱伏於人心，而不能上通天地之和，時時溢爲災沴水旱，背畔盜賊，而無復太和元氣者職是故歟。

古所謂詩言志及所謂九歌，皆必實有其文。惜後世之不傳。卿雲、喜起之歌，殆即其遺響歟？厥後見於經者，惟五子之歌與皇極之敷言，是皆先三百篇而有者也。

克艱之善歸之於帝，九功之叙歸之於禹，風動之化歸之於皋陶。上則以讓善於君，下則以讓善於臣。此聖人之虛衷無我，所以稱温恭也歟。

『罪疑惟輕，功疑惟重』，聖人之善善長而惡惡短也。『與其殺不辜，寧失不經』，聖人之所以斷疑獄也。天地以生物爲德，聖人體天心而有好生之德，故於刑爲慎。後世處疑獄不能決者，曷不以此四語爲斷，亦豈有濫刑乎？

堯之言曰：『朕在位七十載，汝能用[一]命巽朕位。』舜之言曰：『朕宅帝位三十有三載，耄期倦於勤，汝惟不怠，總朕師。』此所謂日昃之離，前明將盡，後明將來之時，求人以繼其事，正所謂鼓缶而歌，不爲大耋之嗟者也。堯舜憂天下之心至深至切，脱使神仙可學，堯舜必將爲天下久存於世，而不必如是之亟亟矣。六經中原有了生死之理，人自未察耳。

惟危者，如覂駕之馬、放溜之舟，此心一縱，頃刻千里。惟微者，如水中之星、風中之燭，旋明旋滅，不可捉摩。惟精者，審擇之明，知也。惟一者，堅固之守，勇也。先言惟精，次言惟一，便是自明誠之學。

『可愛非君』，又曰『慎乃有位』。聖人何嘗不思永保天位爲可樂哉。至桀、紂而始不知君之可愛、位之當慎矣。『敬修其可願』，即民之所好好之，民之所惡惡之也。至桀、紂而始不知人之所願，而咈民以從欲矣。

性曰恒性，心曰人心、道心。蓋性無善惡，所以爲善爲惡者，皆心爲之也。故大學之教在正心，孟子之學在辨性。

地平天成，禹之功也。有大功於天地而能不矜不伐，禹之德之盛也。故曰：『予懋乃德。』

『朕志先定，詢謀僉同』，此乃古人卜筮之法。蓋卜筮止藉以證己之所見耳。志不先定，而惟鬼神之是從。人不協謀，而惟卜筮之是信，其何以斷大事乎！

三代誓師之辭，始見於禹之征有苗。『反道敗德』、『天降之咎』，正所謂從逆凶也。奉辭伐罪者，以此誓眾之辭，止於『一乃心力』、『其克有勳』而已。其與後世賞祖、戮社、孥戮、罔赦之辭，遂有今古之升降矣。

『誕敷文德，兩階舞羽』，此聖人之以文德懷天下也。七旬苗格，適當其時耳。豈因格苗而始敷文德乎，置梗化之人於度外，而不與之校，盛德之至也。如斗杓東指，天下皆春，苗民阻化之心凍融冰解，且不自知聖人，寧有心乎！

人世之最難格者，莫如家庭，尤莫如家庭之頑嚚。以其頑嚚也，則不可以理喻情感；以其家庭也，則不可以權格勢禁。暱而親之不可也，推而遠之亦不可也。聖人處此幾於無術，惟有號泣而已矣，惟有至誠而已矣，惟有負罪引慝而已矣。至於烝乂格姦，則聖人之心已通幽隱，貫金石。舜之所以升聞者以此，舜之所以感神者亦以此。至禹伐有苗弗服，益猶舉此以贊禹，洵乎聖人之絶德，而爲古今之所不可及也哉。

校記

〔一〕『用』，尚書通檢作『庸』。

皋陶謨　凡五條

皋陶首陳迪德之謨，以起帝之問而復詳言之：『身修思永』，即修身正心之事也；『敦叙九族，庶明勵翼』，即齊家治國之事也；『邇可遠在兹』，即天下平之事也。大學八條已具於此數句之内，後人特推衍而暢發之耳。

次陳『知人』、『安民』之謨，而禹贊美之下，復詳言其事也。知人安民，帝堯且難，況後世之君若臣乎？天下未有知其不肖而登用者，所謂亡國之君，莫不自賢其臣者，是也。小人之蔽君也有二：一則明知其非而樂其從諛，可以恣己之欲，所謂姑將以爲親者是也；一則智術深而機變巧，使人主入其中而不覺，前後左右，援結深固，皆其延譽之人。人主一嚬一笑，又代爲伺察，故其所謀畫無不曲當人主之意。其或有忠鯁不阿者，則陰使之日遠日疏。如唐德宗終身不知盧杞之奸，明英宗終身不知王振之惡，雖身經禍敗，猶不自覺，寇萊公不知丁謂而反引薦之者，何可勝數！使當時之論人，皆如千載後之讀史，黑白分明，賢奸朗然，則人亦何難知有天下，亦豈有覆亡之事！不知身當其時者，如重雲疊霧，前蔽後掩，至死不悟者，往往而是。小人有不虞之譽，君子當不韙之名，此古今之所深嘆，惟帝其難，豈不然哉！

皋陶謨中言治理極切實，只兩端而已：曰『知人』、『安民』，究之兩端中，亦只是知人一事最難，不能知人而言安民，如嬰兒赤子付之狠婦悍婢之手，而望其饑飽、時寢、處安、長養、成就，亦已難矣。人君者，天下之父母也。百姓之愚賤微弱甚於赤子嬰兒，長吏之酷虐貪殘倍於狠婦悍婢，無怪乎疵癘夭札不得其所者衆也。

不曰『萬事』，而曰『萬幾』，蓋朝堂之上一念之動，而四方治亂捷於影響。其發也，至微至隱；其應也，至大至速。故曰『幾』。易曰『幾者，動之微，吉凶之先見』者也。人主誠見於此，敢以慢心處之哉！

『典』、『禮』、『命』、『討』四者，國家之大務而一歸之於天，『天視』『天聽』二者，人主之所凛而一符之於民，彼愚賤其民者，其亦未之思乎！

益稷 凡十條

益稷一篇皆禹之言，而篇末終之以臯、夔。其以益稷名篇者，因篇中有暨益暨稷之語，所以别於大禹謨也。首承孜孜之謨，言治水粒食之艱而臯贊之。繼承安止弼直之謨，帝因其言，念臣鄰之重而申警之。禹又因帝之言，進以德化之盛，欲其任德而不任刑也。治定功成而樂作焉，府事修和而咏歌興焉。觀明良、喜起之歌，元首股肱之頌，一則曰愼，再則曰欽。可見唐虞之世大化翔洽，百昌茂遂，而君臣交警無怠無荒之心，始終貫注，萬川同源，總不外於帝堯欽明之德而已。嗚呼盛哉！

『決九川，距四海，濬畎澮，距川』四語，是禹貢一篇大規模，所謂治水先下流，使水有所歸，然後導其支流，使水有所泄也。『奏庶艱食』，即三壤成賦之義也。『懋遷有無』，即九土貢物之義也。禹貢中『導岍及岐』以下十餘條，即所謂決九川、距四海也。其詳於各州者，即所謂濬畎澮、距川也。此言其用功之次第，故先大而後小。禹貢言其成功之次第，故先小而後大，其實一也。

聖人最重者幾，故曰一日二日。萬幾曰維幾，維康曰維時。維幾，天下治亂安危之關，人材邪正進退之介。在人主廟堂之上，不過幾微念慮之間耳。失此不謹，遂至横決而不可收。故曰知幾者其神乎！

聖人舉事未有不順乎人情者，雖不肯違道以干百姓之譽，然舜之言曰『敬修其可願』。禹之言曰『丕應徯志』。蓋聖人最謹於承天。天不可見，見之於民。逆乎人，即逆乎天矣。豈聖人之所敢哉！

唐虞之治至於海隅光天，可謂盛矣。而當日始終强梗弗化者，莫過於有苗。觀舜典之言曰『分北三苗』。禹謨之言曰『三旬苗民逆命』。皋陶謨之言曰『何遷乎有苗』。益稷之言曰『苗頑弗即工』。禹貢之言曰『三苗丕叙』。可見終堯、舜、禹三聖人之時，苗頑時叛時服。故當日廟堂之上、君臣之間，日以此相警戒。於光天旭日之下，而猶有蠢頑不靈自外於聖人之化者，雖堯舜亦無如之何矣。然則，外患内憂，雖聖人亦不能無也，況後世之天下乎！

丹朱之不肖，非無才之謂也，有才而不勝其德之謂也。故放齊稱之曰『啟明』，而堯曰『嚚訟』，禹之舉丹朱以爲戒也，曰『傲』，曰『虐』，曰『罔水行舟』，曰『朋淫於家』。由今思之，大約其人恃才妄作而不安於義理之恒者，故堯知其不可以君。天下如鯀、如共工、如驩兜，皆當世所稱有才人也，而天位之讓終歸之齋栗之舜，平成之功終歸之勤儉之禹。自聖人如堯舜尚不敢用有才之小人，而曰『畏乎巧言令色』如此，況後世之天下乎！

虞廷之臣皆皋、夔也，豈有面從後言之失。虞廷之君則大舜也，豈有丹朱傲虐之憂。而當日君臣之警戒，若此叢脞墮惰，堯舜之所不諱而不累其爲聖。予雄予智，桀、紂之所日聞，而不掩其爲愚。然則，直言果奚損，諛言果奚益哉！

『安止幾康』，聖人之心法。止，即知止之謂也。幾，即能慮之謂也。康，即能得之謂也。幾者意之誠，康者心之正、身之修。特典、謨之言渾融，未易尋其畦徑次第。大學分而析之以示人，究其精義，則一也。

上衣下裳之制始於黄帝，想其時便有九章之飾。故曰『予欲觀古人之象』。蓋非始於舜也。五采當是染五色之物，有此五種，故曰以五采彰施於五色。

玉磬琴瑟人聲列於堂上，管鼓笙鏞列於堂下，樂中貴賤之等也。感神感人感物皆樂和之所致，而神人屬之堂上之樂，鳥獸屬之堂下之樂，所以尊祖敬賓而分言之也。『簫韶九成，鳳凰來儀』，是韶樂既成，曾有鳳儀之瑞，故特舉而言之也。樂中惟磬最難調，故夔兩言之。詩云：『既和且平，依我磬聲。』蓋以磬爲準則也。

書經衷論卷二

夏書

禹貢 凡十四條

『奠高山大川』五字，一篇之綱也。此下或言高山，或言大川，大略不出此二者。次言九州，條分縷析而言之也。次言導山，又次言導水，合天下山勢水勢而言之也。『九州攸同』以下，總言經理之大，文簡而事該，言約而旨明，錯綜變化，章法字法真千古文字之宗。

河始入于冀，所謂『既載壺口治梁及岐』是也。經于豫，所謂『伊、洛、瀍、澗，既入于河』是也。入海于兗，所謂『九河既道』是也。河之所由者，此三州也。

江、漢發源于梁，所謂『岷嶓既藝，沱潛既道』是也。會于荆，所謂『江漢朝宗於海，九江孔殷，沱潛既道』是也。入海於揚，所謂『彭蠡既豬』、『三江既入』是也。江、漢之所經者，此三州也。

濟發源於豫，所謂『滎波既豬，導菏澤，被孟豬』是也。入海於兖，所謂『雷夏既澤』是也。濟之所由者，此二州也。

淮雖發源於豫而至徐，始見從徐入海，所謂『淮沂其乂，蒙羽其藝』是也。淮之所見者，此一州也。

涇、渭、漆、沮、灃發源於雍，而即從雍入河。伊、洛、瀍、澗發源於豫，而即從豫入河。汾、漳、恒、衛發源於冀，而即從冀入河。小水之見於青者，濰、淄也。見於兖者，灉、沮也。文勢雖錯綜變化，而水道之所由者不外此數條耳。禹所謂『決九川，距四海』者此也。

水發源於西北，西北高而多山，故於冀紀壺口、梁、岐，梁紀岷、嶓、蔡、蒙，雍紀荆、岐、終南、惇物、鳥鼠諸山，所以紀水之出也。水入海於東南，東南下而多澤，故於兖紀雷夏，徐紀大野，揚紀彭蠡、震澤，荆紀雲夢，豫紀菏澤、孟豬諸澤，所以紀水之歸也。

禹貢中多稱既者，蓋從水土既平之後而歷指之也。故曰言成功之次第，而非用功之次第。觀先言決九州、距四海，後言浚畎澮、距川，知大禹施功必先在下流。不然，下流無所泄，而先欲治其上流，雖神禹，其安能與水爭乎？

禹貢八州之貢物，有稱厥貢者，指通州之所貢而言也。有稱厥篚者，是貢而加之以篚也。有稱地而貢者，如岱畎之絲枲、鉛松、怪石。羽畎之夏翟，嶧陽之孤桐，泗濱之浮磬。三邦之箘簵楛，皆以產其地者爲良，而非取於通州也。有必待錫命而後貢者，揚州之橘柚，豫州之磬錯是也。不常用之物也有，有則納錫於上者，九江之大龜是也。不常有之物也，其取於遠方者，島夷之皮服、卉服，萊夷之檿絲，淮夷之蠙珠暨魚，西戎之織皮，皆服食輕便之物。所以明人主不貴異物之意，亦止以示服遠之威而已也。

分列九州，實以則壤成賦爲重。其中叙述山川，乃言水患既除，而田始可耕治也。究竟治水次第，盡於『導岍及岐』數節，所謂總天下之大勢而言之也。禹貢貢道，冀州由海入河，所謂『夾右碣石入於河』是也。揚州由海入淮，所謂『沿於江海，達於淮、泗』是也。可見海運自古不廢。今荆、揚之粟北實天儲者，獨不可倣沿於江海之法，從天津入河，不猶然夾右碣石之故道乎？況海運之法，歷元明行之，今亦可講求遺法，以爲漕運之一助也。

『導岍及岐』四節，雖曰導山，實則因山以導水，言山而水在其中矣。導岍及岐至於荆山，是使三山之水流於渭而入於河也。導壺口、雷首至於太岳，是使河流北入於海，而汾水東入於河也。導厎柱、析城至於王屋，是使河水北入於海，而濟水西南入河也。導太行、恒山至於碣石，是使太行之水入河，恒〔二〕水入滱，至碣石河口海濱之地而止焉。雖則導大河北境之山，實導大河北境之水也。

導西傾以及朱圉，使桓水入江而東入海；導鳥鼠以至太華，使渭水入河而北入海。導熊耳以及外方，使伊水入洛而北入河；導桐柏以至陪尾，使淮水入河而東入海。雖則導大河南境之山，實導大河南境之水也。

嶓冢梁州之山，漢水所出，餘皆荆州山。又漢水所經，雖云導江、漢北境之山，實則導漢水也。岷山，江水所出。衡山、敷淺原，江水所經。雖云導江、漢南境之山，實則導江水也。

王畿千里之地，所以供天子之賦税也。采邑尚在王畿之外，所以供天子之卿大夫也。外而五百里爲侯服，小以附内，大以衛外。又外而五百里爲綏服，文以安内，武以威外。又外而千里爲要荒，君子治内，小人居外。先王經理天下如指諸掌，弘闊精微，周慎完密，夐乎其不可及矣。雖畫疆分宇如此，而德教之淪洽，則無間於親疏遠邇。故曰東漸西被，朔南暨然。聖人初不敢恃德化之盛，而稍疏其大小相維之制。蓋恐德化有時而衰，子孫循其制度，猶可安而守也。禹貢之密處，當與周禮參看，而後古聖人之用心，始可得而見爾。

校記

〔一〕『恒』，原缺，據四庫全書本補。

甘誓 凡四條

禹之伐有苗，僅曰『三旬苗民逆命』，至甘誓始有大戰之文。有扈，天子之諸侯也，而敢於陳師鞠旅，與天子之六卿戰。後世叛亂之端，實自有扈開之，君子於此可以觀世變焉。

禹之伐有苗，曰『天降之咎』。啟之伐有扈也，曰『天用勦絶其命』。帝王舉事未有不稱天者，況興師動衆之大乎。『今予惟恭行天之罰』，正所謂天討有罪也。天者何，理而已矣。古人最重天時，堯典首曰『欽若昊天』，舜典首曰『以齊七政』。今有扈之『怠棄三正』，乃不奉正朔，罪之大者。羲和之『叛官離次，俶擾天紀』，即有胤侯之征。故天子謹於承天，諸侯懍於從王，皆莫大乎正朔。

甘誓乃後世誓師之始也。賞祖戮社之文肇見於此。至曰『予則孥戮汝』，嗚呼甚矣。禹之誓師不過曰『其〔二〕尚一乃心力，其克有勳』，如是而已。曾幾何時，而風俗氣象迴然不同乎。

夏啟繼世而爲天子，伯禽繼世而爲諸侯，未嘗身經戡定，皆能素明軍旅之事，如甘誓之言曰：『御非其馬之正，汝不恭命。』是能真知行陳之道者，費誓之言軍儲紀律尤爲詳密，足見古人雖處崇高富貴，而學無不貫，不似後世之虛文無益也。

校記

〔一〕『其』，尚書通檢作『爾』。

五子之歌 凡九條

自古奸雄竊人家國，未有無所因者。物必先腐也而後蠹生之。人必元氣不固，而後風寒邪氣得乘間而入。使人君勵精於上，民心固結於下，雖有奸雄，其何所萌其覬覦乎？故五子之歌，一則曰『黎民咸貳』，再則曰『因民弗忍』。然後知有窮，雖有篡國之謀，實因民心而動也。故歌之首篇曰『民惟邦本，本固邦寧』，正與前二句相發明。漢高因秦民之怨，唐宗因征遼之師，自古興亡治亂，其孰能無所因？人君愼無以祖宗之赤子爲奸雄之所憑藉哉！

商周以前，人君以逸豫失國者，始於太康。今考其所由，大約外作禽荒是也。史臣記之曰：『田於有洛之表，十旬弗反。』内有强臣篡國，而乃耽於盤遊如此，五子之中，仲康在焉。今觀其言，知邦本祖德之重，色荒禽荒之非。其能肇位四海也宜矣。

〈歌五章之意，首言民心之不可恃，如朽索之馭六馬，至危也。次言天位之不可恃，敗德之事，有一於此，未或不亡，至決也。三言地勢之不可恃，同此冀方，陶唐由之而興，今日由之而敗。四言祖德之不可恃，烈祖爲萬邦之君，子孫有覆宗之禍。五則致其感怨之意，親親之仁，愛君之義，皆有之矣。

『怨豈在明，不見是圖』。居人上者，最宜體察人君之權。一日未去，則萬民之怨一日不知。故有毒惡流於四海，憤疾深於肌髓，而廟堂之上宴然而不之覺者，所謂敢怒而不敢言是也。明皇，禄山之變，田間老人曰：『草野之臣知有今日久矣。』吁！天下之人知之，而明皇一人不知也。及乎天下之怨，人君得而明見之，則已權移勢去，雖欲極力拯救之而不能矣。不見是圖，非清心寡欲，明目達聰，其能知之乎？

『内作色荒，外作禽荒。甘酒嗜音，峻宇雕牆』，此四者，非便足以亡國，但有一於此，則君志由之以荒，而小人因之以進。天下未有君志荒、小人進，其國不亡者。開元之治可謂盛矣。當時止因内作色荒，而楊國忠之徒因之以進，遂使從前憂勤惕勵之主，化而爲荒耽叢脞之君，釁糵潛滋，奸生肘腋而不覺。古人之言，寧不信哉！

蓋人君一心，萬事之權衡也；人君一身，威福之大柄也。此心一有所著，則權衡之準漸失；此身一有所倚，則威福之柄漸移。天下小人嘗多於君子，讒佞嘗嫉夫正士，特人主秉心清明，持身堅固，則彼環而伺之者無隙可入耳。四者之端一開，則因利乘便，引類呼羣，一時並進矣。小人進，而君子始不敢居其國矣。千古危亡之階，未有不由乎此。故曰有一於此，未或不亡，非過也。

先儒有言曰，聖人言善惡成敗，猶醫師之辨藥性。某物食之殺人，某物食之損人，而人卒未有犯之者。至色荒禽荒、甘酒嗜音、峻宇雕牆，昔王之垂誡昭於日星，嚴乎斧鉞。人顧不惜而身試之。豈聖賢之典謨不確於神農本草之書？而人之愛國家不如其養生也。特未之深思耳。

典則是舉其大者而言之，鈞石是舉其小者而言之。言祖宗之法，所以貽謀後人者，小大具備，本末無遺，特後人不能遵守，至於覆絶耳。豈前人之咎哉！

『百〔一〕姓仇予，予將疇依』。正與『民惟邦本，本固邦寧』相對。蓋人未有無所託者，子託於父，婦託於夫，臣託於君，皆卑託乎尊。獨人君託於萬民之上以成其尊。所以成其巍巍之勢者，皆由於芸芸之衆。德則我后，而萬方戴之；不德則我仇，而萬方去之。故易曰君子『以厚下安宅』，孟子曰『民爲貴』之義如此。

校記

〔一〕『百』，尚書通檢作『萬』。

胤征 凡五條

天子之權莫大於征伐。今觀書之言曰：『仲康肇位四海。』又曰：『胤侯命掌六師。』又曰：『尚弼予，欽承天子威命。』此時仲康征伐之權蓋未嘗失也。後人因仲康爲羿所立，或疑羲和爲黨羿，而仲康翦其羽翼，或疑羲和貳於羿，羿特假天子之權而征之。於書皆未有明文，意當時羿因民弗忍廢太康而立仲康，亦如霍光之廢昌邑立宣帝耳。此時篡奪未形，天子之大權未去，羲和有罪而征之，未見其黨羿，亦未見其貳於羿也。

古人凡得至於人君之前者，未嘗不存規諫之義，官師相規不待言矣。下至百工，猶執藝事以諫。其有敢以淫巧非度蠱惑君心者，鮮矣。唐弓人木理不正之對，柳公權心正筆正之語，柳柳州之梓人傳、郭橐駝説，其猶執藝事以諫者歟。三代立法皆有不諫之刑，見於夏書者，曰『其或不恭，邦有常刑』；見於商書者，曰『臣下不匡，其刑墨』。所以懲阿諛而警唯諾者至矣。後世移其刑於諫者，而移其賞於不諫者，何怪乎治道之不古若也。自是諫官失職，不過取譏於士君子耳。嗚呼！其有以辱臺之罰罰之者乎！

『火炎崑岡，玉石俱焚。天吏逸德，烈於猛火』。可謂極言用兵之害矣，古人之言曰：非以勝之，將以安之。又曰，非害百姓也，去其害百姓者而已。故曰：『殲厥渠魁，脅從罔治。舊染汙俗，咸與維新。』蓋亂臣賊子非人人而爲之也，不過二三渠魁而已。有脅從者焉，有汙染者焉。一則迫於其威，一則陷於其黨。刑所當刑，而赦所當赦。一則體上天好生之德，一則安反側疑畏之志，仁智兼盡之道也。後世得一城而屠之，以至亂定而株連無已，其與『咸與維新』之意大異矣。

君子體仁足以長人，又曰『寬以居之』。治體以寬爲主，而濟之以嚴。獨胤征有『威克厥愛，允濟。愛克厥威，允罔功』之言，蓋專爲行師而言之也。行師之際，將用其死力，藉爲腹心，姑息恣縱之弊由此而起，驕悍猛鷙之氣以爲固然。雖明知其淫焚殺掠，亦姑視爲無可如何，不嚴加檢束者有之矣。蘇子曰：『聚天下不仁之人，授之以不仁之器，教之以殺人之事，莫過於行師。』古人鑿凶門而出，良有以也。更少寬假焉，其爲暴寧有紀極乎？傳曰『師出以律』。又曰『不用命者，殺無赦』。然後知行師之道，以威克厥愛爲至切當也。古人片言居要，莫過於此。

大禹之伐有苗，曰『反道敗德』，『天降之咎』。啟之伐有扈，曰『怠棄三正，天用勦絶其命』。仲康之伐羲和，曰『昏迷於天象，以干先王之誅』。皆未嘗明言其叛逆之罪，而但以得罪於天者言之，所以明其爲天討，非爲一己之仇而討之也。蓋古人立言之旨如此，所謂奉辭伐罪也。或者遂疑失次之罪，不至於用兵紛紛聚訟，亦未深究古人立言之義矣。

商書

湯誓 凡四條

湯誓者，成湯誓師於亳之辭也。其曰：『非予〔一〕小子，敢行稱亂。』又曰：『予畏上帝，不敢不正。』何其詞之恭也。故先儒謂湯之數桀也恭，武王之數紂也慢。今觀泰誓之言，嗚呼！何其盡哉。而所謂後世口實之懼亦且無之矣。君子以此論商周之際焉。『予畏上帝』，湯之言也。『予弗順天，厥罪惟均』，武王之言也。致開後世奸雄篡竊之漸。莽之言曰：『今予獨迫於上天威命。』操之言曰：『果天命在我，吾其爲周文王乎？』聖人舉事，致使後世之人得藉之爲口實，豈非聖人之不幸哉！

合觀尚書所載誓師之詞，禹之詞温，甘誓之詞簡，胤征之詞煩，湯誓之詞懼，泰誓之詞慢，牧誓之詞謹，費誓之詞小，諸侯之體也，秦誓之詞慚，霸王之略也。

湯、文之時，亳都西土之民，日在聖人德澤之内，而未罹桀、紂之荼毒，如沍寒霜雪之中，而有暢和温燠之室。居此室之人亦且忘之矣。故湯誓之言曰：『夏罪其如臺。』又曰：『我后不恤我衆，舍我穡事，而割正夏。』周文王之詩曰：『王室如燬，父母孔邇。』蓋小民之見狹隘，止知爲其身謀而已。聖人以天下爲心，一夫不獲，時予之辜。況天下之大，咸被一人之毒，雖違衆而有所不恤矣。夏臺之罰與羑里之囚，先後如出一轍。不如此，則獨夫之惡不極，而聖人救民之心不迫耳。

校記

〔一〕『予』，尚書通檢作『台』。

仲虺之誥　凡六條

仲虺釋湯之慚，但陳天爲民立君之意，而初不及君臣之義。蓋明於天人之理，則其不得已之心自見，慚不待釋而自釋矣。曰『惟天生民有欲』，『天生聰明時乂』，『天乃錫王勇智』，言天之愛民，民之待君，如是其切。天既爲天下萬民而生湯，即欲不救民水火而不可得。此通篇之大關鍵也。

生民有欲，無主乃亂。必得無欲之人，始可以立極而制防之。惟王不邇聲色，不殖貨利。此正無欲之衷，可以爲民極者也。無欲則其聰不蔽，其明不虧，而可以時乂。有欲則昏矣。此正昏明之别，亦即勇怯之關，三者固有一貫之理。然則，智勇乃時乂之本，而無欲又智勇之本與，六經言仁始於此。蓋無欲即仁，此三達，德之淵源也。

『惟天生民有欲，無主乃亂』，『惟天生聰明時乂，與惟天地萬物父母，惟人萬物之靈，亶聰明作元后』之言，前後若合符節。兩聖人惟見此理最真。民不可一日無主，天命所在不敢違，故敢於犯不韙之名，發大難之端，而爲千古所諒。不然，其與後世之僭竊者何以異哉。

『日新』之言始見於仲虺之誥。凡人志氣奮發、精神振作，莫不有自新之一日，或隔日而故矣，或轉念而故矣。平旦之氣，一時之新也。日月之至，一日一月之新也。惟聖人徹首徹終，光明洞達，如新拭之鏡，絶無纖塵，故曰日新。易曰：『剛健篤實，輝光日新。』其德非剛健篤實，其能自强不息若此乎！

『以義制事，以理制心』。此聖人惟精惟一之心。傳所謂湯、武身之者，此也。兩『制』字正古人陡截用力處，所以爲裁度萬變，總攝萬念之準。欲敗度，縱敗禮，正與此反。此聖狂之分路也。

『惟王不邇聲色』一段，美王已有之德也。『佑賢輔德』以下，迪王未盡之功也。始則釋湯之慚，終則告以保治之道。『簡賢附勢』，言桀必無容湯之理。『葛伯仇餉』，言民久有待湯之心。古人釋慚之道如是而已。至君臣大義，則不敢一言及之，亦所以存千古之大防也。

湯　誥　凡四條

虞夏言天，至上帝之稱，始見於湯誓，曰：『予畏上帝。』再見於湯誥，曰：『維皇上帝。』又曰：『惟簡在上帝之心。』千古言性實始於此。禹之所謂『和衷』，湯之所謂『降衷』，皆性也。言天尚近於虛，至稱爲上帝，則若實。有人尊居於上，有形聲可見，有提命可奉者，所謂『顧諟天之明命』，亦於此可見矣。『維皇上帝降衷於下民』，即天命之謂性也。『若有恒性』，若者順也，即率性之謂道也。『克綏厥猷惟后』，綏者安也，即修道之謂教也。中庸一書，全旨皆不出於此數語。信乎爲聖人之格言也。

伊尹，耕莘之夫，湯三聘而起，尊之曰『聿求元聖』，以布告天下。古人之尊禮其臣者如此。伊尹亦曰：『惟尹躬暨湯咸有一德，克享天心。』古人之自任者如此。故曰：伊尹，聖之任者也。

成湯既克夏，至於商，此時天下大定矣。而湯發爲誥誡之言，以與天下更始者，慄慄危懼，上援天命，下結人心，中引己過，遑遑乎如將或失之。其言曰：『其爾萬方有罪，在予一人。予一人有罪，無以爾萬方。』嗚呼！何其辭之慼哉。武王克商之後，遂無此等氣象矣。卒至四方多事，殷頑不靖，而後發爲大誥、多士、多方之言，較古人更費詞矣。君子以此觀商周之治亂焉。

成湯作君作師之道，及保邦致治之謨，俱見於湯誥一篇，精微宏闊，剴摯敬慎。商書嚴肅，此篇有焉。

伊訓 凡四條

太甲繼成湯之後，其最可爲鑒者，莫如夏之子孫。故言夏先后之懋德，其爲皇天眷命者如此，而子孫弗率，皇天降災者又如此。後嗣其可恃成湯之德而不加警懼乎？周公洛誥諸篇全摹倣此等處，所謂取鑒於近也。

風愆之儆，最切於修身正家之要，懲分窒欲之學。成湯既有天下，制爲法度，以垂示子孫臣民，使有所遵守，而又立爲臣下不匡之刑。其言曰『有一於身，家必喪，國必亡』，與五子之歌所謂『有一於此，未或不亡』，皆斷然其言之。古人之見此至確，而戒此至厲。厥後之子孫，猶有以此亡其國者。

仲虺之誥曰：『纘禹舊服。』伊訓之言曰：『肇修人紀。』所謂人紀，即唐、虞相傳典禮秩叙之事。虞、夏皆以治繼治，無所煩其修救也，至湯伐夏以有天下，以亂繼治。故曰『肇修人紀』。

五子之歌其言色荒禽荒、甘酒嗜音、峻宇雕牆之戒至矣。即三風中之巫風、淫風也。至湯又益之以亂風四條，一曰『侮聖言』。聖賢典謨訓誥之言乃人主之律令格式，循之則治，悖之則亂。如菽粟之養人、鴆毒之傷生，確然而無可疑。其顯而悖之者，侮也。即陽奉之而陰違之，或疑其未必然，或倖其偶不然，皆侮也。二曰『逆忠直』。天下忠直之人難，而忠直於人君之前者更難。忠直於聖明之朝者難，而忠直於濁亂之朝者尤難之難。此其人必不惜利害，不顧身家，卓然奇異，世不恒有之士。故後世人主失德之事甚多，而殺諫臣者必亡。此逆忠直之所以爲大戒也。三曰『遠耆德』。國家有耆艾老成，更事久而人望孚，所以爲國之幹、家之楨，平居有矜式之益，臨事有糾繩之功。古人所謂垂紳正笏，不動聲色，而措天下於泰山磐石之安者。人君疏遠之，則新進喜事之人競進，而聰明亂舊章之弊必生矣。此國家之大害也。四曰『比頑童』。狎暱小人，日損而不覺，古人比之如火銷膏。此數條不獨人君當銘於丹扆，即卿士大夫亦當勒於座右。伊尹之言詳明，激厲上智中材，尊卑貴賤皆可守爲法程，況有國有家者乎！

太甲上中下 凡十條

三篇皆史臣記伊尹之言，故首篇多史臣叙事之筆，始曰『不惠』，繼曰『罔聞』，終曰『未克變』。見伊尹諄諄教誡，至再至三，而嗣王之不惠者如故，不得已而有桐宫之遷。按：伊尹之相太甲，異姓大臣而能行放桐之事，至於改過遷善，而後有冕服之迎，視置君復辟，若其家事然。太甲不疑，舉朝不忌，天下諸侯無有起而争之者。周公以叔父之尊輔相成王，而流言起於家庭，漂摇及於王室。何伊尹爲之而易，周公爲之而難？嘗思伊尹當日氣象，從耕莘而來，天下望其風采，舉世諒其生平。成湯稱之爲元聖，嗣王奉之爲阿衡。太甲居桐三年，正居喪之三年也。古有冢宰總己之禮，故伊尹藉而行之，迄乎終喪改過，伊尹遂退歸私邑。其德望素孚而進退大節復卓然不苟如此。故行非常之事，而人不知疑懼。豈後世奸雄所得藉口者哉！

君相相倚，爲治者也。有君而無相，則有叢脞廢弛之憂。有相而無君，則有猜疑讒間之害。二者之弊，皆至於小人用事，危亂其國而後已。故伊尹深知嗣王之不惠，則己必不能安其位，行其志，故先曰：『自周有終，相亦惟終』，『罔克有終，相亦罔終』。嗚呼！君臣之際非始之難，而終之爲難，旨哉斯言！其於君臣遭遇之間知之審矣，豈獨望責其君之言哉。『儉德』、『永圖』，上篇告誡切要之語止是矣。所謂『欽厥止』者，正謂此也。蓋亦知太甲之縱欲敗度必至於此，而預爲戒之也。

『皇天眷佑有商』，只此三語，便使伊尹歡欣擁戴之意千載如見，具此種忠愛真摯，而後放桐之舉不爲人所疑，真化工之筆也。太甲悔過之言，亦可謂迫且切矣。非心知其前此之非而能如是乎？故曰：『太甲悔過，自怨自艾。』

尚書中言仁、言愛敬、言誠、言孝、言日新、言典學、言鬼神，皆始見於商書，遂開聖學萬世之統，孔門之垂訓於世者，大略皆不外乎此。其誡祖契之遺訓、成湯與伊尹之家法歟？三代聖人世祀至今不絕者莫如契，豈非垂教人倫之功與天壤無極也哉！

『與治同道罔不興，與亂同事罔不亡。始[二]終慎厥與，惟明明后』。旨哉斯言！人君但以終日所行之事，平心易氣，衡之於古，不存一毫自恕自覆之念，果此事爲堯、爲舜、爲湯、爲武，即欲不躋世於唐、虞、三代，不可得也。倘此事爲秦皇、爲漢武、爲隋煬，即欲不同於秦隋末季，不可得也。苟所行盡輓近世主之事，而自欲治登於三古，諛誦之者至比於聖帝明王，豈非上下相蒙哉。

後世人臣進説於君，類以失德爲諱，以危亡爲戒，侈陳祥瑞之言，絶口隕覆之語。今觀伊尹之告太甲，危亡之言多，而治安之言少。此猶曰中材之主也。至舜、禹之聖而猶有四海困窮、天禄永終之戒。漢時章奏尚有流涕痛哭之語。後世忌諱愈密，卒之福祚久遠，亦萬不逮古人，亦獨何益哉！

人君之大務，莫難於聽言。凡天下是非、邪正、愛憎、毁譽，其交至於吾前者，皆言也。言本萬端，而此心少有所蔽，則順逆之見横塞於中，益紛擾而無可紀極矣。惟一準之以道，如鏡之明，如衡之平，持之極定，守之極堅。凡諛言之至，非不足欣悦也，而揆之以非道，則如鴆酒毒脯，遠之惟恐不速，況敢溺其甘與諛乎！凡正言之至，非不足畏憚也，揆之以道，則如良藥砭石，非此不足以愈吾疾，則就之惟恐不親，況肯憚其逆己乎。提一道字爲主，如昏暗之室一燈獨照，滄海之舟一車指南。任彼嘗之者萬端，而我應之者至簡。心平氣和，理明識定，而天下無不可聽之言矣。人君能味此數語以察天下之人，則亦庶幾其不惑矣。

上篇之大旨在儉德，中篇之大旨在法祖，下篇之意則詳告以致治保位之道，聽言謀事之方。末又引起己去位辭寵之意，然後知太甲自遷善以後，得爲有商之令主者，伊尹之功居多也，稱爲元聖，豈偶然哉！

天之所親，民之所懷，鬼神之所享，則天位由此而安。天之所不親，民之所不懷，鬼神之所不享，則天位由此而危。然天無常親，民罔常懷，鬼神無常享，轉移予奪，只在一念之間，故曰天位艱哉。

校　記

〔一〕『始終』，尚書通檢作『終始』。

咸有一德　凡七條

中之名見於虞書，而庸之名見於一德篇。此中庸之名所由肇也。至後世聖人又暢言之，曰庸言、庸行、庸德。庸即常，庸德即一德也。天下之味有萬，而莫庸於菽粟。天下之美有萬，而莫庸於布帛。三綱五常，人生之布帛菽粟也。人生一日離布帛菽粟，則不可以生，乃以珍玩珠玉爲好，人生一日離三綱五常，則不可以生，而乃以奇邪詭異爲好。豈不愚且悖哉！

日新之訓始見於湯銘，又見於仲虺，又見於伊尹之告太甲。然則日新之學，乃有商君臣之所世守服習者歟？

一之名始於惟精惟一之訓，而暢發於咸有一德之篇。書之所謂一德，即大學之所謂至善，中庸之所謂一善至誠，皆此義也。故對二三而言，一則誠，二三則僞矣。一則純，二三則雜矣。『德無常師，主善爲師』，注謂：一本散爲萬殊，正唐虞之所謂惟精。舜之好問好察，執兩端，孔門之所謂擇善，顏子之所謂博文也。『善無常主，協於克一』，注謂：萬殊歸於一本，正虞廷之所謂惟一。舜之用中，孔門之所謂固執，顏子之所謂約禮也。中庸全部之義，放之彌於六合，收之不盈一掬，或分或合，爲隱爲費，皆從此推出耳。

一德篇中或言常德，或言庸德，或言一德，或言日新，或言一心，而總之以一爲主，故曰『協於克一』也。

篇中一德爲綱，而一德之中又有三義。『德無常師』一節，取善之道，修身之要也。『任官惟賢才』一節，用人之要也。『無自廣以狹人』，聽言之要也。三者備，而人君之道全矣。大約語皆精微，較之太甲三篇更進一層。

『其難其慎，惟和惟一』二語，足以盡千古任人之道。蓋未用之前不可忽，既用之後不可疑。未用之前而忽之，恐小人足以混君子；既用之後而疑之，恐小人足以間君子。其難之義有二，既考其行事，復察其中藏。其慎之義亦有二，度其才之所宜，而不可誤於委任；度其時之所宜，而不可躁於見功。惟和之義有二，優之以禮貌，弘之以聽納。惟一之義亦有二，待之以至誠而内外如一，保之以有終而久暫如一。能如此，當無用非其人與用人而不能盡其才之患矣。

用人之道貴嚴，而聽言之途貴寬。故曰：『匹夫匹婦不獲自盡，民主罔與成厥功。』正芻蕘不棄之意也。後世濫於用人，而登進之途雜；嚴於聽言，而獻納之途寡。殆與古人適相反矣。

盤庚上中下 凡七條

盤庚遷殷，當時小民非不願從之，而特有累朝之世家大族安土重遷，顧造爲語言以惑當時之愚民。百姓之中有明於利害而欲遷者，則又阻塞其言而不使上達，故盤庚三篇之意，皆爲有位者而發，其兼言民者，特並進於庭而連及之耳。且其人又皆世有功德於朝廷，爲國家之舊臣，不可以刑格勢驅，乃反覆曉譬，徵色發聲，動之以先王，動之以乃祖乃父，動之以禍福，動之以刑罰，詞愈複而意愈厚，必欲使之悦於從己而後已。嗟呼！三代而後，秦爲棄灰徙木，法在必行，至刑加於太子之師傅，而有所不恤。試與此參觀，而知王道霸道之分途矣。

遷都之意非好爲苟難，總不過求民之安耳。舊都將圮，新邑可懷。故後二篇，一則曰『往哉生生』，再則曰『生生自庸』。雖其中言刑罰處甚多，要不過見之空言，而非忍實用之也。自秦漢以後設爲刑賞，不終朝而驅民之從己，寧若是之煩且重哉。聖人非不知此逸而彼勞，而寧爲此，不爲彼者，以赤子待其民，而不以仇讎待其民也。後世奉天之詔，武夫悍卒聞而灑涕，其猶有此風也歟？

『若顛木之有由蘖』乃三篇之大旨，所謂『予迓續乃命於天』，『往哉生生』皆此義也。傲上從康，有位之大戒。首篇之『猷黜乃心』，正窺見羣臣之至隱而發其覆也。

自古言鬼神者，始於伊尹之告太甲，曰：『鬼神無常享。』又曰：『山川鬼神亦莫不寧。』大約商人尚鬼實由於此，故盤庚中篇歷歷言鬼神以警動其臣民，真覺洋洋如在。其後高宗尤崇尚祭祀，有以也夫。

三篇之中末遷之詞嚴，曰：『今其有今罔後，汝何生在上。』又曰：『用罪伐厥死。』又曰：『邦之不臧，惟予一人有佚罰。』又曰：『罰及爾身弗可悔。』皆所以黜其傲上從康之心也。將遷之詞裕，曰：『今予將試以汝遷。』又曰：『予迓續乃命於天，予豈汝威，用奉畜汝衆。』所以作其遷徙之氣也。既遷之詞慰，曰：『罔罪爾衆，爾無共怒，協比讒言予一人。』又曰：『嗚呼！邦伯師長百執事之人，尚皆隱哉。』所以憫其去舊即新之勞也。一張一弛，或緩或急。古人其敢徑情率意，以貴役賤，以智加愚乎？讀盤庚三篇，不能不慨然於秦漢之間也。

盤庚中語極難解者，如『起信險膚』、『弔由靈』、『敢恭生生』、『叙欽』之類，自是當日方言如此。要其文字之層巒疊嶂，往復留連，則所謂謦欬如聞，形影如見者也。

文字之佶屈聱牙者，無過於盤庚三篇。今讀其言，纏綿往復，味之愈永，意厚而思深。故不覺其言之複也。

説命上中下　凡九條

説命三篇中，君臣多罕譬之語，實開後人喻言之體。如所謂『若金用汝作礪』，是欲其磨礱德性也。『若濟巨川，用汝作舟楫』，是欲其弘濟艱難也。『若歲大旱，用汝作霖雨』，是欲其膏澤萬民也。『若作酒醴，爾惟麴糵。若作和羹，爾惟鹽梅』，是欲其可否相濟調燮幾務也。『股肱惟人』，是欲其君臣爲一體也。取譬皆有意義，而明良相須之實盡於此矣。高宗真能明於元首股肱之義者哉。『若藥弗瞑眩，厥疾弗瘳』，知苦口之益也。『若跣弗視地，厥足用傷』，知措履之難也。高宗於治道人情已極通曉，故傳説所告皆極精微，較之伊訓、太甲又不侔矣。『惟木從繩則正』，高宗以喻言啟之，故傅説亦遂以喻言答之也。傅説居於版築之間，今亦不知其所學何事。但觀其對君之言，如『不惟逸豫，惟以亂民。惟天聰明，惟聖時憲』，真能通徹治道本原，而爲萬世不磨之論。如『爲學遜志，務時敏。厥修乃來，允懷於兹。道積於厥躬』，乃醇然大儒之言。後世論、孟諸書，論學皆從此出，真古之善於立言者。

先儒謂高宗舊勞於外，當必深知傅説之賢，後欲舉而相之，恐無以服天下之心，而託之於天帝之夢賚，理或然也。但古人亦有因夢而得相，如黄帝之於風后力牧者也。亦有因卜而得賢，如文王感非熊之占，而得太公望於渭濱是也。古來聖賢之遇合原非可以常情測。史記云，高宗得傅説，與之語，果聖人，於是立以爲相。蓋必有深觀於氣象詞語之間，果非常人，而後用之，非盡憑於渺茫不可知之數。春秋之時，尚有立談數語而取卿相者，亦不必疑夢賚之事爲盡無也。後世人主既難於知人之明，而天下人情詐僞滋多。如古人度外之事亦萬不可學，不如歷試洊登之爲當。王莽以圖緯用將相，遂使屠沽販負驟躋顯仕，爲千古所譏，固不足道矣。光武尚以緯書命三公，亦獨何哉！

高宗知天下之大，非可以一君理，而人君之職莫大於擇相。其勤求深念於宅憂恭默之中者至矣。精誠所格，志氣所孚，鬼神通之，亦理之所有，不然，高宗亦何必託於帝賚之神奇，以懾俗而驚愚乎。況商俗尚鬼神，觀盤庚屢舉先王及羣臣之祖、父以立言，亦其風俗然也。

觀説命三篇，説所以望高宗者固殷，而高宗之所以待説者亦至。『啟乃心，沃朕心』，非明主能爲此言乎？人臣朝夕左右，貴明乎沃心之道。以理義悦心而不存乎形迹，以誠信感孚而不争於口舌。驟而語之不可也，貴需之以時日。迫而折之不可也，貴養之以從容。有時而巷遇，有時而牖納，有時而主文詭諫，有時而因事進規。二事並論，則舍其小而趨其大，順其美而覆其失。寄開導於彌縫之中，隱救正於將順之内。不獨天下之人不能知之，並人君亦不知也。不獨君不知之，並己亦不知也。何有於智名勇功，何有於抗顔觸忌。此之謂『啟乃心，沃朕心』。噫！此豈一朝一夕之故，躁人淺夫之所能哉。

説命三篇，上篇史臣記相説之由及命説之詞也，中篇説所以告君者，首言天爲民立君臣之意。『惟口起羞』一節，言治體之大也。『惟治亂在庶官』一節，言用人之要也。『慮善以動』三節，言飭幾微，戒驕逸也。『無啟寵』以下，修身之道也。『黷於祭祀』，時政之失也。而總之以『非知之艱，行之惟艱』，所以告之以政體者至矣。下篇則因舊學之言，又告之以爲學之道。『學於古訓乃有獲』，一篇之旨也。前後篇中内聖外王之旨，列如指掌，非聖賢而能若是乎。故高宗直以伊尹之事業望之曰：『罔俾阿衡，專美有商。』而説亦直任之曰：『敢對揚天子之休命。』君臣之間水乳融洽，蓋由高宗天資學力俱到，只待傅説一加開導，而言言有針芥之投，固宜其光於史册也。

『無啟寵納侮』一語，最有深意。人君養尊處優，端拱淵默，孰敢有起而侮之者，惟是寵待小人，狎昵賤士，則蔽其聰明者有之矣，誘以匪彝者有之矣，竊其威柄者有之矣，假其嚬笑者有之矣。親之則無所忌憚，遠之則肆爲怨誹，是皆侮也。而誰其納之？實自啟寵納之。古人暬御左右，必擇端人正士。蓋君子受恩則感，小人受恩則驕。君子重大義而忘小嫌，小人忘大恩而記小怨。君子之心寡欲而易足，小人之心無厭而不知止。故寵者，侮之根也。侮者，寵之報也。人君深念於此，能不懔然悟哉！『無恥過作非』，可見過本無非。惟恥之，則愈加掩飾護匿而後成非。則其非也，恥過之心作之也。分過與非而爲二，俱見立言之妙。『惟天聰明』，此語習聞而實創。皋陶之言曰『天聰明自我民聰明』，尚言天以百姓爲視聽也。此則實言天有聰明之德，而人君當取法之。若人臣則但敬順君之道而已。其言宏闊而精微，探原索本之論也。

贊湯之聖者，曰『從諫弗咈』。傅説之答其君，亦曰『后從諫則聖』。從來國有諫臣，皆爲吉祥善事。主德愈明，諫者愈多。主德愈聖，諫者愈直。所謂聖朝無闕事，而諫書稀者，慨世之無諫者也。人君當以有諫諍之臣爲喜，以無諫諍之臣爲憂。倘直言不聞，則當反而自思，或吾有咈諫之名，不然，決無有所行皆盡善，而無一可言之日也。如此，庶乎逆耳之言得聞於前矣。

高宗肜日 凡三條

高宗肜日篇序謂高宗祀成湯之廟。成湯，遠祖也，則與『罔非天胤，典祀無豐於昵』之言不合。蔡注謂高宗祀禰廟之時，有雊雉之異，似矣。但觀祖己有『先格王正厥事』之言，又曰『不若德，不聽罪。天既孚命正厥德』，乃曰『其如臺』。恐高宗賢君亦不待如此言之而後入。且觀太甲、盤庚之類書中，亦無以廟號名篇者。其稱廟號宜爲高宗廟中肜祭之日，故通鑑前編因史記之言，繫之於祖庚三祀，謂祖己訓祖庚之書，與蔡注不同，似爲得之。

『惟先格王正厥事』，乃大臣進規之道。此所謂惟大人爲能格君心之非。典祀豐昵之過，不過欲邀福於鬼神，以冀永年之心耳。故首以『天監下民，降年有永有不永』正之，使之明於降福自天，永年在義，孽祥可畏，瀆祀無益，則其過不待正而自格矣。若源之不浚，但於事而爭之，其能有濟乎？

『王司敬民』，正所謂先成民而後致力於神是也。蓋天子何職？以敬民爲職。天以民付之於君，祖宗以民付之後嗣。職守莫大於此。乃曠其職守，墮其統緒，雖日奉牲帛以見天、祖，神不且吐之乎！故前以典義格其心，而後以敬民正其事。其言甚簡約而義理完備，足見古大臣之學術矣。

西伯戡黎 凡三條

西伯戡黎，注以爲文王，宋儒謂武王亦稱西伯，疑其爲武王。今觀其言曰『天既訖我殷命』，則其詞何迫也。紂曰：『我生不有命在天。』是亦無可如何之言也。當文王之時，商辛之惡方張，西周之勢未盛，羑里之囚，獻地之請，皇皇畏罪之不暇，安有稱兵於畿内之諸侯，而商之君臣如是其震動者乎？且文王崩，武王嗣，立十三年而始有盟津之舉，亦安有情事若是之迫切，而紂猶能容之於十三年之久乎？祖伊之言定當爲陳師牧野之時，而非西伯專征之日可知也。通鑑前編繫之於武王，允當矣。

國家之敗亡，其始必有水旱災傷，使人民流離失所，皆放棄其良心，違越其典常，而後兵革隨之，敗亡因之。此皆由天心之厭棄而後至於斯極也。故祖伊舉此以明敗亡之符，而絶不言及於戡黎之事，見兵戎之在外者易靖，而民生風俗之壞於内者大可憂也。强國之陵逼者可輓，而天命之既去不可輓也。特因戡黎之時而痛切言之耳。『我生不有命在天』，正所謂矯誣上天也。人主稱天以出治常也。興朝之主稱天，而失德之主亦稱天。興朝之主畏天而稱之也，失德之主恃天而稱之也。畏天者，天懷之。恃天者，天覆之。千古至可信者此天，而至靡常者亦此天。譬如奸貪之吏，其所恃以侵奪百姓者，原恃人主之爵禄也。一旦罰及於身，則今日削奪刑戮之君命，非即前日寵榮洊加之君命乎。吁！蓋可類觀矣。

微子 凡二條

微子一篇，乃微子與箕子、比干相與憂亂之詞。今讀其書，但著微子、箕子之言，豈比干無所言哉？蓋比干之以諫而死，其義易明。其答微子之言，當自無異於箕子。故可以不復著也。箕子之諫與比干之諫自同，特比干死而箕子偶不死耳。比干其初當亦無必死之心也。聖賢處人家國，必求其事之有濟與其道之所安，不苟爲一死以塞責，如後世苟息之所爲也。大約其時箕子、比干於商爲元臣，故以臣之道自處。微子於商爲宗子，故以子之道自盡。臣之道莫大於救危亡，子之道莫大於存宗祀。比干非徇名，微子非避難。三人之心昭然如揭日月。故孔子曰『殷有三仁』，皆從此章『人自獻於先王』看出也。公孫杵臼謂程嬰曰：『死易，立孤難。子勉爲其難者。』公孫杵臼死，而程嬰復死，遂開後人輕生徇名之弊，爲聖賢所不道也。

從古政亂俗偷，則其國未有不危亡者。善醫者，不視人之肥瘠，而視人之脈理神氣。脈理既亂，神氣既耗，則雖壯盛，特需時耳。故紀綱風俗者，人身之脈理神氣也。微子與箕子之言，但曰：『殷罔不小大，好草竊姦宄。』又曰：『今殷民乃攘竊神祇之犧牲牷。』其時民心之悖叛紛擾，蓋可知矣。即以此爲淪喪必至之勢，初未嘗舉敵國外患以爲言也。其曰：『我用沉酗於酒。』又曰：『我其發出狂。』非止臣爲君諱之文。大臣與國同休戚，與人君共腑膈。凡君之過，何莫非身之過乎？但視爲不敢斥言，猶淺矣。

書經衷論卷三

周書

泰誓 凡七條

湯武當革命之初，故其誓師之言，皆首舉天命立君之意。湯之言曰：『惟皇上帝降衷於下民，若有恒性，克綏厥猷惟后。』武之言曰：『惟天地萬物父母，惟人萬物之靈，亶聰明作元后，元后作民父母。』兩聖人之言若合符節，既明乎天所以生人之意，又明乎人所以奉君之意。自不以天位爲可樂，而以百姓爲可憂。聖人作而萬物睹之氣象，於此大可見矣。三代聖人皆真知此理，知天下芸芸萬類不可一日無元后、父母之戴。故堯之皇皇而求舜，舜之皇皇而求禹，湯之不得已而伐夏，武之不得已而伐商，舍天下之至美，而不惜犯天下之不韙而不辭。伊、傅之所以匡君，孔、孟之所以憂世，皆明於天地生民之故，而不敢一日自暇逸也。漢唐以後，易姓改物角材，而臣惟力是視而已。高帝入關之言，首曰：『父老苦秦苛政久矣。』猶有救民水火之意。至於作君作師之大義，更有能舉而明之者乎！

『惟天地萬物父母』一節，分明是太極圖説一篇。『骨子妙合而凝』以上一段，便是惟天地萬物父母。『惟人也，得其秀而最靈』一段，便是惟人萬物之靈。『聖人定之以中正仁義而主靜，以立人極』一段，便是亶聰明作元后，元后作民父母。聖賢立言皆非無所本，特在擴而充之耳。西銘一篇全從此數語衍出，故言雖寬而不覺其泛也。

湯誓之言曰：『予畏上帝，不敢不正。』泰誓之言曰：『予弗順天，厥罪維鈞。』聖人豈藉口天命，而爲此矯誣上帝之語哉。蓋天生聖人之德以爲萬民之主，湯、武既有其德矣，而又居諸侯之位，豈有目擊桀、紂之荼毒其民，而漫無一動念者乎？湯之囚於夏臺，文王之囚於羑里。當時必湯、文數諫而逢其怒，又忌二君之得民而欲翦滅之。如書所云：苗之有莠，粟之有秕也。湯、武之言皆若有所禀受於帝，承命於天，而爲此斷然不可已之詞。聖人之自信豈偶然哉！

泰誓曰：『天佑下民，作之君，作之師。』作之君者，紀綱法度以整齊之是也。作之師者，修身遵禮以化導之是也。唐、虞之所謂『於變時雍』，『四方風動』，『民協於中』，皆是以師道表率之。湯之所謂『表正萬邦』，『式於九圍』，『建中於民』，亦此義也。三代而後，凡所謂法令科指以求盡乎君道者，概未之備。即有英君誼辟出而經營天下，求詳乎臨御之道者，則有之矣。求如聖人之以義制事，以禮制心，師道自任者，蓋未之聞焉。程子所謂知求治而不知正君，知規過而不知養德，良有味乎其言之也。

人君之所以自託於天下者，天而已矣。所以自信爲得天者，民而已矣。泰誓三篇於天與民之際，獨反覆言之。首言『惟天地萬物父母』，又曰『元后作民父母』。此探本之言也。又曰：『天佑下民』，『天矜於民，民之所欲，天必從之。』其二篇曰：『惟天惠民，惟辟奉天。』又曰：『天其以予乂民。』其數商紂之惡也，亦曰：『自絶於天，結怨於民。』又從而合論之，曰：『天視自我民視，天聽自我民聽。』明乎人主無邀天之法，而止有乂民以格天之事。爲人君者，致思於此，其亦惕然不敢不敬百姓矣。

湯數夏桀之罪無費辭，但曰『夏王率遏衆力，率割夏邑』而已。至泰誓之數紂，何其辭之盡也。既曰『焚炙忠良』矣，又曰『播棄犁老』，又曰『剥喪元良，賊虐諫輔』，殆亦近於複矣。湯誓猶有『非予〔一〕小子敢行稱亂』之言。武王直曰：『取彼凶殘，我伐用張。』牧野之師其與鳴條之役，氣象蓋大不侔矣。故湯、武同以誅伐得天下，而蘇子獨論武而不及湯，有以夫。

『於湯有光』，朱注但云比於湯之伐桀，猶有光焉。蔡注則云武之事質之湯而無愧，湯之心驗之武而益顯。是則伐商之舉，豈不於湯爲有光？其意蓋謂桀無道而成湯放之，紂無道而武王伐之，皆以救天下爲心。由武王今日之事觀之，而成湯不得已之心益顯明於天下而無疑。其説近於委曲迴護，且未有伐其人之子孫，而反有光於其祖考者，不如朱子之説爲顯明平易也。

校記

〔一〕『予』，尚書通檢作『台』。

牧誓　凡三條

先儒謂牧誓一篇嚴肅而温厚，與湯誓、誥相表裏。蓋謂其數商王之罪，但云『惟婦言是用』，『惟四方之多罪逋逃』，『崇長信使，『俾暴虐於百姓』，未嘗明言商紂之惡，故謂之温厚。『今予發』以下三節，戒其輕進，妄殺殺降，故謂之嚴肅。愚謂牧誓之言，特泰誓三篇之所未發者舉而言之耳。泰誓但云『作奇技淫巧，以悦婦人』。至此方云『惟婦言是用』也。泰誓但云『尚迪果毅』，至此乃將戰之時，訓之以步伐止齊之事，究竟與泰誓亦非有差别也。『庸、蜀、羌、髳、微、盧、彭、濮』，蔡注謂八國近周西都素所服役，乃受約束以戰者。大全陳氏謂文王化行江漢，自此而南。故八國皆來助，舉其遠，則近者可知。二說不同。予觀其文勢，蓋在友邦冢君之外，舉蠻夷小國之君而並及之耳。故於『千夫長百夫長』之下而以『及』字連絡之，謂之曰『人』所以别異於友邦冢君之稱也。羌、髳、微在西蜀，在周千里之外，恐不可言近；庸、濮在江漢之南，亦不可謂遠也。

戊午河朔之師，重於戴商之罪，蓋以臣伐君，義近於不順，非明於『虐我則讎』之義，則何以鼓友邦冢君之氣，而堅微、盧、彭、濮之心？故泰誓三章重在聲罪致討，援天命祖德以告之。至甲子商郊之陳，則師旅之氣奮矣，故略於數商而謹於自治。步伐止齊之法，一則欲其臨事而知懼，告之以無敢易之心。一則恐其氣奮而輕進多殺，告之以無敢肆之心。泰誓之言，請暴之義也。牧誓之言，行師之勇，止戈之仁也。觀周書而三者亦可見矣。

武成 凡八條

觀商、周革命之際，而知禹、湯之德之盛也。商之初曰『纘禹舊服，兹率厥典』。周之初曰『乃反商政，政由舊』。蓋禹、湯之所服行，乃千古不易之道。特其子孫不能守而隕越顛覆之耳。湯、武之奉若天道，即湯、武之率由舊章，雖欲强而易之不能也。此三代之所以一道同風，而非後世之所能及者與？

武王之數紂也，曰：『乃惟四方之多罪逋逃，是崇是長，是信是使。』又曰：『爲天下逋逃主，萃淵藪。』迹其行事，大約如後世吴王濞之所爲者。紂既爲天下主矣，所謂有罪逃匿之人，果何從來哉。愚竊意四方諸侯之臣，有奸邪側媚貪暴無行，得罪於其國之君民，而皆以紂爲淵藪，諸侯莫敢過而問之者。是以爲大夫卿士皆時必實有其人，實有其事，而後世無從考也。

武成篇中讀至『釋箕子囚，封比干墓，式商容閭，散鹿臺之財，發鉅橋之粟』，一時取天下氣象，如日星之焕發，啟蒙昧爲昭明。時雨之滂沛，變枯槁爲潤澤，萬物熙熙然而作睹。讀至『偃武修文』，『示天下弗服』，『列爵惟五，分土惟三』，『敦信明義，崇德報功』，定天下規模如泰山之鞏固，磐石之四維。子孫有所憑藉，以爲不拔之業。臣民有所信守，以爲久安之計。只是數語，包括一代大制作，可悟史筆之妙。

『九年大統未集』，先儒謂文王受命稱王九年而崩，武王嗣位，合居喪三年，共爲十有三年而伐商，是文王不應稱王而稱王，不應改元而改元，武王應改元而不改元。歐陽子言之詳矣。究竟書所謂九年者，不知何所指歟？通鑑前編謂此文王專征之九年也。文王以己未年賜弓矢專征，至丁卯武王嗣位，是謂九年，故謂大統未集。至泰誓之十有三年，則專指武王之即位十有三年也。其説似較漢儒爲長。此歐陽子之説，而今通鑑前編悉從之。

湯之放桀曰：『聿求元聖，與之戮力。』武之伐紂曰：『予小子既獲仁人，敢祇承上帝，以遏亂略。』何其言之合轍也。二君將舉非常之事，犯千古不韙之名，非得賢人君子以爲之輔，則上無以取信於天，中無以自決於己，下無以固結於民。故湯得伊尹而興，武王得太公望而王業成。綱目書張良歸漢、諸葛亮從先主，皆以爲受命之所自，有以哉。

人君之失人心，莫大於戕害正人、聚斂民財二者，紂皆爲之，民怨亦已深矣。武王初得天下，恩澤未及於商民，急急焉惟此二者爲先務。蓋崇賢禮忠，以快小民是非之正；散財發粟，以救小民剥膚之災。但即紂之所行而反之，彼之所以失，即我之所以得。如秦民最苦苛法，而漢高首除之。關中之基實定於此。以楚之强，終不能與之争，得民心故也。究之治天下守天下之大端，亦不出此數事而已。

愚謹按：武成一篇前四節，總叙其伐商之始終。『王若曰』以下，皆誥誡諸侯之辭，篇名曰武成，本非言用兵之事，乃武功既成，而大誥天下也。『王若曰』一節言國家累世功德，爲得天下之本。『底商』三節皆述其告神之辭，言奉天伐暴，非己之所得私也。正與湯誓『予小子履』一節相似。『恭天成命』一節言東征之時，民心嚮應如此。正與『葛伯仇餉』一節相似。『惟爾有神』一節言伐商之事，見定天下之易，武功之所以成也。『惟爾有神，尚克相予，以濟兆民，無作神羞』，正與湯誥『上天孚佑下民，罪人黜伏，天命弗僭』之語相類。『列爵惟五』一節末告以定天下之規模，正與湯誥『凡我造邦，無即〔一〕匪彝』，『各守爾典，以承天休』同意，俱作誥諸侯之辭，猶覺完備。若依考定武成以『王若曰』二節作誥諸侯之辭，止於自述先德。末節又以爲史臣之辭，文意亦不相連束，且其間缺略多矣。愚意細繹似不必改移，及觀大全所載之説，朱子亦謂不必改移，亦自可讀。又曰『王若曰』以下，固是告羣后之辭，兼叙其致禱之辭，亦與湯誥相類。爲之豁然。

『一月壬辰』既云初二日，則四月不應有丁未。朱子云：考曆數，是年當有閏月，理或然也。日食盡曰食既。『既生魄』是言其魄之既足，晦日是也。若以爲望日，當曰『哉生魄〔二〕』，而不可言既生魄以爲晦日，則前後文義不舛。且由廟而郊，然後受命於周，當時次第，或亦當如是也。

校　記

〔一〕『即』，尚書通檢作『從』。
〔二〕『魄』，尚書通檢作『明』。

洪範 凡二十條

商自契爲堯舜掌教民之事，傳數百年而生湯，繼世賢聖之君六七作，其臣如伊尹、仲虺、傅說、甘盤，又皆能發明古先王之道。故凡後世所稱道德學問之語，原始於商書者甚多。且其故家遺俗、流風善政久而不墜。蓋其道法之相傳者久矣。武王定天下，首訪於箕子，而箕子初不以王室之裔，勝國之老，更姓改物，稍以爲諱。武王拜手而訪之，箕子拜手而陳之，皆不以爲嫌者。蓋斯道在天壤間，如五岳之撐拄，四瀆之流通，不可以一日廢道。在箕子而武王不詢之者，非也。箕子不陳之者，亦非也。蓋道者，天下之公而非一身一家之所得而私也。箕子能爲武王諱哉！厥後微子封於宋，數十傳而生大聖人。迄今宇宙間世族可考者，由契而湯，由湯而微子，由微子而孔子。由孔子而今日，世受爵土與天無極者，惟此一氏一族而已。嗚呼！豈非教思之遺澤獨遠哉。

『天乃錫禹洪範九疇』，漢班固、劉歆輩遂謂『初一曰五行』以下六十五字皆龜背之文。此固斷然知其爲誕而不經，不可信矣。歐陽公謂河圖、洛書皆由後人之附會，則亦未敢盡然也。大易明言：『河出圖，洛出書，聖人則之。』豈可謂盡無其說，且亦不必謂其無也。愚謂九疇之理原自涵於大禹之心，特偶因此一端觸發，而配之爲九類耳。龜書之自一至九者數也。乃當時天錫之瑞，以啟聖人。洪範之『一五行』以至九福極者，理也。乃聖人所配之言以答天心，理自理，而數自數，不必過爲牽合。理因數顯，聖心因天心而發。想河圖衍易亦如是耳。正如孟子所云：『聞一善言，見一善行，若決江河，沛然莫之能禦也。』何必謂其無而辨之哉。大抵大聖人制作之初，觀象於天文、山川、鳥獸者皆是也。河圖列於東序者，後世因河圖爲聖世之瑞，故畫之爲宗器耳。何可疑哉！

以洛書之位而言，自一至九而無五，五虚位也，而皇極居焉。一之五行，四之五紀，七之稽疑，探皇極之本於天。二之五事，八之庶徵，端皇極之修於己。三之八政，六之三德，九之五福、六極，溥皇極之用於天下。一篇之中，言天、言身、言民，三者貫通無間，皆所以成皇極之體用於天下也。

五行有生之序，水、火、木、金、土，是也。有生之性，潤下，炎上，曲直，從革，稼穡，是也。有用之德，作鹹、作苦、作酸、作辛、作甘，是也。三者備，而五行之大者具是矣。五事有見之序，貌、言、視、聽、思，是也。有秉之德，恭、從、明、聰、睿，是也。有發之用，肅、乂、哲、謀、聖，是也。三者備，五事之要者具是矣。八政則但言其序，而先後之義已該。五紀則惟詳其數，而大小之序自見。惟皇極無數可紀，而爲諸疇之要，故詳其辭。皇極之所以建無可言也，於五事三德盡之矣。但以民人之感應歸極與否，驗其極之建與不建而已。蓋人君之德，非但自有諸身之爲德，而合諸天下之爲德也。『時雍於變』即堯之德，『從欲風動』即舜之德。故《詩》曰：『日用飲食，羣黎百姓，遍爲爾德。』脱使天下之大，四海之廣，有一人不遵於極，爲治之累即爲極之累。故曰：會其有極，歸其有極。而後謂之建極也。篇中三言『凡厥庶民』，蓋反覆爲此百姓耳。由建極以斂福，由斂福以錫福，有道之君，貌、言、視、聽、思皆全乎恭、從、明、聰、睿之德，而協於雨、暘、寒、燠、風之應。故斂之於身者，有期頤之壽，有豐亨之富，有恬豫之康寧，有上聖之好德，有全歸之考終，此所謂斂福也。由是世路清夷，風俗熙皞，無淫濫之刑，無兵革之禍，無夭札疵癘之災，而人皆壽而考終矣。無水旱之祲，無横暴之賦，無盜賊之擾，無侈靡之害財，無螟螣之害稼，而人皆富矣。無力役之勞其形，無憂患之驚其心，而民皆康寧矣。無莠民之誘其耳目，無亂政之眩其視聽，無慆淫匪彝之汩没其良心，無僭賞濫罰之揺惑其心志，而民皆好德矣。此所謂錫福也。必如此而極始建。天子爲民父母，以爲天下王之責始盡。堯、舜之世，民皆仁壽，成、康之代，刑措不用，非錫極之效乎？不錫之以五福，即錫之以六極矣。極與福相反也，而正相待也。故繼福而言極，於皇極但言斂時五福而不言極，蓋已在其言外矣。

人生福德相因並重，而人君尤甚。故皇極言極，即言福。若桀、紂之君，先不能斂福於其身，又安能錫福於庶民乎？故欲錫福，先自斂福始。天保之祝君以福，即天保之祝君以德也夫。

洪範九疇，雖有界限可尋，而其中言天道、言人事、言君德、言王道，渾淪融貫，不可分其畛域，要當合而觀之。

『敷錫厥庶民』，君錫福於民也。『於汝極，錫汝保極』，民又以其福上答於君也。君民共在於福之中，故曰『斂福錫福，會極歸極』。至治之世無佗，不過君與民如一父之子，一人之身，呼吸相通。海宇近於堂陛，赤子登於衽席而已。至亂之世無佗，不過君與民相視如路人，秦越休戚不相關而已。故曰近天子之光，皇極之大義如是。

觀武王與箕子篇首問答之意，總在彝倫之攸叙而已。九疇雖該括，而大約以建極錫福爲叙彝倫之本。五事所以建極也，三德則調劑乎此而已。稽疑庶徵則考驗乎此而已。八政五福則從此推之耳。

聖人不强人以所不能。故曰：『惟厥正人，既富方穀。爾弗能使有好於而家，時人斯其辜。』五福之次曰富。周書曰『資富能訓，惟以永年』。天下未有生計不給而可與爲善者，絶世之廉潔，聖人不以律人。故易曰『苦節，不可貞』。古人之慮此至審也。漢詔亦曰：小吏禄薄，求其無侵漁百姓難矣。昔人養其廉，而猶不能禁人之貪，况明啟以貪之路乎？信乎『好於而家』乃爲政之大節也。

『無偏無陂』一節，乃有韻之語。當是古帝立爲敷言以教天下之人，而箕子特引之，以明皇極之義。其下又兩舉極之敷言，以見臣民訓守之篤，以終皇極之義也。

正直之用一，剛柔之用四，『强弗友剛克，燮友柔克』，所以治之也。『沉潛剛克，高明柔克』，所以教之也。治之者，抑其有餘。教之者，輔其不及。因天下有過不及之人，而聖人有剛柔之用。其要歸於皇極而已。

威福，人君之所以馭天下；玉食，人君之所以享天下。馭天下者，存乎權；享天下者，存乎福。人臣而竊其權，覦其福，鮮未有不敗者。害於而家，凶於而國，此古今不易之理。而奸雄跋扈之臣至死而不悔者，何也？人君而至以威福讓於臣下，其能不殆且亡者，幾希矣。人君無所爲威福，奉天之威福，以施於天下，參之以人，則私矣。人臣無所爲威福，奉君之威福，以佐於天子，參之以己，則過矣。君臣之事一天之事，故曰：『時亮天工。』人君且不敢以威福自專，況人臣乎。

卜筮之用，主於衍忒決疑。至人生當爲之事，無疑無忒，其何卜之有？古人之禍福，緣是非而定。君子以是非爲禍福，後人判是非與禍福爲二。以卜筮爲趨避之端，則失之遠矣。人謀鬼謀，究竟以人謀爲主，非舍卿士庶民而專聽命於龜筮也。

由貌、言、視、聽、思而有雨、暘、燠、寒、風之應，古之言災祥徵驗者始於此。『王省惟歲，卿士惟月，師尹惟日』。王與卿士、師尹皆有天下國家之責，其舉動皆有關於生民之休戚。故其氣所蒸鬱能感召於庶徵，非王與卿士、師尹之喜怒足動乎天地，乃生民之休戚有關於天地也。盈天地間者，更無佗物，生民而已。其休戚與天通，如嬰兒之居母腹，呼吸相應者然。乃生民不能自爲休戚，上而聽於君，下而聽於卿士，又下而聽於師尹。此君與卿士、師尹所以感動乎天之故也。安得不兢兢哉？

中庸之所謂參天地贊化育，不過從五事庶徵推衍之耳。信乎洪範一篇，爲聖學之樞要也。

貌，水也，故爲雨之應。言，火也，故爲暘之應。視，木也，故爲燠之應。聽，金也，故爲寒之應。思，土也，故爲風之應。貌潤澤於外，故恭則時雨，狂則恒雨。言宣揚於外，故乂則時暘，僭則恒暘。視散布於外，故哲則時燠，豫則恒燠。聽收斂於中，故謀則時寒，急則恒寒。思不寄於五官而爲主於中，無微不入，無遠不屆，如風之散於四時萬物也。故聖則時風，蒙則恒風。狂與恭相反，恭則動容必謹，狂則瞻顧失度也。僭與乂相反，乂則有倫有要，僭則悖理傷道也。豫與哲相反，哲則視遠惟明，豫則怠而爲物所蔽也。謀與急相反，謀則聽德惟聰，急則迫而爲小人所中也。聖與蒙相反，聖則表裏洞達，蒙則憧憧往來也。五行五事庶徵渾而爲一，在天者賦於人，在人者感乎天。總之，人處天地間，爲天地間之一物。其氣一日不與天地通，則枯槁矣。其心一日不與天地順，則悖逆矣。本大也而自以爲小，本通也而自以爲隔，本神奇也而自以爲腐朽，亦獨何哉！

雨、暘、寒、燠、風外，咎之徵有關於一歲之得失者焉，有關於一月之得失者焉，有關於一日之得失者焉。關於一歲者，天子召之。關於一月一日者，卿大夫召之。天子有一統之義，卿大夫有分土之義也。故省之各有小大之差；究之君臣上下，同一省也。『俊民用章』，正所謂拔茅征吉也。『俊民用微』，正所謂天地閉、賢人隱也。

盈天地間者，五行而已矣。雨、暘、燠、寒、風，天地所發五行之氣也。貌、言、視、聽、思，人生所得於天地五行之氣也。外此而五味、五色、五音與夫人之五臟，天之四時，干支生剋制化之理，一五行之相爲周流而已。故太極圖生陰生陽之後，即繼之曰：五氣順布，然後知彌綸於天地。古今者，莫非此五者之用。故洪範首節曰：『汨陳其五行』，『初一曰五行』。明乎五行，又爲洪範之本也。

易之書本於河圖，以陰陽爲主。範之書本於洛書，以五行爲主。故易之數主於耦，六爻八卦，六十四卦，三百六十四爻，是也。範之數主於奇，九疇、五行、五事、五紀、三德、五福，是也。

洪範一書，治天下之大經大法備具於此。蓋皇極者，握大柄之一人，以其位之尊，故謂之皇；以其比天之樞紐如北極然，故謂之極。五爲九位之中，易之五爻，皆言君道。故範之五位皇極居焉。一人居中，以五行爲根柢，以五事三德爲工夫，以五紀庶徵經緯乎天，以八政五福六極綱紀乎人，以稽疑契合乎鬼神。錯綜天人，鎔鑄造化，使三才皆入於陶冶之內，而惟吾之所欲爲。其言宏闊而精微，堯、舜、禹、湯不言之秘隱躍其中，信非淺學所能測也。

旅獒　凡三條

旅獒中如『不役耳目』，『志以道寧，言以道接』，皆極精要之語。『志以道寧』一語，即攝程子四箴。『言以道接』，即伊尹所謂『有言逆於女心，必求諸道。有言遜於女志，必求諸非道』。覺此一語，更爲簡括。『不役耳目』，即孟子所謂『耳目之官不思而蔽於物，物交物，則引之』之意。此皆聖賢學問源流之旨也。

『玩物喪志』所包最廣，舉天下凡足以荒我之志者，皆物也。不獨聲色、遊畋、宮室、玩好，足以移人之性情，即文詞詩賦之類耽之不已，亦足以喪志。程子以爲當遠之如淫聲美色。蓋恐靡曼之言，足以柔人之正氣，長人之逸志，導人之邪心，而且予小人競進之媒，啟風俗浮薄之漸。先儒之論似甚，而實非過也。華靡巧麗之文，莫甚於六朝。考其人如潘岳、陸機、陸雲、謝靈運之徒，皆失身匪人，不能保厥令終。求其文行并優，爲端人正士者，蓋亦少矣。不亦可爲永鑒哉！

武王盛德大業，一獒之受似爲無損。召公以細行大德誡之，又以九仞一簣勉之。朱子謂其諄諄誥誡，如教後生小子者然。古人君臣之間，其勤懇固如是乎。

金縢 凡五條

周書中惟金縢、洛誥、顧命三篇，首尾皆史臣之文。金縢又前後數年之事而合爲一篇者。

氣聚則生，氣散則死。惡有死而可以佗人代之者。如果有鬼神操生死之權，可以求而免，可以求而代，則凡爲人之子若臣，孰不當爲君父請命，雖至於耄耋而可以無死，乃古今如此等事又不多覯，何也？如謂聖人愛親之心無已，亦但如是以求之而已。其應與否，不可得而必也。武王亦適然而愈，未必鬼神之許周公也。然則或有或不有之事，聖人亦行之乎？愚竊謂生死數也。孟子曰，夭壽不貳，修身以俟之。易曰，日昃之離，不鼓缶而歌，則大耋之嗟凶。此言人老耄而以壽終，雖孝子順孫不可得而留也。又見有愚夫愚婦刲股割肝，呼天搶地，而間可以延其父母數歲之命者，聖人雖不以立訓垂世，亦不可謂其事之全無也。武王克商方二年，此天下何等時乎，故周公迫切誠懇，願以身代。此固與尋常禱詞不同，而亦與尋常之考終不同。愚夫愚婦猶可以感格鬼神，況聖人之至誠迫切乎。朱子曰，聖人爲之，亦須有此理。亦初不一筆抹殺也。

周公乃告二公曰：『我之弗辟，我無以告我先王。』孔氏以爲致辟於管叔之辟，居東二年爲東征。朱子亦曰：鴟鴞之作在周公東征而歸之後。其注鴟鴞之詩亦曰：周公東征二年，乃得管叔、武庚而誅之，而成王猶未知周公之意也。『公乃作詩以貽王』，注東山之詩，則亦曰：感風雷之變，始悟而迎公。於是周公東征已三年矣。則朱子以居東二年爲東征明矣。既以居東爲東征，則所謂『我之弗辟』，其爲伸大義、誅管、蔡也又明矣。蔡注乃謂居東爲居國之東，而其後别有東征三年。夫當王室新造之時，羣叔流言之日，正國家安危所繫，周公可以避嫌而遜處於外乎？觀二公曰：『我其爲王穆卜。』周公曰：『未可以戚我先王，公乃自以爲功。』如此等事，周公直是至誠惻怛，亦不以小嫌自避者。天下『避嫌』二字，賢者不爲，而謂周公爲之乎？平居不爲，而況當迫急時爲之乎？『罪人斯得』，明是武庚、管、蔡之既誅，非可云始知流言之爲管、蔡也。朱子亦曰：王室至親與諸侯連衡背叛，當國大臣豈有坐視不救之理，帥師征之乃是正義，不待可與權者而後能也。若馬、鄭以爲東行避謗，乃鄙生腐儒不達世務之説，可不辨而自明。愚終以孔安國及朱子之言爲當也。

讀鴟鴞之詩，其言『取子』、『毁室』者，何若是之迫也。據蔡注，則以爲此時武庚未叛，逮風雷告變之後，周公返國，管、蔡懼罪而後叛。周公始東征之。武庚、管、蔡既未叛，則詩中所云『取子』、『毁室』者，何所謂也？細讀『罪人斯得』，確是誅管、蔡、武庚後語，難云知罪之在二叔也。

金縢前段言周公禱於三王，請以身代，而武王果瘳。後段言周公居東，成王未能明周公之心，而致風雷之異。兩事皆極神奇，合爲一書，以見聖人之心無時不與天地相通也。蓋嘗論之，天下惟至誠可以格鬼神，惟滯結足以致災異。以周公之忠誠而猶不能見白於兄弟之間，明言於君臣之際，天下有滯結焉如是者乎？古以一愚夫婦之冤而猶足致三年之旱、六月之霜者，況大聖人乎！由後風雷之警，以啟金縢之書，而遂有反風禾起之異，則前此周公植璧秉珪之時，精誠上格，其爲鬼神所孚依，又可知矣。故兩事合爲一書，正以前後相驗也。

大　誥　凡三條

大誥一篇首二節，言國家當降割之時，而望臣工之助己。『不敢閉於天降威用』，乃一篇之旨也。『寧王遺我大寶龜』以下，言武庚之當伐，徵諸卜而可信。當時臣工有言卜之當違者，不知寧王以卜而受命，天以卜而相民如是，其不可違也。『王曰爾惟舊人』以下，言寧王之事不可不圖，而前寧人之功亦不可棄，所以警動舊人之子若孫也。『王曰嗚呼』以下，又言天命祖功之不可棄，而末歸重於卜也。篇中詞句古奥，而大義則朗如指掌。其孜孜以卜爲言者，周室新造，嗣王新立，而忽從事於興師動衆之事，人情所難，且當時武庚以勝國之餘，憑二叔王室之親，其勢之盛有不可遏者，非援天命以神之，何以使人心奮而祛其疑畏也。周公之反復其辭有以哉。

周公當武庚、二叔之畔，王室既摇，此時率衆往征，聲罪致討，義何容辭，與盤庚當日遷都，時勢緩急迥異。而周公諄諄誥誡，通篇皆以卜吉爲言，但惕之以舊人，愧之以民獻，絶不動之以威，驅之以勢，與盤庚三篇同一纏綿愷切之意，固知聖賢舉事，絶無有强人情而爲之者也。

大誥但言殷小腆，而一語不及二叔，其隱躍之辭亦不過曰『亦惟在王宮邦君室』而已。甚矣，周公親親之心，初不忍斥言之也。

微子之命 凡三條

武王伐殷，即封紂子武庚。迨成王時，武庚叛，既誅，即封微子於宋。竊謂封武庚於伐商之後易，封微子於定亂之後難。況微子親，則殷王之元子而乃舊有令聞，非如武庚、禄父比。其時多方未靖，殷頑未殄，小腆初平，王室多故，乃封以東夏之土，建以上公之爵，略無嫌疑顧忌之心，足見成王、周公之至公無我，與後世取人家國而傷殘其後裔者，其秉心蓋天壤也。聖人不以虞詐而廢忠厚長者之道，究何損於卜世卜年之曆也哉！

封國者稱邑，不曰宋公之命，而曰微子之命，舉故爵，示不臣也。篇中惟稱湯之德與微子之賢及與國咸休之意，絶無一語及商紂之事，温厚惻怛，和平正大，可謂得詞命之體矣。

篇首稱『殷王元子』，又曰『作賓於王家』。古人於前代子孫，其崇禮之如此。正因其取天下之至公，而不存嫌疑之迹。後世篡奪於婦人孺子之手，惟恐天下有起而議之者，必至翦滅其子孫而後已。此仁與暴之分，實公與私之異也。

康　誥　凡五條

『明德』、『新民』出康誥，『止至善』出『安汝止』、『欽厥止』之两言，遂爲大學一書之綱領，可悟古人讀經之法，博綜而得其要領，遂可自爲一書。竊謂大學、中庸皆出於尚書者，此也。

『敬明乃罰』一節，不外虞典『宥過無大，刑故無小』之意，而文字繁簡不同，則古今之異也。亦見古人定律，但制其大略，而輕重出入則付之執法之人。後世任法而不任人，詳審於故誤之間者，蓋亦鮮矣。

武王以大君錫命，康叔以介弟受封。當開國之初，處尊親之位，最懼者驕淫，最易者滿假。又治殷之故墟，犯法罹罪者多。故篇中誥戒之詞，極言民社之艱難，如『恫瘝乃身』、『若有疾』、『爽惟天其罰殛我』等語，兢兢然若疾痛困苦之加於其身，尚何驕逸之敢作乎。人能常以爲念，自無貴而忘賤、尊而忘卑、視民草菅之患。篇中言用罰獨詳，其矜慎欽恤之意，蓋與吕刑之言相表裏也。

從『凡民自得罪』，是言寇攘姦宄之當刑，所謂元惡大憝也。進此，則不友不弟之刑，所以重人紀也。進此，則有弗念弗庸瘝厥君之刑，所以勵臣工也。然君身者，臣民之表帥，故又有『惟君惟長』一段，所以重身教也。其立言之序如此。

『明德謹罰』乃一篇之綱領，篇中言愼罰之事詳，而言明德之事簡。蓋明德之事可以一言盡之，其大要在於法古。故『紹聞衣德言』數語盡之矣。愼罰之事不可以一言盡，其難在於得人情。故『敬明乃罰』以下十二節，反覆而不已，其委曲詳審，莫如『汝陳時臬事』一節，其切要莫如『文王之敬忌』一言，敬則欽恤之本，忌則哀矜之實。祥刑之道未有能逾斯語者。自『爽惟民』以下，又曰『我時其惟殷先哲王德，用康乂民』、『告汝德之説，於罰之行』，皆專重德而不重罰，則二者雖並舉，而武王之意更可見矣。

酒誥 凡四條

商紂之惡大約成於酒，所謂紂據妲姬作長夜之飲是也。觀無逸之戒亦曰：『無若殷王受之迷亂，酗於酒德哉。』可見飲酒之失，在當時爲一大害。小雅宴樂之詩多言飲酒，然每當宴飲之時，亦必曰『莫不令德』、『莫不令儀』。而抑戒一篇，則專以此爲訓。可見古人之重以沉湎爲慮矣。嘗讀鄭氏家訓，男子非三十，酒不入唇。其嚴也如此，故累世爲孝義之圖文。嘗讀漢詔，酒醪以糜穀者多，故古人重酒税，以其糜穀而抑之也。凶年禁民無得釀酒，亦愛惜物力之一端歟！

人生嗜欲多端，必欲禁止痛絶之。逆而不順，反致横流矣。故酒誥之言曰：『我民迪小子，惟土物愛，厥心臧。』此於其知識未開，即謹以父兄之教。易所謂童牛之牿也。若既長矣，先王必又有法以防範之，而不遽絶之。告之以孝子，告之以忠臣，告之以悌弟。天下有爲忠臣、孝子、悌弟之人，而猶沉湎於酒以喪身敗德者乎？且曰：『不敢自暇自逸，矧曰其敢崇飲。』又曰：『不惟不敢，亦不暇。』人能終日奮勉，謹於職業，則皇皇孜孜之不給，而尚有沉湎於酒者乎？此絶之以其道。易所謂『豶豕之牙』是也。聖人教人之法，大約不出此兩端而已。

人家父祖未有不訓誡其子孫者，其如年少之人侮厥耆舊，褎如充耳何？惟知愛惜土物，則其心質朴，其氣謙和，其知識未雕，其良心未漓，一聞父祖之言，則順而易入，故曰聰聽也。周家以農事開基，故其言稼穡艱難之事，獨親切而有味如此夫。

天下懲忿窒欲之事，柔弱者不能勝，惟剛德足以制之。故酒誥之終篇，告之以禁止之法，曰：『矧汝剛制於酒。』蓋剛明之氣足以懾服羣私，如一將當關而賊自退避，稍一寬假，則向時熟徑又不覺失足於其間矣。天下凡事有明知其非，而樂於因循，憚於改作者，皆坐此失也。獨戒飲云爾乎？

梓材 凡三條

諸侯有土之尊，下有臣民，上有天子，而身處乎上下之間者也。既處乎上下之間，貴有以連屬而貫通之。『以厥庶民暨厥臣達大家』，而一國之情通矣；『以厥臣達王』，而天下之情通矣。先王所以建萬國，親諸侯，收四海於房闥，通萬國如指臂者，此道得也。

篇中前後文義難通。蔡氏以謂前則尊諭卑之辭，後則臣告君之事，疑爲錯簡。愚觀章首『王曰中〔一〕』，又曰『王啟監』，第四節有『惟曰』，第五節『今王惟曰』，文意非不相屬。所謂先王者，指文王而言，正稽田、作室、梓材之人也。『勤用明德，懷爲夾』，先王以明德通天下之情也。『亦既用明德，后式典，集庶邦丕享』，以終畝丹雘之事，望後人也。『皇天』二節，言先王受命之隆與後王纘服之大，亦未必非戒侯國之辭。『已若茲監』終篇，叮嚀之辭，意若曰其可已，而不以此爲鑒乎？康叔之子孫，即惟王之子孫也。永保封域以毗王室，爲國懿親，爲國支庶，偕至萬年，即康誥乃以殷民世享之意。大約篇中語多難解，則有之矣。若以爲絶不相類，另爲一篇，則未必然也。按：此篇本今文，出於伏生口授。伏生當書未殘缺之時，未應此篇遂有錯簡，姑録於此，以俟定論。

此篇前段言有國者，貴通上下之情，寬刑辟之用。『王啟監』一節，言諸侯以養民爲職。『引養引恬』，啟監之意如此。而終之以『監罔攸辟』，即康誥慎罰之意也。『惟曰若稽田』一節，本是引起下文。若詩經之有興體。『先王既勤用明德』、『后王亦惟德用』，康叔兼子臣之道，其可不以祖與君爲法而思終朕畝乎？此即康誥明德之旨也。觀此益了然，可無錯簡之疑矣。『已若監』一節兼承上慎罰、明德二端，而望其保世之永也，作一章看亦自渾融。

校記

〔一〕『中』，尚書通檢作『封』。

召誥　凡五條

自乙未告廟以至於甲子用書，周公、召公之營洛止三十日耳。中間行道之日月，祭告之禮儀，大而都邑之規模，小而卜筮之詳密，無不備具。固周、召趨事之勤敏，亦可見成周之制度，猶崇朴近古，不似秦漢以來宫室之侈大繁重，經數載而後成也。嘗觀殷世五遷其都，而國未甚病。使如後世宮殿、宗廟、城郭之高大，而一遷再遷，民何以堪？國何以支乎？由此言之，商周之際，猶不改虞夏以來土階茅茨之風。今讀公劉之詩曰『削屢平平』，是以土築牆，只如今庶民家耳，猶曰此草昧之初。讀斯干、靈臺之詩，其規模亦大略可見。但止於『風雨攸除，鳥鼠攸去』而已。至秦楚時，始有章華、驪山之鉅麗。漢唐以來漸就華侈耳。古人尚有峻宇雕牆之戒，何後人之日增月盛而未有已也。

召誥首言『惟王受命，無疆惟休，亦無疆惟恤』。此言天命之不可恃也。下即舉夏、商而暢言之，歸重於『顧畏民嵒』。末乃結之曰：『欲王以小民受天永命。』此以諴民爲永命之本，示以天人合一之理也。諴民之道若何？曰：『不可不敬德』，『王其疾敬德。』又曰：『知今我初服。』此又以敬德爲諴民永命之本也。言似疊出而意則一貫，勤勤懇懇，如往如復，老臣誠主之誠如此。

人主沖齡即位，易近羣小而疏遠老成。此正初服之當謹者，故召公告之曰：『今沖子嗣，則無遺壽耇。』蓋欲其尊禮耆艾，以養成其德，不爲左右便嬖、佞諛、喜事之人所遷惑，亦可謂端本澄源之論矣。

召誥、洛誥之文，周、召詔君之言也。纏綿愷切，藴蓄深至。特其文古奥，非熟讀静味，則古人之精神不出。若能於熟誦之後，往復再四，遂覺古人微氣深息，皆拂拂從言外遇之，真絶世文字也。

召誥中言敬者七，言祈天永命者三，始終以此意組織成文。又其中言墜厥命者四，曰民碞、曰讎民，言天命民心之可畏如此。真老臣誠主之言，古人忠愛之忱無時不然。因卜洛之初而偶發之耳。

洛　誥　凡八條

古人文字博奥，立乎百世之下，以己意注之，安能盡合？亦惟斷之於理而已。如『復子明辟』，漢儒乃謂還政復辟。夫明辟何名，而謂可以取，可以復乎？伊尹當日亦不過曰：以冕服奉嗣王歸於亳而已。周公以冢宰攝政，豈有侈然自爲天子之理？況下節又言『其基作民明辟』，只是當日稱謂如此耳。後世因漢儒之注，遂有周公復辟明農之語，至明英宗亦稱復辟，不知此『復』字不過奉命營洛反命於王之辭，得宋儒之論定，遂一正從前之誤。

周公因洛邑初成，將歸政於成王，而告之以爲治之道，不外『明作』、『敦大』二語。蓋不明作，則無以振勵治功而鼓天下之氣，不惇大則無以寬裕政體而養天下之福。然明作妨於惇大，聰明用而易入於苛細也。惇大妨於明作，意度廣而易至於弛廢也。真明作者必惇大，宏綱舉則衆目斯張，必無毛舉鷙擊之弊。真惇大者必明作，王度恢而羣工就理，必無叢脞尸位之憂。二者兼而治道之大不外是矣。

周治畿内其事簡，當日之務莫大於御諸侯。故周公特舉之曰：『汝其敬識百辟享。』蓋三代之盛衰全係於諸侯之叛服，享王之典關於治道者最鉅。惟敬以識之，而不在責其多儀。斯四海之廣聯於指臂，王室有磐石之固矣。

周公歸政而有明農之請者，寵利不居之哲也。因王之留而終任誕保之責者，乃心王室之忠也。以秬鬯而明禋休享者，尊賢之義也。不敢宿而禋於文王、武王者，寧親之孝也。一篇之中，君臣之道備矣。

古人文字有不可强解者，如『伻嚮即有僚』、『旁作穆穆迓衡』諸語，或係當時方言，必欲逐字詮之則鑿，而反失之遠耳。

周公以君道望成王，曰『作周恭先』。蓋人君之道，莫大於恭，欲成王以恭爲後人之法也。以臣道自任，曰『作周孚先』。蓋人臣之道，莫大於信。周公欲與當時之臣工以忠爲後人之法也。責難於君，自任者重兼有之矣。

全篇記周公卜洛之後而獻其言，與留後治洛之事，故曰洛誥。『復子明辟』以下，獻卜之言也。『王拜手稽首』一節，成王答公之言也。『王肇稱殷禮』以下，周公告成王以治洛之道，首因祀於新邑而告之整齊百工，核實功載，治内之道也。後又教以御諸侯養萬民，治外之道也。末言己退休之意以終之。『公明保予沖子』以下，成王稱周公德業之盛，反復言之，不聽其去也。『王命予來』以下，是周公許王之留而告以君臣之道也。『伻來毖殷』以下，是周公受成王秬鬯之禮，不敢自居而禋於先王，並致其禱王之辭也。『戊辰』以下，是史臣記成王告廟之禮，所以重周公之留後也。末一節是史臣記周公治洛之始終也。合此與金縢並觀，則周公之純忠篤孝，乃心王室也至矣。

以功作元祀乃周家報勸大臣之禮，如後世之所謂從祀配享也。故成王曰：『未定於宗禮，亦未克敉公功。』言報功之禮尚未行也。『秬鬯二卣，曰明禋』，正所以定元祀之禮，而以神明奉之，非周公之盛德，其能當之不愧乎！

多士 凡五條

多士發端曰『用告商王士』。又曰『非我小國敢弋殷命』，古聖人於勝國之遺民詞命之間有體如此。所以柔其怨忿不平之氣，而使之奔走臣順於我也。首則曰『旻天大降喪於殷』，又曰『惟天明畏』，皆以天命臨之，而使之不敢二耳。

革命之際難言之矣。武庚、禄父之叛，類必舉君臣大義以爲言。故周公之告多士，屢舉成湯爲詞。其言曰：『乃命爾先祖成湯革夏。』又曰：『惟爾知。惟殷先人有册有典，殷革夏命。』嗚呼！予恐來世以台爲口實，其亦深懼於此哉。湯、武革命順乎天而應乎人，猶不免於此，況後世之僭竊人國，暗干天命者乎！

周公於殷多士，可謂告之諄復而至於費辭矣。末復示以不忍重罰之意，而勉之以幹年土田之樂，子孫百世之計，詞煩而不殺，意懇而不窮。古人忠厚惻怛之意蓋可見。

『上帝引逸，有夏不適逸』，此二語最有味。蓋天心仁愛，人君作德日休，天未有不引之於安逸之地者，如崇高富厚之樂，豐亨豫大之象，天下臣民之所共戴，百世子孫之所常守，皆上帝之引逸也。乃昏暴之主，不知自愛。本安也，而自趨於危。本榮也，而自招其侮。本天下之愛戴也，忽轉而爲天下之仇讎。本萬姓之共主也，忽變而爲四海之獨夫。此所謂『不適逸』也。譬如慈父母之於子，深欲其安享成業，傳之無窮，乃子孫自底於不肖之地，厥心疾狠，不克畏死，父母雖愛子，則亦如之何哉？此三季之君之所同也。

『毖殷頑民，遷於洛邑』，『比事臣我宗，多遜』。此周公化導殷民之德意。蓋亦鑒於武庚、禄父之叛，而爲此收拾人心之具也。後世徙豪傑以實關中亦師此意，但所以安輯化導之者，不及古人耳。

書經衷論卷四

周書

無逸 凡六條

無逸一篇凡七段文字，皆以『周公曰嗚呼』起之。首一段言君子以無逸爲本，而其所以無逸者，在知稼穡之艱難也。第二段言商之賢君皆以無逸而致壽，其後嗣王以不知無逸而不克永年也。第三段言我周文王亦以無逸而致壽也。第四段言今王當以文王爲法，而以商紂爲戒也。第五段言譸張爲幻之害。第六段言當勿聽譸張之言，而以商三宗、文王爲法也。第七段欲嗣王鑒於斯篇之意而不忘也。無逸是一篇之旨，而知小民稼穡之艱難，又無逸之要。末獨舉譸張爲言者，蓋人君以一人之身，給萬民之求，天地之大，人猶有憾，暑雨祁寒，民猶怨咨，則小人之怨汝詈汝，當亦勢所不能無，而加以小人譸張爲幻，欲激怒人主，何所不有？人主而以褊心遇之，未有不嚴刑峻罰，以濫及無辜者。故此一事，尤爲繼體沖齡之君所當深戒弭之之道。奈何曰寬綽厥心而已矣，皇自敬德而已矣。誠能寬綽厥心，則聞小民無知之言，止如赤子之呼其父母；聞小人無根之説，但如陽和之潰夫春冰。何嫌、何疑、何芥、何蔕之有？所以消怨氣而召和氣，莫善於此。此周公所以特舉以繫於無逸之末歟？

天位至尊，四海至廣。人君處此，苟意所欲爲，何不可者？惟知艱難之人處之，則此心收斂而不敢肆。故曰『先知稼穡之艱難，乃逸』，商高宗之『爰暨小人，作其即位』、祖甲之『舊爲小人，作其即位』，是也。『厥子乃不知稼穡之艱難，乃逸』，商後王之生則逸是也。後世繼體之君生於深宫之中，長於保傅之手，席豐履厚，其知艱難者少矣。惟當日以先正之格言，農夫之疾苦，四海之艱難，反覆誥誡，庶其履天位而知懼，不致有生則逸之弊歟？

人君一身崇高富貴已極，所不可知者壽耳。故無逸一篇獨舉享國延促以爲言，所謂動之以其至欲也。秦皇、漢武服藥求長生，究不可得，特未講於斯耳。

人皆知逸樂可以致壽，憂勞所以戕生。不知人情不能無欲，惟心有所謀，身有所事，孜孜矻矻於此，則貪嗜縱欲之事自然而無。嘗見田野之人，終歲蒙霜犯露，沾體塗足，食粗衣敝，而身體康强，多有大年者。富貴之子席豐履厚，錦衣玉食，晏起蚤眠，四體安逸，而肌膚柔脆，精力虚耗，多有不獲享年者。一則身體勞，嗜欲不減而自減；一則身體逸，嗜欲不恣而自恣，故延促若斯之異也。《無逸》一篇以無逸致壽，窮理格物，非周公大聖人不能爲此言。不獨人君當書之座右，以爲養生之藥石，即富貴子弟亦宜家寫一通，日讀一過，以爲保身之良訣也。

《無逸》言致壽之本，大抵不外一『敬』字。主静則悠遠博厚，自强則堅實精明。操存則血氣循軌而不亂，收斂則精神内固而不浮。凡此皆敬以致壽之實也。崇儉素，納忠言，勞百姓，省厥過，寬厥心，使天下之怨不叢於一身，則自君身以及天下皆渾然在太和絪緼之中，而無有邪厲之氣以戕其生者，所謂化國之日舒以長也。其言最爲周密精微，意若不相屬，而脈絡貫通，章法尤古雅有體。末節以『嗚呼！嗣王其鑒於兹』收之，言有盡而意無窮，老臣之聲容愾息千載如將見之。

『民無或胥譸張爲幻』，此『民』字兼臣民而言，紊亂是非，變易賢否，以有爲無，以無爲有，蔽塞聰明，摇惑心志，使人主之視聽茫然無所主宰者，皆譸張爲幻之説也。下文曰『小人怨汝詈汝』，正人臣譸張爲幻之大者，可不謹以察之乎？

君奭　凡四條

君奭篇中文義多不可曉。孔氏主召公不悦，周公慰之爲解。蔡傳主召公告老，周公留之爲解。細玩篇中慰之留之，皆未見確據。大約是當日共相勉勵，輔翼成王之言。其以慰之爲解者，不過因『在讓後人於丕時』一語。篇中如舉商之六臣，周之五臣四臣，以見同心輔治功烈之盛如此。首言天命之維艱，中言肆念天威，末言『用閔於天越民』，其互相誠勉之意可謂至矣。亦究未有召公欲去而周公留之之言，似專主此意爲解，猶未見允當也。

篇中如『弗永遠念天威，越我民罔尤違』，朱子作一句讀。『越』只是及『罔尤違』，是總説上天與民之意。猶云不敢不永遠念天與民之罔尤違而已。末以『用閔於天越民』一句證之，尤易見蔡注作『於我民罔怨尤背違之時』，語氣似不如朱子所注之渾成，意味亦覺未深遠也。總之八誥篇中多長句，不可句讀，若讀斷，反傷文氣，並義理亦不明矣。

以遍覆言之謂之天，以主宰言之謂之帝，究之一天也。『格於皇天』，『格於上帝』，不過古人之變文耳。今蔡注乃謂有輕重淺深之不同，爲諸臣之優劣。細味篇中本無此意，即『巫咸乂王家』一句亦是叙次，磊落處乃云精微之藴有愧二臣，謂巫咸、甘盤，又次於巫咸皆屬增設之解，總非篇中意也。

多士、多方、大誥皆周公治外之書也。洛誥、君奭，周公治内之書也。篇中天命民心，諄諄誥誡。正如皋陶謨、益稷諸篇，何等意味深長！若云召公欲去而周公發此以留之，反覺意味稍淺矣。

蔡仲之命 凡四條

周公於三叔之叛，有大不忍於中者，特以社稷安危所繫，不得不以義斷恩，而深幸蔡叔之有子，可以展其親親之誼。故於蔡仲之封亟亟於叔卒之後也。仁至義盡，非大聖人，其孰能之？

『無作聰明亂舊章』，『罔以側言改厥度』，皆君國子民守成奉法之要道，故周公特舉而告之。

『爲善不同，同歸於治。爲惡不同，同歸於亂』。此乃千古之格言，足以知天下無不可爲之善，無一可爲之惡。善不以小而不爲，惡不以小而爲之。正從此篇勘出耳。

篇中首二節告以率德改行之要，『皇天無親』二節告以治亂初終之理。『懋乃攸績』二節告以謹度守法之事。末復致其叮嚀之意。古人文字極有體裁處，已開後人制誥之體矣。

多方 凡五條

夏商文字簡略，其治民之具皆不可得而見矣。每讀周之八誥，如多方中所言，委曲詳盡，反復開導，大約示以天命之不可妄干，援夏商以譬喻之，必使之心志開明，誠意悦服而後止。所謂『至於再，至於三』，蓋不啻其流涕痛哭而言之矣。終不忍驅之以威，脅之以勢，懼之以刑。甚矣，周道之忠厚於八誥見之矣。安能復望此於秦漢以後哉。乃謂作誥而民始叛，作誓而民始疑，殆非聖人之言也。

多方與多士之所言大略相同，皆始告以天命廢興之故，末引以生養安全之樂。多士之結語有『又曰時予，乃或言爾攸居』。多方之結語亦有『又曰時惟爾初不克敬於和，則無我怨』。古人於言之將終必反覆叮嚀，致其屬望之意。所謂言有盡而意無窮。此等筆法皆與無逸篇末『周公曰：嗚呼！嗣王其監於兹』同一格局也。康誥、蔡仲之命皆用此體，益可無疑於梓材之末節矣。

經但言『慎厥麗乃勸』，『麗』注作『依』，謂君德之所依。注又增『仁』字，謂君德之所依在仁。『仁』字增來亦覺好。所謂元者，善之長也。體仁足以長人之意。愚竊謂前言『不克開于民之麗』，謂民之所依衣食農桑是也。此處『麗』字亦解作民依，於『慎』字意既吻合。前言夏桀不克開于民之麗，後言成湯能慎厥麗，不尤爲相關合有根據乎？君之所麗在民，民之所麗在衣食。觀此益知稼穡艱難之當慎矣。

多士一篇初觀之，詞語重複，頭緒繁多；細味之，極有層次。首一段『王若曰』，是指夏商所以興廢，以『洪惟圖天之命』一節爲主，蓋天命所在，以人圖之則私矣。『天惟時求民主』，『天惟求爾多方』，二『求』字正與『圖』字相對，言有德則天方，且求之克。『以爾多方簡』，言有德則多方，且簡而從之，何用圖天之命爲哉。第二段『王若曰』，中言天之所以廢夏商者，非出于有心。以『非天庸釋有夏』二句爲主。『天惟求爾多方』二節言天之養周，亦非出于有心也。『今我曷敢多誥』以後，申言『我惟大降爾命』之意，而言其反覆叛亂之罪也。第三段『王曰』，是言其臣服我者已久，而勸之以修身齊家以受爵服之榮也。第四段『王曰』，是恐其不勸忱我命而警之以威也。末一段『王曰』、『又曰』，是所誥已畢，更無他語，惟反覆叮嚀，以致其無已之意也。『初』字是二節眼目，所謂與之更始也。由其文字純古，意思深長，非往復于中，未易得其畦徑耳。

大誥、多士、多方，大約皆周公之言。然周公不敢居也，不過奉王命出之耳。故皆用『王若曰」冠之。史恐後世之失實，而竟不知其爲周公之言。故于多方一篇特冠之以「周公曰」。「王若曰」，明其言則周公之言，而命則成王之命也。此與周公位冢宰，正百官參看，則周公安得有攝行天子之事？而所謂復子明辟之解，亦不待辨而自明矣。此皆古人記事之微文，所當深心體察者也。

立　政　凡十條

立政終篇無一語及於政事，所反覆惓惓者，惟以三事大臣爲言。蓋大臣不得其人，則無以爲衡鑒百執事之本。大臣百執事皆不得其人，雖治具畢張，紀綱粲設，而積弊叢奸，終至於蔑裂潰敗而不可收拾，政何由而立乎？善乎，先儒之言曰，人君以辨君子小人爲職。故周公所告誡皆深達治體之言。

文王於庶言庶獄庶慎罔攸兼，且罔攸知，何其逸也。然則，無逸所稱文王「自朝至於日中昃，不遑暇食」，果何所爲乎？文王之勞，勞於知人。文王之逸，逸於知人。然則，當日所孜孜矻矻以勞天下者，無非爲此三宅三俊之知恤耳。故先儒曰無逸、立政相爲表裏。無逸爲體，立政爲用，體用相需之道也。

周公以慎選左右朁御爲輔幼君之本，即伊尹所謂『予不使狎於不順之義』也。當日欲敗度，縱敗禮，幾墜成湯之緒。成王沖齡嗣位，周公安得不兢兢哉。故立政言三事之外，特致謹於綴衣、虎賁，以下至於庶司百職，則所以養成君德者微矣。

立政一篇不出知之明、用之當、任之專三者，所謂『迪知忱恂於九德之行』，『克知三有宅心，灼見三有俊心』，『我其克灼知厥若』，皆知之明也。所謂『宅乃事，宅乃牧，宅乃準』，『嚴惟丕式，克用三宅三俊，丕乃俾亂，相我受民』，及『乃克宅之』，皆用之當也。『罔攸兼』及『罔攸知』，『時則勿有間之』，『克由繹之』，皆任之專也。三者有一不盡，皆終不足以得人才之用；人才之用不得，而能與於立政者，未之前聞也。

『知恤』二字乃一篇之綱，惟其知恤，所以不得不慎也。以三事爲主，中雖言侍御之臣及都畿侯國王官，而前後歸重於三事，蓋三事得人，則其餘可連茹而進矣。次言大禹之知恤，而夏桀不能也。又言成湯之知恤，而商紂不能也。於是始詳言文、武立政用人之善，而又推原文王之所以能用人者，由於罔攸兼、罔攸知也。『嗚呼！孺子王矣』以下，始申誡成王而注意於『時則罔有間之』一語。『罔有立政用憸人』，正恐其間之也。前兼言庶獄庶慎，後專言庶獄者。獄者，人生死之所攸關，更不可不謹也。『詰爾戎兵』，兵者與獄相表裏。又從獄而推廣言之也。『嗚呼！繼乃今後王』，又戒成王之後王也。常人吉士正與憸人相對，全章之意已盡矣。末則因慎獄而記周公命太史之言以終之也。篇中凡五以『嗚呼』引起，與無逸篇相類。古人文字意溢於言外，不若後人之文一望而盡也。

按：三事之官，常伯爲治民之長，故後曰『宅乃牧』，即當時之所謂方伯連帥，後世之所謂藩臬也。常任爲任事之長，故後曰『宅乃事』，即後世之所謂六卿也。準人爲執法之官，即後世之所謂御史大夫也。國家立政之官無逾此三事者。古人既重其選，以爲致治之基，所謂三宅也。又儲其才，以爲異日之用，所謂三俊也。『兹惟后矣』，言非此則辟不辟也。虎賁、綴衣，當是近臣之長，不止職司一事者。故篇首特揭此五等之官而嘆美之。慎簡之於始，其難其慎之義也。專任之於後，惟和惟一之義也。古今治體，雖數聖人言之各有異詞，而義本一貫耳。

庶言庶獄庶慎，文王罔攸兼且罔攸知，以文王之明哲兼之知之。豈遽至於過誤而猶且不敢者，蓋雖聖人之聰明，兼治萬事，不如其專治一事之爲精。專治一事者，有司之牧夫是也。人君亦有專治之一事，知人善任而已。外此，則皆其出位之謀也。古人之言曰：君明於音，臣恐其聾於官。蓋聰明有所用，則有所蔽。文王且不敢，況不及文王者乎！

『予旦已受人之徽言，咸告孺子王矣』。周公不敢自有其言，而曰人之徽言，又恐嗣王聽之不審，而曰『咸告孺子王矣』。言明王致治之道斷不外此，王勿以爲常言而忽之，又勿以爲別有緒論而疑貳於其間也。忠愛至性，後世如將見之。

常人吉士當思其氣象何如，漢詔所謂『安静之吏，悃愊無華； 日計不足，月計有餘』者是也。憸人亦當思其舉止何如，漢詔所謂『聽其言論則悦耳，揆之陰陽則傷化』者是也。善乎宋儒之言曰： 常人之於國也，蓋食之穀粟，衣之布帛，雖無異味異采，而有生者常用，不可一日易也。然每多重遲木訥，不能與小慧新進者，争勝於頰舌之間，故世主惑於取舍，而治亂分焉。此言深得周公立言之旨。

周公於立政一篇，終之以敬獄，又曰『茲式有慎』。蓋敬慎一念乃治獄之本，常存此念，安得有恣睢鍛鍊深文失入之事。周公之言敬慎，即欽哉之心法也。

周官 凡六條

周官一篇，首一節叙作書之由。『王曰』一節乃冒語。『唐虞稽古』述古，建官也。『今予小子』，自述也。次言公、孤，次言六卿，復以數語總結之，内治既舉，外政聿修。此一段言制度之大略也。『王曰』以下，訓誡百官之辭，首一節言居官出令之當謹，二節三節言學古立志之要，戒以蓄疑，勖以果斷也。四節五節言居寵利之道。六節又勉之以薦賢爲國之忠。

末復總結之。此一段言官守之要道也。通篇兩大段文字，典重齊整，明白正大，乃後世制誥之權輿也。

立政與周官二篇相較，立政自是純古之文，周官則言從字順，明白易曉。細思三代時，如詩如易，文皆古奥。如此言從字順者亦少。立政諸篇，雖佶屈聱牙，蹊徑難尋，而意味深長，耐人繹玩，故愚每味尚書中今文遠勝古文。今文真三代之寶典，古文多雜秦漢以後之音，三代人語氣似不如此。大全引新安陳氏注周官篇云：『脱佶屈聱牙而得此，猶芻豢之悦口。』是先輩猶以立政諸篇爲佶屈聱牙，而未能深得其旨趣也。

前言『蓄疑敗謀』，後言『惟克果斷，乃罔後艱』。古人每以果斷訓人，得無疑其有徑情直遂而致違戾乎？又曰『學古入官』、『不學面牆』，蓋學於古而行之以斷，兩者蓋相成而不可廢也。

『莅事惟煩』，煩字極有意味。古人云，天下之事當前，學者是應之一定之理，不學者是應之以一己之才。理則萬變而不盡，才則有時而或窮。故當事務紛至，但覺其煩擾而無措者，此欲應之以才，而不能應之以理也。

『心逸日休』、『心勞日拙』，自是不刊之語。作僞者經營布置於前，遮蓋掩飾於中，補苴救敗於後，何其勞也。究之情見勢窮，全體皆見。豈非愈巧則愈拙乎？此語於當官者尤爲藥石之言。

或疑周官所言官制與周禮不同，公、孤之官不見於周禮。愚謂周官載六官，而不及公、孤者。書明言『官不必備，惟其人』。則知公、孤不定設也。周公爲師，召公爲保，未聞更設太傅。周公既没，獨召公爲保，如芮伯、彤伯、畢公、衛侯、毛公，周之六卿也。皆未聞兼師傅。蓋六卿乃常設之官，而公、孤爲特設之名。且以論道爲職而無所事事。故周禮不載者，尊之於六官之上也。若以師氏、保氏爲公、孤，更失之遠矣。

君陳　凡三條

『爾惟風，下民惟草』，『違上所命，從厥攸好』。此皆治道之精語，風草之喻，最得上下感應之理，可謂罕譬。違命從好，極中民情隱微。故論語及大學皆引用之，可悟古人讀書之法。

『爾有嘉謀嘉猷，則入告爾后於内，爾乃順之於外』。曰『斯謀斯猷，惟我后之德』。葛氏以爲成王之失言，然哉，善之所在，何分人己。大舜之所以大，在善與人同，舍己從人而已，何必以讓善責之於臣而後爲美哉！如堯典、舜典所載嘉謀嘉猷，非必盡出之堯舜，大抵皆禹、皋之言耳。而千古之誦大知至神者，必推堯舜。然則臣之善即君之善。此中稍分畛域，即非與人同善之大公矣。

克己者，君德之所難。自是者，人情之所匿。成王獨能慮上意之未當，求立法之惟中。『予曰辟，爾惟勿辟。予曰宥，爾惟勿宥，惟厥中』。如此，則庶無以可濟可、以否濟否之患。蓋人君之建立臣工，非以從欲苟同而已，將以繩愆糾繆，拾遺補過也。後世人臣不明斯義，以從欲爲恭；人君亦不明斯義，以犯顔爲諱。其不逮成王，豈不遠哉？

顧命 凡三條

生死之際大矣。成王涵養有素，當彌留之際，出言有章，自亂威儀，修身之要也。冒貢非幾，謹幾之學也。内外交修，本末俱舉，簡而有則，非曠然於死生之故而能若是乎！

顧命一篇，首一節叙發命之由。第二節、三節叙發顧命時事也。『王曰嗚呼』四節，稱述文、武之受命，而自言嗣受之艱難，欲垂示後嗣也。『柔遠』二節，前言保萬民、馭諸侯之道，後言修身慎幾之道也。『兹既受命還』二節，言成王崩，康王嗣位也。『丁卯』以下十節，言喪間之制度陳設儀衛也。『王麻冕黼裳』四節，言召公傳顧命，康王受顧命之儀也。『乃受同瑁』是已受顧命，而爲君行告祭之禮也。觀『諸侯出廟門俟』以下接『王出在應門之内』，從今文作一章爲是，不必别作康王之誥。觀末節『王釋冕，反喪服』，正與上『王麻冕黼裳』相應，結構最爲完密，分爲二篇，反覺首尾不相顧矣。

成王崩之後，周之君臣既成服矣。乃一旦釋喪服，用吉服，受顧命，朝諸侯，蘇氏以爲禮之失，曰：『三年之喪，既成服釋之而即吉，無時而可者。』初意以爲蘇氏之論極當，細繹思之：成王崩於乙丑之日，至癸酉伯相命士須材之後，去乙丑九日，喪事已經理將畢。於是特設成王生前之几與其寶器於兩階，而受成王之顧命，所謂以生道事之也。賓階阼階之上，畢門應門之中，不可以喪服處，且見諸侯以正始不可不臨朝發命，而臨朝又不可以喪服行也。蓋天子以天下國家爲重，受顧命，見諸侯，嗣君之事無大於此者。故不得不變其禮儀，麻冕黼裳、麻冕蟻裳，非純用吉服。吕氏以爲酌吉凶之間者最是。至太保承介圭，太宗奉同瑁，太史秉書，始不得不用彤裳，而卿士邦君皆不得而同之。此等處，古人何嘗草草，且顧命前後，儀節周詳慎密，斷無君臣不宜釋服而遽從吉之禮。況太保召公，國之元老，更事多而慮事密，安有非禮如是而遽侈然行之乎？人君承祖宗之重，當正始之初，其禮有不得不變者，自與士庶人不同。朱子亦曰：『易世傳授國之大事，當嚴其禮，而王侯以國爲家，雖先君之喪，猶以爲己私服也。』細繹朱子之言，而知其論之審矣。未可輕訾古人也。

康王之誥 凡五條

周之二伯即虞廷之四岳，所以統率四方之諸侯，爲方伯連屬之長而兼三公於朝者也。召公以太保率西方諸侯，畢公率東方諸侯，二伯分陝，周之制也。下言太保暨芮伯、太保率外之諸侯，芮伯率内之公卿，此時公卿諸侯咸在，專言太保、芮伯，而畢公在其中矣。

『誕受羑若』，『羑』字作羑里解終未安，且與上言文、武未合。羑若，當是厥若之訛。若，順也。謂大受天之順命也。觀下文『用奉恤厥若』可見。

守成之主所以仰承前烈、維持天下者，莫大於賞罰。故誦成王之功，曰『畢協賞罰，戡定厥功』，而君道之大端舉矣。畢協者，盡當於理也。賞罰期於當理耳，不必以己意與之也。

成、康之時，文、武之德猶在，所浸衰者，武備耳。周、召皆見於幾先，故於此已緦緦然慮之。觀周公之言曰：『其克詰爾戎兵，以陟禹之迹，方行天下，至於海表。』召公之言曰：『張皇六師，無壞我高祖寡命。』蓋承平之久，憚於兵戎；守文之君，弛於武備。從古皆然。二公老成謀國，預戒於事前。非若後世之好兵喜事者流，亦非如後世之積玩久而倉卒莫措者比也。

康王踐祚之初，受命之始，臣戒君以纘述祖考，君望臣以乃心王室，『無壞我高祖寡命』，『無遺鞠子羞』，何其言之痛切也。成、康纘緒之盛有以哉！

畢命 凡五條

成王作洛之事，記之曰：『王朝步自宗周，至於豐。』今命畢公保釐東郊，而記之亦云然。蓋畢公四世之臣，成王不敢遽命之，而託於先王之命，固所以敬保釐之任，亦所以尊禮老臣，不敢自專也。觀其言曰：『今予祗命公以周公之事，往哉。』則其詞之鄭重亦可知矣。

天下，大器也，上古聖人造此器者也，後世聖人整理此器者也，子孫用此器者也。自三代以來，一聖人出而整理於前，經子孫用之數百年，未有不窳且敗者。唐、虞以數聖人繼世在位，故其器完整而又當。大禹憂勤胼胝之後，所謂『有典有則，貽厥子孫，關石和鈞，王府則有』者，何其器之固哉。殆經數百年，至於桀而大壞矣。成湯爲智勇之大匠，以不競不絿不剛不柔爲爐冶而陶鑄之，暨乎太甲以後，賢聖之君六七作。前者磨礱，後者保護。越數百年而其器不墜。至紂而又大壞極矣。蓋積漸既久，朴者日漓，厚者日薄，拙者日巧，誠者日僞，蕩檢踰閑，至於怙侈滅義、驕淫矜誇者，種種而然。武王爲敬勝之大匠，以燮伐爲爐冶，加之以周、召之輔弼，成、康之惠和陶染薰蒸，所謂『既歷三紀，世變風移，僅得以四方無虞，予一人以寧』，心力亦幾乎瘁矣。然後其器始完整而可用，至周末而又壞極矣。秦始皇亦知其壞也，而以鹵莽滅裂治之，是故始經手而破。自漢以後，整理之術亦漸疏矣。然猶陶鑄於高祖，磨礱於文、景；陶鑄於光武，磨礱於明、章。至六朝之君，不知陶冶，惟事補苴，故用之數十年而輒壞。唐之器陶鑄於太宗，而磨礱於開元之間。宋之器陶鑄於太祖，而磨礱於真、仁之代。當其敝壞之時，氣化衰，人心漓，風俗偷，水旱爲其斧斨，盗賊爲其螟螣。有一大匠者出，合天下爲銅液而融化之，一呼一吸，一張一弛，或嚴或寬，或濡或烈，天下人蚩蚩然入其陶冶中而不自覺。久之而漓者還朴，薄者返厚，巧者復拙，僞者歸誠。人心變於下，氣化盛於上。歲豐而穀登，俗淳而盗止。天下爲之一變，殆其子孫日剥月削，而又大壞矣。大抵陶鑄之、磨礱之，則其器完整一新而可以數百年；下而補苴之，則其器粗完而亦可以百年、數十年。未有承前人之積敝，又益加剥削而可以貽之子孫不壞者。大治之則大安，小治之則小安，不治之則不安。此今古天下因革得失一定之理然也。三昧畢命之篇，可以知古人之用心矣。

大抵風俗之壞，必始於世家大族，而後浸淫及於小民。故教人者必自世家大族始，所謂『鮮克由禮，席寵惟舊』者，由來久矣。今欲整齊而化導之，莫大於分別善惡，使知有所感動，所謂『不臧厥臧，民罔攸勸』，即古人輓維風俗之大關鍵也。

俗之敝，莫大於侈。侈之大，莫著於服飾。耗物力，啟奇邪，紊等威，亂上下，長淫僻，貧富相耀，無有窮極。故周之大夫重羔羊之節儉，刺赤芾之僭侈。畢命特舉服美於人以爲戒，其意深矣。後世有風俗之責者，慎勿以爲細故而忽之也。

風俗之變，始之不可不浣滌祓濯，以嚴明剛果而振其自新之氣。故曰『周公克慎厥始』，然又不可以太迫也。既新之後，當優游漸積以涵養之，聽其自化。故曰『惟君陳克和厥中』。然『雖收放心，閑之維艱』，又不可不底於純粹而有成也。故曰『惟公克成厥終』。觀此篇，庶周爲治之序亦大可見矣。

君牙 凡二條

古來制誥之辭，必自述祖功宗德，而因以及其臣子之祖、父，必自言纘緒承業，而因教其臣以率祖之攸行，此立言之體也。古者，大司徒之職兼教養之事，蓋非兼也。教不外乎養，教亦養中之一事耳。故五典之後，即訓以思艱圖易，未有教而不先之以養者，水土未平，稼穡未播。聖人萬事俱不能措手，概可知矣。

思其艱者，無輕民事，維艱之意也。圖其易者，聖人使菽粟如水火之道也。小民竭終歲之力，手足胼胝，火耕水耨，而後得數鍾之粟，上以供公家，下以畜妻子，猶有半菽不飽飢寒載路者，安得不思其艱。然人生一日不再食則飢。菽粟布帛非如珠玉錦綉，可以聽其有無。自天子以至於庶人，計口而食。一夫不耕，則有受其飢者，必家給人足，遺秉滯穗，耕九餘三，太倉之粟紅朽而不可食，始可爲水旱之備。不然，則國非其國，而民非其民，安得不圖其易？有思艱之心而後豐亨豫大，不生驕侈之心。易者可常保，其易則思艱，又圖易之本也。

冏命　凡二條

自周公以綴衣、虎賁爲重職，周家世重僕御之臣。蓋以其近君側也。典掌之事，雖不係於天下之治亂，而實關於君德之醇疵。醇疵者，治亂之本也。伯冏又僕御之長，故告之以慎簡，乃僚僕臣之長正，羣僕當無有不正者，此又執簡御煩之道得矣。

臣而以僕名，賤也，狎也。人賤，則逢迎必工。人狎，則嚬笑易假。此地而容巧言令色、便辟側媚之人，則亦何所不至哉。往往有英明之君，自恃其威斷，可以無所不察，而究不覺爲此輩所蠱惑者。愈明愈威，則蔽之者愈巧，有終身爲所誤而不覺者。聖人不恃吾明，足以防之，而必曰遠佞人。舍遠之一道，更無他道也。往往有剛直之臣，或不自顧其身，排擊此等之人，而反受其禍者，蓋彼之醜類多而窺伺密，即一人屏退，而小人之交膠漆莫解，搆嫌啟隙出於他人之口，吹毛索瘢，窺於色笑之微，則如鴆毒之深入而不可解矣。大抵天下君子寡，小人多。君子剛，小人柔。君子疏，小人密。君子難進，小人易親。君子畏名義，小人嗜利便。真如冰炭之不同器，薰蕕之不同味。君側何地，侍御何人，耳目之官何職，而可以便辟側媚之人雜於其間乎？周禮宰夫内史皆掌於冢宰之官。蓋以嚴重大臣攝服參綽於其間，所以杜小人之萌，爲成就君德之本也。漢以來，執戟虎賁皆士君子爲之，猶不失古人遺意。後世士大夫視此等官爲賤而不屑爲。天子復以優俳畜之，大臣隔於内外之分，曾不得過而聞其姓名，浸淫積漸，引類呼羣，君德之累往往由之。善乎，古人之言曰：潛移默奪於冥冥之中，而明争顯諫於昭昭之地，抑末矣。豈獨國家不可有此等之人，即大臣之家亦宜檢慎。美王祥者曰：門無雜賓。此輩在人左右，外則藉權勢以爲自炫之媒，内則通貨賄以爲取媚之計。暗訐陰私，愚誘子弟。一旦權去勢窮，則争先而反噬之。即不然，儻有權勢更甚於此者，則藉之以爲取悦之地。士大夫居官居家，當深惡而痛絶之，等於蛇蝎之螫毒，魑魅之媚惑而後可。若悦其小技，樂其和柔，以爲此小人易制耳，鮮未有不受其損者。自古以來，高明之人，富貴之家，多坐此弊。何則？富貴爲此輩所競趨，而高明之人每以爲不足畏而易制，曰：彼所蠱惑者，乃庸庸之人耳，安能損我哉？而不知其日漸月積，導淫侈，長驕縱，蕩心志，耳目習染，聞見充塞，德器漸變而不自知。夫人日與直諒願謹之人處，猶恐不能轉移其浮囂之習，况此輩乎？古人有言曰：入芝蘭之室，久而不聞其芳；坐鮑魚之肆，久而漸忘其臭。蓋與之俱化也夫。至漸忘而與之俱化，寧不可危之至哉！

吕　刑　凡八條

敬忌乃一篇之大旨，亦有周相傳之家法也。康誥亦曰：『惟文王之敬忌，乃由裕民。』敬者，蓋兵刑皆聖人不得已而用之。故虞廷皆統於皋陶，所謂蠻夷猾夏、寇賊姦宄者是也。敬者，明允之本。非欽則安能恤？『忌』字意尤深，畏憚而不敢輕用，避諱而不忍輕言。見民之罹於刑，如赤子之蹈於湯火、入於陷阱者然。爲民父母，休戚疴癢相關，又安忍喜談而樂道之哉？如得其情，哀矜勿喜者，民之未能免於刑，一則由於主德之未淳，一則由於民俗之不美，一則由於生業之未遂，一則由於恥心之不存。有此數者，上之人方且愧恥慚悚之未遑，而敢以得情爲幸乎？故古人以刑措囹空爲盛事，一郡一邑如此，則良有司之福也。天下如此，則天子之福也。後世鍛錬深文，以苛察爲明，以失入爲威，草菅民命，以傷天和者，其亦未明於敬忌之道也夫。

先儒謂呂刑之失，莫大於贖。又謂重罪亦贖，是有財者殺人而亦可以不死，豈得爲法之平乎？今觀其言曰：『五刑不簡，正於五罰。』是五刑之中難於稽核其實者，而後以五罰寬之。又曰：墨辟疑赦、劓辟疑赦、剕辟疑赦、宫辟疑赦、大辟疑赦，必五刑之中可疑而後議贖鍰之多寡，非一概而贖宥之也。又曰：『五罰不明〔二〕，正於五過。』并罰亦不當者，則以五刑之過誤而正之，又非一概而罰懲之也。特異於唐虞者，有流宥五刑之條，而易之以罰贖耳。至其哀矜惻怛之意，曰：『朕言多懼。』則猶是欽恤之心，故孔子取之也。

惟官、惟反、惟内、惟貨、惟來五者，盡後世聽訟之弊。五者之中，惟貨尤甚。故後特舉而詳言之曰：『無或私家於獄之兩辭，獄貨非寶，惟府辜功，報以庶尤，永畏惟罰。』言斷獄而受貨，惟聚斂罪狀而已，將來必有殃禍之罰。其可畏如此。蓋獄關人之生死，析之以明哲，處之以哀矜，猶恐不得其情，乃敢有私家之意乎？單辭較兩辭尤難。故必曰明清。能持法公平，則可以配天，而有無疆之譽。私家兩辭則報以庶尤，而有無窮之禍，安得不慎之又慎哉？

『非佞折獄，惟良折獄』。蓋佞者恃其聰明，逞其口辨，用其擊斷，任其逆億，往往不得獄情而自以爲得情。其爲害可勝言哉！如周興、來俊臣輩，皆所謂以佞折獄也。惟良者，忠厚存心，明睿内照，不尚推測，不用嚴酷，如張釋之、于定國輩，皆所謂惟良折獄也。蓋惟明睿則人不敢欺，惟忠厚則人不忍欺。觀舜典之言曰『罪疑惟輕』。又曰『與其殺不辜，寧失不經』。則知聖人如天好生之心，斷不忍後世以弼教之具，爲嘉師之陷阱也。

重黎何以絶地天之通，曰導民以常而已。人惟倫常之理不修，而後有邀福鬼神之事。奇邪淫祀所由以興，巫覡之徒始得肆其怪誕不經之説以惑亂人心。若人能於日用飲食之恒，家庭倫理之大，知之由之，則終其身不能盡，又何暇外慕哉！故歐陽子本論謂：王道行而養生送死之有其具，則佛法何自而入？且明明棐常鰥寡無蓋，雖下至鰥寡側陋之微，苟有善，未嘗不賞。苟有惡，未嘗不罰。則鬼神安得陰竊其禍福之權？故曰：有道之世，其鬼不靈。又曰：國將興，聽於民。將亡，聽於神。神者，依人而行。明乎此，則知重黎無絶鬼神之法，惟有修明人道以勝之而已矣。

報虐以威，可以知古帝王制刑之意矣。彼盜賊姦宄之虐人與邪奸僉壬之誤國，其用心殘忍。被之者斷肢骸，捐軀命。聞之者髮上指，目眦裂。其權勢剛狠，匹夫匹婦之無可如何而爲之，上者不能報之以威，其何以平天下之心乎？譬如猛獸毒蛇飛而噬人，使此時有人起而剸制之，豈得爲傷造物好生之仁？故曰：廷尉，天下之平也。司刑者濫罰而殃及無辜，固非好玩法而縱釋有罪，亦非報虐以威，正當與『哀矜勿喜』參看也。

『祥刑』二字始見於此。以一人言之，君子懷之，則爲檢身之具；小人畏之，則絶非僻之心，何其祥也。以天下言之，刑一人而懲千萬人，殺一人而安千萬人，何其祥也。司刑者常體貼此二字，而使所施者無不祥，則鸞鳳止於大理之庭，瑞草生於圜土之户矣。

古來五刑之屬各五百。穆王制爲五刑之屬三千。其實增輕刑而減重刑，其哀矜惻怛之心，纏綿篤摯，真耄年閲歷之言，故孔子取之。若贖刑，特書中之一端耳，不足以爲之病也。

校記

〔一〕『明』，尚書通檢作『服』。

文侯之命 凡三條

周之東遷，晉、鄭焉依？故平王錫晉文侯之册命曰『會紹乃辟』。周書終於是篇，以此爲誓誥之終。自此，號令亦不復行於天下矣。獨是幽王罹犬戎之禍，平王繼世以來，所以報仇雪恥者，莫大於此。而廟堂之上，册命之詞，絶無一言及此，毋亦申伯同犬戎入寇，此時平王方德申之樹，已而有戍申、戍許之役。故以報仇雪恥爲諱乎？夫忘不共戴天之仇，而念一己樹立之恩，庸君繼世，宜乎後之不能復振也。『閔予小子』二節，嘆國祚之顛危，憫先臣之殄絶，而望後人之追孝扞社稷之多艱。其情迫，其語摯，不失成、康以來誥令之意。此以知周之遺澤遠矣。故夫子猶有取之歟？

今文詞語大約不尚整齊，搏捖往復之間，有真氣組織於中，色澤古茂，如吕刑、文侯之命迥與周官諸篇文氣不同。豈伏生所口授者盡皆佶屈聱牙，而平易之篇反不能記？故愚深疑古文之出於孔安國者，未必盡尚書之舊文也。

費誓　凡四條

古但云師出以律，而未言所謂律者何謂也。坐作擊刺，步法止齊，戰法也。若費誓，其行師之律乎？師之事有五，費誓備言之：一曰器械，二曰馬牛，三曰行伍，四曰期會，五曰芻茭。五者皆不可以無律。伯禽生長於富貴，而能言之精晰周詳。各警之以常刑，如老於師中者然。可見古人之學無所不貫。以諸侯之兵敵淮徐之夷，亦必先爲不可勝以待敵，方爲萬全之師。故不言戰法而先言紀律也。

甲戌之日，『我惟征徐戎』。又曰『甲戌我惟築』。古人行兵不尚窮追急擊，而以堅樹壁壘爲大事。故戰而版築隨之也。隨戰隨築，則守之者有據，而攻之者難施。輕鋭深入之師，背水決河之計，後世之所以取勝於一時，而古法不若是也。言兵而刑即隨之，若似乎嚴刻者。不知師行而無律，與棄師同。律設而刑弛，與棄律同。故一則警之曰『常刑』。再則警之曰『無餘刑』。三則警之曰『大刑』。正古人威克厥愛之意也。三代行師之道，於是篇可略觀矣。

從來誓師之詞，如甘誓、胤征皆言奉行天罰之意，聲罪致討，此天子之體也。若伯禽以方伯帥天子之師，則古所謂諸侯伐而不討者，故但言師中之律而已。此諸侯之體也。蓋其氣象之大小絶不侔矣。

頌有魯頌，書有費誓，皆夫子尊宗國之意。齊、晉無書而專録秦誓，以繼周之後，當亦取其悔過之意云爾。但當日齊桓、晉文伯業炳然，爲春秋之所許，而不載於書，獨載秦誓一篇，或因其地勢國勢據西周而下臨三川，有兼并六合之勢。蓋亦知繼周之必爲秦矣。夫子於此殆有微旨歟？

秦誓 凡五條

人不難於無過，而難於改過。不難於改過，而難於悔過。改過者，或迫於人言，或勉於一時。惟悔過則中心愧悚，奮然改圖，智勇自生。古所謂改過不吝，惟其知悔而後能不吝也。秦穆公之言深自刻責，不憚舉其病以告人。此夫子之所以取也。

古之謀人，老成之人也，非不知其言之可信，以其未順己之意而反忌之。此有言逆於汝心，不能求諸道之故也。今之謀人，新進喜事之人也。非不知其言之不可信，姑因其就己而親之。此有言遜於汝志，不能求諸非道之故也。穆公自知其病而自發之，其異於文過飾非者遠矣。

『仡仡勇夫』，技能之士也。『截截善諞言』，巧佞之徒也。技能且不欲，況巧佞乎？天下技能之士，於君德似無所損，不知人有技，則樂於自獻其技，有能，則恐人更掩其能。使非有道之士，則好功喜事之心迫，而爲妒賢嫉能之意。從古材藝之士，往往自禍其身，因以禍人家國者多有，蓋由此二念爲之祟也。故穆公疾之，至與截截諞言之人等，而心思斷斷無技之人。樂正子惟無强勇智慮聞識之名，而後能好善。《易》所謂君子以虚受人也。從古聖人有材藝者，周公、孔子。孔子曰：『多能鄙事。君子多乎哉，不多也。』其論周公亦曰：『使驕且吝。其餘不足觀也已。』蓋多材之人，最易驕吝。驕者，驕人之所無，不以讓於人也。吝者，吝己之所有，不以公諸人也。周公、孔子之多能，且不敢自用，况下此者乎！

截截諞言之人，何以遂使君子易辭？嘗見巧言亂德之人，變易是非，混淆邪正。每能使君子喪其所守，而於人君之前尤甚。蓋小人之言巧，君子之言拙。巧者工於承順，而拙者易於違逆。君子往往有心知其非，而不能明言其罪者，所謂使君子易辭也，巧言之禍至斯而極矣。

人君之職，莫大於擇相。宰相之事，莫大於容賢。國家之所以興，曰一君一相而已。國家之所以敗，亦曰一君一相而已。秦穆公之言實萬世擇相之龜鑑。故大學特引之。李林甫但欲杜邊將入相之路，遂啟禄山之禍。蓋保榮則不得不固寵，固寵則不得不蔽賢，又奸邪無論矣。又有一種好任己見之人，樂於人之從己而憚于人之違己。如寇萊公始非不知丁謂之奸，及共事而謂窺萊公之病喜於自用，遂一意順從，毫無所忤。故萊公薦引爲相，及得志而卒排萊公。始雖有知人之明，卒陷於小人之術。此不能休休有容之失也。開元、天寶之治亂，以一君之身而判然天壤者，只在相之忠與不忠耳。故曰『邦之杌隉由一人，邦之榮懷亦尚一人之慶』。爲人上者，安可不三復斯言哉？

張英全書之三

篤素堂文集

楊懷志 點校

篤素堂文集序

儒者居今稽古，以道德文章蒙知遇，被顯擢，在密勿論思之地，晝日三接，夕漏不休，造膝之謀，伏蒲之語，同列不聞，外庭不知。推賢與能，慶流朝著。横經講藝，澤及生民。彌歷歲年，延登受策。於斯時也，當大有爲之日，贊不世見之功盛矣哉。舊典所垂，遺烈罕覯，休休乎，濟濟乎，天開日晶，與五曜三階争光映采可也。豈猶與夫庭墀郎署，備官散秩，以及窮巷布衣韋帶之士，競秀擒華，角一字句之勝負，蘄榮名於蟲書蠹簡之中也哉！雖然，蓋自學術之不明久矣。古之儒者窮經研義，文禮詩樂，治性理物，罔可闕如。況輔翊化成，經緯彝倫而委棄大雅，其謂之何。此一代偉人神明寄託，高標霞舉，流輝成文，有不蘄其然而然者，非夫人之可仰而測其津涯者也，余於相國桐城先生得斯義焉。

先生湛深經學，執德不渝，非道不處，解巾釋褐，仕爲史官，其時已有終焉之志。會禁林建直，隆學遴賢。自是以來，先生蚤夜侍焉，積二十年餘而枋用。余前所云：儒者以道德文章蒙知遇，被顯擢，論思延登，濟濟休休者，公皆有焉，而不以自居。神明寄託，嘗獨在於丘中田間野雲流泉岑寂之地。既操筆内廬，暨鈞衡台席，以經術潤色，廊廟浹鬯。幽遐時以其意發爲咏歌，高文清思，孤行獨賞。田家漁父、樵夫牧童，則儲公之格高調逸，趣遠情深也。在泉成珠，著壁成畫，則輞川之秀詞雅韻，意愜理精也。以至香山之挺出於長慶，蘇、陸之各擅於南北。迹其流風，會其神解，皆超然於自得之餘。此其有意焉競秀摛華，角一字句之榮名者哉！蓋先生之所蓄積者然也。窮達不異其操，約樂不改其度。故其得於心而溢於辭者，有不蘄然而然者矣。先生之詩必傳於後，宜擇可傳之人而序以傳之。

余忝從先生後，時在直廬，先生每以兹事屬余，余遜謝不遑，於今十餘年所矣。而先生督之不輟，余以先生之文鋪陳鴻業，鼓吹斯文，敷爲典誥，伸爲雅頌者，能言之士必將誦説而傳之，而獨取其義於斯者，是亦先生之志也夫。

康熙辛巳秋七月二日高都陳廷敬撰。

序

難進易退，大臣之節，然大臣之退不易也。當其進時，結自天之知，受甚盛之寵，或至於不可以退，即知退而已不能，所以難也。君子則不然，舒可以卷，顯必用晦。夫非老氏知止足之謂，蓋不待足而無不足也，不待止而無不止也。其斯爲無盈無虧者與！若我桐城公之受上知，可謂深矣。不夙則莫，侍禁廷將二紀，一德同心，謀謨叶贊，不待爰立，如内相不啻。及相，亦仍時時在直也。先後殊禮特賜不勝書，如一日無幾微間。然荄觀古君臣之相得，置諸左右以自近如公者亦多有，而識者必欲要其後也，其在退乎。獨公所處愈高，而畏約勤慎，心益下，造膝前席，多社稷大計，而公不居也。不列密事，不許人過，汲引人才如不及，而人亦不知也。

歸賜第，惟手一編，蒔花鼓琴自娱。世多剥啄之客，掃門之人囁嚅趦趄不敢前也。身在日月之傍，可以如市朝而所求物亡其中，則易退者，非公其誰？而猶請之數年，可不謂難。然如公之退，真可以樂而忘老矣。公卿大夫以及山野之騷人羈客，盛爲詩以祖行，詑爲僅事。荄不文，亦踴躍不自體賦詩六章，恨殊不盡，復鑽仰道德之高深萬一，以僭爲之序。

公歸有園林之適，自作芙蓉雙谿圖記，繫詩二十六首，勝情至致，讀者有褰裳之思。菼亦老矣，旦晚當引去，請見公山中，爲公和之。

長洲後學韓菼序。

序

文豈易言哉！必也窮乎天地之際，察之陰陽之妙，遠求乎千載之上，廣索乎四海之内，無不知矣，無不盡矣。且反之於身以觀其誠，參之於氣以驗其充。浸灌乎道德而日新月異，涵泳乎仁義而遲之又久。積諸躬矣，達乎氣矣，然後左禮而右樂，莫非文也。圓規而方矩，莫非文也。聽乎其言，温恭而不卑，皎厲而不亢，莫非文也。察乎其心，中正而和平，虚明而淵通，莫非文也。徵乎其家，其家莫非文也。察乎其政，其政莫非文也。此則不求文而文成焉。乃天地間之至文也。辟之千章之木，紛溶箾篸，上摩霄漢者，以其根也。百川之水，宛渾膠謐，東達滄海者，以其源也。導川者不憂流之不延，而恐源之不深。植木者不患枝之不蕃，而慮本之不培。培其本，深其源，其延其蕃也，孰禦之哉！斯道也，聖人得之，則傳之萬世爲經；賢者得之，則放諸四海而準。輔相天地而不過，昭乎日月而不忒，燮理四時而無愆。或者曰，我窮力而學爲文，吾知其必不能也。彼其俗學紛紜而莫之有定。騖高遠者，宗恍惚而談懸虚；尚靡麗者，騁浮辭而矜縟製。猶之金貝珊瑚，木難火齊，可珍之物出橐而紛葩，升槃而回縈，非不灼灼可觀也。然寒焉不足爲之衣，饑焉不足爲之食。求其若布帛菽粟之濟於用，幾何哉！

吾讀桐城大宗伯公文與詩，若有以啟予者。先生禀光岳精靈之氣，鍾秀拔沖粹之質。凡天文地理之要，禮樂政刑之詳，治亂因革之變，草木蟲魚之細，與夫百家衆技之説，靡不究心。故其爲文，滃然而雲雷興，沛然而河海流，蔚然而蛟龍升，彪然而虎豹騰，煦然而百卉滋。穠麗之極，固若未易得其涯涘，及其造乎平淡淵微，則又若太羹玄酒，不假調胹而至味自具也。由公以六經爲本根，史、漢爲波瀾，諸子百家爲奴隸，以修之身者而修辭，和之心者而和聲，成之德者而成文。是以值鼎新之運，逢至聖之君，天縱睿哲，遊心精一。公出入承明，身近光華，忠誠素貫，上廑睿知。凡雄文大册、黼黻制誥多出燕、許，況典章儀禮，則禘社宗廟、山川百神之典，覲享宴慶、禮樂律曆、衣冠之制，遠方朝貢賞賚之儀，及寶册勳封、徽章鴻伐之文，一一論次撰述，使鬱鬱之盛遠軼三五，而陋漢唐宋於不居焉。至於海内名山大川、釋老之宫、王公墓隧之碑，得公文辭以爲榮。片言隻字，流傳海内，咸知寶愛；文學德行，卓然名世，羽儀斯文，輝煌治具，豈淺鮮哉。

從來一代之興，必有非常偉人，樹駿流鴻，扳龍附鳳，際風雲而依日月，勒鼎彝而照汗青。古稱三不朽：立德、立言、立功。有一足傳，兼斯邈矣。此其道如登泰山之巔，極乎目之所至，而水則江海、淮、泗，山則鳧、繹、龜、蒙。周、秦、齊、魯、滕、薛、鄭、梁、衛、趙、韓、魏人民之繁鮮，土地之廣狹，皆得之於心，故言之而不誣，問之而無不知。若夫澤中之夫升尋丈之丘而望焉，所見不過東阡西陌，雞犬牛羊踪迹，輒逞智以談於人，終不暢達而順適。何者？所見高下之不同也。又如貴介之士，章服之美，黼黻之綉，玉珂之鳴，環佩之飾，惟其有之，是以榮之。若使田夫澤叟披蓑戴笠而入朝堂，見之者有不訝哉。更如大烹之奉，豹胎之珍，駝峰之異，猩唇之饈，熊掌之膾，惟其飽之，是以美之。若使山癯村嫗饜糠粃而談粱肉，聞之者有不非而笑之也哉。何者？由來之厚薄美惡有殊也。文之知道與不知道，何以異此。然則學者欲爲文，尚浸灌涵泳於道德仁義也哉。

康熙戊寅春趙士麟撰。

篤素堂文集卷一

賦

瀛臺賜宴賞花賦 有序

時當清宴，海宇謐寧。皇上以聽政之暇，臨幸西苑，俯念諸臣勞於職事，特行曠典，召集瀛臺，賜之宴飲。凡公卿、侍從、臺省之臣，咸得與於斯禮。温綸春藹，聖澤如天。誠太平盛事，千載一遇也。小臣隨惇史之末班，幸際昌期，躬沾湛露，不揣固陋，謹拜手以志其盛。賦曰：

維深嚴之紫禁，當宮闕之西隅，啟薇垣之右掖，居金兑之雲衢，爲宴閒之勝地，比瑶島之仙都。宮槐百尺，御柳千株。山名萬歲，鎮北極而環神武；水溯玉泉，入太液而泛蓬壺。清流瀠洄於玉砌，蒼林掩映夫金鋪。北則有瓊華之島，窈蒼翠而玲瓏；南則有迎薰之亭，燦金碧而穹窿。蠶室峙其西，蕉園列其東。其臨流也，則朱蘭綉柱者，水雲之榭；其冠山也，則穿雲竦漢者，瀛臺之宫。九島紆折於百步，三亭宛轉而相通。浦號藏舟，煙波深杳。臺名垂釣，淪漪旋繞。雕梁落影於波心，瑶殿分光於霞表。望雙闕之觚稜，隔瀟湘而縹緲。好鳥集於菰蒲，嘉魚唼夫蘋藻。其製作之麗密也，銅龍噴水而泉落雲標，金鳳銜珠而光騰樹杪。礎甓書蟠螭之象，藻井有垂蓮之巧。水檻則下瞰潛蛟，山樓則平臨飛鳥。其爲橋也，石鯨飛動，玉蝀逶迤，遥接乎西城之陰，遠通乎北渚之湄。堆雲積翠，龍卧虹垂。帶晚霞而璀璨，射朝旭而陸離。其爲木也，槐陰葱鬱，松影參差，珠〔二〕花瑶草，湘芷江蘺。圓殿之古柏，干層霄而蔽日；兔園之薜蘿，垂倒影而臨池。其爲舟也，龍樓鳳舸，望若丹霞。月臺宏敞，仙鷁繁華。開綺窗而近柳，坐瓊筵而泛花。疑鑑湖之鼓楫，駭銀漢之乘槎。又有百果之園，百鳥之室，桃杏棗梨，有蕃其實，孔雀鸚鵡，鴛鴦鸂鶒。入瑶筐者，珍果盈千；閉雕籠者，文禽非一。外則繚垣周布，羅列星廬，萬家隱見於雲樹，西山翠滴於庭除。内則珠簾玉檻，雕櫳綺疏，耀晴雲與碧澗，若水晶之映璠璵。上則飛甍寶頂，纓絡瓊琚，似浮空而未落，出高柳而憑虚。下則流觴曲沼，鳴湍石渠，時潺湲於水碓，泉聲落而徐徐。洵皇宫之壯麗，豈數乎瀛洲方丈之所書。

若乃時當避暑，新荷滿汀，紅蕖吐艷，翠蓋高擎，千頃一色，紫萼朱英。朝簾初捲，望之若繁星之輝碧落；夕幔未收，睇之如朱霞之在赤城。獨其發潛淵而振采，泛清泉而濯莖。實甘旨而芳烈，藕雪浄而冰晶。製芰荷以爲衣，豈同乎凡卉之徒榮。所以風人采之，媲美於幽人之潔；楚騷咏焉，比德於君子之清。爾其帶雨含煙，翻風浥露，北渚叢生，南洲密佈。時開時落，或妍或素。曉氣空濛，微香暗度。此固景色之尤佳，而園林之堪賦者也。

皇帝躬親庶政，勤勞萬幾，日旰而食，未明求衣。值勵精之偶暇，暫宴息於宫闈。是時也，晴雲卷，香露晞。乘法駕，載鑾旂。過垂楊之輦道，臨沼沚之芳菲。喜棠棣之交映，快花蕚之羣輝。乃設玉醴，布華筵，開水殿，對芳蓮。金盤玉筯，舉網烹鮮。念諸臣之在職，皆鞅掌於經年；舉泰交之盛事，同慶賞於花前。開堯室之衢尊，列周京之豆籩。是時鴛鷺成行，簪裾咸集，佩綬懸魚，聯珠合璧。露湛仙醪，霞張綺席。分左右而成行，舒鸞凰之彩翮。花夾岸而錦障生香，柳覆堤而長廊盡碧。羣虎拜而揚休，承天語之渥澤。如登春臺，羣心悦懌。天子乃御畫舸，泛南河，篙師擊楫，榜人和歌。龍氣遥成五采，結飛蓋而凌波；舟頻移於密藻，櫂自轉於新荷。起沙鷗與白鷺，迎錦纜而偏多。乃命羣臣，咸登畫舫，大官設席，酒正司釀。水平若鏡，微波細浪。擊汰乎臨漪之亭，迴舲乎平橋之上。坐昆明之碧水，眺香山之疊嶂。極游觀而未已，許溯洄而蕩漾。舟隨浦曲，人與花深。桂橈頻轉，蘭槳遥尋。既遍乎芙蓉之沼，遠泊乎槐柳之陰。飫君恩之無極，感遭遇於臣心。猗歟盛哉！繼在鎬之休風，修曲江之遺事。賞花垂釣，嗣徽宋宗；柏梁賦詩，軼美漢祀。信可垂於國書，亦足風兹有位。天池御苑，以泳以游；惠風遐暢，嘉氣旁流。聖心載悦，羣工咸休；以示慈惠，匪樂優遊。期上下之交勵，當勉之乎爲楫而爲舟，雖翺翔於西掖，而心實周乎四海與九州。

校　記

〔一〕『珠』，康熙四十三年刻本作『琪』。

喜雨賦 有序

康熙十有七年季夏之月，經旬不雨，暑氣煩蒸，火雲麗空，炎景爍物，驕陽可畏，烜燠有徵。帝心惕然，念雨澤愆則難冀豐穰之慶，陰氣鬱則恐爲災沴之由。爰是發德音，下明詔，懸軺鐸，求昌言。嚴恭寅畏，齋祓於宫；肅穆精誠，禱祠於帝。致齋之次日乙酉，陰雲四合，電掣雷轟，雨沛於中夜；禱祠之次日戊子，涼飔候至，煙霏霧結，雨澍於亭午。於以滌枯潤槁，育物寧人，皆聖心爲之感，而天心爲之應也。臣近侍内庭，備詳宸慮，職居悖史，宜志天休，猥以蕪詞，忝兹盛美，敢拜手稽首而作賦曰：

蒼蒼無垠者，有象之天。天心之所屬兮，則在乎璇宫之側，黼席之前。蓋君身所以配帝，而主極所以承乾。故明作而幽贊兮，若璧合而珠聯。月維季夏，律叶林鐘。司辰者赤帝，乘權者祝融。睹陽景之南至，仰大火之昏中。維斯時也，炎歊蒸鬱，熾日藴隆。上無纖雲，下無微風。陽坂飛煙於火井，羲輪銜耀於燭龍。氣欲流金，威能爍石。濯寒泉而猶温，對冰壺而如炙。力已倦於蒲葵，衣不勝夫絺綌。萬户千門，六街九陌，咸流汗之成漿，或狂呼而動魄。謂今兹之溽暑，實罕遘於疇昔。雖迎涼之殿，含露之臺，珠簾高捲，綺窗洞開，其如畏景暄赫，烈日昭回。觸炎威之四至，鮮薰風之南來。列子何以御之而泠然，楚王何以臨之而快哉。是蓋夏無時雨，陽愆陰伏，積此亢旱，蒸爲煩燠。胡以慰我三農，長我百穀？四野望之而警〔二〕心，萬夫因之而蒿目。

天子曰咨，在予一人。雨暘有忒，矜此兆民。沛王言之涣汗，垂清問於絲綸。爰咨卿貳，民瘼悉陳，輟朝撤膳，興於朕身。將有事於南郊，先致潔於明禋。於是端居穆清，蠲慮静志。上達穹蒼，捷如符契。雲油油而被天，雷隱隱而出地，雨霏霏而入簾，風依依而生袂。聽静夜之霑濡，愛宫槐之含翠。此蓋睿念之方興，已獲上靈之報賜。致齋三日，時維厥明。天子乃御輕輦，聽鸞聲，享圜丘，禮太清。薦紫壇之圭璧，奏玉琯之韶、頀。穆穆乎，皇皇乎，睹千官之肅，而咸師一人之誠。法駕載旋，爰居爰處。惟德動天，翼日而雨。石燕雙飛，商羊對舞。雲興於西，日之方午，始而度鳳城，過龍樓。氣靄靄而如暮，聲颯颯而兼秋。浩乎如風檣陣馬之疾，沛乎如江濤波影之流。已而滴瀝飄揚，滂沱汪濊。細珠濺於罘罳，飛點侵乎綺綴。其泛碧落而下也，若九天之瀑布，高轉於銀河；其緣鴛瓦而注也，如百道之飛泉，下垂於玉砌。

天子坐廣厦，啟彤扉，歌有渰之萋萋，咏興雨之祁祁。任輕霑於綺席，從飄灑乎御衣。天澤無疆，宸顔有喜。爰命侍臣，憑高眺視，優渥遍乎九垓，霑足同於萬里。豈止畿甸沐膏澤之施，三輔獲田疇之美。猗歟盛哉！古稱雨金雨粟雨玉雨珠，曷若兹雨，澄映涵濡。涼逾瓊液，甘若醍醐；良苗乍起，酷暑潛驅。登斯民於富壽之域，又奚有貧札之虞？蓋由我皇之德，馨香上聞，故其動於中也膚寸，而雨遍天下，絪緼若泰山之雲。更何藉乎土龍之逐逐，與巫史之紛紛。古人之言諒哉！人主應天以實，不以文。

校記

〔一〕『警』，四庫全書本作『驚』，是。

璿璣玉衡賦 有序

粤稽古聖，凛欽若於昊天；伊昔哲王，重仰觀於懸象。自迎日推算，肇起軒皇；迨定曆授時，首詳堯帝。蓋法其廣運，所以符乾德之貞；紀其遞遷，所以重民事之序。然九垓八埏之數，既寥廓而難稽；四時五紀之行，亦紛繁而莫辨。故觀天有器，窺象有儀，曰周髀、曰宣夜、曰渾天，法已傳於邃古；曰三辰、曰四遊、曰六合，製漸備於疇人。爰考虞書，設璣衡以齊七政；歷稽漢制，鑄銅渾而象九圍。黄道分二極之中，日月周於天紀。銀漢貫列辰之次，經緯燦於雲衢。布位以象，星躔數珠璣之錯落；設管而窺，辰度琢瓊玉之玲瓏。惟此制器之神奇，允爲言天之規矱。法以久而益密，繼之者漢有張衡；思以巧而愈精，窮之者元推守敬。

我皇上稽古正學，敬天勤民。睿哲性成，寶鼎呈祥於炎曆；雍熙時協，蓂階紀瑞於堯年。綏六宇而泰階平，撫五位而文昌耀。靈台測景，特專儀象之司；玉曆調元，遠紹重華之日。蓋由皇上心與天一，智在器先，恭默足以窮神，聰明尤能察物。故不獨微危精一，遠繼美於虞廷；敦典慎徽，上嗣休於潙水。即璇衡之制，今古同符。敢拜手稽首而獻斯賦。賦曰：

維乾象之灝灝，渾周徑而無端。故擬之者如倚蓋，而象之者如彈丸。或景長而多暑，或晷短而多寒。其數之無可紀極也，雖隸首而莫殫。古人以神靈之絶智，創儀器之精微。爰法天而奉若，實先天而不違。定兩極之南北，持二儀之樞機。星辰隨而耀彩，日月轉而周輝。齊消息於陰陽，窮天地而範圍。其爲器也，或謂肇自宓羲，或謂原於帝嚳。馬融嘆其精，而王蕃踵其躅。經漢唐而代新，歷宋元而遥續。仰以協乎天經，而俯以維乎地軸。其爲制也，動隨日馭，健應乾行。運宵旦而不息，配三百六十五度之常貞。乾坤肖其闔闢，萬物視爲枯榮。陽烏同其出没，兔魄逐其虧盈。若太虚之無爲，常不言而化成。其經星之麗乎其上也，三垣奠中央，列宿羅四維。紫極昌乎帝運，前星耀乎儲闈。招摇東指而熙春，大火西流而涼颸。南箕北斗，井鉞參旂。壁壘羽林之府，東壁文章之司。莫不託體圓象，逐候推移。其緯星之周乎其外也，聚井會奎，編珠聯璧。或隱或見，爲前爲却。金火遇而或逢其災，歲星在而人蒙其澤。莫不視躔次爲機祥，因天行而順逆。其游環之旋繞乎其側也，以二道之交周，驗二陸之寒暑。天地以斯爲襟帶，日月以斯爲户牖。包九有而亘八紘，固即近而可睹。其取乎璿璣也，川澤之珍，輝聯象緯。配景慶之光華，萃蠙珠而非侈。其取乎玉衡也，山岳之寶氣燭穹蒼，藉管窺之遥測，何積氣之難量。所以制列三重，經累朝而不改；法沿數代，當景祚而彌昌。

抑臣聞之：人君德及方外，化被羣生，則五氣順序，七曜咸平，陽愆陰伏之不作，而薄蝕暈珥之不驚。然後乾施而坤載，天清而地寧。必星紀之不紊，斯天與器而偕行。然則璣衡之爲物也，可以察天心，可以觀主德，可以驗政刑之臧否，可以覘運會之通塞。天市應乎明堂，北辰配乎皇極。涵蓋法其咸周，時敏傚其無息。司曆者藉之以覘天，而人君因之以取則。

今天子至德冒於海隅，來享通於絶域。聖治所及，則如璣衡之無所不覆也。勤政則辨色視朝，典學則夜分側席。聖心所涵，則如璣衡之無時不運也。文治揚其光，天章焕其彩，則如璣衡之經緯咸備也。張弛之盡善，調燮之適宜，則如璣衡之與時進退也。猗歟盛哉！瞻渾象之輝煌，誕玉質而金相。昔命官於虞帝，今作賦於明光。配天宇之鴻濛，同帝德之無疆。臣叨恩於珥筆，敢因物而敷颺。

南苑賦 有序

康熙十有二年癸丑孟夏之吉，天子臨幸南苑，六軍雲會，萬乘雷動。小臣初忝文翰之班，特奉命珥筆以從，目睹曠遠之神皋，心慴豫游之禁地。平疇緑野，時值豐穰。大輅青旂，備觀鉅麗。復拜綸音，命獻詩賦。一介鄙儒，遭逢盛事，頓忘譾陋，竊效謳吟。謹拜手稽首而獻賦曰：

維神京之南甸，有振古之名區。廣衍號稱陸海，盪平繼美康衢。薰風拂於南極，旭日照於東隅。以曠則瞻眺雲物，以稼則地脈膏腴。洵邦畿之沃壤，亦天開之畫圖。其北則鳳城萬雉，龍樓千仞，紛掩映於丹霞，聳雲表而高峻。其南則冀野平陸，金臺崔嵬，以燕、齊爲襟帶，接韓、魏而宏恢。其西則太行、居庸，層巒疊翠，遠苞秀而毓靈，蟠鬱葱之佳氣。其東則碣石、天津，川源奔匯，萃淑景於中央，犖北平之地勢。其水則清渠環繞，味比甘泉。石橋横而長鯨飛動，畫舸繫而彩鷁蹁躚。高柳垂而飛絮，密荷簇而如錢。嘉魚咸沐於大澤，錦鱗戲而便娟。其木則宫槐禁柳，浥露含煙，松柏鬱秀，桃李争妍。繞别殿而千章，色蒼翠而參天。其獸則獐鹿麏麚，黄羊白兔，野雉朝飛，幽禽在樹。每應弦而輒中，時儦俟而羣友。既草淺而獸肥，復風高而鷹驟。其外則周遭百六十里，跨川原而爲牆。長畝綉錯於平壤，花村散佈於崇岡。瓜田則千畦共秀，麥隴則比户同穰。其内則宫闕參差於緑樹，亭臺虧蔽於疏楊。列東西而爲宫，分新舊而殊方。茅茨土階之儉約，規制髣髴乎陶唐。東有穹窿之高閣，金碧照耀乎初陽。祀帝則華而非侈，行殿則簡而何傷。紅門峙若丹巖，輦路平於翠陌。高臺號曰晾鷹，亦因故而不飾。農田耕鑿之雜處，雉兔芻蕘之接迹。同文王之靈囿，偕斯民而待澤。漢之五柞，唐之温泉。制不師古，崇侈極妍。金鋪玉砌，冠山架淵。華林園之宏鉅，昆明池之蜿蜒。彼皆窮夫民力，此獨任夫天然。考歷代之園囿，烏得與斯苑爲比肩。

於是月當孟夏，炎帝司晨，隴彌望而如綉，麥垂穟而昀昀。條桑蔭於廣野，微雨浥乎輕塵。天子重時巡而觀穡，慶麥秋而省民。乃駕蒼龍，建翠旂，百靈扈蹕，七萃羣飛。周廬似列星之布，萬騎奪雲錦之輝。旆悠悠而風動，涼颯颯而生衣。登高原而縱遐矚，翠輦時駐於翠微。曠遠絶夫塵囂，帷天地而幕六合。地最宜於經武，比岐周之鎬洛。寓訓練於馳驅，騁驊騮於寥廓。天子御焉，行將循蒐苗之古禮，格飛走於林壑。乃武事之既纘，更勵精於典學。和風快其南來，微涼生於殿角。雖遊豫之晏閒，羅縹緗於紫閣。微臣時陪周宴，日聽虞琴，忝鄒、枚之後乘，隨衛、霍之華簪。幸遭逢於盛世，效虞人之獻箴。願作頌以比勳華，敢擬長楊與上林。

駕幸闕里賦 並序

皇帝御極二十有三載，重熙累洽，區宇乂安，文德覃敷，聲教暨訖。乃稽古時邁，肇事岱宗，謁祠闕里，典禮崇重，恩澤優深。臣庶歡欣，遠邇嘉嘆。夫元和盛年，咸平昌世，僅奏六代之樂，修再拜之文，猶垂式簡編，流輝今古。詎有遠御六龍，親詣萬乘，展隆儀於稽拜，施殊敬於儒先，聖德顯隆，如今日者焉。洵足以超軼往牒，焜耀前紀也。臣幸際昌時，得瞻鉅典。雖固陋翦劣，不足以發揮鴻藻，然珥筆承明，職兹紀載，頌揚休嬍，敢曠司存。謹拜手稽首而獻賦曰：

於爍惟皇，繼序纘光，本仁祖義，昭憲考章。奠玉衡於神軸，握金鏡於天閶。調四氣以通正，龢八風而協祥。於是西踰細柳，東跨扶桑。交河北徼，比景南鄉。靡不丹梯走傳，碧海浮航。輸琛大府，隸名職方。耀幽遐以日月，襲鱗介而衣裳。越萬里以入贄，重九譯而來王。是以化拾〔一〕太和，道隆邃古。納九垠之管鑰，總堪輿之扃户。參天地之清寧，儷貞明之作睹。文軌合而謠俗同，跂喙恬而草木廡。軼埃壒而苞混茫，駕羲、軒而凌三五焉。

天子乃高拱垂裳，中央運斗，容與義林，優遊書藪。河竇丕宣，洛符誕受，典學弘文，銘楹箴牖。探珠淵之秘笈，陟玉山之高阜。德蕩蕩以無名，治熙熙而何有。既則沖然永念，穆然深思，曰：儀象肇攸〔二〕，道法昭垂。浸明浸熾，惟君惟師。羣聖一揆，六經同歸。王澤下竭，頌聲式微。孕星鈐於上瑞，錫麟紱於昌期。毓龍蹲之至德，挺鳳跱之殊姿。集大成於千古，開絕學於來兹。溯平鄉之懿躅，景闕里之崇規。庶幾哉，聞見可接，羹牆在斯。舉時巡之墜典，秩釋奠之隆儀。爾乃乘大路，控金鑁，搴翠羽，捎文虹。屬車按節，繁吹鳴箾。七翠鱗附，千官景從。馳道則五里十里，旌門則一重再重。集於泗水之上，幸於尼山之宮。斯時也，清羽司音，初陽應律。葭管煙霏，蕓房露茁。氣不慄以時寒，序將周而朔易。撫景物之澄鮮，攬風雲之明瑟。旌旗捲而廣野回春，帳殿開而暮山凝色。遂乃肇舉吉祀，肅奉精禋。春卿贊采，祠官視牲。朱火西蘊，玄酒東陳。嘉籩廣豆，豐粢潔盛。振羽籥之六舞，合咸英之九成。薦祝號之明信，導神紘之降迎。穆穆宸容，靡靡天綷。殊禮展謁，隆文錫賚。覿靈爽之長存，儼哲人之如在。感神契以潛孚，體道真而昭對。洋洋乎優優乎，與珠庭月角，授受於千載之間；玉節金鏗，酬答於一堂之内也。禮度有嚴，威儀告竣。登堂入奥，規周矩還。瞻聖里之屼嵂，憩廣庭之静便。布兩楹以翼聳，峙雙闕以星懸。藉杏壇之修蔭，挹璧池之素漣。偃息於道德之府，溯泳於圖書之淵。於是芝蓋重葩，龍斿曲柄。貴擬一人，尊侔萬乘。述素王之嘉讚，發五言之睿咏。海岳遜其高深，星雲並其輝映。斯則聖天子藴道之淳風，崇儒之殊敬也。簪纓陪位，衿佩圜橋，長裾霧會，仙組雲彯。始横經以讎問，旋拊石而吹匏。誦遺言於姬、孔，沐雅化於唐姚。禮讓之容，咸近光於黎獻；豈弟之澤，庶作人於譽髦。斯則聖天子風聲之四訖，文治之丕昭也。曲阜名區，魯原舊聚。陪敦土田，復除繇賦。增講肄之常員，沛匪頒之異數。推恩則遍及師儒，錫爵則旁流支庶。五經博士，不遺凡蔣之封；九命上公，奚啻褒成之胙。斯則聖天子崇德之盛心，興賢之宏務也。於時采甸侯衛、公卿大夫，期門式道，執戟荷殳。文學掌故之士，垂髫戴白之徒，縱觀典禮，蹌濟天衢，涵濡化澤，屬厭道腴。既雀躍而抃舞，亦鳧藻而歡愉。萬人一口，聲滿公車。

惟我后之東巡，修百王之令式。答珍貺於三靈，聽衢謠於百室。却瓊檢以勿祈，屏銀繩而詎飾。騶從清嚴，儀文簡質，吏不譏呵，民無供億。協時正律，埒虞氏之省方；納價陳詩，儷姬王之述職。既陟山以哀對，還翕河而問俗。採晳陽之舊歌，晞榮光之新燭。朝宗滙江漢之波，玉帛奉涂山之籙。非漢日之搴茭，乃堯年之刻玉。若乃慶惠殷流，湛恩四周，給租賜帛，省刑釋囚，虛衷清問，博延廣諏。如天光之下濟，如露濃之上浮。始汪濊於五土，旋霶淪於九州。今又茂明至道，導揚正學，虎炳龍章，金追玉琢。浴我以詩書，宏我以禮樂。盛德登閎，大猷輝卓。幎六合而被英蕤，鼓八紘而排氛濁。誠振古之隆規，開天之偉略也。

天子方且回輿京室，倚佩軒墀，道岸先陟，德契自持。庀政考業，基命敉幾。辨色以臨黼扆，視夜而啟彤帷。定仁義中正之極，稽因革損益之宜。不解冰淵之念，彌勤韜鐸之思。所以泰階順軌，乾策迎禧。上理隆洽，茂化雍熙。治方侔於砥屬，俗已進於循蜚。四海壽康，恬於鶉居之代；萬年鼎祚，鞏於鰲極之儀。

校記

〔一〕『拾』，康熙四十三年刻本作『洽』。

〔二〕『攸』，康熙四十三年刻本作『啟』。

懋勤殿秋蘭賦 有序

輕風流火，白露迎涼。雲浄天高，秋空氣爽。君王宵旰燕閒，愛兹澄景。御圖書之秘閣，發清商之雅音。乃有叢蘭，獨榮秋殿，芳香自發，枝葉相扶。植以青瓷，圍以朱檻。斯亦托根之至榮者也。臣朝夕經幃，味彼芳潔。敬成蕪賦，以奉宸歡。其辭曰：

臣聞蘭之生也，隱於空山，被於幽谷。其守貞也，雖無人而亦芳；其德馨也，不因風而自續。是以尼父發猗蘭之歌，郢客和幽蘭之曲。當其植根九畹，毓秀三湘，昔作騷人之佩，古稱王者之香。名楚臺而留賞，啟漢殿而發祥。漢武帝生於猗蘭殿。養親續蘭陔之咏，燕賓泛蘭渚之觴。莫不惜兹嘉卉，欽彼幽光。慨自人夸春艷，莫采秋英。蔭深林而寂處，偕衆草而叢生。戲陰崖之翡翠，侣芳洲之杜蘅。惟敷華於山澤，敢結想於蓬瀛。一旦躋瓊階，登玉宇，拂珠簾，迎綉户。泛上苑之光風，含長秋之暮雨。誠何羨乎蘭皋，豈更思乎蕙圃。於時秋也，螢光熠熠，蟬聲嘒嘒，梧葉初驚，飄飆文砌。碧筒漸老，將殘玉井之蓮；金粟猶遲，未發小山之桂。爾獨披紛翠葉，葳蕤紫莖，花繁露重，體弱香輕。娟娟自賞，既媲美乎幽人之潔；亭亭獨立，復比德於君子之清。以兹高致，怡我皇情。内殿深嚴，左圖右史。久祛凡卉，獨留瓊蕊。枝垂宫硯，色侵文几。何馥馥之襲人，每簾動而香起。天子丙夜陳書，漏沉宵永。風入户而蟲鳴，月臨軒而人静。繞燈開歷亂之花，隔幔送參差之影。更憐落卉，藉以雕盤。置綺筵而留盼，惜餘芳於未殘。喜君心之見珍，荷遭遇之良難。幸處乎朱門與紫闥，永違乎長坂與層巒。

臣將寄言於薖軸，竊敢託咏於崇蘭。遂作歌曰：有香草兮華且滋，鄰玉樹兮與紫芝。自楚澤兮來軒墀，枝挺生兮花離離。感君恩兮欣自持，觀秋蘭之獨茂兮，豈微草之無知。

賜金園賦　並序

余作賜金園記，述君恩之所由，紀命名之攸始。猶以雲窗磵户，隱約於長林；嘉卉芳草，雜遝於幽谷者，鋪叙摹畫，未罄其狀。嘗考昔人云：賦者，古詩之流也。又曰：古人稱不歌而頌謂之賦。夫馬融長笛，王褒洞簫，古人愛一物，猶比擬讚誦，被於簡牘，文必極美，詞必盡麗。况余目營心畫，朝游夕處。風雨晦明，於此綢繆；欣戚悲嘯，於此寄託。習之也久，述之也詳，愛之也深，言之也長。竊以平子歸田，未極隱淪之趣；安仁閒居，未窮林壑之觀。爰因勝地，勒以雅辭。賦曰：

伊龍眠之西隩，歷巒岫之盤互。亂谿流而淺涉，指層嶺而遙度。經樵徑之嶔崎，偃松出而當路。羅奇峰以四周，簇青林而萬樹。中有幽人邃館，居士衡門，碧梧清沼，縈帶修垣。橋貼波而曲折，柳覆堤而偏反。高槐鬱其菁葱，榜雙扉以『賜金之園』。

其西軒也，齋名『學圃』，古屋素題。草緣階而徑仄，梅入户而枝低。架茅宇以文杏，葺圭竇以香泥。所以鞠淵明之衆子，偕老萊之逸妻。倉囷攸居，井臼是宅。女穫男臧，雞棲豚柵。庫藏名酒，厨積嘉核。蔭桂叢而窅窔，期以宴而以息。

其南軒也，長廊委蛇，映日迎曦。燠館温室，風静簾垂。俯海棠之香國，紛嬌奼之奇姿。弄脂妍而粉膩，酣春日而遲遲。乃其朱欄翠幕，姚魏所家。鞓紅茜紫，一捻名葩。長安誇等身之樹，洛陽矜徑尺之花。亦莫不露濕煙霏，散綺流霞。瞻曲房之南隅，壓檀欒之修竹。篔簹萬个，琅玕千簇。箹粉吹香，紙窗分綠。月落而影遍空庭，雪壓而聲鏘寒玉。斗室生白，來往天光。乃敷棐凡〔二〕，列胡牀，擁亂帙，凝清香。蒲團掛壁，筇杖倚牆。攸寧攸芋，以咏以觴。盼遠松而延佇，藉柔荑而徜徉。

其東軒也，則歷幽篁之宮，入古梅之里。蒼幹莫名，糺枝難擬。或昂藏而披雲，或支離而拂水。或凌煙而乍垂，或拂地而騰起。挺新條以敷華，積古苔而綉紫。倘鄧尉之可方，伊羅浮之足齒。雖珊瑚碧樹之交柯，亦難並乎斯美。

中則有堂名『香雪』，樓稱『鶴背』。檻浮花氣之端，户掩香光之内。雪皚皚而千堆，鳥鶴鶴而羣隊。庶可以躡王喬之高踪，接洪崖之芳欬。時則春回幽谷，香動寒岑。登樓遥矚，地僻花深。玉田瓊圃，雪苑珠林。神恍忽而震蕩，芳寒烈而來侵。御文貂之紫綺，撫陽春之素琴。何方壺之不可復，即懼斯樂之難任。

沿池而北，桃谿横帶。深紅淺白，俯臨湍瀨。夏至而緑陰繁，春深而紅雨霈。紆石徑於中央，襯疏楊於水外。迤北而北軒在焉。前埸後圃，左岡右池。嶧桐垂蔭，下植將離。或倚雲而孤特，或當階而紛披。水榭西構，芳塘漣漪，紅蕖碧藕，花葉參差。鷺起而珠露傾，蟬吟而香風吹。又有芙蓉的爍，柳絲歷亂，疏枝密葉，被於堤岸。入春和而早榮，當秋清而晚燦。其地則羣峰迴合，襟帶田疇。嶺綿亘而虚敞，谿環折而深幽。松屏冠於巖岫，蔀屋隱於平丘。煙雲生而出没，忽恍惚其不可求。

其室則南窗北牖，延爽招涼，碧紗外捲，桃笙内張。如艇斯泊，枕藉滄浪；如臺斯屹，雲山蒼茫。裁芰荷以爲衣，摘蓮實以爲糧。當炎曦之方馭，喘黄犢於翳桑。愛斯地之蕭散，微風起於曲廊。却絺衣而不御，揮紈扇而不揚。實清景之可娱，覺空山之夜良。其周乎四軒者，則有紫藤碧篠，芳槿紅蘭。或高引而垂幄，或密比而成闌。循石磴而遥躋，飛閣聳於北巒；臨杏圃而結撰，盛春暉之綺觀。

其亭則也紅倚山，曲江臨水，芙蓉谿亭，在河之涘。朱櫻冠乎崇岡，喬柯映乎清沚。循花谿而南征，賴以憩乎游趾。

其圃則早韭百本，晚菘一畦。丹茄紫薑，霜薤露葵。子母餘犀，水陸蹲鴟。寒匏並蔕，甘菊連枝。莫不葳蕤於北囿，蔓衍乎東籬。朝荷耡而可樂，夜翦蔌而如飴。其果則紫栗千房，青梅百斛。柿美烏椑，梨甘大谷。安石珍榴，火齊赤玉。西域蒲萄，磊落盤屈。何必移盧橘於江南，走荔支於巴蜀。其泉則觱沸如珠，甘芳若醴。漱靈石而常清，沉丹砂而愈旨。既瀠洄於階下，復潺湲於花底。貯之爲滌硯之池，引之爲灌蔬之水。雖地狹而境偏，信泉甘而土美。

先生之處此也，謝軒冕，遠塵囂。嘆人生之形役，憫機事之日勞。惟白雲之可怡，誓棲息於林皋。曠天地而睥睨，何有乎蜾蠃之與二豪。爰因四序，周乎四軒，抱書攜笈，移琴挈尊，逐花時之早晚，量風日之涼溫。擁萬軸於坐隅，手一編而朝昏。懷古人之可見，接羲、軒而道存。爾乃葆光味腴，崇簡敦素，息慮屏思，納新吐故。惟萬物之齊觀，常蔬水而自裕。時則佳辰淑景，日麗風和。或蹋徑草，或倚庭柯，或攀危磴，或臨素波。珍禽啼而未歇，錦鱗聚而遂多。濯塵纓於磐石，藉文茵於淺莎。翹首天地，臨風浩歌。落花落葉，傷如之何！

當其春雨一犁，其耕澤澤。麥覆西隴，草回南陌。魚戲春水生，鳩鳴杏花白。先生乃服春衣，振輕策，循隴畝而勸農，眺春雲而自適。迨夫秋潦澄清，木落羣岫，桕弄色於寒初，楓染丹於霜後。千巖爛若披錦，萬壑殷如鑽綉。殊形異采，不可殫究。先生乃命巾車，挈茶鐺，坐丹巖，臨赤城。朱霞映乎朝旭，絳雲彌於太清。較四時之景物，惟秋晚之莫京。其游迹所至也，則有寒潭瀲碧，石馬當路。飛泉媚筆，皎若紈素。帶麓南村，沿谿别圃。修篁隱衲子之宫，茂樹表貞臣之墓。縱步屧之所如，隨攀涉而成趣。噫嘘嘻！四時之序有代謝，九逵之軌無終全。躬耕釣以自給，甘筍蕨而長年。慕彭澤之避世，希香山之樂天。侣春花與秋月，休吾生之自然。歌曰：

壑有澗兮山有岑，白雲度兮籠輕陰。竹塢花田春似海，板橋流水閉門深。鳥隔樹而關嚶，魚唼藻而浮沉。魚鳥各無意，聽我歸來吟。遥遥千載後，何人知我心！

校　記

〔一〕『凡』，康熙四十三年刻本作『几』，是。

雙谿芙蓉賦

惟雙谿之澄澈，二水會於庭除。出層巒而迢遞，經石堰而舒徐。生芙蓉於夾岸，涵秋露而分敷。後巖桂而發采，侶丹楓而錦鋪。其爲色也，艷而不妖，麗而非侈。葉鋪翠幄，柯臨清沚。質抗金風，神含秋水。每迎涼而先榮，近嚴寒而未靡。聯遠浦而搴芳，毓千叢而霞起。或朝淡而夕緋，或初碧而乍紫；或以並蒂呈華，或以獨秀爲美；或露滴而初開，或風翻而亂綺；或倚松如浄〔一〕女，或臨淵似君子。西蜀號爲錦城，石卿稱爲仙史。更有湘江異種，厥名三醉。初則蕊含淺黄，淡質凝翠；暮則一抹微紅，朱絲如織。越三日而茜紫朱殷，不可思議。或先或後，種非一類。於是縱輕棹，凌若耶。放艇則晴霞一色，迴楫則彌望萬花。舟移而叢密，影動而波斜。晚蜂躊躇於寒蕊，游鱗噞喁於晴沙。其在晨露初晞，花光如拭。夕波方起，景非一色。或披衣而晨興，或流連於日昃。任擬似之徒工，非筆墨之所能測。

校　記

〔一〕『浄』，四庫全書本作『静』。

篤素堂文集卷二

頌

聖學時敏頌 有序

臣聞自古哲王，既優於聖性，必加以聖學。蓋精義微言備於往牒，常經大法具有成規。是以涵養德性，則典學宜先；經緯世務，則明理爲要。本仁祖義，則古稱先，所以興大業而躋盛治也。恭惟皇上躬上聖之姿，賦天亶之哲，虚懷嚮學，本於性生。自臨御以來，修釋奠之上儀，首崇學校；舉經筵之鉅典，靡間春秋。所謂觀乎人文，以化成天下也。臣英嘗稽經〔一〕幃之制，兩漢以來，已肇其端；唐宋諸君，詳舉其事。漢宣帝詔諸儒，講五經同異於石渠閣。光武每旦視朝罷，數引公卿、郎將講論經理。唐太宗聚四庫書於弘文殿，置弘文館於殿側，選文學之士，令更日宿直，與之講論前言往行。宋太祖雖在軍旅，手不釋卷，嘗謂李至曰：『人主當淡然無欲。朕無他好，但喜讀書，多見古今成敗。』宋真宗始置侍讀、侍講之官，以雙日御經筵，以隻日詔儒臣講讀。宋仁宗置崇政殿説書，又作邇英、延義二閣以禮儒臣。明代講讀之員甚備，公卿執政多由之。此皆漢唐宋明以來，英君誼辟，崇儒重學，以興起太平，焜耀前紀者也。

然以方我皇上，昧爽聽政，即御講幄，當宵衣旰食之不遑，而延見必有常度；復盛暑祁寒之不輟，而精勤屢逾恒規。研究於二典之學，而道接唐虞；殫精於四子之書，而心傳孔孟。以古史爲昭鑒，而觀考亭、涑水之鴻編；以性理爲淵源，而窮太極、西銘之微義，不更爲超前古而邁百王哉！且温綸屢頒，欲盡咨詢之益；天顔下霽，不辭覆講之勞。辨義則理析毫芒，敷詞則聲振金石。既横經虚受，當宏德之深嚴；更披卷澄懷，御懋勤之清晏。百家羅列，窮奥義於天人；八法兼精，問遊心於翰墨。斯其遜志勤敏，真可謂博而有要，精而能該者矣。

臣英自慚譾劣無似，猥蒙聖恩，拔置講幃，俾侍從於細旃廣厦之間，數年於兹矣。仰聖學之崇高，覘睿懷之沖挹，言之難罄，知之最親。願殫愚忱，敷揚實德。非敢爲虚詞溢美，以自蹈貢諛之嫌也。謹拜手稽首，敬獻聖學時敏頌一章，頌曰：

惟皇天縱，睿哲文明。撫綏區夏，覆冒函生。萬物斯睹，百度惟貞。仁符地載，健比乾行。堯羹舜牆，左規右榘。銘日師湯，惜陰追禹。道德之林，仁義之府。翱翔優飫，錯綜參伍。金華列席，冠珮濟蹌。發謨陳典，源溯陶唐。探河觀洛，道契軒皇。春秋二仲，修舉有常。日御萬幾，心周九服。扶桑銜照，銅龍始旭。六卿畢封，旋臨講幄。韋編在前，宸衷肅穆。孔、顏毖〔二〕緒，鄒、魯微言。治平之矩，入德之門。六經啟籥，諸子匯源。探微月窟，抉奧天根。尚書肇起，危微精一。益贊天工，箕陳皇極。爽獻旅獒，旦書無逸。宏綱大法，聖人惟則。大易精義，既法而奇。羲、文畫象，周、孔屬辭。裁成萬類，囊括二儀。開物成務，聖人惟師。窮理於經，徵事於史。兼陳法戒，深參道揆。義鏡紫陽，博綜涑水。網羅百代，尋源索委。聖學彌廣，聖志彌沖。温綸屢諭，覆講宜崇。諸臣敬答，恐勞聖躬。

帝曰俞哉！斯道何窮。辨析精微，昭宣義藴。吐詞爲經，發言成訓。炳炳琅琅，金聲玉振。葑菲不遺，芻蕘不擯。寒暑靡輟，宵旰維勤。内庭清晝，緗帙如雲。蒐羅圖史，研究典墳。關、閩微義，濂、洛遺文。講貫之餘，遊心藻翰。虎卧龍翔，奔會神腕。掩映爐煙，繽紛玉案。堂哉皇哉！天章紈縵。洪惟聖學，冠古爍今。滄溟東岱，莫並高深。天地爲軌，位育爲心。助流鴻化，昭垂雅音。自愧小臣，謬隨深殿。日侍宸嚴，數承清宴。蠡測管窺，親聞灼見。仰瞻睿勤，歷久靡倦。惇史之職，有懺則揚。巍乎難名，焕乎有章。歷稽前牒，誰與頡頏。賡揚作頌，垂示無疆。

校　記

〔一〕『經』，康熙四十三年刻本作『講』。
〔二〕『匙』，四庫全書本作『妙』。

昇平頌 並序

臣竊惟自昔國家，席累葉之鴻休，撫守成之大業。承平既久，類必有非常之功，以蕩滌瑕穢而鎮撫生民。然後皇威遐鬯，社稷尊安，有泰山四維磐石苞桑之固焉。在詩有之曰：『薄言震之，莫不震疊。』在書有之曰：『其克詰爾戎兵以陟禹之迹，方行天下，至於海表。』夫以成、康之郅隆，猶以張皇六師爲大訓，載於詩書，信有徵矣。漢以兵力定七國，文、景之業彌光，尤已事之著明者哉。蓋國家之有師旅征伐，猶天地之有霜雪雷霆也。非霜雪，則萬物煩囂之氣不肅；非雷霆，則四時堙鬱之氣不宣。非師旅征伐，則亂臣賊子無所讋服，懲創而不敢肆。故霜雪所以開陽春也，雷霆所以啟晴霽也。師旅征伐，所以靖祲氛、致太和也。天地仁愛萬物之心，與聖人仁愛萬民之心，皆不得已而託之乎此者也。

我國家自世祖皇帝戡定大亂，皇上撫馭區夏以來，待藩臣之恩良渥矣。處之以重鎮，視之以心膂，睦之以懿親，極之以高爵顯秩，豢之以膏腴腆禄。乃物太甘則自蠹，獸久畜則思觸。富貴極而驕悍生，驕悍生而反噬起，平居則怙勢席寵，以荼毒朝廷遠方之赤子。乃下尺一之詔，則環視而起，一方作俑，諸方應之。以盜弄天子之戈於潢池，舉平日朝廷所付之疆土，所屬之將士，所簡閲之器械，所賚予之金錢，悉藉以抗天子之命，據固阻險，伏莽跳梁，自非大奮我武，以芟刈而薙獮之，何以昭臣子萬世之經，而彰我國家四征不庭之罰！乃自始亂以來，授鉞天宗，分馳禁旅，虎臣四出，鷹揚奮興，以漸次削平。迄於今八載，海内蕩定昭明，無纖芥根株之遺，可謂盛矣。

臣竊念身依闕廷，趨承講幄者五年，簡侍近密者又四年。其遠方兵威克捷之奇，戰勝攻取之略，戈甲組練之華，折衝陵轢之勢，臣雖不得而聞且見也。若我皇上八年來，宵衣旰食之心，則臣知之最深，念赤子罹於湯火，急欲一旦出而登之衽席之上，每復一城一邑，必嚴諭以無擾百姓，至仁也。武臣進止，皆恭請廟算以行，萬里之外，視如眉睫之間。凡一經聖慮，則險者平，難者易，成功奏績，刻日而應，至神也。簡任將帥，以武勇智略爲經，以持重寬愛爲緯，疇咨而舉，推轂而行，至慎也。減膳撤懸，力崇簡約，以佐天下兵食之需，故軍興歲久，常賦不益，至儉也。閫外將帥，時賜手敕申誡，其有能靖寇撫民者，則灑宸翰，製詩篇，解御服以褒異之，至厚也。數年來，屢避正殿朝賀，一方底定，宮中必焚香親告天祖，至敬也。未明求衣，昧爽聽政，日昃不遑暇食，夜分省覽章奏不輟，以籌畫天下，至勞也。捷書至，必敬告兩宮，親承色笑，歡聲溢於殿陛之間，至孝也。殲渠魁而舍脅從，逆命者誅之，歸命者撫之，赦過宥罪，布大誥於天下，至信也。天下之人，但見八年之內，殄滅羣寇，綏靖多方，震古鑠今，武功若此之盛，而能盡知我皇上深宮之中，神武勝算，焦心勞思，如此之不易易哉！

今者十月克復雲南，賊渠授首。十一月十三日夜露布至，皇上時御乾清宮覽奏。臣等叩首稱賀御榻前，天顏悦甚，顧謂臣等曰：『朕今日爲天下萬姓喜，追思逆亂以來，官民咸被荼苦，更復惻然於懷。』臣等謹合詞對曰：『皇上仁愛之心通於天地，斯所以爲萬世開太平也。』聖衷之一念不忘百姓者舉類此。臣又伏念古者，雅、頌之作以昭德紀功。周宣王平淮北而江漢興歌，唐憲宗平蔡州而淮西有頌。若以方今日之功烈，不足以當百之一。當時之臣猶能撰述詩頌，鋪揚國美，垂布金石，焜耀史册。況我國家數年中，東戡閩、粤，西定隴、蜀，北平察罕，南靖滇、黔，奇功茂烈，炳炳麟麟，不可勝紀。臣職居惇史，載筆左右，其敢以固陋自覆而不勉綴賡揚之末班乎！　謹撰頌八章曰：　平閩、平粤、平隴、平察(罕)[哈]、平蜀、平滇，各指一事言之也。曰：　泰階平，歸功廟謨也。曰：　武功偃，樂成功，重休養也。　統名之曰昇平，爲萬世無疆慶也。詩曰：『吉甫作頌，穆如清風。』則臣滋愧也。

平閩

閩嶠峨峨，閩海泱泱。灘石劍立，篁叢弩張。狂童逆命，爰阻我疆。勢連長鯨，濁亂海邦。王師奮武，載旆皇皇。東由姑蔑，西經豫章。如霆擊枯，如髮攖鉎。繫頸以組，俘於明光。厦門逋寇，歸我帆檣。一民不殲，神武孔將。

平粤

古稱百粤，象郡羊城。昔建南藩，以奠東溟。乃生猰貐，怙勢憑陵。不孝不弟，爲亂之萌。天戈所指，遊魂載驚。既歸而命，既抒而誠。狼子反覆，黄鉞斯行。梟巢盡覆，瘴海彌清。毒潭鱷掃，合浦珠明。五嶺煙巒，南拱神京。

平察哈

北岳爲鎮，東海爲垠。部落環衛，綉錯魚鱗。中有察哈，舊我有民。居我肘腋，爲我藩臣。蠢兹負德，忽煽烽塵。元老秉鉞，我馬駪駪。師惟一戰，命不重申。殲彼强寇，不返隻輪。魁渠函首，獻於紫宸。太宗戡伐，前烈維新。

平隴

隴西涇陽，俗剽民勁。亂臣反戈，河北咸震。我師既出，逐北乘勝。頓于堅城，歲靡有定。帝曰元老，往敷朕訓。示之以威，懷之以信。矢不遺鏃，兵不折刃。崇墉夜開，俯首歸命。投戈而呼，悔罪思順。秦隴千祀，惟以歌咏。

平蜀

古惟西蜀，國號魚鳧。劍閣嶙峋，雲棧崎嶇。一夫扼險，萬夫嘆吁。況峙糗糧，千里沃腴。賊竇藉之，稽我天誅。將軍憑陵，蠶叢坦途。既克保寧，遂入成都。孤雛咸殪，腐鼠莫逋。夔門巫峽，重釐版圖。皇威赫赫，時聽巴歈。

平滇

誕惟滇寇，倡亂之先。攘臂昆池，竊踞湘川。王師萃止，如雲蔽天。威武撻伐，聲震八埏。巨兇既殄，餘燼猶然。寄命孤城，柝骸經年。元戎奮武，伐鼓淵淵。鐵橋失險，滇城摧堅。翦彼鯨鯢，膏我戈鋋。亂源禍始，藁街特懸。

泰階平

六軍振旅，九服來同。桃林歸馬，扶桑掛弓。星輝雲縵，岳朗川融。休哉鴻烈，誰其始終。輔弼之英，貔虎之雄。祇受成命，謨由聖衷。智勇天錫，睿哲亶聰。握機鏡要，神運樞中。仁慈恭儉，昭格蒼穹。鞏萬世業，定此膚功。

武功偃

我有弓矢，韣言櫜之。我有戈矛，載衅藏之。膏澤萬物，雲行雨施。譬彼稂莠，翦伐無遺。今此良苗，滋溉攸宜。仰承帝祜，俯恤民疲。崇文惇教，返於恬熙。仁風愷政，浹髓淪肌。天子萬年，如天無爲。垂衣端拱，誕受崇禧。

至德宏仁頌 並序

稽古稱幅□之廣曰：東漸於海，西被於流沙，朔南暨聲教訖於四海，可謂盛矣。然東南以海爲域，西曰流沙，則猶在今甘肅之境。朔方亦未嘗明言。所至之地，歷三代以至漢、唐、宋、元、明，王化之所及，車書之所通，皆未有如我國家今日之無遠弗屆者也。皇上視荒遠之人，無異於宇下之赤子。凡跂行喙息者，皆欲令其安全生養，而納之於軌物之中。盡兩間之所覆載，不忍一方一人不獲其所。書所謂『光天之下，至於海隅蒼生』，『共惟帝臣』。豈非聖人之心，前後古今一轍哉。曩者，喀爾喀雖數通職貢，未盡臣服。今者，嚮慕德威，傾心内附，欲列藩臣。皇上厚加存恤，給地安置，賚以牲畜芻粟，恩至渥矣。爰以康熙三十年孟夏之吉，車駕親自拊循，羽林之士雲附景從，至於邊徼之地，七旗喀爾喀君長等，帥其衆十有餘萬人，傾誠效命於龍旂鸞旆之前，莫不扶老挈幼，稽顙流涕，感恩呼籲。皇上育以至仁，撫以至德，錫宴頒賞，咸從優渥。發德音，下明詔，量其嚮化之誠，予以世守之爵。其族衆皆賜秩有差，復爲之申法禁，布規條，俾與北藩四十九族同霑恩澤，永遂生養。猗歟盛哉！我皇上之德不冒比天地，照臨並日月，會合如風雲，濡澤若雨露。昭明法律，如三光之麗天；底定方隅，如四維之奠地。恩賚禮成，羣心欣悦。普天率土，莫不歌頌。前史紀載，罕覯斯盛。臣忝居惇史之班，敢對揚盛美，祇獻頌曰：

維彼遠人，雖處漠北。自天覆之，豈有方域。幹止罔克，聖心惻惻。好生之仁，維帝時則。一章

靡憚暑雨，跋履山川。安人是亟，懷遠宜先。滌其危苦，賚以生全。稽顙至止，歡動八

埏。二章

何以宴之，旨酒維盈。何以錫之，庭實百朋。龐眉皓首，扶杖來聽。天膏所沛，萬類咸榮。三章

自古仁人，繼絶舉廢。存其名號，勿殄厥世。永爲北藩，版圖是隸。帶礪之封，爰及苗裔。四章

聖慈蕩蕩，令甲煌煌。維仁是育，維義是綱。教以親遜，爾無胥戕。食我茅土，率我典章。五章

我德既敷，我武孔揚。如雲如電，戈甲騰驤。如虎如貔，騎官蹶張。天威赫耀，震肅遐荒。六章

自兹遠人，保聚生息。如溺斯拯，如槁斯植。耕田鑿井，惟帝之力。錫爵分珪，惟帝之德。七章

駕轉六龍，雲生九陌。甘雨載塗，澤我疆埸。人和致祥，敷天悦懌。盛舉永光，昭於簡册。八章

聖德仁明武頌 並序

蓋聞宏胞與之量者，不以中外殊觀；建久遠之模者，不以煩勞易慮。是故事以除暴爲大。憑陵邊境則必誅，虐害醜類則必誅，背恩棄誓則必誅。必不使遐方赤子猶有擾。其覆載之天者，仁之至，義之盡也。功以克斷乃成。焦心勞思而不辭，櫛風沐雨而不辭，涉遠踰險而不辭。必不使兇頑梗化，尚得留其牙蘖之害者，謀之遠，慮之周也。駿烈冠乎百王，英武邁於前古。如我皇上今日之滅噶爾丹者是已。臣謬以譾劣微材，獲侍從於細旃廣厦之間者最久。竊窺宸衷所注，惟以愛養生民，敉寧遠邇爲至計。凡在覆育之下者，皆欲以安全遂其生業。有厄魯特噶爾丹者，在當日原爲請安納貢之國，乃孽由自作，狡詐狂迷，與喀爾喀爲仇，喀爾喀既歸附於我，爲國藩臣，而噶爾丹陵虐侵殺之不已，以至闌入烏瀾布通之地，爲我師大敗，幾殲其族。彼當困迫，則設誓更不敢犯，皇仁宥之於前矣。自以僻處塞外，怙惡不悛，憑恃其衆，蠶食鄰壤。肆行悖逆，潛入巴顔烏瀾之地，奸謀叵測，思以煽惑蒙古諸部落，害將茲蔓。夫稂莠不翦，則無以安嘉禾；蛇豕不除，則無以靖疆宇。大哉王言，噶爾丹若不即行勦滅，邊鄙何由得寧？此我皇上爰整六師，不得已而遠征之至意也。分大兵爲三路，以成犄角之勢，籌糧餉，練火器，礪兵仗，精鎧甲，鼓勵將士，秣馬賞兵，出帑金以百萬計。自鉅至細，無一事不在天心籌畫之内，宵衣旰食，謀慮周詳。此我皇上經營於法宫之中，決策於樽俎之上者然也。親統中路大兵，以三月出塞，戈戟耀日，旌旗蔽空，軍威之盛，谷撼山摇。向來水泉乏絶之地，經指示而泉涌；向來平蕪未青之時，迎鑾輿而草茂。百靈協應，萬騎飽騰。我皇上減膳省餐，以與六師同甘苦。飭行陣，明紀律，謹刁斗，嚴斥候〔一〕。日日焠礪而申警之，拊循而賞賚之。熊羆之士無不奮勇百倍。此我皇上勤勞於帳殿之中，振肅於塗次之際者然也。噶爾丹夙稱詭譎，亦恃險遠，度瀚海沙磧，素無水草，難以飛越。忽聞至尊親臨，天威所懾，震駭惶懼，棄其髦倪輜重，鼠竄狼奔，冀延殘喘。我皇上萬全勝算，料彼必潰遁而西，預遣將軍領兵堵截，聖躬率兵師奮勇追逐，窮寇狼狽已極，而勁軍適當其前，一鼓而勦滅之。殲其衆，俘其子女，收獲其牛馬牲畜數十萬。逆命者誅之，來奔者受之。一日之間而國燼矣。噶爾丹之支吾跳梁，總在睿算指顧預定之中，纖毫不能越吾之範圍，如摧枯拉朽，探囊而取耳。此我皇上靖寇於七旬之内，成功於大漠之西者然也。頑梗去則邊方靖，邊方靖則遠人安。從此敷天絶疥癬之疾，率土享寧謐之福。皇上乂安中外之心慰矣，時雍熙皞之化成矣。蓋由我皇上以彼蒼仁愛之心爲心，以乾元剛健之德爲德，不憚一身之煩勞，而惟求萬方之康乂。不懷一時之安逸，而必謹百世之防維。猗歟休哉！

臣於斯舉也，管窺蠡測，見我皇上丕冒之至仁，審機之至明，經世之神武，超越從古英君哲后。聖德神功巍然炳然，爲史册所未有也。豈臣寡聞淺見所能摹寫其萬一者哉！謹作頌九章，以附於賡揚之末云爾〔二〕。

一章

維帝至仁，覆燾惟均。恩周九服，化洽九賓。誰其擾之，痌瘝在身。曾經宥釋，誓言載申。

二章

維帝至仁，化被無垠。狡寇鴟張，如蜣抗輪。自膺斧鉞，以警不臣。彼投戈者，咸與維新。

三章

維帝至仁，德配高旻。蕩蕩王路，彼自罔遵。立殲封豕，盡滌邊塵。凡有血氣，莫不尊親。

四章

維帝至明，建威消萌。雷霆之擊，必待親征。中權黄幄，西北連營。神謀勝略，巨憝以平。

五章

維帝至明，紀律師貞。壁壘宜肅，鎧仗維精。宣勞慰諭，以勵羣英。天戈所指，計日功成。

六章

維帝至明，洞察彼情。六龍天降，獸駭鳥驚。自焚其巢，宵遁西行。一鼓而燼，值我勁兵。

七章

維帝神武，深入其阻。遐荒愚寇，驚瞻葆羽。如獸觸樊，如魚困釜。奔突不遑，孰敢予侮！

八章

維帝神武，赫然斯怒。瀚海飛沙，罔憚勞苦。自秉寶刀，躬持玉斧。率師迅逐，計日而五。

九章

維帝神武，萬方作睹。計安黎元，冒寒觸暑。七旬滅賊，歸歌杕杜。偉烈英風，超邁千古。

校　記

〔一〕『候』，康熙四十三年刻本作『堠』。

〔二〕『云爾』二字四庫全書本無。

聖武三臨絶塞蕩寇功成頌 有序

皇帝承天景命，臨御宇内，勞九重之宵旰，謀萬姓之乂安。所以撫綏而教養之者，至矣備矣。蠲租之詔，歲必數下，史不絶書。嘉惠元元，動以數百萬計，積貯之令，行於豐稔，遍於州邑，所在有數十年之儲。凡此無非爲百姓計也。曩時，三逆盤結，爲天下之蠹，將來必致荼毒生民。於是大奮威武，翦除而廓清之。蓋聖人之心，欲使薄海内外，戴髮含齒之氓，咸遂安養，共樂生成。同登仁壽之風，永底時雍之化。深宫睿慮之所孜孜圖維，自朝至於日中昃，不遑暇食者，惟在乎此也。然乂安中土之心甚切，則不得不安邊徼，欲安邊徼，則不得不除寇賊。此理勢之必然者。斯時荒遠之區，脱有梗我王化，伏莽跳梁之人，則將來必益爲邊患，則必調發轉輸，以遠煩禁旅，勞頓九州之民。此聖心所以惓惓焉。爲國家計久遠，爲生民謀休息，爲萬世立太平，必欲蕩滌此狡寇厄魯特噶爾丹者，蓋所以安邊塞也，威遠人也，實所以乂安中土也。

維丙子季春，聖躬親御六飛，遠度瀚海，戈甲耀日，旌旗蔽空，風馳雲集，俯瞰賊壘，如自天而下，爲狡寇之所不及料，披靡奔潰，獸駭鳥散，勁旅堵截，一鼓而草薙。禽獮之賊，雖遁迹荒遠，而部曲盡矣，牧畜空矣。奄奄之息，何能久存？據庸衆之識，似更不煩車駕之再臨，王師之久駐，乃宸算制敵，迥出尋常，留將軍於塞上，以困蹙震悚之。聖躬以丙子冬，復臨邊塞，渡河至鄂爾多斯之地，經畫布置。丁丑春，又親至寧夏，駐蹕於狼居胥山，遣師搜勦。蓋聖心以車駕逼臨其地，則我之將士百倍奮勇，而彼之部曲惶駭離畔。振如雷如霆之威，兇渠自褫其魄；沛如雨如露之澤，黨與咸貳其心。所以俘其子而來獻者，彼之鄰國也；遣使而輸誠納款者，彼之腹心也。賊雖狡悍，斯時四顧無親，入地無路，以膏斧之軀，爲飲鴆之計，惟有自即殄戮耳。安能出聖謨成算之外哉！總由我皇上躬親指示，奇正兼施，恩威並用。視絶域於掌上，羅獷獸於阱中。故成功若斯之盛也。蓋非至明，無以審機而不惑；非至誠，無以歷久而不倦；非至斷，無以成功而不疑。而總歸於聖心之至仁，視邊方爲一體，而不忍數罹其災也。登寰宇於衽席，而不忍以一事煩苦吾民也。是以三次遠臨絶域，跋涉山川，冒觸寒暑，親舉玉趾，恒飲濁泉。風雪則屏去帳殿，減餐則俯同士卒。揮黄鉞以先驅，擐甲胄而達旦。指麾形勢，則極在巘在原之勢；籌畫機宜，則窮九地九天之秘。

焦勞煩苦，不可殫述，聖躬皆親歷之。仁天下、子萬民之心至矣，蔑以加矣。今者，逋寇悉平，荒遠無不臣之國；邊烽盡息，諸蕃皆樂利之年。大功告成，盛典斯舉，以副我皇上乂安中外之心，成我國家太和熙皞之化。永永萬年，至於無極。臣竊惟聖武三臨絶塞，殄寇寧民，焜耀史册，上下千古，無與比隆。謹撰頌九章以述盛烈。頌曰：

維丙子春，聖武丕揚。組練十萬，氣吞朔荒。帝親率之，沙磧騰驤。殲此猰貐，膏我斧斨。

右一章

維朐臚河，遠帶荒服。自天臨之，泉甘草緑。立覆其巢，揮戈西逐。萬古不磨，聖人之躅。

右二章

寇方奔突，西遇我軍。風埽霆擊，狐兔披紛。飽我卒伍，殄厥醜羣。神謀指授，耆定大勳。

右三章

維丙子冬，雨雪載塗。黄河曲岸，鑾輅馳驅。除惡務本，宜絶根株。時哉勿失，洋洋聖謨。

右四章

河流浩浩，虎旅雲屯。震之以武，綏之以恩。風馳青冢，化洽烏孫。呼韓接踵，稽顙至尊。

右五章

天與不取，昔人所嗤。張我精鋭，燼彼飢疲。乘機維哲，扼要乃奇。聖人之智，匪衆所窺。

右六章

維丁丑春，經武西偏。狼居胥山，古史所傳。天子靺鞈，威暢八埏。遠鄙西漢，勒銘燕然。

右七章

都邑聚觀，孽子成俘。鴟張鉅寇，一夕殄誅。彼脅從者，咸輸爾孚。巍功駿烈，振古所無。

右八章

玉關萬里，靡塵不清。覆載之内，咸震天聲。外安中乂，億載功成。金函玉檢，永頌昇平。

右九章

聖德勤民頌 有序

維丙子、丁丑歲，以春以冬，聖躬三駕絶漠，以憂勞萬民之故，爲久安長治計，踰越沙磧，蒙犯霜霧，濁泉菲食，日以供御。擐甲胄以終夕，摩干楯而達旦。北溯黄河，西踐狼居胥，翦除狡寇，以安邊圉，以靖區夏，使永杜饋餉裹甲之萌。聖心之勤民深矣至矣。不遑啟處，三載於兹。邇年以來，中外無疥癬之疾。服教畏神者，遠自日出扶桑，極於流沙，莫不梯山航海，奉琛載贄。八宇昇平，四民樂利，皆聖天子之所經營締造，櫛風沐雨，垂四十年而致斯盛也。承平奏矣。

聖衷念此時四海之内，爲民患而未至底定者，則莫大於河。以言民生，則淮揚千里未有奠居；以言國計，則漕輓天庾爲南北咽喉之地；以言修築，則歲費水衡錢以鉅萬計；以言泛溢，則城郭耕桑時時可慮。是今日勤民之事，洵無有急於此者矣。在河道諸臣，或識囿一隅，而不能周知全勢；或苟且一時，而不能經畫久遠；或拘守己見，而不能廣集羣謀；或徒糜金錢，而不能收集成效。我皇上焦心勞思，講求兩河者，數十年考究形勢，酌量高下，揣度旱溢。每廷議時，恭聆天語，則羣心豁然。蓋諸臣見其偏，而聖心見其全；諸臣謀其暫，而聖心圖其久。故熠火曦照，若斯之懸絶也。

己卯歲春，車駕臨河上，躬親指示淮、黄之勢，始洞若觀火。諸臣奉睿謨以集事而安瀾可永慶矣。聖心念治安天下之大計，兵革既息，則莫要於察吏寧民，布德施惠，以通輿情而聯衆志。巡幸東南，頒佈德音，以次第舉行之。留漕粟以平糶，蠲逋賦以阜民。減税課以裕商，廣取額以作士。滌除刑獄，宥釋過愆。獎勵官方，存問耆老。凡所以勤勞百姓者，莫不周詳委曲，殊恩渥澤，洋溢汪濊，可謂至矣。鑾輿所莅供給之費，一絲一粟，不以煩百姓，嚴飭從官，無有侵擾。萬乘所歷，市不易肆，農不輟耕。近光天顔，歡聲雷動，焚香而祝萬壽者，所至填塞馬首，如廣野雲屯，滄海潮集。皇上皆温顔慰諭之，瞻雲就日，真曠古之所稀睹。蓋我皇上以天下爲家，故巡省風俗，皆綢繆户牖之計也。皇上以萬民爲子，故嬰孺繞膝，皆撫摩顧復之恩也。且祇奉慈宫朝夕承歡，孝德超於千古。率諸皇子左右提命，景福邁於百王。臣幸際昌時，恭聞盛美，歡呼忭舞，罔知所極，不揣譾陋，敢撰蕪詞，謹獻頌十章，章八句。

一章

賡颺聖孝，振古所稀。金根玉輅，日侍慈闈。萬姓稽首，采雲六飛。以天下養，六宇春暉。

二章

河源星海，淮號鴻流。稽天浴日，爲萬姓憂。親舉玉趾，相度咨謀。安瀾胥慶，禹功式侔。

三章

東南岳牧，輯瑞來同。哀對天顏，肅肅雍雍。仁風翔洽，愷澤醇濃。四方民隱，達於聖聰。

四章

爰溥國儲，軫此艱食。蠲逋已徵，數盈萬億。阜民之生，恤商之力。堯衢蕩蕩，載歌帝德。

五章

百郡羣吏，整飭聯常。簡兹良牧，寵以服章。訓辭温藹，錫賚輝煌。時邁之典，事在激揚。

六章

龍旂所指，嘉氣沖融。釋辜宥過，恩逮臣工。桁楊盡偃，犴狴咸空。無微不照，上廑宸衷。

七章

山海保障，熊羆是資。訓練嫺習，武不可弛。爰遵江滸，營列水犀。申明令甲，以肅鼓鼙。

八章

菁菁者莪，育彼中陵。采芹采藻，集於泮林。念兹微末，聖澤溥承。誦讀之士，霞蔚雲蒸。

九章

天章寶翰，溥及臣鄰。人懷拱璧，家藴奇琛。龍翔紫渤，鳳翥高旻。名山福地，光氣常新。

壽。

十章

愛戴羣情，如依父母。如潮如海，如林如藪。扶杖而迎，亦有黃耇。酌彼兕觥，天子萬壽。

聖德仁民天錫萬壽頌 並序

臣嘗竊考董仲舒有言曰：『人君每事未嘗不求端於天，天以愛養生民爲心。凡所以子惠而煦育之者，一付於建極之一人。』恭惟我皇上天亶至聖，慈愛爲心，仁育義正爲德。臣自備員史官以來，侍講筵直内廷者，三十有餘年。於皇上早作夜思之際，宵衣旰食之頃，無一時不以愛養生民爲心，無一事不以講求利濟爲主。其養民也，則田疇樹藝不厭其詳，水旱災祲務求其備。其教民也，則敦本明倫必先，其重人心風俗，務底於淳。蠲賦之多，史册罕聞。每歲數百萬，周流公溥，海内無不被之德。省刑則矜恤惻怛，法古刑、期無刑之義，寇攘蟊賊，所以害吾民，則燮伐掃除之必盡。雖命駕三驅，櫛風沐雨，而不以爲勞。水潦堤防，所以衛吾民，則殫心竭慮。方勵精於南，而又營念於北，務俾底定，以利耕桑。察吏則博求善〔二〕良，有一善之可以裨吾民，必顯揚之不遺，以至省方求瘼，疾苦必聞，懷綏遐方，無遠弗屆。

蓋聖心無一念之不注意於斯民，而天下之民涵濡沐浴於聖人之心，亦無不鼓舞振作，樂利感戴。聖人之化熙熙皞皞，如萬物之鼓動於太和而不覺。以此而言德，則曰盛德、曰天德；以此而言仁，則曰至仁、曰純仁。夫德既合天，則天心眷佑萬壽無疆之慶，臣再賡天保九如之章矣。此臣悉之於數十年之久，起居必睹，謦欬必聞，知之既真且熟。而天下之感頌聖人者，在朝聞之，在野亦聞之。故不禁其言之詳也。獨臣年齒既老，且譾陋無文，不足以抒揚萬一，敢竭其愚陋而質言之，謹獻頌曰：

食爲民天，古昔所陳。祈穀上帝，必謹元辰。茫茫禹甸，耕穫畇畇，一夫不耕，上廑紫宸。猗歟盛哉！此聖心養民之仁。其一

聖有謨訓，誥諭諄諄。務去爾詐，務返爾淳。民之質矣，日用明倫〔二〕。肅肅章縫，咸捧温綸。猗歟盛哉！此聖心教民之仁。其二

賦有常經，宇内式遵。孰是盡蠲，振古莫倫。動以百萬，大地皆春。鴻慈浩蕩，藏富於民。猗歟盛哉！此聖心蠲賦之仁。其三

大化翔洽，間有未純。欲並生哉，入我陶甄。赦過宥愆，咸與維新。好生之德，洽於蒸民。猗歟盛哉！此聖心欽恤之仁。其四

蠢爾弗率，擾我邊塵。侵軼疆圉，荼毒生民。親舉玉趾，三駕重申。殲厥渠魁，化彼未

馴。猗歟盛哉！此聖心除暴之仁。其五

桑乾泛溢，淮黄久堙。謀民奠居，莅止河濱，經營胼胝，不啻躬親。南耕北穫，成功如神。猗歟盛哉！此聖心底定之仁。其六

州邑遠吏，撫民最親。一善必録，簡畀彤宸。或臧或否，民依是甄。民所與者，錫以寵綸。猗歟盛哉！此聖心察吏之仁。其七

詩陳時邁，禮重躬巡。閭閻疾苦，攬轡咨詢。蒸蒸黎庶，濟濟臣鄰。光天之下，甘雨陽春。猗歟盛哉！此聖心省方之仁。其八

凡在宇内，覆載維均。窮荒絶徼，痌瘝在身。日月所照，聲教咸遵。深恩渥澤，蟠際無垠。猗歟盛哉！此聖心懷遠之仁。其九

維天蓋高，穆穆化淳。一人體之，偏育羣倫。德積於世，慶備於身。於萬斯年，何福不臻。猗歟盛哉！此聖心合天之仁。其十

校記

〔一〕『善』，康熙四十三年刻本作『循』。

〔二〕『日用明倫』，原缺，據四庫全書本補。

篤素堂文集卷三

表

恭進易經參解表

伏以至道開於河、洛，發羲、文、周、孔子之微言，奧旨貫乎陰陽，備彖、象、卦、爻之精義〔一〕。參稽訓詁〔二〕，託藜火而重編；側近光華，食野芹而思獻。俯慚譾劣，彌切冰兢，茲蓋伏遇皇帝陛下，道法天行不息，學同日進無疆。尚書已講於經幃，大易繼陳於黼座。神凝簡册，聖心探一畫之先；博極圖疇，睿照啟千齡之秘。臣叨恩於禁籞，祗奉欽明，竊有志於韋編，欲窺象數。自田何、京房而後，漢初各有師傳；逮濂、洛、康節以來，宋儒始爲定論。考亭本義之學，洵可奉爲宗風；伊川易傳之文，尤有資於治理。竊惟廣且大者易之體，豈容騣測其精微？奇而法者易之辭，未許遽窺其典要。必在發明章句，譬如探源者先索其流；務期剖晰文詞，難言得意者遂忘其象。爰考先賢諸説，輯爲參解一書。时踰兩期，卷分六帙。如涉滄海而尋畔岸，祇堪自砭其愚頑；竊仰泰岱而竭塵埃，詎謂有裨於高厚。但念閲寒歷暑，分細旃廣厦之餘閒；浥露研朱，居秘閣芸香之勝地。雖極知其蕪陋，敢不冒爲敷陳，聊佐乙夜之覽觀，庶備九重之清燕。伏願德符岐聖，治軼羲皇。履帝位而豐豫時登，養萬民而訟師不作。觀損益之義化，自洽於中孚；察消長之幾世，自升於大有。對時育物，端居見天地之心；知崇禮卑，撫卷盡乾坤之藴矣。爲此具本，謹稱進以聞。

校　記

〔一〕『義』，四庫全書本作『意』。

〔二〕『訓詁』，四庫全書本作『古訓』。

謝御賜書籍表

康熙十六年十二月二十日，臣英蒙御賜内府所藏書經大全、四書集注、文獻通考，共十有二函。每卷首錫以宣文之寶。臣謹奉表稱謝者，伏以芝檢芸函，琬琰光騰几席；龍章鳳篆，珊瑚色映圖書。頒石室之藏編，榮分四壁；作蓬門之世寶，寵勝百朋。仰浥恩波，俯窺學海。恭惟皇帝陛下，性符敦敏，德配文思。邁高宗典學之勤，法武王拜書之敬。未央日曉，牙籤早侍經幃；長樂鐘疏，玉燭猶輝秘閣。龍香繞硯，羅金匱之鴻文；蟾影臨窗，映縹緗之錦字。究微言於曩聖，帝度沖容；尋渺緒於陳編，皇儀淵穆。學古有獲，用師説命之言；日進無疆，獨悟羲經之義。

臣自侍觀於禁近，尤難贊頌乎高深。愧謭陋之微軀，荷寵榮之殊眷。華林西畔，移家近傍彤庭；温室南隅，入直常依紫闥。日分仙饌，飫天上之奇珍；時惹御香，曳雲中之清珮。復蒙恩賚，特錫鉅編。一經肇啟唐虞，載傳政傳心之要；四子嗣興鄒魯，備希賢希聖之資。洵文字之本根，尤道德之淵藪。更念學不厭博，當講明乎錢穀兵農；事貴有徵，務綜觀乎古今上下。爰錫端臨之紀，俾觀文獻之全。東觀藏書，人間罕睹；西清華木，藝苑爭傳。印以蝌蚪之天章，紫泥星燦；護以龍鸞之内錦，翠帙雲封。賜廬之鄴架相輝，總拜君恩之重；寶翰之縈光互映，益昭臣遇之奇。比皇甫之載以一車，士林同羡；似無忌之詔與千卷，奕祀猶榮。

臣識陋面牆，學慚窺管，幼誦典謨之訓，難言四代之精微；少習洙泗之言，莫識六經之閫奥。文慚平子，授簡敢賦兩京；博謝茂先，入室驚看四庫。手披鳳紙，目眩螭文。對册府之輝煌，如獲瓊瑶之貺；勵樗材之愚鈍，敢辭鉛槧之功。伏願銘日常新，法天恒健。心存乎微危精一，足包孔壁之全經；道溥於位育中和，奚止魯論之半部。考禮作樂，師古而治，法冠乎百王；戢矢櫜弓，偃武而文，德昭乎四海矣。爲此具本，謹稱謝以聞。

恭謝特擢翰林院學士兼禮部侍郎表　康熙十九年五月初七日

伏以西清要職，謬分華蓋之光；東觀崇班，復晉容臺之秩。湛露洊加於弱草，仁風獨拂乎樗材。聞命自天，措躬無地。臣英誠惶誠恐，稽首頓首。竊念臣蓽門下士，山陬豎儒，幼讀父書，長承師訓。猥以魯質，幸際昌時。忝南國之賢書，值登踐鴻基之始；臣鄉試在康熙二年。聽當軒之臚唱，適躬親大政之年。臣殿試在康熙六年。濫厠清華，六載迴翔丹地；仰承作育，一編課試彤庭。給筆札於尚方，雜琬琰於東壁。君恩實重，臣遇尤奇。驟兼柱史之榮，早踐講僚之席。螭頭曉日，持鳳紙而侍鑾坡；豹尾春雲，捧龍編而趨鶴禁。追陪法駕，奉屬車之清塵；扈從離宮，對直廬之皎月。天心垂照，下鑒愚忱。帝諭特頒，簡居近密。丘〔一〕索探石渠之字，丹鉛校天祿之書。賜對無時，奚啻玉階三接；近光有喜，還借華林一枝。陸贄之朝夕禁庭，方兹邈矣；李泌之左右君側，殆爲過之。懼方切於春冰，恩踰深於夏屋。允懷若惕，報稱良難。

兹蓋伏遇皇帝陛下，道重右文，功深典學。圖疇考索，精心獨邁百王；紀載蒐羅，遜志允符千聖。金華棐几，由鄒魯而上溯唐、虞；黼座牙籤，自勳華而更稽河、洛。法戒觀考亭之筆削，精詳兼涑水之編摹。聖慮彌沖，時勤宣室，咨詢之益，微勞必録。俯念經幃講誦之臣，沛涣汗之温綸，懸日星之優詔。褒嘉逾量，銓叙增榮。如臣尤愧譾愚，叨膺顯秩。文非燕國，詎堪侍草之名；度謝曲江，豈副秩宗之望。仰前賢於策府，恐玷儒風；參華選於儀曹，懷慚卿月。顧一時僚采，玉堂騰圭璧之輝；知千祀韋編，藜閣紀簪裾之盛。敢不益思芹獻，勉竭葵誠。許身竊慕夔、龍，致主惟思堯舜。伏願德崇乾健，敬法日躋。仁聲溥而義問昭，六服無憂梗化；文教脩而武功偃，萬民偕樂時雍。彌搜草澤之英，益廣弓旌之典。斯臣等沐海天之大澤，常受祉於無窮；託日月之末光，亦垂名於不朽矣。爲此具本，謹稱謝以聞。

校記

〔一〕『丘』，原缺，據四庫全書本補。

恩賜宮紗謝表

康熙二十一年五月十四日，蒙恩賜紗二端，命編修臣杜訥賚付，臣廷瓚送回江南。臣恭設香案領訖，望闕九叩首，謹奉表稱謝者。

伏以故里初歸，驚沐殊恩於天上；聖慈垂顧，遠分渥澤於田間。展霧縠之輕〔一〕華，涼生華户；披香羅之璀璨，風滿衡門。叨異數而增慚，撫愚衷而倍惕。恭惟皇帝陛下，德配神堯，勤媲大禹。文教彰而六經啟蘊，武功偃而九服來同。簡儒臣於禁中，置講僚於座右。臣猥以百生之奇遇，際千載之昌期。握筠管而侍彤闈，抱芸編而趨紫闥。備沾優渥，曲賜矜容。乃以銜土私情，冒干宸聽；復荷如天聖度，俯鑒微悰。頒文綺於尚方，錫精鏐於内府。龍顔宣室，捧忠孝之綸音；馬首東郊，拜平安之天語。感深欲涕，寵至彌驚。自謝直廬，遂遵河渚。雲深日近，瞻冀北而懷思；水涸沙淤，望江南而莫達。朝沿柳岸，心依黼席之前；夜泊漁磯，夢繞金鋪之側。

逾四閲月，始抵鄉園。適蓬蒿初返之時，正綺縠遥頒之日。榮生里巷，争識聖朝禮下之隆；喜溢親知，共指微臣稽古之賜。冰蠶麗質，當暑彌清。雪繭輕綃，臨風欲舉。爰選金針玉尺，花鳥新裁；還同紫綺珍裘，龍香什襲。伏念自膳服叨於禁近，如臣之被寵者獨深；迨頒賚及於家居，似臣之蒙恩者益少。欽承匪懈，悚惕靡寧。臣又伏思，恩命由於内庭，未敢繕疏稱謝。遂使瞻依片念，徒然自結於衡茅；感激微衷，無由上徹於君父。輾轉宵旦，難以即安。敬藉同官，肅陳謝悃。望層霄而虎拜，猶如身侍紅雲；處下里而蛩吟，敢冀詞聞丹陛。伏願聖躬純嘏，帝治龐鴻，俗厚年豐，民安物阜。臣雖暫棲藪澤，光華近戴堯天；遠在江湖，熙皡常依舜日。臣愚不勝悚惶，戰慄之至，謹奉表稱謝以聞。

校記

〔一〕『輕』，四庫全書本作『清』。

恩賜羊酒食物謝表

康熙二十二年十二月二十三日，蒙恩賜臣英羊二牽、酒二樽、鹿一、雉八、鮮魚鹿尾各六，給付臣男、翰林院編修臣廷瓚。臣望闕九叩首，謹奉表稱謝者。

伏以恩從天上，蓬茅沾玉露而增榮；春到江南，枯蠹沐瓊膏而起色。憶昔囊書深殿，每分輝於伏臘之時；詎意卧疾空山，復拜賜於嘉平之節。澤愈徵其優渥，感自倍於恒常。恭惟皇帝陛下，文治光華，武功赫濯。運睿慮於穆清之上，措邦家於磐石之安。仁浹生民，薄征徭而誦聲在野；義孚藩服，韜戈甲而譯使來庭。近者，紀聖略於球圖，昭回千祀；焕天章於雲漢，炳耀六經。宏猷允駕乎昔王，芳軌迥超夫前代。

臣英葑菲薄植，荷簡拔於昌時；樗櫟微材，隨步趨於經幄。恩深十載，寵溢多生。仰瞻聖學高深，獲睹宸衷勤毖。玉階待曙，早看三殿燈輝；金鑰傳聲，夜聽九門漏徹。層霄清切，異數駢蕃。翠釜銀罌，常飽調蘭之饌；珍裘紫綺，還裁疊雪之衣。錦雉分自御園，良驥頒從内厩。春風簾幙，宫櫻堆赤玉之盤；秋水蒹葭，河鯉出珊瑚之網。每當除歲，宫使早扣衡門，羅列尚方珍味，歡騰稚子，庖登仙獸，瓮發天香。歷數殊榮，皆成盛事。臣英未有涓埃愚悃，報聖澤之帡幪；猥以草土私情，違天顏於咫尺。枌榆暫返，寒暑再更。聽紫陌之雞聲，近移茅舍；盼觚稜之日影，遠到田間。雖負土之情少酬顧復，而采薪之疾益覺纏綿。蓋桐以心虚，未霜而落；柳因質弱，望秋而衰。身雖雜於漁樵，念舊恩而倍悚；夢常依於君父，欲奮飛而未能。乃上廑睿懷，垂注無殊曩昔；近當令序，流膏特畀幽遐。爰開白獸之樽，用勵羔羊之素。嘉魚貢於遼海，瑞鹿致自關山。昔忝詞曹，故有文禽之錫；近棲山澤，併分野雉之珍。計頒賚於内廷，正當雪候；迨郵傳於寒谷，恰值春温。宸眷彌殷，臣衷益愧。乍聞而心惕，永念而涕零。

思臣舊侍彤闈，惟切曠瘝之懼；自離紫闥，久無夙夜之勞。臣父得奉龍章典禮，貺嘉於泉壤；臣英屢承天語德音，遥下於江湖。臣雖糜頂踵之微茫，而無能酬生成之萬一者也。伏願景祐日升，聖功時懋，俗登三古，治冠百王。臣雖結伴山農，同爲擊壤堯衢之侣；倘得捐除宿疾，再侍賡歌舜日之班。臣不勝惶悚之至，謹奉表稱謝以聞。

疏

請假歸葬疏

日講官起居注、翰林院學士兼禮部侍郎臣張英奏爲聖恩高厚難酬，子情迫切已久，冒攄微忱，懇祈賜假事。

竊臣一介豎儒，學殖譾陋，叨逢皇上右文之代，拔置詞曹，旋擢講幄，復蒙簡命供奉内庭。伏睹我皇上勵精聽政之暇，研經究史。講貫討論，寒暑無間，夜分不輟。臣每從細旃廣廈之側，仰聖學之高深，窺懋修之純篤。恭聽睿謨，敬瞻宸翰。自古帝王遜志時敏之學，未有如我皇上今日之盛者也。

臣又伏思：十載侍從，深受特簡之遇，猥膺超擢之榮。日近光華，仰承顧問。給廬内地，授餐大官，殊恩異數，疊至洊加。從來臣子遭遇，未有如臣今日之寵渥者也。頻年以來，日睹我皇上宵衣旰食之勞，雖有烏鳥私衷，何敢仰干天聽。今幸海内蕩平，廟堂清晏，亦人子可以言情之時，慟念臣父殁已十有五年，尚未歸一抔之土，子職有虧，莫大於此。每一念及，中夜彷徨。查京官歷俸五年，例準遷葬。臣歷俸十有一年，遲久而不敢言者，君恩至深；輾轉而不容不言者，子情至迫。伏乞皇上俯鑒愚悃，賜假南歸，經營窀穸。俾臣父得安泉壤，臣從此竭犬馬之力，捐頂踵之微，以報我皇上如天之恩，日正長也。臣不勝惶悚，待命之至，謹具奏聞。

奉旨：『張英自簡侍講幄以來，朝夕勤勞，敬慎素著，覽奏伊父未葬，情詞懇切，準假前往安葬，事竣速回供職，該部知道。』

恭謝天恩事

日講官起居注、翰林院學士兼禮部侍郎今告假臣張英奏爲恭謝天恩事。

康熙二十一年九月初九日，御制昇平嘉宴詩序並詩，勒石告成，搨本頒賜與宴諸臣。臣請假在籍，蒙恩給付臣男、翰林院編修臣廷瓚代領，賫回江南，臣恭設香案，望闕叩首稱謝。

伏念臣一介愚魯，自擢侍講幄以來，受恩隆渥，十載於兹。欣逢本年正月十四日，皇上俯念諸臣屢歲勤勞，錫之燕飲，倣柏梁之賡和〔一〕，昭泰運之昇平，喜起一堂，流輝千祀。臣叨隨末班，屢傳天語，捧觴載筆，榮幸非常。今復蒙聖恩，冠以綸音，將嘉宴詩章勒諸貞石，垂示不朽。念曾與斯宴者，咸得沾賜。臣以西清舊秩，特分圭璧之華；南畝微踪，遠錫琬琰之重。榮光燭於蓬户，寶翰奉爲珍藏。臣不勝感激，忻幸之至。爲此具本，謹以奏聞。

校記

〔一〕『和』，四庫全書本作『歌』。

歲終彙進講章疏 康熙十五年

日講官起居注、翰林院掌院學士兼禮部侍郎臣張英謹題爲講義業已彙進。歲終循例題明，兼陳愚悃，仰希睿鑒事。

竊惟君心仰法乎天心，故聖帝重日新之學；道統實關乎治統，故哲王敦時敏之修。蓋探索則義藴無窮，而討論斯精微愈出。我皇上聰明本於性成，睿慮勤於典學。聖心無逸，已深明義理之指歸；天語特頒，欲備考史編之法刑〔一〕。超軼千古，度越百王。臣等幸侍講筵，涓埃莫效。伏稽舊例，年終宜將年内所講書義彙裝進呈。臣等已於康熙十四年閏五月遵旨先期彙進。兹當歲暮，理合題明。簡編具在，古訓犁然，伏冀聖聰，恒加省覽。虚懷遜志，則德益進於高深；尊聞行知，則業逾臻於光大。將聖學有無疆之益，而至治媲隆古之休矣。臣等無任諄切之至。

校記

〔一〕『刑』，康熙四十三年刻本作『戒』。

題請萬壽朝賀事

禮部尚書臣張英謹題爲萬壽朝賀，關係鉅典，理宜舉行，謹特疏陳情，仰祈俯允以慰羣情事。

竊惟典禮，本乎人情。凡人情之不容已者，即爲典禮之所宜行。爲臣子者，道莫大於尊君，誼莫切於親上。聖人篤生，爲四海臣民之主，遇誕辰而稱慶，合寮采以拜颺。此頌祝之禮，所關至鉅也。考之經傳，有躋堂介壽之文；稽之史册，有朝賀讌饗之制。皆因情立儀，垂爲成憲。歷代行之而不能廢者，所以使天下知尊其君、親其上，遂其感戴之情，伸其抃舞之願，非僅稱觴拜祝而已也。

我皇上德邁唐虞，化隆三五。事天事親，盡自古未有之愛敬；治民治物，溥從來未見之恩膏。聖作物睹，遐邇歡呼。恭逢萬壽之辰，正當普慶之際。因康熙二十七年二月内奉旨，停止行慶賀禮，欽遵在案。臣等職司典禮，伏念聖誕令節，朝賀大典，中外觀瞻，遠近拜舞，關係至重，不宜永停。比時因奉温〔一〕綸，不敢瀆奏，鬱結之忱歷今五載。大典之曠已久，臣民之望日殷。臣等恭睹皇上，每於皇太后萬壽之期，必行禮慶賀。乃數年以來，萬壽令節，在廷諸臣、以及藩王貢使不得一拜丹墀，是皇上得以伸孝思於皇太后之前，而諸臣不能伸悃於皇上之前。家國一理，臣子同情，此在廷諸臣之所以夙夜難安於心，而斷不能已於竭誠敦請者也。兹者三月十八日，恭逢聖誕之期，四海雍熙，百姓樂利，正普天同慶之會。臣等不揣愚昧，敢獻芻蕘，伏冀我皇上俯鑒輿情，允行舊典，洽萬國之歡心，伸臣子之至願。天下萬世永著尊君親上之義，中外欣忭無極矣。爲此具本，伏祈睿鑒施行。

校　記

〔一〕『温』，四庫全書本作『明』。

懇恩休致疏　康熙三十七年

禮部尚書臣張英謹奏爲聖恩高厚難酬，微臣衰病曠職，不容不仰瀆天聽事。

臣草茅微賤，至愚極陋。蒙皇上拔擢之恩、優容之德，自揆知遇，古今罕儔。即捐糜頂踵，更何能報稱萬一。臣所以屢瀆宸聽者，臣自幼體弱，身有血疾；中年此疾舉發，尚可撑持。近因年老，氣血日衰，每發一次，則必甚於前，再發則慮其難支。且因此而怔忡眼昏，遺忘日甚，肢體酸痛。臣所領皆要職，曠誤實多，自知難逭。臣今年六十一歲，何敢謂之甚老。但臣自念生平受皇上非常之恩，召入内庭，侍從逾二十載，倘得以殘年乞休歸田，調治夙疾，則保全聖恩終始，在臣實爲至榮，實爲至幸。今以臣精神恍惚，必有擔遲錯誤，自取曠職之罪，在臣生平實爲可惜。人有至情，必告父母。皇上，臣之父母也。此實臣之至情，故敢冒瀆天聽，仰求聖慈俞允休致。隆恩渥澤，更屬非常。臣戰慄惶懼之至。

題爲聖謨廣運事

禮部尚書臣張英等謹題爲聖謨廣運，神武誕敷，逆孽就俘，狡寇殄滅，黨與盡皆歸服，荒遠莫不來王。永滌邊塵，普天慶洽，應舉行典禮，以昭示中外，垂憲無疆事。

禮科抄出議政大臣、都統公宗室蘇努等題爲睿略永清絶塞等事，奉旨：『覽卿等奏賀，知道了。應行事宜著詳察典例，具奏該部知道。欽此。』欽遵於四月二十九日到部，臣等恭惟我皇上仁並堯天，化同舜日，至聖作睹，萬國咸寧，四海時雍，羣生樂育。惟此厄魯特噶爾丹狡詐性成，兇頑樂禍，跳梁荒徼，自外生成，累年以來擾亂邊境，與臣服我之喀爾喀爲讎，遂將喀爾喀陵虐侵殺，闌入我境内烏闌布通之地，與大兵拒戰，爲我師所擊大敗。斯時因聖駕未親莅軍，以致彼脱逃。比噶爾丹跪於道傍，於喇嘛所與佛像之前，立誓再不敢干犯天朝皇帝之喀爾喀及邊界人民等語，捧進印信文書，方免其追勦，釋之而歸。彼乃背負仁恩，復行狂亂，悖天虐衆，違蔑誓言，潛入巴顔烏喇地方，奸詭叵測，煽誘蒙古諸部落。皇上屢頒諭旨，曉以禍福，許其投順，彼仍怙惡不悛。皇上念此賊若不即行撲滅，邊境人民必不獲遂其安養。於是睿謀乾斷，特申天討，派大兵從三路出。皇上祗告於天地、宗廟、社稷，禡旗祭軷，親統中路大兵，聲罪徂征，遠踰瀚海素無水草之地，直抵黑魯倫土喇地方，躬先士卒，指示調度，天威所至，噶爾丹聞風喪膽，棄其子女廬舍，中夜潰遁。皇上洞察噶爾丹狡詐，預定謀略，料其必由西路逃遁，果遇西路堵截之兵，盡被勦殺潰散。

竊思噶爾丹在邊塞之西，肆行兇惡而無忌憚者數十年。皇上籌畫萬全，統率六師，一鼓而覆其巢，一戰而奪其魄，陣戮其妻，薙獮其部曲，盡收其輜重。賊跳身潰遁，殘喘遊魂，狼狽困蹙，苟延旦夕，雖生猶死。厄魯特之殄滅實在此舉矣。皇上仍頒諭旨，許其來降，而此賊狡黠昏迷，猶思竄匿。皇上神謨密運，留將軍於塞上，駐勁旅於肅州，聯指臂之形，窮狡兔之窟，皆非衆人所能測度者也。丹濟喇奔敗之餘，覬覦餘糧，復爲我師奮擊敗遁。聖駕於去年冬，復親莅邊方，渡河至鄂爾多斯之地，經畫調遣，恩威並用，賊之黨與歸命輸誠者不絶於道，皆加豢養撫恤。賊之乞憐於他部落者，皆以計擒獲其使，令彼奸狡一無所施，困迫倉皇至於已極。

今年春，聖駕復臨邊方，西踰寧夏，駐蹕於狼居胥山，震揚天威，分布禁旅，授諸將方略，盡堵截其遁匿之路，必期戮此小醜。其子檻車就縛，瑚瑚腦兒輩又率衆來降，諦巴奏請謝罪，丹濟喇、及阿喇布灘、丹津汪布等皆遣人輸誠嚮順。賊氣索途窮，自料擒獲誅戮決不能逃。遂於閏三月十三日服藥自殺。其黨丹濟喇等收其孥，挾其骸，引衆來歸。厄魯特盡皆蕩平，噶爾丹父子皆獻屍成俘，塞外蒙古盡稽顙歸順。

神功駿烈，顯爍如此，洵亘古之所罕覯者也。從此邊徼永享清寧，昇平極於萬世，皆由我

皇上乂安中外之心至誠至仁。行健之德如天，而堅定不移於終始；決勝之智如神，而首尾總歸於成算。聖駕三代〔一〕臨邊，躬擐甲胄，調兵籌餉，備極焦勞，冒暑衝寒，久歷煩苦，唯以寧民爲心，安邊爲念，而聖躬之勞勩皆所不計。是以昭格天心，感通列祖，成功若此之隆也。

仰惟我皇上自御極以來，愛養臣民，則膏澤極其深厚；勵精政務，則夙夜殫厥心思。文德邁於百王，武功軼於萬祀。前者征滅反叛察哈兒，平定三逆，收克臺灣，海外咸入版圖。從來未通中國之倭羅斯，皆已納貢，喀爾喀之三君長，率其衆數十萬歸附爲臣。今者親征絶塞，累年之賊寇一

旦掃除，異域之蕃部罔不臣服。威武奮揚，萬世永賴，功德巍巍，自古帝王無能比倫。報至之日，大小臣工，遠邇軍民，無不歡忭踴躍，巷舞途歌，咸謂太平之業從此益增太平矣。

臣等詳稽載籍，慶典允宜舉行，應遣官祭告天壇、地壇、太廟、社稷，永陵、福陵、昭陵，暫安奉殿，孝陵其旗纛、天安門太歲礮神、及五岳、五鎮、四瀆、四海，歷代帝王陵寢、闕里等處，俱應遣官致祭，以仰答天地、祖宗神靈之貺。皇太后前應請加徽號，皇上前應請上尊號，以俯慰四海臣民，及外藩君長籲望惓切之情，頒詔天下，皇王〔二〕陞御座，受皇太子、諸王、大臣官員進表行慶賀禮；各省督撫文武官員亦應進慶賀表文。聖躬三次臨邊，始終經畫，大功告成，應命史館編輯平定北寇方略，昭示無極。此皆典禮所關，悉宜舉行，以永光史册，垂憲萬世者也。恭候命下，虔辦祭品，選擇吉日，分遣大臣由太常寺衙門啟奏，祭文由翰林院撰擬，加上皇太后徽號、皇上尊號，頒詔天下款項。慶賀表文，由内閣擬定，呈覽頒發，臣部詳察定例遵行。編輯平定北寇方略，其開館事宜，由内閣翰林院具奏。岳、鎮、海、瀆等處，遣官致祭，臣部另議具奏。爲此謹題請旨。

校記

〔一〕『代』，四庫全書本作『次』，是。
〔二〕『王』，四庫全書本作『上』，是。

請恩乞休事

經筵講官、文華殿大學士兼禮部尚書、加二級臣張英謹奏爲聖恩高厚已極，微臣衰病日增，瀝陳愚悃，懇求俞允回籍調治，庶免曠官事。

臣一介豎儒，讁劣無比，叨受皇上知遇深恩，拔置翰林，俾侍從禁廷三十餘載，洊歷卿班，復蒙簡與密勿，非常之恩，殊異之數，加以訓誨寬容，矜恤周至，寵渥於臣者至矣。臣自愧駑駘，迴逾涯分，即捐糜頂踵，何能報答萬一！況敢以疾病微情仰干天聽。但以臣幼時曾攖弱疾，中年又有失血之症，是以年老精神愈覺衰竭，雖醫藥强扶，舊疾旋已旋發，目昏頭暈，怔忡時作。復於今年七月二十二日，正在衙門辦事，忽然痰疾昏暈，言語錯亂，應對不真，扶掖回寓，醫藥調治四五日，少覺昏瞶漸清。從此氣體益弱，言語多有失次，步履艱難，勉强支持，便覺恍惚。臣竊念綸扉重地，斷非臣衰憊所宜，舛錯遺忘，恐不能免。是以夙夜惶恐，晷刻靡寧。倘非臣自審衰頹難以供職，又焉敢屢瀆宸聽。伏乞聖慈俯鑒數年籲懇之誠，俞允致仕回籍，調治舊疴，田里之間得以少延視息。感頌聖恩，終始矜全，高天厚地之澤，淪髓刻膚，子孫世世無極。爲此具本，謹奏請旨，於本月二十一日奉旨：『卿才品優長，效力已久，及任機務，恪慎益勵，文辭充練，倚眷方殷。鑒奏以衰病乞休，情詞懇切，著以原官致仕，該部知道。』

爲恭謝天恩事

大學士兼禮部尚書、加二級臣張英謹奏爲恭謝天恩事。

臣以譾劣微才，蒙皇上高天厚地之恩，養育生成，至於已極。因衰疾乞休，復叨聖慈俞允回籍。優渥之仁，有加無已。内庭錫宴，特給與驛遞夫馬，沾被汪濊，感激涕零。臣途次觀二麥正茂，物阜民安。自入江南，諸郡比歲豐稔，更蒙皇上殊恩，蠲免正賦，家有蓋藏。春來雨水沾足，民生樂業。

臣仰賴洪慈，勉自調攝，以三月初三日抵里，謹捧御筆『篤素堂』匾額，懸揭中庭。又以歷年所賜御書及法帖陳列，恭設香案，率子孫叩首謝恩。臣日瞻聖翰，如覲天顔。雲漢昭回，頓令山川改色，城郭增輝。草野章縫，争窺鴻寶；閭閻父老，共慶遭逢。

臣撫念生平，蒙皇上豢養大澤三十餘年，未能仰報萬一，自非老病交迫，何忍耽逸偷安！叩辭闕廷，遠離君父，依戀無已，夢寐靡寧。撫躬自慚，莫知所措。惟依堯天舜日之下，息賤體之衰羸，偕耕田鑿井之民，頌聖恩之深厚。謹繕本奏謝。臣不勝惶悚感激之至，謹具奏聞。

奉旨：『覽卿奏謝，知道了。該部知道。』

爲恭請聖躬萬安事

予告大學士兼禮部尚書、加二級臣張英謹奏爲恭請聖躬萬安並陳謝悃事。

臣荷皇上高天厚地之恩，異數殊榮，優渥無已。江南恭迎聖駕，得覲天顔。蒙特賜御筆匾額、對聯、御制詩章、及大幅長卷，皆超神入化之筆，曠古罕儔。天章燦如琬琰，光彩炳如日星。士林驚觀未有之奇，子孫傳爲萬世之寶。臣敬捧宏璧，不勝感激惶悚，頃以衰朽殘年，拜辭闕廷，親聆天語，温諭静養。復特賜御用帽一頂、袍一領、套一領，天香異錦，内製輝煌。臣謹奉以留示子孫。又蒙賜人參三觔，靈藥珍品於臣賤體甚宜。從此仰荷聖慈，得以少延殘喘，皆天恩之所賜也。

臣以四月二十九日抵里，犬馬依戀之忱不能自已，徬徨感愧，惟有涕零。沿途見直隸、山東麥皆收穫，江南廬、鳳、安慶之地，雨澤沾足。家家耕種，田禾遍野，可冀有秋。謹藉以仰慰聖懷，兹特具本遣家人賫付臣男翰林院庶吉士臣張廷玉，送通政司衙門呈奏。臣不勝惓惓感激之至。謹具奏聞。奉旨：『覽卿奏謝，知道了。該部知道。』

篤素堂文集卷四

序

丁丑會試録序

恭惟皇上御極以來，會試天下士於京師，已十有二科。今歲在丁丑，值禮闈校士之年，臣英猥以譾陋，叨蒙簡命，俾偕臣賜履、臣琠、臣雯典厥事。臣悚惕靡寧，兢兢以不稱任使是懼。竊惟我皇上振興文治，崇奬儒術，爲振古所未有。又際海内承平，嘉生樂育，士之生其時者，得以自力於學問，而長養其才識。以故蒸蒸丕變，人文蔚興，若斯之盛也。然其氣機之相感召，風聲之所漸磨，又有本焉，不可不知也。臣荷恩遇，侍從内廷將踰二十年，朝夕在細旃廣廈之側，得於見聞者，最親且切。恭睹我皇上萬機有暇，即研窮六經，殫究諸史，博羅百家，遊心翰墨。自晨興至於夜分，祁寒盛暑，罔有間輟。又叨侍青宫，趨承鶴禁。仰窺聖人訓誨之勤，睿學敦修之密。復見諸皇子勤敏嗜學，日有課程，皆以天潢之貴，而躬韋布之修，誦讀相聞，聲徹殿闥，詩書之氣洋溢充塞，可謂極盛矣。是以上之所嚮，下之所趨，潛化默孚，捷於桴鼓，宜乎海内文學之士日新月盛，咸蔚然奮興，而彬彬乎進於大雅之林也。

臣承乏禮曹，屢勘校十五國省試之文，竊見滇、黔、蜀、粤號稱荒遠，乃其文皆日進於醇邃，與中土無異。因嘆聖化之隆，文教之敷，無遠弗届。所以淪洽而感通之者，非一日之故矣。頃者，扃鑰棘闈，焚膏繼晷，閲多士三試之文，絜長比短，謹拔其尤者百五十九人，例同諸臣署取中字，每署字時，輒撫其卷而祝之曰：『爾策名於朝矣，將來必務爲端人良士，以無負科名。』

抑臣又思：古人以言取士，豈盡渺然無可依據？夫言者，心之聲也。古者敷奏以言。又曰：『不知言，無以知人。』大約心術端純者，則其言必正大，而無偏駁之病。識解明通者，則其言必條暢而無結塞之弊。律己恭慎者，則其言必謹飭而無叫呶之習。且先之經書，以觀其義理；繼之表策，以觀其才識。閲者沉心静氣，以與作者之精神相遇。誰謂制科之文，不可以觀其人之梗概哉！今多士自獻之文具在，其尚勉思立身行己，期無負乎其言，以仰副聖天子敦厲人才之至意。俾典司試事者，稍得以慊其爲國樹人之悃哉〔二〕，寧不有光也夫。

校記

〔一〕「哉」，四庫全書本作「誠」。

恭進易經參解序

臣竊聞易之爲書，貫徹二儀，囊括萬類，微以窮陰陽之變化，顯以繫人事之吉凶，幽以明鬼神之情狀，探賾索隱，彰往察來。讀者得其中微言大義之一二，可以服之終身而無盡。况取四聖人之所發揮，而朝夕涵泳其間者乎！

又嘗竊觀先儒論易，其大者極於扶陽而抑陰。夫天地之有陰陽，猶四時之有寒暑，日月之有晝夜也。以氣化言之，萬物不能有長而無消，人事不能有得而無失，運會不能有治而無亂，舉世不能盡君子而無小人。是以卦之爻三百八十有四，陽爻居其半，陰爻即居其半。雖聖人，安能損益於其間哉。然聖人兢兢業業，於陽剛也，則扶之進之；於陰柔也，則抑之退之。此固六十四卦中無在不存斯義，而於否、泰、剥、復、夬、姤諸卦之辭，尤其深切著明者也。聖人不能使四時有春夏而無秋冬，而製爲室廬衣裘以禦之；不能使日月有晝而無夜，而製爲燈燭以繼之；不能使萬物有長而無消，而製爲度數以節宣之；不能使人事有得而無失，而示以修省戒懼以補救之；　不能使運會有治而無亂，而立爲紀綱法度以維持之；不能使舉世盡君子而無小人，而立为教化刑罰以勸懲之。易之中數者備矣。此則聖人扶陽抑陰之至意，隱見於六十四卦之中，所謂參贊化育、裁成天地者，豈有他哉！　故曰：天地之性人爲貴，必讀易而後知聖人之尊且大也。

臣草澤微材，至愚極陋，遭逢聖天子崇儒典學之時，叨隨講幄，入侍禁中，恭睹我皇上孜孜圖治，未明求衣，躬理庶政，退朝即御便殿，講誦經史，至漏下數刻不輟，祁寒盛暑率以爲常。臣自顧學植淺薄，惟切惶悚，侍從之暇，伏讀周易，望洋測海，茫無津涯，欲纂輯訓詁一書，期先通曉章句，然後徐求其精義。爰奉朱子本義爲標凖，而詮解訓釋則雜取於大全、直解諸書，芟其繁冗，務存簡切。至於釋卦名義，則程傳最精，故節取以載於本卦之首。大全諸儒之説，發明經義有裨講席者，並採録之。閲兩期而成，名之曰易經參解，條分縷析，一以先正之言爲矩矱，絶不敢參臆説於其間。

因臣質性愚魯，著此一編，藉以自備遺忘。荒陋粗疏，深知不免。又念在禁中修輯之書，不敢不上塵我皇上睿覽，亦以見文明化成在上，小臣亦有不敢自棄之私，非云於經旨有所闡明羽翼，足以獻之當宁也。謹序。

恭進書經衷論序

臣竊惟人君之以道治天下，至堯、舜、禹、湯、文、武之盛而極矣。人臣之以道事其君，至皋、夔、伊、傅、旦、奭之（之）盛而極矣。迄今相去數千載，當日之言論謀畫，綱紀設施，與夫忠懇誠愛之心，諧弼綢繆之計，雖散見於六經，旁流於諸史，而弘綱鉅節之所統會，則莫備於尚書，使後之人猶得於方策之中，想像唐、虞、三代之君臣，如見其形容，若聆其謦欬，不覺有時代曠遠之隔者，則由其文至古，其意至厚，其旨趣至弘遠，流連往復而可以不窮也。

臣自供奉内廷之初，正值我皇上討論二典，講貫三謨，窮究精研，無微不徹。由是而下，逮商、周誓誥之篇，靡不再四尋繹。凡昔人之所謂苦其奥博而難通者，皇上必深求義理之歸，而亦不辭夫章句誦讀之勞。二帝三王之言，與夫古聖賢之所以告其君者，朝夕淪浹於聖心至深且渥也。故以言乎典學，則高宗遜志之勤；以言乎服遠，則虞廷干羽之格；以言乎六府三事，則九功之時叙；以言乎官人亮采，則九德之日嚴。皇上以聖學之淵涵，發爲治功之醇茂。豈僅稽古不倦而已哉。臣質愚學陋，寡識渺聞。竊從講筵餘暇，退入直廬，伏讀尚書，偶有一知半見，録以紀之，積久遂至成帙，非敢自持臆説，皆取衷於昔人之言，謹依篇章次第，分爲衷論四卷。又因在内廷編輯之書，不敢自藏其短，冒陳九重乙夜之覽。伏念我皇上於尚書全編心源吻合，精義默符，每發一議，遠超漢宋諸儒之説。臣忝侍左右，聞之熟矣。如臣譾陋膚言，類培塿伏於泰岱之前，爝火耀於日月之下，彌自增其悚惕云爾。臣謹序。

陳問齋杜意序

古今注杜者不止一家，然皆謂之『注』。陳子問齋是編，獨謂之『意』，甚矣。學者能明乎注與意之所以公〔一〕，而後可與讀是編也。注者，徵引事實，考究掌故，上自經史，以下逮於稗官雜説，靡不旁搜博取，以備注脚，使作者之一字一句皆有根據，是謂之注。意者，古人作詩之微旨，有時隱見於詩之中，有時側出於詩之外。古人不能自言其意，而以詩言之。古人之詩亦不能自言其意，而以説詩者言之。是必積數十年之心思，微氣深息，以與古人相遇，時而晤言一室，時而遊歷名山大川，晦明風雨，寢處食息，無一非古人，而後可言其意也。昔人云：胸中不貯萬卷書，不可與讀杜詩。此猶以注言也。如以意言，胸中即貯萬卷書，遂可以讀杜詩乎？嘗聞之前輩之言曰：古人終身爲文章，必有一生平識見所在，淺深奇正，縱横開闔，總不踰於此。不若今人隨時補綴，連篇累牘。彼本無一定之見，人亦安能以定見求之，如此而後可與讀杜意也。

夫少陵之意，又豈易求者哉！少陵生平以王佐自許，所處之時，治日少，亂日多，抱憂天憫人之情，發爲沉鬱頓挫之音，結轖於中而觸發於外者，此少陵之意也。人苟非抱其才，遇其時，則不能言少陵之意。即抱其才，遇其時矣，或早見知於世，不至於放棄以老，則亦無所沉鬱結轖於其中，而亦不能言少陵之意。少陵際天寶末年之亂，奔竄於鳳翔，饑疲於秦隴，浮家於瀼西，轉徙於白帝。間關落拓，動輒依人；妻子室家，所在睽隔。然賦性伉直，不屑屑苟同於俗。咨嗟荼苦，侘傺無憀，而一寓之於詩者，少陵之意也。人苟安常處順，伏臘保聚，足迹不至千里，無羈旅離別之苦，或伉直不若公，可以與世俯仰，則亦不能言少陵之意。少陵處君臣朋友間，情致纏綿真摯。好規諷人過失，而要不失其温厚之旨，遇一草一物寥落不偶，必爲之摹寫其形狀，而咏嘆惋惜之。此少陵之意也。人苟非具深情厚意於倫類交遊之間，視萬物漠然寡情者，則亦不能言少陵之意。

陳子天才奇邁，學有本源，少卓犖於名場，老退隱於丘壑。負濟世之志，曾不獲自見於世，其中之結轖沉鬱者多矣。少際寇亂，播遷瑣尾，長而授經四方，於閩、於齊、於豫、於燕，羈旅離别之苦往往有之。孤潔伉直，磊落狷介，不諧於俗而醇厚真摯，復有過人之性。其與少陵千載相合者如此，且沉酣枕籍於少陵之詩者，又四十年。故有時言少陵之意，而無非陳子之意。有時言陳予〔二〕之意，即無非少陵之意。平素不輕發一言，酒酣耳熱之後，人請之論杜詩，則掀髯高吟，目光如電，當筵亦少陵也；退而書之於紙，千百言如泉涌風發，則短檠書卷之前，又一少陵也。於千餘首之中拓而爲二十萬言之多，然後少陵與陳子兩無憾也。故曰『杜意』也，區區注杜云爾哉！

予在京師時，見此書於小山座上，擊節嘆絶。今請假還里門，適見是編鐫刻告成，樂而爲之序，特爲言注與意之所以分，以告世之讀杜意者。

校記

〔一〕『公』，康熙四十三年刻本作『分』，是。

〔二〕『予』，應爲『子』。

龍眠古文初集序

桐邑居大江之北，其地介吴、楚。其縣治倚龍眠山麓，嶺岫綿亘，百泉奔匯。其山之秀異特出者，則又有二龍、浮渡、白雲諸峰，雄奇崒嵂，峙於境内。平湖百里，瀠洄曲折而與之俱。其地靈之結聚，風氣之蟠鬱，洵江南之奥區也。生斯地者，類多光偉磊落之士，數百年間，名公卿大夫、學人才人，肩背相望。官於朝者，皆能區明風烈，建立事功。或以直諫名，或以經濟顯，或以文學爲時所推重，卓然有所表見，而不苟同於流俗。予初入仕版時，每於巖廊宁會之間，得接見海内耆儒宿老，必召而進之曰：『而桐士也，端重嚴恪，不近紛華，不邇勢利。雖歷顯仕，登津要，常欲然若韋素者，此桐城諸先正家學也。新進之士，於衆中覘其氣度，多不問而知其爲桐之人。』予誌斯語久矣。十餘年來，兢兢無敢失墜。

間嘗竊嘆寓内士大夫家，或一再傳而止。吾里多閥閲，先後相望，或十數世，或數百年，蟬聯不替。此皆由先達敦碩龐裕之氣有以留之，而享之者或未之知也。吾聞先正訓子弟讀書法，以六經爲根源，以諸史爲津梁，以先秦、兩漢之文爲堂奥，以八家爲門户，崇尚實學，周通博達，能不爲制舉業所縛束。涵濡既久，能振筆爲古文詞者，代有傳人。朝堂之文昌明剴直，性理之文深醇奥衍，傳記之文條理詳贍，酬答賦贈之文温文爾雅。蓋由先達之人往往安静恬裕，不汲汲於奔競進取之途，不汶汶於聲華靡麗之物，且幼而知所學習，故其爲文皆有根據，不等於朝華而夕落也。嗚呼！『惟桑與梓，必恭敬止』，奉先人之杯棬而口澤存焉，敬小物也，況經國之業，不朽之事，是烏可以不傳乎哉！

芥須、存齋懼先業之不彰，蒐羅評定爲若干卷，梓而傳之。吾里數百年來之人文闡幽光而發潛曜，甚盛事也。二公之意寧惟是文焉而已乎？俾吾里先正之子若孫，由昔人之文章，追溯其道德、學問、事功、經濟、器度、識量，而發其尊祖敬宗之心，啟其崇學返古之志。則是編也，又不僅桑梓恭敬之心，杯棬口澤之思而已也。海内之人，平昔仰止先正之音容者，今復得誦習其文章，而因以想像吾里山川、風氣、人物、邑居之概，亦於是焉賴之。況今聖天子崇奬文學，纂修前史，是編所載足裨掌故而存國是，可以上佐金匱石室之藏，所關豈渺小也哉。予請假家居，適見是書之成，不敢自揜固陋，敬濡筆而序之。

古今釋疑序

甚矣，讀書嗜古之難其人也。士子幼而從事於佔嗶帖括之學，皇皇焉求合於有司之尺度。其不售也，則數變其體以從時。其售也，則又將潦倒於簿書，竭蹷於期會，求其講明古學，淹貫經史，豈不戛戛乎其難哉！

方子合山自束髮受書以來，即不爲制舉業所羈靮，沉酣於六經、諸史、百家之書，寢食沐浴其中者三十餘年，於天文、曆數、律吕之精奥，經史之源流異同，疆域之沿革，郊丘廟祀之分合，文物制度之損益，旁及於字學、算數、醫卜、方技之説，靡不殫究，博採昔人之衆論而條分縷析，權衡其可否，審定其從違，著爲一書，名之曰古今釋疑。猗歟盛哉！方子之爲此書也，負敏異之材，具研窮之力，承累世之家學，用英妙之盛年。家有藏書，門多長者，兄弟切劘，交遊講貫；且賦性恬淡，於世俗所欣羡嗜好之事，方子一無所慕，而獨抱簡編於長林豐草之中，歲時伏臘，風雨雞鳴，孜孜矻矻，無間終始。其取材也博，其辨物也精，其經時也久，其庸心也專。故能祛繁歸約，去疑得信，以成一書，爲藝林之統會，正學之津梁，良非偶然也。

姑孰郡守楊公好古樂善，梓是書以行於世。予請假歸里門，適見是書之成，快古學之修明，託鴻編以不朽，敬識數語於簡端焉。

芸圃詩序

康熙辛酉春，弟怡齋以補國子官來京師，攜弟子藝詩一卷致於予，將以索予序而藏之。今古體凡二百篇，題曰芸圃集。子藝年來詩甚夥，乃刻自芟削，其涉於艷綺悲憤之辭者，皆不具焉。予既展誦數過，因輯近年詩亦二百篇以報之，題曰學圃集，大抵皆贈行懷歸、感物憑弔之言，其涉於廊廟酬酢者皆不具焉。書既成，因述所見而爲之序曰：

今之爲詩者最衆，必先辨其爲詩人之詩，而後詩可論也。詩人之言，思曲而語新，詞近而趣遠。狀難名之景，若接於耳目之前；述難言之情，如見其欣戚之貌。脱唇離吻，瀏漓頓挫。經營於一字之間，而曲折乎萬物之表。故古今人有以一篇一韻而千載傳之，以爲不可及者，其言則詩人之言也。有連篇累牘而經宿不鮮者，其言非詩人之言也。其氣味纏綿於篇什之中，不可得而名狀，如蘭蕙之芳澤，名泉之清冽，奇石之肌理，物各得於其天，不可得而强也。予不敢輕以許人，獨於吾弟之詩云然。

吾弟爲叔父大司馬公家嗣，早年不樂仕進，而沉酣刻勵於詩學者三十年，亦其得於天者在此而不在彼耶。古之騷人類以所遇不偶，發爲激楚忼慨之音。又以其幽居多暇，故得窮極物態，摹寫情狀。吾弟幼失怙恃，多覯艱虞。故其思愈苦而辭愈工，有類乎騷人之言，亦無足怪者耶。予長子藝一歲，子藝詩中每自言老，予之衰憊益甚。邇年以來，夢寐家園，每與家人語他事輒不應，語農圃樹藝之事，則絮絮不能自休。試觀予所寄二百篇者，辭雖不文，意緒亦大概可知矣。異時得息肩南畝，與子藝徜徉乎泉石之間，服前疇，訓後昆，咏歌太平之盛，追述先人之澤，幸門内之有詩人，而同堂可以賡和，豈不快哉！

補巖居近科程墨選序

本朝以制舉業取士三十有八年，中間更用策論，三載旋復舊制。豈非以四子、五經之學，精微宏闊，足以覘士子之器業才識。苟取之不失其道，遂可以爲國家得人才之用，非僅詞章、比偶、聲律之學而已也。從來世運，當太平之日，朝野清宴，民物恬安，則其文應之亦必有鴻龐醇厚、邕和寬博之氣。上以此求，下以此應，不謀而合。譬如春林之鳥，暖漾之魚，不自知其聲音之和而泳游之適。暄融之草木，不自知其枝葉之扶蘇，華實之昌茂。必無有激楚噍殺之音，蕭槭寒枯之色，足以奸乎其間。漢之極盛，則有董子、賈子之文；唐之極盛，則有許公、燕公之詩。類皆典碩敦重，足以養國家長裕之氣，以蘊藏涵蓄其所不盡，斷非末季文人之所能及者。噫！文章關乎世運，可不慎哉！可不慎哉！

昭餘戴子楓仲，萃本朝制科之文而論定之。其言曰：『論文以氣爲主，氣勝而後及於理與法。數者備，而入吾選焉。』善乎！戴子之言。夫天地之氣噓吸之於兩間，貫注之於萬類，而後宣泄之於文章詩賦。當今海内蕩定，祲氛廓清。天地太和之氣，絪緼融結，則一時文章之士，必争趨於昌明俊偉，顯博端凝，以應國家之盛，如董、賈、燕、許諸人者。戴子復以是編倡之，其裨於制義豈小哉！戴子少負奇氣，文博而學富，爲海内所推重者數十年。今老矣，而氣不衰，故其論文者如此。

潘木厓詩集序

英獲與蜀藻交，在二十年前。是时蜀藻以詩文負盛名，爲諸生祭酒。英甫束髮，補博士弟子員。蜀藻挈之壇坫，教之爲詩文，朝夕奉餘誨，故讀蜀藻之詩最久，而殊未能測其涯涘也。自少壯以來，爲詩不下數千首。大約體凡數變，變而益上。每與同人把卷太息，決蜀藻之詩之必傳。

今年春，書來京師，謂且裒輯全篇，鏤之於板，爲喜而不寐者累日。蜀藻詩少宗少陵，中年沉酣於香山。少陵雄渾蒼深，體兼眾妙；香山排宕瀟灑，自爲一家。要皆不束縛於聲律、比偶之中，獨抒寫其性情，務爲極言竭論，窮變盡妍。凡所爲憂樂歡戚之言，千古而下，猶如即乎其人，見其事而聞其聲。此則杜與白旨趣之所以同，亦即蜀藻所以宗二家之意也。嘗竊謂香山之詩務於盡，人固知之，而少陵亦未嘗不務於盡也。少陵務於盡，而不傷其涵蓄者，氣有餘也。香山務於盡，而不傷其高淡者，韻有餘也。子瞻、山谷皆力摹少陵，而其後不得不入於香山者，才人握管，思以暢發其性情，類不樂爲初唐諸子句鏤字琢、比擬屬對之工，而浩衍流暢，以務盡其才。故宋元以後之詩人，大約不出此二家之法。少陵、香山之所以貌殊而致一者，亦在此哉。

蜀藻天才高卓，沐浴於詩學者三十餘年。天復嗇其遇，而老之於詩。遊齊兖，陟泰岱，登戲馬，弔梁園。兩入京華，又南浮江楚。泛赤壁，過潯陽，望匡廬山。所至登臨覽觀，與海内詩人相酬答，以發抒其卓犖抑鬱之氣。其遇稍類少陵，而性復恬裕閒遠，善於緣情寫物，又於香山爲近。故其爲詩能兼二家之勝，長篇短章皆直寫其胸臆，幾於極言竭論，窮變盡妍，而不傷其涵蓄高淡者，由其氣足以包舉融貫，韻足以掩映舒徐。此所以得古人之深，而非與貌似形肖者比也。

蜀藻母夫人，予姑之子也。高節博學，有松聲閣前後集行於世。蜀藻少孤，奉母夫人教爲多。今七十餘矣。白華蘭陔，蜀藻其以詩養乎？吾邑僻處江上，蜀藻與母夫人獨以詩文名海内，四方文學之士莫不宗之。然則，予於蜀藻，又何庸以不遇爲感哉！

送李編修厚庵假歸泉州序

士生相去數千里，各抱所學。一旦聚之一堂而忽若有合者，豈偶然哉。厚庵生閩海，予，江南人也。厚庵舉康熙九年進士，予先厚庵三年，而官翰林則同時。始與厚庵相識，沖然抑然，訥訥不出諸口，無從得其涯際，徐而挹之。讀書能默記而不屑爲章句，喜談性命而必孜孜求爲有用之學。竊與縱談家國事，人所漠然不知動念者，獨朝夕往來於懷而不去。居京師三載，僦屋數椽，擁書數十卷，僮僕一二人，炊爨極人世岑寂之況，絶無幾微見於顔色，且若充然其有得者，凡此吾皆遠不逮夫厚庵，而私心竊嚮往之。厚庵亦嘗謂予寡世味，此則予兩人之有合也。

每與厚庵慨嘆吾輩際熙時，官禁近，值聖天子講學右文之日，措之且有其地，不患時負學，學負時耳。若厚庵者，可以舉而措之也，而志趣遠大，不樂卑近。方將返而養親，讀書於丹山碧水之間，期以堅定其志氣，拓擴其識量，以大有濟於當時。予方俯仰於車塵馬足間，竊恐志氣日摇，而器業日薄也，又安見其有合耶。雖然，讀書所以濟世，濟世莫先於明理，明理莫先於養氣。厚庵則歸而求之六籍。且不欲以世故毫髮攖其心，而必索之於寥廓之鄉。

予不能從之遊，亦冀於車塵馬足之暇，抱一經而庶幾遇之。其能遇之乎？此予之致望於厚庵，亦厚庵之望於予，而不敢自菲薄者也。此世俗人之所謂迂闊不足道，而予與厚庵竊幸其有合也。其將行也，於是乎言。

送耿編修又樸假歸省覲序

京師固仕宦之區也。士大夫相見，惟有勸之仕者，惟有勸之留者，無告之以去其官而歸其鄉者。獨予於親老之人，往往以是告之。每與二三同人客京師者，過從讌飲，酒酣耳熱，各道鄉里事相慰問。有遊子者坐中起，徘徊欷歔，自言老親垂暮，家且貧，無可以爲菽水歡，復勞之以倚閭之望，中夜縈懷不能寐。坐客莫不相顧爲之太息。而予正襟語之曰：是宜急以省覲請。噫嘻！人子以方壯之年，事垂老之親，又幸得姓名通仕籍以稍慰其責望，謀膝前之暇日，蒔甘旨，奉几杖，時寢處，一飲、一食、一寒、一暑、一笑語、一步履，皆得入人子之心，而宛轉曲折以康樂之。古人所謂三公不易之一日，良有味乎其言之也。予自思維可復得乎哉！

於同官耿子又樸之歸也，有感於予心者，其尊人舉又樸也晚，而又樸之成名也則最少，負英特之才，聲名照耀玉堂間。一旦請假歸，吾知又樸之爲老親去也。成名也早，而又得歸而修承歡之節，將古之所謂顯揚而色養之者，於又樸皆可以無憾。此固可多得乎哉。又樸才雋敏，大人博學篤行，趨庭之暇，從而商推古今，漸摩德義，講貫乎經緯，淵沉其器識，以出而爲聖天子黼黻啟沃之佐，亦在乎此行也，同人咸爲詩歌，予樂其事而序之。

歸孝儀制義序

文章之於遇合，甚無取乎躁而獲也。夫躁而獲者，或憑其才思之飆發，鋒鍔之犀利，以取悦於一時。經有識者按之，其氣必不能沉，其力必不能厚，其識必不能精，其格律必不能完渾，其理解必不能純粹。是以博學深思之士，以文章顯天下者，其於遇合之際，造物者若稍遲之，以待其聚精會神，含英而咀華，閎中而肆外，卓然自成一家之文，一出而傳誦海内，非文章之以遇合重，而遇合之以文章重也。

歸子孝儀，弱冠薦於鄉，與予受知於即墨黄夫子，同門生中，孝儀年最少，才情豐度，擅一時無雙之譽，無不以聯飛高第相許者。甲辰之役，以兄雪采先生分職禮闈，格於例，不得入試。丁未復不第。春明門外，潦倒車塵馬足之間。同人又無不爲孝儀嘆惜扼腕，而孝儀泊如也。吾於此知孝儀之自待者方大，而天之所以待孝儀者有在也。

己酉春，遇孝儀於吴門，時方謝塵囂，屏交遊，絶不問家人生業，而擔囊負書，走百餘里，坐蘭若中，青燈熒熒，與佛龕相對，朝暮一編，肆力揣摩，舉人世所謂岑寂不堪之況，而孝儀甘之。予觀其氣沉，其力鋭，其色藹然，其光黝然，及再拜啟其笥篋，而快讀其制舉之文，則如長江大河之奔注而涵育也，如珠光劍氣之蒼茫而温潤也，如千門萬户之閎敞，而清廟明堂之鉅麗也。才識明通而不傷於淺，榘矱先正而不失之拒〔一〕，力大而思深，理純而法備。如此，弁冕南宫，黼藻文治，真能自成一家之文，絶非小儒曲學、摭拾餖飣之可望其項背者。噫！孝儀之自待，與天之所以待孝儀者，固如是乎？向固知之，而今益信之矣。大約功名之器，類以鄭重遲回而得之者，其經濟識力始能任重致遠，獨文章然乎？况孝儀由此而顯天下，猶然英妙哉。舉數年來之爲孝儀鬱鬱者，而一旦爲孝儀快也，遂濡筆而序之。

校記

〔一〕『拒』，四庫全書本作『拘』，是。

日照李氏族譜序

余自康熙癸卯舉於鄉，先大夫時年七十餘，即以一編示余曰：『此族譜稿本久未詮次，予年且老，前人行事，予猶能縷縷叙述，子盍爲編葺成書，以毋墜祖宗之緒。』予敬受而卒業，首世譜，次世紀，次丘隴，次綸言，次家傳，爲若干卷。每念歐陽文忠公集中載家譜一帙，其言皆簡質，不事摭拾藻采，斯可以傳示久遠。故義例多仿之。又念先大夫以耆耋之年，獨惓惓於此，蓋木本水源之思，行葦葛藟之愛，古人敬宗收族之道，誼莫大焉，事莫重焉。今讀日照李氏族譜，不禁重有感於衷也。

愚庵李先生爲當世名公卿，其太翁封大夫孝陽先生敦龐閎碩，道德文章世其家，年已大耋，以譜牒屬愚庵，令其編次，而先生序之。因知前輩敬宗收族之心，本於仁孝之至隱。其不謀而相合者，固如是也。且臚次詳明，而叙述簡要，得歐陽公家乘之義，其可以垂世久遠無疑。書丘墓，使子孫識所瞻依；載訓詞，俾後嗣無忘忠孝。與余曩昔纂輯之事適符，可以見心理之同，而愚庵之用意深至也。夙聞李氏有隱德，蟠根深固而枝葉蕃昌，玉藴珠胎而光氣騰上，理固然矣。我觀孝陽先生與愚庵先生光明俊偉，英姿磊落，實能樹鴻名而綿景祐。李氏之族方大，而又以親遜敦睦，庇陰其本根，教誨其宗族，其所發越流衍，又安可窮哉！敢拜手而爲之序。

麻谿吴氏宗譜序

蓋聞源遠者其流必長，本固者其枝必茂，德積盛者，其子孫必蕃衍昌大，以食其報於無窮。吾邑麻谿吴氏，其先爲神明之裔泰伯，得姓以傳於今，凡八十一世。自太一公始遷於桐，嗣是而下，四世枝派最蕃，分爲東西股。其東股則有方伯公、宫諭公、司馬公，其西股則有廷尉公、黄州公，蟬聯而起，代著偉人。其以文章理學、經濟事業顯赫當時，焜耀國史。又皆有端方毅直、敦龐渾厚之德以教訓其子孫，化導其鄉人。而其以文學著名列在膠序者，皆博聞淹雅，苦志力學，以克守先人之訓而伏處畎畝者，皆愿樸敬謹、節儉敦厚。故吾邑稱德行者，必以麻谿吴氏爲最。不特仕宦在朝，其功德福澤之所綿歷者甚大，而伏處在野，其流風餘韻之足以綿歷其子孫者，更爲廣且大也。故予謂姬姓之昌，肇啟農事，其卜年卜世之久遠，文昭武穆，凡蔣、邢、毛之布濩，璇源萬派，全在於渾渾噩噩，歷唐、虞、夏、商，耕田鑿井所培養。所謂源之長，本之固，德積盛大，而其流不窮者，在陶復陶穴之時，而禮明樂備，特其所發揮者然也。

麻谿世有女德，吾母誥贈一品太夫人爲贈方伯公曾孫女。吾幼奉母訓最嚴，亦熟悉於外家事。其春秋祭祀於祠者，有顯揚崇報女德，規度整嚴，爲合邑所矜式。舊譜爲宫諭公編次，特仿其義例而續成之。其子孫不忘先訓，則所以振興而繩武者，方且俾昌而俾熾也。敬濡筆而爲之序。

左國穎序

宫詹學士澹人先生侍直内廬細旃廣廈之間，多歷年所。曩者，承命編纂春秋解義，日奉宸覽，依魯史紀年爲次序，列經文、三傳於前後，則詮釋其義意，搜羅往説，折衷羣言而論斷之。務求得乎聖人筆削精微，褒貶謹嚴之至意，宏綱大義已麟麟炳炳，披卷而可得其指歸矣。復於編摹之暇，採輯左傳、國語中之一字一語瓌麗警異者，别爲一書，號曰左國穎。

夫古人之爲學，治其大，必及其細；妍〔一〕其義，不遺其物。故曰：『不學博依，不能安詩；不學雜服，不能安禮。』又曰：『含英而咀華，必如斯，而後爲學之備也。』如泛滄海者，既覽其風瀾之壯闊，而火齊木難，珊瑚瑟瑟之珍，宜並登之以爲寶也。遊三湘七澤者，既賞其山川之美，而杜蘅蘭茝，跬步可採者，亦宜郄車而載也。登宗廟明堂者，既觀於百禮之盛，百官之富，而龍勺雞尊，蒼璧黄琮之所陳，宜並識之，以廣其見聞也。夫子教人學詩，以興觀羣怨，事父事君之大，而多識於鳥獸草木之名尤所不廢。況左傳、國語中單詞隻語皆古奥琢鍊，其可寶不下於火齊木難，其芳澤不殊於蘭茝，其斑剥陸離不異於夏瑚商璉。其爲滄海湘澤之蓄聚，宗廟明堂之羅列，何可勝數！宫詹特表而出之，豈非千古之快事哉！且『穎』之爲言也，正義釋之曰：刀環謂之『穎』，禾之秀穗謂之『穎』，枕之警動亦謂之『穎』，皆取其翹然傑出異於衆之義。此又宫詹命名之意也夫。昔蘇文忠公言平昔讀書，始而記其事迹，既而熟其文詞，又進而考其制度、名象，凡數過而本末兼該，精粗畢舉，予於宫詹之讀書也亦云然。

校記

〔一〕『妍』，康熙四十三年刻本作『研』，是。

黄柏山房和詩序

龍眠黄柏山房，去吾山園五里，青嶂疊迴，清谿縈繞，一徑盤紆，左臨大壑，右跨山腰，奇石谽谺，古藤垂蔭，蓋境之最幽絶勝者也。羹湖先生結屋其中，引流種樹。每與予偕往，自翦刈荆棘，以迄於樓榭落成，無時不同觴咏於斯地，蓋三年矣。予入都後，先生又搜奇剔異，得大石壁如屏幃，蒼翠班剥，爲飛閣以臨之。此則予想像而未得目睹者也。瑶園癸亥歲即之官閩漳，凡先生所目營心畫草樹煙巒之狀，瑶園亦僅得於郵報詩篇中，而未嘗見其十年拮据之勞也。

噫！先生龐眉丹顏，豐神玉立，高卧龍眠一峰，有時茹齋寫經，有時飛觴朗吟，輒經月不出，詩皆古調，畫亦入神。林壑煙雲供其驅使，山川靈氣奔走腕下，豪情逸韻，健筆奇懷，足以陵轢景光，發揮幽奥。寓内而有神仙，則羹湖其人也。宇内而有蓬壺，則勝山其地也。先生縱騎鶴而遊道山，亦必往來斯地耳。豈遠乎哉！

瑶園歸，而撫一石一樹，摩手澤，躡遺迹，結而爲涕泗，發而爲詩篇，得七言長句三十首，觸景增慨，遇物愴懷，調苦而思深，語悲而氣咽。然其空靈敏妙，宛折纏綿，足以寫其真摯之情，仁孝之思，則又不求工而自工者也。予讀之不禁低徊永嘆。欲酬酒龍眠一峰，呼先生之靈而以是爲楚些之句焉。每見先生家書寄漳海，輒以清白勖其子。瑶園居官最廉慎，有惠政，名譽翕然。則瑶園之所以不忘其親者，又不止杯棬琴瑟之思也夫。

南汀詩集序

余家有二公子，一則叔父大司馬公之子芸圃，一則伯父方伯公之子南汀，皆爲誥贈光禄大夫先曾祖懷琴公之曾孫。二子皆賦儁才，聰明特達，少有不羈之志，而皆以詩名。余既序芸圃之詩矣，南汀詩續出，實能先後相輝映。芸圃詩以密麗感慨勝，而南汀詩則陶寫性靈，發抒天籟。其言山居幽寂與朋儕往還之詩，磊磊落落，有全首絶類放翁而讀之不能辨者。

余官京師，南汀寄詩一册。予寢處其間者數閲月，出而與澤州陳説巖先生、新城王阮亭先生相商榷。説巖持歸，細加評定，亦深以余言爲然，共加激賞，因作詩寄南汀。阮亭亦稱許不置。余謂唐宋人詩皆出於性靈，而其氣味風格不能不少變者。唐詩多渾融而意常含于言外，宋詩多刻露而意必盡于言中。究之放翁，源流多本于少陵，其沉摯處亦不相遠也。南汀性尤卓犖不羣，每自放浪于山巔水涯之間，如鴻鵠高舉不可羅致，故宜其詩亦淡泊自喜。然性本温克謹重，故所處雖困厄，而其言亦醇厚而無噍急促迫之音也。故於其刻是編而書此以序之。

篤素堂文集卷五

序

講筵應制集序

臣英謬以疏賤譾薄，際昌時，遘景會，以康熙六年丁未成繆彤榜進士，授翰林院庶吉士。是年冬以先大夫憂去。九年庚戌服闋，補原官。十一年壬子秋授編修，次年春充禮闈同考官。三月上幸南苑，命臣英偕同官臣史鶴齡扈從于行宫進講，詔獻南苑賦。嗣後，每巡行必侍從，或獨往，或與侍讀臣孫在豐偕。是時，扈蹕多在南苑新宫，緑槐高柳，掩映丹甍，千幕周羅，六師環列。衛霍金張以及期門羽林之士，翼豹尾而處者，雲蒸雷殷，深嚴宏麗，不可殫述。

臣以書生抱簡牘其間，晨則委蛇丹陛，夕則退處直廬。承顔邀睞，恩遇無比。時從幸晾鷹臺，觀試馬，紫騮赤駱，躡雲追電。天子第其駑駿以賞勸，諸王公大臣則獻試馬歌。一日，漏下十餘刻，上御行殿，秉絳蠟，作大書，使人問二臣，知在直廬觀書，命作良馬詩以獻。或風日和美，上率左右虎賁，講武平郊，歷上蘭，踐甫草。出則朱旗舒徐，入則鐃吹震發。凌晨侵夜，必召二臣講論經史，殫究義理，日有程课，罔以寒暑間。

臣自顧雖陋劣無似，然每得以聖賢載籍陳説于君父之前，视古人奉屬車清塵，詔獻甘泉、上林賦者，竊以爲榮。此則聖天子典學之勤，俾臣子有稽古之益也。是年秋，授日講起居注官。其後學士臣熊賜履入典閣事，内殿進講，專命臣及在豐從事。雞未鳴時，從長安門步至左翼門祇候。少頃，東方漸白，樓鴿羣起，星稀殿角，露浥階墄，偕奏事諸臣方曳組而入至乾清門，候諸臣奏事畢，内侍傳入宏德殿。殿中左右列圖書，南向設御坐，北向設講官席，皆用黄絁幕，中設爐焚香。講官既入，則侍從咸退。講官再拜，北向立，敷陳經義，時有所咨詢。既退，命賜茶于乾清宫門，如是者三年。

由左春坊諭德優擢侍講學士。先後同在講筵者，則澤州學士臣陳廷敬、崑山學士臣徐元文、臣葉方藹，接天颜于内殿，蒙顧問于黼席，圖書、翰墨、貂綺之賜，歲數至焉。是時也，海内寇贼未平，天子方宵旰殷憂，四方將帥咸禀承廟略，措兵籌餉無虚晷，且日御講筵與臣等討論古昔。於此窺聖度之高深，睿學之懋敏，太平之所以立致也。因輯歷年所進詩若干首，为講筵應制集，而並叙其所遇如此。

内庭應制集序

康熙十二年癸丑春，天子御講筵，從容與學士言：『朕欲得文學之臣，朝夕置左右，惟經史講誦是職，給内廬以居之，不令與外事。其慎擇醇謹通達者以聞。』時舉臣名入對，上心識之。自是再四咨詢，對者無異詞。迄十六年丁巳冬，有内庭供奉之命，賜邸舍于瀛臺之西。辰而入，终戌而退。乾清宫之西南隅曰南書房，上舊所御讀書處也。命處其中，飲饍給于大官，執事使中涓筆墨、侧理器具之屬皆取于御府，珍果饍饈之撤自御饌者，日數至焉。御乾清門聽政後，則召至懋勤殿，辰巳前講經書，午後讀史，咨詢對揚，辨論之語，詳于南書房記注。自丁巳冬迄壬戌春，未嘗一日間。伏念自古人臣間從殿陛，一見天子數語達于宸聽，终身以爲榮幸。如臣者，侍從燕閑，趨承經席，陪奉密勿，前後近十載，细旃廣厦之間，陳典謨，談易象，博综前史，上自洪荒，下暨輓近。握丹鉛于香案，聽鐘漏于華清。霽顔温語恒如家人父子，謂非遭逢之極則，恩遇之殊軌哉。時或著爲詩篇，以纪述盛事，甫脱稿即陳于御座之側，吮毫授簡，成于俄頃者多有之。唐鄭亞序李文饒制集有曰：『牙管既輕，芝泥將熟。嘗于席前親授筆札，公亦分陰可就，落簡如飛。』臣固不敢追踪賛皇，而殿陛之間一時情事，則亦古今之所同也。

二十一年壬戌春，請假歸葬先大夫，屢降温綸，渥被恩賜，俾得暫休沐于鄉里，因輯四年以来詩，爲内庭應制集二卷，其中詞句粗疏淺劣，當時多不暇點竄，今皆悉仍舊稿，存其實也。昔歐陽公既老，歸淮、潁之間，輯内外制而序之，因念平生仕宦出處，且謂瞻玉堂如在天上。臣今得奉恩築室于龍眠山中，與田夫野老稱説聖天子盛德，儒臣寵遇，撫今思昔，感激咏嘆，更復何能自已哉！

小學詳説序

聖天子敦崇正學，講藝明倫，遠宗虞廷精一之傳，大啟鄒魯詩書之澤，以至濂、洛、關、閩諸書，莫不盛行于時。俾海内翕然從風所由，士務實行而尚暗修，尤以小學者爲大學之門徑，未有舍卑近而即至于高遠者，内則、少儀、曲禮諸篇，士君子立身之始，而即造道之基也。人當成童之時，機識未開，習染未深，束身于禮節，日聞正言，日見正事，有先入者爲之主，而後世俗不能移。所謂少成若天性，習慣如自然，以斯日進于德而不難。此小學之爲大，而爲成就人才之要務也。

予侍從内廷數十年，仰見聖人師古，教胄子之義，庭訓之始，則必以内則、少儀、曲禮講貫熟習，故被服其教者，待人禮下，謙沖而有禮，恭敬而温文，粹質早成，蓋有由也。

聖慮更欲以此嘉惠海内，命童而習之，于科歲試童子時，制義一首，小學論一首，膠庠之地必資此爲始進羔雁，家傳而户頌，豈不蒸蒸然盛哉。其宗旨所在，必縷析而條分之，然後傳誦者知所向往。

江陰张子輩乃標明旨趣，著爲詳説，操觚家開卷了然，如指諸掌，俾朱子纂輯羣書之意，如日月之行天，可不謂考亭以下千載功臣乎！近山陶子爲同學友，相與參訂成書，謂私諸家塾，不若公諸天下，梓而行之，是亦導流德化之一助也。近山尊人曩時司鐸吾鄉，教思廣被，而性極恬淡，有柴桑之風。余時官京師，雖未接其豐範，而心儀者久之。今讀是書，知其家學淵源相承爲有素也，因不辭固陋，而樂爲之序。

山東通志序 代

我國家戡定以來，典禮修明，文教蔚起，海内蒸然胥嚮於治。皇上御極之十有二年，爰命郡國各以方輿爲記載，編輯成書，以彰一代文治之盛。越次年，山東通志告竣。當事者命序於予，予雖不敏，以梓里故，其何敢辭。

夫東省爲古鄒、魯、青、齊之地，岱宗峙於區域，東海洋洋稱巨浸焉。泗、淮經其南，大河帶其西，淄川、濟水之瀠洄，蒙、羽、瑯琊之鬱秀，其爲名山大澤者，不可勝數。土宇都邑，則周公、太公之所封也。聲名文物，則孔子、孟子之教澤所積漸而涵濡者也。故雖僻處海隅，周秦以來，聞人碩士往往後先焜耀於史册之間，且東南保障於神京爲最切，北與畿輔壤相錯，德化聲教所被，視佗省爲尤先，漕輓所經千餘里，則又國儲之要衢也。故其山河之包絡，城郭之經緯，錢穀之數，形勢之宜，自古以來，聖賢忠孝節義之士足以風世者，皆不可不臚列而條貫之以成一書。

邇者，州縣奉令甲皆各有專志，兹特匯六郡爲通志若干卷。山川、城郭、人物、風俗、田賦之消長，建置之沿革，數千里提封無不犁然畢備。豈特表東海之風紀方域之盛而已哉。將以上佐聖天子乙夜之覽，備太史采風之書，以爲一代文獻，且令後之撫是編者，觀海岱之高深，溯洙泗之風教，覽古賢人君子之烈，修詩書禮樂之遺，以維輓習俗，使之返朴還醇，俾無愧於齊魯孔孟之鄉，亦於是乎在矣。敢拜手而序于簡端。

桐邑輿頌序

古者，太守爵秩等牧伯，其職任以興起教化、振育人才爲良。二千石之首務，非僅僅簿書期會，盡吏事之能而止也。漢史稱吴公治行第一，而能爲文帝言洛陽賈生之賢，始知古郡守以治績聞於當時者，復能留心於一郡之人才。類如此，安邑劉公来治吾皖，其爲政也慈祥端重，務持大體。五年之内，惠澤旁流，仁風翔洽，尤念士者民之倡，爲太守而不得養士崇文，终俗吏也。於是季試月課，進闔郡諸生而切劘之。其掄文尚典醇大雅，其所録士必學業與行誼皆優，然後進而禮之。闔郡靡然嚮風，咸思自砥礪以副公之意。

今年學使者萊陽趙公莅吾郡，其所拔録皆寒畯蓽門圭竇之士，能操觚爲文而沉滯不得當于有司者，一旦羣入郡縣補博士弟子員，六邑諸生頌趙公並頌劉公，蓋深念其培植贊襄之功不可忘也。竊念今之爲吏者，求其釐治徭賦、整理訟獄者，概不乏人。若夫愷悌仁愛，不兢不絿，不剛不柔，歌誦聞於百姓者，難矣。更進而温文爾雅，以興賢育材爲己任，歌誦溢於士林者，抑又難矣。今公之德，民懷之，士戴之，被於謳謠，形爲歌咏。豈非古良二千石之美談，而近今之所希覯者哉！

予抱病山中，所日接惟山農澤叟，而感頌之音洋溢於耳，樂聖天子右文之時，喜賢太守作人之化，又欲吾里之士永章公之教澤於不衰也，故敢濡筆而序之。

張氏宗譜後序

英生也晚，於前人之行事皆不及見。趨庭之際，大人輒詔而進之爲述先世功業出處，文章行誼，以及宦游、婚媾、子息之詳，生卒某年月日，葬某地，縷縷不倦，如是者有年。雖謹識于中不敢忘，然又竊目〔一〕愧譾陋弇鄙，每思執筆以記其萬一，而喻之于心者，不能達之于言，則又慚恧退縮而自止，如是者亦有年。乙巳秋，大人出舊譜一帙，且爲述先世事，縷縷不倦者如前，命所〔二〕記述。英再四遜謝，退而自思，吾先人之烈，其不獲傳者多矣。幸而有可傳，又以不能文，欲自掩其固陋而聽其漸就湮没也，忍乎哉！且爲子孫者，著爲行實，以持于當時仁人君子之前，乞其一言以誌不朽，雖譾陋弇鄙容何傷。况兵燹屢經，族人之士著者多罹于厄。今幸生聚二十餘年，漸次蕃衍，昭穆世系不可一日不明，又安能竟自遜謝以重違大人命也。

吾鄉諸世族皆有譜，多爲其先達所编次，如延陵，如桂林，如吴興、天水及諸家譜，皆遍求縱覽，如〔三〕先輩之于家乘綦重矣。而桂林譜爲明善先生所修，尤詳簡適宜，竊嚮往焉。故義例多倣之。譜莫先于明世繫，爲述世圖第一。行字官爵，以及生娶卒葬、子女婚姻之事，皆所當詳。無可考者曰『無可考』。婦改適則生卒葬不書，絶之也，爲述世紀第二。人莫大于祖宗，莫重于墳墓，而祭田祭儀附之，爲述丘隴第三。人臣受國恩，以至榮及父母，錫之綸綍，所當與宗祊並重者也，爲述錫命第四。名公鉅卿表章先人之文，如行狀，如墓表、如墓誌、如記、如傳、如序，不獨祖宗之行事賴之以傳，鴻文鉅篇亦當百世寶之，爲述贈言第五。凡先大夫之庸勳在朝，逸德在野，文譽在藝林，英所熟聞于耳者，即一言一事不敢斁，爲述列傳第六。壺政之修，實爲内助，鍾儀郝法，昔人所稱，爲述内傳第七。共爲若干卷。至貴五公之後，久已無傳，小張之後，亦莫可考。唯山前一派迄今尚存，觀舊譜遷桐圖，支派本親，今皆另爲一卷附載于後，不敢忘先人收族之誼也。至若扳援依附，昔人之所深恥。英亦用是凛凛，信則傳信，疑則傳疑，不敢一毫行胸臆于其間，恐貽在天之恫，而爲賢人君子之所誚讓也。至叙述之挂漏，蒐考之缺略，自知不免。謀授剞劂，則大人之志也，小子敢乎哉！惟期繼此三十年則一修明，潤色光大，以兹編爲初藁可耳。時康熙五年歲次丙午孟秋之吉，九世孫英百拜書。

校記

〔一〕『目』，康熙四十三年刻本作『自』，是。

〔二〕『所』，康熙四十三年刻本作『爲』，是。
〔三〕『如』，康熙四十三年刻本作『知』，是。

孝烈詩序

吾桐與灊同郡而接壤，相距百里許。余之先自鄱陽徙於桐，始祖爲貴四公。灊之張亦自鄱陽来。祖譜中亦有貴七公者，則其爲同族無疑也。居灊者，世多隱君子，數傳而孝烈玉楚公出焉。公之長君青熊以明經登仕籍，能交海内之人，以故賢士大夫争爲詩文，以表章孝烈者甚詳且盡。青熊在譜繫中於予當爲兄。孝烈公，予伯也。景仰芳躅者有年。庚戌與青熊遇於皖，出孝烈詩命序，敢敬受再拜而序之。

夫爲人子而以孝稱，非幸也。至孝而以烈稱，尤非幸也。爲孝子之子，聞人以孝烈稱其親，亦愈非幸也。以八十之老親當賊氛搶攘之餘，奄然卧疾在牀而且死矣，避之不可，去之不可，移置之不可，倉卒殯殮，守而弗去，孝矣，而豈非不幸耶！賊至而且將舉火矣，開棺矣，號呼出救，斷指血淋漓棺上，卒受刃而死，以至幼子死之，老僕死之，孝矣烈矣，然豈非尤不幸耶！爲孝子之子者，日夕思其親之死於難，而又不忍没於人，向人則垂涕道故，庶幾於仁人君子之一言以誌不朽，雖歌咏百篇，血淚常满紙背，讀之且不忍聞，况抱此簡牘數十年之人乎，愈不可謂非不幸也。雖然，人生遭逢世難，至於大義決裂，不克保全其名節，皆以幸之之一心有以敗之也。天下事亦安得盡爲我可幸者哉。棺在堂而賊且至不去者，孝也。至今思之，此外無可幸也，幸矣，其能不去也。將毁棺而出救，救之不得而死。能死者，孝且烈也。至今思之，此外無可幸也，幸矣，其能死也。爲之子者得遭遇承平，俾海内之人相與導揚，孝德被於弦誦，不致滅没於兵燹荒亂之後，且爵之於朝，祀之於社，筆之於家乘國史，孝烈之名洋溢寰宇，亦孝也，尤不可謂非幸也。

吾獨嘆夫公之孝能感人如是其大且遠也。幼子何以死，孝感之也。老僕何以死，孝感之也。賊至不仁，亦嘖嘖於全孝而爲之移棺覆屍，孝感之也。青熊之能自樹立，以表彰先德，數十年如一日，以至海内之人名公鉅卿爲詩文者，不下數百人，咸交口贊美無異詞，皆公之孝有以感之也。噫！貫天地，動鬼神，風示人寰，百世如新，舉在斯矣。詎止爲吾宗之美德，吾郡之盛事而已哉！

蔬香集序

余與澹人侍講同日拜内廷之命，自是偕起居一室者，五年于兹。澹人家湖上，余家近龍眠山。每話及鄉縣，低徊少年遊釣之所，澹人擬築『巖耕草堂』，余亦欲搆『學圃齋』，一椽一茅，亦可棲息。故雖置身于玉釦金鋪之側，而結念于長林豐草之間，意常泊如也。一日出舊詩一帙于〔一〕余，題曰蔬香集。

夫古人不得志于當時，則放迹樊圃，侈言藜藿，安仁作閒居賦，叙嘉實靈果，而並及乎緑葵之含露，白薤之負霜，青筍紫薑，靡不艷稱，蓋亦拙者之爲政也。澹人受知遇于時，入承顧問，出陪輿衛，爲文學侍從之臣，食國糈，飫大官，而以蔬香名其集者，豈無意乎？或曰：此澹人疇昔之所寄託，今仍其名，示不忘舊也。余曰：不然。夫人必有沖夷恬澹之操，岑寂蕭遠之概，不汶汶于富貴，不戚戚于貧賤，視天壤間無一足以欣羡其心，飯糗茹草，若將終身。然後措之天下而裕如。古人之言曰『有道在藜藿』。吾于此，知澹人之所以名其詩者，意且不繫之于詩，又豈可以出處喧寂區别于其間哉。

余每讀澹人詩，聲光四射，而獨有清逸曠邈之致含吐乎其間。自廊廟鉅篇以至于一章一咏，莫不皆然。蓋由其得于天者超絶于人，而蔬水之意素定也。余既請假還，且從事于抱甕荷耡之役，行將以老圃蒙樊氏之譏而有所不恤，若澹人之稱名小而寓旨遠，則又非余之所敢託也，遂于將别而序之。

校記

〔一〕『于』，康熙四十三年刻本作『示』，是。

東畬集序

叔兄西渠先生自吴門歸，放情于丘壑農圃，因輯其近年所著詩爲東畬集，寄以示予，讀而低徊往復者久之。思予與叔兄幼齡從學，壯年聚處，衰老分攜，耿耿斯情，永言增慨。昔子由寄懷子瞻，輒諷韋蘇州『何时風雨夜，復此對牀眠』之句。曩者，曾用此語爲韻，爲古詩數篇以達吴門。計二十年以來，叔兄里居時，則予官京師，及予請急還故山，叔兄則以司教宦游於吴。叔兄歸老于桐，則予又再入京師。中間以卜先大夫丘隴，叔兄挐舟溯長江一再返里門，皆以職事拘迫，不能久留。事竣輒遄往相對，惟驚看鬚髮衰白，共相嘆恱。此二十年中求償其風雨對牀之願，蓋邈乎不可得，而忽忽皆老也。

先生與故鄉耆舊數君聯花社之飲，花時則各掃亭榭相招，一觴一咏，本于性情。東畬集中倡和詩尤多，其他則登山臨澗，種樹藝蔬，盡入篇咏。蓋形神無可羈靮，耳目無所震駭，則意致恬適，風神脩遠，寢興安和，謦欬芳潔。此考槃詩人之所謂弗告而弗過者也。其發而爲肆好之音，大雅之作也，宜哉。香山于歸洛之詩，别爲一集。放翁詩最富，而歸山陰之後居十之八九。古今人情蓋不相遠也。

予每于公卿間言及吾家湖上翁、西渠先生丘樊漁釣之迹，輒爲神往者，竟日津津齒頰間，不能置若頓忘其巖廊之可貴者，固知人生之足樂在此而不在彼，亦概可見矣。遂並書而歸之。

趙玉峰文集序

玉峰先生以如潮如海之才，發有體有要之學，公政少暇，輒操觚濡翰不倦，所著諸篇皆援筆立就。每於朝端，接先生言論豐采，時出詩文見示。莊誦之，琅琅聲動闕廷。大約文章博麗沉雄處得两漢氣味，而又兼有眉山之浩瀚，漆園之奇放。其取材也富，其立論也精，其氣飆發而泉涌，其格珪方而璧員。一篇之中必先豎一義，而後縱横排宕，出經入史以暢明之，使人如入武夷九曲之谿，洞心駭目，屢變不窮，而究歸於發揮一義而止。噫，亦奇矣。

近讀五經義序，根據理要，囊括六籍。其言正而不偏，粹而不駁。諸凡酬答序記，下至游戲翰墨之文，必歸其指於忠孝廉潔、人倫物則，而不爲無益之語。古人所謂事爲名教用者，殆先生之謂也。詩篇流連景物，既葩而正，興會淋漓，日新富有。草書有張長史、懷上人遺法。先生起家滇南，稟昆明點蒼之秀，分碧雞、金馬之靈，瑰奇宏碩，巍然爲一代之才，宜哉！

抑又聞之，先生之祖乃自吾郡遷於滇。吾郡天柱北峙，大江西來，龍山亘於東，海門控於南，地勢亦號稱雄傑。溯先生木本水源之自吾土且得而有之，此又余之私幸也夫。

徽言秘旨序

古昔聖賢，所以爲修身理性，禁止邪僻，變易氣質，至今猶可以得其遺意者，則莫若琴矣。傳曰：『君子無故，不徹琴瑟。』又曰：『不學操縵，不能安弦。』其見於曲禮學記之篇者，如是其詳且重也。夫撫弦動操，代不乏人。予竊以爲宫羽之調適，節奏之清真，聲音之和暢充美，不佻不靡，不躁不迫，不淩節而亂，不嘽緩而散。此皆非可以作而致，强而能也。不恒視乎其人之性情焉。故德性欲其寬平廣大，清和恬裕，不糾紛於嗜欲，不汩没於聲利，不駁雜於喜怒，不煩擾於視聽，湛然清虚，翛然曠遠，俯視六合，遊神古初，然後寄之於心手，託之於徽弦，有純古淡泊之音，無促節繁弦之病。寫古人忠孝之思，則周公、孔子可罣然而高望也。操古人高山流水之部〔二〕，則伯牙、鍾期之徒奔會於腕下也。發古人悲憤悽惋之音，則伯奇、屈大夫慨嘆徬徨於其側也。揮五弦而送飛鴻，得乎心而應乎手。朝煙夕霞，不足以喻其變幻；崩崖裂石，不足以擬其奇峻；海濤松籟，不足以儷其雄邁；流泉曲澗，不足以比其幽窅。瀟湘之雲，峨嵋之雪，不足以絜其曠渺；空潭之龍吟，九皋之鶴唳，不足以方其清音逸響。古人所謂『泠泠七弦遍，一弦清一心』者，是豈非德性純厚之所爲器也而通于道乎！

予自弱齡，即有志于據梧之學，蓋歐陽子所云夙有幽憂之疾，欲藉此以少自砭治，顧以塵事委頓，隨學隨廢。今且老矣，慮嗣後指爪拘攣，雖欲從事於此，而不能曲折與徽軫相赴，間理舊學一二引，用以調習其心手，冀異時倘可吟嘯於清泉白石之間，聊取以自娱。又念古人類不能多學，白樂天止習秋思，范希文惟彈履霜，或亦其寄託高遠，有在于朱弦素琴之外者。

吾友孫君靜紫，得琴之精義於芝仙尹君，訂其所著書曰徽言秘旨。予求而覽之，其論指法最嚴，且悉洞精達微，窮極旨趣，芟俗響而存古音，薙凡調而尊正始，可謂集琴學之大成。蓋尹君數十年心力寢食于兹，而靜紫紬繹而闡發之，淵淵乎，美矣備矣。且靜紫爲徵君文孫，道德之所涵濡，中和之所衣被，其爲人也，沖夷恬曠，離塵遠俗，官于金門而讀書味道，懷古怡情，宜其得于琴者深，而有以發其性情自得之樂也。噫！古人所以爲修己教人之具，而後世罕能發明其義，專求于聲，則末矣。故爲舉其重者而序之。

校記

〔一〕『部』，康熙四十三年刻本作『韻』。

保艾閣詩序

詩託始於三百篇，三百篇託始於關雎、鵲巢、葛覃、卷耳諸什。然則詩之興也，其始於房闥之間乎。大雅曰：『其類維何，室家之壼。』匡鼎號善説詩者，亦曰：福之興，莫不本於家室。夫福非和不致，和非積不成。積之者深矣，然後形於巾帨，被於琴瑟，流於環珮。又以其詵詵揖揖之容，柔嘉静好之度，洋溢於吟咏篇章，遨遊酬答之間，則夫詩者，殆和之積而不可掩，發而不自知者也。天地和氣充溢，蒸而爲雲，垂而爲露。百祥集，庶物蕃。噫嘻！此關雎、鵲巢、葛覃、卷耳之所以冠三百篇而貽則百斯男之慶也。

吾嘗持此以論保艾閣之詩，保艾閣者，吾妹夫人之所居。吾妹爲先叔父大司馬僖和公第六女，十七歸姚子小山。叔父以經濟名當時，自公之暇，亦嘗爲吟咏以自適。弟芸圃，吾妹兄也，性尤耽詩，著作不下千首，古體宗陶、韋，今體類温、李，能入詩家閫閾。吾妹生長于風雅之林，得於性者既深，小山復工詩，相與唱和於閨門之内，故詩學日益邃。洎小山成進士，官蒲亭。蒲亭瘠邑也，又苦衝劇。所居或環堵不完，而吾妹意甚適，不爲北門王事之傷，而雞鳴昧旦以勖其夫子，可不謂賢矣哉。時欲爲小山廣嗣息，鬻簪珥，聘妾媵，既篤愛之，或且教之詩，以娱其夫子，絶異于尋常兒女子態。小山退署齋，則相敬莊莊然，相友怡怡然。今觀其詩清和宛約，令淑之氣見于楮墨間。以故小山治蒲亭五年，頓忘其爲殘小衝疲之邑，吏治大有聲，以循良異等報政闕廷。噫！積和以斂福，所謂保艾爾後者，端在斯歟。

今小山膺殊擢入京華，當即爲天子諫垣侍從之臣。吾妹還以佐蒲亭者佐之，于鼓吹風雅，寓誡家逮下之化，内有采蘋采蘩之季女，斯外有羔羊素絲之大夫。俾小山從容論思，悉謀畫以上報天子，皆於是乎在。麟趾螽羽之應，又其餘事哉！若夫女子採柔翰，咏玉臺，猶無足深論，茲獨以其有繫于家與國者言之。

履雪閣詩序

履雪閣詩集者，吾仲姊之新詩也。閣以『履雪』名，作詩者，其有憂思乎。吾姊幼嫺母氏之訓，長聆夫子之教，内則、孝經、女史，以至史、鑑、諸子，旁逮詞翰詩賦，靡不通曉成誦，然未嘗題筆爲詩歌。嘗曰：『柔翰非女子所宜。』吾里之閨阁才人多不能備五福，蓋福慧之不全畀也，造物之固然，於女子尤酷。故嘗深自韜晦，且以近筆墨爲戒。乃和鳴正叶而遽有修文之慟，於是其悲思感嘆，酸楚真摯之概，涕淚之所不能盡落者，而稍稍見於詩。噫！柏舟、黄鵠之詩人所以弁冕乎國風與兩漢，而非後世紛紛彤管玉臺之所得競。其貞潔之操，蓋發乎情，止乎禮義，動乎天性，而不能自已也。且未亡人已爲人生之大不幸，殆足以副造化福慧不全。

予之意固不必斤斤焉以筆墨爲深戒如囊時云者，況讀履雪閣之詩，一篇一咏，無不追憶其夫子，佳晨月夕，晦明風雨，兒女子繞膝，一切可喜可悲之時；竹樓花榭，香徑書牀，撫手澤之遺編，想音容於虛室，一切可悲可感之地，皆莫不有詩，皆往往欷歔感慟，以涕零於九淵之人。間有勖子課女、親戚贈答之章，又皆默寓此旨，直與柏舟、黄鵠之詩人相輝映於千百年之上下。噫！可風也矣。夫冰雪苦寒而又素潔無與比，履之者守其寒、師其潔可也。古人云：『一卷冰雪文，避俗常自攜。』即以此謂吾姊之詩也可。

褚笠叟詩序

盬山，古無棣地，西接中條，東臨滄海，山川磅礴，平疇曠衍，兼以紫瀾巨浸，稽天浴日之奇，類必有隱君子居其間，鍾其靈異瑰偉之氣，而不欲以聞於時者。邇年来，斥鹵地瘠，萑苻多擾，城郭處者落落晨星，求所謂平津鄉，大約荒煙白草，已不可復識。吾師即墨夫子治其地，一以古人之法化導其民，蒸然從之。歲時求邑之聞人，述其嘉言懿行，以爲士民倡，因得聞褚笠叟先生名。

先生少負才自異，讀書上下古今，不可一時，中年攜一蹇一僕，登泰岱，謁闕里，賦詩自雄，殆所鍾山川靈異魄偉之氣者歟！然其行事大约樂施予，敦友愛，恂恂鄉曲間，皆君子長者之所爲，尤能不樂仕進，審時而高蹈，作訓詞箴銘以淑其身，教其子孫。又吾所謂隱君子而不欲以聞於時者歟！然後知名山大川天地英華之氣必有所鍾，特潛而弗躍者多也。

令嗣工制舉業，甚欲以一第顯揚其親，頻年潦倒，孜孜矻矻而不得意。二三同志作詩歌、古文詞，述笠叟先生行事而傳之。予謂斯之不朽於天壤者更鉅，孝子之顯其親固在此，不〔一〕在彼也。予數於即墨夫子座中識諸君，高笠叟先生之風，嘉諸君之志，故樂得而稱道之。

校記

〔一〕『不』，原缺，據康熙四十三年刻本補。

友閣遺稿序

蓋嘗讀三百篇而嘆詩人之善言女子也。關雎爲詩之首，其言曰：『琴瑟友之。』夫友之爲義，施於賓客交遊。傳曰：『以友輔仁。』詩人顧取其義，於房中者何居？古人曰：福之興，莫不始於梱內。人生結褵而得賢女子與之，相莊驕惰之意，不介於儀容燕僻之私，不形於動静，有善以相勖，有過以相規，有榮寵得意以相警誡，有貧賤失意以相寬譬。或落落寞寞，不見知於當時，而一室之内敬之法之，如對嚴師友焉。童子鴻之婦，冀缺之妻，皆此義也。鄭詩有焉：『女曰雞鳴，士曰昧旦。』『琴瑟在御，莫不靜好。』古者賢女子之友其夫者如此。又曰：『之子之来之，雜佩以贈之。』賢女子之佐其夫，以友于君子者，又如此。故曰：詩人之善言女子也。

吾妹幼適方子合山，其所居曰『友閣』，有以哉！合山離世遠俗，肩荷累世之學，以著述自任，世俗可欣可悦之事，一無所介於中，高潔卓犖，自放於山巔水涯之際，故爲合山之友者難。吾妹以賢且明者友之。其詩有曰：『桑麻能共隱，魚鳥自相親。』益知吾妹之友於合山者，以其德也，以其識也。然則，颜其所居曰『友阁』，豈易易哉！合山探討遺文，蒐羅放失，與古人爲徒，其交遊皆極一時賢雋。人知合山之友，在上下古今，安知合山於門内，又得良友如是也。

吾妹爲叔父大司馬公女，少適合山，即屏棄紛華，耽嗜恬素，居室孝敬婉嫕，極得太夫人歡。内外姻婭皆稱其賢，性慧，喜讀書，從合山學詩，間爲一篇以寫其意，多見道語，絶不類世俗女子香奩彤管之音。予每探吾妹至友閣，斗室蕭然，圖史在側，丹黄在几，焚香掃地，蔬食飲水，以相倡和，意獨悠然自適。因思詩人所謂静好之風如及見之。以慟女子成疾早世，合山搜其遺詩刻为一帙，誌友阁之慟於不忘也。予既重合山，益思吾妹有絲蘿之託焉。故始终述詩人之言以序其詩，兼藉友阁以明伉儷之義，亦可以示風教也。

山足和尚一莖草詩序

吾邑山水傑出江南北，而空靈奇削極峰巖洞壑之美，則又以浮山爲最。予癸亥九月力疾至浮山，與山足和尚同遊，凡三日。其巖洞佳勝，昔人皆有紀述。予獨選十坐處爲之記：一華嚴寺後雙桂下坐，一金谷巖西種茶處坐，一紫霞關下坐，一妙高峰石上坐，一首楞巖坐，一陸子巖前竹下坐，一石龍松下坐，一指月石上坐，一響雪橋坐，一佛母巖前石楠樹下坐。其於奇峰青壁，遠水遥山，蒼松翠竹，霞光煙靄之致，可以收十之八九。予兹遊所待〔二〕於浮山者如此。

晚歸，與和尚相對，出一莖草讀之，蒼秀高潔，極刻畫處皆極自然，過唐詩僧貫休、靈徹輩遠甚。夫此十坐處，我輩一至其地，則耳目清曠，神志超遠。和尚之詩皆於此十坐處得之，故宜其空靈奇削如之也。甲子春，和尚来龍眠山，以此詩問序於予。予即以去年同遊者答之。

抑且有感焉。予在京華時，浮渡煙巒结於夢想，今歸已逾年，僅得一往於十坐處，各以片刻酬之。和尚寢處食息於丹崖翠岫之中，或日一至，或日數至，一篇一咏皆取於此。和尚之得於山靈者獨厚，而吾輩深愧不如也。豈不重可慨也夫。

校記

〔一〕『待』，康熙四十三年刻本作『得』，是。

左長玉制義序

吾土山川之秀異傑出者，無逾于城之東鄉白雲、浮渡諸峰，極巖泉洞壑之奇，盡煙雲林木之態。顧以僻遠城郭，轍迹其間者或鮮少焉。

左子長玉讀書于白雲之隈，憑臨大江，俯瞰湖澤，近攬諸巖壑，置于几案之側，發爲文章，思深而致遠，旨雋而氣醇，吐納風流，卓然岸秀。蓋有得于山川磅礴之氣而抒寫其胸臆，故與時流齷齪牖下者絶殊也。忠毅公樹大節于海内，尤精于人倫之鑒。其賞識多奇中，至今朝廊藝林所稱述，必曰浮丘先生。長玉爲忠毅公從孫，承藉家學，素苦食貧，獨抱一編，研煉揣摩于煙雲曠邈之際。初則落落難合，果一出而登賢書，懸其所作于國門，洵可以鼓單寒讀書之氣，而爲後來者勸也。

長玉既力學意彌，沖然自下。夙昔以文章寄京師，請業于予，早決其必售，而竊幸予言之不謬。今天益厚長玉，俾其爲六月之息，從此肆力于古學，博其識，裕其氣，拓其才，盡發山川之靈，振起先賢之緒，當不僅爲制義之名世云爾也。于其文稿之刻，而書數語于簡端焉。

百石圖序

天地清奇之氣，露泄於两間，瑰異磊落而難於名狀者，蓋莫如石。二華之雄峙崒嵂，蓮萼仙掌秀出天半。灩澦之巉巖磅礴，奔流激湍。富春之壁立幽峭，匡廬之飛泉萬仞，武夷之蜿蜒九曲，以至飛來峰之玲瓏，虎丘山之平曠。凡著盛名於天壤者，罔非石也。故山戴石而瓚玩〔一〕，水激石而瀠洄，林木蔭石而秀潤。高之則數尋盈丈，號稱『石林』，米顛之所拜也。小之則一拳半握，峰巒畢具，出入懷袖，東坡之所寶而愛也。無論鬱林、洞庭、泗濱、崑阜，而其含蓄天地清奇之氣則一也。

可齋賈公以其胸中清奇之氣，畫而爲百石，標新領異，變幻莫窮。或正或側，或平或鋭，或立或卧，或以髮濡墨而爲之，或染花草而爲之，或舒毫而直寫，或經營而後出。無不盡態極妍，百幅無一相類。其筆力腕力直與造化相侔，然後天地以之泄其奇於兩間者，賈公收其奇於尺幅之中，寧不足以焜耀古今，上掩前哲哉！公與予交最久，性篤嗜筆墨，樂與高人名士游。政事之暇，偶寓意寫生，筆法不肯勦襲前人而獨探其奥，蓋一事不苟者如此。想見公退食之時，焚香清晝，縱筆所如，不過自寫其貞介直方之概，虛明峻潔之操，奇懷逸趣奔會腕指，掀髯一笑，楮墨淋漓而成石〔二〕矣。則是圖也，公之性情器識見于此矣。敏妙本于性靈而寓之于石，又隨筆綴以詩歌、箴銘，真行間作，吐納風流，揚扢騷雅，則是圖也，公之文章見于此矣。古人云：『爲政心閑物自閑。』公長才碩抱，治民有經，四境肅如，品物成遂，以卓異報績。故能以其暇裕游戲翰墨，則是圖也，公之政事亦見于此矣。即小可以觀大，即微可以知鉅。故樂爲公稱道而贊述之。

古人以石爲雲根，故云泰山之雲觸石而雨遍天下，以此爲霖爲雨，霑灑秦楚之民皆于是乎在，又不獨几席之玩而已也。昔東坡亦官于黄，枯木竹石，至今片纸珍如拱璧，況公以百幅後先輝映，傳之異時，予言亦託以不朽矣。

校記

〔一〕『瓚玩』，康熙四十三年刻本作『巑岏』，是。

〔二〕『成石』，康熙四十三年刻本作『石成』。

蠹窗學詩題辭

余第三女未嘗學詩，幼從余宦京華，隨其母夫人授句讀，能誦論語、毛詩，粗解其大義。稍長，竊取唐人之詩讀之。詩卷紛披，雜羅於針管彩綉之間，窮晝夜，寢食不輟。余不知之，而其母夫人亦不識也。繼而稍出其所作詩以示兄弟，皆奕奕然老成，講求聲律，比耦、起结皆有法度。余在京師間見其一二，作詩貽之，所謂『蕉窗對鏡圖書滿，紙閣拈針筆札隨』。意深喜其不學而能，且論古有識，用典故精當，筆力清颖，時出新意，此蓋其出於天性然也。

余乞休園居，衰老謝賓客，與麋鹿漁樵爲伍。每與子孫徵引掌故，背誦古人詩篇以相娱樂，而三女輒能舉其詞與事，亦由其記誦之多而攻苦之力也。昔者謝道韞止傳其『柳絮』之句，而餘不多見。由今觀之，豈得謂古今人不相及耶。由蠹窗學詩而益加精進，足以與彤管女史互相輝映矣。

篤素堂文集卷六

序

方母潘夫人七十壽序

今海内宗密之先生，蓋五十餘年矣。先生爲才人、爲學人、爲忠臣、爲孝子，博聞大雅，高風亮節，爲近代士人之冠。其生也，氣運之所關鍵，山川靈秀之所結聚，累世家學之所師承，海内賢士大夫之所觀摩漸染，以克成此始終之美，固其然也。而里閈婣婭則又知其有室内之助焉。

元配潘夫人本名家女，謹於内則、少儀，尤炳然於忠孝之大義。先生少而天才卓犖，出則交天下賢俊，登壇坫，執牛耳，以與四方君子相酬酢。入則讀今古書，窮搜極討，所編摹纂述不啻汗牛。夫人爲之治家事，庀酒漿以禮賓友，何有何無，黽勉從事，俾先生得以肆力於學。既而成進士，官禁林，海内翕然奉之。先生之爲才人、爲學人，而夫人成之者如此。遭時多艱，中丞公罹於厄，先生方號呼得請，國事不支，遂棄身世，披緇衣，遁空門，樹奇男子節。夫人不以家室兒女子之累或撓亂之，爲之孝養中丞公，教三子皆有聞當世，經理婚嫁咸中禮法，俾先生得遂其百折不屈之志。先生之爲忠臣孝子，而夫人成之者又如此。《易》曰：『地道無成而代有終。』則夫人不待別有所表見，凡先生之所成皆夫人之代終也。

今夫人年且七十矣。猶子有懷，吾甥也。其尊人直之先生为先伯父方伯公婿，與吾姊皆蚤世，有懷育於夫人，有怙恃恩。今謀所以壽夫人者於予，予曰：自明善先生以布衣振風教，食其澤者代有傳人。他不具論，如吾伯母紉蘭閣夫人從方伯公殉孤城，著大節，名耀彤史，桂林壼教，其能審慎名義皆若此。故吾邑以簪紱世其家者甚衆，若夫簇礪名節，講貫文學，子弟孝友媚睦，流風餘韻至今不替，則必推明善先生之詒穀焉。夫人四十餘年來，屏謝華膴，置身於冷松寒泉、冰巖雪壑之間，尋常綏嘏祝釐之詞，不敢陳於前，敬舉其重且大有關于家國者，爲夫人勉進一觴焉。

潘母吴夫人七十壽序

今海内無不知龍眠之有潘夫人者。夫人繫本延陵。延陵，予之自出。夫人之母，又予姑也。予束髮即從令子蜀藻遊，母事夫人。己酉八月望前四日，夫人稱七衮之觴，同學諸君子謀所以壽夫人者，命予一言。予逡巡再四，不獲辭，亦仍即海内之所習聞於夫人者，爲夫人壽。婦人之行不出閫内，夫人何以得此哉？蜀藻以文章顯天下，數十年於兹，所著述及所嘗評騭之書，衣被寰宇，上自朝士大夫，以下及於窮荒僻壤、黨庠里塾之間，苟且捉筆爲文章者，無不知有蜀藻，即無不知蜀藻之有母夫人。蜀藻所交遊，大約皆天下賢豪，生平足迹所至，如齊、魯、吴、越、楚、豫之間，諸名士皆願從蜀藻遊，四方之士至吾桐者，皆争趨蜀藻之廬，欲一識其人，又無不因蜀藻而於夫人之前執猶子禮。雖然，謂蜀藻之能顯母夫人乎哉！謂夫人之因蜀藻爲之子，而聞於海内乎哉！

夫人纯孝高節，博學懿教，古今所不多覯。在河陽，於司馬公、湯夫人爲冢孫婦，夫人猶逮事之，以孝謹恭讓儉約操作爲諸婦先，深當祖舅姑意。姑陳太夫人早孀，夫人奉以周旋五十餘年，滫瀡寢膳必躬必親。髮垂白矣，猶依依如子婦時。在延陵，於鶴灘公暨吾姑爲長女。鶴灘公病篤，籲天割股以救，鶴灘公有『此生得賢女』之嘆，其事吾姑也復然。今且七十矣，與人言及吾姑，未嘗不涕泗盈盈。念先君與吾姑胞姊弟也，事先君亦如其事鶴灘公與吾姑者，夫人之孝如此其純。十九歸九莖公，稚布以秉家政，絶無閨閣鉛華之習。九莖公捐館後，茹蘖飲冰幾三十年。夫人之節如此其高。幼而奇慧，太史宗一先生，其從祖也。授以書史，輒成誦，博通古今，通詩賦，所著松聲閣前後集，掩映藝林，鼓吹風雅。自六經、子史，旁及内典、醫卜、術數之書，無不探其奥而會其源，纂組文綉書畫之屬，皆奇妙絶倫。人之得其尺幅片紙者，寶若拱璧。尤習於掌故，嫺於禮教，閨門之内肅然遵儀法焉。蜀藻奉夫人爲嚴君，自幼至壯，所讀書、所交友、所行事，一禀堂上之訓。夫人之學如此其該，而教如此其肅，於延陵爲女宗，於河陽爲母儀。

吾族則外家也，吾里則皆姻戚也，無不以夫人爲法。即海内之所由知夫人者，亦無不仰夫人之孝與節，奉夫人之學與教而然也。即蜀藻之所由以文章顯天下者，亦無非夫人之孝與節有以成之，夫人之學与教有以啟之而然也。而謂蜀藻之能顯母夫人，夫人之因蜀藻爲之子而聞於海内乎哉！然而蜀藻以文章顯天下，所交遊多賢豪。海内之士頌揚清風、流傳懿範者恐後，而夫人之孝與節因之而益彰，夫人之學與教因之而益著。藉使蜀藻蚤歲博科第，奔走吏事，必不能殫心著作，文章之名，交遊之賢，恐未必若此之盛。夫人之行事，海内之人亦將有知者，猶有未及知者，安能著述炳爍如是哉。甚矣，天之所以報夫人者，固在此而不在彼也。

今天子振興文教，加意作人，詔書數下，求山林遺逸之士，廣成均三舍之選，行將臨幸辟雍，講學行禮，安有以文章顯天下如吾蜀藻而不與於斯盛者乎！夫人宏見卓識，不欲安於目前菽水含飴之樂，而命蜀藻曁文孫務滋走千里，橐筆京華，以應天子之詔。蜀藻顧猶豫膝下，而夫人趨之，將毋謂以文章顯天下，尤必以功名顯天下之更爲愉快耶。蜀藻文章宿儒，務滋才思飆舉，知必掇巍第，爲天子儒臣，則所謂文章之名當益著，賢豪之交遊當益廣，而夫人之孝與節、學與教，由此而上之彤庭，書之彤史，則著聞於海内者，不更大乎哉！凡此皆夫人有以成之也。介大年而進期頤之觴，無有逾於此者，固非尋常祝嘏之辭所敢爲夫人壽也。

封太夫人李年伯母壽序

今上御極之二十一年，歲在壬戌春王正月，海内新奏底定，炎荒絶徼，罔不臣服。朝廷方布涣汗之德音，沛休養之大澤。士大夫數年來夙夜勞勩之心，得以少自慰釋，相樂昇平，且當温律融和，萬類熙皡。凡爲人子者，咸思以康體之爵舉福嘏，以祝其親，以仰副聖天子養耆老、禮高年之心，甚盛事也。學士厚庵先生之母太夫人，新被綸封，紫泥焜耀，設帨佳辰，適當歲首。同官于朝者咸以爲榮，舉觴相賀，英與厚庵曾同讀中秘書，共朝夕起居者三年，聞太夫人之賢至稔且詳，故敢不辭固陋而質言之。

夫文學侍從之臣，旅進闕廷，珥筆鳴玉，以文章受知者常也。至遭遇之奇，鮮有如厚庵者。厚庵請告定省，絶處閩嶠，當祲氛鼎沸之時，獨能抱孤忠，抒密畫，間道上書報天子，出奇制勝，殄滅寇賊，以一書生緩帶戎馬間，犒將士，峙芻茭，練義勇，指形勢，俾克成厥功，爲當宁所嘉嘆，爲海内所傳頌，爲舉朝所具瞻，爲文章制科之士所藉以爲美談，可謂奇矣。然是時厚庵奉兩大人家居，入禀庭訓，出而指麾，不必如温嶠之絶裾，而能成折衝之功于鄉里之間者，則尤奇也。

且又聞之，閩故多寇，國朝定鼎以来，海氛未息，伏莽時聞，沿及藩變，鮮有寧宇。封大夫前後捍禦其疆，厚庵克全大節，皆太夫人内佐之，脱簪指廪衣，食其貧窶，惠施其族黨，何有何無，黽勉不怠，以聯絡腹心，指臂之勢。數十年來劬勞艱瘁，不可殫述也。人第知太夫人此日迎養京華，疊膺命服，子孫羅侍，賓客歌誦〔一〕，爲人倫之榮，而抑知烽燹海嶠之中，室家飄摇之日，所以佐其夫若子者，荼苦有如是哉！抑又聞之，太夫人事舅姑極誠孝，處姻娅妯娌以和敬爲常，訓誨諸子既勤且篤，母儀女德無弗醇備。夫坤厚載物而百昌茂遂。積之者厚，則享之者宏。厚庵昆季光大未艾，固其宜也。

昔張齊賢在中書門下，母以八齡封晉國太夫人，太宗手敕褒美，歡動都下。厚庵之受知天子不異古人，太夫人之德福後先輝映，洊登期頤，載諸史册，不獨家之禎，抑亦國之瑞矣。

校記

〔一〕『誦』，四庫全書本作『頌』。

侍讀繆念齋同夫人七十雙壽序

蓋聞國家當全盛之日，德化旁流，風教洋溢，重熙累洽，賢豪蔚興，類必有文學侍從之臣，樂恬退而尚暗修，託迹丘樊，放情林壑，以著作爲事功，以風義爲坊表，以砥行礪節爲報稱之具，以講德論學爲人倫之鑑。俾世人之仰慕其風者，邈乎其不可即，敻乎其不可攀躋。故能使躁者平，競者愧，頑者廉，懦者立。其足以助流朝廷敦厖淳美之化，未嘗不與在廷之亮工熙載者，同有功於斯世斯民也。在漸之上九曰：『鴻漸於逵，其羽可用爲儀。』夫鴻飛在冥冥之中，而羽可爲儀，則其裨益乎文明之治，夫豈無其效哉！居今日而求斯人於海内，則吾同年繆念齋先生其人也。

先生於今上御極之六年廷對擢爲第一，授官翰林，即請歸養，前後在館職不踰數年，中間皆退居于吴門。始則承兩尊人歡，繼則閉户治經學，澡躬束行，味道自腴，所著詩、古文詞，沐浴涵泳於昌黎、南豐，而自成一家之言。屏迹雙泉草堂，時往來靈巖、震澤間，絶不以顔色示當事，端静直方，簡易誠慤，吴人咸重之。曩時，有大吏入覲，首以先生讀書立品爲對，予聞之而喜慰。己巳春，聖天子省方至吴會，予忝扈從，爾時先生朝服，率兩公子迎於里門，天語賜問，知爲舊時侍從臣，爲之霽容。予見先生氣體充盛，齒髮不衰，更爲之喜慰。今先生年且七十矣，身愈退而德愈進，迹益遠而名益高。深山大澤，惟恃有拱璧夜光潛藏其間，而後光芒騰達，以上翼雲漢日星之彩。先生之在今日殆如是哉！丁未歲，今上首親政，先生亦冠弁南宫。三十餘年以來，聖天子勵精於上，而成一代熙平之化。先生亦潛修於家，行成名立，而享福祐壽考之盛，雲龍風虎之奇，又豈獨在堂陛間哉！

元配顧夫人孝淑恭懿，閫德咸備，治家謹肅，皆有法度，逮下慈惠，中外無間言。先生之高，夫人實有以成之。長先生一年，閨門之内白首相莊，福祉可謂盛矣。

婿宋子義存官比部郎，謀進先生與夫人介壽之觴，以予相知最深，屬爲文以侑之。予不敏，因舉數十年來胸臆中語，欲以告先生者，而述其大略以當祝釐，並繫之以詩曰：

植身如喬松，蒼翠色不渝。龐鴻比山岳，福慶良有孚。再登雙泉堂，庭樹正榮敷。攜手看雛鳳，的爍雙明珠。言過分雲亭，煙霞瞰南湖。老梅塞巷陌，古桂横路衢。快哉鹿門翁，舉案多歡娱。待我林屋山，相將問蓬壺。

大中丞安谿李厚庵先生壽序

粵稽自昔，畿甸之難治也。左馮翊而右扶風，地在三輔之間，其中吏道淳良爲風紀之本，四方之所則傚。況且世家大族壤土相錯，阡陌駢連，屯莊雜仍，强梗憑臨，姦宄戢處。蓋地大者，物之所託；勢重者，力之所聚。于以撫綏有方而安戢善良也，豈不戛戛乎其難之。開府者，百職司羣寮之長，襟带數千里，外幅幀而内民社，求其澄叙官方，肅清行伍，俾武克固圉而文能奉職，各安其所，以無覆餗隕越之患，則最難。此吏道之所以罕適于治，而爲古今之所希覯者也。

自吾李公爲政，敦尚大體，力崇簡要。本經學以爲政術，法古則以治今兹，蓋廉以潔己，清以莅物，而于下吏絲粟毫髮之物一無所取。于官敝衣蔬食，處之晏如。而其馭下也，一切苟且之事，皆不欲就。其廉察官聯之道，則必以吏治民生爲事，以愷悌慈仁爲本，以精明廉幹爲務，而無取乎粉飾文譽、炫煥才名以塗飾一時之耳目。是以從風者皆應之如響。其于民也，務幹止，善安養，以興農田、治水利爲急務，以敦孝弟、崇儉讓爲盛事，良善者存，苦窳者去。一時之人情咸鼓舞樂生，以觀其德化之成。公之識尤能通奬善類，推與好賢。其于人材也，皆務舉所知。聖天子朗徹萬類，洞開重門，而每以公之言爲正，擇善令登赤縣者，多公所舉人，而公自視則欿然也。是以謙沖善物，屢被恩綸，如黼衣章服之華，御書『夙志澄清』之褒，榮施重疊，皆公之裕于中者素，而被之者有殊榮也。京都地接九河，水所至多澤國，平原千里，忽爲淤沮。聖天子憫民困，爲築堤以捍禦之，歲糜費數十萬，以施惠于民。公督理察視，相其高下而胥度之，奔走河堤，殆如下吏，勤劬況瘁，卒使治蕪萊爲墾闢，安閭閻、富田作者歲獲有秋，以仰副我聖天子惠元元、愛百姓之至意，豈不誠爲鉉且鉅哉。

今者，嘉禾溢畝，芝草生于庭闈，以彰我公享大年、毓景祐之瑞。兹秋爲公介壽之辰，賢大夫謀所以祝公壽，而乞言于余。余竊謂詩之言壽者屢矣，而其言曰躋公堂而稱兕觥，繼之以介壽，則繫之于豳風七月篇，毋乃詩言農桑之業興，則根本之計固。公之所經營者，皆農桑之事，亦可即公之事以壽公，不亦可質言之，而無所附屬寄託，益以有耀也夫。

篤素堂文集卷七

論

韓愈深得春秋之旨論

夫春秋何爲而作也？聖人以順天道、明王事，而立萬世不易之則者也。聖人憫夫王道之不明，禮、樂、政、刑之失所統，而天下後世將不得與聞於先王之教，故明天道以治之。以王者賞罰、予奪、進退之權，一寄之於春秋，而聖人憂天下後世之心益迫矣。憂天下後世之心迫，遂不得不力爲之防，深爲之慮，一言之褒，一字之貶，兢兢焉無敢失者，非得已也。

韓子有曰：『春秋謹嚴。』程子以爲深得春秋之旨，蓋以其能識聖人不得已之心矣。夫春秋繼詩而作也。詩之旨主於温厚和平，美刺之間，優柔不迫，類多託物以流連之，咏歌而長言之，即其間不無憫時病俗之非，亦且怨而不怒，初未嘗指陳是非，激切而褒刺之也。而春秋之主於謹嚴也，其於温柔敦厚之意何居，不知詩之作也，王者之政教明於上，仁義涵濡里巷之間，皆有以咏歌乎聖人之澤，即邶、鄘而下，稱變風矣，而先王之教未衰，善惡猶未泯於人心，故其思深。其思深，故其言長。若春秋之作也，王者之政教不作於上，紀綱廢墜，雖桓、文復作，號稱尊王，而先王之澤已湮，善惡之幾將泯，故其情迫。其情迫，故其義不得不著。此春秋之謹嚴所由繼於温厚和平之後，春秋之教，一詩教也。

今觀其宏綱大義之所在，或抑或揚，或隱或顯，或屈或伸，或予或奪，無不準之於天道，本之於王事，御之以帝王之大經大法。嗚呼！何其慎也。蓋春秋一書，以防天下之肆，則立説不得不謹；以止天下之僭，則持義不得不嚴。以一言立百世之經，以一事立萬事之則，將以輓天命民彝於既泯，使復與聞乎古先哲王之教也，則是於聖人之詞益切，而聖人之心益苦矣。夫先王之治天下莫嚴於禮。太史公曰：『春秋，禮義之大宗也。』蘇子曰：『春秋之所褒者，禮之所與也；春秋之所貶者，禮之所否也。』聖人之作春秋，一以禮爲斷。先儒之論春秋，一以禮爲歸。蓋將爲持世之大防，而不得不出於此也，非即韓子謹嚴之説哉。

韓子識春秋之義，故其於佛老竭力而排之。其詞直，其義正，使異端不得進而與吾道争也，亦可謂能謹且嚴矣。蓋未有聖賢生，而不爲世道憂者也；未有爲世道憂，而不凛然於人心之防者也。凛然於人心世道之防，而出於謹且嚴也，豈得已哉！知此，則可與讀春秋，而亦可與讀韓子原道之文矣。

王者以教化爲大務論

董子之言曰：『王者南面而治天下，莫不以教化爲大務。』善乎！董子之言。上自商、周、秦、漢，下迄三國、五代、唐宋以來，國家所以延促之故，卒未有能易其言者也。

人心之日流於僞，如水之就下而不可止。聖人以教化爲堤防，堯、舜、禹之相禪，以治繼治，人心淳樸未漓。董子所謂繼治世者，其道同也。湯承夏之敝，伊尹稱之曰：『肇修人紀。』夫五典之敷久矣，至湯而言肇修者，救夏之衰也。周承殷之敝，文、武、成、康數聖人相繼，漸摩涵濡，以革殷故俗。書曰：『商俗靡靡，餘風未殄。』又曰：『既歷三紀，世變風移。』化之若斯其難也。秦人承戰國之敝，無一日之教澤而加剥削焉。是以再世而不振。西漢之澤綿於文、景，東漢之治洽於明、章。唐之緒永於貞觀，宋之祚延於真、仁。此數君者，類皆能興起教化，以丕變一世之人心風俗，使子孫有所憑藉以爲固。嘗譬之天下大器也，昔之人用之數百年，日剥月削，久而窳敝矣。後之人取其器，小而補苴之，大而陶鑄之，稱其力之厚薄以爲所用，歷年之多寡未有仍，其窳敝謂可以無慮者。或曰：人心之日趨於輓近，勢則然也。雖聖人不能返之使淳，是蓋未知天道矣。夫秋氣之蕭瑟，隆冬之沍寒。斗杓一移，萬物煦煦。譬如人立乎文、景、貞觀之間，迴思嬴秦、五代之世，不猶樂陽春之和，而幾不知栗烈之苦耶！是知天道無剥而不復之理，人心無往而不返之機。聖人執大權於上，以天地爲鴻鈞，以萬物爲銅冶，以喜怒賞罰爲屈伸呼吸，使天下之人訛訛焉而動，蒸蒸焉而化，斲華而還朴，去僞而即誠。風俗淳美，人心敦固，恥於犯法，悚於爲非。禮儀之化浹肌淪髓，如治器者堅好完固，而後可以貽之子孫，而爲百世不拔之業也。

且治天下之需人材，人主盡知之矣。天下卓立特行之士，不爲世俗所移，百而不得一者也。古人有言曰：天下之人，中材爲多。故治世之本，教化爲尚。教化行，引中人而升之於君子之域；教化廢，推中材而納之於小人之途。故教化者，推之輓之之具也。廉恥之道重，而後有恬澹之士；義利之辨明，而後有氣節之行；躁競之習除，而後有難進易退之節；侈靡之風革，而後有守約潔己之操。風行六宇，蒸變萬類，鼓之舞之，咸去故習所由。風俗美而人材出，以惟上所用。故曰：有教化而後有人才，有人才而後國有與立。善乎！董子之言爲不可易也。

中和位育論

讀中庸者，勿徒謂是聖賢言理之書也。夫天地至廣，萬物至繁，日星河岳之奠麗，飛潛動植之蕃變，神奇而莫可測，紛紜而莫可紀，極天下之聰明才智，而莫能知其所以然。中庸謂以一心之中和而位之育之。朱子釋之：以吾之心正，天地之心亦正；吾之氣順，天地之氣亦順。要皆渾言其理，而未嘗實指其事。於是高明者將遊其心於空虛杳渺之域；顓固者習聞其說，又視爲迂遠而不可信，以爲聖賢特如是言之耳。間嘗觀洪範之所謂五事，以貌言視聽思而約之，以肅乂哲謀聖配之，以雨暘寒燠風推之於休徵咎徵，極之於庶草蕃蕪，而後知聖賢之言有其理，則必有其數。理精而數亦非惝。有其理則必有其事，理實而事亦非虛。其所以訓天下後世者，該乎至大而非誇，通乎至微而非不可據也。夫貌言視聽思於一身備之，肅乂哲謀聖於一心備之，至於雨暘寒燠風皆不失其序，則天地位可知矣，庶草蕃蕪則萬物育可知矣。聖人在上，以一心運乎穆清之上，辨上下以定乾坤，大施生以配覆載。陰陽之愆伏，寒暑之失次，水旱之不時，皆得以裁成補救，泄其太過而助其不及。故日月不蝕，星辰不孛，山陵不崩，川澤不竭，清者常清，寧者常寧。此天地位之實事也。建立法度紀綱，教養生民，使老者以壽終，幼孤得長遂，撙節愛養。草木鳥獸取之有時，用之有道，使各遂其性，各蕃其生。此萬物育之實事也。故稱堯舜之功者，曰『地平天成』。稱成湯之德者，曰『鳥獸魚鱉咸若』。上古聖人，德盛化神者皆然，中庸特舉而言之耳。嘗謂中庸之所謂至誠至聖，必至帝王而後能極其量。中庸之所謂參天地，贊化育，必至有天下而能顯其功，蓋君心即天心也。萬物之託於天者，有形之天；萬物之託於君心者，無形之天。人主一念之動，而萬類以爲慘舒；一言之發，而四海以爲休戚。知此，則知中和位育之理，至近而非遠，至切而非虛也。

如夫子居春秋之時，躬備聖德，而位育之功不得加於上下。疑參贊非儒者之事，雖然聖人繼往訓，開來學，使天下後世曉然於天經地義之大，仁民愛物之理，雖不能位育一時之天地，而其施益遠，而其教無窮。蓋六經者，聖人參贊之事也。故曰：堯舜之聖，功在當時；仲尼之聖，功在萬世。

格物致知論

大學一書，統明新以垂訓，貫本末而立言，而其説始於格物，則格物之説亦誠重矣。蓋盈天下皆物也，内而身心意，外而家國天下，顯而彝倫物則之際，大而天地萬物之原，隱而君子小人之情狀，以及於一事一物，莫不有其當然之理與其所以然之故。如此而不能真知灼見，則善惡之數未明，是非之幾未決，邪正之理未判，危微之機未審。以之明德，則幾微疑似，不能洞達而無遺；以之新民，則設施措置，不能每舉而悉當。又何以本末兼貫，明新一致，而號爲大人之學哉！

大學之所以託始於格物者，其學甚大，而非無所統會也；其學甚博，而不入於馳騖也；其學甚精，而非流於虛渺也。内而身心意若何而誠而正而修，外而家國天下若何而齊而治而平，人倫物則若何而爲恩義分合之端，天地萬物若何而爲位育生成之故，君子小人若何而爲誠僞邪正之别，以及一事一物若何而爲至當不易之則。於此格之，使之表裏内外洞達不疑。格一物而一物之知以致，格衆物而全體之知以致。蓋知者，理之具於吾心者也，而散見於物。在吾心則爲知，在物則爲理。於物物而格之，而後吾之知不入於昧，不蔽於偏，不流於虛，而有覺之體全矣。雖然，格之者何？格之以吾心之知也，非吾心有知，而何所恃以爲格致之者，何致之以在物之理也，非在物能格而何所藉以爲知？故知與物非有二體，格與致非有二事。司馬温公以爲格去外物，是以物視物，而不知即吾心之知所寓也。王文成主於知行合一，是以一格而遂無餘事，亦與大學之旨有岐。格物致知，正吾學與曲學之所以分途，而辨之不容不早且慎也。

彼離物索知，而自矜頓悟者，虛無異端之學也。既不求於物，則外視物矣，又安能不舉身心意與家國天下而俱外之也哉。大學之道，所以統明新、貫本末於一原者，格物致知之説也。

太極圖論

太極之説始於易。易曰：『太極生兩儀，兩儀生四象，四象生八卦。』太極居兩儀之先，則其爲生天地萬物之本無疑也。至周子濂谿始建圖立説於太極之上，復益之以『無極』，而太極由此而動静互爲其根，以至生五行，布四時，成男女，化生萬物，而太極之義備矣。

先儒往往謂『無極』之説，易所未發，而周子發之。或疑其説近於空虛，朱子以無形而有理之言釋之。蓋謂其有也，而初不滯於形迹；謂其無也，而更非涉於虛渺。後世紛紛之議，折衷於朱子之圖解，而亦可無疑矣。嘗論天地之所以生，陰陽之所以立，五行之所以變化，人物之所以蕃育，何以往復而不窮？何以流行而不滯？何以亘終古而不敝？此必有爲之極者，是即於穆不已之原，繼善成性之本乎！故極中未嘗無健順之理，而言仁義禮智信，則分配乎五行，獨此一理，渾然精純，而萬變生焉，萬化出焉，故謂之太極。合而言之，天地萬物共一太極，一氣周流之內，天地且不能外，而況於人物乎！ 此所謂『合萬殊爲一本』者也。 分而言之，一事一物，各有一太極，即纖細之物，俄頃之間，而此理何弗周遍而不遺？ 此所謂散一本爲萬殊者也。 易之所謂兩儀，即圖之所謂動靜、陰陽也。 易之所謂四象、八卦，即圖之所謂五行、人物也。 易言其理，圖發其蘊。『無極』一言，又所以善言乎太極，而使人不敢以氣化之相嬗者，遂謂之『太極』。

然則周子與易有歧旨乎？ 而周子所以建圖之意何居？ 人與萬物同涵此太極，而惟人得其秀而最靈。 觀於天地位，則天地陰陽之極自人立之，萬物育則萬物之極自人立之。 故一言以斷之曰： 聖人定之以中正仁義，而主靜以立人極焉。 吾人性中之一動一靜，即配乎圖之陰陽也。 吾人性中五常之德，即配乎圖之五行也。 吾身之酬萬事應萬變，即配乎圖之萬物也。 然則動靜之未分，五常之所不能名，萬事萬變之未接而凝然中處者，非即配乎圖之太極乎！ 君子欲使吾身之太極，足以配乎天地之太極，而動靜生生不窮者，蓋有道焉，不外乎周子通書之所謂誠與圖説之所謂靜而已矣。 太極雖兼動靜，而非靜無以立其體； 太極雖渾萬善，而非誠無以會其原。 靜則常正，而太極之體立矣。 誠則不息，而太極之用周矣。 體立用周，則天地之極與萬物之極自人立之，是則周子建圖之意也。 豈徒言夫理而不切於人事者哉。 洪範五爲中數，而言皇建其有極，五行五事莫不從之矣。 惟中能建極，殆亦先圖而啟其義者歟！

不知命無以爲君子論

夫子罕言命，孟子亦曰：『君子不謂命。』聖賢之意，蓋不欲以氣數之有定，阻人進修之意，啟人趨避之心。孔子又嘗曰：『不知命，無以爲君子。』其義何居？夫人之處世，榮辱、得喪、毀譽、進退之數，類皆有天焉。不知其爲天，而汲汲以求之，營心於患得患失之途，此小人之僥倖，無足論者也。知其爲天，而委心於因任，置身於閒曠，舉凡進德修業、奉職循分之事，皆置焉不講，一切聽之於杳渺不可知之數，以自謂知命，而可謂之君子哉？非也。夫子之意，蓋謂知此而後君子可爲也。

天下之欲爲君子而不能爲者，榮辱亂其中，得失易其慮，毀譽眩其視聽，安危吉凶搖惑其素履，由是沉静者轉而爲競躁矣，方直者化而爲突梯矣，亢激卓立者變爲緘默謹愿矣。以福利爲必可趨，以災異爲必可避，苟且妄營，而君子於是乎不可爲矣。

聖人告之以知命，所以静其心，澹其慮，一其聰明，奪其智巧，而後其爲之也純誠敦一，可以歷萬變而不渝其正，入萬物而不易其識。其進德也堅，其修業也勤，其奉職也專，其循分也恪。獨居而坦坦，處羣而穆穆，遇事而侃侃，利害乘之而磊磊落落，艱大投之而孜孜勉勉。中無所疑，外無所懾。先後左右，無所瞻顧却慮。凡君子所當爲之事皆得而爲之，則由其知命者素也。進以禮，退以義。孔子之所以爲孔子，非徒曰得之，不得曰有命云爾也。士大夫之持身涉世，其亦味乎斯言而已，足哉！

讀李文饒近倖論

文饒論近倖之害，舉桓靈、玄成爲至鑒，以爲人君少欲英明者則能反是。如漢文雖有鄧通、趙談，所信者賈誼、張釋之、袁盎，此所謂少欲也。武帝雖有韓嫣、李延年，而所貴者公孫宏、卜式、倪寬，此所謂英明也。故君聽不惑，政無頗，類近則開元初，内有姜皎、崔滌以極宫中之樂，外有姚、盧、蘇、宋以修天下之政，得玄成之欲，享舜禹之名，六合晏然，千古莫及。其故何也，倖臣不得干政事也。後代能如漢之文、武，及開元致理之要，雖有倖臣，亦何害於理哉。文饒之意以謂人君誠能少欲英明，則雖有近倖，苟得骨鯁賢相輔理於外，而亦可無傷於治理。

予竊以爲不然。人君既不能絶去聲色狗馬、遊晏沉湎之樂，則此輩連茹並進，託處於肺腑隱深之地，必不能安分循理，勢且招權納賄，藉威福以行其私，此等之事又斷不能爲骨鯁之大臣所容，使此輩小人明訴於人君之前，短長大臣，非毁朝政，則人君雖至暗，必不以近倖小臣微豎之言遽加罪於大臣，則此輩之術亦淺矣。惟投閒抵隙，窺貌伺顔，或爲無意之遊談，或爲儕偶之傳説，或因一事之短而類及其餘，或因一時之疏而搆成其釁，人君方以爲自己明察所及，中外無遁情，而不知已入小人之彀中而不覺矣。文饒論文帝之鄧通、趙談，武帝之韓嫣、李延年，開元之姜皎、崔滌，無害於治理，不能有加於當時之賢士大夫。余以爲此特舉其小人之願者耳。如申屠嘉廷辱鄧通，而文帝不之問。萬一此數輩者皆狡詐奸佞之尤，申屠嘉雖賢，能終辱之乎？江充初見，被服輕靡，及乎搆禍既深，卒成犬臺之禍。天寶末年，社稷傾危，卒壞於近倖之手。恭、顯處内，蕭望之以賢傅而不免於見殺。人君之明果能如漢文、漢武，未可必也。近倖小人之稍願果能如鄧通、韓嫣輩，亦未可必也。以稍暗之主而近尤佞之徒，幾何其不顛倒邪正，變易是非，竊權干紀，盡驅天下正人，緣引奸邪不止也，而謂雖有倖臣亦何害於理，果能〔一〕論哉！

文饒又謂得玄成之欲，享舜禹之名，六合晏然，千古莫及，是謂遊晏非僻，無傷於理。予竊以爲不然。人君之一心，天下之權衡，四海九州之明鑑也。衡一差則輕重失矣，鑑一翳則妍媸亂矣。清明在躬，智氣如神，以臨御之，猶懼有所偏有所弊。書曰：『内作色荒，外作禽荒；甘酒嗜音，峻宇雕牆。有一於此，未或不亡。』非謂此數者，一事遂足以亡其國。謂此端一開，則緣此而進者，不可禁禦，不可測度，不可諫救，以至於敗亡必然也。蓋遊晏非僻者，小人之門也。小人者，君子之敵也。小人進，君子退；小人親，君子疏；小人衆，君子寡：亂亡之本也。乃謂得玄成之欲，享舜禹之名，是古帝王之兢兢業業，毋冒貢於非幾者，皆不知樂其身而過爲檢束以自苦也。豈通論哉！

善乎！蘇子之論始皇，彼自謂聰明人傑，視斯、高輩刀鋸之餘，智何足以惑我亂我，而不知其禍若斯之烈也。人君而知此，則視此輩如鴆酒毒脯而不敢近之矣。

校記

〔一〕『能』，康熙四十三年刻本作『通』，是。

篤素堂文集卷八

記

思過軒記

『讀易樓』之南搆屋三楹，分南北户，别而爲六。其東北一隅，去門徑稍遠，尤爲静僻，室修廣不盈丈，置木几竹榻於北牖下，當窗則梅桂參差，草花菁翠。丈室中邃遠，有幽人之致。予每於遊覽卉木、酬酢親故、讀書作字之暇，輒坐卧其中，捐思却慮，收視反聽，冀得片晷之憩息，而游心於沖夷恬澹之境也。

每思人生叢過積咎，擾擾紛紛，相循而不已，如號長風、鼓巨浪，驚心駭目。試静而體之，揆之詩書所紀載，昔人之所言行，而是非得失自見矣。玉瑩潔則瑕纇出，潭瀫澈則沙礫見，天清湛則雲翳顯。夫人亦猶是。當此静境，與爲守寂，無寧思過。氣静心澄，平生所爲，萬端在目。此孔氏有内省之訓，曾子重其嚴之誡也。作思過軒記。

賜金園記

予以康熙二十一年壬戌二月請急於朝，爲先大夫謀丘壟，天子念十年講幄之勞，特降手敕，褒以敬慎勤勞，賜以白金文綺甚渥。予以賜金之半置墓田，庀其半，將以謀山林數畝之地，爲憩息樹藝之區，避煩囂，休晚暮，誌恩澤也。

龍眠山去城郭五六里許，巖巒層折，谿壑深秀。過石馬潭、媚筆泉，則益增水石之勝。疊嶂盤亙，一徑而入，中忽平衍，田廬散布。予二十年來欲卜居其中，形於篇咏者數矣。壬戌之歸，此願益迫。故人左子橘亭遂成予志，畀以斯壤，有池可漁，有山可樵，有田可以耕穫，有圃可以藝植，有堂可以燕息，有松竹梅栗桃杏之屬，可以資其陰而攬其華。爰因舊廬葺而新之，堂向西山，爲西軒；梅花下屋，在堂之稍東，爲東軒；别搆南軒、北軒。蓋夙昔有四軒之志，今粗備其制，則香山所謂具體而微也。古屋素題，石階土壁，無丹漆之飾，無臺榭之觀，門且觸額，徑不容軌。獨其掩映於嘉樹美箭之中，曲折於翠巘芳池之側，平疇如繡，村落環向，皆憑軒檻可得而矚。

昔賀季真投老歸山陰，賜以鑑湖一曲，心艷其事而尚惜其去之晚也。予遭逢恩遇，出入禁闥爲侍從親臣，且得捧天子之賜金歸，而營優游燕閒之地，以朝夕寢處其中。雖自顧文采風流不足以髣髴昔人，而揆其所遇，豈得謂古今人不相及耶。予齒未衰而多疾，性畏喧耽寂。經歲之間，居城市者十之一二，當風雨寒暑則掩關讀書，時和氣暄則散步畦隴，眺覽雲物，延賞卉木，衣粗茹淡，識分知足，期以終老於斯。因以『賜金』名園，濡筆而爲之記，所以誌聖主之恩，述良友之誼，示子孫於不忘耳。

學圃齋記

圃翁以病歸田里，憚於處廛市、溷塵俗，于是謀龍眠山卜居焉。有田二十餘畝，歲入之粟，足以供十人食。有堂三楹，左右各有室，貯書籍、繩牀、竹几。堂後屋亦如之，貯妻孥，以及倉囷、釜碓之屬。堂臨清池，中庭古梅近百年物。室宇亦簡朴堅緻，稍葺而居之，棟足勝榱桷而已，不加丹漆；壁足避風雨而已，不加墁堊；牖足通陽景、資爽闓而已，不加雕飾。於是盡闢閒壤以为圃，雜蒔果蔬卉木，而顔其所居曰『學圃齋』。

夫人一日無事而食，則抱慚於天地。予力弱多病，既不能躬事耕穫，計惟課僕豎，治圃藝蔬，經其畦畛，均其灌溉，時其早暮，勤其芟薅，用力省而事易辦，聊以謝於無事而食之責也。人心不可無所寄，不能無所適。無所寄則憧擾而不静，無所適則拘迫而不靈。吾寄之於吟咏篇什，而適之於果蔬樊圃。朝暾夕陽，風物恬美，躊躇延覽，鬱者以暢，勞者以息，憤者以平，憊者以起。且也春夏睹其滋植，敷華振秀，萬物欣欣而榮。秋冬睹其斂肅，木落潦收，神功退藏于密。于此見天地之情焉，得養生之要焉，悟出處之宜焉。故自標其命名之義而并爲之記。

香雪草堂記

予生平酷嗜種樹，常欲得閑壤一區，梅李桃杏之屬，各以其類分〔一〕布柯幹，不使雜處。俾其掩映交錯，盡態極妍，爲足縱觀覽之樂。顧以地隘力薄，不能適所願。

『學圃齋』之南爲南軒，去軒十餘步爲竹圃。竹之外，有古梅數十樹，盤互偃側，爲蔭方廣十丈許，不雜他樹。梅之致，有臨清池者，有倚短牆者，有蔭石者，有與竹相間者，有高翥拂雲者，有低偃拂地者，有礙路者，有臨窗者，有孤幹亭立而上如蓋者，有叢生而條幹自相環抱者，有苔蘚綉澀而勁如鐵者，有曲幹糺枝而奇如虬龍者，有撑拄而如攫者，有偃蹇而如卧者，可謂極梅之態矣。花時自深冬以及春半，先後相續，大約山寒氣晚，至啟蟄時而盡發，彌望如雪，香氣襲里許。爲屋三楹以臨之，題曰『香雪草堂』。堂前爲廣軒，資其爽也。花下置小亭，便憩息也。自冬至後，輒攜書卷，移器具，寢處其中。煙靄晴旭，景皆佳勝，雪時月夜爲尤奇絶。

予種樹之願，雖不能盡酬，幸而有此，不可謂非造物者之厚遺我也。使予常得寢處其中，春玩其華，夏休其蔭，賞其芳妍，而景其高潔，優游徜徉，咏蘇、陸之詩，亦已足矣，尚敢多求乎哉！

校記

〔一〕『分』，四庫全書本作『各』。

南軒記

『學圃齋』之左，循曲廊仄徑而至南軒。軒方廣盈丈。軒左爲小室一楹，階前植木芍藥數十本，左植海棠十餘株。軒之南爲長廊，廊之外爲修竹一二三畝許。深翠當户，緑映牆壁。

垣東西喬松古櫟，坐軒之中皆可指而數也。穠華曲檻於春爲宜，予以春分後棲息其中。李文饒平泉記有曰：『嘉樹芳草，性之所耽。』崑山葉文敏公爲予書此語，今懸于檐霤間。予直宫中南書房時，與文敏輩共朝夕，撰著之暇，劇談山水，屬其書此。蓋予久有退休之志，每與文敏及陳澤州説巖、王新城貽上言之，諸君知予志甚稔也。

今幸得營一席之地，雜蒔春華以供游衍。文敏以服勞盡瘁，卒于官者三年于兹，猶記文敏每爲予言，松江諸進士嗣郢以當歸一束相遺，亦志在引退，而時會不偶。澤州諸君皆馳驅二〔一〕事。予之偃息於此軒也，三歷寒暑，追曩昔之言，撫故人之迹，且感慨係之矣。

校記

〔一〕『二』，康熙四十三年刻本作『王』，是。

北軒記

『自學圃齋』而西，復折而北，約四五十步，清池石岸，有桃數十株。迤北而軒在焉。軒廣五楹。其東爲温室，其西爲水亭，下臨小池，荷蕖與軒檻相接。池岸雜植芙蓉、垂柳、紅蓼之類。温室啟東窗，則近瞰山麓，嘉木羅列，奇石虧蔽，流泉自山麓來，繞乎軒之階南而入於池。池岸外平疇數十畝，帶以清谿。谿之西農人之居在焉。周乎軒者，則峰巒環匝，高下相引，若繚垣然。青松丹楓冒嶺蒙岫，影入乎軒之中以數千計。

夫結屋於山之中者，有數難焉。山太遠則曠，太近則逼，太卑則巖岫不奇，太高則陽景不達。惟蜿蜒盤互，既舒以暢，亦秀而深。煙嵐時起，天光下臨。山腰低亞，奇峰遥出，遠不曠而近不逼，卑不露而高不翳，斯足樂也。兹軒之山實備之。

予自初夏以後居其中，搴芰荷，蔭梧柳，擷芍藥之芳華，餐秋菊之清芬。琴書在室，枕簟臨流，所以避炎蒸之氣，蠲煩囂之苦，實於斯賴之。夫丹崖翠巘，靈氣之所結聚，造物之所寶惜，世人捐棄不顧，置於幽遐岑寂之境，予起而收之，以日悦其趣，不爲造物之所忌，不爲稠人之所争，極耳目之娱而不傷於侈費，縱心意之適而不病於太康。於以投閒避世，息老養疾，其庶幾乎！

涉園圖記

自昔言園林之勝不能兼者六事，務宏敞者少幽邃，人力勝者罕蒼古，具丘壑者艱眺望，欲兼此數者，則又有三，一曰水泉，一曰石，一曰林木，而臺榭堂室不與焉。洪波清流，容與浩渺，澄潭曲沼，縈迴映帶，最爲增勝，城郭之間非可力致。波非有源，易涸易淤，則水泉難。奇峰崒嵂，怪石硌砑，龍蟠虎攫，鸞翔鶴翥，空庭曲徑，林下水邊，最爲宜稱。然千里求之不易，百夫運致爲勞，則石難。喬柯古木，臃腫輪囷，幹挺十尋，陰籠數畝，園林得此，如端人正士垂紳正笏於巖廊之上，又如古君子仙人相與晤言寢處，可瞻仰而不可褻玩，風雨寒暑皆作異態，洵園林之寶也。然非養之百年，貽之奕世，則不可猝得。東坡有『倉皇求買萬金無』之嘆，則林木爲尤難。能兼此二〔一〕者，然後六事不謀而集，吾僅見之涉園圖耳。

希白池渟泓涵畜，其源來自山巖間，琮琤曲折，爲灘、爲渚、爲橋、爲澗，穿林度壑，隨處可賞，則水泉勝也。翠照流波，諸峰備極奇詭，高者觸雲，低者臨水，蒼蘚綉澀，紫苔斑斕，則石勝也。松杉栝柏皆可合圍，海棠可蔭廣庭，老梅、修桐隨地皆有，美箭十畝，古桂百叢，翠色干雲，蒼煙蔽日，則林木勝也。然後爲深堂邃閣，曲磴長廊，以襟帶乎其間。又且地臨渤海，望接滄溟，登臺遥矚，紫瀾萬狀，沐日浴月，番檣海舶出没於几席之間，島嶼沙灣隱現于簾櫺之際。此又涉園之所獨而非他園之所能兼有者也。噫，亦奇矣！都諫螺浮公與余同官於朝，余兄事之，而興會高卓乃爾，兹園皆其手自部署，皜亭繼葺而新之，益增嘉勝。皜亭官於朝，不能朝夕居此園，而繪圖置諸左右，不忘先德也，不忘山林也，不忘故鄉也。噫！皜亭遠矣。

予有田一區、茅屋數間在龍眠山中，薄有谿光山色，手種松桂，皆不及拱把，而猶念念不能釋，矧皜亭之於涉園哉！其繪藻爲圖，形諸吟咏，以紓其欲見之忱，固其宜也。

校記

〔一〕『二』，康熙四十三年刻本作『三』，是。

五畝園記

予所居之室在城西南隅，曰『篤素堂』。予爲宗伯時，皇上御筆所賜之名也。曰『忠孝』，予爲侍講學士時，上所書也。堂之後有梅十餘株，曰『咏花軒』，青宮睿筆所書，取庾信『今朝梅樹下，定有咏花人』之意。居室之南爲五畝園，有二方池相接，可二畝許。臨小池搆屋三楹，曰『六經堂』。予有六男子，各習一經，令子孫世守。侍鶴禁時，會求青宮筆書此匾額，以貽後人。其臨大池，則有亭翼然，清波漣漪，環以高柳。『秋水軒』三字，則駕幸金陵時，特御書以賜之。其池之南與此亭相對，則有樓三楹，曰『日涉軒』。有小亭曰『蘭叢』，則青宮隨駕至金陵時，睿筆所書。予園最稱僻野，惟有高柳數十株，竹數千个。其桃杏、蘭桂、梧桐、紫薇、石榴之屬，則周乎兩池而分植之。

予山野鄙人，三十餘年叨近聖天子光華，復得侍青宫於燕閒之時，故寶書之賜，臣家獨多。皇上天縱至聖，青宫睿學敦敏，經史之學無所不該，即法書一端，亦超絶前古而冠弁百王。予家斗室之中，琳瑯奎璧，榮光四照。予幸以暮年歸老於故鄉，依日月之光，飽堯舜之德，飲食寢處，戴高履厚。豈不爲大幸哉！故記其事而謹書之。

芙蓉谿記

出郭四里許，由谷口而西，是爲西龍眠。兩山夾谿，路緣谿而入，蜿蜒深曲，至媚筆泉，水石益佳。山始開拓，四圍如屏幛〔一〕，中有田數頃，膏沃平衍。南北二谿，至此合流。谿之南，有石壁横數十丈，插谿中，是爲垂雲沜。谿邊構垂雲亭，是入吾園之始也。

吾園得平壤之半，不設籓籬，任樵者取徑焉。徑繞垂雲沜西行，蒼山古木與清流相縈帶。既而過石埠，上小亭，曰『芙蓉谿亭』。亭臨澗水，乃南澗入園之始。跨澗爲橋，過橋循山麓而行，碧樹掩映，下視平疇，則南臯種秫田也。藏山阿中者，爲南莊農人所居，畜牛一頭，置畚鍤、錢鎛於其中，槿籬、茅屋、雞犬、桑柘，蓋村落景也。過此爲楓坪，爲土穀祠，爲南玉雪岡，爲觀穫亭。向南有屋一區，對菊圃，傍有楓、桕、橙、榴、柿、栗之屬，磊磊砢砢，至秋而紅紫頳黄相間，名曰『秋妍館』。館之北修竹數畝，穿竹徑而往，則爲村之南門。村爲三區，右則桂叢，中則來鶴亭，左則居室。來鶴亭手自植梅與松，主人日從賓客賦詩飲酒於其中，有丁令威之思焉。居屋之堂曰『傳恭』，欲以貽子孫世世耕且讀，無忘先公創業之艱，故曰『傳恭』。南向者，爲千巖萬壑之樓。蓋煙霞嶺岫，大谿平疇，歸樵耕犢皆可覽矚。且山居宜樓，園花堤樹在俯視間，固吟眺一勝境也。庖湢臧穫之室，則隱於樓側，不可得而見。

出村之北門，行古梅中百步，大谿之傍有盤石臨谿，昔人漚苧浣衣之所，構亭冒石上，曰『谿光山翠亭』。亭之西爲杉坪，爲茗岡。稍東爲木香棚，爲北玉雪岡，爲艤舟亭。亭臨深澗，乃北澗入園之始。從亭下登舟而南，沿清流，盪輕槳。春則垂柳桃花夾兩岸一里許，秋則紫薇芙蓉照耀水際。南指松堤，堤之内則稻田十餘畝，堤之外則高峰千百疊也。舟行水中，至闊水則雙谿草堂在焉。堂五楹，東向，高朗軒豁，洞南北窗以延涼燠。繞砌種紅白蓮，夾岸環碧柳高梧，爲主人避暑之所。堂之南則曲廊數十步，雜花交蔭，沙岸縈迴。由曲廊啟南户，則入佳夢軒，爲主人宴息之地。廊之南爲藥欄，爲鶴栅，爲秋水軒，結構谿畔，正對漣漪紫菱灣，茭渦波光澄澈，游鱗可數。繫其傍者，爲桃花流水扁舟。舟中置竹几、茶鐺，當風日清佳，則攜琴書，挾茗果，登舟沿緣谿中，上下溯洄，竟日不知疲。一花一石皆爲凝睇久之。夕陽晚風，則垂釣扣舷而歌谿中。接東西岸有緑楊橋，橋畔有雲耕亭。谿之東有閘口，水涸則閉之，水漲則啟之。跨閘爲放舟亭，啟閘則舟入大谿，煙波浩渺，可直達賜金園。

古稱山居之勝有六，曰奇峰、怪石、清流、眺覽、古木、新花。吾園幸皆具是六者。又有耕穫之樂，舟楫之適，涼臺燠館之娱，梅、杏、櫻、桃、梨、棗之味，雜花香草之繁縟，紫鱗白羽之飛躍。豈不可以優游頤老於其中哉！康熙己卯嘉平月既屬鴻臚禹子爲此圖，遂並記而書之。

校　記

〔一〕『憧』，應爲『幢』。

御筆書雙谿恭記

西龍眠山有二谿，夾一山而東。其北谿，則自黄柏山房而來；其南谿，則自蕉園而來。皆穿石澗，從雲中落，奔流激湍，曲折逶迤，至於山之麓，則二水會合，略加疏鑿，則二水匯而聚於吾堂之下，渟泓澄澈，旱不涸而潦不泛，白沙燦然，游鱗可數。因種紅白蓮、紫菱，畜朱魚數百頭。闢其地而搆堂以臨之，於水際種芙蓉數百本，楓柳、桃杏、紫薇之屬，於堤上種松千株，環谿有田，即以谿水爲灌溉。

癸未春，聖駕閲視河工，巡歷江南，予時迎駕之金陵，恭求御筆書『雙谿』，又書『秋水軒』二匾額。蒙聖慈問：『汝在家好種樹？』又書『種花處』一匾賜之。青宫爲書唐人『庭宇清無比，谿山畫不如』一聯，『遥知楊柳是門處，似隔芙蓉無路通』一聯。夫窮荒僻壤之中，一丘一壑，老臣衰病，藉以養痾避囂，如秋蟲之抱寸壤，鷦鷯之棲一枝，荒陋鄙野，乃致勞聖人與青宫之賜額賜聯，寶翰焜煌，炳如星日，將使山靈有復旦之光，野人被堯舜之澤。載之史册，傳爲神皋奥區；貽之子孫，奉爲金庭福地。煙霞雲物，千古常新。豈止老臣身被榮幸而已哉！

睿筆書日涉軒蘭叢恭記

癸未年春，駕臨河干，復幸姑蘇，以二月二十六日旋蹕至金陵，皇太子朝夕侍起居，晨昏定省之暇，游心翰墨，遇名山水，皆有吟咏，題匾額。臣英隨至金陵，靈雨如澍。蒙〔一〕青宫恩禮眷注，爲書『日涉軒』、『蘭叢』二額。睿墨揮灑，落筆天成，結構精嚴，神采飛動。臣在旁研墨拂箋，驚嘆奇絶。迨歸懸之小亭，榮光璀璨。謹誌日月於後。

校　記

〔一〕『蒙』，原缺，據康熙四十三年刻本補。

桃花流水扁舟記

龍眠向來谿流湍急，奇石如林，谿行石隙中，跳珠濺瀑，不可以舟。余築雙谿，平水約里許，可以舟矣。因製小舟，可容數人坐，蕩漾於芙蓉間。紫菱觸手可摘，水至清，游鱗可數。山畔高松翠竹，緑槐垂柳之陰皆在目前。岸上植桃花數百本，每有味乎張志和之詩云『桃花流水鱖魚肥』，遂取以名吾舟。

余曩前涉歷江淮，熟習於波濤之險，驚駭震恐於江路者數矣。煙波浩渺，風浪貼天，四顧無岸，江豚諸怪隱現出没，相顧無人色，屢瀕於危。遂立誓不登江船。今此舟無帆檣之設，惟柔艣一枝，兩童子盪之，微風徐行，往來不出一里之内，琴一張，書數卷，酒鐺、茗碗、釣竿略具，脱有風雨，則移置菱芡灣中，高咏『青篛笠，緑蓑衣，斜風細雨不須歸』之句，枕書而睡。又素喜唐人詩曰：『釣罷歸來不繫船，江村月落正堪眠。縱然一夜風吹去，只在蘆花淺水邊。』此皆有道之言。夫乘長風，破巨浪，瞬夕千里亦云快矣，然此豈在蘆花淺水邊哉！余生平頗思舟之逸，而又甚憚舟之險。故於山中製一舟，就其逸而避其險，視陶峴三舟之樂，當不是過也。

垂雲亭記

芙蓉谿之南，有石壁六十餘丈，上蔭翹林〔一〕，下俯清谿，有一徑甚仄。石之下，野人爲小溝，堰水入田。是以徑之左右皆水，而徑宛轉于流水之中。樵童牧豎之所往来，而余特加石甃以平治之。石之上皆山花野草，而余特去其荆榛，培其佳木。于石上鐫『垂雲沜』三字，于谿上作垂雲亭以對之。石色青蒼如削玉，如畫家所謂斧劈皴。嵚嶔磊落，與老樹垂藤相間。亭可小憩，而入吾園者必取徑焉。

李習之謂園有難兼者六事，高峰、奇石、幽潭、曲水、古樹、新花。余但因故物，不事疏鑿雕飾，而六者咸備。過此亭，便入芙蓉谿，捨陸而登舟，客至則舟子艤舟以待。豈不可優游怡老哉！

校記

〔一〕『林』，四庫全書本作『木』。

浮山華嚴寺齋僧田記

浮山以巖岫洞壑之奇雄跨江北，僧寮皆依石結構，懸崖置屋，若巢居然。其中建置宏敞，樓觀軒翥，金碧輝映，巍然爲諸巖之總持者，則華嚴寺也。前代敕賜藏經以及紫綺、袈裟、花旛、綉幢之屬甚夥。寺倚平麓，前帶崇岡，奇峰青壁，連蜷蟠鬱，蒼翠插天，雲氣出入，不可名狀者，皆屹立於寺之西北。長松修竹，古桂丹楓，仰視青蒼，俯矚空闊。諸巖石之勝，蔭而不藏，如海舶珍奇，輪囷陸離，錯列於碧帷青幕之下。至斯地者，神體恬曠，心目駭愕，窈靄深秀，疲於應接，洵寰宇之奥區，佛刹之鉅觀也。

予以癸亥秋至浮山，始至則白霧蒙山，林壑隱見。及寺門，則山足和尚方率其徒刈豆中田，草屨腰鐮，跣而揖客。予信宿方丈中，時聽戒僧聚處者數十人，朝夕不聞人聲，五更鐘鳴，梵誦後聚食一堂，人粥一盂，虀一盤，不聞匕箸聲。食竟，各治職事，薪者薪，芸者芸，穫者穫，圃者圃，汲者汲。及晡而入定，當午而始飯。遇歲歉則止設粥糜。蓋山足和尚之教其徒者嚴肅精進如是。予每見釋氏之徒，鮮衣美食，惰其四肢，羣聚而嬉遊，竊意其教不應如是。今觀和尚之所持而加敬信焉，則山足之有功於其教豈不偉哉。

寺昔爲延陵宫諭司馬清江公輩所護持，有田若干畝，力耕以飯，四方之僧至，山足益廣拓之，爲田若干畝，春耕秋穫，不愛其力，以供養十方，則無可師所謂隨分自盡，各安生理之鐸也。山足和尚道器淵沉，邃於詩學，戒律精苦。夫澹泊勤苦之中，萬善出焉。吾安能測山足所至哉！重其請，故樂爲之記也。

癸未秋遊浮山記

余以丙申始從勺園先生遊浮山。是時年少精壯，頗窮登躡搜探之奇。後癸亥同山足和尚一遊，遂拈出浮山十坐處。是時余四十有六，年始衰，奇險處足迹不能至。今六十有七，以八月二十三日至浮山，從遊者玉笴、三子廷璐。

二十四日，飯于浮渡山莊，從報親庵經檣山而南，報親庵後奇石如屏，羣峰攢立如雲，佛母巖、嘯月巖、張公巖皆在望。至華嚴寺約宗録和尚同行，至雙桂下小憩，禮無可大師及山足塔，松竹深翠中望藏經、淩霄諸巖。玉笥、廷璐遂步登妙高峰，以爲奇絶。余幼時曾登淩霄巖、摘星巖、妙高峰，今不能矣。遂同宗録至金谷巖，石磴逶迤，捨肩輿而往，禮丈六金身，坐滴珠巖，復至紫霞關，步登鷓鴣石，指仙人牀。予幼時曾到，而玉笥、廷璐皆不能登，遂步至首楞巖，與宗録坐半晌。昔人云：遊浮山而不登首楞，不如無遊。豈首楞亦非昔人常至之地也耶。過首楞，經昔人石刻，乃滴珠之頂，玉笥輩遂往。予止於首楞巖俟之。下至金谷巖，吴天乘兄弟攜一飯至，遂少憩。暮歸華嚴寺，登藏經樓茹齋，復經檣山而歸於浮渡山莊。

次日，肩輿登佛母巖，觀海島巖、雪浪巖、野同巖行窩，奇峰林立，海島雪浪如畫。坐石楠樹下，憩高臺斗室。復至張公巖，觀煉丹臺丹井，遂坐響雪橋，觀桃花澗、雲錦廊，復至嘯月巖，看石史巖，登小樓而去。僮僕咸謂繞雲梯非老人所宜登，不若從山麓迂迴之。予曰：『繞雲梯但勞耳，非險也。』遂與宗録共登繞雲梯，迴翔石磴，頗不以爲勞，遂至蓮花峰。玉笥、廷璐往觀天池。予至會聖巖，拜遠公塔，坐僧房以俟之。遂至浩笑廊、陸子巖、龍虎關，玉笥與廷璐偕至，遂登石龍峰，盤桓古松間，新構一亭，頗可憩。玉笥、廷璐又至晚翠巖，步仙人橋，遂登九帶堂、指月石。予以荆榛不便往，復至三曲洞以俟之。天乘兄弟又攜一飯至，飯畢日將晚，從石龍峰下，覓小路與宗録别，復過報親庵而歸。

篤素堂文集卷九

雜著

御製文集恭跋

臣英竊聞文者，載道之器也。堯、舜、禹、湯、文、武之心法道法，其最著者，莫如欽明、濬哲、勤儉、智勇、肅雍、敬勝。後之人得因其所傳，以溯其所存，而知其德之盛者，則惟賴乎典謨、誓誥、風雅之文，炳日星而爛雲漢也。

欽惟皇帝陛下，宗二帝之心傳，躋三王之治理，海宇光天之下罔不率，俾景運隆祚，覃固厖鴻。萬幾聽覽之暇，輒著爲古今諸體文章、詩什，積時既久，編爲若干卷。臣伏而讀之，有言性道之文焉，危微精一，經綸參贊，皆探其源而抉其秘，直以聖心之所藴蓄者發而爲文，遠而洙泗，近而濂、洛、關、閩，無不同體而共貫也。有言政事之文焉，明作惇大，百度維熙，休戚痌瘝，萬物一體，直以聖政之所敷錫者發而爲文，其中正宏備，則周官立政之遺軌也。有兩宫祝頌、家庭箋奏之文焉，立敬立愛，純誠篤厚，合萬國之歡，以天下爲養，無非聖孝之所流而不能自已者也。有誡勉臣下之文焉，勞來匡直，扶獎誘掖，使咸入於君子之域，期〔一〕放勳之所以教也。有流覽景物，抒寫性情之文焉，則對時育物，涵濡萬類，昭蘇羣品，如造化之亭毒，凡飛潛動植之微，無不暢遂於其際也。惟如是，故不事雕鏤，纂組而自然，麟炳斋皇，若斯之盛，譬諸天地之景星慶雲，滄溟岱華，光華屹峙，亘古及今，極天下之至文，豈有能逾之者哉。

臣侍從左右，伏睹聖人之學博而無所不該，而必以六經爲根柢。故聖制諸篇，窮理極高深，得易之奥；典重鴻碩，得書之大；渟泓藴藉，得詩之厚；褒貶謹嚴，得春秋之法；條理暢達，得禮之序。又從而博綜諸史，穿貫百家，而指歸不外乎是以經學爲文章，固宜乎文之麟炳斋皇而不可尚也。猗歟盛哉！臣英不揣固陋，敢拜手稽首，而敬識於簡末。

校　記

〔一〕『期』，康熙四十三年刻本作『則』。

御制夏日登景山詩跋後

康熙十七年五月十一日，皇上以幾務之暇，偶幸景山，命臣英、臣士奇侍從。上攬轡登景山之巔，周覽四郊，俯視宮闕，東望薊門，西眺桑乾，煙樹蒼深，河流浩漭，近在指顧之間。天顏怡暢，二臣咸得寓目焉。時則禾稼被野，方待優渥之澤。俄而雲起西麓，雨過龍樓，聖心顧而悦之，御制詩一章，有『時雨將來』之句，詩中之所謂君臣同樂者，蓋有樂乎此也。

臣自蒙恩入侍禁庭，天章雲漢，時得而捧讀之，大約篇什之中，必以四海八荒爲念，蒼生赤子爲心。上述祖德，躬展孝思，憫農事之艱難，勞征人之況瘁。揆諸古昔，虞帝喜起之歌，武王户牖之銘，其曷加焉！故雖一豫一遊、一篇一咏，而心不忘乎百姓如此。則凡觸乎聖衷而發爲睿藻者，皆於此可類觀矣。豈獨光麗日星，聲諧金石，足以超往牒而軼前軌哉。

七月十八日，上御迎涼之殿，揮麗[二]宸翰，書此詩以賜二臣，楷法精嚴，龍翔鳳峙。此希世之鴻寶，二臣何敢私焉，敬勒之貞石，以明聖心之所在獨重民時，亦以幸二臣之榮遇千古不多見，而愧汗惶悚之不能自已也。

校記

〔一〕『𠀍』，四庫全書本作『灑』，是。

跋瑞隱窩手澤後

英垂髫時，爲館甥於珠樹先生，因得側聞吴興家學。贈榮禄大夫瑞隱公，珠樹先生兄也。起家名進士，宦游兩浙，遷樞部尚書郎，遘世多故〔一〕，懸車歸里門，以敦厖醇厚之德，高雅恬澹之致，化導其子弟與吾鄉人，巍然爲里門耆碩之冠。邑人望之如祥麟威鳳然，古稱人瑞，惟公有焉。

公詩一宗少陵，得其神骨，書法能以左臂摹閣帖。頌嘉嶺去城四五里許，古梅數株，書屋數椽，日吟咏其間，諸郎提壺挈榼以從，蕭然自適，攤書撚鬚，至老不衰。時乘籃輿入龍眠，遇山水佳處，輒止田家僧舍，淹數日不去，絶類康節居洛下之所爲，故號其地爲瑞隱窩，至今稱瑞隱先生云。

猶憶吾里每歲迎春於東郊，邑侯率士民咸往。公偕老友數輩，設幕張宴於河之中流，子若孫數十人，羣從如雲，相與奉杖履，稱兕觥爲壽。公龐眉皓首，鶴翥鸞翔於王謝諸君子之上，被服都雅，意況超脱。旁觀者如堵牆，嘖嘖嘆爲神仙中人。噫嘻！高風厚德，既能衣被鄉邦，而文采風流又足以掩映乎其間。此吾里迄今傳爲勝事，而英猶及見之者也。

翼侯哀輯庭訓篇什若干紙爲一卷，官九江，入京華，朝夕拳拳，無敢失墜。今觀其訓辭深厚，雖偶爾落筆，皆奕奕有古人高致，斯固公之家學然哉。展讀之餘，言念疇昔風範，猶恍惚遇焉。

校記

〔一〕『遘世多故』，原缺，據康熙四十三年刻本補。

瑞隱窩手澤題跋

瑞隱翁晚年居龍眠頌嘉嶺下，蒔花藝圃，疏泉插籬，以暢咏自娱。每春秋佳日，則以肩輿遍歷東西龍眠之勝，子孫羣捧杖挈榼以從，憩僧舍，飲田家。遇水竹佳處，則信宿而後去。故其詩高淡閒遠，上接陶、韋，而神明强固，視聽不衰。以左腕作書，秀勁有古趣，結搆皆髣髯閣帖。觀翁之行迹與詩翰，蓋非常人也。醉後落筆，動輒滿紙。子孫各藏庋，奉爲世寶。某既为小山跋一軸，此卷庭若所藏。璆琳琅玕，分於諸謝，皆從曩昔扶輿捧杖，繞膝含飴而得之者，流風餘韻，傳世安有紀極耶。某時卜居龍眠山中，往來谷口，望頌嘉竹樹巖壑，輒为低徊不能去。先生之風山高水長，求之古人亦未多見。

寫生十則題辭

古之傳寫照者，豈不重難其人哉。於眉頰顧盼間並斯人之性情器識而皆傳之，視繪月有光、繪水有聲之爲尤難也。顧愷之、吴道玄、閻立本諸人，其才皆卓犖不羣，識鑒清遠。其所圖者，又皆當時之名公鉅卿、逸人高士，以两人之性情相遇于縑素丹青之外，而得之于心目之間，則脱之手腕者，猶其寓焉爾，況筆墨乎。古人以詩貌人者，如杜少陵之『眉宇真天人』，李昌谷之『骨重神寒天廟器』，極力摹畫，千載如生。畫家亦必具此種筆力，然後能令人想像於眉頰顧盼之餘也。

予時在直廬，日亭午，户外傳鈴索聲，周子履坦承命来爲予寫照。予初識周子于此時，凝神聚精，經營睇視，閲三日而成。天颜顧之，賞其極肖。噫！亦可謂盛事矣。周子今日之長康也，傳神阿堵，豈待頰上三毫。獨是予以山澤衰陋之姿，遭遇於時，獲此榮寵，自顧形影，有慚於裴楷多矣。暇時書其所著十則相示，探微索妙，備具古法，因知履坦之所學有本，藝也而近乎道。性靈不泯，代有作者，寧獨古之傳人哉。

紅朮軒篆册題辭

古人於佳山水，凡遊歷之所經，耳目之所寓者，輒著爲詩歌、記序，以紀述其事。蓋將使嶺雲煙樹之奇，飛瀑鳴泉之勝，一展卷而可得。雖晤言一室之内，可以卧遊於千里之外也。予嘗謂人家古鼎、傳鐏、法書、名畫，以及奇葩異卉，凡接於目者，皆當寫爲短句長吟，以曲盡其狀，載於卷帙之中，則不必其物皆爲吾有，而吾與主人已各得其半矣。

黄山老布衣汪子快士，抱五岳名山之願，而興會遭遇能副之，登泰岱，歷華、衡，渡瀟湘，涉洞庭，躋天台，窮雁宕，遊迹所至，必搜輯古人題咏，境取其最勝，句取其最奇者，彙爲一書。又以其家於黄山也，於黄山獨詳。汪子工篆籀，每句爲圖章係以小紀。其篆法蒼秀雄古，如以秦碑、漢碣置於佳山水之間，發揮其神采，標舉其眉目。凡海内奇迹壯觀，洞天福地，汪子盡收之一卷之中，而挾爲己有，又不止於分主人之半矣。

予夙昔有向子之志，頃見是編而悦之，欲公諸同志嗜好山水者，家挾一編，或以爲登臨之指南，或以爲卧遊之圖畫，無之而不可也。

勉学箴

自河、洛之肇紀，創文字於羲、軒。三墳啟其祕奧，六籍匯其淵源。金聲出於孔壁，韋編漏於秦燔。恢恢乎道德之藪，岳岳乎禮義之門。百家騰躍而自喜，諸史博綜而不煩，皆聖哲之菁華，幸簡牘之猶存。羅古今於一室，閲圖史於琴罇。寶寸陰如尺璧，實昔人之所敦。請祕書而登閣，乞鄰光而鑿垣。輕千里之負笈，絶三祀之窺園。或負薪而吟咏，或荷耡而討論，或燃藜而不寐，或移月而忘餐。士無殊於貴賤，惟經明而自尊。矧予質之譾陋，慕古誼之弗諼。歷祁寒與炎暑，乘月夕與朝暾。求經義之微密，思振衣於崑崙。旁蒐羅乎載籍，萃衆美以逢原。願含英而咀華，期執簡而芟繁。探滄海之驪珠，拾玉峰之瑶琨。積霧隱南山之豹，洪波翻北溟之鯤。敢當前而自棄，擲駒影於晨昏；處文明而荒陋，抱慚憾於乾坤。矢讀書以報國，佩永叔之徽言。

題仲兄湖上翁所書地輿圖後

余仲兄湖上先生隱居松湖之傍，以漁爲業，其居爲桃村，種桃樹、芙蓉皆以千計，其他四時之花卉亦略具。亭舍塘徑皆簡樸歷落，聚妻孥長子孫於其中，自不應科舉後，二十餘年不入城市，飲酒讀書，間撮其大要，書爲小册以自觀覽，地輿圖其一也。年七十有二，能就窗作極細字，尺幅可數千。余視之如蚊蚋蠛蠓然，多不能辨，久視之則朗整有法度。猶憶予家居時，會書謝表册子，眼昏多有岐筆，吾兄欲爲補之。余不從，曰：『我不分，四十餘歲人作字，待七十歲人補筆也。』

姚珠樹公傳

明之季年，吾桐冠蓋煊奕，王謝子弟以才儁聞於一時。其中文章經濟，豐采言論，氣誼識量，皆光明駿偉，卓然爲諸君之冠者，則姚珠樹公也。英爲珠樹公幼婿，公捐館舍時，英年十有五，猶及侍公左右，見其儀範，巍然岳峙，淵然海涵，吐納宗風，神采四映。英雖幼，猶能識之。工舉子業，最爲華贍博大，而一一根據理要。伸紙疾書，千言立就。古文詞無不兼擅其美。詩宗少陵，而命意選詞機杼仍由己出。書法朗潤高秀，入晉人之室。此皆邑人之所矜式，海内之所流傳，而英得於耳目之濡染者最多也。

公爲廉吏後，幼而食貧。當時公卿雅重公才望，折節締交，所以資奉之者甚厚。公性豪邁不羈，初不治家人生産，悉推所有以供賓客觴咏之需，然亦未嘗有所匱乏也。事項太夫人孝養純篤，至老不衰。當明末造，知天下將亂，士大夫習於太平久，皆諱言兵。公留心當時事，與老弁知兵者遊，講求防禦賊寇之策，火器火藥皆與邑令謀而預備之。崇禎甲戌，流寇攻桐城，以有備而獲免。乙亥，賊張獻忠聚數萬衆圍桐者三次，蕞爾孤城，與賊相拒數旬，卒以無恙，則公與守令同心守禦之有道也。公不遇於時，無由爲封疆謀畫，而克全梓里，其效彰彰如是。使設施展布，其所就寧不偉哉！

國朝定鼎後，以明經署浙江龍游縣學博，訓士有方，多所成就，至今稱之。教子至嚴肅，既壯，猶督課如少時，以故皆爲名士，掇巍科。少與方宫詹公八人爲友，稱『八俊』，以文章道義相切劘，膠漆如古人，邑人至今爲美談。卒年五十有一，以公之才而年與位皆不稱。其所積而未享者，今之子若孫承之，俾昌俾熾，有以也夫。

湖上先生傳

先生，清河仲子，名載，字子容，少倜儻，負氣節。讀書好奇，不屑屑章句。幼補博士弟子，年四十輒棄去，隱居於松湖之隈。先大夫授濱湖田數十畝，宅一區。門臨大泊，可以畜魚。歲發荷花數萬挺。泊之外爲長堤，左右接山麓，榆柳楓柏之屬掩映堤上。堤之外爲大湖，煙波浩渺，帆檣出没。繞湖則羣峰矗立，黛色横亘。宅之前極平衍軒豁，古樹羅列，田壤綉錯。目前之景皆可指而矚也。宅之後修竹喬松爲先大夫手植，皆近百年物，鬱然深靚。先生率妻子隱於其間，家纔足稻粱，布衣蔬食，晏如也。與五兄同居湖上三十餘年，足迹不履城市，往還惟田夫野老，經年不見賓客，或婚嫁將會姻親，前數日輒作惡曰：『予豈耐衣冠而與人拱揖？』故但疏節闊目，略見大意而已。晚年以田産付諸子，而自以漁爲業，鮮鱗日給於笭箵，未嘗乏絶。雞豚、蔬果、菱藕之類無算，悉素所藝畜。客至亦羅列粲然，而未嘗取給於市。

於宅之左别構一墅，去湖岸數十步，以便網罟。柳徑柴門，繞土樓植桃千樹，木槿、芙蓉、雜卉稱是，號曰『桃村』。嘗曰：『吾爲園祇數斛桃核足矣。』鑿池架橋，結草亭于其中。從湖網得佳魚，則畜于池，以供不時之需。每歲十月後，湖水稍退，則糾集鄰里莊農，各具舟楫，結罾綱以備取魚，即以魚爲僱值。先期大設酒饌以勞之，吾嫂治具於內，僮僕持壺觴，先生勸酬于茆簷之下，談笑移時，各盡歡而去。予曾睥睨其間，亦甚樂矣。嫂笑謂予曰：『田家生計多在春夏，汝兄生計則在秋冬。』似此風景，蓋三十餘年矣。噫！熙恬樂易之風，廉澹高雅以〔一〕致，寧不於今日見古人哉！

先生性純孝友愛，慈大人早世，遺手綉觀音像，構一亭，事之惟謹。有僧詣門募施，先生笑曰：『彼以我爲佞佛耶！此吾親也，吾故事之。』性不能多飲，而嗜酒，晨起飲一甌。每飯則先啜數杯，故常微醺，體貌頎然，而長髭微白，豐神散朗。無求于人，無羡于世，無時不曠然天真，蓋居然海鷗雲鶴之趣矣。作字早歲學鍾繇，至老目力不衰，嘗著輿圖，博採沿革故事，彙書于圖中，方寸作數百字，小於蠅頭。予時年五十，不能辨也。居鄉以德感人，人咸化之，松湖數十年無盜。有縣令泊舟湖上，請與先生見，辭以疾，不往。貽予書，輒勸以引退。年七十有八，與嫂同時卒。予每於公卿間述先生行事，莫不低徊欣羡者久之。大司農澤州陳公詩『平生最愛江南客，晚歲心憐湖上翁』，叔兄曾官吴門，請老歸，高致相頡頏，故當時咸知吾家有湖上先生、吴門先生云。

校　記

〔一〕『以』，四庫全書本作『之』，是。

睿筆書山水清暉賜王石谷題後

王石谷山人翬，海虞耆舊，其言論風格，猶見先哲矩矱，寫山水方駕古人，一樹一石皆有根據，煙雲丘壑，含吐元氣，逸韻高懷，流溢楮墨，擅海內盛名者數十年。頃客京師，寫巡方圖，青宫召見，顧問移時，禮待優渥，特作『山水清暉』四大字賜之，筆勢飛翥，允稱墨寶，可謂隆遇矣。賜〔一〕禁深嚴，不輕延見。蓋重其古貌古心，進止高雅，迥異時流，是以錫之睿藻，固不徒在丹青之賞識也。

校記

〔一〕『賜』，康熙四十三年刻本作『鹤』，是。

題列國職貢圖後

今上御宇以来，德教覃敷，無遠弗届，薄海内外。荒遠之国，曩昔未通職貢者，皆獻琛載贄，稽顙来庭，予適承乏禮曹，前後幾十年躬逢其盛。其形貌衣服之瑰奇詭異，熟識於朝端，拜舞儀曹錫宴之時，蓋時時在心目間也。

鴻臚禹君高雅，精繪事，寫形貌妙得神理，久在班聯，典司賓贊，寫爲十國職貢圖。自陪臣以及其廝役，其人之老少形狀皆儼然如生，呼之欲出，冠服異製，咸極盡其妙。時人在京師，但曾見此十國之人者，對此卷無不嘆爲絶肖。噫！亦神矣。

予幸遭逢盛代，職典寅清，越裳重譯之来，肅慎砮矢之貢，亦竊有榮施，又適遇禹君繪藻之工，常留此景於目前，異時攜歸田間，與親故子孫揚頌聖德大業，此亦較然不朽事也。

題獨樂園圖後

洛陽名園記多載池館花竹之勝，獨司馬温公園以簡樸稱，然其名特重於諸園，豈非以其人哉！東坡所謂『青山在屋上，流水在屋下。中有五畝園，花竹秀而野。』至今想見其藥欄、竹屋、書堂、釣渚，絶非有雲廊月榭、奇葩異卉之飾，則以司馬公志在匡時，學稱王佐，任天下之重，負千載之望，故斯園獨著。見之於圖畫，猶令人挹其清風，較蘭亭梓澤而加盛也。

喜翁王公祖，今之司馬君實，其德澤在大江南北咸歌誦之，七澤三湘沐浴其化。季弟夔出公門牆，知公志司馬之志，學司馬之學，敢以獨樂園圖爲壽，以寓其高山景行之懷，固不專在丹青之妍秀也。

寄李厚庵中丞書

弟自幼齡即攖弱疾，氣體虚竭，此三十年皆强力支撑，而藥裹不離。且性最畏煩劇，以故陳請屢數，不能上副聖明之知遇，僚友之屬望，陳乞而歸，非得已也。乃蒙先生齒及追擬古人，奬與溢量，殊爲惶悚。先生龍馬精神出於天授，清明强固正宜建豎不朽，以仰答特達之知，非易覯也。夙昔名山之約，今鄙人老矣，足不能離里閈，所謂吴山越水，黄海武夷，亦止形諸夢想，託諸卧遊。即匡廬一峰，相越不過三百里，尚擬巾車一往，亦不知筋力意趣何如，正未可必也。

龍眠一丘一壑，可歲入租二百石，足以供饘粥。欲躬率農夫，自耕十畝以給妻孥，以相樂堯天舜日之下，頌鉅公功業。如米海岳所謂形雅成頌勒於山林，或尚未可量也。渴望先生錫之一言，叙述三十餘年交誼膠漆，人事屈伸之數，仕路艱阻之狀，以相晤對於清泉白石之間。南北相隔，不能尺素往還，惟賴此耳。承惠珍味佳茗，踵接武夷名荈，尚存多半，猶可攜之山中，爲數年之用也。舍弟承先生訓誨篤切，終始玉成，闔宅世世以之，豈獨弟一人所能私被高厚耶！伏惟興居以時增勝，爲天下蒼生自愛，不盡。

寄叔兄西渠先生書

自傳柑節後至驚蟄，遂無一刻之暇，伯顧來道『大兄抱恙於榻前』數語，心甚懸結，嗣得玉兒正月十二日字，知道體安好如常，始大慰。竊嘗與知交戚友縱談故鄉人，當閒放適意者，殆莫吾西渠先生若也。家不至憂饑寒，耳目視聽猶健壯，市有宅，宅有園，有子可教，有田可租，有僮僕可供使令，無里巷之輕侮，無當時之責備，無胸次之愧怍，無升沉之寵辱，無趨走之勞苦，無意外之風波。愚竊觀内外人，富貴利達，聲名炫赫，高軒大纛，過先生者則有之矣。求安穩恬曠，可以自樂其天者，舉耳目間，未可一二數也。側聞勺園主人晨起，科頭便往，一花一葉一草木，自其甲折，觀其榮落。園亭雖不大，然近而相狎，無跋涉之勞。四時之花皆具，温涼之室薄有。世間有多少高臺廣榭、名花異卉，而主人没齒不能享者；又有雖身在其中，而牽於名利憂患煩惱而不能得其趣者，所以白香山履道里住得七八年，便翊翊自矜得意，形之詩篇。蓋古之達人深知閒適之不容易，雖暫得而亦不敢忽也。姚休農先生有言：閒居適性，其福在堯、舜、釋迦之上。彼亦閲盡古今世情人情，而爲此沉痛之言，豈過論哉！

來教云云，不知胸次何所感觸而作此語。吾家湖上仲子三十年不入城，以漁自樂，每以語之公卿，輒爲屈第一指，無不嚮往欣羨者。若論先生所遭遇，尚在湖上翁之上。是舉世所難見者，吾家便有兩人，益不可不自勉。木厓寄來真樂篇，殊可誦咏。愚之望於勺園者，且在河墅之上，當有過更無不及也。弟五十六七歲始見佛家書，其所言頗足資人解脱。然孔、顔、孟所言樂，豈有異旨乎？天下無不樂的聖賢，亦無不樂的仙佛。若豪傑、才人、文人、功業人，則多不能打破此關耳。論語開口便説個『樂』，便説個『説』，便説個『不愠』，此即是聖賢傳心之妙訣。今人魯莽，讀去不察耳。昔有門客爲貴公盛誇其榮快。貴公曰：『我如金魚在玻璃瓶内，汝見之則樂，我則太苦。』亦可謂達論。如弟之所遭遇，外觀豈不甚好，而同輩之詬厲，當局之憂危，晨昏之奔走，寒暑風霜之冒觸，饑飽寢興之不時，人情之怫逆，難於措置之，展轉戰懼。古人所云：如衣敗絮行荆棘中，不足以方其棘手。且鄙性酷好閒適，又有草木山水之癖。今事事相違，退食片晷，只在斗大一室，春花秋草終年不入目，如此，則將抑結以死乎！五六年來得一法，一身五官百骸，聽其與憂喜煩苦相纏綿，獨守靈府方寸之地，堅閉四門，不許憂喜、榮辱、進退、升沉、勞苦、生死、得失，一切之念稍稍闌入其中，間或疏虞打入片刻，即忙驅逐，仍前堅守。若此外之聲音笑貌，惟有聽其波委雲屬與憂喜相浮沈而已。更有安心一法，非理事決不做，費力輓回事決不做，敗壞生平不可告人事決不做。衙門中事，一切因物付物。一事當前，只往穩處想，應過輒已，不將迎於事前，不留滯於事後。所以每卧輒酣，當食輒飽。視斗室如千巖萬壑，燭下濁酒一杯，以解饑劬，清琴一曲，以調心氣。此則一二年來之又進一格，較之昔時急於求退，以致形神交困者，則差勝也。

今敢進芻蕘於先生左右：以家事付之諸子，而略持其大綱，措大之家，朝饔夕飧，有甚麽大差錯處，以致擾達人之襟抱乎！觀草木之榮落，以寓其耳目；聽時鳥之間關，以抒共〔一〕懷抱。良辰美景，必不可棄。好山好水，興至則往。良朋舊友，一觴一咏，隨時而給。當思白香山七十無子，陸放翁常貧乏食，是何如境界，而洛下吟千篇言樂，劍南集萬首怡情，究竟討盡便宜，何嘗有負兩公哉！

春來甚忙，惟此刻得歸寓齋，晴日烘窗，罄所欲言，語雖無次第，聊以當對牀之語耳。

校記

〔一〕『共』，康熙四十三年刻本作『其』，是。

寄羮湖先生書

自去年秋沉痼之疾頓發，綿延入春不痊，以致損尚方參术者，幾及半載。自春後時作時止，氣體耗衰，日增月盛，乘間伺隙，以爲陳乞之地絶不可得。三月初，視事秋官，閲四十五日始得謝事，困憊益不可言。四月杪，在寓調理，真神形俱瘁。天中節後，雪涕陳請，至再至三，不蒙俞可。此情此緒，不能上諒於聖明，其如之何哉！數日復歸寓調治，門庭盡日如深山，止能飲粥睡覺，一無所爲。故山雲物結於夢想。

先生頤養，自當以山中爲勝。僕嚮有願，一月在山二十日，度先生不能，緣有高堂稚子，安能久離？但一月必定要在山十五日，攜眷斷然不能，小兒寒暑，豈山中所宜，將此念用利斧劃斷。六月、十二月亦難入山。一歲中以一百五十日，用山色、谿聲、松濤、鳥語作供養，餘日團圞，豈不兩得乎！若先生更有進於此，則非僕所能知矣。僕如忍饑人，爲他人畫飲食方，豈不噴飯耶！

賤辰日，蒙惠珍物種種，感謝。但尊罤入寒家後，至今高閣，意況益可想矣。闔宅粗安，玉兒、霖孫望嚴諭勿見客，勿飲以酒。餘不悉。

題閣部史公手札後

吴子爾玉母孝烈姚夫人，爲予妻祖湘潭公女，年十六歸吴生員諱道震，事親至孝。夫以讀書攻苦成疾，籲天願以身代。夫殁，遺孤两歲，躬績〔一〕績以養親課子。明季流寇擾桐城，避亂於潛之龍灣，爲賊所執。夫人大駡賊，賊手刃之，詈駡不絶而殞。閣部皖撫史公諱可法，廉訪至潛，聞其事，列疏旌表。後史公丁艱，爾玉通以尺素，其復札云云。史公書不概見，此則事關節孝，言詞雖短而藴畜無窮，尺璧寸珠，良可爲子孫世寶也。

史公爲左忠毅公録學所得士，與予鄉主考、大興王公諱勖同舉童子，史公居首，晉見時，忠毅公呼史公令前，復令登月臺，端視之，謂諸生曰：『此子今日一介書生，將來事業掀天揭地。』既退，同人咸稱異之，笑謂史公曰：『看汝後日何以掀天揭地？』此大興王公親爲予言者，忠毅公人倫之鑒至精，亦可傳也。夫人在予妻家爲姑，在延陵則予舅氏行云。

校　記

〔一〕『績』，四庫全書本作『紡』，是。

篤素堂文集卷十

祭文

祭大司寇姚端恪公文

嗚呼！公之歿也，家摧梁木，邦隕羽儀。盈朝抱典型之慟，當宁深慭遺之悲。下至兒童走卒，莫不罷舂巷哭，如喪司馬文正之時。矧予之奉教於公也，楷模覆翼二十餘年矣，能不撫膺而涕洟。嗚呼！人之生也有萬，其死也有萬，此公之了徹生死而近乎達者之詞。予之所傷者，善人爲國之紀，一朝凋謝，而誰爲老成耆碩之撐揞！

公生世胄之家，負淳明惇厚之質。少以文章顯，晚以功業著。身名俱泰，炳炳乎若景星之輝映而卿雲之四垂。在諫垣最久，其持論也周詳審重，務不激而不隨，遇事關軍國係民命，則昌言不諱，尤痛切而淋漓。然公生平之結主知也，惟以積誠相感格，故雖言人所難言，而常有霽颜轉環之益，不覺有批鱗折檻之奇。其長西臺也，以正氣作冰霜而樹四知之標準。其典督捕也，以仁心爲膏露而滌三輔之瘡痍。嘗念律例者，人所由適於生死之路，故肆力精研，能辨毫芒而析銖錙。始佐秋官，洎晉司寇，于張之頌，徹中外而無訾。人生嗜好百端，公一無所涉。當退朝而却掃，惟匡牀而布帷。獨是平生爲善之心，如饑之於食、渴之於飲，窮昏旦而孳孳。憂人之憂，急人之急，數十載如一日。故年未强仕，而已雪鬢而霜髭。每當國家大政事、大黜陟、大刑獄，發議盈廷，公從容一言決之，而羣公咸服。蓋由其感人之有素而共諒其無私。豐儀魁岸，容止温克，常如淵停岳峙。蓋雍雍乎備四時之氣，而汪汪乎若千頃之陂。孝友恭儉，老而彌篤，修於身而化於家。象賢紹德，猶見太丘家學之遺。老氏以慈爲寶，孔子言仁者壽。宜公之優游几杖，馴至於期頤。何香山洛社曾無一日之適，而勁松百尺之先萎。嗚呼痛哉！台星忽隕，奚以慰蒼生之瞻望，副廟廊之倚毗。

天子聞公疾篤，屢動色而其咨。英方侍從於講幄，獲傳恩命於龍墀。牀頭執手，淒然淚下，謂臣今已矣，猶伏枕而漣洏。嗚呼哀哉！洵斯民之不幸，亦天道之無知。不止累世蒹葭之託，廿年骨肉之愛。此心慘戚而不可支，所最慟者，我公之既往也，茫茫身世，更將誰則而誰師！

祭姚小山文

嗚呼！始吾聞小山之歿於中州，驚駭惶愕，忽信忽疑，如夢如醉，而不自知其聲淚之俱慟也。越翼日，痛定淚竭，追思四十餘年來，小山之所以得乎天與天之所以與小山者，似伸之而實屈之，厚之而實薄之，處之以若通若塞之功名，老之以可喜可悲之歲月，優之以可用而不得用之才，付之以不可遏而終於遏之之氣，卒使之坎壈抑鬱，疾發而不可救，以死於客。然後知天之於斯人者，酷而不可解也。

然而小山豈貧賤之士乎哉！早年爲公子，爲介弟，十八舉於鄉，二十八成進士，文章之譽奕然，官劇邑有賢聲，以治行異等聞於天子，方需次補尚書郎，與兄大司寇公暨羣從同官於朝。人之視小山也，如驊騮走康莊，而碧幢紅旆爲之披拂其先後也，似乎天之所篤厚者在小山，又何坎壈抑鬱之足云。

予之悲正謂小山非貧賤之士也。十載公車，人之困在遇遲，小山之困在早達。壯年捷南宮而不得官侍從。筮仕德安，以荒疲窮瘠之小邑，朝夕而拊循煦咻之。於是者數年，將報政矣，適江上用兵，鄰賊竊發。蒲亭當水陸之衝，驛使騷然，日數十輩，縣官夜執手板以候，如郵亭之吏馬斃則令償之，無虚日。賊勢轉劇，西江郡縣多望風奔潰。德安以孤城去賊營數十里耳，居民百餘家，小山率之，裂衣被爲旗幟，擊銅器爲金鉦，登埤以守，夜則燃炬數百，循山而行，爲若援兵至者，賊不敢近，拔營而去，城以獨完。其數年之瘏瘁如此。幸而政績首舉於朝，同輩者二十餘人皆衮衮登臺省，小山獨困於例，不獲列名於牘，以一覲天子而登曹郎。需次者數年，挈家居京師，卒不得一官，日俟一日，幾同河清，間與兄弟親戚飲酒半酣，則舉其生平抑鬱之事，欷歔感慨久之，而淚涔涔下，漏盡不休。旁觀者或以爲過，而予則知其悲之有自來也。小山雖生長貴介，善理煩劇，論天下國家事及生民利病，娓娓不倦，皆秩然有條理，不激不疏，可以見之施行。嗚呼！有才如此，而獨不使之一抵掌廊廟之間乎！與人語，雖渾然無圭角，而中負氣岸不可一世。生平所著詩篇皆磊落頓挫，乃畢生所遇如此，不使其少一傾吐。舉是數者，而知其疾之有自來也。故曰，功名則若通而若塞，歲月則可喜而可悲，其才則可用而不得一用，其氣則不可遏而終於遏之。此小山之所以死，而予之所以悲也。

小山爲伯父方伯公婿吾姊也，姊早世，爲叔父大司馬公婿吾妹也。有二女，其次則吾兒所字也。客死者則在千里之外，吾妹又旅食於此也，弱女煢煢，髪未燥也，徘徊瞻顧，何一足以解予之悲也。椒酒陳詞，小山其鑒之乎，皆不可知也。哀哉！

祭方侍御邵村文

嗚呼！先生之訃乃忽來於治城之畔，江水之湄。長安之公卿士大夫夙昔從先生遊者，莫不撫膺而涕洟，而況異姓兄弟之好，骨肉肺腑之親，數十年風雨晦明之誼，能勿呼搶而深悲。

憶先生之來遊都下也，甫經寒暑而再期，風神蕭散，望之如玉峰瓊樹之輝映。飄飄乎，丹顔而華髭，脱塵滓，謝羈勒。軒軒乎，如鴻鵠之羽，鸞鶴之姿。輦下諸公聞先生之至止，争聽謦咳而望豐儀，或當筵而揮翰，或擊鉢而成詩，既英多而博辨，復磊落而嶔崎。清言玉屑，逸興遄飛，焦談驚四座之客，荀香留十日之思。撫今悼昔，曾幾何時，嗟喬松之勁質，忽委謝而披離。聞先生之前身老畫師，而或是謫仙人，其何疑！生長華胄，玉蕊瓊枝。騷壇之賦鸚鵡，柱下之冠鵕鸃。驚才絶慧，超凌等夷，曾未展其萬一。遭世途之嶮巇，落拓於江湖南北，酒杯詩卷，挾天地而睥睨。四方之士聞先生之風者，近踪躡影，髣髴乎巖桂與江蘺。奇懷勝韻，信足以掩映前古，昭示來茲。

昊天不吊，嗇彼期頤，老親垂白，彌軫哀慈。豈人世之無恒，抑天問之難知。檢翰墨之遺迹，淚盈盈而不自持。望江雲而雪涕，灑絮酒而陳詞。庶其思燕市之舊遊，乘雲軒而聽之。

祭姚彦昭元配方孺人文

嗚呼！死生之際，良難言矣。有爲歿者悲焉，有爲生者悲焉。若吾姚長嫂方孺人，則歿者之悲與生者之悲俱長也。孺人事太夫人最誠孝有禮。太夫人，吾妻母也，知之最詳。爲婦四十年，起居色笑，服食滫瀡，於賢婦之手，朝夕無間者亦四十年於兹。邇歲始從宦遊吴下，凡甘旨紈綺之屬，非先奉太夫人不敢御，日茹齋誦佛以壽其姑，婉嫕純篤，無異膝下歡。今太夫人且八十矣，賢婦姑相依爲命，而孺人乃一旦殯於官齋旅次之中，則太夫人之悲當何如也？

孺人以名家子，幼歸吾妻長兄彦昭。彦昭高才也，而困闕闠也而貧，及薄宦也而猶貧。孺人事之四十年，彦昭雅不問家人生産，以文章詩酒雄於四方公卿間，門以内鞠育婚嫁之事，孺人黽勉有無，殫心盡瘁。今雖司鐸茂苑，而縞衣蔬食，常虞不繼。孺人以大家名士之婦長貧以没齒，則彦昭之悲當何如也？

長子東膠，吾婿也，贅於京師。丙辰挈吾女歸桐。孺人撫愛教誨，慈仁備至。繼又挈之姑蘇，吾女夫母家俱貧，以煢煢弱質，數千里遠離父母，來往南北舟車，而不致煩父母之慮者，恃孺人之慈之也。今聞疾篤時，吾婿刲股以救。吾女哀號願以身代，而竟不能輓留慈顔，爲吾婿吾女終身之覆翼。異鄉苦塊，血淚俱枯，則吾婿吾女之悲又當何如也？

吾妻以幼妹事長嫂，兼母道焉。自少彤管女紅之業皆學於孺人，愛視周至，歸吾家二十餘年，感念常不去口，忽聞奄逝，五内崩痛，闔室子女設位以哭。燕雲江水，魂夢通焉。嗚呼！此所謂歿者之悲與生者之悲俱長也。豈尋常之感悼云爾哉！

孺人閫儀女德，諸善咸備。閭里之人皆能言之，不獨姻婭也。寒暑繐帷，長江歸櫬，言之酸痛，思之涕零。謹陳無文之言以慰靈爽。

爲同年祭繆年伯文

嗚呼！吾輩雋南宫之年，念齋爲是科弁冕。吾輩因念齋有得從先生遊者，仰其醇龐敦碩，真誠坦易，有古君子風。大江以南稱耆年舊德必首推先生。有未得從先生遊者，與念齋交既久，樂其恬澹真至，與人絶無畛域，而立身行己卓然有規矩尺度不可易，而知其皆秉先生教也。今年先生七十，吾輩與念齋同官于朝，方舉觴相祝，曾幾何時，而遽有泰山梁木之慟耶。

國典親年七十，獨子無兄弟者終養。先生體素康强，年未七十，時日以報國恩，望其子不欲其違國典而遂私情，立志較然不欺者如此。今年秋七十矣，念齋與同人釐祝之後，即請養于朝，君親出處之大節確然如是。先生之教其子與念齋之奉先生教，皆可謂盡善無遺憾矣。請養既得俞旨，束裝戒途，吾輩咸嘖嘖嘆羡，稱爲盛事，謂念齋歸奉杖履，馴至期頤，不以世俗仕宦之言遽爲念齋祝，而樂其承歡之日長也。需次出都門，凶問忽至。此固念齋之所深悲，而吾輩代爲念齋悲無已也。嗚呼痛哉！

雖然，念齋登朝十年，宦京師者四年餘耳。丁未以疾歸，庚戌以丁内艱歸，家食之日較多，爲先生築雙泉草堂于家之圃，疏小池，蒔花竹以娱先生，晨昏定省如孺子之依戀。先生又雅嗜山水，賓從觴咏，瀟灑高寄，念齋時左右從之。念齋居京師，每同人燕集，或忽忽不樂，蓋時思老親不少置也。然則念齋之平昔孝養先生者，又豈待請養時耶，或亦可少紓其悲也耶。

先生三吴宿學，天性過人，顯揚其親，訓勉其子，以底于成。朝廷寵以侍從清秩，貤封大夫。鄉里人咸食其德，四領賓筵，朝野望之如祥麟威鳳。殁之日，神明湛然，不異疇昔。古人所謂生榮死哀得全而歸者，惟先生無愧。獨是吾輩以猶子之誼，時竊聞先生庭訓，而心傷于哲人之殄瘁，又慘戚于念齋之躃踊哀思，而不覺其言之痛也。南望江雲，椒漿載奠。先生有靈，庶其聞而來格耶。

祭誥封恭人何姑母文

嗚呼！違吾姑母慈顔者十六年，而今乃以訃聞，竟不及撫棺一哭爲痛心也。吾父同胞兄弟姊妹六人，其存者惟吾姑母與叔父，今姑母又見背耶。姑母爲先王父封中憲公季女，伯父方伯公之妹，叔父大司馬之姊，于歸姑父太守公，爲相國文端公之冢婦，中表兄弟皆極一時之盛。辨齋先生爲名孝廉，省齋先生爲館閣前輩。

吾姑母幼秉王父母之訓，以禮法孝謹上佐文端公，治其家，總持内政，皆井井有條。外佐姑父以恭儉慈愛，俾居官無内顧憂，以賢太守聲施至今。下教諸中表兄，勤而有法。俾辨齋、省齋兩先生以文學聞於海内，爲侍從儒臣之冠。噫嘻！福澤之宏長，德徽之永譽，光緒于前，承華于後，古未有若斯之盛者也。前年與姑父偕舉八十之觴，内外孫數十人。龐眉皓首，世稱雙佛。四方之士從諸表兄遊者，咸願登堂執猶子之禮以爲榮。蓋不獨吾家奉爲女宗，梓里頌爲人瑞，海内稱賢母之德福兼隆、子孫壽考，咸必歸之。乃期頤方祝而喬松忽凋。英所最悲者，計予有姑之日長而侍姑之日少也。

英向隨吾父母避地秣陵，時方幼稚在襁褓。姑母鞠育覆露之不啻吾母，梨棗時事，猶能記憶其一二。庚子歲，吾父挈英就試長干時，以垂老之兄妹聚首，道十年契闊，恩勤篤摯、形影相依者數閲月。英是年被放，姑母持先君與予涕泣不能自勝，猶忽忽若前日事也。洎癸卯幸登賢書，姑母喜動顔色，遥爲老親慰。詎意自此長違膝下，馳驅南北，遂不獲再奉色笑矣。嗚呼痛哉！猶記庚子歲，吾父與姑母，雖春秋高而極健盛。吾父方登眺雨花、牛首之間，終日無倦容。姑嘗謂之兄行徐徐，毋令姪苦于追躡。嗚呼痛哉！詎意閲八年而吾父先背，又十年而姑母亦長逝耶。

丙辰辨齋先生入都門，英再拜問兩大人起居，爾時即微聞姑母抱恙，後旋病旋愈，時爲憂念。今二日忽接訃音，五中崩裂，謹述數十年骨肉聚首之艱，以寫哀戀，兼以慰吾姑父與諸表兄。蕪詞鄙陋，亦聊以附于至親無文之義，姑母之靈，或且鑒斯誠而垂聽也。

公祭誥封太夫人陳太君文

嗚呼！古稱生榮死哀，未有若太夫人之盛者也。凡列官于朝者，類皆能以命服顯揚其親。逮其殁也，聚公卿士大夫哭于寢門之外，車馬闐咽，縞衣塞路，哀誄之辭導揚淑美。人子以此致于親，亦可以少慰風木之慟矣。獨是太夫人之喪，鄉邦人哭之，同官于朝者哭之，聖天子當宁爲之咨嗟嘆息，慰問無已。此豈非凡爲人子者所莫敢望，而哀榮之不恒有者哉。

説巖先生以端諒純明之器，際朝廷崇儒嚮學之時，表率詞曹，以翼贊休明，領袖經幃，論思獻納，天子深倚重之。英輩獲從先生遊有年，其學術品詣、言論風旨，真當今第一流人。終歲以來，屢奉編輯之命，同直内廷，朝夕與先生起居，因得聞先生太夫人慈誨甚悉。太夫人係出名閥，以積德樂善佐太翁先生，尤能明大義，時時以忠誠勉勵其子，綽有古賢母風。説巖先生性篤孝，每聞言及老親，則西望欷歔，以不得侍膝下爲歉。數年於講筵，紫貂文綺、珍味名果之賜，則千里馳使，鄭重封題以奉之。英輩恒相對健羨爲先生喜，兼爲先生祝願堂上常享期頤，而端人正士亦得常在吾君之側也。

今長至後正金華進講之辰，先生忽以母憂上聞，天子動容感悼，特遣近臣至第賜問，異數昔未曾有。嗚呼！非先生立朝以來光明俊偉之氣，經術之精深啟沃深至而能邀主眷如是，非太夫人之教訓濡溉積厚而光，有以致先生之獲上而能如是哉。噫嘻！魚軒象服，疊膺寵命，此亦人世之恒有；而使舉朝惜先生之去以重爲賢母慟者，此則太夫人之所獨也。況予輩之朝夕以期頤祝太夫人者，而能已乎涕泗之沱若哉。爰藉生芻之薦，敬陳鄙俚之詞，遥致几筵，敬俟來格。

徐母顧太夫人誄 並序

維皇清康熙十有五年丙辰十一月七日，誥贈翰林院學士兼禮部侍郎徐公元配、誥封太夫人顧太君卒，聞訃於京師。是時伯子宮贊健庵先生、叔子翰林學士立齋先生官於朝，仲子編修果亭先生請急歸養於家。公卿大夫及海内文學之士夙昔從三先生遊者，莫不交口稱太夫人之賢，謂其教子治家遠邁古人，而食報亦爲古今所希有。訃聞之日，舉朝薦紳齋咨感悼，哭太夫人於兩先生之室者踵相接。時學士先生方日侍天子講學，夙夜内庭，以經史開陳啟沃，天子深倚注之，遽聞有母憂，當宁色動咨嘆，重其去以陳乞哀懇，且聞其擗踊摧毁狀，不欲深違人子之情，勉俞所請，特命撰文賜祭以榮之。

太夫人孝謹貞順，慈明恭儉，聖善本於性生，動止嫺於榘法。東南閥閲奉爲禮宗，姻戚鄉里咸化其德。殁之日，親疏遠近之人無不哀號奔慟。嗚呼！太夫人之德施於家，著於鄉，而光大於朝野。教其三子，皆以積學儒宗爲制科弁冕，啟一代文章之運，作聖朝謨弼之臣。三先生又能以數十年來成就於太夫人者，推廣其意以成就海内人材，使賢母之教光顯洋溢。猗歟盛哉！積者厚而流者長，不止一身一家之善而已也。極存殁哀榮之至，豈不宜哉。

英奉三先生教有年，太夫人之懿軌淑範知之素矣。古人作誄詞，累列其德行而稱之，自愧譾陋無文，比於繪天賦海不能抒寫其萬一，敢臚述梗概，質言其實，謹頓首再拜而作誄曰：

國家景運，光啟文明。崑山兄弟，適駿有聲。允惟賢母，大經是程。麟麟炳炳，克觀厥成。維太夫人，東吴望族。黄門樞部，高曾繼躅。祖贊承華，宮僚耆宿。父克繩之，躬行純篤。累世清德，天誕淑姿。幼嫺内則，奉訓姆師。于歸贈公，家人是宜。敬執婦道，茂著壼儀。僉曰孝婦，惟太夫人。先意承志，至性真純。甘毳必奉，滫瀡必親。宗黨咸式，流譽人倫。洎乎慎終，致謹含斂。伏臘孝享，歷久靡倦。歲時丘壟，愾聞僾見。事姑事母，永世克念。惟太夫人，克相贈公。哲人早歲，名譽龐鴻。四方壇坫，羣奉宗工。左之右之，賢淑之庸。黽勉有無，好行其德。盤餐不具，佐以紝織。雜佩可解，而無倦色。常傾笥篋，以紓孔棘。教子嚴肅，孟柳遺規。所交必察，所業必咨。束脯豐腆，牟麥自貽。甘此劬勞，或恐子知。朝夕講貫，子臣大義。勖以經史，夜分忘寐。覆翼辛勤，切劘勞勩。堂哉皇哉，天廟之器。惟三君子，璧合珠聯。冠冕藝苑，焜耀後先。匪爵之貴，僉曰能賢。岳岳鳳麟，人寰所瞻。學比川瀆，行成楷模。叔子早達，領袖羣儒。敷陳至道，黼藻皇途。洊登三事，霖雨中區。實由坤德，毓兹鴻寶。彌懷謙抑，若集荼蓼。惕以持盈，勉以克紹。欿然之衷，景福斯肇。子以禄養，母以禄施。宗親咸賴，疏遠不遺。或舉其喪，或佐其炊。粟以食之，纊以衣之。慈能廣愛，儉能約己。服捐綺縠，味卻豐旨。教先童孺，恩周僕婢。有過斯誡，見善則喜。言不踰梱，而能遠謀。既識治體，亦念民憂。諸子敬聽，秩秩大猷。方之古人，憲英與儔。禮教之宗，仁義之府。樂獎婦貞，隱德尤溥。勉以從一，倫常撑拄。備兹衆善，誕受多祐。光遠而耀，積慶而昌。自天有命，象服斯皇。安貞元吉，躬集百祥。青史表瑞，彤管播芳。天降閔凶，遽返幽宅。郝法何仰，鍾儀永隔。慟失女師，悲亡壼則。羣公震悼，九重惋惻。帝曰咨爾，教有榘矱。誕育儒臣，匡予以學。錫之寵綸，用光泉壑。昭垂奕世，王言炳焯。濾浦澄映，玉峰崔嵬。魚軒翟茀，歸於夜臺。漫陳楚些，魂兮歸來。其生也榮，其死也哀。

祭家婦封孺人吴氏誄詞

敕封孺人家婦吴氏卒於京邸，櫬以癸亥除日還里，厝於北山之麓。親友欲聚國族哭孺人，予固以卑幼辭，乃僉謂孺人賢，且朝廷命婦，其不獲永年天也，不可以不哭。於是以甲子仲春丙午日設祭奠之禮。予悲從中來，不能自已，爲文以哀之。其詞曰：

嗚呼！家之興替，莫不由於閫内，況冢婦者，衆婦之倡。其獲事舅姑也早，其奉顔色教誨也深。有賢女焉，能恭順婉嫕，勤肅儉讓，則妯娌衆婦有所程稟觀法，漸摩習染而從於善。雖有驕心惰容，曼習侈俗，不知何以自化，故家政不嚴而成其所係之重如此。

孺人，吾甥女也。姊翁敦龐宏碩，仲姊賢明惠淑，孺人爲其愛女，芝根醴源，姆訓之預有自來焉。爲吾家冢婦十三年，皆從宦京師。吾妻姚淑人一燈自縫衣裳，孺人必侍左右，刀尺針管相佐，夜漏數十下，不謂之退不退。或有時未命之坐，則侍立竟夕，愉色婉容，先意承志，蓋十餘年如一日。予久居史職，謬以固窮之節，家人茹荼食貧，時有寒士所不能堪。孺人食粗衣敝，終日欣然。予居常察其詞色，口雖不言而心知其賢也。素艱於産。記乙卯夏，予以孺人之故，不寢食者三晝夜，憂戚惶遽，不復知人事，已而獲安。姚端恪公相見，謂予曰：『聞子以子婦病，三日不寢食，憂遽已甚，毋乃太急迫乎！』予曰：『自子婦歸吾宗，荼苦萬狀，未嘗一日少豐裕，勢萬不可以死，予安得不迫切也。』端恪公爲之愀然。予自請假歸，孺人從長男宦京師，自持門户，日益況瘁，故鄉親友從都下來，輒交口稱孺人之賢，雖庖廚蕭然，而客至必具饌豐腆。詩稱『何有何亡，黽勉求之』，孺人有焉。予出都時，惓惓勖其以賢明相夫子，蓋素知孺人識大義，克儉克勤，能奉姚淑人之教，以佐吾兒之不逮也。嗚呼！詎意其終以産殞其生耶！孺人素羸弱多病，仲姊存時，每心憂之。猶記其得女家信詩有云：『心知本是平安字，猶自遲回未忍開。』雖情至之語，亦逆知孺人之無父母詒罹也。姚淑人自去夏以來，心常懸悸，形於噩夢。及聞孺人之訃，予悲不自勝，淑人嘔血數日。蓋孺人之事舅姑甚于子若女，故舅姑之愛之亦逾於子若女。初不因吾甥女而然也。

嗚呼！得賢子易，得賢婦難。予既失此冢婦，後此閨門家督將何所賴！今雖兩孫環立，予能已於情之慟哉！古稱内言不出於閫，孺人既殁，而其賢孝之實亦何忍殁也，略質言之。死者有知，尚冀其來饗焉！

爲同衙門祭翰林院編修王夫子文

嗚呼！世固有鴻才博學，峻言危行，端方磊落，而困頓於諸生者，幾五十年，垂老而掇巍科，官禁近，謂可展其才矣。乃潦倒于一官，以貧以病，經十五年而不遷，一旦國有良史之悲，士有典型之慟，同官者烏能不相對而潸然？惟公以清白吏子孫，生而英穎奇特，髮未燥而名震于幽燕。左忠毅秉人倫之鑒，公甫應童子試，即斷其文章道德弁冕乎時賢。自此益清流自許，爲諸生時談風節，明大義，諸媚璫附勢者疾之若浼。真落落乎松勁，而皜皜乎冰堅。其爲文也，主明理養氣，奉王、唐、瞿、薛、震川、思泉爲矩矱，不以三十年不第而改轍更弦，四方名士來京師者，咸奉公爲壇坫。公之談經論史，講道辨學也，千萬言不倦，而目如電烱，口若河懸。戊子歌鹿鳴，己亥捷南宫，文章光氣如干將之摩碧落而夜光之出深淵，其對策大廷也，文追賈傅，書擬魯公，天子將拔置殊等，而尋聞名姓于臚傳，既而遴選庶常四十有二人，公以文場宿望獨領袖于花磚。室無餘粟，門無雜賓。但蕭然環堵，左圖右史，皓首而窮研。掄才于江左，公明清慎，所拔士皆單寒蓬蓽，朗然如冰鑑之在懸。世祖實録特簡纂修，公以雄才卓識，實能兼三長備五善，經數寒暑而成一代之鴻編。勤勞史局，資深望重，方將晉司成之席，而忽遭多病之纏綿。公年益高而學益博，志益苦而行益峻。曾無一畝之宫，中人之産，幾幾乎饑同方朔，而貧若鄭虔。一旦捐賓客，子早喪而孫方幼，殘書滿室，遺琴在壁，何怪乎故人之來哭者，淚若湧泉。

嗚呼！公之孝友在家庭，文章在國史，風節言論在士大夫。奚悲夫泯没而無傳？生芻一束，望白雲而陳詞，知公靈之在天。

爲同門祭誥封夫人馮師母文

嗚呼！海岱高深，六宇所瞻。鍾靈苞秀，女宗巋然。佐我函丈，内助維賢。文昭舊族，簪佩蟬聯。篤生懿德，作配自天。起居八座，寵命昭宣。五福咸備，四德不愆。期頤正祝，溘逝驚傳。恭惟吾母，令儀端淑。毓自名門，歸于望族。鵲巢來迎，鳳占既卜。敬慎温恭，柔嘉姻睦。逮事舅姑，孝謹彌篤。躬親瀡瀡，虔供旨蓄。愉色婉容，周旋委曲。相吾夫子，早歲登朝。譽隆丹地，望冠詞曹。闔闈佐理，黽勉勤勞。蘋蘩克謹，杼柚親操。帝簡有命，進退百寮。銓衡不爽，邦憲維昭。以儉佐廉，冰蘗風高。以勤成敏，庶務咸調。既登揆席，爲國元臣。相吾夫子，翊贊鴻鈞。閨門之化，有要有倫。鍾儀郝法，革薄還醇。仁施閭里，慈洽周親。

帝嘉明德，爰畀新綸。首行命婦，紫誥重申。大國之封，象服疊陳。華髮增輝，温恭不已。不以貴驕，不以富侈。不近鉛華，不尚紈綺。明珠翠羽，不飾璫珥。如魯敬姜，手治絲枲。以茲淑問，備膺駢祉。鴻案允諧，鵷雛振起。謝庭三樹，含飴繼美。

英輩小子，日侍絳帷。閫儀夙仰，母法羣師。常期戩穀，琚佩永綏。忽歸幽宅，邦國咸悲。矧予小子，臨風涕洟。生芻在握，祭酒盈卮。雲衢俯首，瞻企母慈。撫我鞠我，庶其來思。

六姪琇瞻哀辭

嗚呼慟哉！我生不辰，忽蕙折而蘭摧。迸老淚之交流兮，予懷亦孔之哀。維瑩姪之秀惠兮，洵玉質而珠胎。恂恂乎克家之子，而琅琅乎用世之才。智疏通而豁達兮，性温克而無猜。文章蔚其爾雅兮，會羣藝而兼該。待需次于一官兮，期養志于蘭陔。吾兄逾四十而生此子兮，曾禴祀于高禖。伊余之所篤愛兮，奚啻屬毛離裏于予懷。違老親于千里兮，來省予于燕臺。話家園之款曲兮，中夜起而徘徊。遘疾于初秋兮，忽寒熱之爭乖。持筳篿以往卜兮，神告予以無災。目炯炯而視予兮，何鬼伯之相催。吾兄之抑情兮，豈宜垂老而自隤。送靈輀于扁舟兮，歷長江而溯洄。風吹衣而颯颯，露横江而皚皚。子冥冥其何之兮，魂兮歸來。鑒予心之悽慘兮，魂兮歸來。

二媳姚氏哀辭

嗚呼！二媳于歸吾家越十二年，而翁與姑猶未得見，乃遽以疾溘逝耶。媳，大司寇端恪公之少女。公與予同官于朝，典刑碩德，予所師仰。姻婭周旋，同于骨肉。公愛廷玉，因以女字之。媳于歸于桐，翁姑留宦京師久，家事悉賴之。

媳秉性端静，寡言笑，足迹不踰閫閾，而内外事皆辦理悉中法度。御婢僕無疾言厲色，而長幼皆奉其指示無敢惰窳。儉素不事紈綺侈飾，取三弟婦、一姪婦，凡納幣、親迎、賓讌之事皆其所經理，咸有禮法。每致書京師于舅姑前，道誠懇婉孋如在膝下，寄果蔬必親自揀擇緘封，不以委于人。待諸姑妯娌友愛和敬，諸婦奉以爲模楷，一門祗肅無間言。噫！婦德茂矣。去年遘疾，至冬春而少愈，猶綜理家務，乃以慟四媳菊孫之孤而疾復作，遂沉篤不起。臨歿，惟以不得奉事舅姑爲憾。觀其行事，豈非賢孝能治家之婦哉！以多病未嘗生育，前年私致稟于其姑，欲爲廷玉買媵婢，姑以禮宜少俟，妯娌皆未知也。病篤時，此意益急，斯亦人所難。噫！舅與姑皆老矣，倘得歸田園，擬以家務繁劇事盡委之，表率諸婦，整肅臧獲，兩老人庶可優游頤養。今乃頓失此賢婦，寧不悲哉！四男櫬以三月初九至里門，而媳以初五日即世，繐帷在室，轊車南返，言之嗚咽。四男孝而能文，而二媳儉素賢淑，皆罹夭逝，尤不能不傷家門之殄瘁也。老淚頻傾，極知非頤養之道。然悲從中來，不可斷絶，則亦無可如何者矣。己卯四月十四日書。

仲兄桃村先生同仲嫂葉孺人哀辭

古稱賢達之士兮，早遁迹於山林。侶白雲而友明月兮，遵鴻渚與鷗汀。羨超世而遠行兮，書簡牘而垂馨。惟吾天倫之有傳人兮，踵芳躅而軼羣。既敦龐而卓犖兮，復魁岸而孤清。孝友秉於至性兮，捐城府而徑情。隱湖山以嘯傲兮，歷三紀而攸寧。咏滄浪而臨濠濮兮，時岸幘而披襟。植舜華以爲墉兮，蒔芙蓉以爲城。指桃源而卜居兮，比柴桑而結鄰。晚著書以自怡兮，用旁搜而遠徵。惟潛德之不孤兮，偕龐公而隱淪。甘椎布而操作兮，惟德耀其與京。儷鸞鶴之雙清兮，抗松筠之并貞。杳城市其絶迹兮，狎漁樵而共盟。芳如幽谷之蘭芷兮，潔如崑圃之瑶瓊。兄騎鯨而天遊兮，嫂復乘鸞而杳冥。望仙趾而莫可攀兮，空拊膺而涕零。萎同氣之修條兮，雁失羣而哀鳴。如兄嫂之高潔兮，自迴軌于蓬瀛。獨余心之深悲兮，憂從中而難任。羅椒漿而一奠兮，隔江樹與燕雲。魂有知而賁止兮，聽哀誄而難陳。

祭長婿孝廉姚東膠文

嗚呼！吾悲夫東膠之遇也，則以其才之卓犖不羣，行誼之純誠無間，而然其遇而仍不遇也。爲烏衣子弟而貧，舉南宮而復不售。逾强仕而早逝，以潦倒挫抑，坎壈困苦終其身，是則重可悲也夫。峽江公以名士登賢書，爲邑宰不及數月。天若以嗇之于尊公者，將報之于東膠，而又不然。甚矣！蒼蒼者不可信，而爲善之報或爽也。

東膠幼穎異，爲文獨抒性靈，不拘拘行墨，沐浴于先輩大家之文，而尤規模金正希先生。庚午科鶴汀學士主南闈試，極賞其文，以爲異才，遂登鄉薦高第。甲戌亦激賞于主司，服其有蘇文氣勢。此則其才之卓犖不羣所致也。人品端直，年少遊慢之習一毫不染，遇人有過必正色直折之，不少寬假。孝友出於至性，母夫人疾篤，割股以救之。峽江公暨夫人逝，竭蹶謀窀穸，足重繭，歷山川而不倦，體素壯健，卒以此致疾。其獲售也，諸同人咸謂純孝積學，不愧孝廉名。此則其行誼純誠無間而致也。嗚呼！家素貧而性狷介，不事干謁，與吾女蔬食布衣以給朝夕。猶記甲戌春，出闈中落第卷，知爲主司所賞，獎譽滿紙。東膠方在席，連飲數大杯。舉聲而號，吐血一甌。其坎壈挫抑之苦，寧不重可悲夫。體素無病，然亦頗自恃。遘疾失音，久而不愈。余歸里頗心憂之，亦以其素强不深慮也。嗚呼已矣！天若以嗇之于峽江公與東膠者，而或以貽之後人，又豈不可恃耶。諸子爲吾外孫，子爲吾孫婿，女爲吾孫婦，勉哉負荷。

嗚呼！寒風淒冽，繐帳在懸。寡妻稚子，家徒壁立，而賢孝廉之名不泯于世，寧不重可慟耶！靈如有知，尚其來饗。

篤素堂文集卷十一

行狀

先考誥贈光禄大夫文華殿大學士加二級前敕封文林郎内宏文院庶吉士拙庵府君行述

嗚呼痛哉！先君竟舍不孝載等而長逝耶！不孝英前此三十年來，無〔一〕一日違膝下。癸卯之秋，倖舉於鄉，以應南宫試，始爲數千里游。時值先君微疴，依依不忍就道。先君怡顔勉之曰：『吾健，可無慮也。』次年不第，疾驅返里，再拜問先君寢膳，則康健逾曩時。去年冬，再赴公車，將束裝，微察先君起居，雖春秋漸高，然猶善飯，且步履甚健，私心欣慰，拜别之日，先君撫之曰：『勉旃此行，吾邇來氣體益强，齒摇落者復生矣。爾毋以老親縈念。』後數於家郵得先君手諭，皆細書盈幅，慰勵有加，及與南來人問狀，咸謂先君興致如常，行不扶杖，與人言終日不倦。故不孝英稍得自慰。詎意疾作不數日，忽然奄逝！竟以羈宦京邸，病不及知，藥不及進，殁不及訣，含殮不及親，不孝之罪，百死莫贖矣。嗚呼痛哉，不孝英尚何以生爲！已又念諸兄輩皆遠在里門，獨不孝英羈宦京邸，倘於先君之嘉言懿行不復述其涯略，是先君之風迹不及聞於朝之縉紳先生，以重不孝之罪也。苫塊間語無倫次，冀大人先生哀而賜之一言，以垂不朽。

先君諱秉彝，字孩之，號拙庵。先世自豫章徙于桐，至七世曾王父懷琴公成進士，歷官大中大夫、陝西左參政。初令永康，爲循良第一，所至有廉能聲，至今咸尸祝焉。王父恂所公以文學封中憲大夫，撫州府知府，贈正議大夫、廣東按察使。先君兄弟有四：長，鍾陽公，庚戌進士，歷任山東布政，贈太常寺卿；次，欽之公；次，淑之公，皆明經。先君行三，生而穎慧絶人，稍長就外傅，六經、子、史之書，靡不淹貫。爲文一本經術。初不煩思索，伸紙立就。十五補博士弟子，精攻制舉業，以廪例入南雍，名噪士林者三十餘年，歷成均歲久，考授別駕，未仕，優遊林泉者又二十餘年。生平孝友純篤。自鍾陽公筮仕以來，王父母皆里居，先君孝養誠順，甘毳之奉，定省之勤，數十年無間。己卯，鍾陽公殉難山左。時兵燹充路，道殣相望。先君走數千里外，扶三櫬及藐孤歸，經紀其喪，未逾月而王母又見背矣。先是大江以北苦寇氛。先君奉王母僑居白門，流離轉徙之中，又值數大喪，拮据經畫以營殯殮，皆備物備禮，曰：『吾不敢以時絀儉吾親也。』年六十餘，猶策杖從堪輿家遍歷山水，爲先王母營窀穸地。後卒存〔二〕佳城，松楸葱鬱。人咸以爲積誠所致。叔父坤庵公爲大司馬，捐館京師，櫬歸里門，凡諭賜、祭葬諸大典，皆先君左右贊襄，一遵於禮。逾年，而叔父孝廉蔚庵公倏逝，先君親爲含飯，哀號達旦，友愛之誠，老而彌篤。

曾王父暨王父置義田數十畝以贍族人，兵寇以來，田在草間。先君經理之，漸就墾闢，以充伏臘祠祭之用。族之人貧不能婚喪、及有志不能就學者，咸賑給之。祖塋傍爲鄰家地，先君購之，植松柏以蔭丘壟。自曾王父以下，遍建豐碑以垂不替。每念譜牒散逸，甲辰冬，發篋搜先世行狀、誌銘、及世系圖考，自始祖迄今十二世，旁及墳墓、祭禮、列傳、外傳，分爲十卷，臚列詳明，大旨主于敦宗睦族，閱一歲而成。鳩族人而告之曰：『吾家累葉以來，兢兢惟耕讀是務，洎大參公登仕版後，實能以忠貞孝友世其家，子孫奉先人訓言，以無自隕越。此吾作譜之志也。』性素儉約，于聲色華麗之物絶無所嗜好，一羔裘衣三十年，雖敝不忍易。時以『惜物力留有餘』爲訓。然性樂施濟，遇人之急，不啻身受。方吾桐苦寇，歲且大祲，先君設粥糜以濟飢者，全活甚衆。生平多隱德，不以告人。其教子弟也，惟以孝謹純愨、讀書立行爲先，即不孝英旅食京邸，先君猶屢諭之曰：『祖宗積德累世，爾惟益自勉勵，以無貽前人羞。老親千里拳拳，惟此而已。』後封一函示之曰：『此太上感應篇也，近讀此，不忍釋手，特以寄汝，見此如見汝父。』迄今手澤猶宛然也。與人藹然以和，肅然以敬，未嘗有疾言遽色。遇人有過，則微詞以動之。鄉人孺子相對皆無侮容。晚年益精性命之學，宅後搆一亭，蒔花竹，列圖書，課子孫誦讀。晨夕居其中，時或往來別業，杖履蹁躚，被服都雅。居人比之洛社香山之老云。丁未春，邑使君方隆重鄉飲賓禮，公論翕然推先君，固辭不獲，禮行之日，環橋觀者，稱爲盛舉。

先是曾王父、王父皆以鄉賢列祀澤宮，暨先君又以碩德晉賓筵。先後濟美，邑人榮之。長兄克儼雖早逝，姪思耀復能成立。丙午春，思耀之子映台〔三〕生子鴻祚〔四〕，一堂五代，繞膝含飴。先君顧之輒色喜，即邑之人亦健羡爲里門盛事，百年來未有也。幸遇覃恩，邀封典，先君益沖然自下，不改寒素。秋爽後，猶往來山水間，時與賓朋讌會，竟夕觴咏，亹亹忘倦。乃偶以疥疾，十月十九日稍覺畏寒，越一日腹中利數十次，遂覺元氣耗失，子孫環膝下問所囑，曰：『吾心了無罣礙。』二十四日巳時氣漸微而逝。嗚呼痛哉！先君平生學道，每自謂於性命之旨深有所會。嗟乎！易簀之時，神觀爽然。豈非存順殁寧之驗耶！嗚呼痛哉！先君生于明萬曆癸巳年正月十二日辰時，殁於皇清康熙丁未年十月二十四日巳時，享壽七十有五。恭遇覃恩，封文林郎、内宏文院庶吉士；先慈吴太君，文學石蓮公女，敕贈孺人。庶母姜氏、呂氏。子七人：長，克儼，庠生，早世，娶姚氏孝廉諱之蘭公女；次，載，庠生，娶倪氏明經諱善公女，繼娶葉氏文學諱士公女；　次，傑，郡廩生，娶潘氏明經諱應室公女，繼娶黃氏，吳太君出；　次，嘉，娶李氏明經諱在公公女，庶母姜出；　次即不孝英，中康熙丁未科進士，欽授內宏文院庶吉士，娶姚氏明經諱孫森公女，吳太君出；　次，夔，聘廣昌令劉公諱鴻都女；　次，芳，聘汝南道彭公諱纊女，俱庶母吕出。　女三人：　長適庠生方穀；　次適邑廩生吳德音，吳太君出；　次適水部吳公諱道新子吳澈，庶母吕出。　孫五人：　長思耀，庠生，娶夏氏黃陂令夏公諱統春女，繼娶翁氏，克儼出；　次廷璨，娶方氏庠生諱儀女；　次廷瑞，娶倪氏廩生諱士棠女；　次廷珠，載出；　次廷瓚，聘廩生吳諱德音女，英出。　孫女七人：　長適庠生吳諱道豐子吳德博，載出；　次字庠生吳諱德懷子吳驪牲；　次字庠生吳諱商霖子吳憙，傑出；　次子〔五〕明經姚諱文燚子姚士黌，英出；　餘俱幼，未字。　曾孫二人：　長映台，娶葉氏庠生諱爾誠女；　次若崙，聘庠生夏諱鼎女。　曾孫女五人：　長適邑庠生左諱國材子左相；　次字庠生馬諱敬思子馬曇；　次字庠生盛諱約禮子盛〔某〕〔六〕，俱思耀出。　餘幼未字，廷璨出。　玄孫〔七〕鴻祚，映台出。

不孝英哀痛之餘，追維詮述，不文不備，惟求大人先生俯賜矜憐，錫以華袞，以爲先君泉壤之光，不孝載等死且不朽。

校記

〔一〕『無』，康熙四十三年刻本作『未嘗』。

〔二〕『存』，康熙四十三年刻本『得』，是。
〔三〕『映台』，四庫全書本作『若嶷』。
〔四〕『鴻祚』，四庫全書本作『鴻奏』。
〔五〕『子』，四庫全書本作『字』，是。
〔六〕『某』，原缺，據四庫全書本補。
〔七〕『鴻祚、映台』，四庫全書本作『鴻奏、若嶷』。

先妣誥贈一品夫人吴太君行略

先妣誥贈一品夫人吴太君，外祖石蓮公次女，贈中憲大夫德陛公曾孫女。石蓮公文誼冠一時，聲振膠庠。外祖母汪太君以乙未生太君，幼而温恭端淑，綽有令儀。十五歸大人，曾王父大參公猶見及之，每曰：『此宜家婦也。』大人年十七，王父即授以家政。太君躬節儉以佐之，衣縞茹糲。每自方桓少君督諸婦事織紝，布縷絲枲之工緻，無有出其右者。事王父母婉顔愉色，内外無間，祖母贈一品夫人齊太君於諸婦中尤篤愛太君。伯父宦臨清，迎養王父母，逾年而歸，嗣是惟太君是依，一飲一膳，非親調不敢進。祖母喜篝火夜坐，太君聚諸孫婦、諸孫女繞祖母膝下，羅列果飴，諸婦次第進食，祖母歡然解頤。既寢，方敢入于舍。昧爽則已盥櫛立幃外矣。以故祖母晚年，食微，太君則不甘；寢微，太君則不安，未嘗一日離也。祖母慟己卯之難，遂得疾。太君躬親藥餌，目未合睫者數閱月，籲天以請，疾既篤，每顧太君曰：『愛我無如賢婦。』祖母卒，哀毀欲絶。時僑寓白門伯父母三櫬甫至，繼以祖母之喪，百費叢脞，太君黽勉有無，殯斂務從覃厚，井然肅然，一遵典禮。時以爲孝，且以爲才。處姑姊妯娌間，尤巽順和睦。伯母方夫人、葉夫人、姑母吴夫人、何夫人皆敬愛之，閨門之内咸取則焉。事外祖母篤孝，時外家居麻谿，流寇卒至，圍城數匝，音耗莫能達。太君寢食俱廢，募力士間走賊營中，晝伏夜行，往來荆棘二百餘里，問汪太君平安，憂稍釋。後寓舊京舅氏避地，從之授館餐焉。既而舅氏罹患難，太君營解得釋，不以流離轉徙中渝友愛也。大人嗜施濟，太君佐之甚力。姻黨中貧不能振者，婚喪不能自舉者，子女不能自育者，太君咸助之。生平隱德，莫可殫述。

識解每能料于事前，己卯自白門歸，壬午寇圍桐數日而去。太君曰：『是又將率衆至矣。』遂挈家再之金陵。次年寇復來，攻圍異曩時，孤城屢濱于危，吾家獨無風鶴之驚。居金陵時，米珠薪桂，食指甚繁。故鄉田園委在草莽，太君經營拮據，焦心勞思，延師友，禮賓客，無異平時，不止八口待哺而已也。時大人以成均擢上第，授别駕，且就選矣。或謂曰：『稍措置焉，可得名郡。』歸以謀于太君，曰：『此時魚軒翟茀，何如羊裘鹿車耶！遺榮偕隱，願傚古人。』大人遂決意歸。挈子女居北山，課婢子拾薪耡菜，以供朝夕。審時度勢，而後入城郭。故桐邑始苦寇，既苦兵，既苦除兵之兵，而吾家獨得安枕，賴太君之明哲也。督諸兄甚嚴，擇賢師良友，脱簪珥以佐束脩。寓金陵時，所僦屋甚隘，遷徙無定居。太君必先營書室，隔窗聽咿唔聲，入深夜不倦，則色喜。時大人往來于桐，太君以教子爲己任，間請于大人簡題數百爲籤，作大斗貯之，遇文期則掣籤命題，文未畢不令就寢。後遷桐，居山中，猶擇鄰庵，命叔兄讀書其中。採山蔬以給饋食，勉厲益力。以故播遷瑣尾中，而諸兄姪未嘗廢學，太君之教肅也。早年即爲大人聘側室姜，數年姜即世，季兄幼，太君顧復之教誨之，忘其非己出。復爲大人置側室吴，亦不禄。時方居北山，吴病，值太君亦病，强起躬調藥以治之。既卒，而其子又病。太君保恤勤懇，未幾而殤。太君涙盈盈，殯葬皆從厚。嗣是病漸篤，自虞不起，慮大人無侍巾櫛者，復聘側室吕，甫浹月而太君卒，年五十有二。

太君幼嫺姆教，備有女德，通毛詩、孝經、列女傳，持家有禮法，事大人誠敬婉順。婢子數十人，皆有執業。月朔望，庀其良楛而賞懲之。僮僕受命，皆屏息立階下，唯而退。晚年嗜禪寂，尤多解悟，蔬食十餘年，五十初度之辰，飯僧數百人于雞鳴寺，手自綉大士像，書諸佛經皆極工緻，固自有夙慧也。

不肖英生也晚，太君即世，英甫九齡耳，尤愚頑無知，于太君之喪，曾不知慟。故太君之嘉言懿行，不能記憶其萬一。今從大人暨兄嫂間所熟聞于耳者，謹誌其大略如此，以庶幾于仁人君子之一言焉。

誥封一品夫人亡室姚氏行實

痛哉！憶夫人自結褵以來，歸予家五十有六年。自幼恭誠醇篤，孝謹節儉。贈光禄大夫晚年居西門，予與夫人從，先君深識其賢淑，每見輒獎勵之，事内外無閑言。予自二十染疾，經三年，簪珥盡行典鬻，手自調治飲食果餌之屬。三年未嘗一刻倦，予疾得稍起。庚子，予病愈，從事於帖括，伊吾之聲，終夜不倦，家事悉聽其料理，予絶不置問。暨癸卯登賢書，公車再上，生計益貧。丁未獲雋授翰林，旋以憂去，扁舟南歸，舟中至不能給朝夕，抵家益窘迫。夫人安之，從不肯向人言貧。間或親友偶有饋問，輒面赤不肯受。庚戌服闋入都。癸丑，時當會試。予資在詞林前列，或有問津者，予正色拒之。夫人相謂曰：『貧士家，有人贈三金五金，則童僕欣相告，薪米皆充然盈庖廩，下至嬰兒孺子皆知之，歡然有喜色。今入闈而忽有千金之獲，後將何面目對家人孺子？』入闈後，家人經旬乏食，搜得家中有麵數斗，遂舉家食麵湯將一月。時姚端恪公聞之，語人曰：『此事甚難。』蓋予與端恪公至親密邇，知吾家中備細，故嘆息及之。時予客居虎坊橋，歸子孝儀館予家，家中典質幾盡，將二郎項下銀鎖以質錢，命二郎解以與母。有間，二郎走告予曰：『已將項鈴與母矣。』孝儀竊聽聞之，予初不以告也。及入賜第，清苦日甚。歲時典質以供饔飧。既而長男官翰林，夫人教子惟謹，每逢鄉、會試，夫人曰：『自予爲汝家婦，見汝父於試事皆冰清玉潔，即内庭考教習，與静海勵公信誓旦旦，雖得咎朋友，不敢屈撓，從來無一字閒言，況鄉、會試乎！汝宜謹守之，不可以一字與人口實。』廷瓚乙丑爲會試同考，己卯爲山東正主考，以至廷玉丙戌爲會試同考，皆守家訓，實無一事呰議，實夫人教之也。始居果子巷，洎居内左門，垂二十餘年，比鄰之人皆呼爲老佛，蓋其素性謙抑小心，慈愛及人，故所居皆敬愛之。子〔二〕請老歸里。鄰人咸舉一觴祝之，嘆曰：『老佛去矣！』宗族鄉黨惠愛周摯。雖予家居淡泊，不能多推解以濟人，而以貧乏聞者，必拮据以及之，而此心恒惻然不寧。初敕封孺人，既而誥封淑人，後累進誥封一品夫人。彌懷謙退，初不知有人間得意矜誇之事，惟以聖恩難報，不知所措。

夫人爲吴興望族。祖湘潭公丁未進士，父龍泉公爲龍泉學博。兄彦昭己酉舉人，峽江令。羹湖己亥進士，封翰林院編修。弟玉青候選同知，姪萊荆門州知州。士藟戊辰進士，詹事府左贊善。士贇庚午科舉人，以及膚功。士瑾、士韙、士瑑皆有文譽。姪孫孔鈛己卯舉人，孔鍹滄州知州。家世鼎盛，而夫人愈自謙退。

事母方太夫人至性純孝，待昆弟子姪慈愛周浹，事予諸兄極恭謹，待諸弟誠愛篤至，訓諸子女皆有規矩準繩，子女皆躬自鬻養，恩勤勞勩，無所不至；待庶子女踰於所生。童僕、臧獲，皆知其艱苦，恩恤周至，獨至於自奉，則從來未有之儉約。居常茹齋之日甚多，一月嘗及半月，而瓜茹蔬菜以爲常。自今年以來，止於虀數莖、飯半勺而已。不事珠玉，不尚紈綺，常服之衣躬自補紉，至老不衰，不以爲嫌。蓋五十餘年未嘗有異，布衣蔬食終身，泊如也。生平未嘗有一錢之私蓄。予守官時，相對多正言，予所交朋友，皆能辨別賢否，時引古事以相勸勉，絶不似巾幗語也。予請假歸里，屢蒙聖恩高厚，東宮恩賜優渥，有加無已。去年南巡時，廷玉先歸謁母，留里門十日，眷戀不忍去，夫人趣令就道。後隨余迎駕至清江浦，上面問廷玉曰：『汝母今年多少年紀？』廷玉對以『六十八歲，然素多病』。予對曰：『今蒙聖恩垂問，其病自當愈矣。』東宮睿筆書『心經』一幅，面諭廷玉曰：『知汝母家居奉佛，可以此寄歸供養。』平居不作詩，後因廷瓚遠在塞外，作詩以寄，勉以忠貞敬慎。時或作詩，以訓子孫。予家居重修家譜，數催予速成。生平於毛詩、通鑑悉能淹貫，旁及醫藥、方數、相卜之書，而尤好禪學。祭祖祀神，咸盡誠孝，古之所謂賢淑，能識大體，教子以嚴，訓婦以儉，惠周三黨，禮法不愆，夫人有焉。猶記予方九齡，先母贈一品夫人，疾中識其賢淑，急爲定盟，踰月而先母太夫人遂逝，可謂先達矣。夫人之病起於廷瓚之喪，當食而氣隔，調治半歲稍愈，舊夏又以二女之亡，疾復發，至春加劇，病篤時，猶每日晨起盥漱櫛縰，肅衣端坐，未嘗偃卧。綜理家政，纖悉無遺，飭小婢紡績如故。族戚中當周恤問遺者，靡不周備。連年廷玉侍直内廷，扈從塞北，夫人每有信至京師，必勉以勤慎供職，上報國恩。今夏病中，聞廷玉奉命出口，復致書曰：『汝能盡瘁勿懈，正所以養志。我病已全愈，毋以爲念。』至六月九日，疾甚於初，十日遂逝，享壽六十有九。痛哉！

夫人生六男：廷瓚、廷玉、廷璐、廷瑑、廷瑑、廷瓘；孫七人：若霖、若霈、若潭、若震、若需、若泌、若霍；曾孫一人：曾啟；女四人，適姚士黌、吴驥、姚士封、吴同岱；孫女九人，曾孫女三人。老耄中不能言其詳，敢舉其大略如此，亦不敢没其善云爾。

校記

〔一〕『子』，康熙四十三年刻本作『予』，是。

誥授中議大夫日講官起居注詹事府少詹事兼翰林院侍講學士家子廷瓚行略

嗚呼慟哉！吾長男廷瓚遂舍我而逝耶。吾衰耄昏憒之中，接訃音若信若疑，嗚咽哽塞，不能出聲，久而一慟不自持，家人勉以余衰病相慰解，且告之曰：此子官於朝二十有四年，叨列華選，獲從賢士大夫遊。今聞其且死，皆撫棺哀慟以吊之，是烏可不叙述梗概，以冀一言之贈。余既憒亂不文，又不忍没其實，謹舉其在人耳目者質言之。

廷瓚字卣臣，號隨齋，幼而朗慧。先封大夫見其童時作字，每謂之曰：『此子學書可以成就。』辛亥隨余在京邸，遂入北雍，乙卯雍試第一，戊午舉於鄉，己未成進士，殿試二甲第二名，蒙恩選授翰林院庶吉士。辛酉授翰林院編修，分纂會典，同官咸謂克勤厥職。己巳遷左右中允，蒙恩選授日講官起居注。辛未、壬申，遷侍講、侍讀、左右春坊庶子、翰林院侍講學士、侍讀學士，兩歲之中蒙恩超擢者六次，聖慈汪濊，咸以爲榮。每奉敕作字作文，時蒙嘉獎，遂奉命與諸公同入内廷，校對御書及各種法帖，青宮恩遇並隆渥焉。乙亥六月英奉召至暢春園，賜宴，賜御筆書扇，並紅白蓮各一瓶。同召者八人，英與廷瓚皆與焉。父子並沐殊恩，亦千古之罕遇也。逮聖駕北征沙漠，廷瓚叨從屬車之後，賞賚時及。後於內廷面試諸詞臣，旋御豐澤園，試豐澤園賦、理學有真僞論，廷瓚叨蒙獎許。十餘年來，直清華，飫官饌，賜觀內府名迹，無間朝夕。己卯扈從聖駕南巡，親揮『玉堂』二大字賜之，後又御書『傳恭堂』匾額以賜，天章墨寶，拜賜獨多，聖慈優重，皆永荷恩施於百世子孫者也。分纂三朝國史、淵鑑類函，皆有條理。丁丑年，祭告南岳，遣廷瓚往，恪恭將事，歸而塗次里門，祭掃祖墓，刻日遄還。蓋廷瓚自十有七歲入京師，從余居三十餘年，此番始得展祖塋一拜，家中伯叔多不相識也。

己卯秋，典山東鄉試，余誡之曰：『詞臣無多任事，所恃以報國家育人材者，惟在典試耳。汝其慎之勉之。』廷瓚竭心殫慮，務得真才，初與各簾官約，公發誓詞，復與李君伯猷又獨出，封神立誓，語尤痛切。各簾官遂各立一誓。是役也，衡鑑真才，果能風清弊絶，盡拔單寒。山左士人，無論售與不售，皆極口贊服，至勒石以紀之。掄文亦典重醇雅，多積學英俊之士。此則海內士大夫共爲許可者也。先是，乙丑分校禮闈，所取皆知名士。此其生平自信，不少寬假，亦余之家訓也。庚辰，遷詹事府少詹事，素微有風疾。余自乞休歸，誡以安心調攝，勉報聖恩，家郵時至，具道愈可如故。今秋車駕出視河工，叨命扈從，已束車秣馬以從，至霸州，舊疾微發。蒙上特賜温語，謂離家未遠，可以遄還。從村莊乘小輿而歸，天顔温藹，彼方愧謝不遑，回京兩旬餘，藥餌調攝，漸次平復。及念六日聖駕還宫，猶詣內廷請安，步履神氣如常，至念七日無病而逝。生平頌念世戴深恩，感不容口，聞易簀時，執廷玉手，無一語及私，惟以未報君恩爲恨。嗚呼慟哉！

余生平不延幕客，所藉以翻閱載籍，稽考舊章，寒暑不輟，則廷瓚左右之功居多。與朋友素慤慎謙和，未嘗雌黄人物，尤不敢急於進取。每有遷除，則遜謝不安。事父母先意承志，四十餘年未嘗有一語逆父母之意。待兄弟至性友愛，廷玉同居賜第，教之誨之，備極周至。事伯叔昆季，遇姻婭，皆敦厚有禮，處家極儉約，絶無紈綺之習，而推解以賑貧乏則不惜。德性如此，宜乎其長年而奄忽不禄，殊不可解也。

娶吴氏，明經式昭公女，贈宜人；繼娶顧氏，内閣學士兼禮部侍郎培園公女，封宜人。子四：長若霖，歲貢生；次若霈，郡廩生，吴出；次若霔、次若霂俱幼殤，顧出。孫曾紹，孫女二人。英哀慟之餘，所述荒陋失叙。伏惟採擇，錫以寵光，存殁不朽。

第四子明經廷璩行略

余第四子廷璩，字黼臣，以康熙丙辰十二月生於京師宣武門之東街。自幼失乳，體羸弱，七歲就塾，以後腹有痞疾，肌膚不生顔色，無潤澤。疾時作時止。余令其勿讀書，每從塾喚之歸，疾已，輒往。兒每言：『如此倏忽作輟，豈不爲人所笑？』故遂聽之。

十五歲，偶令其屬文，亦不加督責，頗能成篇。閱二年，歸就童子試，許時庵先生試題誠之者擇善而固執之者也，連下二節，兒於開講下，直分四比，條暢有氣局，次題乞其餘不足文，亦滑稽排宕可觀。時庵大奇之，拔之前茅，出其卷示同郡七學諸生，咸以爲佳。性儉素簡質，平居恒服故衣，即以之見客，不肯易新衣。與人言不苟爲雷同，必言其所見，姻戚間或以爲偏而笑之，不恤也。丙子應鄉試，場屋勞頓，返舍遂得疾。余知其體弱，艱於應試，令以明經入太學。丁丑歲，疾小愈，冬復作復愈。戊寅春，兒覺體中無大恙，知父母懸念，決意來京師，謂依父母前養疴，可以慰晨夕。入夏而大愈。余每止其勿讀書，然自幼好涉獵，雖不入館塾，架上書時取繙閱。余偶徵引典故，往往能言其所以然。所撰制義獨簡嚴無枝葉，時有精深語。余疑其非己作，徐察之，亦無他。余初不以此督之。今夏學楷書，余見之；作詩，余不知也。入秋而咳且喘。每侍其母坐輒終日，夜分而後退，欲呻吟，必伺母出户，母至則强制，言笑如常，時或欲咳，則起而他適。家人竊窺之，父母雖知其病，而不知其若此之甚也。此三年來藥餌未嘗離口，至十二月十三日而喘甚，與醫者商，略用補氣重劑，不覺亦不減。十六日表兄姚華曾來相見，銜涕言：『吾病重，深以憂父母爲恨。』餘無他語。十七日，復易輕劑，申刻，兒猶取方自看云：『如此輕劑，恐不能治病。』睡片刻，忽醒云：『夢見神聖。』固當佳言，甫畢遂喘作而歿。神觀清明，至歿惟戀父母。惜哉！

娶姚氏内弟玉青次女，子若潭，年甫四齡。余極知死生者，晝夜之道，既歿而悲酸，無益于歿者，徒損于生者。然每念其言語氣識，皆屹然如老成人，曲體親心，不好華飾，不雌黄人短長，可稱克家之子。故悲不能自持，痛惋之中，記此梗概。蓋不忍歿其微善，亦以見余之悲所自來也。

篤素堂文集卷十二

墓誌銘

予告光禄大夫太子太保兵部尚書王公墓誌銘 代

康熙十三年九月，予告光禄大夫、太子太保、兵部尚書加一級仍支一品俸王公，自金陵上疏稱：老臣疾篤且旦夕，先朝露思無以報國恩，惓惓以敬天法祖，圖治勤民入告。天子覽奏，降俞旨慰問。越數日，有司以公薨闻於朝，天子感悼，詔議恤禮有加，特賜之謚，謚曰『端簡』。明年葬公於金陵之□□山。其子工部員外郎瑜，以予与公同朝久，能言公大節，請銘於予，予乃述公世族、官爵及生平功業、行誼、言論之尤著者而誌於墓焉。

公諱宏祚，字懋自，號玉銘，以思其先大人，一號思齋。先世陜西三原人。端毅公諱恕，康僖公諱承裕，相繼爲明名臣。成化間，端毅公從子順欽公始家於滇之永昌。公曾祖良弼公諱廷相。祖封文林郎、贈奉政大夫。崇正公諱信。父瞻雲公諱國治，萬曆癸卯舉於鄉，起家新繁令，遷德安郡丞，歷官刑部郎中，所至皆有治聲。自曾祖而下，皆以公貴，贈光禄大夫、太子太保、户部尚書。曾祖母任氏、祖母吴氏、母鄭氏，皆贈一品夫人。

公敏達宏碩，自諸生時即以經濟爲學。庚午登賢書，丁丑副南宫，歷官户部郎中，督餉大同。本朝定鼎，擢公岢嵐兵備道。順治二年，以才能召至京師，仍官户部郎中。公博通掌故，尤善强記，於天下州郡錢穀之數，一見能識不忘。時故府圖籍散軼，賦役繁淆，司農特疏留公久任，纂修賦役全書，加太僕寺少卿。六年加太僕寺正卿，十年擢户部右侍郎，十五年特晉户部尚書。十八年請假迴滇營葬事。康熙二年還朝，補刑部尚書。未幾，復調户部尚書。公在農曹閲十餘年，殫精專力，周咨博訪，以定一代賦法，酌盈縮之平，權損益之當，釐正夙弊，興復舊章。凡啟、禎末年繁苛之令悉捐除之。土田户賦徭役一以萬曆間爲率。書既成，上之世祖皇帝。其大指在懲墨吏之横征，杜貪胥之私派，且使皇上知閭閻賦役之艱難，而起節儉之思；使小民知版籍徵輸之纖悉，而絶侵漁之擾。裕國紓民，有典有則。世祖御制敕諭載於簡端，令永遵爲式。此我國家憲章之大而公之首爲裁定者也。故自郎署不數年而至大司農，蓋世祖特以計部任之矣。一日御南苑，召詢天下錢穀出入之數，公條對獨得要領，且多所敷陳，世祖嘉悦久之。本朝數十年來内外翕然，稱大司農者，必曰王公。

公洞達天下利病，奏牘不下數十，謂『安民生，在首嚴私派；講强兵，則首嚴冒餉』，可謂要言不煩者矣。又云『水旱災傷望恩甚切，有司查核經年始報，今後一行報災即當疏請』。又云『今日民生不苦於正供而苦於雜派，乞諭督撫加意廉察』。時以滇南初入版圖，疏請闢賓興以廣文教，慎署員以安民生。又謹列十條，大指以設重鎮、稽丁田、恤士紳、撫土司、寬新制爲至要。又陳五事：謂司道宜久任，州縣宜部選，投誠宜解散，荒殘宜軫恤，爐座宜多設，皆切中時會，疏入，悉見施行。

公遇事沉毅有識，廟堂有大謀大議，必正色抗言，務求至當，不隨衆論爲可否。康熙四年，會以星變地震求言，疏曰：『星辰有定數，今異星忽見，則天失其常矣。坤道主静，今倏爾震動，則地失其常矣。六卿各有定制，今更易大煩，則人事失其常矣，輓回天地之變，首在率循人事之常。』中外以爲名言。漕粟自通倉運入京倉，車輛之費以萬計，議者欲於水次，令各旗支給，可省朝廷輓輸之力。公曰：『水次支給，受者艱於轉運，減值而糶，則狼戾散軼於四方。若支給於京倉，雖有糶者，顆粒皆在都下。此昔人根本之深計，不當以小利而變法。』公之明於大計類如此。會有主裁州縣存留之議者，與公議不合，又欲變漕糧官運法爲民運，紛更舊制，公固争之不能得，遂兩議具疏，皆悉如公請，而主議者益中傷之，旋以失察吏胥報罷。天子鑒公老成忠恪，念世祖皇帝特敕公纂修賦役全書，委任優崇，勞績素著，詔留公京師，補兵部尚書。公在中樞時，綢繆區畫，皆中機宜，均提鎮内外之陞遷、調部、分缺、選授之法，疏請設川湖總督，以重楚蜀彈壓之寄，尤公先事之智也。九年，以年邁乞休，疏再上始得請。天子嘉公舊勞，特賜温綸，命馳驛給俸以示恩眷，都人士大夫祖餞東門外，作詩歌以榮公之行，比于二疏有加焉。南歸感疾，寓居金陵，屢疏辭俸，天子優詔答之，不允其請。去年疾革，猶伏枕草遺疏，謝上不忘，忠懇如此，始終之義，可以無愧古大臣之風矣。

公性純孝，奉瞻雲公及鄭太夫人教惟謹，能以清白世其家。瞻雲公、鄭太夫人歿於滇南，逾數年滇省始入版圖，訃音至，公哀號擗踴，慟不欲生。凡三疏請迴籍終制，詞益懇切。是時世祖方倚公典掌計務，温綸慰留者再四，不獲已，勉以墨縗視事。十八年請歸營窀穸，築廬墓側，盡哀盡禮。天子優以恤典，公父母及元配周夫人各與祭葬。人子之顯榮其親者可謂至矣，而終天之戚垂暮不已。居金陵，猶手輯永思録數卷，至今讀之，尚覺淚盈盈從紙上出也。友愛周至，視從子璋如己子，順治十八年俾承公廕。家訓嚴肅，皆有法度。子瑜官京師，手書以『清慎勤』訓誡之，歲不下數十紙，用能克紹家學。歸滇之日，修學宫，立義塾，贍宗族，周貧乏，爲善日不暇給。公與人忠信誠篤，而泰山喬岳之概溢於言表，温恭嚴恪，終日無懈容。讀書至老不衰，尤精於鑒拔。順治十二年三月充殿試讀卷官，以史公大成文首薦，果得傳臚第一。康熙六年會試膺命大主考，取黄礽緒百五十人，是科號稱得士。通達治體，明而能斷。立法垂憲，爲國之紀。膺兩朝之異數，作邦家之元老。遺榮知足，天格平康。德福如公可謂備矣。享年七十有二。生於明萬曆癸卯年三月初五日，卒於皇清康熙甲寅年九月二十二日。元配周氏誥贈一品夫人，吏部郎中周公良材女。男四人：琦，官監生，娶劉氏，庠生劉公士麟女；珣，廕生，娶朱氏，前刑部主事朱公揚先女，早逝；瑜，工部營繕司員外郎，娶馮氏，明經馮公運新女；繼娶焦氏，太史焦公竑孫女；瑄，廕生，娶蔣氏，孝廉蔣公士煒女。女三人：長適前吏部主事胡公璇子騰驤，早逝；次適前刑部主事朱公揚先子綖；次字都察院左副都御史孫公建宗子珏，早逝。姪璋，原任山西澤州知州。孫五人：世淳，庠生；世珂，廕生；世瀚，廩生；世耀；世泰。孫女四人。姪孫二人：紹曾、承曾。曾孫：福、胤，俱幼。

公以天子命賜葬，極哀榮禮。古人云，既忠且孝宜銘。如公者，洵無愧於斯矣。敬銘曰：

景運龐鴻，挺生鉅公。翼我世祖，六服來同。賦簡役平，公秉其成。三壤既則，九式維均。六官之長，公柄其三。仁育義正，山負海涵。瞻公之度，精金良玉。其言侃侃，其容穆穆。成功而歸，不激不隨。進退有道，卷舒以時。歆和令終，返于幽宅。天子曰咨，錫諡表德。寵命載申，葬公高原。康保無疆，以裕後昆。

光禄大夫内秘書院大學士前太保兼太子太保吏部尚書孫文定公墓誌銘 代

同里光禄大夫、内秘書院大學士孫公以疾請告家居垂十年，康熙十三年九月以疾卒於家，有司以聞，天子悼念勳舊老臣，詔議恤禮有加，特賜謚曰『文定』。明年，其子將葬公於某山，以予與公交於垂髫時，而又同官於朝最久，能言公勳業行誼梗概，哀號乞銘於予，其何敢以不文辭。

公諱廷銓，字枚先，號沚亭，世居益都西鄉。公曾祖諱延壽，鄉里稱長者，行事詳邑乘中，邑人至今稱柳谿公云。祖諱震，以明經任濰縣學博，學行最著，教士有法，濰人祀之。皆以公貴贈光禄大夫、户部尚書加一級。曾祖母□氏、祖母□氏皆贈一品夫人。父諱元昌，爲諸生祭酒，直諒多介節，以公貴封光禄大夫、户部尚書加一級。母□氏封一品夫人。

公生而穎異，甫授書，即思發奮大其家，年十八補博士弟子，二十七登己卯鄉薦，明年成進士，起家魏縣令，調撫寧，所至有治聲。改監紀推官，假歸里居。順治元年本朝定鼎，二年以薦起授河間推官，數閱月，擢吏部稽勳司主事，歷仕四司，陞文選郎中。七年晉太常寺少卿，提督四譯館。明年加太僕寺卿，再調左通政。世祖章皇帝每於朝端，目公風采端凝，時被召問，皆稱旨。十年擢户部左侍郎。是年歸省，還朝補兵部左侍郎。尋轉吏部左右侍郎，未幾以特旨簡任兵部尚書。十四年遷户部尚書。越二年，晉吏部尚書，加太子太保，尋加少保。十八年今上帝嗣位，康熙元年以内秘書院大學士入參機務。

公自登朝以至爲相，始典銓衡，繼司國計，既而掌中樞、晉冢宰，端揆百寮。我國家數十年來，人才之登進，國用之權衡，軍政之振肅，以至贊畫廟謨，論思密勿，皆藉公一人爲重。公以端方直亮之體，運通明練達之才，恭慎彌加，勤敏不懈，以故歷任要職，皆能善於其官，以無負聖天子委任之意。至今稱賢公輔者，必歸之公。典文選時，弊絶風清，仕路澄肅，尤强固精明，力勝繁劇。嘗自言『吏部一官，須心眼手口俱到』。時溧陽陳公爲冢宰，語人曰：『吾觀選司二君皆大器。』蓋謂公及曲沃衛公，後皆以名公卿先後登政府，如陳公之言。公既久諳東曹掌故，及爲冢宰，益以愛人才、慎名器、疏淹滯、抑僥倖爲己任。嘗曰：『人臣奉法遵職，安所行度外事，但能盡以虚公足矣。』在吏部六年，精核考課，甄别流品，選事稱平允焉。爲大司馬時，殫心籌畫，洞中機宜，尤以軍政爲激揚大典，力絶請託。嘗大集諸總戎奏事官，嚴飭之曰：『提鎮大帥有私謁至吾門者，立奏之。』一時中外肅然。公之任大司農也，念錢穀出入盈虚最關軍國之重，而積弊叢奸不可究詰，於是釐定歲會總録，以酌劑贏縮之宜。凡錢穀舊隸諸部者，各還所司，綱舉目張，條緒井然。歲會之成，實自公始。時王師進取，供億浩繁，經費時絀。公是以有責成督撫及清查墾荒之疏，而終以寬考成爲請。其爲裕國裕民計經久者類如此。國家有大政事大謀議，皆下公卿裁定。公正色讜言，每事務求至當，不隨時爲可否。嘗語同列曰：『臨事持議，毋徒爲一司計，其通格之關於諸司者當並計之。毋徒爲一時計，其利害之隱伏於天下後世者，當並計之。』可謂通達國體之識矣。公周歷三卿，所至不務爲赫赫名，敏練而居之以鎮静，精明而出之以渾厚。簡於交遊，惟兢兢能潔己奉公，朝而修政，夕而退思，神明澄澈。以故能洞悉諸曹利弊，遇事堅確有守，雖賁、育不奪，猶不輕有所變易，以事更張。自入政府，鋭意昇平，與羣公協恭盡瘁，經歲未嘗休沐。羣公或謂之，公曰：『吾登臺閣日淺，將以學從政也。』時閣務殷繁，公勞於參贊，因得疾，涉秋冬疾轉劇，遂請假歸，家居十年，一飯不忘君父，嘗曰：『吾年邁力衰，不復能爲朝廷宣力，但念國恩深厚，無由報答耳。』古大臣惓惓之義，公無愧焉。生平忠孝秉於至性，温恭端慤，淵然湛然，故食報於天者最厚。荷兩朝之殊眷，恩禮兼隆，始終無間，君臣遭遇之際可謂盛矣。

封尚書公及太夫人又皆春秋壽考，公爲少司農冢宰時，屢疏省覲，後以三公歸養，逾年封尚書公捐館舍，公里居襄大事，哀毀骨立。太夫人今且八十餘矣，公日偕兄弟率子姓會食太夫人前，稱觴爲壽，以六旬元老繞膝下，爲孺子之慕，天倫之樂，又豈世所恒有者哉！性恬然寡營，歷膴仕而家無餘貲，持躬謙退，高而能下，施與族黨，樂善不倦。精於識鑒，丙戌典陝西鄉試，號稱得人。所著書如顔山雜記、漢史億、歸厚録及詩文若干卷，皆自成一家言。晚年惟楗户讀書，雖嬰疾，手不釋卷。

公生於明萬曆四十一年三月十二日，卒於皇清康熙十三年九月初八日，享年六十有二。元配翟氏，贈一品夫人；繼配宋氏，封一品夫人。子二：長曰寶仍，廕生，候選七品京官；次曰寶侗，廕生，候選六品京官。孫五人：嗣端、續端官監生，續厚、續勤、嗣忠。孫女五人。

公三歷正卿，入調元化，忠貞謨畫，爲廟堂倚毗者二十餘年；退居於鄉，復謹修孝讓之節以化其鄉人。此皆公之大節炳然不朽者也。古人云：惟忠與孝，法宜銘。謹銘曰：

雲門之麓，淄水之陽。柳谿蓄德，再世而昌。惟文定公，光明駿偉。事業勳勞，爲國之紀。六官之長，進退羣才。三壤九伐，厥功懋哉。帝曰元臣，俾爾作輔。陶鈞萬類，登於淳古。忠勤體國，遑恤其勞。臣憊實甚，歸於林皋。克孝於家，克讓於里。門庭肅雝，世濟其美。生膺顯秩，殁被榮名。錫謚表德，以褒厥成。日月有時，返於幽宅。敬勒貞珉，昭垂無斁。

奉直大夫工科掌印給事中孟起紀公墓誌銘

余與大諫紀公同成康熙六年進士，榜既發，於稠人之中，見有敦碩龐鴻，氣度凝然山立，進止安恬沖夷，自下望而知爲君子長者，詢之，則文安紀先生，私心欣慰得從之遊。及對大廷，余與公同見知於高陽相國，由是交益密。自此二十餘年來，奉公顔色教訓未嘗少間，步履言動皆有矩度可法則。與之言天下事，則養氣深息，不爲詭激岸異之談，而洞中肯綮，切會體要，慮之必周，謀之必確，井然可以見之施行。心竊謂古所稱有猷有爲之君子，其識量固如此也。人有以事理相咨度，無論鉅細，必爲之計畫萬全而後已，與之相對，終日汪洋閎闊，不能窺其涯際，而真摯坦白，愉愉然飲人以和，絶去城府畛域之迹。此余二十餘年朝夕從公遊，所得於公之大略也。公殁之後，其子孝廉兄弟來乞余銘，余何能辭！

公諱愈，字孟起，號魯齋。先世自山左徙居文安，代有聞人，爲里中望族。父克揚公積學累德，以子爵贈奉直大夫，屢晉中憲大夫，母馬氏贈太恭人。昆弟三人，公爲長，生而至性淳篤，天姿朗豁。讀書爲文，獨抉理窟，不爲浮慕華縟之詞。試諸生，輒冠軍。甲午貢於鄉，例得邑令，公不就，卒成進士，起家内閣中書舍人，遷兵部職方司主事，考選户科給事中，晉工科掌印給事中。公迴翔禁密有年，至今綸扉諫垣之間稱老成特〔一〕重、勤慎端恪可爲同類師法者，則必曰紀公云。爲中翰時，從定南將軍進征江西。其時居民爲賊所迫脅者衆，幾有火烈崑岡之懼。公以至誠感悟將帥，爲之歷陳朝廷好生之德，且言若從重典，恐堅人從賊之心，故皆得招徠安集，全活者甚夥。其爲諫官，即首言逃人株連之害，禁其妄指主家，詐害善良，禁錮得寬，永著爲令。公之言事必舉其利澤久遠，福及百姓者以立言，大率類此。若乘暇〔二〕抵隙，摭拾瑣細以塞言責，公深恥不忍爲也。典試中州，號稱得人。視榷龍江關，能除積弊。歷官於朝而家無擔石之儲，公既歿，子孫食貧。如公之德且才，不克盡展，其蘊蓄而要可謂不負所學者矣。二子：遴宜，甲子舉人；遴□，庠生。女七人，婚娶生卒詳家傳中。以康熙三十一年壬申四月葬公於城西□□之原。謹銘曰：

維彼哲人，炳炳熊熊。大玉不雕，良金在融。以謹則裕，以智則豐。梁棟之器，未完厥功。餘慶所庇，施於無窮。安宅之吉，永奠土〔三〕功。

校記

〔一〕『特』，康熙四十三年刻本作『持』，是。

〔二〕『暇』，康熙四十三年刻本作『瑕』，是。

〔三〕『土』，康熙四十三年刻本作『上』。

誥授正議大夫巡撫安徽等處都察院右副都御史佟公墓誌銘

皖城據大江中流，爲三楚豫章之门户，古形勝之地也。在三國時爲重鎮。自往代開府駐節其地，置水犀軍带甲數千以控馭淮甸，節制江表，遂扼東南之要。蓋撫軍任重而皖撫爲尤重，當宁必慎簡才望素優之大臣，有方略識機宜者往莅其事。且此八郡數州，在江南則爲瘠壤，地曠人稀，林壑深阻，民淳俗簡，必爲大吏者寬仁鎮静，與民休息，而後民俗咸歌舞之。兼斯二者，則中丞佟公其人也。公撫皖時，陛見陳地方利弊，琅琅明晰，天子素知公能愛養百姓，降霽顔温諭之。予得接見公於觚棱之側，蓋是時始識公，見其貌端凝厚重，聞其言論愷悌和平，退而爲梓里賀。乃大江南北方沐公恩澤，待公調劑，而以勤勞遘疾，遽捐館舍。逾年公子毓秀將營窀穸，請銘於予。予藉公樾蔭有年，知公生平頗悉，其焉敢辭。

公諱國佐，字吉臣。曾祖士禄，祖雲程，父芳宇。佟公〔一〕遼陽望族，世多顯爵。公早孤，事王母周太夫人以孝稱。幼賦資明敏，讀書必探究大義，期達實用。弱冠筮仕爲工部筆帖式，陞工部主事，水衡事繁猥叢弊，公久於其職，以精勤敏練著聞，陞刑部員外郎、郎中，尤盡心讞獄，得欽恤之義。康熙十五年閩寇亂，公以才能膺簡命，分巡延津〔二〕邵道按察司僉事，參贊勦撫事宜。時王師雲集，凡芻茭儲峙皆藉公經理，無不咄嗟立辦，而吏胥無所侵蝕，州縣無所困苦。招撫何應元、陳奇等降之，盡釋餘黨，曰：『此皆吾民也，不幸而罹於賊，皆勿問。』事平，以軍功加五級。二十三年陞陝西分守潼關道布政司參政，時秦地苦兵，民多流殍，公加意撫恤，適大軍振旅，用車輛甚多，或欲派於民間，公毅然曰：『秦民捐瘠之餘，其可重困乎！』堅執不從，獨力區畫以濟師，而民不知病。上念關中兵燹日久，遣重臣清察荒蕪，公偕之遍歷州縣，皆以實聞，秦民賴之。踰年陞浙江按察司按察使。公精於律例而仁心爲質，故能多所平反，雪冤理滯，迎刃而解。大抵引律而能明律意，如僧達相以拒盜，斃三命，公引律斬，而部以三命駁之。公言拒盜與毆殺不同，卒如前議。其慎重明晰類皆如此。二十八年陞江南安徽布政司布政使。公重念東南民力，謂休養民生必在澄肅吏治，度支積弊，胥徒叢蠹，悉滌除之。定兵糧支給日期，而庚癸不呼，兵民咸以爲便。三十三年總督傅公言公之賢於朝，上念皖撫重寄無逾公者，以都察院右副都御史，巡撫安徽八郡。公詣闕廷即馳赴任，專以正己率屬爲本，諄諄誡諭下吏，惟在裕民財省民力。其賢能者奬振之，常格者誡飭之勉勵之。不建威，不市名，一以實心行實政，期年而吏肅民阜，惠施利溥，鄉人來盛稱撫軍賢。八郡吏民享清静無事之福，而公之設施可知矣。次年以蹋勘蝗蝻，暑雨勞億，遂得疾不瘳。士民聞之，咸聚哭罷市，迨靈輀北發，遮道泣奠者不可勝數。

噫！公自藩憲秉節鉞，江南之民被公澤最深，而未究其用，宜其愛戴思慕之不能釋也。公性淳厚豁達，與人交絶無城府。生平濟困周急，力施不倦，治家嚴整，訓子弟以禮法。歷宦所至，建樹皆卓然可紀，行誼完備，豈非一代偉人哉！

公生於丁丑年正月十六日，卒於乙亥年八月二十二日，享年五十有九。祖、父皆以覃恩贈如其官。配李氏誥封夫人。子四：長毓秀，候選副使道；次毓善；次毓華；次毓□。孫四，婚娶俱詳家傳。以康熙三十六年八月葬於大松發祖塋。謹銘曰：

江漢泱泱，流公之澤。天柱屹屹，紀公之德。振起東邦，嘉惠南國。鬱鬱松楸，是封是域。福庇後賢，永永無極。

校記

〔一〕『公』，康熙四十三年刻本作『爲』，是。

〔二〕『津』，康熙四十三年刻本作『建』，是。

兵部尚書兼都察院右副都御史湖廣總督徐公神道碑

大司馬制府徐公以康熙己卯歲壽終京師里第，葬於某地之阡，堂斧巖嵲，松楸鬱葱。逾年，其嗣君以隧道之碣來請，余向頌遺愛思之至深，而知之亦悉，其曷敢辭。

謹案：公諱國相，號行清，襄平世胄，門第清華。生而奇偉，負性高爽明通，有經濟才。際國家昌明休隆之運，早年筮仕登朝，起家司農，擢刑部郎中，度支明允，克著賢聲，陞山東右布政使，尋遷安徽布政使。江南財賦甲天下，地廣民殷，政繁役重，持籌者率多隕越。公稔知其弊，銳意滌除，省徭役，禁苛索，釐然一歸於正。雖時值旱蝗迭見，軍儲浩繁，而閭閻樂輸，供億無缺，獨稱最焉。特簡大中丞巡撫安徽，察吏誡民，風清澤博，爲政以安靜和平、休養民生爲重。由藩臺而開府，其措施爛然，未易以更僕數，爲舉其康濟時艱、功在民生之大者言之。

當公之經理江左也，在甲寅、乙卯之交，時滇閩變亂，江楚戒嚴，皖郡踞長江咽喉，爲舟車絡繹之衢。王師駐江右三楚者以數十萬計，米穀草豆之屬，大抵取辦江南，徵發驛騷，軍需旁午。公畫理儲蓄不事征派，近饋遠輸，芻騰粟翔，士有宿飽之樂，而無庚癸之呼，卒之東南半壁金湯晏然，皆公之運籌轉餉有以給足之也。廬、鳳、滁所屬州縣，康熙戊午、己未間，洊遭旱潦，民不聊生，挈妻子逃竄四方者接踵。公時節鉞安徽，目睹災黎，曰：『此皆吾赤子也，安忍其流離失所乎！』自捐宦俸，併勸諭寮采紳士輸助，購買米菽振救之，復拜疏請賑，殫心區畫，所活饑民不下數十萬，咸安故業，至今民猶頌之。江左古屬揚州之域，汝陰、鍾離一帶，地廣而荒蕪不治，又庳下瀕河近淮，常受水患，民間罔知蓄泄，以致無歲不災。公時因勘荒按行其地，蒿目焦思，審度形勢，特疏請行溝田之法，得報可，遂勸諭百姓筑堰疏渠，招徠墾開，多方鼓舞，民皆曉然知水利之所在，無不争趨樂赴，期年而五種俱熟，既富且豐。向來斥鹵汙萊之地，盡變而爲桑麻秔稻之區，至今百姓食水田之利，而思公之德澤不衰焉。及其移鎮於三楚也，仍以治皖者治楚，下車察謠俗，問民所疾苦而湔除之。正己率屬，首在激揚吏治。大法小廉，百僚肅然。舉動惟持大體，不事苛細，而又能洞悉情僞，豪滑〔二〕皆屏迹莫能肆。時楚中新離兵革，事在休養。公調劑兵民，整飭綱紀，而宜民之政次第舉行。如修建學宫，設立義館，所以崇教化也；革除鄉保里役、差役、行頭，所以杜煩擾也；禁止火耗，振肅官方，所以澄吏道也；釐正名分，嚴懲刁訟，所以安善良也。楚人被其德，鐫諸貞石以垂不朽。

猶憶公將之楚，予時以葬親請假在里，與公握手言别，余爲楚人賀，公曰：『湖南北襟帶江漢，包絡谿峒，蠻猺雜處其間，兵悍地曠，最稱難治，惟當以鎮静寬恤爲政。然心竊鰓鰓慮之。』余謂公鴻才厚德，固無慮此。公去位後，楚地果屢年多故，此皆公之明智所預料也。予投簪北上，所至攀轅。皖與楚擊柝相聞，兩境之人感頌愛思者如一。歸京師，蕭然簡素。猶得見公神觀清明，步履壯健，未幾而捐館舍。惜哉！

公之子食清白之貽，有象賢之美。公生平以公正報國，以寬厚與人，以明敏決事，以慈惠及物。節鉞江楚，遺澤至今未泯，可謂一代偉人矣。其家世、官爵、年壽、子孫詳家乘中，余惟舉其所素知，略述梗概，竊比古人昭德之義，使鑱石以表之，而其餘亦可以類求矣。

校記

〔一〕『滑』，康熙四十三年刻本作『猾』。

奉直大夫户部山西清吏司主事加一級房師即墨黄公墓誌銘

嗚呼！維天生才實難，生才而使之得盡其才，尤難。固有抱英偉磊落之姿，高明幹濟之識，足以謨弼朝宁，綏理生民，少展焉而即效。乃造物者，始或揚之，中或盤錯顛蹶之，究竟摧阻而厄塞之，俾斯世斯民不獲沾若人之澤。此吾所以流涕太息於吾師即墨黄公也。

公諱貞麟，字方振。家世居即墨，爲望族，代有聞人。曾祖諱兼善，祖諱宗曉，皆好學，有隱德。父諱墿，以子貴贈奉直大夫，伉直重氣節。公生而穎異，讀書一過輒成誦，爲文早有奇慧，天性孝愛純篤。九齡時遇曾王母之喪，哭踊甚哀，人咸異之。年十九，祖與父相繼逝，悲號不已，水漿不入口者三日，幾至滅性。母太宜人撫之曰：『吾所以爲未亡人者，惟爾在耳。爾兩世一身，而獨不愛身乎？』乃勉食粥。甫闋，又遇王母喪，毁瘠皆如前。蓋自幼齡多遭亂離，旋罹凶憫，復被侵侮，公所以處之者，誠孝以盡哀，經紀以成禮，巽順以避禍，荼苦以自勵，思所以承先人之志而大其家，惟日孜孜於學。年廿五舉孝廉，冠其經。次年成進士。

越六年，授鳳陽司理。司理綜一府大刑獄，有平反之責，讞决每連及他郡，且一省有大案，撫、按每令司理中賢明者鞫之，職任至重。公奉母太宜人之官，跪而請曰：『何以教兒？』太宜人曰：『汝知人言刑官不可爲，此何謂也？』對曰：『兒知之矣。死者不可復生，斷者不可復續。彼繫而前者，孰非人之子若弟？少有不得其實，能無隱痛耶。古云：得其情尚哀矜勿喜，況未必得其情耶？』太宜人曰：『兒能常守此言，吾無慮矣。』公决獄至慎，持法至平，率多所矜宥。歲大旱，闔郡守令虔禱弗應。公曰：『得無有沉冤未雪，株累未寬，陰陽之氣鬱而不舒乎？』立剖諸大案，三日而雨。蒙城、懷遠、天長、盱眙四縣，子衿逋賦者各百餘人，令咸逮之獄，獄隘，諸生無置足地。公聞之，謂令曰：『彼逋賦者皆未驗其實，忍令僵死於獄乎？』悉還其家。及訊，則或舞文吏妄爲注名，或誤報，或續完，悉得原而釋之。河南優人朱虎山遊食太和縣，髮長數寸。土人范之諫與昝姓爲仇，誣以藏故明宗室謀不軌，株連多人，形於章奏。公核其蓄髮情狀，察兩姓相仇，備得其實以聞，卒釋無辜而罪告者。天長有盜劫銀鞘，獲其渠，扳直隸、江浙、河南、山左、山右諸省之人甚衆，公即日審鞫，盡屬仇誣，皆請豁釋。壽春營弁請於公曰：『某受累有年，逋盜止欠一人，坐一人則某無累矣。』公曰：『人命至重，功名至微。吾不能從爾以此易彼也。』潁州民吴月邪教惑衆，仇首之。公勘，皆愚民無知，止坐吴月及爲首數人，餘皆省釋。有水姓者，捕人索之不遂，坐以吴月黨，逐至新蔡而殺之。新蔡鄉人不知其爲捕，卒率衆救護，捕飾殺人罪，並誣其村爲吴月之黨，聞於撫鎮，發兵圍之，盡繫其衆至鳳陽。公廉得其實，坐捕罪而盡釋新蔡人。此數者皆上聞於朝，而公毅然行之。其理枉而活人之多類如此。及其令鹽山也，公曰：『令者，邑之父母。古人慈愛鞠育若其子然。吾悉用古人法治之，當無有不感而化者。地愈瘠，民愈苦，益宜盡乃心。』立保甲守望之法以弭盜，清里役之包丁以除民害。行勸賞之條，寬逋逃之累。勸民埋葬，以移風易俗爲己任。鹽之民蒸然丕變，戴公如神明，愛公如父母。去鹽數十年，尚有言之而垂涕者，公之言驗矣。入爲户部管倉務，釐奸剔弊，爲同事所累而罷歸。歸奉母太宜人備極孝養，雖高年猶如孺子慕。生平自嘆鮮兄弟同氣之親，惟一女弟耳，所以撫之者甚厚，以恩誼恤鄉里，以公直持議論，以詩書道德教子孫，以端嚴方正立坊表。

英自癸卯秋爲公門下士，奉色笑、聆訓誨者三十餘年，睹公豐采英毅，談國家事洞若觀火，待朋友以肝膈相示，絕無城府。性樂獎勵人材，訓子若孫最嚴肅，以故皆克有成。太宜人歿時年八十有一，公亦六十有一，泣血不自勝，寢苫塊不避寒濕，因成疾。營贈大夫、太宜人合葬，拮据勞苦，踰年遂不起。嗚呼！公一代偉人，而功名事業不克副其才其學，豈非天哉！傳曰：『積善之家，必有餘慶。』積矣而未發，則所藴崇者益厚，是在後嗣矣。

公生於庚午年八月一日，享年六十有五，卒於甲戌年十二月四日。元配孫宜人。子七人：大中、美中、鴻中、理中、位中、敬中、奭中。大中、敬中舉孝廉，美中舉明經，餘皆博士弟子，皆以文學有稱於時。諸孫及女姻族詳於家譜。以康熙三十五年丙子十月十二日葬於臨青之陽。銘曰：

淮水之濱，岳岳正人。東海之涘，恂恂君子。宅彼崇岡，世德其昌。千古是視，門人之誄。

篤素堂文集卷十三

雜　著

南巡扈從紀略

己巳正月初八日，駕南巡。是日宿南溝驛，扈從第一日出正陽門至南海子，上同皇太子及諸皇子在南苑射獵。申時後南發，宿南溝驛。予同静海以一鼓始抵行在，羽衛寂静，因各尋帳房。余先一日曾遣輜重、僮僕、帳幕至宿處相候。此時昏黑中見家人來迎，深幸有即次之安。俾其指視，而後已恍惚不能記憶原處，蓋千幕一色，空曠之地，頃刻又增營幕，最難記識。又軍中例，不許高聲呼喚，至夜尤嚴，故但低聲問之。有頃，一僕遠聞，疾趨而前，蓋已越數十幕，倉卒來迎，一旋轉間，而彼又茫然矣。饑疲已極，求息肩不可得。又越數刻，始得達帳房，已漏下三鼓矣。帳房牀褥、飲食器具，大約載一車中。車日行不能百里。營中例，御前行李未行，雖王公輜重馬馱俱不得越。予輩僮僕車輛更迂遲。每日御營駐札之地，車輛大約至日落後始到，予輩皆先藉草以候。營中最難得水，近地井泉皆中官用。龍袱蓋罩以備御用。惟十餘里外者，始許衆汲及飲馬。日落後僕馬始齊，第一件是飲馬取水。水至，然後烹茶炊飯，時已二鼓，支幕支牀，略得就枕。將五更，又起撤幕啟行。予輩侍從近臣又於行在營前祗候，至上安歇後始散。天未明，則又詣行在矣。

初九日宿齊漕。初十日宿馮家莊。十一日過河間，宿劉家莊。十二日過獻縣，宿阜城縣。是日駕至河間屯，有獻麥穗兩岐三岐者，以示從臣。十三日宿德州。十四日宿平原縣之南。是日詔免山東來年租稅。十六日過濟南，扈從至濟南。是日五鼓啟行百五十里始至，上觀趵突泉。予乘馬隨侍衛同到。奔突之時，屢濱於險。又隨至巡撫署中，上觀珍珠泉。池四圍甃以石，縱可四五丈，橫可六七丈，清泉澄澈，中有游魚，大者二尺，小者數寸，鱗鬣皆見。時有珠湧起。池旁有御筆『清漪』二字，乃甲子年書。池後一亭，上御亭，命諸臣題匾，咸謝不敏，再三命之。予書『澄懷』二字，錢塘書『□□』二字，静海書『洗心』二字，于振甲書『澡志』二字，張運青書『□□』二字，衛爾錫書『觀瀾』二字，陳廣陵固强之，不肯書，上自書『作霖』二字。予寫字時，上顧諸皇子曰：『看他用筆。』

十七日宿泰安州。詔給岳神祠廟祝每年香稅銀四百兩。十八日宿浮丘。二十日宿郯城。二十一日宿蒙陰。二十二日宿花鋪。二十三日宿宿遷，予隨駕以申刻至宿遷縣。上出城南門，過五壩堤，指顧中河甚狹。後又至支河口，上席地坐，出地圖指示，晚始歸行在。二十四日宿清江浦。自宿遷五鼓啟行，岸上行四五十里，聞上已登舟。予輩四五人亦登舟，然舟行稍遲。又五六十里，聞上已登岸。予輩又登岸行，至清河，已將日落。蓋是日行二百餘里。余僮僕八人皆不及，止隨一僕牽一馬。予令其前，尾之而行。先是，予與京江、厚庵、運青同行，予墜馬濕衣，而諸君已疾馳，予力追之不能及。至清河聞上已渡河，且令侍從臣皆於今日渡。予攜一僕三馬至河邊，已昏黑，正無可如何，有禮部筆帖式在此相候，予遂偕之渡河，留三馬一僕於沙泥間以待後人。予與筆帖式坐南岸。先是曾託禮部侍郎席君預遣人於清江浦覓船，此時亦不得消息。筆帖式有一僕亦能幹，令彼往尋之，久而不至。筆帖式又自往。少頃，其僕來云：『已得船。』船上人且提燈即來，而筆帖式又茫然矣。將二鼓，筆帖式始至。予同船上人提小燈籠尋至行在，時御舟桅燈已落，昏黑無所見。予令提燈人却後，獨自往，暗中見侍衛皆藉草，或坐，或卧，問部院扈從諸臣，云已散，又問答者爲誰，云是總督。予遂同船上人步行至舟中，與席君舟相鄰，彼炊黍相待。飯訖，有一僕以被褥從宿遷水路行。是時亦渡河，尋至舟中得小憩。明日，聞黃河邊馬陷泥中，予僕馬幸無恙。

二十五日宿清河。是日詔蠲江南歷年逋賦。二十六日宿清水潭，是日薄暮有風。二十七日宿寶應之南。二十八日宿瓜洲。是日經維揚，見閭閻之間供帳甚盛，上命撤之。二十九日辰刻渡江，扈從登金山，飲第一泉。舊傳第一泉在江中，今井在山半，非是。上乘舟至焦山。予輩不能往。三十日宿丹陽。二月初一日至常州。初二日至無錫。駐蹕黄婆墩，時已暮，墩上懸燈數百盞，下映河水甚可觀。次早，上至秦家園，觀惠山泉。予同京江隨至秦園，時梅花甚放，登天香樓看殊爛熳，有大山茶一株，高二丈，亦作花朱殷千朵，與梅相映。園中有樟樹大十圍。上問留仙曰：『汝家老樟樹無恙否？』又問：『此樹幾何年？』對曰：『此園在臣家二百年，在前原有此樹，不知其年也。』園中多樹木，清池居中，縱横可八九丈，堂閣亭榭環之，疊假山爲谿谷，水從谿谷入池。時折玉蝶梅大枝貯瓶中。予從主人索梅插瓶。時駕已回，主人因以此一枝爲贈。

初三日至蘇州，隨駕過歌起門首，歌起朝服，率二子迎駕，予下馬一揖而去。至行在，於衆中見孝儀、原少、鈍庵輩，寓於宋家。歌起以家人阿二相從。是日暮，七弟來。初四日宿蘇州，登虎丘。是日過念齋，七弟回晤孝儀。初五日宿念齋分雲亭。駕至光福之日，予與京江坐小舟，攜阿二隨行至木瀆。上已登岸乘馬，予輩無馬，且過木瀆水甚淺，幸舟小可曳之行，至山下，漸漸見梅花村落。予與京江步行，聞此地去聖恩寺尚有六七里，勉力行三里餘，足疲不能進，正喘息間，見三人乘小兜來，阿二前指揮令下，彼猶逡巡，阿二叱之，遂下。予與京江因各坐小兜，其一攜之以與同官席公，因問阿二此爲誰，云是吴縣吏胥，見尊官不下，是以叱之。至聖恩寺，上尚在馬家山看梅花未至。予輩欲往，少頃傳呼曰：『駕至矣。』因同京江坐聖恩寺前銀杏樹下，部院諸公及地方大僚咸在。時已日暮，寺中方丈皆御前人〔二〕住，公侯、戚畹及部院諸人皆尋下院安宿。予與京江及同官席公皆坐小兜，命阿二引之之念齋墓園，昏黑中行四五里，穿樹林中行，問阿二，皆鄰圃之桑桂。至分雲亭，予家居時，念齋寄書索書『分雲亭』匾，取放翁『白雲一半肯分吾』之句，今果來一宿，亦前定也。阿二命莊人具雞黍，時三人所攜襆被無多，從莊人借以助之。黑夜微雨，京江及席公皆就寢。予命莊人持炬遍看園樹，詣繆年伯墓前一拜，又看繆氏祠堂皆修潔整齊，分雲亭乃念齋廬墓所居。此地梅桂爲盛，雜花亦有。春秋時，率妻子來住一兩月，亦佳話也。

初六日天未明，詣行在候駕。上以辰刻出聖恩寺門，門外古松與梅花相間，前臨太湖，山翠湖煙，可謂佳勝。駕行後，予與京江以未到馬家山爲歉，輿人頗不以爲勞，且慫慂之。僮僕皆不願行。予與京江又慮僮僕相阻，命之舟中相待。只京江有一楊長隨興頗豪，願從之。倉猝間忘攜雨具。予與京江坐兩兜子，行至董墳而雨甚。然松翠欲滴，谿山幽絶，極爲可觀。及至馬家山而雨大作，山畔看梅，銀海百頃，洵爲大觀。惜無駐足之地，有一小别業頗幽，遂叩門避雨。花徑小池，竹籬藿幄，有舫屋三間，中題『雲壑藏舟』，爲汪鈍庵筆。舫南一小樓，登樓則梅花皆在檻外。山光盤互，湖光映帶，可稱幽境。主人姓汪，筆硯琴尊亦楚楚，爲客具茶果，坐片晌，雨少止，因坐行兜，過光福登舟。舟過木瀆，京江終以未登靈巖爲歉。輿人乃木瀆人，又慫慂之。予以疲乏辭，京江遂登靈巖。予徐步至松間山半亭，看西施洞西施履迹，望箭莖河，指消夏灣，去靈巖山寺亦不遠。倚徙間，京江下山同歸舟中，厚犒輿人，遣之急放舟行。駕已之吴江。是日隨到吴江已深夜。吴甥來晤，宿吴江。初七日宿斗門。初八宿塘棲。初九日到杭州。駕至杭州之日，各官乘馬隨至行在。上已登吴山，急往從之。是時二月中旬，天氣甚熱。予輩皆衣重裘，不及脱，及步登吴山，喘息不可當，因坐路傍神祠中，運青在茶肆買茶呼飲之。此時從官皆雜遝儔伍，豈知越數日遂爲此地撫軍也。

初十日，駕之西谿，予未從。十一日往杭州。十二日大雪。十三日渡錢塘，隨駕渡錢塘之西興渡，上小舟，由蕭山到紹興，時已日瞑。聞上已之禹陵，急掉船往，至行在已一鼓。次早天未明，上展祭禹廟，從之。禮畢，觀窆石亭，山川幽秀，林木葱蒨。二十年前曾一往，今復扈從至，思前事如夢境。

駕入紹興，登卧龍山。暮登舟。次日至西興渡。予舟人有心疾，以勞而發，諠叫不知人事。予恐近行在，急命之去，予宿京江舟中。十四日，祭禹陵，回至西興渡宿。十五日，過雲棲、靈隱，暮登舟，過西湖。宿西興之次日渡錢塘。駕未入城，便之雲棲。予往紹興時曾僱一兜子，此時得一營馬一老兵相隨，例營馬止許自騎，只得以兜子命阿二坐之，令稍遠尾之而行。遂由錢塘江岸上行，度向後無從得食，因同京江、運青、厚庵覓路傍一小別業，飯而後行。將入山口，有村落數家，過此則岡阜環抱，景物幽邃，去雲棲二三里，修竹喬松夾路，緑陰蒙密。至洗心亭，谿水澄湛。上至雲棲寺，諸臣咸從。因幸後竹園，琅玕萬樹，蘭蕙滿山，樹色青葱，頗似初夏。天顔甚悦。因過虎跑泉，上取泉水飲之。至靈隱寺，予輩皆坐冷泉亭。移時，上之静寺，登湖山亭。入城，予同京江輩爲東川相留，飯於西廊僧房，飯畢至湖上，於岳墳前同京江、運青、厚庵、東川輩僱一小舟，登舟風作。撑舟者兩童子，簸蕩不可忍，客皆恐。然僕馬已先遣於錢塘門候舟，又不可行。至孤山，各倉皇登岸，命人追僕馬不可得，因步行孤山，岸上運青、厚庵如關帝廟看玉印，出曰：『非真。』東川號曰：『此去錢塘門，水路直，岸上紆迴將十餘里，待諸君步至已深夜，門且闔矣。』相對莫知所措。東川識土人，又覓一舟，遂棹至錢塘門，僕馬在焉。急入城，到中途則見各衙門筆帖式奔馳相召云：『上久已回行在。』傳唤漢人，無一人到者，急詣行在，侍衛傳旨云：『朕雖到杭州，并未於湖上設宴，即一飯亦未曾進。惟飲虎跑泉水一勺耳。汝等所知，勿令後人口實也。』衆皆惶恐失次，至三鼓始散。

十六日宿金河。十七日宿吴江。十八日宿蘇州，隨駕至蘇州。諸臣中有言我輩宜稍稍宴會，何事大腐板。予與京江輩遂治具虎丘，部院諸臣皆往。早間曾浼侍衛轉奏，然止于清謳，列席平遠堂中。予道經念齋之門，遂至雙泉草堂，園地視舊稍拓，杏樹曩時種者，今已喬木。山茶正開，玉蝶梅滿放，留連片晷，見兩子皆秀，發一飯而去，約明日同京江再來，遂之虎丘。是時人家皆賣幽蘭，遂買數莖置舟中。此十九日事也。

二十日，部院諸公以昨遊未暢，遂僱舟覓黎[二]園。予與京江欲踐歌起之約，私念拙政園此番不可不到，遂命阿二先驅至拙政園。園已數易主，日就荒圮，惟堂後山茶猶在，然已顚頽，谿亦不甚闊。谿北有土山，山多喬木，有樓已就傾，園中桂甚大，亦百年物。因見鄰圃古木修竹極盛，詢知是王園，並叩門請觀，中多奇石，較拙政園稍小，亦年久荒蕪，憑眺移時，方至念齋家，甫入大門，念齋迎謂曰：『有筆帖式在此相尋，云上傳甚急。』予與京江急坐肩輿行，輿人以疲乏告，原擬于念齋宅少休，强之行，遂之行在。滿諸公皆未至，蓋彼已移舟出閶門外矣。少頃，陸續蹣跚而至，云我輩已登舟演劇，有乘輿者，有乘馬者，輿馬皆散去，演會真記，法聰、紅娘方出，聞急召，從船窗上跳出，顧輿在而輿夫無有，强舟子擡輿，舟子不諳，不能疾行，遂步行，又念步行安能致遠，于是又登輿，轉覺遲緩，頓足怒罵亦無可如何，相視莫不大笑。少頃傳召見，上諭曰：『浙江巡撫已革職，今用張鵬翮，彼在兖州做太守有賢名。汝輩以爲何如？』衆皆對曰：『甚善。』然後散。京江始終未履念齋之園，僅于大門一揖而已。

二十一日從蘇州至常州。二十二日到無錫，過惠泉，再過秦園，又之鄒園。二十三日到丹陽。二十四日宿句容。二十五日雨，至江寧，從駕自丹陽登陸。先是京江爲予僱輿夫四人，又于營中借得二馬，行未十餘里，雨大作，石路泥滑不可行。予與京江各坐肩輿，去句曲十里，天已黑，風雨交至，燈火不可持，輿人一步一跌。二鼓時抵句曲，饑疲已極。次早從句曲至江寧，百餘里人馬踐蹋，泥滑不可言。駕行又甚速，京江棄輿乘馬急從之，予所乘馬駑甚，其勢必顛蹶，因復乘輿。午刻雨如澍，輿中衣履盡濕。然得此大雨洗滌泥土，過淳化園稍霽，輿夫始可行。日未暮抵行在。

二十六日至金陵之次日，上詣明太祖陵致祭，予輩從之。上行禮誠敬，奠酒，三跪九叩，嚴肅異常，命諸臣皆于牌樓前下馬，真千古帝王之盛事也。享殿寶城宛然無恙，松楸原鹿咸得其所，守陵太監賜以銀百金，親慰勞之。此事可法千古。回從機房，遂登城，過覆舟山至後湖，時湖上駐彩舟以備遊覽。上盡驅之，止坐小舟一泛湖，即諭總督曰：『此彩舟可即撤去，勿謂朕所御，後人遂不用也。』上于酉刻幸觀象臺，甫出門，問曰：『欽天監穆成格在乎？』侍衛對曰：『喚來時，穆成格在寓。』上御步輦行甚緩，予輩乘馬從，將至觀象臺下，又問，眾對曰：『穆成格來矣。』少刻，予馬上見敦住向後行，未久，見敦住步來，知其爲喚成格也。予輩至山半下馬，上在亭上，予同京江、厚庵輩隨之。日將暝，上顧問之際，但見敦住跪奏，其意似穆成格不能來者。上指南極星，問予曰：『南極到江南纔見，果然。』又指衆星問李厚庵。良久而穆成格未至。上已知其墜馬，曰：『無妨否？』侍衛對曰：『無妨。』上曰：『可以酒沃之。』上意已覺其創重，而予輩初不覺，但訝其久不來耳。又徘徊久之，駕始回傳令：『昏夜謹慎。』予輩遂不敢乘馬，下山步行，至平地攬轡緩行。次早問穆成格，已故。蓋平地緩行墜馬，不知其何以傷重也。賜銀百金以歸其櫬。

駕至金陵之次日，即傳諭北旋，金陵百姓數萬集行在前懇留，因諭再留二日。是日出南門，至報恩寺，上登浮圖，予輩皆在佛堂祇候。上既下，從駕諸公欲登，上立而觀之，予將登，上問曰：『向來常登此否？』對曰：『曾登數次。』上笑曰：『既登矣，何用再登。』予稍退。上曰：『既至此，亦須一登。』遂至九層，看御筆所書額，駕旋，從至文德橋，時巷陌皆有鼓吹，上命停之，遂登舟，命予輩亦登舟。時兩岸河房觀者萬人，上舟至則跪，于檻內人家皆結彩張燈焚香。舟過往返將一里許，復登岸，上顧謂總督曰：『此無乃煩擾百姓。』對曰：『秦淮風俗舊來如此，彼聞駕至皆歡喜鼓舞，雖禁之亦不能也。』

上至燕子磯，登舟渡江。是日免江寧房税，歡呼動地。予與京江、滿司寇圖諱納、司空蘇諱黑、總憲馬諱齊、少宰傅諱喇塔、少宗伯席諱爾達同舟。是日風不順，舟逆浪，借風而行，倏而南岸，倏而北岸，來往江心，經大浪數十餘，横行二十餘里，實只行二三里，俗謂之『跌檣』。申時望見上舟已將至金山，而予輩所乘之舟相去十餘里。風浪大作，舟中人皆大恐。京江與予乘一小舟，欲其依北岸而行，滿諸公又横舟而南，及返，仍在小舟之側。予所乘小舟又顛簸不可行，問舟人此處離瓜洲不過十里。京江遂決意登岸步行，滿諸公或去或從，徘徊不定，天時已將暮，風益起，決意從陸行五六里，已昏黑，從田家覓火炬，各家人持之行，至息浪庵已二鼓，甚饑。僧人出粥一盂、豆腐一盤，食之甚甘。稍偃息于禪房。時上舟已抵金山，懸燈數百盞，照江如白日。至五鼓，急渡江，詣行在。乃三月初二日也。是日至揚州。

初四日至清江浦，换船北行。十八日抵天津衛，舟行運河之速未有如此者，蓋舟小而繂夫多，聞皆啟，晝夜兼行，故無遲留也。三月十九日，駕從天津已登陸，予輩舟始至。京中僕馬來迎，次于直沽。巳時同京江登陸，行至楊村，天已將暝。聞駕已過武清，道黑不可辨。從村中呼老叟相送，不肯行，探青蚨百文與之，始同行。二鼓至武清。叩破寺門，炊豆粥充饑，土銼略憩，聞滿洲諸公宿于城北，已啟行，遂同京江攜僕馬繞城而行。星光微月，一望皆荒草，無一村一人可以問道，但遥聞一牛車聲漸聽漸遠，約略行三十里，兩僕兩馬攜行李衣褥尾之而行，忽而落後，渺不可見。此地曠僻多盜，意必有失。同京江下馬坐草間，命一僕從來路尋覓，呼之數百聲不可得，遂同上馬，又行五六里，見一驅牛車之人，時已五鼓，説汝等行錯，此是武清往南，非向北路。問此處離武清遠近，曰：『不過十里。』蓋中夜行四十餘里皆錯也。于是向北行十餘里，天漸明，始見村落，杏花盛開。巳時行至一村，饑甚，風大作，遂同入草舍炊飯，各食少許。風愈急，馬不可行，勉力衝突，砂石飛揚，不見馬首。行十餘里，風漸定。然馬亦疲乏，屢卧塵土中。申時至京師，詣乾清門請安。是三月二十日也。蓋上以十九日于天津登陸，十九日即進京師。滿洲諸臣皆于巳時到，予同京江以申時到。

校　記

〔一〕『人』，當爲『入』之訛。

〔二〕『黎』，當爲『梨』之訛。

篤素堂文集卷十四

雜　著

恒産瑣言

三代而上，田以井授，民二十受田，六十歸田，尺寸之地皆國家所有，民間不得而私之。至秦以後，廢井田，開阡陌，百姓始得私相買賣。然則三代以上，雖至貴鉅富，求數百畝之田貽子及孫，不可得也。後世既得而買之矣，以乾坤之大塊，國家之版圖，聽人畫界分疆，立書契，評價直而鬻之。縣官雖有易姓改氏，而田主自若。董江都諸人亦憤貧者無立錐之地，而富者田連阡陌，欲行限民名田之法，立爲節制而不果行。其乃祖乃父以一朝之力，而竟奄有之，使後人食土之毛，善守而不輕棄，則子孫百世，苟不至經變亂，亦斷不能爲他人之所有。嗚呼！深念及此，其可不思所以保之哉。

人家子弟從小便讀孟子，每習焉而不察，夫孟子以王佐之才，説齊宣、梁惠，議論闊大，志趣高遠，然言病雖多端，用藥止一味：曰有恒産者，有恒心而已；曰五畝之宅，百畝之田而已；曰富歲子弟多賴而已。重見疊出，一部孟子實落處不過此數條，而終之曰：諸侯之寶三：土地、〔人民、政事〕。又嘗讀蘇長公集，其天才横軼，古今無儔匹，宜若不屑屑生計者，遊金山之詩曰：『有田不歸如江水。』遊焦山之詩曰：『無田不去寧非貪。』其題王晉卿煙江疊嶂圖詩亦曰：『不知人間何處有此境，徑欲往買二頃田。』可知此老胸中，時時有此一段經畫，生平欲買陽羨之田，至老而其願不償。今人動言才子、名士、偉丈夫，不事家人生産，究至謀生無策，犯孟子之戒而不悔，豈不深可痛惜哉！

天下之物，有新則必有故。屋久而頽，衣久而敝。臧獲、牛馬服役久而老且死。當其始，重價以購，越十年而其物非故矣。再越十年而化爲烏有矣。獨有田之爲物，雖百年千年而常新。即或農力不勤，土敝産薄，一經糞溉，則新矣。即或荒蕪草宅，一經墾闢，則新矣。多興陂池，則枯者可以使之潤；勤薅荼蓼，則瘠者可以使之肥。亘古及今，無有朽蠹頽壞之慮，逃亡耗缺之憂。嗚呼！是洵可寶也哉。

吾友陸子，名遇霖，字洵若，浙江人，今爲歸德别駕。其人通曉事務，以經濟自許。在京師日，常與之過從。一日，從容談及謀生畢竟以何者爲勝？陸子思之良久，曰：『予閲世故多矣。典質貿易權子母，斷無久而不弊之理。始雖乍獲厚利，終必化爲子虛。惟田產、房屋二者，可持以久遠。以二者較之，房舍又不如田產。何以言之？房產乃向人索租錢，每至歲暮，必有幹僕盛衣帽著靴，諠嘩叫號以取之，不償則訴于官長，每至争訟雀角；甚有以奮鬥窘逼而別生禍殃者。稍懦焉，則又不可得矣。至田租則不然。子孫雖爲齊民，極單寒懦弱，其僕不過青鞋布襪，手持雨傘，詣佃人之門，而人不敢藐視之。秋穀登場，必先完田主之租，而後分給私債，取其所本有，而非索其所無。與者受者皆可不勞，且力田皆愿民，與市廛商賈之狡健者不同。以此思之，房產殆不如也。』予至今有味乎陸子之言。

嘗讀雅、頌之詩，而嘆古人之于先疇如此其重也。楚茨、大田之詩，皆公卿有田禄者。周有世卿，其祖若父之采地傳諸後人，故曰曾孫。今觀其言：曰我疆我理，曰我田既臧，曰我黍我稷，我倉我庾。農夫愛其曾孫，則曰曾孫不怒。曾孫愛其農夫，則曰農夫之慶。以至攘饁者之食而嘗其旨否，剥疆場之瓜而獻之皇祖，何其民風淳樸，上下相親如此。不止家給人足，無分外之謀；而且流風餘韻，有爲善之樂。後人有祖、父遺產，正可循壟觀稼，策蹇課耕。雅、頌之景如在目前，而乃視爲鄙事，不一留意，抑獨何哉！

今人家子弟鮮衣怒馬，恒舞酣歌，一裘之費動至數十金，一席之費動至數金，不思吾鄉十餘年來穀賤，竭十餘石穀，不足供一筵；竭百餘石穀，不足供一衣。安知農家作苦終年，雷體塗足，豈易得此百石？ 況且水旱不時，一年收穫不能保諸來年。 聞陝西歲饑，一石價至六七兩。 今以如玉如珠之物而賤價糶之，以供一裘一席之費，豈不深可懼哉！ 古人有言： 惟土物愛，厥心臧。 故子弟不可不令其目擊田家之苦，開倉糶穀時，當令其持籌，以壯夫之力不過擔一石，四五壯夫之所擔，僅得價一兩，隨手花費，了不見其形迹而已倉庾空竭矣。 使稍有知覺，當不忍于浪擲，奈何深居簡出，但知飽食暖衣，絶不念物力之可惜而泥沙委之哉！

天下貨財所積，則時時有水火、盜賊之憂。 至珍異之物，尤易招尤速禍。 草野之人有十金之積，則不能高枕而卧。 獨有田產不憂水火，不憂盜賊。 雖有强暴之人，不能竟奪尺寸。 雖有萬鈞之力，亦不能負之而趨。 千頃萬頃可以值萬金之產，不勞一人守護，即有旱乾水溢[一]，背井去鄉，事定歸來，室廬畜聚一無可問，獨此一塊土，張姓者仍屬張，李姓者仍屬李。 芟夷墾闢，仍爲殷實之家。 嗚呼！ 舉天下之物，不足較其堅固。 其可不思所以保之哉！

予與四方之人從容閒談，則必詢其地土物產之所出，以及田里之事。 大約田產出息最微，較之商賈不及三四。 天下惟山右、新安人善于貿易，彼性至慳嗇，能堅守。 他處人斷斷不能。 然亦多覆蹶之事。 若田產之息，月計不足，歲計有餘； 歲計不足，世計有餘。 嘗見人家子弟厭田產之生息微而緩，羨貿易之生息速而饒，至鬻產以從事，斷未有不全軍盡没者。余身試如此，見人家如此，千百不爽一。無論愚弱者不能行，即聰明强幹者亦行之而必敗。人家子弟萬萬不可錯此著也。

人思取財于人，不若取財于天地。余見放債收息，以及典質人之田産者，三年五年得其息如其所出之數，其人則嘵嘵有詞矣。不然，則怨于心，德于色，浸假而並没其本。間有酷貧之士，得數十金可暫行于一時，稍裕則不能矣。惟地德則不然，薄植之而薄收，厚培之而厚報。或四季而三收，或一歲而再種，中田以種稻麥，旁畦餘壟以植麻菽、衣棉之類。有尺寸之壤，則必有錙銖之入。故曰：地不愛寶。此言最有味。始而養其祖、父，既而養其子孫。無德色，無倦容，無竭歡盡忠之怨，有日新月盛之美。受之者無愧怍，享之者無他虞。雖多方以取，而無罔利之咎。上可以告天地，幽可以對鬼神。不勞心計，不受人忌疾。嗚呼！天下更有物焉能與之比長絜短者哉！

余既言田産之不可鬻，而世之鬻産者比比而然。聰明者亦多爲之。其根源則必在乎債負，債負之來，由于用度不經。不知量入爲出，至舉息既多，計無所出，不得不鬻累世之産。故不經者，債負之由也；債負者，鬻産之由也；鬻産者，饑寒之由也。欲除鬻産之根，則斷自經費始。居家簡要可久之道，則有陸梭山量入爲出之法在。其法：合計一歲之所入，除完給公家而外，分爲三分，留一分爲歉年不收之用，其二分，分爲十二分，一月用一分。若歲常豐收，則是古人耕三餘一之法。值一歲歉，則以一歲所留補給。連歲歉，則以積年所留補給。如此，始〔二〕無舉債之事。若一歲所入，止給一歲之用，一遇水旱，則産不可保矣。此最目前可見之理，而人不之察。陸梭山之法最詳，即百金之産亦行此法，使必富饒而後可行，則大誤矣。且其法于十二分，又分三十小分。余恐其太煩，故止作十二分。要知古人之意，全在小處節儉。大處之不足，由于小處之不謹。月計之不足，由于每日之用過多也。若能從梭山每月三十分之，更爲穩實，一月之中，飲食應酬宴會，稍可節者節之。以此一月之所餘，另置一封，以周貧乏親戚些小之急，更覺心安意適。此專言費用不經，舉債而鬻産之由。此外則有賭博狹斜侈靡，其爲敗壞者無論矣。更有因婚嫁而鬻業者，絶爲可哂。夫有男女則必有婚嫁，只當以豐年之所積，量力治裝，奈何鬻累世仰事俯育之具，以圖一時之華美？豈既婚嫁後，遂可不食而飽、不衣而温乎！嗚呼，亦愚之甚矣！

吾既言産之斷不可鬻，雖然，鬻産之家，豈得已哉？其平時費用不經，以致舉債而鬻産，吾既詳言之矣。處豐亨之日，行量入爲出之法，自不致狼狽困頓而爲此，獨是一遇凶歲，則非水即旱，水旱則必逃亡，逃亡則田必荒蕪，荒蕪則穀入必少。此時賦税必免〔三〕而旋急，數端相因而至，乃必然之理。有田之家，其爲苦累較常人更甚。此時輕棄賤鬻，以圖免追呼，實必至之勢也。然天下凶荒日少，豐稔日多，及至豐稔〔四〕而産業既鬻于人，向時富厚之子，今無立錐矣。此時當大有忍力，咬定牙根，平時少有積畜，或鬻衣服，或鬻簪珥，或鬻臧獲，藉以完糧，打疊精神，招佃闢墾，乘間投隙，收取些須，以救旦夕，穀食不足，充以糟糠。凡百費用盡從吝嗇，千辛萬苦以保守先業，大約不過一二年，過此凶險，仍可耕耘收穫，不失爲殷厚之家。此亦予所目擊者。譬如熬過隆冬沍寒，春明一到，仍是柳媚花明矣。此際全看力量，其更有心計之人，于此時收買賤産，其益宏多。吾鄉草野起家之人多行此法。

吾既極言産之不可鬻矣。雖然，守之有道不可不講，不善經理，付之僮僕之手，任其耗蠹，積日累月，沃者變而爲瘠，潤者化而爲枯。稍瘠者化而爲石田。田瘠而畝不減，入少而賦不輕。平時僅可支持，一遇水旱催科，則立槁矣。是田本爲養生之物，變而爲累身之物，且將追怨祖、父留此累物以貽子孫。予見此亦不少矣。然則，如之何而可哉？欲無鬻産，當思保産；欲保産，當使盡地利。盡地利之道有二：一在擇莊佃，一在興水利。諺云：『良田不如良佃。』此最確論。主人雖有氣力心計，佃惰且劣，則田日壞。譬如父母雖愛嬰兒，却付之悍婢之手，豈能知其疾苦乎？良佃之益有三：一在耕種及時，一在培壅有力，一在畜泄有方。古人言：農最重時。早犁一月，有一月之益，故冬最良，春次之。早種一日，有一日之益，故晚禾必在秋前一日。至培壅，則古人所云曰：百畝之糞。又云：凶年糞其田而不足。詩云：『荼蓼朽止，黍稷茂止。』用力如此，一畝可得兩畝之入。地不加廣，畝不加增，佃有餘而主人亦利矣。畜水用水，最有緩急先後。當救則救，當待則待，當棄則棄，惟有良農老農知之。劣農之病有三：一在耕稼失時，一在培壅無力，一在畜泄無方。若遇豐稔之年，雨澤應時而降，惰農劣農亦鹵莽收穫，隱藏其害而不覺。一遇旱乾，則彼之優劣立見矣。凶年主人得一石可值兩石，而受此劣佃之害，悔何及哉！人家僮僕管莊務，每喜劣佃而不喜良佃。良佃則家必殷實有體面，不肯諂媚人，且性必梗直樸野，飲食必節儉，又不聽僮僕之指使。劣佃則必惰而且窮，諂媚僮僕，聽其指使，以任其饕餮，種種情狀不同，此所以性喜劣佃而不喜良佃。至主人之田疇美惡，彼皆不顧，且又甚樂于水旱，則租不能足額，而可以任其高下。此積弊陋習，安可不知？且良佃所居，則屋宇整齊，場圃茂盛，樹木葱鬱。此皆主人僮僕力之所不能及，而良佃自爲之。劣佃則件件反是。此擇莊佃爲第一要務也。禾在田中，以水爲命。諺云：『肥田不敵瘦水。』雖有膏腴，若水澤不足，則亦等石田矣。江南有塘有堰，古人開一畝之田，則必有一畝之水以濟之。後人狃于多雨之年，塘堰都不修治，堰則破壞不畜水，塘則淺且漏，不容水。每歲方春時，必有洪雨數次，任其横流而不收。入夏亢旱，束手無策，仰天長嘆而已。人家僮僕管理莊事，以興塘幾石、修屋幾石，爲開帳時浮圖合尖之具而已，何嘗有寸土一鍤及于塘堰乎！夫塘宜深且堅固，余曾過江寧南鄉，其田最號沃壤，其塘甚小，不及半畝，詢之土人，知其深且陡，有及二丈者，故可以溉數十畝之田而不匱。吾鄉塘最多，且大有數畝者，有十數畝者，然淺且漏，大雨後亦不滿，稍旱則露底，田待此爲命，其何益之有哉！向後興塘築堰必躬自閲視，若有雨之年，塘猶不滿，其爲滲漏可知，急加培築。大抵劣農之性惰而見識淺陋，每僥倖于歲之多雨，而不爲預備。僮僕既以此開入花帳，又不便向主人再説。一遇亢旱，田禾立槁，日積月累，田瘠莊敝，租入日少，勢必鬻變。此興水利爲第一要務也。若不知務此，而止云保守前業，勢豈能由己哉！

予置田千餘畝，皆苦瘠，非予好瘠田也。不能多辦價值，故寧就瘠田。其膏腴沃壤，則大有力者爲之，余不能也。然細思膏腴之價數培〔五〕于瘠田，遇水旱之時，膏腴亦未嘗不減。若豐稔之年，瘠土亦收而租倍於膏腴矣。膏腴之所以勝者，鬻時可以得善價。平時度日同此稻穀一石耳，無大差别。且腴田不善經理，不數年變而爲中田。又數年變而爲下田矣。瘠田若善經理，則下田可使之爲中田，中田可使之爲上田。雖不能大變能高一等，故但視後人之能保與不能保，不在田之瘠與不瘠。況名莊勝業易爲勢力家所垂涎，子弟鬻田必先鬻善者。予家祖居田甚瘠，在當時興作盡善，故稱沃壤。四世祖東川公卒時，囑後人葬于宅之左，曰：『恐爲勢家所奪。』由此觀之，當時何嘗非善地，今始成瘠壤耳。惟視人之經理不經理也。嘗見荒瘠之地，見一二土著老農之家，則田疇開闢，陂池修治，禾稼茂鬱，廬舍完好，竹木周布，居然一佳産。其仕宦家之田，則荒敗不可觀而已。汝儕試留心察之。

人家子弟每年春秋當自往莊細看，平時無事亦可策蹇一往，然徒往無益也。第一，當知田界，田界不易識也。令老農指視，一次不能記而再三，大約五六次便熟。有疑處便問之，勿以曾經問過，嫌于再問，恐被人譏笑，則終身不知矣。第二，當察農夫用力之勤惰，耕種之早晚，畜積之厚薄，人畜之多寡，用度之奢儉，善治田以爲優劣。第三，當細看塘堰之堅窳淺深，以爲興作。第四，察山林樹木之耗長。第五，訪稻穀時值之高下，期于真知確見。若聽僮僕之言，深入茅檐，一坐一飯一宿，目不見田疇，足不履阡陌，僮僕糾諸佃人環繞喧嘩，或借種稻，或借食租，或稱塘漏，或稱屋傾，以此恫喝主人，主人爲其所窘，去之惟恐不速。問其疆界，則不知；問其孰勤孰惰，則不知；問其林木，則不知；問其價值，則不知。及入城遇朋友，則彼揖之曰：『履畝歸矣。』此笑之曰：『循行阡陌回矣。』主人方自謂『吾從村莊來，勞苦勞苦』。嗚呼！何益之有哉。此予少年所身歷者，至今悔之。大約人家子弟，最不當以經理田産爲俗事鄙事而避此名，亦不當以爲故事而襲此名。細思此等事，較之持鉢求人，奔走囁嚅，孰得孰失，孰貴孰賤哉？

人家『富貴』兩字，暫時之榮寵耳。所時〔六〕以長子孫者，畢竟是『耕讀』兩字。子弟有二三千金之産，方能城居。何則？二三千金之産，豐年有百餘金之入。自薪炭、蔬菜、雞豚、魚蝦、醯醢之屬，親戚人情，應酬宴會之事，種種皆取辦于錢。豐年則穀賤，歉年穀亦不昂，僅可支吾，或能不致狼狽。若千金以下之業，則斷不宜城居矣。何則？居鄉則可以課耕數畝。其租倍入，可以供八口。雞豚畜之于柵，蔬菜畜之于圃，魚蝦畜之于澤，薪炭取之于山，可以經旬屢月不用數錢，且鄉居則親戚應酬寡，即偶有客至，亦不過具雞黍。女子力作，可以治紡績，衣布衣，策蹇驢，不必鮮華。凡此皆城居之所不能。且耕且讀，延師訓子亦甚簡静。囊無餘畜，何致爲盜賊所窺？吾家湖上翁子弟甚得此趣。其所貽不厚，其所度日皆較之城中數千金之産者更爲豐腴，且山水間優游俯仰，復有自得之樂，而無窘迫之憂。人苦不深察耳。果其讀書有成，策名仕宦，可以城居，則再入城居一二世，而後宜于鄉居，則再往鄉居。鄉城耕讀相爲循環，可久而大，豈非吉祥善事哉！況且世家之産，在城不過取其額租。其山林湖泊之利所遺甚多，此亦勢不能兼。若貧而鄉居，尚有遺利可收，不止田租而已，此又不可不知也。

予仕宦人也，止宜知仕宦之事，安能知農田之事？但余與四方英俊交且久，閲歷世故多，五十年來，見人家子弟成敗者，不少鬻田而窮，保田而裕，千人一轍。此予所以諄諄苦口爲汝輩陳説。先大夫戊子年析産，予得三百五十餘畝，後甲辰年再析予一百五十餘畝，予戊戌年初析爨，始管莊事。是時，吾里田産正當極賤之時，人問曰：『汝父析産有銀乎？』予對曰：『但有田耳。』問者索然，予時亦曰：『田非不佳，但苦急切難售耳。』及丁未後，予以公車有稱貸，遂賣甲辰年所析百五十畝。予四十以前，全不知田之可貴，故輕棄如此。後以予在仕宦，又不便向人贖取。至今始悟析産正妙在無銀，若初年寬裕，性既習慣，一二年後所分既盡，悵悵然失其所恃矣。田之妙，正妙在急切難售；若容易售，則脱手甚輕矣。此予晚年之見，與少年時絶不相同者也。是皆予三折肱之言，其思之毋忽！

校記

〔一〕『旱乾水溢』，四庫全書本作『兵燹離乱』。

〔二〕『始』，四庫全書本作『殆』。

〔三〕『免』，康熙四十三年刻本作『多』，是。

〔四〕『凶荒日少，豐稔日多，及至豐稔』句，康熙四十三年刻本作『亂離日少，太平日多，及其太平』。

〔五〕『培』，康熙四十三年刻本作『倍』，是。

〔六〕『時』，四庫全書本作『恃』，是。

飯有十二合説

一之稻

古稱飯之美者，則有玄山之禾，精鑿白粲，昔人所重。吾鄉稻有三種：有早熟者，有中熟者，有晚熟者。早、晚所熟，皆不及中熟之佳。蔡邕月令章句云：『時在季秋，謂之半夏稻，滋味清淑，頤養爲宜。』頌曰：

詩稱香稻，如雪流匙。辨種嘗味，遲熟攸宜。益脾健胃，百福所基。

二之炊

朝鮮人善炊飯，顆粒朗然，而柔膩香澤，倘所謂中邊皆腴者耶。又聞之：静海勵先生炊米汁勿倾去，留以藴釀，則氣味全。火宜緩，水宜減，蓋有道焉。魯莽滅裂，是與暴殄天物者等也。頌曰：

釋之溲溲，蒸之浮浮。炊我長腰，質粹香留。謹視火候，丹鼎功侔。

三之肴

《禮》曰：居山不以魚鱉爲禮，居澤不以麋鹿爲禮。食地之所産，則滋味鮮而物力省。近見人家宴會，每以珍錯爲奇，不知雞豚魚蝦本有至味。《内則》所載：養老人八珍，皆尋常羊豕，特烹炮異耳，何嘗廣搜異味哉。且每食一葷，則腸胃不雜，而得以盡其滋味之美；山海羅列，腥葷雜進，既爲傷生侈費，亦乖頤養之道。所當深戒者也。頌曰：

甘毳芳鮮，是爲侯鯖。脾寬作化，腹虚則靈。戒爾饕餮，視此鼎銘。

四之蔬

古人稱早韭、晚菘，山廚珍味。城中鬻蔬者，採摘非時，復爲風日所損，真味漓矣。此種一畝蔬，時其老稚而取之，含露負霜，甘芳脆美，詩人所謂『有道在葵藿』耶。頌曰：

蔓菁蘆菔，其甘如飴。美勝粱肉，晚食益奇。菜根不厭，百事可爲。

五之脩

古称脯脩，亦所以佐匕箸。山雉、澤鳧、鹿脯、魚薧，昔人往往見之篇什，但取一种可以侑食，毋爲侈糜奇巧。頌曰：

飽嘗世味，如彼雞肋。聊資醢脯，以妥家食。炮炙肥甘，腑胃之賊。

六之菹

鹽豉寒菹，古人所謂旨畜以禦冬也。以清脆甘芬爲貴，食既而嚼，口吻爽雋，爲益多矣。頌曰：

甫里幽居，爰賦杞菊。红薑紫茄，青筍黄獨。告我婦子，儲備宜夙。

七之羹

古人每飯，羹左食右。又曰：『若作和羹，爾爲鹽梅。』羹之爲用，宜備五味。以宣泄補益，由来尚矣。古人飯而以湯沃之，曰飧，言取飽也。老者易於哽咽，於羹尤宜。頌曰：

新婦執饋，爰作羹湯。和以芍藥，椒芬飶香。以代祝哽，祗奉高堂。

八之茗

食畢而茗，所以解葷腥，滌齒頰，以通利腸胃也。茗以温醇爲貴，岕片、武夷、六安三種最良，松蘿近刻削，非可常飲。石泉佳茗，最是清福。頌曰：

松風既鳴，蟹眼將沸。月團手烹，以滌滯鬱。丹田紫闕，香氣騰拂。

九之時

人所最重者，食也。食所最重者，時也。山梁雌雉，子曰：『時哉！時哉！』固有珍膳當前而困於酒食者，失其時也。有葵藿而欣然一飽者，得其時也。樊籠之鳥飼以稻粱，而羽毛鎩敝。山谿之鳥五步一飲，十步一啄，而飛鳴自得者，時與不時之異也。當飽而食，曰非時；當饑而不食，曰非時。適當其可謂之時。噫！難爲名利中人言哉。頌曰：

晨起腹虛，載遊樊圃。容與花間，香生肺腑。思食而食，奚羡華膴？

十之器

器以磁爲宜，但取精潔，毋尚細巧。瓷太佳則脆薄，易於傷損，心反爲其所役，而無自適之趣矣。予但取其中等者。頌曰：

繩牀棐几，浄掃無塵。花磁瑩潤，參伍以陳。陋彼金玉，縈擾心神。

十一之地

吁！食豈易言哉。冬則温密之室，焚名香，然獸炭；春則柳堂花榭；夏則或臨水，或依竹，或蔭喬林之陰，或坐片石之上；秋則晴窗高閣，皆所以順四時之序。又必遠塵埃，避風日，簾幙當施，則圍坐斗室。軒窗當啟，則遠見林壑。斯餐香飲翠，可以助吾藜藿雞黍之趣。故曰食豈易言哉。頌曰：

食以養生，以暢爲福。相彼陰陽，時其涼燠。以適我情，以果我腹。

十二之侶

獨酌太寂，羣餐太囂。雖然，非其人則移牀遠客，不如其寂也。或良友同餐，或妻子共食，但取三四人，毋多而囂。頌曰：

肅然以敬，雍然以和。不淫不侈，不煩不苛。式飲式食，受福孔多。

篤素堂文集卷十五

雜著

聰訓齋語

圃翁曰：聖賢領要之語，曰『人心惟危，道心惟微』。危者，嗜欲之心，如堤之束水，其潰甚易，一潰則不可復收也。微者，理義之心，如帷之映燈，若隱若現，見之難而晦之易也。人心至靈至動，不可過勞，亦不可過逸。惟讀書可以養之。每見堪輿家平日用磁石養針，書卷乃養心第一妙物。閒適無事之人，鎮日不觀書，則起居出入，身心無所棲泊，耳目無所安頓，勢必心意顛倒，妄想生嗔，處逆境不樂，處順境亦不樂。每見人棲棲皇皇，覺舉動無不礙者，此必不讀書之人也。古人有言，掃地焚香，清福已具。其有福者，佐以讀書；其無福者，便生他想。旨哉斯言，予所深賞。且從來拂意之事，自不讀書者見之，似爲我所獨遭，極其難堪，不知古人拂意之事，有百倍於此者，特不細心體驗耳。即如東坡先生歿後，遭逢高、孝，文字始出，名震千古，而當時之憂讒畏譏，困頓轉徙潮、惠之間，蘇過跣足涉水，居近牛欄，是何如境界！又如白香山之無嗣，陸放翁之忍饑，皆載在書卷。彼獨非千載聞人，而所遇皆如此。誠一平心静觀，則人間拂意之事，可以涣然冰釋。苦〔二〕不讀書，則但見我所遭甚苦，而無窮怨尤嗔忿之心燒灼不寧，其苦爲何如耶。且富盛之事，古人亦有之。炙手可熱，轉眼皆空。故讀書可以增長道心，爲頤養第一事也。記誦纂集，期以争長應世，則多苦。若涉覽，則何至勞心疲神。但當冷眼於閑中窺破古人筋節處耳。予於白、陸詩皆細注其年月，知彼於何年引退，其衰健之迹皆可指，斯不夢夢耳。

圃翁曰：聖賢仙佛，皆無不樂之理。彼世之終身憂戚，忽忽不樂者，決然無道氣、無意趣之人。孔子曰『樂在其中』。顔子不改其樂，孟子以不愧不怍爲樂。論語開首説『悦』、『樂』，中庸言『無入而不自得』。程、朱教尋孔、顔樂處，皆是此意。若庸人多求多欲，不循理，不安命。多求而不得，則苦；多欲而不遂，則苦。不循理，則行多窒礙而苦；不安命，則意多怨望而苦。是以跼天蹐地，行險徼幸，如衣敝絮行荆棘中，安知有康衢坦塗之樂？惟聖賢仙佛無世俗數者之病，是以常全樂體。香山字樂天，予竊慕之，因號曰樂圃。聖賢仙佛之樂，予何敢望。竊欲營履道，一丘一壑，倣白傅之『有叟在中，白鬚飄然』，『妻孥熙熙，雞犬閒閒』之樂云耳。

圃翁曰：予擬一聯，將來懸草堂中：『富貴貧賤，總難稱意，知足即爲稱意；山水花竹，無恒主人，得閒便是主人。』其語雖俚，却有至理。天下佳山勝水、名花美箭無限，大約富貴人役於名利，貧賤人役於饑寒，總無閒情及此，惟付之浩嘆耳。

圃翁曰：唐詩如緞如錦，質厚而體重，文麗而絲密，温醇爾雅，朝堂之所服也。宋詩如紗如葛，輕疏纖朗，便娟適體，田野之所服也。中年作詩，斷當宗唐律，若老年吟咏適意，闌入於宋，勢所必至。立意學宋，將來益流而不可返矣。五律斷無勝於唐人者，如王、孟五言，兩句便成一幅畫。今試作五字，其寫難言之景，盡難狀之情，高妙自然，起結超遠，能如唐人否？蘇詩五律不多見，陸詩五律太率，非其所長。參唐宋人氣味，當於五律見之。

圃翁曰：昌黎聽穎師琴詩有云：『呢呢兒女語，恩怨相爾汝。忽然勢軒昂，猛士赴戰場。』又云：『失勢一落千丈强。』歐陽公以爲琵琶詩，信然。予細味琴音，如微風入深松，寒泉滴幽澗，静永古澹。其上下十三徽，出入一弦至七弦，皆有次第，大約由緩而急，由大而細極，於和平沖夷爲主，安有呢呢兒女忽變爲金戈鐵馬之聲？常建琴詩：『江上調玉琴，一弦清一心。泠泠七弦遍，萬木沉秋陰。能令江月白，又令江水深。始知枯桐枝，可以徽黄金。』真可謂字字入妙，得琴之三昧者。味此，則與昌黎之言迥别矣。古來士大夫學琴，類不能學多操。白香山止秋思一曲，范文正公止履霜一曲，高人撫弦動操，自有夷曠沖澹之趣，不在多也。古人製琴一曲，調適宫商，但傳指法。後人强被以語言文字，失之遠矣。甚至俗譜用大學及歸去來辭、赤壁賦强配七弦，一字予以一音，且有以山歌小曲溷之者，其爲唐突古樂甚矣，宜爲雅人之所深戒也。大抵琴音以古淡爲宗，非在悦耳。心境微有不清，指下便爾荆棘。清風朗月之時，心無機事，曠然天真，時鼓一曲，不躁不懶，則緩急輕重合宜自然，正音出於腕下，清興超于物表。放翁詩曰『琴到無人聽處工』，未深領斯妙者，自然聞古樂而欲卧，未足深論也。

圃翁曰：古人以眠食二者，爲養生之要務。臟腑腸胃常令寬舒有餘地，則真氣得以流行而疾病少。吾鄉吴友季善醫，每赤日寒風，行長安道上不倦。人問之，曰：『予從不飽食，病安得入？』此食忌過飽之明徵也。燔炙熬煎、香甘肥膩之物，最悦口而不宜於腸胃。彼肥膩易於粘滯，積久則腹痛氣塞。寒暑偶侵，則疾作矣。放翁詩云：『倩盼作妖狐未慘，肥甘藏毒鴆猶輕。』此老知攝生哉。

炊飯極軟熟，雞肉之類只淡煮，菜羹清芬鮮潔渥之，食只八分飽，後飲六安苦茗一杯。若勞頓饑餓歸，先飲醇醪一二杯以開胸胃。陶詩云：『濁醪解劬饑。』蓋藉之以開胃氣也。如此，焉有不益人者乎。且食忌多品，一席之間遍食水陸，濃淡雜進，自然損脾。予謂或雞魚鳧豘之類，只一二種飽食良爲有益，此未嘗聞之古昔，而以予意揣當如此。

安寢乃人生最樂。古人有言：『不覓仙方覓睡方。』冬夜以二鼓爲度，暑月以一更爲度。每笑人長夜酣飲不休，謂之消夜。夫人終日勞勞，夜則宴息，是極有味，何以消遣爲？冬夏皆當以日出而起，於夏尤宜。天地清旭之氣最爲爽神，失之甚爲可惜。予山居頗閒，暑月日出則起，收水草清香之味。蓮方斂而未開，竹含露而猶滴，可謂至快。日長漏永，不妨午睡數刻，焚香垂幙，淨展桃笙，睡足而起，神清氣爽，真不啻天際真人。況居家最宜早起，倘日高客至，僮則垢面，婢且蓬頭，庭除未掃，竈突猶寒，大非雅事。昔何文端公居京師，同年詣之，日晏未起，久之方出，客問曰：『尊夫人亦未起耶。』答曰：『然。』客曰：『日高如此，內外家長皆未起，一家奴僕，其爲奸盜詐僞何所不至耶！』公瞿然，自此至老不晏起。此太守公親爲予言者。

圃翁曰：山色朝暮之變，無如春深秋晚。四月則有新綠，其淺深濃淡，早晚便不同。九月則有紅〔一〕葉，其赬黃茜紫，或映朝陽，或迴夕照，或當風而吟，或帶霜而殷，皆可謂佳勝之極。其他則煙嵐雨岫，雲峰霞嶺，變幻頃刻，孰謂看山有厭倦時耶！放翁詩云：『遊山如讀書，淺深在所得。』故同一登臨，視其人之識解學問以爲高下，苦樂不可得而强也。予每日治裝入龍眠，家人相謂山色總是如此，何用日日相對，此真淺之乎言看山者。

圃翁曰：人家僮僕最不宜多畜，但有得力二三人，訓諭有方，使令得宜，未嘗不得兼人之用。太多則彼此相諉，恩養必不能周，教訓亦不能及，反不得其力。且此輩當家道盛則倚勢作非，招尤結怨；家道替則飛揚跋扈，反脣賣主，皆勢所必至。予欲令家僕皆各治生業，可省遊手遊食之弊，不至於冗食爲非也。且僮僕甚無取乎黠慧者，吾輩居家居宦皆簡静守理，不爲暗昧之事，至衙門政務，皆自料理，不煩幹僕巧權門之應對，爲遠道之輸將，打點機密，奔走勢利。所用者不過趨蹡灑掃、負重徒步之事耳，焉用聰明才智爲哉！至於山中耕田耡圃之僕乃可爲寶。其人無奢望無機智，不爲主人斂怨。彼縱不遵約束，不過懶惰愚蠢之小過，不必加意防閑，豈不爲清閒之一助哉。

圃翁曰：昔人論致壽之道有四：曰慈，曰儉，曰和，曰静。人能慈心於物，不爲一切害人之事，即一言有損於人亦不輕發。推之戒殺生以惜物命，慎翦伐以養天和。無論冥報不爽，即胸中一段吉祥愷悌之氣，自然災沴不干而可以長齡矣。

人生福享皆有分數。惜福之人福嘗有餘，暴殄之人易至罄竭，故老氏以儉爲寶。不止財用當儉而已，一切事常思節嗇之義，方有餘地。儉於飲食，可以養脾胃；儉於嗜欲，可以聚精神；儉於言語，可以養氣息非；儉於交遊，可以擇友寡過；儉於酬酢，可以養身息勞；儉於夜坐，可以安神舒體；儉於飲食，可以清心養德；儉於思慮，可以蠲煩去擾。

凡事省得一分，即受一分之益。大約天下事萬不得已者，不過十之一二。初見以爲不可已，細算之亦非萬不可已。如此逐漸省去，但日見事之少。白香山詩云：『我有一言君記取，世間自取苦人多。』今試問：勞擾煩苦之人，此事亦儘可已，果屬萬不可已者乎！當必恍然自失矣。

人常和悦，則心氣沖而五臟安，昔人所謂養歡喜神。真定梁公每語人：『日間辦理公事，每晚家居必尋可喜笑之事，與客縱談，掀髯大笑，以發舒一日勞頓鬱結之氣。』此真得養生要訣。何文端公時，曾有鄉人過百歲，公扣其術，答曰：『予鄉村人無所知，但一生只是喜歡，從不知憂惱。』噫！此豈名利中人所能哉。

傳曰『仁者静』。又曰『知者動』。每見氣躁之人舉動輕佻，多不得壽。古人謂硯以世計，墨以時計，筆以日計，動静之分也。静之義有二：一則身不過勞，一則心不輕動。凡遇一切勞頓、憂惶、喜樂、恐懼之事，外則順以應之。此心凝然不動，如澄潭，如古井，則志一動氣，外間之紛擾皆退聽矣。

此四者於養生之理極爲切實，較之服藥引導，奚啻萬倍哉。若服藥則物性易偏，或多燥滯，引導吐納則易至作輟。必以四者爲根本，不可捨本而務末也。道德經五千言，其要旨不外於此。銘之座右，時時體察，當有裨益耳。

圃翁曰：人生不能無所適以寄其意。予無嗜好，惟酷好看山種樹。昔王右軍亦云：『吾篤嗜種果，此中有至樂存焉。』手種之，樹開一花，結一實，玩之偏愛，食之益甘，此亦人情也。陽和里五畝園，雖不廣，倘所謂有水一池，有竹千竿者耶。花十有二種，每種得十餘本，循環玩賞，可以終老。城中地隘，不能多植。然在居室之西數武，花晨月夕，不須肩輿策蹇，自朝至夜分，可以酣賞飽看一花一草，自始開至零落，無不窮極其趣。則一株可抵十株，一畝可敵十畝。山中嚮營賜金園，今購芙蓉島，皆以田爲本，於隙地疏池種樹，不廢耕耘。閲耕是人生最樂。古人所云躬耕，亦止是課僕督農，亦不在沾體塗足也。

圃翁曰：山居宜小樓，可以收攬羣峰衆壑之勢，竹杪松梢更有奇趣。予擬於芙蓉島南向構一小樓，題曰『千崖萬壑之樓』。大谿環抱，羣岫聳峙，可謂快矣。築小齋三楹，曰『佳夢軒』。夫人生如夢，信矣。使夕夢至此，豈不以爲佳甚耶。陸放翁夢至仙館，得詩云：『長廊下瞰碧蓮沼，小閣正對青蘿峰。』便以爲極勝之景。予此中頗有之，可不謂之佳夢耶。香山詩云：『多道人生都是夢，夢中歡樂亦勝愁。』人既在夢中，則宜税駕，咀嚼其夢，而不當爲夢幻泡影之嗟。予固將以此爲睡鄉，而不復從邯鄲道上向道人借黄粱枕也。

圃翁曰：人生於珍異之物決不可好。昔端恪公言：『士人於一研一琴當得佳者，研可適用，琴能發音，其他皆屬無益。』良然！磁器最不當好，磁佳者必脆薄，一醆值數十金。

僮僕捧持易致不謹，過于矜束，反致失手。朋客歡讌亦鮮樂趣。此物在席，賓主皆有戒心，何適意之有？磁取厚而中等者，不至太粗，縱有傾跌亦不甚惜。斯爲得中之道也。名畫法書，及海内有名玩器皆不可畜，從來賈禍招尤，可爲龜鑑。購之不啻千金，貨之不值一文。且從來真贋難辨。變幻奇於鬼神，裝潢易於竊换。一軸得善價，繼至者遂不旋踵，以僞爲真，以真爲僞，互相訕笑，止可供噴飯。昔真定梁公有畫字之好，竭生平之力收之，捐館後爲勢家所求索殆盡。然雖與以佳者，輒謂非是，疑其藏匿，其子孫深受斯累。此可爲明鑑者也。

圃翁曰：天體至圓，故生其中者，無一不肖其體。懸象之大者莫如日月，以至人之耳目手足，物之毛羽，樹之花實。土得雨而成丸，水得雨而成泡。凡天地自然而生皆圓，其方者皆人力所爲。蓋禀天之性者，無一不具天之體。萬事做到極精妙處，無有不圓者。聖人之德，古今之至文法帖，以至一藝一術必極圓，而後登峰造極。裕親王曾暢言其旨，適與予論相合。偶論及科場文，想必到圓處始佳。即飲食做到精美處，到口也是圓底。余嘗觀四時之旋運，寒暑之循環，生息之相因，無非圓轉。人之一身與天時相應，大約三四十以前，是夏至前，凡事漸長。三四十以後，是夏至後，凡事漸衰。中間無一刻停留。中間盛衰關頭無一定時候，大概在三四十之間，觀於鬚髮可見。其衰緩者其壽多，其衰急者其壽寡。人身不能不衰，先從上而下者多壽，故古人以早脱頂爲壽徵；先從下而上者多不壽，故鬚髮如故而脚軟者難治。凡人家道亦然。盛衰增減決無中立之理，如一樹之花開到極盛，便是摇落之期，多方保護，順其自然，猶恐其速開，況敢以火氣催逼之乎！京師温室之花能移牡丹、各色桃於正月，然花不盡其分量，一開之後，根幹輒萎。此造化之機，不可不察也。嘗觀草木之性，亦隨天地爲圓轉。梅以深冬爲春，桃、李以春爲春，榴、荷以夏爲春，菊、桂、芙蓉以秋爲春。觀其枝節含苞之處，渾然天地造化之理。故曰：『復，其見天地之心乎！』

圃翁曰：人往往於古人片紙隻字珍如拱璧。其好之者索價千金。觀其落筆神采，洵可寶矣。然自予觀之，此特一時筆墨之趣所寄耳。若古人終身精神識見盡在其文集中，乃其嘔心劇肺而出之者。如白香山、蘇長公之詩數千首，陸放翁之詩八十五卷。其人自少至老，仕宦之所歷，遊迹之所至，悲喜之情，怫愉之色，以至言貌、謦欬、飲食、起居、交遊、酬酢，無一不寓其中。較之偶爾落筆，其可寶不且萬倍哉！予怪世人於古人詩文集不知愛，而寶其片紙隻字，爲大惑也。余昔在龍眠苦於無客爲伴，日則步屧於空潭碧澗、長松茂竹之側，夕則掩關讀蘇、陸詩，以二鼓爲度，燒燭、焚香、煮茶，延兩君子於坐，與之相對，如見其容貌鬚眉然。詩云：『架頭蘇陸有遺書，特地攜來共索居。日與兩君同卧起，人間何客得勝渠。』良非解嘲語也。

圃翁曰：予嘗言享山林之樂者，必具四者，而後能長享其樂，實有其樂，是以古今來不易覯也。四者維何？曰道德，曰文章，曰經濟，曰福命。所謂道德者，性情不乖戾，不谿刻，不褊狹，不暴躁，不移情于紛華，不生嗔于冷暖。居家則肅雝閑静，足以見信於妻孥。居鄉則厚重謙和，足以取重於鄰里；居身足〔三〕恬淡寡營，足以不愧於衾影。無忤於人，無羨於世，無争於人，無憾於己。然後天地容其隱逸，鬼神許其安享，無心意顛倒之病，無取捨轉徙之煩。此非道德而何哉？

佳山勝水，茂林修竹，全恃我之情性識見取之。不然一見而悦，數見而厭心生矣。或吟咏古人之篇章，或抒寫性靈之所見，一字一句便可千秋，相契無言亦成妙諦。古人所謂『行到水窮處，坐看雲起時』。又云：『登東皋以舒嘯，臨清流而賦詩。』斷非不解筆墨人所能領略。此非文章而何哉？

夫茅亭草舍皆有經綸，菜壟瓜畦具見規畫。一草一木，其布置亦有法度。淡泊而可免饑寒，徒步而不致委頓。良辰美景而匏樽不空，歲時伏臘而雞豚可辦。分花乞竹，不須多費，而自有雅人深致。疏池結籬，不煩華侈，而皆能天然入畫。此非經濟而何哉？

從來愛閒之人，類不得閒；得閒之人，類不愛閒。公卿將相時至則爲之，獨是山林清福爲造物之所深吝。試觀宇宙間幾人解脱，書卷之中亦不多得。置身在窮達毁譽之外，名利之所不能奔走，世味之所不能縛束，室有萊妻而無交謫之言，田有伏臘而無乞米之苦。白香山所謂事了心了。此非福命而何哉？

四者有一不具，不足以享山林清福。故舉世聰明才智之士，非無一知半見略知山林趣味，而究竟不能身入其中，識此之故也。

圃翁曰：予於歸田之後，誓不著緞，不食人參。夫古人至貴，猶服三澣之衣。緞之爲物，不可洗，不可染，而其價六七倍於湖州縐紬與絲綢。佳者三四錢一尺，比於一疋布之價。初時華麗可觀，一沾灰油便色改，而不可澣洗。況予素性疏忽，於衣服不能整齊，最不愛華麗之服。歸田後惟著絨褐山繭、文布湖綢，期於適體養性。冬則羔裘，夏則蕉葛。一切珍裘細縠悉屏棄之，不使外物妨吾坐起也。老年奔走應事務，日服人參一二錢，細思吾鄉木〔四〕價一石不過四錢。今日服參價如之，或倍之。是一人而兼百餘人餬口之具，忍孰甚焉，侈孰甚焉！夫藥性原以治病，不得已而取效於旦夕，用是補續血氣，乃竟以爲日用尋常之物，可乎哉！無論物力不及，即及亦不當爲。予故深以爲戒。倘得邀恩遂初，此二事斷然不渝吾言也。

圃翁曰：古人美王司徒之德，曰『門無雜賓』。此最有味。大約門下奔走之客，有損無益。主人以清正高簡安静爲美，於彼何利焉？可以啖之以利，可以動之以名，可以怵之以利害，則欣動其主人。主人不可動，由誘其子弟，誘其僮僕，外探無稽之言，以熒惑其視聽；內泄機密之語，以誇示其交遊。甚且以僞爲真，將無作有，以徼倖其語之或驗，則從中而取利焉。或居要津之位，或處權勢之地，尤當遠之益遠也。又有挾術技以遊者，彼皆藉一藝以售，其身漸與仕宦相親密，而遂以乘機遘會，其本念決不在專售其技也。挾術以遊者，往往如此。故此輩之樸訥迂鈍者，猶當慎其晉接。若狡黠便佞、好生事端、踪迹詭祕者，以不識其人不知其姓名爲善。勿曰『我持正，彼安能惑我；我明察，彼不能蔽我』。恐久之自墮其術中而不能出也。

圃翁曰：予性不愛觀劇。在京師一席之費，動踰數千金，徒有應酬之勞，而無酣適之趣。不若以其費濟困賑急，爲人我利溥也。予六旬之期，老妻禮佛時，忽念誕日，例當設梨園，宴親友。吾家既不爲此，胡不將此費製綿衣褲百領，以施道路饑寒之人乎！次日爲余言，笑而許之。予意欲歸里時，倣陸梭山居家之法，以一歲之費分爲十二段〔五〕，一月用一分。每日於食用節省，月晦之日則總一月之所餘，別作一封，以應貧寒之急，能多作好事一兩件，其樂逾于日享大烹之奉多矣。但在勉力而行之。

圃翁曰：移樹之法，江南以驚蟄前後半月爲宜。大約從土掘出之根最畏春風，故須用土裹密，用草包之，不宜見風，甚不宜於隔宿。所以吴門、建業來賣花者，行千里，經一月而猶活。乃用金汁土密護其根，不使露風之故。近地移植反不活者，不知此理之故也。其新生細白根，係生氣所託，尤不當損。人但知深根固蒂，不知亦不宜太深種植。書謂加舊迹一指，若太深則泥水傷樹皮，斷然不茂矣。凡樹大約花時移，則彼精脈在，枝葉易活。於桂尤甚，花已有蓓蕾，移之多開，然此最泄氣，故移樹而花盛開者多不活。惟葉茂，則其樹必活矣。牡丹移在秋，當春宜盡去其花，若少愛惜，則其氣泄，樹即活亦不茂，數年後多自萎。樹之作花甚不易，氣泄則本傷。古人云：再實之木，其根必傷。人之於文章、功名也亦然，不可不審也。

圃翁曰：予少年嗜六安茶，中年飲武夷而甘，後乃知岕茶之妙。此三種可以終老，其他不必問矣。岕茶如名士，武夷如高士，六安如野士，皆可爲歲寒之交。六安尤養脾，食飽最宜，但鄙性好多飲茶，終日不離甌碗，爲宜節約耳。

圃翁曰：論語云：『不知命，無以爲君子。』考亭注：『不知命，則見利必趨，見害必避，而無以爲君子。』予少奉教於姚端恪公，服膺斯語。每遇疑難躊躕之事，輒依據此言，稍有把握。古人言：居易以俟命。又言：行法以俟命。人生禍福、榮辱、得喪，自有一定命數，確不可移。審此，則利可趨，而有不必趨之利；害宜避，而有不能避之害。利害之見既除，而爲君子之道始出。此『爲』字甚有力。既知利害有一定，則落得做好人也。權勢之人，豈必與之相抗以取害？到難於相從處，亦要内不失己。果謙和以謝之，宛轉以避之，彼亦未必決能禍我。此亦命數宜然，又安知委曲從彼之禍不更烈於此也。使我爲州縣官，決不用官銀媚上官。安知用官銀之禍，不甚於上官之失歡也。

昔者，米脂令蕭〔六〕君掘李賊之祖墳，賊破京師後，獲（蕭）〔邊〕君，置軍中，欲甘心焉？挾至山西，以二十人守之。（蕭）〔邊〕君夜遁，後復爲州守，自著虎吻餘生記其事。李賊殺人數十萬，究不能殺一（蕭）〔邊〕君，生死有命，寧不信然耶！

予官京師日久，每見人之數應爲此官，而其時本無此一缺，有人焉竭力經營，幹辦停當，而此人無端值之，或反爲此人之所不欲，且滋詬詈。如此者，不一而足。此一舉世之人共知之，而當局則往往迷而不悟。其中之求速反遲，求得反失。彼人爲此人而謀，此事因彼事而壞，顛倒錯亂，不可究詰。人能將耳目聞見之事平心體察，亦可消許多妄念也。

圃翁曰：人生適意之事有三：曰貴，曰富，曰多子孫。然是三者，善處之則爲福，不善處之則足爲累。至爲累而求所謂福者，不可見矣。何則？高位者，責備之地，忌嫉之門，怨尤之府，利害之關，憂患之窟，勞苦之藪，謗訕之的，攻擊之場，古之智人往往望而却步。況有榮則必有辱，有得則必有失，有進則必有退，有親則必有疏。若但計丘山之得，而不容銖兩之失，天下安有此理？但己身無大譴過，而外來者平淡視之，此處貴之道也。

佛家以貨財爲五家公共之物，一曰國家，二曰官吏，三曰水火，四曰盜賊，五曰不肖子孫。夫人厚積，則必經營布置，生息防守，其勞不可勝言，則必有親戚之請求，貧窮之怨望，僮僕之奸騙，大而盜賊之劫取，小而穿窬之鼠竊。經商之虧折，行路之失脱，田禾之災傷，攘奪之争訟，子弟之浪費。種種之苦，貧者不知，惟富厚者兼而有之。人能知富之爲累，則取之當廉，而不必厚積以招怨；視之當淡，而不必深忮以累心。思我既有此財貨，彼貧窮者不取我而取誰，不怨我而怨誰。平心息忿，庶不爲外物所累，儉於居身而裕於待物，薄於取利而謹於蓋藏。此處富之道也。

至子孫之累尤多矣。少小則有疾病之慮，稍長則有功名之慮，浮奢不善治家之慮，納交匪類之慮。一離膝下則有道路寒暑饑渴之慮，以至由子而孫，展轉無窮，更無底止。夫年壽既高，子息蕃衍，焉能保其無疾病痛楚之事？賢愚不齊，升沉各異，聚散無恒，憂樂自別。但當教之孝友，教之謙讓，教之立品，教之讀書，教之擇友，教之養身，教之儉用，教之作家。其成敗利鈍，父母不必過爲縈心。聚散苦樂，父母不必憂念成疾。但視己無甚刻薄，後人當無倍出之患；己無大偏私，後人自無攘奪之患；己無甚貪婪，後人自當無蕩盡之患。至於天行之數，禀賦之愚，有才而不遇，無因而致疾，延良醫，慎調治，延良師，謹教訓，父母之責盡矣，父母之心盡矣。此處多子孫之道也。

予每見世人處好境而鬱鬱不快，動多悔吝憂戚，必皆此三者之故。由不明斯理，是以心褊見隘，未食其報，先受其苦，能静體吾言，於擾擾之中存熒熒之亮，豈非熱火坑中一服清涼散，苦海波中一架八寶筏哉！

圃翁曰：予自四十六七以來，講求安心之法。凡喜怒、哀樂、勞苦、恐懼之事，只以五官四肢應之，中間有方寸之地，常時空空洞洞、朗朗惺惺，決不令之入，所以此地常覺寬綽潔淨。予製爲一城，將城門緊閉，時加防守，惟恐此數者闌入。亦有時賊勢甚鋭，城門稍疏，彼間或闌入，即時覺察，便驅之出城外，而牢閉城門，令此地仍寬綽潔淨。十年來漸覺闌入之時少，不甚用力驅逐。然城外不免紛擾，主人居其中，尚無渾忘天真之樂。倘得歸田遂初，見山時多，見人時少，空潭碧落，或庶幾矣。

圃翁曰：予之立訓更無多言，止有四語：讀書者不賤，守田者不饑，積德者不傾，擇交者不敗。嘗將四語律身訓子，亦不用煩言夥説矣。雖至寒苦之人，但能讀書爲文，必使人欽敬，不敢忽視。其人德性亦必温和，行事決不顛倒。不在功名之得失，遇合之遲速也。守田之説，詳於恒産瑣言。積德之説，六經、語、孟，諸史百家，無非闡發此義，不須贅説。擇交之説，予目擊身歷，最爲深切。此輩毒人如鴆之入口，蛇之螫膚，斷斷不易，決無解救之説，尤四者之綱領也。余言無奇，止布帛菽粟可衣可食，但在體驗親切耳。

康熙三十六年丁丑春，大人退食之暇，隨所欲言，取素箋書之，得八十四幅示長男廷瓚，裝成二册，敬置座右，朝夕覽誦，道心自生，傳示子孫，永爲世寶。廷瓚敬識。

校記

〔一〕『苦』，四庫全書本作『若』，是。
〔二〕『紅』，四庫全書本作『黄』。
〔三〕『足』，四庫全書本作『則』，是。
〔四〕『木』，四庫全書本作『米』，是。
〔五〕『股』，四庫全書本作『股』，是。
〔六〕『蕭』，明史作『邊』，是。

篤素堂文集卷十六

雜著

聰訓齋語

圃翁曰：人生必厚重沉静，而後爲載福之器。王謝子弟席豐履厚，田廬僕役無一不具，且爲人所敬禮，無有輕忽之者。視寒畯之士，終年授讀，遠離家室，脣燥吻枯，僅博束脩數金，仰事俯育咸取諸此。應試則徒步而往，風雨泥淖，一步三嘆。凡此情形皆汝輩所習見。仕宦子弟則乘輿驅肥，即僮僕亦無徒行者，豈非福耶？乃與寒士一體怨天尤人，争較錙銖得失，寧非過耶？古人云：『予之齒者去其角，（與）〔傅〕之翼者兩其足。』天道造物必無兩全。汝輩既享席豐履厚之福，又思事事周全，揆之天道，豈不誠難！惟有敦厚謙謹，慎言守禮，不可與寒士同一般感慨欷歔，放言高論，怨天尤人，庶不爲造物鬼神所呵責也。

況父、祖經營多年，有田廬別業，身則勞於王事，不獲安享，爲子孫者生而受其福，乃又不思安享而妄想妄行，寧不大可惜耶！　思盡人子之責，報父、祖之恩，致鄉里之譽，貽後人之澤，唯有四事：　一曰立品，二曰讀書，三曰養身，四曰儉用。　世家子弟原是貴重，更得精金美玉之品，言思可道，行思可法，不驕盈，不詐僞，不刻薄，不輕佻，則人之欽重較三公而更貴。

予不及見祖父贈光禄公恂所府君，每聞鄉人言其厚德，邑人仰之如祥麟威鳳。　方伯公己酉登科，邑人榮之，贈以聯曰：『張不張威，願秉文，文名天下；　盛有盛德，期可藩，藩屏王家。』至今桑梓以爲美談。　父親贈光禄公拙庵府君，予逮事三十年，生平無疾言遽色，居身節儉，待人寬厚，爲介弟，未嘗以一事一言干謁州縣，生平未嘗呈送一人。　見鄉里煦煦以和，所行隱德甚多，從不向人索逋欠。　以故三世皆祀於鄉賢，請主入廟之日，里人莫不欣喜，道盛德之報。　是亦何負於人哉！　予行年六十有一，生平未嘗送一人於捕廳令其呵譴之，更勿言笞責。　願吾子孫終守此戒勿犯也。

不足則斷不可借債，有餘則斷不可放債。　權子母起家，惟至寒之士稍可，若富貴人家爲之，斂怨養姦，得罪招尤，莫此爲甚。

鄉里間荷擔負販、及傭工小人，切不可取其便宜，此種人所争不過數文，我輩視之甚輕，而彼之含怨甚重。　每有愚人見省得一文以爲得計，而不知此種人心忿口碑所損實大也。　待下我一等之人，言語辭氣最爲要緊。此事甚不費錢，然彼人受之同於實惠。只在精神照料得來，不可憚煩。《易》所謂『勞謙』是也。予深知此理，然苦於性情疏懶，憚於趨承，故我惟思退處山澤，不見要人，庶少斯過，終日懍懍耳。

讀書固所以取科名，繼家聲，然亦使人敬重。今見貧賤之士果胸中淹博，筆下氤氳，則自然進退安雅，言談有味。即使迂腐不通方，亦可以教學授徒，爲人師表。至舉業乃朝廷取士之具，三年開場大比，專視此爲優劣。人若舉業高華秀美，則人不敢輕視。每見仕宦顯赫之家，其老者或退或故，而其家索然者，其後無讀書之人也；其家鬱然者，其後有讀書之人也。山有猛獸，則藜藿爲之不採；家有子弟，則强暴爲之改容，豈止掇青紫、榮宗祊而已哉。予嘗有言曰：讀書者不賤，不專爲場屋進退而言也。

父母之愛子，第一望其康寧，第二冀其成名，第三願其保家。《語》曰：『父母惟其疾之憂。』夫子以此答武伯之問孝，至哉斯言！安其身以安父母之心，孝莫大焉。養身之道，一在謹嗜欲，一在慎飲食，一在慎忿怒，一在慎寒暑，一在慎思索，一在慎煩勞。有一於此，足以致病，以貽父母之憂，安得不時時謹懍也。

吾貽子孫不過瘠田數處耳，且甚荒蕪不治，水旱多虞，歲入之數謹足以免饑寒、畜妻子而已。一件兒戲事做不得，一件高興事做不得。生平最喜陸梭山過日治家之法，以爲先得我心，誠倣而行之，庶幾無鬻産蕩家之患。予有言曰：守田者不饑。此二語足以長世，不在多言。

凡人少年德性不定，每見人厭之曰慳、笑之曰嗇、誚之曰儉，輒面發熱，不知此最是美名；人肯以此誚之，亦最是美事，不必避諱。人生豪俠周密之名，至不易副。事事應之，一事不應，遂生嫌怨；人人周之，一人不周，便存形迹。若平素儉嗇，見諒於人，省無窮物力，少無窮嫌怨，不亦至便乎？

四者立身行己之道，已有崖岸，而其關鍵切要，則又在於擇友。人生二十内外，漸遠於師保之嚴，未躋於成人之列。此時知識大開，性情未定，父師之訓不能入，即妻子之言亦不聽，惟朋友之言甘如醴而芳若蘭，脱有一淫朋匪友闌入其側，朝夕浸灌，鮮有不爲其所移者。從前四事，遂蕩然而莫可收拾矣。此予幼年時知之最切，今親戚中倘有此等之人，則踪迹常令疏遠，不必親密。若朋友，則直以不識其顔面、不知其姓名爲善，比之毒草啞泉，更當遠避。芸圃有詩云：『於今道上揶揄鬼，原是尊前嫵媚人。』蓋痛乎其言之矣。擇友何以知其賢否，亦即前四件能行者爲良友，不能行者爲非良友。予暑中退休，稍有暇晷，遂舉胸中所欲言者，筆之於此。語雖無文，然三十餘年涉歷仕塗，多逢險阻，人情物理，知之頗熟，言之較親。後人勿以予言爲迂而遠於事情也。

楷書如坐如立，行書如行，草書如奔。人之形貌雖不同，然未有傾斜跛側爲佳者，故作楷書以端莊嚴肅爲尚。然須去矜束拘迫之態，而有雍容和愉之象。斯晉書之所獨擅也。分行布白，取乎勻浄，然亦以自然爲妙。樂毅論如端人雅士，黄庭經如碧落仙人，東方朔像贊如古賢前哲，曹娥碑有孝女婉順之容，洛神賦有淑姿纖麗之態。蓋各象其文，以爲體要，有骨有肉，一行之間自相顧盼。如樹木之枝葉扶疏，而彼此相讓；如流水之淪漪雜見，而先後相承。未有偏斜傾側，各不相顧，絶無神彩，步伍連絡映帶而可稱佳書者。細玩蘭亭，委蛇生動，千古如新。董文敏書大小疏密，於尋行數墨之際，最有趣致。學者當於此參之。

法昭禪師偈云：『同氣連枝各自榮，些些言語莫傷情。一回相見一回老，能得幾時爲弟兄。』詞意藹然，足以啟人友于之愛。然予嘗謂人倫有五，而兄弟相處之日最長，君臣之遇合，朋友之會聚，久速固難必也。父之生子，妻之配夫，其早者皆以二十歲爲率。惟兄弟或一二年，或三四年相繼而生。自竹馬游戲以至鮐背鶴髮，其相與周旋，多者至七八十年之久。若恩意浹洽，猜間不生，其樂豈有涯哉。近時有周益公以太傅退休，其兄乘成先生以將作監丞退休，年皆八十，詩酒相娱者終其身。章泉趙昌甫兄弟，亦俱隱於玉山之下，蒼顔華髮，相從於泉石之間，皆年近九十。真人間至樂之事，亦人間希有之事也。

論語文字如化工肖物，簡古渾淪而盡事情，平易涵藴而不費辭。于尚書、毛詩之外，別爲一種。大學、中庸之文，極閎闊精微而包羅萬有。孟子則雄奇跌宕，變幻洋溢。秦漢以來，無有能此四種文字者。特以儒生習讀而不察，遂不知其章法字法之妙也。當細心玩味之。

古人讀文選而悟養生之理，得力於兩句，曰：『石蘊玉而山輝，水涵珠而川媚。』此真是至言。嘗見蘭蕙、芍藥之蒂間必有露珠一點，若此一點爲蟻蟲所食，則花萎矣。又見筍初出，當曉則必有露珠數顆在其末，日出則露復斂而歸根，夕則復上。田間有詩云『夕看露顆上梢行』是也。若侵曉入園，筍上無露珠則不成竹，遂取而食之。稻上亦有露，夕現而朝斂。人之元氣全在于此。故文選二語不可不時時體察，得訣固不在多也。

世人只因不知命不安命，生出許多勞擾。聖賢明明説與曰『君子居易以俟命』，又曰『君子行法以俟命』，又曰『修身以俟之，不知命，無以爲君子』，因知之真而後俟之安也。予歷世故頗多，認此一字頗確。曾與韓慕廬宿齋天壇，深夜劇談，慕廬談當年鄉、會考時，鄉試則有得售之想，場中頗著意，至會試、殿試則全無心而得會狀。會試場大風吹卷欲飛，號中人皆取石堅押。韓獨無意，祝曰：『若當中，則自不吹去。』亦竟無恙。故其會試、殿試文皆遊行自在，無斧鑿痕。予謂慕廬足下兩掇巍科，當是何如勇猛！以此言告人，人決不信，余獨信之。何以故？予〔一〕自諭德後即無意仕進，不止無競進之心，且時以隕越爲懼〔二〕。乃由講讀學士，蹿學士，登亞卿、正卿，皆華膴清貴之官。自傍人觀之，不知是何如勇猛精進；以予自審，則知慕廬之非妄矣。慕廬亦可以己事推之，而知予之非誑也。願與世人共知之。

予生平嗜卉木，遂成奇癖，亦自覺可哂。細思天下歌舞聲伎，古玩、書畫、禽鳥、博弈之屬，皆多費而耗物力，惹氣而多後患，不可以訓子孫。惟山水花木差可自娱，而非人之所争。草木日有生意，而妙於無知，損許多愛憎煩惱。京師難於樹植，艱於曠土，書閣中置盆花數種，滋培收護，頗費心力，然亦可少供耳目之玩。琴薦書幌，牀頭十笏之地，無非落花填塞，亦一佳話也。

古人佩玉朝夕不離，義取温潤堅栗。君子無故不撤琴瑟，義取和平温厚。故質性爽直者，恐近高亢，益當深體此意以自箴砭，不可任其一往之性也。

人生以擇友爲第一事。自就塾以後，有室有家，漸遠父母之教，初離師保之嚴。此時乍得友朋，投契締交，其言甘如蘭芷，甚至父母、兄弟、妻子之言皆不聽受，惟朋友之言是信。一有匪人側於間，德性未定，識見未純，斷〔三〕未有不爲其所移者。余見此屢矣。至仕宦之子弟尤甚，一入其彀中，迷而不悟，脱有尊長誡諭，反生嫌隙，益滋乖張。故余家訓有云：『保家莫如擇友。』蓋痛心疾首其言之也。汝輩但於至戚中，觀其德性謹厚、好讀書者，交友兩三人足矣。況内有兄弟互相師友，亦不至岑寂。且勢利言之，汝則温飽，來交者，豈能皆有文章道德之切劘？平居則有酒食之費、應酬之擾，一遇婚喪有無，則有資給、稱貸之事，甚至有争訟外侮，則又有關説救援之事。平昔既與之契密，臨事却之，必生怨毒反唇。故余以爲宜慎之於始也。況且嬉遊征逐，耗精神而荒正業，廣言談而滋是非，種種弊端不可紀極。故特爲痛切發揮之。昔人有戒：「飯不嚼便嚥，路不看便走，話不想便説，事不思便做，洵爲格言。」予益之曰：「友不擇便交，氣不忍便動，財不審便取，衣不慎便脱。」

學字當專一，擇古人佳帖，或時人墨迹，與己筆路相近者專心學之。若朝更夕改，見異而遷，鮮有得成者。楷書如端坐，須莊嚴寬裕，而神彩自然掩映。若體格不匀净，而遽講流動，失其本矣。汝小字可學樂毅論，前見所寫樂毅論大有進步，今當一心臨倣之。每日明窗净几，筆精墨良，以白奏本紙臨四五百字，亦不須太多，但工夫不可間斷。紙畫烏絲格，古人最重分行布白，故以整齊匀净爲要。學字忌飛動草率，大小不匀，而妄言奇古磊落，終無進步矣。行書亦宜專心一家。趙松雪珮玉垂紳，丰神清貴，而其原本則出于聖教序蘭亭，猶見晉人風度，不可訾議之也。汝作聯字，亦頗有豐秀之致。今專學松雪，亦可望其有進，但不可任意變遷耳。

龍眠芙蓉谿，吾朝夕夢寐所在也。垂雲沜天然石壁，上倚青山，下臨流水，當爲吾相度可亭之地，期于對石枕流。雙谿草堂前，引南北二澗爲兩池，中一閘相通，一種蓮，一種魚，製扁舟容五六人，朱欄翠檽，蘭槳桂櫂，從芙蓉谿亭登舟，至艤舟亭登岸，襟帶吾廬。汝歸當謀疏鑿，闊處十二丈，窄處二三丈，但可以行舟。汝兄弟姪輪日督工，於九月杪從事，渠成以報吾。堂軒基址預以繩定之，以俟異日。臨河有大石，土人名爲獾洞，此地相度亭子，下臨澄潭，四圍嶺岫，既曠然軒豁，亦窈然幽深。其旁當種梅柳以映帶之，亦此時事也。向來梅杏桃梨之屬，種植者亦不少矣。使皆茂達，儘可自娱。此時澆溉修治，扶植去草爲急。僕人紙上之樹日增，園中之樹日減。汝當爲吾稽察之。樹不活與不種同。山中須三五日静坐經理，晨入暮歸，不如其已也，可與兄弟姪言之。

辛巳春分日，予攜大郎、二郎、六郎出西直門，過高梁橋，沿谿水至法華寺，飯于僧舍，因至萬壽寺。時甫移華嚴鐘於後閣，尚未懸架，遂過天禧宫，看白松。蓋余最心賞古松，枝幹如凝雪，清響如飛濤。班剥離奇，扶疏詰曲，枝枝入畫，葉葉有聲。如對高人逸士，不敢褻玩。京師寺觀此種爲多，而時代久遠，則無過天禧宫者，共二十餘株，皆異態殊形，可謂巨觀矣。是行也，春寒初解，野色蒼茫。然已有融潤之氣，得小詩曰：『緣谿來古寺，石堰舊河梁。冰泮波澄緑，風輕柳麴黄。苔痕春已半，松影日初長。籃筍攜諸子，僧寮野蔌香。』

時文以多作爲主，則工拙自知。才思自出，谿徑自熟，氣體自純。讀文不必多，擇其精純條暢、有氣局詞華者，多則百篇，少則六十篇，神明與之渾化，始爲有益。若貪多務博，過眼輒忘，及至作時，則彼此不相涉，落筆仍是故吾，所以思常窒而不靈，詞常窘而不裕，意常枯而不潤，記誦勞神，中無所得，則不熟不化之病也。學者犯此弊最多，故能得力于簡，則極是要訣。古人言『簡鍊以爲揣摩』，最是立言之妙，勿忽而不察也。

治家之道謹肅爲要，易經家人卦，義理極完備。其曰：『家人嗃嗃，悔、厲、吉；婦子嘻嘻，終吝。』嗃嗃近於煩瑣，然雖厲而終吉。嘻嘻流於縱軼，則始寬而終吝。余欲于居室自書一額曰『惟肅乃雍』。常以自警，亦願吾子孫共守也。

人之居家立身，最不可好奇。一部中庸本是極平澹，却是極神奇。人能於倫常無缺，起居動作、治家節用、待人接物，事事合于矩度，無有乖張，便是聖賢路上人。豈不是至奇？若舉動怪異，言語詭激，明明坦易道理，却自尋奇覓怪，守偏文過，以爲不墜恒境，是窮奇檮杌之流，烏足以表異哉。布帛菽粟，千古至味，朝夕不能離，何獨至于立身制行而反之也。

與人相交，一言一事皆須有益千〔四〕人，便是善人。余偶以忌辰著朝服出門，巷口見一人遥呼曰：『今日是忌辰！』余急易之。雖不識其人而心感之。如此等事，在彼無絲毫之損，而于人爲有益。每謂同一禽鳥也，聞鸞鳳之名則喜，聞鵂鶹之聲則惡，以鸞鳳能爲人福，而鵂鶹能爲人禍也。同一草木也，毒草則遠避之，參苓則共寶之，以毒草能鴆人，而參苓能益人也。人能處心積慮，一言一動皆思益人而痛戒損人，則人望之若鸞鳳，寶之如參苓，必爲天地之所佑，鬼神之所服，而享有多福矣。此理之最易見者也。

凡讀書，二十歲以前所讀之書，與二十歲以後所讀之書迥異。幼年知識未開，天真純固，所讀者雖久不温習，偶爾提起，尚可數行成誦。若壯年所讀，經月則忘，必不能持久。故六經、秦漢之文，詞語古奧，必須幼年讀。長壯後雖倍蓰其功，終屬影響。自八歲至二十歲，中間歲月無多，安可荒棄，或讀不急之書？此時時文固不可不讀，亦須擇典雅醇正、理純辭裕，可歷二三十年無弊者讀之。若朝華夕落、淺陋無識、詭僻失禮、取悦一時者，安可以珠玉難换之歲月而讀此無益之文？何如誦得左、國一兩篇、及東西漢典貴華腴之文數篇，爲終身受用之寶乎！且更可異者，幼齡入學之時，其父師必令其讀詩、書、易、左傳、禮記、兩漢、八家文，及十八九作制義應科舉時，便束之高閣，全不温習。此何異衣中之珠不知探取，而向塗人乞漿乎？

且幼年之所以讀經書，本爲壯年擴充才智，驅駕古人，使不寒儉，如畜錢待用者然。乃不知尋味其義藴而弁髦棄之。豈不大相刺謬乎？我願汝曹將平昔已讀經書視之如拱璧，一月之内必加温習。古人之書，安可盡讀，但我所已讀者，決不可輕棄。得尺則尺，得寸則寸，毋貪多，毋貪名，但讀得一篇必求可以背誦。然後思通其義藴，而運用之於手腕之下。如此，則才氣自然發越。若曾讀此書而全不能舉其詞，謂之畫餅充饑。能舉其詞而不能運用，謂之食物不化。二者，其去枵腹無異。汝輩于此極宜猛省。

凡物之殊異者，必有光華發越於外，况文章爲榮世之業，士子進身之具乎！非有光彩，安能動人？闈中之文，得以數言概之曰：理明詞暢，氣足機圓。要當知棘闈之文與窗稿房行書不同之處，且南闈之文又與他省不同處。此則可以意會，難以言傳。唯平心下氣，細看南闈墨卷，將自得之。即最低下墨卷，彼亦自有得手，亦不可忽。此事最渺茫。古稱射虱者，視虱如車輪，然後一發而貫。今能分別氣味截然不同，當庶幾矣。

汝曹兄弟叔姪，自來歲正月爲始，每三六九日一會，作文一篇，一月可得九篇，不疏不數，但不可間斷，不可草草塞責。一題入手，先講求書理極透澈，然後布格遣詞，須語語有著落，勿作影響語，勿作艱澀語，勿作累贅語，勿作雷同語。凡文中鮮亮出色之句謂之調，調有高卑。疏密相間、繁簡得宜處謂之格。此等處最宜理會。深惱〔五〕人讀時文，累千累百而不知理會，於身心毫無裨益。夫能理會，則數十篇百篇已足，焉用如此之多。不能理會，則讀數千篇與不讀一字等，徒使精神瞶亂，臨文捉筆依舊茫然，不過胸中舊套應副，安有名理精論、佳詞妙句奔匯於筆端乎？所謂理會者，讀一篇則先看其一篇之格，再味其一股之格，出落之次第，講題之發揮，前後豎義之淺深，詞調之華美，誦之極其熟，味之極其精，有與此等相類之題，有不相類之題，如何推廣擴充，如此，讀一篇有一篇之益，又何必多，又何能多乎？每見汝曹讀時文成帙，問之不能舉其詞，叩之不能言其義。粗者不能，況其精者乎！自誑乎？誑人乎？此絶不可解者。汝曹試靜思之，亦不可解也。以後當力除此等之習。讀文必期有用，不然，寧可不讀。古人有言，讀生文不如玩熟文，必以我之精神包乎此一篇之外，以我之心思入乎此一篇之中。噫嘻！此一〔六〕易言哉。汝曹能如此用功，則筆下自然充裕，無補緝、寒澀、支離、冗泛、草率之態。汝每月寄所作九首來京，我看一會兩會，則汝曹之用心不用心、務外不務外瞭然矣。作文決不可使人代寫，此最是大家子弟陋習。寫文要工緻，不可錯落塗抹，所關於色澤不小也。汝曹不能面奉教言，每日展此一次，當有心會。幼年當專攻舉業，以爲立身根本。詩且不必作，或可偶一爲之，至詩餘則斷不可作。余生平未嘗爲此，亦不多看。蘇、辛尚有豪氣，餘則靡靡，焉可近也！

余久歷世塗，日在紛擾、榮辱、勞苦、憂患之中，静念解脱之法，成此八章，自謂于人情物理、消息盈虚略得其大意，醉醒卧起，作息往來，不過如此而已。顧以年增衰老，無由自適，二十餘年來，小齋僅可容膝。寒則温室擁雜花，暑則垂簾對高槐。所自適于天壤間者，止此耳。求所謂煙霞林壑之趣，則僅託於夢想，形諸篇咏，皆非實境也。辛巳春分前一日，積雪初融，霽色迴暖，爲三郎廷璐書此，遠寄江鄉，亦可知翁針砭氣質之偏，流覽造物之理，有此一知半見，當不至于汩没本來耳。

古稱『仕宦之家如再實之木，其根必傷』。旨哉斯言，可爲深鑒。世家子弟，其修行立名之難較寒士百倍。何以故？人之當面待之者，萬不能如寒士之古道，小有失檢，誰肯面斥其非？微有驕盈，誰肯深規其過？幼而驕慣，爲親戚之所優容；長而習成，爲朋友之所諒恕。至於利交而諂，相誘以爲非；勢交而諛，相倚而作慝者，又無論矣。人之背後稱之者，萬不能如寒士之直道。或偶譽之才品，而慮人笑其逢迎；或心賞其文章，而疑人鄙其勢利。甚且吹毛索瘢，指摘其過失而以爲名高；批枝傷根，訕笑其前人而以爲痛快。至於求利不得，而嫌隙易生于有無；依勢不能，而怨毒相形於榮悴者，又無論矣。故富貴子弟，人之當面待之也恒恕，而背後責之也恒深。如此，則何由知其過失而顯其名譽乎？故世家子弟，其謹飭如寒士，其儉素如寒士，其謙沖小心如寒士，其讀書勤苦如寒士，其樂聞規勸如寒士，如此，則自視亦已足矣。而不知人之稱之者，尚不能如寒士。必也謹飭倍于寒士，儉素倍于寒士，謙沖小心倍于寒士，讀書勤苦倍于寒士，樂聞規勸倍于寒士，然後人之視之也，僅得與寒士等。今人稍稍能謹飭、儉素、謙下、勤苦，人不見稱，則曰世道不古，世家子弟難做。此未深明於人情物理之故者也。我願汝曹常以席豐履盛爲可危可慮、難處難全之地，勿以爲可喜可幸、易安易逸之地。人有非之責之者，遇之不以禮者，則平心和氣，思所處之時勢，彼之施於我者，應該如此，原非過當。即我所行十分全是，無一毫非理，彼尚在可恕，况我豈能全是乎？

古人有言：終身讓路，不失尺寸。老氏以讓爲寳，左氏曰：『讓，德之本也。』處里閈之間，信世俗之言，不過曰漸不可長，不過曰後將更甚。是大不然。人孰無天理良心、是非公道？揆之天道，有滿損虚益之義；揆之鬼神，有虧盈福謙之理。自古祇聞忍與讓足以消無窮之災悔，未聞忍與讓翻以釀後來之禍患也。欲行忍讓之道，先須從小事做起。余曾署刑部事五十日，見天下大訟大獄多從極小事起。君子敬小慎微，凡事只從小處了。余行年五十餘，生平未嘗多受小人之侮，只有一善策，能轉灣早耳。每思天下事受得小氣，則不至于受大氣；喫得小虧，則不至于喫大虧。此生平得力之處。凡事最不可想占便宜。子曰：『放于利而行，多怨。』便宜者，天下人之所共争也。我一人據之，則怨萃于我矣。我失便宜，則衆怨消矣。故終身失便宜，乃終身得便宜也。

汝曹席前人之資，不憂饑寒，居有室廬，使有臧獲，養有田疇，讀書有精舍，良不易得。其有遊蕩非僻，結交淫朋匪友，以致傾家敗業，路人指爲笑談，親戚爲之浩嘆者，汝曹見之聞之，不待余言也。其有立身醇謹，老成儉樸，擇人而友，閉户讀書，名日美而業日成，鄉里指爲令器，父兄期其遠大者，汝曹見之聞之，不待余言也。二者何去何從，何得何失，何芳如芝蘭，何臭如腐草，何祥如麟鳳，何妖如鵂鶹，又豈俟予言哉！汝輩今皆年富力强，飽食温衣，血氣未定，豈能無所嗜好？古人云：凡人欲飲酒博弈，一切嬉戲之事，必皆覓伴侶爲之。獨讀快意書，對佳山水，可以獨自怡悦。凡聲色貨財、一切嗜欲之事好之，有樂則必有苦。惟讀書與對佳山水，止有樂而無苦。今架有藏書，離城數里有佳山水，汝曹與其狎無益之友，聽無益之談，赴無益之應酬，曷若珍重難得之歲月，縱讀難得之詩書，快對難得之山水乎。我視汝曹所作詩文皆有才情，有思致，有性情，非夢夢全無所得於中者。故以此諄諄告之，欲令汝曹安分省事，則心神寧謐而無紛擾之害。寡交擇友，則應酬簡而精神有餘。不聞非僻之言，不致陷於不義，一味謙和謹飭，則人情服而名譽日起。制義者，秀才立身之本。根本固則人不敢輕。自宜專力攻之，餘力及詩、字，亦可怡情。良時佳辰，與兄弟姊夫輩一料理山莊，撫問松竹，以成余志。是皆於汝曹有益無損、有樂無苦之事，其味聰聽之義。

座右箴

立品　讀書

養身　擇友

右四綱

戒嬉戲　慎威儀

謹言語　温經書

精舉業　學楷字
謹起居　慎寒暑
節用度　謝酬應
省宴集　寡交遊
右十二目
子弟自十七八以至廿三四，實爲學業成廢之關。蓋自初入學，至十五六，父師以童子視之，稍知訓子者，斷不忍聽其廢業。惟自十七八以後，年漸長，氣漸驕，漸有朋友，漸有室家，嗜欲漸開，人事漸廣，父母見其長成，師傅視爲儕輩。德性未堅，轉移最易；學業未就，蒙昧非難。幼年所習經書，此時皆束高閣。酬應交遊，侈然大雅。博弈高會，自詡名流。轉盼廿五六歲，兒女累多，生計迫蹙，蹉跎潦倒，學殖荒落。予見人家子弟半塗而廢者，多在此五六年中，棄幼學之功，貽終身之累，蓋覆轍相踵也。汝正當此時離父母之側，前言諸弊，事事可慮。爲龍爲蛇，爲虎爲鼠，分於一念，介在兩歧，可不慎哉！可不畏哉！
讀書須明窗浄几，案頭不可多置書。讀文作文皆須凝神静氣，目光炯然出文與題之上。最忌墜入雲霧中，迷失出路。多讀文而不熟，如將不練之兵，臨時全不得用，徒疲精勞神，與操空拳者無異。作文以握管之人爲大將，以精熟墨卷百篇爲練兵，以雜讀時藝爲散卒，以題爲堅壘。若神明不爽朗，是大將先墜雲霧中，安能制勝？人人各有一種英華光氣，但須磨鍊始出。譬如一草一卉，苟深培厚壅，盡其分量，其花亦有可觀，而況於人乎！況於俊特之人乎！天下有形之物，用則易匱。惟人之才思氣力，不用則日減，用則日增。但做出自己聲光，如樹將發花時，神壯氣溢，覺與平時不同，則自然之機候也。讀書人獨宿是第一義，試自己省察，館中獨宿時，漏下二鼓，滅燭就枕，待日出早起，夢境清明，神酣氣暢，以之讀書則有益，以之作文必不潦草枯澀。真所謂一日勝兩日也。

易經一書，言謙道最爲詳備。天道虧盈而益謙，地道變盈而流謙，鬼神禍盈而福謙，人情惡盈而好謙。又曰：日中則昃，月滿則虧。天地不能常盈，而況於人乎，況於鬼神乎。於此理不啻反覆再三極譬罕喻。書曰：『滿招損，謙受益。』古昔賢聖殆無異辭。堯舜大聖人，而史稱之曰『允恭克讓』。孔子甚聖德，及門稱之曰『恭、儉、讓』。況乎中人之才能越斯義？古云『終身讓路，不失尺寸』，言讓之有益無損也。世俗瞽談，妄謂讓人則人欺之，甚至有尊長教其卑幼無多讓，此極爲亂道。以世俗論，富貴家子弟理不當爲人所侮，稍有拂意，便自謂：『我何如人，而彼敢如是以加我！』從傍人亦不知義理，用一二言挑逗之，遂爾氣填胸臆，奮不顧身，全不思富貴者，衆射之的也，羣妒之媒也。諺曰：『一家温飽，千家怨忿。』惟當撫躬自返：我所得於天者已多，彼同生天壤，或係親戚，或同里閈，而失意如此，我不讓彼而彼顧肯讓我乎？嘗持此心，深明此理，自然心平氣和，即有拂意之事、逆耳之言，如浮雲行空，與吾無涉。姚端恪公有言：『此乃成就我福德相，愈加恭謹以遜謝之。則橫逆之來蓋亦少矣。』願以此爲熱火世界一帖清涼散也。

譚子化書訓『儉』字最詳。其言曰：『天子知儉，則天下足；一人知儉，則一家足。且儉非止節嗇財用而已也。儉於嗜欲，則德日修，體日固；儉於飲食，則脾胃寬；儉於衣服，則肢體適；儉於言語，則元氣藏而怨尤寡；儉於思慮，則心神寧；儉於交遊，則匪類遠；儉於酬酢，則歲月寬而本業修；儉於書札，則後患寡；儉於干請，則品望尊；儉於僮僕，則防閑省；儉於嬉遊，則學業進。』其中義藴甚廣，大約不外於葆嗇之道。東坡千古才人，以百五十錢爲一塊，每日只用畫杈挑取一塊，盡此錢爲度，決不用明日之錢。汝輩中人可無限制！陸梭山訓居家之法最妙，以一歲所入，除完官糧外，分爲三分，存一分以爲水旱及意外之費，其餘二分析爲十二分，每月用一分，但許存餘，不許過界。能從每日飲食雜用加意節省，使一月之用常有餘，別置一處，不入經費，留以爲親戚友朋小小周濟緩急之用，亦遠怨積德之道，可恃以長久者也。居家治生之理，恒産瑣言備之矣。雖不敢謂聖人復起不易吾言，其於謀生不啻左券。總之，饑寒由于鬻産，鬻産由于債負，債負由于不經，相因之理一定不易。予視之洞若觀火。仕宦之日，雖極清苦，畢竟略有交際。子弟習見習聞，由之不察，若以此作田舍度日之計，則立見其仆蹶，不可不深長思者也。人生儉嗇之名可受而不必避。世俗每以爲耻，不知此名一噪，則人絶覬覦之想，偶有所用，人即德之。所謂以虛名而受實益，何利如之！

人生髫稚不離父母，入塾則有嚴師傅督課，頗覺拘束，逮十六七歲時，父母漸視爲成人，師傅亦漸不嚴憚。此時知識初開，嬉遊漸習，則必視朋爲性命，雖父母、師保之訓與妻孥之言皆可不聽，而朋友之言則投若膠漆，契若芳蘭。所與正，則隨之而正；所與邪，則隨之而邪。此必然之理，身驗之事也。余鐫一圖章以示子弟曰：『保家莫如擇友。』蓋有所嘆息痛恨、懲艾於其間也。古人重朋友而列之五倫，謂其志同道合，有善相勉，有過相規，有患難相救。今之朋友止可謂相識耳，往來耳，同官同事耳，三黨姻戚耳，朋友云乎哉！汝等莫若就親戚兄弟中，擇其謹厚老成，可以相砥礪者，多則二人，少則一人，斷無目前良友遂可得十數人之理。平時既簡於應酬，有事可以請教。若不如己之人，既易於臨深爲高。又曰〔七〕聞鄙猥之言，汙賤之行，淺劣之學，不知義理，不習詩書，久久與之相化，不能却而遠矣。此論語所以首誡之也。

人生第一件事莫如安分。分者，我所得于天多寡之數也。古人以得天少者謂之數奇，謂之不偶，可以識其義矣。董子曰：『與之齒者，去其角；附之翼者，兩其足。』嗇于此則豐于彼，理有乘除，事無兼美。予閱歷頗深，每從旁冷觀，未有能越此範圍者。功名非難非易，只在争命中之有無。嘗譬之温室養牡丹，必花頭中原結蕊，火焙則正月早開，然雖開而元氣索然。花既不滿足，根亦旋萎矣。若本來不結花，即火焙無益。既有花矣，何如培以沃壤，灌以甘泉，待其時至敷華，根本既不虧，而花亦肥大經久。此予所深洞于天時物理，而非矯爲迂闊之談也。曩時姚端恪公每爲予言：當細玩『不知命無以爲君子』章。朱注最透，言不知命則見利必趨，見害必避，而無以爲君子矣。『爲』字甚有力，知命是一事，爲君子是一事。既知命不能違，則儘有不必趨之利；儘有不必避之害，而爲忠、爲孝、爲廉、爲讓綽有餘地矣。小人固不當取怨于他，至于大節目亦不可詭隨。得失榮辱不必太認真，是亦知命之大端也。〔八〕冢宰庫公曩與予同事，談及知命之義，時有山左鹿御史以偶爾公函發遣，彼方在言路時，果拼得一個流徒，甚麼本上不得？彼在位碌碌耳。究竟不能違一定之數，非謂人當冒險尋事，但素明此義，一旦遇大節所關，亦不至專計利害犯名義矣，庫然之。

校記

〔一〕『何以故予』，原缺，據四庫全書本補。

〔二〕『且時以隕越爲懼』，四庫全書本作『且時時求退不已』。

〔三〕『斷』，四庫全書本作『鮮』。

〔四〕『千』，四庫全書本作『于』，是。
〔五〕『惱』，四庫全書本作『憫』。
〔六〕『一』，康熙四十三年刻本作『豈』。
〔七〕『曰』，四庫全書本作『日』。
〔八〕以下文字據康熙四十三年刻本補。

先太傅文端公全書重刊本跋

先太傅文端公所著易經衷論二卷、書經衷論四卷、篤素堂文集十六卷、篤素堂詩集七卷、存誠堂應制詩集五卷、存誠堂古近體詩二十五卷，均於康熙間刊板行世。乾隆間詔修四庫全書均經進呈。仰蒙高宗純皇帝深爲嘉獎，命館臣各爲提要，分爲著録於文淵閣。洎咸豐間，吾邑屢遭兵燹，板片無存，幸室家流離播遷之餘，舊印本全部保守無恙。去年春夏間，四弟星五由金陵差次入京引見，往來均過予通永道署，言先太保文和公詩文等集已經大兄秀峰及弟等先後付梓，太傅公諸書雖經欽定四庫全書著録，究非外間所能窺見，即康熙以後舊印本行世，亦日見其稀，亦不可不早爲之計。予即屬四弟在金陵差次就官書局校刊，逾年完工。適紹華已蒙恩旨，由通永兵備道，升授江西按察使司按察使，恭閲新書，不勝欣慰，更屬四弟取欽定四庫全書總目提要，恭刊于各書之首，以志先太傅身後更有此等榮遇，且以示後世子孫：讀先公之書，益當謹守先公家訓，庶幾先世遺澤愈久而能不墜也。

光緒二十三年歲在丁酉秋八月，七世孫紹華謹識於江西按察使署中。

又跋

往者大兄秀峰恭刊先太保文和公澄懷園文存於江蘇婁縣官廨，先取太保公澄懷園主人自訂年譜校刊之，俾後人讀太保公集，即知其生平出處、及歷仕三朝知遇之隆。今紹棠校刊先太傅諸書既成，或以太傅獨無年譜，後人不能詳其生平事業，及相聖祖仁皇帝君臣一體之盛，紹棠以爲先太傅雖無年譜可考，先太保公當日曾爲行狀，今尚載澄懷園文存中，太保公又曾請安谿李文貞公光地爲之墓表，又請遂寧張文端公鵬翮爲之墓誌銘。乾隆間，高宗純皇帝特命國史館臣將國初以來諸名臣事迹各爲列傳，先太傅本傳歷官年月已爲詳明。今特鈔國史列傳恭刊於先太傅文集卷首，太保公所爲行狀刊於文集卷後。考安谿李文貞公墓表乃吾鄉先達方靈皋少宗伯代作，今見邑人戴存莊孝廉所刊望谿先生集外文補遺中。方公少壯時固曾奉教於先太傅，又嘗奉教於李文貞，且其通籍以後，又與先太保公同仕三朝，於先太傅學行風節知之最深，今取此表亦附刊之。惟遂寧相國所爲墓誌銘，當時先太保公曾刻石納于先太傅墓中，今原本及石拓本均已無存。倘他時得遂寧相國文集，仍當補刊於先太傅集後。至今本格式一遵舊刊本，不敢稍有改易云。

丁酉秋八月，七世孫紹棠謹識於金陵差次。